企业所得税实操手册

——政策、案例、流程、汇缴图表式全解读

梅松讲税　编著

图书在版编目(CIP)数据

企业所得税实操手册：政策、案例、流程、汇缴图表式全解读 / 梅松讲税编著. —上海：立信会计出版社，2023.3(2024.3重印)

ISBN 978-7-5429-7316-0

Ⅰ.①企… Ⅱ.①梅… Ⅲ.①企业所得税－税收管理－中国－手册 Ⅳ.①F812.424-62

中国国家版本馆 CIP 数据核字(2023)第 051314 号

责任编辑　蔡伟莉
助理编辑　胡蒙娜

企业所得税实操手册：政策、案例、流程、汇缴图表式全解读
QIYE SUODESHUI SHICAO SHOUCE ZHENGCE ANLI LIUCHENG HUIJIAO TUBIAOSHI QUANJIEDU

出版发行	立信会计出版社
地　　址	上海市中山西路 2230 号　　邮政编码　200235
电　　话	(021)64411389　　传　　真　(021)64411325
网　　址	www.lixinaph.com　　电子邮箱　lixinaph2019@126.com
网上书店	http://lixin.jd.com　　http://lxkjcbs.tmall.com
经　　销	各地新华书店
印　　刷	济南巨丰印刷有限公司
开　　本	787 毫米×1092 毫米　　1/16
印　　张	43
字　　数	1 332 千字
版　　次	2023 年 3 月第 1 版
印　　次	2024 年 3 月第 2 次
书　　号	ISBN 978-7-5429-7316-0/F
定　　价	149.00 元

如有印订差错，请与本社联系调换

序

企业所得税是我国一大重要税种。企业每年1月至5月需完成上一年度企业所得税的汇算清缴。对企业财税人员、涉税专业服务机构来说，汇算清缴是一项非常重要的工作，需进行全面系统的学习，因而需要一本实务性强又简洁易懂的实操书籍。

梅松讲税团队具有数十年涉税服务经验，深知纳税人的需求。为更好地帮助纳税人进行企业所得税汇算清缴，梅松讲税团队编写了《企业所得税实务与汇算清缴实操手册》，希望此书对广大纳税人的纳税申报有所帮助。

本书具有如下特点。

1. 全面、专业、务实、简洁

本书设置13章，涵盖企业所得税的方方面面，各章分为政策概要、要点难点及申报实务等模块，内容系统，能满足广大纳税人的实务工作需求。

2. 图片、表格化展示

本书共有表格384张，图片115幅，包括矩阵表格、思维导图、流程图等。本书力求通过新颖的方式对政策法规进行全新诠释，尽力避免对法规的照抄、罗列，使读者能够轻松愉悦地掌握知识。

3. 配备学习视频

本书配有视频课程，扫描书中二维码，即可查看本节相关问题的视频讲解，这有利于读者更好地学习。

4. 税法解析严谨

本书的政策解读全部有法可依，其中重点、难点问题全部附有政策依据或来源于税务总局的官方答疑，这些政策解读专业权威，能为企业解决疑难问题提供一定的参考。

5. 涵盖最新政策

本书对2024年企业所得税最新新政进行了特别的说明和解读，提醒纳税人关注最新变化。

6. 申报表填写解读详细

本书对汇算清缴相关的各类报表进行了详尽介绍，包含填报说明、表单式样，以及示范案例，尤其对最新申报表的变化部分进行了详细讲解。

若书中仍有不足之处，欢迎广大读者批评指正，以便我们再版时更正，有关本书的使用意见，欢迎通过邮箱 1036361649@qq.com 反馈。

秦梅松

目　　录

第一章　基本法规概述 … 1
第一节　《企业所得税法》及其实施条例 … 1
一、概述 … 1
二、《企业所得税法》内容思维导图 … 1
三、《企业所得税法实施条例》内容思维导图 … 5
第二节　要点难点 … 11
一、纳税义务及纳税人 … 11
1. 什么是企业所得税 … 11
2. 企业所得税的纳税人有哪些 … 11
3. 居民企业和非居民企业如何判定 … 12
4. 居民企业和非居民企业的纳税义务有何不同 … 13
5. 如何判断一项所得来源于境内还是境外 … 14
6. 如何判断非居民企业的一项所得是否与设立的机构、场所有实际联系 … 15

第二章　汇算清缴概述 … 16
第一节　企业所得税汇算清缴管理办法 … 16
一、概述 … 16
二、企业所得税汇算清缴思维导图 … 16
第二节　要点难点 … 18
1. 什么是企业所得税汇算清缴 … 18
2. 哪些企业需要进行年度企业所得税汇算清缴 … 18
3. 纳税人年内终止经营是否需要汇算清缴 … 19
4. 纳税人办理企业所得税年度纳税申报应填写报送哪些资料 … 19
5. 居民企业集团合并缴纳企业所得税如何申报 … 20
6. 居民企业跨地区经营的,总分机构如何进行汇算清缴 … 20
7. 哪些情况可以申请办理延期纳税申报 … 21
8. 企业所得税预缴时多缴、少缴税款的,应如何处理 … 21
9. 企业所得税年度纳税申报有误,应如何处理 … 21
10. 企业未按规定进行汇算清缴,承担哪些后果 … 22
第三节　申报实务 … 23
一、2024年汇算清缴主要变化 … 23
二、企业所得税年度纳税申报表封面的填写 … 29
三、企业所得税年度纳税申报填报表单的填报 … 30

四、年度纳税申报基础信息表的填报 ………………………………………… 35

第三章　收入 …………………………………………………………………… 45
第一节　政策概要 ……………………………………………………………… 45
第二节　要点难点 ……………………………………………………………… 45
一、收入确认原则 ……………………………………………………………… 45
　　1. 收入确认的原则是什么 ……………………………………………………… 45
　　2. 收入的确认时点是什么 ……………………………………………………… 46
　　3. 企业取得的经济利益流入，哪些属于收入 ………………………………… 47
　　4. 企业所得税收入取得形式有哪些 …………………………………………… 48
　　5. 合伙企业未作出利润分配的决定也未实际分配，作为合伙人的法人企业是否需要确认收入 ……………………………………………………………… 48
二、销售货物收入 ……………………………………………………………… 49
　　6. 销售货物收入确认的原则和条件是什么 …………………………………… 49
　　7. 分期收款销售货物的，何时确认收入 ……………………………………… 49
　　8. 采用预收款方式销售商品，何时确认收入 ………………………………… 49
　　9. 采用托收承付方式销售商品，何时确认收入 ……………………………… 50
　　10. 企业开展促销活动，应如何确认收入 …………………………………… 50
　　11. 商品销售涉及销售折让的，如何确认收入 ……………………………… 51
　　12. 销售货物后因质量问题退货，应如何确认收入 ………………………… 51
　　13. 售后回购时应如何确认收入 ……………………………………………… 51
三、提供劳务收入 ……………………………………………………………… 52
　　14. 提供劳务收入确认原则是什么 …………………………………………… 52
　　15. 在各个纳税期末，提供劳务交易的结果能够可靠估计的，如何确认收入 … 52
　　16. 收到尚未开工的工程预收款，已开具发票，是否应确认收入 ………… 53
　　17. 安装费如何确认收入 ……………………………………………………… 53
　　18. 公司销售会员卡取得的会员费如何确认收入 …………………………… 54
　　19. 物业管理公司预收业主跨年度的物业管理费，何时确认收入 ………… 54
　　20. 母公司向其子公司提供咨询服务，收取的服务费是否确认收入 ……… 54
　　21. 国际货运代理收入应如何确认 …………………………………………… 55
四、转让财产收入 ……………………………………………………………… 55
　　22. 股权转让收入如何确认 …………………………………………………… 55
　　23. 取得的财产转让收入，是否可以分期确认 ……………………………… 55
　　24. 将持有的上市公司股票换成ETF基金，交换过程中未取得现金收入如何进行处理 … 56
　　25. 转让未解禁的限售股取得的收入是否需要缴纳企业所得税 …………… 57
　　26. 融资性售后回租如何确认销售收入 ……………………………………… 57
五、股息、红利等权益性投资收益 …………………………………………… 58
　　27. 按照最新规定，企业发行永续债如何缴纳企业所得税 ………………… 58
　　28. 企业将资本公积和盈余公积转增资本，法人股东如何确认收入 ……… 58

六、利息收入

29. 证券公司购买的资产证券化产品次级债取得的利息收入是否应确认收入,如确认,应按什么时点确认 … 59
30. 金融企业逾期贷款利息可以冲减应纳税所得额吗 … 59
31. 筹建期利息收入如何缴纳企业所得税 … 60

七、租金收入

32. 预收房屋租金如何确认收入 … 60

八、特许权使用费收入

33. 什么是特许权使用费收入,应在什么时点确认收入 … 61

九、接受捐赠收入

34. 如何判断企业接受捐赠行为 … 61
35. 为什么接受捐赠收入是以受赠资产的实际收到时间确认当期收入,而不是按照权责发生制原则确认收入 … 62
36. 接受捐赠收入可以分期确认吗 … 62
37. 非营利性组织收到的捐赠收入是否需要缴纳企业所得税 … 62

十、其他收入

38. 资产溢余收入如何缴纳企业所得税 … 63
39. 逾期未退包装物押金收入如何缴纳企业所得税 … 63
40. 确实无法偿付的应付款项如何缴纳企业所得税 … 64
41. 已作坏账损失处理后又收回的应收款项,如何缴纳企业所得税 … 64
42. 应付未付款项在什么情况下应计入收入 … 64
43. 债务重组收入如何缴纳企业所得税 … 65
44. 违约金收入该如何缴纳企业所得税 … 66
45. 汇兑收益如何缴纳企业所得税 … 66
46. 代扣代缴、代收代缴、委托代征各项税费返还的手续费是否确认收入 … 67

十一、视同销售收入

47. 如何界定视同销售?怎样判断是否属于视同销售 … 67
48. 采用买一赠一方式销售商品,企业应作视同销售处理吗 … 68
49. 企业发生以下情形,是否应确认视同销售收入 … 68
50. 将资产用于偿债,是否应作视同销售处理 … 69
51. 开发新产品给客户试用,未取得收入、未开具发票也未签订合同,是否要确认收入 … 69
52. 总分机构之间调拨固定资产是否涉及企业所得税 … 70

十二、不征税收入

53. 不征税收入的范围是什么 … 70
54. 企业取得的财政性资金是否应计入收入总额 … 72
55. 补贴收入如何缴纳企业所得税 … 72
56. 企业筹建期收到政府补助如何进行处理 … 73
57. 收到的土地出让金返还款,是否为不征税收入,如果不是,所得税是否要一次性征税 … 75

十三、税收减免收入相关问题

58. 享受免征增值税的小微企业,减免的增值税额是否缴纳企业所得税 … 75

59. 企业取得的直接减免的增值税和即征即退、先征后退、先征后返的各种税收是否缴纳企业
所得税 ⋯⋯⋯⋯⋯⋯⋯⋯⋯⋯⋯⋯⋯⋯⋯⋯⋯⋯⋯⋯⋯⋯⋯⋯⋯⋯⋯⋯⋯⋯⋯⋯⋯⋯⋯⋯ 76
60. 增值税加计抵减形成的其他收益是否免税 ⋯⋯⋯⋯⋯⋯⋯⋯⋯⋯⋯⋯⋯⋯⋯⋯⋯⋯⋯⋯⋯ 76
61. 小规模纳税人适用3%征收率的应税销售收入,减按1%征收率征收增值税。那么,优惠
2%部分的增值税需要并入营业外收入缴纳企业所得税吗 ⋯⋯⋯⋯⋯⋯⋯⋯⋯⋯⋯⋯⋯⋯ 77

十四、投资相关问题 ⋯⋯⋯⋯⋯⋯⋯⋯⋯⋯⋯⋯⋯⋯⋯⋯⋯⋯⋯⋯⋯⋯⋯⋯⋯⋯⋯⋯⋯⋯⋯ 77
62. 企业取得股东划入资产是否缴纳企业所得税 ⋯⋯⋯⋯⋯⋯⋯⋯⋯⋯⋯⋯⋯⋯⋯⋯⋯⋯⋯ 77
63. 企业增资扩股、稀释股权,是否缴纳企业所得税 ⋯⋯⋯⋯⋯⋯⋯⋯⋯⋯⋯⋯⋯⋯⋯⋯⋯ 78
64. 股权溢价形成的资本公积转增资本,投资方企业是否需要缴纳企业所得税 ⋯⋯⋯⋯⋯ 78
65. 投资企业从被投资企业撤回或减少投资,这部分撤回或者减少的投资是否需要确认收入 ⋯⋯ 79

第三节 税法和会计的差异 ⋯⋯⋯⋯⋯⋯⋯⋯⋯⋯⋯⋯⋯⋯⋯⋯⋯⋯⋯⋯⋯⋯⋯⋯⋯⋯⋯⋯⋯ 79
一、税法和会计的差异——收入范围 ⋯⋯⋯⋯⋯⋯⋯⋯⋯⋯⋯⋯⋯⋯⋯⋯⋯⋯⋯⋯⋯⋯⋯ 79
二、税法和会计的差异——收入确认 ⋯⋯⋯⋯⋯⋯⋯⋯⋯⋯⋯⋯⋯⋯⋯⋯⋯⋯⋯⋯⋯⋯⋯ 79
三、税法和会计的差异——视同销售 ⋯⋯⋯⋯⋯⋯⋯⋯⋯⋯⋯⋯⋯⋯⋯⋯⋯⋯⋯⋯⋯⋯⋯ 81
四、税法和会计的差异——特定交易 ⋯⋯⋯⋯⋯⋯⋯⋯⋯⋯⋯⋯⋯⋯⋯⋯⋯⋯⋯⋯⋯⋯⋯ 81

第四节 申报实务 ⋯⋯⋯⋯⋯⋯⋯⋯⋯⋯⋯⋯⋯⋯⋯⋯⋯⋯⋯⋯⋯⋯⋯⋯⋯⋯⋯⋯⋯⋯⋯⋯⋯ 81
一、申报表概况及变化 ⋯⋯⋯⋯⋯⋯⋯⋯⋯⋯⋯⋯⋯⋯⋯⋯⋯⋯⋯⋯⋯⋯⋯⋯⋯⋯⋯⋯⋯ 81
二、一般企业收入明细表的填报 ⋯⋯⋯⋯⋯⋯⋯⋯⋯⋯⋯⋯⋯⋯⋯⋯⋯⋯⋯⋯⋯⋯⋯⋯⋯ 82
三、金融企业收入明细表的填报 ⋯⋯⋯⋯⋯⋯⋯⋯⋯⋯⋯⋯⋯⋯⋯⋯⋯⋯⋯⋯⋯⋯⋯⋯⋯ 86
四、事业单位、民间非营利组织收入、支出明细表的填报 ⋯⋯⋯⋯⋯⋯⋯⋯⋯⋯⋯⋯⋯ 89
五、纳税调整项目明细表的填报 ⋯⋯⋯⋯⋯⋯⋯⋯⋯⋯⋯⋯⋯⋯⋯⋯⋯⋯⋯⋯⋯⋯⋯⋯⋯ 92
六、视同销售和房地产开发企业特定业务纳税调整明细表的填报 ⋯⋯⋯⋯⋯⋯⋯⋯⋯⋯ 96
七、未按权责发生制确认收入纳税调整明细表的填报 ⋯⋯⋯⋯⋯⋯⋯⋯⋯⋯⋯⋯⋯⋯⋯ 99
八、投资收益纳税调整明细表的填报 ⋯⋯⋯⋯⋯⋯⋯⋯⋯⋯⋯⋯⋯⋯⋯⋯⋯⋯⋯⋯⋯⋯ 103
九、专项用途财政性资金纳税调整明细表的填报 ⋯⋯⋯⋯⋯⋯⋯⋯⋯⋯⋯⋯⋯⋯⋯⋯⋯ 106

第四章 扣 除 ⋯⋯⋯⋯⋯⋯⋯⋯⋯⋯⋯⋯⋯⋯⋯⋯⋯⋯⋯⋯⋯⋯⋯⋯⋯⋯⋯⋯⋯⋯⋯⋯ 109

第一节 政策概要 ⋯⋯⋯⋯⋯⋯⋯⋯⋯⋯⋯⋯⋯⋯⋯⋯⋯⋯⋯⋯⋯⋯⋯⋯⋯⋯⋯⋯⋯⋯⋯⋯ 109
第二节 要点难点 ⋯⋯⋯⋯⋯⋯⋯⋯⋯⋯⋯⋯⋯⋯⋯⋯⋯⋯⋯⋯⋯⋯⋯⋯⋯⋯⋯⋯⋯⋯⋯⋯ 110
一、税前扣除的总体规定 ⋯⋯⋯⋯⋯⋯⋯⋯⋯⋯⋯⋯⋯⋯⋯⋯⋯⋯⋯⋯⋯⋯⋯⋯⋯⋯⋯ 110
1. 允许税前扣除的项目 ⋯⋯⋯⋯⋯⋯⋯⋯⋯⋯⋯⋯⋯⋯⋯⋯⋯⋯⋯⋯⋯⋯⋯⋯⋯⋯⋯⋯ 110
2. 税前扣除的原则 ⋯⋯⋯⋯⋯⋯⋯⋯⋯⋯⋯⋯⋯⋯⋯⋯⋯⋯⋯⋯⋯⋯⋯⋯⋯⋯⋯⋯⋯⋯ 111
二、成本 ⋯⋯⋯⋯⋯⋯⋯⋯⋯⋯⋯⋯⋯⋯⋯⋯⋯⋯⋯⋯⋯⋯⋯⋯⋯⋯⋯⋯⋯⋯⋯⋯⋯⋯⋯ 112
3. 成本的概念 ⋯⋯⋯⋯⋯⋯⋯⋯⋯⋯⋯⋯⋯⋯⋯⋯⋯⋯⋯⋯⋯⋯⋯⋯⋯⋯⋯⋯⋯⋯⋯⋯ 112
4. 税法成本的概念和会计有何差异 ⋯⋯⋯⋯⋯⋯⋯⋯⋯⋯⋯⋯⋯⋯⋯⋯⋯⋯⋯⋯⋯⋯⋯ 112
5. 成本的扣除 ⋯⋯⋯⋯⋯⋯⋯⋯⋯⋯⋯⋯⋯⋯⋯⋯⋯⋯⋯⋯⋯⋯⋯⋯⋯⋯⋯⋯⋯⋯⋯⋯ 112
三、开办费 ⋯⋯⋯⋯⋯⋯⋯⋯⋯⋯⋯⋯⋯⋯⋯⋯⋯⋯⋯⋯⋯⋯⋯⋯⋯⋯⋯⋯⋯⋯⋯⋯⋯⋯ 113
6. 新办企业发生的开办费如何税前扣除 ⋯⋯⋯⋯⋯⋯⋯⋯⋯⋯⋯⋯⋯⋯⋯⋯⋯⋯⋯⋯⋯ 113
7. 企业在筹建期间发生的业务招待费、广告费和业务宣传费,如何税前扣除 ⋯⋯⋯⋯ 113

四、工资薪金支出 ······ 114

- 8. 工资薪金的基本规定 ······ 114
- 9. 工资薪金的概念 ······ 114
- 10. 工资薪金税前扣除条件 ······ 116
- 11. 公司雇用季节工、临时工、实习生发生的支出，如何计算扣除 ······ 117
- 12. 企业雇用返聘离退休人员的支出，如何税前扣除 ······ 117
- 13. 劳务派遣用工支出，如何税前扣除 ······ 118
- 14. 企业与职工解除劳动合同，支付的一次性补偿金如何税前扣除 ······ 118
- 15. 当年未发放的工资，是否能税前扣除 ······ 119
- 16. 职工住房补贴能否计入工资总额在税前扣除 ······ 120
- 17. 公司的工资制度规定对在职员工每月补贴交通费150元，与工资一并发放，应作为福利费还是工资薪金支出税前扣除 ······ 120

五、保险费 ······ 120

- 18. 保险费的扣除标准 ······ 120
- 19. 企业为职工支付的基本养老保险费、基本医疗保险费、失业保险费、工伤保险费、生育保险费等基本社会保险费如何税前扣除 ······ 121
- 20. 企业为员工支付的住房公积金如何税前扣除 ······ 121
- 21. 为子公司员工缴纳社保和住房公积金能否税前扣除 ······ 122
- 22. 企业缴纳的补充养老保险、补充医疗保险如何税前扣除 ······ 122
- 23. 企业为退休人员缴纳的补充养老保险、补充医疗保险能否税前扣除 ······ 122
- 24. 大病医疗保险能否在企业所得税税前扣除 ······ 123
- 25. 单位给员工购买人身意外险、人身安全保险的费用能否税前扣除 ······ 123
- 26. 为全体职工投保家庭财产安全险可否在税前扣除 ······ 124
- 27. 企业财产保险费可否税前扣除 ······ 124
- 28. 企业缴纳的责任险能否税前扣除 ······ 124
- 29. 存款保险相关支出是否允许税前扣除 ······ 124

六、利息支出 ······ 125

- 30. 利息支出税前扣除标准 ······ 125
- 31. 企业取得商业承兑汇票，到开户银行票据贴现，银行贴现利息高于同期银行承兑汇票的贴现利息，利息支出能否全额税前扣除 ······ 126
- 32. 关联方借款的利息支出如何税前扣除 ······ 126
- 33. 向股东借款的利息支出如何扣除 ······ 127
- 34. 企业向与企业无关的自然人借款的利息支出，税前扣除时是否需要合法票据 ······ 127
- 35. 投资未到位而发生的利息支出是否可以税前扣除 ······ 127
- 36. 实行统借统还办法的企业资金拆借利息能否在税前扣除 ······ 128

七、汇兑损失 ······ 128

- 37. 由于汇率变动，期末根据实际汇率调整形成的未实现汇兑损益，是否进行纳税调整 ······ 128

八、职工福利费 ······ 129

- 38. 职工福利费的基本规定 ······ 129
- 39. 职工福利费的范围 ······ 129

40. 为员工支付取暖费能否税前扣除 ·· 130
41. 公司给员工发放的购买口罩的费用,能否进行企业所得税税前扣除 ·· 130
42. 企业统一给员工体检,发生的费用能否税前扣除 ·· 130
43. 企业员工服饰费用支出是否可以税前扣除 ·· 131
44. 企业为员工提供集体宿舍或报销物业费的支出,能否税前扣除 ·· 131
45. 企业以现金形式发放的职工餐补是否可以税前扣除 ·· 131
46. 负担员工伙食费能否税前扣除 ·· 131
47. 企业不同情形下发生的餐费,如何税前扣除 ·· 132
48. 企业发生的丧葬补助费未取得发票,能否税前扣除 ··· 134
49. 工伤赔偿支出,如何税前扣除 ··· 134
50. 为员工报销的医药费,能否计入职工福利费税前扣除 ··· 135
51. 以发票形式报销的供养直系亲属医疗费用,能否计入职工福利费税前扣除 ····························· 135
52. 报销以前年度员工医疗费,能否税前扣除 ··· 136

九、工会经费 ·· 136

53. 工会经费的来源及扣除标准 ·· 136
54. 工会经费扣除时需要什么凭证 ··· 136
55. 劳务派遣人员直接参加用工单位工会,用工单位缴纳的劳务派遣人员工会经费能否税前
    扣除 ··· 137
56. 以前年度未拨缴的工会经费,能否税前扣除 ··· 138

十、党组织经费 ·· 138

57. 企业党组织工作经费,能否税前扣除 ·· 138

十一、职工教育经费 ··· 139

58. 职工教育经费的范围 ·· 139
59. 职工教育经费扣除标准 ··· 139
60. 已计提未实际使用的职工教育经费,是否可以税前扣除 ·· 140
61. 职工异地培训涉及的交通费、餐费、住宿费,是计入职工教育经费还是差旅费 ······················· 140
62. 企业高层管理人员的境外培训和考察,是否计入职工教育经费税前扣除 ······························· 141
63. 员工接受继续教育的学费,可以税前扣除吗 ·· 141

十二、业务招待费 ·· 141

64. 业务招待费的范围 ··· 141
65. 业务招待费的扣除标准 ··· 142
66. 企业业务招待费扣除相关规定所说的销售(营业)收入包括哪些 ·· 142
67. 不是专门从事股权投资业务的企业,从被投资企业所分配的股息、红利以及股权转让收入,
    能否作为计算业务招待费的基数 ··· 143
68. 公司与客户一起出差考察业务,为客户报销的机票等费用是否允许税前扣除 ························ 143
69. 分支结构的福利费、教育经费、对外公益捐赠和业务招待费等费用扣除额如何计算 ··············· 144

十三、会议费 ··· 144

70. 会议费开支包括什么 ·· 144
71. 企业未将会议费、差旅费等与业务招待费严格区分,取得发票上笼统开具会务费或会议费,
    因涉及业务招待费的扣除标准问题,所得税税前扣除如何掌握 ·· 144

72. 会议费扣除还需要哪些凭证及证明材料 ············ 145

十四、广告费和业务宣传费 ············ 145

73. 广告费和业务宣传费的扣除标准 ············ 145
74. 广告费、业务宣传费扣除相关规定中所说的销售（营业）收入，与业务招待费是否一致 ······ 146
75. 签订分摊协议的企业，广告费和业务宣传费如何扣除 ············ 147
76. 企业为宣传本企业的产品或服务，通过第三方平台进行宣传，第三方平台公司收取的开票内容为信息推广服务费的支出，是作为信息服务费扣除，还是作为广告费和业务宣传费税前扣除 ············ 147

十五、佣金、手续费 ············ 148

77. 手续费及佣金支出扣除的一般规定 ············ 148
78. 特殊行业手续费佣金支出扣除规定 ············ 148
79. 财税〔2009〕29 号文中规定"佣金限额"为所签订服务协议或合同确认的收入金额的 5%，应按照单个合同确认佣金限额，还是按全年所有涉及的合同总收入确认全年佣金总限额 ············ 149
80. 与代理商签订的合同或协议中并无收入约定，该佣金限定的扣除标准的计算基数如何确定 ············ 149

十六、租赁费 ············ 149

81. 租赁费如何税前扣除 ············ 149
82. 企业由于资金困难，无法支付今年的租金，经与出租方协商，约定明年一并支付，该笔租金能否在所得税前扣除，如何扣除 ············ 150
83. 员工开私家车外出办公产生的燃油费、过路费、停车费如何处理 ············ 151

十七、集团母子公司之间的管理费、服务费 ············ 151

84. 母子公司之间的管理费是否可以税前扣除 ············ 151
85. 国外母公司给中国境内子公司定期提供行业状况、发展动态等商业信息，母公司向子公司收取的服务费可否在税前扣除 ············ 151

十八、公益性捐赠 ············ 152

86. 公益性捐赠支出如何扣除 ············ 152
87. 公益性捐赠税前扣除有关事项概述 ············ 152
88. 公益性捐赠税前扣除资格确认有关衔接事项 ············ 154
89. 哪些特定事项的捐赠，可以据实全额税前扣除 ············ 154
90. 既有以前年度结转公益性捐赠支出，又有当年新发生公益性捐赠支出的，如何扣除 ············ 155
91. 公益性社会团体的税前扣除资格应当如何确认 ············ 156
92. 企业所得税对公益性捐赠票据有哪些规定 ············ 157
93. 应对疫情的公益性捐赠，是否可以全额扣除 ············ 158
94. 公益性股权捐赠在企业所得税上如何处理 ············ 158
95. 企业向境外的社会组织实施股权捐赠的，是否可以按财税〔2016〕45 号文件规定进行企业所得税处理 ············ 159
96. 公益性捐赠税前扣除资格名单 ············ 159

十九、税金、罚款、滞纳金 ············ 162

97. 企业发生的哪些税金可以在企业所得税税前扣除 ············ 162

98. 税务稽查补缴的城建税和教育附加费能否在企业所得税申报时税前扣除 …………… 162
99. 企业车辆因违章缴纳罚款取得的票据可否税前扣除 ……………………………… 162
100. 税收滞纳金是否可以税前扣除 …………………………………………………… 163
101. 相关文件规定"税收滞纳金"不得税前扣除,但延期交社保滞纳金是否可以税前扣除 …… 163

二十、税前扣除凭证

102. 税前扣除凭证概述 ………………………………………………………………… 163
103. 新企业未成立前发生筹建费用,取得抬头为出资方的税前扣除凭证,新企业成立后,能否作为新企业开办费税前扣除 ……………………………………………………… 165
104. 企业购买的防护物资如口罩、防护服、消毒液等,无法取得发票的,能否在税前扣除…… 165
105. 国家税务总局公告2018年第28号中规定的"小额零星业务"判断标准什么 …… 166
106. 企业为员工做核酸检测费用进行报销,员工取得的是个人名字抬头门诊收费票据,票据有财政部监制章,可以作为企业税前扣除凭证吗 ………………………………………… 167
107. 收到的商场发票,上面品名开具"预付卡",能否做税前列支 ……………………… 167
108. 个人抬头票据是否可以税前扣除 ………………………………………………… 168
109. 收到加油站、超市开具的卷筒发票未加盖发票专用章,能否税前扣除 …………… 169
110. 公司员工出国考察期间取得的国外票据,能否税前扣除 ………………………… 169
111. 集团公司与子公司等共同发生的住宿费、会议费等能否使用分割单作为扣除凭证 …… 169
112. 企业取得的增值税专用发票丢失,可否用开票企业的发票记账联复印件作为税前扣除凭证 ……………………………………………………………………………… 169
113. 企业当年度实际发生的相关成本、费用,由于各种原因未能及时取得该成本、费用等有效凭证的,在企业所得税季度预缴和汇算清缴时,应分别如何处理 …………… 170

二十一、其他

114. 企业取得免税收入对应发生的成本、费用可以在税前扣除吗 …………………… 170
115. 不征税收入用于支出所形成的费用,是否可以在企业所得税税前扣除 ………… 170
116. 企业缴纳的政府性基金和行政事业性收费是否可以在企业所得税前扣除 ……… 171
117. 电商向顾客发的红包能否所得税税前扣除 ……………………………………… 171
118. 某公司向境外企业支付费用,合同约定境外企业不承担境内增值税和附加税以及预提企业所得税,境外企业按照收到的实际收入即不含税的金额开具发票,企业承担的相应税费能否税前扣除 ………………………………………………………………………… 172

第三节 税法与会计的差异 ……………………………………………………… 172

一、职工薪酬方面税法与会计的差异 ………………………………………………… 172
二、费用方面税法与会计的差异 ……………………………………………………… 173

第四节 申报实务 …………………………………………………………………… 174

一、申报表概况及变化 ………………………………………………………………… 174
二、一般企业成本支出明细表的填报 ………………………………………………… 174
三、金融企业支出明细表的填报 ……………………………………………………… 178
四、事业单位、民间非营利组织支出明细表的填报 ………………………………… 181
五、期间费用明细表的填报 …………………………………………………………… 182
六、纳税调整项目明细表的填报(节选) …………………………………………… 185
七、视同销售(营业)成本的填报 …………………………………………………… 191

八、职工薪酬支出及纳税调整明细表的填报 192
九、广告费和业务宣传费等跨年度纳税调整明细表的填报 197
十、捐赠支出及纳税调整明细表的填报 200

第五章 资产的税务处理 206
第一节 政策概要 206
第二节 要点难点 207
一、固定资产 207
1. 税法所指的固定资产包括什么 207
2. 企业以不同方式取得的固定资产,其计税依据分别是什么 207
3. 因机器检修暂时停产,停产期间发生的固定资产折旧可以税前扣除吗 208
4. 企业购入已使用的固定资产,折旧如何税前扣除 208
5. 企业建成的房屋已经开始使用,但是工程款中有些发票还没拿到,如何计提折旧 209
6. 公司以融资租赁方式租入的500万元以下的机器设备,目前可以在税前一次性扣除吗 210
7. 企业新购进固定资产,满足什么条件可以税前一次性扣除 210
8. 中小微企业固定资产扣除政策是如何规定的 211
9. 2023年中小微企业还可以享受"500万元以上按照单位价值的一定比例自愿选择在企业所得税税前扣除"的政策吗 212
10. 高新技术企业固定资产扣除政策是如何规定的 212
11. 高新技术企业享受固定资产优惠政策的,固定资产购置时点如何确认 212
12. 高新技术企业如何享受固定资产相关优惠政策 212
13. 如何理解"新购进的设备、器具,单位价值不超过500万元的,允许一次性计入当期成本费用在计算应纳税所得额时扣除"中的"新购进" 213
14. 企业新购进的固定资产,能否享受加速折旧政策 213
15. 新购置并使用固定资产时,按主营业务收入占比确定企业所属行业,若以后年度发生变化,能否继续享受固定资产加速折旧的优惠政策 214
16. 企业对房屋、建筑物固定资产在未足额提取折旧前进行改扩建的,如何计提折旧 215
17. 企业购进的固定资产,是否需要提取残值 215
18. 软件企业为扩大生产,用增值税即征即退的税款购进的设备能否计提折旧 216
19. 企业对采用成本模式计量和公允价值模式计量的投资性房地产,如何进行税务处理 216
二、生产性生物资产 217
20. 税法对生产性生物资产主要有哪些规定 217
21. 公司自行营造或繁殖的生产性生物资产如何税前扣除 217
22. 生产性生物资产收获的农产品,如水果、牛奶等,如何确定其成本 218
三、无形资产 218
23. 税法对无形资产主要有哪些规定 218
24. 商誉是否属于无形资产,能否进行税前扣除 218
25. 企业受让的无形资产,约定使用年限为5年,是否也需要按10年来进行摊销 219
26. 公司取得土地使用权,作为无形资产核算,受益年限40年,该土地使用权是否可以按照10年

　　　　扣除 ……………………………………………………………………………… 219
　　27. 企业新购进的无形资产可以加速摊销或一次性摊销吗 …………………… 220
　四、存货 ……………………………………………………………………………… 221
　　28. 税法对存货的规定主要有哪些 ……………………………………………… 221
　　29. 企业估价入账的原材料对应的成本,可否税前扣除 ……………………… 221
　五、长期待摊费用 …………………………………………………………………… 221
　　30. 企业对租入的房屋进行装修发生的费用支出,如何进行摊销 …………… 221
　　31. 企业由于战略调整,关闭部分租赁的店铺,账面上未摊销完的店铺装修费用,企业应如何
　　　　处理 ……………………………………………………………………………… 222
　　32. 企业开(筹)办费是否需要作为长期待摊费用摊销扣除 …………………… 222
　　33. 企业修理固定资产的支出如何税前扣除 …………………………………… 222
　六、投资资产 ………………………………………………………………………… 223
　　34. 企业的投资资产如何进行税前扣除 ………………………………………… 223
　七、资产损失 ………………………………………………………………………… 224
　　35. 企业发生的资产损失申报扣除还需要备案吗 ……………………………… 224
　　36. 企业发生的各项损失,需要企业留存备查的资料包括哪些 ……………… 224
　　37. 企业以前年度发生的资产损失,因各种原因未能在发生当年准确计算并按期扣除的,如何
　　　　处理 ……………………………………………………………………………… 226
　　38. 企业计提的存货跌价准备和资产减值损失可以税前扣除吗 ……………… 227
　　39. 企业自制的资产盘点表,能否作为资产损失扣除的证据 ………………… 227
　　40. 企业的固定资产和存货发生损失(盘亏、毁损、报废、被盗),可以税前扣除的损失额如何
　　　　确定 ……………………………………………………………………………… 228
　　41. 被投资企业破产,2020 年完成清算,2021 年取得注销文件,如何界定损失扣除时间 ……… 229
　　42. 一直挂在坏账损失的应收账款,已确认无法收回的情况下,企业所得税税前扣除要满足什么
　　　　条件 ……………………………………………………………………………… 230
　　43. 公司替别的公司担保,因贷款到期被担保公司无力偿还,且追索无效造成公司损失,该损失
　　　　可否税前扣除 …………………………………………………………………… 231
　　44. 公司两年前发生产品被盗案件,至今仍未破案,该损失能否向税务机关申报税前扣除 ……… 231
　　45. 集团内企业间无偿拆借资金是否可以作为往来款项,按照应收和预付款损失税前扣除 …… 232
第三节　税法和会计的差异 ………………………………………………………… 232
　一、固定资产方面税法和会计的差异 ……………………………………………… 232
　二、生产性生物资产方面税法和会计的差异 ……………………………………… 235
　三、无形资产方面税法和会计的差异 ……………………………………………… 235
　四、存货方面税法和会计的差异 …………………………………………………… 236
　五、资产损失方面税法和会计的差异 ……………………………………………… 236
第四节　申报实务 …………………………………………………………………… 237
　一、申报表概况及变化 ……………………………………………………………… 237
　二、纳税调整项目明细表的填报 …………………………………………………… 238
　三、资产折旧、摊销及纳税调整明细表的填报 …………………………………… 240
　四、资产损失税前扣除及纳税调整明细表的填报 ………………………………… 252

第六章　应纳税额 — 259

第一节　政策概要 — 259
第二节　要点难点 — 261

一、应纳税额 — 261
- 1. 什么是企业应纳税所得额 — 261
- 2. 企业应纳税所得额的确认原则是什么 — 261
- 3.《企业所得税法》规定的企业所得税的税率是多少 — 261
- 4. 什么是企业所得税应纳税额 — 262

二、境外所得抵扣税额 — 263
- 5. 企业境外所得的税收抵免是指什么 — 263
- 6. 境外所得抵免税额如何计算 — 264
- 7. 企业对外签订的合同如约定税款由境内企业承担,计算税款时如何处理 — 267
- 8. 企业境外所得税收抵免方式有哪些 — 267
- 9. 在中国境内设立机构、场所的非居民企业,在境外一国(地区)当年缴纳和间接负担的符合规定的所得税额超过抵免限额的余额,可否结转后期抵免 — 269
- 10. 某企业为享受经营性文化事业单位转制免税优惠的纳税人,其从境外取得的所得是否免征企业所得税 — 270

第三节　申报实务 — 270
一、境外所得税收抵免明细表的填报 — 270
二、境外所得纳税调整后所得明细表的填报 — 274
三、境外分支机构弥补亏损明细表的填报 — 277
四、跨年度结转抵免境外所得税明细表的填报 — 278
五、企业所得税年度纳税申报表(A类)的填报 — 281
六、企业所得税年度纳税申报表(B类)的填报 — 288

第七章　亏损弥补 — 295

第一节　政策概要 — 295
第二节　要点难点 — 296

- 1. 企业发生的亏损向以后年度结转的年限为多久 — 296
- 2. 企业筹办期间发生的筹办费用支出是否可以计算为当期亏损 — 297
- 3. 企业在季度预缴所得税时,可以弥补以前年度亏损吗 — 297
- 4. 公司平时有预缴所得税,年底应纳税所得额为负数,怎样汇算清缴 — 299
- 5. 企业清算时,是否可以弥补以前年度亏损 — 299
- 6. 企业符合特殊性重组处理规定的,企业的亏损能否结转弥补,如何计算弥补额 — 299
- 7. 企业境外营业机构的亏损,能否用境内营业机构的盈利进行弥补 — 300
- 8. 企业搬迁,存在以前年度尚未弥补亏损,亏损结转年度可以暂停计算吗 — 300
- 9. 合伙企业的合伙人是法人,在计算企业所得税时能否用合伙企业的亏损抵减其盈利 — 301
- 10. 企业由查账征收改为核定征收方式后,能否弥补以前年度亏损 — 301

11. 企业由查账征收改为核定征收方式后,以后年度若再转为查账征收,能否弥补以前年度亏损 ········ 302
12. 税务机关对企业以前年度纳税情况进行检查时调增的应纳税所得额可否弥补以前年度亏损 ········ 303
13. 某企业 2015 年度企业所得税申报显示发生亏损,2016 至 2019 年均盈利但未弥补该亏损。2020 年度盈利,企业能否用 2020 年度实现的盈利直接弥补 2015 年度亏损 ········ 303

第三节　申报实务——企业所得税弥补亏损明细表的填报 ········ 303

第八章　税收优惠 ········ 311

第一节　政策概要 ········ 311
第二节　要点难点 ········ 318

一、小型微利企业 ········ 318
1. 小型微利企业可以享受哪些税收优惠 ········ 318
2. 什么是小型微利企业 ········ 319
3. "小型微利企业"和"小微企业"两者之间有什么不同 ········ 320
4. 年度中间开业的企业,企业实际经营期如何确定 ········ 320
5. 享受小型微利企业所得税优惠政策的程序是什么?是否要到税务机关办理相关手续 ········ 321
6. 企业预缴时享受了小型微利企业所得税优惠,汇算清缴时发现不符合小型微利企业条件的如何处理 ········ 321
7. 企业一季度预缴所得税时,不符合小微企业条件,缴纳了企业所得税,但二季度符合小微企业条件,则一季度预缴的企业所得税能否在二季度办理退税 ········ 321
8. 选择核定征收方式缴纳企业所得税的小型微利企业能否享受企业所得税优惠 ········ 322
9. 非居民企业能否享受小型微利企业所得税优惠 ········ 322

二、高新技术企业 ········ 322
10. 高新技术企业所得税优惠的基本规定是什么 ········ 322
11. 高新技术企业的认定标准有哪些 ········ 323
12. 高新技术企业的认定流程是什么 ········ 324
13. 高新技术企业纳税申报所属年度的研发费用占比达不到要求,能否享受高新技术企业优惠政策 ········ 325
14. 哪些行为会导致取消高新技术企业资格?被取消资格的企业,已享受的高新技术企业税收优惠如何处理 ········ 325
15. 高新技术企业资格期满后,未重新认定前如何申报纳税 ········ 326
16. 企业何时可以开始享受高新技术企业所得税优惠 ········ 326
17. 高新技术企业境外所得如何缴纳企业所得税 ········ 327
18. 单位既是高新技术企业,又符合小型微利企业标准,是否可以同时享受高新技术企业和小型微利企业所得税的税收优惠 ········ 327
19. 公司 2020 年被认定为高新技术企业,2013 年发生的未弥补完的亏损可以继续弥补吗 ········ 327
20. 公司 2019 年是高新技术企业资格有效期的最后一年,2020 年未重新取得高新技术企业资格证书,那么 2018 年度的亏算如何结转弥补,是向后结转 5 年还是 10 年 ········ 328

三、免税收入 … 328
21. 企业所得税免税收入有哪些 … 328
22. 什么是符合条件的非营利组织？非营利组织的免税收入包括什么 … 329
23. 非营利性组织为政府机构提供培训服务收取的费用是否需要缴纳企业所得税 … 330
24. 非营利组织取得的免税收入孳生的利息是否征收企业所得税 … 331
25. 哪些利息收入可以免征企业所得税 … 331
26. 免征企业所得税的股息红利需要满足哪些条件 … 331
27. "符合条件的居民企业之间股息、红利等权益性投资收益免征企业所得税"中的条件具体指什么 … 332

四、农、林、牧、渔业 … 332
28. 农、林、牧、渔业项目的哪些收入可以免征企业所得税 … 332
29. 农、林、牧、渔业项目的哪些收入可以减半征收企业所得税 … 333
30. 采用"公司＋农户"经营模式从事农、林、牧、渔业项目生产的企业，可以享受税收优惠吗 … 334
31. 企业从农业生产者手中购入农产品后销售，可以享受税收优惠吗 … 334
32. 企业接受委托进行农产品初加工，收取的加工费可以享受税收优惠吗 … 335

五、技术转让所得 … 335
33. 技术转让所得优惠的基本规定是什么 … 335
34. 享受减免企业所得税优惠的技术转让应符合什么条件 … 336
35. 享受优惠的技术转让范围是什么 … 336
36. 符合条件的技术转让所得如何计算 … 337
37. 享受技术转让税收优惠的企业应留存哪些资料 … 338
38. 选择核定征收企业所得税的纳税人能否享受技术转让所得税优惠 … 338
39. 企业的技术转让合同未登记，能否享受技术转让所得的优惠政策 … 338
40. 非居民企业可以享受技术转让所得的优惠政策吗 … 339
41. 企业以技术成果投资入股，可以选择享受哪些企业所得税优惠政策 … 339
42. 哪些企业可以享受技术转让所得免征额2 000万元的税收优惠政策 … 340

六、研发费用加计扣除 … 340
43. 研发费用加计扣除的基本规定 … 340
44. 可作为研发费用加计扣除的人员人工费用如何界定 … 342
45. 可作为研发费用加计扣除的直接投入费用如何界定 … 342
46. 可作为研发费用加计扣除的折旧费用如何界定 … 343
47. 可作为研发费用加计扣除的无形资产摊销费用如何界定 … 343
48. 可作为研发费用加计扣除的新产品设计费、新工艺规程制定费、新药研制的临床试验费、勘探开发技术的现场试验费如何界定 … 344
49. 可作为研发费用加计扣除的其他相关费用如何界定 … 344
50. 不适用研发费用加计扣除政策的行业有哪些 … 345
51. 制造业企业发生的研发费用，如何在税前加计扣除 … 345
52. 科技型中小企业的研发费用，如何在税前加计扣除 … 346
53. 企业委托境内机构或个人进行研发活动所发生的费用，如何在税前加计扣除 … 347
54. 企业委托境外进行研发活动所发生的费用，如何在税前加计扣除 … 348

55. 企业集团集中研发发生的研发费用,如何在税前加计扣除 ………………………… 348
56. 创意设计活动发生的相关费用,能否享受企业所得税前加计扣除 …………… 349
57. 企业享受研发费用加计扣除,需要事先备案吗 ………………………………… 349
58. 企业在预缴阶段享受研发费用税前加计扣除,需满足哪些要求 ……………… 349
59. 研发活动失败了,研发活动中发生的费用能否享受加计扣除政策 …………… 349
60. 适用核定征收的企业能否享受研发费用加计扣除 …………………………… 349

七、安置残疾人工资加计扣除 ……………………………………………………… 350

61. 可以享受工资加计扣除的残疾人员的范围是什么 …………………………… 350
62. 享受残疾人工资加计扣除的企业,是否具有行业限制 ………………………… 350
63. 企业安置残疾人员支付工资如何加计扣除 …………………………………… 350
64. 以劳务派遣形式安置的残疾人,如何享受残疾人工资加计扣除 ……………… 351
65. 企业未足额为安置的残疾人缴纳社会保险,可以享受残疾人工资加计扣除吗 … 351
66. 企业以现金发放的残疾人工资,可以享受残疾人工资加计扣除吗 …………… 351
67. 亏损企业是否可以享受残疾人工资加计扣除 ………………………………… 352
68. 所得税预缴申报时就可以享受残疾人工资加计扣除吗 ……………………… 352

八、集成电路企业和软件企业 ……………………………………………………… 352

69. 集成电路企业和软件企业可以享受哪些企业所得税税收优惠 ……………… 352
70. 集成电路企业和软件企业享受企业所得税税收优惠,优惠期如何计算 ……… 353
71. 集成电路企业或项目、软件企业,同时符合多项定期减免税优惠政策条件的,如何适用优惠 …………………………………………………………………………… 353
72. 45号公告自2020年1月1日起执行,企业是否必须2020年后获利或者取得第一笔生产经营收入,才能享受优惠 ……………………………………………………… 354
73. 45号公告自2020年1月1日起执行,某符合条件的软件企业2015年开始获利,已享受两免三减半优惠,能否自2020年起重新再享受一次两免三减半优惠 ……… 354
74. 符合45号公告第一条至第四条规定但不符合原有政策规定的企业或项目,在2019年(含)之前已进入优惠期的,如何享受税收优惠 ………………………………… 354
75. 45号公告执行以后,企业不符合新规定,还能否继续享受原有集成电路和软件产业所得税优惠政策 ……………………………………………………………………… 355
76. 同时适用45号公告所得税优惠的集成电路企业和软件企业,新旧优惠政策如何衔接 …… 355
77. 集成电路企业和软件企业享受所得税优惠的方式是什么 …………………… 356

九、西部大开发 ……………………………………………………………………… 357

78. 设在西部地区的鼓励类产业企业,有哪些企业所得税优惠 ………………… 357
79. 《西部地区鼓励类产业目录》中的鼓励类产业包括哪些 ……………………… 357
80. 在优惠地区内外分别设有机构的企业,如何享受西部大开发企业所得税优惠 … 358
81. 既符合西部大开发15%税率优惠条件,又符合《企业所得税法实施条例》第八十六条、第八十七条、第八十八条、第九十条规定的可减半征收企业所得税的优惠条件,两种优惠是否可以叠加享受 ……………………………………………………… 358
82. 企业既符合西部大开发优惠政策条件,也符合小型微利企业减征所得税政策条件,如何适用 …………………………………………………………………………… 358
83. 申报享受西部大开发企业所得税优惠政策,需要到税务机关备案吗 ……… 359

84. 申报享受西部大开发企业所得税优惠政策需要留存什么资料,留存多长时间 ⋯⋯⋯⋯ 359
85. 企业预缴申报企业所得税时,能享受西部大开发企业所得税优惠政策吗 ⋯⋯⋯⋯⋯⋯ 359
86. 企业享受西部大开发企业所得税优惠后,发现不符合优惠事项规定条件,如何处理 ⋯⋯ 359
87. 房地产开发企业能否享受西部大开发税收优惠政策 ⋯⋯⋯⋯⋯⋯⋯⋯⋯⋯⋯⋯⋯⋯⋯ 360

十、海南自由贸易港 ⋯⋯⋯⋯⋯⋯⋯⋯⋯⋯⋯⋯⋯⋯⋯⋯⋯⋯⋯⋯⋯⋯⋯⋯⋯⋯⋯⋯⋯⋯⋯⋯⋯ 360
88. 海南自由贸易港有哪些企业所得税税收优惠 ⋯⋯⋯⋯⋯⋯⋯⋯⋯⋯⋯⋯⋯⋯⋯⋯⋯⋯ 360
89. 海南自由贸易港鼓励类产业目录包括哪些 ⋯⋯⋯⋯⋯⋯⋯⋯⋯⋯⋯⋯⋯⋯⋯⋯⋯⋯⋯ 361
90. 不能准确判定企业主营业务是否属于《海南自由贸易港鼓励类产业目录》,如何处理 ⋯ 361
91. 如何判定鼓励类产业企业实际管理机构是否设在海南自由贸易港 ⋯⋯⋯⋯⋯⋯⋯⋯⋯ 361
92. 在海南自由贸易港内外分别设有机构的鼓励类企业,如何适用减按15%的税率征收企业
    所得税的优惠 ⋯⋯⋯⋯⋯⋯⋯⋯⋯⋯⋯⋯⋯⋯⋯⋯⋯⋯⋯⋯⋯⋯⋯⋯⋯⋯⋯⋯⋯⋯⋯⋯ 362
93. 可免征企业所得税的旅游业、现代服务业、高新技术产业企业新增境外直接投资所得,应
    如何界定 ⋯⋯⋯⋯⋯⋯⋯⋯⋯⋯⋯⋯⋯⋯⋯⋯⋯⋯⋯⋯⋯⋯⋯⋯⋯⋯⋯⋯⋯⋯⋯⋯⋯⋯ 362
94. 海南自由贸易港所得税优惠政策的享受时间及备查资料是什么 ⋯⋯⋯⋯⋯⋯⋯⋯⋯⋯ 363

十一、其他税收优惠 ⋯⋯⋯⋯⋯⋯⋯⋯⋯⋯⋯⋯⋯⋯⋯⋯⋯⋯⋯⋯⋯⋯⋯⋯⋯⋯⋯⋯⋯⋯⋯⋯ 363
95. 企业持有 2019—2023 年发行的铁路债券,在 2023 年以后年度取得利息收入的,可以享受
    减半征税优惠吗 ⋯⋯⋯⋯⋯⋯⋯⋯⋯⋯⋯⋯⋯⋯⋯⋯⋯⋯⋯⋯⋯⋯⋯⋯⋯⋯⋯⋯⋯⋯⋯ 363
96. 社区养老、托育、家政等服务机构,如何享受企业所得税税收优惠 ⋯⋯⋯⋯⋯⋯⋯⋯⋯ 363
97. 从事污染防治的第三方企业,如何享受企业所得税税收优惠 ⋯⋯⋯⋯⋯⋯⋯⋯⋯⋯⋯ 364

第三节 税法和会计的差异 ⋯⋯⋯⋯⋯⋯⋯⋯⋯⋯⋯⋯⋯⋯⋯⋯⋯⋯⋯⋯⋯⋯⋯⋯⋯⋯⋯⋯⋯ 365
第四节 申报实务 ⋯⋯⋯⋯⋯⋯⋯⋯⋯⋯⋯⋯⋯⋯⋯⋯⋯⋯⋯⋯⋯⋯⋯⋯⋯⋯⋯⋯⋯⋯⋯⋯⋯ 365
一、申报表概况及变化 ⋯⋯⋯⋯⋯⋯⋯⋯⋯⋯⋯⋯⋯⋯⋯⋯⋯⋯⋯⋯⋯⋯⋯⋯⋯⋯⋯⋯⋯ 365
二、免税、减计收入及加计扣除优惠明细表的填报 ⋯⋯⋯⋯⋯⋯⋯⋯⋯⋯⋯⋯⋯⋯⋯⋯ 369
三、符合条件的居民企业之间的股息、红利等权益性投资收益优惠明细表的填报 ⋯⋯⋯ 375
四、研发费用加计扣除优惠明细表的填报 ⋯⋯⋯⋯⋯⋯⋯⋯⋯⋯⋯⋯⋯⋯⋯⋯⋯⋯⋯⋯ 378
五、所得减免优惠明细表的填报 ⋯⋯⋯⋯⋯⋯⋯⋯⋯⋯⋯⋯⋯⋯⋯⋯⋯⋯⋯⋯⋯⋯⋯⋯ 384
六、抵扣应纳税所得额明细表的填报 ⋯⋯⋯⋯⋯⋯⋯⋯⋯⋯⋯⋯⋯⋯⋯⋯⋯⋯⋯⋯⋯⋯ 393
七、减免所得税优惠明细表的填报 ⋯⋯⋯⋯⋯⋯⋯⋯⋯⋯⋯⋯⋯⋯⋯⋯⋯⋯⋯⋯⋯⋯⋯ 396
八、高新技术企业优惠情况及明细表的填报 ⋯⋯⋯⋯⋯⋯⋯⋯⋯⋯⋯⋯⋯⋯⋯⋯⋯⋯⋯ 409
九、软件、集成电路企业优惠情况及明细表的填报 ⋯⋯⋯⋯⋯⋯⋯⋯⋯⋯⋯⋯⋯⋯⋯⋯ 413
十、税额抵免优惠明细表的填报 ⋯⋯⋯⋯⋯⋯⋯⋯⋯⋯⋯⋯⋯⋯⋯⋯⋯⋯⋯⋯⋯⋯⋯⋯ 419

第九章 非居民企业 ⋯⋯⋯⋯⋯⋯⋯⋯⋯⋯⋯⋯⋯⋯⋯⋯⋯⋯⋯⋯⋯⋯⋯⋯⋯⋯⋯⋯⋯⋯⋯⋯ 423
第一节 政策概要 ⋯⋯⋯⋯⋯⋯⋯⋯⋯⋯⋯⋯⋯⋯⋯⋯⋯⋯⋯⋯⋯⋯⋯⋯⋯⋯⋯⋯⋯⋯⋯⋯⋯ 423
第二节 重点难点 ⋯⋯⋯⋯⋯⋯⋯⋯⋯⋯⋯⋯⋯⋯⋯⋯⋯⋯⋯⋯⋯⋯⋯⋯⋯⋯⋯⋯⋯⋯⋯⋯⋯ 424
一、基本规定 ⋯⋯⋯⋯⋯⋯⋯⋯⋯⋯⋯⋯⋯⋯⋯⋯⋯⋯⋯⋯⋯⋯⋯⋯⋯⋯⋯⋯⋯⋯⋯⋯⋯⋯⋯ 424
1. 非居民企业如何判定 ⋯⋯⋯⋯⋯⋯⋯⋯⋯⋯⋯⋯⋯⋯⋯⋯⋯⋯⋯⋯⋯⋯⋯⋯⋯⋯⋯⋯ 424
2. 如何判断外国企业是否在境内设立机构、场所 ⋯⋯⋯⋯⋯⋯⋯⋯⋯⋯⋯⋯⋯⋯⋯⋯⋯ 425
3. 哪些情形下,非居民企业派遣人员在中国境内提供劳务构成在境内设立机构、场所 ⋯⋯⋯ 426

4. 非居民企业的纳税义务是什么 ·· 427
　　5. 非居民企业适用税率是多少 ·· 427
　　6. 非居民企业所得税缴纳方式有哪些 ·· 428
　　7.《企业所得税法》和《企业所得税法实施条例》规定的非居民企业有哪些特有的税收优惠 ······ 429
　　8. 非居民企业是否可以享受小型微利企业所得税优惠政策 ···························· 430
　　9. 非居民企业是否可以享受研发费用加计扣除的优惠政策 ···························· 430
　　10. 在中国境内设立机构、场所的非居民企业,在境外一国(地区)当年缴纳和间接负担的符合规定的所得税税额超过抵免限额的余额,能否结转后期抵免 ······················ 430
　二、核定征收 ·· 430
　　11. 非居民企业核定征收的具体规定是什么 ·· 430
　三、汇算清缴 ·· 432
　　12. 哪些非居民企业需要汇算清缴 ·· 432
　　13. 非居民企业汇算清缴时限是什么 ·· 432
　四、源泉扣缴 ·· 433
　　14. 哪些非居民企业适用源泉扣缴 ·· 433
　　15. 源泉扣缴的扣缴义务人如何确定 ·· 433
　　16. 企业和非居民企业签订与利息、租金特许权使用费等有关的合同或协议,如果未按照合同或协议约定的日期支付上述所得款项,如何代扣代缴企业所得税 ·················· 434
　　17. 非居民企业取得的融资租赁租金所得应如何纳税 ···································· 435
　　18. 非居民企业取得的出租不动产租金所得应如何纳税 ································ 435
　　19. 扣缴义务人对外支付股息,如何确定扣缴义务时间 ································ 435
第三节　申报实务 ··· 436
　一、非居民企业纳税申报概况 ·· 436
　二、预缴申报 ·· 436
　三、汇算清缴 ·· 445
　四、源泉扣缴 ·· 461

第十章　特别纳税调整 ·· 466
第一节　政策概要 ··· 466
第二节　重点难点 ··· 467
　一、关联业务调整 ·· 467
　　1. 如何确定关联关系 ·· 467
　　2. 关联业务的具体内容是什么 ·· 467
　　3. 关联业务调整可采用哪些合理方法 ·· 468
　　4. 在什么情形下,企业应准备同期资料 ·· 468
　　5. 同期资料的报送时间有哪些要求 ·· 469
　　6. 企业应如何保存同期资料 ·· 469
　二、转让定价管理 ·· 469
　　7. 转让定价如何进行可比性分析 ·· 469

三、预约定价安排管理 ·· 470
    8. 预约定价安排管理的具体规定是什么 ·· 470
    9. 企业预约定价安排执行期满后如何续签 ··· 470
    10. 哪些情形下,企业可不准备同期资料相应文档 ·· 470
四、成本分摊协议管理 ·· 470
    11. 成本分摊协议的具体规定是什么 ··· 470
五、受控外国企业管理 ·· 471
    12. 受控外国企业管理的具体规定是什么 ·· 471
六、资本弱化管理 ·· 471
    13. 资本弱化管理的具体规定是什么 ··· 471

第三节 关联申报申报实务 ·· 472
  一、《中华人民共和国企业年度关联业务往来报告表(2016年版)》封面填报说明 ······ 472
  二、《企业年度关联业务往来报告表填报表单》填报说明 ··································· 473
  三、《G000000 报告企业信息表》填报说明 ··· 475
  四、《G100000 中华人民共和国企业年度关联业务往来汇总表》填报说明 ··············· 480
  五、《G101000 关联关系表》填报说明 ··· 482
  六、《G102000 有形资产所有权交易表》填报说明 ··· 484
  七、《G103000 无形资产所有权交易表》填报说明 ··· 487
  八、《G104000 有形资产使用权交易表》填报说明 ··· 489
  九、《G105000 无形资产使用权交易表》填报说明 ··· 491
  十、《G106000 金融资产交易表》填报说明 ·· 493
  十一、《G107000 融通资金表》填报说明 ··· 496
  十二、《G108000 关联劳务表》填报说明 ··· 497
  十三、《G109000 权益性投资表》填报说明 ·· 500
  十四、《G110000 成本分摊协议表》填报说明 ··· 501
  十五、《G111000 对外支付款项情况表》填报说明 ··· 502
  十六、《G112000 境外关联方信息表》填报说明 ·· 504
  十七、《G113010 年度关联交易财务状况分析表(报告企业个别报表信息)》填报
      说明 ·· 505
  十八、《G113020 年度关联交易财务状况分析表(报告企业合并报表信息)》填报
      说明 ·· 506
  十九、G114010《国别报告——所得、税收和业务活动国别分布表》填报说明 ········· 507
  二十、G114020《国别报告——跨国企业集团成员实体名单》填报说明 ················ 511
  二十一、G114030《国别报告——附加说明表》填报说明 ································· 511
  二十二、案例讲解 ·· 514

第十一章 征收管理 ·· 518
第一节 政策概要 ·· 518
第二节 要点难点 ·· 519

一、居民企业纳税地点 ... 519
1. 居民企业纳税地点如何确定 ... 519
二、居民企业纳税年度 ... 519
2. 居民企业纳税年度如何确定 ... 519
三、居民企业纳税期限 ... 519
3. 居民企业纳税期限如何确定 ... 519
四、居民企业预缴申报 ... 520
4. 居民企业预缴方式有哪些 ... 520
5. 预缴申报时企业类型如何选择 ... 520
五、居民企业核定征收 ... 521
6. 哪些情形可以核定征收企业所得税 ... 521
7. 哪些情形不适用于核定征收 ... 522
8. 居民企业如何进行核定征收 ... 523
9. 关联业务不清时如何核定征收企业所得税 ... 524
10. 外国企业常驻代表机构如何核定征收 ... 524
11. 经营多业的核定征收纳税人应税所得率应如何确定 ... 525
12. 跨境电子商务综合试验区零售出口核定征收有哪些特殊规定 ... 525
13. 转让限售股如何核定征收 ... 526
14. 一个年度内所得税征收方式可以由核定征收改为查账征收吗 ... 527
15. 实行核定征收企业所得税的纳税人是否需要进行汇算清缴 ... 527
六、跨区域经营汇总纳税 ... 527
16. 跨区域经营汇总纳税的基本原则是什么 ... 527
17. 总分公司是否都需要就地预缴税款 ... 528
18. 分支机构什么情况下会被视为独立纳税人 ... 529
19. 汇算清缴出现多缴税款应由总机构还是分支机构办理退税 ... 529
20. 如何理解总分机构分摊税款公式中的分支机构营业收入 ... 530
21. 总分机构分摊税款涉及的三因素数额如何确定 ... 530
22. 汇总纳税企业需要报送哪些备案资料 ... 531
23. 总分机构预缴税款需要报送哪些资料 ... 531
24. 总分机构汇算清缴需要报送哪些资料 ... 532
25. 备案信息发生变更时应如何处理 ... 532
26. 总分机构处于不同税率地区时如何确定所得税适用税率 ... 533
27. 独立核算的分公司是否需要独立纳税 ... 534
七、非居民企业征收管理 ... 534
八、延缓缴纳税款政策 ... 534

第三节 申报实务 ... 535
一、申报表概况及变化 ... 535
二、预缴申报 ... 535
三、核定征收 ... 549
四、汇总纳税 ... 556

第十二章 特殊行业和特殊事项 565

第一节 房地产开发经营业务企业 565

一、政策概要 565

二、销售收入的税务处理 566

1. 房地产开发经营业务企业开发产品销售收入包括哪些 566
2. 房地产开发经营业务企业代收费用是否应确认为销售收入 566
3. 房地产开发经营业务企业开发产品视同销售的情形有哪些 567
4. 房地产开发产品收入如何确认 567
5. 房地产开发经营业务企业销售未完工开发产品取得的收入,如何缴纳企业所得税 568
6. 营改增后,房地产开发经营业务企业申报企业所得税时,销售收入是否包含增值税,含税销售收入如何还原计算为不含税销售收入 568
7. 房地产开发经营业务企业的商铺采取售后回租,承诺在购房三年或五年内给予购房者固定租金,并在购房时一次性抵减房款。房地产开发经营业务企业是否可以按合同约定支付给购房者的租金抵减房款后的收入作为计税依据申报企业所得税收入 569
8. 房地产开发经营业务企业将自建商品房转为自用,是否视同销售确认收入缴纳企业所得税 569
9. 房地产开发经营业务企业将人防工程设施作为汽车车位转让使用权,销售时如何征税 570
10. 房地产开发经营业务企业将建好的幼儿园赠与当地教育局,如何缴纳企业所得税 570
11. 房地产开发经营业务企业开发项目已办理竣工备案,但仅部分收取或者仅取得定金应如何确认收入 570
12. 房地产开发经营业务企业取得的土地出让金返还款,是否需要缴纳企业所得税 571
13. 房地产开发经营业务企业以开发房产抵债工程欠款,是否需要缴纳企业所得税 572
14. 房地产项目正式签订预售合同预收的房款能否作为业务招待费、广告费、业务宣传费的计征基数 572
15. 房地产开发经营业务企业联合其他企业合作建房(不单独成立法人公司),应如何进行企业所得税处理 572
16. 房地产开发经营业务企业在不具备销售条件时,向客户收取的订金、诚意金、认筹金等款项,是否需要缴纳企业所得税 573
17. 房地产经营业务企业与客户签订购房合同后,客户出于自身原因违约,并支付违约金,房地产企业收到的违约金是否需要缴纳企业所得税 573

三、成本、费用扣除的税务处理 574

18. 开发产品计税成本包含哪些 574
19. 已销开发产品计税成本如何计算 574
20. 房地产企业进行所得税汇算清缴时,未完工未结转收入的预收房款所缴纳的税金等(含预缴的土地增值税),能否在汇算清缴时扣除 575
21. 房地产企业售楼处的建造费用以及样板房的装修费用是否应在开发成本中列支 575
22. 企业利用地下基础设施形成的停车场所,后因补缴土地出让金而取得地下车库的产权,其补缴的土地出让金是否需计入地下车库计税成本 575
23. 房地产公司统一向银行借款,提供给公司内其他项目公司(均是法人企业)使用,项目公司按照银行利率向公司支付利息,是否允许税前扣除 575

24. 房地产企业以非货币交易方式取得土地使用权的,其土地成本如何计算 …………… 576
25. 房地产开发企业延期交房支付违约金,能否在企业所得税税前扣除 ………………… 577
26. 房地产企业开发项目的售楼处、样板房,能否在企业所得税税前扣除 ……………… 578
27. 房地产企业为了满足买房者提前缴纳契税的需求,在尚未竣工验收时,开具了房地产正式销售发票,已经按计税毛利率计入应纳税所得额,是否要确认完工结转成本 …………… 578
28. 房地产开发企业逾期开发缴纳的土地闲置费,是否可以在企业所得税前扣除 ………… 579
29. 房地产企业对新项目进行前期调研工作(项目尚未取得),发生的咨询服务费等前期调研费用是否属于前期工程费 …………………………………………………………… 579
30. 房地产企业执行《新收入准则》后,销售佣金在发生时记入"合同取得成本"科目,待确认收入时摊销记入"销售费用"科目,房地产企业发生的记入"合同取得成本"的销售佣金应如何在企业所得税前扣除 ……………………………………………………… 579
31. 房地产开发经营业务企业在竣工结算以后取得成本发票应如何处理 ………………… 580
32. 房地产企业预提费用对完工产品计税成本有影响吗 ……………………………… 581
33. 实物拆迁补偿是否属于可抵减土地成本 …………………………………………… 582
34. 开发项目推倒重置前发生的成本是否可以在企业所得税前扣除 ……………………… 582
35. 企业通过法拍获得厂房过程中替出让方企业承担的税费,是否可以计入期间费用在企业所得税税前扣除 ……………………………………………………………………… 582
36. 房地产企业因非正常原因难以准确核算成本,如会计资料被盗等导致成本费用凭证部分丢失、残缺不齐,能否核定征收,是按核定应税所得还是核定毛利率进行征收 …………… 583

四、申报实务 ………………………………………………………………………… 584

第二节 企业重组 …………………………………………………………… 591

一、政策概要 ………………………………………………………………………… 591
二、要点难点 ………………………………………………………………………… 593
37. 什么是企业重组 ………………………………………………………………… 593
38. 如何判断企业重组适用一般性税务处理还是特殊性税务处理 ……………………… 593
39. 企业重组如何进行税务处理 ……………………………………………………… 594
40. 股权、资产划转如何进行税务处理 ……………………………………………… 596
41. 企业申报重组业务适用特殊性税务处理,应从几方面说明企业重组具有合理的商业目的 ……………………………………………………………………………… 596
42. 债务人因财务困难,选择用资产抵债的方式偿还债务,如何进行企业所得税处理 …… 596
43. 如何理解企业重组业务符合特殊性税务处理条件,该重组业务确认的应纳税所得额占企业当年应纳税所得额的50%以上 ……………………………………………… 597
44. 符合特殊性税务处理条件的债务重组业务,可采取5年递延纳税的重组所得中是否包含非股权支付部分 ……………………………………………………………… 597
45. 以债转股的方式抵消债务,如何进行企业所得税处理 ……………………………… 598
46. 债转股业务中,债权人放弃其对债务人价值100债权,转为对债务人的股权(公允价值为120),是否属于债务重组的范围,应如何进行税务处理 ………………………… 599
47. 企业重组涉及股权收购,被合并企业股东可否是自然人 …………………………… 599
48. 企业重组业务中,债转股的转股范围是否包括债务人持有的其他公司的股权 ……… 600
49. 企业重组业务中股权支付的范围如何界定 ………………………………………… 600

50. 企业重组特殊性税务处理中,债权人是否有必要分5个纳税年度扣除债务重组损失 ········· 600
　　51. 跨境资产重组能否使用特殊性税务处理 ······ 601
　　52. 企业合并或分立,适用一般性税务处理时,当事方有关税收优惠政策如何执行或继承 ····· 601
　三、申报实务 ················· 602

第三节　政策性搬迁 ············ 609
　一、政策概要 ················· 609
　二、要点难点 ················· 611
　　53. 企业因哪些原因发生的搬迁行为属于政策性搬迁 ······ 611
　　54. 政策性搬迁的搬迁收入、搬迁支出包含哪些 ······ 611
　　55. 企业政策性搬迁的资产如何进行税务处理 ······ 612
　　56. 企业政策性搬迁的搬迁所得、搬迁损失如何进行税务处理 ······ 612
　　57. 企业政策性搬迁的搬迁时间如何界定 ······ 613
　　58. 企业政策性搬迁需要向税务机关报送哪些材料,何时报送 ······ 613
　　59. 企业搬迁的资产,需要进行大修理才能重新使用的,如何进行税务处理,大修理支出的界定标准是什么 ······ 614
　　60. 对搬迁企业发生的既不属于简单安装又不满足大修理支出条件的安装,修理支出如何进行税务处理 ······ 614
　　61. 企业搬迁中被征用的土地,采取土地置换的,换入土地的摊销年限如何确定 ······ 614
　　62. 企业以前年度发生尚未弥补亏损的,政策性搬迁期间亏损弥补年限如何计算 ······ 615
　　63. 企业发生政策性搬迁的,是否需对与搬迁有关的收入、支出、资产进行单独核算 ······ 615
　　64. 政策性搬迁企业缴纳政策性搬迁企业所得税后,由于根据政府承诺该部分企业所得税由政府承担,企业收到的税款补偿时是否可以不计入应税收入,冲减所得税费用 ······ 615
　　65. 企业因政策性搬迁后异地重建,企业名称发生改变的,是否可以按规定享受拆迁补偿的所得税优惠政策 ······ 616
　　66. 同一笔政策性搬迁或处置收入是否需要每年备案 ······ 616
　三、申报实务 ················· 616

第四节　贷款损失准备金 ············ 620
　一、政策概要 ················· 620
　二、要点难点 ················· 622
　　67. 金融企业准予当年税前扣除的贷款损失准备金有哪些,具体金额怎么计算 ······ 622
　　68. 金融企业的哪些风险资产不得提取贷款损失准备金在税前扣除 ······ 623
　　69. 金融企业涉农贷款和中小企业贷款损失准备金如何进行税前扣除 ······ 623
　　70. 金融企业如何判定哪些属于农户贷款,哪些属于农村企业及各类组织贷款 ······ 624
　　71. 小额贷款公司提取的贷款损失准备金能否税前扣除 ······ 625
　　72. 适用于2020年度及以后年度的汇算清缴填报的《贷款损失准备金及纳税调整明细表》(A105120)有哪些变化 ······ 626
　三、申报实务——贷款损失准备金及纳税调整明细表的填报 ······ 626

第十三章　企业所得税涉税会计处理 …… 629
第一节　会计科目及会计处理 …… 629
　一、企业所得税涉税会计处理 …… 629
　二、收入的会计处理 …… 633
　三、特殊交易收入的会计处理 …… 635
　四、常用的会计分录 …… 637
　　1. 资产类 …… 637
　　2. 负债及所有者权益类 …… 641
第二节　调账情形及调账方法 …… 645
　一、调账的三种情形 …… 645
　二、调账方法 …… 647

附件一　企业所得税税收优惠政策汇编 …… 650

第一章 基本法规概述

第一节 《企业所得税法》及其实施条例

一、概述

2007年3月16日,第十届全国人大五次会议审议通过《中华人民共和国企业所得税法》,统一了内、外资企业所得税制度,并于2008年1月1日起施行。

新税法按照"简税制、宽税基、低税率、严征管"的税制改革原则,借鉴国际经验,建立了各类企业统一适用的科学、规范的企业所得税制度,为各类企业创造了公平的市场竞争环境。参照国际通行做法,新税法体现了"四个统一":内资、外资企业适用统一的企业所得税法;统一并适当降低企业所得税税率;统一和规范税前扣除办法和标准;统一税收优惠政策,实行"产业优惠为主、区域优惠为辅"的新税收优惠体系。

为了确保企业所得税法的顺利施行,国务院制定了《中华人民共和国企业所得税法实施条例》,该实施条例对《企业所得税法》的有关规定做了进一步细化,并与《企业所得税法》同步施行。

2018年12月29日第十三届全国人民代表大会常务委员会第七次会议对《企业所得税法》进行了修正,本书按照修改后的税法编写。

《企业所得税法》原文请扫描右侧二维码查看。

《企业所得税法实施条例》原文请扫描右侧二维码查看。

二、《企业所得税法》内容思维导图

《企业所得税法》内容思维导图如图1-1所示。

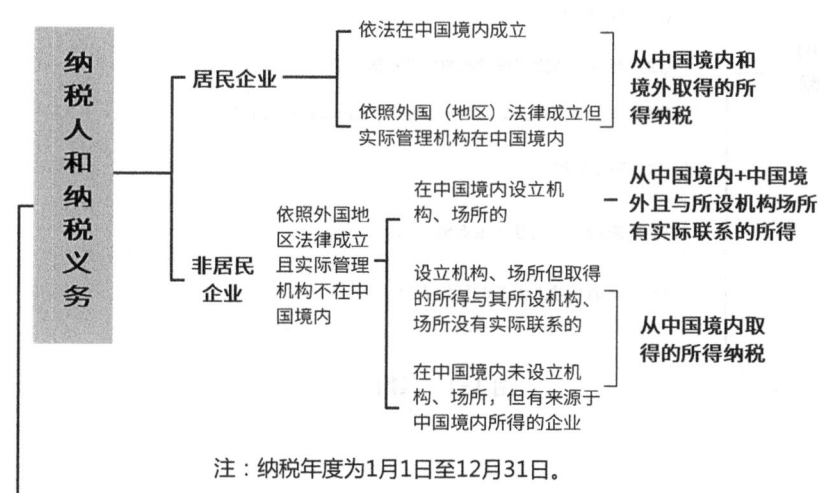

注:纳税年度为1月1日至12月31日。

图1-1 《企业所得税法》内容思维导图

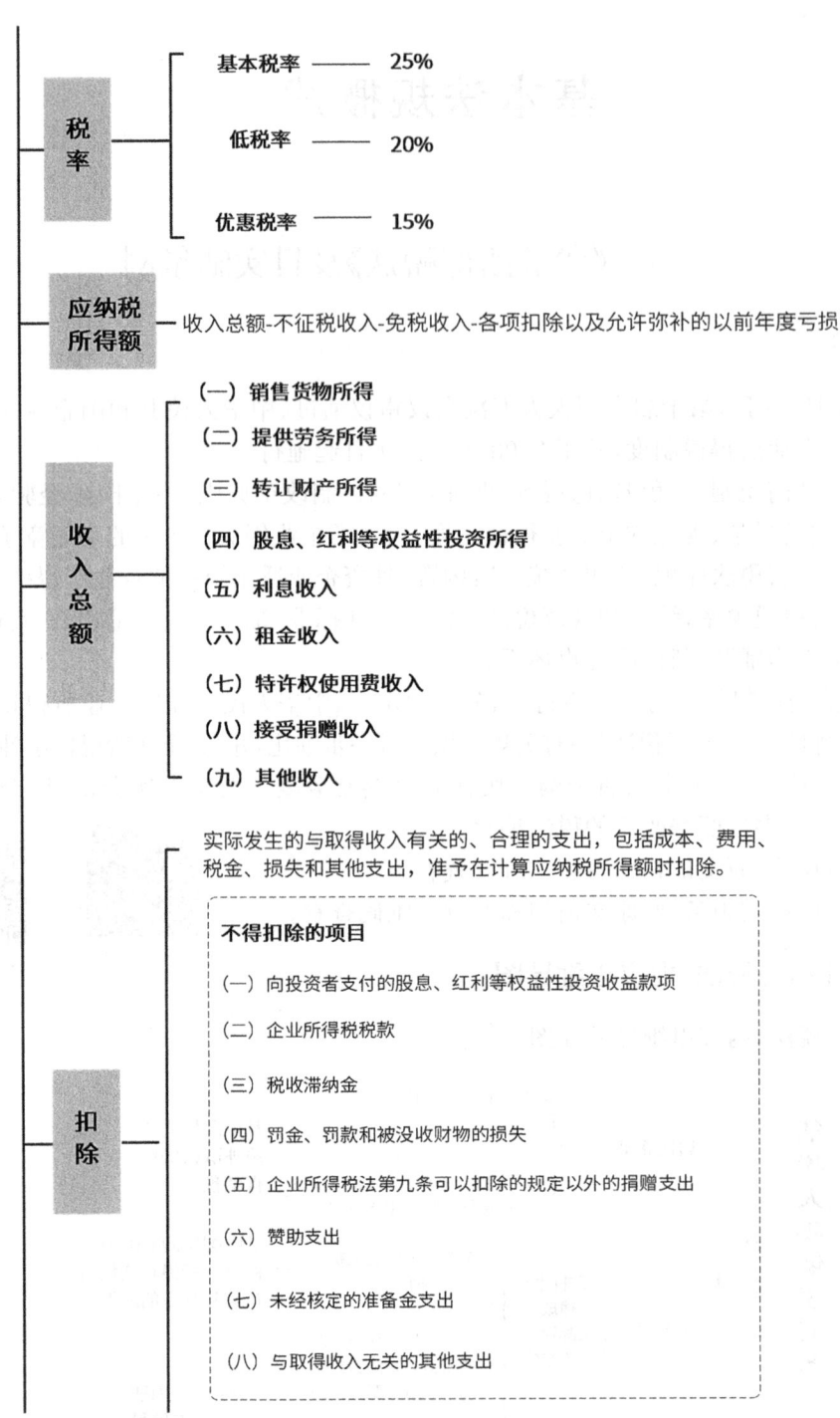

图 1-1 （续）

下列固定资产不得计算折旧扣除

（一）房屋、建筑物以外未投入使用的固定资产

（二）以经营租赁方式租入的固定资产

（三）以融资租赁方式租出的固定资产

（四）已足额提取折旧仍继续使用的固定资产

（五）与经营活动无关的固定资产

（六）单独估价作为固定资产入账的土地

（七）其他不得计算折旧扣除的固定资产

下列无形资产不得计算摊销费用扣除

（一）自行开发的支出已在计算应纳税所得额时扣除的无形资产

（二）自创商誉

（三）与经营活动无关的无形资产

（四）其他不得计算摊销费用扣除的无形资产

作为长期待摊费用，按照规定摊销的，准予扣除

（一）已足额提取折旧的固定资产的改建支出

（二）租入固定资产的改建支出

（三）固定资产的大修理支出

（四）其他应当作为长期待摊费用的支出

其他特殊规定

（一）对外投资期间，投资资产的成本不得扣除

（二）使用或者销售存货，按照规定计算的存货成本，准予扣除

（三）转让资产，该项资产的净值，准予扣除

（四）汇总计算缴纳企业所得税时，其境外营业机构的亏损不得抵减境内营业机构的盈利

（五）年度发生的亏损，准予向以后年度结转，用以后年度的所得弥补，但结转年限最长不得超过五年
（注：结转年限的特殊规定请查阅第七章相关内容）

应纳税额——应纳税所得额×适用税率-减免和抵免的税额

图 1-1 （续）

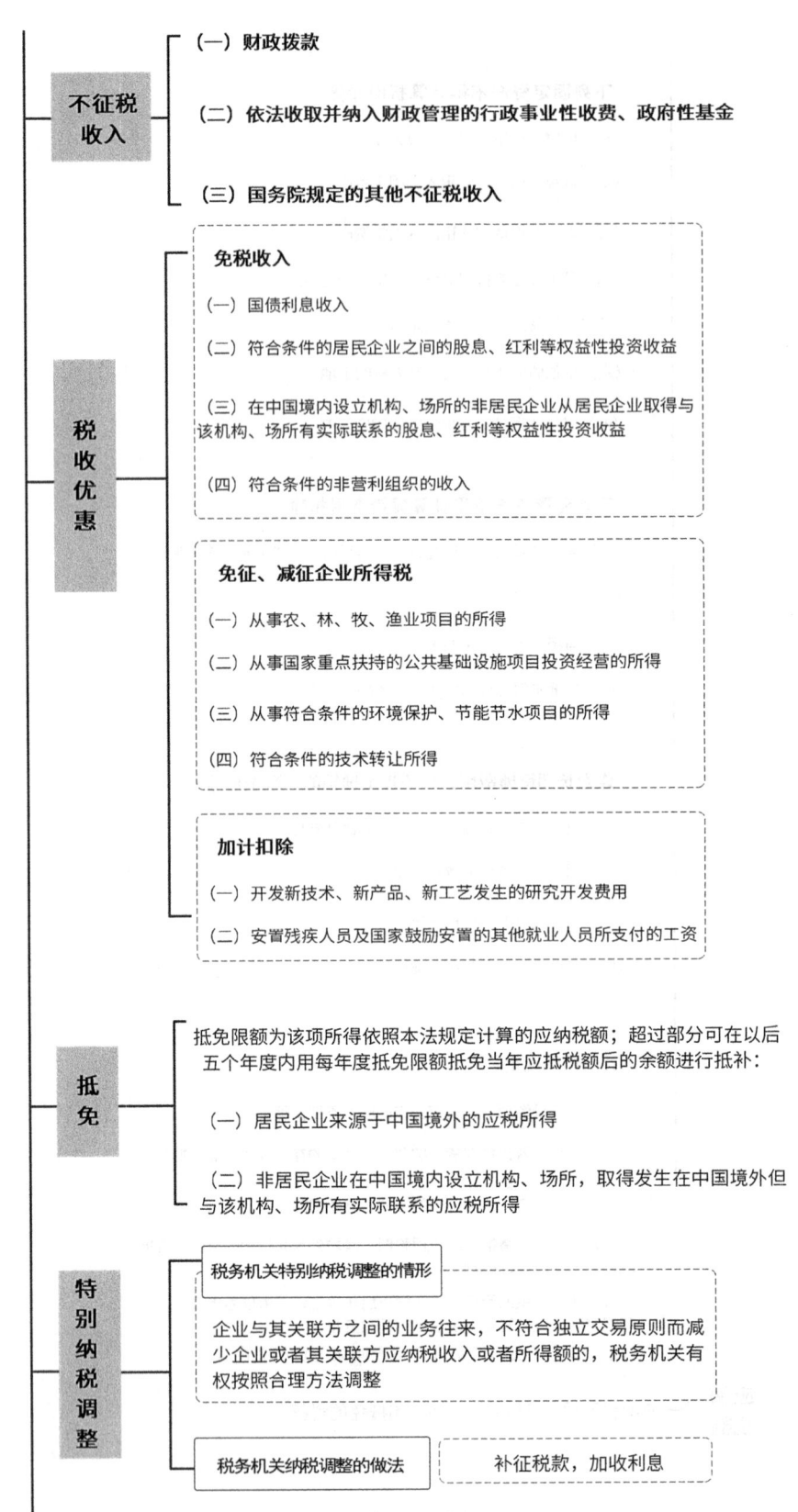

图 1-1 （续）

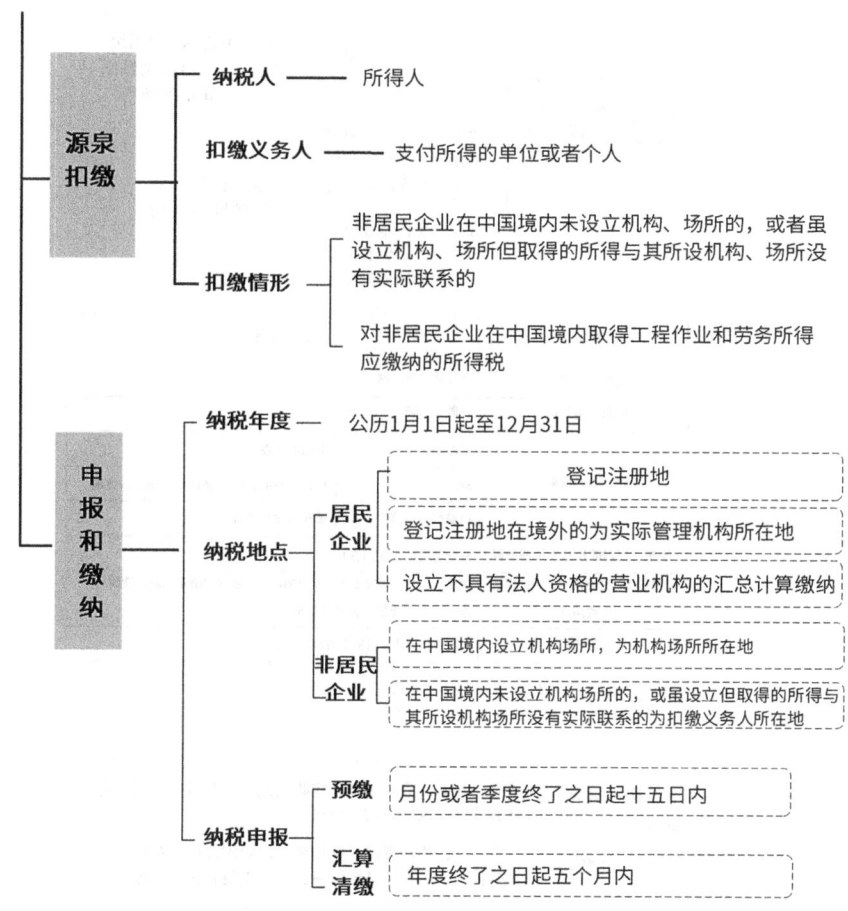

注：本图依据《企业所得税法》（2018年12月29日修订版）制。

图 1-1 （续）

三、《企业所得税法实施条例》内容思维导图

《企业所得税法实施条例》内容思维导图如图 1-2 所示。

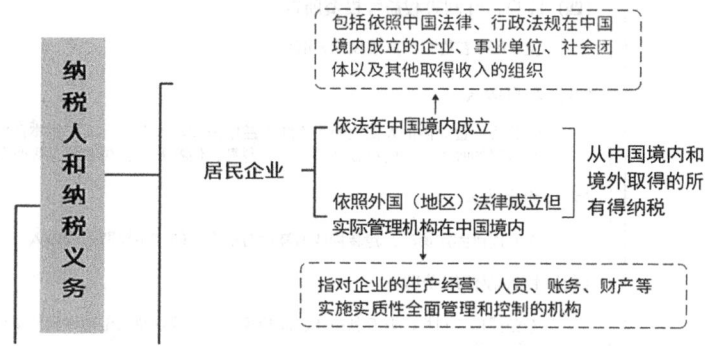

图 1-2 《企业所得税法实施条例》内容思维导图

```
                           ┌─ 在中国境内设立机构、场所的 ──── 从中国境内+中国境外且与所设机构场所有实际联系的所得
   非居民企业   依照外国地  │
              区法律成立   ├─ 设立机构、场所但取得的所得与其所设机构、场所没有实际联系的 ──┐
              且实际管理   │                                                              ├─ 从中国境内取得的所得纳税
              机构不在中   └─ 在中国境内未设立机构、场所，但有来源于中国境内所得的企业 ──┘
              国内
```

所得	确认原则	
销售货物所得	交易活动发生地	
提供劳务所得	劳务发生地	
转让财产所得	不动产	不动产所在地
	动产	转让动产的企业或者机构、场所所在地
	权益性投资资产	被投资企业所在地
股息、红利等权益性投资所得	分配所得的企业所在地	
利息所得、租金所得、特许使用费所得	负担、支付所得的企业或者机构、场所所在地确定，或者按照负担、支付所得的个人的住所地	
其他所得	由国务院财政、税务主管部门确定	

注：纳税年度为1月1日——12月31日

形式
- 货币：现金、存款、应收账款、应收票据、准备持有至到期的债券投资以及债务的豁免等
- 非货币：固定资产、生物资产、无形资产、股权投资、存货、不准备持有至到期的债券投资、劳务以及有关权益等

收入总额

（一）销售货物所得
　　是指企业销售商品、产品、原材料、包装物、低值易耗品以及其他存货取得的收入

（二）提供劳务所得
　　企业从事建筑安装、修理修配、交通运输、仓储租赁、金融保险、邮电通信、咨询经纪、文化体育、科学研究、技术服务、教育培训、餐饮住宿、中介代理、卫生保健、社区服务、旅游、娱乐、加工以及其他劳务服务活动取得的收入

（三）转让财产所得
　　企业转让固定资产、生物资产、无形资产、股权、债权等财产取得的收入

（四）股息、红利等权益性投资所得
　　企业因权益性投资从被投资方取得的收入

（五）利息收入
　　企业将资金提供他人使用但不构成权益性投资，或者因他人占用本企业资金取得的收入，包括存款利息、贷款利息、债券利息、欠款利息等收入。

（六）租金收入
　　企业提供固定资产、包装物或者其他有形资产的使用权取得的收入

（七）特许权使用费收入
　　企业提供专利权、非专利技术、商标权、著作权以及其他特许权的使用权取得的收入

图 1-2 （续）

（八）接受捐赠收入
企业接受的来自其他企业、组织或者个人无偿给予的货币性资产、非货币性资产

（九）其他收入
企业取得的除企业所得税法第六条第(一)项至第(八)项规定的收入外的其他收入，包括企业资产溢余收入、逾期未退包装物押金收入、确实无法偿付的应付款项、已作坏账损失处理后又收回的应收款项、债务重组收入、补贴收入、违约金收入、汇兑收益等

可以分期确认收入的

- **分期收款方式销售货物**
  按照合同约定的收款日期确认收入的实现
- **企业受托加工制造大型机械设备、船舶、飞机，以及从事建筑、安装、装配工程业务或者提供其他劳务等，持续时间超过12个月**
  按照纳税年度内完工进度或者完成的工作量确认收入的实现

扣除

有关的支出，是指与取得收入直接相关的支出

合理的支出，是指符合生产经营活动常规，应当计入当期损益或者有关资产成本的必要和正常的支出

实际发生的与取得收入有关的、合理的支出：
包括成本、费用、税金、损失和其他支出，准予在计算应纳税所得额时扣除。

成本	费用	税金	损失	其他支出
成本指企业在生产经营活动中发生的销售成本、销货成本、业务支出以及其他耗费	费用指企业在生产经营活动中发生的销售费用、管理费用和财务费用，已经计入成本的有关费用除外	税金指企业发生的除企业所得税和允许抵扣的增值税以外的各项税金及其附加	损失指企业在生产经营活动中发生的固定资产和存货的盘亏毁损报废损失，转让财产损失，呆账损失，坏账损失，自然灾害等不可抗力因素造成的损失以及其他损失	其他支出指除成本、费用、税金、损失外，企业在生产经营活动中发生的与生产经营活动有关的合理的支出

允许扣除的项目

（一）企业发生的合理的工资、薪金支出

（二）依照国务院有关部门或省级政府规定的范围和标准为职工缴纳的五险一金

（三）依照国家有关规定为特殊工种职工支付的人身安全保险费和国务院财政、税务主管部门规定可以扣除的其他商业保险费

（四）生产经营活动中发生的合理的不需要资本化的借款费用

（五）生产经营活动中发生的符合扣除标准的利息支出

（六）货币交易中及纳税年度终了折算的汇兑损失（除已经计入有关资产成本以及与向所有者进行利润分配相关的部分外）

（七）企业发生的职工福利费支出，不超过工资、薪金总额14%的部分

（八）企业拨缴的工会经费，不超过工资、薪金总额2%的部分

（九）企业发生的职工教育经费支出，不超过工资、薪金总额2.5%的部分，准予扣除；超过部分，准予在以后纳税年度结转扣除

（注：财税〔2018〕51号将扣除比例修改为8%，自2018年1月1日起执行。）

（十）与生产经营活动有关的业务招待费支出，按照发生额的60%扣除，但最高不得超过当年销售(营业)收入的5‰

（十一）符合条件的广告费和业务宣传费支出，不超过当年销售(营业)收入15%的部分，准予扣除；超过部分，准予在以后纳税年度结转扣除

图 1-2 （续）

（十二）按规定提取的用于环境保护、生态恢复等方面的专项资金

（十三）企业参加财产保险，按照规定缴纳的保险费

（十四）据生产经营活动的需要租入固定资产支付的租赁费

（十五）企业当年发生以及以前年度结转的公益性捐赠支出，不超过年度利润总额12%的部分

（十六）非居民企业在中国境内设立的机构、场所，就其中国境外总机构发生的与该机构、场所生产经营有关的费用，能够提供总机构出具的费用汇集范围、定额、分配依据和方法等证明文件，并合理分摊的

资产的税务处理

企业的各项资产，包括固定资产、生物资产、无形资产、长期待摊费用、投资资产、存货等，以历史成本为计税基础

固定资产计税基础

- 外购的：购买价款+支付的相关税费+直接归属于使该资产达到预定用途发生的其他支出
- 自行建造的：竣工结算前发生的支出
- 融资租入的：
  - 租赁合同约定的付款总额+承租人在签订租赁合同过程中发生的相关费用
  - 合同未约定付款总额的：该资产的公允价值+承租人在签订租赁合同过程中发生的相关费用
- 盘盈的：同类固定资产的重置完全价值
- 捐赠、投资、非货币性资产交换、债务重组等方式取得的：资产的公允价值+支付的相关税费
- 改建的：以改建过程中发生的改建支出增加计税基础

折旧 按照直线法计算

计算折旧的最低年限		
房屋、建筑物		20年
飞机、火车、轮船、机器、机械和其他生产设备		10年
与生产经营活动有关的器具、工具、家具等		5年
飞机、火车、轮船以外的运输工具		4年
电子设备		3年

投入使用月份的次月起计算折旧；
停止使用月份的次月起停止计算折旧；
合理确定固定资产的预计净残值；
预计净残值一经确定，不得变更

生物性资产计税基础

- 外购的：购买价款+支付的相关税费
- 捐赠、投资、非货币性资产交换、债务重组等方式取得：公允价值+支付的相关税费

计算折旧的最低年限	
林木类生产性生物资产	10年
畜类生产性生物资产	3年

无形资产计税基础

- 外购的：购买价款+支付的相关税费+直接归属于使该资产达到预定用途发生的其他支出
- 自行开发的：开发过程中符合资本化条件后至达到预定用途前发生的支出
- 捐赠、投资、非货币性资产交换、债务重组等方式取得：公允价值+支付的相关税费

图1-2（续）

第一章 基本法规概述

存货
- 摊销年限不低于10年
- **支付现金方式取得**：购买价款+支付的相关税费
- **现金以外的方式取得**：公允价值+支付的相关税费
- **生产性生物资产收获的农产品**：产出或者采收过程中发生的材料费、人工费和分摊的间接费用等必要支出

应纳税额
应纳税所得额×适用税率－减免税额－抵免税额

抵免限额＝中国境内、境外所得依照企业所得税法和本条例的规定计算的应纳税总额×来源于某国(地区)的应纳税所得额÷中国境内、境外应纳税所得总额

税收优惠

免税收入

（一）国债利息收入
企业持有国务院财政部门发行的国债取得的利息收入

（二）符合条件的居民企业之间的股息、红利等权益性投资收益
居民企业直接投资于其他居民企业取得的投资收益 —— 不包括连续持有居民企业公开发行并上市流通的股票不足12个月取得的投资收益

（三）在中国境内设立机构、场所的非居民企业从居民企业取得与该机构、场所有实际联系的股息、红利等权益性投资收益

（四）符合条件的非营利组织的收入
不包括非营利组织从事营利性活动取得的收入，但国务院财政、税务主管部门另有规定的除外

免征、减征企业所得税

（一）从事农、林、牧、渔业项目的所得

免征：
1. 蔬菜、谷物、薯类、油料、豆类、棉花、麻类、糖料、水果、坚果的种植；
2. 农作物新品种的选育；
3. 中药材的种植；
4. 林木的培育和种植；
5. 牲畜、家禽的饲养；
6. 林产品的采集；
7. 灌溉、农产品初加工、兽医、农技推广、农机作业和维修等农、林、牧、渔服务业项目；
8. 远洋捕捞。

减半征收
1. 花卉、茶以及其他饮料作物和香料作物的种植；
2. 海水养殖、内陆养殖。

（二）从事国家重点扶持的公共基础设施项目投资经营的所得
指《公共基础设施项目企业所得税优惠目录》规定的港口码头、机场、铁路、公路、城市公共交通、电力、水利等项目

图 1-2 （续）

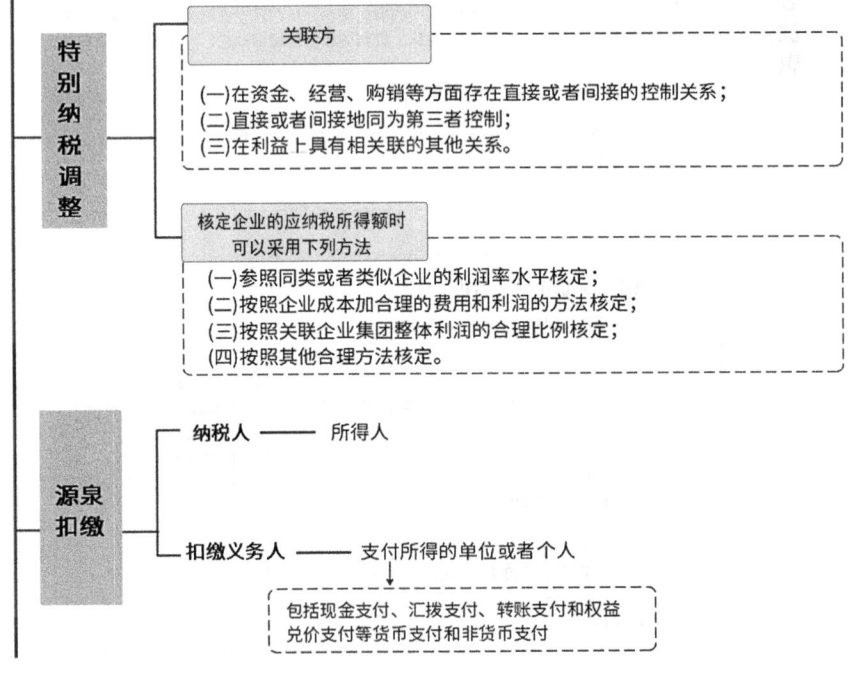

图 1-2 （续）

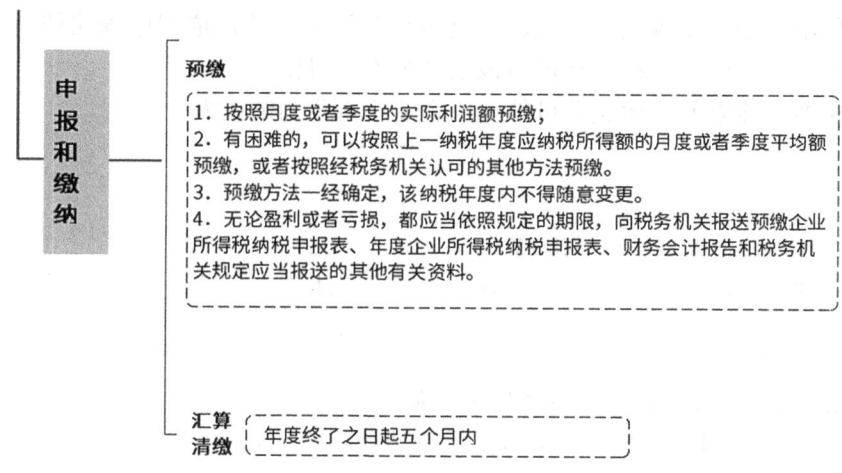

注：本图依据《企业所得税法实施条例》（2019年4月23日修订版）制作。

图1-2 （续）

第二节 要点难点

扫码听课

一、纳税义务及纳税人

1. 什么是企业所得税

答：企业所得税是在中华人民共和国境内对企业和其他取得收入的组织的生产经营所得和其他所得征收的税种。

企业所得税实行法人税制，企业应以法人为纳税主体。

一、《中华人民共和国企业所得税法》第一条

在中华人民共和国境内，企业和其他取得收入的组织（以下统称企业）为企业所得税的纳税人，依照本法的规定缴纳企业所得税。

个人独资企业、合伙企业不适用本法。

二、《〈中华人民共和国企业所得税法〉释义及适用指南》（由法律出版社于2007年4月出版；由财政部原副部长楼继伟、国务院原法制办副主任宋大涵、国家税务总局原副局长王力担任顾问，财政部财政司原司长史耀斌、国家税务总局所得税司原司长孙瑞标、国务院原法制办财政金融司司长刘炤担任主编）对《企业所得税法实施条例》第二条的释义

……

不适用企业所得税法的个人独资企业和合伙企业，不包括依照外国法律法规在境内成立的个人独资企业和合伙企业。境外的个人独资企业和合伙企业可能成为企业所得税法规定的我国非居民企业纳税人（比如在中国境内取得收入，也可能会在中国境内设立机构、场所并取得收入），也可能会成为企业所得税法规定的我国居民企业纳税人（比如实际管理机构在中国境内）。

2. 企业所得税的纳税人有哪些

答：企业和其他取得收入的组织为企业所得税的纳税人，个人独资企业、合伙企业缴纳个

人所得税,不适用《企业所得税法》。个人独资企业、合伙企业是指依照中国法律、行政法规成立的个人独资企业、合伙企业,按照规定应该缴纳个人所得税。

境外的个人独资企业和合伙企业可能成为企业所得税的纳税人。

政策依据

一、《中华人民共和国企业所得税法》第一条

在中华人民共和国境内,企业和其他取得收入的组织(以下统称企业)为企业所得税的纳税人,依照本法的规定缴纳企业所得税。

个人独资企业、合伙企业不适用本法。

二、《中华人民共和国企业所得税法实施条例》第二条

企业所得税法第一条所称个人独资企业、合伙企业,是指依照中国法律、行政法规成立的个人独资企业、合伙企业。

三、《个人所得税法》第二条

下列各项个人所得,应当缴纳个人所得税:

(五)经营所得;

四、《个人所得税法实施条例》第六条第五项第一点

《个人所得税法》规定的各项个人所得的范围:

(五)经营所得,是指:

1. 个体工商户从事生产、经营活动取得的所得,个人独资企业投资人、合伙企业的个人合伙人来源于境内注册的个人独资企业、合伙企业生产、经营的所得;

3. 居民企业和非居民企业如何判定

答:根据《企业所得税法》第一条规定,企业分为居民企业和非居民企业,具体规定如图1-3所示。

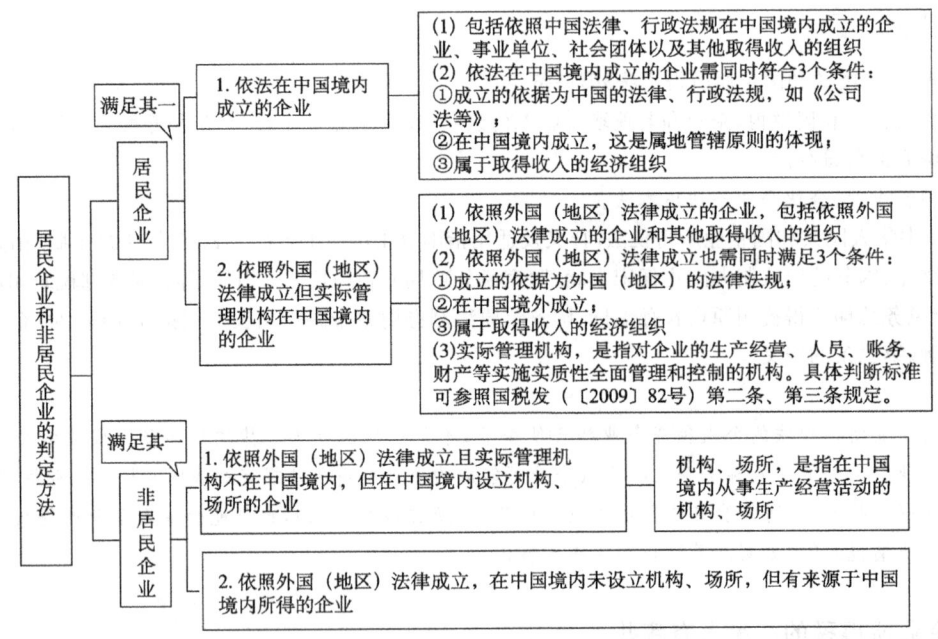

图1-3 居民企业和非居民企业的判定方法

 政策依据

一、《中华人民共和国企业所得税法》第二条

企业分为居民企业和非居民企业。

本法所称居民企业,是指依法在中国境内成立,或者依照外国(地区)法律成立但实际管理机构在中国境内的企业。

本法所称非居民企业,是指依照外国(地区)法律成立且实际管理机构不在中国境内,但在中国境内设立机构、场所的,或者在中国境内未设立机构、场所,但有来源于中国境内所得的企业。

二、《中华人民共和国企业所得税法实施条例》第三条至第五条

第三条 企业所得税法第二条所称依法在中国境内成立的企业,包括依照中国法律、行政法规在中国境内成立的企业、事业单位、社会团体以及其他取得收入的组织。

企业所得税法第二条所称依照外国(地区)法律成立的企业,包括依照外国(地区)法律成立的企业和其他取得收入的组织。

第四条 企业所得税法第二条所称实际管理机构,是指对企业的生产经营、人员、账务、财产等实施实质性全面管理和控制的机构。

第五条 企业所得税法第二条第三款所称机构、场所,是指在中国境内从事生产经营活动的机构、场所,包括:

(一)管理机构、营业机构、办事机构;

(二)工厂、农场、开采自然资源的场所;

(三)提供劳务的场所;

(四)从事建筑、安装、装配、修理、勘探等工程作业的场所;

(五)其他从事生产经营活动的机构、场所。

非居民企业委托营业代理人在中国境内从事生产经营活动的,包括委托单位或者个人经常代其签订合同,或者储存、交付货物等,该营业代理人视为非居民企业在中国境内设立的机构、场所。

三、《国家税务总局关于境外注册中资控股企业依据实际管理机构标准认定为居民企业有关问题的通知》(国税发〔2009〕82号)第二条、第三条

二、境外中资企业同时符合以下条件的,根据企业所得税法第二条第二款和实施条例第四条的规定,应判定其为实际管理机构在中国境内的居民企业(以下称非境内注册居民企业),并实施相应的税收管理,就其来源于中国境内、境外的所得征收企业所得税。

(一)企业负责实施日常生产经营管理运作的高层管理人员及其高层管理部门履行职责的场所主要位于中国境内;

(二)企业的财务决策(如借款、放款、融资、财务风险管理等)和人事决策(如任命、解聘和薪酬等)由位于中国境内的机构或人员决定,或需要得到位于中国境内的机构或人员批准;

(三)企业的主要财产、会计账簿、公司印章、董事会和股东会议纪要档案等位于或存放于中国境内;

(四)企业1/2(含1/2)以上有投票权的董事或高层管理人员经常居住于中国境内。

三、对于实际管理机构的判断,应当遵循实质重于形式的原则。

4.居民企业和非居民企业的纳税义务有何不同

答:居民企业和非居民企业纳税义务的区别如图1-4所示。

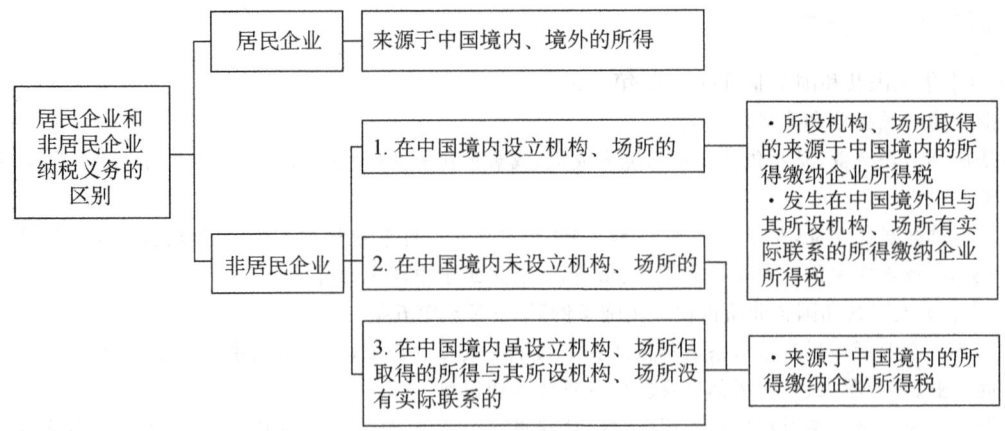

图 1-4 居民企业和非居民企业纳税义务的区别

《中华人民共和国企业所得税法》第三条

居民企业应当就其来源于中国境内、境外的所得缴纳企业所得税。

非居民企业在中国境内设立机构、场所的,应当就其所设机构、场所取得的来源于中国境内的所得,以及发生在中国境外但与其所设机构、场所有实际联系的所得,缴纳企业所得税。

非居民企业在中国境内未设立机构、场所的,或者虽设立机构、场所但取得的所得与其所设机构、场所没有实际联系的,应当就其来源于中国境内的所得缴纳企业所得税。

5. 如何判断一项所得来源于境内还是境外

答:一项所得来源于境内还是境外,关系到非居民企业的该项所得是否缴纳企业所得税。境内所得和境外所得的判断方法如表 1-1 所示。

表 1-1 来源于中国境内、境外的所得确定原则

所得类型			判断方法
销售货物所得	交易活动发生地		交易活动发生地,主要指销售货物行为发生的场所,通常是销售企业的营业机构,在送货上门的情况下为购货单位或个人的所在地,还可能是买卖双方约定的其他地点
提供劳务所得	劳务发生地		劳务行为既包括部分工业生产活动,也包括商业服务行为 境外机构为中国境内居民企业提供金融保险服务,向境内居民收取保险费,应认定为来源于中国境内的所得
转让财产所得	不动产	不动产所在地	如在中国境内投资房地产,取得的收入应为来源于境内的所得
	动产	转让动产的企业或者机构、场所所在地	如果非居民企业在中国境内设立机构、场所,并从该机构、场所转让财产给其他单位或个人的,也应认定为来源于境内的所得
	权益性投资资产	被投资企业所在地	权益性投资,包括股权等投资,如境外企业之间转让中国居民企业发行的股票,其取得的收益应当属于来源于中国境内的所得,依法缴纳企业所得税。
股息、红利等权益性投资所得	分配所得的企业所在地		

（续表）

所得类型	判断方法
利息所得、租金所得、特许权使用费所得	负担、支付所得的企业或者机构、场所所在地确定，或者按照负担、支付所得的个人的住所地
其他所得	由国务院财政、税务主管部门确定

《中华人民共和国企业所得税法实施条例》第七条

企业所得税法第三条所称来源于中国境内、境外的所得，按照以下原则确定：

（一）销售货物所得，按照交易活动发生地确定；

（二）提供劳务所得，按照劳务发生地确定；

（三）转让财产所得，不动产转让所得按照不动产所在地确定，动产转让所得按照转让动产的企业或者机构、场所所在地确定，权益性投资资产转让所得按照被投资企业所在地确定；

（四）股息、红利等权益性投资所得，按照分配所得的企业所在地确定；

（五）利息所得、租金所得、特许权使用费所得，按照负担、支付所得的企业或者机构、场所所在地确定，或者按照负担、支付所得的个人的住所地确定；

（六）其他所得，由国务院财政、税务主管部门确定。

6. 如何判断非居民企业的一项所得是否与设立的机构、场所有实际联系

答：《中华人民共和国企业所得税法实施条例》第八条规定，实际联系是指非居民企业在中国境内设立的机构、场所拥有据以取得所得的股权、债权，以及拥有、管理、控制据以取得所得的财产等。

《〈中华人民共和国企业所得税法〉释义及适用指南》对"实际联系"做出如下解释：

（一）非居民企业取得的所得，是通过该机构、场所拥有的股权、债权而取得的。例如，非居民企业通过该机构、场所对其他企业进行股权、债权等权益性投资或者债权性投资而获得股息、红利或者利息收入，就可以认定为与该机构、场所有实际联系。

（二）非居民企业取得的所得，是通过该机构、场所拥有、管理和控制的财产取得的。例如，非居民企业将境内或者境外的房产对外出租收取的租金，如果该房产是由该机构、场所拥有、管理或者控制的，那么就可以认定这笔租金收入与该机构、场所有实际联系。

第二章

汇算清缴概述

第一节 企业所得税汇算清缴管理办法

一、概述

为加强企业所得税征收管理,进一步规范企业所得税汇算清缴工作,在总结近年来内、外资企业所得税汇算清缴工作经验的基础上,根据《中华人民共和国企业所得税法》及其实施条例和《中华人民共和国税收征收管理法》及其实施细则有关规定,国家税务总局制定了《企业所得税汇算清缴管理办法》和《非居民企业所得税汇算清缴管理办法》。

《企业所得税汇算清缴管理办法》原文请扫描右侧二维码查看。

《非居民企业所得税汇算清缴管理办法》原文请扫描右侧二维码查看。

《企业所得税汇算清缴管理办法》

《非居民企业所得税汇算清缴管理办法》

二、企业所得税汇算清缴思维导图

企业所得税汇算清缴思维导图如图2-1所示。

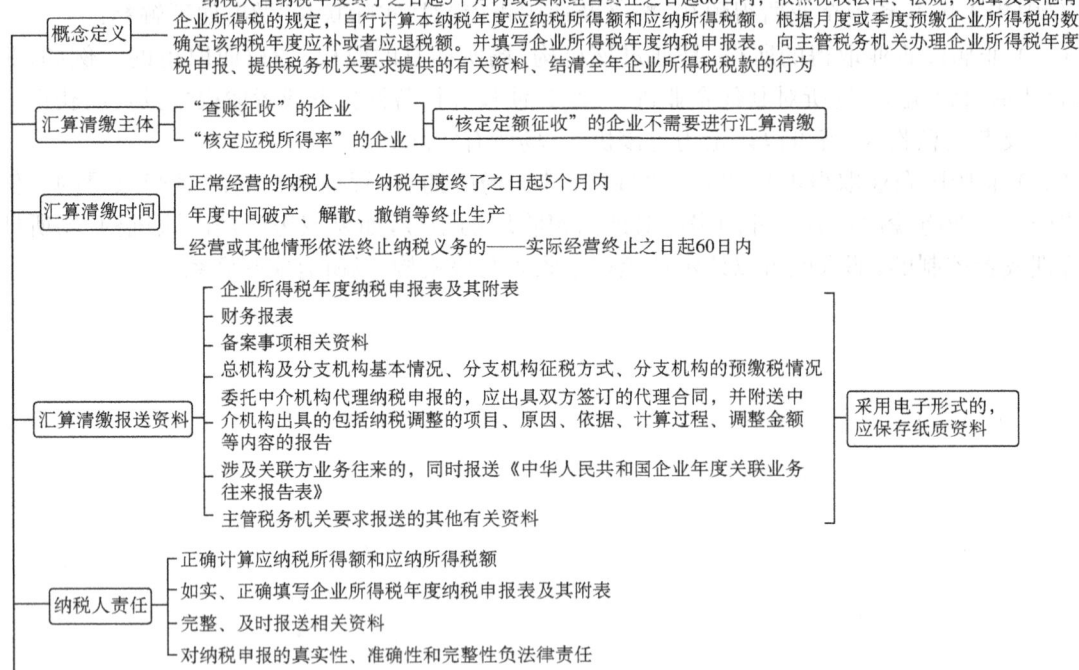

图2-1 企业所得税汇算清缴思维导图

第二章 汇算清缴概述

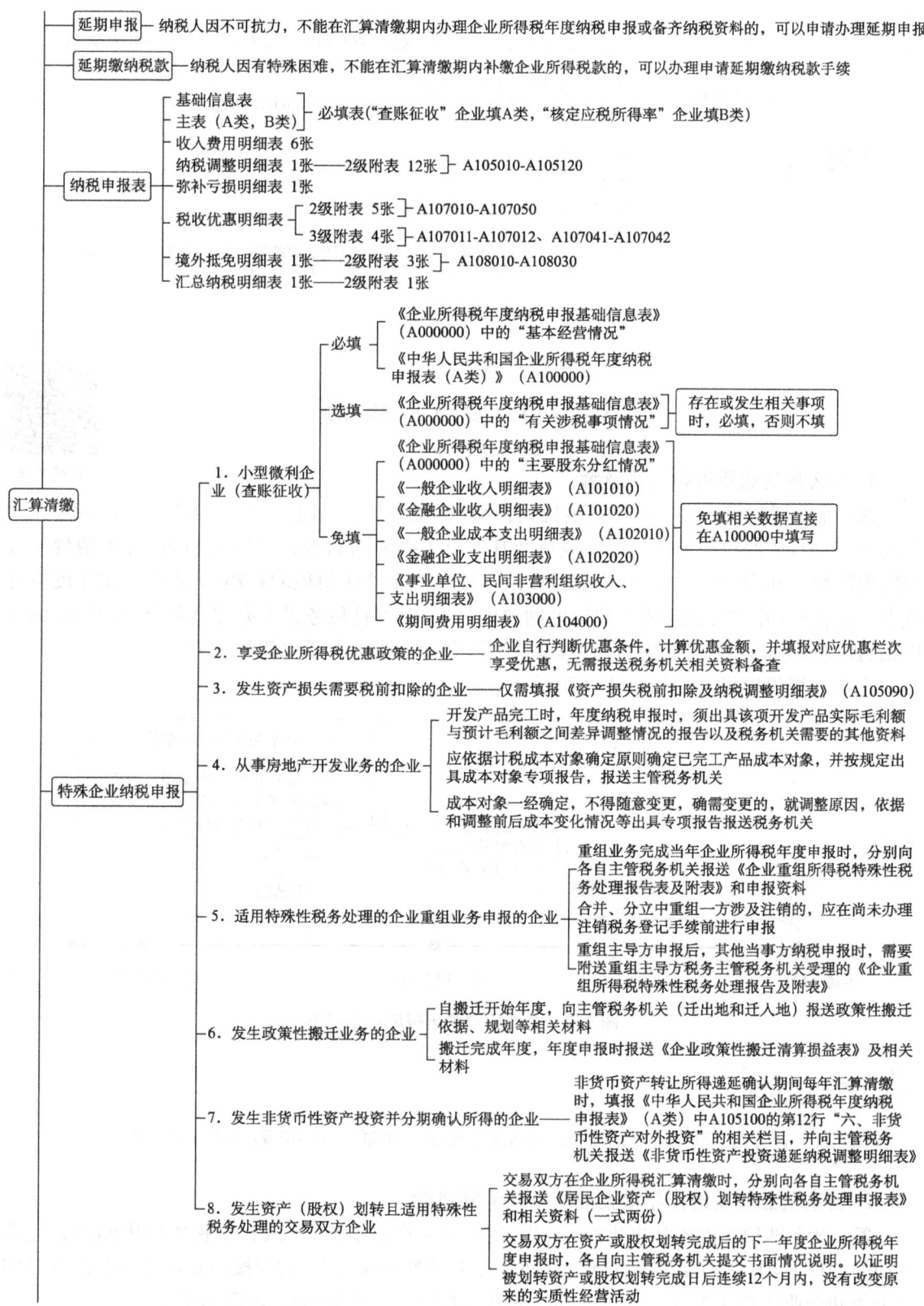

图 2-1 （续）

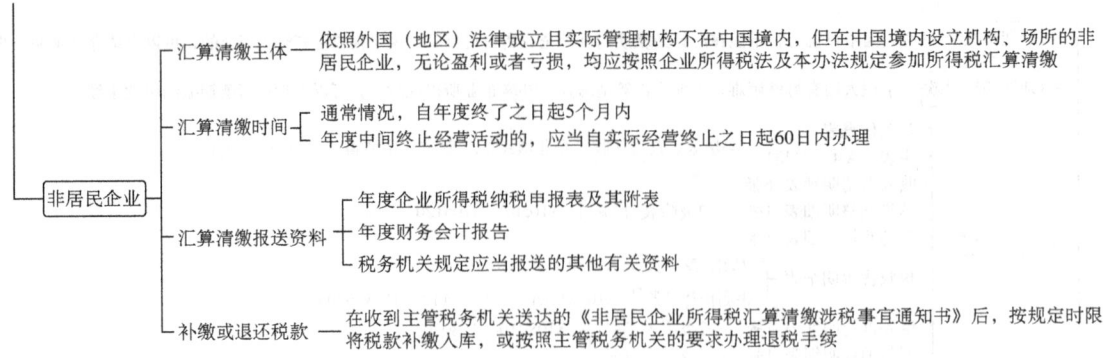

图 2-1 （续）

第二节 要点难点

扫码听课

1. 什么是企业所得税汇算清缴

答：企业所得税汇算清缴是指纳税人自纳税年度终了之日起 5 个月内或实际经营终止之日起 60 日内，依照税收法律、法规、规章及其他有关企业所得税的规定，自行计算本纳税年度应纳税所得额和应纳所得税额，根据月度或季度预缴企业所得税的数额，确定该纳税年度应补或者应退税额，并填写企业所得税年度纳税申报表，向主管税务机关办理企业所得税年度纳税申报、提供税务机关要求提供的有关资料、结清全年企业所得税税款的行为。

企业所得税申报流程如图 2-2 所示。

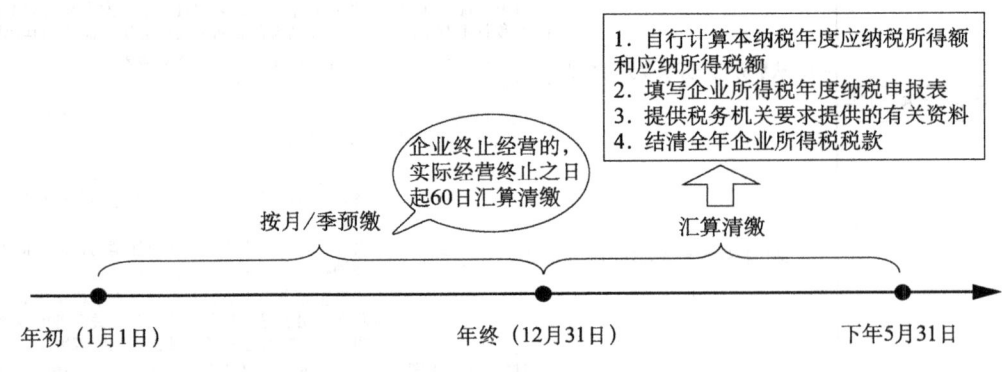

图 2-2 企业所得税申报流程示意图

 政策依据

《国家税务总局关于印发〈企业所得税汇算清缴管理办法〉的通知》（国税发〔2009〕79 号）第二条

2. 哪些企业需要进行年度企业所得税汇算清缴

答：凡在纳税年度内从事生产、经营（包括试生产、试经营），或在纳税年度中间终止经营活动的纳税人，无论是否在减税、免税期间，也无论盈利或亏损，均应按照企业所得税法及其实施条例和企业所得税汇算清缴管理办法的有关规定进行企业所得税汇算清缴。

采用不同纳税方式的企业汇算清缴流程如表 2-1 所示。

表 2-1 采用不同纳税方式的企业汇算清缴流程

纳税方式	汇算清缴	汇算清缴流程
查账征收	需要	纳税人分月或季度按照实际利润预缴企业所得税,年度终了汇算清缴
核定应税所得率	需要	纳税人按照应税所得率计算纳税期间实际应纳税额进行预缴,年度终了汇算清缴
核定定额征收	不需要汇算清缴	

《国家税务总局关于印发〈企业所得税汇算清缴管理办法〉的通知》(国税发〔2009〕79号)第三条

3.纳税人年内终止经营是否需要汇算清缴

答: 需要。纳税人在年度中间终止经营的,应自实际经营终止之日起60日内,向主管税务机关办理企业所得税汇算清缴。

一、《国家税务总局关于印发〈企业所得税汇算清缴管理办法〉的通知》(国税发〔2009〕79号)第四条

纳税人在年度中间发生解散、破产、撤销等终止生产经营情形,需进行企业所得税清算的,应在清算前报告主管税务机关,并自实际经营终止之日起60日内进行汇算清缴,结清应缴应退企业所得税款;纳税人有其他情形依法终止纳税义务的,应当自停止生产、经营之日起60日内,向主管税务机关办理当期企业所得税汇算清缴。

二、《国家税务总局关于印发〈非居民企业所得税汇算清缴管理办法〉的通知》(国税发〔2009〕6号)第二条第(二)款

企业在年度中间终止经营活动的,应当自实际经营终止之日起60日内,向税务机关办理当期企业所得税汇算清缴。

4.纳税人办理企业所得税年度纳税申报应填写报送哪些资料

答: 纳税人办理企业所得税年度纳税申报,应填写报送的材料如表2-2所示。

表 2-2 企业所得税年度纳税申报应填写报送的材料

企业类型	应报送的材料
居民企业	(1) 企业所得税年度纳税申报表及其附表 (2) 财务报表 (3) 备案事项相关资料 (4) 总机构及分支机构基本情况、分支机构征税方式、分支机构的预缴税情况 (5) 委托中介机构代理纳税申报的,应出具双方签订的代理合同,并附送中介机构出具的包括纳税调整的项目、原因、依据、计算过程、调整金额等内容的报告 (6) 涉及关联方业务往来的,同时报送《中华人民共和国企业年度关联业务往来报告表》 (7) 主管税务机关要求报送的其他有关资料
非居民企业	(1) 年度企业所得税纳税申报表及其附表 (2) 年度财务会计报告 (3) 税务机关规定应当报送的其他有关资料

注:纳税人采用电子方式办理企业所得税年度纳税申报的,应按照有关规定保存有关资料或附报纸质纳税申报资料。

📝 **政策依据**

一、《国家税务总局关于印发〈企业所得税汇算清缴管理办法〉的通知》(国税发〔2009〕79号)第八条

二、《国家税务总局关于印发〈非居民企业所得税汇算清缴管理办法〉的通知》(国税发〔2009〕6号)第三条第(一)款

5. 居民企业集团合并缴纳企业所得税如何申报

答: 经批准实行合并缴纳企业所得税的企业集团,其企业所得税年度纳税申报流程如图2-3所示。

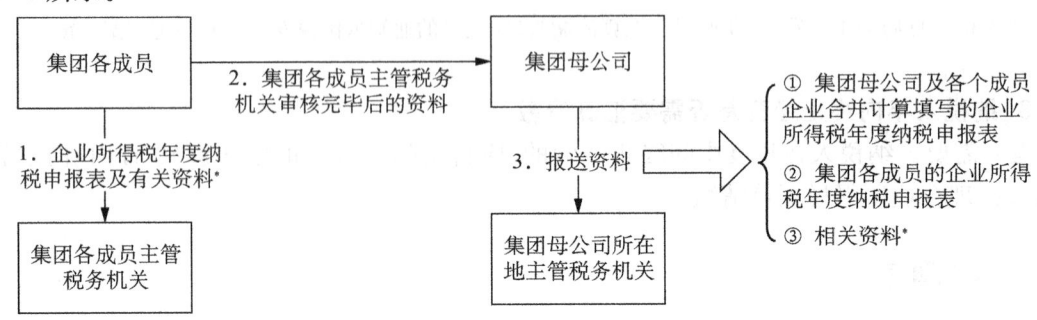

*注:相关资料见表2-2。

图2-3 企业集团合并纳税申报流程

 **政策依据**

《国家税务总局关于印发〈企业所得税汇算清缴管理办法〉的通知》(国税发〔2009〕79号)第十四条

经批准实行合并缴纳企业所得税的企业集团,由集团母公司(以下简称汇缴企业)在汇算清缴期内,向汇缴企业所在地主管税务机关报送汇缴企业及各个成员企业合并计算填写的企业所得税年度纳税申报表,以及本办法第八条规定的有关资料及各个成员企业的企业所得税年度纳税申报表,统一办理汇缴企业及其成员企业的企业所得税汇算清缴。

汇缴企业应根据汇算清缴的期限要求,自行确定其成员企业向汇缴企业报送本办法第八条规定的有关资料的期限。成员企业向汇缴企业报送的上述资料,应经成员企业所在地的主管税务机关审核。

6. 居民企业跨地区经营的,总分机构如何进行汇算清缴

答: 实行跨地区经营汇总缴纳企业所得税的纳税人,其汇算清缴流程如图2-4所示。

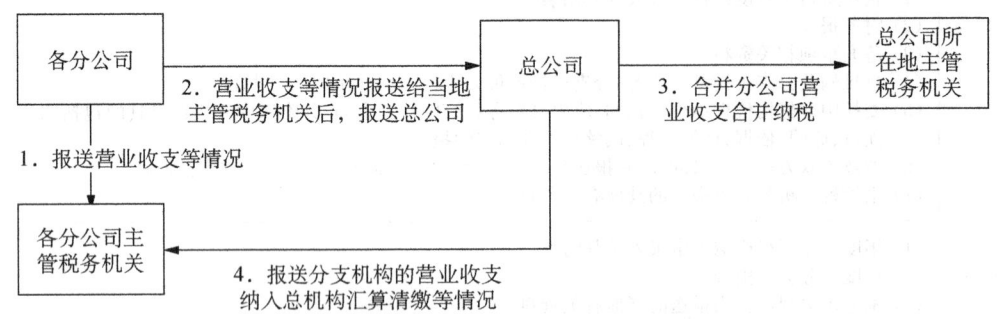

图2-4 跨地区经营汇总缴纳企业所得税流程

《国家税务总局关于印发〈企业所得税汇算清缴管理办法〉的通知》(国税发〔2009〕79号)第十三条

实行跨地区经营汇总缴纳企业所得税的纳税人,由统一计算应纳税所得额和应纳所得税额的总机构,按照上述规定,在汇算清缴期内向所在地主管税务机关办理企业所得税年度纳税申报,进行汇算清缴。分支机构不进行汇算清缴,但应将分支机构的营业收支等情况在报总机构统一汇算清缴前报送分支机构所在地主管税务机关。总机构应将分支机构及其所属机构的营业收支纳入总机构汇算清缴等情况报送各分支机构所在地主管税务机关。

7. 哪些情况可以申请办理延期纳税申报

答:纳税人因不可抗力,不能在汇算清缴期内办理企业所得税年度纳税申报或备齐企业所得税年度纳税申报资料的,应按照税收征管法及其实施细则的规定,申请办理延期纳税申报。

《国家税务总局关于印发〈企业所得税汇算清缴管理办法〉的通知》(国税发〔2009〕79号)第九条

8. 企业所得税预缴时多缴、少缴税款的,应如何处理

答:企业所得税预缴时多缴、少缴税款的,按照以下方式处理,如表2-3所示。

表2-3　企业所得税预缴时多缴、少缴税款处理方法

情形	处理方法
预缴少缴	汇算清缴时补缴少缴税款
预缴多缴	按有关规定办理退税

一、《国家税务总局关于印发〈企业所得税汇算清缴管理办法〉的通知》(国税发〔2009〕79号)第十一条

纳税人在纳税年度内预缴企业所得税税款少于应缴企业所得税税款的,应在汇算清缴期内结清应补缴的企业所得税税款;预缴税款超过应纳税款的,主管税务机关应及时按有关规定办理退税,或者经纳税人同意后抵缴其下一年度应缴企业所得税税款。

二、《国家税务总局关于企业所得税年度汇算清缴有关事项的公告》(国家税务总局公告2021年第34号)第二条、第三条

二、纳税人在纳税年度内预缴企业所得税税款超过汇算清缴应纳税款的,纳税人应及时申请退税,主管税务机关应及时按有关规定办理退税,不再抵缴其下一年度应缴企业所得税税款。

三、本公告适用于2021年度及以后年度企业所得税汇算清缴。……《国家税务总局关于印发〈企业所得税汇算清缴管理办法〉的通知》(国税发〔2009〕79号,国家税务总局公告2018年第31号修改)第十一条"或者经纳税人同意后抵缴其下一年度应缴企业所得税税款"……的规定同时废止。

9. 企业所得税年度纳税申报有误,应如何处理

答:企业所得税年度纳税申报有误的,可在当地主管税务机关更正申报信息,并参照下表2-4进行处理。

表 2-4 汇算清缴有误处理方法

发现时间	情形		处理方法
汇算清缴期内	—		重新办理企业所得税年度纳税申报
汇算清缴期外	多缴税款	税务机关发现	发现后应当立即退还
		纳税人发现	自结算缴纳税款之日起 3 年内发现的,可向税务机关要求退还多缴纳的税款并加算银行同期存款利息,税务机关及时查实后应立即退还
	少缴税款	税务机关责任	税务机关在 3 年内可要求纳税人、扣缴义务人补缴税款,但是不得加收滞纳金
		纳税人、扣缴义务人计算等失误	税务机关在 3 年内可以追征税款、滞纳金;有特殊情况的,追征期可以延长到 5 年
		纳税人偷税、抗税、骗税	税务机关无限期追征其未缴或少缴的税款、滞纳金或者骗取的税款

政策依据

一、《国家税务总局关于印发〈企业所得税汇算清缴管理办法〉的通知》(国税发〔2009〕79 号)第十条

纳税人在汇算清缴期内发现当年企业所得税申报有误的,可在汇算清缴期内重新办理企业所得税年度纳税申报。

二、《中华人民共和国税收征收管理法》第五十一条、第五十二条

第五十一条 纳税人超过应纳税额缴纳的税款,税务机关发现后应当立即退还;纳税人自结算缴纳税款之日起三年内发现的,可以向税务机关要求退还多缴的税款并加算银行同期存款利息,税务机关及时查实后应当立即退还;涉及从国库中退库的,依照法律、行政法规有关国库管理的规定退还。

第五十二条 因税务机关的责任,致使纳税人、扣缴义务人未缴或者少缴税款的,税务机关在三年内可以要求纳税人、扣缴义务人补缴税款,但是不得加收滞纳金。

因纳税人、扣缴义务人计算错误等失误,未缴或者少缴税款的,税务机关在三年内可以追征税款、滞纳金;有特殊情况的,追征期可以延长到五年。

对偷税、抗税、骗税的,税务机关追征其未缴或者少缴的税款、滞纳金或者所骗取的税款,不受前款规定期限的限制。

10. 企业未按规定进行汇算清缴,承担哪些后果

答:纳税人未按照规定进行汇算清缴,将承担的后果如图 2-5 所示。

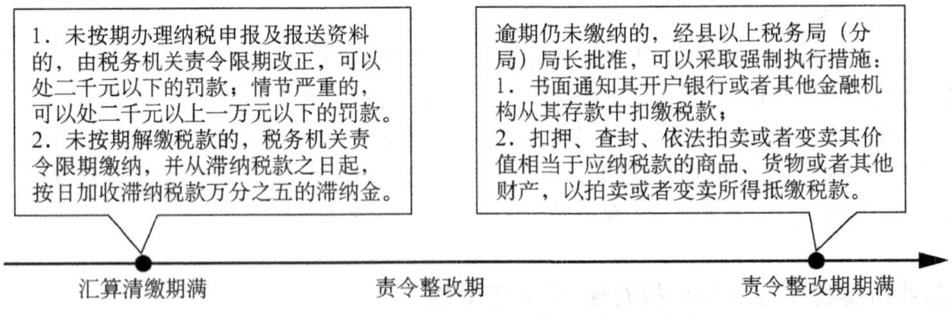

1. 未按期办理纳税申报及报送资料的,由税务机关责令限期改正,可以处二千元以下的罚款;情节严重的,可以处二千元以上一万元以下的罚款。
2. 未按期解缴税款的,税务机关责令限期缴纳,并从滞纳税款之日起,按日加收滞纳税款万分之五的滞纳金。

逾期仍未缴纳的,经县以上税务局(分局)局长批准,可以采取强制执行措施:
1. 书面通知其开户银行或者其他金融机构从其存款中扣缴税款;
2. 扣押、查封、依法拍卖或者变卖其价值相当于应纳税款的商品、货物或者其他财产,以拍卖或者变卖所得抵缴税款。

汇算清缴期满 —— 责令整改期 —— 责令整改期期满

图 2-5 纳税人未按规定汇算清缴处罚方法

政策依据

一、《国家税务总局关于印发〈企业所得税汇算清缴管理办法〉的通知》(国税发〔2009〕79号)第十五条

纳税人未按规定期限进行汇算清缴,或者未报送本办法第八条所列资料的,按照税收征管法及其实施细则的有关规定处理。

二、《中华人民共和国税收征收管理法》第三十二条、第四十条、第六十二条

第三十二条　纳税人未按照规定期限缴纳税款的,扣缴义务人未按照规定期限解缴税款的,税务机关除责令限期缴纳外,从滞纳税款之日起,按日加收滞纳税款万分之五的滞纳金。

第四十条　从事生产、经营的纳税人、扣缴义务人未按照规定的期限缴纳或者解缴税款,纳税担保人未按照规定的期限缴纳所担保的税款,由税务机关责令限期缴纳,逾期仍未缴纳的,经县以上税务局(分局)局长批准,税务机关可以采取下列强制执行措施:

(一)书面通知其开户银行或者其他金融机构从其存款中扣缴税款;

(二)扣押、查封、依法拍卖或者变卖其价值相当于应纳税款的商品、货物或者其他财产,以拍卖或者变卖所得抵缴税款。

税务机关采取强制执行措施时,对前款所列纳税人、扣缴义务人、纳税担保人未缴纳的滞纳金同时强制执行。

个人及其所扶养家属维持生活必需的住房和用品,不在强制执行措施的范围之内。

第六十二条　纳税人未按照规定的期限办理纳税申报和报送纳税资料的,或者扣缴义务人未按照规定的期限向税务机关报送代扣代缴、代收代缴税款报告表和有关资料的,由税务机关责令限期改正,可以处二千元以下的罚款;情节严重的,可以处二千元以上一万元以下的罚款。

第三节　申报实务

一、2024年汇算清缴主要变化

截至本书出版,2024年企业所得税年度纳税申报表表格样式基本沿用2023年企业所得税年度纳税申报表表格样式,国家税务总局仅对个别表格进行了细微的调整。2023年及2024年企业所得税年度纳税申报表的修订情况,如表2-5所示。

表2-5　2023年及2024年企业所得税年度纳税申报表修订情况

序号	修订表单	修订情况	备注
1	《资产折旧、摊销及纳税调整明细表》(A105080)	2023年对5张表单样式及填报说明进行修订,2024年对表A107010和表A107012中的加计扣除代码表进行了修订	1.今后如出台新政策,按照新政策相关规定填报企业所得税年度纳税申报表 2.以前年度企业所得税纳税申报表相关规则与最新政策不一致的,不追溯调整 3.纳税人调整以前年度涉税事项的,按照相应年度的企业所得税纳税申报表相关规则调整
2	《企业重组及递延纳税事项纳税调整明细表》(A105100)		
3	《免税、减计收入及加计扣除优惠明细表》(A107010)		
4	《研发费用加计扣除优惠明细表》(A107012)		
5	《减免所得税优惠明细表》(A107040)		
6	《纳税调整项目明细表》(A105000)	2023年修订了填报说明	

同时,为精简办税资料,减轻企业办税负担,发生政策性搬迁事宜的企业在搬迁完成当年,向主管税务机关报送企业所得税年度纳税申报表时,不再填写和报送《企业政策性搬迁清算损益表》。

（一）《资产折旧、摊销及纳税调整明细表》(A105080)

新增"高新技术企业2022年第四季度（10月—12月）购置单价500万元以下设备器具一次性扣除""高新技术企业2022年第四季度（10月—12月）购置单价500万元以上设备器具一次性扣除""中小微企业购置单价500万元以上设备器具"等事项，具体如表2-6和表2-7所示。

表2-6 资产折旧、摊销及纳税调整明细表（2021版）

行次	项目	账载金额			税收金额					纳税调整金额
		资产原值	本年折旧、摊销额	累计折旧、摊销额	资产计税基础	税收折旧、摊销额	享受加速折旧政策的资产按税收的一般规定计算的折旧、摊销额	加速折旧、摊销统计额	累计折旧、摊销额	
		1	2	3	4	5	6	7(5—6)	8	9(2—5)
11	其中：享受固定资产加速折旧及一次性扣除政策的资产加速折旧额大于一般折旧额的部分 （四）500万元以下设备器具一次性扣除									*
12	（五）疫情防控重点保障物资生产企业单价500万元以上设备一次性扣除									*
13	（六）特定地区企业固定资产一次性扣除(13.1+13.2)									*
13.1	1.海南自由贸易港企业固定资产一次性扣除									*
13.2	2.其他特定地区企业固定资产一次性扣除									*

表2-7 资产折旧、摊销及纳税调整明细表（2022版）

行次	项目	账载金额			税收金额					纳税调整金额
		资产原值	本年折旧、摊销额	累计折旧、摊销额	资产计税基础	税收折旧、摊销额	享受加速折旧政策的资产按税收的一般规定计算的折旧、摊销额	加速折旧、摊销统计额	累计折旧、摊销额	
		1	2	3	4	5	6	7(5—6)	8	9(2—5)
11	（四）500万元以下设备器具一次性扣除(11.1+11.2)									*
11.1	1.高新技术企业2022年第四季度（10月—12月）购置单价500万元以下设备器具一次性扣除									*

(续表)

行次	项目		账载金额			税收金额				纳税调整金额
			资产原值	本年折旧、摊销额	累计折旧、摊销额	资产计税基础	税收折旧、摊销额	享受加速折旧政策的资产按税收的一般规定计算的折旧、摊销额	加速折旧、摊销统计额	累计折旧、摊销额	
			1	2	3	4	5	6	7(5−6)	8	9(2−5)
11.2	2.购置单价500万元以下设备器具一次性扣除(不包含高新技术企业2022年第四季度购置)										＊
12	(五)500万元以上设备器具一次性扣除(12.1+12.2+12.3+12.4)										＊
12.1	中小微企业购置单价500万元以上设备器具	1.最低折旧年限为3年的设备器具一次性扣除									＊
12.2		2.最低折旧年限为4、5年的设备器具50％部分一次性扣除									＊
12.3		3.最低折旧年限为10年的设备器具50％部分一次性扣除									＊
12.4		4.高新技术企业2022年第四季度(10月−12月)购置单价500万元以上设备器具一次性扣除									＊
13	(六)特定地区企业固定资产一次性扣除(13.1+13.2)										＊
13.1	1.海南自由贸易港企业固定资产一次性扣除										＊
13.2	2.横琴粤澳深度合作区企业固定资产一次性扣除										＊

(二)《企业重组及递延纳税事项纳税调整明细表》(A105100)

在《企业重组及递延纳税事项纳税调整明细表》(A105100)中增加"基础设施领域不动产投资信托基金"部分,具体如表2-8和表2-9所示。

表2-8 企业重组及递延纳税事项纳税调整明细表(2021版)

行次	项目	一般性税务处理			特殊性税务处理(递延纳税)			纳税调整金额
		账载金额	税收金额	纳税调整金额	账载金额	税收金额	纳税调整金额	
		1	2	3(2−1)	4	5	6(5−4)	7(3+6)
14	八、股权划转、资产划转							
15	九、其他							
16	合计(1+4+6+8+11+12+13+14+15)							

表 2-9 企业重组及递延纳税事项纳税调整明细表(2022版)

行次	项目	一般性税务处理			特殊性税务处理(递延纳税)			纳税调整金额
		账载金额	税收金额	纳税调整金额	账载金额	税收金额	纳税调整金额	
		1	2	3(2-1)	4	5	6(5-4)	7(3+6)
14	八、股权划转、资产划转							
15	九、基础设施领域不动产投资信托基金（□原始权益人 □项目公司）							
15.1	（一）设立基础设施REITs前							
15.2	（二）设立基础设施REITs阶段							
16	十、其他							
17	合计(1+4+6+8+11+12+13+14+15+16)							

(三)《免税、减计收入及加计扣除优惠明细表》(A107010)

1. 增加第16.1行"取得的基础研究资金收入免征企业所得税",具体如表2-10和表2-11所示。

表 2-10 免税、减计收入及加计扣除优惠明细表(2021版)

行次	项目	金额
14	（八）中国奥委会取得北京冬奥组委支付的收入免征企业所得税	
15	（九）中国残奥委会取得北京冬奥组委分期支付的收入免征企业所得税	
16	（十）其他	
17	二、减计收入(18+19+23+24)	
18	（一）综合利用资源生产产品取得的收入在计算应纳税所得额时减计收入	
19	（二）金融、保险等机构取得的涉农利息、保费减计收入(20+21+22)	

表 2-11 免税、减计收入及加计扣除优惠明细表(2022版)

行次	项目	金额
14	（八）中国奥委会取得北京冬奥组委支付的收入免征企业所得税	
15	（九）中国残奥委会取得北京冬奥组委分期支付的收入免征企业所得税	
16	（十）其他(16.1+16.2)	
16.1	1.取得的基础研究资金收入免征企业所得税	
16.2	2.其他	
17	二、减计收入(18+19+23+24)	
18	（一）综合利用资源生产产品取得的收入在计算应纳税所得额时减计收入	
19	（二）金融、保险等机构取得的涉农利息、保费减计收入(20+21+22)	

2. 将第28行中的"加计扣除比例____%"调整为"加计扣除比例及计算方法:____",并相应增加创意设计活动加计扣除比例及计算方法代码表;增加第28.1行"第四季度相关费用加

计扣除"和第28.2行"前三季度相关费用加计扣除",具体如表2-12和表2-13所示。

表2-12 免税、减计收入及加计扣除优惠明细表(2021版)

行次	项 目	金 额
25	三、加计扣除(26＋27＋28＋29＋30)	
26	(一)开发新技术、新产品、新工艺发生的研究开发费用加计扣除(填写A107012)	
27	(二)科技型中小企业开发新技术、新产品、新工艺发生的研究开发费用加计扣除(填写A107012)	
28	(三)企业为获得创新性、创意性、突破性的产品进行创意设计活动而发生的相关费用加计扣除(加计扣除比例____%)	
29	(四)安置残疾人员所支付的工资加计扣除	

表2-13 免税、减计收入及加计扣除优惠明细表(2022版)

行次	项 目	金 额
25	三、加计扣除(26＋27＋28＋29＋30)	
26	(一)开发新技术、新产品、新工艺发生的研究开发费用加计扣除(填写A107012)	
27	(二)科技型中小企业开发新技术、新产品、新工艺发生的研究开发费用加计扣除(填写A107012)	
28	(三)企业为获得创新性、创意性、突破性的产品进行创意设计活动而发生的相关费用加计扣除(加计扣除比例及计算方法:_____)	
28.1	其中:第四季度相关费用加计扣除	
28.2	前三季度相关费用加计扣除	
29	(四)安置残疾人员所支付的工资加计扣除	

3. 增加第30.1行"企业投入基础研究支出加计扣除"和第30.2行"高新技术企业设备器具加计扣除",具体如表2-14和表2-15所示。

表2-14 免税、减计收入及加计扣除优惠明细表(2021版)

行次	项 目	金 额
29	(四)安置残疾人员所支付的工资加计扣除	
30	(五)其他	
31	合计(1＋17＋25)	

表2-15 免税、减计收入及加计扣除优惠明细表(2022版)

行次	项 目	金 额
29	(四)安置残疾人员所支付的工资加计扣除	
30	(五)其他(30.1＋30.2＋30.3)	
30.1	1.企业投入基础研究支出加计扣除	
30.2	2.高新技术企业设备器具加计扣除	
30.3	3.其他	
31	合计(1＋17＋25)	

(四)《研发费用加计扣除优惠明细表》(A107012)

1. 将第 50 行"加计扣除比例"调整为"加计扣除比例及计算方法";增加第 L1 行"本年允许加计扣除的研发费用总额"、第 L1.1 行"第四季度允许加计扣除的研发费用金额"、第 L1.2 行"前三季度允许加计扣除的研发费用金额",具体如表 2-16 和表 2-17 所示。

表 2-16 研发费用加计扣除优惠明细表(2021 版)

行次	项 目	金额(数量)
47	七、允许扣除的研发费用抵减特殊收入后的金额(45-46)	
48	减:当年销售研发活动直接形成产品(包括组成部分)对应的材料部分	
49	减:以前年度销售研发活动直接形成产品(包括组成部分)对应材料部分结转金额	
50	八、加计扣除比例(%)	
51	九、本年研发费用加计扣除总额(47-48-49)×50	
52	十、销售研发活动直接形成产品(包括组成部分)对应材料部分结转以后年度扣减金额(当47-48-49≥0,本行=0;当47-48-49<0,本行=47-48-49 的绝对值)	

表 2-17 研发费用加计扣除优惠明细表(2022 版)

行次	项 目	金额(数量)
47	七、允许扣除的研发费用抵减特殊收入后的金额(45-46)	
48	减:当年销售研发活动直接形成产品(包括组成部分)对应的材料部分	
49	减:以前年度销售研发活动直接形成产品(包括组成部分)对应材料部分结转金额	
50	八、加计扣除比例及计算方法	
L1	本年允许加计扣除的研发费用总额(47-48-49)	
L1.1	其中:第四季度允许加计扣除的研发费用金额	
L1.2	前三季度允许加计扣除的研发费用金额(L1-L1.1)	
51	九、本年研发费用加计扣除总额(47-48-49)×50	
52	十、销售研发活动直接形成产品(包括组成部分)对应材料部分结转以后年度扣减金额(当47-48-49≥0,本行=0;当47-48-49<0,本行=47-48-49 的绝对值)	

2. 2024 年研发费用加计扣除比例计算方法填报选项,如表 2-18 所示。

表 2-18 研发费用加计扣除比例填报选项

序号	填报选项
1	全年 100%
2	全年 120%(集成电路和工业母机企业)

(五)《减免所得税优惠明细表》(A107040)

在第 24 行下增加明细行次,对区域性优惠政策进一步细分,供纳税人分别填报横琴粤澳深度合作区、平潭综合实验区、前海深港现代服务业合作区、南沙先行启动区相关优惠政策,具体如表 2-19 和表 2-20 所示。

表 2-19　减免所得税优惠明细表(2021 版)

行次	项　　目	金　　额
23	二十三、新疆喀什、霍尔果斯特殊经济开发区新办企业定期免征企业所得税	
24	二十四、广东横琴、福建平潭、深圳前海等地区的鼓励类产业企业减按15%税率征收企业所得税	
25	二十五、北京冬奥组委、北京冬奥会测试赛赛事组委会免征企业所得税	
26	二十六、线宽小于130纳米(含)的集成电路生产企业减免企业所得税(原政策,填写A107042)	
27	二十七、线宽小于65纳米(含)或投资额超过150亿元的集成电路生产企业减免企业所得税(原政策,填写A107042)	

表 2-20　减免所得税优惠明细表(2022 版)

行次	项　　目	金　　额
23	二十三、新疆喀什、霍尔果斯特殊经济开发区新办企业定期免征企业所得税	
24	二十四、广东横琴、福建平潭、深圳前海、广东南沙等地区的鼓励类产业企业减按15%税率征收企业所得税(24.1+24.2+24.3+24.4)	
24.1	(一)横琴粤澳深度合作区的鼓励类产业企业减按15%税率征收企业所得税	
24.2	(二)平潭综合实验区的鼓励类产业企业减按15%税率征收企业所得税	
24.3	(三)前海深港现代服务业合作区的鼓励类产业企业减按15%税率征收企业所得税	
24.4	(四)南沙先行启动区的鼓励类产业企业减按15%税率征收企业所得税	
25	二十五、北京冬奥组委、北京冬奥会测试赛赛事组委会免征企业所得税	
26	二十六、线宽小于130纳米(含)的集成电路生产企业减免企业所得税(原政策,填写A107042)	
27	二十七、线宽小于65纳米(含)或投资额超过150亿元的集成电路生产企业减免企业所得税(原政策,填写A107042)	

二、企业所得税年度纳税申报表封面的填写

企业所得税年度纳税申报表封面如表 2-21 所示。

表 2-21　企业所得税年度纳税申报表

(A类,2017年版)		
税款所属期间：　　年　　月　　日至　　年　　月　　日		
纳税人统一社会信用代码：□□□□□□□□□□□□□□□□□□ (纳税人识别号)		
纳税人名称：		
金额单位：人民币元(列至角分)		
谨声明：此纳税申报表是根据《中华人民共和国企业所得税法》《中华人民共和国企业所得税法实施条例》以及有关税收政策和国家统一会计制度的规定填报的,是真实的、可靠的、完整的。		
法定代表人(签章)：　　　　　　　　　年　　月　　日		
纳税人公章：	代理申报中介机构公章：	主管税务机关受理专用章：
会计主管：	经办人： 经办人执业证件号码：	受理人：
填表日期：　年　月　日	代理申报日期：　年　月　日	受理日期：　年　月　日

国家税务总局监制

【填报说明】

《中华人民共和国企业所得税年度纳税申报表（A类，2017年版）》（以下简称申报表）适用于实行查账征收企业所得税的居民企业纳税人（以下简称纳税人）填报。有关项目填报说明如下。

1. "税款所属期间"：正常经营的纳税人，填报公历当年1月1日至12月31日；纳税人年度中间开业的，填报实际生产经营之日至当年12月31日；纳税人年度中间发生合并、分立、破产、停业等情况的，填报公历当年1月1日至实际停业或法院裁定并宣告破产之日；纳税人年度中间开业且年度中间又发生合并、分立、破产、停业等情况的，填报实际生产经营之日至实际停业或法院裁定并宣告破产之日。

2. "纳税人统一社会信用代码（纳税人识别号）"：填报工商等部门核发的统一社会信用代码。未取得统一社会信用代码的，填报税务机关核发的纳税人识别号。

3. "纳税人名称"：填报营业执照、税务登记证等证件载明的纳税人名称。

4. "填报日期"：填报纳税人申报当日日期。

5. 纳税人聘请中介机构代理申报的，加盖代理申报中介机构公章，并填报经办人及其执业证件号码等，没有聘请的，填报"无"。

三、企业所得税年度纳税申报填报表单的填报

企业所得税年度纳税申报填报表单如表2-22所示。

表2-22 企业所得税年度纳税申报填报表单

表单编号	表单名称	是否填报
A000000	企业所得税年度纳税申报基础信息表	√
A100000	中华人民共和国企业所得税年度纳税申报表（A类）	√
A101010	一般企业收入明细表	□
A101020	金融企业收入明细表	□
A102010	一般企业成本支出明细表	□
A102020	金融企业支出明细表	□
A103000	事业单位、民间非营利组织收入、支出明细表	□
A104000	期间费用明细表	□
A105000	纳税调整项目明细表	□
A105010	视同销售和房地产开发企业特定业务纳税调整明细表	□
A105020	未按权责发生制确认收入纳税调整明细表	□
A105030	投资收益纳税调整明细表	□
A105040	专项用途财政性资金纳税调整明细表	□
A105050	职工薪酬支出及纳税调整明细表	□
A105060	广告费和业务宣传费等跨年度纳税调整明细表	□
A105070	捐赠支出及纳税调整明细表	□
A105080	资产折旧、摊销及纳税调整明细表	□
A105090	资产损失税前扣除及纳税调整明细表	□
A105100	企业重组及递延纳税事项纳税调整明细表	□

(续表)

表单编号	表单名称	是否填报
A105110	政策性搬迁纳税调整明细表	□
A105120	贷款损失准备金及纳税调整明细表	□
A106000	企业所得税弥补亏损明细表	□
A107010	免税、减计收入及加计扣除优惠明细表	□
A107011	符合条件的居民企业之间的股息、红利等权益性投资收益优惠明细表	□
A107012	研发费用加计扣除优惠明细表	□
A107020	所得减免优惠明细表	□
A107030	抵扣应纳税所得额明细表	□
A107040	减免所得税优惠明细表	□
A107041	高新技术企业优惠情况及明细表	□
A107042	软件、集成电路企业优惠情况及明细表	□
A107050	税额抵免优惠明细表	□
A108000	境外所得税收抵免明细表	□
A108010	境外所得纳税调整后所得明细表	□
A108020	境外分支机构弥补亏损明细表	□
A108030	跨年度结转抵免境外所得税明细表	□
A109000	跨地区经营汇总纳税企业年度分摊企业所得税明细表	□
A109010	企业所得税汇总纳税分支机构所得税分配表	

说明：企业应当根据实际情况选择需要填报的表单。

1. 表单适用情况说明

本表列示申报表全部表单名称及编号。纳税人在填报申报表之前，请仔细阅读这些表单的填报信息，并根据企业的涉税业务，选择"是否填报"。选择"填报"的，在"□"内打"√"，并完成该表单内容的填报。未选择"填报"的表单，无需向税务机关报送。各表单有关情况如下：

(1)《企业所得税年度纳税申报基础信息表》(A000000)。

本表为必填表，填报内容包括基本经营情况、有关涉税事项情况、主要股东及分红情况三部分。纳税人填报申报表时，首先填报此表，为后续申报提供指引。

(2)《企业所得税年度纳税申报基础信息表》(A000000)之《中华人民共和国企业所得税年度纳税申报表(A类)》(A100000)。

本表为必填表，是纳税人计算申报缴纳企业所得税的主表。

(3)《企业所得税年度纳税申报基础信息表》(A000000)之《一般企业收入明细表》(A101010)。

本表适用于除金融企业、事业单位和民间非营利组织外的纳税人填报，反映一般企业按照国家统一会计制度规定取得收入情况。

(4)《企业所得税年度纳税申报基础信息表》(A000000)之《金融企业收入明细表》(A101020)。

本表仅适用于金融企业(包括银行、信用社、保险公司、证券公司等金融企业)填报，反映金融企业按照企业会计准则规定取得收入情况。

(5)《企业所得税年度纳税申报基础信息表》(A000000)之《一般企业成本支出明细表》

(A102010)。

本表适用于除金融企业、事业单位和民间非营利组织外的纳税人填报,反映一般企业按照国家统一会计制度规定发生成本支出情况。

(6)《企业所得税年度纳税申报基础信息表》(A000000)之《金融企业支出明细表》(A102020)。

本表仅适用于金融企业(包括银行、信用社、保险公司、证券公司等金融企业)填报,反映金融企业按照企业会计准则规定发生支出情况。

(7)《企业所得税年度纳税申报基础信息表》(A000000)之《事业单位、民间非营利组织收入、支出明细表》(A103000)。

本表适用于事业单位和民间非营利组织填报,反映事业单位、社会团体、民办非企业单位、非营利组织等按照有关会计制度规定取得收入,发生支出、费用情况。

(8)《企业所得税年度纳税申报基础信息表》(A000000)《期间费用明细表》(A104000)。

本表适用于除事业单位和民间非营利组织外的纳税人填报,反映纳税人根据国家统一会计制度发生的期间费用明细情况。

(9)《企业所得税年度纳税申报基础信息表》(A000000)之《纳税调整项目明细表》(A105000)。

本表反映纳税人财务、会计处理办法(以下简称"会计处理")与税收法律、行政法规的规定(以下简称"税收规定")不一致,需要进行纳税调整的项目和金额情况。

(10)《企业所得税年度纳税申报基础信息表》(A000000)之《视同销售和房地产开发企业特定业务纳税调整明细表》(A105010)。

本表反映纳税人发生视同销售行为、房地产开发企业销售未完工产品、未完工产品转完工产品,会计处理与税收规定不一致,需要进行纳税调整的项目和金额情况。

(11)《企业所得税年度纳税申报基础信息表》(A000000)之《未按权责发生制确认收入纳税调整明细表》(A105020)。

本表反映纳税人会计处理按照权责发生制确认收入,而税收规定不按照权责发生制确认收入,需要进行纳税调整的项目和金额情况。

(12)《企业所得税年度纳税申报基础信息表》(A000000)之《投资收益纳税调整明细表》(A105030)。

本表反映纳税人发生投资收益,由于会计处理与税收规定不一致,需要进行纳税调整的项目和金额情况。

(13)《企业所得税年度纳税申报基础信息表》(A000000)之《专项用途财政性资金纳税调整明细表》(A105040)。

本表反映纳税人取得符合不征税收入条件的专项用途财政性资金,由于会计处理与税收规定不一致,需要进行纳税调整的金额情况。

(14)《企业所得税年度纳税申报基础信息表》(A000000)之《职工薪酬支出及纳税调整明细表》(A105050)。

本表反映纳税人发生的职工薪酬(包括工资薪金、职工福利费、职工教育经费、工会经费、各类基本社会保障性缴款、住房公积金、补充养老保险、补充医疗保险等支出)情况,以及由于会计处理与税收规定不一致,需要进行纳税调整的项目和金额情况。纳税人只要发生职工薪酬支出,均需填报本表。

(15)《企业所得税年度纳税申报基础信息表》(A000000)之《广告费和业务宣传费等跨年度纳税调整明细表》(A105060)。

本表反映纳税人发生的广告费和业务宣传费支出、保险企业发生的手续费及佣金支出，由于会计处理与税收规定不一致，需要进行纳税调整的金额情况。纳税人以前年度发生广告费和业务宣传费支出、保险企业以前年度发生手续费及佣金支出尚未扣除完毕结转至本年度扣除的，应填报以前年度累计结转情况。

(16)《企业所得税年度纳税申报基础信息表》(A000000)之《捐赠支出及纳税调整明细表》(A105070)。

本表反映纳税人发生捐赠支出的情况，以及由于会计处理与税收规定不一致，需要进行纳税调整的项目和金额情况。纳税人发生以前年度捐赠支出未扣除完毕的，应填报以前年度累计结转情况。

(17)《企业所得税年度纳税申报基础信息表》(A000000)之《资产折旧、摊销及纳税调整明细表》(A105080)。

本表反映纳税人资产折旧、摊销情况，以及由于会计处理与税收规定不一致，需要进行纳税调整的项目和金额情况。纳税人只要发生资产折旧、摊销，均需填报本表。

(18)《企业所得税年度纳税申报基础信息表》(A000000)之《资产损失税前扣除及纳税调整明细表》(A105090)。

本表反映纳税人发生的资产损失的项目及金额情况，以及由于会计处理与税收规定不一致，需要进行纳税调整的项目和金额情况。

(19)《企业所得税年度纳税申报基础信息表》(A000000)之《企业重组及递延纳税事项纳税调整明细表》(A105100)。

本表反映纳税人发生企业重组、非货币性资产对外投资、技术入股等业务所涉及的所得或损失情况，以及由于会计处理与税收规定不一致，需要进行纳税调整的项目和金额情况。

(20)《企业所得税年度纳税申报基础信息表》(A000000)之《政策性搬迁纳税调整明细表》(A105110)。

本表反映纳税人发生政策性搬迁所涉及的所得或损失，由于会计处理与税收规定不一致，需要进行纳税调整的项目和金额情况。

(21)《企业所得税年度纳税申报基础信息表》(A000000)之《贷款损失准备金及纳税调整明细表》(A105120)。

本表反映金融企业、小额贷款公司纳税人发生的贷款损失准备金情况，以及由于会计处理与税收规定不一致，需要进行纳税调整的项目和金额情况。

(22)《企业所得税年度纳税申报基础信息表》(A000000)之《企业所得税弥补亏损明细表》(A106000)。

本表反映纳税人以前年度发生的亏损需要在本年度结转弥补的金额，本年度可弥补的金额以及可继续结转以后年度弥补的亏损额情况。

(23)《企业所得税年度纳税申报基础信息表》(A000000)之《免税、减计收入及加计扣除优惠明细表》(A107010)。

本表反映纳税人本年度所享受免税收入、减计收入、加计扣除等优惠政策的项目和金额情况。

(24)《企业所得税年度纳税申报基础信息表》(A000000)之《符合条件的居民企业之间的股息、红利等权益性投资收益优惠明细表》(A107011)。

本表反映纳税人本年度享受居民企业之间的股息、红利等权益性投资收益免税优惠政策的项目和金额情况。

(25)《企业所得税年度纳税申报基础信息表》(A000000)之《研发费用加计扣除优惠明细表》(A107012)。

本表反映纳税人享受研发费用加计扣除优惠政策情况。纳税人以前年度有销售研发活动直接形成产品(包括组成部分)对应材料部分未扣减完毕的,应填报以前年度未扣减情况。

(26)《企业所得税年度纳税申报基础信息表》(A000000)之《所得减免优惠明细表》(A107020)。

本表反映纳税人本年度享受减免所得额优惠政策(包括农、林、牧、渔项目和国家重点扶持的公共基础设施项目、环境保护、节能节水项目、集成电路生产项目以及符合条件的技术转让项目等)项目和金额情况。

(27)《企业所得税年度纳税申报基础信息表》(A000000)之《抵扣应纳税所得额明细表》(A107030)。

本表反映纳税人本年度享受创业投资企业抵扣应纳税所得额优惠政策的项目和金额情况。纳税人有以前年度结转的尚未抵扣的股权投资余额的,应填报以前年度累计结转情况。

(28)《企业所得税年度纳税申报基础信息表》(A000000)之《减免所得税优惠明细表》(A107040)。

本表反映纳税人本年度享受减免所得税优惠政策(包括小型微利企业、高新技术企业、民族自治地方企业、其他专项优惠等)的项目和金额情况。

(29)《企业所得税年度纳税申报基础信息表》(A000000)之《高新技术企业优惠情况及明细表》(A107041)。

本表反映高新技术企业基本情况和享受优惠政策的有关情况。高新技术企业资格证书在有效期内的纳税人需要填报本表。

(30)《企业所得税年度纳税申报基础信息表》(A000000)之《软件、集成电路企业优惠情况及明细表》(A107042)。

本表反映纳税人本年度享受软件、集成电路企业优惠政策的有关情况。

(31)《企业所得税年度纳税申报基础信息表》(A000000)之《税额抵免优惠明细表》(A107050)。

本表反映纳税人享受购买专用设备投资额抵免税额优惠政策的项目和金额情况。纳税人有以前年度结转的尚未抵免的专用设备投资额的,应填报以前年度已抵免情况。

(32)《企业所得税年度纳税申报基础信息表》(A000000)之《境外所得税收抵免明细表》(A108000)。

本表反映纳税人本年度来源于或发生于其他国家、地区的境外所得,按照我国税收规定计算应缴纳和应抵免的企业所得税额情况。

(33)《企业所得税年度纳税申报基础信息表》(A000000)之《境外所得纳税调整后所得明细表》(A108010)。

本表反映纳税人本年度来源于或发生于其他国家、地区的境外所得,按照我国税收规定计算调整后的所得情况。

(34)《企业所得税年度纳税申报基础信息表》(A000000)之《境外分支机构弥补亏损明细表》(A108020)。

本表反映纳税人境外分支机构本年度及以前年度发生的税前尚未弥补的非实际亏损额和实际亏损额、结转以后年度弥补的非实际亏损额和实际亏损额情况。

(35)《企业所得税年度纳税申报基础信息表》(A000000)之《跨年度结转抵免境外所得税明细表》(A108030)。

本表反映纳税人本年度来源于或发生于其他国家或地区的境外所得按照我国税收规定可以抵免的所得税额情况。

(36)《企业所得税年度纳税申报基础信息表》(A000000)之《跨地区经营汇总纳税企业年度分摊企业所得税明细表》(A109000)。

本表适用于跨地区经营汇总纳税企业的总机构填报,反映按照规定计算的总机构、分支机构本年度应缴的企业所得税情况,以及总机构、分支机构应分摊的企业所得税情况。

(37)《企业所得税年度纳税申报基础信息表》(A000000)之《企业所得税汇总纳税分支机构所得税分配表》(A109010)。

本表适用于跨地区经营汇总纳税企业的总机构填报,反映总机构本年度实际应纳所得税额以及所属分支机构本年度应分摊的所得税额情况。

2. 申报表修订情况

2021年12月31日,《关于企业所得税年度汇算清缴有关事项的公告》(国家税务总局公告2021年第34号),对《中华人民共和国企业所得税年度纳税申报表(A类,2017年版)》部分表单和填报说明进行修订,具体如下:对《企业所得税年度纳税申报基础信息表》(A000000)、《中华人民共和国企业所得税年度纳税申报表(A类)》(A100000)、《资产折旧、摊销及纳税调整明细表》(A105080)、《免税、减计收入及加计扣除优惠明细表》(A107010)、《所得减免优惠明细表》(A107020)、《减免所得税优惠明细表》(A107040)、《软件、集成电路企业优惠情况及明细表》(A107042)、《境外所得纳税调整后所得明细表》(A108010)、《跨地区经营汇总纳税企业年度分摊企业所得税明细表》(A109000)的表单样式及填报说明进行修订;对《研发费用加计扣除优惠明细表》(A107012)的填报说明进行修订。

四、年度纳税申报基础信息表的填报

年度纳税申报基础信息表如表2-23所示。

表2-23 企业所得税年度纳税申报基础信息表

基本经营情况(必填项目)			
101 纳税申报企业类型(填写代码)		102 分支机构就地纳税比例(%)	
103 资产总额(填写平均值,单位:万元)		104 从业人数(填写平均值,单位:人)	
105 所属国民经济行业(填写代码)		106 从事国家限制或禁止行业	□是□否
107 适用会计准则或会计制度(填写代码)		108 采用一般企业财务报表格式(2019年版)	□是□否
109 小型微利企业	□是 否	110 上市公司	是(□境内 □境外)否
有关涉税事项情况(存在或者发生下列事项时必填)			
201 从事股权投资业务	是	202 存在境外关联交易	□是
203 境外所得信息	203-1 选择采用的境外所得抵免方式	□分国(地区)不分项□不分国(地区)不分项	
	203-2 新增境外直接投资信息	□是(产业类别:□旅游业□现代服务业□高新技术产业)	
204 有限合伙制创业投资企业的法人合伙人	是	205 创业投资企业	□是

(续表)

206 技术先进型服务企业类型(填写代码)			207 非营利组织		是
208 软件、集成电路企业类型(填写代码)			209 集成电路生产项目类型	□130 纳米 □28 纳米	□65 纳米
210 科技型中小企业	210-1 年(申报所属期年度)入库编号1			210-2 入库时间1	
	210-3 年(所属期下一年度)入库编号2			210-4 入库时间2	
211 高新技术企业申报所属期年度有效的高新技术企业证书	211-1 证书编号1			211-2 发证时间1	
	211-3 证书编号2			211-4 发证时间2	
212 重组事项税务处理方式	□一般性□特殊性		213 重组交易类型(填写代码)		
214 重组当事方类型(填写代码)			215 政策性搬迁开始时间	____年____月	
216 发生政策性搬迁且停止生产经营无所得年度	□是		217 政策性搬迁损失分期扣除年度		□是
218 发生非货币性资产对外投资递延纳税事项	□是		219 非货币性资产对外投资转让所得递延纳税年度		□是
220 发生技术成果投资入股递延纳税事项	□是		221 技术成果投资入股递延纳税年度		□是
222 发生资产(股权)划转特殊性税务处理事项	□是		223 债务重组所得递延纳税年度		□是
224 研发支出辅助账样式	2015 版□2021 版□自行设计				
主要股东及分红情况(必填项目)					
股东名称	证件种类	证件号码	投资比例(%)	当年(决议日)分配的股息、红利等权益性投资收益金额	国籍(注册地址)
其余股东合计	—	—			—

纳税人在企业所得税年度纳税申报时应当向税务机关申报或者报告与确定应纳税额相关的信息。本表包括基本经营情况、有关涉税事项情况、主要股东及分红情况三部分内容。有关项目填报说明如下:

一、基本经营情况

本部分所列项目为纳税人必填(必选)内容。

1. "101 纳税申报企业类型":纳税人根据申报所属期年度的企业经营方式情况,从《跨地区经营企业类型代码表》中选择相应的代码填入本项。跨区经营企业类型代码表如表2-24所示。

表 2-24 跨地区经营企业类型代码表

代码	类型		
	大类	中类	小类
100	非跨地区经营企业		
210	跨地区经营企业总机构	总机构（跨省）——适用《跨地区经营汇总纳税企业所得税征收管理办法》	
220		总机构（跨省）——不适用《跨地区经营汇总纳税企业所得税征收管理办法》	
230		总机构（省内）	
311	跨地区经营企业分支机构	需进行完整年度纳税申报	分支机构（须进行完整年度申报并按比例纳税）
312			分支机构（须进行完整年度申报但不就地缴纳）

代码说明：

"非跨地区经营企业"：纳税人未跨地区设立不具有法人资格分支机构的，为非跨地区经营企业。

"总机构（跨省）——适用《跨地区经营汇总纳税企业所得税征收管理办法》"：纳税人为《国家税务总局关于印发〈跨地区经营汇总纳税企业所得税征收管理办法〉的公告》（2012 年第 57 号发布，国家税务总局公告 2018 年第 31 号修改）规定的跨省、自治区、直辖市和计划单列市设立不具有法人资格分支机构的跨地区经营汇总纳税企业的总机构。

"总机构（跨省）——不适用《跨地区经营汇总纳税企业所得税征收管理办法》"：纳税人为《国家税务总局关于印发〈跨地区经营汇总纳税企业所得税征收管理办法〉的公告》（2012 年第 57 号发布，国家税务总局公告 2018 年第 31 号修改）第二条规定的不适用该公告的跨地区经营汇总纳税企业的总机构。

"总机构（省内）"：纳税人为仅在同一省、自治区、直辖市和计划单列市内设立不具有法人资格分支机构的跨地区经营汇总纳税企业的总机构。

"分支机构（须进行完整年度申报并按比例纳税）"：纳税人为根据相关政策规定须进行完整年度申报并按比例就地缴纳企业所得税的跨地区经营企业的分支机构。"分支机构（须进行完整年度申报但不就地缴纳）"：纳税人为根据相关政策规定须进行完整年度申报但不就地缴纳企业所得税的跨地区经营企业的分支机构。

2. "102 分支机构就地纳税比例"："101 纳税申报企业类型"为"分支机构（须进行完整年度申报并按比例纳税）"需要同时填报本项。分支机构填报年度纳税申报时应当就地缴纳企业所得税的比例。

3. "103 资产总额"：纳税人填报资产总额的全年季度平均值，单位为万元，保留小数点后 2 位，具体计算公式如下：

$$季度平均值 = (季初值 + 季末值) \div 2$$
$$全年季度平均值 = 全年各季度平均值之和 \div 4$$

年度中间开业或者终止经营活动的，以其实际经营期作为一个纳税年度确定上述相关指标。

4. "104 从业人数"：纳税人填报从业人数的全年季度平均值，单位为人。从业人数是指与企业建立劳动关系的职工人数和企业接受的劳务派遣用工人数之和，依据和计算方法同"103 资产总额"。

5."105 所属国民经济行业":按照《国民经济行业分类》标准,纳税人填报所属的国民经济行业明细代码。

6."106 从事国家限制或禁止行业":纳税人从事行业为国家限制和禁止行业的,选择"是";其他选择"否"。

7."107 适用会计准则或会计制度":纳税人根据会计核算采用的会计准则或会计制度从《会计准则或会计制度类型代码表》中选择相应的代码填入本项。会计准则或会计制度类型代码表如表 2-25 所示。

表 2-25 会计准则或会计制度类型代码表

代码	类型	
	大类	小类
110	企业会计准则	一般企业
120		银行
130		证券
140		保险
150		担保
200	小企业会计准则	
300	企业会计制度	
410	事业单位会计准则	事业单位会计制度
420		科学事业单位会计制度
430		医院会计制度
440		高等学校会计制度
450		中小学校会计制度
460		彩票机构会计制度
500	民间非营利组织会计制度	
600	村集体经济组织会计制度	
700	农民专业合作社财务会计制度(试行)	
800	政府会计准则	
999	其他	

8."108 采用一般企业财务报表格式(2019 年版)":纳税人根据《财政部关于修订印发 2019 年度一般企业财务报表格式的通知》(财会〔2019〕6 号)和《财政部关于修订印发 2018 年度金融企业财务报表格式的通知》(财会〔2018〕36 号)规定的格式编制财务报表的,选择"是",其他选择"否"。

9."109 小型微利企业":纳税人符合小型微利企业普惠性所得税减免政策条件的,选择"是",其他选择"否"。

10."110 上市公司":纳税人在中国境内上市的选择"境内";在中国境外上市的选择"境外";在境内外同时上市的可同时选择;其他选择"否"。纳税人在中国香港上市的,参照境外上市相关规定选择。

二、有关涉税事项情况

本部分所列项目为条件必填（必选）内容，当纳税人存在或发生下列事项时，必须填报。纳税人未填报的，视同不存在或未发生下列事项。

1."201 从事股权投资业务"：纳税人从事股权投资业务的（包括集团公司总部、创业投资企业等），选择"是"。

2."202 存在境外关联交易"：纳税人存在境外关联交易的，选择"是"。

3."203 境外所得信息"：填报纳税人与来源于中国境外所得的相关信息。

（1）"203-1 选择采用的境外所得抵免方式"：纳税人适用境外所得税收抵免政策，且根据《财政部 国家税务总局关于企业境外所得税收抵免有关问题的通知》（财税〔2009〕125 号）、《财政部 税务总局关于完善企业境外所得税收抵免政策问题的通知》（财税〔2017〕84 号）文件规定选择按国（地区）别分别计算其来源于境外的应纳税所得额，即"分国（地区）不分项"的，选择"分国（地区）不分项"；纳税人适用境外所得税收抵免政策，且根据财税〔2009〕125 号、财税〔2017〕84 号文件规定选择不按国（地区）别汇总计算其来源于境外的应纳税所得额，即"不分国（地区）不分项"的，选择"不分国（地区）不分项"。境外所得抵免方式一经选择，5 年内不得变更。

（2）"203-2 新增境外直接投资信息"：填报纳税人符合享受境外所得免征企业所得税优惠政策条件的相关信息。本项目由在海南自由贸易港等特定地区设立的旅游业、现代服务业、高新技术产业且新增境外直接投资的企业填报。"产业类别"填报纳税人经营的产业类别，按"旅游业""现代服务业""高新技术产业"选择填报。

4."204 有限合伙制创业投资企业的法人合伙人"：纳税人投资于有限合伙制创业投资企业且为其法人合伙人的，选择"是"。本项目中的有限合伙制创业投资企业的法人合伙人是指符合《中华人民共和国合伙企业法》《创业投资企业管理暂行办法》（国家发展和改革委员会令第 39 号）、《外商投资创业投资企业管理规定》（外经贸部、科技部、工商总局、税务总局、外汇管理局令 2003 年第 2 号发布，商务部令 2015 年第 2 号修改）、《私募投资基金监督管理暂行办法》（证监会令第 105 号）关于创业投资基金的特别规定等规定的创业投资企业法人合伙人。有限合伙制创业投资企业的法人合伙人无论是否享受企业所得税优惠政策，均应填报本项。

5."205 创业投资企业"：纳税人为创业投资企业的，选择"是"。本项目中的创业投资企业是指依照《创业投资企业管理暂行办法》（国家发展和改革委员会令第 39 号）和《外商投资创业投资企业管理规定》（外经贸部、科技部、工商总局、税务总局、外汇管理局令 2003 年第 2 号发布，商务部令 2015 年第 2 号修改）、《私募投资基金监督管理暂行办法》（证监会令第 105 号）关于创业投资基金的特别规定等规定，在中华人民共和国境内设立的专门从事创业投资活动的企业或其他经济组织。创业投资企业无论是否享受企业所得税优惠政策，均应填报本项。

6."206 技术先进型服务企业类型"：纳税人为经认定的技术先进型服务企业的，从《技术先进型服务企业类型代码表》（表 2-26）中选择相应的代码填报本项。本项目中的经认定的技术先进型服务企业是指符合《财政部 税务总局 商务部 科技部 国家发展改革委关于将技术先进型服务企业所得税政策推广至全国实施的通知》（财税〔2017〕79 号）、《财政部 税务总局 商务部 科技部 国家发展改革委关于将服务贸易创新发展试点地区技术先进型服务企业所得税政策推广至全国实施的通知》（财税〔2018〕44 号）等文件规定的企业。经认定的技术先进型服务企业无论是否享受企业所得税优惠政策，均应填报本项。

表 2-26 技术先进型服务企业类型代码表

代码	类型	
	大类	小类
110	服务外包类	信息技术外包服务（ITO）
120		技术性业务流程外包服务（BPO）
130		技术性知识流程外包服务（KPO）
210	服务贸易类	计算机和信息服务
220		研究开发和技术服务
230		文化技术服务
240		中医药医疗服务

7."207 非营利组织"：纳税人为非营利组织的，选择"是"。

8."208 软件、集成电路企业类型"：适用纳税人根据《企业所得税年度纳税申报基础信息表》（A000000）"208 软件、集成电路企业类型"填报的企业类型和实际经营情况，从《软件、集成电路企业优惠方式代码表》"代码"列中选择相应代码填报。软件、集成电路企业若符合相关企业所得税优惠政策条件的，无论是否享受企业所得税优惠，均应填报本项，且仅可从中选择一项填列。软件、集成电路企业类型代码表如表 2-27 所示。

表 2-27 软件、集成电路企业类型代码表

代码	类型	
	大类	小类
110	100 集成电路生产企业	线宽小于 0.8 微米（含）的企业（延续到期）
120		线宽小于 0.25 微米的企业（延续到期）
130		投资额超过 80 亿元的企业（延续到期）
131		投资额超过 150 亿元的企业（延续到期）
140		线宽小于 130 纳米（含）的企业
151		线宽小于 65 纳米（含）的企业
160		线宽小于 28 纳米（含）的企业
240	200 集成电路设计企业	集成电路设计企业
250		重点集成电路设计企业
330	300 软件企业	软件企业
340		重点软件企业
400	集成电路封装、测试（含封装测试）企业	
500	集成电路材料（含关键专用材料）企业	
600	集成电路装备（含专用设备）企业	

代码说明：

"集成电路生产企业"：符合《财政部 国家税务总局 发展改革委 工业和信息化部关于软件和集成电路产业企业所得税优惠政策有关问题的通知》（财税〔2016〕49 号）、《财政部 税务总局 国家发展改革委 工业和信息化部关于集成电路生产企业有关企业所得税政策问题的通知》（财税〔2018〕27 号）、《财政部 税务总局 发展改革委 工业和信息化部关于促进集成

电路和软件产业高质量发展企业所得税政策的公告》(2020年第45号)、《国家发展改革委等五部门关于做好享受税收优惠政策的集成电路企业或项目、软件企业清单制定工作有关要求的通知》(发改高技〔2021〕413号)等文件规定的集成电路生产企业,具体说明如下:

(1)"线宽小于0.8微米(含)的企业"是指可以享受第一年至第二年免征企业所得税,第三年至第五年按照25%的法定税率减半征收企业所得税优惠政策的集成电路线宽小于0.8微米(含)的集成电路生产企业。

(2)"线宽小于0.25微米的企业"是指可以享受第一年至第五年免征企业所得税,第六年至第十年按照25%的法定税率减半征收企业所得税优惠政策的集成电路线宽小于0.25微米的集成电路生产企业。

(3)"投资额超过80亿元的企业"是指可以享受第一年至第五年免征企业所得税,第六年至第十年按照25%的法定税率减半征收企业所得税优惠政策的投资额超过80亿元的集成电路生产企业。

(4)"投资额超过150亿元的企业"是指可以享受第一年至第五年免征企业所得税,第六年至第十年按照25%的法定税率减半征收企业所得税优惠政策的投资额超过150亿元的集成电路生产企业。

(5)"线宽小于130纳米(含)的企业"是指可以享受第一年至第二年免征企业所得税,第三年至第五年按照25%的法定税率减半征收企业所得税优惠政策的集成电路线宽小于130纳米(含)的集成电路生产企业。

(6)"线宽小于65纳米(含)的企业"是指可以享受第一年至第五年免征企业所得税,第六年至第十年按照25%的法定税率减半征收企业所得税优惠政策的集成电路线宽小于65纳米(含)的集成电路生产企业。

(7)"线宽小于28纳米(含)的企业"是指可以享受第一年至第十年免征企业所得税优惠政策的集成电路线宽小于28纳米(含)的集成电路生产企业。

"集成电路设计企业":符合《财政部 国家税务总局 发展改革委 工业和信息化部关于软件和集成电路产业企业所得税优惠政策有关问题的通知》(财税〔2016〕49号)、《财政部 税务总局关于集成电路设计和软件产业企业所得税政策的公告》(2019年第68号)、《财政部 税务总局关于集成电路设计企业和软件企业2019年度企业所得税汇算清缴适用政策的公告》(2020年第29号)、《财政部 税务总局 发展改革委 工业和信息化部关于促进集成电路和软件产业高质量发展企业所得税政策的公告》(2020年第45号)、《中华人民共和国工业和信息化部 国家发展改革委 财政部 国家税务总局公告2021年第9号》等文件规定的集成电路设计企业、重点集成电路设计企业,具体说明如下:

(1)"集成电路设计企业"是指可以享受第一年至第二年免征企业所得税,第三年至第五年按照25%的法定税率减半征收企业所得税优惠政策的集成电路设计企业。

(2)"重点集成电路设计企业"是指在国家发展改革委、工业和信息化部等相关部门发布的清单内,可以享受第一年至第五年免征企业所得税、接续年度减按10%的税率征收企业所得税优惠政策的国家鼓励的重点集成电路设计企业。

"软件企业":符合《财政部 国家税务总局 发展改革委 工业和信息化部关于软件和集成电路产业企业所得税优惠政策有关问题的通知》(财税〔2016〕49号)、《财政部 税务总局关于集成电路设计和软件产业企业所得税政策的公告》(2019年第68号)、《财政部 税务总局关于集成电路设计企业和软件企业2019年度企业所得税汇算清缴适用政策的公告》(2020年第

29号)、《财政部 税务总局 发展改革委 工业和信息化部关于促进集成电路和软件产业高质量发展企业所得税政策的公告》(2020年第45号)、《中华人民共和国工业和信息化部 国家发展改革委 财政部 国家税务总局公告2021年第10号》等文件规定的软件企业、重点软件企业,具体说明如下:

①"软件企业"是指可以享受第一年至第二年免征企业所得税,第三年至第五年按照25%的法定税率减半征收企业所得税优惠政策的符合条件的软件企业。

②"重点软件企业"是指在国家发展改革委、工业和信息化部等相关部门发布的清单内,可以享受第一年至第五年免征企业所得税、接续年度减按10%的税率征收企业所得税优惠政策的国家鼓励的重点软件企业。

"集成电路封装、测试(含封装测试)企业":符合《财政部 国家税务总局 发展改革委 工业和信息化部关于进一步鼓励集成电路产业发展企业所得税政策的通知》(财税〔2015〕6号)、《财政部 税务总局 发展改革委 工业和信息化部关于促进集成电路和软件产业高质量发展企业所得税政策的公告》(2020年第45号)文件规定可以享受企业所得税优惠政策的集成电路封装、测试(含封装测试)企业。

"集成电路材料(含关键专用材料)企业":符合《财政部 国家税务总局 发展改革委 工业和信息化部关于进一步鼓励集成电路产业发展企业所得税政策的通知》(财税〔2015〕6号)、《财政部 税务总局 发展改革委 工业和信息化部关于促进集成电路和软件产业高质量发展企业所得税政策的公告》(2020年第45号)文件规定可以享受企业所得税优惠政策的材料(含集成电路关键专用材料)生产企业。

"集成电路装备(含专用设备)企业":符合《财政部 国家税务总局 发展改革委 工业和信息化部关于进一步鼓励集成电路产业发展企业所得税政策的通知》(财税〔2015〕6号)、《财政部 税务总局 发展改革委 工业和信息化部关于促进集成电路和软件产业高质量发展企业所得税政策的公告》(2020年第45号)文件规定可以享受企业所得税优惠政策的集成电路装备(含专用设备)企业。

9."209集成电路生产项目类型":纳税人投资集成电路线宽小于130纳米(含)、线宽小于65纳米(含)或投资额超过150亿元、线宽小于28纳米(含)的集成电路生产项目,项目符合有关文件规定的税收优惠政策条件,且按照项目享受企业所得税优惠政策的,应填报本项。纳税人投资线宽小于130纳米(含)的集成电路生产项目的,选择"130纳米",投资线宽小于65纳米(含)或投资额超过150亿元的集成电路生产项目的,选择"65纳米";投资线宽小于28纳米(含)的集成电路生产项目的,选择"28纳米";同时投资上述两类以上项目的,可同时选择。

纳税人既符合"208软件、集成电路企业类型"项目又符合"209集成电路生产项目类型"项目填报条件的,应当同时填报。

10."210科技型中小企业":纳税人根据申报所属期年度和申报所属期下一年度取得的科技型中小企业入库登记编号情况,填报本项目下的"210-1""210-2""210-3""210-4"。例如,纳税人在进行2018年度企业所得税汇算清缴纳税申报时,"210-1(申报所属期年度)入库编号"首先应当填列"2018年(申报所属期年度)入库编号","210-3(所属期下一年度)入库编号"首先应当填列"2019年(所属期下一年度)入库编号"。若纳税人在2018年1月1日至2018年12月31日之间取得科技型中小企业入库登记编号的,将相应的"编号"及"入库时间"分别填入"210-1"和"210-2"项目中;若纳税人在2019年1月1日至2018年度汇算清缴纳税申报日之间取得科技型中小企业入库登记编号的,将相应的"编号"及"入库时间"分别填入"210-3"和"210-4"项目中。纳税人符合上述填报要求的,无论是否享受企业所得税优惠政策,均应填报本项。

11."211 高新技术企业申报所属期年度有效的高新技术企业证书":纳税人根据申报所属期年度拥有的有效期内的高新技术企业证书情况,填报本项目下的"211-1""211-2""211-3""211-4"。在申报所属期年度,如企业同时拥有两个高新技术企业证书,则两个证书情况均应填报。如:纳税人 2015 年 10 月取得高新技术企业证书,有效期 3 年,2018 年再次参加认定并于 2018 年 11 月取得新高新技术企业证书,纳税人在进行 2018 年度企业所得税汇算清缴纳税申报时,应将两个证书的"编号"及"发证时间"分别填入"211-1""211-2""211-3""211-4"项目中。纳税人符合上述填报要求的,无论是否享受企业所得税优惠政策,均应填报本项。

12."212 重组事项税务处理方式":纳税人在申报所属期年度发生重组事项的,应填报本项。纳税人重组事项按一般性税务处理的,选择"一般性";重组事项按特殊性税务处理的,选择"特殊性"。

13."213 重组交易类型"和"214 重组当事方类型":填报"212 重组事项税务处理方式"的纳税人,应当同时填报"213 重组交易类型"和"214 重组当事方类型"。纳税人根据重组情况从《重组交易类型和当事方类型代码表》中选择相应代码分别填入对应项目中。重组交易类型和当事方类型根据《财政部 国家税务总局关于企业重组业务企业所得税处理若干问题的通知》(财税〔2009〕59 号)、《财政部 国家税务总局关于促进企业重组有关企业所得税处理问题的通知》(财税〔2014〕109 号)、《国家税务总局关于企业重组业务企业所得税征收管理若干问题的公告》(2015 年第 48 号发布,国家税务总局公告 2018 年第 31 号修改)等文件规定判断。重组交易类型和当事方类型代码表如表 2-28 所示。

表 2-28 重组交易类型和当事方类型代码表

重组交易		重组当事方	
代码	类型	代码	类型
100	法律形式改变	—	—
200	债务重组	210	债务人
		220	债权人
300	股权收购	310	收购方
		320	转让方
		330	被收购企业
400	资产收购	410	收购方
		420	转让方
500	合并	510	合并企业
		520	被合并企业
		530	被合并企业股东
600	分立	610	分立企业
		620	被分立企业
		630	被分立企业股东

14."215 政策性搬迁开始时间":纳税人发生政策性搬迁事项且申报所属期年度处在搬迁期内的,填报政策性搬迁开始的时间。

15."216 发生政策性搬迁且停止生产经营无所得年度":纳税人的申报所属期年度处于政

策性搬迁期内,且停止生产经营无所得的,选择"是"。

16."217 政策性搬迁损失分期扣除年度":纳税人发生政策性搬迁事项出现搬迁损失,按照《企业政策性搬迁所得税管理办法》(2012年第40号发布)等有关规定选择自搬迁完成年度起分3个年度均匀在税前扣除的,且申报所属期年度处在分期扣除期间的,选择"是"。

17."218 发生非货币性资产对外投资递延纳税事项":纳税人在申报所属期年度发生非货币性资产对外投资递延纳税事项的,选择"是"。

18."219 非货币性资产对外投资转让所得递延纳税年度":纳税人以非货币性资产对外投资确认的非货币性资产转让所得,按照《财政部 国家税务总局关于非货币性资产投资企业所得税政策问题的通知》(财税〔2014〕116号)、《国家税务总局关于非货币性资产投资企业所得税有关征管问题的公告》(2015年第33号)等文件规定,在不超过5年期限内分期均匀计入相应年度的应纳税所得额的,且申报所属期年度处在递延纳税期间的,选择"是"。

19."220 发生技术成果投资入股递延纳税事项":纳税人在申报所属期年度发生技术入股递延纳税事项的,选择"是"。

20."221 技术成果投资入股递延纳税年度":纳税人发生技术入股事项,按照《财政部 国家税务总局关于完善股权激励和技术入股有关所得税政策的通知》(财税〔2016〕101号)、《国家税务总局关于股权激励和技术入股所得税征管问题的公告》(2016年第62号)等文件规定选择适用递延纳税政策,即在投资入股当期暂不纳税,递延至转让股权时按股权转让收入减去技术成果原值和合理税费后的差额计算缴纳所得税的,且申报所属期年度为转让股权年度的,选择"是"。

21."222 发生资产(股权)划转特殊性税务处理事项":纳税人在申报所属期年度发生《财政部 国家税务总局关于促进企业重组有关企业所得税处理问题的通知》(财税〔2014〕109号)、《国家税务总局关于资产(股权)划转企业所得税征管问题的公告》(2015年第40号)等文件规定的资产(股权)划转特殊性税务处理事项的,选择"是"。

22."223 债务重组所得递延纳税年度":纳税人债务重组确认的应纳税所得额按照《财政部 国家税务总局关于企业重组业务企业所得税处理若干问题的通知》(财税〔2009〕59号)、《财政部 国家税务总局关于促进企业重组有关企业所得税处理问题的通知》(财税〔2014〕109号)等文件规定,在5个纳税年度的期间内,均匀计入各年度的应纳税所得额的,且申报所属期年度处在递延纳税期间的,选择"是"。

23."224 研发支出辅助账样式":按照《国家税务总局关于企业研究开发费用税前加计扣除政策有关问题的公告》(2015年第97号)、《国家税务总局关于进一步落实研发费用加计扣除政策有关问题的公告》(2021年第28号)文件规定,纳税人选择使用2015版研发支出辅助账样式及其优化版(如上海市2018优化版研发支出辅助账样式)的,选择"2015版";纳税人选择2021版研发支出辅助账样式,选择"2021版";纳税人自行设计研发支出辅助账样式的,选择"自行设计"。

三、主要股东及分红情况

纳税人填报本企业投资比例位列前10位的股东情况。包括股东名称,证件种类(营业执照、税务登记证、组织机构代码证、身份证、护照等),证件号码(统一社会信用代码、纳税人识别号、组织机构代码号、身份证号、护照号等),投资比例,当年(决议日)分配的股息、红利等权益性投资收益金额,国籍(注册地址)。纳税人股东数量超过10位的,应将其余股东有关数据合计后填入"其余股东合计"行次。

纳税人股东为非居民企业的,证件种类和证件号码可不填报。

第三章 收　入

第一节　政策概要

收入思维导图如图 3-1 所示。

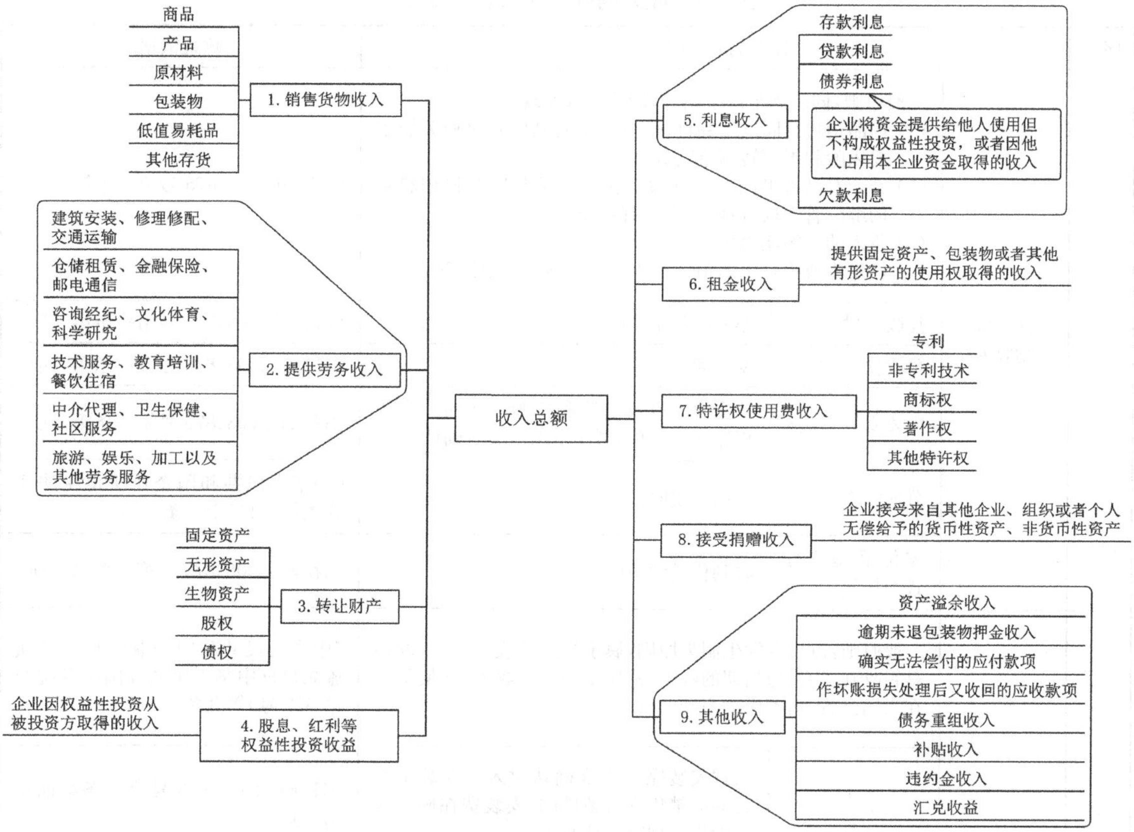

图 3-1　收入思维导图

第二节　要点难点

扫码听课

一、收入确认原则

1. 收入确认的原则是什么

答：收入确认的基本原则是权责发生制，即属于当期的收入，不论款项是否收到均作为当期的收入，不属于当期的收入，即使款项已经在当期收付，也不作为当期的收入。

政策依据

《中华人民共和国企业所得税法实施条例》(中华人民共和国国务院令第 512 号)第九条

第九条　企业应纳税所得额的计算,以权责发生制为原则,属于当期的收入和费用,不论款项是否收付,均作为当期的收入和费用;不属于当期的收入和费用,即使款项已经在当期收付,均不作为当期的收入和费用。本条例和国务院财政、税务主管部门另有规定的除外。

2. 收入的确认时点是什么

答:收入的确认时点及政策依据如表 3-1 所示。

表 3-1　收入的确认时点及政策依据

序号		收入的确认时点		政策依据
1	销售货物收入	一般原则:同时满足以下条件,确认收入实现 (1) 商品销售合同已经签订,企业已将商品所有权相关的主要风险和报酬转移给购货方 (2) 企业对已售出的商品既没有保留通常与所有权相联系的继续管理权,也没有实施有效控制 (3) 收入的金额能够可靠地计量 (4) 已发生或将发生的销售方的成本能够可靠地核算		国税函〔2008〕875 号第一条第一项
		托收承付	办妥托收手续时	国税函〔2008〕875 号第一条第二项
		预收款	发出商品时	国税函〔2008〕875 号第一条第二项
		需要安装和检验	接受商品以及安装和检验完毕时。安装程序比较简单,可在发出商品时确认	国税函〔2008〕875 号第一条第二项
		分期收款	合同约定时间	《中华人民共和国企业所得税法实施条例》第二十三条
		支付手续费方式委托代销	收到代销清单时	国税函〔2008〕875 号第一条第二项
2	提供劳务收入	一般原则:以权责发生制为原则,属于当期的收入,不论款项是否收到,均作为当期的收入;不属于当期的收入,即使款项在当期已收,均不作为当期的收入		《中华人民共和国企业所得税法实施条例》(中华人民共和国国务院令第 512 号)第九条
		安装费	根据安装完工进度确认收入。安装工作是商品销售附带条件的,安装费在确认商品销售实现时确认收入	国税函〔2008〕875 号第二条第四项第一点
		宣传媒介的收费	相关的广告或商业行为出现于公众面前时确认收入。广告的制作费,应根据广告的完工进度确认收入	国税函〔2008〕875 号第二条第四项第二点
		软件费	为特定客户开发软件的收费,应根据开发的完工进度确认收入	国税函〔2008〕875 号第一条第四项第三点
		服务费	包含在商品售价内可区分的服务费,在提供服务的期间分期确认收入	国税函〔2008〕875 号第二条第四项第四点
		艺术表演、招待宴会和其他特殊活动的收费	相关活动发生时确认收入。收费涉及几项活动的,预收的款项应合理分配,分别确认收入	国税函〔2008〕875 号第一条第四项第五点

(续表)

序号		收入的确认时点		政策依据
2	提供劳务收入	会员费	(1) 只取得会籍,在取得该会员费时确认收入 (2) 入会后,不再付费或以低于非会员的价格销售商品或提供服务的,应在整个受益期内分期确认收入	国税函〔2008〕875号第二条第四项第六点
		特许权费	(1) 提供设备和其他有形资产的特许权费,在交付资产或转移资产所有权时确认收入 (2) 提供初始及后续服务的特许权费,在提供服务时确认收入	国税函〔2008〕875号第二条第四项第七点
		劳务费	长期为客户提供重复的劳务,劳务发生时确认收入	国税函〔2008〕875号第二条第四项第八点
		受托制造大型机械,持续时间超过12个月	按照纳税年度内完工进度或者完成的工作量确认收入的实现	《中华人民共和国企业所得税法实施条例》第二十三条
3	转让财产收入*1		(1) 一般情形:按照权责发生制,一次性计入确认收入的年度 (2) 特殊情形: ① 转让股权收入,应于转让股权生效且完成股权变更手续时确认收入实现; ② 转让国债应在转让国债合同、协议生效的日期,或国债移交时确认转让收入的实现;到期兑付的,应在国债发行时约定的应付利息的日期,确认转让收入的实现	(1) 国家税务总局公告2010年第19号第一条 (2) 国税函〔2010〕79号第三条 (3) 国家税务总局公告2011年第36号第二条第一项
4	股息、红利等权益性投资收益*2		被投资企业股东会或股东大会作出利润分配或转股决定的日期	《中华人民共和国企业所得税法实施条例》第十七条
5	利息收入		按照合同约定的应付利息的日期	《中华人民共和国企业所得税法实施条例》第十八条
6	租金收入		(1) 交易合同或协议规定付租金的日期 (2) 租赁期限跨年,可分期均匀计入相关年度	《中华人民共和国企业所得税法实施条例》第十九条
7	特许权使用费收入		合同约定应付特许权使用费的日期确认收入的实现	《中华人民共和国企业所得税法实施条例》第二十条
8	捐赠收入		实际收到捐赠资产的日期	《中华人民共和国企业所得税法实施条例》第二十一条
9	产品分成所得		分得产品时	《中华人民共和国企业所得税法实施条例》第二十四条

注1:根据国税函〔2010〕79号的规定,转让股权收入扣除为取得该股权所发生的成本后,为股权转让所得。企业在计算股权转让所得时,不得扣除被投资企业未分配利润等股东留存收益中按该项股权所可能分配的金额。

注2:关于股息、红利等权益性投资收益收入确认问题,被投资企业将股权(票)溢价所形成的资本公积转为股本的,不作为投资方企业的股息、红利收入,投资方企业也不得增加该项长期投资的计税基础。

3. 企业取得的经济利益流入,哪些属于收入

答:参照《财政部 国家税务总局关于财政性资金行政事业性收费 政府性基金有关企业所得税政策问题的通知》(财税〔2008〕151号)第一条第(一)项的规定,企业取得的经济利益流入,除属于所有者投入资本和形成企业负债的以外,均应计入企业当年收入总额,具体归纳如表3-2所示。

表3-2 企业取得的经济利益流入是否计入收入总额

序号	企业取得的经济利益流入	是否计入收入总额
1	所有者投入资本	不计入
2	形成企业负债	
3	其他经济利益流入	计入

来源:国家税务总局北京市税务局答疑。

4. 企业所得税收入取得形式有哪些

答:取得的收入包括货币收入和非货币收入两种形式,具体情况如表3-3所示。

表3-3 企业所得税收入取得形式及政策依据

取得形式	具体规定		政策依据
货币形式	现金、存款、应收账款、应收票据、准备持有至到期的债券投资以及债务的豁免等		《中华人民共和国企业所得税法实施条例》(中华人民共和国国务院令第512号)第二节第十二条
非货币形式	固定资产、生物资产、无形资产、股权投资、存货、不准备持有至到期的债券投资、劳务以及有关权益等	公允价值确定收入额	

5. 合伙企业未作出利润分配的决定也未实际分配,作为合伙人的法人企业是否需要确认收入

答:合伙企业无论是否作出利润分配决定,只要其有留存利润,该部分的留存利润也应按规定的分配比例,由法人企业确认为当期收入。合伙企业合伙人所得的纳税处理如图3-2所示。

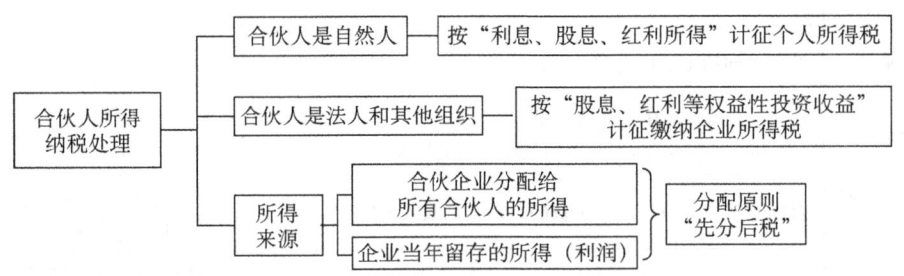

图3-2 合伙企业合伙人所得的纳税处理

> **政策依据**
>
> 《财政部 国家税务总局关于合伙企业合伙人所得税问题的通知》(财税〔2008〕159号)第二条、第三条
> 二、合伙企业以每一个合伙人为纳税义务人。合伙企业合伙人是自然人的,缴纳个人所得税;合伙人是法人和其他组织的,缴纳企业所得税。
> 三、合伙企业生产经营所得和其他所得采取"先分后税"的原则。
> ……
> 前款所称生产经营所得和其他所得,包括合伙企业分配给所有合伙人的所得和企业当年留存的所得(利润)。

二、销售货物收入

6. 销售货物收入确认的原则和条件是什么

答：销售货物收入确认的原则和条件如表 3-4 所示。

表 3-4　销售货物收入确认的原则和条件

项目	具体规定
原则	权责发生制原则和实质重于形式
需满足条件	同时满足： 1. 商品销售合同已经签订，企业已将商品所有权相关的主要风险和报酬转移给购货方 2. 企业对已售出的商品既没有保留通常与所有权相联系的继续管理权，也没有实施有效控制 3. 收入的金额能够可靠地计量 4. 已发生或将发生的销售方的成本能够可靠地核算

政策依据

一、《中华人民共和国企业所得税法实施条例》第九条

企业应纳税所得额的计算，以权责发生制为原则，属于当期的收入和费用，不论款项是否收付，均作为当期的收入和费用；不属于当期的收入和费用，即使款项已经在当期收付，均不作为当期的收入和费用。本条例和国务院财政、税务主管部门另有规定的除外。

二、《国家税务总局关于确认企业所得税收入若干问题的通知》（国税函〔2008〕875 号）第一条第一项

一、除企业所得税法及实施条例另有规定外，企业销售收入的确认，必须遵循权责发生制原则和实质重于形式原则。

（一）企业销售商品同时满足下列条件的，应确认收入的实现：

1. 商品销售合同已经签订，企业已将商品所有权相关的主要风险和报酬转移给购货方；

2. 企业对已售出的商品既没有保留通常与所有权相联系的继续管理权，也没有实施有效控制；

3. 收入的金额能够可靠地计量；

4. 已发生或将发生的销售方的成本能够可靠地核算。

7. 分期收款销售货物的，何时确认收入

答：分期收款方式销售货物的，应按照合同约定的收款日期确认收入的实现。

政策依据

《中华人民共和国企业所得税法实施条例》（中华人民共和国国务院令第 512 号）第二十三条第一项

企业的下列生产经营业务可以分期确认收入的实现：

（一）以分期收款方式销售货物的，按照合同约定的收款日期确认收入的实现。

8. 采用预收款方式销售商品，何时确认收入

答：销售商品采取预收款方式的，在发出商品时确认收入。

政策依据

《国家税务总局关于确认企业所得税收入若干问题的通知》（国税函〔2008〕875 号）第一条第二项

一、除企业所得税法及实施条例另有规定外，企业销售收入的确认，必须遵循权责发生制原则和实质重

于形式原则。

……

（二）符合上款收入确认条件，采取下列商品销售方式的，应按以下规定确认收入实现时间：

2. 销售商品采取预收款方式的，在发出商品时确认收入。

9. 采用托收承付方式销售商品，何时确认收入

答：销售商品采用托收承付方式的，在办妥托收手续时确认企业所得税收入。

政策依据

《国家税务总局关于确认企业所得税收入若干问题的通知》（国税函〔2008〕875号）第一条第二项

一、除企业所得税法及实施条例另有规定外，企业销售收入的确认，必须遵循权责发生制原则和实质重于形式原则。

……

（二）符合上款收入确认条件，采取下列商品销售方式的，应按以下规定确认收入实现时间：

1. 销售商品采用托收承付方式的，在办妥托收手续时确认收入。

10. 企业开展促销活动，应如何确认收入

答：企业为扩大销售通常会开展一系列的促销活动，如以旧换新、商业折扣、实物折扣和现金折扣等。促销方式不同，收入的确认方式也不同，具体规定如表3-5所示。

表3-5 企业促销活动收入确认规定

序号	常见促销方式		收入的确认
1	以旧换新		（1）销售商品应当按照销售商品收入确认条件确认收入；
			（2）回收的商品作为购进商品处理
2	商业折扣	企业为促进商品销售而在商品价格上给予的价格扣除	应当按照扣除商业折扣后的金额确定销售商品收入金额
3	现金折扣	债权人为鼓励债务人在规定的期限内付款而向债务人提供的债务扣除	（1）应当按扣除现金折扣前的金额确定销售商品收入金额；
			（2）现金折扣在实际发生时作为财务费用扣除
4	买一赠一等方式组合销售本企业商品		赠送的礼品不属于捐赠，应将总的销售金额按各项商品的公允价值的比例来分摊确认各项的销售收入

政策依据

《国家税务总局关于确认企业所得税收入若干问题的通知》（国税函〔2008〕875号）第一条第四项至第五项、第三条

一、除企业所得税法及实施条例另有规定外，企业销售收入的确认，必须遵循权责发生制原则和实质重于形式原则。

……

（四）销售商品以旧换新的，销售商品应当按照销售商品收入确认条件确认收入，回收的商品作为购进商品处理。

（五）企业为促进商品销售而在商品价格上给予的价格扣除属于商业折扣，商品销售涉及商业折扣的，应当按照扣除商业折扣后的金额确定销售商品收入金额。

债权人为鼓励债务人在规定的期限内付款而向债务人提供的债务扣除属于现金折扣,销售商品涉及现金折扣的,应当按扣除现金折扣前的金额确定销售商品收入金额,现金折扣在实际发生时作为财务费用扣除。

三、企业以买一赠一等方式组合销售本企业商品的,不属于捐赠,应将总的销售金额按各项商品的公允价值的比例来分摊确认各项的销售收入。

11. 商品销售涉及销售折让的,如何确认收入

答:已经确认销售收入的售出商品发生销售折让的,应当在发生当期冲减当期销售商品收入。

 政策依据

《国家税务总局关于确认企业所得税收入若干问题的通知》(国税函〔2008〕875号)第一条第五项

一、除企业所得税法及实施条例另有规定外,企业销售收入的确认,必须遵循权责发生制原则和实质重于形式原则。

……

(五)……企业因售出商品的质量不合格等原因而在售价上给的减让属于销售折让;企业因售出商品质量、品种不符合要求等原因而发生的退货属于销售退回。企业已经确认销售收入的售出商品发生销售折让和销售退回,应当在发生当期冲减当期销售商品收入。

12. 销售货物后因质量问题退货,应如何确认收入

答:企业销售货物后因质量问题退货,应当在发生当期冲减当期销售商品收入。

政策依据

《国家税务总局关于确认企业所得税收入若干问题的通知》(国税函〔2008〕875号)第一条第五项

一、除企业所得税法及实施条例另有规定外,企业销售收入的确认,必须遵循权责发生制原则和实质重于形式原则。

……

(五)……企业因售出商品的质量不合格等原因而在售价上给的减让属于销售折让;企业因售出商品质量、品种不符合要求等原因而发生的退货属于销售退回。企业已经确认销售收入的售出商品发生销售折让和销售退回,应当在发生当期冲减当期销售商品收入。

13. 售后回购时应如何确认收入

答:售后回购是指销售商品的同时,销售方同意日后重新买回所销商品的销售。售后回购确认销售收入的方法如表3-6所示。

表3-6 售后回购的情形及确认销售收入的方法

情形		确认销售收入的方法
符合销售收入确认条件	同时满足: 1. 商品销售合同已经签订,企业已将商品所有权相关的主要风险和报酬转移给购货方 2. 企业对已售出的商品既没有保留通常与所有权相联系的继续管理权,也没有实施有效控制 3. 收入的金额能够可靠地计量 4. 已发生或将发生的销售方的成本能够可靠地核算	销售的商品按售价确认收入,回购的商品作为购进商品处理
不符合销售收入确认条件,如以销售商品方式进行融资		不确认销售收入

📝 **政策依据**

《国家税务总局关于确认企业所得税收入若干问题的通知》(国税函〔2008〕875号)第一条第一项和第三项
（一）企业销售商品同时满足下列条件的,应确认收入的实现：
1. 商品销售合同已经签订,企业已将商品所有权相关的主要风险和报酬转移给购货方;
2. 企业对已售出的商品既没有保留通常与所有权相联系的继续管理权,也没有实施有效控制;
3. 收入的金额能够可靠地计量;
4. 已发生或将发生的销售方的成本能够可靠地核算。

（三）采用售后回购方式销售商品的,销售的商品按售价确认收入,回购的商品作为购进商品处理。有证据表明不符合销售收入确认条件的,如以销售商品方式进行融资,收到的款项应确认为负债,回购价格大于原售价的,差额应在回购期间确认为利息费用。

三、提供劳务收入

14. 提供劳务收入确认原则是什么

表3-7 提供劳务收入的确认原则

提供劳务收入具体范围	确认原则
企业从事建筑安装、修理修配、交通运输、仓储租赁、金融保险、邮电通信、咨询经纪、文化体育、科学研究、技术服务、教育培训、餐饮住宿、中介代理、卫生保健、社区服务、旅游、娱乐、加工以及其他劳务服务活动取得的收入	以权责发生制为原则,属于当期的收入,不论款项是否收到,均作为当期的收入;不属于当期的收入,即使款项在当期已收,均不作为当期的收入

📝 **政策依据**

《中华人民共和国企业所得税法实施条例》(中华人民共和国国务院令第512号)第九条、第十五条
　　第九条　企业应纳税所得额的计算,以权责发生制为原则,属于当期的收入和费用,不论款项是否收付,均作为当期的收入和费用;不属于当期的收入和费用,即使款项已经在当期收付,均不作为当期的收入和费用。本条例和国务院财政、税务主管部门另有规定的除外。
　　第十五条　企业所得税法第六条第(二)项所称提供劳务收入,是指企业从事建筑安装、修理修配、交通运输、仓储租赁、金融保险、邮电通信、咨询经纪、文化体育、科学研究、技术服务、教育培训、餐饮住宿、中介代理、卫生保健、社区服务、旅游、娱乐、加工以及其他劳务服务活动取得的收入。

15. 在各个纳税期末,提供劳务交易的结果能够可靠估计的,如何确认收入

表3-8 提供劳务交易的结果能够可靠估计的收入确认规定

事项	具体规定
提供劳务交易的结果能够 可靠估计应满足的条件 （同时满足）	1. 收入的金额能够可靠地计量; 2. 交易的完工进度能够可靠地确定; 3. 交易中已发生和将发生的成本能够可靠地核算
收入确认方法	采用完工进度(完工百分比)法确认提供劳务收入;完工进度的确定,可选用下列方法： (1) 已完工作的测量; (2) 已提供劳务占劳务总量的比例; (3) 发生成本占总成本的比例
当期劳务收入确认	当期劳务收入＝劳务收入总额×完工进度－以前纳税年度累计已确认提供劳务收入

政策依据

《国家税务总局关于确认企业所得税收入若干问题的通知》(国税函〔2008〕875号)第二条第一项至第三项

二、企业在各个纳税期末,提供劳务交易的结果能够可靠估计的,应采用完工进度(完工百分比)法确认提供劳务收入。

(一)提供劳务交易的结果能够可靠估计,是指同时满足下列条件:

1. 收入的金额能够可靠地计量;
2. 交易的完工进度能够可靠地确定;
3. 交易中已发生和将发生的成本能够可靠地核算。

(二)企业提供劳务完工进度的确定,可选用下列方法:

1. 已完工作的测量;
2. 已提供劳务占劳务总量的比例;
3. 发生成本占总成本的比例。

(三)企业应按照从接受劳务方已收或应收的合同或协议价款确定劳务收入总额,根据纳税期末提供劳务收入总额乘以完工进度扣除以前纳税年度累计已确认提供劳务收入后的金额,确认为当期劳务收入;同时,按照提供劳务估计总成本乘以完工进度扣除以前纳税期间累计已确认劳务成本后的金额,结转为当期劳务成本。

16. 收到尚未开工的工程预收款,已开具发票,是否应确认收入

答:由于工程未开工,提供劳务交易的结果不能够可靠估计,工程预收款不符合收入确认条件,不应确认收入且无须预缴企业所得税。

政策依据

《国家税务总局关于确认企业所得税收入若干问题的通知》(国税函〔2008〕875号)第二条第一项

二、企业在各个纳税期末,提供劳务交易的结果能够可靠估计的,应采用完工进度(完工百分比)法确认提供劳务收入。

(一)提供劳务交易的结果能够可靠估计,是指同时满足下列条件:

1. 收入的金额能够可靠地计量;
2. 交易的完工进度能够可靠地确定;
3. 交易中已发生和将发生的成本能够可靠地核算

17. 安装费如何确认收入

答:安装费应根据安装完工进度确认收入。

政策依据

《国家税务总局关于确认企业所得税收入若干问题的通知》(国税函〔2008〕875号)第二条第四项

二、企业在各个纳税期末,提供劳务交易的结果能够可靠估计的,应采用完工进度(完工百分比)法确认提供劳务收入。

……

(四)下列提供劳务满足收入确认条件的,应按规定确认收入:

……

1. 安装费。应根据安装完工进度确认收入。安装工作是商品销售附带条件的,安装费在确认商品销售实现时确认收入。

18. 公司销售会员卡取得的会员费如何确认收入

答:公司销售会员卡应根据商品或服务的收费情况进行收入确认,如图3-3所示。

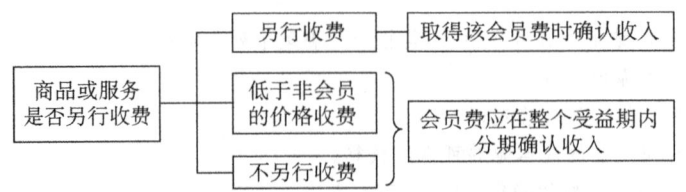

图 3-3 销售会员卡取得的会员费收入的确认

📝 **政策依据**

《国家税务总局关于确认企业所得税收入若干问题的通知》(国税函〔2008〕875号)第二条第四项

二、企业在各个纳税期末,提供劳务交易的结果能够可靠估计的,应采用完工进度(完工百分比)法确认提供劳务收入。

……

(四)下列提供劳务满足收入确认条件的,应按规定确认收入:

……

6. 会员费。申请入会或加入会员,只允许取得会籍,所有其他服务或商品都要另行收费的,在取得该会员费时确认收入。申请入会或加入会员后,会员在会员期内不再付费就可得到各种服务或商品,或者以低于非会员的价格销售商品或提供服务的,该会员费应在整个受益期内分期确认收入。

19. 物业管理公司预收业主跨年度的物业管理费,何时确认收入

答:物业管理公司预收业主跨年度的物业管理费,在实际提供物业管理服务时确认为企业所得税当期的收入。

📝 **政策依据**

一、《中华人民共和国企业所得税法实施条例》(中华人民共和国国务院令第512号)第九条

第九条 企业应纳税所得额的计算,以权责发生制为原则,属于当期的收入和费用,不论款项是否收付,均作为当期的收入和费用;不属于当期的收入和费用,即使款项已经在当期收付,均不作为当期的收入和费用。

二、《国家税务总局关于确认企业所得税收入若干问题的通知》(国税函〔2008〕875号)第二条第四项

企业在各个纳税期末,提供劳务交易的结果能够可靠估计的,应采用完工进度(完工百分比)法确认提供劳务收入。

……

(四)下列提供劳务满足收入确认条件的,应按规定确认收入:

……

8. 劳务费。长期为客户提供重复劳务收取的费用,在相关劳务活动发生时确认收入。

20. 母公司向其子公司提供咨询服务,收取的服务费是否确认收入

答:母公司向其子公司提供各项服务,双方应签订服务合同或协议,明确规定提供服务的

内容、收费标准及金额等,凡按上述合同或协议规定所发生的服务费,母公司应作为营业收入申报纳税;子公司作为成本费用在税前扣除。

政策依据

《国家税务总局关于母子公司间提供服务支付费用有关企业所得税处理问题的通知》(国税发〔2008〕86号)第一条至第三条、第五条

一、母公司为其子公司(以下简称子公司)提供各种服务而发生的费用,应按照独立企业之间公平交易原则确定服务的价格,作为企业正常的劳务费用进行税务处理。

母子公司未按照独立企业之间的业务往来收取价款的,税务机关有权予以调整。

二、母公司向其子公司提供各项服务,双方应签订服务合同或协议,明确规定提供服务的内容、收费标准及金额等,凡按上述合同或协议规定所发生的服务费,母公司应作为营业收入申报纳税;子公司作为成本费用在税前扣除。

三、母公司向其多个子公司提供同类项服务,其收取的服务费可以采取分项签订合同或协议收取;也可以采取服务分摊协议的方式,即由母公司与各子公司签订服务费用分摊合同或协议,以母公司为其子公司提供服务所发生的实际费用并附加一定比例利润作为向子公司收取的总服务费,在各服务受益子公司(包括盈利企业、亏损企业和享受减免税企业)之间按《中华人民共和国企业所得税法》第四十一条第二款规定合理分摊。

五、子公司申报税前扣除向母公司支付的服务费用,应向主管税务机关提供与母公司签订的服务合同或者协议等与税前扣除该项费用相关的材料。不能提供相关材料的,支付的服务费用不得税前扣除。

21. 国际货运代理收入应如何确认

答: 企业取得的经济利益流入,属于所有者投入资本和形成企业负债的以外,均应计入企业当年收入总额。国际货运代理企业取得的客户全额款项应计入主营业务收入,支付给境内外运输企业的运输费作为成本费用扣除。

来源:国家税务总局北京市税务局答疑。

四、转让财产收入

22. 股权转让收入如何确认

答: 企业转让股权收入,应于转让协议生效且完成股权变更手续时,确认收入的实现。转让股权收入扣除为取得该股权所发生的成本后,为股权转让所得。企业在计算股权转让所得时,不得扣除被投资企业未分配利润等股东留存收益中按该项股权所可能分配的金额。

政策依据

一、《国家税务总局关于贯彻落实企业所得税法若干税收问题的通知》(国税函〔2010〕79号)第三条

23. 取得的财产转让收入,是否可以分期确认

答: 根据企业所得税相关政策,对于企业取得的财产转让收入,除符合条件的债务重组等,均应一次性计入确认收入的年度计算缴纳企业所得税。

> **政策依据**

一、《中华人民共和国企业所得税法实施条例》(中华人民共和国国务院令第 512 号)第十六条

企业所得税法第六条第(三)项所称转让财产收入,是指企业转让固定资产、生物资产、无形资产、股权、债权等财产取得的收入。

二、《国家税务总局关于企业取得财产转让等所得企业所得税处理问题的公告》(国家税务总局公告 2010 年第 19 号)第一条

企业取得财产(包括各类资产、股权、债权等)转让收入、债务重组收入、接受捐赠收入、无法偿付的应付款收入等,不论是以货币形式、还是非货币形式体现,除另有规定外,均应一次性计入确认收入的年度计算缴纳企业所得税。

三、《国家税务总局关于贯彻落实企业所得税法若干税收问题的通知》(国税函〔2010〕79 号)第二条、第三条

二、关于债务重组收入确认问题

企业发生债务重组,应在债务重组合同或协议生效时确认收入的实现。

三、关于股权转让所得确认和计算问题

企业转让股权收入,应于转让协议生效、且完成股权变更手续时,确认收入的实现。

四、《国家税务总局关于企业国债投资业务企业所得税处理问题的公告》(国家税务总局公告 2011 年第 36 号)第二条第一项

关于国债转让收入税务处理问题

(一)国债转让收入时间确认

1. 企业转让国债应在转让国债合同、协议生效的日期,或者国债移交时确认转让收入的实现。

2. 企业投资购买国债,到期兑付的,应在国债发行时约定的应付利息的日期,确认国债转让收入的实现。

24. 将持有的上市公司股票换成 ETF 基金,交换过程中未取得现金收入如何进行处理

答:公司将持有的上市公司股票转换成 ETF 基金,股票的所有权由该公司变更到 ETF 基金,股票的所有权发生变更,属于非货币性资产交换,应该视同转让财产,按照公允价值计算股票转让所得或损失。

不能适用非货币性资产投资递延纳税政策,应一次性计入当期纳税所得。原因是,非货币性资产投资递延纳税政策限于以非货币性资产出资设立新的居民企业,或将非货币性资产注入现存的居民企业,转换为 ETF 基金,不属于投资于居民企业,因此,不适用。关于非货币性资产投资递延纳税政策请查阅第八章相关内容。

> **政策依据**

一、《中华人民共和国企业所得税法实施条例》(中华人民共和国国务院令第 512 号)第二十五条

企业发生非货币性资产交换,以及将货物、财产、劳务用于捐赠、偿债、赞助、集资、广告、样品、职工福利或者利润分配等用途的,应当视同销售货物、转让财产或者提供劳务,但国务院财政、税务主管部门另有规定的除外。

二、《国家税务总局关于企业处置资产所得税处理问题的通知》(国税函〔2008〕828 号)第二条第六项

企业将资产移送他人的下列情形,因资产所有权属已发生改变而不属于内部处置资产应按规定视同销售确定收入。

……

（六）其他改变资产所有权属的用途。

三、《国家税务总局关于企业所得税有关问题的公告》（国家税务总局公告 2016 年第 80 号）第二条

企业移送资产所得税处理问题

企业发生《国家税务总局关于企业处置资产所得税处理问题的通知》（国税函〔2008〕828 号）第二条规定情形的，除另有规定外，应按照被移送资产的公允价值确定销售收入。

四、《财政部　国家税务总局关于非货币性资产投资企业所得税政策问题的通知》（财税〔2014〕116 号）第一条、第二条、第五条

一、居民企业（以下简称企业）以非货币性资产对外投资确认的非货币性资产转让所得，可在不超过 5 年期限内，分期均匀计入相应年度的应纳税所得额，按规定计算缴纳企业所得税。

二、企业以非货币性资产对外投资，应于投资协议生效并办理股权登记手续时，确认非货币性资产转让收入的实现。

五、本通知所称非货币性资产投资，限于以非货币性资产出资设立新的居民企业，或将非货币性资产注入现存的居民企业。

25. 转让未解禁的限售股取得的收入是否需要缴纳企业所得税

答： 取得的限售股转让收入应并入当年度应纳税所得额，缴纳企业所得税。

政策依据

《国家税务总局关于企业转让上市公司限售股有关所得税问题的公告》（国家税务总局公告 2011 年第 39 号）第三条

企业在限售股解禁前转让限售股征税问题

企业在限售股解禁前将其持有的限售股转让给其他企业或个人（以下简称受让方），其企业所得税问题按以下规定处理：

（一）企业应按减持在证券登记结算机构登记的限售股取得的全部收入，计入企业当年度应税收入计算纳税。

（二）企业持有的限售股在解禁前已签订协议转让给受让方，但未变更股权登记、仍由企业持有的，企业实际减持该限售股取得的收入，依照本条第一项规定纳税后，其余额转付给受让方的，受让方不再纳税。

26. 融资性售后回租如何确认销售收入

答： 融资性售后回租是指承租方以融资为目的将资产出售给经批准从事融资租赁业务的企业后，又将该项资产从该融资租赁企业租回的行为。由于融资性售后回租业务中承租方出售资产时，资产所有权以及与资产所有权有关的全部报酬和风险并未完全转移，不符合销售商品收入的确认条件，因此不确认销售收入。

政策依据

一、《国家税务总局关于融资性售后回租业务中承租方出售资产行为有关税收问题的公告》（国家税务总局公告 2010 年第 13 号）

融资性售后回租业务是指承租方以融资为目的将资产出售给经批准从事融资租赁业务的企业后，又将该项资产从该融资租赁企业租回的行为。融资性售后回租业务中承租方出售资产时，资产所有权以及与资产所有权有关的全部报酬和风险并未完全转移。

……

根据现行企业所得税法及有关收入确定规定,融资性售后回租业务中,承租人出售资产的行为,不确认为销售收入,对融资性租赁的资产,仍按承租人出售前原账面价值作为计税基础计提折旧。租赁期间,承租人支付的属于融资利息的部分,作为企业财务费用在税前扣除。

五、股息、红利等权益性投资收益

27. 按照最新规定,企业发行永续债如何缴纳企业所得税

答:企业发行永续债的利息应该按照"股息、红利"缴纳企业所得税,还是按照"债券利息"缴纳企业所得税一直存在争议。《财政部 税务总局关于永续债企业所得税政策问题的公告》(财政部 税务总局公告2019年第64号)对这一问题进行了明确。自2019年1月1日起,永续债区分情况按照表3-9所示方法进行税务处理。

表3-9 永续债适用企业所得税政策

适用政策		具体税务处理	
		投资方	发行方
一般情形	适用股息、红利企业所得税政策	取得的永续债利息收入属于股息、红利性质,按照现行企业所得税政策相关规定进行处理,符合居民企业之间免税条件的,免征企业所得税 注:居民企业之间免税条件请查阅第八章相关内容	支付的永续债利息支出不得税前扣除
特殊情形(符合规定条件的)	适用债券利息企业所得税政策	取得的永续债利息收入应当依法纳税	支付的永续债利息支出准予税前扣除
符合规定条件指,符合下列条件中5条(含)以上的永续债: (一)被投资企业对该项投资具有还本义务 (二)有明确约定的利率和付息频率 (三)有一定的投资期限 (四)投资方对被投资企业净资产不拥有所有权 (五)投资方不参与被投资企业日常生产经营活动 (六)被投资企业可以赎回,或满足特定条件后可以赎回 (七)被投资企业将该项投资计入负债 (八)该项投资不承担被投资企业股东同等的经营风险 (九)该项投资的清偿顺序位于被投资企业股东持有的股份之前			

企业需要注意的是,对每一永续债产品的税收处理方法一经确定,不得变更。企业对永续债采取的税收处理办法与会计核算方式不一致的,发行方、投资方在进行税收处理时须作出相应纳税调整。

政策依据

《财政部 税务总局关于永续债企业所得税政策问题的公告》(财政部 税务总局公告2019年第64号)

28. 企业将资本公积和盈余公积转增资本,法人股东如何确认收入

答:企业将资本公积和盈余公积转增资本,法人股东收入确认的规定如表3-10所示。

表 3-10 资本公积和盈余公积转增资本收入的确认

转增股本的公积金类型	收入的确认
股权(票)溢价所形成的资本公积	不作为投资方企业的股息、红利收入,不征收企业所得税
其他溢价所形成的资本公积	企业股东会或股东大会作出转股决定的日期,确认股息、红利收入
盈余公积	

《国家税务总局关于贯彻落实企业所得税法若干税收问题的通知》(国税函〔2010〕79号)第四条

四、关于股息、红利等权益性投资收益收入确认问题

企业权益性投资取得股息、红利等收入,应以被投资企业股东会或股东大会作出利润分配或转股决定的日期,确定收入的实现。

被投资企业将股权(票)溢价所形成的资本公积转为股本的,不作为投资方企业的股息、红利收入,投资方企业也不得增加该项长期投资的计税基础。

六、利息收入

29. 证券公司购买的资产证券化产品次级债取得的利息收入是否应确认收入,如确认,应按什么时点确认

答：购买资产证券化产品次级债取得的利息属于利息收入,应将取得收款权利的时点,即按照合同约定的资产证券化产品的发行方应付利息的日期作为确认收入的时点。

一、《中华人民共和国企业所得税法实施条例》(中华人民共和国国务院令第512号)第十八条

企业所得税法第六条第(五)项所称利息收入,是指企业将资金提供他人使用但不构成权益性投资,或者因他人占用本企业资金取得的收入,包括存款利息、贷款利息、债券利息、欠款利息等收入。

利息收入,按照合同约定的债务人应付利息的日期确认收入的实现。

30. 金融企业逾期贷款利息可以冲减应纳税所得额吗

答：金融企业已在会计上确认为利息收入的应收利息,若逾期90天仍未收回,准予冲减当期应纳税所得额,不缴纳企业所得税。

金融企业贷款利息收入的处理如图3-4所示。

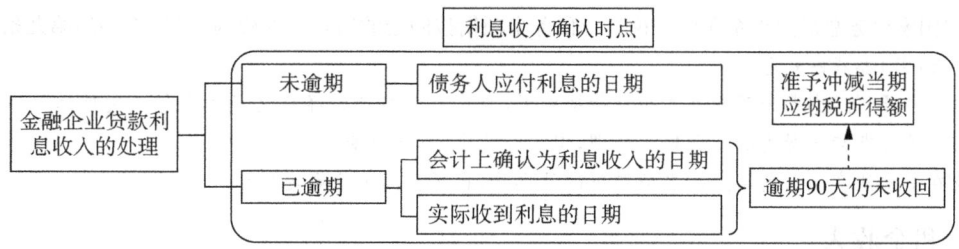

图 3-4 金融企业贷款利息收入的处理

> **政策依据**

《关于金融企业贷款利息收入确认问题的公告》(国家税务总局公告2010年第23号)第一条、第二条

一、金融企业按规定发放的贷款,属于未逾期贷款(含展期,下同),应根据先收利息后收本金的原则,按贷款合同确认的利率和结算利息的期限计算利息,并于债务人应付利息的日期确认收入的实现;属于逾期贷款,其逾期后发生的应收利息,应于实际收到的日期,或者虽未实际收到,但会计上确认为利息收入的日期,确认收入的实现。

二、金融企业已确认为利息收入的应收利息,逾期90天仍未收回,且会计上已冲减了当期利息收入的,准予抵扣当期应纳税所得额。

31. 筹建期利息收入如何缴纳企业所得税

答:企业取得的利息收入应计入收入总额。企业从事生产经营之前进行筹办活动期间发生筹办费用支出,不得计算为当期的亏损,可以在开始经营之日的当年一次性扣除,也可以按照新税法有关长期待摊费用的处理规定处理,但一经选定,不得改变。

> **政策依据**

一、《中华人民共和国企业所得税法》(中华人民共和国主席令第63号)第六条

第六条 企业以货币形式和非货币形式从各种来源取得的收入,为收入总额。

(一)销售货物收入;

(二)提供劳务收入;

(三)转让财产收入;

(四)股息、红利等权益性投资收益;

(五)利息收入;

(六)租金收入;

(七)特许权使用费收入;

(八)接受捐赠收入;

(九)其他收入。

二、根据《国家税务总局关于贯彻落实企业所得税法若干税收问题的通知》(国税函〔2010〕79号)第七条

企业筹办期间不计算为亏损年度问题

企业自开始生产经营的年度,为开始计算企业损益的年度。企业从事生产经营之前进行筹办活动期间发生筹办费用支出,不得计算为当期的亏损,应按照《国家税务总局关于企业所得税若干税务事项衔接问题的通知》(国税函〔2009〕98号)第九条规定执行。

三、《国家税务总局关于企业所得税若干税务事项衔接问题的通知》(国税函〔2009〕98号)第九条

关于开(筹)办费的处理

新税法中开(筹)办费未明确列作长期待摊费用,企业可以在开始经营之日的当年一次性扣除,也可以按照新税法有关长期待摊费用的处理规定处理,但一经选定,不得改变。

企业在新税法实施以前年度的未摊销完的开办费,也可根据上述规定处理。

七、租金收入

32. 预收房屋租金如何确认收入

答:预收房屋租金收入的所得税处理如图3-5所示。

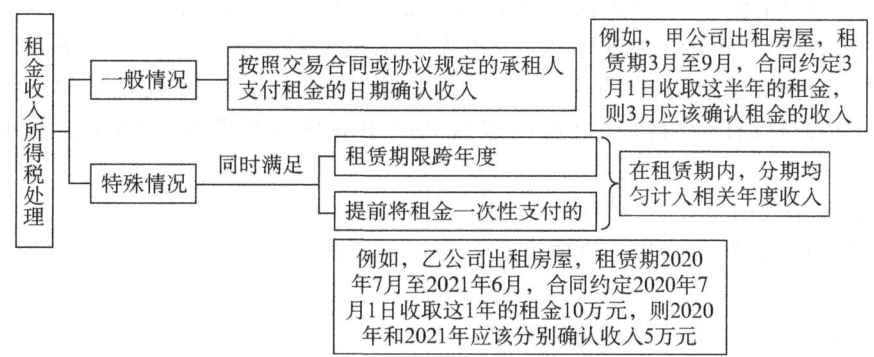

图 3-5 预收房屋租金收入的所得税处理

一、《中华人民共和国企业所得税法实施条例》(中华人民共和国国务院令第512号)第十九条

企业所得税法第六条第(六)项所称租金收入,是指企业提供固定资产、包装物或者其他有形资产的使用权取得的收入。

租金收入,按照合同约定的承租人应付租金的日期确认收入的实现。

二、《国家税务总局关于贯彻落实企业所得税法若干税收问题的通知》(国税函〔2010〕79号)第一条

关于租金收入确认问题

根据《实施条例》第十九条的规定,企业提供固定资产、包装物或者其他有形资产的使用权取得的租金收入,应按交易合同或协议规定的承租人应付租金的日期确认收入的实现。其中,如果交易合同或协议中规定租赁期限跨年度,且租金提前一次性支付的,根据《实施条例》第九条规定的收入与费用配比原则,出租人可对上述已确认的收入,在租赁期内,分期均匀计入相关年度收入。

八、特许权使用费收入

33. 什么是特许权使用费收入,应在什么时点确认收入

答:(1)特许权使用费收入,是指企业提供专利权、非专利技术、商标权、著作权以及其他特许权的使用权取得的收入。

(2)特许权使用费收入的确认时点如表 3-11 所示。

表 3-11 特许权使用费收入的确认时点

序号	特许权种类	收入确认时点	政策依据
1	提供设备和其他有形资产	交付资产或转移资产所有权时	《中华人民共和国企业所得税法实施条例》(中华人民共和国国务院令第512号)第二十条
2	提供初始及后续服务	提供服务时	《国家税务总局关于确认企业所得税收入若干问题的通知》(国税函〔2008〕875号)第二条第四项

九、接受捐赠收入

34. 如何判断企业接受捐赠行为

答:企业所得税根据接受捐赠的行为特征予以判定。接受捐赠具有以下基本特征:

(1)捐赠是无偿给予的资产。捐赠的基本特征在于其无偿性,这也是捐赠区别于其他财产转让的标志。无偿性即出于某种原因,不支付金钱或付出其他相应代价而取得某项财

产,如公益事业捐赠等。《中华人民共和国合同法》对赠与合同专门作了规定,赠与合同是赠与人将自己的财产无偿给予受赠人,受赠人表示接受赠与的合同。《中华人民共和国公益事业捐赠法》也规定捐赠应当是自愿和无偿的,并对自然人、法人或者其他组织自愿无偿向依法成立的公益性社会团体和公益性非营利的事业单位捐赠财产用于公益事业的作了特别规定;

(2) 捐赠人是其他企业、组织或者个人;

(3) 捐赠财产范围,包括货币性资产和非货币性资产。

来源:国家税务总局北京市税务局答疑。

35. 为什么接受捐赠收入是以受赠资产的实际收到时间确认当期收入,而不是按照权责发生制原则确认收入

答:企业接受捐赠收入,按实际收到受赠资产的时间确认收入实现,主要基于以下两点考虑:

一是赠与合同法律上的特殊性。一般合同在签订时成立,并确认为此时财产已经转移;而赠与合同则是在赠与财产实际交付时才成立,才在法律上确认为财产已经转移;

二是接受捐赠以无偿性为基本特征,即受赠人一般不需要支付代价,接受捐赠收入的成本较小或者没有成本,因此在很多情况下不存在收入与成本相互对应的问题,也就不需要采取权责发生制原则。

来源:国家税务总局北京市税务局答疑。

36. 接受捐赠收入可以分期确认吗

答:企业取得的接受捐赠收入应在实际收到捐赠资产的日期一次性确认收入的实现,不可分期确认收入。

政策依据

一、《中华人民共和国企业所得税法实施条例》(中华人民共和国国务院令第 512 号)第二十一条

企业所得税法第六条第(八)项所称接受捐赠收入,是指企业接受的来自其他企业、组织或者个人无偿给予的货币性资产、非货币性资产。

接受捐赠收入,按照实际收到捐赠资产的日期确认收入的实现。

二、《国家税务总局关于企业取得财产转让等所得企业所得税处理问题的公告》(国家税务总局公告 2010 年第 19 号)第一条

企业取得财产(包括各类资产、股权、债权等)转让收入、债务重组收入、接受捐赠收入、无法偿付的应付款收入等,不论是以货币形式、还是非货币形式体现,除另有规定外,均应一次性计入确认收入的年度计算缴纳企业所得税。

37. 非营利性组织收到的捐赠收入是否需要缴纳企业所得税

答:非营利组织接受捐赠的收入属于免税收入,不缴纳企业所得税。非营利组织免税收入的范围如表 3-12 所示。

表 3-12　非营利组织免税收入的范围

序号	范围	政策依据
1	接受其他单位或者个人捐赠的收入	(1)《中华人民共和国企业所得税法》第二十六条 (2)《中华人民共和国企业所得税法实施条例》第八十四条、第八十五条 (3)《财政部 国家税务总局关于非营利组织企业所得税免税收入问题的通知》(财税〔2009〕122号)
2	财政拨款以外的其他政府补助收入(不包括因政府购买服务取得的收入)	
3	按省级以上民政、财政部门规定收取的会费	
4	不征税收入和免税收入孳生的银行存款利息收入	
5	财政部、国家税务总局规定的其他收入	

十、其他收入

38. 资产溢余收入如何缴纳企业所得税

答： 企业资产溢余，是指企业在盘点过程中发现的，多于账面数额的资产，一般包括盘盈的现金、存货、固定资产、无形资产等。

企业取得的资产溢余收入，属于企业所得税"其他收入"范围，应并入收入总额，缴纳企业所得税。

 政策依据

一、《中华人民共和国企业所得税法》(中华人民共和国主席令第63号)第六条第九项

企业以货币形式和非货币形式从各种来源取得的收入，为收入总额。

……

(九) 其他收入。

二、《中华人民共和国企业所得税法实施条例》(中华人民共和国国务院令第512号)第二十二条

企业所得税法第六条第(九)项所称其他收入，是指企业取得的除企业所得税法第六条第(一)项至第(八)项规定的收入外的其他收入，包括企业资产溢余收入、逾期未退包装物押金收入、确实无法偿付的应付款项、已作坏账损失处理后又收回的应收款项、债务重组收入、补贴收入、违约金收入、汇兑收益等。

39. 逾期未退包装物押金收入如何缴纳企业所得税

答： 逾期未退包装物押金收入，是指企业在经营活动中收取的出租或者出借的包装物押金，因借用或租用包装物一方未及时归还包装物或包装物损坏，企业逾期未返还给借用方或者租用方的收入。

企业取得的逾期未退包装物押金收入，属于企业所得税"其他收入"范围，应并入收入总额，缴纳企业所得税。

 政策依据

一、《中华人民共和国企业所得税法》(中华人民共和国主席令第63号)第六条第九项

企业以货币形式和非货币形式从各种来源取得的收入，为收入总额。

……

(九) 其他收入。

二、《中华人民共和国企业所得税法实施条例》(中华人民共和国国务院令第512号)第二十二条

企业所得税法第六条第(九)项所称其他收入，是指企业取得的除企业所得税法第六条第(一)项至第(八)项规定的收入外的其他收入，包括企业资产溢余收入、逾期未退包装物押金收入、确实无法偿付的应付款

项、已作坏账损失处理后又收回的应收款项、债务重组收入、补贴收入、违约金收入、汇兑收益等。

40. 确实无法偿付的应付款项如何缴纳企业所得税

答：确实无法偿付的应付款项，属于企业所得税"其他收入"范围，应并入收入总额，缴纳企业所得税。

政策依据

一、《中华人民共和国企业所得税法》(中华人民共和国主席令第63号)第六条第九项

企业以货币形式和非货币形式从各种来源取得的收入，为收入总额。

……

（九）其他收入。

二、《中华人民共和国企业所得税法实施条例》(中华人民共和国国务院令第512号)第二十二条

企业所得税法第六条第(九)项所称其他收入，是指企业取得的除企业所得税法第六条第(一)项至第(八)项规定的收入外的其他收入，包括企业资产溢余收入、逾期未退包装物押金收入、确实无法偿付的应付款项、已作坏账损失处理后又收回的应收款项、债务重组收入、补贴收入、违约金收入、汇兑收益等。

41. 已作坏账损失处理后又收回的应收款项，如何缴纳企业所得税

答：已作坏账损失处理后又收回的应收款项，属于企业所得税"其他收入"范围，应并入收入总额，缴纳企业所得税。

政策依据

一、《中华人民共和国企业所得税法》(中华人民共和国主席令第63号)第六条第九款

企业以货币形式和非货币形式从各种来源取得的收入，为收入总额。

……

（九）其他收入。

二、《中华人民共和国企业所得税法实施条例》(中华人民共和国国务院令第512号)第二十二条

第二十二条　企业所得税法第六条第(九)项所称其他收入，是指企业取得的除企业所得税法第六条第(一)项至第(八)项规定的收入外的其他收入，包括企业资产溢余收入、逾期未退包装物押金收入、确实无法偿付的应付款项、已作坏账损失处理后又收回的应收款项、债务重组收入、补贴收入、违约金收入、汇兑收益等。

42. 应付未付款项在什么情况下应计入收入

答：根据《中华人民共和国企业所得税法实施条例》(中华人民共和国国务院令第512号)第二十二条的规定，确实无法偿付的应付款项应计入其他收入。

对于何种情况属于"确实无法偿付"，税收文件没有明确规定。

在这种情况下，原则上企业作为当事人，更了解债权人的实际情况，可以由企业判断其应付款项是否确实无法偿付。同时，税务机关如有确凿证据表明因债权人(自然人)失踪或死亡，债权人(法人)注销或破产等原因导致债权人债权消亡的，税务机关可判定债务人确实无法偿付。对于这部分确实无法偿付的应付未付款项，应计入收入计征企业所得税。

来源：国家税务总局北京市税务局答疑。

43. 债务重组收入如何缴纳企业所得税

答：债务重组，是指在债务人发生财务困难的情况下，债权人按照其与债务人达成的书面协议或者法院裁定书，就其债务人的债务作出让步的事项。

债务重组收入属于企业所得税"其他收入"范围，应并入收入总额，缴纳企业所得税。企业债务重组的税务处理区分不同条件分别适用一般性税务处理规定和特殊性税务处理规定，如图3-6所示。

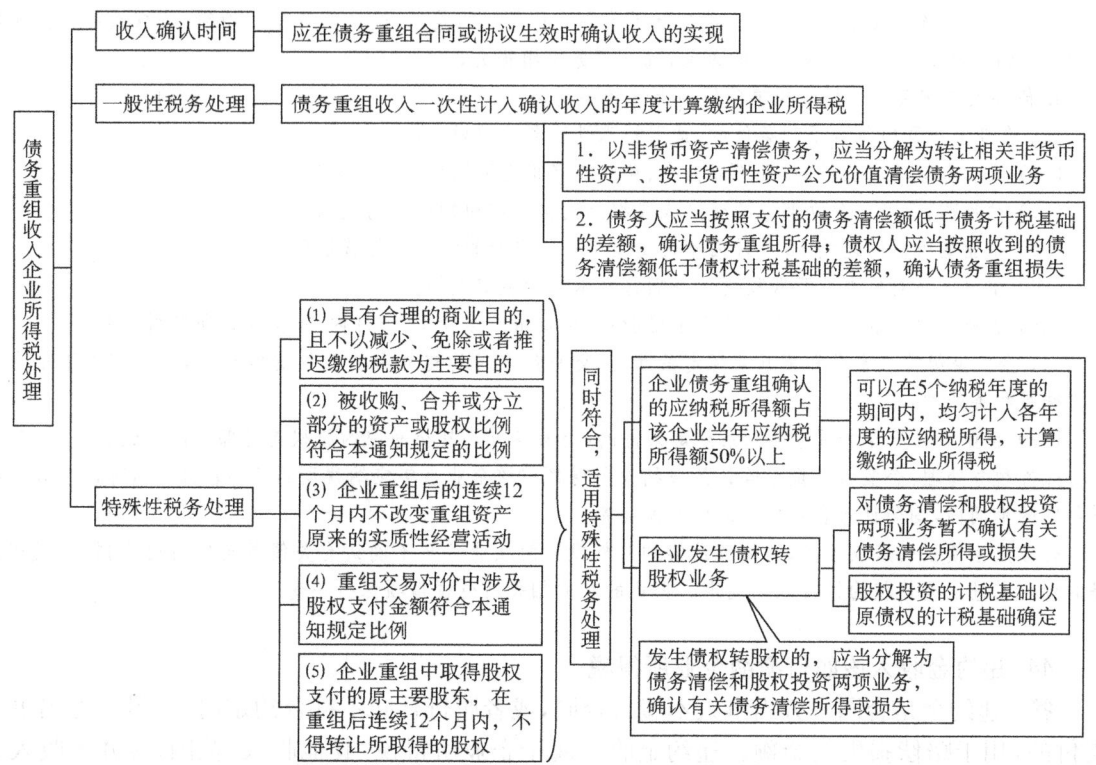

图3-6 债务重组收入企业所得税处理

政策依据

一、《国家税务总局关于贯彻落实企业所得税法若干税收问题的通知》（国税函〔2010〕79号）第二条

关于债务重组收入确认问题企业发生债务重组，应在债务重组合同或协议生效时确认收入的实现。

二、《关于企业取得财产转让等所得企业所得税处理问题的公告》（国家税务总局公告2010年第19号）第一条

一、企业取得财产（包括各类资产、股权、债权等）转让收入、债务重组收入、接受捐赠收入、无法偿付的应付款收入等，不论是以货币形式、还是非货币形式体现，除另有规定外，均应一次性计入确认收入的年度计算缴纳企业所得税。

三、《财政部 国家税务总局关于企业重组业务企业所得税处理若干问题的通知》（财税〔2009〕59号）第一条第二项、第四条第二项、第五条、第六条第一项

一、本通知所称企业重组，是指企业在日常经营活动以外发生的法律结构或经济结构重大改变的交易，包括企业法律形式改变、债务重组、股权收购、资产收购、合并、分立等。

……

（二）债务重组，是指在债务人发生财务困难的情况下，债权人按照其与债务人达成的书面协议或者法院

裁定书,就其债务人的债务作出让步的事项。

四、企业重组,除符合本通知规定适用特殊性税务处理规定的外,按以下规定进行税务处理:

……

(二)企业债务重组,相关交易应按以下规定处理:

1. 以非货币资产清偿债务,应当分解为转让相关非货币性资产、按非货币性资产公允价值清偿债务两项业务,确认相关资产的所得或损失。

2. 发生债权转股权的,应当分解为债务清偿和股权投资两项业务,确认有关债务清偿所得或损失。

3. 债务人应当按照支付的债务清偿额低于债务计税基础的差额,确认债务重组所得;债权人应当按照收到的债务清偿额低于债权计税基础的差额,确认债务重组损失。

4. 债务人的相关所得税纳税事项原则上保持不变。

五、企业重组同时符合下列条件的,适用特殊性税务处理规定:

(一)具有合理的商业目的,且不以减少、免除或者推迟缴纳税款为主要目的。

(二)被收购、合并或分立部分的资产或股权比例符合本通知规定的比例。

(三)企业重组后的连续12个月内不改变重组资产原来的实质性经营活动。

(四)重组交易对价中涉及股权支付金额符合本通知规定比例。

(五)企业重组中取得股权支付的原主要股东,在重组后连续12个月内,不得转让所取得的股权。

六、企业重组符合本通知第五条规定条件的,交易各方对其交易中的股权支付部分,可以按以下规定进行特殊性税务处理:

(一)企业重组符合本通知第五条规定条件的,交易各方对其交易中的股权支付部分,可以按以下规定进行特殊性税务处理:企业债务重组确认的应纳税所得额占该企业当年应纳税所得额50%以上,可以在5个纳税年度的期间内,均匀计入各年度的应纳税所得额。

企业发生债权转股权业务,对债务清偿和股权投资两项业务暂不确认有关债务清偿所得或损失,股权投资的计税基础以原债权的计税基础确定。企业的其他相关所得税事项保持不变。

44. 违约金收入该如何缴纳企业所得税

答:违约金是合同一方当事人不履行合同,或者履行合同不符合约定时,对另一方当事人支付的,用于赔偿损失的金额。违约金收入属于企业所得税"其他收入"范围,应并入收入总额,缴纳企业所得税。

政策依据

一、《中华人民共和国企业所得税法》(中华人民共和国主席令第63号)第六条第九项

第六条 企业以货币形式和非货币形式从各种来源取得的收入,为收入总额。

……

(九)其他收入。

二、《中华人民共和国企业所得税法实施条例》(中华人民共和国国务院令第512号)第二十二条

企业所得税法第六条第(九)项所称其他收入,是指企业取得的除企业所得税法第六条第(一)项至第(八)项规定的收入外的其他收入,包括企业资产溢余收入、逾期未退包装物押金收入、确实无法偿付的应付款项、已作坏账损失处理后又收回的应收款项、债务重组收入、补贴收入、违约金收入、汇兑收益等。

45. 汇兑收益如何缴纳企业所得税

答:汇兑收益指的是由汇率的浮动所产生的收益。企业在发生外币交易、兑换业务和调整期末账户及换算外币的时候,由于采用不同货币,或同一货币不同比价的汇率核算时产生

的、按记账本位币折算的收益差额。对于汇兑收益,会计应计入"财务费用—汇兑损益"等科目,税法则属于企业所得税"其他收入"范围,应并入收入总额,缴纳企业所得税。

> **政策依据**
>
> 一、《中华人民共和国企业所得税法》(中华人民共和国主席令第63号)第六条第九项
> 企业以货币形式和非货币形式从各种来源取得的收入,为收入总额。
> ……
> (九)其他收入。
> 二、《中华人民共和国企业所得税法实施条例》(中华人民共和国国务院令第512号)第二十二条
> 企业所得税法第六条第(九)项所称其他收入,是指企业取得的除企业所得税法第六条第(一)项至第(八)项规定的收入外的其他收入,包括企业资产溢余收入、逾期未退包装物押金收入、确实无法偿付的应付款项、已作坏账损失处理后又收回的应收款项、债务重组收入、补贴收入、违约金收入、汇兑收益等。

46. 代扣代缴、代收代缴、委托代征各项税费返还的手续费是否确认收入

答:根据《中华人民共和国企业所得税法》第六条规定,企业以货币形式和非货币形式从各种来源取得的收入,为收入总额。因此,企业收到代扣代缴、代收代缴、委托代征各项税费返还的手续费,应并入收到所退手续费当年的应纳税所得额,缴纳企业所得税。

来源:国家税务总局深圳市税务局答疑。

十一、视同销售收入

47. 如何界定视同销售?怎样判断是否属于视同销售

答:企业发生非货币性资产交换,以及将货物、财产、劳务用于捐赠、偿债、赞助、集资、广告、样品、职工福利或者利润分配等用途的,应当视同销售货物、转让财产或者提供劳务,但国务院财政、税务主管部门另有规定的除外。视同销售收入的范围如图3-7所示。

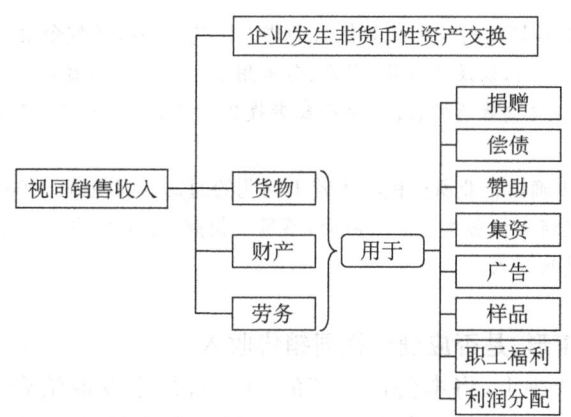

图 3-7 视同销售收入的范围

企业所得税是否视同销售,判断的要点是资产移送的所有权是否转移,具体规定如表3-13所示。

表 3-13　企业所得税视同销售的判断要点

资产移送形式	所有权是否转移	是否视同销售	举例
外部移送	所有权转移	视同销售	1. 用于市场推广或销售 2. 用于交际应酬 3. 用于职工奖励或福利 4. 用于股息分配 5. 用于对外捐赠 6. 其他改变所有权的用途
内部处置	所有权不转移	不视同销售	1. 用于生产、制造、加工另一产品 2. 改变形状、结构或性能 3. 改变用途 4. 总机构及分支间转移 5. 上述情形混合 6. 其他不改变所有权的用途

企业所得税的视同销售情形与会计上视同销售、增值税的视同销售不同,应注意区分。

根据《国家税务总局关于企业所得税有关问题的公告》(国家税务总局公告 2016 年第 80 号)的规定,视同销售除另有规定外,应按照被移送资产的公允价值确定销售收入。

政策依据

一、《中华人民共和国企业所得税法实施条例》(中华人民共和国国务院令第 512 号)第二十五条

二、《国家税务总局关于企业所得税有关问题的公告》(国家税务总局公告 2016 年第 80 号)第二条

48. 采用买一赠一方式销售商品,企业应作视同销售处理吗

答：采用买一赠一方式销售商品,企业所得税不作视同销售处理,应将总的销售金额按各项商品的公允价值的比例来分摊确认各项的销售收入。

政策依据

一、《中华人民共和国企业所得税法实施条例》(中华人民共和国国务院令第 512 号)第二十五条

企业发生非货币性资产交换,以及将货物、财产、劳务用于捐赠、偿债、赞助、集资、广告、样品、职工福利或者利润分配等用途的,应当视同销售货物、转让财产或者提供劳务,但国务院财政、税务主管部门另有规定的除外。

二、《国家税务总局关于确认企业所得税收入若干问题的通知》(国税函〔2008〕875 号)第三条

企业以买一赠一等方式组合销售本企业商品的,不属于捐赠,应将总的销售金额按各项商品的公允价值的比例来分摊确认各项的销售收入。

49. 企业发生以下情形,是否应确认视同销售收入

情形 1:A 公司生产饼干,将本公司生产的 100 盒饼干发放给企业职工。每盒饼干成本 70 元,市场零售价为每盒 100 元。若适用企业会计准则,会计处理对于收入的确认、销售成本的结转以及相关税费的处理,与企业正常商品销售的会计处理相同;同时应当按照该产品的公允价值和相关税费确定职工薪酬金额,并计入当期损益或相关资产成本。

情形 2:B 公司从 A 公司购买了 100 盒饼干,发放给企业职工,饼干的售价为每盒 100 元。企业以外购的商品作为非货币性福利提供给职工的,会计处理不确认视同销售,但按

照会计准则规定应当按照该商品的公允价值和相关税费确定职工薪酬的金额,并计入当期损益或相关资产成本。因此 B 公司应按照产品公允价值 10 000 元作为职工福利费确认管理费用。

情形 3:C 公司从事兴趣班教育,每节课程收取 500 元。为了达到促销目的,C 公司给 10 位潜在客户提供一节免费试听课。

答:根据《中华人民共和国企业所得税法实施条例》(中华人民共和国国务院令第 512 号)第二十五条、《国家税务总局关于企业处置资产所得税处理问题的通知》(国税函〔2008〕828 号)第二条和《国家税务总局关于企业所得税有关问题的公告》(国家税务总局公告 2016 年第 80 号)第二条的规定,当企业资产的所有权发生改变或将劳务用于广告业务宣传时,应按公允价值视同销售收入。

情形 1:在税务处理时,A 公司应分解为两个行为:一是按照产品公允价值 10 000 元确认收入,并结转成本 7 000 元;二是按照产品公允价值 10 000 元作为职工福利费支出。税务处理与会计处理一致,不需做纳税调整。

情形 2:在税务处理时应同时按照饼干的公允价值 10 000 元调增视同销售收入和视同销售成本,税务处理与会计处理产生差异。

情形 3:在税务处理时 C 公司一是应视同提供劳务,按公允价值 5 000 元确认视同提供劳务收入;二是按 5 000 元确认促销费用。

来源:国家税务总局北京市税务局答疑。

50. 将资产用于偿债,是否应作视同销售处理

答:企业将资产用于偿债,属于非货币性资产交换,在企业所得税上应当视同销售进行处理,按照被移送资产的公允价值确定销售收入。

政策依据

一、《中华人民共和国企业所得税法实施条例》(中华人民共和国国务院令第 512 号)第二十五条

企业发生非货币性资产交换,以及将货物、财产、劳务用于捐赠、偿债、赞助、集资、广告、样品、职工福利或者利润分配等用途的,应当视同销售货物、转让财产或者提供劳务,但国务院财政、税务主管部门另有规定的除外。

二、《国家税务总局关于企业处置资产所得税处理问题的通知》(国税函〔2008〕828 号)第二条第六项

二、企业将资产移送他人的下列情形,因资产所有权属已发生改变而不属于内部处置资产应按规定视同销售确定收入。

……

(六)其他改变资产所有权属的用途。

三、《国家税务总局关于企业所得税有关问题的公告》(国家税务总局公告 2016 年第 80 号)第二条

二、企业移送资产所得税处理问题

企业发生《国家税务总局关于企业处置资产所得税处理问题的通知》(国税函〔2008〕828 号)第二条规定情形的,除另有规定外,应按照被移送资产的公允价值确定销售收入。

51. 开发新产品给客户试用,未取得收入、未开具发票也未签订合同,是否要确认收入

答:给客户试用的新产品若属于样品,需要按照视同销售确认收入,缴纳企业所得税。

> 政策依据

一、《国家税务总局关于确认企业所得税收入若干问题的通知》(国税函〔2008〕875号)第一条第一项

除企业所得税法及实施条例另有规定外,企业销售收入的确认,必须遵循权责发生制原则和实质重于形式原则。

(一)企业销售商品同时满足下列条件的,应确认收入的实现:

1. 商品销售合同已经签订,企业已将商品所有权相关的主要风险和报酬转移给购货方;
2. 企业对已售出的商品既没有保留通常与所有权相联系的继续管理权,也没有实施有效控制;
3. 收入的金额能够可靠地计量;
4. 已发生或将发生的销售方的成本能够可靠地核算。

二、《中华人民共和国企业所得税法实施条例》(中华人民共和国国务院令第512号)第二十五条

企业发生非货币性资产交换,以及将货物、财产、劳务用于捐赠、偿债、赞助、集资、广告、样品、职工福利或者利润分配等用途的,应当视同销售货物、转让财产或者提供劳务,但国务院财政、税务主管部门另有规定的除外。

52. 总分机构之间调拨固定资产是否涉及企业所得税

答: 境内总分支机构之间调拨固定资产属于企业内部处置资产,不视同销售确认收入,不缴纳企业所得税。

> 政策依据

一、《关于企业处置资产所得税处理问题的通知》(国税函〔2008〕828号)第一条

企业处置资产,除将资产转移至境外以外,如果资产所有权属在形式和实质上均不发生改变,可作为内部处置资产,不视同销售确认收入,相关资产的计税基础延续计算。

(一)将资产用于生产、制造、加工另一产品;
(二)改变资产形状、结构或性能;
(三)改变资产用途(如,自建商品房转为自用或经营);
(四)将资产在总机构及其分支机构之间转移;
(五)上述两种或两种以上情形的混合;
(六)其他不改变资产所有权属的用途。

十二、不征税收入

53. 不征税收入的范围是什么

答: 根据《企业所得税法》及《企业所得税法实施条例》的规定,不征税收入包含三种,分别为财政拨款、依法收取并纳入财政管理的行政事业性收费、政府性基金和国务院规定的其他不征税收入,具体情况如表3-14所示。

表3-14 不征税收入范围及具体含义

序号	范围	具体含义
1	财政拨款	各级人民政府对纳入预算管理的事业单位、社会团体等组织拨付的财政资金,但国务院和国务院财政、税务主管部门另有规定的除外

(续表)

序号	范围	具体含义
2	依法收取并纳入财政管理的行政事业性收费、政府性基金	行政事业性收费,是指依照法律法规等有关规定,按照国务院规定程序批准,在实施社会公共管理,以及在向公民、法人或者其他组织提供特定公共服务过程中,向特定对象收取并纳入财政管理的费用 政府性基金,是指企业依照法律、行政法规等有关规定,代政府收取的具有专项用途的财政资金
3	国务院规定的其他不征税收入	指企业取得的,由国务院财政、税务主管部门规定专项用途并经国务院批准的财政性资金

《财政部 国家税务总局关于财政性资金 行政事业性收费 政府性基金有关企业所得税政策问题的通知》(财税〔2008〕151号)和《财政部 国家税务总局关于专项用途财政性资金企业所得税处理问题的通知》(财税〔2011〕70号)对财政性资金、行政事业性收费、政府性基金有关企业所得税政策问题进一步明确,具体规定如表3-15所示。

表3-15 财政性资金、行政事业性收费、政府性基金的具体规定

类型	具体规定
财政性资金	1. 企业取得的各类财政性资金,除属于国家投资和资金使用后要求归还本金的以外,均应计入企业当年收入总额 国家投资,是指国家以投资者身份投入企业、并按有关规定相应增加企业实收资本(股本)的直接投资
企业取得的来源于政府及其有关部门的财政补助、补贴、贷款贴息,以及其他各类财政专项资金,包括直接减免的增值税和即征即退、先征后退、先征后返的各种税收,但不包括企业按规定取得的出口退税款	2. 对企业取得的由国务院财政、税务主管部门规定专项用途并经国务院批准的财政性资金,准予作为不征税收入,在计算应纳税所得额时从收入总额中减除 作为不征税收入,应同时符合以下条件的: (一)企业能够提供规定资金专项用途的资金拨付文件 (二)财政部门或其他拨付资金的政府部门对该资金有专门的资金管理办法或具体管理要求 (三)企业对该资金以及以该资金发生的支出单独进行核算 不征税收入在5年(60个月)内未发生支出且未缴回财政部门或其他拨付资金的政府部门的部分,应计入取得该资金第六年的应税收入总额;计入应税收入总额的财政性资金发生的支出,允许在计算应纳税所得额时扣除
	3. 纳入预算管理的事业单位、社会团体等组织按照核定的预算和经费报领关系收到的由财政部门或上级单位拨入的财政补助收入,准予作为不征税收入,在计算应纳税所得额时从收入总额中减除,但国务院和国务院财政、税务主管部门另有规定的除外
政府性基金和行政事业性收费	1. 企业按规定缴纳的、由国务院或财政部批准设立的政府性基金以及由国务院和省、自治区、直辖市人民政府及其财政、价格主管部门批准设立的行政事业性收费,准予在计算应纳税所得额时扣除 企业缴纳的不符合上述审批管理权限设立的基金、收费,不得在计算应纳税所得额时扣除
	2. 企业收取的各种基金、收费,应计入企业当年收入总额
	3. 对企业依照法律、法规及国务院有关规定收取并上缴财政的政府性基金和行政事业性收费,准予作为不征税收入,于上缴财政的当年在计算应纳税所得额时从收入总额中减除;未上缴财政的部分,不得从收入总额中减除

不征税收入用于支出所形成的费用,不得在计算应纳税所得额时扣除;用于支出所形成的资产,其计算的折旧、摊销不得在计算应纳税所得额时扣除。

政策依据

一、《中华人民共和国企业所得税法》(中华人民共和国主席令第 63 号)第七条

二、《中华人民共和国企业所得税法实施条例》(中华人民共和国国务院令第 512 号)第二十六条

三、《财政部 国家税务总局关于财政性资金行政事业性收费政府性基金有关企业所得税政策问题的通知》(财税〔2008〕151 号)第一条

四、《财政部 国家税务总局关于专项用途财政性资金企业所得税处理问题的通知》(财税〔2011〕70 号)第一条

54. 企业取得的财政性资金是否应计入收入总额

答：企业取得的各类财政性资金，如果属于不征税收入则不计入收入总额且无需缴纳企业所得税，反之则应计入收入总额并需缴纳企业所得税。不征税收入的范围如表 3-14 和表 3-15 所示。

政策依据

一、《中华人民共和国企业所得税法》(中华人民共和国主席令第 63 号)第七条

二、《中华人民共和国企业所得税法实施条例》(中华人民共和国国务院令第 512 号)第二十六条

三、《财政部 国家税务总局关于财政性资金行政事业性收费政府性基金有关企业所得税政策问题的通知》(财税〔2008〕151 号)第一条

四、《财政部 国家税务总局关于专项用途财政性资金企业所得税处理问题的通知》(财税〔2011〕70 号)第一条

55. 补贴收入如何缴纳企业所得税

答：企业取得国家财政性补贴和其他补贴收入，除国务院和国务院财政、税务主管部门规定不计入应纳税所得外，都应当并入应纳税所得额，依法缴纳企业所得税。

如果符合《财政部 国家税务总局关于财政性资金行政事业性收费政府性基金有关企业所得税政策问题的通知》(财税〔2008〕151 号)以及《财政部 国家税务总局关于专项用途财政性资金企业所得税处理问题的通知》(财税〔2011〕70 号)等规范性文件所规定的不征税条件的，则可以不作为企业所得税收入。补贴收入企业所得税处理方法如图 3-8 所示，不征税收入的范围如表 3-14 和表 3-15 所示。

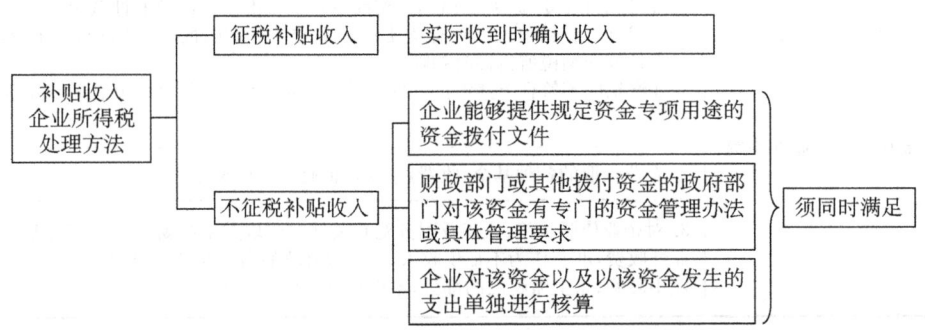

图 3-8 补贴收入企业所得税处理方法

政策依据

一、《中华人民共和国企业所得税法》第六条、第七条

第六条 企业以货币形式和非货币形式从各种来源取得的收入，为收入总额。包括：

（一）销售货物收入；

（二）提供劳务收入；

（三）转让财产收入；

（四）股息、红利等权益性投资收益；

（五）利息收入；

（六）租金收入；

（七）特许权使用费收入；

（八）接受捐赠收入；

（九）其他收入。

第七条 收入总额中的下列收入为不征税收入：

（一）财政拨款；

（二）依法收取并纳入财政管理的行政事业性收费、政府性基金；

（三）国务院规定的其他不征税收入。

二、《中华人民共和国企业所得税法实施条例》（中华人民共和国国务院令第512号）第二十六条

企业所得税法第七条第（三）项所称国务院规定的其他不征税收入，是指企业取得的，由国务院财政、税务主管部门规定专项用途并经国务院批准的财政性资金。

三、《财政部 国家税务总局关于财政性资金行政事业性收费政府性基金有关企业所得税政策问题的通知》（财税〔2008〕151号）第一条

财政性资金

（一）企业取得的各类财政性资金，除属于国家投资和资金使用后要求归还本金的以外，均应计入企业当年收入总额。

（二）对企业取得的由国务院财政、税务主管部门规定专项用途并经国务院批准的财政性资金，准予作为不征税收入，在计算应纳税所得额时从收入总额中减除。

（三）纳入预算管理的事业单位、社会团体等组织按照核定的预算和经费报领关系收到的由财政部门或上级单位拨入的财政补助收入，准予作为不征税收入，在计算应纳税所得额时从收入总额中减除，但国务院和国务院财政、税务主管部门另有规定的除外。

本条所称财政性资金，是指企业取得的来源于政府及其有关部门的财政补助、补贴、贷款贴息，以及其他各类财政专项资金，包括直接减免的增值税和即征即退、先征后退、先征后返的各种税收，但不包括企业按规定取得的出口退税款；所称国家投资，是指国家以投资者身份投入企业、并按有关规定相应增加企业实收资本（股本）的直接投资。

四、《财政部 国家税务总局关于专项用途财政性资金企业所得税处理问题的通知》（财税〔2011〕70号）第一条

企业从县级以上各级人民政府财政部门及其他部门取得的应计入收入总额的财政性资金，凡同时符合以下条件的，可以作为不征税收入，在计算应纳税所得额时从收入总额中减除：

（一）企业能够提供规定资金专项用途的资金拨付文件；

（二）财政部门或其他拨付资金的政府部门对该资金有专门的资金管理办法或具体管理要求；

（三）企业对该资金以及以该资金发生的支出单独进行核算。

56. 企业筹建期收到政府补助如何进行处理

答： 政府补助属于财政性资金，对于收到的政府补助，企业所得税处理应当首先判定是否

属于不征税收入,如果符合不征税收入条件,可在计算应纳税所得额时从收入总额中减除;如果不符合不征税收入条件应当作为政府补助在收到当期确认应税所得,则发生的相关支出允许在当期扣除。企业取得财政资金不征税的条件如表3-16所示。

表3-16 企业取得的财政性资金不征税条件

序号	条件
1	企业能够提供规定资金专项用途的资金拨付文件
2	财政部门或其他拨付资金的政府部门对该资金有专门的资金管理办法或具体管理要求
3	企业对该资金以及以该资金发生的支出单独进行核算

注:上述财政资金应为企业从县级以上各级人民政府财政部门及其他部门取得的;以上三个条件应同时满足。

政府补助的处理方法如图3-9所示。

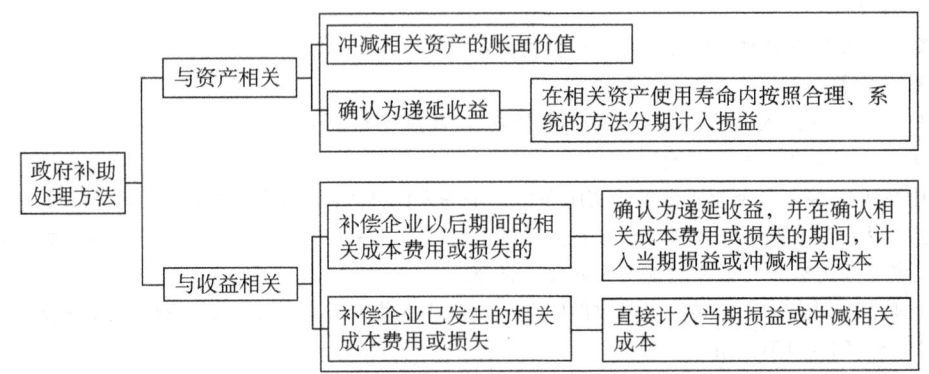

图3-9 政府补助的处理方法

一、《财政部 国家税务总局关于专项用途财政性资金企业所得税处理问题的通知》(财税〔2011〕70号)第一条

企业从县级以上各级人民政府财政部门及其他部门取得的应计入收入总额的财政性资金,凡同时符合以下条件的,可以作为不征税收入,在计算应纳税所得额时从收入总额中减除:

(一)企业能够提供规定资金专项用途的资金拨付文件;

(二)财政部门或其他拨付资金的政府部门对该资金有专门的资金管理办法或具体管理要求;

(三)企业对该资金以及以该资金发生的支出单独进行核算。

二、《企业会计准则第16号——政府补助》第八条、第九条

第八条 与资产相关的政府补助,应当冲减相关资产的账面价值或确认为递延收益。与资产相关的政府补助确认为递延收益的,应当在相关资产使用寿命内按照合理、系统的方法分期计入损益。按照名义金额计量的政府补助,直接计入当期损益。

相关资产在使用寿命结束前被出售、转让、报废或发生毁损的,应当将尚未分配的相关递延收益余额转入资产处置当期的损益。

第九条 与收益相关的政府补助,应当分情况按照以下规定进行会计处理:

(一)用于补偿企业以后期间的相关成本费用或损失的,确认为递延收益,并在确认相关成本费用或损失的期间,计入当期损益或冲减相关成本;

(二)用于补偿企业已发生的相关成本费用或损失的,直接计入当期损益或冲减相关成本。

57. 收到的土地出让金返还款,是否为不征税收入,如果不是,所得税是否要一次性征税

答: 企业收到的土地出让金返还款如果符合不征税条件则无须缴纳企业所得税;如果不符合不征税收入条件应当作为政府补助在收到当期确认应税所得,则发生的相关支出允许在当期扣除。企业取得财政资金不征税收入的条件如表 3-16 所示,政府补助的处理方法如图 3-9 所示。

> **政策依据**

一、《财政部　国家税务总局关于专项用途财政性资金企业所得税处理问题的通知》(财税〔2011〕70 号)第一条

企业从县级以上各级人民政府财政部门及其他部门取得的应计入收入总额的财政性资金,凡同时符合以下条件的,可以作为不征税收入,在计算应纳税所得额时从收入总额中减除:

(一)企业能够提供规定资金专项用途的资金拨付文件;

(二)财政部门或其他拨付资金的政府部门对该资金有专门的资金管理办法或具体管理要求;

(三)企业对该资金以及以该资金发生的支出单独进行核算。

二、《企业会计准则第 16 号——政府补助》第八条、第九条

第八条　与资产相关的政府补助,应当冲减相关资产的账面价值或确认为递延收益。与资产相关的政府补助确认为递延收益的,应当在相关资产使用寿命内按照合理、系统的方法分期计入损益。按照名义金额计量的政府补助,直接计入当期损益。

相关资产在使用寿命结束前被出售、转让、报废或发生毁损的,应当将尚未分配的相关递延收益余额转入资产处置当期的损益。

第九条　与收益相关的政府补助,应当分情况按照以下规定进行会计处理:

(一)用于补偿企业以后期间的相关成本费用或损失的,确认为递延收益,并在确认相关成本费用或损失的期间,计入当期损益或冲减相关成本;

(二)用于补偿企业已发生的相关成本费用或损失的,直接计入当期损益或冲减相关成本。

十三、税收减免收入相关问题

58. 享受免征增值税的小微企业,减免的增值税额是否缴纳企业所得税

答: 享受免征增值税的小微企业,免征的增值税应并入收入总额缴纳企业所得税。

> **政策依据**

一、《增值税会计处理规定》(财会〔2016〕22 号)第二条第十项

(十)关于小微企业免征增值税的会计处理规定:

小微企业在取得销售收入时,应当按照税法的规定计算应交增值税,并确认为应交税费,在达到增值税制度规定的免征增值税条件时,将有关应交增值税转为当期损益。

二、《财政部　国家税务总局关于财政性资金行政事业性收费政府性基金有关企业所得税政策问题的通知》(财税〔2008〕151 号)第一条

财政性资金

(一)企业取得的各类财政性资金,除属于国家投资和资金使用后要求归还本金的以外,均应计入企业当年收入总额。

……

本条所称财政性资金,是指企业取得的来源于政府及其有关部门的财政补助、补贴、贷款贴息,以及其他各类财政专项资金,包括直接减免的增值税和即征即退、先征后退、先征后返的各种税收,但不包括企业按规定取得的出口退税款。

59. 企业取得的直接减免的增值税和即征即退、先征后退、先征后返的各种税收是否缴纳企业所得税

答:直接减免的增值税和即征即退、先征后退、先征后返的各种税收应并入收入总额缴纳企业所得税。

另外,对于软件企业取得的即征即退增值税款,如果符合《财政部 国家税务总局关于进一步鼓励软件产业和集成电路产业发展企业所得税政策的通知》(财税〔2012〕27号)第五条规定:符合条件的软件企业按照《财政部 国家税务总局关于软件产品增值税政策的通知》(财税〔2011〕100号)规定取得的即征即退增值税款,由企业专项用于软件产品研发和扩大再生产并单独进行核算,可以作为不征税收入,在计算应纳税所得额时从收入总额中减除。

政策依据

一、《财政部 国家税务总局关于财政性资金行政事业性收费政府性基金有关企业所得税政策问题的通知》(财税〔2008〕151号)第一条

财政性资金

(一)企业取得的各类财政性资金,除属于国家投资和资金使用后要求归还本金的以外,均应计入企业当年收入总额。

……

本条所称财政性资金,是指企业取得的来源于政府及其有关部门的财政补助、补贴、贷款贴息,以及其他各类财政专项资金,包括直接减免的增值税和即征即退、先征后退、先征后返的各种税收,但不包括企业按规定取得的出口退税款;所称国家投资,是指国家以投资者身份投入企业、并按有关规定相应增加企业实收资本(股本)的直接投资。

二、《财政部 国家税务总局关于进一步鼓励软件产业和集成电路产业发展企业所得税政策的通知》(财税〔2012〕27号)第五条

符合条件的软件企业按照《财政部 国家税务总局关于软件产品增值税政策的通知》(财税〔2011〕100号)规定取得的即征即退增值税款,由企业专项用于软件产品研发和扩大再生产并单独进行核算,可以作为不征税收入,在计算应纳税所得额时从收入总额中减除。

60. 增值税加计抵减形成的其他收益是否免税

答:加计抵减的增值税形成企业的经济利益流入,应计入企业收入总额。按照现有政策规定,由于增值税加计抵减形成的收益不属于不征税收入或免税收入,因此应作为应税收入计入纳税所得计征企业所得税。

政策依据

一、《中华人民共和国企业所得税法》第六条、第七条、第二十六条

第六条 企业以货币形式和非货币形式从各种来源取得的收入,为收入总额。包括:

(一)销售货物收入;

(二)提供劳务收入;

（三）转让财产收入；
（四）股息、红利等权益性投资收益；
（五）利息收入；
（六）租金收入；
（七）特许权使用费收入；
（八）接受捐赠收入；
（九）其他收入。
第七条　收入总额中的下列收入为不征税收入：
（一）财政拨款；
（二）依法收取并纳入财政管理的行政事业性收费、政府性基金；
（三）国务院规定的其他不征税收入。
第二十六条　企业的下列收入为免税收入：
（一）国债利息收入；
（二）符合条件的居民企业之间的股息、红利等权益性投资收益；
（三）在中国境内设立机构、场所的非居民企业从居民企业取得与该机构、场所有实际联系的股息、红利等权益性投资收益；
（四）符合条件的非营利组织的收入。

61. 小规模纳税人适用 3% 征收率的应税销售收入，减按 1% 征收率征收增值税。那么，优惠 2% 部分的增值税需要并入营业外收入缴纳企业所得税吗

答：小规模纳税人减按 1% 征收增值税。纳税人在开具增值税发票时是按 1% 征收率换算为不含税收入，并按 1% 计算增值税额的，增值税给予 2% 的减免税实际上已经包含在企业所得税应税收入中。因此，对增值税给予 2% 的减免税，不应重复作为收入申报缴纳企业所得税。

来源：国家税务总局答疑。

十四、投资相关问题

62. 企业取得股东划入资产是否缴纳企业所得税

答：股东划入资产包括：股东赠予资产、上市公司在股权分置改革过程中接收原非流通股股东和新非流通股股东赠予的资产、股东放弃本企业的股权，企业取得股东划入资产的企业所得税处理如表 3-17 所示。

表 3-17　企业取得股东划入资产的企业所得税处理

项目	情形	企业所得税	计税基础
一般性税务处理	合同、协议约定作为资本金（包括资本公积）且在会计上已做实际处理	不计入收入总额，不缴纳	按公允价值确定
	作为收入处理	按公允价值计入收入总额，缴纳	按公允价值确定
特殊性税务处理	符合特殊性税务处理	不确认所得，不缴纳	按原账面净值确定

企业重组企业所得税特殊性税务处理的具体规定如表 3-18 所示。

表 3-18 企业重组企业所得税特殊性税务处理

序号	处理方法	条件
1	划出方企业和划入方企业均不确认所得	100%直接控制的居民企业之间,以及受同一或相同多家居民企业100%直接控制的居民企业之间按账面净值划转股权或资产,具有合理商业目的、不以减少、免除或者推迟缴纳税款为主要目的,股权或资产划转后连续12个月内不改变被划转股权或资产原来实质性经营活动,且划出方企业和划入方企业均未在会计上确认损益
2	划入方企业取得被划转股权或资产的计税基础,以被划转股权或资产的原账面净值确定	
3	划入方企业取得的被划转资产,应按其原账面净值计算折旧扣除	

政策依据

一、《国家税务总局关于企业所得税应纳税所得额若干问题的公告》(国家税务总局公告2014年第29号)第二条

企业接收股东划入资产的企业所得税处理

(一)企业接收股东划入资产(包括股东赠予资产、上市公司在股权分置改革过程中接收原非流通股股东和新非流通股股东赠予的资产、股东放弃本企业的股权,下同),凡合同、协议约定作为资本金(包括资本公积)且在会计上已做实际处理的,不计入企业的收入总额,企业应按公允价值确定该项资产的计税基础。

(二)企业接收股东划入资产,凡作为收入处理的,应按公允价值计入收入总额,计算缴纳企业所得税,同时按公允价值确定该项资产的计税基础。

二、中华人民共和国企业所得税法实施条例(2019年修订)第二十五条

企业发生非货币性资产交换,以及将货物、财产、劳务用于捐赠、偿债、赞助、集资、广告、样品、职工福利或者利润分配等用途的,应当视同销售货物、转让财产或者提供劳务,但国务院财政、税务主管部门另有规定的除外。

三、《财政部 国家税务总局关于促进企业重组有关企业所得税处理问题的通知》(财税〔2014〕109号)第三条

关于股权、资产划转

对100%直接控制的居民企业之间,以及受同一或相同多家居民企业100%直接控制的居民企业之间按账面净值划转股权或资产,凡具有合理商业目的、不以减少、免除或者推迟缴纳税款为主要目的,股权或资产划转后连续12个月内不改变被划转股权或资产原来实质性经营活动,且划出方企业和划入方企业均未在会计上确认损益的,可以选择按以下规定进行特殊性税务处理:

1. 划出方企业和划入方企业均不确认所得。
2. 划入方企业取得被划转股权或资产的计税基础,以被划转股权或资产的原账面净值确定。
3. 划入方企业取得的被划转资产,应按其原账面净值计算折旧扣除。

63. 企业增资扩股、稀释股权,是否缴纳企业所得税

答:《中华人民共和国企业所得税法》第六条及其实施条例相关条款规定了企业所得税收入的不同类型,企业增资扩股(稀释股权),是企业股东投资行为,可直接增加企业的实收资本(股本),没有取得企业所得税应税收入,不作为企业应税收入征收企业所得税,也不存在征税问题。

来源:国家税务总局答疑。

64. 股权溢价形成的资本公积转增资本,投资方企业是否需要缴纳企业所得税

答:根据《国家税务总局关于贯彻落实企业所得税法若干税收问题的通知》(国税函〔2010〕79号)第四条规定,关于股息、红利等权益性投资收益收入确认问题被投资企业将股权(票)溢价所形成的资本公积转为股本的,不作为投资方企业的股息、红利收入,投资方企业也

不得增加该项长期投资的计税基础,因此,股权溢价形成的资本公积转增资本,投资方企业不需缴纳企业所得税。

一、《国家税务总局关于贯彻落实企业所得税法若干税收问题的通知》(国税函〔2010〕79号)第四条
关于股息、红利等权益性投资收益收入确认问题
……
被投资企业将股权(票)溢价所形成的资本公积转为股本的,不作为投资方企业的股息、红利收入,投资方企业也不得增加该项长期投资的计税基础。

65. 投资企业从被投资企业撤回或减少投资,这部分撤回或者减少的投资是否需要确认收入

答:根据《国家税务总局关于企业所得税若干问题的公告》(国家税务总局公告2011年第34号)第五条规定,投资企业从被投资企业撤回或减少投资,其取得的资产中,相当于初始出资的部分,应确认为投资收回;相当于被投资企业累计未分配利润和累计盈余公积按减少实收资本比例计算的部分,应确认为股息所得;其余部分确认为投资资产转让所得。因此,投资企业撤回或减少投资,应根据上述规定来进行所得税处理。

来源:国家税务总局天津市税务局答疑。

第三节 税法和会计的差异

财政部2017年对《企业会计准则第14号——收入》进行了修订,并规定境内企业最晚自2021年1月1日起执行新收入准则。新的收入准则较之前有较大的变化,同时也与税法产生较大的差异。

一、税法和会计的差异——收入范围

会计和税法在收入的界定范围上有所不同,具体情况如表3-19所示。

表3-19 收入范围税法和会计的差异

税法	会计	差异
企业所得税法对收入没有严格的定义,包括以下九项 (一)销售货物收入 (二)提供劳务收入 (三)转让财产收入 (四)股息、红利等权益性投资收益 (五)利息收入 (六)租金收入 (七)特许权使用费收入 (八)接受捐赠收入 (九)其他收入	《企业会计准则第14号——收入》规定:收入,是指企业在日常活动中形成的、会导致所有者权益增加的、与所有者投入资本无关的经济利益的总流入	企业所得税法对收入的界定范围更广,包括了日常活动和非日常活动形成,即包括了会计上的收入和利得两个部分

二、税法和会计的差异——收入确认

会计和税法在收入的确认和计量上有所不同,具体情况如表3-20所示。

表 3-20 收入确认与计量税法和会计的差异

项目	税法	会计	差异
收入的确认时间	总体上遵循权责发生制和实质重于形式的原则,对各种类的收入相对明确地规定了确认时点,具体如表 3-1 所示	《企业会计准则第 14 号——收入》规定,在客户取得相关商品控制权时确认收入,按照"五步法"模型确认收入,具体如图 3-10 所示	税法遵循权责发生制和实质重于形式的原则确认收入;会计按照"五步法"原则确认收入
收入的计量	根据《〈中华人民共和国企业所得税法实施条例〉释义及适用指南》的解释,企业应当按照从购货方已收或应收的合同或协议价款确认销售收入的金额	《企业会计准则第 14 号——收入》规定,按照分摊至各单项履约义务的交易价格计量收入。若收入取决于未来事项发生或不发生的可变对价,按照期望值或最可能发生金额确定最佳估计数计量收入金额 若合同中存在重大融资成分,按照假定客户取得商品控制权时即以现销价格确定收入	企业所得税处理时,不考虑可变对价实现的可能性,在实际发生时确认收入 企业所得税处理时,不对具有融资性质的商品收入进行折现处理

注:确认收入的"五步法"模型如图 3-10 所示。

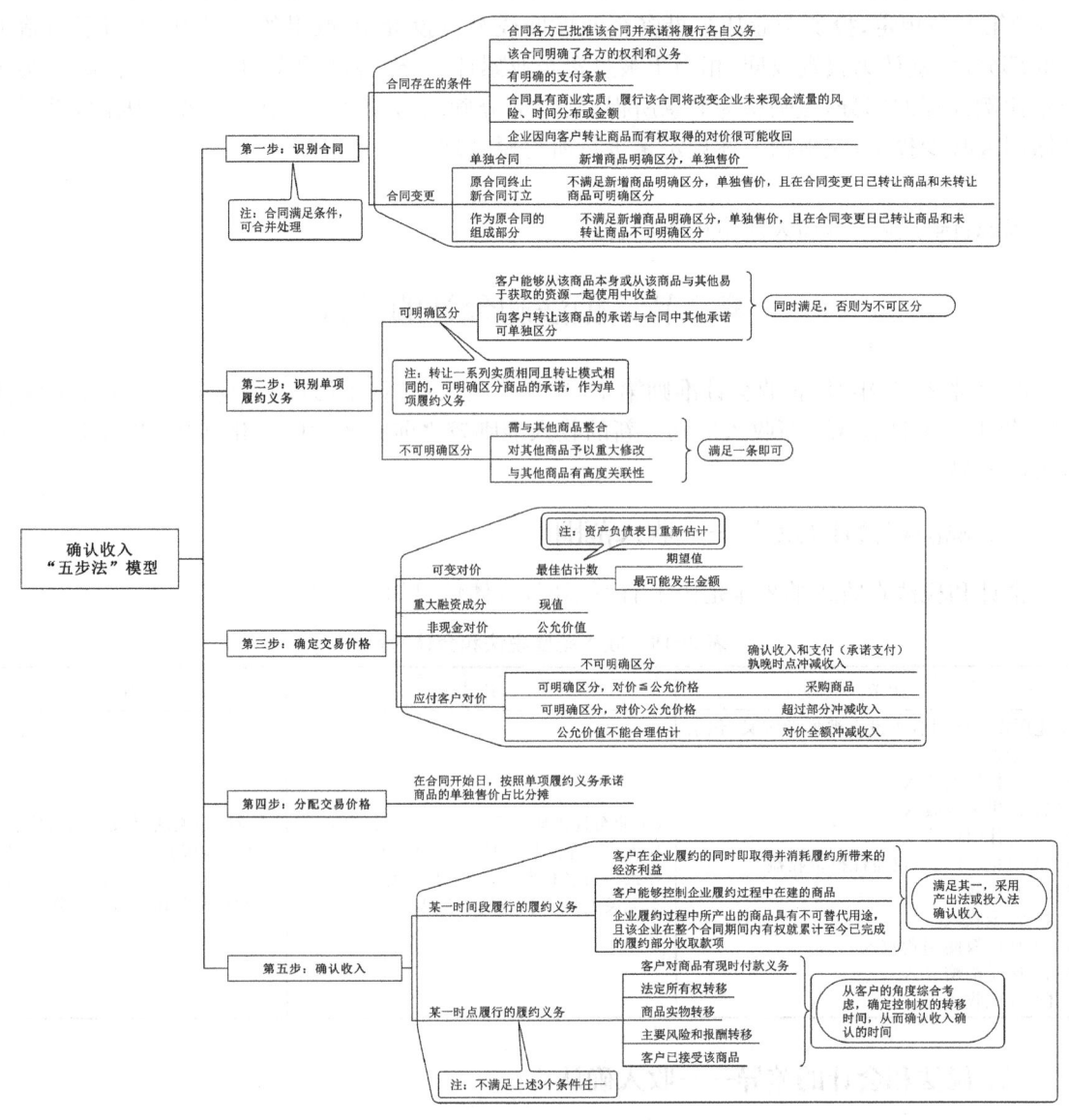

图 3-10 确认收入"五步法"模型

三、税法和会计的差异——视同销售

视同销售指的是会计上不确认收入,而企业所得税上需要视同销售确认收入,缴纳所得税。因此,如图 3-7 所示的视同销售情形必然导致税法和会计的差异。

四、税法和会计的差异——特定交易

企业的日常业务中存在一些特定交易,以下四项特定交易会计和税法的处理上存在差异,如表 3-21 所示。

表 3-21 特定交易税法和会计的差异

项目	会计	税法	差异
附有销售退回条件的销售	取得相关商品控制权时,按照减除掉销售退回金额部分确认收入	已经确认销售收入的售出商品发生销售退回,应当在退回当期冲减销售商品收入	同一年度发生销售退回,会计和税法最终处理结果相同,但跨年度的,则会产生差异,需进行调整
附有质量保证条款的销售	评估是否在向客户保证所销售商品符合既定标准之外提供了一项单独的服务。若提供单项服务的,应确认收入,否则按照或有事项处理	预计负债一般不允许在税前扣除	若未在向客户保证所销售商品符合既定标准之外提供了一项单独的服务,属于或有事项,会计上计入相关费用的,需进行调整
向客户授予知识产权许可	先判断该知识产权是否构成单项履约义务,若构成,区分按时段还是时点确认收入	特许权使用费收入按照合同约定的使用人应付特许权使用费的日期确认收入的实现	若会计上按照属于在某一时段内履行的履约义务,根据履约进度确认收入,则与税法产生差异,需进行调整
售后回购	以销售方式进行融资的,按照租赁交易和融资交易的相关规定处理,否则作为附有销售退回条款的销售交易进行会计处理	销售的商品按售价确认收入,回购的商品作为购进商品处理。有证据表明不符合销售收入确认条件的,如以销售商品方式进行融资,收到的款项应确认为负债,回购价格大于原售价的,差额应在回购期间确认为利息费用	若售后回购不是以销售商品方式进行融资的,则会计处理和税务处理产生差异,需进行调整

第四节 申报实务

一、申报表概况及变化

企业所得税年度纳税申报表中与收入相关的报表有 8 个,如图 3-11 所示。

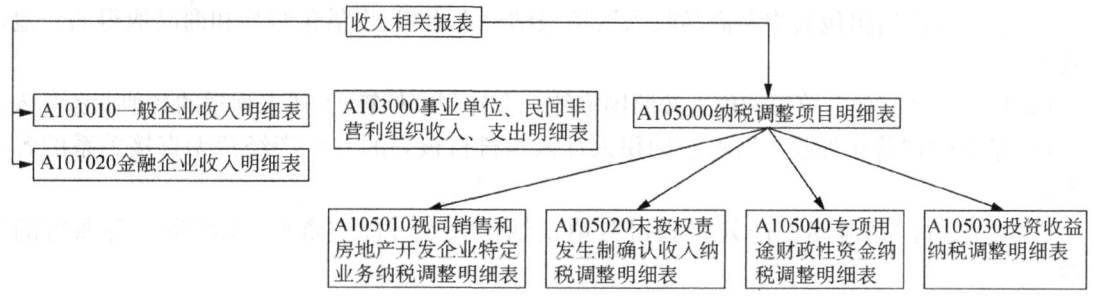

图 3-11 企业所得税年度纳税申报表中和收入相关报表

2024年度汇算清缴未对收入相关报表进行更改。

二、一般企业收入明细表的填报

(一)《A101010 一般企业收入明细表》填报说明

本表适用于除金融企业、事业单位和民间非营利组织外的企业填报。纳税人应根据国家统一会计制度的规定,填报"主营业务收入""其他业务收入"和"营业外收入"。

一、有关项目填报说明

1. 第1行"营业收入":根据主营业务收入、其他业务收入的数额计算填报。

2. 第2行"主营业务收入":根据不同行业的业务性质分别填报纳税人核算的主营业务收入。

3. 第3行"销售商品收入":填报纳税人从事工业制造、商品流通、农业生产以及其他商品销售活动取得的主营业务收入。房地产开发企业销售开发产品(销售未完工开发产品除外)取得的收入也在此行填报。

4. 第4行"其中:非货币性资产交换收入":填报纳税人发生的非货币性资产交换按照国家统一会计制度应确认的销售商品收入。

5. 第5行"提供劳务收入":填报纳税人从事建筑安装、修理修配、交通运输、仓储租赁、邮电通信、咨询经纪、文化体育、科学研究、技术服务、教育培训、餐饮住宿、中介代理、卫生保健、社区服务、旅游、娱乐、加工以及其他劳务活动取得的主营业务收入。

6. 第6行"建造合同收入":填报纳税人建造房屋、道路、桥梁、水坝等建筑物,以及生产船舶、飞机、大型机械设备等取得的主营业务收入。

7. 第7行"让渡资产使用权收入":填报纳税人在主营业务收入核算的,让渡无形资产使用权而取得的使用费收入以及出租固定资产、无形资产、投资性房地产取得的租金收入。

8. 第8行"其他":填报纳税人按照国家统一会计制度核算、上述未列举的其他主营业务收入。

9. 第9行"其他业务收入":填报根据不同行业的业务性质分别填报纳税人核算的其他业务收入。

10. 第10行"销售材料收入":填报纳税人销售材料、下脚料、废料、废旧物资等取得的收入。

11. 第11行"其中:非货币性资产交换收入":填报纳税人发生的非货币性资产交换按照国家统一会计制度应确认的材料销售收入。

12. 第12行"出租固定资产收入":填报纳税人将固定资产使用权让与承租人获取的其他业务收入。

13. 第13行"出租无形资产收入":填报纳税人让渡无形资产使用权取得的其他业务收入。

14. 第14行"出租包装物和商品收入":填报纳税人出租、出借包装物和商品取得的其他业务收入。

15. 第15行"其他":填报纳税人按照国家统一会计制度核算,上述未列举的其他业务收入。

16. 第16行"营业外收入":填报纳税人计入本科目核算的与生产经营无直接关系的各项收入。

17. 第17行"非流动资产处置利得":填报纳税人处置固定资产、无形资产等取得的净收益。

18. 第18行"非货币性资产交换利得":填报纳税人发生非货币性资产交换应确认的净

收益。

19. 第 19 行"债务重组利得"：填报纳税人发生的债务重组业务确认的净收益。

20. 第 20 行"政府补助利得"：填报纳税人从政府无偿取得货币性资产或非货币性资产应确认的净收益。

21. 第 21 行"盘盈利得"：填报纳税人在清查财产过程中查明的各种财产盘盈应确认的净收益。

22. 第 22 行"捐赠利得"：填报纳税人接受的来自企业、组织或个人无偿给予的货币性资产、非货币性资产捐赠应确认的净收益。

23. 第 23 行"罚没利得"：填报纳税人在日常经营管理活动中取得的罚款、没收收入应确认的净收益。

24. 第 24 行"确实无法偿付的应付款项"：填报纳税人因确实无法偿付的应付款项而确认的收入。

25. 第 25 行"汇兑收益"：填报纳税人取得企业外币货币性项目因汇率变动形成的收益应确认的收入。（该项目为执行小企业会计准则企业填报）

26. 第 26 行"其他"：填报纳税人取得的上述项目未列举的其他营业外收入，包括执行企业会计准则纳税人按权益法核算长期股权投资对初始投资成本调整确认的收益，执行小企业会计准则纳税人取得的出租包装物和商品的租金收入、逾期未退包装物押金收益等。

二、表内、表间关系

（一）表内关系

1. 第 1 行＝第 2＋9 行。
2. 第 2 行＝第 3＋5＋6＋7＋8 行。
3. 第 9 行＝第 10＋12＋13＋14＋15 行。
4. 第 16 行＝第 17＋18＋19＋20＋21＋22＋23＋24＋25＋26 行。

（二）表间关系

1. 第 1 行＝表 A100000 第 1 行。
2. 第 16 行＝表 A100000 第 11 行。

（二）案例讲解

 3-1

申东股份有限公司系服装加工企业，执行《企业会计准则》，是增值税一般纳税人。其 2×20 年会计资料如表 3-22 所示。

表 3-22 申东股份有限公司 2×20 年会计资料

单位：元

账户	借方余额	贷方余额
主营业务收入		2 550 000
其他业务收入		63 400
投资收益		70 000
营业外收入		53 000

(续表)

账户	借方余额	贷方余额
主营业务成本	1 158 600	
税金及附加	99 800	
销售费用	26 300	
管理费用	47 900	
财务费用	38 600	
其他业务成本	23 400	
营业外支出	24 000	

其中主营业务收入全部为销售商品收入,无非货币性资产交换收入。

"其他业务收入"明细账反映,企业生产销售下脚料收入54 000元,包装物租金9 400元、"营业外收入"明细账反映,固定资产处置收益3 000元、政府补助利得50 000元。

【解析】

以上数据,2×20年度企业所得税汇算清缴时,收入相关项目应该填列《A101010一般企业收入明细表》,"主营业务成本""其他业务成本""营业外支出"应该填列《A102010一般企业成本支出明细表》,三项费用应该填列《A104000期间费用明细表》,"税金及附加""投资收益"直接填入主表。

《A101010一般企业收入明细表》的填报示范如表3-23所示。

表3-23　A101010一般企业收入明细表

单位:元

行次	项目	金额
1	一、营业收入(2+9)	2 613 400
2	(一)主营业务收入(3+5+6+7+8)	2 550 000
3	1.销售商品收入	2 550 000
4	其中:非货币性资产交换收入	0
5	2.提供劳务收入	0
6	3.建造合同收入	0
7	4.让渡资产使用权收入	0
8	5.其他	0
9	(二)其他业务收入(10+12+13+14+15)	63 400
10	1.销售材料收入	54 000
11	其中:非货币性资产交换收入	0
12	2.出租固定资产收入	0
13	3.出租无形资产收入	0
14	4.出租包装物和商品收入	9400
15	5.其他	0
16	二、营业外收入(17+18+19+20+21+22+23+24+25+26)	53 000
17	(一)非流动资产处置利得	3 000
18	(二)非货币性资产交换利得	0

(续表)

行次	项目	金额
19	(三)债务重组利得	0
20	(四)政府补助利得	50 000
21	(五)盘盈利得	0
22	(六)捐赠利得	0
23	(七)罚没利得	0
24	(八)确实无法偿付的应付款项	0
25	(九)汇兑收益	0
26	(十)其他	0

案例 3-2

鸿运公司(增值税一般纳税人),2×20年1月出售已使用过的设备1台,收回价款22 600元(含税价),并存入银行。该设备于2×16年1月购入并投入使用,增值税专用发票注明不含税价3万元,增值税5 100元。该设备按照10年计提折旧,残值率为5‰,企业已提折旧11 400元。

1. 处置固定资产收益会计与企业所得税确定金额是否一致?
2. 企业所得税年度申报表如何填报,是否需要调整?

【解析】

1. 会计处理

(1)出售固定资产转入清理账户,会计处理如下:

借:固定资产清理　　　　　　　　　　　　　　　　　　　　　　　　　18 600
　　累计折旧　　　　　　　　　　　　　　　　　　　　　　　　　　　11 400
　　贷:固定资产　　　　　　　　　　　　　　　　　　　　　　　　　　30 000

(2)收回出售固定资产价款,会计处理如下:

借:银行存款　　　　　　　　　　　　　　　　　　　　　　　　　　　22 600
　　贷:固定资产清理　　　　　　　　　　　　　　　　　　　　　　　　20 000
　　　　应交税费——应交增值税(销项税额)　　　　　　　　　　　　　　2 600

(3)结转固定资产净收益时,会计处理如下:

借:固定资产清理　　　　　　　　　　　　　　　　　　　　　　　　　1 400
　　贷:资产处置损益　　　　　　　　　　　　　　　　　　　　　　　　1 400

2. 税务处理

企业固定资产的转让收入,从会计处理上,是指企业转让固定资产的净收入,即企业转让固定资产的价值减去固定资产原值及已提取的折旧后的余额,作为企业的"营业外收入"计入企业的损益。《企业所得税法》规定固定资产转让收入作为收入处理,转让支出作为扣除项目。但考虑到税收与会计的衔接,在企业所得税申报表上仍采取与财务会计一致的形式。

3. 2×20年度鸿运公司企业所得税汇算清缴填报示范

填报《A101010 一般企业收入明细表》，填报示范如表3-24所示。

表3-24　A101010 一般企业收入明细表

单位：元

行次	项目	金额
16	二、营业外收入(17＋18＋19＋20＋21＋22＋23＋24＋25＋26)	1 400
17	（一）非流动资产处置利得	1 400

三、金融企业收入明细表的填报

（一）《A101020 金融企业收入明细表》填报说明

本表适用于执行企业会计准则的金融企业纳税人填报，包括银行（信用社）、保险公司、证券公司等金融企业。金融企业应根据企业会计准则的规定填报"营业收入""营业外收入"。

一、有关项目填报说明

1. 第1行"营业收入"：填报纳税人提供金融商品服务取得的收入。

2. 第2行"银行业务收入"：填报纳税人从事银行业务取得的收入。

3. 第3行"利息收入"：填报银行存贷款业务等取得的各项利息收入，包括发放的各类贷款（银团贷款、贸易融资、贴现和转贴现融出资金、协议透支、信用卡透支、转贷款、垫款等）、与其他金融机构（中央银行、同业等）之间发生资金往来业务、买入返售金融资产等实现的利息收入等。

4. 第4行"存放同业"：填报纳税人存放于境内、境外银行和非银行金融机构款项取得的利息收入。

5. 第5行"存放中央银行"：填报纳税人存放于中国人民银行的各种款项利息收入。

6. 第6行"拆出资金"：填报纳税人拆借给境内、境外其他金融机构款项的利息收入。

7. 第7行"发放贷款及垫资"：填报纳税人发放贷款及垫资的利息收入。

8. 第8行"买入返售金融资产"：填报纳税人按照返售协议约定先买入再按固定价格返售的票据、证券、贷款等金融资产所融出资金的利息收入。

9. 第9行"其他"：填报纳税人除本表第4行至第8行以外的其他利息收入，包括债券投资利息等收入。

10. 第10行"手续费及佣金收入"：填报银行在提供相关金融业务服务时向客户收取的收入，包括结算与清算手续费、代理业务手续费、信用承诺手续费及佣金、银行卡手续费、顾问和咨询费、托管及其他受托业务佣金等。

11. 第18行"证券业务收入"：填报纳税人从事证券业务取得的收入。

12. 第19行"证券业务手续费及佣金收入"：填报纳税人承销、代理兑付等业务取得的各项手续费、佣金等收入。

13. 第26行"其他证券业务收入"：填报纳税人在国家许可的范围内从事的除经纪、自营和承销业务以外的与证券有关的业务收入。

14. 第27行"已赚保费"：填报纳税人从事保险业务确认的本年实际保费收入。

15. 第28行"保险业务收入"：填报纳税人从事保险业务确认的保费收入。

16. 第29行"分保费收入"：填报纳税人（再保险公司或分入公司）从原保险公司或分出公

17. 第30行"分出保费":填报纳税人(再保险分出人)向再保险接受人分出的保费。

18. 第31行"提取未到期责任准备金":填报纳税人(保险企业)提取的非寿险原保险合同未到期责任准备金和再保险合同分保未到期责任准备金。

19. 第32行"其他金融业务收入":填报纳税人提供除银行业、保险业、证券业以外的金融商品服务取得的收入。

20. 第33行"汇兑收益":填报纳税人发生的外币交易因汇率变动而产生的汇兑损益,损失以"一"号填列。

21. 第34行"其他业务收入":填报纳税人发生的除主营业务活动以外的其他经营活动实现的收入。

22. 第35行"营业外收入":填报纳税人发生的各项营业外收入,主要包括非流动资产处置利得、非货币性资产交换利得、债务重组利得、政府补助利得、盘盈利得、捐赠利得等。

23. 第36行"非流动资产处置利得":填报纳税人处置固定资产、无形资产等取得的净收益。

24. 第37行"非货币资产交换利得":填报纳税人发生非货币性资产交换应确认的净收益。

25. 第38行"债务重组利得":填报纳税人发生的债务重组业务确认的净收益。

26. 第39行"政府补助利得":填报纳税人从政府无偿取得货币性资产或非货币性资产应确认的净收益。

27. 第40行"盘盈利得":填报纳税人在清查财产过程中查明的各种财产盘盈应确认的净收益。

28. 第41行"捐赠利得":填报纳税人接受的来自企业、组织或个人无偿给予的货币性资产、非货币性资产捐赠应确认的净收益。

29. 第42行"其他":填报纳税人取得的上述项目未列举的其他营业外收入,包括执行《企业会计准则》纳税人对按权益法核算的长期股权投资初始投资成本调整确认的收益。

二、表内、表间关系

(一)表内关系

1. 第1行=第2+18+27+32+33+34行。
2. 第2行=第3+10行。
3. 第3行=第4+5+…+9行。
4. 第10行=第11+12+…+17行。
5. 第18行=第19+26行。
6. 第19行=第20+21+…+25行。
7. 第27行=第28−30−31行。
8. 第35行=第36+37+…+42行。

(二)表间关系

1. 第1行=表A100000第1行。
2. 第35行=表A100000第11行。

(二)《A101020金融企业收入明细表》

表单式样如表3-25所示。

表 3-25　A101020 金融企业收入明细表

行次	项目	金额
1	一、营业收入(2＋18＋27＋32＋33＋34)	
2	（一）银行业务收入(3＋10)	
3	1. 利息收入(4＋5＋6＋7＋8＋9)	
4	（1）存放同业	
5	（2）存放中央银行	
6	（3）拆出资金	
7	（4）发放贷款及垫资	
8	（5）买入返售金融资产	
9	（6）其他	
10	2. 手续费及佣金收入(11＋12＋13＋14＋15＋16＋17)	
11	（1）结算与清算手续费	
12	（2）代理业务手续费	
13	（3）信用承诺手续费及佣金	
14	（4）银行卡手续费	
15	（5）顾问和咨询费	
16	（6）托管及其他受托业务佣金	
17	（7）其他	
18	（二）证券业务收入(19＋26)	
19	1. 证券业务手续费及佣金收入(20＋21＋22＋23＋24＋25)	
20	（1）证券承销业务	
21	（2）证券经纪业务	
22	（3）受托客户资产管理业务	
23	（4）代理兑付证券	
24	（5）代理保管证券	
25	（6）其他	
26	2. 其他证券业务收入	
27	（三）已赚保费(28－30－31)	
28	1. 保险业务收入	
29	其中：分保费收入	
30	2. 分出保费	
31	3. 提取未到期责任准备金	
32	（四）其他金融业务收入	
33	（五）汇兑收益(损失以"－"号填列)	
34	（六）其他业务收入	
35	二、营业外收入(36＋37＋38＋39＋40＋41＋42)	
36	（一）非流动资产处置利得	
37	（二）非货币性资产交换利得	

(续表)

行次	项目	金额
38	(三)债务重组利得	
39	(四)政府补助利得	
40	(五)盘盈利得	
41	(六)捐赠利得	
42	(七)其他	

四、事业单位、民间非营利组织收入、支出明细表的填报

(一)《A103000 事业单位、民间非营利组织收入、支出明细表》填报说明

本表适用于实行事业单位会计准则的事业单位以及执行民间非营利组织会计制度的社会团体、民办非企业单位、非营利性组织等查账征收居民纳税人填报。纳税人应根据事业单位会计准则、民间非营利组织会计制度的规定,填报"事业单位收入""民间非营利组织收入""事业单位支出""民间非营利组织支出"等。

一、有关项目填报说明

(一)事业单位填报说明

第1行至第9行由执行事业单位会计准则的纳税人填报。

1. 第1行"事业单位收入":填报纳税人取得的所有收入的金额(包括不征税收入和免税收入),按照会计核算口径填报。

2. 第2行"财政补助收入":填报纳税人直接从同级财政部门取得的各类财政拨款,包括基本支出补助和项目支出补助。

3. 第3行"事业收入":填报纳税人通过开展专业业务活动及辅助活动所取得的收入。

4. 第4行"上级补助收入":填报纳税人从主管部门和上级单位取得的非财政补助收入。

5. 第5行"附属单位上缴收入":填报纳税人附属独立核算单位按有关规定上缴的收入。包括附属事业单位上缴的收入和附属企业上缴的利润等。

6. 第6行"经营收入":填报纳税人开展专业业务活动及其辅助活动之外开展非独立核算经营活动取得的收入。

7. 第7行"其他收入":填报纳税人取得的除本表第2行至第6行项目以外的收入,包括投资收益、银行存款利息收入、租金收入、捐赠收入、现金盘盈收入、存货盘盈收入、收回已核销应收及预付款项、无法偿付的应付及预收款项等。

8. 第8行"其中:投资收益":填报在"其他收入"科目中核算的各项短期投资、长期债券投资、长期股权投资取得的投资收益。

9. 第9行"其他":填报在"其他收入"科目中核算的除投资收益以外的收入。

(二)民间非营利组织填报说明

第10行至第17行由执行民间非营利组织会计制度的纳税人填报。

10. 第10行"民间非营利组织收入":填报纳税人开展业务活动取得的收入,应当包括接受捐赠收入、会费收入、提供劳务收入、政府补助收入、投资收益、商品销售收入等主要业务活动收入和其他收入等。

11. 第11行"接受捐赠收入":填报纳税人接受其他单位或者个人捐赠所取得的收入。

12. 第12行"会费收入"：填报纳税人根据章程等规定向会员收取的会费收入。

13. 第13行"提供劳务收入"：填报纳税人根据章程等规定向其服务对象提供服务取得的收入，包括学费收入、医疗费收入、培训收入等。

14. 第14行"商品销售收入"：填报纳税人销售商品（如出版物、药品等）所形成的收入。

15. 第15行"政府补助收入"：填报纳税人接受政府拨款或者政府机构给予的补助而取得的收入。

16. 第16行"投资收益"：填报纳税人因对外投资取得的投资净收益。

17. 第17行"其他收入"：填报纳税人除上述主要业务活动收入以外的其他收入，如固定资产处置净收入、无形资产处置净收入等。

第18行至第23行由执行事业单位会计准则的纳税人填报。

18. 第18行"事业单位支出"：填报纳税人发生的所有支出总额（含不征税收入形成的支出），按照会计核算口径填报。

19. 第19行"事业支出"：填报纳税人开展专业业务活动及其辅助活动发生的支出，包括工资、补助工资、职工福利费、社会保障费、助学金、公务费、业务费、设备购置费、修缮费和其他费用。

20. 第20行"上缴上级支出"：填报纳税人按照财政部门和主管部门的规定上缴上级单位的支出。

21. 第21行"对附属单位补助支出"：填报纳税人用财政补助收入之外的收入对附属单位补助发生的支出。

22. 第22行"经营支出"：填报纳税人在专业业务活动及其辅助活动之外开展非独立核算经营活动发生的支出。

23. 第23行"其他支出"：填报纳税人除本表第19行至第22行项目以外的支出，包括利息支出、捐赠支出、现金盘亏损失、资产处置损失、接受捐赠（调入）非流动资产发生的税费支出等。

第24行至第28行由执行民间非营利组织会计制度的纳税人填报。

24. 第24行"民间非营利组织支出"：填报纳税人发生的所有支出总额。按照会计核算口径填报。

25. 第25行"业务活动成本"：填报民间非营利组织为了实现其业务活动目标、开展某项目活动或者提供劳务所发生的费用。

26. 第26行"管理费用"：填报民间非营利组织为组织和管理其业务活动所发生的各项费用，包括民间非营利组织董事会（或者理事会或者类似权力机构）经费和行政管理人员的工资、奖金、津贴、福利费、住房公积金、住房补贴、社会保障费、离退休人员工资与补助，以及办公费、水电费、邮电费、物业管理费、差旅费、折旧费、修理费、无形资产摊销费、存货盘亏损失、资产减值损失、因预计负债所产生的损失、聘请中介机构费和应偿还的受赠资产等。

27. 第27行"筹资费用"：填报民间非营利组织为筹集业务活动所需资金而发生的费用，包括民间非营利组织获得捐赠资产而发生的费用以及应当计入当期费用的借款费用、汇兑损失（减汇兑收益）等。民间非营利组织为了获得捐赠资产而发生的费用包括举办募款活动费，准备、印刷和发放募款宣传资料费以及其他与募款或者争取捐赠有关的费用。

28. 第28行"其他费用"：填报民间非营利组织发生的、无法归属到上述业务活动成本、管理费用或者筹资费用中的费用，包括固定资产处置净损失、无形资产处置净损失等。

二、表内、表间关系

(一)表内关系

1. 第1行＝第2+3+…+7行。
2. 第7行＝第8+9行。
3. 第10行＝第11+12+…+17行。
4. 第18行＝第19+20+21+22+23行。
5. 第24行＝第25+26+27+28行。

(二)表间关系

1. 第2+3+4+5+6或第11+12+13+14+15行＝表A100000第1行。
2. 第8行或第16行＝表A100000第9行。
3. 第9行或第17行＝表A100000第11行。
4. 第19+20+21+22行或第25+26+27行＝表A100000第2行。
5. 第23行或第28行＝表A100000第12行。

(二)《A103000 事业单位、民间非营利组织收入、支出明细表》

表单式样如表3-26所示。

表 3-26 A103000 事业单位、民间非营利组织收入、支出明细表

行次	项目	金额
1	一、事业单位收入(2+3+4+5+6+7)	
2	(一)财政补助收入	
3	(二)事业收入	
4	(三)上级补助收入	
5	(四)附属单位上缴收入	
6	(五)经营收入	
7	(六)其他收入(8+9)	
8	其中:投资收益	
9	其他	
10	二、民间非营利组织收入(11+12+13+14+15+16+17)	
11	(一)接受捐赠收入	
12	(二)会费收入	
13	(三)提供劳务收入	
14	(四)商品销售收入	
15	(五)政府补助收入	
16	(六)投资收益	
17	(七)其他收入	
18	三、事业单位支出(19+20+21+22+23)	
19	(一)事业支出	
20	(二)上缴上级支出	
21	(三)对附属单位补助支出	

(续表)

行次	项目	金额
22	（四）经营支出	
23	（五）其他支出	
24	四、民间非营利组织支出(25＋26＋27＋28)	
25	（一）业务活动成本	
26	（二）管理费用	
27	（三）筹资费用	
28	（四）其他费用	

五、纳税调整项目明细表的填报

（一）《A105000 纳税调整项目明细表》填报说明（节选）

本表由纳税人根据税法、相关税收规定以及国家统一会计制度的规定，填报企业所得税涉税事项的会计处理、税务处理以及纳税调整情况。

一、有关项目填报说明

纳税人按照"收入类调整项目""扣除类调整项目""资产类调整项目""特殊事项调整项目""特别纳税调整应税所得""其他"六类分项填报，汇总计算出纳税"调增金额"和"调减金额"的合计金额。

数据栏分别设置"账载金额""税收金额""调增金额""调减金额"四个栏次。"账载金额"是指纳税人按照国家统一会计制度规定核算的项目金额。"税收金额"是指纳税人按照税收规定计算的项目金额。对需填报下级明细表的纳税调整项目，其"账载金额""税收金额""调增金额""调减金额"根据相应附表进行计算填报。

（一）收入类调整项目

1. 第 1 行"一、收入类调整项目"：根据第 2 行至第 11 行（不含第 9 行）进行填报。

2. 第 2 行"（一）视同销售收入"：根据《视同销售和房地产开发企业特定业务纳税调整明细表》（A105010）填报。第 2 列"税收金额"填报表 A105010 第 1 行第 1 列金额。第 3 列"调增金额"填报表 A105010 第 1 行第 2 列金额。

3. 第 3 行"（二）未按权责发生制原则确认的收入"：根据《未按权责发生制确认收入纳税调整明细表》（A105020）填报。第 1 列"账载金额"填报表 A105020 第 14 行第 2 列金额。第 2 列"税收金额"填报表 A105020 第 14 行第 4 列金额。若表 A105020 第 14 行第 6 列≥0，第 3 列"调增金额"填报表 A105020 第 14 行第 6 列金额。若表 A105020 第 14 行第 6 列＜0，第 4 列"调减金额"填报表 A105020 第 14 行第 6 列金额的绝对值。

4. 第 4 行"（三）投资收益"：根据《投资收益纳税调整明细表》（A105030）填报。第 1 列"账载金额"填报表 A105030 第 10 行第 1＋8 列的合计金额。第 2 列"税收金额"填报表 A105030 第 10 行第 2＋9 列的合计金额。若表 A105030 第 10 行第 11 列≥0，第 3 列"调增金额"填报表 A105030 第 10 行第 11 列金额。若表 A105030 第 10 行第 11 列＜0，第 4 列"调减金额"填报表 A105030 第 10 行第 11 列金额的绝对值。

5. 第 5 行"（四）按权益法核算长期股权投资对初始投资成本调整确认收益"：第 4 列"调减

金额"填报纳税人采取权益法核算,初始投资成本小于取得投资时应享有被投资单位可辨认净资产公允价值份额的差额计入取得投资当期营业外收入的金额。

6. 第 6 行"(五)交易性金融资产初始投资调整":第 3 列"调增金额"填报纳税人根据税收规定确认交易性金融资产初始投资金额与会计核算的交易性金融资产初始投资账面价值的差额。

7. 第 7 行"(六)公允价值变动净损益":第 1 列"账载金额"填报纳税人会计核算的以公允价值计量的金融资产、金融负债以及投资性房地产类项目,计入当期损益的公允价值变动金额。若第 1 列≤0,第 3 列"调增金额"填报第 1 列金额的绝对值。若第 1 列>0,第 4 列"调减金额"填报第 1 列金额。

8. 第 8 行"(七)不征税收入":填报纳税人计入收入总额但属于税收规定不征税的财政拨款、依法收取并纳入财政管理的行政事业性收费以及政府性基金和国务院规定的其他不征税收入。第 3 列"调增金额"填报纳税人以前年度取得财政性资金且已作为不征税收入处理,在 5 年(60 个月)内未发生支出且未缴回财政部门或其他拨付资金的政府部门,应计入应税收入额的金额。第 4 列"调减金额"填报符合税收规定不征税收入条件并作为不征税收入处理,且已计入当期损益的金额。

9. 第 9 行"专项用途财政性资金":根据《专项用途财政性资金纳税调整明细表》(A105040)填报。第 3 列"调增金额"填报表 A105040 第 7 行第 14 列金额。第 4 列"调减金额"填报表 A105040 第 7 行第 4 列金额。

10. 第 10 行"(八)销售折扣、折让和退回":填报不符合税收规定的销售折扣、折让应进行纳税调整的金额和发生的销售退回因会计处理与税收规定有差异需纳税调整的金额。第 1 列"账载金额"填报纳税人会计核算的销售折扣、折让金额和销货退回的追溯处理的净调整额。第 2 列"税收金额"填报根据税收规定可以税前扣除的折扣、折让的金额和销货退回业务影响当期损益的金额。若第 1 列≥第 2 列,第 3 列"调增金额"填报第 1-2 列金额。若第 1 列<第 2 列,第 4 列"调减金额"填报第 1-2 列金额的绝对值,第 4 列仅为销货退回影响损益的跨期时间性差异。

11. 第 11 行"(九)其他":填报其他因会计处理与税收规定有差异需纳税调整的收入类项目金额。若第 2 列≥第 1 列,第 3 列"调增金额"填报第 2-1 列金额。若第 2 列<第 1 列,第 4 列"调减金额"填报第 2-1 列金额的绝对值。

……

二、表内、表间关系

(一)表内关系

1. 第 1 行=第 2+3+4+5+6+7+8+10+11 行。

2. 第 12 行=第 13+14+…+23+24+26+27+28+29+30 行。

3. 第 31 行=第 32+33+34+35 行。

4. 第 36 行=第 37+38+39+40+41+42+43 行。

5. 第 39 行=第 39.1+39.2+39.4+39.5+39.6+39.7 行。

6. 第 46 行=第 1+12+31+36+44+45 行。

(二)表间关系

1. 第 2 行第 2 列=表 A105010 第 1 行第 1 列;第 2 行第 3 列=表 A105010 第 1 行第 2 列。

2. 第 3 行第 1 列＝表 A105020 第 14 行第 2 列；第 3 行第 2 列＝表 A105020 第 14 行第 4 列；若表 A105020 第 14 行第 6 列≥0,第 3 行第 3 列＝表 A105020 第 14 行第 6 列；若表 A105020 第 14 行第 6 列＜0,第 3 行第 4 列＝表 A105020 第 14 行第 6 列的绝对值。

3. 第 4 行第 1 列＝表 A105030 第 10 行第 1＋8 列；第 4 行第 2 列＝表 A105030 第 10 行第 2＋9 列；若表 A105030 第 10 行第 11 列≥0,第 4 行第 3 列＝表 A105030 第 10 行第 11 列；若表 A105030 第 10 行第 11 列＜0,第 4 行第 4 列＝表 A105030 第 10 行第 11 列的绝对值。

4. 第 9 行第 3 列＝表 A105040 第 7 行第 14 列；第 9 行第 4 列＝表 A105040 第 7 行第 4 列。

5. 第 13 行第 2 列＝表 A105010 11 行第 1 列；第 13 行第 4 列＝表 A105010 11 行第 2 列的绝对值。

6. 第 14 行第 1 列＝表 A105050 第 13 行第 1 列；第 14 行第 2 列＝表 A105050 第 13 行第 5 列；若表 A105050 第 13 行第 6 列≥0,第 14 行第 3 列＝表 A105050 第 13 行第 6 列；若表 A105050 第 13 行第 6 列＜0,第 14 行第 4 列＝表 A105050 第 13 行第 6 列的绝对值。

7. 若表 A105060 第 12 行第 1 列≥0,第 16 行第 3 列＝表 A105060 第 12 行第 1 列,表 A105060 第 12 行第 1 列＜0,第 16 行第 4 列＝表 A105060 第 12 行第 1 列的绝对值。

8. 第 17 行第 1 列＝表 A105070 合计行第 1 列；第 17 行第 2 列＝表 A105070 合计行第 4 列；第 17 行第 3 列＝表 A105070 合计行第 5 列；第 17 行第 4 列＝表 A105070 合计行第 6 列。

9. 保险企业：第 23 行第 1 列＝表 A105060 第 1 行第 2 列。若表 A105060 第 3 行第 2 列≥第 6 行第 2 列,第 2 列＝表 A105060 第 6 行第 2 列；若表 A105060 第 3 行第 2 列＜第 6 行第 2 列,第 2 列＝表 A105060 第 3 行第 2 列＋第 9 行第 2 列。若表 A105060 第 12 行第 2 列≥0,第 3 列＝表 A105060 第 12 行第 2 列。若表 A105060 第 12 行第 2 列＜0,第 4 列＝表 A105060 第 12 行第 2 列的绝对值。

10. 第 25 行第 3 列＝表 A105040 第 7 行第 11 列。

11. 第 28 行第 3 列＝表 A108010 第 10 行第 16＋17 列。

12. 第 32 行第 1 列＝表 A105080 第 41 行第 2 列；第 32 行第 2 列＝表 A105080 第 41 行第 5 列；若表 A105080 第 41 行第 9 列≥0,第 32 行第 3 列＝表 A105080 第 41 行第 9 列；若表 A105080 第 41 行第 9 列＜0,第 32 行第 4 列＝表 A105080 第 41 行第 9 列的绝对值。

13. 若表 A105090 第 29 行第 7 列≥0,第 34 行第 3 列＝表 A105090 第 29 行第 7 列；若表 A105090 第 29 行第 7 列＜0,第 34 行第 4 列＝表 A105090 第 29 行第 7 列的绝对值。

14. 第 37 行第 1 列＝表 A105100 第 16 行第 1＋4 列；第 37 行第 2 列＝表 A105100 第 16 行第 2＋5 列；若表 A105100 第 16 行第 7 列≥0,第 37 行第 3 列＝表 A105100 第 16 行第 7 列；若表 A105100 第 16 行第 7 列＜0,第 37 行第 4 列＝表 A105100 第 16 行第 7 列的绝对值。

15. 若表 A105110 第 24 行≥0,第 38 行第 3 列＝表 A105110 第 24 行；若表 A105110 第 24 行＜0,第 38 行第 4 列＝表 A105110 第 24 行的绝对值。

16. 若表 A105120 第 10 行第 11 列≥0,第 39.7 行第 3 列＝表 A105120 第 10 行第 11 列；若表 A105120 第 10 行第 11 列＜0,第 39.7 行第 4 列＝表 A105120 第 10 行第 11 列的绝对值。

17. 第 40 行第 2 列＝表 A105010 第 21 行第 1 列；若表 A105010 第 21 行第 2 列≥0,第 40 行第 3 列＝表 A105010 第 21 行第 2 列；若表 A105010 第 21 行第 2 列＜0,第 40 行第 4 列＝表 A105010 第 21 行第 2 列的绝对值。

18. 第 46 行第 3 列＝表 A100000 第 15 行；第 46 行第 4 列＝表 A100000 第 16 行。

(二)案例讲解

 3-3

鸿运公司于2×20年1月取得德钦公司30%的股权,支付银行存款800万元。取得投资时,德钦公司可辨认净资产公允价值为3 000万元。鸿运公司按持股比例30%计算确定的、应享有德钦公司可辨认净资产公允价值的份额为900万元。

1. 该项股权投资的会计成本与计税基础是否一致?
2. 鸿运公司应如何进行企业所得税年度纳税申报?

【解析】

1. 会计处理

借:长期股权投资——投资成本　　　　　　　　　　　　　　　　　　9 000 000
　　贷:银行存款　　　　　　　　　　　　　　　　　　　　　　　　8 000 000
　　　　营业外收入　　　　　　　　　　　　　　　　　　　　　　　1 000 000

2. 税务处理

① 按税法确认的该项股权投资的计税基础为800万元。

② 取得该项投资时确认的营业外收入100万元,税法不予确认。在计算企业所得税时,应在会计利润的基础上调减应纳税所得额100万元。

3. 2×20年度鸿运公司企业所得税汇算清缴《A105000 纳税调整项目明细表》填报示范

填写示范如表3-27所示。

表3-27　A105000 纳税调整项目明细表

单位:元

行次	项目	账载金额	税收金额	调增金额	调减金额
		1	2	3	4
1	一、收入类调整项目(2+3+…8+10+11)	*	*		
2	(一)视同销售收入(填写A105010)	*			*
3	(二)未按权责发生制原则确认的收入(填写A105020)				
4	(三)投资收益(填写A105030)				
5	(四)按权益法核算长期股权投资对初始投资成本调整确认收益	*	*	*	1 000 000
6	(五)交易性金融资产初始投资调整	*	*		*
7	(六)公允价值变动净损益				
8	(七)不征税收入		*	*	
9	其中:专项用途财政性资金(填写A105040)	*			
10	(八)销售折扣、折让和退回				
11	(九)其他				

 3-4

A公司2×20年6月末进行资产盘点时,盘盈设备1台,其完全重置成本200万元,估计七成新。企业适用的所得税税率为25%,该公司按10%提取盈余公积。

1. 固定资产盘盈如何进行会计处理？
2. 如何进行企业所得税年度纳税申报？

【解析】

1. 会计处理

借：固定资产　　　　　　　　　　　　　　　　　　　2 000 000
　　贷：累计折旧　　　　　　　　　　　　　　　　　　600 000
　　　　以前年度损益调整　　　　　　　　　　　　　1 400 000
借：以前年度损益调整　　　　　　　　　　　　　　　1 400 000
　　贷：应交税费——应交所得税　　　　　　　　　　　350 000
　　　　盈余公积　　　　　　　　　　　　　　　　　　105 000
　　　　利润分配——未分配利润　　　　　　　　　　　945 000

2. 税务处理

应当调增当年的应纳税所得额1 400 000元。

3. 2×20年A公司企业所得税汇算清缴填报示范

第一步：填报《A105000纳税调整项目明细表》，填报示范如表3-28所示。

表3-28　A105000纳税调整项目明细表

单位：元

行次	项目	账载金额	税收金额	调增金额	调减金额
		1	2	3	4
1	一、收入类调整项目(2+3+…8+10+11)	*	*		
11	（九）其他		0	1 400 000	

第二步，自动生成主表相关行次数据。

六、视同销售和房地产开发企业特定业务纳税调整明细表的填报

（一）《105010视同销售和房地产开发企业特定业务纳税调整明细表》填报说明（节选）

本表适用于发生视同销售、房地产企业特定业务纳税调整项目的纳税人填报。纳税人根据税法、《国家税务总局关于企业处置资产所得税处理问题的通知》(国税函〔2008〕828号)、《国家税务总局关于印发〈房地产开发经营业务企业所得税处理办法〉的通知》(国税发〔2009〕31号)、《国家税务总局关于企业所得税有关问题的公告》(国家税务总局公告2016年第80号)等相关规定，以及国家统一企业会计制度，填报视同销售行为、房地产企业销售未完工产品、未完工产品转完工产品特定业务的税收规定及纳税调整情况。

一、有关项目填报说明

1. 第1行"一、视同销售收入"：填报会计处理不确认销售收入，而税收规定确认为应税收入的金额，本行为第2行至第10行小计数。第1列"税收金额"填报税收确认的应税收入金额；第2列"纳税调整金额"等于第1列"税收金额"。

2. 第2行"(一)非货币性资产交换视同销售收入"：填报发生非货币性资产交换业务，会计处理不确认销售收入，而税收规定确认为应税收入的金额。第1列"税收金额"填报税收确认的应税收入金额；第2列"纳税调整金额"等于第1列"税收金额"。

3. 第3行"(二)用于市场推广或销售视同销售收入"：填报发生将货物、财产用于市场推

广、广告、样品、集资、销售等,会计处理不确认销售收入,而税收规定确认为应税收入的金额。填列方法同第 2 行。

4. 第 4 行"(三)用于交际应酬视同销售收入":填报发生将货物、财产用于交际应酬,会计处理不确认销售收入,而税收规定确认为应税收入的金额。填列方法同第 2 行。

5. 第 5 行"(四)用于职工奖励或福利视同销售收入":填报发生将货物、财产用于职工奖励或福利,会计处理不确认销售收入,而税收规定确认为应税收入的金额。企业外购资产或服务不以销售为目的,用于替代职工福利费用支出,且购置后在一个纳税年度内处置的,以公允价值确定视同销售收入。填列方法同第 2 行。

6. 第 6 行"(五)用于股息分配视同销售收入":填报发生将货物、财产用于股息分配,会计处理不确认销售收入,而税收规定确认为应税收入的金额。填列方法同第 2 行。

7. 第 7 行"(六)用于对外捐赠视同销售收入":填报发生将货物、财产用于对外捐赠或赞助,会计处理不确认销售收入,而税收规定确认为应税收入的金额。填列方法同第 2 行。

8. 第 8 行"(七)用于对外投资项目视同销售收入":填报发生将货物、财产用于对外投资,会计处理不确认销售收入,而税收规定确认为应税收入的金额。填列方法同第 2 行。

9. 第 9 行"(八)提供劳务视同销售收入":填报发生对外提供劳务,会计处理不确认销售收入,而税收规定确认为应税收入的金额。填列方法同第 2 行。

10. 第 10 行"(九)其他":填报发生除上述列举情形外,会计处理不作为销售收入核算,而税收规定确认为应税收入的金额。填列方法同第 2 行。

二、表内、表间关系

(一)表内关系

1. 第 1 行=第 2+3+…+10 行。
2. 第 11 行=第 12+13+…+20 行。
3. 第 21 行=第 22-26 行。
4. 第 22 行=第 24-25 行。
5. 第 26 行=第 28-29 行。

(二)表间关系

1. 第 1 行第 1 列=表 A105000 第 2 行第 2 列。
2. 第 1 行第 2 列=表 A105000 第 2 行第 3 列。
3. 第 11 行第 1 列=表 A105000 第 13 行第 2 列。
4. 第 11 行第 2 列的绝对值=表 A105000 第 13 行第 4 列。
5. 第 21 行第 1 列=表 A105000 第 40 行第 2 列。
6. 若第 21 行第 2 列≥0,第 21 行第 2 列= 表 A105000 第 40 行第 3 列;若第 21 行第 2 列<0,第 21 行第 2 列的绝对值=表 A105000 第 40 行第 4 列。

(二)案例讲解

案例 3-5

2×20 年,鸿运公司将自产产品 1 000 件(成本单价 200 元,不含税单位售价 300 元)通过湖北省政府向武汉捐赠。企业会计利润为 50 万元,适用的企业所得税税率为 25%,增值税税率为 13%,无其他纳税调整事项。

1. 自产产品对外捐赠,会计是否确认收入?
2. 该项业务企业所得税应视同销售吗?

【解析】

1. 会计处理

借:营业外支出　　　　　　　　　　　　　　　　　　　　　239 000
　　贷:库存商品　　　　　　　　　　　　　　　　　　　　　200 000
　　　　应交税费——应交增值税(销项税额)　　　　　　　　　 39 000

2. 税务处理

税法规定对外捐赠应当视同销售货物,应调增销售收入 30 万元,同时结转销售成本 20 万元,调增应纳税所得额 10 万元。另外,捐赠支出税前扣除限额计算在第四章进行详解。

3. 2×20 年度鸿运公司企业所得税汇算清缴填报示范

第一步:填报《A105010 视同销售和房地产开发企业特定业务纳税调整明细表》,如表 3-29 所示。

表 3-29　A105010 视同销售和房地产开发企业特定业务纳税调整明细表

单位:元

行次	项目	税收金额	纳税调整金额
		1	2
1	一、视同销售(营业)收入(2+3+4+5+6+7+8+9+10)		
2	(一)非货币性资产交换视同销售收入		
3	(二)用于市场推广或销售视同销售收入		
4	(三)用于交际应酬视同销售收入		
5	(四)用于职工奖励或福利视同销售收入		
6	(五)用于股息分配视同销售收入		
7	(六)用于对外捐赠视同销售收入	300 000	300 000
8	(七)用于对外投资项目视同销售收入		
9	(八)提供劳务视同销售收入		
10	(九)其他		
11	二、视同销售(营业)成本(12+13+14+15+16+17+18+19+20)		
12	(一)非货币性资产交换视同销售成本		
13	(二)用于市场推广或销售视同销售成本		
14	(三)用于交际应酬视同销售成本		
15	(四)用于职工奖励或福利视同销售成本		
16	(五)用于股息分配视同销售成本		
17	(六)用于对外捐赠视同销售成本	200 000	−200 000
18	(七)用于对外投资项目视同销售成本		
19	(八)提供劳务视同销售成本		
20	(九)其他		

第二步:填报《A105000 纳税调整项目明细表》,如表 3-30 所示。

表 3-30　A105000 纳税调整项目明细表

单位:元

行次	项目	账载金额 1	税收金额 2	调增金额 3	调减金额 4
1	一、收入类调整项目(2+3+…8+10+11)	*	*		
2	（一）视同销售收入(填写 A105010)	*		300 000	*
12	二、扣除类调整项目(13+14+…24+26+27+28+29+30)	*	*		
13	（一）视同销售成本(填写 A105010)	*		*	200 000

第三步:自动生成主表相关行次数据。

七、未按权责发生制确认收入纳税调整明细表的填报

(一)《A105020 未按权责发生制确认收入纳税调整明细表》填报说明

本表适用于会计处理按权责发生制确认收入、税收规定未按权责发生制确认收入需纳税调整的纳税人填报。纳税人根据税法、《国家税务总局关于贯彻落实企业所得税法若干税收问题的通知》(国税函〔2010〕79 号)、《国家税务总局关于确认企业所得税收入若干问题的通知》(国税函〔2008〕875 号)等相关规定,以及国家统一企业会计制度,填报会计处理按照权责发生制确认收入、税收规定未按权责发生制确认收入的会计处理、税收规定,以及纳税调整情况。符合税收规定不征税收入条件的政府补助收入,本表不作调整,在《专项用途财政性资金纳税调整明细表》(A105040)中纳税调整。

一、有关项目填报说明

1. 第 1 列"合同金额或交易金额":填报会计处理按照权责发生制确认收入、税收规定未按权责发生制确认收入的项目的合同总额或交易总额。

2. 第 2 列"账载金额——本年":填报纳税人会计处理按权责发生制在本期确认金额。

3. 第 3 列"账载金额——累计":填报纳税人会计处理按权责发生制累计确认金额(含本年)。

4. 第 4 列"税收金额——本年":填报纳税人按税收规定未按权责发生制在本期确认金额。

5. 第 5 列"税收金额——累计":填报纳税人按税收规定未按权责发生制累计确认金额(含本年)。

6. 第 6 列"纳税调整金额":填报纳税人会计处理按权责发生制确认收入、税收规定未按权责发生制确认收入的差异需纳税调整金额,为第 4－2 列的余额。

二、表内、表间关系

(一)表内关系

1. 第 1 行＝第 2＋3＋4 行。

2. 第 5 行＝第 6＋7＋8 行。

3. 第 9 行＝第 10＋11＋12 行。

4. 第 14 行＝第 1＋5＋9＋13 行。

5. 第 6 列＝第 4－2 列。

(二)表间关系

1. 第 14 行第 2 列＝表 A105000 第 3 行第 1 列。

2. 第 14 行第 4 列＝表 A105000 第 3 行第 2 列。

3. 若第 14 行第 6 列≥0,第 14 行第 6 列＝表 A105000 第 3 行第 3 列；若第 14 行第 6 列＜0,第 14 行第 6 列绝对值＝表 A105000 第 3 行第 4 列。

(二) 案例讲解

 3-6

2×16 年 1 月 1 日,鸿运公司从二级市场上购入某公司 3 年期债券,支付价款 400 万元(含交易费用)。该债券面值为 500 万元,票面年利率为 5%,到期一次还本付息,且利息不以复利计算。鸿运公司将债券划分为持有至到期投资。实际利率为 12.86%。

1. 2×16 年该项债券利息收入如何进行会计处理？
2. 如何进行 2×16 年、2×17 年、2×18 年企业所得税汇算清缴申报？

【解析】

1. 会计处理

(1) 2×16 年 1 月 1 日,购入债券时：

借：持有至到期投资——成本　　　　　　　　　　　　　　　　　5 000 000
　　贷：银行存款　　　　　　　　　　　　　　　　　　　　　　4 000 000
　　　　持有至到期投资——利息调整　　　　　　　　　　　　　1 000 000

(2) 2×16 年 12 月 31 日,确认实际利息收入：

借：持有至到期投资——应计利息　　　　　　　　　　　　　　　250 000
　　　　　　　　　　——利息调整　　　　　　　　　　　　　　264 400
　　贷：投资收益　　　　　　　　　　　　　　　　　　　　　　　514 400

(3) 2×17 年 12 月 31 日,确认实际利息收入：

借：持有至到期投资——应计利息　　　　　　　　　　　　　　　250 000
　　　　　　　　　　——利息调整　　　　　　　　　　　　　　330 551.84
　　贷：投资收益　　　　　　　　　　　　　　　　　　　　　　　580 551.84

(4) 2×18 年 12 月 31 日,确认实际利息收入：

借：持有至到期投资——应计利息　　　　　　　　　　　　　　　250 000
　　　　　　　　　　——利息调整　　　　　　　　　　　　　　405 048.16
　　贷：投资收益　　　　　　　　　　　　　　　　　　　　　　　655 048.16

(5) 收到本金及利息时：

借：银行存款　　　　　　　　　　　　　　　　　　　　　　　　5 750 000
　　贷：持有至到期投资——成本　　　　　　　　　　　　　　　5 000 000
　　　　　　　　　　　——应计利息　　　　　　　　　　　　　750 000

2. 税务处理

税法按合同约定债券到期时一次性确认利息收入的实现,到期之前每年均应将会计确认的投资收益进行纳税调减处理,即 2×16 年、2×17 年分别调减 514 400 元、580 551.84 元,2 年纳税调减总额为 1 094 951.84 元。2×18 年到期时进行纳税调增处理,调增金额＝5 000 000＋750 000－4 000 000－655 048.16＝1 094 951.84(元),与前 2 年纳税调减总金额相等,说明利息收入确认过程中形成的差异属于暂时性差异。

3. 鸿运公司企业所得税汇算清缴步骤

2×16年企业所得税汇算清缴填报示范。

第一步:填报《A105020未按权责发生制确认收入纳税调整明细表》,填报示范如表3-31所示。

表3-31 A105020 未按权责发生制确认收入纳税调整明细表

单位:元

行次	项目	合同金额(交易金额)	账载金额		税收金额		纳税调整金额
			本年	累计	本年	累计	
		1	2	3	4	5	6(4-2)
1	一、跨期收取的租金、利息、特许权使用费收入(2+3+4)						
2	(一)租金						
3	(二)利息	1 750 000	514 400	514 400	0	0	-514 400
4	(三)特许权使用费						
5	二、分期确认收入(6+7+8)						
6	(一)分期收款方式销售货物收入						
7	(二)持续时间超过12个月的建造合同收入						
8	(三)其他分期确认收入						
9	三、政府补助递延收入(10+11+12)						
10	(一)与收益相关的政府补助						
11	(二)与资产相关的政府补助						
12	(三)其他						
13	四、其他未按权责发生制确认收入						
14	合计(1+5+9+13)						

第二步:填报《A105000纳税调整项目明细表》,填报示范如表3-32所示。

表3-32 A105000 纳税调整项目明细表

单位:元

行次	项目	账载金额	税收金额	调增金额	调减金额
		1	2	3	4
1	一、收入类调整项目(2+3+…8+10+11)	*	*		
2	(一)视同销售收入(填写A105010)	*			*
3	(二)未按权责发生制原则确认的收入(填写A105020)	514 400	0	0	514 400
4	(三)投资收益(填写A105030)				
5	(四)按权益法核算长期股权投资对初始投资成本调整确认收益	*	*	*	

(续表)

行次	项目	账载金额	税收金额	调增金额	调减金额
		1	2	3	4
6	(五)交易性金融资产初始投资调整	*	*		*
7	(六)公允价值变动净损益			*	
8	(七)不征税收入		*	*	
9	其中:专项用途财政性资金(填写A105040)	*	*		
10	(八)销售折扣、折让和退回				
11	(九)其他				

第三步:自动生成主表相关行次数据。

2×17年度企业所得税汇算清缴,按上述程序进行纳税调整,调减应纳税所得额580 551.84元。

2×18年度企业所得税汇算清缴填报示范。

第一步:填报《A105020未按权责发生制确认收入纳税调整明细表》,填报示范如表3-33所示。

表3-33 A105020未按权责发生制确认收入纳税调整明细表

单位:元

行次	项目	合同金额（交易金额）	账载金额		税收金额		纳税调整金额
			本年	累计	本年	累计	
		1	2	3	4	5	6(4-2)
1	一、跨期收取的租金、利息、特许权使用费收入(2+3+4)						
2	(一)租金						
3	(二)利息	1 750 000	655 048.16	1 750 000	1 750 000	1 750 000	1 094 951.84
4	(三)特许权使用费						
5	二、分期确认收入(6+7+8)						
6	(一)分期收款方式销售货物收入						
7	(二)持续时间超过12个月的建造合同收入						
8	(三)其他分期确认收入						
9	三、政府补助递延收入(10+11+12)						
10	(一)与收益相关的政府补助						
11	(二)与资产相关的政府补助						
12	(三)其他						
13	四、其他未按权责发生制确认收入						
14	合计(1+5+9+13)						

第二步:填报《A105000 纳税调整项目明细表》,填报示范如表 3-34 所示。

表 3-34　A105000 纳税调整项目明细表

单位:元

行次	项目	账载金额	税收金额	调增金额	调减金额
		1	2	3	4
1	一、收入类调整项目(2+3+…8+10+11)	*	*		
2	(一)视同销售收入(填写 A105010)	*	*		*
3	(二)未按权责发生制原则确认的收入(填写 A105020)	655 048.16	1 750 000	1 094 951.84	0
4	(三)投资收益(填写 A105030)				
5	(四)按权益法核算长期股权投资对初始投资成本调整确认收益	*	*	*	
6	(五)交易性金融资产初始投资调整	*	*	*	*
7	(六)公允价值变动净损益			*	
8	(七)不征税收入		*	*	
9	其中:专项用途财政性资金(填写 A105040)	*	*		
10	(八)销售折扣、折让和退回				
11	(九)其他				

第三步:自动生成主表相关行次数据。

八、投资收益纳税调整明细表的填报

(一)《A105030 投资收益纳税调整明细表》填报说明

本表适用于发生投资收益纳税调整项目的纳税人及从事股权投资业务的纳税人填报。纳税人根据税法、《国家税务总局关于贯彻落实企业所得税法若干税收问题的通知》(国税函〔2010〕79 号)等相关规定,以及国家统一企业会计制度,填报投资收益的会计处理、税收规定,以及纳税调整情况。发生持有期间投资收益,并按税收规定为减免税收入的(如国债利息收入等),本表不作调整。处置投资项目按税收规定确认为损失的,本表不作调整,在《资产损失税前扣除及纳税调整明细表》(A105090)进行纳税调整。处置投资项目符合企业重组且适用特殊性税务处理规定的,本表不作调整,在《企业重组及递延纳税事项纳税调整明细表》(A105100)进行纳税调整。

一、有关项目填报说明

已执行《企业会计准则第 22 号——金融工具确认和计量》(财会〔2017〕7 号发布)、《企业会计准则第 23 号——金融资产转移》(财会〔2017〕8 号发布)、《企业会计准则第 24 号——套期会计》(财会〔2017〕9 号发布)、《企业会计准则第 37 号——金融工具列报》(财会〔2017〕14 号发布)(以上四项简称"新金融准则")的纳税人,若投资收益的项目类别不为本表第 1 行至第 8 行的,则在第 9 行"九、其他"中填报相关会计处理、税收规定,以及纳税调整情况。

1. 第 1 列"账载金额":填报纳税人持有投资项目,会计核算确认的投资收益。
2. 第 2 列"税收金额":填报纳税人持有投资项目,按照税收规定确认的投资收益。

3. 第3列"纳税调整金额"：填报纳税人持有投资项目，会计核算确认投资收益与税收规定投资收益的差异需纳税调整金额，为第2－1列金额。

4. 第4列"会计确认的处置收入"：填报纳税人收回、转让或清算处置投资项目，会计核算确认的扣除相关税费后的处置收入金额。

5. 第5列"税收计算的处置收入"：填报纳税人收回、转让或清算处置投资项目，按照税收规定计算的扣除相关税费后的处置收入金额。

6. 第6列"处置投资的账面价值"：填报纳税人收回、转让或清算处置的投资项目，会计核算的处置投资的账面价值。

7. 第7列"处置投资的计税基础"：填报纳税人收回、转让或清算处置的投资项目，按税收规定计算的处置投资的计税金额。

8. 第8列"会计确认的处置所得或损失"：填报纳税人收回、转让或清算处置投资项目，会计核算确认的处置所得或损失，按第4－6列金额填报（损失以"－"号填列）。

9. 第9列"税收计算的处置所得"：填报纳税人收回、转让或清算处置投资项目，按照税收规定计算的处置所得，按第5－7列金额填报。

10. 第10列"纳税调整金额"：填报纳税人收回、转让或清算处置投资项目，会计处理与税收规定不一致需纳税调整金额，按第9－8列金额填报。

11. 第11列"纳税调整金额"：填报第3＋10列金额。

二、表内、表间关系

（一）表内关系

1. 第10行＝第1＋2＋3＋4＋5＋6＋7＋8＋9行。

2. 第3列＝第2－1列。

3. 第8列＝第4－6列。

4. 第9列＝第5－7列。

5. 第10列＝第9－8列。

6. 第11列＝第3＋10列。

（二）表间关系

1. 第10行第1＋8列＝表A105000第4行第1列。

2. 第10行第2＋9列＝表A105000第4行第2列。

3. 若第10行第11列≥0，第10行第11列＝表A105000第4行第3列；若第10行第11列＜0，第10行第11列绝对值＝表A105000第4行第4列。

（二）案例讲解

 3－7

甲公司持有乙公司30%的股份，2×18年乙公司因持有的可供出售金融资产公允价值的变动计入资本公积的金额为300万元，除该事项外，乙公司当期实现的净利润为1 600万元。假定甲公司与乙公司采用的会计政策、会计期间相同，投资时乙公司有关资产的公允价值与其账面价值也相同，无其他内部交易。

1. 甲公司如何进行会计处理？

2. 该项投资收益如何进行企业所得税汇算清缴申报？

【解析】

1. 会计处理

借：长期股权投资——损益调整　　　　　　　　　　　　　　　　4 800 000
　　其他权益变动　　　　　　　　　　　　　　　　　　　　　　　900 000
　　贷：投资收益　　　　　　　　　　　　　　　　　　　　　　　　4 800 000
　　　　资本公积——其他资本公积　　　　　　　　　　　　　　　　900 000

2. 2×18年度甲公司企业所得税汇算清缴填报示范

第一步：填报《A105030投资收益纳税调整明细表》，填报示范如表3-35所示。

表3-35　A105030投资收益纳税调整明细表

单位：元

行次	项目	持有收益			处置收益							纳税调整金额
		账载金额	税收金额	纳税调整金额	会计确认的处置收入	税收计算的处置收入	处置投资的账面价值	处置投资的计税基础	会计确认的处置所得或损失	税收计算的处置所得	纳税调整金额	
		1	2	3(2−1)	4	5	6	7	8(4−6)	9(5−7)	10(9−8)	11(3+10)
1	一、交易性金融资产											
2	二、可供出售金融资产											
3	三、持有至到期投资											
4	四、衍生工具											
5	五、交易性金融负债											
6	六、长期股权投资	4 800 000	0	−4 800 000								
7	七、短期投资											
8	八、长期债券投资											
9	九、其他											
10	合计(1+2+3+4+5+6+7+8+9)											

注：新金融准则修改后，该申报表目前未做修改，按照填表说明，已执行新收入准则的纳税人，若投资收益的项目类别不为本表第1行至第8行的，则在第9行"九、其他"中填报相关会计处理、税收规定，以及纳税调整情况。

第二步，填报《A105000纳税调整项目明细表》，填报示范如表3-36所示。

表3-36　A105000纳税调整项目明细表

单位：元

行次	项目	账载金额	税收金额	调增金额	调减金额
		1	2	3	4
1	一、收入类调整项目(2+3+…8+10+11)	*	*		
4	（三）投资收益(填写A105030)	4 800 000	0		4 800 000

第三步，自动生成主表相关行次数据。

九、专项用途财政性资金纳税调整明细表的填报

(一)《A105040 专项用途财政性资金纳税调整明细表》填报说明

本表适用于发生符合不征税收入条件的专项用途财政性资金纳税调整项目的纳税人填报。纳税人根据税法、《财政部 国家税务总局关于专项用途财政性资金企业所得税处理问题的通知》(财税〔2011〕70号)等相关规定,以及国家统一企业会计制度,填报纳税人专项用途财政性资金会计处理、税收规定,以及纳税调整情况。本表对不征税收入用于费用化的支出进行调整,资本化支出通过《资产折旧、摊销及纳税调整明细表》(A105080)进行纳税调整。

一、有关项目填报说明

1. 第1列"取得年度":填报取得专项用途财政性资金的公历年度。第5行至第1行依次从6行往前倒推,第6行为申报年度。

2. 第2列"财政性资金":填报纳税人相应年度实际取得的财政性资金金额。

3. 第3列"其中:符合不征税收入条件的财政性资金":填报纳税人相应年度实际取得的符合不征税收入条件且已作不征税收入处理的财政性资金金额。

4. 第4列"其中:计入本年损益的金额":填报第3列"其中:符合不征税收入条件的财政性资金"中,会计处理时计入本年(申报年度)损益的金额。本列第7行金额为《纳税调整项目明细表》(A105000)第9行"其中:专项用途财政性资金"的第4列"调减金额"。

5. 第5列至第9列"以前年度支出情况":填报纳税人作为不征税收入处理的符合条件的财政性资金,在申报年度的以前的5个纳税年度发生的支出金额。前一年度,填报本年的上一纳税年度,以此类推。

6. 第10列"支出金额":填报纳税人历年作为不征税收入处理的符合条件的财政性资金,在本年(申报年度)用于支出的金额。

7. 第11列"其中:费用化支出金额":填报纳税人历年作为不征税收入处理的符合条件的财政性资金,在本年(申报年度)用于支出计入本年损益的费用金额,本列第7行金额为《纳税调整项目明细表》(A105000)第25行"其中:专项用途财政性资金用于支出所形成的费用"的第3列"调增金额"。

8. 第12列"结余金额":填报纳税人历年作为不征税收入处理的符合条件的财政性资金,减除历年累计支出(包括费用化支出和资本化支出)后尚未使用的不征税收入余额。

9. 第13列"其中:上缴财政金额":填报第12列"结余金额"中向财政部门或其他拨付资金的政府部门缴回的金额。

10. 第14列"应计入本年应税收入金额":填报企业以前年度取得财政性资金且已作为不征税收入处理后,在5年(60个月)内未发生支出且未缴回财政部门或其他拨付资金的政府部门,应计入本年应税收入的金额。本列第7行金额为《纳税调整项目明细表》(A105000)第9行"其中:专项用途财政性资金"的第3列"调增金额"。

二、表内、表间关系

(一)表内关系

1. 第1行第12列=第1行第3-5-6-7-8-9-10列。

2. 第2行第12列=第2行第3-6-7-8-9-10列。

3. 第3行第12列=第3行第3-7-8-9-10列。

4. 第 4 行第 12 列＝第 4 行第 3－8－9－10 列。

5. 第 5 行第 12 列＝第 5 行第 3－9－10 列。

6. 第 6 行第 12 列＝第 6 行第 3－10 列。

7. 第 7 行＝第 1＋2＋3＋4＋5＋6 行。

(二) 表间关系

1. 第 7 行第 4 列＝表 A105000 第 9 行第 4 列。

2. 第 7 行第 11 列＝表 A105000 第 25 行第 3 列。

3. 第 7 行第 14 列＝表 A105000 第 9 行第 3 列。

(二) 案例讲解

 3-8

2×20 年 5 月鸿运公司（增值税一般纳税人）取得某省政府拨付的专项财政拨款 200 万元，专门用于污水处理，并设立专户核算。该企业 6 月初购置污水处理设备并交付使用，设备价款 200 万元（不含税），取得增值税专用发票。预计使用寿命 10 年，采用直线法计提折旧，假设设备无残值。该公司以前年度未取得任何政府补助。

1. 该企业取得的此项收入是否属于不征税收入？会计如何核算？

2. 企业所得税年度纳税申报表如何填报，是否需要调整？

【解析】

1. 会计处理

2×20 年作如下会计处理。

（1）收到财政拨款：

借：银行存款　　　　　　　　　　　　　　　　　　　　　　　　　　　2 000 000

　　贷：递延收益　　　　　　　　　　　　　　　　　　　　　　　　　　　2 000 000

（2）购买设备、计提折旧、结转收益：

借：固定资产　　　　　　　　　　　　　　　　　　　　　　　　　　　2 000 000

　　应交税费——应交增值税（进项税额）　　　　　　　　　　　　　　　　260 000

　　贷：银行存款　　　　　　　　　　　　　　　　　　　　　　　　　　　2 260 000

借：管理费用　　　　　　　　　　　　　　　　　　　　　　　　　　　　100 000

　　贷：累计折旧　　　　　　　　　　　　　　　　　　　　　　　　　　　　100 000

借：递延收益　　　　　　　　　　　　　　　　　　　　　　　　　　　　100 000

　　贷：营业外收入　　　　　　　　　　　　　　　　　　　　　　　　　　　100 000

2. 税务处理

根据《财政部　国家税务总局关于专项用途财政性资金企业所得税处理问题的通知》（财税〔2011〕70 号）规定，该项财政拨款属于不征税收入，在 2×20 年度所得税申报时，收入调减 10 万元，同时计提的折旧 10 万元不得税前扣除，应做纳税调增处理。

3. 2×20 年鸿运公司汇算清缴填报示范

第一步，填报《A101010 一般企业收入明细表》，填报示范如表 3-37 所示。

表 3-37　A101010 一般企业收入明细表

单位:元

行次	项目	金额
16	二、营业外收入(17＋18＋19＋20＋21＋22＋23＋24＋25＋26)	
20	（四）政府补助利得	100 000

第二步,填报《A104000 期间费用明细表》,填报示范如表 3-38 所示。

表 3-38　A104000 期间费用明细表

单位:元

行次	项目	销售费用	其中:境外支付	管理费用	其中:境外支付	财务费用	其中:境外支付
		1	2	3	4	5	6
7	七、资产折旧摊销费		*	100 000	*	*	*

第三步,填报《A105040 专项用途财政性资金纳税调整明细表》,填报示范如表 3-39 所示。

表 3-39　A105040 专项用途财政性资金纳税调整明细表

单位:元

行次	项目	取得年度	财政性资金	其中:符合不征税收入条件的财政性资金		以前年度支出情况					本年支出情况		本年结余情况		
				金额	其中:计入本年损益的金额	前五年度	前四年度	前三年度	前二年度	前一年度	支出金额	其中:费用化支出金额	结余金额	其中:上缴财政金额	应计入本年应税收入金额
		1	2	3	4	5	6	7	8	9	10	11	12	13	14
1	前五年度														
2	前四年度					*									
3	前三年度					*	*								
4	前二年度					*	*	*							
5	前一年度					*	*	*	*						
6	本年	2×20	2 000 000	2 000 000	100 000	*	*	*	*	*	2 000 000	100 000	0	0	0
7	合计(1＋2＋…＋6)	*	2 000 000	2 000 000	100 000	*	*	*	*	*	2 000 000	100 000	0	0	0

第四步,填列《A105080 资产折旧、摊销及纳税调整明细表》,详见本书第五章第三节相关内容。

第五步,填列《A105000 纳税调整项目明细表》,填报说明如表 3-40 所示。

表 3-40　A105000 纳税调整项目明细表

单位:元

行次	项目	账载金额	税收金额	调增金额	调减金额
		1	2	3	4
1	一、收入类调整项目(2＋3＋…8＋10＋11)	*	*		
8	（七）不征税收入		*	*	
9	其中:专项用途财政性资金(填写 A105040)		*	*	100 000
31	三、资产类调整项目(32＋33＋34＋35)	*	*		
32	（一）资产折旧、摊销(填写 A105080)			100 000	

第六步,相关数据生成主表。

第四章

扣 除

第一节 政策概要

《中华人民共和国企业所得税法》及《中华人民共和国企业所得税法实施条例》对税前扣除的规定如图 4-1 所示。

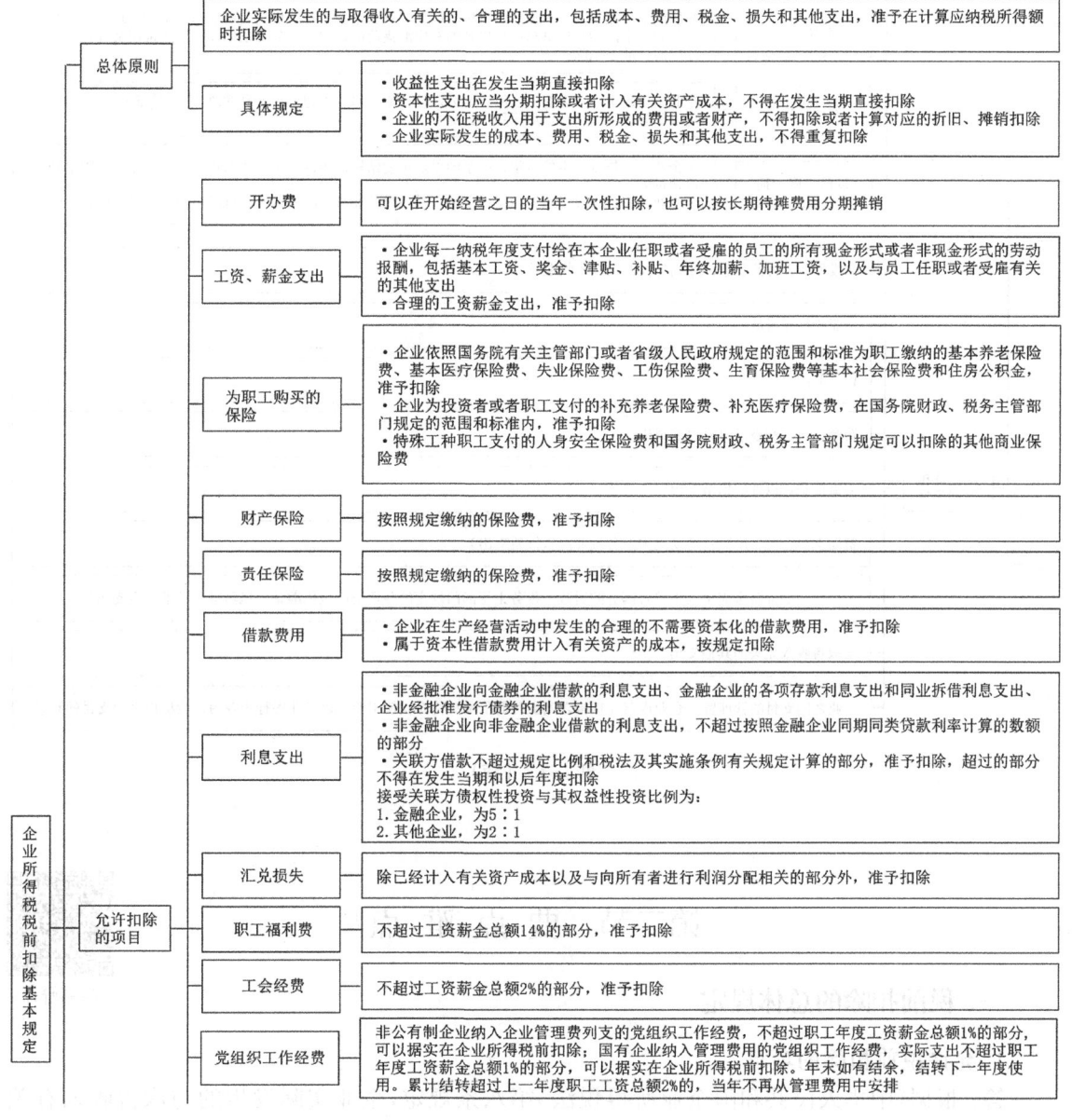

图 4-1 税前扣除规定

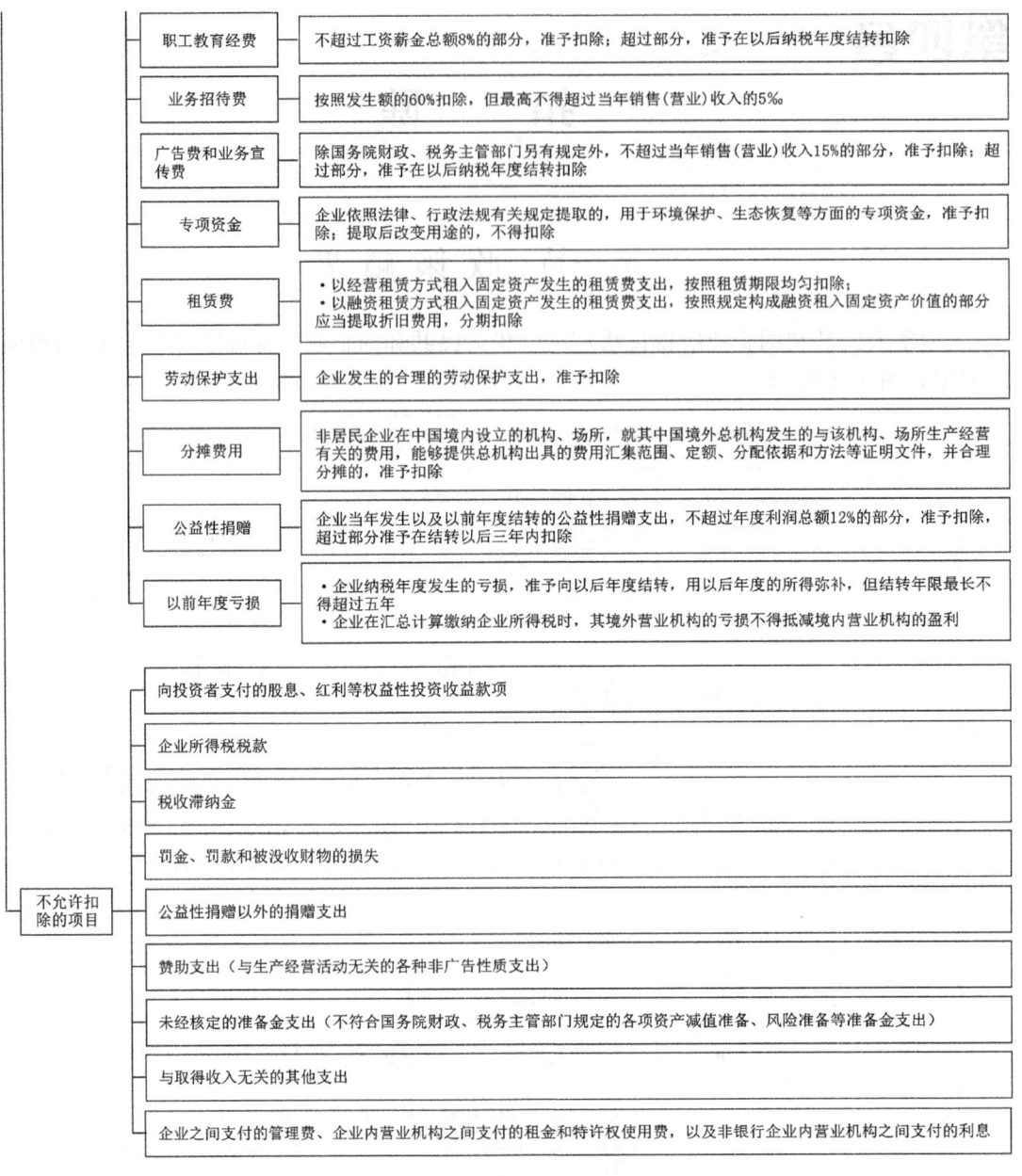

图 4-1（续）

第二节 要点难点

一、税前扣除的总体规定

1. 允许税前扣除的项目

答：根据《中华人民共和国企业所得税法》第八条规定，企业实际发生的与取得收入有关的、合理的支出，包括成本、费用、税金、损失和其他支出，准予在计算应纳税所得额时扣除。

《中华人民共和国企业所得税法实施条例》中关于税前扣除的具体规定如表 4-1 所示。

表 4-1 税前扣除的具体规定

项目			详解
基本规定	与取得收入有关的、合理的支出	有关的支出:与取得收入直接相关	指企业实际发生的能直接带来经济利益的流入,如生产性企业为生产产品而购买储存原材料的支出;或者能带来可预期经济利益流入的支出,如企业的广告费支出
		合理的支出:符合生产经营活动常规,应当计入当期损益或者有关资产成本的必要和正常的支出	生产经营活动常规支出的判断需要借助社会经验,根据企业的性质、规模、业务范围、活动目的以及可预期效果等多种因素综合判断 合理支出,限于应当计入当期损益或者有关资产成本的必要与正常的支出
具体内容	成本	企业在生产经营活动中发生的销售成本、销货成本、业务支出以及其他耗费	企业所发生的成本,必须是企业在生产产品、提供劳务、销售商品等过程中的支出和耗费。非生产经营活动过程中所发生的支出,不得作为企业的生产经营成本予以认定
	费用	企业在生产经营活动中发生的销售费用、管理费用和财务费用,已经计入成本的有关费用除外	企业所发生的费用,必须是企业在生产产品、提供劳务、销售商品等过程中的支出和耗费 销售费用是企业为销售商品和材料、提供劳务的过程中发生的各种费用 管理费用是企业的行政管理部门等为管理组织经营活动提供各项支援性服务而发生的费用。 财务费用是企业筹集经营性资金而发生的费用
	税金	企业发生的除企业所得税和允许抵扣的增值税以外的各项税金及其附加	采取反向列举的方式
	损失	企业在生产经营活动中发生的固定资产和存货的盘亏、毁损、报废损失,转让财产损失,呆账损失,坏账损失,自然灾害等不可抗力因素造成的损失以及其他损失 (注1:企业发生的损失,减除责任人赔偿和保险赔款后的余额,依照国务院财政、税务主管部门的规定扣除 注2:企业已经作为损失处理的资产,在以后纳税年度又全部收回或者部分收回时,应当计入当期收入)	
	其他支出	除成本、费用、税金、损失外,企业在生产经营活动中发生的与生产经营活动有关的、合理的支出	兜底性条款

2. 税前扣除的原则

答: 根据《中华人民共和国企业所得税法实施条例》第二十八条规定,税前扣除的原则如表 4-2 所示。

表 4-2 税前扣除的原则

序号	支出性质	具体规定
1	收益性支出	发生当期直接扣除
2	资本性支出	分期扣除或者计入有关资产成本,不得在发生当期直接扣除
3	不征税收入用于支出所形成的费用或者财产	不得扣除或者计算对应的折旧、摊销扣除

注:除企业所得税法和本条例另有规定外,企业实际发生的成本、费用、税金、损失和其他支出,不得重复扣除。

二、成本

3. 成本的概念

答：成本是指企业在生产经营活动中发生的销售成本、销货成本、业务支出以及其他耗费。企业实际发生的与取得收入有关的、合理的成本，准予在计算应纳税所得额时扣除。

销售成本，主要针对以制造业为主的生产性企业，生产性企业在生产产品过程中，耗费产品所需的原材料、直接人工以及耗费在产品上的辅助材料、物料等构成销售成本。

销货成本，主要针对以商业企业为主的流通性企业。一般购买价加上可直接归属于销售货物所发生的支出，就是销货成本。

业务支出，主要针对服务业企业，提供服务过程中直接耗费的原材料、服务人员的工资、薪金等直接可归属于服务的其他支出构成业务支出。

其他耗费是兜底的规定，以保证企业发生的与取得收入有关、合理的支出得以税前扣除。

政策依据

一、《中华人民共和国企业所得税法实施条例》第二十九条

企业所得税法第八条所称成本，是指企业在生产经营活动中发生的销售成本、销货成本、业务支出以及其他耗费。

二、《中华人民共和国企业所得税法》第八条

企业实际发生的与取得收入有关的、合理的支出，包括成本、费用、税金、损失和其他支出，准予在计算应纳税所得额时扣除。

4. 税法成本的概念和会计有何差异

答：税法所指的成本概念与一般会计意义上的成本概念有所不同。

会计的成本指企业在生产产品、提供劳务过程中劳动对象、劳动手段和活劳动的耗费，是对象化的费用，针对一定的产出物计算归集的。在实务中，成本一般包括直接材料、直接人工、燃料和动力、制造费用。

税法的成本指企业在生产经营活动中发生的销售成本、销货成本、业务支出以及其他耗费。

税法的成本涵盖了会计上的主营业务成本（销售商品、提供劳务、提供他人使用本企业的无形资产）、其他业务成本（销售材料、转让技术等）和营业外支出（固定资产清理费用等）。

政策依据

《〈中华人民共和国企业所得税法〉释义及适用指南》（由法律出版社于2007年4月出版；由财政部原副部长楼继伟、国务院原法制办副主任宋大涵、国家税务总局原副局长王力担任顾问，财政部税政司原司长史耀斌、国家税务总局所得税司原司长孙瑞标、国务院原法制办财政金融司司长刘炤担任主编）

5. 成本的扣除

答：《中华人民共和国企业所得税法实施条例》第二十八条规定，企业发生的支出应当区

分收益性支出和资本性支出。收益性支出在发生当期直接扣除;资本性支出应当分期扣除或者计入有关资产成本,不得在发生当期直接扣除。

三、开办费

6. 新办企业发生的开办费如何税前扣除

答: 开办费是指企业在筹建期间发生的费用,包括筹建期人员工资、办公费、培训费、差旅费、印刷费、注册登记费以及不计入固定资产和无形资产购建成本的汇兑损益和利息支出。新办企业发生的开办费处理方法如图 4-2 所示。

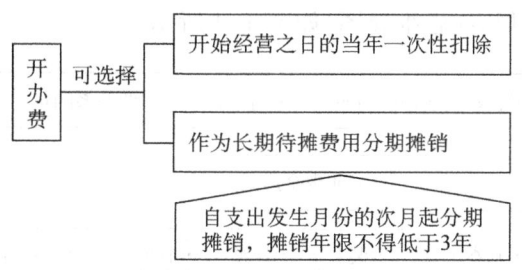

图 4-2 新办企业发生的开办费处理方法

一、《国家税务总局关于企业所得税若干税务事项衔接问题的通知》(国税函〔2009〕98 号)第九条

新税法中开(筹)办费未明确列作长期待摊费用,企业可以在开始经营之日的当年一次性扣除,也可以按照新税法有关长期待摊费用的处理规定处理,但一经选定,不得改变。企业在新税法实施以前年度的未摊销完的开办费,也可根据上述规定处理。

二、《中华人民共和国企业所得税法实施条例》第七十条

企业所得税法第十三条第(四)项所称其他应当作为长期待摊费用的支出,自支出发生月份的次月起,分期摊销,摊销年限不得低于 3 年。

三、《中华人民共和国企业所得税法》第十三条

在计算应纳税所得额时,企业发生的下列支出作为长期待摊费用,按照规定摊销的,准予扣除:

(一)已足额提取折旧的固定资产的改建支出;

(二)租入固定资产的改建支出;

(三)固定资产的大修理支出;

(四)其他应当作为长期待摊费用的支出。

7. 企业在筹建期间发生的业务招待费、广告费和业务宣传费,如何税前扣除

答: 企业在筹建期间发生的业务招待费、广告费和业务宣传费具体的税前扣除规定如图 4-3 所示。

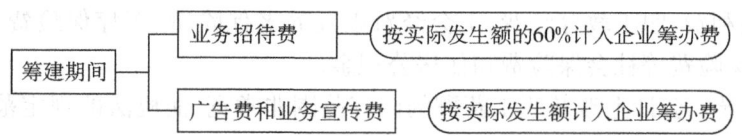

图 4-3 筹建期间业务招待费、广告费和业务宣传费税前扣除规定

政策依据

《国家税务总局关于企业所得税应纳税所得额若干税务处理问题的公告》(国税函〔2012〕15号)第五条

企业在筹建期间,发生的与筹办活动有关的业务招待费支出,可按实际发生额的60%计入企业筹办费,并按有关规定在税前扣除;发生的广告费和业务宣传费,可按实际发生额计入企业筹办费,并按有关规定在税前扣除。

四、工资薪金支出

8. 工资薪金的基本规定

答:工资薪金的基本规定(思维导图)如图4-4所示。

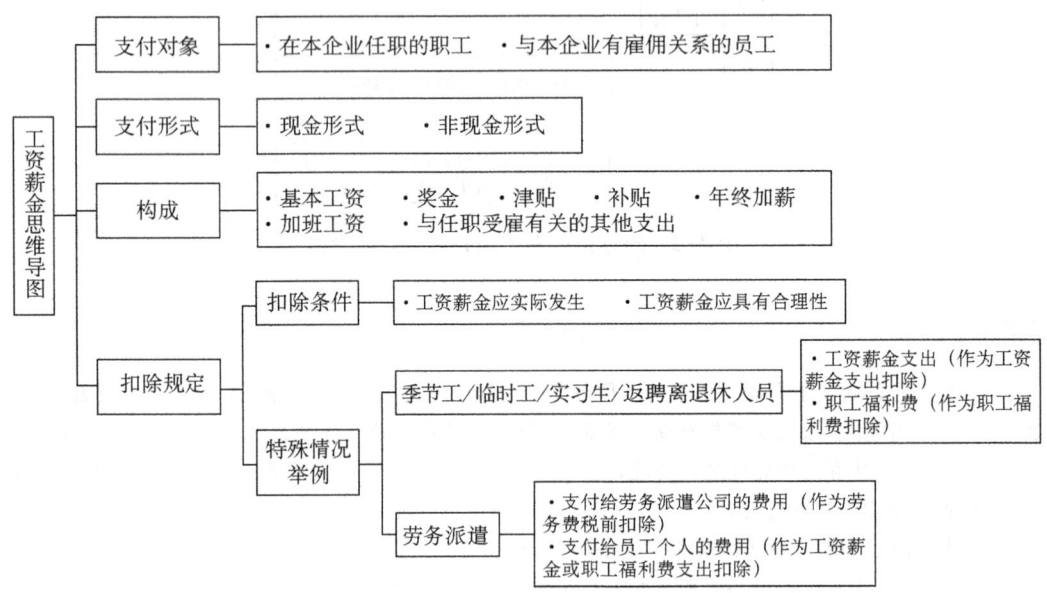

图4-4 工资薪金思维导图

9. 工资薪金的概念

答:

(1)工资薪金。工资薪金是指企业每一纳税年度内,支付给在本企业任职或者受雇的员工的所有现金形式或者非现金形式的劳动报酬,包括基本工资、奖金、津贴、补贴、年终加薪、加班工资,以及与员工任职或者受雇有关的其他支出。

(2)工资薪金的税前扣除条件(详见问题10)。企业发生的合理的工资薪金支出,准予扣除。

(3)工资薪金总额。工资薪金总额是指企业按照实际发放的合理的工资薪金总和,不包括企业的职工福利费、职工教育经费、工会经费以及养老保险费、医疗保险费、失业保险费、工伤保险费、生育保险费等社会保险费和住房公积金。

(4)税会差异。会计上涉及职工薪酬的内容范围非常宽,而税法的规定范围小,具体的税会差异见表4-3。

表 4-3 工资薪金税会差异

项目	税法工资薪金	会计职工薪酬	税会差异	调整
范围	基本工资、奖金、津贴、补贴、年终加薪、加班工资,以及与员工任职或者受雇有关的其他支出	职工工资、奖金、津贴和补贴,职工福利费,医疗保险费、工伤保险费和生育保险费等社会保险费,住房公积金,工会经费和职工教育经费,短期带薪缺勤,短期利润分享计划,非货币性福利;其他短期薪酬、离职后福利、辞退福利和其他长期职工福利	下划线部分属于会计范围但不属于税法范围	重分类
发生额	符合其一准予在汇缴年度按规定扣除: ① 在汇算年度内实际支付的属于本年度的工资薪金支出; ② 年度汇算清缴结束前向员工实际支付的已预提汇缴年度工资薪金	本年度纳税人"应付职工薪酬"会计科目借方发生额(实际发放的工资薪金)	纳税年度后、年度汇算清缴结束前向员工实际支付的已预提汇缴年度工资薪金属于税法范围	纳税调整
合理性	企业发生的合理的工资薪金支出,准予扣除	会计核算计入成本费用的职工工资、奖金、津贴和补贴金额	不合理的工资薪金即使计入成本费用也不得扣除	纳税调整

政策依据

一、《中华人民共和国企业所得税法实施条例》第三十四条

企业发生的合理的工资薪金支出,准予扣除。

前款所称工资薪金,是指企业每一纳税年度支付给在本企业任职或者受雇的员工的所有现金形式或者非现金形式的劳动报酬,包括基本工资、奖金、津贴、补贴、年终加薪、加班工资,以及与员工任职或者受雇有关的其他支出。

二、《国家税务总局关于企业工资薪金及职工福利费扣除问题的通知》(国税函〔2009〕3号)第二条

关于工资薪金总额问题《实施条例》第四十、四十一、四十二条所称的"工资薪金总额",是指企业按照本通知第一条规定实际发放的工资薪金总和,不包括企业的职工福利费、职工教育经费、工会经费以及养老保险费、医疗保险费、失业保险费、工伤保险费、生育保险费等社会保险费和住房公积金。属于国有性质的企业,其工资薪金,不得超过政府有关部门给予的限定数额;超过部分,不得计入企业工资薪金总额,也不得在计算企业应纳税所得额时扣除。

三、《企业会计准则第9号——职工薪酬》第二条

职工薪酬,是指企业为获得职工提供的服务或解除劳动关系而给予的各种形式的报酬或补偿。职工薪酬包括短期薪酬、离职后福利、辞退福利和其他长期职工福利。企业提供给职工配偶、子女、受赡养人、已故员工遗属及其他受益人等的福利,也属于职工薪酬。

短期薪酬,是指企业在职工提供相关服务的年度报告期间结束后十二个月内需要全部予以支付的职工薪酬,因解除与职工的劳动关系给予的补偿除外。短期薪酬具体包括:职工工资、奖金、津贴和补贴,职工福利费,医疗保险费、工伤保险费和生育保险费等社会保险费,住房公积金,工会经费和职工教育经费,短期带薪缺勤,短期利润分享计划,非货币性福利以及其他短期薪酬。

带薪缺勤,是指企业支付工资或提供补偿的职工缺勤,包括年休假、病假、短期伤残、婚假、产假、丧假、探亲假等。

利润分享计划,是指因职工提供服务而与职工达成的基于利润或其他经营成果提供薪酬的协议。离职后福利,是指企业为获得职工提供的服务而在职工退休或与企业解除劳动关系后,提供的各种形式的报酬和福

利,短期薪酬和辞退福利除外。

辞退福利,是指企业在职工劳动合同到期之前解除与职工的劳动关系,或者为鼓励职工自愿接受裁减而给予职工的补偿。

其他长期职工福利,是指除短期薪酬、离职后福利、辞退福利之外所有的职工薪酬,包括长期带薪缺勤、长期残疾福利、长期利润分享计划等。

四、《国家税务总局关于企业工资薪金和职工福利费等支出税前扣除问题的公告》(国家税务总局公告2015年第34号)第二条

企业在年度汇算清缴结束前向员工实际支付的已预提汇缴年度工资薪金,准予在汇缴年度按规定扣除。

10. 工资薪金税前扣除条件

答: 作为企业税前扣除项目的工资薪金支出,税前扣除应当符合的条件如表4-4所示。

表4-4 工资薪金税前扣除条件

条件	具体内容	
(1) 实际发生	符合其一准予在汇缴年度按规定扣除: ① 在汇算年度内实际支付的属于本年度的工资薪金支出 ② 年度汇算清缴结束前向员工实际支付的已预提汇缴年度工资薪金	
(2) 合理性	企业按照股东大会、董事会、薪酬委员会或相关管理机构制订的工资薪金制度规定实际发放给员工的工资薪金	
	同时符合原则	(一) 企业制订了较为规范的员工工资薪金制度 (二) 企业所制订的工资薪金制度符合行业及地区水平 (三) 企业在一定时期所发放的工资薪金是相对固定的,工资薪金的调整是有序进行的 (四) 企业对实际发放的工资薪金,已依法履行了代扣代缴个人所得税义务 (五) 有关工资薪金的安排,不以减少或逃避税款为目的

政策依据

一、《国家税务总局关于企业工资薪金和职工福利费等支出税前扣除问题的公告》(国家税务总局公告2015年第34号)第二条

企业在年度汇算清缴结束前向员工实际支付的已预提汇缴年度工资薪金,准予在汇缴年度按规定扣除。

二、《国家税务总局关于企业工资薪金及职工福利费扣除问题的通知》(国税函〔2009〕3号)第一条

关于合理工资薪金问题《中华人民共和国企业所得税法实施条例》第三十四条所称的"合理工资薪金",是指企业按照股东大会、董事会、薪酬委员会或相关管理机构制订的工资薪金制度规定实际发放给员工的工资薪金。税务机关在对工资薪金进行合理性确认时,可按以下原则掌握:

(一) 企业制订了较为规范的员工工资薪金制度;
(二) 企业所制订的工资薪金制度符合行业及地区水平;
(三) 企业在一定时期所发放的工资薪金是相对固定的,工资薪金的调整是有序进行的;
(四) 企业对实际发放的工资薪金,已依法履行了代扣代缴个人所得税义务;
(五) 有关工资薪金的安排,不以减少或逃避税款为目的。

11. 公司雇用季节工、临时工、实习生发生的支出，如何计算扣除

答：企业因雇用季节工、临时工、实习生所实际发生的支出，具体的扣除情况如图 4-5 所示。

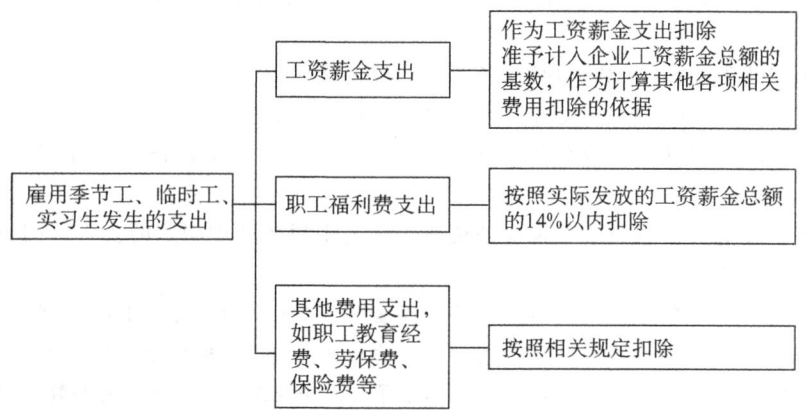

图 4-5　公司雇用季节工、临时工、实习生发生的支出的所得税处理

一、《国家税务总局关于企业所得税应纳税所得额若干税务处理问题的公告》（国家税务总局公告 2012 年第 15 号）第一条

关于季节工、临时工等费用税前扣除问题。企业因雇用季节工、临时工、实习生、返聘离退休人员以及接受外部劳务派遣用工所实际发生的费用，应区分为工资薪金支出和职工福利费支出，并按《企业所得税法》规定在企业所得税前扣除。其中属于工资薪金支出的，准予计入企业工资薪金总额的基数，作为计算其他各项相关费用扣除的依据。

注：本条有关企业接受外部劳务派遣用工的相关规定废止，参见总局公告 2015 年第 34 号。

二、《中华人民共和国企业所得税法实施条例》第四十条

企业发生的职工福利费支出，不超过工资、薪金总额 14% 的部分，准予扣除。

12. 企业雇用返聘离退休人员的支出，如何税前扣除

答：企业雇用返聘离退休人员的支出的税前扣除的处理如图 4-6 所示。

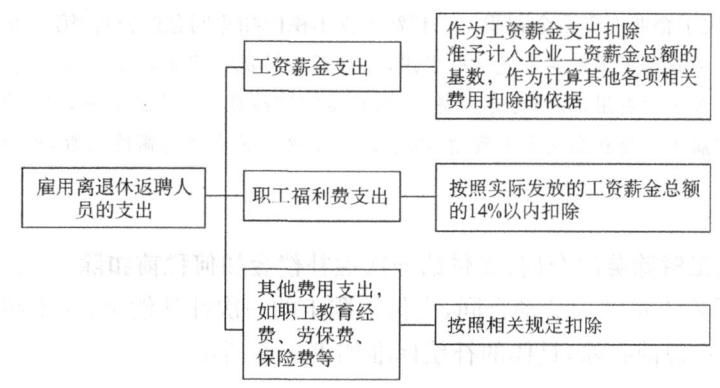

图 4-6　返聘离退休人员支付报酬税前扣除情况

一、《中华人民共和国企业所得税法》第八条

企业实际发生的与取得收入有关的、合理的支出,包括成本、费用、税金、损失和其他支出,准予在计算应纳税所得额时扣除。

二、《中华人民共和国企业所得税法实施条例》第二十七条

企业所得税法第八条所称有关的支出,是指与取得收入直接相关的支出。

企业所得税法第八条所称合理的支出,是指符合生产经营活动常规,应当计入当期损益或者有关资产成本的必要和正常的支出。

三、《国家税务总局关于企业所得税应纳税所得额若干税务处理问题的公告》(国家税务总局公告2012年第15号)第一条

关于季节工、临时工等费用税前扣除问题。企业因雇用季节工、临时工、实习生、返聘离退休人员以及接受外部劳务派遣用工所实际发生的费用,应区分为工资薪金支出和职工福利费支出,并按《企业所得税法》规定在企业所得税前扣除。其中属于工资薪金支出的,准予计入企业工资薪金总额的基数,作为计算其他各项相关费用扣除的依据。

注:本条有关企业接受外部劳务派遣用工的相关规定废止,参见总局公告2015年第34号。

13. 劳务派遣用工支出,如何税前扣除

答: 企业接受外部劳务派遣用工的费用,分为支付给劳务派遣公司和直接支付给员工个人两种情况处理,具体情况如图4-7所示。

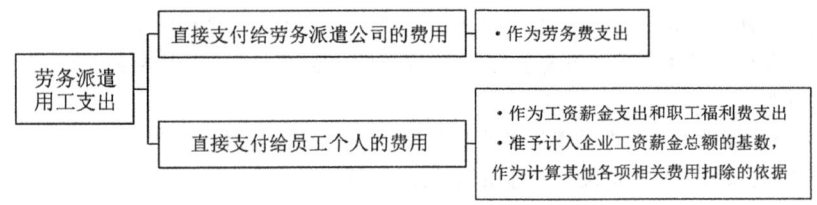

图4-7 劳务派遣用工支出税前扣除规定

《国家税务总局关于企业工资薪金和职工福利费等支出税前扣除问题的公告》第三条

企业接受外部劳务派遣用工所实际发生的费用,应分两种情况按规定在税前扣除:按照协议(合同)约定直接支付给劳务派遣公司的费用,应作为劳务费支出;直接支付给员工个人的费用,应作为工资薪金支出和职工福利费支出。其中属于工资薪金支出的费用,准予计入企业工资薪金总额的基数,作为计算其他各项相关费用扣除的依据。

14. 企业与职工解除劳动合同,支付的一次性补偿金如何税前扣除

答: 企业与受雇人员解除劳动合同,支付给职工的一次性补偿金,在不超过相关部门规定标准的部分,可以在税前扣除,具体的补偿标准如表4-5所示。

表4-5 一次性补偿金补偿标准

项目	条件	补偿标准
一般情况	工作年限<6个月	半个月工资
	6个月≤工作年限<1年	一个月工资
	工作年限≥1年	经济补偿按劳动者在本单位工作的年限,每满一年支付一个月工资的标准向劳动者支付
特殊情况	劳动者月工资高于用人单位所在地区上年度职工月平均工资三倍	经济补偿的标准按职工月平均工资3倍的数额支付,向其支付经济补偿的年限最高不超过12年

注:本表所称月工资是指劳动者在劳动合同解除或者终止前12个月的平均工资。

一、《中华人民共和国企业所得税法实施条例》(中华人民共和国国务院令第512号)第三十四条

企业发生的合理的工资薪金支出,准予扣除。前款所称工资薪金,是指企业每一纳税年度支付给在本企业任职或者受雇的员工的所有现金形式或者非现金形式的劳动报酬,包括基本工资、奖金、津贴、补贴、年终加薪、加班工资,以及与员工任职或者受雇有关的其他支出。

二、《中华人民共和国劳动合同法》第四十七条

经济补偿按劳动者在本单位工作的年限,每满一年支付一个月工资的标准向劳动者支付。六个月以上不满一年的,按一年计算;不满六个月的,向劳动者支付半个月工资的经济补偿。

劳动者月工资高于用人单位所在直辖市、设区的市级人民政府公布的本地区上年度职工月平均工资三倍的,向其支付经济补偿的标准按职工月平均工资三倍的数额支付,向其支付经济补偿的年限最高不超过十二年。

本条所称月工资是指劳动者在劳动合同解除或者终止前十二个月的平均工资。

三、国家税务总局天津市税务局答疑

企业与受雇人员解除劳动合同,支付给职工的一次性补偿金,在不超过《中华人民共和国劳动合同法》规定的标准和当地政府相关部门规定标准的部分,可以在税前扣除。

15. 当年未发放的工资,是否能税前扣除

答:当年未发放的工资,如果属于企业发生的合理的工资、薪金支出,且在年度汇算清缴结束前向员工已实际支付,根据权责发生制的原则,准予在汇缴年度按规定扣除。

一、《中华人民共和国企业所得税法实施条例》第九条

企业应纳税所得额的计算,以权责发生制为原则,属于当期的收入和费用,不论款项是否收付,均作为当期的收入和费用;不属于当期的收入和费用,即使款项已经在当期收付,均不作为当期的收入和费用。本条例和国务院财政、税务主管部门另有规定的除外。

二、《国家税务总局关于企业工资薪金和职工福利费等支出税前扣除问题的公告》(国家税务总局公告2015年第34号)第二条

企业在年度汇算清缴结束前向员工实际支付的已预提汇缴年度工资薪金,准予在汇缴年度按规定扣除。

三、《中华人民共和国企业所得税法实施条例》第三十四条

企业发生的合理的工资、薪金支出,准予扣除。

前款所称工资、薪金,是指企业每一纳税年度支付给在本企业任职或者受雇的员工的所有现金形式或者非现金形式的劳动报酬,包括基本工资、奖金、津贴、补贴、年终加薪、加班工资,以及与员工任职或者受雇有关的其他支出。

16. 职工住房补贴能否计入工资总额在税前扣除

答:《国家税务总局关于企业工资薪金和职工福利费等支出税前扣除问题的公告》(国家税务总局公告2015年第34号)第一条规定:"列入企业员工工资薪金制度、固定与工资薪金一起发放的福利性补贴,符合《国家税务总局关于企业工资薪金及职工福利费扣除问题的通知》(国税函〔2009〕3号)第一条规定的,可作为企业发生的工资薪金支出,按规定在税前扣除。不能同时符合上述条件的福利性补贴,应作为国税函〔2009〕3号文件第三条规定的职工福利费,按规定计算限额税前扣除。"

因此,企业随同工资薪金一并发放的住房补贴,可作为工资薪金支出,据实在税前扣除;若单独发放的,则作为职工福利费,按规定计算限额税前扣除。

来源:国家税务总局深圳市税务局答疑。

17. 公司的工资制度规定对在职员工每月补贴交通费150元,与工资一并发放,应作为福利费还是工资薪金支出税前扣除

答: 根据《国家税务总局关于企业工资薪金和职工福利费等支出税前扣除问题的公告》(国家税务总局公告2015年第34号)规定,列入企业员工工资薪金制度、固定与工资薪金一起发放的福利性补贴,符合《国家税务总局关于企业工资薪金及职工福利费扣除问题的通知》(国税函〔2009〕3号)第一条规定的,可作为企业发生的工资薪金支出,按规定在税前扣除。不能同时符合上述条件的福利性补贴,应作为国税函〔2009〕3号文件第三条规定的职工福利费,按规定计算限额税前扣除。

因此,您公司发放的交通费补贴符合上述条件,应当作为工资薪金支出在税前扣除。

来源:国家税务总局答疑。

五、保险费

18. 保险费的扣除标准

答: 保险费的扣除标准如表4-6所示。

表4-6 保险费的扣除标准

序号	保险费类别	是否可以扣除	备注
1	基本养老保险费、基本医疗保险费、失业保险费、工伤保险费、生育保险费等基本社会保险费和住房公积金	据实扣除	依照国务院有关主管部门或者省级人民政府规定的范围和标准缴纳
2	补充养老保险、补充医疗保险	不超过职工工资总额5%以内准予扣除	—
3	人身安全险	可以扣除	特殊工种职工
4	人身意外保险	可以扣除	职工因公出差乘坐交通工具发生的

(续表)

序号	保险费类别	是否可以扣除	备注
5	社会责任保险	可以扣除	—
6	其他商业保险	不得扣除	—
7	存款保险	不超过万分之一点六的存款保险费率计算的保费可以扣除	适用于银行业金融机构

19. 企业为职工支付的基本养老保险费、基本医疗保险费、失业保险费、工伤保险费、生育保险费等基本社会保险费如何税前扣除

答：企业依照国务院有关主管部门或者省级人民政府规定的范围和标准为职工缴纳的基本养老保险费、基本医疗保险费、失业保险费、工伤保险费、生育保险费等基本社会保险费和住房公积金，准予扣除。

《国务院办公厅关于印发降低社会保险费率综合方案的通知》(国办发〔2019〕13号)规定，各省应以本省城镇非私营单位就业人员平均工资和城镇私营单位就业人员平均工资加权计算的全口径城镇单位就业人员平均工资，核定社保个人缴费基数上下限。

社会保险的缴纳比例各地区不同，具体请咨询当地社会保险主管部门。

20. 企业为员工支付的住房公积金如何税前扣除

答：企业依照国务院有关主管部门或者省级人民政府规定的范围和标准为职工缴纳的住房公积金，准予扣除。

单位为职工缴存住房公积金的规定如表4-7所示。

表4-7 住房公积金单位缴存规定

缴存要求	具体情形	标准	备注
缴费基数	一般情形	职工本人上一年度月平均工资	—
	新参加工作的职工	参加工作第二个月工资	从参加工作的第二个月开始缴存
	新调入的职工	调入当月工资	从调入单位发放工资之日起开始缴存
缴费比例	—	5%～12%	不得高于职工工作地所在设区城市统计部门公布的上一年度职工月平均工资的3倍

政策依据

一、《中华人民共和国企业所得税法实施条例》第三十五条

企业依照国务院有关主管部门或者省级人民政府规定的范围和标准为职工缴纳的基本养老保险费、基本医疗保险费、失业保险费、工伤保险费、生育保险费等基本社会保险费和住房公积金，准予扣除。

二、《住房公积金管理条例》第十六条、第十七条、第十八条

第十六条 职工住房公积金的月缴存额为职工本人上一年度月平均工资乘以职工住房公积金缴存比例。

单位为职工缴存的住房公积金的月缴存额为职工本人上一年度月平均工资乘以单位住房公积金缴存比例。

第十七条 新参加工作的职工从参加工作的第二个月开始缴存住房公积金，月缴存额为职工本人当月工资乘以职工住房公积金缴存比例。

单位新调入的职工从调入单位发放工资之日起缴存住房公积金，月缴存额为职工本人当月工资乘以职工住房公积金缴存比例。

第十八条 职工和单位住房公积金的缴存比例均不得低于职工上一年度月平均工资的5%;有条件的城市,可以适当提高缴存比例。具体缴存比例由住房公积金管理委员会拟订,经本级人民政府审核后,报省、自治区、直辖市人民政府批准。

三、《关于改进住房公积金缴存机制进一步降低企业成本的通知》(建金〔2018〕45号)第二条、第三条

第二条 切实规范住房公积金缴存基数上限

缴存住房公积金的月工资基数,不得高于职工工作地所在设区城市统计部门公布的上一年度职工月平均工资的3倍。凡超过3倍的,一律予以规范调整。

第三条 扩大住房公积金缴存比例浮动区间

住房公积金缴存比例下限为5%,上限由各地区按照《住房公积金管理条例》规定的程序确定,最高不得超过12%。缴存单位可在5%至当地规定的上限区间内,自主确定住房公积金缴存比例。

21. 为子公司员工缴纳社保和住房公积金能否税前扣除

答:《企业所得税法实施条例》第三十五条规定,企业依照国务院有关主管部门或者省级人民政府规定的范围和标准为职工缴纳的基本养老保险费、基本医疗保险费、失业保险费、工伤保险费、生育保险费等基本社会保险费和住房公积金,准予扣除。

子公司员工不属于本单位职工,母公司为其缴纳社保和住房公积金不得税前扣除。

22. 企业缴纳的补充养老保险、补充医疗保险如何税前扣除

答:企业支付的补充养老保险、补充医疗保险税前扣除规定如表4-8所示。

表4-8 补充养老保险、补充医疗保险税前扣除规定

序号	支付对象	支付金额	是否可以税前扣除
1	本企业任职或受雇的全体员工	不超过职工工资总额5%标准内的部分	准予扣除
		超过职工工资总额5%的部分	不予扣除
2	非本企业任职或受雇的全体员工	—	不予扣除

政策依据

《财政部 国家税务总局关于补充养老保险费补充医疗保险费有关企业所得税政策问题的通知》(财税〔2009〕27号)

自2008年1月1日起,企业根据国家有关政策规定,为在本企业任职或者受雇的全体员工支付的补充养老保险费、补充医疗保险费,分别在不超过职工工资总额5%标准内的部分,在计算应纳税所得额时准予扣除;超过的部分,不予扣除。

23. 企业为退休人员缴纳的补充养老保险、补充医疗保险能否税前扣除

答:因退休人员不属于文件规定的在本企业任职或者受雇的员工,所以企业支付的这部分费用不能在企业所得税前扣除。企业缴纳的补充养老保险、补充医疗保险税前扣除规定见问题22。

政策依据

《财政部 国家税务总局关于补充养老保险费补充医疗保险费有关企业所得税政策问题的通知》(财税〔2009〕27号)

自2008年1月1日起,企业根据国家有关政策规定,为在本企业任职或者受雇的全体员工支付的补充养

老保险费、补充医疗保险费,分别在不超过职工工资总额5%标准内的部分,在计算应纳税所得额时准予扣除;超过的部分,不予扣除。

24. 大病医疗保险能否在企业所得税税前扣除

答:大病医疗保险按其性质属于补充医疗保险范围的(例如2015年度深圳市实行的重特大疾病补充医疗保险),且属于为本企业任职或受雇的全体员工支付的,可以根据《企业所得税法实施条例》第三十五条、《关于补充养老保险费补充医疗保险费有关企业所得税问题的通知》(财税〔2009〕27号)的规定,不超过职工工资总额5%标准内的部分可以税前扣除。若不属于补充医疗保险范围的,不得税前扣除。

来源:国家税务总局深圳市税务局答疑。

一、《中华人民共和国企业所得税法实施条例》第三十五条、三十六条

第三十五条 企业依照国务院有关主管部门或者省级人民政府规定的范围和标准为职工缴纳的基本养老保险费、基本医疗保险费、失业保险费、工伤保险费、生育保险费等基本社会保险费和住房公积金,准予扣除。

企业为投资者或者职工支付的补充养老保险费、补充医疗保险费,在国务院财政、税务主管部门规定的范围和标准内,准予扣除。

第三十六条 除企业依照国家有关规定为特殊工种职工支付的人身安全保险费和国务院财政、税务主管部门规定可以扣除的其他商业保险费外,企业为投资者或者职工支付的商业保险费,不得扣除。

二、《财政部 国家税务总局关于补充养老保险费补充医疗保险费有关企业所得税政策问题的通知》(财税〔2009〕27号)

自2008年1月1日起,企业根据国家有关政策规定,为在本企业任职或者受雇的全体员工支付的补充养老保险费、补充医疗保险费,分别在不超过职工工资总额5%标准内的部分,在计算应纳税所得额时准予扣除;超过的部分,不予扣除。

25. 单位给员工购买人身意外险、人身安全保险的费用能否税前扣除

答:单位给员工购买人身意外险、人身安全保险的费用税前扣除的具体规定如表4-9所示。

表4-9 人身意外险、人身安全险保费税前扣除规定

序号	商业保险类别	具体情形	是否可以税前扣除
1	人身安全保险费	企业依照国家有关规定为特殊工种职工支付的费用	可以扣除
		其他情形	不得扣除
2	人身意外保费	职工因公出差乘坐交通工具发生的费用	可以扣除
		其他情形	不得扣除

注:特殊工种是指按照有关部门规定从事特殊岗位工作的统称,企业为特殊工种职工支付的保险费应符合政府有关部门的相关规定。

一、《中华人民共和国企业所得税法实施条例》第三十六条

除企业依照国家有关规定为特殊工种职工支付的人身安全保险费和国务院财政、税务主管部门规定可以扣除的其他商业保险费外,企业为投资者或者职工支付的商业保险费,不得扣除。

二、《国家税务总局关于企业所得税有关问题的公告》(国家税务总局公告 2016 年第 80 号)第一条

企业职工因公出差乘坐交通工具发生的人身意外保险费支出,准予企业在计算应纳税所得额时扣除。

26. 为全体职工投保家庭财产安全险可否在税前扣除

答:为全体职工投保家庭财产安全险属于为职工支付的商业保险。根据《企业所得税法实施条例》第三十六条规定,除企业依照国家有关规定为特殊工种职工支付的人身安全保险费和国务院财政、税务主管部门规定可以扣除的其他商业保险费外,企业为投资者或者职工支付的商业保险费,不得扣除。因此,职工投保家庭财产险不能税前扣除。

《中华人民共和国企业所得税法实施条例》第三十六条

除企业依照国家有关规定为特殊工种职工支付的人身安全保险费和国务院财政、税务主管部门规定可以扣除的其他商业保险费外,企业为投资者或者职工支付的商业保险费,不得扣除。

27. 企业财产保险费可否税前扣除

答:根据《中华人民共和国企业所得税法实施条例》第四十六条规定,企业参加财产保险,按规定缴纳的保险费,准予扣除。

28. 企业缴纳的责任险能否税前扣除

答:责任险一般包括雇主责任险、公众责任险,国家税务总局公告 2018 年第 52 号规定,企业参加雇主责任险、公众责任险等责任保险,按照规定缴纳的保险费,准予在企业所得税前扣除。

责任保险税前扣除的相关规定如图 4-8 所示。

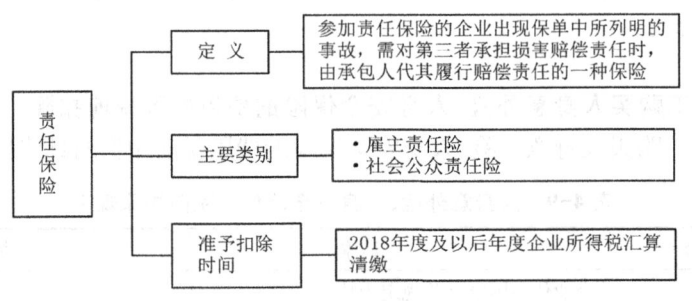

图 4-8 责任保险税前扣除规定

《国家税务总局关于责任保险费企业所得税税前扣除有关问题的公告》(国家税务总局公告 2018 年第 52 号)

企业参加雇主责任险、公众责任险等责任保险,按照规定缴纳的保险费,准予在企业所得税税前扣除。本公告适用于 2018 年度及以后年度企业所得税汇算清缴。

29. 存款保险相关支出是否允许税前扣除

答:存款保险相关支出扣除规定如图 4-9 所示。

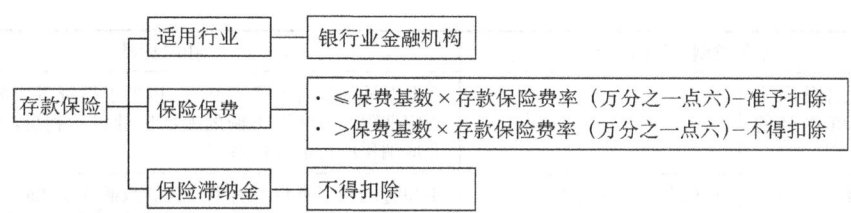

注:保费基数以中国人民银行核定的数额为准。

图 4-9　存款保险保费税前扣除规定

政策依据

《财政部　国家税务总局关于银行业金融机构存款保险保费企业所得税税前扣除有关政策问题的通知》(财税〔2016〕106 号)

一、银行业金融机构依据《存款保险条例》的有关规定、按照不超过万分之一点六的存款保险费率,计算交纳的存款保险保费,准予在企业所得税前扣除。

二、准予在企业所得税前扣除的存款保险保费计算公式如下:

准予在企业所得税前扣除的存款保险保费=保费基数×存款保险费率。

保费基数以中国人民银行核定的数额为准。

三、准予在企业所得税前扣除的存款保险保费,不包括存款保险保费滞纳金。

四、银行业金融机构是指《存款保险条例》规定在我国境内设立的商业银行、农村合作银行、农村信用合作社等吸收存款的银行业金融机构。

五、本通知自 2015 年 5 月 1 日起执行。

六、利息支出

30. 利息支出税前扣除标准

答: 利息支出税前扣除标准如表 4-10 所示。

表 4-10　利息支出税前扣除标准

序号	业务类型/具体情形		扣除标准
1	非金融企业向金融企业借款的利息支出		准予扣除
2	金融企业的各项存款利息支出和同业拆借利息支出		准予扣除
3	企业经批准发行债券的利息支出		准予扣除
4	非金融企业向非金融企业借款的利息支出		不超过同期同类贷款利率计算的数额准予扣除
5	关联方借款支出	一般规定	不超过债资比例限制和税法及其实施条例有关规定计算的部分,准予扣除。超过的部分不得在发生当期和以后年度扣除。金融企业为 5∶1 其他企业为 2∶1
5	关联方借款支出	相关交易活动符合独立交易原则或者该企业的实际税负不高于境内关联方	其实际支付给境内关联方的利息支出,在计算应纳税所得额时准予扣除
6	向自然人借款支出	向股东或其他与企业有关联关系的自然人借款的利息支出	根据关联方借款支出处理
6	向自然人借款支出	向与企业无关联关系的自然人借款利息支出	不超过按照金融企业同期同类贷款利率计算的数额的部分根据税法第八条和税法实施条例第二十七条规定,准予扣除

(续表)

序号	业务类型/具体情形		扣除标准
7	规定期限内未缴足资本金的利息支出	—	企业对外借款所发生的利息,相当于投资者实缴资本额与在规定期限内应缴资本额的差额应计付的利息,不得在计算企业应纳税所得额时扣除
8	统借统还业务	利息支付方取得发票	不超过同期同类贷款利率计算的数额准予扣除

31. 企业取得商业承兑汇票,到开户银行票据贴现,银行贴现利息高于同期银行承兑汇票的贴现利息,利息支出能否全额税前扣除

答:企业到开户银行办理商业承兑汇票贴现业务,属于非金融企业向金融企业借款的利息支出,可以全额扣除。

政策依据

《中华人民共和国企业所得税法实施条例》第三十八条

企业在生产经营活动中发生的下列利息支出,准予扣除:

(一)非金融企业向金融企业借款的利息支出、金融企业的各项存款利息支出和同业拆借利息支出、企业经批准发行债券的利息支出;

(二)非金融企业向非金融企业借款的利息支出,不超过按照金融企业同期同类贷款利率计算的数额的部分。

32. 关联方借款的利息支出如何税前扣除

答:关联方借款的利息支出应根据《中华人民共和国企业所得税法》第三十八条、第四十六条及《财政部 国家税务总局关于企业关联方利息支出税前扣除标准有关税收政策问题的通知》(财税〔2008〕121号)规定的本金及利率限制,计算企业所得税扣除额,具体规定如图4-10所示。

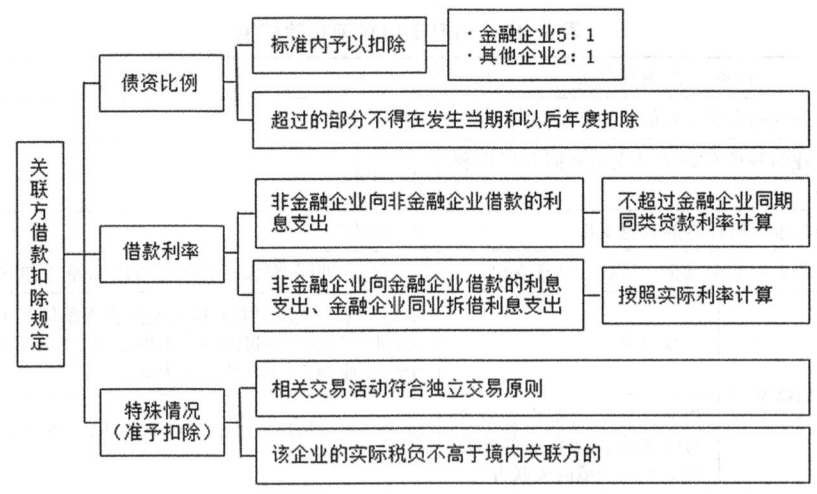

注:

1. "同期同类贷款利率"是指在贷款期限、贷款金额、贷款担保以及企业信誉等条件基本相同下,金融企业提供贷款的利率。既可以是金融企业公布的同期同类平均利率,也可以是金融企业对某些企业提供的实际贷款利率。

2. 属于非金融企业向非金融企业借款的利息支出,在按照合同要求首次支付利息并进行税前扣除时,应提供"金融企业的同期同类贷款利率情况说明",以证明其利息支出的合理性。

图4-10 关联方借款利息支出扣除规定

 政策依据

一、《中华人民共和国企业所得税法》第三十八条、第四十六条

第三十八条 企业在生产经营活动中发生的下列利息支出,准予扣除:

(一)非金融企业向金融企业借款的利息支出、金融企业的各项存款利息支出和同业拆借利息支出、企业经批准发行债券的利息支出;

(二)非金融企业向非金融企业借款的利息支出,不超过按照金融企业同期同类贷款利率计算的数额的部分。

第四十六条 企业从其关联方接受的债权性投资与权益性投资的比例超过规定标准而发生的利息支出,不得在计算应纳税所得额时扣除。

二、《财政部 国家税务总局关于企业关联方利息支出税前扣除标准有关税收政策问题的通知》(财税〔2008〕121号)第一条、第二条

一、在计算应纳税所得额时,企业实际支付给关联方的利息支出,不超过以下规定比例和税法及其实施条例有关规定计算的部分,准予扣除,超过的部分不得在发生当期和以后年度扣除。

企业实际支付给关联方的利息支出,除符合本通知第二条规定外,其接受关联方债权性投资与其权益性投资比例为:

(一)金融企业,为5∶1;

(二)其他企业,为2∶1。

二、企业如果能够按照税法及其实施条例的有关规定提供相关资料,并证明相关交易活动符合独立交易原则的;或者该企业的实际税负不高于境内关联方的,其实际支付给境内关联方的利息支出,在计算应纳税所得额时准予扣除。

33.向股东借款的利息支出如何扣除

答:企业向股东借款的利息支出,属于企业向关联方借款。企业向关联方借款利息支出的具体规定见问题32。

 政策依据

《国家税务总局关于企业向自然人借款的利息支出企业所得税税前扣除问题的通知》(国税函〔2009〕777号)第一条

企业向股东或其他与企业有关联关系的自然人借款的利息支出,应根据《中华人民共和国企业所得税法》(以下简称税法)第四十六条及《财政部 国家税务总局关于企业关联方利息支出税前扣除标准有关税收政策问题的通知》(财税〔2008〕121号)规定的条件,计算企业所得税扣除额。

34.企业向与企业无关的自然人借款的利息支出,税前扣除时是否需要合法票据

答:企业向无关联的自然人借款支出应真实、合法、有效。借出方个人应按规定缴纳相关税费,并开具相应的发票,支出利息方应取得该发票才可以在税前扣除。

来源:国家税务总局河南省税务局答疑。

35.投资未到位而发生的利息支出是否可以税前扣除

答:投资者未在规定期限内缴足资本额而产生的借款利息支出,不属于企业合理支出,不得在计算企业应纳税所得额时扣除。由于投资未到位而不得扣除的借款利息公式

如下：

该期间借款利息额×(该期间未缴足注册资本额÷该期间借款额)

例如,某公司2008年1月向工商银行按照5.4%的年利率借入400万元,全年利息支出21.6万元,公司甲股东欠缴资本额300万元。

该公司2008年不得扣除的借款利息=400×5.4%×300/400=16.2(万元)

《国家税务总局关于企业投资者投资未到位而发生的利息支出企业所得税前扣除问题的批复》(国税函〔2009〕312号)

凡企业投资者在规定期限内未缴足其应缴资本额的,该企业对外借款所发生的利息,相当于投资者实缴资本额与在规定期限内应缴资本额的差额应计付的利息,其不属于企业合理的支出,应由企业投资者负担,不得在计算企业应纳税所得额时扣除。

具体计算不得扣除的利息,应以企业一个年度内每一账面实收资本与借款余额保持不变的期间作为一个计算期,每一计算期内不得扣除的借款利息按该期间借款利息发生额乘以该期间企业未缴足的注册资本占借款总额的比例计算,公式为：

企业每一计算期不得扣除的借款利息=该期间借款利息额×该期间未缴足注册资本额÷该期间借款额

企业一个年度内不得扣除的借款利息总额为该年度内每一计算期不得扣除的借款利息额之和。

36. 实行统借统还办法的企业资金拆借利息能否在税前扣除

答：依据《财政部 国家税务总局关于全面推开营业税改征增值税试点的通知》(财税〔2016〕36号)对统借统还业务的规定,企业集团或企业集团中的核心企业以及集团所属财务公司按不高于支付给金融机构的借款利率水平或者支付的债券票面利率水平,向企业集团或者集团内下属单位收取的利息免征增值税；统借方向资金使用单位收取的利息,高于支付给金融机构的借款利率水平或者支付的债券票面利率水平的,应全额缴纳增值税。因此,对实行统借统还办法的企业集团,利息支付方向统借方支付的利息支出,符合《国家税务总局关于企业所得税若干问题的公告》(国家税务总局公告2011年第34号)第一条的规定,凭发票在税前扣除。

来源：国家税务总局天津市税务局答疑。

七、汇兑损失

37. 由于汇率变动,期末根据实际汇率调整形成的未实现汇兑损益,是否进行纳税调整

答：根据《中华人民共和国企业所得税法实施条例》第三十九条规定,企业在货币交易中,以及纳税年度终了时将人民币以外的货币性资产、负债按照期末即期人民币汇率中间价折算为人民币时产生的汇兑损失,除已经计入有关资产成本以及向所有者进行利润分配相关的部分外,准予扣除。

来源：国家税务总局所得税司答疑。

八、职工福利费

38. 职工福利费的基本规定

答：根据《企业所得税法》《国家税务总局关于企业工资薪金及职工福利费扣除问题的通知》(国税函〔2009〕3号)的规定,职工福利费基本规定的思维导图如图4-11所示。

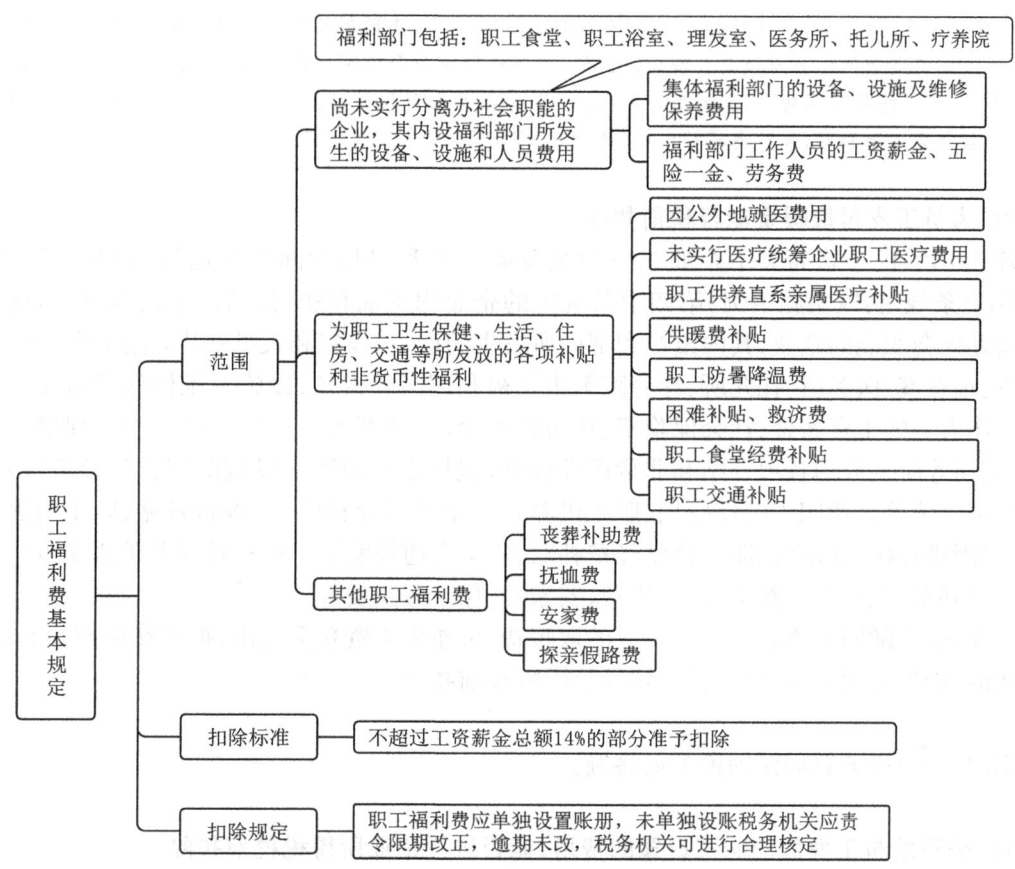

图4-11 职工福利费基本规定思维导图

39. 职工福利费的范围

答：企业职工福利费的范围如表4-11所示。

表4-11 企业职工福利费的范围

序号	类别	具体内容
1	尚未实行分离办社会职能的企业,其内设福利部门所发生的设备、设施和人员费用	职工食堂、职工浴室、理发室、医务所、托儿所、疗养院等集体福利部门的设备、设施及维修保养费用和福利部门工作人员的工资薪金、社会保险费、住房公积金、劳务费等
2	为职工卫生保健、生活、住房、交通等所发放的各项补贴和非货币性福利	企业向职工发放的因公外地就医费用、未实行医疗统筹企业职工医疗费用、职工供养直系亲属医疗补贴、供暖费补贴、职工防暑降温费、职工困难补贴、救济费、职工食堂经费补贴、职工交通补贴等
3	其他职工福利费	丧葬补助费、抚恤费、安家费、探亲假路费等

《国家税务总局关于企业工资薪金及职工福利费扣除问题的通知》(国税函〔2009〕3号)第三条

关于职工福利费扣除问题《实施条例》第四十条规定的企业职工福利费,包括以下内容:(一)尚未实行分离办社会职能的企业,其内设福利部门所发生的设备、设施和人员费用,包括职工食堂、职工浴室、理发室、医务所、托儿所、疗养院等集体福利部门的设备、设施及维修保养费用和福利部门工作人员的工资薪金、社会保险费、住房公积金、劳务费等。(二)为职工卫生保健、生活、住房、交通等所发放的各项补贴和非货币性福利,包括企业向职工发放的因公外地就医费用、未实行医疗统筹企业职工医疗费用、职工供养直系亲属医疗补贴、供暖费补贴、职工防暑降温费、职工困难补贴、救济费、职工食堂经费补贴、职工交通补贴等。(三)按照其他规定发生的其他职工福利费,包括丧葬补助费、抚恤费、安家费、探亲假路费等。

40. 为员工支付取暖费能否税前扣除

答:《国家税务总局关于企业工资薪金及职工福利费扣除问题的通知》(国税函〔2009〕3号)第三条规定:"《实施条例》第四十条规定的企业职工福利费,包括以下内容:(一)尚未实行分离办社会职能的企业,其内设福利部门所发生的设备、设施和人员费用,包括职工食堂、职工浴室、理发室、医务所、托儿所、疗养院等集体福利部门的设备、设施及维修保养费用和福利部门工作人员的工资薪金、社会保险费、住房公积金、劳务费等。(二)为职工卫生保健、生活、住房、交通等所发放的各项补贴和非货币性福利,包括企业向职工发放的因公外地就医费用、未实行医疗统筹企业职工医疗费用、职工供养直系亲属医疗补贴、供暖费补贴、职工防暑降温费、职工困难补贴、救济费、职工食堂经费补贴、职工交通补贴等。(三)按照其他规定发生的其他职工福利费,包括丧葬补助费、抚恤费、安家费、探亲假路费等。"

因此,企业随同工资薪金一并发放的取暖费,可作为工资薪金支出,据实在税前扣除;若单独发放的,则作为职工福利费,按规定计算限额税前扣除。

来源:国家税务总局深圳税务局答疑。

41. 公司给员工发放的购买口罩的费用,能否进行企业所得税税前扣除

答:给员工发放的购买口罩的费用,可以在企业所得税税前扣除。如果发放现金补贴,可以作为职工福利费税前扣除。

来源:国家税务总局答疑。

42. 企业统一给员工体检,发生的费用能否税前扣除

答:企业统一给员工体检,属于职工卫生保健的非货币性福利,发生的费用按照职工福利费的相关规定在税前扣除。

《国家税务总局关于企业工资薪金及职工福利费扣除问题的通知》(国税函〔2009〕3号)第一条第二项

为职工卫生保健、生活、住房、交通等所发放的各项补贴和非货币性福利,包括企业向职工发放的因公外地就医费用、未实行医疗统筹企业职工医疗费用、职工供养直系亲属医疗补贴、供暖费补贴、职工防暑降温费、职工困难补贴、救济费、职工食堂经费补贴、职工交通补贴等。

43. 企业员工服饰费用支出是否可以税前扣除

答：企业员工服饰费用支出，由企业统一制作并要求员工工作时统一着装所发生的工作服饰费用，可以作为企业合理的支出给予税前扣除。

《国家税务总局关于企业所得税若干问题的公告》（国家税务总局公告 2011 年第 34 号）第二条

企业根据其工作性质和特点，由企业统一制作并要求员工工作时统一着装所发生的工作服饰费用，可以作为企业合理的支出给予税前扣除。

44. 企业为员工提供集体宿舍或报销物业费的支出，能否税前扣除

答：企业为员工提供集体宿舍或报销物业费的支出，属于企业为员工提供的用于住房方面的非货币性福利，可以作为福利费支出，按照相关规定税前扣除。

《国家税务总局关于企业工资薪金及职工福利费扣除问题的通知》（国税函〔2009〕3 号）第三条第二项

为职工卫生保健、生活、住房、交通等所发放的各项补贴和非货币性福利，包括企业向职工发放的因公外地就医费用、未实行医疗统筹企业职工医疗费用、职工供养直系亲属医疗补贴、供暖费补贴、职工防暑降温费、职工困难补贴、救济费、职工食堂经费补贴、职工交通补贴等。

45. 企业以现金形式发放的职工餐补是否可以税前扣除

答：根据《国家税务总局关于企业工资薪金和职工福利费等支出税前扣除问题的公告》（国家税务总局公告 2015 年第 34 号）第一条规定，列入企业员工工资薪金制度、固定与工资薪金一起发放的福利性补贴，符合《国家税务总局关于企业工资薪金及职工福利费扣除问题的通知》（国税函〔2009〕3 号）第一条规定的，可作为企业发生的工资薪金支出，按规定在税前扣除。

不能同时符合上述条件的福利性补贴，应作为国税函〔2009〕3 号文件第三条规定的职工福利费，按规定计算限额税前扣除。

来源：国家税务总局河南省税务局答疑。

46. 负担员工伙食费能否税前扣除

答：《国家税务总局关于企业工资薪金及职工福利费扣除问题的通知》（国税函〔2009〕3 号）第三条规定："《实施条例》第四十条规定的企业职工福利费，包括以下内容：（一）尚未实行分离办社会职能的企业，其内设福利部门所发生的设备、设施和人员费用，包括职工食堂、职工浴室、理发室、医务所、托儿所、疗养院等集体福利部门的设备、设施及维修保养费用和福利部门工作人员的工资薪金、社会保险费、住房公积金、劳务费等。（二）为职工卫生保健、生活、住房、交通等所发放的各项补贴和非货币性福利，包括企业向职工发放的因公外地就医费用、未实行医疗统筹企业职工医疗费用、职工供养直系亲属医疗补贴、供暖费补贴、职工防暑降温费、职工困难补贴、救济费、职工食堂经费补贴、职工交通补贴等。（三）按照其他规定发生的其他职工福利费，包括丧葬补助费、抚恤费、安家费、探亲假路费等。"

企业为员工报销伙食费用,可作为职工福利费在税法规定限额内税前扣除。需要注意的是,一是要有合规票据,二是企业报销伙食费用要有标准,并且要符合常理。

来源:国家税务总局深圳税务局答疑。

47. 企业不同情形下发生的餐费,如何税前扣除

答:根据不同的情形,餐费的具体扣除情况总结如表 4-12 所示。

表 4-12 餐费的具体扣除规定

序号	列支费用	情形例示	扣除规定
1	业务招待费	业务开展的需要,招待客户就餐	按照发生额的 60% 扣除,但最高不得超过当年销售(营业)收入的 5‰
2	职工福利费	员工食堂就餐、加班聚餐、单独发放的餐补	不超过工资薪金总额 14% 的部分,准予扣除
3	差旅费	员工出差就餐,在标准内的餐费	据实扣除
4	职工教育经费	企业组织员工职业技术培训,培训期间就餐	不超过工资薪金总额 8% 的部分,准予扣除;超过部分,准予在以后纳税年度结转扣除
5	会议费	公司在酒店召开会议,会议期间就餐	据实扣除
6	开办费	公司筹建期间发生的员工餐费	企业可以在开始经营之日的当年一次性扣除,也可以按照新税法有关长期待摊费用的处理规定处理
7	工资薪金支出	以现金形式发放(与工资薪金一起发放)的员工餐费补贴	合理的工资薪金,准予扣除
8	董事会费	企业召开董事会,董事会期间发生的餐费	据实扣除
9	工会经费	工会组织员工活动,活动期间发生的餐费	不超过工资薪金总额 2% 的部分,准予扣除

政策依据

一、《中华人民共和国企业所得税法》第八条

企业实际发生的与取得收入有关的、合理的支出,包括成本、费用、税金、损失和其他支出,准予在计算应纳税所得额时扣除。

二、《中华人民共和国企业所得税法实施条例》第四十三条

企业发生的与生产经营活动有关的业务招待费支出,按照发生额的 60% 扣除,但最高不得超过当年销售(营业)收入的 5‰。

三、《国家税务总局关于企业工资薪金及职工福利费扣除问题的通知》(国税函〔2009〕3 号)第三条

关于职工福利费扣除问题《实施条例》第四十条规定的企业职工福利费,包括以下内容:(一)尚未实行分离办社会职能的企业,其内设福利部门所发生的设备、设施和人员费用,包括职工食堂、职工浴室、理发室、医务所、托儿所、疗养院等集体福利部门的设备、设施及维修保养费用和福利部门工作人员的工资薪金、社会保险费、住房公积金、劳务费等。(二)为职工卫生保健、生活、住房、交通等所发放的各项补贴和非货币性福利,包括企业向职工发放的因公外地就医费用、未实行医疗统筹企业职工医疗费用、职工供养直系亲属医疗补贴、供暖费补贴、职工防暑降温费、职工困难补贴、救济费、职工食堂经费补贴、职工交通补贴等。(三)按照其他规定发生的其他职工福利费,包括丧葬补助费、抚恤费、安家费、探亲假路费等。

四、《中华人民共和国企业所得税法实施条例》第四十条

企业发生的职工福利费支出,不超过工资、薪金总额14%的部分,准予扣除。

五、《财政部 全国总工会 发展改革委 教育部 科技部 国防科工委 人事部 劳动保障部 国资委 国家税务总局 全国工商联 关于印发〈关于企业职工教育经费提取与使用管理的意见〉的通知》

企业职工教育培训经费列支范围包括:

1. 上岗和转岗培训;
2. 各类岗位适应性培训;
3. 岗位培训、职业技术等级培训、高技能人才培训;
4. 专业技术人员继续教育;
5. 特种作业人员培训;
6. 企业组织的职工外送培训的经费支出;
7. 职工参加的职业技能鉴定、职业资格认证等经费支出;
8. 购置教学设备与设施;
9. 职工岗位自学成才奖励费用;
10. 职工教育培训管理费用;
11. 有关职工教育的其他开支。

六、《财政部 税务总局关于企业职工教育经费税前扣除政策的通知》(财税〔2018〕51号)第一条和第二条

企业发生的职工教育经费支出,不超过工资薪金总额8%的部分,准予在计算企业所得税应纳税所得额时扣除;超过部分,准予在以后纳税年度结转扣除。

七、《国家税务总局关于印发〈国家税务局系统会议费管理办法〉的通知》(税总发〔2013〕124号)第十四条

会议费开支范围包括会议住宿费、伙食费、会议室租金、交通费、文件印刷费、医药费等。前款所称交通费是指用于会议代表接送站,以及会议统一组织的代表考察、调研等发生的交通支出。

八、《国家税务总局关于企业工资薪金和职工福利费等支出税前扣除问题的公告》(国家税务总局公告2015年第34号)第一条

列入企业员工工资薪金制度、固定与工资薪金一起发放的福利性补贴,符合《国家税务总局关于企业工资薪金及职工福利费扣除问题的通知》(国税函〔2009〕3号)第一条规定的,可作为企业发生的工资薪金支出,按规定在税前扣除。

九、《国家税务总局关于企业所得税若干税务事项衔接问题的通知》(国税函〔2009〕98号)第九条

新税法中开(筹)办费未明确列作长期待摊费用,企业可以在开始经营之日的当年一次性扣除,也可以按照新税法有关长期待摊费用的处理规定处理,但一经选定,不得改变。企业在新税法实施以前年度的未摊销完的开办费,也可根据上述规定处理。

十、《工会法》第四十二条

工会经费是指工会依法取得并开展正常活动所需的费用。

工会经费的来源包括:

(一)工会会员缴纳的会费;
(二)建立工会组织的企业、事业单位、机关按每月全部职工工资总额的百分之二向工会拨缴的经费;
(三)工会所属的企业、事业单位上缴的收入;
(四)人民政府的补助;
(五)其他收入。

前款第二项规定的企业、事业单位拨缴的经费在税前列支。

十一、《国家税务总局关于工会经费企业所得税税前扣除凭据问题的公告》(国家税务总局公告2010年第24号)第一条

自2010年7月1日起,企业拨缴的职工工会经费,不超过工资薪金总额2%的部分,凭工会组织开具的《工会经费收入专用收据》在企业所得税税前扣除。

48. 企业发生的丧葬补助费未取得发票,能否税前扣除

答:企业按规定发生的丧葬补助费,不属于经营性行为,不需要取得发票。企业按照国家统一财务会计制度的相关规定确定入账凭证并进行相应账务处理即可,但有关凭证需要在税法规定的期限内取得。同时,丧葬补助费应作为职工福利费,按不超过工资、薪金总额14%的部分,在企业所得税税前扣除。

政策依据

一、《国务院关于修改〈中华人民共和国发票管理办法〉的决定》第二十条

所有单位和从事生产、经营活动的个人在购买商品、接受服务以及从事其他经营活动支付款项,应当向收款方取得发票。取得发票时,不得要求变更品名和金额。

二、《国家税务总局关于企业工资薪金及职工福利费扣除问题的通知》(国税函〔2009〕3号)第三条第三项

按照其他规定发生的其他职工福利费,包括丧葬补助费、抚恤费、安家费、探亲假路费等。

三、《中华人民共和国企业所得税法实施条例》第四十条

企业发生的职工福利费支出,不超过工资、薪金总额14%的部分,准予扣除。

四、《国家税务总局关于企业所得税若干问题的公告》(国家税务总局公告2011年第34号)第六条

企业当年度实际发生的相关成本、费用,由于各种原因未能及时取得该成本、费用的有效凭证,企业在预缴季度所得税时,可暂按账面发生金额进行核算;但在汇算清缴时,应补充提供该成本、费用的有效凭证。

49. 工伤赔偿支出,如何税前扣除

答:企业员工发生工伤、意外伤害等事故,属于企业在生产经营活动中发生的与生产经营活动有关的、合理的支出,由企业通过银行转账方式向其支付的经济补偿,凭生效的法律文书和银行划款凭证、收款人收款凭证,可在税前扣除。工伤赔偿支出的税前扣除规定如图4-12所示。

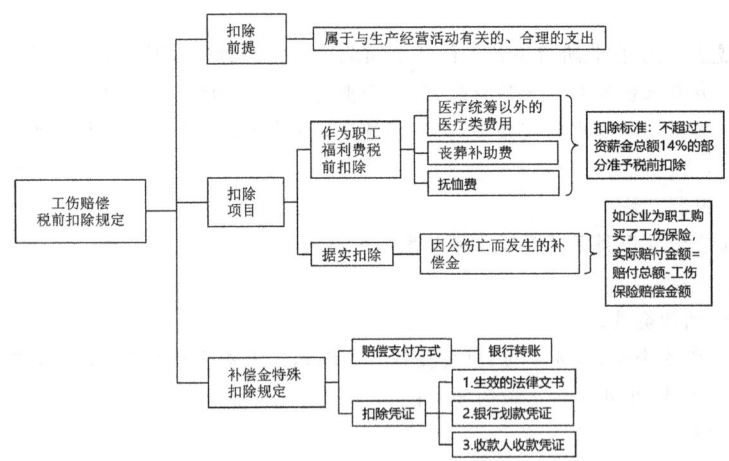

图4-12 工伤赔偿税前扣除规定

政策依据

一、《中华人民共和国企业所得税法》第八条

企业实际发生的与取得收入有关的、合理的支出,包括成本、费用、税金、损失和其他支出,准予在计算应

纳税所得额时扣除。

二、《中华人民共和国企业所得税法实施条例》第三十三条

企业所得税法第八条所称其他支出，是指除成本、费用、税金、损失外，企业在生产经营活动中发生的与生产经营活动有关的、合理的支出。

三、《国家税务总局关于企业工资薪金及职工福利费扣除问题的通知》（国税函〔2009〕3号）第三条第二项和第三项

关于职工福利费扣除问题《实施条例》第四十条规定的企业职工福利费，包括以下内容：（二）为职工卫生保健、生活、住房、交通等所发放的各项补贴和非货币性福利，包括企业向职工发放的因公外地就医费用、未实行医疗统筹企业职工医疗费用、职工供养直系亲属医疗补贴、供暖费补贴、职工防暑降温费、职工困难补贴、救济费、职工食堂经费补贴、职工交通补贴等。（三）按照其他规定发生的其他职工福利费，包括丧葬补助费、抚恤费、安家费、探亲假路费等。

四、国家税务总局天津市税务局《2018年度企业所得税汇算清缴热点问答精选》第七条

企业员工发生工伤、意外伤害等事故，由企业通过银行转账方式向其支付的经济补偿，凭生效的法律文书和银行划款凭证、收款人收款凭证，可在税前扣除。

50. 为员工报销的医药费，能否计入职工福利费税前扣除

答：对于未实行医疗统筹的企业，其为员工报销的医药费属于职工福利费支出；已实行医疗统筹（包括基本医疗保险费）的企业，其为员工报销的医药费不属于国税函〔2009〕3号第三条规定的职工福利费，不得作为职工福利费支出从税前扣除。

注：医疗统筹是指某统筹地区所有用人单位为职工缴纳的医疗保险费中，扣除划入个人账户后的其余部分，其中还有财政补贴、社会捐助、银行利息、滞纳金等额外收入。

 政策依据

《国家税务总局关于企业工资薪金及职工福利费扣除问题的通知》（国税函〔2009〕3号）第三条第二项

为职工卫生保健、生活、住房、交通等所发放的各项补贴和非货币性福利，包括企业向职工发放的因公外地就医费用、未实行医疗统筹企业职工医疗费用、职工供养直系亲属医疗补贴、供暖费补贴、职工防暑降温费、职工困难补贴、救济费、职工食堂经费补贴、职工交通补贴等。

51. 以发票形式报销的供养直系亲属医疗费用，能否计入职工福利费税前扣除

答：按照国税函〔2009〕3号第三条第（二）项的规定，职工供养直系亲属医疗补贴属于职工福利费的范围。对于职工以发票形式报销的供养直系亲属医疗费用，可作为职工供养直系亲属的医疗补贴，按照职工福利费支出的相关规定税前扣除。

政策依据

《国家税务总局关于企业工资薪金及职工福利费扣除问题的通知》（国税函〔2009〕3号）第三条第二项

为职工卫生保健、生活、住房、交通等所发放的各项补贴和非货币性福利，包括企业向职工发放的因公外地就医费用、未实行医疗统筹企业职工医疗费用、职工供养直系亲属医疗补贴、供暖费补贴、职工防暑降温费、职工困难补贴、救济费、职工食堂经费补贴、职工交通补贴等。

52. 报销以前年度员工医疗费,能否税前扣除

答: 企业报销以前年度员工医疗费,满足以前年度员工医疗费税前扣除条件,准予追补至该项目发生年度计算扣除,但追补确认期限不得超过 5 年。以前年度员工医疗费税前扣除条件及处理如表 4-13 所示。

表 4-13　以前年度员工医疗费税前扣除条件和处理

序号	满足条件	处理
1	以前年度实际发生	准予追补至该项目发生年度计算扣除,但追补确认期限不得超过 5 年
2	按规定应税前扣除而未扣除或者少扣除的支出	
3	企业做出专项申报及说明	

《国家税务总局关于企业所得税应纳税所得额若干税务处理问题的公告》(国家税务总局公告 2012 年第 15 号)第六条

根据《中华人民共和国税收征收管理法》的有关规定,对企业发现以前年度实际发生的、按照税收规定应在企业所得税前扣除而未扣除或者少扣除的支出,企业做出专项申报及说明后,准予追补至该项目发生年度计算扣除,但追补确认期限不得超过 5 年。

九、工会经费

53. 工会经费的来源及扣除标准

答: 工会经费是指工会依法取得并开展正常活动所需的费用。根据《工会法》第四十二条的规定,工会经费的来源包括:

(一)工会会员缴纳的会费;

(二)建立工会组织的企业、事业单位、机关按每月全部职工工资总额的百分之二向工会拨缴的经费;

(三)工会所属的企业、事业单位上缴的收入;

(四)人民政府的补助;

(五)其他收入。

前款第二项规定的企业、事业单位拨缴的经费在税前列支。

根据《国家税务总局关于工会经费企业所得税税前扣除凭据问题的公告》(国家税务总局公告 2010 年第 24 号)规定,自 2010 年 7 月 1 日起,企业拨缴的职工工会经费,不超过工资薪金总额 2% 的部分,凭工会组织开具的《工会经费收入专用收据》在企业所得税税前扣除。

54. 工会经费扣除时需要什么凭证

答: 工会经费具体的扣除凭证如图 4-13 所示。

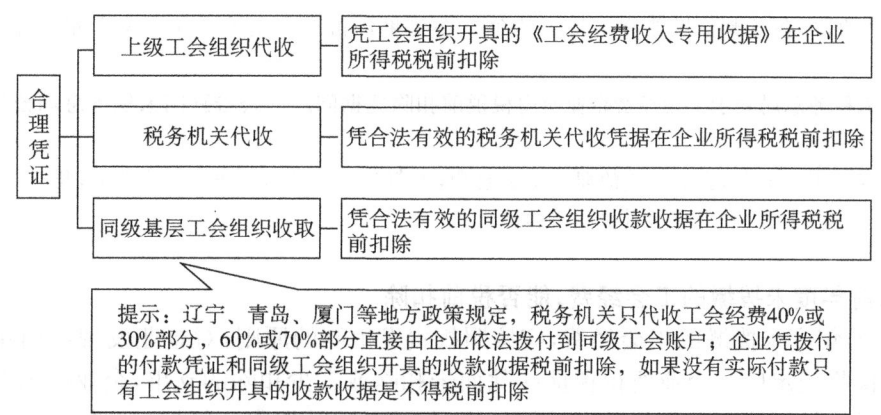

图 4-13 工会经费税前扣除凭证

一、《国家税务总局关于工会经费企业所得税税前扣除凭据问题的公告》(国家税务总局公告 2010 年第 24 号)

自 2010 年 7 月 1 日起,企业拨缴的职工工会经费,不超过工资薪金总额 2%的部分,凭工会组织开具的《工会经费收入专用收据》在企业所得税税前扣除。

二、《国家税务总局关于税务机关代收工会经费企业所得税税前扣除凭据问题的公告》(国家税务总局公告 2011 年第 30 号)

自 2010 年 1 月 1 日起,在委托税务机关代收工会经费的地区,企业拨缴的工会经费,也可凭合法、有效的工会经费代收凭据依法在税前扣除。

三、《青岛市人民政府关于工会经费[建会筹备金]由地税部门统一代收的通知》第一条

缴费单位要严格按照《中华人民共和国工会法》及有关规定,每月按全部职工工资总额的 2%计提工会经费,其中 40%部分向地税部门缴纳,60%部分由各单位按月拨付本单位工会;未建立工会组织的单位,按工资总额的 2%计提建会筹备金,其中 40%部分向地税部门缴纳,60%部分待建立工会组织后由各单位拨付本单位工会。

55. 劳务派遣人员直接参加用工单位工会,用工单位缴纳的劳务派遣人员工会经费能否税前扣除

答:劳务派遣单位没有建立工会组织的,劳务派遣工可直接参加用工单位工会,用工单位缴纳给劳务派遣单位工会的派遣人员工会经费,可以按规定税前扣除。

劳务派遣人员工资计入工资薪金基数判定标准见本章问题 13。

一、《中华全国总工会关于组织劳务派遣工加入工会的规定》(总工发〔2009〕21 号)第一条、第三条

1. 劳务派遣单位和用工单位都应当依法建立工会组织,吸收劳务派遣工加入工会,任何组织和个人不得阻挠和限制。劳务派遣工应首先选择参加劳务派遣单位工会,劳务派遣单位工会委员会中应有相应比例的劳务派遣工会员作为委员会成员。劳务派遣单位没有建立工会组织的,劳务派遣工直接参加用工单位工会。

3. 劳务派遣工的工会经费应由用工单位按劳务派遣工工资总额的百分之二提取并拨付劳务派遣单位工会,属于应上缴上级工会的经费,由劳务派遣单位工会按规定比例上缴。用工单位工会接受委托管理劳

务派遣工会员的,工会经费留用部分由用工单位工会使用或由劳务派遣单位工会和用工单位工会协商确定。

二、《国家税务总局关于工会经费企业所得税税前扣除凭据问题的公告》(国家税务总局公告 2010 年第 24 号)

自 2010 年 7 月 1 日起,企业拨缴的职工工会经费,不超过工资薪金总额 2% 的部分,凭工会组织开具的《工会经费收入专用收据》在企业所得税税前扣除。

56. 以前年度未拨缴的工会经费,能否税前扣除

答:以前年度未拨缴的工会经费,应按照权责发生制的原则,对企业发现以前年度实际发生的、按照税收规定应在企业所得税前扣除而未扣除或者少扣除的支出,企业做出专项申报及说明后,准予追补至该项目发生年度计算扣除,但追补确认期限不得超过 5 年。

一、《中华人民共和国企业所得税法实施条例》第九条

企业应纳税所得额的计算,以权责发生制为原则,属当期的收入和费用,不论款项是否收付,均作为当期的收入和费用;不属于当期的收入和费用,即使款项已经在当期收付,均不作为当期的收入和费用。

二、《国家税务总局关于企业所得税应纳税所得额若干税务处理问题的公告》(国家税务总局公告 2012 年第 15 号)第六条

根据《中华人民共和国税收征收管理法》的有关规定,对企业发现以前年度实际发生的、按照税收规定应在企业所得税前扣除而未扣除或者少扣除的支出,企业做出专项申报及说明后,准予追补至该项目发生年度计算扣除,但追补确认期限不得超过 5 年。

十、党组织经费

57. 企业党组织工作经费,能否税前扣除

答:企业党组织工作经费可以在规定限额内税前扣除,企业党组织工作经费的扣除标准如表 4-14 所示。

表 4-14 企业党组织工作经费扣除标准

序号	企业性质	支出渠道	扣除限额
1	非公有制企业	纳入企业管理费列支	不超过职工年度工资薪金总额 1% 的部分,可以据实在企业所得税前扣除
2	国有企业	纳入管理费用	实际支出不超过职工年度工资薪金总额 1% 的部分,可以据实在企业所得税前扣除。年末如有结余,结转下一年度使用 累计结转超过上一年度职工工资总额 2% 的,当年不再从管理费用中安排

一、《中共中央组织部 财政部 国家税务总局关于非公有制企业党组织工作经费问题的通知》(组通字〔2014〕42 号)第二条

根据《中华人民共和国公司法》"公司应当为党组织的活动提供必要条件"规定和中办发〔2012〕11 号文件"建立并落实税前列支制度"等要求,非公有制企业党组织工作经费纳入企业管理费列支,不超过职工年度工资薪金总额 1% 的部分,可以据实在企业所得税前扣除。

二、《中共中央组织部 财政部 国务院 国资委党委 国家税务总局关于国有企业党组织工作经费问题的通知》(组通字〔2017〕38号)第一条、第二条

第一条 国有企业(包括国有独资、全资和国有资本绝对控股、相对控股企业)党组织工作经费主要通过纳入管理费用、党费留存等渠道予以解决。纳入管理费用的部分,一般按照企业上年度职工工资总额1%的比例安排,每年年初由企业党组织本着节约的原则编制经费使用计划,由企业纳入年度预算。

第二条 纳入管理费用的党组织工作经费,实际支出不超过职工年度工资薪金总额1%的部分,可以据实在企业所得税前扣除。年末如有结余,结转下一年度使用。累计结转超过上一年度职工工资总额2%的,当年不再从管理费用中安排。

十一、职工教育经费

58. 职工教育经费的范围

答:参照《财政部 全国总工会 发展改革委 教育部科技部 国防科工委 人事部 劳动保障部 国资委 国家税务总局 全国工商联关于印发〈关于企业职工教育经费提取与使用管理的意见〉的通知》(财建〔2006〕317号)第三条的规定,企业职工教育培训经费列支范围包括:

1. 上岗和转岗培训;
2. 各类岗位适应性培训;
3. 岗位培训、职业技术等级培训、高技能人才培训;
4. 专业技术人员继续教育;
5. 特种作业人员培训;
6. 企业组织的职工外送培训的经费支出;
7. 职工参加的职业技能鉴定、职业资格认证等经费支出;
8. 购置教学设备与设施;
9. 职工岗位自学成才奖励费用;
10. 职工教育培训管理费用;
11. 有关职工教育的其他开支。

59. 职工教育经费扣除标准

答:职工教育经费的扣除标准如表4-15所示。

表4-15 职工教育经费的扣除标准

项目		扣除标准
一般企业		不超过工资薪金总额8%的部分,准予在计算企业所得税应纳税所得额时扣除;超过部分,准予在以后纳税年度结转扣除
软件企业	职工培训费用	能够准确划分,全额在企业所得税前扣除; 不能准确划分,不超过工资薪金总额8%的部分,准予扣除
	其他职工教育经费	不超过工资薪金总额8%的部分,准予扣除
核力发电企业	职工培养费	单独核算,可作为企业的发电成本在税前扣除; 未单独核算,不超过工资薪金总额8%的部分,准予扣除
	其他职工教育经费	不超过工资薪金总额8%的部分,准予扣除
航空企业	空勤训练费用	作为航空企业运输成本在税前扣除
	其他职工教育经费	不超过工资薪金总额8%的部分,准予扣除

政策依据

一、《财政部 税务总局关于企业职工教育经费税前扣除政策的通知》(财税〔2018〕51号)第一条和第二条

企业发生的职工教育经费支出,不超过工资薪金总额8%的部分,准予在计算企业所得税应纳税所得额时扣除;超过部分,准予在以后纳税年度结转扣除。

本通知自2018年1月1日起执行。

二、国家税务总局《关于企业所得税执行中若干税务处理问题的通知》(国税函〔2009〕202号)第四条

软件生产企业发生的职工教育经费中的职工培训费用,根据《财政部 国家税务总局关于企业所得税若干优惠政策的通知》(财税〔2008〕1号)规定,可以全额在企业所得税前扣除。软件生产企业应准确划分职工教育经费中的职工培训费支出,对于不能准确划分的,以及准确划分后职工教育经费中扣除职工培训费用的余额,一律按照《实施条例》第四十二条规定的比例扣除。

三、《国家税务总局关于企业所得税应纳税所得额若干问题的公告》(国家税务总局公告2014年第29号)第四条

核力发电企业为培养核电厂操纵员发生的培养费用,可作为企业的发电成本在税前扣除。企业应将核电厂操纵员培养费与员工的职工教育经费严格区分,单独核算,员工实际发生的职工教育经费支出不得计入核电厂操纵员培养费直接扣除。

四、《国家税务总局关于企业所得税若干问题的公告》(国家税务总局公告2011年第34号)第三条

航空企业实际发生的飞行员养成费、飞行训练费、乘务训练费、空中保卫员训练费等空勤训练费用,根据《中华人民共和国企业所得税法实施条例》第二十七条规定,可以作为航空企业运输成本在税前扣除。

五、《中华人民共和国企业所得税法实施条例》第二十七条

企业所得税法第八条所称有关的支出,是指与取得收入直接相关的支出。

企业所得税法第八条所称合理的支出,是指符合生产经营活动常规,应当计入当期损益或者有关资产成本的必要和正常的支出。

60. 已计提未实际使用的职工教育经费,是否可以税前扣除

答:对于企业已实际发生的职工教育经费支出可以税前扣除,对于会计处理中已计提但未实际发生培训行为、未实际使用的职工教育经费支出不得税前扣除。

政策依据

一、《中华人民共和国企业所得税法》第八条

企业实际发生的与取得收入有关的、合理的支出,包括成本、费用、税金、损失和其他支出,准予在计算应纳税所得额时扣除。

二、《财政部 税务总局关于企业职工教育经费税前扣除政策的通知》(财税〔2018〕51号)第一条和第二条

企业发生的职工教育经费支出,不超过工资薪金总额8%的部分,准予在计算企业所得税应纳税所得额时扣除;超过部分,准予在以后纳税年度结转扣除。

本通知自2018年1月1日起执行。

61. 职工异地培训涉及的交通费、餐费、住宿费,是计入职工教育经费还是差旅费

答:为职工培训而发生的费用应归属于职工教育经费,因此企业培训涉及的交通费、餐费、住宿费应作为职工教育经费税前扣除。

来源:国家税务总局北京市税务局答疑。

> **政策依据**

《财政部 全国总工会 发展改革委 教育部科技部 国防科工委 人事部 劳动保障部 国资委 国家税务总局 全国工商联关于印发〈关于企业职工教育经费提取与使用管理的意见〉的通知》(财建〔2006〕317号)第三条

企业职工教育培训经费列支范围包括:
1. 上岗和转岗培训;
2. 各类岗位适应性培训;
3. 岗位培训、职业技术等级培训、高技能人才培训;
4. 专业技术人员继续教育;
5. 特种作业人员培训;
6. 企业组织的职工外送培训的经费支出;
7. 职工参加的职业技能鉴定、职业资格认证等经费支出;
8. 购置教学设备与设施;
9. 职工岗位自学成才奖励费用;
10. 职工教育培训管理费用;
11. 有关职工教育的其他开支。

62. 企业高层管理人员的境外培训和考察,是否计入职工教育经费税前扣除

答: 根据《关于企业职工教育经费提取与使用管理的意见》(财建〔2006〕317号)规定,对于企业高层管理人员的境外培训和考察,其一次性单项支出较高的费用应从其他管理费用中支出,避免挤占日常的职工教育培训经费开支。因此,对于企业高层管理人员的境外培训和考察,一次性单项支出较高的费用,应从其他管理费用中支出,不能计入职工教育经费税前扣除。

63. 员工接受继续教育的学费,可以税前扣除吗

答: 企业员工接受继续教育所发生的学费属于员工个人消费,不属于职工教育经费的范畴,不得税前扣除。

> **政策依据**

一、《中华人民共和国企业所得税法》(中华人民共和国主席令第63号)第八条

企业实际发生的与取得收入有关的、合理的支出,包括成本、费用、税金、损失和其他支出,准予在计算应纳税所得额时扣除。

二、《关于企业职工教育经费提取与使用管理的意见》(财建〔2006〕317号)第九条

企业职工参加社会上的学历教育以及个人为取得学位而参加的在职教育,所需费用应由个人承担,不能挤占企业的职工教育培训经费。

十二、业务招待费

64. 业务招待费的范围

答: 根据《企业所得税实务操作政策指引》(第一期)规定第九项第一问,税法并未明确界定业务招待费的列支范围。在实际操作中,企业因发生业务招待行为而产生的费用一般作为业务招待费。业务招待费通常包括与企业生产经营活动有关的宴请客户及因接待业务相关人员发生的餐费、住宿费、交通费及其他费用,以及向客户及业务相关人员赠送礼品等开支。

业务招待费的范围如图 4-14 所示。

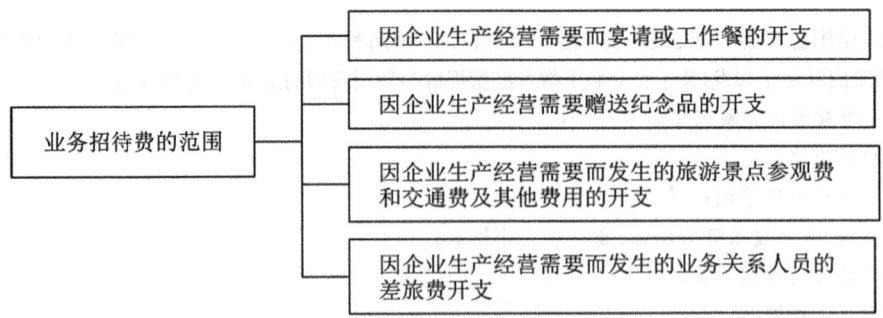

图 4-14　业务招待费范围

65. 业务招待费的扣除标准

答：业务招待费的扣除标准如图 4-15 所示。

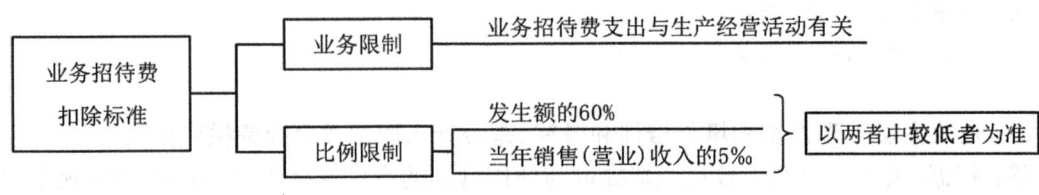

图 4-15　业务招待费的扣除标准

政策依据

《中华人民共和国企业所得税法实施条例》(中华人民共和国国务院令第 512 号)第四十三条

企业发生的与生产经营活动有关的业务招待费支出，按照发生额的 60% 扣除，但最高不得超过当年销售（营业）收入的 5‰。

66. 企业业务招待费扣除相关规定所说的销售（营业）收入包括哪些

答：企业业务招待费扣除相关规定所说的销售（营业）收入如图 4-16 所示。

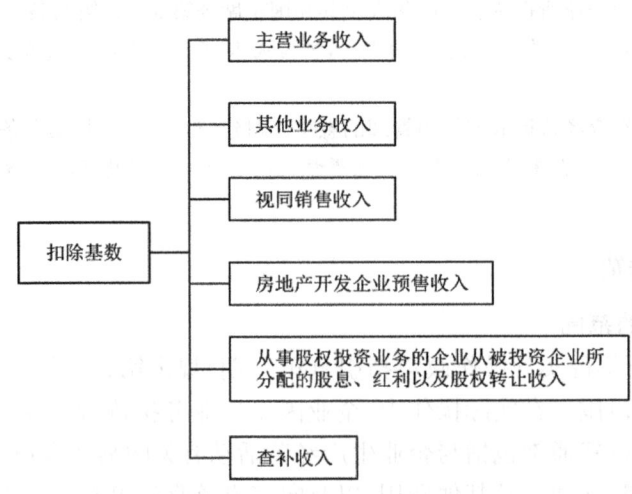

图 4-16　业务招待费扣除基数

📝 政策依据

一、《国家税务总局关于企业所得税执行中若干税务处理问题的通知》（国税函〔2009〕202号）第一条

企业在计算业务招待费、广告费和业务宣传费等费用扣除限额时，其销售（营业）收入额应包括《中华人民共和国企业所得税法实施条例》第二十五条规定的视同销售（营业）收入额。

二、《中华人民共和国企业所得税法实施条例》第二十五条

企业发生非货币性资产交换，以及将货物、财产、劳务用于捐赠、偿债、赞助、集资、广告、样品、职工福利或者利润分配等用途的，应当视同销售货物、转让财产或者提供劳务，但国务院财政、税务主管部门另有规定的除外。

三、《国家税务总局关于印发〈房地产开发经营业务企业所得税处理办法〉的通知》（国税发〔2009〕31号）第六条

企业通过正式签订《房地产销售合同》或《房地产预售合同》所取得的收入，应确认为销售收入的实现。

四、《国家税务总局关于贯彻落实企业所得税法若干税收问题的通知》（国税函〔2010〕79号）第八条

对从事股权投资业务的企业（包括集团公司总部、创业投资企业等），其从被投资企业所分配的股息、红利以及股权转让收入，可以按规定的比例计算业务招待费扣除限额。

五、《国家税务总局关于企业所得税应纳税所得额若干税务处理问题的公告》（国家税务总局公告2012年第15号）第六条

根据《中华人民共和国税收征收管理法》的有关规定，对企业发现以前年度实际发生的、按照税收规定应在企业所得税前扣除而未扣除或者少扣除的支出，企业做出专项申报及说明后，准予追补至该项目发生年度计算扣除，但追补确认期限不得超过5年。

67. 不是专门从事股权投资业务的企业，从被投资企业所分配的股息、红利以及股权转让收入，能否作为计算业务招待费的基数

答： 企业进行股权投资会发生业务招待行为，相应发生的业务招待费与因股权投资而产生的经济利益流入（包括股息、红利以及转让股权收入）有关，因此，不是专门从事股权投资业务的企业，从被投资企业（含上市公司）所分配的股息、红利以及股权（股票）转让收入，不可以作为计算业务招待费的基数。

📝 政策依据

一、《国家税务总局关于贯彻落实企业所得税法若干税收问题的通知》（国税函〔2010〕79号）第八条

对从事股权投资业务的企业（包括集团公司总部、创业投资企业等），其从被投资企业所分配的股息、红利以及股权转让收入，可以按规定的比例计算业务招待费扣除限额。

二、《中华人民共和国企业所得税法实施条例》（中华人民共和国国务院令第512号）第四十三条

企业发生的与生产经营活动有关的业务招待费支出，按照发生额的60%扣除，但最高不得超过当年销售（营业）收入的5‰。

68. 公司与客户一起出差考察业务，为客户报销的机票等费用是否允许税前扣除

答： 公司与客户一起出差考察业务，为客户报销的一些机票等费用，属于企业发生的与生产经营活动有关的业务招待费支出。税前扣除时，按照发生额的60%扣除，但最高不得超过当年销售（营业）收入的5‰。

> 📝 **政策依据**

一、《中华人民共和国企业所得税法实施条例》第四十三条

企业发生的与生产经营活动有关的业务招待费支出,按照发生额的60%扣除,但最高不得超过当年销售(营业)收入的5‰。

二、《中华人民共和国企业所得税法》第八条

企业实际发生的与取得收入有关的、合理的支出,包括成本、费用、税金、损失和其他支出,准予在计算应纳税所得额时扣除。税法所称与取得收入有关的支出,是指与取得收入直接相关的支出。

69. 分支结构的福利费、教育经费、对外公益捐赠和业务招待费等费用扣除额如何计算

答:《中华人民共和国企业所得税法》第五十条规定,居民企业在中国境内设立不具有法人资格营业机构的,应当汇总计算并缴纳企业所得税。因此,公司应该按照总分机构实现的收入总额,乘以相应比例计算扣除限额。

来源:国家税务总局纳税服务司答疑。

十三、会议费

70. 会议费开支包括什么

答:企业所得税并未对会议费开支进行明确规定,应当遵循《中华人民共和国企业所得税法》第八条规定,即企业实际发生的与收入有关的、合理的会议费支出可以扣除,反之则不得扣除。实务中企业可以参考以下两个文件。

一、《国家税务总局关于印发〈国家税务局系统会议费管理办法〉的通知》(税总发〔2013〕124号)第十四条规定:会议费开支范围包括会议住宿费、伙食费、会议室租金、交通费、文件印刷费、医药费等。所称交通费是指用于会议代表接送站,以及会议统一组织的代表考察、调研等发生的交通支出。

二、《中央和国家机关会议费管理办法》(财行〔2013〕286号)中会议费管理办法第十四条规定,会议费开支范围包括会议住宿费、伙食费、会议室租金、交通费、文件印刷费、医药费等。所称交通费是指用于会议代表接送站,以及会议统一组织的代表考察、调研等发生的交通支出。(注:此政策已废止)

具体项目是否可以列入会议费开支,请咨询各地税务机关。

71. 企业未将会议费、差旅费等与业务招待费严格区分,取得发票上笼统开具会务费或会议费,因涉及业务招待费的扣除标准问题,所得税税前扣除如何掌握

答:业务招待费支出,是指企业在生产、经营活动中发生的必要的、合理的交际应酬支出。企业申报扣除的业务招待费,税务机关要求提供证明资料的,应当提供证明真实发生的足够的有效凭证或资料。不能提供的,不得在税前扣除。其证明资料内容包括支出金额、商业目的、与被招待人的业务关系、招待的时间地点。企业投资者或雇员的个人娱乐支出和业余爱好支出不得作为业务招待费申报扣除。

企业申报扣除的会议费支出,税务机关要求提供证明资料的,应当提供证明真实发生的足够的有效凭证或资料。其证明资料内容包括:会议时间、地点、出席人员、内容、目的、费用标

准、支付凭证等。

企业应当区分业务招待费、业务宣传费、会议费支出，上述费用无法分清的，均计入业务招待费。

来源：《宁波市地方税务局关于明确所得税有关问题解答口径的函》（甬地税一函〔2013〕18号）。

72. 会议费扣除还需要哪些凭证及证明材料

答： 企业所得税法对于企业发生的会议费税前扣除凭证没有具体规定，应遵循第八条规定，对能够提供证明真实发生的相关会议支出可以作为会议费据实扣除。但需要注意证明材料的完整性。具体可以参考部分税务机关对会议费扣除凭证及证明材料的要求：

《宁夏地方税务局 宁夏国家税务局关于印发〈企业所得税税前扣除凭证管理办法〉（试行）公告》（2012年第3号）规定，企业发生的会议费，以收款方出具的发票和付款单据为税前扣除凭证。企业应保存会议时间、会议地点、会议对象、会议目的、会议内容、费用标准等内容的相应证明材料，作为备查资料。

《辽宁省大连市国家税务局关于明确企业所得税若干业务问题的通知》（大国税函〔2009〕37号）规定，关于企业会议费支出税前扣除真实性问题企业发生的与取得收入有关的合理的会议费支出，应按主管税务机关要求，能够提供证明其真实性的合法凭证及相关材料，否则，不得在税前扣除。会议费证明材料应包括：会议时间、地点、预算、出席人员、内容、目的、费用标准、支付凭证等。

其他地区对于会议费支出证明材料具体要求可咨询当地税务主管部门。

政策依据

一、《中华人民共和国企业所得税法》第八条

企业实际发生的与取得收入有关的、合理的支出，包括成本、费用、税金、损失和其他支出，准予在计算应纳税所得额时扣除。

二、《企业所得税税前扣除凭证管理办法》第七条

企业应将与税前扣除凭证相关的资料，包括合同协议、支出依据、付款凭证等留存备查，以证实税前扣除凭证的真实性。

十四、广告费和业务宣传费

73. 广告费和业务宣传费的扣除标准

答： 广告费和业务宣传费的扣除标准如图4-17所示。

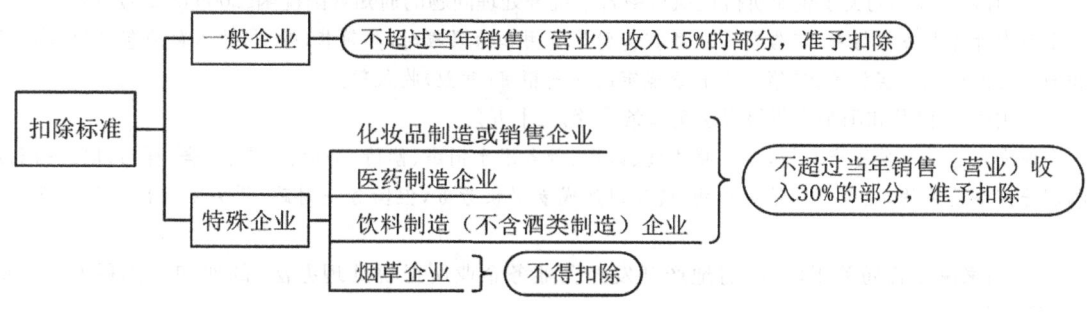

图4-17 广告费和业务宣传费的扣除标准

 政策依据

一、《中华人民共和国企业所得税法实施条例》第四十四条

企业发生的符合条件的广告费和业务宣传费支出,除国务院财政、税务主管部门另有规定外,不超过当年销售(营业)收入15%的部分,准予扣除;超过部分,准予在以后纳税年度结转扣除。

二、《关于广告费和业务宣传费支出税前扣除有关事项的公告》(财政部 税务总局公告2020年第43号)第一条、第三条

1. 对化妆品制造或销售、医药制造和饮料制造(不含酒类制造)企业发生的广告费和业务宣传费支出,不超过当年销售(营业)收入30%的部分,准予扣除;超过部分,准予在以后纳税年度结转扣除。

2. 对签订广告费和业务宣传费分摊协议(以下简称分摊协议)的关联企业,其中一方发生的不超过当年销售(营业)收入税前扣除限额比例内的广告费和业务宣传费支出可以在本企业扣除,也可以将其中的部分或全部按照分摊协议归集至另一方扣除。另一方在计算本企业广告费和业务宣传费支出企业所得税税前扣除限额时,可将按照上述办法归集至本企业的广告费和业务宣传费不计算在内。

3. 烟草企业的烟草广告费和业务宣传费支出,一律不得在计算应纳税所得额时扣除。

74. 广告费、业务宣传费扣除相关规定中所说的销售(营业)收入,与业务招待费是否一致

答:广告费、业务宣传费扣除时所说的销售(营业)收入与业务招待费所说的销售(营业)收入不完全一致,具体的对比情况如表4-16所示。

表4-16 销售(营业)收入基数对比

收入类型	业务招待费基数	广告费和业务宣传费基数
主营业务收入	计入	计入
其他业务收入	计入	计入
视同销售收入	计入	计入
房地产开发企业预售收入	计入	计入
从事股权投资业务的企业从被投资企业所分配的股息、红利以及股权转让收入	计入	未明确规定
查补收入	计入	计入

注:经12366纳税服务平台咨询,从事股权投资业务的企业从被投资企业所分配的股息、红利以及股权转让收入,有些地区允许计入广告费、业务宣传费扣除时销售(营业)收入基数,有些地区则不允许,目前没有明确法条规定。

 政策依据

一、《国家税务总局关于企业所得税执行中若干税务处理问题的通知》(国税函〔2009〕202号)第一条

企业在计算业务招待费、广告费和业务宣传费等费用扣除限额时,其销售(营业)收入额应包括《中华人民共和国企业所得税法实施条例》第二十五条规定的视同销售(营业)收入额。

二、《中华人民共和国企业所得税法实施条例》第二十五条

企业发生非货币性资产交换,以及将货物、财产、劳务用于捐赠、偿债、赞助、集资、广告、样品、职工福利或者利润分配等用途的,应当视同销售货物、转让财产或者提供劳务,但国务院财政、税务主管部门另有规定的除外。

三、《国家税务总局关于印发〈房地产开发经营业务企业所得税处理办法〉的通知》(国税发〔2009〕31号)第六条

企业通过正式签订《房地产销售合同》或《房地产预售合同》所取得的收入,应确认为销售收入的实现。

四、《国家税务总局关于贯彻落实企业所得税法若干税收问题的通知》(国税函〔2010〕79号)第八条

对从事股权投资业务的企业(包括集团公司总部、创业投资企业等),其从被投资企业所分配的股息、红利以及股权转让收入,可以按规定的比例计算业务招待费扣除限额。

五、《国家税务总局关于企业所得税应纳税所得额若干税务处理问题的公告》(国家税务总局公告2012年第15号)第六条

根据《中华人民共和国税收征收管理法》的有关规定,对企业发现以前年度实际发生的、按照税收规定应在企业所得税前扣除而未扣除或者少扣除的支出,企业做出专项申报及说明后,准予追补至该项目发生年度计算扣除,但追补确认期限不得超过5年。

75. 签订分摊协议的企业,广告费和业务宣传费如何扣除

答:根据《关于广告费和业务宣传费支出税前扣除有关事项的公告》(财政部 税务总局公告2020年第43号)第二条规定:"对签订广告费和业务宣传费分摊协议(以下简称分摊协议)的关联企业,其中一方发生的不超过当年销售(营业)收入税前扣除限额比例内的广告费和业务宣传费支出可以在本企业扣除,也可以将其中的部分或全部按照分摊协议归集至另一方扣除。另一方在计算本企业广告费和业务宣传费支出企业所得税税前扣除限额时,可将按照上述办法归集至本企业的广告费和业务宣传费不计算在内。"分摊扣除要点如图4-18所示。

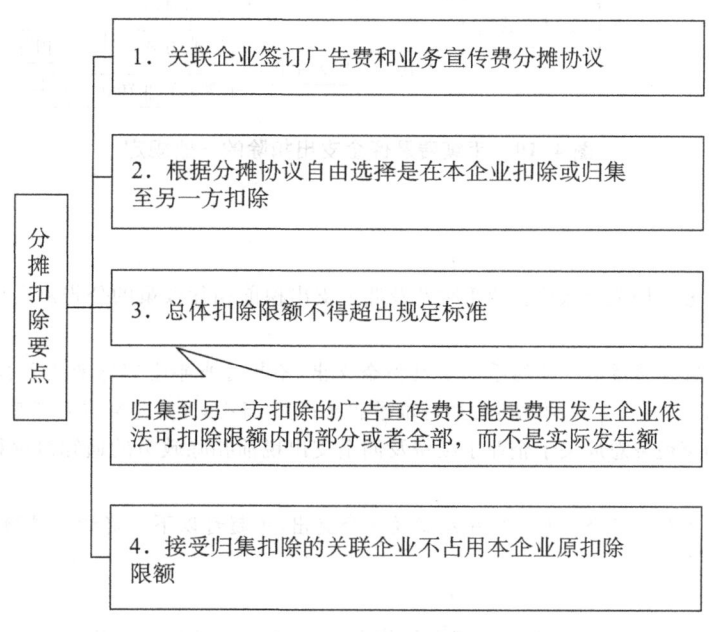

图4-18 分摊扣除要点

76. 企业为宣传本企业的产品或服务,通过第三方平台进行宣传,第三方平台公司收取的开票内容为信息推广服务费的支出,是作为信息服务费扣除,还是作为广告费和业务宣传费税前扣除

答:一般情况下,企业为宣传本企业的产品、服务或形象发生的支出属于广告费和业务宣传费支出。企业通过第三方平台宣传本企业的产品或服务,虽然发票载明的内容为信息服务费,但由于实际是企业为了宣传本企业的产品或服务而发生的支出,因此,应作为广告费和业

务宣传费支出,在规定的比例内税前扣除。

来源:国家税务总局《企业实务操作政策指引》第八条第一项。

十五、佣金、手续费

77. 手续费及佣金支出扣除的一般规定

企业发生与生产经营有关的手续费及佣金支出扣除的一般规定如图4-19所示。

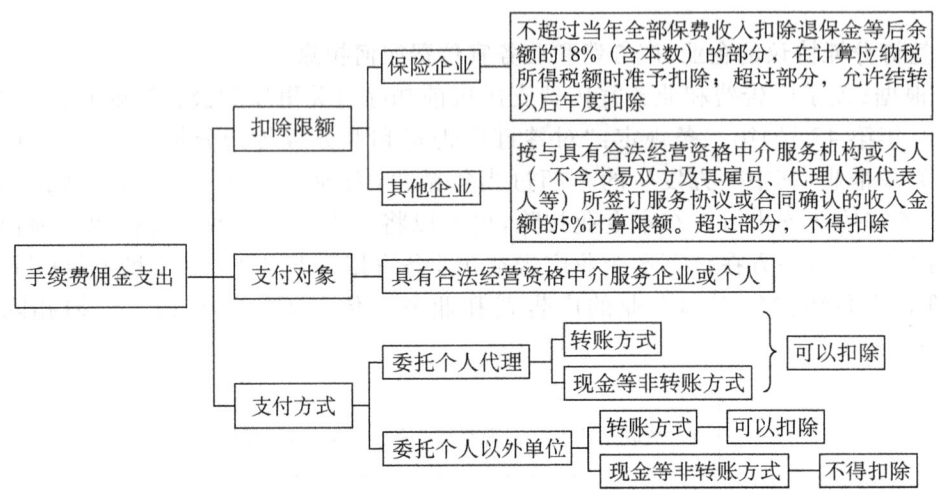

图4-19 手续费及佣金支出扣除的一般规定

政策依据

一、《财政部 税务总局关于保险企业手续费及佣金支出税前扣除政策的公告》(财政部 税务总局公告2019年第72号)第一条

保险企业发生与其经营活动有关的手续费及佣金支出,不超过当年全部保费收入扣除退保金等后余额的18%(含本数)的部分,在计算应纳税所得额时准予扣除;超过部分,允许结转以后年度扣除。

二、《财政部 国家税务总局关于企业手续费及佣金支出税前扣除政策的通知》(财税〔2009〕29号)第一条第二款、第二条

第一条 企业发生与生产经营有关的手续费及佣金支出,不超过以下规定计算限额以内的部分,准予扣除;超过部分,不得扣除

……

其他企业:按与具有合法经营资格中介服务机构或个人(不含交易双方及其雇员、代理人和代表人等)所签订服务协议或合同确认的收入金额的5%计算限额。

第二条 企业应与具有合法经营资格中介服务企业或个人签订代办协议或合同,并按国家有关规定支付手续费及佣金。除委托个人代理外,企业以现金等非转账方式支付的手续费及佣金不得在税前扣除。企业为发行权益性证券支付给有关证券承销机构的手续费及佣金不得在税前扣除。

78. 特殊行业手续费佣金支出扣除规定

答:国家税务总局对部分特殊行业手续费佣金支出的扣除规定如表4-17所示。

表 4-17 部分特殊行业手续费佣金支出扣除规定

特殊行业（企业）	支出途径	税前扣除
电信企业	在发展客户、拓展业务等过程中（如委托销售电话入网卡、电话充值卡等），需向经纪人、代办商支付手续费及佣金的，其实际发生的相关手续费及佣金支出	不超过企业当年收入总额5%的部分，准予在企业所得税前据实扣除
房地产开发经营业务企业	企业委托境外机构销售开发产品的，其支付境外机构的销售费用（含佣金或手续费）	不超过委托销售收入10%的部分，准予据实扣除
从事代理服务、主营业务收入为手续费、佣金的企业	从事代理服务、主营业务收入为手续费、佣金的企业（如证券、期货、保险代理等企业），其为取得该类收入而实际发生的营业成本（包括手续费及佣金支出）	准予在企业所得税前据实扣除

政策依据

一、《国家税务总局关于企业所得税应纳税所得额若干税务处理问题的公告》（国家税务总局公告2012年第15号）第四条

电信企业在发展客户、拓展业务等过程中（如委托销售电话入网卡、电话充值卡等），需向经纪人、代办商支付手续费及佣金的，其实际发生的相关手续费及佣金支出，不超过企业当年收入总额5%的部分，准予在企业所得税前据实扣除。

二、《国家税务总局关于印发〈房地产开发经营业务企业所得税处理办法〉的通知》（国税发〔2009〕31号）第二十条

企业委托境外机构销售开发产品的，其支付境外机构的销售费用（含佣金或手续费）不超过委托销售收入10%的部分，准予据实扣除。

三、《国家税务总局关于企业所得税应纳税所得额若干税务处理问题的公告国家税务总局公告》（2012年第15号）第三条

从事代理服务、主营业务收入为手续费、佣金的企业（如证券、期货、保险代理等企业），其为取得该类收入而实际发生的营业成本（包括手续费及佣金支出），准予在企业所得税前据实扣除。

79. 财税〔2009〕29号文中规定"佣金限额"为所签订服务协议或合同确认的收入金额的5%，应按照单个合同确认佣金限额，还是按全年所有涉及的合同总收入确认全年佣金总限额

答：按每份合同收入金额的5%计算限额。

来源：国家税务总局深圳市税务局12366呼叫中心答疑。

80. 与代理商签订的合同或协议中并无收入约定，该佣金限定的扣除标准的计算基数如何确定

答：按照财税〔2009〕29号文件规定：合同或协议中并无收入约定的，应按合同或协议实际执行中实现的收入确定佣金限额。

来源：国家税务总局纳税服务司。

十六、租赁费

81. 租赁费如何税前扣除

答：根据租入固定资产的方式不同，经营租赁费用应当区分经营租赁和融资租赁，根据权

责发生制原则,分别按照表 4-18 所示规定进行扣除。

表 4-18 租赁费扣除方法

序号	租赁方式	扣除方法
1	经营租赁	按照租赁期限均匀扣除
2	融资租赁	按照构成融资租入固定资产价值的部分应当提取折旧费用,分期扣除

《中华人民共和国企业所得税法实施条例》第九条、第四十七条

第九条 企业应纳税所得额的计算,以权责发生制为原则,属于当期的收入和费用,不论款项是否收付,均作为当期的收入和费用;不属于当期的收入和费用,即使款项已经在当期收付,均不作为当期的收入和费用。本条例和国务院财政、税务主管部门另有规定的除外。

第四十七条 企业根据生产经营活动的需要租入固定资产支付的租赁费,按照以下方法扣除:

(一)以经营租赁方式租入固定资产发生的租赁费支出,按照租赁期限均匀扣除;

(二)以融资租赁方式租入固定资产发生的租赁费支出,按照规定构成融资租入固定资产价值的部分应当提取折旧费用,分期扣除。

82. 企业由于资金困难,无法支付今年的租金,经与出租方协商,约定明年一并支付,该笔租金能否在所得税前扣除,如何扣除

答:按照权责发生制,归属于本年度租金虽未支付,但仍属于当期的费用。对于企业当年实际发生的相关成本费用,企业在汇算清缴前取得有效凭证则可以直接在税前扣除,如果汇算清缴结束后才取得有效凭证,则需要按照国家税务总局公告 2012 年第 15 号文件的要求,由企业做出专项申报及说明后,准予追补至该项目发生年度计算扣除,追补确认期限不超过 5 年。

一、《中华人民共和国企业所得税法》第八条

企业实际发生的与取得收入有关的、合理的支出,包括成本、费用、税金、损失和其他支出,准予在计算应纳税所得额时扣除。

二、《中华人民共和国企业所得税法实施条例》第九条

企业应纳税所得额的计算,以权责发生制为原则,属于当期的收入和费用,不论款项是否收付,均作为当期的收入和费用;不属于当期的收入和费用,即使款项已经在当期收付,均不作为当期的收入和费用。本条例和国务院财政、税务主管部门另有规定的除外。

三、《国家税务总局关于企业所得税若干问题的公告》(国家税务总局公告 2011 年第 34 号)第六条

企业当年度实际发生的相关成本、费用,由于各种原因未能及时取得该成本、费用的有效凭证,企业在预缴季度所得税时,可暂按账面发生金额进行核算;但在汇算清缴时,应补充提供该成本、费用的有效凭证。

四、《国家税务总局关于企业所得税应纳税所得额若干税务处理问题的公告》(国家税务总局公告 2012 年第 15 号)第六条

对企业发现以前年度实际发生的、按照税收规定应在企业所得税前扣除而未扣除或者少扣除的支出,企业做出专项申报及说明后,准予追补至该项目发生年度计算扣除,但追补确认期限不得超过 5 年。

83. 员工开私家车外出办公产生的燃油费、过路费、停车费如何处理

答：企业因工作需要租用个人车辆并支付给员工租金等费用的用车方式，属于租赁，企业发生的租赁费用可凭有效凭证在企业所得税税前扣除。

企业与个人未签订租赁合同而支付给员工的所得，企业租金费用不允许在企业所得税税前列支，员工所得需按"工资薪金所得"计算缴纳个人所得税。企业与个人签订了租赁合同，按照租赁合同或协议支付的租金，在取得真实合法有效凭证的基础上，允许税前扣除；对在租赁期间发生的汽油费、过路过桥费和停车费，在取得真实合法有效凭证的基础上，允许税前扣除。

其他应由个人负担的汽车费用，如车辆保险费、维修费等，不得在企业所得税税前扣除。

来源：国家税务总局陕西省税务局答疑。

十七、集团母子公司之间的管理费、服务费

84. 母子公司之间的管理费是否可以税前扣除

答：根据《企业所得税法实施条例》规定，企业之间管理费不得税前扣除。根据《国家税务总局关于母子公司间提供服务支付费用有关企业所得税处理问题的通知》规定，母公司以管理费形式向子公司提取费用，子公司因此支付给母公司的管理费，不得在税前扣除。

政策依据

一、《中华人民共和国企业所得税法实施条例》第四十九条

企业之间支付的管理费、企业内营业机构之间支付的租金和特许权使用费，以及非银行企业内营业机构之间支付的利息，不得扣除。

二、《关于母子公司间提供服务支付费用有关企业所得税处理问题的通知》（国税发〔2008〕86号）第四条

母公司以管理费形式向子公司提取费用，子公司因此支付给母公司的管理费，不得在税前扣除。

85. 国外母公司给中国境内子公司定期提供行业状况、发展动态等商业信息，母公司向子公司收取的服务费可否在税前扣除

答：根据《关于母子公司间提供服务支付费用有关企业所得税处理问题的通知》（国税发〔2008〕86号）规定，母公司向其子公司提供各项服务，双方应签订服务合同或协议，明确提供服务的内容、收费标准及金额等，按照独立企业之前公平交易原则确定服务的价格，子公司应按企业正常的劳务费进行税务处理，作为成本费用在税前扣除。

来源：宁夏中卫市地方税务局答疑。

政策依据

《关于母子公司间提供服务支付费用有关企业所得税处理问题的通知》（国税发〔2008〕86号）第一条、第二条、第五条

一、母公司为其子公司（以下简称子公司）提供各种服务而发生的费用，应按照独立企业之间公平交易原则确定服务的价格，作为企业正常的劳务费用进行税务处理。

母子公司未按照独立企业之间的业务往来收取价款的,税务机关有权予以调整。

二、母公司向其子公司提供各项服务,双方应签订服务合同或协议,明确规定提供服务的内容、收费标准及金额等,凡按上述合同或协议规定所发生的服务费,母公司应作为营业收入申报纳税;子公司作为成本费用在税前扣除。

五、子公司申报税前扣除向母公司支付的服务费用,应向主管税务机关提供与母公司签订的服务合同或者协议等与税前扣除该项费用相关的材料。不能提供相关材料的,支付的服务费用不得税前扣除。

十八、公益性捐赠

86. 公益性捐赠支出如何扣除

答: 根据《中华人民共和国企业所得税法》第九条及《财政部 国家税务总局关于公益性捐赠支出企业所得税税前结转扣除有关政策的通知》(财税〔2018〕15号)规定,企业发生的公益性捐赠支出,在年度利润总额12%以内的部分,准予在计算应纳税所得额时扣除;超过年度利润总额12%的部分,准予结转以后3年内在计算应纳税所得额时扣除,具体如图4-20所示。

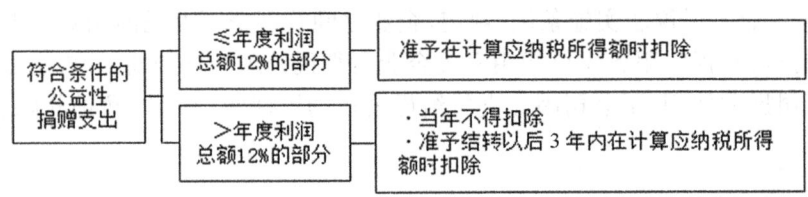

图4-20 公益性捐赠税前扣除结转规定

87. 公益性捐赠税前扣除有关事项概述

答: (中华人民共和国主席令第64号)根据《财政部 税务总局关于通过公益性群众团体的公益性捐赠税前扣除有关事项的公告》(财政部 税务总局公告2021年第20号)规定,通过公益性群众团体的公益性捐赠税前扣除有关事项如表4-19所示。

表4-19 公益性捐赠税前扣除有关事项

序号	项目		具体规定
1	公益性捐赠税前扣除		企业或个人通过公益性群众团体用于符合法律规定的公益慈善事业捐赠支出,准予按税法规定在计算应纳税所得额时扣除
2	公益慈善事业		应当符合《公益事业捐赠法》第三条对公益事业范围的规定或者《慈善法》第三条对慈善活动范围的规定
3	公益性群众团体		依照《社会团体登记管理条例》规定不需进行社团登记的人民团体以及经国务院批准免予登记的社会团体,且按规定条件和程序已经取得公益性捐赠税前扣除资格
4	群众团体取得公益性捐赠税前扣除资格	应当同时符合以下条件	符合企业所得税法实施条例第五十二条第一项至第八项规定的条件
			县级以上各级机构编制部门直接管理其机构编制
			对接受捐赠的收入以及用捐赠收入进行的支出单独进行核算,且申报前连续3年接受捐赠的总收入中用于公益慈善事业的支出比例不低于70%

(续表)

序号	项目	具体规定	
5	益性捐赠税前扣除资格的确认	由中央机构编制部门直接管理其机构编制的群众团体,向财政部、税务总局报送材料	
		由县级以上地方各级机构编制部门直接管理其机构编制的群众团体,向省、自治区、直辖市和计划单列市财政、税务部门报送材料	
		对符合条件的公益性群众团体,按照上述管理权限,由财政部、税务总局和省、自治区、直辖市、计划单列市财政、税务部门分别联合公布名单。企业和个人在名单所属年度内向名单内的群众团体进行的公益性捐赠支出,可以按规定进行税前扣除	
		公益性捐赠税前扣除资格的确认对象	公益性捐赠税前扣除资格将于当年末到期的公益性群众团体
			已被取消公益性捐赠税前扣除资格但又重新符合条件的群众团体
			尚未取得或资格终止后未取得公益性捐赠税前扣除资格的群众团体
		每年年底前,省级以上财政、税务部门按权限完成公益性捐赠税前扣除资格的确认和名单发布工作,并按本条第 4 项规定的不同审核对象,分别列示名单及其公益性捐赠税前扣除资格起始时间	
6	报税资料	申报报告	
		县级以上各级党委、政府或机构编制部门印发的"三定"规定	
		组织章程	
		申报前 3 个年度的受赠资金来源、使用情况,财务报告,公益活动的明细,注册会计师的审计报告或注册会计师、(注册)税务师、律师的纳税审核报告(或鉴证报告)	
7	报送时间	应在申报年度 6 月 30 日前报送资料	
8	扣除资格有效期	有效期为三年	
9	取消税前扣除资格	公益性群众团体前 3 年接受捐赠的总收入中用于公益慈善事业的支出比例低于 70% 的,应当取消其公益性捐赠税前扣除资格	
		公益性群众团体存在以下情形之一的,应当取消其公益性捐赠税前扣除资格,且被取消资格的当年及之后三个年度内不得重新确认资格	① 违反规定接受捐赠的,包括附加对捐赠人构成利益回报的条件、以捐赠为名从事营利性活动、利用慈善捐赠宣传烟草制品或法律禁止宣传的产品和事项、接受不符合公益目的或违背社会公德的捐赠等情形
			② 开展违反组织章程的活动,或者接受的捐赠款项用于组织章程规定用途之外的
			③ 在确定捐赠财产的用途和受益人时,指定特定受益人,且该受益人与捐赠人或公益性群众团体管理人员存在明显利益关系的
			④ 受到行政处罚(警告或单次 1 万元以下罚款除外)的
			注:对存在本条①、②、③项情形的公益性群众团体,应对其接受捐赠收入和其他各项收入依法补征企业所得税
		公益性群众团体存在以下情形之一的,应当取消其公益性捐赠税前扣除资格且不得重新确认资格	① 从事非法政治活动的
			② 从事、资助危害国家安全或者社会公共利益活动的

(续表)

序号	项目		具体规定
10	公益性捐赠扣除凭证	公益性群众团体	在接受捐赠时,应按照行政管理级次分别使用由财政部或省、自治区、直辖市财政部门监(印)制的公益事业捐赠票据,并加盖本单位的印章;对个人索取捐赠票据的,应予以开具
		企业或个人	符合条件的公益性捐赠支出进行税前扣除,应当留存相关票据备查
11	捐赠额确认原则		接受的货币性资产捐赠,以实际收到的金额确认捐赠额
			接受的非货币性资产捐赠,以其公允价值确认捐赠额。捐赠方在向公益性群众团体捐赠时,应当提供注明捐赠非货币性资产公允价值的证明;不能提供证明的,接受捐赠方不得向其开具捐赠票据
12	执行时间		自2021年1月1日起执行

88. 公益性捐赠税前扣除资格确认有关衔接事项

答：根据《财政部 税务总局 民政部关于公益性捐赠税前扣除资格确认有关衔接事项的公告》(财政部 税务总局 民政部公告2021年第3号),关于公益性捐赠税前扣除资格确认有关衔接事项如表4-20所示。

表4-20 公益性捐赠税前扣除资格确认有关衔接事项

序号	具体情形	衔接事项
1	确认2020年度至2022年度公益性捐赠税前扣除资格	在民政部门依法登记的慈善组织和其他社会组织(以下统称社会组织)2018年和2019年的公益慈善事业支出和管理费用比例,可按照《民政部 财政部 国家税务总局关于印发〈关于慈善组织开展慈善活动年度支出和管理费用的规定〉的通知》(民发〔2016〕189号)有关规定执行
		社会组织2018年至本公告发布之日最近一期的评估等级达到3A以上(含3A)。对于2019年成立的社会组织,以及2019年至本公告发布之日已接受评估但尚未出具结论的社会组织,确认资格时可暂不考虑其评估等级
		确认公益性捐赠税前扣除资格时,可暂不考虑社会组织的非营利组织免税资格
		按照本条取得公益性捐赠税前扣除资格的,在资格有效期内,应取得3A以上(含3A)评估等级,且取得非营利组织免税资格
2	确认2021年度至2023年度公益性捐赠税前扣除资格	社会组织2019年和2020年的公益慈善事业支出和管理费用比例,可按照《民政部 财政部 国家税务总局关于印发〈关于慈善组织开展慈善活动年度支出和管理费用的规定〉的通知》(民发〔2016〕189号)有关规定执行

注:该公告自2020年1月1日起执行。

89. 哪些特定事项的捐赠,可以据实全额税前扣除

答：可据实全额在税前扣除的捐赠支出如表4-21所示。

表4-21 可据实全额税前扣除的捐赠支出

序号	项目	相关规定
1	向目标脱贫地区的扶贫捐赠支出	自2019年1月1日至2022年12月31日,企业通过公益性社会组织或者县级(含县级)以上人民政府及其组成部门和直属机构,用于目标脱贫地区的扶贫捐赠支出,准予在计算企业所得税应纳税所得额时据实扣除。在政策执行期限内,目标脱贫地区实现脱贫的,可继续适用上述政策

(续表)

序号	项目	相关规定
2	支持新冠肺炎疫情防控的捐赠支出	一、企业和个人通过公益性社会组织或者县级以上人民政府及其部门等国家机关，捐赠用于应对新型冠状病毒感染的肺炎疫情的现金和物品，允许在计算应纳税所得额时全额扣除 二、企业和个人直接向承担疫情防治任务的医院捐赠用于应对新型冠状病毒感染的肺炎疫情的物品，允许在计算应纳税所得额时全额扣除。 适用期间为 2020 年 1 月 1 日—2021 年 3 月 31 日
3	对 2022 年亚运会和亚残运会赞助、捐赠支出	对企业、社会组织和团体赞助、捐赠杭州亚运会的资金、物资、服务支出，在计算企业应纳税所得额时予以全额扣除
4	对 2022 年冬奥会和冬残奥会赞助、捐赠支出	对企业、社会组织和团体赞助、捐赠北京 2022 年冬奥会、冬残奥会、测试赛的资金、物资、服务支出，在计算企业应纳税所得额时予以全额扣除

一、《财政部 税务总局 国务院扶贫办关于企业扶贫捐赠所得税税前扣除政策的公告》(2019 年第 49 号)第一条

自 2019 年 1 月 1 日至 2022 年 12 月 31 日，企业通过公益性社会组织或者县级(含县级)以上人民政府及其组成部门和直属机构，用于目标脱贫地区的扶贫捐赠支出，准予在计算企业所得税应纳税所得额时据实扣除。在政策执行期限内，目标脱贫地区实现脱贫的，可继续适用上述政策。

"目标脱贫地区"包括 832 个国家扶贫开发工作重点县、集中连片特困地区县(新疆阿克苏地区 6 县 1 市享受片区政策)和建档立卡贫困村。

二、《财政部 税务总局关于支持新型冠状病毒感染的肺炎疫情防控有关捐赠税收政策的公告》(2020 年第 9 号)

第一条、企业和个人通过公益性社会组织或者县级以上人民政府及其部门等国家机关，捐赠用于应对新型冠状病毒感染的肺炎疫情的现金和物品，允许在计算应纳税所得额时全额扣除。

第二条、企业和个人直接向承担疫情防治任务的医院捐赠用于应对新型冠状病毒感染的肺炎疫情的物品，允许在计算应纳税所得额时全额扣除。

捐赠人凭承担疫情防治任务的医院开具的捐赠接收函办理税前扣除事宜。

三、《财政部 税务总局 海关总署关于杭州 2022 年亚运会和亚残运会税收政策的公告》(2020 年第 18 号)第九条

对企业、社会组织和团体赞助、捐赠杭州亚运会的资金、物资、服务支出，在计算企业应纳税所得额时予以全额扣除。

四、《财政部 税务总局 海关总署关于北京 2022 年冬奥会和冬残奥会税收政策的通知》(财税〔2017〕60 号)第三条第一项

对北京 2022 年冬奥会、冬残奥会、测试赛参与者实行以下税收政策

(一)对企业、社会组织和团体赞助、捐赠北京 2022 年冬奥会、冬残奥会、测试赛的资金、物资、服务支出，在计算企业应纳税所得额时予以全额扣除。

90. 既有以前年度结转公益性捐赠支出，又有当年新发生公益性捐赠支出的，如何扣除

答： 根据财税〔2018〕15 号规定，企业汇算清缴当年既有以前年度结转过来的公益性捐赠支出，又有当年新发生的公益性捐赠支出，应先扣除以前年度结转的捐赠支出，再扣除当年发生的捐赠支出，扣除总数不能超过企业当年年度利润总额的 12%，具体扣除顺序如图 4-21 所示。

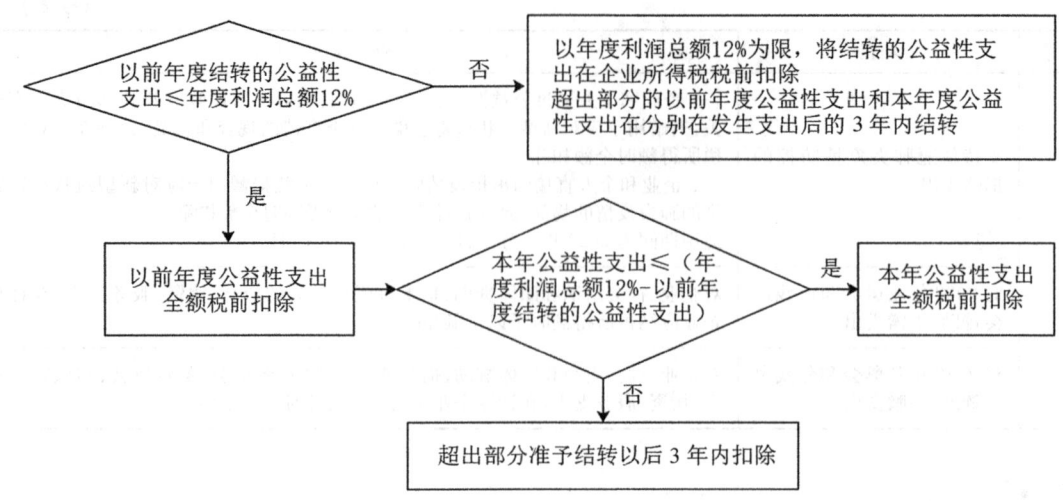

图 4-21 公益性捐赠支出扣除顺序

 政策依据

《财政部 国家税务总局关于公益性捐赠支出企业所得税税前结转扣除有关政策的通知》(财税〔2018〕15号)第二条、第三条、第四条

二、企业当年发生及以前年度结转的公益性捐赠支出,准予在当年税前扣除的部分,不能超过企业当年年度利润总额的12%。

三、企业发生的公益性捐赠支出未在当年税前扣除的部分,准予向以后年度结转扣除,但结转年限自捐赠发生年度的次年起计算最长不得超过三年。

四、企业在对公益性捐赠支出计算扣除时,应先扣除以前年度结转的捐赠支出,再扣除当年发生的捐赠支出。

91. 公益性社会团体的税前扣除资格应当如何确认

答:关于公益性捐赠税前扣除资格确认的具体规定如图 4-22 所示。

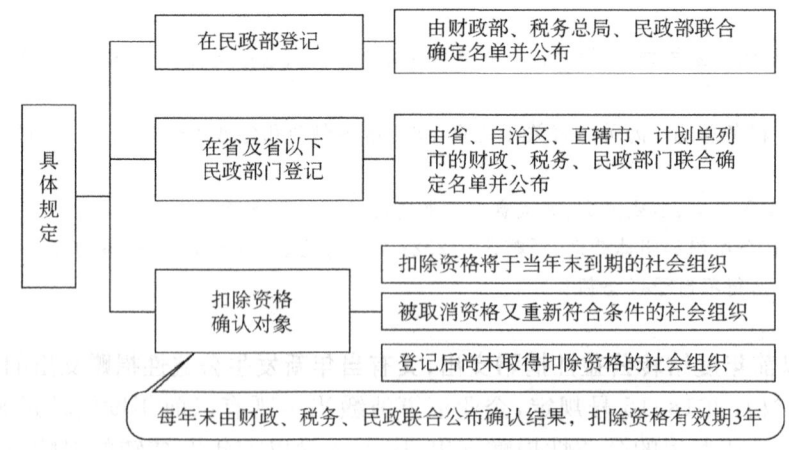

图 4-22 公益性捐赠税前扣除资格确认的具体规定

《财政部 税务总局 民政部关于公益性捐赠税前扣除有关事项的公告》(财政部 税务总局 民政部2020年第27号)第五条、第十五条

五、公益性捐赠税前扣除资格的确认按以下规定执行:

(一)在民政部登记注册的社会组织,由民政部结合社会组织公益活动情况和日常监督管理、评估等情况,对社会组织的公益性捐赠税前扣除资格进行核实,提出初步意见。根据民政部初步意见,财政部、税务总局和民政部对照本公告相关规定,联合确定具有公益性捐赠税前扣除资格的社会组织名单,并发布公告。

(二)在省级和省级以下民政部门登记注册的社会组织,由省、自治区、直辖市和计划单列市财政、税务、民政部门参照本条第一项规定执行。

(三)公益性捐赠税前扣除资格的确认对象包括:

1. 公益性捐赠税前扣除资格将于当年末到期的公益性社会组织;
2. 已被取消公益性捐赠税前扣除资格但又重新符合条件的社会组织;
3. 登记设立后尚未取得公益性捐赠税前扣除资格的社会组织。

(四)每年年底前,省级以上财政、税务、民政部门按权限完成公益性捐赠税前扣除资格的确认和名单发布工作,并按本条第三项规定的不同审核对象,分别列示名单及其公益性捐赠税前扣除资格起始时间。

……

十五、本公告自2020年1月1日起执行。《财政部 国家税务总局 民政部关于公益性捐赠税前扣除有关问题的通知》(财税〔2008〕160号)、《财政部 国家税务总局 民政部关于公益性捐赠税前扣除有关问题的补充通知》(财税〔2010〕45号)、《财政部 国家税务总局 民政部关于公益性捐赠税前扣除资格确认审批有关调整事项的通知》(财税〔2015〕141号)同时废止。

92. 企业所得税对公益性捐赠票据有哪些规定

答:自2020年1月1日起,公益性捐赠企业所得税税前扣除对捐赠票据的规定如表4-22所示。

表4-22 公益性捐赠税前扣除规定

序号	对象	公益性捐赠票据规定
1	接受捐赠的公益性组织、县级以上人民政府及其部门等国家机关	按照行政管理级次分别使用由财政部或省、自治区、直辖市财政部门监(印)制的公益事业捐赠票据,并加盖本单位印章
2	发生符合条件的公益性捐赠支出的企业或个人	留存相关票据备查

《财政部 税务总局 民政部关于公益性捐赠税前扣除有关事项的公告》(财政部 税务总局 民政部2020年第27号)第十一条、第十五条

十一、公益性社会组织、县级以上人民政府及其部门等国家机关在接受捐赠时,应当按照行政管理级次分别使用由财政部或省、自治区、直辖市财政部门监(印)制的公益事业捐赠票据,并加盖本单位的印章。

企业或个人将符合条件的公益性捐赠支出进行税前扣除,应当留存相关票据备查。

……

十五、本公告自2020年1月1日起执行。《财政部 国家税务总局 民政部关于公益性捐赠税前扣除有关问题的通知》(财税〔2008〕160号)、《财政部 国家税务总局 民政部关于公益性捐赠税前扣除有关问题的补充通知》(财税〔2010〕45号)、《财政部 国家税务总局 民政部关于公益性捐赠税前扣除资格确认审批有关调整事项的通知》(财税〔2015〕141号)同时废止。

93. 应对疫情的公益性捐赠,是否可以全额扣除

答：企业和个人通过公益性社会组织或者县级以上人民政府及其部门等国家机关,捐赠用于应对新型冠状病毒感染的肺炎疫情的现金和物品,在2021年3月31日前允许在计算应纳税所得额时全额扣除。2021年4月1日起,符合条件公益性捐赠支出按照《企业所得税法》第九条在年度利润总额12%以内税前扣除。

针对疫情的公益性捐赠税前扣除的相关具体规定如表4-23所示。

表4-23 针对疫情的公益性捐赠税前扣除的具体规定

序号	扣除规定	捐赠途径	捐赠内容	政策时间
1	全额扣除	通过公益性社会组织捐赠	用于应对新冠肺炎疫情的现金和物品	2020年1月1日—2021年3月31日
		通过县级以上人民政府及其部门捐赠		
		直接向承担疫情防治任务的医院捐赠	用于应对新冠肺炎疫情的物品	
2	年度利润总额12%以内准予扣除	通过公益性社会组织捐赠	货币非货币形式均可	2008年1月1日至今
		通过县级以上人民政府及其部门捐赠		

政策依据

一、《关于支持新型冠状病毒感染的肺炎疫情防控有关捐赠税收政策的公告》(财政部 税务总局公告2020年第9号)第一条、第二条

企业和个人通过公益性社会组织或者县级以上人民政府及其部门等国家机关,捐赠用于应对新型冠状病毒感染的肺炎疫情的现金和物品,允许在计算应纳税所得额时全额扣除。

企业和个人直接向承担疫情防治任务的医院捐赠用于应对新型冠状病毒感染的肺炎疫情的物品,允许在计算应纳税所得额时全额扣除。

捐赠人凭承担疫情防治任务的医院开具的捐赠接收函办理税前扣除事宜。

二、《财政部 税务总局关于延续实施应对疫情部分税费优惠政策的公告》(财政部 税务总局公告2021年第7号)第三条

《财政部 税务总局关于支持新型冠状病毒感染的肺炎疫情防控有关税收政策的公告》(财政部 税务总局公告2020年第8号)、《财政部 税务总局关于支持新型冠状病毒感染的肺炎疫情防控有关捐赠税收政策的公告》(财政部 税务总局公告2020年第9号)规定的税收优惠政策凡已经到期的,执行期限延长至2021年3月31日。

三、《中华人民共和国企业所得税法实施条例》第九条

企业发生的公益性捐赠支出,在年度利润总额12%以内的部分,准予在计算应纳税所得额时扣除。

94. 公益性股权捐赠在企业所得税上如何处理

答：公益性股权捐赠在企业所得税上的处理办法具体如表4-24所示。

表 4-24 公益性股权捐赠的企业所得税处理

项目	相关规定
总原则	按规定视同转让股权,股权转让收入额以企业所捐赠股权取得时的历史成本确定 注:前款所称股权,是指企业持有的其他企业的股权、上市公司股票等
所得税处理	企业实施股权捐赠后,以其股权历史成本为依据确定捐赠额,并依此按照企业所得税法有关规定在所得税前予以扣除
公益性社会团体的界定	指注册在中华人民共和国境内,以发展公益事业为宗旨且不以营利为目的,并经确定为具有接受捐赠税前扣除资格的基金会、慈善组织等公益性社会团体
适用范围	企业向中华人民共和国境内公益性社会团体实施的股权捐赠行为

政策依据

《财政部 国家税务总局关于公益股权捐赠企业所得税政策问题的通知》(财税〔2016〕45 号)

一、企业向公益性社会团体实施的股权捐赠,应按规定视同转让股权,股权转让收入额以企业所捐赠股权取得时的历史成本确定。

前款所称的股权,是指企业持有的其他企业的股权、上市公司股票等。

二、企业实施股权捐赠后,以其股权历史成本为依据确定捐赠额,并依此按照企业所得税法有关规定在所得税前予以扣除。公益性社会团体接受股权捐赠后,应按照捐赠企业提供的股权历史成本开具捐赠票据。

三、本通知所称公益性社会团体,是指注册在中华人民共和国境内,以发展公益事业为宗旨、且不以营利为目的,并经确定为具有接受捐赠税前扣除资格的基金会、慈善组织等公益性社会团体。

四、本通知所称股权捐赠行为,是指企业向中华人民共和国境内公益性社会团体实施的股权捐赠行为。企业向中华人民共和国境外的社会组织或团体实施的股权捐赠行为不适用本通知规定。

95. 企业向境外的社会组织实施股权捐赠的,是否可以按财税〔2016〕45 号文件规定进行企业所得税处理

答:根据《财政部 国家税务总局关于公益股权捐赠企业所得税政策问题的通知》(财税〔2016〕45 号)第四条规定,本通知所称股权捐赠行为,是指企业向中华人民共和国境内公益性社会团体实施的股权捐赠行为。企业向中华人民共和国境外的社会组织或团体实施的股权捐赠行为不适用本通知规定。

96. 公益性捐赠税前扣除资格名单

根据《中华人民共和国企业所得税法》及《中华人民共和国企业所得税法实施条例》有关规定,按照《财政部 税务总局 民政部关于公益性捐赠税前扣除有关事项的公告》(财政部 税务总局 民政部公告 2020 年第 27 号)等有关要求,2022—2024 年度和 2023—2025 年度符合公益性捐赠税前扣除资格的公益性社会组织名单如表 4-25 所示。

表 4-25 符合公益性捐赠税前扣除资格名单

2022—2024 年度符合公益性捐赠税前扣除资格的公益性社会组织名单			
1	周大福慈善基金会	6	欧美同学基金会
2	中国老龄事业发展基金会	7	铁路青少年发展捐助中心
3	中国退役军人关爱基金会	8	中联肝健康促进中心
4	中国法学交流基金会	9	中国社会工作联合会
5	华鼎国学研究基金会		

(续表)

2023—2025年度符合公益性捐赠税前扣除资格的公益性社会组织名单			
1	中国社会福利基金会	38	中国下一代教育基金会
2	中华少年儿童慈善救助基金会	39	中国农业大学教育基金会
3	中华社会救助基金会	40	中国教师发展基金会
4	中社社会工作发展基金会	41	中央财经大学教育基金会
5	凯风公益基金会	42	西北农林科技大学教育发展基金会
6	南都公益基金会	43	四川大学教育基金会
7	中国人保公益慈善基金会	44	浙江大学教育基金会
8	爱佑慈善基金会	45	张学良教育基金会
9	国家能源集团公益基金会	46	宝钢教育基金会
10	阿里巴巴公益基金会	47	中南大学教育基金会
11	开明慈善基金会	48	传媒大学教育基金会
12	智善公益基金会	49	中国国际中文教育基金会
13	中天爱心慈善基金会	50	中国初级卫生保健基金会
14	香江社会救助基金会	51	中国人口福利基金会
15	中远海运慈善基金会	52	中国预防性病艾滋病基金会
16	中国人寿慈善基金会	53	中国癌症基金会
17	腾讯公益慈善基金会	54	中国医学基金会
18	万科公益基金会	55	中国听力医学发展基金会
19	招商局慈善基金会	56	中国器官移植发展基金会
20	中国移动慈善基金会	57	中国医药卫生事业发展基金会
21	华润慈善基金会	58	中国肝炎防治基金会
22	亨通慈善基金会	59	中国健康促进基金会
23	致福慈善基金会	60	中国牙病防治基金会
24	青山慈善基金会	61	余彭年慈善基金会
25	启明公益基金会	62	中国少年儿童文化艺术基金会
26	东润公益基金会	63	中华社会文化发展基金会
27	国家电网公益基金会	64	中国国际文化交流基金会
28	中兴通讯公益基金会	65	中国民族文化艺术基金会
29	爱慕公益基金会	66	星云文化教育公益基金会
30	白求恩公益基金会	67	中华思源工程基金会
31	中山博爱基金会	68	亿利公益基金会
32	善小公益基金会	69	中国留学人才发展基金会
33	王振滔慈善基金会	70	中国海洋发展基金会
34	三峡集团公益基金会	71	中国绿化基金会
35	紫金矿业慈善基金会	72	中国绿色碳汇基金会
36	北京大学教育基金会	73	纺织之光科技教育基金会
37	清华大学教育基金会	74	北京理工大学教育基金会

(续表)

	2023—2025年度符合公益性捐赠税前扣除资格的公益性社会组织名单		
75	金龙鱼慈善公益基金会	111	思利及人公益基金会
76	黄奕聪慈善基金会	112	华中农业大学教育发展基金会
77	中国足球发展基金会	113	慈济慈善事业基金会
78	萨马兰奇体育发展基金会	114	东风公益基金会
79	中国青少年发展基金会	115	孙冶方经济科学基金会
80	中国青年创业就业基金会	116	北京航空航天大学教育基金会
81	中国光华科技基金会	117	北京科技大学教育发展基金会
82	华阳慈善基金会	118	比亚迪慈善基金会
83	顶新公益基金会	119	波司登公益基金会
84	威盛信望爱公益基金会	120	韩美林艺术基金会
85	中国乡村发展基金会	121	兰州大学教育发展基金会
86	友成企业家乡村发展基金会	122	民生通惠公益基金会
87	中国生物多样性保护与绿色发展基金会	123	中国妇女发展基金会
88	中国科技馆发展基金会	124	中华慈善总会
89	中国禁毒基金会	125	中华国际医学交流基金会
90	中国文物保护基金会	126	中华环境保护基金会
91	中国儿童少年基金会	127	重庆大学教育发展基金会
92	中国西部人才开发基金会	128	李四光地质科学奖基金会
93	中国人权发展基金会	129	中国华文教育基金会
94	中国残疾人福利基金会	130	中国文学艺术基金会
95	中国红十字基金会	131	北京交通大学教育基金会
96	中国和平发展基金会	132	陈香梅公益基金会
97	中国职工发展基金会	133	民福社会福利基金会
98	中国金融教育发展基金会	134	南航"十分"关爱基金会
99	中信改革发展研究基金会	135	中国法律援助基金会
100	中华文学基金会	136	中国志愿服务基金会
101	中国应急救援人员关爱和矿山尘肺病防治基金会	137	中诚公益创投发展促进中心
102	中国发展研究基金会	138	智惠乡村志愿服务中心
103	中国经济改革研究基金会	139	国际儒学联合会
104	中华见义勇为基金会	140	中国乡村发展志愿服务促进会
105	顺丰公益基金会	141	中华志愿者协会
106	中华国际科学交流基金会	142	中国社会组织促进会
107	中国滋根乡村教育与发展促进会	143	中国肢残人协会
108	中国孔子基金会	144	中国青年志愿者协会
109	安利公益基金会	145	中国政策科学研究会
110	中国教育发展基金会		

十九、税金、罚款、滞纳金

97. 企业发生的哪些税金可以在企业所得税税前扣除

答：企业所得税中所称准予在计算应纳税所得额时可以扣除的税金，是指企业发生的除企业所得税和允许抵扣的增值税以外的各项税金及附加。

政策依据

一、《中华人民共和国企业所得税法》第八条

企业实际发生的与取得收入有关的、合理的支出，包括成本、费用、税金、损失和其他支出，准予在计算应纳税所得额时扣除。

二、《中华人民共和国企业所得税法实施条例》第三十一条

企业所得税法第八条所称税金，是指企业发生的除企业所得税和允许抵扣的增值税以外的各项税金及其附加。

三、《中华人民共和国企业所得税法实施条例》第二十八条

企业发生的支出应当区分收益性支出和资本性支出。收益性支出在发生当期直接扣除；资本性支出应当分期扣除或者计入有关资产成本，不得在发生当期直接扣除。

98. 税务稽查补缴的城建税和教育附加费能否在企业所得税申报时税前扣除

答：城建税和教育费附加属于准予在计算应纳税所得额时可以扣除的税金（具体规定见问题97），企业补缴的城建税和教育费附加应进行专项申报和说明，追补至发生年度计算扣除，但追补确认期限不超过五年。

政策依据

《国家税务总局关于企业所得税应纳税所得额若干税务处理问题的公告》（国家税务总局公告2012年第15号）第六条

关于以前年度发生应扣未扣支出的税务处理问题，根据《中华人民共和国税收征收管理法》的有关规定，对企业发现以前年度实际发生的、按照税收规定应在企业所得税前扣除而未扣除或者少扣除的支出，企业做出专项申报及说明后，准予追补至该项目发生年度计算扣除，但追补确认期限不得超过5年。

99. 企业车辆因违章缴纳罚款取得的票据可否税前扣除

答：车辆违章罚款属于行政性罚款，不得税前扣除。

政策依据

《中华人民共和国企业所得税法》第十条

在计算应纳税所得额时，下列支出不得扣除：

（一）向投资者支付的股息、红利等权益性投资收益款项；

（二）企业所得税税款；

（三）税收滞纳金；

（四）罚金、罚款和被没收财物的损失；

（五）本法第九条规定以外的捐赠支出；

（六）赞助支出；

（七）未经核定的准备金支出；
（八）与取得收入无关的其他支出。

100. 税收滞纳金是否可以税前扣除

答：根据《中华人民共和国企业所得税法》第十条规定，税收滞纳金不得在计算应纳税所得额时扣除。

101. 相关文件规定"税收滞纳金"不得税前扣除，但延期交社保滞纳金是否可以税前扣除

答：一般情况下，社会保险费支出不属于税收滞纳金，可以在企业所得税前扣除，但在实际操作中各地税务机关对于此问题执行口径不一致。

《福建省国家税务局关于企业所得税若干问题处理意见的通知》第十八条"社会保险费滞纳金能否税前扣除问题"的处理意见为："根据《社会保险费征缴暂行条例》（国务院令第259号）有关规定收取的社会保险费滞纳金，比照税收滞纳金，不予税前扣除。"

《河南省地方税务局2013年度企业所得税汇算清缴有关问题解答》第十二条"企业延期支付的社保费产生的滞纳金能否税前扣除？"处理意见为："依据《企业所得税法》规定不能税前扣除的滞纳金仅限于税收滞纳金，因此，企业延期支付的社保费产生的滞纳金可以税前扣除。"

国家税务总局天津市税务局2021年5月12日热点信件问题："企业缴纳的社保费滞纳金是否可以税前扣除？"答复的处理情况为："可以。根据《中华人民共和国企业所得税法》第十条规定，在计算应纳税所得额时，税收滞纳金不得扣除。由于企业缴纳的社保费滞纳金不属于税收滞纳金，因此社保费滞纳金可以在税前扣除。"

其他地区社保费、滞纳金是否可以税前扣除请咨询当地税务机关。

政策依据

一、《中华人民共和国企业所得税法》（主席令第二十三号）第八条

企业实际发生的与取得收入有关的、合理的支出，包括成本、费用、税金、损失和其他支出，准予在计算应纳税所得额时扣除。

二、《中华人民共和国企业所得税法》第十条

在计算应纳税所得额时，下列支出不得扣除：

（一）向投资者支付的股息、红利等权益性投资收益款项；
（二）企业所得税税款；
（三）税收滞纳金；
（四）罚金、罚款和被没收财物的损失；
（五）本法第九条规定以外的捐赠支出；

二十、税前扣除凭证

102. 税前扣除凭证概述

根据《国家税务总局关于发布〈企业所得税税前扣除凭证管理办法〉的公告》（国家税务总局公告2018年第28号）规定，税前扣除凭证的概念、适用范围、原则、分类等如表4-26所示。

表 4-26　企业所得税税前扣除凭证概况

项目		相关规定
税前扣除凭证		指企业在计算企业所得税应纳税所得额时,证明与取得收入有关的、合理的支出实际发生,并据以税前扣除的各类凭证
适用范围		企业所得税法及其实施条例规定的居民企业和非居民企业
基本原则	真实性	指税前扣除凭证反映的经济业务真实,且支出已经实际发生
	合法性	指税前扣除凭证的形式、来源符合国家法律、法规等相关规定
	关联性	指税前扣除凭证与其反映的支出相关联且有证明力
分类	内部凭证	指企业自制用于成本、费用、损失和其他支出核算的会计原始凭证。内部凭证的填制和使用应当符合国家会计法律、法规等相关规定
	外部凭证	指企业发生经营活动和其他事项时,从其他单位、个人取得的用于证明其支出发生的凭证,包括但不限于发票(包括纸质发票和电子发票)、财政票据、完税凭证、收款凭证、分割单等
境内支出	增值税应税项目	1. 对方为已办理税务登记的增值税纳税人,其支出以发票(包括按照规定由税务机关代开的发票)作为税前扣除凭证
		2. 对方为依法无需办理税务登记的单位或者从事小额零星经营业务的个人,其支出以税务机关代开的发票或者收款凭证及内部凭证作为税前扣除凭证,收款凭证应载明收款单位名称、个人姓名及身份证号、支出项目、收款金额等相关信息。 小额零星经营业务的判断标准是个人从事应税项目经营业务的销售额不超过增值税相关政策规定的起征点。 注:根据财税〔2016〕36号规定,增值税起征点幅度如下: (一)按期纳税的,为月销售额5 000~20 000元(含本数); (二)按次纳税的,为每次(日)销售额300~500元(含本数)
境内支出	增值税应税项目	3. 税务总局对应税项目开具发票另有规定的,以规定的发票或者票据作为税前扣除凭证
	非应税项目	对方为单位的,以对方开具的发票以外的其他外部凭证作为税前扣除凭证;如财政票据、收款凭证、完税凭证等
		对方为个人的,以内部凭证作为税前扣除凭证
境外支出		企业从境外购进货物或者劳务发生的支出,以对方开具的发票或者具有发票性质的收款凭证、相关税费缴纳凭证作为税前扣除凭证。 注:《中华人民共和国发票管理办法》第三十三条规定,单位和个人从中国境外取得的与纳税有关的发票或者凭证,税务机关在纳税审查时有疑义的,可以要求其提供境外公证机构或者注册会计师的确认证明,经税务机关审核认可后,方可作为记账核算的凭证
不得作为税前扣除凭证		企业取得私自印制、伪造、变造、作废、开票方非法取得、虚开、填写不规范等不符合规定的发票,以及取得不符合国家法律、法规等相关规定的其他外部凭证
未取得合规凭证的补救措施		1. 若支出真实且已实际发生,应当在当年度汇算清缴期结束前,要求对方补开、换开发票、其他外部凭证。补开、换开后的发票、其他外部凭证符合规定的,可以作为税前扣除凭证
		2. 企业在补开、换开发票、其他外部凭证过程中,因对方注销、撤销、依法被吊销营业执照、被税务机关认定为非正常户等特殊原因无法补开、换开发票、其他外部凭证的,可凭以下资料证实支出真实性后,其支出允许税前扣除: (一)无法补开、换开发票、其他外部凭证原因的证明资料(包括工商注销、机构撤销、列入非正常经营户、破产公告等证明资料); (二)相关业务活动的合同或者协议; (三)采用非现金方式支付的付款凭证; (四)货物运输的证明资料; (五)货物入库、出库内部凭证; (六)企业会计核算记录以及其他资料。 前款第一项至第三项为必备资料
		3. 未能补开、换开符合规定的发票、其他外部凭证,并且未能按照规定提供相关资料证实其支出真实性的,相应支出不得在发生年度税前扣除

(续表)

项目	相关规定
税前扣除与扣除凭证的关系	企业发生支出,应取得税前扣除凭证,作为计算企业所得税应纳税所得额时扣除相关支出的依据
相关的资料留存	企业应将与税前扣除凭证相关的资料,包括合同协议、支出依据、付款凭证等留存备查,以证实税前扣除凭证的真实性
取得扣除凭证的时间	企业应在当年度企业所得税法规定的汇算清缴期结束前取得税前扣除凭证
以前年度支出的税务处理	企业以前年度应当取得而未取得发票、其他外部凭证,且相应支出在该年度没有税前扣除的,在以后年度取得符合规定的发票、其他外部凭证或者按照规定提供可以证实其支出真实性的相关资料,相应支出可以追补至该支出发生年度税前扣除,但追补年限不得超过五年
分摊费用的扣除凭证	1. 企业与其他企业(包括关联企业)、个人在境内共同接受应纳增值税劳务(以下简称"应税劳务")发生的支出,采取分摊方式的,应当按照独立交易原则进行分摊,企业以发票和分割单作为税前扣除凭证,共同接受应税劳务的其他企业以企业开具的分割单作为税前扣除凭证
	2. 企业与其他企业、个人在境内共同接受非应税劳务发生的支出,采取分摊方式的,企业以发票外的其他外部凭证和分割单作为税前扣除凭证,共同接受非应税劳务的其他企业以企业开具的分割单作为税前扣除凭证
	3. 企业租用(包括企业作为单一承租方租用)办公、生产用房等资产发生的水、电、燃气、冷气、暖气、通信线路、有线电视、网络等费用,出租方作为应税项目开具发票的,企业以发票作为税前扣除凭证;出租方采取分摊方式的,企业以出租方开具的其他外部凭证作为税前扣除凭证

103. 新企业未成立前发生筹建费用,取得抬头为出资方的税前扣除凭证,新企业成立后,能否作为新企业开办费税前扣除

答: 考虑到新企业在筹建期间未办理工商登记和税务登记,其发生的筹建费用由出资方或筹备组垫付,税前扣除凭证抬头为出资方或筹备组符合经营常规,因此在确认筹建支出真实且与筹备的新企业相关的情况下,可凭抬头为出资方或筹备组的扣除凭证在新企业税前扣除。

来源:国家税务总局北京市税务局 2019 年《企业所得税实务操作政策指引》附件《企业所得税实务操作政策指引(第一期)》。

一、《中华人民共和国企业所得税法》第八条

企业实际发生的与取得收入有关的、合理的支出,包括成本、费用、税金、损失和其他支出,准予在计算应纳税所得额时扣除。

104. 企业购买的防护物资如口罩、防护服、消毒液等,无法取得发票的,能否在税前扣除

答: 企业发生支出,应当取得税前扣除凭证。购买防护物资如口罩、防护服、消毒液等属于增值税应税项目,企业在境内发生的支出项目属于增值税应税项目税前扣除凭证的规定表 4-27 所示。

表 4-27　增值税应税项目税前扣除凭证规定

序号	对方身份性质	扣除凭证	特殊要求
1	已办理税务登记的增值税纳税人	发票(包括按照规定由税务机关代开的发票)	—
2	依法无需办理税务登记的单位或者从事小额零星经营业务的个人	税务机关代开的发票或者收款凭证及内部凭证	收款凭证应载明收款单位名称、个人姓名及身份证号、支出项目、收款金额等相关信息

注：小额零星业务判断标准是个人从事应税项目经营业务的销售额不超过增值税相关政策规定的起征点，详细规定见问题 105。

《国家税务总局关于发布〈企业所得税税前扣除凭证管理办法〉的公告》(国家税务总局公告 2018 年第 28 号)第五条、第九条

第五条　企业发生支出，应取得税前扣除凭证，作为计算企业所得税应纳税所得额时扣除相关支出的依据。

……

第九条　企业在境内发生的支出项目属于增值税应税项目(以下简称"应税项目")的，对方为已办理税务登记的增值税纳税人，其支出以发票(包括按照规定由税务机关代开的发票)作为税前扣除凭证；对方为依法无需办理税务登记的单位或者从事小额零星经营业务的个人，其支出以税务机关代开的发票或者收款凭证及内部凭证作为税前扣除凭证，收款凭证应载明收款单位名称、个人姓名及身份证号、支出项目、收款金额等相关信息。

小额零星经营业务的判断标准是个人从事应税项目经营业务的销售额不超过增值税相关政策规定的起征点。

税务总局对应税项目开具发票另有规定的，以规定的发票或者票据作为税前扣除凭证。

105. 国家税务总局公告 2018 年第 28 号中规定的"小额零星业务"判断标准什么

答：所得税司 2019 年答复辽宁省税务局："《企业所得税税前扣除凭证管理办法》第九条规定，小额零星经营业务的判断标准是个人从事应税项目经营业务的销售额不超过增值税相关政策规定的起征点。考虑到小规模增值税纳税人符合条件可以享受免征增值税优惠政策，根据《中华人民共和国增值税暂行条例》及实施细则、《财政部　税务总局关于实施小微企业普惠性税收减免政策的通知》(财税〔2019〕13 号)规定，小额零星经营业务可按以下标准判断：按月纳税的，月销售额不超过 10 万元；按次纳税的，每次(日)销售额不超过 300~500 元。"

自 2021 年 4 月 1 日至 2022 年 12 月 31 日，增值税小规模纳税人免征增值税政策已提升至月销售额 15 万元。小额零星业务判断标准具体规定如表 4-28 所示。

表 4-28　小额零星业务的判断标准

序号	纳税期限	判断标准	备注
1	按次纳税	次(日)销售额不超过 300~500 元	2011 年 11 月 1 日至今
2	按月纳税	月销售额不超过 10 万元	2019 年 1 月 1 日—2021 年 3 月 31 日
		月销售额不超过 15 万元	2021 年 4 月 1 日—2022 年 12 月 31 日

第四章 扣　　除

 **政策依据**

一、《国家税务总局关于发布〈企业所得税税前扣除凭证管理办法〉的公告》(国家税务总局公告2018年第28号)第九条

企业在境内发生的支出项目属于增值税应税项目(以下简称"应税项目")的,对方为已办理税务登记的增值税纳税人,其支出以发票(包括按照规定由税务机关代开的发票)作为税前扣除凭证;对方为依法无需办理税务登记的单位或者从事小额零星经营业务的个人,其支出以税务机关代开的发票或者收款凭证及内部凭证作为税前扣除凭证,收款凭证应载明收款单位名称、个人姓名及身份证号、支出项目、收款金额等相关信息。

小额零星经营业务的判断标准是个人从事应税项目经营业务的销售额不超过增值税相关政策规定的起征点。

税务总局对应税项目开具发票另有规定的,以规定的发票或者票据作为税前扣除凭证。

二、《中华人民共和国增值税暂行条例实施细则》第三十七条

增值税起征点的适用范围限于个人。

增值税起征点的幅度规定如下:

(一)销售货物的,为月销售额5 000~2万元;

(二)销售应税劳务的,为月销售额5 000~2万元;

(三)按次纳税的,为每次(日)销售额300~500元。

前款所称销售额,是指本细则第三十条第一款所称小规模纳税人的销售额。

省、自治区、直辖市财政厅(局)和国家税务局应在规定的幅度内,根据实际情况确定本地区适用的起征点,并报财政部、国家税务总局备案。

三、《国家税务总局关于增值税小规模纳税人减免增值税等政策有关征管事项的公告》(国家税务总局公告2023年第1号)第一条

增值税小规模纳税人(以下简称小规模纳税人)发生增值税应税销售行为,合计月销售额未超过10万元(以1个季度为1个纳税期的,季度销售额未超过30万元,下同)的,免征增值税。

小规模纳税人发生增值税应税销售行为,合计月销售额超过10万元,但扣除本期发生的销售不动产的销售额后未超过10万元的,其销售货物、劳务、服务、无形资产取得的销售额免征增值税。

106. 企业为员工做核酸检测费用进行报销,员工取得的是个人名字抬头门诊收费票据,票据有财政部监制章,可以作为企业税前扣除凭证吗

答:可以作为企业所得税税前扣除凭证

来源:国家税务总局12366纳税服务平台。

107. 收到的商场发票,上面品名开具"预付卡",能否做税前列支

答:根据《企业所得税法》第八条规定,企业实际发生的与取得收入有关的、合理的支出,包括成本、费用、税金、损失和其他支出,准予在计算应纳税所得额时扣除。企业在购进预付卡后,先计入"预付账款"科目,在实际使用、发放时,凭借相关内外部凭证,证明预付卡所有权发生了转移的,根据使用用途进行归类,按规定税前扣除。

购进预付卡的税务处理如图4-23所示。

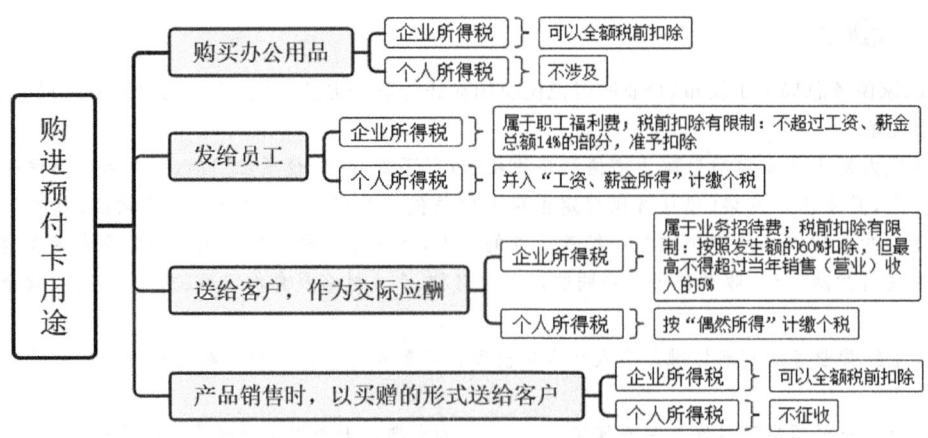

图 4-23 购进预付卡的税务处理

108. 个人抬头票据是否可以税前扣除

答：税法中并未对企业取得个人抬头票据税前扣除作出明确规定，纳税人可以参照以下地方税务机关对于相关问题的答复及解读。福建省税务局在回复相关问题时答复：

与企业取得应税收入相关的支出可以税前扣除，个人发生部分消费支出，虽然取得的是以其个人名称为抬头的发票，但一般同时符合以下两个条件的，可以按规定在企业所得税税前扣除。

（1）如果企业取得发票或有效凭证抬头为员工个人的，是由客观原因决定的某些支出，发票抬头只能开员工个人而无法开具给企业；

（2）相关的支出是企业的生产经营活动引起的，应该由企业负担。即根据收入相关性原则，从根源和性质上来说个人费用是为了企业取得收入发生的必要支出，应由公司承担。

国家税务总局北京市税务局也对具体可以税前扣除的个人抬头票据做了解读。

个人抬头凭证属于可税前扣除凭证，前提是与企业经营活动有关，符合真实性及合理性等税前扣除原则，常见但不限于以下：

（1）允许税前扣除的医药费票据；

（2）机票和火车票、出差过程的人身意外保险费；

（3）符合职工教育费范围的职业技能鉴定、职业资格认证等经费支出；

（4）员工入职前到医疗机构体检费票据；

（5）企业为因公出差的员工报销，个人抬头的财政收据的签证费；

（6）允许税前扣除的外籍个人的住房补贴，员工凭发票实报实销，但由于是员工个人与业主签订租赁合同，发票抬头为个人。

具体票据是否可以税前扣除，需咨询各地主管税务机关。

政策依据

一、《中华人民共和国企业所得税法》第八条

企业实际发生的与取得收入有关的、合理的支出，包括成本、费用、税金、损失和其他支出，准予在计算应纳税所得额时扣除。

二、《国家税务总局关于印发〈新企业所得税法精神宣传提纲〉的通知》（国税函〔2008〕159号）第十二条

支出税前扣除相关性是指与取得收入直接相关的支出。对相关性的具体判断一般是从支出发生的根源和性质方面进行分析,而不是看费用支出的结果。

109. 收到加油站、超市开具的卷筒发票未加盖发票专用章,能否税前扣除

答:《中华人民共和国发票管理办法》第二十二条规定,开具发票应该加盖发票专用章。另外,所谓加油站、超市开具的卷筒发票很可能只是销售水单,不是发票,请到加油站、超市换取发票后,按规定在税前扣除。

110. 公司员工出国考察期间取得的国外票据,能否税前扣除

答:企业实际发生的从境外购进货物或劳务的支出,取得的国外票据可以作为税前扣除票据。税务机关在纳税审查时有疑义的,须提供境外公证机构或注册会计师的确认证明,经税务机关审核认可后,税前扣除。

一、《中华人民共和国企业所得税法》第八条

企业实际发生的与取得收入有关的、合理的支出,包括成本、费用、税金、损失和其他支出,准予在计算应纳税所得额时扣除。

二、《企业所得税税前扣除凭证管理办法》第十一条

企业从境外购进货物或者劳务发生的支出,以对方开具的发票或者具有发票性质的收款凭证、相关税费缴纳凭证作为税前扣除凭证。

三、《国务院关于修改〈中华人民共和国发票管理办法〉的决定》(国务院令 2010 年第 587 号)第三十三条

单位和个人从中国境外取得的与纳税有关的发票或者凭证,税务机关在纳税审查时有疑义的,可以要求其提供境外公证机构或者注册会计师的确认证明,经税务机关审核认可后,方可作为记账核算的凭证。

111. 集团公司与子公司等共同发生的住宿费、会议费等能否使用分割单作为扣除凭证

答:根据《国家税务总局关于发布〈企业所得税税前扣除凭证管理办法〉的公告》(国家税务总局公告 2018 年第 28 号)第十八条规定:"企业与其他企业(包括关联企业)、个人在境内共同接受应纳增值税劳务(以下简称'应税劳务')发生的支出,采取分摊方式的,应当按照独立交易原则进行分摊,企业以发票和分割单作为税前扣除凭证,共同接受应税劳务的其他企业以企业开具的分割单作为税前扣除凭证。"

因此,子公司可以用发票复印件和分割单作为企业所得税税前扣除凭证。

来源:国家税务总局福建省税务局。

112. 企业取得的增值税专用发票丢失,可否用开票企业的发票记账联复印件作为税前扣除凭证

答:当前税务已经实现增值税专用发票及机动车销售统一发票报税信息的共享共用。纳税人丢失发票的发票联、抵扣联后,可凭相应发票的其他基本联次复印件,作为增值税进项税额的抵扣凭证、退税凭证或记账凭证,具体规定如表 4-29 所示。

表 4-29 增值税专用发票丢失情况下相关扣除凭证规定

序号	丢失联次	相关处理	
1	丢失抵扣联	相应发票的发票联复印件	抵扣凭证或退税凭证
2	丢失发票联	抵扣联复印件	记账凭证
3	同时丢失发票联和抵扣联	加盖销售方发票专用章的相应发票记账联复印件	抵扣凭证、退税凭证或记账凭证

政策依据

《国家税务总局关于增值税发票综合服务平台等事项的公告》(国家税务总局公告 2020 年第 1 号)第四条

纳税人同时丢失已开具增值税专用发票或机动车销售统一发票的发票联和抵扣联,可凭加盖销售方发票专用章的相应发票记账联复印件,作为增值税进项税额的抵扣凭证、退税凭证或记账凭证。

纳税人丢失已开具增值税专用发票或机动车销售统一发票的抵扣联,可凭相应发票的发票联复印件,作为增值税进项税额的抵扣凭证或退税凭证;纳税人丢失已开具增值税专用发票或机动车销售统一发票的发票联,可凭相应发票的抵扣联复印件,作为记账凭证。

113. 企业当年度实际发生的相关成本、费用,由于各种原因未能及时取得该成本、费用等有效凭证的,在企业所得税季度预缴和汇算清缴时,应分别如何处理

答:季度预缴时可暂按账面发生金额进行核算;汇算清缴时应补充提供有效凭证,否则不得税前扣除。

政策依据

《国家税务总局关于企业所得税若干问题的公告》(国家税务总局公告 2011 年第 34 号)第六条

企业当年度实际发生的相关成本、费用,由于各种原因未能及时取得该成本、费用的有效凭证,企业在预缴季度所得税时,可暂按账面发生金额进行核算;但在汇算清缴时,应补充提供该成本、费用的有效凭证。

二十一、其他

114. 企业取得免税收入对应发生的成本、费用可以在税前扣除吗

答:可以税前扣除。

政策依据

《国家税务总局关于贯彻落实企业所得税法若干税收问题的通知》(国税函〔2010〕79 号)第六条

关于免税收入所对应的费用扣除问题,根据《实施条例》第二十七条、第二十八条的规定,企业取得的各项免税收入所对应的各项成本费用,除另有规定者外,可以在计算企业应纳税所得额时扣除。

115. 不征税收入用于支出所形成的费用,是否可以在企业所得税税前扣除

答:不可以税前扣除。

注:关于不征税收入的具体含义见第三章第二节表 3-3 不征税收入及具体含义。

 政策依据

一、《中华人民共和国企业所得税法实施条例》(中华人民共和国国务院令第512号)第二十八条

企业的不征税收入用于支出所形成的费用或者财产，不得扣除或者计算对应的折旧、摊销扣除。

二、《财政部 国家税务总局关于财政性资金、行政事业性收费、政府性基金有关企业所得税政策问题的通知》(财税〔2008〕151号)第三条

企业的不征税收入用于支出所形成的费用，不得在计算应纳税所得额时扣除；企业的不征税收入用于支出所形成的资产，其计算的折旧、摊销不得在计算应纳税所得额时扣除。

116. 企业缴纳的政府性基金和行政事业性收费是否可以在企业所得税前扣除

答： 根据《财政部 国家税务总局关于财政性资金行政事业性收费政府性基金有关企业所得税政策问题的通知》(财税〔2008〕151号)第二条规定，企业按照规定缴纳的、由国务院或财政部批准设立的政府性基金以及由国务院和省、自治区、直辖市人民政府及其财政、价格主管部门批准设立的行政事业性收费，准予在计算应纳税所得额时扣除。企业缴纳的不符合上述审批管理权限设立的基金、收费，不得在计算应纳税所得额时扣除。

117. 电商向顾客发的红包能否所得税税前扣除

答： 符合企业实际发生的与收入有关的、合理的支出，可以税前扣除。但需要注意企业应取得相关税前扣除凭证，如付款明细、活动安排等其他内外部凭证作为相关支出的依据。

例如，天津国税2016年度企业所得税汇算清缴相关问题执行口径中规定：

企业举办促销活动，并通过网络支付平台（例如，"财付通"）将促销奖金支付给获奖的消费者，对企业发生的上述奖励支出，可以凭以下资料在税前扣除：

1. 企业促销活动的安排；
2. 企业将奖金拨入网络支付平台时，网络支付平台企业出具的收款明细；
3. 网络支付平台企业将奖金拨入获奖消费者在该平台账户的拨付款项明细；
4. 企业代扣代缴获奖消费者个人所得税的纳税凭证。

其他地区具体需要提供哪些资料，请咨询当地税务主管部门。

政策依据

一、《中华人民共和国企业所得税法》第八条

企业实际发生的与取得收入有关的、合理的支出，包括成本、费用、税金、损失和其他支出，准予在计算应纳税所得额时扣除。

二、《国家税务总局关于发布〈企业所得税税前扣除凭证管理办法〉的公告》(国家税务总局公告2018年第28号)第八条

税前扣除凭证按照来源分为内部凭证和外部凭证。

内部凭证是指企业自制用于成本、费用、损失和其他支出核算的会计原始凭证。内部凭证的填制和使用应当符合国家会计法律、法规等相关规定。

外部凭证是指企业发生经营活动和其他事项时，从其他单位、个人取得的用于证明其支出发生的凭证，包括但不限于发票（包括纸质发票和电子发票）、财政票据、完税凭证、收款凭证、分割单等。

118. 某公司向境外企业支付费用,合同约定境外企业不承担境内增值税和附加税以及预提企业所得税,境外企业按照收到的实际收入即不含税的金额开具发票,企业承担的相应税费能否税前扣除

答: 如果境外企业开具的发票或者具有发票性质的收款凭证(以下统称形式发票)载明的金额包含境内企业代扣代缴的增值税和附加税以及预提企业所得税(以下统称代扣代缴税费),说明境外企业取得的收入为含税收入,境内企业支出包含代扣代缴税费,境内企业承担的境外企业税费实为境内企业应向境外企业支付的款项,因此允许境内企业将这部分支出从税前扣除;如果境外企业开具形式发票载明的金额不包含境内企业代扣代缴税费,说明境外企业取得的收入为不含税收入,境内企业的此笔支出应为不含税支出,境内企业负担的税费从性质和根源分析不属于其应承担的支出,与取得收入不直接相关,因此这部分支出不得税前扣除。

来源:北京市税务局企业所得税实务操作政策指引(第一期)。

第三节 税法与会计的差异

一、职工薪酬方面税法与会计的差异

会计和税法对工资、职工福利、工会经费、职工教育经费都存在差异,具体情况如表 4-30 所示。

表 4-30 职工薪酬方面税法与会计的差异

项目	会计	税法	差异
工资薪金	《企业会计准则第9号——职工薪酬》规定,企业为获得职工提供的服务而给予的各种形式的报酬,并计入当期损益,其他会计准则要求或允许计入资产成本的除外	1.《企业所得税法实施条例》第三十四条规定,企业发生的合理的工资、薪金支出,准予扣除 2.《国家税务总局关于企业工资薪金及职工福利费扣除问题的通知》(国税函〔2009〕3号)第一条规定,税务机关在对工资薪金进行合理性确认时,可按以下原则掌握: (1) 企业制订了较为规范的员工工资薪金制度 (2) 企业所制订的工资薪金制度符合行业及地区水平 (3) 企业在一定时期所发放的工资薪金是相对固定的,工资薪金的调整是有序进行的 (4) 企业对实际发放的工资薪金,已依法履行了代扣代缴个人所得税义务 (5) 有关工资薪金的安排,不以减少或逃避税款为目的	税法上界定的工资薪金的范围比会计窄,不符合税法上规定的合理的工资、薪金,税前扣除需要调整 (详见本章问题9:工资薪金的概念)
职工福利费	《企业会计准则第9号——职工薪酬》第九条规定,企业发生的职工福利费,应当在实际发生时根据实际发生额计入当期损益或相关资产成本。职工福利费为非货币性福利的,应当按照公允价值计量	《企业所得税法实施条例》第四十条规定,企业发生的职工福利费支出,不超过工资、薪金总额14%的部分,准予扣除	当企业职工福利费超过税法上规定的工资、薪金总额14%的部分,税前扣除需要纳税调整

(续表)

项目	会计	税法	差异
工会经费	《企业会计准则第9号——职工薪酬》规定，企业应当在职工为其提供服务的会计期间，将按规定提取的工会经费计入当期损益或相关成本	《企业所得税法实施条例》第四十一条规定，企业拨缴的工会经费，不超过工资、薪金总额2%的部分，准予扣除	当企业提取的工会经费超过税法上规定的工资、薪金总额2%的部分，税前扣除需要纳税调整
职工教育经费	《企业会计准则第9号——职工薪酬》规定，企业应当在职工为其提供服务的会计期间，将实际发生的职工教育经费计入当期损益或相关成本	《企业所得税法实施条例》第四十二条规定，除国务院财政、税务主管部门另有规定外，企业发生的职工教育经费支出，不超过工资、薪金总额8%的部分，准予扣除；超过部分，准予在以后纳税年度结转扣除	超过税法上规定的工资、薪金总额8%的部分，税前扣除需纳税调整，属于暂时性差异，准予结转以后年度扣除

二、费用方面税法与会计的差异

会计和税法对广告费、业务宣传费、业务招待费、利息、技术开发费用等方面存在差异，具体情况如表4-31所示。

表4-31 费用方面税法与会计的差异

项目	会计	税法	差异
广告费、业务宣传费	《企业会计准则应用指南——会计科目和主要账务处理》规定，广告费、业务宣传费计入销售费用科目，属于当期损益	《企业所得税法实施条例》第四十四条规定，企业发生的符合条件的广告费和业务宣传费支出，除国务院财政、税务主管部门另有规定外，不超过当年销售（营业）收入15%的部分，准予扣除；超过部分，准予在以后纳税年度结转扣除	超过税法规定允许扣除的部分，税前扣除需纳税调整，属于暂时性差异，可以结转以后年度扣除
业务招待费	《企业会计准则应用指南——会计科目和主要账务处理》规定，业务招待费应计入管理费用科目，属于当期损益	《企业所得税法实施条例》第四十三条规定，企业发生的与生产经营活动有关的业务招待费支出，按照发生额的60%扣除，但最高不得超过当年销售（营业）收入的5‰	超过税法规定允许扣除的部分，税前扣除需纳税调整
手续费及佣金支出	《企业会计准则应用指南——会计科目和主要账务处理》规定，手续费及佣金支出应计入销售费用科目，属于当期损益	财政部 税务总局公告2019年第72号第一条、财税〔2009〕29号第一条规定 （1）保险企业发生与其经营活动有关的手续费及佣金支出，不超过当年全部保费收入扣除退保金等后余额的18%（含本数）的部分，在计算应纳税所得额时准予扣除；超过部分，允许结转以后年度扣除 （2）其他企业：按与具有合法经营资格中介服务机构或个人（不含交易双方及其雇员、代理人和代表人等）所签订服务协议或合同确认的收入金额的5%计算限额	税法对手续费及佣金支出税前扣除有限额，超过限额部分需纳税调整
利息支出	《企业会计准则应用指南——会计科目和主要账务处理》规定，除资本化的利息外，利息支出应计入财务费用科目，属于当期损益	《企业所得税法实施条例》第三十八条规定，企业在生产经营活动中发生的下列利息支出，准予扣除： （1）非金融企业向金融企业借款的利息支出、金融企业的各项存款利息支出和同业拆借利息支出、企业经批准发行债券的利息支出； （2）非金融企业向非金融企业借款的利息支出，不超过按照金融企业同期同类贷款利率计算的数额的部分	税法对非金融企业向非金融企业借款的利息支出税前扣除有限额，超过税法规定的限额不允许扣除

(续表)

项目	会计	税法	差异
技术开发费用	《企业会计准则应用指南——会计科目和主要账务处理》规定,除技术开发费用计入资本化外,应计入管理费用,属于当期损益	根据《财政部 税务总局关于进一步完善研发费用税前加计扣除政策的公告》(财政部 税务总局公告2023年第7号)第一条规定,企业开展研发活动中实际发生的研发费用,未形成无形资产计入当期损益的,在按规定据实扣除的基础上,自2023年1月1日起,再按照实际发生额的100%在税前加计扣除;形成无形资产的,自2023年1月1日起,按照无形资产成本的200%在税前摊销。	税法上允许技术开发费用可以全额税前扣除外,另外再可以加计100%扣除;所以,加计的100%就是税会差异

第四节 申报实务

一、申报表概况及变化

企业所得税扣除类纳税申报主要填列成本费用明细表,具体如图4-24所示。

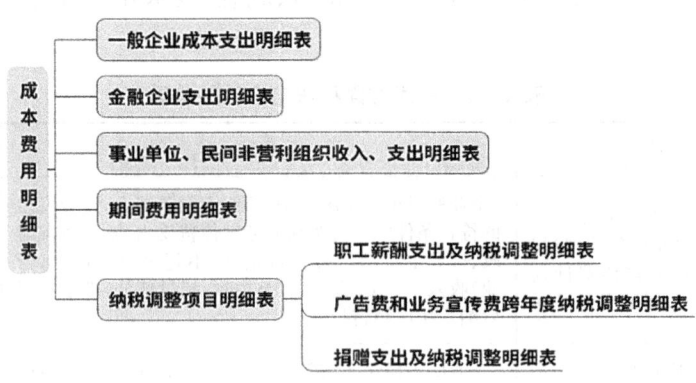

图4-24 成本费用明细表

2024年汇算清缴未对成本费用相关报表进行修改。

二、一般企业成本支出明细表的填报

本表适用于除金融企业、事业单位和民间非营利组织外的企业填报。纳税人应根据国家统一会计制度的规定,填报"主营业务成本""其他业务成本"和"营业外支出"。

(一)有关项目填报说明

1. 第1行"营业成本":填报纳税人主要经营业务和其他经营业务发生的成本总额。本行根据"主营业务成本"和"其他业务成本"的数额计算填报。

2. 第2行"主营业务成本":根据不同行业的业务性质分别填报纳税人核算的主营业务成本。

3. 第3行"销售商品成本":填报纳税人从事工业制造、商品流通、农业生产以及其他商品销售活动发生的主营业务成本。房地产开发企业销售开发产品(销售未完工开发产品除外)发生的成本也在此行填报。

4. 第4行"其中:非货币性资产交换成本":填报纳税人发生的非货币性资产交换按照国家

统一会计制度应确认的销售商品成本。

5. 第5行"提供劳务成本":填报纳税人从事建筑安装、修理修配、交通运输、仓储租赁、邮电通信、咨询经纪、文化体育、科学研究、技术服务、教育培训、餐饮住宿、中介代理、卫生保健、社区服务、旅游、娱乐、加工以及其他劳务活动发生的主营业务成本。

6. 第6行"建造合同成本":填报纳税人建造房屋、道路、桥梁、水坝等建筑物,以及生产船舶、飞机、大型机械设备等发生的主营业务成本。

7. 第7行"让渡资产使用权成本":填报纳税人在主营业务成本核算的,让渡无形资产使用权而发生的使用费成本以及出租固定资产、无形资产、投资性房地产发生的租金成本。

8. 第8行"其他":填报纳税人按照国家统一会计制度核算、上述未列举的其他主营业务成本。

9. 第9行"其他业务成本":根据不同行业的业务性质分别填报纳税人按照国家统一会计制度核算的其他业务成本。

10. 第10行"销售材料成本":填报纳税人销售材料、下脚料、废料、废旧物资等发生的成本。

11. 第11行"其中:非货币性资产交换成本":填报纳税人发生的非货币性资产交换按照国家统一会计制度应确认的材料销售成本。

12. 第12行"出租固定资产成本":填报纳税人将固定资产使用权让与承租人形成的出租固定资产成本。

13. 第13行"出租无形资产成本":填报纳税人让渡无形资产使用权形成的出租无形资产成本。

14. 第14行"包装物出租成本":填报纳税人出租、出借包装物形成的包装物出租成本。

15. 第15行"其他":填报纳税人按照国家统一会计制度核算,上述未列举的其他业务成本。

16. 第16行"营业外支出":填报纳税人计入本科目核算的与生产经营无直接关系的各项支出。

17. 第17行"非流动资产处置损失":填报纳税人处置非流动资产形成的净损失。

18. 第18行"非货币性资产交换损失":填报纳税人发生非货币性资产交换应确认的净损失。

19. 第19行"债务重组损失":填报纳税人进行债务重组应确认的净损失。

20. 第20行"非常损失":填报纳税人在营业外支出中核算的各项非正常的财产损失。

21. 第21行"捐赠支出":填报纳税人无偿给予其他企业、组织或个人的货币性资产、非货币性资产的捐赠支出。

22. 第22行"赞助支出":填报纳税人发生的货币性资产、非货币性资产赞助支出。

23. 第23行"罚没支出":填报纳税人在日常经营管理活动中对外支付的各项罚款、没收收入的支出。

24. 第24行"坏账损失":填报纳税人发生的各项坏账损失。(该项目为使用小企业会计准则企业填报)

25. 第25行"无法收回的债券股权投资损失":填报纳税人各项无法收回的债券股权投资损失。(该项目为使用小企业会计准则企业填报)

26. 第26行"其他":填报纳税人本期实际发生的在营业外支出核算的其他损失及支出。

(二) 表内、表间关系

第一,表内关系。

1. 第 1 行＝第 2＋9 行。
2. 第 2 行＝第 3＋5＋6＋7＋8 行。
3. 第 9 行＝第 10＋12＋13＋14＋15 行。
4. 第 16 行＝第 17＋18＋…＋26 行。

第二,表间关系。

1. 第 1 行＝表 A100000 第 2 行。
2. 第 16 行＝表 A100000 第 12 行。

案例 4-1

银华公司于 2×20 年 11 月 1 日接受一项产品安装任务,安装期 3 个月,合同总收入 30 万元,至年底已预收款项 22 万元,实际发生成本 14 万元,估计还会发生 6 万元的成本。假设不考虑其他相关税费。

【思路导航】

1. 银华公司 2×20 年该项业务会计应确认多少成本?
2. 银华公司 2×20 年该项业务企业所得税是否确认成本?如何进行纳税申报?

【解析】

1. 会计处理

按已经发生的成本占估计总成本的比例确定劳务的完工进度。

实际发生的成本占估计成本的比例＝140 000÷(140 000＋60 000)×100％＝70％

2×20 年确认的提供劳务成本＝20×70％－0＝14(万元)

2. 税务处理

依据《国家税务总局关于确认企业所得税收入若干问题的通知》(国税函〔2008〕875 号)第二条第(三)款规定:"企业应按照提供劳务估计总成本乘以完工进度扣除以前纳税期间累计已确认劳务成本后的金额,结转为当期劳务成本。"2×20 年应确认成本 14 万元。

3. 2×20 年度银华公司企业所得税汇算清缴填报示范

第一步:填报《A102010 一般企业成本支出明细表》(表 4-32)。

表 4-32　A102010 一般企业成本支出明细表

单位:元

行次	项目	金额
1	一、营业成本(2＋9)	140 000
2	（一）主营业务成本(3＋5＋6＋7＋8)	140 000
3	1. 销售商品成本	
4	其中:非货币性资产交换成本	
5	2. 提供劳务成本	140 000
6	3. 建造合同成本	
7	4. 让渡资产使用权成本	

(续表)

行次	项目	金额
8	5.其他	
9	(二)其他业务成本(10+12+13+14+15)	
10	1.销售材料成本	
11	其中:非货币性资产交换成本	
12	2.出租固定资产成本	
13	3.出租无形资产成本	
14	4.包装物出租成本	
15	5.其他	
16	二、营业外支出(17+18+19+20+21+22+23+24+25+26)	
17	(一)非流动资产处置损失	
18	(二)非货币性资产交换损失	
19	(三)债务重组损失	
20	(四)非常损失	
21	(五)捐赠支出	
22	(六)赞助支出	
23	(七)罚没支出	
24	(八)坏账损失	
25	(九)无法收回的债券股权投资损失	
26	(十)其他	

第二步:填报主表(表4-33)。

表4-33　A100000 中华人民共和国企业所得税年度纳税申报表(A类)

单位:元

行次	类别	项目	金　额
1	利润总额计算	一、营业收入(填写 A101010\101020\103000)	
2		减:营业成本(填写 A102010\102020\103000)	140 000

 4-2

甲企业2×20营业外支出账户发生如下业务:

1.违反与乙企业签订的合约支付违约金5 000元;

2.支付银行罚息2 000元;

3.支付消防罚款1 500元。

【思路导航】

1.甲企业2×20年上述业务能否在税前扣除?

2.甲企业上述业务如何进行2×20年度纳税申报?

【解析】

1.税务处理

甲企业支付的违约金5 000元、银行罚息2 000元可以在税前扣除;支付消防罚款1 500元不能在税前扣除。年度企业所得税汇算清缴时应作纳税调增处理。

2.2×20年度甲企业企业所得税汇算清缴填报示范

第一步:填报《A102010 一般企业成本支出明细表》(表4-34)。

表4-34　A102010 一般企业成本支出明细表

单位:元

行次	项目	金额
16	二、营业外支出(17+18+19+20+21+22+23+24+25+26)	
23	(七)罚没支出	1 500
26	(十)其他	7 000

第二步:填报《A105000 纳税调整项目明细表》(表4-35)。

表4-35　A105000 纳税调整项目明细表

单位:元

行次	项目	账载金额	税收金额	调增金额	调减金额
		1	2	3	4
12	二、扣除类调整项目(13+14+…24+26+27+28+29+30)	*	*		
19	(七)罚金、罚款和被没收财物的损失	1 500	*	1 500	*

第三步:自动生成主表相关行次数据。

三、金融企业支出明细表的填报

本表(表4-36)适用于执行企业会计准则的金融企业纳税人填报,包括银行(信用社)、保险公司、证券公司等金融企业。纳税人根据企业会计准则的规定填报"营业支出""营业外支出"。金融企业发生的业务及管理费填报表A104000《期间费用明细表》(表4-38)第1列"销售费用"相应的行次。

一、有关项目填报说明

1.第1行"营业支出":填报金融企业提供金融商品服务发生的支出。

2.第2行"银行业务支出":填报纳税人从事银行业务发生的支出。

3.第3行"银行利息支出":填报纳税人经营存贷款业务等发生的利息支出,包括同业存放、向中央银行借款、拆入资金、吸收存款、卖出回购金融资产、发行债券和其他业务利息支出。

4.第11行"银行手续费及佣金支出":填报纳税人发生的与银行业务活动相关的各项手续费、佣金等支出。

5.第15行"保险业务支出":填报保险企业发生的与保险业务相关的费用支出。

6.第16行"退保金":填报保险企业寿险原保险合同提前解除时按照约定应当退还投保人

的保单现金价值。

7. 第17行"赔付支出":填报保险企业支付的原保险合同赔付款项和再保险合同赔付款项。

8. 第18行"减:摊回赔付支出":填报保险企业(再保险分出人)向再保险接受人摊回的赔付成本。

9. 第19行"提取保险责任准备金":填报保险企业提取的原保险合同保险责任准备金,包括提取的未决赔款准备金、提取的寿险责任准备金、提取的长期健康责任准备金。

10. 第20行"减:摊回保险责任准备金":填报保险企业(再保险分出人)从事再保险业务应向再保险接受人摊回的保险责任准备金,包括未决赔款准备金、寿险责任准备金、长期健康险责任准备金。

11. 第21行"保单红利支出":填报保险企业按原保险合同约定支付给投保人的红利。

12. 第22行"分保费用":填报保险企业(再保险接受人)向再保险分出人支付的分保费用。

13. 第23行"减:摊回分保费用":填报保险企业(再保险分出人)向再保险接受人摊回的分保费用。

14. 第24行"保险业务手续费及佣金支出":填报保险企业发生的与其保险业务活动相关的各项手续费、佣金支出。

15. 第25行"证券业务支出":填报纳税人从事证券业务发生的证券手续费支出和其他证券业务支出。

16. 第26行"证券业务手续费及佣金支出":填报纳税人代理承销、兑付和买卖证券等业务发生的各项手续费、风险结算金、承销业务直接相关的各项费用及佣金支出。

17. 第30行"其他证券业务支出":填报纳税人从事除经纪、自营和承销业务以外的与证券有关的业务支出。

18. 第31行"其他金融业务支出":填报纳税人提供除银行业、保险业、证券业以外的金融商品服务发生的相关业务支出。

19. 第32行"其他业务成本":填报纳税人发生的除主营业务活动以外的其他经营活动发生的支出。

20. 第33行"营业外支出":填报纳税人发生的各项营业外支出,包括非流动资产处置损失、非货币性资产交换损失、债务重组损失、捐赠支出、非常损失等。

21. 第34行"非流动资产处置损失":填报纳税人处置非流动资产形成的净损失。

22. 第35行"非货币性资产交换损失":填报纳税人发生非货币性资产交换应确认的净损失。

23. 第36行"债务重组损失":填报纳税人进行债务重组应确认的净损失。

24. 第37行"捐赠支出":填报纳税人无偿给予其他企业、组织或个人的货币性资产、非货币性资产的捐赠支出。

25. 第38行"非常损失":填报纳税人在营业外支出中核算的各项非正常的财产损失。

26. 第39行"其他":填报纳税人本期实际发生的在营业外支出核算的其他损失及支出。

二、表内、表间关系

(一)表内关系

1. 第1行=第2+15+25+31+32行。

2. 第2行=第3+11行。

3. 第 3 行＝第 4＋5＋…＋10 行。
4. 第 11 行＝第 12＋13＋14 行。
5. 第 15 行＝第 16＋17－18＋19－20＋21＋22－23＋24 行。
6. 第 25 行＝第 26＋30 行。
7. 第 26 行＝第 27＋28＋29 行。
8. 第 33 行＝第 34＋35＋…39 行。

（二）表间关系

1. 第 1 行＝表 A100000 第 2 行。
2. 第 33 行＝表 A100000 第 12 行。

表 4-36　A102020 金融企业支出明细表

行次	项目	金额
1	一、营业支出(2＋15＋25＋31＋32)	
2	（一）银行业务支出(3＋11)	
3	1.银行利息支出(4＋5＋6＋7＋8＋9＋10)	
4	(1) 同业存放	
5	(2) 向中央银行借款	
6	(3) 拆入资金	
7	(4) 吸收存款	
8	(5) 卖出回购金融资产	
9	(6) 发行债券	
10	(7) 其他	
11	2.银行手续费及佣金支出(12＋13＋14)	
12	(1) 手续费支出	
13	(2) 佣金支出	
14	(3) 其他	
15	（二）保险业务支出(16＋17－18＋19－20＋21＋22－23＋24)	
16	1.退保金	
17	2.赔付支出	
18	减:摊回赔付支出	
19	3.提取保险责任准备金	
20	减:摊回保险责任准备金	
21	4.保单红利支出	
22	5.分保费用	
23	减:摊回分保费用	
24	6.保险业务手续费及佣金支出	
25	（三）证券业务支出(26＋30)	
26	1.证券业务手续费及佣金支出(27＋28＋29)	

(续表)

行次	项目	金额
27	（1）证券经纪业务手续费支出	
28	（2）佣金支出	
29	（3）其他	
30	2. 其他证券业务支出	
31	（四）其他金融业务支出	
32	（五）其他业务成本	
33	二、营业外支出(34＋35＋36＋37＋38＋39)	
34	（一）非流动资产处置损失	
35	（二）非货币性资产交换损失	
36	（三）债务重组损失	
37	（四）捐赠支出	
38	（五）非常损失	
39	（六）其他	

四、事业单位、民间非营利组织支出明细表的填报

本表（表4-37）适用于实行事业单位会计准则的事业单位以及执行民间非营利组织会计制度的社会团体、民办非企业单位、非营利性组织等查账征收居民纳税人填报。纳税人应根据事业单位会计准则、民间非营利组织会计制度的规定，填报"事业单位支出""民间非营利组织支出"等。

一、有关项目填报说明

18. 第18行"事业单位支出"：填报纳税人发生的所有支出总额（含不征税收入形成的支出），按照会计核算口径填报。

19. 第19行"事业支出"：填报纳税人开展专业业务活动及其辅助活动发生的支出，包括工资、补助工资、职工福利费、社会保障费、助学金、公务费、业务费、设备购置费、修缮费和其他费用。

20. 第20行"上缴上级支出"：填报纳税人按照财政部门和主管部门的规定上缴上级单位的支出。

21. 第21行"对附属单位补助支出"：填报纳税人用财政补助收入之外的收入对附属单位补助发生的支出。

22. 第22行"经营支出"：填报纳税人在专业业务活动及其辅助活动之外开展非独立核算经营活动发生的支出。

23. 第23行"其他支出"：填报纳税人除本表第19行至第22行项目以外的支出，包括利息支出、捐赠支出、现金盘亏损失、资产处置损失、接受捐赠（调入）非流动资产发生的税费支出等。

第24行至第28行由执行民间非营利组织会计制度的纳税人填报。

24. 第24行"民间非营利组织支出"：填报纳税人发生的所有支出总额。按照会计核算口径填报。

25. 第25行"业务活动成本":填报民间非营利组织为了实现其业务活动目标、开展某项目活动或者提供劳务所发生的费用。

26. 第26行"管理费用":填报民间非营利组织为组织和管理其业务活动所发生的各项费用,包括民间非营利组织董事会(或者理事会或者类似权力机构)经费和行政管理人员的工资、奖金、津贴、福利费、住房公积金、住房补贴、社会保障费、离退休人员工资与补助,以及办公费、水电费、邮电费、物业管理费、差旅费、折旧费、修理费、无形资产摊销费、存货盘亏损失、资产减值损失、因预计负债所产生的损失、聘请中介机构费和应偿还的受赠资产等。

27. 第27行"筹资费用":填报民间非营利组织为筹集业务活动所需资金而发生的费用,包括民间非营利组织获得捐赠资产而发生的费用以及应当计入当期费用的借款费用、汇兑损失(减汇兑收益)等。民间非营利组织为了获得捐赠资产而发生的费用包括举办募款活动费,准备、印刷和发放募款宣传资料费以及其他与募款或者争取捐赠有关的费用。

28. 第28行"其他费用":填报民间非营利组织发生的、无法归属到上述业务活动成本、管理费用或者筹资费用中的费用,包括固定资产处置净损失、无形资产处置净损失等。

二、表内、表间关系

(一)表内关系

4. 第18行=第19+20+21+22+23行。

5. 第24行=第25+26+27+28行。

(二)表间关系

4. 第19+20+21+22行或第25+26+27行=表A100000第2行。

5. 第23行或第28行=表A100000第12行。

表4-37 A103000 事业单位、民间非营利组织支出明细表

行次	项目	金额
18	三、事业单位支出(19+20+21+22+23)	
19	(一)事业支出	
20	(二)上缴上级支出	
21	(三)对附属单位补助支出	
22	(四)经营支出	
23	(五)其他支出	
24	四、民间非营利组织支出(25+26+27+28)	
25	(一)业务活动成本	
26	(二)管理费用	
27	(三)筹资费用	
28	(四)其他费用	

五、期间费用明细表的填报

本表适用于执行企业会计准则、小企业会计准则、企业会计制度、分行业会计制度的查账征收居民纳税人填报。纳税人应根据企业会计准则、小企业会计准则、企业会计、分行业会计制度规定,填报"销售费用""管理费用"和"财务费用"等项目。

一、有关项目填报说明

1. 第1列"销售费用"：填报在销售费用科目进行核算的相关明细项目的金额，其中金融企业填报在业务及管理费科目进行核算的相关明细项目的金额。

2. 第2列"其中：境外支付"：填报在销售费用科目进行核算的向境外支付的相关明细项目的金额，其中金融企业填报在业务及管理费科目进行核算的相关明细项目的金额。

3. 第3列"管理费用"：填报在管理费用科目进行核算的相关明细项目的金额。

4. 第4列"其中：境外支付"：填报在管理费用科目进行核算的向境外支付的相关明细项目的金额。

5. 第5列"财务费用"：填报在财务费用科目进行核算的有关明细项目的金额。

6. 第6列"其中：境外支付"：填报在财务费用科目进行核算的向境外支付的有关明细项目的金额。

7. 第1行至第25行：根据费用科目核算的具体项目金额进行填报，如果贷方发生额大于借方发生额，应填报负数。

8. 第26行第1列：填报第1行至第25行第1列的合计金额。

9. 第26行第2列：填报第1行至第25行第2列的合计金额。

10. 第26行第3列：填报第1行至第25行第3列的合计金额。

11. 第26行第4列：填报第1行至第25行第4列的合计金额。

12. 第26行第5列：填报第1行至第25行第5列的合计金额。

13. 第26行第6列：填报第1行至第25行第6列的合计金额。

二、表内、表间关系

（一）表内关系

1. 第26行第1列＝第1列第1＋2＋…＋20＋25行。

2. 第26行第2列＝第2列第2＋3＋6＋11＋15＋16＋18＋19＋25行。

3. 第26行第3列＝第3列第1＋2＋…＋20＋24＋25行。

4. 第26行第4列＝第4列第2＋3＋6＋11＋15＋16＋18＋19＋25行。

5. 第26行第5列＝第5列第6＋21＋22＋23＋25行。

6. 第26行第6列＝第6列第6＋21＋22＋25行。

（二）表间关系

1. 第26行第1列＝表A100000第4行。

2. 第26行第3列＝表A100000第5行。

3. 第26行第5列＝表A100000第6行。

案例 4-3

A公司是一家进出口贸易企业，代理国外某产品在国内的销售。为拓展销售业务，公司发展了一批"中间人"为公司联系各地客户，并分别与这些中间人签订劳务协议，年末向中间人支付佣金。2×20年A公司营业收入2 000万元，签订服务协议确认的收入600万元，"销售费用"列支佣金100万元。

【思路导航】

1. 税法规定佣金的计提基数是多少？2×20年允许税前扣除的佣金是多少？

2. A公司如何进行2×20年度纳税申报？

【解析】

1. 税务处理

根据《财政部 国家税务总局关于企业手续费及佣金支出税前扣除政策的通知》（财税〔2009〕29号）规定，佣金按与具有合法经营资格中介服务机构或个人（不含交易双方及其雇员、代理人和代表人等）所签订服务协议或合同确认的收入金额的5%计算限额。A公司2×20年允许扣的佣金为30万元（600×5%）。

2. 2×20年度A公司企业所得税汇算清缴填报示范

第一步：填报《A104000期间费用明细表》（表4-38）。

表4-38 A104000期间费用明细表

单位：元

行次	项目	销售费用	其中：境外支付	管理费用	其中：境外支付	财务费用	其中：境外支付
		1	2	3	4	5	6
1	一、职工薪酬		*		*	*	*
2	二、劳务费					*	*
3	三、咨询顾问费					*	*
4	四、业务招待费		*		*	*	*
5	五、广告费和业务宣传费		*		*	*	*
6	六、佣金和手续费	1 000 000					
7	七、资产折旧摊销费		*		*	*	*
8	八、财产损耗、盘亏及毁损损失		*		*	*	*
9	九、办公费		*		*	*	*
10	十、董事会费		*		*	*	*
11	十一、租赁费					*	*
12	十二、诉讼费		*		*	*	*
13	十三、差旅费		*		*	*	*
14	十四、保险费		*			*	*
15	十五、运输、仓储费					*	*
16	十六、修理费					*	*
17	十七、包装费				*	*	*
18	十八、技术转让费					*	*
19	十九、研究费用					*	*
20	二十、各项税费		*		*	*	*
21	二十一、利息收支	*	*	*	*		
22	二十二、汇兑差额	*	*	*	*		
23	二十三、现金折扣	*	*	*	*		*
24	二十四、党组织工作经费	*	*	*	*		*
25	二十五、其他						
26	合计（1+2+3+…25）						

第二步：填报《A105000 纳税调整项目明细表》（表 4-39）。

表 4-39 A105000 纳税调整项目明细表

单位：元

行次	项目	账载金额 1	税收金额 2	调增金额 3	调减金额 4
12	二、扣除类调整项目（13＋14＋…24＋26＋27＋28＋29＋30）	*	*		
23	（十一）佣金和手续费支出（保险企业填写 A105060）	1 000 000	300 000	700 000	

第三步：自动生成主表相关行次数据。

六、纳税调整项目明细表的填报（节选）

本表（表 4-40）由纳税人根据税法、相关税收规定以及国家统一会计制度的规定，填报企业所得税涉税事项的会计处理、税务处理以及纳税调整情况。

一、有关项目填报说明

纳税人按照"扣除类调整项目""特殊事项调整项目""特别纳税调整应税所得""其他"六类分项填报，汇总计算出纳税"调增金额"和"调减金额"的合计金额。

数据栏分别设置"账载金额""税收金额""调增金额""调减金额"四个栏次。"账载金额"是指纳税人按照国家统一会计制度规定核算的项目金额。"税收金额"是指纳税人按照税收规定计算的项目金额。

对需填报下级明细表的纳税调整项目，其"账载金额""税收金额""调增金额""调减金额"根据相应附表进行计算填报。

（二）扣除类调整项目

12. 第 12 行"二、扣除类调整项目"：根据第 13 行至第 30 行（不含第 25 行）填报。

13. 第 13 行"（一）视同销售成本"：根据《视同销售和房地产开发企业特定业务纳税调整明细表》（A105010）填报。第 2 列"税收金额"填报表 A105010 第 11 行第 1 列金额。第 4 列"调减金额"填报表 A105010 第 11 行第 2 列的绝对值。

14. 第 14 行"（二）职工薪酬"：根据《职工薪酬支出及纳税调整明细表》（A105050）填报。第 1 列"账载金额"填报表 A105050 第 13 行第 1 列金额。第 2 列"税收金额"填报表 A105050 第 13 行第 5 列金额。若表 A105050 第 13 行第 6 列≥0，第 3 列"调增金额"填报表 A105050 第 13 行第 6 列金额。若表 A105050 第 13 行第 6 列＜0，第 4 列"调减金额"填报表 A105050 第 13 行第 6 列金额的绝对值。

15. 第 15 行"（三）业务招待费支出"：第 1 列"账载金额"填报纳税人会计核算计入当期损益的业务招待费金额。第 2 列"税收金额"填报按照税收规定允许税前扣除的业务招待费支出的金额。第 3 列"调增金额"填报第 1—2 列金额。

16. 第 16 行"（四）广告费和业务宣传费支出"：根据《广告费和业务宣传费等跨年度纳税调整明细表》（A105060）填报。若表 A105060 第 12 行第 1 列≥0，第 3 列"调增金额"填报表 A105060 第 12 行第 1 列金额。若表 A105060 第 12 行第 1 列＜0，第 4 列"调减金额"填报表 A105060 第 12 行第 1 列金额的绝对值。

17. 第 17 行"（五）捐赠支出"：根据《捐赠支出及纳税调整明细表》（A105070）填报。第 1 列"账载金额"填报表 A105070 合计行第 1 列金额。第 2 列"税收金额"填报表 A105070 合计行第4列金额。第3列"调增金额"填报表A105070合计行第5列金额。第4列"调减金额"填报表A105070合计行第6列金额。

18. 第18行"（六）利息支出"：第1列"账载金额"填报纳税人向非金融企业借款，会计核算计入当期损益的利息支出的金额。发行永续债的利息支出不在本行填报。第2列"税收金额"填报按照税收规定允许税前扣除的利息支出的金额。若第1列≥第2列，第3列"调增金额"填报第1－2列金额。若第1列＜第2列，第4列"调减金额"填报第1－2列金额的绝对值。

19. 第19行"（七）罚金、罚款和被没收财物的损失"：第1列"账载金额"填报纳税人会计核算计入当期损益的罚金、罚款和被没收财物的损失，不包括纳税人按照经济合同规定支付的违约金（包括银行罚息）、罚款和诉讼费。第3列"调增金额"填报第1列金额。

20. 第20行"（八）税收滞纳金、加收利息"：第1列"账载金额"填报纳税人会计核算计入当期损益的税收滞纳金、加收利息。第3列"调增金额"填报第1列金额。

21. 第21行"（九）赞助支出"：第1列"账载金额"填报纳税人会计核算计入当期损益的不符合税收规定的公益性捐赠的赞助支出的金额，包括直接向受赠人的捐赠、赞助支出等（不含广告性的赞助支出，广告性的赞助支出在表A105060中填报）。第3列"调增金额"填报第1列金额。

22. 第22行"（十）与未实现融资收益相关在当期确认的财务费用"：第1列"账载金额"填报纳税人会计核算的与未实现融资收益相关并在当期确认的财务费用的金额。第2列"税收金额"填报按照税收规定允许税前扣除的金额。若第1列≥第2列，3列"调增金额"填报第1－2列金额。若第1列＜第2列，第4列"调减金额"填报第1－2列金额的绝对值。

23. 第23行"（十一）佣金和手续费支出"：除保险企业之外的其他企业直接填报本行，第1列"账载金额"填报纳税人会计核算计入当期损益的佣金和手续费金额，第2列"税收金额"填报按照税收规定允许税前扣除的佣金和手续费支出金额，第3列"调增金额"填报第1－2列金额，第4列"调减金额"不可填报。保险企业根据《广告费和业务宣传费等跨年度纳税调整明细表》（A105060）填报，第1列"账载金额"填报表A105060第1行第2列。若表A105060第3行第2列≥第6行第2列，第2列"税收金额"填报A105060第6行第2列的金额；若表A105060第3行第2列＜第6行第2列，第2列"税收金额"填报A105060第3行第2列＋第9行第2列的金额。若表A10506012行第2列≥0，第3列"调增金额"填报表A105060第12行第2列金额。若表A10506012行第2列＜0，第4列"调减金额"填报表A105060第12行第2列金额的绝对值。

24. 第24行"（十二）不征税收入用于支出所形成的费用"：第3列"调增金额"填报符合条件的不征税收入用于支出所形成的计入当期损益的费用化支出金额。

25. 第25行"专项用途财政性资金用于支出所形成的费用"：根据《专项用途财政性资金纳税调整明细表》（A105040）填报。第3列"调增金额"填报表A105040第7行第11列金额。

26. 第26行"（十三）跨期扣除项目"：填报维简费、安全生产费用、预提费用、预计负债等跨期扣除项目调整情况。第1列"账载金额"填报纳税人会计核算计入当期损益的跨期扣除项目金额。第2列"税收金额"填报按照税收规定允许税前扣除的金额。若第1列≥第2列，第3列"调增金额"填报第1－2列金额。若第1列＜第2列，第4列"调减金额"填报第1－2列金额的绝对值。

27. 第27行"（十四）与取得收入无关的支出"：第1列"账载金额"填报纳税人会计核算计入当期损益的与取得收入无关的支出的金额。第3列"调增金额"填报第1列金额。

28. 第28行"(十五)境外所得分摊的共同支出"：根据《境外所得纳税调整后所得明细表》(A108010)填报。第3列"调增金额"填报表A108010合计行第16+17列金额。

29. 第29行"(十六)党组织工作经费"：填报纳税人根据有关文件规定，为创新基层党建工作、建立稳定的经费保障制度发生的党组织工作经费及纳税调整情况。

30. 第30行"(十七)其他"：填报其他因会计处理与税收规定有差异需纳税调整的扣除类项目金额，企业将货物、资产、劳务用于捐赠、广告等用途时，进行视同销售纳税调整后，对应支出的会计处理与税收规定有差异需纳税调整的金额填报在本行。若第1列≥第2列，第3列"调增金额"填报第1－2列金额。若第1列＜第2列，4列"调减金额"填报第1－2列金额的绝对值。

......

(六) 其他

52. 第45行"六、其他"：填报其他会计处理与税收规定存在差异需纳税调整的项目金额，包括企业执行《企业会计准则第14号——收入》(财会〔2017〕22号发布)产生的税会差异纳税调整金额。

53. 第46行"合计"：填报第1+12+31+36+44+45行的合计金额。

二、表内、表间关系

(一) 表内关系

2. 第12行=第13+14+…+23+24+26+27+28+29+30行。

(二) 表间关系

5. 第13行第2列=表A105010第11行第1列；第13行第4列=表A105010第11行第2列的绝对值。

6. 第14行第1列=表A105050第13行第1列；第14行第2列=表A105050第13行第5列；若表A105050第13行第6列≥0，第14行第3列=表A105050第13行第6列；若表A105050第13行第6列＜0，第14行第4列=表A105050第13行第6列的绝对值。

7. 若表A105060第12行第1列≥0，第16行第3列=表A105060第12行第1列，若表A105060第12行第1列＜0，第16行第4列=表A105060第12行第1列的绝对值。

8. 第17行第1列=表A105070合计行第1列；第17行第2列=表A105070合计行第4列；第17行第3列=表A105070合计行第5列；第17行第4列=表A105070合计行第6列。

9. 保险企业：第23行第1列=表A105060第1行第2列。若表A105060第3行第2列≥第6行第2列，第2列=表A105060第6行第2列；若表A105060第3行第2列＜第6行第2列，第2列=表A105060第3行第2列+第9行第2列。若表A105060第12行第2列≥0，第3列=表A105060第12行第2列。若表A105060第12行第2列＜0，第4列=表A105060第12行第2列的绝对值。

10. 第25行第3列=表A105040第7行第11列。

11. 第28行第3列=表A108010第10行第16+17列。

> 【案例】4-4

甲公司于2×19年10月开始筹建，2×19年12月31日筹建完成，2×20年1月1日开始生产经营。假设筹建期间共发生如下9项费用：

(1) 企业登记、验资、公证等费用11万元；

(2) 筹建人员工资、福利费、差旅费等50万元；

(3) 筹建人员培训费 40 万元；

(4) 业务招待费支出 20 万元；

(5) 广告费支出 30 万元；

(6) 其他与筹建有关的费用（办公费等）10 万元；

(7) 建造厂房支出 500 万元；

(8) 购置设备支出 200 万元；

(9) 投资方为筹建企业进行调查、洽谈发生的差旅费、咨询费、招待费等支出 15 万元。

【思路导航】

1. 甲公司按《企业会计准则》规定应确认的开办费是多少？

2. 甲公司按《企业所得税法》规定应确认的开办费是多少？如何在税前扣除？如何进行纳税申报？

【解析】

1. 会计处理

依照《企业会计准则》应用指南中对"管理费用"科目会计处理规定：企业在筹建期间发生的开办费，包括人员工资、办公费、培训费、差旅费、印刷费、注册登记费以及不计入固定资产成本的借款费用等。甲公司在筹建期间应确认的开办费为 161 万元（11＋50＋40＋20＋30＋10）。企业在筹建期间建造厂房支出、购置设备支出以及投资方为筹建发生的调查、洽谈支出不属于开办费的范围。

2. 税务处理

依据《企业所得税法》及相关规定，甲公司在筹建期间应确认的开办费为 153 万元（11＋50＋40＋20×60%＋30＋10）。对于企业发生的开办费，可以在税前一次性扣除，也可以不低于 3 年分期扣除。

3. 2×20 年度甲公司企业所得税汇算清缴填报示范

1) 如果企业选择开办费一次性在税前扣除

第一步：填报《A105000 纳税调整项目明细表》第 30 行次（表 4-40）。

表 4-40　A105000 纳税调整项目明细表

单位：元

行次	项目	账载金额	税收金额	调增金额	调减金额
		1	2	3	4
12	二、扣除类调整项目（13＋14＋…24＋26＋27＋28＋29＋30）	*	*		
13	（一）视同销售成本（填写 A105010）	*		*	
14	（二）职工薪酬（填写 A105050）				
15	（三）业务招待费支出				*
16	（四）广告费和业务宣传费支出（填写 A105060）	*	*		
17	（五）捐赠支出（填写 A105070）				
18	（六）利息支出				
19	（七）罚金、罚款和被没收财物的损失			*	*
20	（八）税收滞纳金、加收利息			*	*
21	（九）赞助支出			*	
22	（十）与未实现融资收益相关在当期确认的财务费用				

(续表)

行次	项目	账载金额 1	税收金额 2	调增金额 3	调减金额 4
23	(十一)佣金和手续费支出(保险企业填写A105060)				
24	(十二)不征税收入用于支出所形成的费用	*	*		*
25	其中:专项用途财政性资金用于支出所形成的费用(填写A105040)	*	*		*
26	(十三)跨期扣除项目				
27	(十四)与取得收入无关的支出		*		*
28	(十五)境外所得分摊的共同支出	*	*		*
29	(十六)党组织工作经费				
30	(十七)其他	0	1530 000	*	1530 000

第二步:自动生成主表相关行次数据。

2)如果企业选择开办费分3年在税前扣除

第一步:填报《A105000 纳税调整项目明细表》(表4-41)。

表4-41 A105000 纳税调整项目明细表

单位:元

行次	项目	账载金额 1	税收金额 2	调增金额 3	调减金额 4
12	二、扣除类调整项目(13+14+…24+26+27+28+29+30)	*	*		
30	(十七)其他	0	510 000	*	510 000

第二步:自动生成主表相关行次数据。

2×21年、2×22年《A105000 纳税调整项目明细表》的填报与2×20年相同。

案例 4-5

A企业2×20年度实现主营业务收入20 000万元,其他业务收入2 000万元,营业外收入200万元,投资收益300万元。本年度在管理费用中列支与企业生产经营活动有关的业务招待费400万元,在销售费用中列支与企业生产经营活动有关的业务招待费300万元。

【思路导航】

1. A企业2×20年发生的业务招待费如何税前扣除?

2. A企业2×20年业务招待费如何进行纳税申报?

【解析】

1. 税务处理

企业发生的与生产经营活动有关的业务招待费支出,按照发生额的60%扣除,但最高不得超过当年销售(营业)收入的5‰。

业务招待费按照发生额的60%扣除,扣除额为420万元(700×60%)。

业务招待费扣除限额计算基数 = 20 000 + 2 000 = 22 000(万元)

按销售收入5‰计算,业务招待费税前扣除数额为110万元(22 000×5‰),110万元<420万元,所以业务招待费企业所得税税前扣除限额为110万元,应纳税调增590万元(700—

110)。

2. 2×20 年度 A 公司企业所得税汇算清缴填报示范

第一步：填报《A104000 期间费用明细表》(表 4-42)。

表 4-42　A104000 期间费用明细表

单位：元

行次	项　目	销售费用	其中：境外支付	管理费用	其中：境外支付	财务费用	其中：境外支付
		1	2	3	4	5	6
4	四、业务招待费	3 000 000	*	4 000 000	*	*	*

第二步：填报《A105000 纳税调整项目明细表》(表 4-43)。

表 4-43　A105000　纳税调整项目明细表

单位：元

行次	项目	账载金额	税收金额	调增金额	调减金额
		1	2	3	4
12	二、扣除类调整项目(13+14+…24+26+27+28+29+30)	*	*		
15	（三）业务招待费支出	7 000 000	1 100 000	5 900 000	*

第三步：自动生成主表相关行次数据。

案例 4-6

华新公司 2×20 年"财务费用"账户借方反映本年发生借款利息 220 万元，具体借款情况为：

(1) 2×20 年 1 月 1 日，向工商银行借款 500 万元，年利率为 8%；

(2) 2×20 年 1 月 1 日，向甲企业(无关联关系)借款 500 万元，年利率为 12%；

(3) 2×20 年 1 月 1 日，向职工(无关联关系)集资 1 000 万元，年利率为 12%。

经核实，上述借款均用于生产经营，企业提供同期同类贷款利率为 8%。

【思路导航】

1. 华新公司 2×20 年允许税前扣除的利息是多少？

2. 华新公司如何进行 2×20 年度纳税申报？

【解析】

1. 税务处理

依据《企业所得税法》及相关规定，华新公司 2×20 年向工行银行借款利息可以在税前据实扣除；向甲企业借款、向职工集资不超过 8%的部分可以在税前扣除，超过部分年度汇算清缴时调增应纳税所得额。

2×20 的年允许税前扣除的利息=40+40+80=160(万元)

2. 2×20 的年度新华公司企业所得税汇算清缴填报示范

第一步：填报《A104000 期间费用明细表》(表 4-44)。

表 4-44　A104000 期间费用明细表

单位:元

行次	项目	销售费用	其中:境外支付	管理费用	其中:境外支付	财务费用	其中:境外支付
		1	2	3	4	5	6
21	二十一、利息收支	*	*	*	*	2 200 000	

第二步:填报《A105000 纳税调整项目明细表》(表 4-45)。

表 4-45　A105000 纳税调整项目明细表

单位:元

行次	项目	账载金额	税收金额	调增金额	调减金额
		1	2	3	4
12	二、扣除类调整项目(13+14+…24+26+27+28+29+30)	*	*		
18	(六)利息支出	1 800 000	1 200 000	600 000	

第三步:自动生成主表相关行次数据。

七、视同销售(营业)成本的填报

本表适用于发生视同销售纳税调整项目的纳税人填报。纳税人根据税法、《国家税务总局关于企业处置资产所得税处理问题的通知》(国税函〔2008〕828号)、《国家税务总局关于企业所得税有关问题的公告》(国家税务总局公告2016年第80号)等相关规定,以及国家统一企业会计制度,填报视同销售业务纳税调整明细表(表4-46)。

一、有关项目填报说明

11. 第11行"一、视同销售(营业)成本":填报会计处理不确认销售收入,税收规定确认为应税收入对应的视同销售成本金额。本行为第12行至第20行小计数。第1列"税收金额"填报予以税前扣除的视同销售成本金额;将第1列税收金额以负数形式填报第2列"纳税调整金额"。

12. 第12行"(一)非货币性资产交换视同销售成本":填报发生非货币性资产交换业务,会计处理不确认销售收入,税收规定确认为应税收入所对应的应予以税前扣除的视同销售成本金额。第1列"税收金额"填报予以扣除的视同销售成本金额;将第1列税收金额以负数形式填报第2列"纳税调整金额"。

13. 第13行"(二)用于市场推广或销售视同销售成本":填报发生将货物、财产用于市场推广、广告、样品、集资、销售等,会计处理不确认销售收入,税收规定确认为应税收入时,其对应的应予以税前扣除的视同销售成本金额。填列方法同第12行。

14. 第14行"(三)用于交际应酬视同销售成本":填报发生将货物、财产用于交际应酬,会计处理不确认销售收入,税收规定确认为应税收入时,其对应的应予以税前扣除的视同销售成本金额。填列方法同第12行。

15. 第15行"(四)用于职工奖励或福利视同销售成本":填报发生将货物、财产用于职工奖励或福利,会计处理不确认销售收入,税收规定确认为应税收入时,其对应的应予以税前扣除的视同销售成本金额。填列方法同第12行。

16. 第16行"(五)用于股息分配视同销售成本":填报发生将货物、财产用于股息分配,会计处理不确认销售收入,税收规定确认为应税收入时,其对应的应予以税前扣除的视同销售成本金额。填列方法同第 12 行。

17. 第 17 行"(六)用于对外捐赠视同销售成本":填报发生将货物、财产用于对外捐赠或赞助,会计处理不确认销售收入,税收规定确认为应税收入时,其对应的应予以税前扣除的视同销售成本金额。填列方法同第 12 行。

18. 第 18 行"(七)用于对外投资项目视同销售成本":填报会计处理发生将货物、财产用于对外投资,会计处理不确认销售收入,税收规定确认为应税收入时,其对应的应予以税前扣除的视同销售成本金额。填列方法同第 12 行。

19. 第 19 行"(八)提供劳务视同销售成本":填报会计处理发生对外提供劳务,会计处理不确认销售收入,税收规定确认为应税收入时,其对应的应予以税前扣除视同销售成本金额。填列方法同第 12 行。

20. 第 20 行"(九)其他":填报发生除上述列举情形外,会计处理不确认销售收入,税收规定确认为应税收入的同时,予以税前扣除视同销售成本金额。填列方法同第 12 行。

二、表内、表间关系

(一)表内关系

2. 第 11 行=第 12+13+…+20 行。

(二)表间关系

3. 第 11 行第 1 列=表 A105000 第 13 行第 2 列。

4. 第 11 行第 2 列的绝对值=表 A105000 第 13 行第 4 列。

表 4-46 A105010 视同销售业务纳税调整明细表

行次	项目	税收金额	纳税调整金额
		1	2
11	二、视同销售(营业)成本(12+13+14+15+16+17+18+19+20)		
12	(一)非货币性资产交换视同销售成本		
13	(二)用于市场推广或销售视同销售成本		
14	(三)用于交际应酬视同销售成本		
15	(四)用于职工奖励或福利视同销售成本		
16	(五)用于股息分配视同销售成本		
17	(六)用于对外捐赠视同销售成本		
18	(七)用于对外投资项目视同销售成本		
19	(八)提供劳务视同销售成本		
20	(九)其他		

八、职工薪酬支出及纳税调整明细表的填报

纳税人根据税法、《国家税务总局关于企业工资薪金及职工福利费扣除问题的通知》(国税函〔2009〕3 号)、《财政部 国家税务总局关于扶持动漫产业发展有关税收政策问题的通知》(财税〔2009〕65 号)、《财政部 国家税务总局关于进一步鼓励软件产业和集成电路产业发展企业所得税政策的通知》(财税〔2012〕27 号)、《国家税务总局关于我国居民企业实行股权激励计划有关企业所得税处理问题的公告》(国家税务总局公告 2012 年第 18 号)、《财政部 国家税务

总局 商务部 科技部 国家发展改革委关于完善技术先进型服务企业有关企业所得税政策问题的通知》(财税〔2014〕59号)、《国家税务总局关于企业工资薪金和职工福利费等支出税前扣除问题的公告》(国家税务总局公告2015年第34号)、《财政部 税务总局关于企业职工教育经费税前扣除政策的通知》(财税〔2018〕51号)等相关规定,以及国家统一企业会计制度,填报纳税人职工薪酬会计处理、税收规定,以及纳税调整情况。纳税人只要发生相关支出,不论是否纳税调整,均需填报。

(一)有关项目填报说明

1. 第1行"一、工资薪金支出":填报纳税人本年度支付给在本企业任职或者受雇的员工的所有现金形式或非现金形式的劳动报酬及其会计核算、纳税调整等金额,具体如下:

(1)第1列"账载金额":填报纳税人会计核算计入成本费用的职工工资、奖金、津贴和补贴金额。

(2)第2列"实际发生额":分析填报纳税人"应付职工薪酬"会计科目借方发生额(实际发放的工资薪金)。

(3)第5列"税收金额":填报纳税人按照税收规定允许税前扣除的金额,按照第1列和第2列分析填报。

(4)第6列"纳税调整金额":填报第1-5列金额。

2. 第2行"股权激励":适用于执行《上市公司股权激励管理办法》(中国证券监督管理委员会令第126号)的纳税人填报,具体如下:

(1)第1列"账载金额":填报纳税人按照国家有关规定建立职工股权激励计划,会计核算计入成本费用的金额。

(2)第2列"实际发生额":填报纳税人根据本年实际行权时股权的公允价格与激励对象实际行权支付价格的差额和数量计算确定的金额。

(3)第5列"税收金额":填报行权时按照税收规定允许税前扣除的金额,按第2列金额填报。

(4)第6列"纳税调整金额":填报第1-5列金额。

3. 第3行"二、职工福利费支出":填报纳税人本年度发生的职工福利费及其会计核算、纳税调整等金额,具体如下:

(1)第1列"账载金额":填报纳税人会计核算计入成本费用的职工福利费的金额。

(2)第2列"实际发生额":分析填报纳税人"应付职工薪酬"会计科目下的职工福利费实际发生额。

(3)第3列"税收规定扣除率":填报税收规定的扣除比例。

(4)第5列"税收金额":填报按照税收规定允许税前扣除的金额,按第1行第5列"工资薪金支出\税收金额"×税收规定扣除率与第1列、第2列三者孰小值填报。

(5)第6列"纳税调整金额":填报第1-5列金额。

4. 第4行"三、职工教育经费支出":填报第5行金额或者第5+6行金额。

5. 第5行"按税收规定比例扣除的职工教育经费":适用于按照税收规定职工教育经费按比例税前扣除的纳税人填报,填报纳税人本年度发生的按税收规定比例扣除的职工教育经费及其会计核算、纳税调整等金额,具体如下:

(1)第1列"账载金额"填报纳税人会计核算计入成本费用的按税收规定比例扣除的职工教育经费金额,不包括第6行"按税收规定全额扣除的职工培训费用"金额。

(2)第2列"实际发生额":分析填报纳税人"应付职工薪酬"会计科目下的职工教育经费

实际发生额,不包括第 6 行"按税收规定全额扣除的职工培训费用"金额。

(3) 第 3 列"税收规定扣除率":填报税收规定的扣除比例。

(4) 第 4 列"以前年度累计结转扣除额":填报纳税人以前年度累计结转准予扣除的职工教育经费支出余额。

(5) 第 5 列"税收金额":填报纳税人按照税收规定允许税前扣除的金额(不包括第 6 行"按税收规定全额扣除的职工培训费用"金额),按第 1 行第 5 列"工资薪金支出\税收金额"×税收规定扣除率与第 2+4 列的孰小值填报。

(6) 第 6 列"纳税调整金额":填报第 1—5 列金额。

(7) 第 7 列"累计结转以后年度扣除额":填报第 2+4－5 列金额。

6. 第 6 行"按税收规定全额扣除的职工培训费用":适用于按照税收规定职工培训费用允许全额税前扣除的纳税人填报,填报纳税人本年度发生的按税收规定全额扣除的职工培训费用及其会计核算、纳税调整等金额,具体如下:

(1) 第 1 列"账载金额":填报纳税人会计核算计入成本费用的按税收规定全额扣除的职工培训费用金额。

(2) 第 2 列"实际发生额":分析填报纳税人"应付职工薪酬"会计科目下的职工教育经费本年实际发生额中可全额扣除的职工培训费用金额。

(3) 第 3 列"税收规定扣除率":填报税收规定的扣除比例(100%)。

(4) 第 5 列"税收金额":填报按照税收规定允许税前扣除的金额,按第 2 列金额填报。

(5) 第 6 列"纳税调整金额":填报第 1—5 列金额。

7. 第 7 行"四、工会经费支出":填报纳税人本年度拨缴工会经费及其会计核算、纳税调整等金额,具体如下:

(1) 第 1 列"账载金额":填报纳税人会计核算计入成本费用的工会经费支出金额。

(2) 第 2 列"实际发生额":分析填报纳税人"应付职工薪酬"会计科目下的工会经费本年实际发生额。

(3) 第 3 列"税收规定扣除率":填报税收规定的扣除比例。

(4) 第 5 列"税收金额":填报按照税收规定允许税前扣除的金额,按第 1 行第 5 列"工资薪金支出\税收金额"×税收规定扣除率与第 1 列、第 2 列三者孰小值填报。

(5) 第 6 列"纳税调整金额":填报第 1—5 列金额。

8. 第 8 行"五、各类基本社会保障性缴款":填报纳税人依照国务院有关主管部门或者省级人民政府规定的范围和标准为职工缴纳的基本社会保险费及其会计核算、纳税调整等金额,具体如下:

(1) 第 1 列"账载金额":填报纳税人会计核算的各类基本社会保障性缴款的金额。

(2) 第 2 列"实际发生额":分析填报纳税人"应付职工薪酬"会计科目下的各类基本社会保障性缴款本年实际发生额。

(3) 第 5 列"税收金额":填报按照税收规定允许税前扣除的各类基本社会保障性缴款的金额,按纳税人依照国务院有关主管部门或者省级人民政府规定的范围和标准计算的各类基本社会保障性缴款的金额、第 1 列及第 2 列孰小值填报。

(4) 第 6 列"纳税调整金额":填报第 1—5 列金额。

9. 第 9 行"六、住房公积金":填报纳税人依照国务院有关主管部门或者省级人民政府规定的范围和标准为职工缴纳的住房公积金及其会计核算、纳税调整等金额,具体如下:

(1) 第1列"账载金额":填报纳税人会计核算的住房公积金金额。

(2) 第2列"实际发生额":分析填报纳税人"应付职工薪酬"会计科目下的住房公积金本年实际发生额。

(3) 第5列"税收金额":填报按照税收规定允许税前扣除的住房公积金金额,按纳税人依照国务院有关主管部门或者省级人民政府规定的范围和标准计算的住房公积金金额、第1列及第2列三者孰小值填报。

(4) 第6列"纳税调整金额":填报第1－5列金额。

10. 第10行"七、补充养老保险":填报纳税人为投资者或者职工支付的补充养老保险费及其会计核算、纳税调整等金额,具体如下:

(1) 第1列"账载金额":填报纳税人会计核算的补充养老保险金额。

(2) 第2列"实际发生额":分析填报纳税人"应付职工薪酬"会计科目下的补充养老保险本年实际发生额。

(3) 第3列"税收规定扣除率":填报税收规定的扣除比例。

(4) 第5列"税收金额":填报按照税收规定允许税前扣除的补充养老保险的金额,按第1行第5列"工资薪金支出\税收金额"×税收规定扣除率与第1列、第2列三者孰小值填报。

(5) 第6列"纳税调整金额":填报第1－5列金额。

11. 第11行"八、补充医疗保险":填报纳税人为投资者或者职工支付的补充医疗保险费及其会计核算、纳税调整等金额,具体如下:

(1) 第1列"账载金额":填报纳税人会计核算的补充医疗保险金额。

(2) 第2列"实际发生额":分析填报纳税人"应付职工薪酬"会计科目下的补充医疗保险本年实际发生额。

(3) 第3列"税收规定扣除率":填报税收规定的扣除比例。

(4) 第5列"税收金额":填报按照税收规定允许税前扣除的补充医疗保险的金额,按第1行第5列"工资薪金支出\税收金额"×税收规定扣除率与第1列、第2列三者孰小值填报。

(5) 第6列"纳税调整金额":填报第1－5列金额。

12. 第12行"九、其他":填报其他职工薪酬的金额及其会计核算、纳税调整等金额。

13. 第13行"合计":填报第1＋3＋4＋7＋8＋9＋10＋11＋12行金额。

(二) 表内、表间关系

1) 表内关系

1. 第4行＝第5行或第5＋6行。

2. 第13行＝第1＋3＋4＋7＋8＋9＋10＋11＋12行。

3. 第6列＝第1－5列。

4. 第7列＝第2＋4－5列。

2) 表间关系

1. 第13行第1列＝表A105000第14行第1列。

2. 第13行第5列＝表A105000第14行第2列。

3. 若第13行第6列≥0,第13行第6列＝表A105000第14行第3列;若第13行第6列＜0,第13行第6列的绝对值＝表A105000第14行第4列。

案例 4-7

甲公司 2×20 年应付工资总额为 92 万元。其中:生产部门直接生产人员工资 40 万元,生产部门管理人员工资 15 万元;管理部门人员工资 21 万元;销售部门人员工资 10 万元;建造厂房人员工 6 万元。该企业发生职工福利 18400 元,其中:生产部门直接生产人员福利费 8 000 元,生产部门管理人员福利费 3 000 元;管理部门人员福利费 4 200 元;销售部门人员福利费 2 000;建造厂房人员福利费 1 200 元。

本年度,公司按照职工工资总额的 10% 分别计提医疗保险费和住房公积金并已缴纳。公司按工资总额的 2% 和 2.5% 计提工会经费和职工教育经费并拨缴和使用,但是拨缴的工会经费没有取得合法有效凭据。公司当年发生的职工薪酬费用均已支付。

【思路导航】

1. 分析甲公司 2×20 年工资、福利费等项目的税务处理。
2. 甲公司如何进行 2×20 年度企业所得税纳税申报?

【解析】

1. 税务处理

(1) 工资的扣除。企业生产部门直接生产人员工 40 万元、管理人员工 15 万元,管理部门人员工资 21 万元,销售部门人员工资 10 万元,可以在当期税前扣除。建造厂房人员工资 6 万元属于资本化支出,应待形成资产价值后,由计提折旧或摊销的方式计入成本费用在税前扣除。

(2) 福利费的扣除。福利费扣除限额为 128 800 元(92 万×14%)。年度企业所得税汇算清缴时,企业发生的福利费应符合国税函〔2009〕3 号文件规定的范围,同时不超过工资总额 14% 的部分可以在税前扣除,超过部分不得扣除,应调增应纳税所得额。本年度企业实际发生福利费 18400 元没有超过税法规定的范围和比例。

(3) 工会经费的扣除。年度企业所得税汇算清缴时,企业拨缴的工会经费不超过工资总额 2% 的部分,同时提供合法、有效凭据,可以在税前扣除,否则不得扣除。企业本年度工会经费没有取得合法有效凭据,因此拨缴的工会经费 18 400 元不得在税前扣除。

(4) 职工教育经费的扣除。年度企业所得税汇算清缴时,企业发生的职工教育经费不超过工总额 8% 的部分可以在税前扣除,超过部分可以向以后年度结转扣除。本年度企业发生职工教育经费 23 000 元没有超过税法规定的范围和比例。

(5) 社会保险费和住房公积金的扣除。年度企业所得税汇算清时,企业按规定的标准和比例为职工缴纳的社会保险费和住房公积金可以在税前扣除。只计提不缴纳的部分不得在税前扣除。超过比例的部分也不得在税前扣除。本年度企业按规定缴纳的社会保险费 92 000 元和住房公积金 92 000 未超过税法规定的范围和比例,无须调整。

2. 2×20 年度甲公司企业所得税汇算清缴填报示范

第一步:填报《A104000 期间费用明细表》(表 4-47)。

表 4-47 A104000 期间费用明细表

单位:元

行次	项目	销售费用	其中:境外支付	管理费用	其中:境外支付	财务费用	其中:境外支付
		1	2	3	4	5	6
1	一、职工薪酬	102 000	*	214 200	*	*	*

第二步:填报《A105050 职工薪酬支出及纳税调整明细表》(表 4-48)。

表 4-48 A105050 职工薪酬支出及纳税调整明细表

单位:元

行次	项目	账载金额	实际发生额	税收规定扣除率	以前年度累计结转扣除额	税收金额	纳税调整金额	累计结转以后年度扣除额
		1	2	3	4	5	6(1−5)	7(2+4−5)
1	一、工资薪金支出	920 000	920 000	*	*	920 000	0	*
2	其中:股权激励	0	0	*	*	0	0	*
3	二、职工福利费支出	18 400	18 400	14%	*	18 400	0	*
4	三、职工教育经费支出	23 000	23 000	*	0	23 000	0	0
5	其中:按税收规定比例扣除的职工教育经费	23 000	23 000	8%	0	23 000	0	0
6	按税收规定全额扣除的职工培训费用	0	0	*	*	0	0	*
7	四、工会经费支出	18 400	18 400	2%	*	0	18 400	*
8	五、各类基本社会保障性缴款	92 000	92 000	*	*	92 000	0	*
9	六、住房公积金	92 000	92 000	*	*	92 000	0	*
10	七、补充养老保险	0	0			0	0	
11	八、补充医疗保险	0	0			0	0	
12	九、其他	0	0			0	0	
13	合计(1+3+4+7+8+9+10+11+12)	1 163 800	1 163 800	*	0	1 145 400	18 400	0

第三步:填报《A105000 纳税调整项目明细表》(表 4-49)。

表 4-49 A105000 纳税调整项目明细表

单位:元

行次	项目	账载金额	税收金额	调增金额	调减金额
		1	2	3	4
12	二、扣除类调整项目(13+14+…24+26+27+28+29+30)	*	*		
14	(二)职工薪酬(填写 A105050)	1 163 800	1 145 400	18 400	0

第四步:自动生成主表相关行次数据。

九、广告费和业务宣传费等跨年度纳税调整明细表的填报

本表适用于发生广告费和业务宣传费纳税调整项目(含广告费和业务宣传费结转),保险企业手续费及佣金支出纳税调整项目(含保险企业手续费及佣金支出结转)的纳税人填报。纳税人根据税法、《财政部 国家税务总局关于广告费和业务宣传费支出税前扣除政策的通知》(财税〔2012〕48 号)、《财政部 税务总局关于保险企业手续费及佣金支出税前扣除政策的公告》(财政部 税务总局公告 2019 年第 72 号)等相关规定,以及国家统一企业会计制度,填报广告费和业务宣传费、保险企业手续费及佣金支出会计处理、税收规定,以及跨年度纳税调整

情况。

（一）有关项目填报说明

1）列次填报

1. 第1列"广告费和业务宣传费"：填报广告费和业务宣传费会计处理、税收规定，以及跨年度纳税调整情况。

2. 第2列"保险企业手续费及佣金支出"：填报保险企业手续费及佣金支出会计处理、税收规定，以及跨年度纳税调整情况。

2）行次填报

1. 第1行"一、本年支出"：填报纳税人计入本年损益的支出金额。

2. 第2行"减：不允许扣除的支出"：填报税收规定不允许扣除的支出金额。

3. 第3行"二、本年符合条件的支出"：填报第1－2行的余额。

4. 第4行"三、本年计算扣除限额的基数"：填报按照税收规定计算扣除限额的基数。"广告费和业务宣传费"列次填写计算扣除限额的当年销售（营业）收入。"保险企业手续费及佣金支出"列次填报当年保险企业全部保费收入扣除退保金等后余额。

5. 第5行"税收规定扣除率"：填报税收规定的扣除比例。

6. 第6行"四、本企业计算的扣除限额"：填报第4×5行的金额。

7. 第7行"五、本年结转以后年度扣除额"：若第3行＞第6行，填报第3－6行的余额；若第3行≤第6行，填报0。

8. 第8行"加：以前年度累计结转扣除额"：填报以前年度允许税前扣除但超过扣除限额未扣除、结转扣除的支出金额。

9. 第9行"减：本年扣除的以前年度结转额"：若第3行＞第6行，填0；若第3行≤第6行，填报第6－3行与第8行的孰小值。

10. 第10行"六、按照分摊协议归集至其他关联方的金额"：本行第1列填报签订广告费和业务宣传费分摊协议（以下简称分摊协议）的关联企业的一方，按照分摊协议，将其发生的不超过当年销售（营业）收入税前扣除限额比例内的广告费和业务宣传费支出归集至其他关联方扣除的广告费和业务宣传费，本行应≤第3行与第6行的孰小值。本行第2列不可填报。

11. 第11行"按照分摊协议从其他关联方归集至本企业的金额"：本行第1列填报签订广告费和业务宣传费分摊协议（以下简称分摊协议）的关联企业的一方，按照分摊协议，从其他关联方归集至本企业的广告费和业务宣传费。本行第2列不可填报。

12. 第12行"七、本年支出纳税调整金额"：若第3行＞第6行，填报第2＋3－6＋10－11行的金额；若第3行≤第6行，填报第2＋10－11－9行的金额。

13. 第13行"八、累计结转以后年度扣除额"：填报第7＋8－9行的金额。

（二）表内、表间关系

1）表内关系

1. 第3行＝第1－2行。

2. 第6行＝第4×5行。

3. 若第3＞6行，第7行＝第3－6行；若第3≤6行，第7行＝0。

4. 若第3＞6行，第9行＝0；若第3≤6行，第9行＝第8行与第6－3行的孰小值。

5. 若第3＞6行，第12行＝2＋3－6＋10－11行；若第3≤6行，第12行＝第2－9＋10－

11 行。

6. 第 13 行＝第 7＋8－9 行。

2）表间关系

1. 若第 12 行第 1 列≥0,第 12 行第 1 列＝表 A105000 第 16 行第 3 列；若第 12 行第 1 列<0,第 12 行第 1 列的绝对值＝表 A105000 第 16 行第 4 列。

2. 保险企业：第 1 行第 2 列＝表 A105000 第 23 行第 1 列。若第 3 行第 2 列≥第 6 行第 2 列,第 6 行第 2 列＝表 A105000 第 23 行第 2 列；若第 3 行第 2 列<第 6 行第 2 列,第 3 行第 2 列＋第 9 行第 2 列＝表 A105000 第 23 行第 2 列。若第 12 行第 2 列≥0,第 12 行第 2 列＝表 A105000 第 23 行第 3 列。若第 12 行第 2 列<0,第 12 行第 2 列的绝对值＝表 A105000 第 23 行第 4 列。

 4-8

兴和医药制造有限公司 2×20 年"主营业务收入"科目方发生额为 2 000 万元；"其他业务收入"科目方发生额为 700 万元；以自产品换取生产用设备,该产品成本 240 万元,同类产品售价 300 万元,已知该业务不具有商业实质,且公允价值不能可靠计量；"营业外收入"中非货币性资产交换收益 100 万元、债务重组收益 50 万元；"销售费用"科目列支广告业务宣传费支出为 940 万元。假设该公司广告业务宣传费以前年度无余额。

【思路导航】

1. 兴和医药制造有限公司 2×20 年广告业务宣传费计提基数是多少？2×20 年允许税前扣除的广告业务宣传费是多少？

2. 兴和医药制造有限公司如何进行 2×20 年年度纳税申报？

【解析】

1. 税务处理

兴和医药制造有限公司 2×20 年广告业务费计提基数为 3 000 万元（2 000＋700＋300）："营业外收入科目"中的非货币性资产交换收益 100 万元和重组收益 50 万元不属于销售（营业）收入,因此不计入基数。

医药制造企业广告业务宣传费扣除比例为销售（营业）收入的 30%,扣除限额为 900 万元（3 000×30%）,实际发生 940 万元,2×20 年允许扣除 900 万元,超过的 40 万元当年不得扣除,可以向以后年度结转扣除。

2. 2×20 年度兴和医药制造有限公司企业所得税汇算清缴填报示范

第一步：填报《A104000 期间费用明细表》（表 4-50）。

表 4-50　A104000 期间费用明细表

单位：元

行次	项目	销售费用	其中：境外支付	管理费用	其中：境外支付	财务费用	其中：境外支付
		1	2	3	4	5	6
5	五、广告费和业务宣传费	9 400 000	*		*	*	*

第二步：填报《A105060 广告费和业务宣传费跨年度纳税调整明细表》（表 4-51）。

表 4-51　A105060 广告费和业务宣传费等跨年度纳税调整明细表

单位:元

行次	项目	广告费和业务宣传费	保险企业手续费及佣金支出
		1	2
1	一、本年支出	9 400 000	
2	减:不允许扣除的支出	0	
3	二、本年符合条件的支出(1-2)	9 400 000	
4	三、本年计算扣除限额的基数	30 000 000	
5	乘:税收规定扣除率	30%	
6	四、本企业计算的扣除限额(4×5)	9 000 000	
7	五、本年结转以后年度扣除额 (3>6,本行=3-6;3≤6,本行=0)	400 000	
8	加:以前年度累计结转扣除额	0	
9	减:本年扣除的以前年度结转额 [3>6,本行=0;3≤6,本行=8 与(6-3)孰小值]	0	
10	六、按照分摊协议归集至其他关联方的金额(10≤3 与 6 孰小值)	0	*
11	按照分摊协议从其他关联方归集至本企业的金额	0	*
12	七、本年支出纳税调整金额 (3>6,本行=2+3-6+10-11;3≤6,本行=2+10-11-9)	400 000	
13	八、累计结转以后年度扣除额(7+8-9)	400 000	

第三步:填报《A105000 纳税调整项目明细表》(表 4-52)。

表 4-52　A105000 纳税调整项目明细表

单位:元

行次	项目	账载金额	税收金额	调增金额	调减金额
		1	2	3	4
12	二、扣除类调整项目(13+14+…24+26+27+28+29+30)	*	*		
16	(四)广告费和业务宣传费支出(填写 A105060)	*	*	400 000	

第四步:自动生成主表相关行次数据。

十、捐赠支出及纳税调整明细表的填报

本表适用于发生捐赠支出(含捐赠支出结转)的纳税人填报。纳税人根据税法、《财政部 税务总局 海关总署关于北京 2022 年冬奥会和冬残奥会税收政策的通知》(财税〔2017〕60 号)、《财政部 税务总局关于公益性捐赠支出企业所得税税前结转扣除有关政策的通知》(财税〔2018〕15 号)、《财政部 税务总局 国务院扶贫办关于企业扶贫捐赠所得税税前扣除政策的公告》(2019 年第 49 号)、《财政部 税务总局关于公共租赁住房税收优惠政策的公告》(2019 年第 61 号)、《财政部 税务总局关于支持新型冠状病毒感染的肺炎疫情防控有关捐赠税收政策

的公告》(2020年第9号)、《财政部 税务总局 海关总署关于杭州亚运会和亚残运会税收政策的公告》(2020年第18号)等相关规定,以及国家统一企业会计制度,填报捐赠支出会计处理、税收规定的税前扣除额、捐赠支出结转额以及纳税调整额。纳税人发生相关支出(含捐赠支出结转),无论是否纳税调整,均应填报本表。

(一)有关项目填报说明

1. 第1行"非公益性捐赠":填报纳税人本年发生且已计入本年损益的税收规定公益性捐赠以外的其他捐赠支出及纳税调整情况,具体如下:

(1)第1列"账载金额":填报纳税人计入本年损益的公益性捐赠以外的其他捐赠支出金额,包括该支出已通过《纳税调整项目明细表》(A105000)第30行"(十七)其他"进行纳税调整的金额。

(2)第5列"纳税调增额":填报非公益性捐赠支出纳税调整增加额,金额等于第1列"账载金额"。

2. 第2行"限额扣除的公益性捐赠":填报纳税人本年发生的限额扣除的公益性捐赠支出、纳税调整额、以前年度结转扣除捐赠支出等。第2行等于第3+4+5+6行。其中本行第4列"税收金额":当本行第1列+第2列大于第3列时,第4列=第3列;当本行第1列+第2列小于等于第3列时,第4列=第1列+第2列。

3. 第3行"前三年度":填报纳税人前三年度发生的未税前扣除的公益性捐赠支出在本年度扣除的金额,具体如下:

(1)第2列"以前年度结转可扣除的捐赠额":填报前三年度发生的尚未税前扣除的公益性捐赠支出金额。

(2)第6列"纳税调减额":根据本年扣除限额以及前三年度未扣除的公益性捐赠支出分析填报。

4. 第4行"前二年度":填报纳税人前二年度发生的未税前扣除的公益性捐赠支出在本年度扣除的捐赠额以及结转以后年度扣除的捐赠额,具体如下:

(1)第2列"以前年度结转可扣除的捐赠额":填报前二年度发生的尚未税前扣除的公益性捐赠支出金额。

(2)第6列"纳税调减额":根据本年剩余扣除限额、本年扣除前三年度捐赠支出、前二年度未扣除的公益性捐赠支出分析填报。

(3)第7列"可结转以后年度扣除的捐赠额":填报前二年度未扣除、结转以后年度扣除的公益性捐赠支出金额。

5. 第5行"前一年度":填报纳税人前一年度发生的未税前扣除的公益性捐赠支出在本年度扣除的捐赠额以及结转以后年度扣除的捐赠额,具体如下:

(1)第2列"以前年度结转可扣除的捐赠额":填报前一年度发生的尚未税前扣除的公益性捐赠支出金额。

(2)第6列"纳税调减额":根据本年剩余扣除限额、本年扣除前三年度捐赠支出、本年扣除前二年度捐赠支出、前一年度未扣除的公益性捐赠支出分析填报。

(3)第7列"可结转以后年度扣除的捐赠额":填报前一年度未扣除、结转以后年度扣除的公益性捐赠支出金额。

6. 第6行"本年":填报纳税人本年度发生、本年税前扣除、本年纳税调增以及结转以后年度扣除的公益性捐赠支出,具体如下:

(1) 第 1 列"账载金额"：填报计入本年损益的公益性捐赠支出金额，包括该支出已通过《纳税调整项目明细表》(A105000)第 30 行"(十七)其他"进行纳税调整的金额。

(2) 第 3 列"按税收规定计算的扣除限额"：填报按照本年利润总额乘以 12% 的金额，若利润总额为负数，则以 0 填报。

(3) 第 4 列"税收金额"：根据本年实际发生的公益性捐赠支出以及结转扣除以前年度公益性捐赠支出情况分析填报。

(4) 第 5 列"纳税调增额"：填报本年公益性捐赠支出账载金额超过税收规定的税前扣除额的部分。

(5) 第 7 列"可结转以后年度扣除的捐赠额"：填报本年度未扣除、结转以后年度扣除的公益性捐赠支出金额。

7. 第 7 行至第 10 行"全额扣除的公益性捐赠"：填报纳税人发生的可全额税前扣除的公益性捐赠支出。

(1) 第 7 行：填报各行相应列次填报金额的合计金额。

(2) 第 8 行至第 10 行"项目"：纳税人在以下事项中选择填报：扶贫捐赠；北京 2022 年冬奥会、冬残奥会、测试赛捐赠；杭州 2022 年亚运会捐赠；支持新型冠状病毒感染的肺炎疫情防控捐赠（通过公益性社会组织或国家机关捐赠）；支持新型冠状病毒感染的肺炎疫情防控捐赠（直接向承担疫情防治任务的医院捐赠）。一个项目填报一行，纳税人有多个项目的，可自行增加行次填报。

(3) 具体各项目填报规则如下：

扶贫捐赠：填报纳税人发生的可全额税前扣除的扶贫公益性捐赠支出情况。

第 1 列"账载金额"：填报纳税人本年发生且已计入本年损益的可全额税前扣除的扶贫公益性捐赠支出金额，包括该支出已通过《纳税调整项目明细表》(A105000) 30 行"(十七)其他"进行纳税调整的金额。

第 1 第 4 列"税收金额"：填报第 1 列"账载金额"。

北京 2022 年冬奥会、冬残奥会、测试赛捐赠：填报纳税人赞助、捐赠北京 2022 年冬奥会、冬残奥会、测试赛的可全额扣除的资金、物资、服务支出情况。

第 1 列"账载金额"：填报纳税人本年发生且已计入本年损益、可全额扣除的赞助、捐赠北京 2022 年冬奥会、冬残奥会、测试赛的资金、物资、服务支出金额，包括该支出已通过《纳税调整项目明细表》(A105000)第 30 行"(十七)其他"进行纳税调整的金额。

第 1 第 4 列"税收金额"：填报第 1 列"账载金额"。

杭州 2022 年亚运会捐赠：填报纳税人赞助、捐赠杭州 2022 年亚运会、亚残运会、测试赛的可全额扣除的资金、物资、服务支出情况。

第 1 列"账载金额"：填报纳税人本年发生且已计入本年损益、可全额扣除的赞助、捐赠杭州 2022 年亚运会、亚残运会、测试赛的资金、物资、服务支出金额，包括该支出已通过《纳税调整项目明细表》(A105000)第 30 行"(十七)其他"进行纳税调整的金额。

第 1 第 4 列"税收金额"：填报第 1 列"账载金额"。

支持新型冠状病毒感染的肺炎疫情防控捐赠（通过公益性社会组织或国家机关捐赠）：填报纳税人发生的可全额税前扣除的通过公益性社会组织或者县级以上人民政府及其部门等国家机关，用于应对新型冠状病毒感染的肺炎疫情的现金和物品捐赠支出情况。

第 1 第 1 列"账载金额"：填报纳税人本年发生且已计入本年损益的可全额税前扣除的通

过公益性社会组织或者县级以上人民政府及其部门等国家机关,用于应对新型冠状病毒感染的肺炎疫情的现金和物品捐赠支出金额,包括该支出已通过《纳税调整项目明细表》(A105000)第30行"(十七)其他"进行纳税调整的金额。

第2第4列"税收金额":填报第1列"账载金额"。

支持新型冠状病毒感染的肺炎疫情防控捐赠(直接向承担疫情防治任务的医院捐赠):填报纳税人发生的可全额税前扣除的直接向承担疫情防治任务的医院用于应对新型冠状病毒感染的肺炎疫情进行的物品捐赠支出情况。

第1第1列"账载金额":填报纳税人本年发生且已计入本年损益的可全额税前扣除的直接向承担疫情防治任务的医院用于应对新型冠状病毒感染的肺炎疫情进行的物品捐赠支出金额,包括该支出已通过《纳税调整项目明细表》(A105000)第30行"(十七)其他"进行纳税调整的金额。

第2第4列"税收金额":填报第1列"账载金额"。

8. 第11行"合计":填报第1+2+7行的合计金额。

9. 附列资料"2015年度至本年发生的公益性扶贫捐赠合计金额":填报企业按照《财政部 税务总局 国务院扶贫办关于企业扶贫捐赠所得税税前扣除政策的公告》(2019年第49号)规定,企业在2015年1月1日至本年度发生的可全额税前扣除的扶贫公益性捐赠支出合计金额,具体如下:

(1) 第1列"账载金额":填报纳税人2015年1月1日至本年度发生的且已计入损益的按税收规定可全额税前扣除的扶贫公益性捐赠支出合计金额。

(2) 第4列"税收金额":填报纳税人2015年1月1日至本年度发生的且已计入损益的按税收规定已在税前扣除的扶贫公益性捐赠支出合计金额。

(二)表内、表间关系(以表样实例行次为例)

第一,表内关系。

1. 第1行第5列=第1行第1列。
2. 第2行=第3+4+5+6行。
3. 第7行第4列=第7行第1列。
4. 第7行=第8+9+10行。
5. 第11行=第1+2+7行。

第二,表间关系。

1. 第6行第3列=表A100000第13行×12%(当表A100000第13行≤0,第11行第3列=0)。

2. 合计行第1列=表A105000第17行第1列;合计行第4列=表A105000第17行第2列;合计行第5列=表A105000第17行第3列;合计行第6列=表A105000第17行第4列。

案例 4-9

黄河公司2×20年12月发生部分业务如下:

(1) 赞助某协会5 000元;
(2) 支付逾期银行贷款罚息2万元;
(3) 支付合同违约金1万元,缴纳税收滞纳金12 000元;
(4) 通过中国红十字会向希望小学捐款15万元。

已知2×20年会计利润为100万元。假设,以前年度捐赠支出无结转余额。

【思路导航】

1. 分析黄河公司上述业务如何进行企业所得税处理?
2. 黄河公司上述业务如何进行2×20年度纳税申报?

【解析】

1. 税务处理

上述计入"营业外支出"的事项中,按税法规定,给某协会的赞助5 000元和缴纳的税收滞纳金12 000元不能税前扣除,应调整增加2×20年度应纳税所得额;支付逾期银行贷款罚息2万元和支付合同违约金1万元允许扣除,无须进行纳税调整。

捐赠扣除限额=100×12%=12(万元),企业实际捐赠15万元,超过限额3万元准予结转以后三年内在计算应纳税所得额时扣除,需调增应纳税所得额3万元。

2. 2×20年度黄河公司企业所得税汇算清缴填报示范

第一步:填报《A102010一般企业成本支出明细表》(表4-53)。

表4-53　A102010一般企业成本支出明细表

单位:元

行次	项目	金额
16	二、营业外支出(17+18+19+20+21+22+23+24+25+26)	
21	(五)捐赠支出	150 000
22	(六)赞助支出	5 000
26	(十)其他	42 000

第二步:填报《A105070捐赠支出及纳税调整明细表》(表4-54)。

表4-54　A105070捐赠支出及纳税调整明细表

单位:元

行次	项目	账载金额	以前年度结转可扣除的捐赠额	按税收规定计算的扣除限额	税收金额	纳税调增金额	纳税调减金额	可结转以后年度扣除的捐赠额
		1	2	3	4	5	6	7
1	一、非公益性捐赠		*	*	*		*	*
2	二、限额扣除的公益性捐赠(3+4+5+6)		*	*		*	*	*
3	前三年度(　年)	*	0	*		*	*	*
4	前二年度(　年)	*	0	*		*	*	*
5	前一年度(　年)	*	0	*	*	*		*
6	本年(2020年)	150 000	*	120 000	120 000	30 000	0	30 000
7	三、全额扣除的公益性捐赠	*		*	*	*		
8	1.		*				*	

(续表)

行次	项目	账载金额	以前年度结转可扣除的捐赠额	按税收规定计算的扣除限额	税收金额	纳税调增金额	纳税调减金额	可结转以后年度扣除的捐赠额
		1	2	3	4	5	6	7
9	2.							
10	3.							
11	合计(1+2+7)							
附列资料	2015年度至本年发生的公益性扶贫捐赠合计金额		*	*	*	*	*	*

第三步:填报《A105000 纳税调整项目明细表》(表4-55)。

表4-55　A105000 纳税调整项目明细表

单位:元

行次	项目	账载金额	税收金额	调增金额	调减金额
		1	2	3	4
12	二、扣除类调整项目(13+14+…24+26+27+28+29+30)	*	*		
17	(五)捐赠支出(填写 A105070)	150 000	120 000	30 000	*
20	(八)税收滞纳金、加收利息	12 000	*	12 000	*
21	(九)赞助支出	5 000	*	5 000	*

第四步:自动生成主表相关行次数。

第五章

资产的税务处理

第一节 政策概要

企业的各项资产包括固定资产、生物资产、无形资产、长期待摊费用、投资资产、各项资产存货等。各项资产都以历史成本为计税基础,具体税务处理方式如图5-1所示。

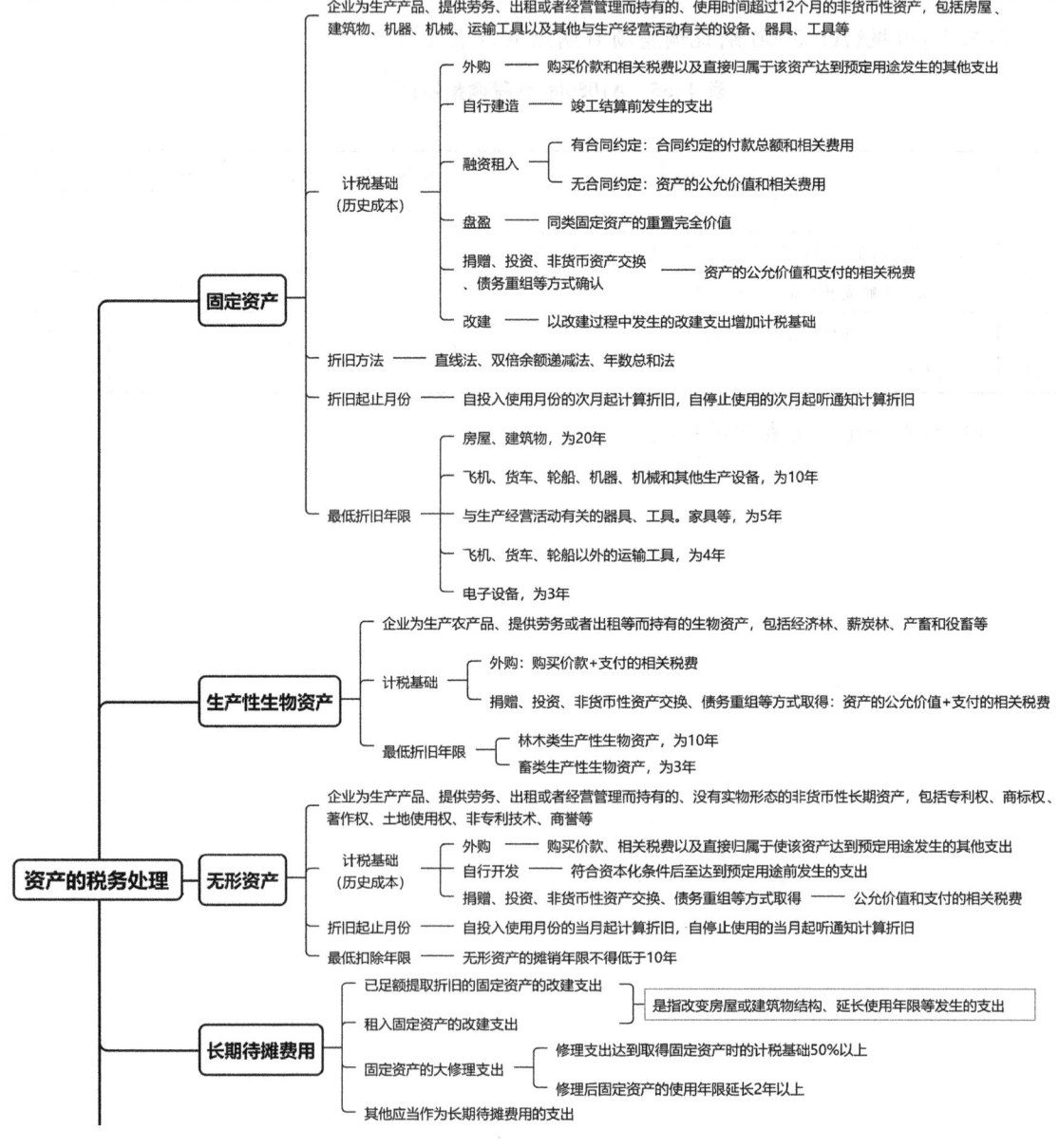

图5-1 资产的税务处理

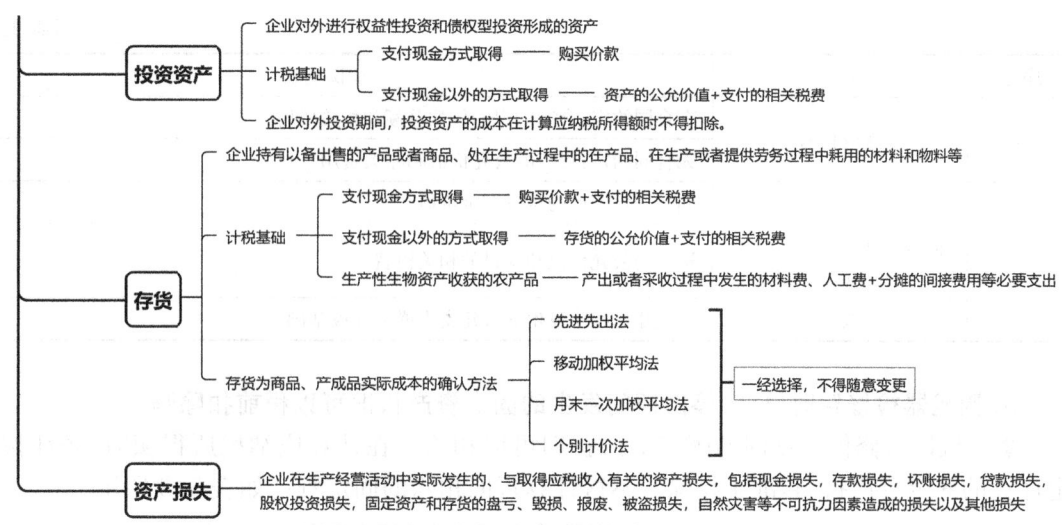

图 5-1 （续）

第二节 要点难点

一、固定资产

1. 税法所指的固定资产包括什么

答：根据《企业所得税法实施条例》及相关税收政策规定，固定资产是指企业为生产产品、提供劳务、出租或者经营管理而持有的、使用时间超过 12 个月的非货币性资产。其具体范围明细如表 5-1 所示。

表 5-1 税法界定的固定资产范围

序号	资产明细
1	房屋、建筑物
2	机器、机械
3	运输工具
4	其他与生产经营活动相关的设备、器具、工具等

2. 企业以不同方式取得的固定资产，其计税依据分别是什么

答：固定资产以历史成本作为计税依据，不同来源的固定资产计税基础的确认方法也有所不同。根据《企业所得税法实施条例》规定，具体情况如表 5-2 所示。

表 5-2 固定资产计税基础

序号	来源	计税基础
1	外购	购买价款和相关税费以及直接归属于该资产达到预定用途发生的其他支出
2	自行建造	竣工结算前发生的支出

(续表)

序号	来源	计税基础
3	融资租入	有合同约定：合同约定的付款总额和相关费用
		无合同约定：资产的公允价值和相关费用
4	盘盈	同类固定资产的重置完全价值
5	捐赠、投资、非货币资产交换、债务重组等	资产的公允价值和支付的相关税费
6	改建	以改建过程中发生的改建支出增加计税基础

3. 因机器检修暂时停产，停产期间发生的固定资产折旧可以税前扣除吗

答：机器检修停产期间的固定资产折旧可以扣除。在计算应纳税所得额时，企业按照规定计算的固定资产折旧，准予扣除。不得计算折旧扣除的固定资产如表5-3所示。

表5-3 不得计算折旧扣除的固定资产

序号	内容
1	房屋、建筑物以外未投入使用的固定资产
2	以经营租赁方式租入的固定资产
3	以融资租赁方式租出的固定资产
4	已足额提取折旧仍继续使用的固定资产
5	与经营活动无关的固定资产
6	单独估价作为固定资产入账的土地
7	其他不得计算折旧扣除的固定资产

综上，企业暂时停产期间的机器设备不属于以上情况，因此，按规定提取的固定资产折旧可在税前扣除。

《中华人民共和国企业所得税法实施条例》(中华人民共和国国务院令第512号)第十一条

4. 企业购入已使用的固定资产，折旧如何税前扣除

答：税法中对企业购入的已使用的固定资产如何计提折旧未做明确规定，根据部分地方税务局的公告，可参考表5-4所示方法处理。

表5-4 购入旧设备折旧计算方法

情形	计税基础	折旧年限
取得能够证明已使用年限的证据(初始购置发票、出场日期等)	购买价＋相关税费	剩余可使用年限
未取得相关证据	购买价＋相关税费	税法规定最低年限×成新率

一、《中华人民共和国企业所得税法实施条例》(中华人民共和国国务院令第512号)第五十八条第一款、第六十条

第五十八条　固定资产按照以下方法确定计税基础：

（一）外购的固定资产，以购买价款和支付的相关税费以及直接归属于使该资产达到预定用途发生的其他支出为计税基础；

第六十条　除国务院财政、税务主管部门另有规定外，固定资产计算折旧的最低年限如下：

（一）房屋、建筑物，为20年；

（二）飞机、火车、轮船、机器、机械和其他生产设备，为10年；

（三）与生产经营活动有关的器具、工具、家具等，为5年；

（四）飞机、火车、轮船以外的运输工具，为4年；

（五）电子设备，为3年。

二、《青岛市国家税务局关于2010年度企业所得税汇算清缴若干问题的公告》（青岛市国家税务局公告2011年第1号）附件第二条第三问

企业外购固定资产的计税基础和折旧年限，不论是新旧设备，均应该根据《中华人民共和国企业所得税法实施条例》第五十八条和第五十九条以及第六十条处理，其中对购入的旧设备又以按实际使用剩余年限提取折旧，计税基础应为买入价加上相关税费。

关于企业取得已使用过的固定资产折旧年限的认定问题，如果能够取得前环节固定资产使用情况的证据，如初始购置发票、出厂日期等能够证明已使用年限的证据，则可就其剩余年限计提折旧；对无法取得上述证据的，应当根据已使用过固定资产的新旧磨损程度、使用情况以及是否进行改良等因素合理估计新旧程度，然后与该固定资产的法定折旧年限相乘确定。

5. 企业建成的房屋已经开始使用，但是工程款中有些发票还没拿到，如何计提折旧

答：企业固定资产投入使用后，由于工程款项尚未结清未取得全额发票的，可暂按合同规定的金额计入固定资产计税基础计提折旧，待发票取得后进行调整，但该项调整应在固定资产投入使用后12个月内进行，具体可参考表5-5所示方法处理。

表5-5　固定资产暂估入账后处理方法

序号	12个月内取得发票		12个月后取得发票		参考来源
	固定资产计税基础	已计提折旧	固定资产计税基础	已计提折旧	
1	按照发票与合同差额调整	不调整已计提折旧	—	12个月期满当年度全额调增	青岛市国税局
2	按照发票与合同差额调整	追溯调整已计提折旧	按照发票与合同差额调整	不调整	北京西城区税务局
3	对企业发现以前年度实际发生的、按照税收规定应在企业所得税前扣除而未扣除或者少扣除的支出，准予追补至该项目发生年度计算扣除，但追补确认期限不得超过5年				国家税务总局公告2012年第15号

注：上述处理方法仅供参考，具体处理办法请咨询主管税务机关。

政策依据

一、《国家税务总局关于贯彻落实企业所得税法若干税收问题的通知》（国税函〔2010〕79号）第五条

关于固定资产投入使用后计税基础确定问题。企业固定资产投入使用后，由于工程款项尚未结清未取得全额发票的，可暂按合同规定的金额计入固定资产计税基础计提折旧，待发票取得后进行调整。但该项调整应在固定资产投入使用后12个月内进行。

二、《国家税务总局关于企业所得税应纳税所得额若干税务处理问题的公告》（国家税务总局公告2012年第15号）第六条

根据《中华人民共和国税收征收管理法》的有关规定，对企业发现以前年度实际发生的、按照税收规定应在企业所得税前扣除而未扣除或者少扣除的支出，企业做出专项申报及说明后，准予追补至该项目发生年度

计算扣除,但追补确认期限不得超过5年。

三、《青岛市国家税务局关于2010年度企业所得税汇算清缴若干问题的公告》(青岛市国家税务局公告2011年第1号)第二条第九问

未取得全额发票的固定资产投入使用后可以按照合同金额暂估并计提折旧,企业应当在12个月内取得发票,如果发票金额与合同金额不一致的且跨年度的,应在发票取得当年按实际成本调整原来的暂估价值,但不需要调整原已计提的折旧额。对超过12个月仍未取得全额发票的固定资产,不得继续计提折旧,已计提的折旧额应当在12个月期满的当年度全额进行纳税调增。

四、《北京市西城区国家税务局金融企业2010年企业所得税汇算清缴资料》第二部分第(九)条

在国税函〔2010〕79号文件第五条规定,企业固定资产投入使用后,由于工程款项尚未结清未取得全额发票的,可暂按合同规定的金额计入固定资产计税基础计提折旧,待发票取得后进行调整。但该项调整应在固定资产投入使用后12个月内进行。

针对此项规定明确以下问题:(1)企业因工程款项尚未结清而未取得全额发票的固定资产,在投入使用后可以按合同规定的暂估价计提折旧从税前扣除。(2)企业在固定资产投入使用后12个月内取得发票的,可以调整投入使用固定资产的计税基数,其以前年度按暂估价计提的折旧也应做相应调整。(3)固定资产投入使用12个月后取得发票的,参照《企业会计准则》的规定,企业已达到预定可使用状态但尚未办理竣工决算的固定资产,应当按照估计价值确定其成本,并计提折旧;待办理竣工决算后再按实际成本调整原来的暂估价值,但不需要调整原已计提的折旧额。因此,对于固定资产投入使用12个月后取得发票的,调整该项固定资产的计税基础,但不需要调整原已计算扣除的折旧额,其以后年度的折旧按调整后的计税基础减已提取折旧额后的资产净值计算。

注意:企业在固定资产投入使用后12个月内取得发票的,且在12个月内跨年的,还应调整前一年度的申报。

6. 公司以融资租赁方式租入的500万元以下的机器设备,目前可以在税前一次性扣除吗

答:企业以融资租赁方式取得的固定资产,根据税法相关规定,不得在税前一次性扣除。

政策依据

《中华人民共和国企业所得税法实施条例》(中华人民共和国国务院令第512号)第四十七条第二款

以融资租赁方式租入固定资产发生的租赁费支出,按照规定构成融资租入固定资产价值的部分应当提取折旧费用,分期扣除。

7. 企业新购进固定资产,满足什么条件可以税前一次性扣除

答:企业2018年1月1日之前取得的固定资产,不允许税前一次性扣除。企业于2018年1月1日至2027年12月31日新购进的固定资产(除房屋、建筑物),满足表5-6所示条件的,可在税前一次性扣除。

表5-6 固定资产(除房屋、建筑物)税前一次性扣除标准

企业类型	资产原值	扣除标准	政策依据
一般企业	500万以下	可以一次性扣除	财税〔2018〕54号 财税〔2021〕6号 财税〔2023〕37号
	500万以上	计提折旧扣除	
海南自由贸易港设立的企业	500万以下	可以一次性扣除	财税〔2020〕31号
	500万以上	可以缩短年限或加速折旧*	

注:对在海南自由贸易港设立的企业,该条政策年限为2020年1月1日至2024年12月31日,且无形资产亦适用上述政策规定。

政策依据

一、《财政部 税务总局关于设备器具扣除有关企业所得税政策的通知》(财税〔2018〕54号)

企业在2018年1月1日至2020年12月31日期间新购进的设备、器具,单位价值不超过500万元的,允许一次性计入当期成本费用在计算应纳税所得额时扣除,不再分年度计算折旧;单位价值超过500万元的,仍按企业所得税法实施条例、《财政部 国家税务总局关于完善固定资产加速折旧企业所得税政策的通知》(财税〔2014〕75号)、《财政部 国家税务总局关于进一步完善固定资产加速折旧企业所得税政策的通知》(财税〔2015〕106号)等相关规定执行。

本通知所称设备、器具,是指除房屋、建筑物以外的固定资产。

二、《财政部 税务总局关于延长部分税收优惠政策执行期限的公告》(财政部 税务总局公告2021年第6号)第一条

《财政部 税务总局关于设备器具扣除有关企业所得税政策的通知》(财税〔2018〕54号)等16个文件规定的税收优惠政策凡已经到期的,执行期限延长至2023年12月31日。

三、《财政部 税务总局关于设备、器具扣除有关企业所得税政策的公告》(财政部 税务总局公告2023年第37号)

一、企业在2024年1月1日至2027年12月31日期间新购进的设备、器具,单位价值不超过500万元的,允许一次性计入当期成本费用在计算应纳税所得额时扣除,不再分年度计算折旧;单位价值超过500万元的,仍按企业所得税法实施条例、《财政部 国家税务总局关于完善固定资产加速折旧企业所得税政策的通知》(财税〔2014〕75号)、《财政部 国家税务总局关于进一步完善固定资产加速折旧企业所得税政策的通知》(财税〔2015〕106号)等相关规定执行。

二、本公告所称设备、器具,是指除房屋、建筑物以外的固定资产。

四、《关于海南自由贸易港企业所得税优惠政策的通知》(财税〔2020〕31号)第三条

对在海南自由贸易港设立的企业,新购置(含自建、自行开发)固定资产或无形资产,单位价值不超过500万元(含)的,允许一次性计入当期成本费用在计算应纳税所得额时扣除,不再分年度计算折旧和摊销;新购置(含自建、自行开发)固定资产或无形资产,单位价值超过500万元的,可以缩短折旧、摊销年限或采取加速折旧、摊销的方法。本条所称固定资产,是指除房屋、建筑物以外的固定资产。

8. 中小微企业固定资产扣除政策是如何规定的

答: 中小微企业在2022年1月1日至2022年12月31日期间新购置的设备、器具,单位价值在500万元以上的,按照单位价值的一定比例自愿选择在企业所得税税前扣除。其中自愿选择的比例如图5-2所示。

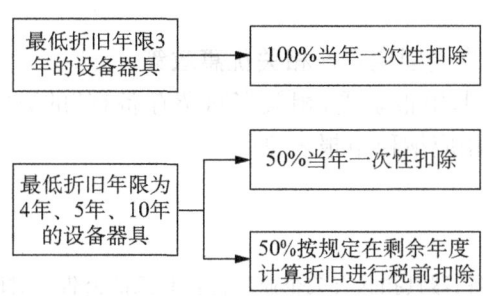

图5-2 中小微企业自愿选择扣除比例图示

企业选择适用上述政策当年不足扣除形成的亏损,可在以后5个纳税年度结转弥补,享受其他延长亏损结转年限政策的企业可按现行规定执行。

9.2023年中小微企业还可以享受"500万元以上按照单位价值的一定比例自愿选择在企业所得税税前扣除"的政策吗

答：根据财政部 税务总局公告2022年第12号文件的规定,纳税人在2022年度新购进的设备、器具可以享受优惠,但是该政策并未延期,故纳税人在2023年度购进单位价值500万以上的设备、器具,不能享受该优惠政策。

《财政部 税务总局关于中小微企业设备器具所得税税前扣除有关政策的公告》(财政部 税务总局公告2022年第12号)

10.高新技术企业固定资产扣除政策是如何规定的

答：高新技术企业在2022年10月1日至2022年12月31日期间新购置的设备、器具,允许当年一次性全额在计算应纳税所得额时扣除,并允许在税前实行100%加计扣除。

2023年1月1日至2027年期间新购进的单位价值不超过500万元的设备、器具,允许当年一次性全额在计算应纳税所得额时扣除,超过500万元的,计提折旧扣除。

所称设备、器具是指除房屋、建筑物以外的固定资产。此处所称购置包括以货币形式购进或自行建造,其中以货币形式购进的固定资产包括购进的使用过的固定资产。

11.高新技术企业享受固定资产优惠政策的,固定资产购置时点如何确认

高新技术企业固定资产购置时点确认如表5-7所示。

表5-7 高新技术企业固定资产购置时点确认

固定资产获得方式	确认时点
货币形式购进	除采取分期付款或赊销方式购进外,按发票开具时间确认
分期付款或赊销方式购进	按固定资产到货时间确认
自行建造	按竣工结算时间确认

12.高新技术企业如何享受固定资产相关优惠政策

答：企业按照"自行判别,申报享受,相关资料留存备查"的方式享受,即在当年度企业所得税汇算清缴时,直接填写相应纳税申报表享受。

《财政部 税务总局关于设备、器具扣除有关企业所得税政策的公告》(财政部 税务总局公告2023年第37号)

13. 如何理解"新购进的设备、器具,单位价值不超过500万元的,允许一次性计入当期成本费用在计算应纳税所得额时扣除"中的"新购进"

答：根据《国家税务总局关于设备 器具扣除有关企业所得税政策执行问题的公告》（国家税务总局公告2018年第46号）第一条的规定,关于"新购进"的解释如图5-3所示。

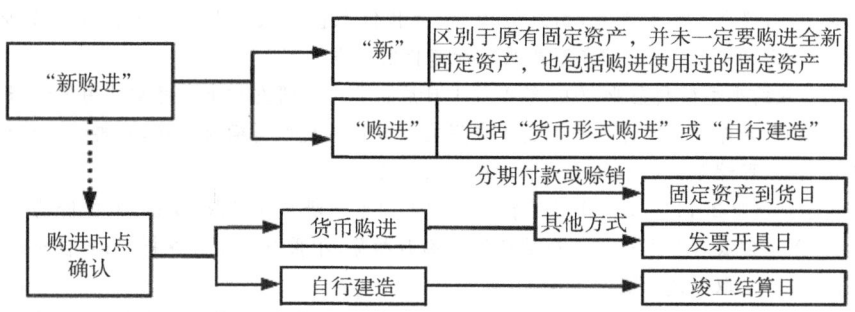

图5-3 新购进500万以下固定资产税前一次性扣除政策解读

14. 企业新购进的固定资产,能否享受加速折旧政策

答：企业新购进的固定资产,满足图5-4所示条件的,可以享受加速折旧政策。

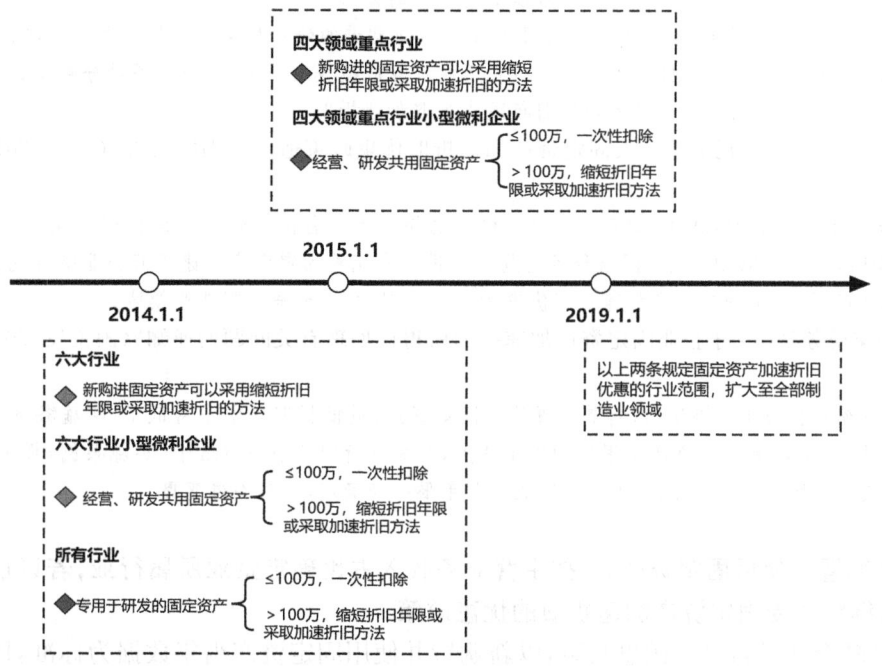

注：
1. 六大行业包括生物药品制造业,专用设备制造业,铁路、船舶、航空航天和其他运输设备制造业,计算机、通信和其他电子设备制造业,仪器仪表制造业,信息传输、软件和信息技术服务业。
2. 四大领域指轻工、纺织、机械、汽车,四个领域重点行业范围请查阅财税〔2015〕106号附件。
3. 制造业按照国家统计局《国民经济行业分类和代码（GB/T 4754—2017）》确定。

图5-4 各行业新购进固定资产加速折旧政策

政策依据

一、《财政部 国家税务总局关于完善固定资产加速折旧企业所得税政策的通知》(财税〔2014〕75号)第一条、第二条、第三条

一、对生物药品制造业，专用设备制造业，铁路、船舶、航空航天和其他运输设备制造业，计算机、通信和其他电子设备制造业，仪器仪表制造业，信息传输、软件和信息技术服务业等6个行业的企业2014年1月1日后新购进的固定资产，可缩短折旧年限或采取加速折旧的方法。

对上述6个行业的小型微利企业2014年1月1日后新购进的研发和生产经营共用的仪器、设备，单位价值不超过100万元的，允许一次性计入当期成本费用在计算应纳税所得额时扣除，不再分年度计算折旧；单位价值超过100万元的，可缩短折旧年限或采取加速折旧的方法。

二、对所有行业企业2014年1月1日后新购进的专门用于研发的仪器、设备，单位价值不超过100万元的，允许一次性计入当期成本费用在计算应纳税所得额时扣除，不再分年度计算折旧；单位价值超过100万元的，可缩短折旧年限或采取加速折旧的方法。

三、对所有行业企业持有的单位价值不超过5 000元的固定资产，允许一次性计入当期成本费用在计算应纳税所得额时扣除，不再分年度计算折旧。

二、《财政部 国家税务总局关于进一步完善固定资产加速折旧企业所得税政策的通知》(财税〔2015〕106号)第一条、第二条

一、对轻工、纺织、机械、汽车等四个领域重点行业(具体范围见附件)的企业2015年1月1日后新购进的固定资产，可由企业选择缩短折旧年限或采取加速折旧的方法。

二、对上述行业的小型微利企业2015年1月1日后新购进的研发和生产经营共用的仪器、设备，单位价值不超过100万元的，允许一次性计入当期成本费用在计算应纳税所得额时扣除，不再分年度计算折旧；单位价值超过100万元的，可由企业选择缩短折旧年限或采取加速折旧的方法。

三、《财政部 税务总局关于扩大固定资产加速折旧优惠政策适用范围的公告》(财税〔2019〕66号)第一条

自2019年1月1日起，适用《财政部 国家税务总局关于完善固定资产加速折旧企业所得税政策的通知》(财税〔2014〕75号)和《财政部 国家税务总局关于进一步完善固定资产加速折旧企业所得税政策的通知》(财税〔2015〕106号)规定固定资产加速折旧优惠的行业范围，扩大至全部制造业领域。

四、《国家税务总局关于企业固定资产加速折旧所得税处理有关问题的通知》(国税发〔2009〕81号)第三条

企业采取缩短折旧年限方法的，对其购置的新固定资产，最低折旧年限不得低于《实施条例》第六十条规定的折旧年限的60%；若为购置已使用过的固定资产，其最低折旧年限不得低于《实施条例》规定的最低折旧年限减去已使用年限后剩余年限的60%。最低折旧年限一经确定，一般不得变更。

15. 新购置并使用固定资产时，按主营业务收入占比确定企业所属行业，若以后年度发生变化，能否继续享受固定资产加速折旧的优惠政策

答：判断企业是否享受优惠政策，以新购置并使用固定资产当年数据为标准，以后年度发生变化的，不影响企业享受优惠政策。

政策依据

一、《国家税务总局关于固定资产加速折旧税收政策有关问题的公告》(国家税务总局公告2014年第64号)第一条

六大行业企业是指以上述行业业务为主营业务，其固定资产投入使用当年主营业务收入占企业收入总额50%(不含)以上的企业。所称收入总额，是指企业所得税法第六条规定的收入总额。

二、《国家税务总局关于进一步完善固定资产加速折旧企业所得税政策有关问题的公告》(国家税务总局公告 2015 年第 68 号)第一条

四个领域重点行业企业是指以上述行业业务为主营业务,其固定资产投入使用当年的主营业务收入占企业收入总额 50%(不含)以上的企业。所称收入总额,是指企业所得税法第六条规定的收入总额。

16. 企业对房屋、建筑物固定资产在未足额提取折旧前进行改扩建的,如何计提折旧

答:企业对房屋、建筑物固定资产在未足额提取折旧前进行改扩建的,需按照不同情况分别处理,如表 5-8 所示。

表 5-8　未足额提取折旧的固定资产改扩建折旧处理

形式	改建后资产原值	折旧年限
推倒重置	原资产净值＋重置后资产计税成本	按税法规定年限
提升功能增加面积	改扩建支出＋该固定资产计税基础	按税法规定年限,若尚可使用年限低于税法规定最低年限,可按尚可使用年限

注:足额折旧的固定资产改扩建支出计入长期待摊费用摊销。

《国家税务总局关于企业所得税若干问题的公告》(国家税务总局公告 2011 年第 34 号)第四条

关于房屋、建筑物固定资产改扩建的税务处理问题

企业对房屋、建筑物固定资产在未足额提取折旧前进行改扩建的,如属于推倒重置的,该资产原值减除提取折旧后的净值,应并入重置后的固定资产计税成本,并在该固定资产投入使用后的次月起,按照税法规定的折旧年限,一并计提折旧;如属于提升功能、增加面积的,该固定资产的改扩建支出,并入该固定资产计税基础,并从改扩建完工投入使用后的次月起,重新按税法规定的该固定资产折旧年限计提折旧,如该改扩建后的固定资产尚可使用的年限低于税法规定的最低年限的,可以按尚可使用的年限计提折旧。

17. 企业购进的固定资产,是否需要提取残值

答:企业自建或购买的固定资产,无论采用直线法,双倍余额递减法还是年数总和法,均需要提取残值(残值可以为零),其中,双倍余额递减法仅最后两年需要考虑净残值。企业自建或购买的固定资产计提折旧流程如图 5-5 所示。

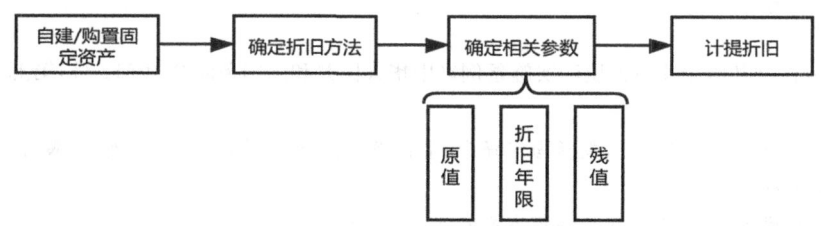

图 5-5　自建/购进固定资产计提折旧流程

《中华人民共和国企业所得税法实施条例》(中华人民共和国国务院令第 512 号)第五十九条

固定资产按照直线法计算的折旧,准予扣除。

企业应当自固定资产投入使用月份的次月起计算折旧;停止使用的固定资产,应当自停止使用月份的次

月起停止计算折旧。

企业应当根据固定资产的性质和使用情况,合理确定固定资产的预计净残值。固定资产的预计净残值一经确定,不得变更。

18. 软件企业为扩大生产,用增值税即征即退的税款购进的设备能否计提折旧

答:增值税即征即退退还的税款,属于不征税收入,不征收企业所得税,因此其用于支出所形成的费用或财产,不得计算折旧或摊销予以税前扣除,也不能享受加计扣除。

一、《财政部 国家税务总局关于企业所得税若干优惠政策的通知》(财税〔2008〕1号)

软件生产企业实行增值税即征即退政策所退还的税款,如果企业用于研究开发软件产品和扩大再生产,则不作为企业所得税应税收入,不予征收企业所得税。

二、《中华人民共和国企业所得税法实施条例》(中华人民共和国国务院令第512号)第二十八条

企业的不征税收入用于支出所形成的费用或者财产,不得扣除或者计算对应的折旧、摊销扣除。

19. 企业对采用成本模式计量和公允价值模式计量的投资性房地产,如何进行税务处理

答:税法所称固定资产、无形资产,包括企业为出租而持有的资产,因此对投资性房地产,无论会计如何核算,在税法上属于固定资产或无形资产范畴。针对投资性房地产的处理方式如表5-9所示。

表5-9 投资性房地产处理方式

计量方式	会计处理方式	税务处理方式
成本模式计量	计提折旧或摊销	按税法规定计提的折旧或摊销可以税前扣除
公允价值模式计量	不计提折旧或摊销,公允价值变动计入公允价值变动损益	公允价值变动损益不允许税前扣除,按照税法规定计算的折旧或摊销允许税前扣除*

注:根据《国家税务总局关于企业所得税应纳税所得额若干税务处理问题的公告》(国家税务总局公告2012年第15号)第八条,部分地方税局认为以公允价值模式计算的投资性房地产不属于实际在会计处理上已确认支出,故不得扣除。具体情况建议咨询您的主管或所在地税务机关。

一、《中华人民共和国企业所得税法实施条例》(中华人民共和国国务院令第512号)第五十六条、第五十七条、第六十五条

第五十六条 企业的各项资产,包括固定资产、生物资产、无形资产、长期待摊费用、投资资产、存货等,以历史成本为计税基础。

前款所称历史成本,是指企业取得该项资产时实际发生的支出。

企业持有各项资产期间资产增值或者减值,除国务院财政、税务主管部门规定可以确认损益外,不得调整该资产的计税基础。

第五十七条 企业所得税法第十一条所称固定资产,是指企业为生产产品、提供劳务、出租或者经营管理而持有的、使用时间超过12个月的非货币性资产,包括房屋、建筑物、机器、机械、运输工具以及其他与生产经营活动有关的设备、器具、工具等。

第六十五条 企业所得税法第十二条所称无形资产,是指企业为生产产品、提供劳务、出租或者经营管理而持有的、没有实物形态的非货币性长期资产,包括专利权、商标权、著作权、土地使用权、非专利技术、商

誉等。

二、《国家税务总局关于企业所得税应纳税所得额若干税务处理问题的公告》(国家税务总局公告2012年第15号)第八条

根据《企业所得税法》第二十一条规定,对企业依据财务会计制度规定,并实际在财务会计处理上已确认的支出,凡没有超过《企业所得税法》和有关税收法规规定的税前扣除范围和标准的,可按企业实际会计处理确认的支出,在企业所得税前扣除,计算其应纳税所得额。

二、生产性生物资产

20. 税法对生产性生物性资产主要有哪些规定

答:生产性生物性资产,是指企业为生产农产品,提供劳务或者出租等而持有的生物资产,包括经济林、薪炭林、产畜和役畜等,其计税基础和最低折旧年限分别如表 5-10 和表 5-11 所示。

表 5-10 生产性生物资产的计税基础

来源	计税基础
外购	购买价款+支付的相关税费
捐赠、投资、非货币性资产交换、债务重组等	资产的公允价值+支付的相关税费

表 5-11 生产性生物资产折旧最低年限

类别	最低折旧年限
林木类生产性生物资产	10 年
畜类生产性生物资产	3 年

《中华人民共和国企业所得税法实施条例》(中华人民共和国国务院令第 512 号)第六十二条、第六十四条

21. 公司自行营造或繁殖的生产性生物资产如何税前扣除

答:企业所得税法及实施条例并未对自行营造或繁殖的生产性生物资产的计税基础作出具体规定,可参照会计准则确定其计税基础,如表 5-12 所示。

表 5-12 自行营造或繁殖的生产性生物资产计税基础

类型	计税基础
自行营造的林木类生产性生物资产	达到预定生产经营目的前发生的造林费、抚育费、营林设施费、良种试验费、调查设计费和应分摊的间接费用等必要支出
自行繁殖的产畜和役畜	达到预定生产经营目的(成龄)前发生的饲料费、人工费和应分摊的间接费用等必要支出

注:达到预定生产经营目的,是指生产性生物资产进入正常生产期,可以多年连续稳定产出农产品、提供劳务或出租。

一、《中华人民共和国企业所得税法实施条例》(中华人民共和国国务院令第 512 号)第六十二条
生产性生物资产按照以下方法确定计税基础:

（一）外购的生产性生物资产，以购买价款和支付的相关税费为计税基础；

（二）通过捐赠、投资、非货币性资产交换、债务重组等方式取得的生产性生物资产，以该资产的公允价值和支付的相关税费为计税基础。

二、《企业会计准则第5号——生物资产》第九条

22. 生产性生物资产收获的农产品，如水果、牛奶等，如何确定其成本

答： 生产性生物资产收获的水果、牛奶等农产品，作为存货，以产出或采收过程中发生的材料费、人工费和分摊的期间费用等必要支出作为成本。

《中华人民共和国企业所得税法实施条例》（中华人民共和国国务院令第512号）第七十二条

企业所得税法第十五条所称存货，是指企业持有以备出售的产品或者商品、处在生产过程中的在产品、在生产或者提供劳务过程中耗用的材料和物料等。

存货按照以下方法确定成本：

……

（三）生产性生物资产收获的农产品，以产出或者采收过程中发生的材料费、人工费和分摊的间接费用等必要支出为成本。

三、无形资产

23. 税法对无形资产主要有哪些规定

答： 税法对无形资产的基本规定如表5-13所示。

表5-13 无形资产基本规定

项目		税法规定
定义		企业为生产产品、提供劳务、出租或者经营管理而持有的、没有实物形态的非货币性长期资产
范围		专利权、商标权、著作权、土地使用权、非专利技术、商誉等
计税基础	外购	购买价款和支付的相关税费以及直接归属于使该资产达到预定用途发生的其他支出
	自行开发	开发过程中该资产符合资本化条件后至达到预定用途前发生的支出
	捐赠、投资、非货币性资产交换、债务重组等方式取得	该资产的公允价值和支付的相关税费
最低摊销年限		10年

《中华人民共和国企业所得税法实施条例》（中华人民共和国国务院令第512号）第六十五条、第六十六条、第六十七条

24. 商誉是否属于无形资产，能否进行税前扣除

答： 商誉在会计上不属于无形资产，而在税法中属于无形资产，其税前扣除规定，如

表 5-14 所示。

表 5-14 商誉税前扣除规定

分类	扣除规定
自创商誉	不得税前扣除
外购商誉	外购商誉的支出,在企业整体转让或者清算时,准予扣除

 政策依据

一、《中华人民共和国企业所得税法实施条例》(中华人民共和国国务院令第 512 号)第六十七条

无形资产按照直线法计算的摊销费用,准予扣除。

无形资产的摊销年限不得低于 10 年。

作为投资或者受让的无形资产,有关法律规定或者合同约定了使用年限的,可以按照规定或者约定的使用年限分期摊销。

外购商誉的支出,在企业整体转让或者清算时,准予扣除。

二、《中华人民共和国企业所得税法》第十二条

在计算应纳税所得额时,企业按照规定计算的无形资产摊销费用,准予扣除。

下列无形资产不得计算摊销费用扣除:

(一) 自行开发的支出已在计算应纳税所得额时扣除的无形资产;

(二) 自创商誉;

(三) 与经营活动无关的无形资产;

(四) 其他不得计算摊销费用扣除的无形资产。

25. 企业受让的无形资产,约定使用年限为 5 年,是否也需要按 10 年来进行摊销

答: 企业受让的无形资产,有关法律规定或者合同约定了使用年限的,可以按照规定或者约定的使用年限分期摊销。若约定年限低于税法最低摊销年限,则摊销额在企业所得税汇算清缴时需要进行纳税调增。

 政策依据

《中华人民共和国企业所得税法实施条例》(中华人民共和国国务院令第 512 号)第六十七条

无形资产按照直线法计算的摊销费用,准予扣除。

无形资产的摊销年限不得低于 10 年。

作为投资或者受让的无形资产,有关法律规定或者合同约定了使用年限的,可以按照规定或者约定的使用年限分期摊销。

外购商誉的支出,在企业整体转让或者清算时,准予扣除。

26. 公司取得土地使用权,作为无形资产核算,受益年限 40 年,该土地使用权是否可以按照 10 年扣除

答: 企业可以按照规定或者约定的使用年限分期摊销。实务中,一般按照合同约定的受益年限进行摊销。

一、《中华人民共和国企业所得税法实施条例》（中华人民共和国国务院令第 512 号）第六十七条

作为投资或者受让的无形资产，有关法律规定或者合同约定了使用年限的，可以按照规定或者约定的使用年限分期摊销。

二、国家税务总局安徽省税务局 12366 纳税服务中心答复

根据中华人民共和国企业所得税法实施条例规定：

第六十七条　无形资产按照直线法计算的摊销费用，准予扣除。

无形资产的摊销年限不得低于 10 年。

作为投资或者受让的无形资产，有关法律规定或者合同约定了使用年限的，可以按照规定或者约定的使用年限分期摊销。

根据上述文件规定，纳税人取得的土地使用权的摊销年限在使用受益年限内摊销，且不得低于税法规定的最低摊销年限。

三、河南省税务局 2018 年度企业所得税问题答疑第 94 问

《中华人民共和国企业所得税法实施条例》第六十七条规定，作为投资或者受让的无形资产，有关法律规定或者合同约定了使用年限的，可以按照规定或者约定的使用年限分期摊销。因此，土地使用权应当按 40 年期限摊销。

27. 企业新购进的无形资产可以加速摊销或一次性摊销吗

答：企业新购进的无形资产，满足表 5-15 所示条件的，可以加速摊销或一次性摊销。

表 5-15　无形资产税收优惠汇总

序号	项目	优惠概述	政策依据
1	企业外购软件加速摊销	企业外购的软件，凡符合无形资产确认条件的，可以按照无形资产进行核算，其摊销年限可以适当缩短，最短可为 2 年（含）	财税〔2012〕27 号
2	海南自由贸易港企业无形资产加速摊销	自 2020 年 1 月 1 日起至 2024 年 12 月 31 日，对在海南自由贸易港设立的企业，新购置（含自行开发）无形资产，单位价值超过 500 万元的，可以缩短摊销年限或采取加速摊销的方法	财税〔2020〕31 号
3	海南自由贸易港企业无形资产一次性摊销	自 2020 年 1 月 1 日起至 2024 年 12 月 31 日，对在海南自由贸易港设立的企业，新购置（含自行开发）无形资产，单位价值不超过 500 万元（含）的，允许一次性计入当期成本费用在计算应纳税所得额时扣除，不再分年度摊销	财税〔2020〕31 号

一、《财政部　国家税务总局关于进一步鼓励软件产业和集成电路产业发展企业所得税政策的通知》（财税〔2012〕27 号）第七条

企业外购的软件，凡符合固定资产或无形资产确认条件的，可以按照固定资产或无形资产进行核算，其折旧或摊销年限可以适当缩短，最短可为 2 年（含）。

二、《关于海南自由贸易港企业所得税优惠政策的通知》（财税〔2020〕31 号）第三条

对在海南自由贸易港设立的企业，新购置（含自建、自行开发）固定资产或无形资产，单位价值不超过 500 万元（含）的，允许一次性计入当期成本费用在计算应纳税所得额时扣除，不再分年度计算折旧和摊销；新购置（含自建、自行开发）固定资产或无形资产，单位价值超过 500 万元的，可以缩短折旧、摊销年限或采取加速折旧、摊销的方法。本条所称固定资产，是指除房屋、建筑物以外的固定资产。

四、存货

28. 税法对存货的规定主要有哪些

答：税法上关于存货的基本规定如表 5-16 所示。

表 5-16 存货基本规定

项目	税法规定	
定义	企业持有以备出售的产品或者商品、处在生产过程中的在产品、在生产或者提供劳务过程中耗用的材料和物料等	
计税基础	支付现金方式取得	购买价款和支付的相关税费
	支付现金以外的方式取得	该存货的公允价值和支付的相关税费
	生产性生物资产收获的农产品	产出或者采收过程中发生的材料费、人工费和分摊的间接费用等必要支出
计价方法	先进先出法、加权平均法、个别计价法（一经选用，不得随意变更）	

《中华人民共和国企业所得税法实施条例》（中华人民共和国国务院令第 512 号）第七十二条、第七十三条

29. 企业估价入账的原材料对应的成本，可否税前扣除

答：企业对暂估入账的存货，可参照图 5-6 所示方式进行处理。

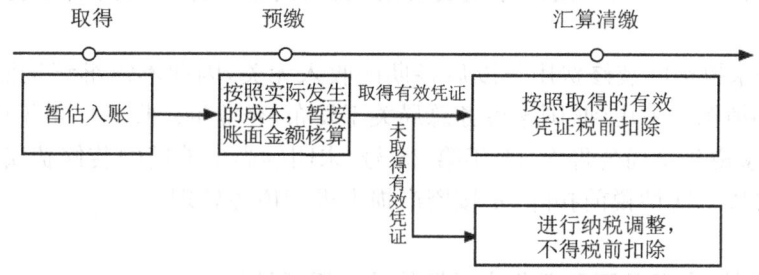

图 5-6 企业购进存货未取得发票时的处理方式

《国家税务总局关于企业所得税若干问题的公告》（国家税务总局公告 2011 年第 34 号）第六条

企业当年度实际发生的相关成本、费用，由于各种原因未能及时取得该成本、费用的有效凭证，企业在预缴季度所得税时，可暂按账面发生金额进行核算；但在汇算清缴时，应补充提供该成本、费用的有效凭证。

五、长期待摊费用

30. 企业对租入的房屋进行装修发生的费用支出，如何进行摊销

答：企业对租入的房屋进行装修发生的费用支出应当作为长期待摊费用进行处理，并按照合同约定的剩余租赁期限分期摊销，可以进行税前扣除。企业发生的作为长期待摊费用处理的费用支出，如图 5-7 所示。

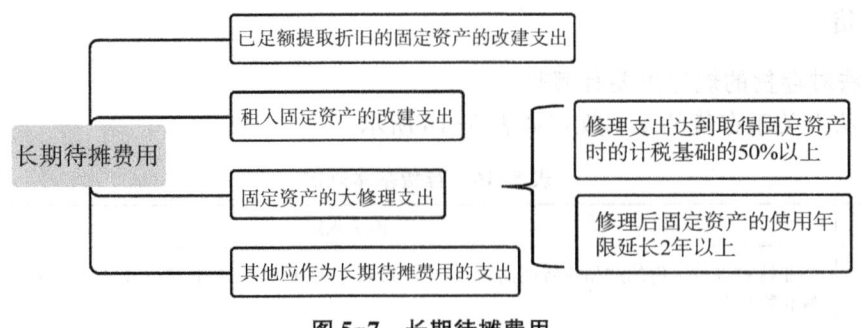

图 5-7　长期待摊费用

一、《中华人民共和国企业所得税法》第十三条

在计算应纳税所得额时,企业发生的下列支出作为长期待摊费用,按照规定摊销的,准予扣除:

(一)已足额提取折旧的固定资产的改建支出;

(二)租入固定资产的改建支出;

(三)固定资产的大修理支出;

(四)其他应当作为长期待摊费用的支出。

二、《中华人民共和国企业所得税法实施条例》(中华人民共和国国务院令第 512 号)第六十八条

企业所得税法第十三条第(一)项规定的支出,按照固定资产预计尚可使用年限分期摊销;第(二)项规定的支出,按照合同约定的剩余租赁期限分期摊销。

31. 企业由于战略调整,关闭部分租赁的店铺,账面上未摊销完的店铺装修费用,企业应如何处理

答:企业尚未摊销的装修费用与以后各期的收入无关,因此不需继续按照合同约定的剩余租赁期限分期摊销。考虑到《国家税务总局关于发布〈企业资产损失所得税税前扣除管理办法〉的公告》(国家税务总局公告 2011 年第 25 号)未明确尚未摊销的装修费属于资产损失,因此该部分支出可以一次性税前扣除,不按资产损失进行税务处理。

32. 企业开(筹)办费是否需要作为长期待摊费用摊销扣除

答:企业实际发生的开(筹)办费,可以在开始经营之日的当年一次性扣除,也可以按照税法有关长期待摊费用的处理规定处理,但一经选定,不得改变。企业在新税法实施(2008 年 1 月 1 日)以前年度的未摊销完的开办费,也可根据上述规定处理。

《国家税务总局关于企业所得税若干税务事项衔接问题的通知》(国税函〔2009〕98 号)第九条

新税法中开(筹)办费未明确列作长期待摊费用,企业可以在开始经营之日的当年一次性扣除,也可以按照新税法有关长期待摊费用的处理规定处理,但一经选定,不得改变。

企业在新税法实施以前年度的未摊销完的开办费,也可根据上述规定处理。

33. 企业修理固定资产的支出如何税前扣除

答:企业修理固定资产的支出,按照一般修理支出和大修理支出分类后,参照表 5-17 所示方式进行税前扣除。

表 5-17 固定资产修理支出扣除方式

类型	扣除方式
一般支出	计入损益扣除
大修理支出*	作为长期待摊费用,按照固定资产尚可使用年限分期摊销

* 大修理支出:同时符合下列条件的支出:修理支出达到取得固定资产时的计税基础50%以上;修理后固定资产的使用年限延长2年以上。

一、《中华人民共和国企业所得税法》第十三条第(三)项

在计算应纳税所得额时,企业发生的下列支出作为长期待摊费用,按照规定摊销的,准予扣除:

……

(三)固定资产的大修理支出

二、《中华人民共和国企业所得税法实施条例》(中华人民共和国国务院令第512号)第六十九条

企业所得税法第十三条第(三)项所称固定资产的大修理支出,是指同时符合下列条件的支出:

(一)修理支出达到取得固定资产时的计税基础50%以上;

(二)修理后固定资产的使用年限延长2年以上。

企业所得税法第十三条第(三)项规定的支出,按照固定资产尚可使用年限分期摊销。

六、投资资产

34. 企业的投资资产如何进行税前扣除

答: 企业的投资资产税前扣除规定如表5-18所示。

表 5-18 投资资产税前扣除规定

情形	扣除规定
对外投资期间	不得扣除
转让或处置投资资产	准予扣除投资资产的成本

准予扣除的投资资产的成本如表5-19所示。

表 5-19 投资资产成本的确定方法

来源	成本
支付现金方式取得	购买价款
支付现金以外的方式取得	资产的公允价值+支付的相关税费

一、《中华人民共和国企业所得税法》第十四条

企业对外投资期间,投资资产的成本在计算应纳税所得额时不得扣除。

二、《中华人民共和国企业所得税法实施条例》(中华人民共和国国务院令第512号)第七十一条

企业所得税法第十四条所称投资资产,是指企业对外进行权益性投资和债权性投资形成的资产。

企业在转让或者处置投资资产时,投资资产的成本,准予扣除。

投资资产按照以下方法确定成本:

(一)通过支付现金方式取得的投资资产,以购买价款为成本;

(二)通过支付现金以外的方式取得的投资资产,以该资产的公允价值和支付的相关税费为成本。

七、资产损失

35.企业发生的资产损失申报扣除还需要备案吗

答:2017年度以后的企业所得税汇算清缴申报资产损失时,无需报送相关资料备案。相关资料企业留存备查。

《国家税务总局关于企业所得税资产损失资料留存备查有关事项的公告》(国家税务总局公告2018年第15号)第一条

企业向税务机关申报扣除资产损失,仅需填报企业所得税年度纳税申报表《资产损失税前扣除及纳税调整明细表》,不再报送资产损失相关资料。相关资料由企业留存备查。

36.企业发生的各项损失,需要企业留存备查的资料包括哪些

答:企业不同类型资产损失需要的留存备查证据资料如表5-20所示。

表5-20 不同类型资产损失的需要的留存备查证据资料

序号	损失类型	证据资料
1	现金损失	(1) 现金保管人确认的现金盘点表(包括倒推至基准日的记录) (2) 现金保管人对于短缺的说明及相关核准文件 (3) 对责任人由于管理责任造成损失的责任认定及赔偿情况的说明 (4) 涉及刑事犯罪的,应有司法机关出具的相关材料 (5) 金融机构出具的假币收缴证明
2	存款损失	(1) 企业存款类资产的原始凭据 (2) 金融机构破产、清算的法律文件 (3) 金融机构清算后剩余资产分配情况资料 金融机构应清算而未清算超过三年的,企业可将该款项确认为资产损失,但应有法院或破产清算管理人出具的未完成清算证明
3	坏账损失	(1) 相关事项合同、协议或说明 (2) 属于债务人破产清算的,应有人民法院的破产、清算公告 (3) 属于诉讼案件的,应出具人民法院的判决书或裁决书或仲裁机构的仲裁书,或者被法院裁定终(中)止执行的法律文书 (4) 属于债务人停止营业的,应有工商部门注销、吊销营业执照证明 (5) 属于债务人死亡、失踪的,应有公安机关等有关部门对债务人个人的死亡、失踪证明 (6) 属于债务重组的,应有债务重组协议及其债务人重组收益纳税情况说明 (7) 属于自然灾害、战争等不可抗力而无法收回的,应有债务人受灾情况说明以及放弃债权申明 企业逾期三年以上的应收款项在会计上已作为损失处理的,可以作为坏账损失,但应说明情况,并出具专项报告 企业逾期一年以上,单笔数额不超过五万或者不超过企业年度收入总额万分之一的应收款项,会计上已经作为损失处理的,可以作为坏账损失,但应说明情况,并出具专项报告

(续表)

序号	损失类型	证据资料
4	存货盘亏损失	(1) 存货计税成本确定依据 (2) 企业内部有关责任认定、责任人赔偿说明和内部核批文件 (3) 存货盘点表 (4) 存货保管人对于盘亏的情况说明
5	存货报废、毁损或变质损失	(1) 存货计税成本的确定依据 (2) 企业内部关于存货报废、毁损、变质、残值情况说明及核销资料 (3) 涉及责任人赔偿的,应当有赔偿情况说明 (4) 该项损失数额较大的(指占企业该类资产计税成本10%以上,或减少当年应纳税所得、增加亏损10%以上,下同),应有专业技术鉴定意见或法定资质中介机构出具的专项报告等
6	存货被盗损失	(1) 存货计税成本的确定依据 (2) 向公安机关的报案记录 (3) 涉及责任人和保险公司赔偿的,应有赔偿情况说明等
7	固定资产盘亏、丢失损失	(1) 企业内部有关责任认定和核销资料 (2) 固定资产盘点表 (3) 固定资产的计税基础相关资料 (4) 固定资产盘亏、丢失情况说明 (5) 损失金额较大的,应有专业技术鉴定报告或法定资质中介机构出具的专项报告等
8	固定资产报废、毁损损失	(1) 固定资产的计税基础相关资料 (2) 企业内部有关责任认定和核销资料 (3) 企业内部有关部门出具的鉴定材料 (4) 涉及责任赔偿的,应当有赔偿情况的说明 (5) 损失金额较大的或自然灾害等不可抗力原因造成固定资产毁损、报废的,应有专业技术鉴定意见或法定资质中介机构出具的专项报告等
9	固定资产被盗损失	(1) 固定资产计税基础相关资料 (2) 公安机关的报案记录,公安机关立案、破案和结案的证明材料 (3) 涉及责任赔偿的,应有赔偿责任的认定及赔偿情况的说明等
10	在建工程停建、报废损失	(1) 工程项目投资账面价值确定依据 (2) 工程项目停建原因说明及相关材料 (3) 因质量原因停建、报废的工程项目和因自然灾害和意外事故停建、报废的工程项目,应出具专业技术鉴定意见和责任认定、赔偿情况的说明等
11	工程物资发生损失	比照存货损失的规定确认
12	生产性生物资产盘亏	(1) 生产性生物资产盘点表 (2) 生产性生物资产盘亏情况说明 (3) 生产性生物资产损失金额较大的,企业应有专业技术鉴定意见和责任认定、赔偿情况的说明等
13	因森林病虫害、疫情、死亡而产生的生产性生物资产损失	(1) 损失情况说明 (2) 责任认定及其赔偿情况的说明 (3) 损失金额较大的,应有专业技术鉴定意见
14	被盗伐、被盗、丢失而产生的生产性生物资产损失	(1) 生产性生物资产被盗后,向公安机关的报案记录或公安机关立案、破案和结案的证明材料 (2) 责任认定及其赔偿情况的说明
15	抵押资产被拍卖或变卖,账面净值大于变卖价值的差额而认定的资产损失	(1) 抵押合同或协议书 (2) 拍卖或变卖证明、清单 (3) 会计核算资料等其他相关证据材料

(续表)

序号	损失类型	证据资料
16	丧失使用价值和转让价值，尚未摊销的无形资产损失	(1) 会计核算资料 (2) 企业内部核批文件及有关情况说明 (3) 技术鉴定意见和企业法定代表人、主要负责人和财务负责人签章证实无形资产已无使用价值或转让价值的书面申明 (4) 无形资产的法律保护期限文件
17	债权投资损失	(1) 债务人或担保人依法被宣告破产、关闭、被解散或撤销、被吊销营业执照、失踪或者死亡等，应出具资产清偿证明或者遗产清偿证明。无法出具资产清偿证明或者遗产清偿证明，且上述事项超过三年以上的，或债权投资（包括信用卡透支和助学贷款）余额在三百万元以下的，应出具对应的债务人和担保人破产、关闭、解散证明、撤销文件、工商行政管理部门注销证明或查询证明以及追索记录等（包括司法追索、电话追索、信件追索和上门追索等原始记录） (2) 债务人遭受重大自然灾害或意外事故，企业对其资产进行清偿和对担保人进行追偿后，未能收回的债权，应出具债务人遭受重大自然灾害或意外事故证明、保险赔偿证明、资产清偿证明等 (3) 债务人因承担法律责任，其资产不足归还所借债务，又无其他债务承担者的，应出具法院裁定证明和资产清偿证明 (4) 债务人和担保人不能偿还到期债务，企业提出诉讼或仲裁的，经人民法院对债务人和担保人强制执行，债务人和担保人均无资产可执行，人民法院裁定终结或终止（中止）执行的，应出具人民法院裁定文书 (5) 债务人和担保人不能偿还到期债务，企业提出诉讼后被驳回起诉的、人民法院不予受理或不予支持的，或仲裁机构裁决免除（或部分免除）债务人责任，经追偿后无法收回的债权，应提交法院驳回起诉的证明，或法院不予受理或不予支持证明，或仲裁机构裁决免除债务人责任的文书 (6) 经国务院专案批复核销的债权，应提供国务院批准文件或经国务院同意后由国务院有关部门批准的文件
18	业股权投资损失	(1) 股权投资计税基础证明材料 (2) 被投资企业破产公告、破产清偿文件 (3) 工商行政管理部门注销、吊销被投资单位营业执照文件 (4) 政府有关部门对被投资单位的行政处理决定文件 (5) 被投资企业终止经营、停止交易的法律或其他证明文件 (6) 被投资企业资产处置方案、成交及入账材料 (7) 企业法定代表人、主要负责人和财务负责人签章证实有关投资（权益）性损失的书面申明 (8) 会计核算资料等其他相关证据材料 被投资企业依法宣告破产、关闭、解散或撤销、吊销营业执照、停止生产经营活动、失踪等，应出具资产清偿证明或者遗产清偿证明 上述事项超过三年以上且未能完成清算的，应出具被投资企业破产、关闭、解散或撤销、吊销等的证明以及不能清算的原因说明

《国家税务总局关于企业所得税资产损失资料留存备查有关事项的公告》（国家税务总局公告2018年第15号）

37. 企业以前年度发生的资产损失，因各种原因未能在发生当年准确计算并按期扣除的，如何处理

答：企业发生以前年度资产损失，未能在当年准确计算并按期扣除，可以按表5-21所示方法进行专项申报扣除。

表 5-21 以前年度未抵扣损失扣除办法

分类	情形		扣除期限	抵扣办法
实际资产损失	一般情形		准予追补至该项损失发生年度扣除,其追补确认期限一般不得超过五年	1.多缴的企业所得税税款,可在追补确认年度企业所得税应纳税款中予以抵扣,不足抵扣的,向以后年度递延抵扣 2.企业实际资产损失发生年度扣除追补确认的损失后出现亏损的,应先调整资产损失发生年度的亏损额,再按弥补亏损的原则计算以后年度多缴的企业所得税税款,并按前款办法进行税务处理
	特殊情形	计划经济体制转轨过程中遗留的资产损失	准予追补至该项损失发生年度扣除,其追补确认期限经国家税务总局批准后可适当延长	
		企业重组上市过程中因权属不清出现争议而未能及时扣除的资产损失		
		因承担国家政策性任务而形成的资产损失		
		政策定性不明确而形成资产损失		
法定资产损失			在申报年度扣除	—

政策依据

《国家税务总局关于发布〈企业资产损失所得税税前扣除管理办法〉的公告》(国家税务总局公告 2011 年第 25 号)第六条

第六条 企业以前年度发生的资产损失未能在当年税前扣除的,可以按照本办法的规定,向税务机关说明并进行专项申报扣除。其中,属于实际资产损失,准予追补至该项损失发生年度扣除,其追补确认期限一般不得超过五年,但因计划经济体制转轨过程中遗留的资产损失、企业重组上市过程中因权属不清出现争议而未能及时扣除的资产损失、因承担国家政策性任务而形成的资产损失以及政策定性不明确而形成资产损失等特殊原因形成的资产损失,其追补确认期限经国家税务总局批准后可适当延长。属于法定资产损失,应在申报年度扣除。

企业因以前年度实际资产损失未在税前扣除而多缴的企业所得税税款,可在追补确认年度企业所得税应纳税款中予以抵扣,不足抵扣的,向以后年度递延抵扣。

企业实际资产损失发生年度扣除追补确认的损失后出现亏损的,应先调整资产损失发生年度的亏损额,再按弥补亏损的原则计算以后年度多缴的企业所得税税款,并按前款办法进行税务处理。

38.企业计提的存货跌价准备和资产减值损失可以税前扣除吗

答:企业计提的存货跌价准备和资产减值损失不能扣除,待实际发生时才可以税前扣除。

政策依据

一、《中华人民共和国企业所得税法》第十二条第(七)项

在计算应纳税所得额时,下列支出不得扣除:

……

(七)未经核定的准备金支出;

二、《中华人民共和国企业所得税法实施条例》(中华人民共和国国务院令第 512 号)第五十五条

企业所得税法第十条第(七)项所称未经核定的准备金支出,是指不符合国务院财政、税务主管部门规定的各项资产减值准备、风险准备等准备金支出。

39.企业自制的资产盘点表,能否作为资产损失扣除的证据

答:对于会计核算制度健全、内部控制制度完善的企业,资产盘点表可以作为企业内部证据,作为资产损失扣除的证据。企业可以作为扣除证据的相关资料如表 5-22 所示。

表 5-22　外部证据和内部证据的具体内容

项目	具有法律效力的外部证据	特定事项的企业内部证据
含义	司法机关、行政机关、专业技术鉴定部门等依法出具的与本企业资产损失相关的具有法律效力的书面文件	会计核算制度健全、内部控制制度完善的企业,对各项资产发生毁损、报废、盘亏、死亡、变质等内部证明或承担责任的声明
具体内容	(1) 司法机关的判决或者裁定 (2) 公安机关的立案结案证明、回复 (3) 工商部门出具的注销、吊销及停业证明 (4) 企业的破产清算公告或清偿文件 (5) 行政机关的公文 (6) 专业技术部门的鉴定报告 (7) 具有法定资质的中介机构的经济鉴定证明 (8) 仲裁机构的仲裁文书 (9) 保险公司对投保资产出具的出险调查单、理赔计算单等保险单据 (10) 符合法律规定的其他证据	(1) 有关会计核算资料和原始凭证 (2) 资产盘点表 (3) 相关经济行为的业务合同 (4) 企业内部技术鉴定部门的鉴定文件或资料 (5) 企业内部核批文件及有关情况说明 (6) 对责任人由于经营管理责任造成损失的责任认定及赔偿情况说明 (7) 法定代表人、企业负责人和企业财务负责人对特定事项真实性承担法律责任的声明

政策依据

《国家税务总局关于发布〈企业资产损失所得税税前扣除管理办法〉的公告》(国家税务总局公告 2011 年第 25 号)第三章第十六条、第十七条、第十八条

40. 企业的固定资产和存货发生损失(盘亏、毁损、报废、被盗),可以税前扣除的损失额如何确定

答：企业固定资产和存货发生损失,根据不同的损失类型,按照表 5-23 所示规定进行扣除。

表 5-23　固定资产、存货损失税前扣除规定

损失类型	扣除规定
盘亏	以该固定资产的账面净值或存货的成本减除责任人赔偿后的余额,税前扣除
毁损、报废	以该固定资产的账面净值或存货的成本减除残值、保险赔偿和责任人的赔偿后的余额,税前扣除
被盗	以该固定资产的账面净值或存货的成本减除保险赔偿和责任人赔偿后的余额,税前扣除

注：企业因存货盘亏、毁损、报废、被盗等原因不得从增值税销项税额中抵扣的进项税额,可以与存货损失一起在计算应纳税所得额时扣除。

其他各项损失税前扣除规定如表 5-24 所示。

表 5-24　其他各项损失税前扣除规定

序号	损失类型	扣除规定
1	现金损失	企业清查出的现金短缺减除责任人赔偿后的余额税前扣除
2	存款损失	企业将货币性资金存入法定具有吸收存款职能的机构,因该机构依法破产、清算,或者政府责令停业、关闭等原因,确实不能收回的部分,可税前扣除
3	坏账损失	企业除贷款类债权外的应收、预付账款符合下列条件之一的,减除可收回金额后确认的无法收回的应收、预付款项,可以作为坏账损失在计算应纳税所得额时扣除： (1) 债务人依法宣告破产、关闭、解散、被撤销,或者被依法注销、吊销营业执照,其清算财产不足清偿的 (2) 债务人死亡,或者依法被宣告失踪、死亡,其财产或者遗产不足清偿的 (3) 债务人逾期 3 年以上未清偿,且有确凿证据证明已无力清偿债务的 (4) 与债务人达成债务重组协议或法院批准破产重整计划后,无法追偿的 (5) 因自然灾害、战争等不可抗力导致无法收回的 (6) 国务院财政、税务主管部门规定的其他条件

(续表)

序号	损失类型	扣除规定
4	贷款损失	企业经采取所有可能的措施和实施必要的程序之后,符合下列条件之一的贷款类债权,可以作为贷款损失在计算应纳税所得额时扣除: (1) 借款人和担保人依法宣告破产、关闭、解散、被撤销,并终止法人资格,或者已完全停止经营活动,被依法注销、吊销营业执照,对借款人和担保人进行追偿后,未能收回的债权 (2) 借款人死亡,或者依法被宣告失踪、死亡,依法对其财产或者遗产进行清偿,并对担保人进行追偿后,未能收回的债权 (3) 借款人遭受重大自然灾害或者意外事故,损失巨大且不能获得保险补偿,或者以保险赔偿后,确实无力偿还部分或者全部债务,对借款人财产进行清偿和对担保人进行追偿后,未能收回的债权 (4) 借款人触犯刑律,依法受到制裁,其财产不足归还所借债务,又无其他债务承担者,经追偿后确实无法收回的债权 (5) 由于借款人和担保人不能偿还到期债务,企业诉诸法律,经法院对借款人和担保人强制执行,借款人和担保人均无财产可执行,法院裁定执行程序终结或终止(中止)后,仍无法收回的债权 (6) 由于借款人和担保人不能偿还到期债务,企业诉诸法律后,经法院调解或经债权人会议通过,与借款人和担保人达成和解协议或重整协议,在借款人和担保人履行完还款义务后,无法追偿的剩余债权 (7) 由于上述(一)至(六)项原因借款人不能偿还到期债务,企业依法取得抵债资产,抵债金额小于贷款本息的差额,经追偿后仍无法收回的债权 (8) 开立信用证、办理承兑汇票、开具保函等发生垫款时,凡证申请人和保证人由于上述(一)至(七)项原因,无法偿还垫款,金融企业经追偿后仍无法收回的垫款 (9) 银行卡持卡人和担保人由于上述(一)至(七)项原因,未能还清透支款项,金融企业经追偿后仍无法收回的透支款项 (10) 助学贷款逾期后,在金融企业确定的有效追索期限内,依法处置助学贷款抵押物(质押物),并向担保人追索连带责任后,仍无法收回的贷款 (11) 经国务院专案批准核销的贷款类债权 (12) 国务院财政、税务主管部门规定的其他条件
5	股权投资损失	企业的股权投资符合下列条件之一的,减除可收回金额后确认的无法收回的股权投资,可以作为股权投资损失在计算应纳税所得额时扣除: (1) 被投资方依法宣告破产、关闭、解散、被撤销,或者被依法注销、吊销营业执照的 (2) 被投资方财务状况严重恶化,累计发生巨额亏损,已连续停止经营 3 年以上,且无重新恢复经营改组计划的 (3) 对被投资方不具有控制权,投资期限届满或者投资期限已超过 10 年,且被投资单位因连续 3 年经营亏损导致资不抵债的 (4) 被投资方财务状况严重恶化,累计发生巨额亏损,已完成清算或清算期超过 3 年以上的 (5) 国务院财政、税务主管部门规定的其他条件

注:企业在计算应纳税所得额时已经扣除的资产损失,在以后纳税年度全部或者部分收回时,其收回部分应当作为收入计入收回当期的应纳税所得额。

政策依据

《国家税务总局关于发布〈企业资产损失所得税税前扣除管理办法〉的公告》(国家税务总局公告 2011 年第 25 号)第二十六条至第三十一条

  第二十六条 存货盘亏损失,为其盘亏金额扣除责任人赔偿后的余额,……
  第二十七条 存货报废、毁损或变质损失,为其计税成本扣除残值及责任人赔偿后的余额,……
  第二十八条 存货被盗损失,为其计税成本扣除保险理赔以及责任人赔偿后的余额,……
  第二十九条 固定资产盘亏、丢失损失,为其账面净值扣除责任人赔偿后的余额,……
  第三十条 固定资产报废、毁损损失,为其账面净值扣除残值和责任人赔偿后的余额,……
  第三十一条 固定资产被盗损失,为其账面净值扣除责任人赔偿后的余额,……

41. 被投资企业破产,2020 年完成清算,2021 年取得注销文件,如何界定损失扣除时间

  答:在企业书面承诺损失金额已确定的情况下,将被投资企业资产处置方案、成交及入账材料作为确认投资收回额的证据,因此该股权投资损失应确认在 2020 年。

政策依据

《国家税务总局关于发布〈企业资产损失所得税税前扣除管理办法〉的公告》(国家税务总局公告 2011 年第 25 号)第四十一条

企业股权投资损失应依据以下相关证据材料确认:
(一)股权投资计税基础证明材料;
(二)被投资企业破产公告、破产清偿文件;
(三)工商行政管理部门注销、吊销被投资单位营业执照文件;
(四)政府有关部门对被投资单位的行政处理决定文件;
(五)被投资企业终止经营、停止交易的法律或其他证明文件;
(六)被投资企业资产处置方案、成交及入账材料;
(七)企业法定代表人、主要负责人和财务负责人签章证实有关投资(权益)性损失的书面申明;
(八)会计核算资料等其他相关证据材料。

42. 一直挂在坏账损失的应收账款,已确认无法收回的情况下,企业所得税税前扣除要满足什么条件

答:企业满足特定条件的坏账损失,可以在税前扣除,如表 5-25 所示。

表 5-25 应收账款坏账损失扣除条件

序号	时间要求	金额要求	会计处理
1	一年以上	单笔不超过 5 万元或不超过企业年度收入总额的万分之一	已作为损失处理
2	三年以上	无限制	已作为损失处理

同时企业不同原因造成的应收及预付款项坏账损失应依据以下相关证据材料确认,如图 5-8 所示。

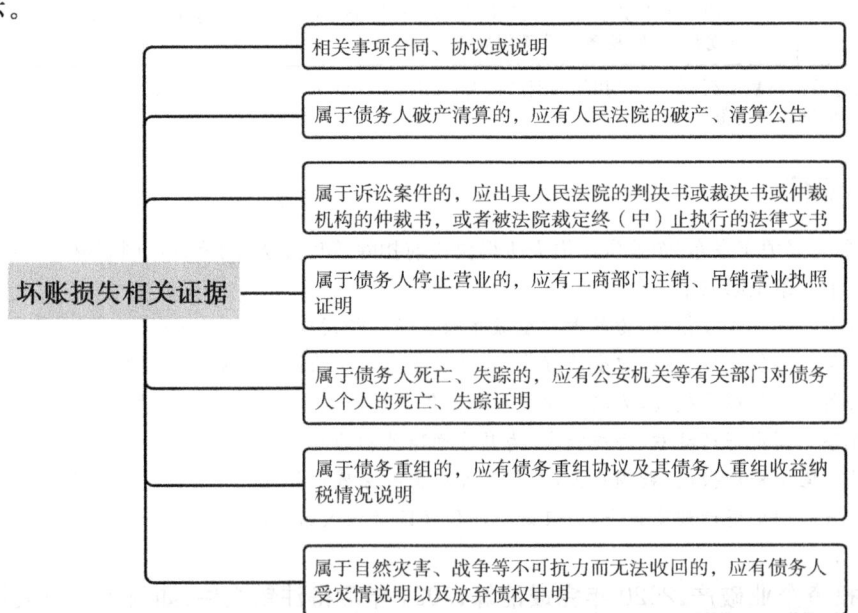

图 5-8 应收账款确认坏账损失需依据的相关证据

 **政策依据**

《国家税务总局关于发布〈企业资产损失所得税税前扣除管理办法〉的公告》(国家税务总局公告 2011 年第 25 号)第四条、第二十二条、第二十三条、第二十四条

第四条 企业实际资产损失,应当在其实际发生且会计上作损失处理的年度申报扣除;法定资产损失,应当在企业向主管税务机关提供证据资料证明该项资产已符合法定资产损失确认条件,且会计上已作损失处理的年度申报扣除。

第二十二条 企业应收及预付款项坏账损失应依据以下相关证据材料确认:

(一)相关事项合同、协议或说明;

(二)属于债务人破产清算的,应有人民法院的破产、清算公告;

(三)属于诉讼案件的,应出具人民法院的判决书或裁决书或仲裁机构的仲裁书,或者被法院裁定终(中)止执行的法律文书;

(四)属于债务人停止营业的,应有工商部门注销、吊销营业执照证明;

(五)属于债务人死亡、失踪的,应有公安机关等有关部门对债务人个人的死亡、失踪证明;

(六)属于债务重组的,应有债务重组协议及其债务人重组收益纳税情况说明;

(七)属于自然灾害、战争等不可抗力而无法收回的,应有债务人受灾情况说明以及放弃债权申明。

第二十三条 企业逾期三年以上的应收款项在会计上已作为损失处理的,可以作为坏账损失,但应说明情况,并出具专项报告。

第二十四条 企业逾期一年以上,单笔数额不超过五万或者不超过企业年度收入总额万分之一的应收款项,会计上已经作为损失处理的,可以作为坏账损失,但应说明情况,并出具专项报告。

43. 公司替别的公司担保,因贷款到期被担保公司无力偿还,且追索无效造成公司损失,该损失可否税前扣除

答:企业对外提供担保,由于被担保人未按期偿还而承担连带责任,经追索,被担保人无力偿还的,对无法追回的金额,按照表 5-26 所示方式处理。

表 5-26 企业担保造成的损失处理方法

序号	相关性	税前扣除
1	与企业生产经营活动相关	可以税前扣除
2	与企业生产经营活动无关	不得税前扣除

 **政策依据**

《国家税务总局关于发布〈企业资产损失所得税税前扣除管理办法〉的公告》(国家税务总局公告 2011 年第 25 号)第四十四条

企业对外提供与本企业生产经营活动有关的担保,因被担保人不能按期偿还债务而承担连带责任,经追索,被担保人无偿还能力,对无法追回的金额,比照本办法规定的应收款项损失进行处理。

与本企业生产经营活动有关的担保是指企业对外提供的与本企业应税收入、投资、融资、材料采购、产品销售等生产经营活动相关的担保。

44. 公司两年前发生产品被盗案件,至今仍未破案,该损失能否向税务机关申报税前扣除

答:该案件立案侦查超过两年仍未追回,符合资产损失税前扣除规定,因此可以税前申报

扣除。且申报时仅需填报企业所得税年度纳税申报表《资产损失税前扣除及纳税调整明细表》,不再报送资产损失相关资料。

政策依据

一、《国家税务总局企业资产损失所得税税前扣除管理办法》(国家税务总局公告 2011 年第 25 号)第四十九条

企业因刑事案件原因形成的损失,应由企业承担的金额,或经公安机关立案侦查两年以上仍未追回的金额,可以作为资产损失并准予在税前申报扣除,但应出具公安机关、人民检察院的立案侦查情况或人民法院的判决书等损失原因证明材料。

二、《国家税务总局关于企业所得税资产损失资料留存备查有关事项的公告》(国家税务总局公告 2018 年第 15 号)第一条

企业向税务机关申报扣除资产损失,仅需填报企业所得税年度纳税申报表《资产损失税前扣除及纳税调整明细表》,不再报送资产损失相关资料。相关资料由企业留存备查

本公告规定适用于 2017 年度及以后年度企业所得税汇算清缴。

45. 集团内企业间无偿拆借资金是否可以作为往来款项,按照应收和预付款损失税前扣除

答:除特殊情况外,企业(包括集团内企业)间无偿拆借资金应当按照债权性投资进行税务处理,不作为往来款项按应收和预付账款损失税前扣除。

政策依据

《国家税务总局关于发布〈企业资产损失所得税税前扣除管理办法〉的公告》(国家税务总局公告 2011 年第 25 号)公告第四十六条

下列股权和债权不得作为损失在税前扣除:
(一)债务人或者担保人有经济偿还能力,未按期偿还的企业债权;
(二)违反法律、法规的规定,以各种形式、借口逃废或悬空的企业债权;
(三)行政干预逃废或悬空的企业债权;
(四)企业未向债务人和担保人追偿的债权;
(五)企业发生非经营活动的债权;
(六)其他不应当核销的企业债权和股权。

第三节 税法和会计的差异

一、固定资产方面税法和会计的差异

会计和税法对于固定资产的界定范围、初始计量、折旧的计提、减值的计提都存在差异,具体情况如表 5-27 所示。

表 5-27 固定资产相关的税法和会计的差异

固定资产界定的差异			
	会计	税法	差异
界定范围	《企业会计准则第4号——固定资产》规定,固定资产是指同时具有下列特征的有形资产: (1) 为生产商品、提供劳务、出租或者经营管理而持有 (2) 使用寿命超过一个会计年度	《企业所得税法实施条例》第五十七条的规定,固定资产,是指企业为生产产品、提供劳务、出租或者经营管理而持有的、使用时间超过12个月的非货币性资产,包括房屋、建筑物、机器、机械、运输工具以及其他与生产经营活动有关的设备、器具、工具等	会计上界定的固定资产,不包括出租的不动产,后者属于《企业会计准则》上的投资性房地产 税法上界定的固定资产包含"以经营租赁方式出租的房屋、建筑物",即在会计上被称为"投资性房地产"的部分。因此,税法上界定的固定资产的范围比会计更广
固定资产初始计量的差异			
	会计	税法	差异
融资租入固定资产	固定资产的成本以购买价款的现值为基础确定,实际支付的价款与购买价款的现值之间的差额,除应予资本化的部分外,应当在信用期内计入当期损益	融资购入的固定资产,以租赁合同约定的付款总额和承租人在签订租赁合同过程中发生的相关费用为计税基础,租赁合同未约定付款总额的,以该资产的公允价值和承租人在签订租赁合同过程中发生的相关费用为计税基础	税法上固定资产的计价应该包括初始计入未确认融资费用科目的金额,但会计上不包括。未确认融资费用是两者的差异,税前扣除的折旧金额需进行调整
非货币性资产交换	会计上对换入资产采用两种计量方式,有商业实质时,按公允价入账,没有商业实质时,以换出资产的账面价值和支付相关税费作为入账价格	无论是否有商业实质,全部按照公允价入账	交换不具有商业实质时,会计和税法产生差异,差异是账面价值和公允价值的差异,税前扣除的折旧金额需进行调整
固定资产初始计量的差异			
	会计	税法	差异
推倒重置的房屋、建筑物	按照重置价格入账	国家税务总局公告2011年第34号规定,资产原值减除提取折旧后的净值,应并入重置后的固定资产计税成本,并在该资产投入使用后的次月起,按照税法规定的折旧年限,一并计提折旧	若房屋、建筑物推倒重置前还有净值,则税法规定的初始计量价格高于会计规定价格,税前扣除的折旧金额需进行调整
固定资产折旧的差异			
	会计	税法	差异
折旧计提范围	除以下情况外,企业应对所有固定资产计提折旧: (1) 已提足折旧继续使用的固定资产 (2) 按规定单独估价作为固定资产入账的土地	下列固定资产不得计算折旧扣除: (1) 房屋、建筑物以外未投入使用的固定资产 (2) 以经营租赁方式租入的固定资产 (3) 以融资租赁方式租出的固定资产 (4) 已足额提取折旧仍继续使用的固定资产 (5) 与经营活动无关的固定资产 (6) 单独估价作为固定资产入账的土地 (7) 其他不得计算折旧扣除的固定资产	税法规定的折旧范围小,产生差异的项目,税前扣除的折旧金额需进行调整

(续表)

折旧年限	根据资产的性质和使用情况,合理确定使用寿命和预计净残值	《企业所得税法》规定了最低折旧年限： (1) 房屋、建筑物,为 20 年 (2) 飞机、火车、轮船、机器、机械和其他生产设备,为 10 年 (3) 与生产经营活动有关的器具、工具、家具等,为 5 年 (4) 飞机、火车、轮船以外的运输工具,为 4 年 (5) 电子设备,为 3 年 除规定可享受缩短折旧年限的情形外,按照以上年限计提折旧	当会计上确认的折旧年限低于税法规定的折旧年限,税前扣除的折旧金额需进行调整
折旧方法	可根据与固定资产有关的经济利益的预期实现方式,合理选择年限平均法、工作量法、双倍余额递减法和年数总和法等,如图 5-9 所示	一般按照直线法计算的折旧准予扣除。满足表 5-7 及图 5-5 规定条件的,可以享受双倍余额递减法、年数总和法的加速折旧和一次性税前扣除的税收优惠	会计上和税法上采用两种不同的折旧方法会导致税前扣除的折旧金额调整
固定资产减值的差异			
	会计	税法	差异
减值计提	按照规定计提资产减值	减值不允许税前扣除	会计上计提减值的,需调整固定资产的账面价值,同时调整影响当期税前扣除的折旧金额

会计上规定的固定资产折旧的计提方法如图 5-9 所示,其中双倍余额递减法和年数总和法属于加速折旧方法,符合条件的固定资产也可以选择这两种方式计提折旧。

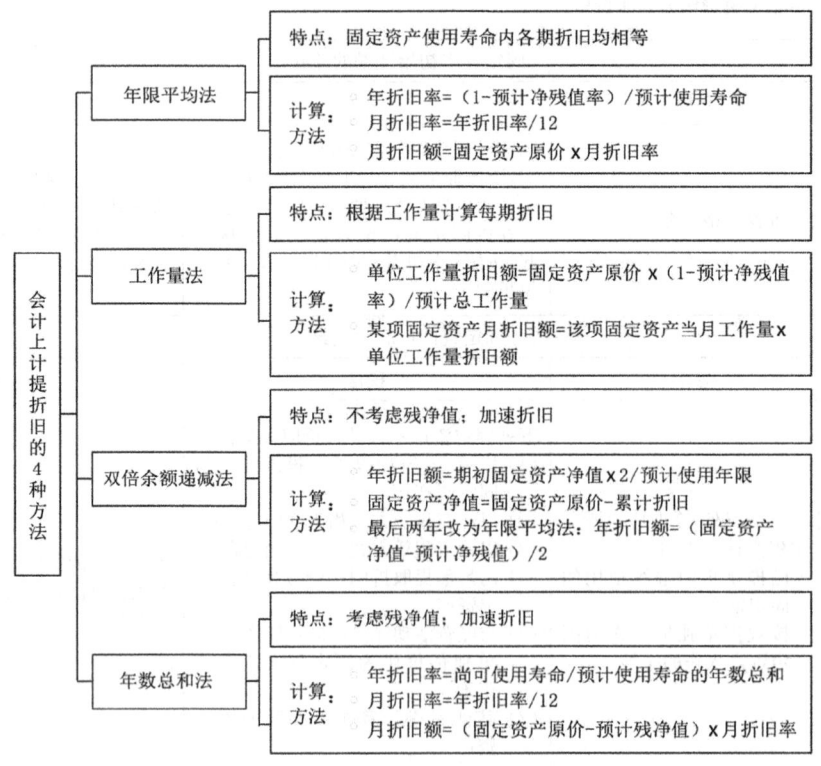

图 5-9 会计上计提折旧的 4 种方法

二、生产性生物资产方面税法和会计的差异

会计和税法对于生产性生物资产的初始计量、折旧的计提存在差异,具体情况如表 5-28 所示。

表 5-28 生产性生物资产相关的税法和会计的差异

	生产性生物资产初始计量的差异		
	会计	税法	差异
界定范围	《企业会计准则第5号——生物资产》规定,生产性生物资产是指,为产出农产品、提供劳务或出租等目的而持有的生物资产,包括经济林、薪炭林、产畜和役畜等	《企业所得税法实施条例》规定,生产性生物资产,是指企业为生产农产品、提供劳务或者出租等而持有的生物资产,包括经济林、薪炭林、产畜和役畜等	两者界定的范围一致
	会计	税法	差异
计量方法	同时满足下列条件的,应采用公允价值计量: (1)生物资产有活跃的交易市场 (2)能够从交易市场上取得同类或类似生物资产的市场价格及其他相关信息,从而对生物资产的公允价值做出合理估计	采用历史成本模式计量	若会计上采用了公允价值计量,税前扣除折旧金额需进行调整
	生产性生物资产折旧的差异		
	会计	税法	差异
折旧年限	根据资产的性质和使用情况和有关经济利益的预期实现方式,合理确定使用寿命和预计净残值	规定了最低折旧年限: (1)林木类生产性生物资产,为10年 (2)畜类生产性生物资产,为3年	当企业会计上采用的折旧年限低于税法规定的折旧年限,税前扣除的折旧金额需进行调整
折旧方法	可根据与资产有关的经济利益的预期实现方式,合理选择年限平均法、工作量法、双倍余额递减法和年数总和法等	一般按照直线法计算的折旧准予扣除	会计和税法上采用两种不同的折旧方法会导致税前扣除的折旧金额调整

三、无形资产方面税法和会计的差异

会计和税法对于无形资产的初始计量、摊销、减值的计提都存在差异,具体情况如表 5-29 所示。

表 5-29 无形资产相关的税法和会计的差异

	无形资产初始计量的差异		
	会计	税法	差异
融资租入无形资产	无形资产的成本以购买价款的现值为基础确定,实际支付的价款与购买价款的现值之间的差额,除应予资本化的部分外,应当在信用期内计入当期损益	融资购入的无形资产,以购买的价款和支付相关税费以及直接归属于使该资产达到预定用途发生的其他支出为计税基础	税法上无形资产初始计量不需要贴现,大于会计上的账面价值,需调增账面价值,同时调整税前扣除的摊销

(续表)

	无形资产摊销的差异		
	会计	税法	差异
摊销范围	寿命有限的,在寿命内合理摊销,寿命不确定或无法判断的,不摊销	下列无形资产不得计算摊销费用扣除: (1) 自行开发的支出已在计算应纳税所得额时扣除的无形资产 (2) 自创商誉 (3) 与经营活动无关的无形资产 (4) 其他不得计算摊销费用扣除的无形资产	会计上进行摊销的,可能税法规定不允许摊销,税法上摊销的,会计上未进行摊销,需对税前扣除的摊销额调整
摊销年限	寿命有限的,在寿命内合理摊销,未明确摊销年限	规定了最低折旧年限为10年,符合表5-4所示条件的可缩短折旧年限	当会计上确认的折旧年限低于税法规定的折旧年限,税前扣除的折旧金额需进行调整
折旧方法	根据无形资产有关经济利益的预期实现方式选择摊销方法,无法可靠确定预期实现方式的,采用直线法摊销	按照直线法摊销。符合表5-5所示条件的可采取加速折旧方法	会计上和税法上采用两种不同的折旧方法会导致税前扣除的摊销金额调整
	无形资产减值		
	会计	税法	差异
减值计提	寿命不确定的无形资产通过计提减值准备来确定账面价值	计提的减值准备不允许税前扣除	会计上计提减值的,需调整无形资产的账面价值,同时调整当期税前扣除的摊销金额

四、存货方面税法和会计的差异

会计和税法主要在存货跌价准备的处理上存在差异,具体情况如表5-30所示。

表5-30 存货相关的税法和会计的差异

会计	税法	差异
资产负债表日,存货应当按照成本与可变现净值孰低原则计量,存货成本高于可变现净值的,应当计提存货跌价准备	存货跌价准备不能税前扣除	若会计上计提了存货跌价准备,需调整

五、资产损失方面税法和会计的差异

资产损失税法和会计的差异如表5-31所示。

表5-31 资产损失相关的税法和会计的差异

项目	会计	税法	差异
资产界定	《企业会计准则——基本准则》第二十条规定资产是指企业过去的交易或者事项形成的、由企业拥有或者控制的、预期会给企业带来经济利益的资源	《企业资产损失所得税税前扣除管理办法》规定,资产是指企业拥有或者控制的、用于经营管理活动相关的资产,包括现金、银行存款、应收及预付款项(包括应收票据、各类垫款、企业之间往来款项)等货币性资产,存货、固定资产、无形资产、在建工程、生产性生物资产等非货币性资产,以及债权性投资和股权(权益)性投资	税法上确定资产损失的资产的范围更加明确

(续表)

项目	会计	税法	差异
损失界定	《企业会计准则》规定,损失是指由企业非日常活动所发生的、会导致所有者权益减少的、与向所有者分配利润无关的经济利益的流出。包括直接计入所有者权益的损失和直接计入当期利润的损失	《企业资产损失所得税税前扣除管理办法》规定,在企业所得税税前扣除的资产损失,是指企业在实际处置、转让上述资产过程中发生的合理损失,以及企业虽未实际处置、转让上述资产,但符合规定条件计算确认的损失	会计上确认的损失只有实际资产损失和法定资产损失可以税前扣除,其他损失需做纳税调整

第四节 申报实务

一、申报表概况及变化

企业所得税年度纳税申报表和资产相关的报表有三张表,分别是《A105000 纳税调整项目明细表》《A105080 资产折旧、摊销及纳税调整明细表》《A105090 资产损失税前扣除及纳税调整明细表》。

国家税务总局针对该部分纳税申报表,在 2024 年并未作出修改,对相关表格继续沿用 2023 年的版本。其中,2023 年纳税申报表新增了部分内容,如表 5-32 所示。

表 5-32 《A105080 资产折旧、摊销及纳税调整明细表》最新变化

行次	项目		账载金额			税收金额				纳税调整金额
			资产原值	本年折旧、摊销额	累计折旧、摊销额	资产计税基础	税收折旧、摊销额	享受加速折旧政策的资产按税收一般规定计算的折旧、摊销额	加速折旧、摊销统计额	累计折旧、摊销额	
			1	2	3	4	5	6	7(5—6)	8	9(2—5)
11.1	1. 高新技术企业 2022 年第四季度(10月—12月)购置单价 500 万元以下设备器具一次性扣除										*
11.2	2. 购置单价 500 万元以下设备器具一次性扣除(不包含高新技术企业 2022 年第四季度购置										*
12	(五)500 万元以上设备器具一次性扣除(12.1+12.2+12.3+12.4)										*
12.1	中小微企业购置单价 500 万元以上设备器具	1. 最低折旧年限为 3 年的设备器具一次性扣除									*
12.2		2. 最低折旧年限为 4、5 年的设备器具 50% 部分一次性扣除									*
12.3		3. 最低折旧年限为 10 年的设备器具 50% 部分一次性扣除									*
12.4		4. 高新技术企业 2022 年第四季度(10月—12月)购置单价 500 万元以上设备器具一次性扣除						*	*		

修订的政策依据为《财政部 税务总局关于中小微企业设备器具所得税税前扣除有关政策的公告》(2022 年第 12 号)和《财政部 税务总局 科技部关于加大支持科技创新税前扣除

力度的公告》(2022年第28号)。

二、纳税调整项目明细表的填报

(一)《A105000 纳税调整项目明细表》填报说明(节选)

本表由纳税人根据税法、相关税收规定以及国家统一会计制度的规定,填报企业所得税涉税事项的会计处理、税务处理以及纳税调整情况。

1) 有关项目填报说明(资产类调整项目)

纳税人按照"收入类调整项目""扣除类调整项目""资产类调整项目""特殊事项调整项目""特别纳税调整应税所得""其他"六类分项填报,汇总计算出纳税"调增金额"和"调减金额"的合计金额。

数据栏分别设置"账载金额""税收金额""调增金额""调减金额"四个栏次。"账载金额"是指纳税人按照国家统一会计制度规定核算的项目金额。"税收金额"是指纳税人按照税收规定计算的项目金额。对需填报下级明细表的纳税调整项目,其"账载金额""税收金额""调增金额""调减金额"根据相应附表进行计算填报。

31. 第31行"三、资产类调整项目":填报资产类调整项目第32行至第35行的合计金额。

32. 第32行"(一)资产折旧、摊销":根据《资产折旧、摊销及纳税调整明细表》(A105080)填报。第1列"账载金额"填报表A105080第41行第2列金额。第2列"税收金额"填报表A105080第41行第5列金额。若表A105080第41行第9列≥0,第3列"调增金额"填报表A105080第41行第9列金额。若A105080第41行第9列<0,第4列"调减金额"填报表A105080第41行第9列金额的绝对值。

33. 第33行"(二)资产减值准备金":填报坏账准备、存货跌价准备、理赔费用准备金等不允许税前扣除的各类资产减值准备金纳税调整情况。第1列"账载金额"填报纳税人会计核算计入当期损益的资产减值准备金金额(因价值恢复等原因转回的资产减值准备金应予以冲回)。若第1列≥0,第3列"调增金额"填报第1列金额。若第1列<0,第4列"调减金额"填报第1列金额的绝对值。

34. 第34行"(三)资产损失":根据《资产损失税前扣除及纳税调整明细表》(A105090)填报。若表A105090第29行第7列≥0,第3列"调增金额"填报表A105090第29行第7列金额。若表A105090第29行第7列<0,第4列"调减金额"填报表A105090第29行第7列金额的绝对值。

35. 第35行"(四)其他":填报其他因会计处理与税收规定有差异需纳税调整的资产类项目金额。若第1列≥第2列,第3列"调增金额"填报第1−2列金额。若第1列<第2列,第4列"调减金额"填报第1−2列金额的绝对值。

2) 表内、表间关系

第一,表内关系。

1. 第1行=第2+3+4+5+6+7+8+10+11行。
2. 第12行=第13+14+…+23+24+26+27+28+29+30行。
3. 第31行=第32+33+34+35行。
4. 第36行=第37+38+39+40+41+42+43行。
5. 第39行=第39.1+39.2+39.4+39.5+39.6+39.7行。
6. 第46行=第1+12+31+36+44+45行。

第二,表间关系。

1. 第2行第2列=表A105010第1行第1列;第2行第3列=表A105010第1行第2列。

2. 第3行第1列=表A105020第14行第2列;第3行第2列=表A105020第14行第4列;若表A105020第14行第6列≥0,第3行第3列=表A105020第14行第6列;若表A105020第14行第6列<0,第3行第4列=表A105020第14行第6列的绝对值。

3. 第4行第1列=表A105030第10行第1+8列;第4行第2列=表A105030第10行第2+9列;若表A105030第10行第11列≥0,第4行第3列=表A105030第10行第11列;若表A105030第10行第11列<0,第4行第4列=表A105030第10行第11列的绝对值。

4. 第9行第3列=表A105040第7行第14列;第9行第4列=表A105040第7行第4列。

5. 第13行第2列=表A105010第11行第1列;第13行第4列=表A105010第11行第2列的绝对值。

6. 第14行第1列=表A105050第13行第1列;第14行第2列=表A105050第13行第5列;若表A105050第13行第6列≥0,第14行第3列=表A105050第13行第6列;若表A105050第13行第6列<0,第14行第4列=表A105050第13行第6列的绝对值。

7. 若表A105060第12行第1列≥0,第16行第3列=表A105060第12行第1列,若表A105060第12行第1列<0,第16行第4列=表A105060第12行第1列的绝对值。

8. 第17行第1列=表A105070合计行第1列;第17行第2列=表A105070合计行第4列;第17行第3列=表A105070合计行第5列;第17行第4列=表A105070合计行第6列。

9. 保险企业:第23行第1列=表A105060第1行第2列。若表A105060第3行第2列≥第6行第2列,第2列=表A105060第6行第2列;若表A105060第3行第2列<第6行第2列,第2列=表A105060第3行第2列+第9行第2列。若表A105060第12行第2列≥0,第3列=表A105060第12行第2列。若表A105060第12行第2列<0,第4列=表A105060第12行第2列的绝对值。

10. 第25行第3列=表A105040第7行第11列。

11. 第28行第3列=表A108010第10行第16+17列。

12. 第32行第1列=表A105080第41行第2列;第32行第2列=表A105080第41行第5列;若表A105080第41行第9列≥0,第32行第3列=表A105080第41行第9列;若表A105080第41行第9列<0,第32行第4列=表A105080第41行第9列的绝对值。

13. 若表A105090第29行第7列≥0,第34行第3列=表A105090第29行第7列;若表A105090第29行第7列<0,第34行第4列=表A105090第29行第7列的绝对值。

14. 第37行第1列=表A105100第16行第1+4列;第37行第2列=表A105100第16行第2+5列;若表A105100第16行第7列≥0,第37行第3列=表A105100第16行第7列;若表A105100第16行第7列<0,第37行第4列=表A105100第16行第7列的绝

对值。

15. 若表 A105110 第 24 行≥0,第 38 行第 3 列＝表 A105110 第 24 行;若表 A105110 第 24 行＜0,第 38 行第 4 列＝表 A105110 第 24 行的绝对值。

16. 若表 A105120 第 10 行第 11 列≥0,第 39.7 行第 3 列＝表 A105120 第 10 行第 11 列;若表 A105120 第 10 行第 11 列＜0,第 39.7 行第 4 列＝表 A105120 第 10 行第 11 列的绝对值。

17. 第 40 行第 2 列＝表 A105010 第 21 行第 1 列;若表 A105010 第 21 行第 2 列≥0,第 40 行第 3 列＝表 A105010 第 21 行第 2 列;若表 A105010 第 21 行第 2 列＜0,第 40 行第 4 列＝表 A105010 第 21 行第 2 列的绝对值。

18. 第 46 行第 3 列＝表 A100000 第 15 行;第 46 行第 4 列＝表 A100000 第 16 行。

三、资产折旧、摊销及纳税调整明细表的填报

(一)A105080《资产折旧、摊销及纳税调整明细表》填报说明

本表适用于发生资产折旧、摊销的纳税人填报。纳税人根据税法、《国家税务总局关于企业固定资产加速折旧所得税处理有关问题的通知》(国税发〔2009〕81 号)、《国家税务总局关于融资性售后回租业务中承租方出售资产行为有关税收问题的公告》(2010 年第 13 号)、《国家税务总局关于企业所得税若干问题的公告》(2011 年第 34 号)、《国家税务总局关于发布〈企业所得税政策性搬迁所得税管理办法〉的公告》(2012 年第 40 号)、《财政部 国家税务总局关于进一步鼓励软件产业和集成电路产业发展企业所得税政策的通知》(财税〔2012〕27 号)、《国家税务总局关于企业所得税应纳税所得额若干问题的公告》(2014 年第 29 号)、《财政部 国家税务总局关于完善固定资产加速折旧税收政策有关问题的通知》(财税〔2014〕75 号)、《财政部 国家税务总局关于进一步完善固定资产加速折旧企业所得税政策的通知》(财税〔2015〕106 号)、《国家税务总局关于全民所有制企业公司制改制企业所得税处理问题的公告》(2017 年第 34 号)、《财政部 税务总局关于设备器具扣除有关企业所得税政策的通知》(财税〔2018〕54 号)、《国家税务总局关于设备器具扣除有关企业所得税政策执行问题的公告》(2018 年第 46 号)、《财政部 税务总局关于扩大固定资产加速折旧优惠政策适用范围的公告》(2019 年第 66 号)、《财政部 税务总局关于海南自由贸易港企业所得税优惠政策的通知》(财税〔2020〕31 号)、《财政部 税务总局关于延长部分税收优惠政策执行期限的公告》(2021 年第 6 号)、《财政部 税务总局关于中小微企业设备器具所得税税前扣除有关政策的公告》(2022 年第 12 号)、《财政部 税务总局 科技部关于加大支持科技创新税前扣除力度的公告》(2022 年第 28 号)、《财政部 税务总局关于横琴粤澳深度合作区企业所得税优惠政策的通知》(财税〔2022〕19 号)等相关规定,以及国家统一企业会计制度,填报资产折旧、摊销的会计处理、税收规定,以及纳税调整情况。纳税人只要发生相关事项,均需填报本表。

一、有关项目填报说明

(一)列次填报

对于不征税收入形成的资产,其折旧、摊销额不得税前扣除。第 4 列至第 8 列税收金额不包含不征税收入所形成资产的折旧、摊销额。

1. 第 1 列"资产原值":填报纳税人会计处理计提折旧、摊销的资产原值(或历史成本)的金额。

2. 第 2 列"本年折旧、摊销额":填报纳税人会计核算的本年资产折旧、摊销额。

3. 第 3 列"累计折旧、摊销额":填报纳税人会计核算的累计(含本年)资产折旧、摊销额。

4. 第 4 列"资产计税基础":填报纳税人按照税收规定据以计算折旧、摊销的资产原值(或历史成本)的金额。

5. 第 5 列"税收折旧、摊销额":填报纳税人按照税收规定计算的允许税前扣除的本年资产折旧、摊销额。

第 8 行至第 17 行、第 30 行至第 32 行第 5 列"税收折旧、摊销额":填报享受相关加速折旧、摊销优惠政策的资产,采取税收加速折旧、摊销或一次性扣除方式计算的税收折旧额合计金额、摊销额合计金额。本列仅填报"税收折旧、摊销额"大于"享受加速折旧政策的资产按税收一般规定计算的折旧、摊销额"月份的金额合计。如,享受加速折旧、摊销优惠政策的资产,发生本年度某些月份其"税收折旧、摊销额"大于"享受加速折旧政策的资产按税收一般规定计算的折旧、摊销额",其余月份其"税收折旧、摊销额"小于"享受加速折旧政策的资产按税收一般规定计算的折旧、摊销额"的情形,仅填报"税收折旧、摊销额"大于"享受加速折旧政策的资产按税收一般规定计算的折旧、摊销额"月份的税收折旧额合计金额、摊销额合计金额。

6. 第 6 列"享受加速折旧政策的资产按税收一般规定计算的折旧、摊销额":仅适用于第 8 行至第 17 行、第 30 行至第 32 行,填报纳税人享受加速折旧、摊销优惠政策的资产,按照税收一般规定计算的折旧额合计金额、摊销额合计金额。按照税收一般规定计算的折旧、摊销额,是指该资产在不享受加速折旧、摊销优惠政策情况下,按照税收规定的最低折旧年限以直线法计算的折旧额、摊销额。本列仅填报"税收折旧、摊销额"大于"享受加速折旧政策的资产按税收一般规定计算的折旧、摊销额"月份的按税收一般规定计算的折旧额合计金额、摊销额合计金额。

7. 第 7 列"加速折旧、摊销统计额":用于统计纳税人享受各类固定资产加速折旧政策的优惠金额,按第 5－6 列金额填报。

8. 第 8 列"累计折旧、摊销额":填报纳税人按照税收规定计算的累计(含本年)资产折旧、摊销额。

9. 第 9 列"纳税调整金额":填报第 2－5 列金额。

(二)行次填报

1. 第 2 行至第 7 行、第 19 行至第 20 行、第 22 行至第 29 行、第 34 行至第 40 行:填报各类资产有关情况。

2. 第 8 行至第 17 行、第 30 行至第 32 行:填报纳税人享受相关加速折旧、摊销优惠政策的资产有关情况及优惠统计情况。若固定资产或无形资产同时适用多项政策,由纳税人自行选择一项政策填报。同一项固定资产或无形资产不得重复填报。

第 8 行"(一)重要行业固定资产加速折旧":适用于符合财税〔2014〕75 号、财税〔2015〕106 号和财政部、税务总局公告 2019 年第 66 号文件规定的制造业,信息传输、软件和信息技术服务业行业(以下称"重要行业")的企业填报,填报新购进固定资产享受加速折旧政策的有关情况及优惠统计情况。

第 9 行"(二)其他行业研发设备加速折旧":适用于重要行业以外的其他企业填报,填报单位价值超过 100 万元以上专用研发设备采取缩短折旧年限或加速折旧方法的有关情况及优惠统计情况。

第10行"(三)特定地区企业固定资产加速折旧":适用于海南自由贸易港等特定地区设立的企业填报享受固定资产加速折旧政策有关情况。本行填报第10.1+10.2行金额。

第10.1行"1.海南自由贸易港企业固定资产加速折旧":海南自由贸易港企业填报新购置(含自建)单位价值500万元以上的固定资产,按照税收规定采取缩短折旧年限或加速折旧方法的有关情况及优惠统计情况。

第10.2行"2.横琴粤澳深度合作区企业固定资产加速折旧":横琴粤澳深度合作区企业填报新购置(含自建)单位价值500万元以上的固定资产,按照税收规定采取缩短折旧年限或加速折旧方法的固定资产有关情况及优惠统计情况。

第11行"(四)500万元以下设备器具一次性扣除":填报新购置单位价值不超过500万元的设备器具等,按照税收规定一次性扣除的有关情况及优惠统计情况。本行填报第11.1+11.2行金额。

第11.1行"高新技术企业2022年第四季度(10月—12月)购置单价500万元以下设备器具一次性扣除":高新技术企业填报2022年第四季度(10月—12月)新购置单位价值不超过500万元的设备器具等,按照税收规定一次性扣除的有关情况及优惠统计情况。

第11.2行"购置单价500万元以下设备器具一次性扣除(不包含高新技术企业2022年第四季度购置)":除高新技术企业以外的其他企业填报新购置单位价值不超过500万元的设备器具或者高新技术企业填报除2022年第四季度(10月—12月)以外新购置单位价值不超过500万元的设备器具,按照税收规定一次性扣除的有关情况及优惠统计情况。高新技术企业2022年第四季度(10月—12月)新购置单位价值不超过500万元的设备器具等一次性扣除情况,在第11.1行"高新技术企业2022年第四季度(10月—12月)购置单价500万元以下设备器具一次性扣除"填报。

第12行"(五)500万元以上设备器具一次性扣除":填报新购置单位价值超过500万元的设备器具等,按照税收规定部分或全部一次性扣除的有关情况及优惠统计情况。第12.1行、第12.2行、第12.3行适用中小微企业填报2022年1月1日至2022年12月31日期间新购置的设备器具所得税税前扣除政策有关情况,第12.4行适用高新技术企业填报2022年第四季度购置设备器具所得税税前扣除政策有关情况。本行填报第12.1+12.2+12.3+12.4行金额。

第12.1行"1.中小微企业购置单价500万元以上设备器具—最低折旧年限为3年的设备器具一次性扣除",填报中小微企业新购置单位价值500万元以上的设备器具(折旧年限为3年),按照税收规定一次性扣除的有关情况及优惠统计情况。

第12.2行"2.中小微企业购置单价500万元以上设备器具—最低折旧年限为4、5年的设备器具50%部分一次性扣除",填报中小微企业新购置单位价值500万元以上的设备器具(折旧年限为4、5年)50%的部分,按照税收规定一次性扣除的有关情况及优惠统计情况。

第12.3行"3.中小微企业购置单价500万元以上设备器具—最低折旧年限为10年的设备器具50%部分一次性扣除",填报中小微企业新购置单位价值500万元以上的设备器具(折旧年限为10年)50%的部分,按照税收规定一次性扣除的有关情况及优惠统计情况。

第12.4行"4.高新技术企业2022年第四季度(10月—12月)购置单价500万元以上设备器具一次性扣除":填报高新技术企业2022年第四季度(10月—12月)新购置单位价值

500万元以上设备器具,按照税收规定一次性扣除的有关情况及优惠统计情况。

第13行"(六)特定地区企业固定资产一次性扣除":适用于海南自由贸易港等特定地区设立的企业填报享受固定资产一次性扣除政策有关情况。本行填报第13.1+13.2行金额。

第13.1行"1.海南自由贸易港企业固定资产一次性扣除":海南自由贸易港企业填报新购置(含自建)单位价值不超过500万元的固定资产,按照税收规定一次性扣除的有关情况及优惠统计情况。

第13.2行"2.横琴粤澳深度合作区企业固定资产一次性扣除":横琴粤澳深度合作区企业填报新购置(含自建)单位价值不超过500万元的固定资产,按照税收规定一次性扣除的有关情况及优惠统计情况。

第14行"(七)技术进步、更新换代固定资产加速折旧":填报固定资产因技术进步、产品更新换代较快而按税收规定享受固定资产加速折旧政策的有关情况及优惠统计情况。

第15行"(八)常年强震动、高腐蚀固定资产加速折旧":填报常年处于强震动、高腐蚀状态的固定资产按税收规定享受固定资产加速折旧政策的有关情况及优惠统计情况。

第16行"(九)外购软件加速折旧":填报企业外购软件作为固定资产处理,按财税〔2012〕27号文件规定享受加速折旧政策的有关情况及优惠统计情况。

第17行"(十)集成电路企业生产设备加速折旧":填报集成电路生产企业的生产设备,按照财税〔2012〕27号文件规定享受加速折旧政策的有关情况及优惠统计情况。

第30行"(一)企业外购软件加速摊销":填报企业外购软件作无形资产处理,按财税〔2012〕27号文件规定享受加速摊销政策的有关情况及优惠统计情况。

第31行"(二)特定地区企业无形资产加速摊销":适用于海南自由贸易港等特定地区设立的企业填报享受无形资产加速摊销政策有关情况。本行填报第31.1+31.2行金额。

第31.1行"海南自由贸易港企业无形资产加速摊销":海南自由贸易港企业填报新购置(含自行开发)单位价值超过500万元的无形资产,按照税收规定采取缩短摊销年限或加速摊销方法的有关情况及优惠统计情况。

第31.2行"横琴粤澳深度合作区企业无形资产加速摊销":横琴粤澳深度合作区企业填报新购置(含自行开发)单位价值超过500万元的无形资产,按照税收规定采取缩短摊销年限或加速摊销方法的有关情况及优惠统计情况。

第32行"(三)特定地区企业无形资产一次性摊销":适用于海南自由贸易港等特定地区设立的企业填报享受无形资产一次性摊销政策有关情况。本行填报第32.1+32.2行金额。

第32.1行"海南自由贸易港企业无形资产一次性摊销":海南自由贸易港企业填报新购置(含自行开发)单位价值不超过500万元的无形资产,按照税收规定一次性摊销的有关情况及优惠统计情况。

第32.2行"横琴粤澳深度合作区企业无形资产一次性摊销":横琴粤澳深度合作区企业填报新购置(含自行开发)单位价值不超过500万元的无形资产,按照税收规定一次性摊销的有关情况及优惠统计情况。

3.附列资料"全民所有制企业公司制改制资产评估增值政策资产":填报企业按照国家税务总局公告2017年第34号规定,执行"改制中资产评估增值不计入应纳税所得额,资产的计税基础按其原有计税基础确定,资产增值部分的折旧或者摊销不得在税前扣除"政策的有关情况。本行不参与计算,仅用于统计享受全民所有制企业公司制改制资产评估增值政策资产的有关情况,相关资产折旧、摊销情况及调整情况在第 1 行至第 40 行填报。

二、表内、表间关系

(一)表内关系

1. 第 1 行＝第 2+3+…+7 行。

2. 第 10 行＝第 10.1 行＋第 10.2 行。

3. 第 11 行＝第 11.1 行＋第 11.2 行。

4. 第 12 行＝第 12.1＋12.2＋12.3＋12.4 行。

5. 第 13 行＝第 13.1＋13.2 行。

6. 第 18 行＝第 19＋20 行。

7. 第 21 行＝第 22＋23…＋29 行。

8. 第 31 行＝第 31.1＋31.2 行。

9. 第 32 行＝第 32.1＋32.2 行。

10. 第 33 行＝第 34＋35＋36＋37＋38 行。

11. 第 41 行 = 第 1＋18＋21＋33＋39＋40 行。(其中第 41 行第 6 列 = 第 8＋9＋10＋11＋12＋13＋14＋15＋16＋17＋30＋31＋32 行第 6 列;第 41 行第 7 列 = 第 8＋9＋10＋11＋12＋13＋14＋15＋16＋17＋30＋31＋32 行第 7 列)。

12. 第 7 列＝第 5－6 列。

13. 第 9 列＝第 2－5 列。

(二)表间关系

1. 第 41 行第 2 列＝表 A105000 第 32 行第 1 列。

2. 第 41 行第 5 列＝表 A105000 第 32 行第 2 列。

3. 若第 41 行第 9 列≥0,第 41 行第 9 列＝表 A105000 第 32 行第 3 列;若第 41 行第 9 列＜0,第 41 行第 9 列的绝对值＝表 A105000 第 32 行第 4 列。

(二)案例讲解

案例 5-1

甲公司于 2×17 年 12 月购进一固定资产,取得增值税专用发票价值 10 万元,增值税进项税额 17 000 元,预计使用年限为 5 年(税法规定最低折旧年限 5 年),预计净残值为 5 000 元,采用平均年限法计提折旧。2×19 年年末,甲公司发现该设备发生减值,预计可收回金额为 35 000 元,应计提减值准备 27 000 元,估计剩余使用年限为 2 年,预计净残值不变。

1. 甲公司会计应如何进行核算?

2. 企业如何进行 2×20 年度企业所得税汇算清缴?

【解析】

1. 甲公司账务处理

(1)购进设备:

借:固定资产　　　　　　　　　　　　　　　　　　　　　　　　　　　　100 000

　　应交税费——应交增值税(进项税额)　　　　　　　　　　　　　　　　17 000

　　贷:银行存款　　　　　　　　　　　　　　　　　　　　　　　　　　117 000

(2) 2×18 年、2×19 年每年应计提折旧 19 000 元：

借：制造费用 19 000
  贷：累计折旧 19 000

(3) 2×19 年年末计提减值准备 27 000 元：

借：资产减值损失——固定资产减值损失 27 000
  贷：固定资产减值准备 27 000

(4) 2×20 年应计提折旧 15 000 元：

借：制造费用 15 000
  贷：累计折旧 15 000

《企业会计准则》规定，资产减值损失确认后，减值资产的折旧或者摊销费用应当在未来期间作相应调整，以使该资产在剩余使用年限内，分摊调整后的资产账面价值（扣除预计净残值）。资产减值损失一经确认，在以后会计期间不得转回。

税务处理：税法规定，未经核定的准备金支出，不得在税前扣除。未经核定的准备金支出，是指不符合国务院财政、税务主管部门规定的各项资产减值准备、风险准备等准备金支出。企业持有各项资产期间资产增值或者减值，除国务院财政、税务主管部门规定可以确认损益外，不得调整该资产的计税基础。企业在会计上冲回资产减值准备时，不得重复扣除。

2. 税法与会计的差异

(1) 会计实际折旧年限为 4 年，而税法规定最低折旧年限 5 年。截至 2×20 年年末会计折旧年限只剩 1 年而税法折旧年限还有 2 年。

(2) 2×19 年年末会计计提了固定资产减值准备，而税法只允许按固定资产原值计提折旧。

具体的差异如表 5-33 所示。

表 5-33　会计与税法的差异

会计处理	税务处理	纳税调整
原值：100 000 元	计税基础：100 000 元	
净残值率：5%	净残值率：5%	
2×18 年计提折旧：100 000×(1−5%)÷5＝19 000(元)	2×18 年计提折旧：100 000×(1−5%)÷5＝19 000(元)	0 元
2×19 年计提折旧：100 000×(1−5%)÷5＝19 000(元)	2×19 年计提折旧：100 000×(1−5%)÷5＝19 000(元)	0 元
2×19 年年末计提减值准备：27 000 元	税法不允许减值准备扣除	＋27 000 元
2×20 年计提折旧：[100 000×(1−5%)−38 000−27 000]÷2＝15 000(元)	2×20 年计提折旧：100 000×(1−5%)÷5＝19 000(元)	−4 000 元
剩余折旧年限：1 年	剩余折旧年限：2 年	

3. 2×20 年度甲公司企业所得税汇算清缴填报示范

第一步，填报《A105080 资产折旧、摊销及纳税调整明细表》，填报示范如表 5-34 所示。

表 5-34　A105080 资产折旧、摊销及纳税调整明细表

单位：元

行次	项目		账载金额			税收金额				纳税调整金额
			资产原值	本年折旧、摊销额	累计折旧、摊销额	资产计税基础	税收折旧、摊销额	享受加速折旧政策的资产按税收一般规定计算的折旧、摊销额	加速折旧、摊销统计额	累计折旧、摊销额	
			1	2	3	4	5	6	7=5-6	8	9(2-5)
1	一、固定资产(2+3+4+5+6+7)							*	*		
2	所有固定资产	(一)房屋、建筑物						*	*		
3		(二)飞机、火车、轮船、机器、机械和其他生产设备						*	*		
4		(三)与生产经营活动有关的器具、工具、家具等	100 000	15 000	53 000	100 000	19 000	*	*	27 000	-4 000
5		(四)飞机、火车、轮船以外的运输工具						*	*		
6		(五)电子设备						*	*		
7		(六)其他						*	*		
8	其中：享受固定资产加速折旧及一次性扣除政策的资产加速折旧额大于一般折旧额的部分	(一)重要行业固定资产加速折旧(不含一次性扣除)									*
9		(二)其他行业研发设备加速折旧									*
10		(三)特定地区企业固定资产加速折旧(10.1+10.2)									
10.1		1.海南自由贸易港企业固定资产加速折旧									*
10.2		2.横琴粤澳深度合作区企业固定资产加速折旧									*
11		(四)500万元以下设备器具一次性扣除(11.1+11.2)									*
11.1		1.高新技术企业2022年第四季度(10月-12月)购置单价500万元以下设备器具一次性扣除									*
11.2		2.购置单价500万元以下设备器具一次性扣除(不包含高新技术企业2022年第四季度购置)									*
12		(五)500万元以上设备器具一次性扣除(12.1+12.2+12.3+12.4)									
12.1		中小微企业购置单价500万元以上设备器具	1.最低折旧年限为3年的设备器具一次性扣除								*
12.2			2.最低折旧年限为4、5年的设备器具50%部分一次性扣除								*
12.3			3.最低折旧年限为10年的设备器具50%部分一次性扣除								*

第五章 资产的税务处理

(续表)

行次	项目		账载金额			税收金额					纳税调整金额
			资产原值	本年折旧、摊销额	累计折旧、摊销额	资产计税基础	税收折旧、摊销额	享受加速折旧政策的资产按税收一般规定计算的折旧、摊销额	加速折旧、摊销统计额	累计折旧、摊销额	
			1	2	3	4	5	6	7=5−6	8	9(2−5)
12.4		4.高新技术企业2022年第四季度(10月—12月)购置单价500万元以上设备器具一次性扣除									*
13		(六)特定地区企业固定资产一次性扣除(13.1+13.2)									*
13.1	其中:享受固定资产加速折旧及一次性扣除政策的资产加速折旧额大于一般折旧额的部分	1.海南自由贸易港企业固定资产一次性扣除									*
13.2		2.横琴粤澳深度合作区企业固定资产一次性扣除									*
14		(七)技术进步、更新换代固定资产加速折旧									*
15		(八)常年强震动、高腐蚀固定资产加速折旧									*
16		(九)外购软件加速折旧									*
17		(十)集成电路企业生产设备加速折旧									*
18	二、生产性生物资产(19+20)						*	*			
19	(一)林木类						*	*			
20	(二)畜类						*	*			
21	三、无形资产(22+23+24+25+26+27+28+29)						*	*			
22		(一)专利权					*	*			
23		(二)商标权					*	*			
24		(三)著作权					*	*			
25	所有无形资产	(四)土地使用权					*	*			
26		(五)非专利技术					*	*			
27		(六)特许权使用费					*	*			
28		(七)软件					*	*			
29		(八)其他					*	*			

(续表)

行次		项目	账载金额			税收金额					纳税调整金额
			资产原值	本年折旧、摊销额	累计折旧、摊销额	资产计税基础	税收折旧、摊销额	享受加速折旧政策的资产按税收一般规定计算的折旧、摊销额	加速折旧、摊销统计额	累计折旧、摊销额	
			1	2	3	4	5	6	7=5-6	8	9(2-5)
30	其中:享受无形资产加速摊销及一次性摊销政策的资产加速摊销额大于一般摊销额的部分	(一)企业外购软件加速摊销									*
31		(二)特定地区企业无形资产加速摊销(31.1+31.2)									*
31.1		1.海南自由贸易港企业无形资产加速摊销									*
31.2		2.横琴粤澳深度合作区企业无形资产加速摊销									*
32		(三)特定地区企业无形资产一次性摊销(32.1+32.2)									*
32.1		1.海南自由贸易港企业无形资产一次性摊销									*
32.2		2.横琴粤澳深度合作区企业无形资产一次性摊销									*
33		四、长期待摊费用(34+35+36+37+38)				*		*			
34		(一)已足额提取折旧的固定资产的改建支出				*		*			
35		(二)租入固定资产的改建支出				*		*			
36		(三)固定资产的大修理支出				*		*			
37		(四)开办费				*		*			
38		(五)其他				*		*			
39		五、油气勘探投资				*		*			
40		六、油气开发投资				*		*			
41		合计(1+18+21+33+39+40)									
附列资料		全民所有制企业公司制改制资产评估增值政策资产						*	*		

第二步,填报《A105000 纳税调整项目明细表》,如表 5-35 所示。

表 5-35　A105000 纳税调整项目明细表

单位:元

行次	项目	账载金额	税收金额	调增金额	调减金额
		1	2	3	4
31	三、资产类调整项目(32+33+34+35)	*	*		
32	(一)资产折旧、摊销(填写 A105080)	15 000	19 000		4 000

第三步,自动生成主表。

案例 5-2

某公司2×20年2月购入设备1台,取得增值税专用发票金额84万元,增值税进项税额10.92万元,会计折旧年限10年与税法规定的最低折旧年限一致,不计残值。

1. 该公司会计应如何进行核算?
2. 该公司如何进行2×20年度企业所得税纳税申报?

【解析】

1. 2020年企业账务处理

设备购入时:

借:固定资产　　　　　　　　　　　　　　　　　　　840 000
　　应交税费——应交增值税(进项税额)　　　　　　109 200
　贷:银行存款　　　　　　　　　　　　　　　　　　　　　949 200

计提折旧:

借:制造费用　　　　　　　　　　　　　　　　　　　70 000
　贷:累计折旧　　　　　　　　　　　　　　　　　　　　　70 000

以后年度会计处理(略)。

2. 税务处理

根据《财政部 税务总局关于设备器具扣除有关企业所得税政策的通知》(财税〔2018〕54号)等文件的规定,企业在2018年1月1日至2023年12月31日期间新购进的设备、器具,单位价值不超过500万元的,允许一次性计入当期成本费用在计算应纳税所得额时扣除,不再分年度计算折旧。

3. 2×20年度该公司企业所得税汇算清缴填报示范

第一步,填报《A105081固定资产加速折旧、扣除明细表》,填报示范如表5-36所示。

表5-36　A105080资产折旧、摊销及纳税调整明细表

单位:元

行次	项目		账载金额			税收金额				纳税调整金额
			资产原值	本年折旧、摊销额	累计折旧、摊销额	资产计税基础	税收折旧、摊销额	享受加速折旧政策的资产按税收一般规定计算的折旧、摊销额	加速折旧、摊销统计额	累计折旧、摊销额	
			1	2	3	4	5	6	7(5-6)	8	9(2-5)
1	一、固定资产(2+3+4+5+6+7)								*	*	
11	其中:享受无形资产加速摊销及一次性摊销政策的资产加速摊销额大于一般摊销额的部分	(四)500万元以下设备器具一次性扣除	840 000	70 000	70 000	840 000	840 000	70 000	770 000	840 000	−770 000

第二步,填报《A105000纳税调整项目明细表》,如表5-37所示。

表 5-37　A105000 纳税调整项目明细表

单位:元

行次	项目	账载金额 1	税收金额 2	调增金额 3	调减金额 4
31	三、资产类调整项目(32+33+34+35)	*	*		
32	（一）资产折旧、摊销(填写 A105080)	70 000	840 000		770 000

第三步,将相应数据填入主表。

 5-3

某公司 2×20 年 1 月对一项 2×18 年 1 月投入使用的非专利技术的市场前景进行评估后,将该非专利技术受益年限由原来的 10 年缩短为 5 年。该非专利技术原值 36 万元(与计税基础一致),无残值,截至 2×19 年年末已累计摊销 72 000 元。

1. 2×20 年度该非专利技术会计摊销额是多少?
2. 如何进行 2×20 年度企业所得税纳税申报?

【解析】

1. 会计处理

2×20 年度该非专利技术会计摊销额为 96 000 元[(360 000−72 000)÷3]。

借:管理费用——无形资产摊销　　　　　　　　　　　　　　　　　96 000
　　贷:累计摊销　　　　　　　　　　　　　　　　　　　　　　　　　　96 000

2. 税务处理

《企业所得税法》规定,无形资产摊销年限不得少于 10 年。会计将该非专利技术原来 10 年摊销期缩短为 5 年,因缩短税法摊销年限而每年多摊销部分不得税前扣除。2×20 年度该非专利技术会计多摊销的 6 万元不允许税前扣除。

3. 2×20 年度该公司企业所得税汇算清缴填报示范

第一步:填报《A105080 资产折旧、摊销情况及纳税调整明细表》,填报示范如表 5-38 所示。

表 5-38　A105080 资产折旧、摊销及纳税调整明细表

单位:元

行次	项目	账载金额			税收金额					纳税调整金额
		资产原值	本年折旧、摊销额	累计折旧、摊销额	资产计税基础	税收折旧、摊销额	享受加速折旧政策的资产按税收一般规定计算的折旧、摊销额	加速折旧、摊销统计额	累计折旧、摊销额	
		1	2	3	4	5	6	7(5−6)	8	9(2−5)
21	三、无形资产(22+23+24+25+26+27+28+29)							*	*	
26	所有无形资产　（五）非专利技术	360 000	96 000	168 000	360 000	36 000	*	*	108 000	60 000

第二步,填报《A105000 纳税调整项目明细表》,填报示范如表 5-39 所示。

第五章 资产的税务处理

表 5-39　A105000 纳税调整项目明细表

单位:元

行次	项目	账载金额 1	税收金额 2	调增金额 3	调减金额 4
31	三、资产类调整项目(32+33+34+35)	*	*		
32	（一）资产折旧、摊销(填写 A105080)	96 000	36 000	60 000	

第三步,将相应数据填入主表。

甲公司 2×19 年支出人工费 34 万元、材料费 180 万元、银行存款 50 万元对 M 窑炉(原值 500 万元)进行改造,并于当年年底完工。上述支出因符合资本化条件将其改造支出资本化。该机组原使用年限 10 年已使用 7 年,累计折旧 350 万元,改造后估计可延长使用 2 年。企业对 M 窑炉使用年限的会计估计保持不变。

1. 如何进行账务处理?
2. 企业如何进行 2×20 年度企业所得税汇算清缴申报?

【解析】

1. 会计处理

(1) 改造开始时:

借：在建工程——M 窑炉　　　　　　　　　　　　　　　　　　1 500 000
　　累计折旧　　　　　　　　　　　　　　　　　　　　　　　　3 500 000
　　贷：固定资产——M 窑炉　　　　　　　　　　　　　　　　　　　　　5 000 000

(2) 发生改造支出时:

借：在建工程——M 窑炉　　　　　　　　　　　　　　　　　　2 640 000
　　贷：应付职工薪酬　　　　　　　　　　　　　　　　　　　　　　　　340 000
　　　　原材料　　　　　　　　　　　　　　　　　　　　　　　　　　1 800 000
　　　　银行存款　　　　　　　　　　　　　　　　　　　　　　　　　　500 000

(3) 改造完成时:

借：固定资产——M 窑炉　　　　　　　　　　　　　　　　　　4 140 000
　　贷：在建工程——M 窑炉　　　　　　　　　　　　　　　　　　　　4 140 000

2×20 年计提折旧,编制如下会计分录:

借：制造费用　　　　　　　　　　　　　　1 380 000(4 140 000÷3)
　　贷：累计折旧　　　　　　　　　　　　　　　　　　　　　　　　1 380 000

2. 税务处理

M 窑炉改造支出,同时符合下列条件:

(1) 修理支出达到取得固定资产时的计税基础 50% 以上;
(2) 修理后固定资产的使用年限延长 2 年以上。

按照固定资产尚可使用年限分期摊销,每年摊销额为 82.8 万元(414÷5)。

3. 2×20 年度甲公司企业所得税汇算清缴填报示范

第一步:填报《A105080 资产折旧、摊销及纳税调整明细表》,填报示范如表 5-40 所示。

表 5-40 A105080 资产折旧、摊销及纳税调整明细表

单位:元

行次	项目	账载金额			税收金额					纳税调整金额
		资产原值	本年折旧、摊销额	累计折旧、摊销额	资产计税基础	税收折旧、摊销额	享受加速折旧政策的资产按税收一般规定计算的折旧、摊销额	加速折旧统计额	累计折旧、摊销额	
		1	2	3	4	5	6	7(5-6)	8	9(2-5)
33	四、长期待摊费用(34+35+36+37+38)						*	*		
36	(三)固定资产的大修理支出	4 140 000	1 380 000	1 380 000	4 140 000	828 000	*	*	828 000	552 000

第二步,填报《A105000 纳税调整项目明细表》,填报示范如表 5-41 所示。

表 5-41 A105000 纳税调整项目明细表

单位:元

行次	项目	账载金额	税收金额	调增金额	调减金额
		1	2	3	4
31	三、资产类调整项目(32+33+34+35)	*	*		
32	(一)资产折旧、摊销(填写 A105080)	1 380 000	828 000	552 000	

第三步,将相应数据填入主表。

四、资产损失税前扣除及纳税调整明细表的填报

(一)《资产损失税前扣除及纳税调整明细表》填报说明

本表适用于发生资产损失税前扣除项目及纳税调整项目的纳税人填报。纳税人根据税法、《财政部 国家税务总局关于企业资产损失税前扣除政策的通知》(财税〔2009〕57号)、《国家税务总局关于发布〈企业资产损失所得税税前扣除管理办法〉的公告》(2011年第25号发布、国家税务总局公告2018年第31号修改)、《国家税务总局关于商业零售企业存货损失税前扣除问题的公告》(2014年第3号)、《国家税务总局关于企业因国务院决定事项形成的资产损失税前扣除问题的公告》(2014年第18号)、《财政部 税务总局关于金融企业涉农贷款和中小企业贷款损失准备金税前扣除有关政策的公告》(2019年第85号)、《财政部 税务总局关于金融企业贷款损失准备金企业所得税税前扣除有关政策的公告》(2019年第86号)、《国家税务总局关于金融企业涉农贷款和中小企业贷款损失税前扣除问题的公告》(2015年第25号)、《国家税务总局关于企业所得税资产损失资料留存备查有关事项的公告》(2018年第15号)等相关规定,及国家统一企业会计制度,填报资产损失的会计处理、税收规定,以及纳税调整情况。

1) 有关项目填报说明

第一,行次填报。

纳税人在第1至28行按资产类型填报留存备查的资产损失情况,跨地区经营汇总纳税企业在第1行至28行应填报总机构和全部分支机构的资产损失情况,并在第30行填报各分支机构留存备查的资产损失汇总情况。

1. 第1行"一、现金及银行存款损失"：填报纳税人当年发生的现金损失和银行存款损失的账载金额、资产处置收入、赔偿收入、资产计税基础、资产损失的税收金额及纳税调整金额。

2. 第2行"二、应收及预付款项坏账损失"：填报纳税人当年发生的应收及预付款项坏账损失的账载金额、资产损失准备金核销金额、资产处置收入、赔偿收入、资产计税基础、资产损失的税收金额及纳税调整金额。

3. 第3行"逾期三年以上的应收款项损失"：填报纳税人当年发生的应收及预付款项坏账损失中，逾期三年以上的应收款项且当年在会计上已作为损失处理的坏账损失的账载金额、资产损失准备金核销金额、资产处置收入、赔偿收入、资产计税基础、资产损失的税收金额及纳税调整金额。

4. 第4行"逾期一年以上的小额应收款项损失"：填报纳税人当年发生的应收及预付款项坏账损失中，逾期一年以上，单笔数额不超过五万或者不超过企业年度收入总额万分之一的应收款项，会计上已经作为损失处理的坏账损失的账载金额、资产损失准备金核销金额、资产处置收入、赔偿收入、资产计税基础、资产损失的税收金额及纳税调整金额。

5. 第5行"三、存货损失"：填报纳税人当年发生的存货损失的账载金额、资产损失准备金核销金额、资产处置收入、赔偿收入、资产计税基础、资产损失的税收金额及纳税调整金额。

6. 第6行"存货盘亏、报废、损毁、变质或被盗损失"：填报纳税人当年发生的存货损失中，存货盘亏损失，存货报废、毁损或变质损失以及存货被盗损失的账载金额、资产损失准备金核销金额、资产处置收入、赔偿收入、资产计税基础、资产损失的税收金额及纳税调整金额。

7. 第7行"四、固定资产损失"：填报纳税人当年发生的固定资产损失的账载金额、资产损失准备金核销金额、资产处置收入、赔偿收入、资产计税基础、资产损失的税收金额及纳税调整金额。

8. 第8行"固定资产盘亏、丢失、报废、损毁或被盗损失"：填报纳税人当年发生的固定资产损失中，固定资产盘亏、丢失损失，报废、毁损损失以及被盗损失的账载金额、资产损失准备金核销金额、资产处置收入、赔偿收入、资产计税基础、资产损失的税收金额及纳税调整金额。

9. 第9行"五、无形资产损失"：填报纳税人当年发生的无形资产损失的账载金额、资产损失准备金核销金额、资产处置收入、赔偿收入、资产计税基础、资产损失的税收金额及纳税调整金额。

10. 第10行"无形资产转让损失"：填报纳税人当年在正常经营管理活动中，按照公允价格转让无形资产发生的损失的账载金额、资产损失准备金核销金额、资产处置收入、赔偿收入、资产计税基础、资产损失的税收金额及纳税调整金额。

11. 第11行"无形资产被替代或超过法律保护期限形成的损失"：填报纳税人当年发生的无形资产损失中，被其他新技术所代替或超过法律保护期限，已经丧失使用价值和转让价值，尚未摊销的无形资产损失的账载金额、资产损失准备金核销金额、资产处置收入、赔偿收入、资产计税基础、资产损失的税收金额及纳税调整金额。

12. 第12行"六、在建工程损失"：填报纳税人当年发生的在建工程损失的账载金额、资产处置收入、赔偿收入、资产计税基础、资产损失的税收金额及纳税调整金额。

13. 第13行"在建工程停建、报废损失"：填报纳税人当年发生的在建工程损失中，在建工程停建、报废损失的账载金额、资产处置收入、赔偿收入、资产计税基础、资产损失的税收金额及纳税调整金额。

14. 第14行"七、生产性生物资产损失":填报纳税人当年发生的生产性生物资产损失的账载金额、资产损失准备金核销金额、资产处置收入、赔偿收入、资产计税基础、资产损失的税收金额及纳税调整金额。

15. 第15行"生产性生物资产盘亏、非正常死亡、被盗、丢失等产生的损失":填报纳税人当年发生的生产性生物资产损失中,生产性生物资产盘亏损失、因森林病虫害、疫情、死亡而产生的生产性生物资产损失以及被盗伐、被盗、丢失而产生的生产性生物资产损失的账载金额、资产损失准备金核销金额、资产处置收入、赔偿收入、资产计税基础、资产损失的税收金额及纳税调整金额。

16. 第16行"八、债权性投资损失":填报纳税人当年发生的债权性投资损失的账载金额、资产损失准备金核销金额、资产处置收入、赔偿收入、资产计税基础、资产损失的税收金额及纳税调整金额。

17. 第17行"(一)金融企业债权性投资损失":填报金融企业当年发生的债权性投资损失的账载金额、资产损失准备金核销金额、资产处置收入、赔偿收入、资产计税基础、资产损失的税收金额及纳税调整金额。

18. 第18行"1.贷款损失":填报金融企业当年发生的贷款损失的账载金额、资产损失准备金核销金额、资产处置收入、赔偿收入、资产计税基础、资产损失的税收金额及纳税调整金额。

19. 第19行"符合条件的涉农和中小企业贷款损失":填报金融企业当年发生的,符合规定条件的涉农和中小企业贷款形成的资产损失的账载金额、资产损失准备金核销金额、资产处置收入、赔偿收入、资产计税基础、资产损失的税收金额及纳税调整金额。

20. 第20行"单户贷款余额300万(含)以下的贷款损失":填报金融企业当年发生的符合条件的涉农和中小企业贷款损失中,单户贷款余额300万(含)以下的资产损失的账载金额、资产损失准备金核销金额、资产处置收入、赔偿收入、资产计税基础、资产损失的税收金额及纳税调整金额。

21. 第21行"单户贷款余额300万元至1 000万元(含)的贷款损失":填报金融企业当年发生的符合条件的涉农和中小企业贷款损失中,单户余额300万元至1 000万元(含)的资产损失的账载金额、资产损失准备金核销金额、资产处置收入、赔偿收入、资产计税基础、资产损失的税收金额及纳税调整金额。

22. 第22行"2.其他债权性投资损失":填报金融企业当年发生的,除贷款损失以外的其他债权性投资损失的账载金额、资产损失准备金核销金额、资产处置收入、赔偿收入、资产计税基础、资产损失的税收金额及纳税调整金额。

23. 第23行"(二)非金融企业债权性投资损失":填报非金融企业当年发生的债权性投资损失的账载金额、资产损失准备金核销金额、资产处置收入、赔偿收入、资产计税基础、资产损失的税收金额及纳税调整金额。

24. 第24行"九、股权(权益)性投资损失":填报纳税人当年发生的股权(权益)性投资损失的账载金额、资产损失准备金核销金额、资产处置收入、赔偿收入、资产计税基础、资产损失的税收金额及纳税调整金额。

25. 第25行"股权转让损失":填报纳税人当年发生的股权(权益)性投资损失中,因股权转让形成的资产损失的账载金额、资产损失准备金核销金额、资产处置收入、赔偿收入、资产计税基础、资产损失的税收金额及纳税调整金额。

26. 第26行"十、通过各种场所、市场等买卖债券、股票、期货、基金以及金融衍生产品等发生的损失":填报纳税人当年发生的,按照市场公平交易原则,通过各种交易场所、市场等买卖债券、股票、期货、基金以及金融衍生产品等发生的损失的账载金额、资产损失准备金核销金额、资产处置收入、赔偿收入、资产计税基础、资产损失的税收金额及纳税调整金额。

27. 第27行"十一、打包出售资产损失":填报纳税人当年发生的,将不同类别的资产捆绑(打包),以拍卖、询价、竞争性谈判、招标等市场方式出售形成的资产损失的账载金额、资产损失准备金核销金额、资产处置收入、赔偿收入、资产计税基础、资产损失的税收金额及纳税调整金额。

28. 第28行"十二、其他资产损失":填报纳税人当年发生的其他资产损失的账载金额、资产损失准备金核销金额、资产处置收入、赔偿收入、资产计税基础、资产损失的税收金额及纳税调整金额。

29. 第29行"合计"行次:填报第1+2+5+7+9+12+14+16+24+26+27+28行的合计金额。

30. 第30行"分支机构留存备查的资产损失":填报跨地区经营企业各分支机构留存备查的资产损失的账载金额、资产损失准备金核销金额、资产处置收入、赔偿收入、资产计税基础、资产损失的税收金额及纳税调整金额。

第二,列次填报。

1. 第1列"资产损失直接计入本年损益金额":填报纳税人会计核算计入当期损益的对应项目的资产损失金额,不包含当年度通过准备金项目核销的资产损失金额。

2. 第2列"资产损失准备金核销金额":填报纳税人会计核算当年度通过准备金项目核销的资产损失金额。

3. 第3列"资产处置收入":填报纳税人处置发生损失的资产可收回的残值或处置收益。

4. 第4列"赔偿收入":填报纳税人发生的资产损失,取得的相关责任人、保险公司赔偿的金额。

5. 第5列"资产计税基础":填报纳税人按税收规定计算的发生损失时资产的计税基础,含损失资产涉及的不得抵扣增值税进项税额。

6. 第6列"资产损失的税收金额":填报按税收规定允许当期税前扣除的资产损失金额,按第5-3-4列金额填报。

7. 第7列"纳税调整金额":政策性银行、商业银行、财务公司、城乡信用社、金融租赁公司以及经省级金融管理部门(金融办、局等)批准成立的小额贷款公司第1至15行、第24至26行、第28行填报第1-6列金额;第17至22行、第27行填报第1+2-6列金额。其他企业填报第1-6列金额。

2) 表内、表间关系

第一,表内关系。

1. 第16行=第17+23行。

2. 第17行=第18+22行。

3. 第29行=第1+2+5+7+9+12+14+16+24+26+27+28行。

4. 第6列=第5-3-4列。

5. 政策性银行、商业银行、财务公司、城乡信用社、金融租赁公司以及经省级金融管理部门(金融办、局等)批准成立的小额贷款公司：第1至15行、第24至26行、第28行第7列＝第1－6列金额；第17至22行、第27行第7列＝第1＋2－6列金额。

其他企业：第7列＝第1－6列。

第二，表间关系。

若第29行第7列≥0，第29行第7列＝表A105000第34行第3列；若第29行第7列＜0，第29行第7列的绝对值＝表A105000第34行第4列。

(二) 案例讲解

 5-5

2×20年11月，甲企业转让一台设备(系2×18年购入)，该设备原值100万元，已提折旧20万元，售价60万元。企业购入该设备入账价值与计税基础一致，已计提减值准备10万元。

1. 甲企业2×20该项业务如何进行会计处理？
2. 甲企业2×20该项业务税法与会计处理有何差异？
3. 甲企业该项业务如何进行2×20年度纳税申报？

【解析】

1. 会计处理

借：固定资产清理	700 000
累计折旧	200 000
固定资产减值准备	100 000
贷：固定资产	1 000 000
借：银行存款	600 000
贷：固定资产清理	530 973
应交税费——应交增值税	69 027
借：营业外支出	169 027
贷：固定资产清理	169 027

2. 税务处理

甲企业按《企业会计准则》规定确定的转让设备损失为169 027元。

甲企业按税法规定确定的转让设备损失为269 027元，与会计有差异，差异10万元为会计上计提的减值准备。企业所得税年度汇算清缴申报时，应作纳税调整。

3. 2×20年度甲企业企业所得税汇算清缴填报示范

第一步，填报《A102010 一般企业成本支出明细表》，填表示范如表5-42所示。

表5-42　A102010 一般企业成本支出明细表

单位：元

行次	项目	金额
16	二、营业外支出(17＋18＋19＋20＋21＋22＋23＋24＋25＋26)	169 027
17	（一）非流动资产处置损失	169 027

第二步，填报《A105090 资产损失税前扣除及纳税调整明细表》，如表5-43所示。

表5-43 A105090 资产损失税前扣除及纳税调整明细表

单位：元

行次	项目	资产损失直接计入本年损益金额	资产损失准备金核销金额	资产处置收入	赔偿收入	资产计税基础	资产损失的税收金额	纳税调整金额
		1	2	3	4	5	6(5-3-4)	7
1	一、现金及银行存款损失			*				
2	二、应收及预付款项坏账损失							
3	其中：逾期三年以上的应收款项损失							
4	逾期一年以上的小额应收款项损失							
5	三、存货损失							
6	其中：存货盘亏、报废、损毁、变质或被盗损失							
7	四、固定资产损失	169 027	100 000	530 973	0	800 000	269 027	-100 000
8	其中：固定资产盘亏、丢失、报废、损毁或被盗损失							
9	五、无形资产损失							
10	其中：无形资产转让损失							
11	无形资产被替代或超过法律保护期限形成的损失							
12	六、在建工程损失			*				
13	其中：在建工程停建、报废损失			*				
14	七、生产性生物资产损失							
15	其中：生产性生物资产盘亏、非正常死亡、被盗、丢失等产生的损失							
16	八、债权性投资损失(17+23)							
17	(一)金融企业债权性投资损失(18+22)							
18	1.贷款损失							
19	其中：符合条件的涉农和中小企业贷款损失							
20	其中：单户贷款余额300万(含)以下的贷款损失							
21	单户贷款余额300万元至1 000万元(含)的贷款损失							

(续表)

行次	项目	资产损失直接计入本年损益金额	资产损失准备金核销金额	资产处置收入	赔偿收入	资产计税基础	资产损失的税收金额	纳税调整金额
		1	2	3	4	5	6(5-3-4)	7
22	2.其他债权性投资损失							
23	（二）非金融企业债权性投资损失							
24	九、股权(权益)性投资损失							
25	其中：股权转让损失							
26	十、通过各种交易场所、市场买卖债券、股票、期货、基金以及金融衍生产品等发生的损失							
27	十一、打包出售资产损失							
28	十二、其他资产损失							
29	合计(1+2+5+7+9+12+14+16+24+26+27+28)							
30	其中：分支机构留存备查的资产损失							

第三步，填报《A105000 纳税调整项目明细表》，填报示范如表 5-44 所示。

表 5-44　A105000 纳税调整项目明细表

单位：元

行次	项目	账载金额	税收金额	调增金额	调减金额
		1	2	3	4
1	一、收入类调整项目(2+3+…8+10+11)	*	*		
31	三、资产类调整项目(32+33+34+35)	*	*		
32	（一）资产折旧、摊销(填写 A105080)				
33	（二）资产减值准备金		*		
34	（三）资产损失(填写 A105090)	169 027	269 027		100 000
35	（四）其他				

第四步，自动生成主表相关。

第六章

应 纳 税 额

第一节 政策概要

应纳税额的基本规定如图 6-1 所示,境外所得抵免税额的基本规定如图 6-2 所示,核定征收应纳税额的基本规定如图 6-3 所示。

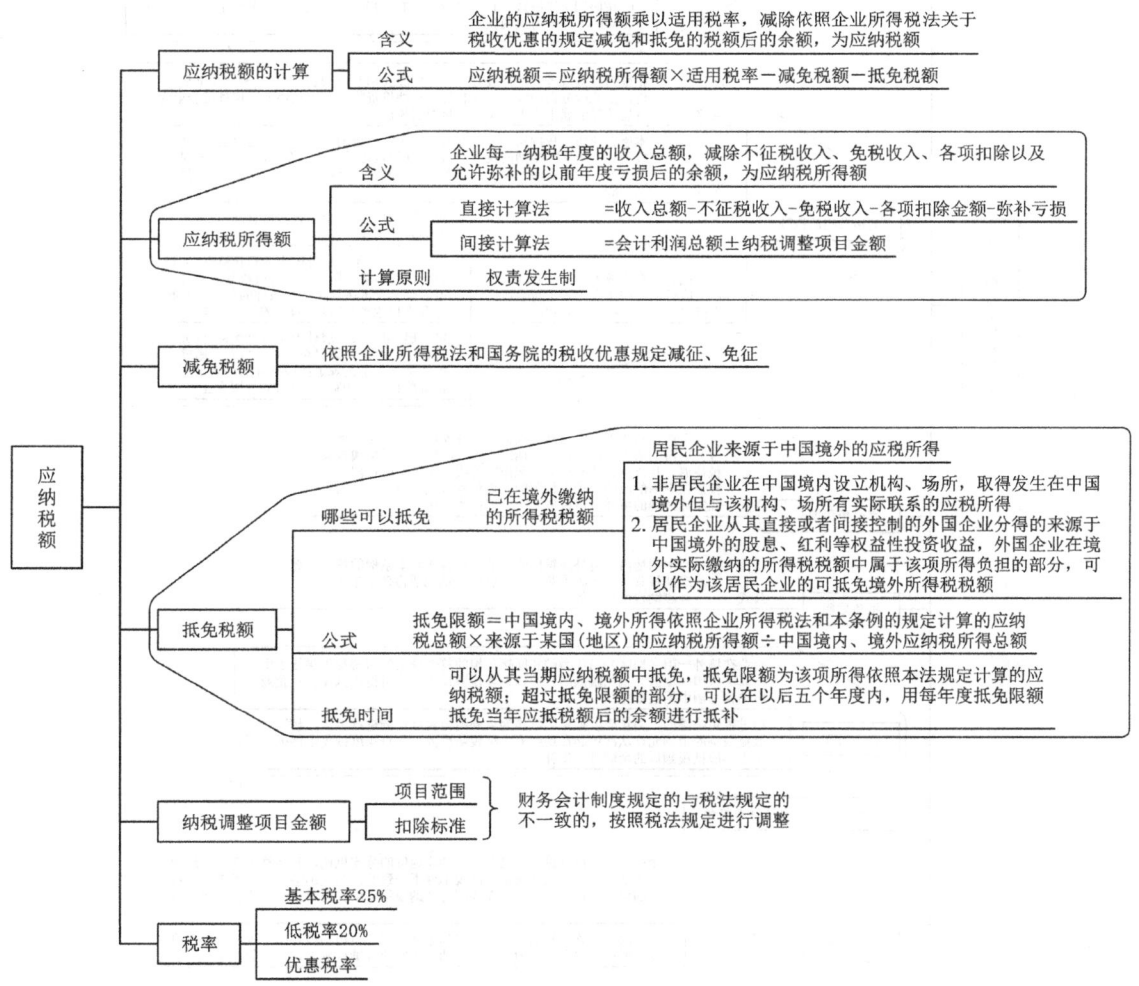

图 6-1 应纳税额的具体规定

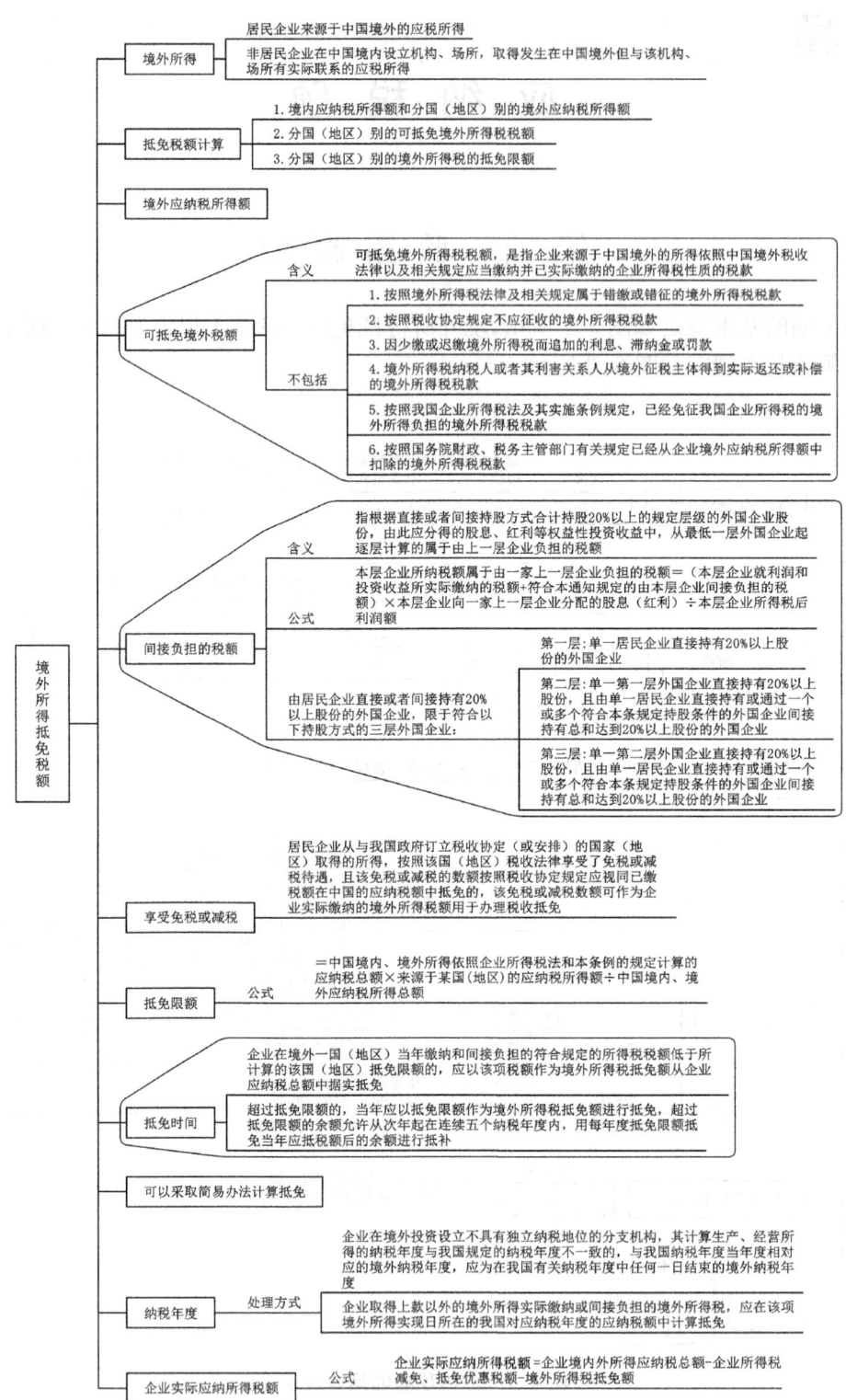

图6-2 境外所得抵免税额的具体规定

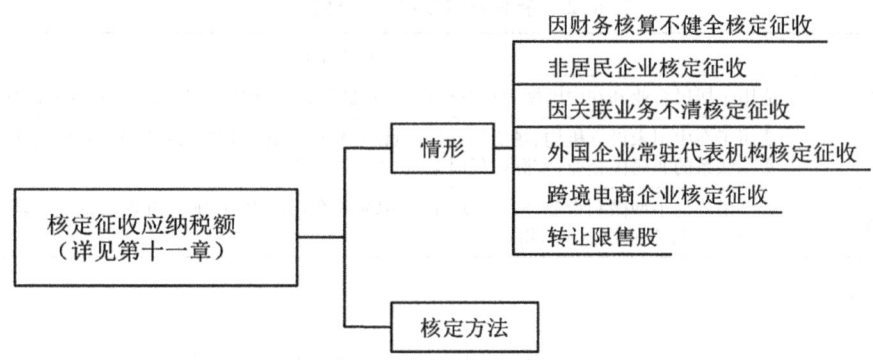

图 6-3 核定征收应纳税额的基本规定

第二节 要点难点

扫码听课

一、应纳税额

1. 什么是企业应纳税所得额

答： 企业每一纳税年度的收入总额，减除不征税收入、免税收入、各项扣除以及允许弥补的以前年度亏损后的余额，为应纳税所得额，具体如表 6-1 所示。

表 6-1 应纳税所得额

项目		详情
定义		企业每一纳税年度的收入总额，减除不征税收入、免税收入，各项扣除以及允许弥补的以前年度亏损后的余额，为应纳税所得额
计算方法	直接计算法	收入总额－不征税收入－免税收入－各项扣除金额－弥补亏损
	间接计算法	会计利润总额±纳税调整项目金额

《中华人民共和国企业所得税法》第五条

2. 企业应纳税所得额的确认原则是什么

答： 企业应纳税所得额的计算，以权责发生制为原则，属于当期的收入和费用，不论款项是否收付，均作为当期的收入和费用；不属于当期的收入和费用，即使款项已经在当期收付，均不作为当期的收入和费用。

《中华人民共和国企业所得税法实施条例》第九条

3.《企业所得税法》规定的企业所得税的税率是多少

答： 企业所得税的税率和适用情形见表 6-2。

表 6-2 企业所得税税率和适用情形

税率	适用情形
基本税率 25%	适用于居民企业和在中国境内设有机构场所且所得与机构场所有关联的非居民企业
低税率 20%	适用于在中国未设立机构、场所的,或者虽设立机构、场所但取得的所得与其所设机构、场所没有实际联系的非居民企业,实际征税时减按 10%税率征收
优惠税率	符合条件的小型微利企业,减按 20%的税率征收企业所得税,国家重点扶持的高新技术企业,减按 15%的税率征收企业所得税

政策依据

《中华人民共和国企业所得税法》第三条、第四条、第二十八条、第九十一条

第三条 居民企业应当就其来源于中国境内、境外的所得缴纳企业所得税。

非居民企业在中国境内设立机构、场所的,应当就其所设机构、场所取得的来源于中国境内的所得,以及发生在中国境外但与其所设机构、场所有实际联系的所得,缴纳企业所得税。

非居民企业在中国境内未设立机构、场所的,或者虽设立机构、场所但取得的所得与其所设机构、场所没有实际联系的,应当就其来源于中国境内的所得缴纳企业所得税。

第四条 企业所得税的税率为 25%。

非居民企业取得本法第三条第三款规定的所得,适用税率为 20%。

第二十八条 符合条件的小型微利企业,减按 20%的税率征收企业所得税。

国家需要重点扶持的高新技术企业,减按 15%的税率征收企业所得税。

《中华人民共和国企业所得税法实施条例》

第九十一条 非居民企业取得企业所得税法第二十七条第(五)项规定的所得,减按 10%的税率征收企业所得税。

4. 什么是企业所得税应纳税额

答：企业的应纳税所得额乘以适用税率,减除依照本法关于税收优惠的规定减免和抵免的税额后的余额,为应纳税额。

$$应纳税额 = 应纳税所得额 \times 适用税率 - 减免税额 - 抵免税额$$

公式中的减免税额和抵免税额,是指依照企业所得税法和国务院的税收优惠规定减征、免征和抵免的应纳税额。应纳税额的计算具体如表 6-3 所示。

表 6-3 应纳税额的计算

项目	具体规定		
应纳税额	应纳税所得额×适用税率－减免税额－抵免税额		
减免税额	依照企业所得税法和国务院的税收优惠规定减征、免征		
抵免税额	抵免限额＝中国境内、境外所得依照企业所得税法和本条例的规定计算的应纳税总额×来源于某国(地区)的应纳税所得额÷中国境内、境外应纳税所得总额		
	已在境外缴纳的所得税税额	居民企业来源于中国境外的应税所得	1.可以从其当期应纳税额中抵免,抵免限额为该项所得依照本法规定计算的应纳税额;超过抵免限额的部分,可以在以后五个年度内,用每年度抵免限额抵免当年应抵免额后的余额进行抵补 2.五个年度,是指从企业取得的来源于中国境外的所得,已经在中国境外缴纳的企业所得税性质的税额超过抵免限额的当年的次年起连续 5 个纳税年度
		非居民企业在中国境内设立机构、场所,取得发生在中国境外但与该机构、场所有实际联系的应税所得	
	居民企业从其直接或者间接控制的外国企业分得的来源于中国境外的股息、红利等权益性投资收益,外国企业在境外实际缴纳的所得税税额中属于该项所得负担的部分,可以作为该居民企业的可抵免境外所得税税额		

(续表)

项目	具体规定	
纳税调整项目金额	项目范围	财务会计制度规定的与税法规定的不一致的,按照税法规定进行调整
	扣除标准	财务会计制度规定的与税法规定的不一致的,按照税法规定进行调整

直接控制,是指居民企业直接持有外国企业20%以上股份。

间接控制,是指居民企业以间接持股方式持有外国企业20%以上股份。

抵免企业所得税税额时,应当提供中国境外税务机关出具的税款所属年度的有关纳税凭证。

政策依据

一、《中华人民共和国企业所得税法》第二十二条

企业的应纳税所得额乘以适用税率,减除依照本法关于税收优惠的规定减免和抵免的税额后的余额,为应纳税额。

二、《中华人民共和国企业所得税法实施条例》第七十八条

企业所得税法第二十三条所称抵免限额,是指企业来源于中国境外的所得,依照企业所得税法和本条例的规定计算的应纳税额。除国务院财政、税务主管部门另有规定外,该抵免限额应当分国(地区)不分项计算,计算公式如下:

抵免限额=中国境内、境外所得依照企业所得税法和本条例的规定计算的应纳税总额×来源于某国(地区)的应纳税所得额÷中国境内、境外应纳税所得总额

三、《财政部 国家税务总局关于印发〈关于执行〈企业会计制度〉和相关会计准则有关问题解答(三)〉的通知》(财会〔2003〕29号)附件

对于因会计制度及相关准则就有关收益、费用或损失的确认、计量标准与税法规定的差异,其处理原则为:企业在会计核算时,应当按照会计制度及相关准则的规定对各项会计要素进行确认、计量、记录和报告,按照会计制度及相关准则规定的确认、计量标准与税法不一致的,不得调整会计账簿记录和会计报表相关项目的金额。企业在计算当期应交所得税时,应在按照会计制度及相关准则计算的利润总额(即"利润表"中的"利润总额",下同)的基础上,加上(或减去)会计制度及相关准则与税法规定就某项收益、费用或损失确认和计量等的差异后,调整为应纳税所得额,并据以计算当期应交所得税。

二、境外所得抵扣税额

5.企业境外所得的税收抵免是指什么

答:居民企业(包括按境外法律设立但实际管理机构在中国,被判定为中国税收居民的企业)可以就其取得的境外所得直接缴纳和间接负担的境外企业所得税性质的税额进行抵免。

按照税收协定不应在境外缴纳的所得税税款,不在抵免的范围内。因此,企业取得来源于已经与我国签署税收协定国家的所得需要在来源国缴纳所得税的,应在当地申请享受税收协定待遇,否则因未享受税收协定待遇而在来源国多缴纳的所得税不能在境内抵免。可抵免境外所得税税额具体见表6-4。

表 6-4　可抵免境外所得税税额

项目	详情
含义	居民企业(包括按境外法律设立但实际管理机构在中国,被判定为中国税收居民的企业)可以就其取得的境外所得直接缴纳和间接负担的境外企业所得税性质的税额进行抵免
适用情形	(1) 居民企业来源于中国境外的应税所得
	(2) 非居民企业在中国境内设立机构、场所,取得发生在中国境外但与该机构、场所有实际联系的应税所得
不适用情形	(1) 按照境外所得税法律及相关规定属于错缴或错征的境外所得税税款
	(2) 按照税收协定规定不应征收的境外所得税税款
	(3) 因少缴或迟缴境外所得税而追加的利息、滞纳金或罚款
	(4) 境外所得税纳税人或者其利害关系人从境外征税主体得到实际返还或补偿的境外所得税税款
	(5) 按照我国企业所得税法及其实施条例规定,已经免征我国企业所得税的境外所得负担的境外所得税税款
	(6) 按照国务院财政、税务主管部门有关规定已经从企业境外应纳税所得额中扣除的境外所得税税款

政策依据

一、《中华人民共和国企业所得税法》第二十三条、第二十四条

第二十三条　企业取得的下列所得已在境外缴纳的所得税税额,可以从其当期应纳税额中抵免,抵免限额为该项所得依照本法规定计算的应纳税额;超过抵免限额的部分,可以在以后五个年度内,用每年度抵免限额抵免当年应抵税额后的余额进行抵补:

(一)居民企业来源于中国境外的应税所得;

(二)非居民企业在中国境内设立机构、场所,取得发生在中国境外但与该机构、场所有实际联系的应税所得。

第二十四条　居民企业从其直接或者间接控制的外国企业分得的来源于中国境外的股息、红利等权益性投资收益,外国企业在境外实际缴纳的所得税税额中属于该项所得负担的部分,可以作为该居民企业的可抵免境外所得税税额,在本法第二十三条规定的抵免限额内抵免。

二、《国家税务总局关于发布〈企业境外所得税收抵免操作指南〉的公告》(国家税务总局公告 2010 年第 1 号)附件 第一条

可以适用境外(包括港澳台地区,以下同)所得税收抵免的纳税人包括两类:

(1)根据企业所得税法第二十三条关于境外税额直接抵免和第二十四条关于境外税额间接抵免的规定,居民企业(包括按境外法律设立但实际管理机构在中国,被判定为中国税收居民的企业)可以就其取得的境外所得直接缴纳和间接负担的境外企业所得税性质的税额进行抵免。

(2)根据企业所得税法第二十三条的规定,非居民企业(外国企业)在中国境内设立的机构(场所)可以就其取得的发生在境外、但与其有实际联系的所得直接缴纳的境外企业所得税性质的税额进行抵免。

三、《财政部　国家税务总局关于企业境外所得税收抵免有关问题的通知》(财税〔2009〕125 号)第四条

可抵免境外所得税税额,是指企业来源于中国境外的所得依照中国境外税收法律以及相关规定应当缴纳并已实际缴纳的企业所得税性质的税款。但不包括:

(一)按照境外所得税法律及相关规定属于错缴或错征的境外所得税税款;

(二)按照税收协定规定不应征收的境外所得税税款;

(三)因少缴或迟缴境外所得税而追加的利息、滞纳金或罚款;

(四)境外所得税纳税人或者其利害关系人从境外征税主体得到实际返还或补偿的境外所得税税款;

(五)按照我国企业所得税法及其实施条例规定,已经免征我国企业所得税的境外所得负担的境外所得税税款;

(六)按照国务院财政、税务主管部门有关规定已经从企业境外应纳税所得额中扣除的境外所得税税款。

6. 境外所得抵免税额如何计算

答:根据《企业所得税法》《企业所得税法实施条例》和《财政部　国家税务总局关于企业境

外所得税收抵免有关问题的通知》(财税〔2009〕125号)、《财政部 税务总局关于完善企业境外所得税收抵免政策问题的通知》(财税〔2017〕84号)规定,境外所得抵免税额计算的具体规定如表6-5所示。

表6-5 境外所得抵免税额

项目	境外所得抵免税额
境外所得	居民企业来源于中国境外的应税所得
	非居民企业在中国境内设立机构、场所,取得发生在中国境外但与该机构、场所有实际联系的应税所得
抵免税额计算	1. 境内应纳税所得额和分国(地区)别的境外应纳税所得额
	2. 分国(地区)别的可抵免境外所得税税额
	3. 分国(地区)别的境外所得税的抵免限额
	注:1. 企业不能准确计算上述项目实际可抵免分国(地区)别的境外所得税税额的,在相应国家(地区)缴纳的税收均不得在该企业当期应纳税额中抵免,也不得结转以后年度抵免 2. 企业可以选择按国(地区)别分别计算〔即"分国(地区)不分项"〕,或者不按国(地区)别汇总计算(即"不分国(地区)不分项")其来源于境外的应纳税所得额,并按照适用的税率,分别计算其可抵免境外所得税税额和抵免限额。上述方式一经选择,5年内不得改变
境外应纳税所得额	1. 居民企业在境外投资设立不具有独立纳税地位的分支机构,其来源于境外的所得,以境外收入总额扣除与取得境外收入有关的各项合理支出后的余额为应纳税所得额。各项收入、支出按企业所得税法及实施条例的有关规定确定 居民企业在境外设立不具有独立纳税地位的分支机构取得的各项境外所得,无论是否汇回中国境内,均应计入该企业所属纳税年度的境外应纳税所得额
	2. 居民企业应就其来源于境外的股息、红利等权益性投资收益,以及利息、租金、特许权使用费、转让财产等收入,扣除按照企业所得税法及实施条例等规定计算的与取得该项收入有关的各项合理支出后的余额为应纳税所得额。来源于境外的股息、红利等权益性投资收益,应按被投资方作出利润分配决定的日期确认收入实现;来源于境外的利息、租金、特许权使用费、转让财产等收入,应按有关合同约定应付交易对价款的日期确认收入实现
	3. 非居民企业在境内设立机构、场所的,应就其发生在境外但与境内所设机构、场所有实际联系的各项应税所得,比照上述第(二)项的规定计算相应的应纳税所得额
	4. 在计算境外应纳税所得额时,企业为取得境内、外所得而在境内、境外发生的共同支出,与取得境外应税所得有关的、合理的部分,应在境内、境外(分国(地区)别,下同)应税所得之间,按照合理比例进行分摊后扣除
	5. 在汇总计算境外应纳税所得额时,企业在境外同一国家(地区)设立不具有独立纳税地位的分支机构,按照企业所得税法及实施条例的有关规定计算的亏损,不得抵减其境内或他国(地区)的应纳税所得额,但可以用同一国家(地区)其他项目或以后年度的所得按规定弥补
可抵免境外税额	可抵免境外所得税税额,是指企业来源于中国境外的所得依照中国境外税收法律以及相关规定应当缴纳并已实际缴纳的企业所得税性质的税款。但不包括: (1) 按照境外所得税法律及相关规定属于错缴或错征的境外所得税税款 (2) 按照税收协定规定不应征收的境外所得税税款 (3) 因少缴或迟缴境外所得税而追加的利息、滞纳金或罚款 (4) 境外所得税纳税人或者其利害关系人从境外征税主体得到实际返还或补偿的境外所得税税款 (5) 按照我国企业所得税法及其实施条例规定,已经免征我国企业所得税的境外所得负担的境外所得税税款 (6) 按照国务院财政、税务主管部门有关规定已经从企业境外应纳税所得额中扣除的境外所得税税款
间接负担的税额	用境外所得间接负担的税额进行税收抵免时,其取得的境外投资收益实际间接负担的税额,是指根据直接或者间接持股方式合计持股20%以上的规定层级的外国企业股份,由此应分得的股息、红利等权益性投资收益中,从最低一层外国企业起逐层计算的属于由上一层企业负担的税额,其计算公式如下: 本层企业所纳税额属于由一家上一层企业负担的税额=(本层企业就利润和投资收益所实际缴纳的税额+符合本通知规定的由本层企业间接负担的税额)×本层企业向一家上一层企业分配的股息(红利)÷本层企业所得税后利润额

(续表)

项目	境外所得抵免税额
间接负担的税额	1.《财政部 国家税务总局关于企业境外所得税收抵免有关问题的通知》(财税〔2009〕125号)第六条规定：除国务院财政、税务主管部门另有规定外，按照实施条例第八十条规定由居民企业直接或者间接持有20％以上股份的外国企业，限于符合以下持股方式的三层外国企业： 第一层：单一居民企业直接持有20％以上股份的外国企业； 第二层：单一第一层外国企业直接持有20％以上股份，且由单一居民企业直接持有或通过一个或多个符合本条规定持股条件的外国企业间接持有总和达到20％以上股份的外国企业； 第三层：单一第二层外国企业直接持有20％以上股份，且由单一居民企业直接持有或通过一个或多个符合本条规定持股条件的外国企业间接持有总和达到20％以上股份的外国企业。 2.《财政部 税务总局关于完善企业境外所得税收抵免政策问题的通知》(财税〔2017〕84号)第二条规定：企业在境外取得的股息所得，在按规定计算该企业境外股息所得的可抵免所得税额和抵免限额时，由该企业直接或者间接持有20％以上股份的外国企业，限于按照财税〔2009〕125号文件第六条规定的持股方式确定的五层外国企业，即： 第一层：企业直接持有20％以上股份的外国企业； 第二层至第五层：单一上一层外国企业直接持有20％以上股份，且由该企业直接持有或通过一个或多个符合财税〔2009〕125号文件第六条规定持股方式的外国企业间接持有总和达到20％以上股份的外国企业
享受免税或减税	居民企业从与我国政府订立税收协定(或安排)的国家(地区)取得的所得，按照该国(地区)税收法律享受了免税或减税待遇，且该免税或减税的数额按照税收协定规定应视同已缴税额在中国的应纳税额中抵免的，该免税或减税数额可作为企业实际缴纳的境外所得税额用于办理税收抵免
抵免限额	抵免限额＝中国境内、境外所得依照企业所得税法和本条例的规定计算的应纳税总额×来源于某国(地区)的应纳税所得额÷中国境内、境外应纳税所得总额 注：(1)据以计算上述公式中"中国境内、境外所得依照企业所得税法及实施条例的规定计算的应纳税总额"的税率，除国务院财政、税务主管部门另有规定外，应为企业所得税法第四条第一款规定的税率(25％) (2)企业按照企业所得税法及其实施条例和本通知的有关规定计算的当期境内、境外应纳税所得总额小于零的，应以零计算当期境内、境外应纳税所得总额，其当期境外所得的抵免限额也为零
5个年度内抵补	企业在境外一国(地区)当年缴纳和间接负担的符合规定的所得税税额低于所计算的该国(地区)抵免限额的，应以该项税额作为境外所得税抵免额从企业应纳税总额中据实抵免 超过抵免限额的，当年应以抵免限额作为境外所得税抵免额进行抵免，超过抵免限额的余额允许从次年起在连续五个纳税年度内，用每年度抵免限额抵免当年应抵税额后的余额进行抵补
可以采取简易办法计算抵免	1. 企业从境外取得营业利润所得以及符合境外税额间接抵免条件的股息所得，虽有所得来源国(地区)政府机关核发的具有纳税性质的凭证或证明，但因客观原因无法真实、准确地确认应当缴纳并已经实际缴纳的境外所得税税额的，除就该所得直接缴纳及间接负担的税额在所得来源国(地区)的实际有效税率低于我国企业所得税法第四条第一款规定税率50％以上的外，可按境外应纳税所得额的12.5％作为抵免限额，企业按该国(地区)税务机关或政府机关核发具有纳税性质凭证或证明的金额，其不超过抵免限额的部分，准予抵免；超过的部分不得抵免 属于本款规定以外的股息、利息、租金、特许权使用费、转让财产等投资性所得，均应按其他规定计算境外税额抵免 2. 企业从境外取得营业利润所得以及符合境外税额间接抵免条件的股息所得，凡就该所得缴纳及间接负担的税额在所得来源国(地区)的法定税率且其实际有效税率明显高于我国的，可直接以按本通知规定计算的境外应纳税所得额和我国企业所得税法规定的税率计算的抵免限额作为可抵免的已在境外实际缴纳的企业所得税税额 属于本款规定以外的股息、利息、租金、特许权使用费、转让财产等投资性所得，均应按其他规定计算境外税额抵免
纳税年度不一致	企业在境外投资设立不具有独立纳税地位的分支机构，其计算生产、经营所得的纳税年度与我国规定的纳税年度不一致的，与我国纳税年度当年度相对应的境外纳税年度，应为在我国有关纳税年度中任何一日结束的境外纳税年度 注：不具有独立纳税地位，是指根据企业设立地法律不具有独立法人地位或者按照税收协定规定不认定为对方国家(地区)的税收居民 企业取得上款以外的境外所得实际缴纳或间接负担的境外所得税，应在该项境外所得实现日所在的我国对应纳税年度的应纳税额中计算抵免
企业实际应纳所得税额	企业实际应纳所得税额＝企业境内外所得应纳税总额－企业所得税减免、抵免优惠税额－境外所得税抵免额

7. 企业对外签订的合同如约定税款由境内企业承担,计算税款时如何处理

答：扣缴义务人与非居民企业签订与企业所得税法第三条第三款规定的所得有关的业务合同时,凡合同中约定由扣缴义务人实际承担应纳税款的,应将非居民企业取得的不含税所得换算为含税所得计算并解缴应扣税款。

《国家税务总局关于非居民企业所得税源泉扣缴有关问题的公告》(国家税务总局公告 2017 年第 37 号)第六条

扣缴义务人与非居民企业签订与企业所得税法第三条第三款规定的所得有关的业务合同时,凡合同中约定由扣缴义务人实际承担应纳税款的,应将非居民企业取得的不含税所得换算为含税所得计算并解缴应扣税款。

来源:国家税务总局新疆维吾尔自治区税务局答疑。

8. 企业境外所得税收抵免方式有哪些

答：企业境外所得的税收抵免的方式可以根据有无税收协定分成以下几种抵免方式,具体见表 6-6。

表 6-6 税收抵免方式

类别			具体方法	
无税收协定	直接抵免	一般办法	分国不分项: 一般情况下,抵免限额都应当分国(地区)不分项计算,即在汇总计算境外应纳税所得额时,企业在境外同一国家(地区)设立不具有独立纳税地位的分支机构,按照企业所得税法及实施条例的有关规定计算的亏损,不得抵减其境内或他国(地区)的应纳税所得额,但可以用同一国家(地区)其他项目或以后年度的所得按规定弥补	
			不分国不分项: 不按国(地区)别汇总计算其来源于境外的应纳税所得额 除国务院财政、税务主管部门另有规定外,该抵免限额应当分国(地区)不分项计算	
		简易办法	企业从境外取得营业利润所得,虽有所得来源国(地区)政府机关核发的具有纳税性质的凭证或证明,但因客观原因无法真实、准确地确认应当缴纳并已经实际缴纳的境外所得税额的,除就该所得直接缴纳及间接负担的税额在所得来源国(地区)的实际有效税率低于我国企业所得税法第四条第一款规定税率50%以上的外,可按境外应纳税所得额的12.5%作为抵免限额,企业按该国(地区)税务机关或政府机关核发具有纳税性质凭证或证明的金额,其不超过抵免限额的部分,准予抵免;超过的部分不得抵免	遵循"分国不分项"原则
			企业从境外取得营业利润所得,凡就该所得缴纳及间接负担的税额在所得来源国(地区)的法定税率且其实际有效税率明显高于我国的,可直接以按本通知规定计算的境外应纳税所得额和我国企业所得税法规定的税率计算的抵免限额作为可抵免的已在境外实际缴纳的企业所得税税额。具体国家(地区)名单见附件。财政部、国家税务总局可根据实际情况适时对名单进行调整	
	间接抵免	一般办法	是指根据直接或者间接持股方式合计持股20%以上的规定层级的外国企业股份,由此应分得的股息、红利等权益性投资收益中,从最低一层外国企业起逐层计算的属于由上一层企业负担的税额,其计算公式如下: 本层企业所纳税额属于由一家上一层企业负担的税额=(本层企业就利润和投资收益所实际缴纳的税额+符合本通知规定的由本层企业间接负担的税额)×本层企业向一家上一层企业分配的股息(红利)÷本层企业所得税后利润额	

(续表)

类别			具体方法	
无税收协定	间接抵免	一般办法	1.《财政部 国家税务总局关于企业境外所得税收抵免有关问题的通知》(财税〔2009〕125号)第六条规定： 除国务院财政、税务主管部门另有规定外，按照实施条例第八十条规定由居民企业直接或者间接持有20%以上股份的外国企业，限于符合以下持股方式的三层外国企业： 第一层：单一居民企业直接持有20%以上股份的外国企业； 第二层：单一第一层外国企业直接持有20%以上股份，且由单一居民企业直接持有或通过一个或多个符合本条规定持股条件的外国企业间接持有总和达到20%以上股份的外国企业； 第三层：单一第二层外国企业直接持有20%以上股份，且由单一居民企业直接持有或通过一个或多个符合本条规定持股条件的外国企业间接持有总和达到20%以上股份的外国企业。 2.《财政部 税务总局关于完善企业境外所得税收抵免政策问题的通知》(财税〔2017〕84号)第二条规定： 企业在境外取得的股息所得，在按规定计算该企业境外股息所得的可抵免所得税额和抵免限额时，由该企业直接或者间接持有20%以上股份的外国企业，限于按照财税〔2009〕125号文件第六条规定的持股方式确定的五层外国企业，即： 第一层：企业直接持有20%以上股份的外国企业； 第二层至第五层：单一上一层外国企业直接持有20%以上股份，且由该企业直接持有或通过一个或多个符合财税〔2009〕125号文件第六条规定持股方式的外国企业间接持有总和达到20%以上股份的外国企业	遵循"分国不分项"原则
		简易办法	符合境外税额间接抵免条件的股息所得，虽有所得来源国(地区)政府机关核发的具有纳税性质的凭证或证明，但因客观原因无法真实、准确地确认应当缴纳并已经实际缴纳的境外所得税税额的，除就该所得直接缴纳及间接负担的税额在所得来源国(地区)的实际有效税率低于我国企业所得税法第四条第一款规定税率50%以上的外，可按境外应纳税所得额的12.5%作为抵免限额，企业按该国(地区)税务机关或政府机关核发具有纳税性质凭证或证明的金额，其不超过抵免限额的部分，准予抵免；超过的部分不得抵免	
			符合境外税额间接抵免条件的股息所得，凡就该所得缴纳及间接负担的税额在所得来源国(地区)的法定税率且其实际有效税率明显高于我国的，可直接以按本通知规定计算的境外应纳税所得额和我国企业所得税法规定的税率计算的抵免限额作为可抵免的已在境外实际缴纳的企业所得税税额。具体国家(地区)名单见附件。财政部、国家税务总局可根据实际情况适时对名单进行调整	
有税收协定	饶让抵免	普通饶让	税收协定规定列举一国税收优惠额给予饶让抵免的，饶让抵免税额为按协定国家(地区)税收法律规定税率计算的应纳所得税额超过实际缴纳税额的数额，即实际税收优惠额	
		定率饶让	税收协定规定定率饶让抵免的，饶让抵免税额为按该定率计算的应纳境外所得税额超过实际缴纳的境外所得税额的数额	

政策依据

一、《中华人民共和国企业所得税法实施条例》第七十八条

企业所得税法第二十三条所称抵免限额，是指企业来源于中国境外的所得，依照企业所得税法和本条例的规定计算的应纳税额。除国务院财政、税务主管部门另有规定外，该抵免限额应当分国(地区)不分项计算。

二、《财政部 税务总局关于完善企业境外所得税收抵免政策问题的通知》(财税〔2017〕84号)第一条、第六条、第七条

第一条 企业可以选择按国(地区)别分别计算[即"分国(地区)不分项"]，或者不按国(地区)别汇总计算[即"不分国(地区)不分项"]其来源于境外的应纳税所得额，并按照财税〔2009〕125号文件第八条规定的税率，分别计算其可抵免境外所得税税额和抵免限额。上述方式一经选择，5年内不得改变。

第六条 关于适用间接抵免的外国企业持股比例的计算

除国务院财政、税务主管部门另有规定外，按照实施条例第八十条规定由居民企业直接或者间接持有

20%以上股份的外国企业,限于符合以下持股方式的三层外国企业:

第一层:单一居民企业直接持有20%以上股份的外国企业;

第二层:单一第一层外国企业直接持有20%以上股份,且由单一居民企业直接持有或通过一个或多个符合本条规定持股条件的外国企业间接持有总和达到20%以上股份的外国企业;

第三层:单一第二层外国企业直接持有20%以上股份,且由单一居民企业直接持有或通过一个或多个符合本条规定持股条件的外国企业间接持有总和达到20%以上股份的外国企业。

第七条 关于税收饶让抵免的应纳税额的确定

居民企业从与我国政府订立税收协定(或安排)的国家(地区)取得的所得,按照该国(地区)税收法律享受了免税或减税待遇,且该免税或减税的数额按照税收协定规定应视同已缴税额在中国的应纳税额中抵免的,该免税或减税数额可作为企业实际缴纳的境外所得税额用于办理税收抵免。

22. 我国企业所得税法目前尚未单方面规定税收饶让抵免,但我国与有关国家签订的税收协定规定有税收饶让抵免安排,本条对此进行了重申。居民企业从与我国订立税收协定(或安排)的对方国家取得所得,并按该国税收法律享受了免税或减税待遇,且该所得已享受的免税或减税数额按照税收协定(或安排)规定应视同已缴税额在我国应纳税额中抵免的,可在其申报境外所得税额时视为已缴税额。

23. 税收饶让抵免应区别下列情况进行计算:

(1) 税收协定规定定率饶让抵免的,饶让抵免税额为按该定率计算的应纳境外所得税额超过实际缴纳的境外所得税额的数额;

(2) 税收协定规定列举一国税收优惠额给予饶让抵免的,饶让抵免税额为按协定国家(地区)税收法律规定税率计算的应纳所得税额超过实际缴纳税额的数额,即实际税收优惠额。

24. 境外所得采用《通知》第十条规定的简易办法计算抵免的,不适用饶让抵免。

三、《财政部 国家税务总局关于企业境外所得税收抵免有关问题的通知》(财税〔2009〕125号)第十条

属于下列情形的,经企业申请,主管税务机关核准,可以采取简易办法对境外所得已纳税额计算抵免:

(一)企业从境外取得营业利润所得以及符合境外税额间接抵免条件的股息所得,虽有所得来源国(地区)政府机关核发的具有纳税性质的凭证或证明,但因客观原因无法真实、准确地确认应当缴纳并已经实际缴纳的境外所得税税额的,除就该所得直接缴纳及间接负担的税额在所得来源国(地区)的实际有效税率低于我国企业所得税法第四条第一款规定税率50%以上的外,可按境外应纳税所得额的12.5%作为抵免限额,企业按该国(地区)税务机关或政府机关核发具有纳税性质凭证或证明的金额,其不超过抵免限额的部分,准予抵免;超过的部分不得抵免。

属于本款规定以外的股息、利息、租金、特许权使用费、转让财产等投资性所得,均应按本通知的其他规定计算境外税额抵免。

(二)企业从境外取得营业利润所得以及符合境外税额间接抵免条件的股息所得,凡就该所得缴纳及间接负担的税额在所得来源国(地区)的法定税率且其实际有效税率明显高于我国的,可直接以按本通知规定计算的境外应纳税所得额和我国企业所得税法规定的税率计算的抵免限额作为可抵免的已在境外实际缴纳的企业所得税税额。具体国家(地区)名单见附件。财政部、国家税务总局可根据实际情况适时对名单进行调整。

属于本款规定以外的股息、利息、租金、特许权使用费、转让财产等投资性所得,均应按本通知的其他规定计算境外税额抵免。

32. 采用简易办法也须遵循"分国不分项"原则。

9. 在中国境内设立机构、场所的非居民企业,在境外一国(地区)当年缴纳和间接负担的符合规定的所得税税额超过抵免限额的余额,可否结转后期抵免

答:可以。在计算实际应抵免的境外已缴纳和间接负担的所得税税额时,企业在境外一国(地区)当年缴纳和间接负担的符合规定的所得税税额低于所计算的该国(地区)抵免限额的,应以该项税额作为境外所得抵免额从企业应纳税总额中据实抵免;超过抵免限额的,当

年应以抵免限额作为境外所得税抵免额进行抵免,超过抵免限额的余额允许从次年起在连续五个纳税年度内,用每年度抵免限额抵免当年应抵税额后的余额进行抵补。

> **政策依据**

《财政部 国家税务总局关于企业境外所得税收抵免有关问题的通知》(财税〔2009〕125号)第九条

在计算实际应抵免的境外已缴纳和间接负担的所得税税额时,企业在境外一国(地区)当年缴纳和间接负担的符合规定的所得税税额低于所计算的该国(地区)抵免限额的,应以该项税额作为境外所得税抵免额从企业应纳税总额中据实抵免;超过抵免限额的,当年应以抵免限额作为境外所得税抵免额进行抵免,超过抵免限额的余额允许从次年起在连续五个纳税年度内,用每年度抵免限额抵免当年应抵税额后的余额进行抵补。

来源:国家税务总局新疆维吾尔自治区税务局答疑。

10. 某企业为享受经营性文化事业单位转制免税优惠的纳税人,其从境外取得的所得是否免征企业所得税

答: 按照《国家税务总局关于发布〈企业境外所得税收抵免操作指南〉的公告》(国家税务总局公告2010年第1号)第八条26款的规定,"中国境内外所得依照企业所得税法及实施条例的规定计算的应纳税总额的税率是25%,即使企业境内所得按税收法规规定享受企业所得税优惠的,在进行境外所得税额抵免限额计算中的中国境内、外所得应纳税总额所适用的税率也应为25%。"因此享受文化事业单位转制免税政策的企业,其境外所得按25%税率计算境外应纳税额。

> **政策依据**

《国家税务总局关于发布〈企业境外所得税收抵免操作指南〉的公告》(国家税务总局公告2010年第1号)第八条26款

26. 中国境内外所得依照企业所得税法及实施条例的规定计算的应纳税总额的税率是25%,即使企业境内所得按税收法规规定享受企业所得税优惠的,在进行境外所得税额抵免限额计算中的中国境内、外所得应纳税总额所适用的税率也应为25%。

来源:国家税务总局北京市税务局答疑。

第三节 申报实务

一、境外所得税收抵免明细表的填报

本表适用于取得境外所得的纳税人填报。纳税人应根据税法、《财政部 国家税务总局关于企业境外所得税收抵免有关问题的通知》(财税〔2009〕125号)、《国家税务总局关于发布〈企业境外所得税收抵免操作指南〉的公告》(国家税务总局公告2010年第1号)、《财政部 国家税务总局关于我国石油企业从事油(气)资源开采所得税收抵免有关问题的通知》(财税〔2011〕23号)、《财政部 税务总局关于完善企业境外所得税收抵免政策问题的通知》(财税〔2017〕84号)、《财政部 税务总局关于海南自由贸易港企业所得税优惠政策的通知》(财税〔2020〕31号)等规定,填报本年来源于或发生于其他国家、地区的所得按照税收规定计算应缴纳和应抵免的企业所得税。

一、有关项目填报说明

（一）行次填报

纳税人若选择"分国（地区）不分项"的境外所得抵免方式，应根据《境外所得纳税调整后所得明细表》(A108010)、《境外分支机构弥补亏损明细表》(A108020)、《跨年度结转抵免境外所得税明细表》(A108030)分国（地区）别逐行填报本表；纳税人若选择"不分国（地区）不分项"的境外所得抵免方式，应按照税收规定计算可抵免境外所得税税额和抵免限额，并根据表A108010、表A108020、表A108030的合计金额填报本表第1行。

（二）列次填报

1. 第1列"国家（地区）"：纳税人若选择"分国（地区）不分项"的境外所得抵免方式，填报纳税人境外所得来源的国家（地区）名称，来源于同一国家（地区）的境外所得合并到一行填报；纳税人若选择"不分国（地区）不分项"的境外所得抵免方式，无需填报。

2. 第2列"境外税前所得"：填报表A108010第14列的金额。

3. 第3列"境外所得纳税调整后所得"：填报表A108010第18列的金额。

4. 第4列"弥补境外以前年度亏损"：填报表A108020第4＋8列的合计金额。

5. 第5列"境外应纳税所得额"：填报第3－4列的余额。当第3－4列＜0时，本列填报0。

6. 第6列"抵减境内亏损"：当纳税人选择用境外所得抵减弥补境内亏损时，填报纳税人境外所得按照税收规定抵减境内的亏损额（包括抵减的当年度境内亏损额和弥补的以前年度境内亏损额）；当纳税人选择不用境外所得抵减弥补境内亏损时，填报0。

7. 第7列"抵减境内亏损后的境外应纳税所得额"：填报第5－6列金额。

8. 第8列"税率"：填报法定税率25%。符合《财政部 国家税务总局关于高新技术企业境外所得适用税率及税收抵免问题的通知》（财税〔2011〕47号）第一条规定的高新技术企业填报15%。

9. 第9列"境外所得应纳税额"：填报第7×8列金额。

10. 第10列"境外所得可抵免税额"：填报表A108010第13列金额。

11. 第11列"境外所得抵免限额"：境外所得抵免限额按以下公式计算：

抵免限额＝中国境内、境外所得依照企业所得税法和条例的规定计算的应纳税总额×来源于某国（地区）的应纳税所得额÷中国境内、境外应纳税所得总额。

12. 第12列"本年可抵免境外所得税税额"：填报纳税人本年来源于境外的所得已缴纳所得税在本年度允许抵免的金额。按第10列、第11列孰小值填报。

13. 第13列"未超过境外所得税抵免限额的余额"：填报纳税人本年在抵免限额内抵免完境外所得税后有余额的，可用于抵免以前年度结转的待抵免的所得税额。按第11－12列金额填报。

14. 第14列"本年可抵免以前年度未抵免境外所得税额"：填报纳税人本年可抵免以前年度未抵免、结转到本年度抵免的境外所得税额，按表A108030第13列金额填报。

15. 第15列至第18列由选择简易办法计算抵免额的纳税人填报。

（1）第15列"按低于12.5%的实际税率计算的抵免额"：纳税人从境外取得营业利润所得以及符合境外税额间接抵免条件的股息所得，所得来源国（地区）的实际有效税率低于12.5%的，填报按照实际有效税率计算的抵免额。

（2）第16列"按12.5%计算的抵免额"：纳税人从境外取得营业利润所得以及符合境外税额间接抵免条件的股息所得，除第15列的情形外，填报按照12.5%计算的抵免额。

（3）第17列"按25%计算的抵免额"：纳税人从境外取得营业利润所得以及符合境外税额间接抵免条件的股息所得，所得来源国（地区）的实际有效税率高于25%的，填报按照25%计算的抵免额。

16. 第 19 列"境外所得抵免所得税额合计"：填报第 12+14+18 列金额。

二、表内、表间关系

（一）表内关系

1. 第 5 列=第 3-4 列,当第 3-4 列<0 时,本列=0。
2. 第 6 列≤第 5 列。
3. 第 7 列=第 5-6 列。
4. 第 9 列=第 7×8 列。
5. 第 12 列=第 10 列、第 11 列孰小值。
6. 第 13 列=第 11-12 列。
7. 第 14 列≤第 13 列。
8. 第 18 列=第 15+16+17 列。
9. 第 19 列=第 12+14+18 列。

（二）表间关系

1. 若选择"分国（地区）不分项"的境外所得抵免方式,第 2 列各行=表 A108010 第 14 列相应行次；若选择"不分国（地区）不分项"的境外所得抵免方式,第 1 行第 2 列=表 A108010 第 14 列合计。

2. 若选择"分国（地区）不分项"的境外所得抵免方式,第 3 列各行=表 A108010 第 18 列相应行次；若选择"不分国（地区）不分项"的境外所得抵免方式,第 1 行第 3 列=表 A108010 第 18 列合计。

3. 若选择"分国（地区）不分项"的境外所得抵免方式,第 4 列各行=表 A108020 第 4 列相应行次+第 8 列相应行次；若选择"不分国（地区）不分项"的境外所得抵免方式,第 1 行第 4 列=表 A108020 第 4 列合计+第 8 列合计。

4. 若选择"分国（地区）不分项"的境外所得抵免方式,第 6 列合计≤第 5 列合计、表 A106000 第 8 列第 1 行至第 10 行合计+表 A100000 第 18 行的孰小值；若选择"不分国（地区）不分项"的境外所得抵免方式,第 1 行第 6 列≤第 1 行第 5 列、表 A106000 第 8 列第 1 行至第 10 行合计+表 A100000 第 18 行的孰小值。

5. 第 9 列合计=表 A100000 第 29 行。

6. 若选择"分国（地区）不分项"的境外所得抵免方式,第 10 列各行=表 A108010 第 13 列相应行次；若选择"不分国（地区）不分项"的境外所得抵免方式,第 1 行第 10 列=表 A108010 第 13 列合计。

7. 若选择"分国（地区）不分项"的境外所得抵免方式,第 14 列各行=表 A108030 第 13 列相应行次；若选择"不分国（地区）不分项"的境外所得抵免方式,第 1 行第 14 列=表 A108030 第 13 列合计。

8. 第 19 列合计=表 A100000 第 30 行。

【案例】6-1

中国居民 A 企业 2×20 年度境内应税所得为-160 万元,设在甲国的分机构当年度应纳税所得额为 200 万元,2×19 年该分支机构应纳税所得为-10 万元（实际亏损）,甲国适用的企业所得税税率为 30%。

【解析】

填报《A108000 境外所得税收抵免明细表》（表 6-7）。

表6-7 A108000 境外所得税收抵免明细表

单位:万元

行次	国家(地区) 1	境外税前所得 2	境外所得纳税调整后所得 3	弥补境外以前年度亏损 4	境外应纳税所得额 5 (3-4)	抵减境内亏损 6	抵减境内亏损后的境外应纳税所得额 7 (5-6)	税率 8	境外所得应纳税额 9 (7×8)	境外所得可抵免税额 10	境外所得抵免限额 11	本年可抵免境外所得税额 12	未超过境外所得税抵免限额的余额 13 (11-12)	本年可抵免以前年度未抵免境外所得税额 14	按简易办法计算 按低于12.5%的实际税率计算的抵免额 15	按简易办法计算 按12.5%计算的抵免额 16	按简易办法计算 按25%计算的抵免额 17	小计 18 (15+16+17)	境外所得抵免所得税额合计 19 (12+14+18)
1	甲国	200	200	10	190	160	30	25%	7.5	60	7.5	7.5	0	0	0	0	0	0	7.5
2																			
3																			
4																			
5																			
6																			
7																			
8																			
9																			
10																			

二、境外所得纳税调整后所得明细表的填报

填报说明

本表适用于取得境外所得的纳税人填报。纳税人应根据税法、《财政部 国家税务总局关于企业境外所得税收抵免有关问题的通知》(财税〔2009〕125号)、《国家税务总局关于发布〈企业境外所得税收抵免操作指南〉的公告》(2010年第1号)、《财政部 国家税务总局关于我国石油企业从事油(气)资源开采所得税收抵免有关问题的通知》(财税〔2011〕23号)、《财政部 税务总局关于完善企业境外所得税收抵免政策问题的通知》(财税〔2017〕84号)、《财政部 税务总局关于海南自由贸易港企业所得税优惠政策的通知》(财税〔2020〕31号)等规定,填报本年来源于或发生于不同国家、地区的所得按照税收规定计算的境外所得纳税调整后所得。对于境外所得税收抵免方式选择"不分国(地区)不分项"的纳税人,也应按照规定计算可抵免境外所得税税额,并按国(地区)别逐行填报。

一、有关项目填报说明

1. 第1列"国家(地区)":填报纳税人境外所得来源的国家(地区)名称,来源于同一个国家(地区)的境外所得可合并到一行填报。

2. 第2列至第9列"境外税后所得":填报纳税人取得的来源于境外的税后所得,包含已计入利润总额以及按照税法相关规定已在《纳税调整项目明细表》(A105000)进行纳税调整的境外税后所得。

3. 第10列"直接缴纳的所得税额":填报纳税人来源于境外的营业利润所得在境外所缴纳的企业所得税,以及就来源于或发生于境外的股息、红利等权益性投资所得、利息、租金、特许权使用费、财产转让等所得在境外被源泉扣缴的预提所得税。

4. 第11列"间接负担的所得税额":填报纳税人从其直接或者间接控制的外国企业分得的来源于中国境外的股息、红利等权益性投资收益,外国企业在境外实际缴纳的所得税额中属于该项所得负担的部分。

5. 第12列"享受税收饶让抵免税额":填报纳税人从与我国政府订立税收协定(或安排)的国家(地区)取得的所得,按照该国(地区)税收法律享受了免税或减税待遇,且该免税或减税的数额按照税收协定应视同已缴税额的金额。

6. 第15列"境外分支机构收入与支出纳税调整额":填报纳税人境外分支机构收入、支出按照税收规定计算的纳税调整额。

7. 第16列"境外分支机构调整分摊扣除的有关成本费用":填报纳税人境外分支机构应合理分摊的总部管理费等有关成本费用,同时在《纳税调整项目明细表》(A105000)进行纳税调增。

8. 第17列"境外所得对应调整的相关成本费用支出":填报纳税人实际发生与取得境外所得有关但未直接计入境外所得应纳税所得的成本费用支出,同时在《纳税调整项目明细表》(A105000)进行纳税调增。

9. 第18列"境外所得纳税调整后所得":填报第14+15-16-17列的金额。

10. 第19列至第26列"其中:新增境外直接投资所得":填报在海南自由贸易港等特定地区设立的旅游业、现代服务业、高新技术产业企业新增境外直接投资取得的所得。

11. 第19列"营业利润":填报纳税人已计入本年利润总额的新设立境外分支机构营业利润。

12. 第20列"调整分摊扣除的有关成本费用":填报纳税人境外新设立分支机构本年应合

理分摊的总部管理费等有关成本费用。

13. 第21列"纳税调整额":填报纳税人境外新设立分支机构收入、扣除等按照税收规定计算的纳税调整额。

14. 第22列"纳税调整后所得":填报第19－20＋21列的金额,若为负数则填0。

15. 第23列"境外所得税额":填报纳税人新设立的境外分支机构本年营业利润按照中国境外税收法律以及相关规定应当缴纳并已实际缴纳的企业所得税性质的税款,包括从与我国政府订立税收协定(或安排)的国家(地区)取得的新设立的境外分支机构的营业利润按照该国(地区)税收法律享受了免税或减税待遇的税额,且该免税或减税的数额按照税收协定应视同已缴税额的金额。

16. 第24列"对应的股息所得":填报纳税人本年从其持股比例超过20%(含)的境外子公司分回的来源于中国境外的股息、红利等权益性投资收益中,属于新增直接投资所对应的股息、红利等权益性投资收益,包括按照税法规定进行纳税调整的股息、红利等权益性投资收益。

17. 第25列"对应的股息境外所得税额":填报纳税人本年从其持股比例超过20%(含)的境外子公司分回的来源于中国境外的股息、红利等权益性投资收益中,属于新增直接投资所对应的股息、红利等权益性投资收益已缴境外所得税,包含如下:

一是在境外被源泉扣缴的预提所得税;

二是间接负担的境外所得税;

三是享受了与我国政府订立税收协定(或安排)的国家(地区)给予的免税或减税待遇,且该免税或减税的数额按照税收协定应视同已缴税额的金额。

18. 第26列"境外享受免税政策的所得小计":填报纳税人按照财税〔2020〕31号规定享受免税的境外所得金额,金额等于第22＋24列。

二、表内、表间关系

(一) 表内关系

1. 第9列＝第2＋3＋…＋8列。
2. 第13列＝第10＋11＋12列。
3. 第14列＝第9＋10＋11列。
4. 第18列＝第14＋15－16－17列。
5. 第22列＝第19－20＋21列。当第19－20＋21列＜0时,第22列＝0。
6. 第26列＝第22＋24列。

(二) 表间关系

1. 若选择"分国(地区)不分项"的境外所得抵免方式,本表第13列各行－第23列各行－第25列各行＝表A108000第10列相应行次;若选择"不分国(地区)不分项"的境外所得抵免方式,本表第13列合计－第23列合计－第25列合计＝表A108000第1行第10列。

2. 若选择"分国(地区)不分项"的境外所得抵免方式,本表第14列各行－第19列各行－第24列各行＝表A108000第2列相应行次;若选择"不分国(地区)不分项"的境外所得抵免方式,本表第14列合计－第19列合计－第24列合计＝表A108000第1行第2列。

3. 第14列合计－第11列合计＝表A100000第14行。

4. 第16列合计＋第17列合计＝表A105000第28行第3列。

5. 若选择"分国(地区)不分项"的境外所得抵免方式,本表第18列各行－第26列各行＝表A108000第3列相应行次;若选择"不分国(地区)不分项"的境外所得抵免方式,本表第18列合计－第26列合计＝表A108000第1行第3列。

表6-8 A108010 境外所得纳税调整后所得明细表

行次	国家（地区）	境外税后所得							境外所得可抵免的所得税额				境外税前所得	境外分支机构收入与支出纳税调整额	境外分支机构调整分摊扣除的有关成本费用	境外所得对应调整的相关成本费用支出	境外所得纳税调整后所得	其中：新增境外直接投资所得					
		分支机构营业利润所得	股息、红利等权益性投资所得	利息所得	租金所得	特许权使用费所得	财产转让所得	其他所得	小计	直接缴纳的所得税额	间接负担的所得税额	享受税收饶让抵免税额	小计						新设境外分支机构所得			新增境外直接投资相对应股息所得		境外享受免税政策的所得小计
																		营业利润	调整分摊扣除的有关费用	纳税调整额	纳税调整后所得	境外所得税额	对应的股息所得	对应的股息境外所得税款	
		1	2	3	4	5	6	7	8	9(2+…+8)	10	11	12	13(10+11+12)	14(9+10+11)	15	16	17	18(14+15-16-17)	19	20	21	22(19-20+21)	23	24	25	26(22+24)
1																										
2																										
3																										
4																										
5																										
6																										
7																										
8																										
9																										
10	合计																									

三、境外分支机构弥补亏损明细表的填报

本表适用于取得境外所得的纳税人填报。纳税人应根据税法、《财政部 国家税务总局关于企业境外所得税收抵免有关问题的通知》(财税〔2009〕125号)、《国家税务总局关于发布〈企业境外所得税收抵免操作指南〉的公告》(国家税务总局公告2010年第1号)、《财政部 国家税务总局关于我国石油企业从事油(气)资源开采所得税收抵免有关问题的通知》(财税〔2011〕23号)、《财政部 税务总局关于完善企业境外所得税收抵免政策问题的通知》(财税〔2017〕84号)、《财政部 税务总局关于延长高新技术企业和科技型中小企业亏损结转年限的通知》(财税〔2018〕76号)、《国家税务总局关于延长高新技术企业和科技型中小企业亏损结转弥补年限有关企业所得税处理问题的公告》(国家税务总局公告2018年第45号)规定,填报境外分支机构本年及以前年度发生的税前尚未弥补的非实际亏损额和实际亏损额、结转以后年度弥补的非实际亏损额和实际亏损额,并按国(地区)别逐行填报。

一、有关项目填报说明

纳税人选择"分国(地区)不分项"的境外所得抵免方式,在汇总计算境外应纳税所得额时,企业在境外同一国家(地区)设立不具有独立纳税地位的分支机构,按照企业所得税法及实施条例的有关规定计算的亏损,不得抵减其境内或他国(地区)的应纳税所得额,但可以用同一国家(地区)其他项目或以后年度的所得按规定弥补。纳税人选择"不分国(地区)不分项"的境外所得抵免方式,按照财税〔2017〕84号规定按国(地区)别逐行填报。在填报本表时,应按照国家税务总局公告2010年第1号第三条等有关规定,分析填报企业的境外分支机构发生的实际亏损额和非实际亏损额及其弥补、结转的金额。

1. 第1列"国家(地区)":填报纳税人境外所得来源的国家(地区)名称,来源于同一国家(地区)的境外所得合并到一行填报。

2. 第2列至第5列"非实际亏损额的弥补":填报纳税人境外分支机构非实际亏损额未弥补金额、本年发生的金额、本年弥补的金额、结转以后年度弥补的金额。

3. 第6列至第9列"实际亏损额的弥补":填报纳税人境外分支机构实际亏损额弥补金额。

二、表内、表间关系

(一)表内关系

第5列=第2+3-4列。

(二)表间关系

若选择"分国(地区)不分项"的境外所得抵免方式,第4列各行+第8列各行=表A108000第4列相应行次;若选择"不分国(地区)不分项"的境外所得抵免方式,第4列合计+第8列合计=表A108000第1行第4列。

 6-2

中国居民A企业2×20年度境内、外净所得为160万元。其境内所得的应纳税所得额为300万元;设在甲国的分支机构当年度应纳所得额为100万元;设在乙国的分支机构当年度应纳税所得额为-300万元,A企业当年度从乙国取得利息所得的应纳税所得额为60万元。

【思路导航】

境内外亏损应如何处理?实际亏损与非实际亏损的税务处理有何不同?

【解析】

该企业当年度境内、外所得的应纳税所得额从以下两方面调整计算。

(1) A 企业当年度境内、外净所得为 160 万元,但依据境外亏损不得在国内或他国盈利中抵减的规定,其发生在乙国分支机构的当年度亏损额 300 元,仅可以用从该国取得的利息 60 万元弥补,未能弥补的非实际亏损额 240 万元,不得从当年度企业其他盈利中弥补。因此,相应调整后 A 企业当年境内、外应纳税所得额为:

境内应纳税所得额 = 300(万元)
甲国应纳税所得额 = 100(万元)
乙国应纳税所得额 = －240(万元)

(2) A 企业当年度境外乙国未弥补的非实际亏损共 240 万元,允许 A 企业以其来自乙国以后年度的所得结转弥补。

2×20 年度 A 企业企业所得税汇算清缴填报示范,填报《A108020 境外分支机构亏损弥补明细表》(表 6-9)。

表 6-9　A108020 境外分支机构弥补亏损明细表

单位:元

行次	国家(地区)	非实际亏损额的弥补				实际亏损额的弥补			
		以前年度结转尚未弥补的非实际亏损额	本年发生的非实际亏损额	本年弥补的以前年度非实际亏损额	结转以后年度弥补的非实际亏损额	以前年度结转尚未弥补的实际亏损额	本年发生的实际亏损额	本年弥补的以前年度实际亏损额	结转以后年度弥补的实际亏损额
	1	2	3	4	5(2+3－4)	6	7	8	9
1	乙国	0	2 400 000	0	2 400 000				
2	合计	0	2 400 000	0	2 400 000				

四、跨年度结转抵免境外所得税明细表的填报

本表适用于取得境外所得的纳税人填报。纳税人应根据税法、《财政部　国家税务总局关于企业境外所得税收抵免有关问题的通知》(财税〔2009〕125 号)、《国家税务总局关于发布〈企业境外所得税收抵免操作指南〉的公告》(国家税务总局公告 2010 年第 1 号)、《财政部　国家税务总局关于我国石油企业从事油(气)资源开采所得税收抵免有关问题的通知》(财税〔2011〕23 号)、《财政部　税务总局关于完善企业境外所得税收抵免政策问题的通知》(财税〔2017〕84 号)规定,填报本年发生的来源不同国家或地区的境外所得按照我国税收法律、法规的规定可以抵免的所得税额,并按国(地区)别逐行填报。

(一)有关项目填报说明

1. 第 2 列至第 7 列"前五年境外所得已缴所得税未抵免余额":填报纳税人前五年境外所得已缴纳的企业所得税尚未抵免的余额。

2. 第 8 列至第 13 列"本年实际抵免以前年度未抵免的境外已缴所得税额":填报纳税人用本年未超过境外所得税款抵免限额的余额抵免以前年度未抵免的境外已缴所得税额。

3. 第 14 列至第 19 列"结转以后年度抵免的境外所得已缴所得税额":填报纳税人以前年度和本年未能抵免并结转以后年度抵免的境外所得已缴所得税额。

(二)表内、表间关系

1) 表内关系。

1. 第 7 列 = 第 2+3+…+6 列。

2. 第 13 列 = 第 8+9+…+12 列。

3. 第 19 列＝第 14＋15＋…＋18 列。

2) 表间关系。

1. 若选择"分国（地区）不分项"的境外所得抵免方式，第 13 列各行＝表 A108000 第 14 列相应行次；若选择"不分国（地区）不分项"的境外所得抵免方式，第 13 列合计＝表 A108000 第 1 行第 14 列。

2. 若选择"分国（地区）不分项"的境外所得抵免方式，第 18 列各行＝表 A108000 第 10 列相应行次－第 12 列相应行次（当表 A108000 第 10 列相应行次大于第 12 列相应行次时填报）；若选择"不分国（地区）不分项"的境外所得抵免方式，第 18 列合计＝表 A108000 第 1 行第 10 列－第 1 行第 12 列（当表 A108000 第 1 行第 10 列次大于第 1 行第 12 列时填报）。

 6-3

我国居民企业甲企业 2×20 年度境内应纳税所得额为 100 万元，适用 25％的企业所得税税率。从 A 国分支机构取得的税后利润为 70 万元，A 国税率为 30％；从 B 国（未设立分支机构）取得租金所得为 30 万元、特许权使用费所得为 10 万元，B 国税率为 20％。甲企业拥有 C 国子公司 60％的股份，子公司在相同纳税年度向甲企业派发了 216 万元股息，C 国所得税税率为 20％，预提税率为 10％。

【解析】

1. 计算自 A 国取得的含税所得及应纳税额：

$$分支机构含税所得 = 70 \div (1-30\%) = 100(万元)$$
$$分支机构已纳税额 = 100 \times 30\% = 30(万元)$$

2. 计算自 B 国取得的含税所得及应纳税额：

$$B 国含税所得 = (30+10) \div (1-20\%) = 50(万元)$$
$$B 国所得已纳税额 = 50 \times 20\% = 10(万元)$$

3. 计算自 C 国子公司取得股息的含税所得及已纳税额：

甲企业持有 C 国子公司 60％的股份，符合间接抵免的持股条件，即直接或间接持有外国企业 20％以上股份，可以适用间接抵免法。

$$自 C 国子公司取得股息的含税所得 = 216 \div (1-10\%) \div (1-20\%) = 300(万元)$$
$$自 C 国子公司取得股息已纳税额 = 300 - 216 = 84(万元)$$

4. 本年度可抵免的境外所得税额：

A 国所得的抵免限额＝$100 \times 25\% = 25$（万元）＜A 国分支机构已纳税额＝$100 \times 30\% = 30$（万元），因此只能抵免 25 万元，不足抵免部分＝$30-25=5$（万元），应留待自 2×21 年度起连续 5 年内在税额扣除不超过抵免限额的余额内补扣。

B 国所得的抵免限额＝$50 \times 25\% = 12.5$（万元）＞B 国取得已纳税额＝$50 \times 20\% = 10$（万元），因此 10 万元全额抵免。

C 国所得的抵免限额＝$300 \times 25\% = 75$（万元）＜自 C 国子公司取得股息已纳税额 84 万元，因此只能抵 75 万元，不足抵免的部分＝$84-75=9$（万元），应留待自 2×21 年度起连续 5 年内在税额扣除不超过抵免限额的余额内补扣。

甲企业 2×20 年应纳所得税额＝$(100+100+50+300) \times 25\% - (25+10+75) = 27.5$（万元）

2×20 年度甲企业企业所得税汇算清缴填报示范。

第一步：填报《A108010 境外所得纳税调整后所得明细表》（表 6-10）。

表6-10 A108010 境外所得纳税调整后所得明细表

单位:元

行次	国家（地区）	境外税后所得							小计	境外所得可抵免的所得税额				境外税前所得	境外分支机构收入与支出纳税调整额	境外分支机构调整摊扣除的有关成本费用	境外所得对应调整的相关成本费用支出	境外所得纳税调整后所得
		分支机构营业利润所得	股息、红利等权益性投资所得	利息所得	租金所得	特许权使用费所得	财产转让所得	其他所得		直接缴纳的所得税额	间接负担的所得税额	享受税收饶让抵免税额	小计					
		1	2	3	4	5	6	7	8	9(2+…+8)	10	11	12	13 (10+ 11+12)	14 (9+ 10+11)	15	16	17	18 (14+ 15-16- 17)
1	A国	700 000								700 000	300 000			300 000	1 000 000				1 000 000
2	B国					300 000	100 000			400 000	100 000			100 000	500 000				500 000
3	C国		2160 000							2160 000	240 000	600 000		840 000	3 000 000				3 000 000

第二步：填报《A108000 境外所得税收抵免明细表》(表 6-11)。

表 6-11　A108000 境外所得税收抵免明细表

单位：万元

行次	国家(地区)	境外税前所得	境外所得纳税调整后所得	境外应纳税所得额	税率	境外所得应纳税额	境外所得可抵免税额	境外所得抵免限额	本年可抵免境外所得税额	未超过境外所得抵免限额的余额	境外所得抵免所得税额合计
	1	2	3	5(3—4)	8	9(7×8)	10	11	12	13(11—12)	19(12+14+18)
1	A 国	100	100	100	25%	25	30	25	25	0	25
2	B 国	50	50	50	25%	12.5	10	12.5	10	2.5	10
3	C 国	300	300	300	25%	75	84	75	75		75

第三步：填报《A108030 跨年度结转抵免境外所得税明细表》(表 6-12)。

五、企业所得税年度纳税申报表(A类)的填报

本表(表 6-13)为企业所得税年度纳税申报表的主表，纳税人应当根据《中华人民共和国企业所得税法》及其实施条例(以下简称"税法")、相关税收政策，以及国家统一会计制度(企业会计准则、小企业会计准则、企业会计制度、事业单位会计准则和民间非营利组织会计制度等)的规定，计算填报利润总额、应纳税所得额和应纳税额等有关项目。

纳税人在计算企业所得税应纳税所得额及应纳税额时，会计处理与税收规定不一致的，应当按照税收规定计算。税收规定不明确的，在没有明确规定之前，暂按国家统一会计制度计算。

一、有关项目填报说明

(一)表体项目

本表是在纳税人会计利润总额的基础上，加减纳税调整等金额后计算出"纳税调整后所得"。会计与税法的差异(包括收入类、扣除类、资产类等差异)通过《纳税调整项目明细表》(A105000)集中填报。

本表包括利润总额计算、应纳税所得额计算、应纳税额计算三个部分。

1."利润总额计算"中的项目，按照国家统一会计制度规定计算填报。实行企业会计准则、小企业会计准则、企业会计制度、分行业会计制度的纳税人，其数据直接取自《利润表》(另有说明的除外)；实行事业单位会计准则的纳税人，其数据取自《收入支出表》；实行民间非营利组织会计制度的纳税人，其数据取自《业务活动表》；实行其他国家统一会计制度的纳税人，根据本表项目进行分析填报。

2."应纳税所得额计算"和"应纳税额计算"中的项目，除根据主表逻辑关系计算以外，通过附表相应栏次填报。

(二)行次说明

第 1—13 行参照国家统一会计制度规定填写。本部分未设"研发费用""其他收益""资产处置收益"等项目，对于已执行《财政部关于修订印发 2019 年度一般企业财务报表格式的通知》(财会〔2019〕6 号)的纳税人，在《利润表》中归集的"研发费用"通过《期间费用明细表》(A104000)第 19 行"十九、研究费用"的管理费用相应列次填报；在《利润表》中归集的"其他收益""资产处置收益""信用减值损失""净敞口套期收益"项目则无需填报，同时第 10 行"二、营

表6-12 A108030 跨年度结转抵免境外所得税明细表

单位:元

行次	国家(地区)	前五年境外所得已缴所得税未抵免余额							本年实际抵免以前年度未抵免的境外已缴所得税额							结转以后年度抵免的境外所得已缴所得税额						
		前五年	前四年	前三年	前二年	前一年	小计		前五年	前四年	前三年	前二年	前一年	小计		前四年	前三年	前二年	前一年	本年	小计
		2	3	4	5	6	7(2+…+6)		8	9	10	11	12	13(8+…+12)		14(3−9)	15(4−10)	16(5−11)	17(6−12)	18	19(14+…+18)
1	A国																			50 000	50 000
2	C国																			90 000	90 000
3	合计																			140 000	140 000

表 6-13　A100000 中华人民共和国企业所得税年度纳税申报表(A 类)

行次	类别	项目	金额
1	利润总额计算	一、营业收入(填写 A101010\101020\103000)	
2		减:营业成本(填写 A102010\102020\103000)	
3		减:税金及附加	
4		减:销售费用(填写 A104000)	
5		减:管理费用(填写 A104000)	
6		减:财务费用(填写 A104000)	
7		减:资产减值损失	
8		加:公允价值变动收益	
9		加:投资收益	
10		二、营业利润(1−2−3−4−5−6−7+8+9)	
11		加:营业外收入(填写 A101010\101020\103000)	
12		减:营业外支出(填写 A102010\102020\103000)	
13		三、利润总额(10+11−12)	
14	应纳税所得额计算	减:境外所得(填写 A108010)	
15		加:纳税调整增加额(填写 A105000)	
16		减:纳税调整减少额(填写 A105000)	
17		减:免税、减计收入及加计扣除(填写 A107010)	
18		加:境外应税所得抵减境内亏损(填写 A108000)	
19		四、纳税调整后所得(13−14+15−16−17+18)	
20		减:所得减免(填写 A107020)	
21		减:弥补以前年度亏损(填写 A106000)	
22		减:抵扣应纳税所得额(填写 A107030)	
23		五、应纳税所得额(19−20−21−22)	
24	应纳税额计算	税率(25%)	
25		六、应纳所得税额(23×24)	
26		减:减免所得税额(填写 A107040)	
27		减:抵免所得税额(填写 A107050)	
28		七、应纳税额(25−26−27)	
29		加:境外所得应纳所得税额(填写 A108000)	
30		减:境外所得抵免所得税额(填写 A108000)	
31		八、实际应纳所得税额(28+29−30)	
32		减:本年累计实际已缴纳的所得税额	
33		九、本年应补(退)所得税额(31−32)	
34		其中:总机构分摊本年应补(退)所得税额(填写 A109000)	
35		财政集中分配本年应补(退)所得税额(填写 A109000)	
36		总机构主体生产经营部门分摊本年应补(退)所得税额(填写 A109000)	
37	实际应纳税额计算	减:民族自治地区企业所得税地方分享部分:(□ 免征　□ 减征:减征幅度_____%)	
38		十、本年实际应补(退)所得税额(33−37)	

业利润"不执行"第 10 行＝第 1－2－3－4－5－6－7＋8＋9 行"的表内关系,按照《利润表》"营业利润"项目直接填报。

1. 第 1 行"营业收入":填报纳税人主要经营业务和其他经营业务取得的收入总额。本行根据"主营业务收入"和"其他业务收入"的数额填报。一般企业纳税人根据《一般企业收入明细表》(A101010)填报;金融企业纳税人根据《金融企业收入明细表》(A101020)填报;事业单位、社会团体、民办非企业单位、非营利组织等纳税人根据《事业单位、民间非营利组织收入、支出明细表》(A103000)填报。

2. 第 2 行"营业成本":填报纳税人主要经营业务和其他经营业务发生的成本总额。本行根据"主营业务成本"和"其他业务成本"的数额填报。一般企业纳税人根据《一般企业成本支出明细表》(A102010)填报;金融企业纳税人根据《金融企业支出明细表》(A102020)填报;事业单位、社会团体、民办非企业单位、非营利组织等纳税人,根据《事业单位、民间非营利组织收入、支出明细表》(A103000)填报。

3. 第 3 行"税金及附加":填报纳税人经营活动发生的消费税、城市维护建设税、资源税、土地增值税和教育费附加等相关税费。本行根据纳税人相关会计科目填报。纳税人在其他会计科目核算的税金不得重复填报。

4. 第 4 行"销售费用":填报纳税人在销售商品和材料、提供劳务的过程中发生的各种费用。本行根据《期间费用明细表》(A104000)中对应的"销售费用"填报。

5. 第 5 行"管理费用":填报纳税人为组织和管理企业生产经营发生的管理费用。本行根据《期间费用明细表》(A104000)中对应的"管理费用"填报。

6. 第 6 行"财务费用":填报纳税人为筹集生产经营所需资金等发生的筹资费用。本行根据《期间费用明细表》(A104000)中对应的"财务费用"填报。

7. 第 7 行"资产减值损失":填报纳税人计提各项资产准备发生的减值损失。本行根据企业"资产减值损失"科目上的数额填报。实行其他会计制度的比照填报。

8. 第 8 行"公允价值变动收益":填报纳税人在初始确认时划分为以公允价值计量且其变动计入当期损益的金融资产或金融负债(包括交易性金融资产或负债,直接指定为以公允价值计量且其变动计入当期损益的金融资产或金融负债),以及采用公允价值模式计量的投资性房地产、衍生工具和套期业务中公允价值变动形成的应计入当期损益的利得或损失。本行根据企业"公允价值变动损益"科目的数额填报,损失以"－"号填列。

9. 第 9 行"投资收益":填报纳税人以各种方式对外投资所取得的收益或发生的损失。根据企业"投资收益"科目的数额计算填报,实行事业单位会计准则的纳税人根据"其他收入"科目中的投资收益金额分析填报,损失以"－"号填列。实行其他会计制度的纳税人比照填报。

10. 第 10 行"营业利润":填报纳税人当期的营业利润。根据上述项目计算填报。已执行《财政部关于修订印发 2019 年度一般企业财务报表格式的通知》(财会〔2019〕6 号)和《财政部关于修订印发 2018 年度金融企业财务报表格式的通知》(财会〔2018〕36 号)的纳税人,根据《利润表》对应项目填列,不执行本行计算规则。

11. 第 11 行"营业外收入":填报纳税人取得的与其经营活动无直接关系的各项收入的金额。一般企业纳税人根据《一般企业收入明细表》(A101010)填报;金融企业纳税人根据《金融企业收入明细表》(A101020)填报;实行事业单位会计准则或民间非营利组织会计制度的纳税人根据《事业单位、民间非营利组织收入、支出明细表》(A103000)填报。

12. 第 12 行"营业外支出":填报纳税人发生的与其经营活动无直接关系的各项支出的金

额。一般企业纳税人根据《一般企业成本支出明细表》(A102010)填报；金融企业纳税人根据《金融企业支出明细表》(A102020)填报；实行事业单位会计准则或民间非营利组织会计制度的纳税人根据《事业单位、民间非营利组织收入、支出明细表》(A103000)填报。

13. 第13行"利润总额"：填报纳税人当期的利润总额。根据上述项目计算填报。

14. 第14行"境外所得"：填报已计入利润总额以及按照税法相关规定已在《纳税调整项目明细表》(A105000)进行纳税调整的境外所得金额。本行根据《境外所得纳税调整后所得明细表》(A108010)填报。

15. 第15行"纳税调整增加额"：填报纳税人会计处理与税收规定不一致，进行纳税调整增加的金额。本行根据《纳税调整项目明细表》(A105000)"调增金额"列填报。

16. 第16行"纳税调整减少额"：填报纳税人会计处理与税收规定不一致，进行纳税调整减少的金额。本行根据《纳税调整项目明细表》(A105000)"调减金额"列填报。

17. 第17行"免税、减计收入及加计扣除"：填报属于税收规定免税收入、减计收入、加计扣除金额。本行根据《免税、减计收入及加计扣除优惠明细表》(A107010)填报。

18. 第18行"境外应税所得抵减境内亏损"：当纳税人选择不用境外所得抵减境内亏损时，填报 0；当纳税人选择用境外所得抵减境内亏损时，填报境外所得抵减当年度境内亏损的金额。用境外所得弥补以前年度境内亏损的，还需填报《企业所得税弥补亏损明细表》(A106000)和《境外所得税收抵免明细表》(A108000)。

19. 第19行"纳税调整后所得"：填报纳税人经过纳税调整、税收优惠、境外所得计算后的所得额。

20. 第20行"所得减免"：填报属于税收规定的所得减免金额。本行根据《所得减免优惠明细表》(A107020)填报。

21. 第21行"弥补以前年度亏损"：填报纳税人按照税收规定可在税前弥补的以前年度亏损数额。本行根据《企业所得税弥补亏损明细表》(A106000)填报。

22. 第22行"抵扣应纳税所得额"：填报根据税收规定应抵扣的应纳税所得额。本行根据《抵扣应纳税所得额明细表》(A107030)填报。

23. 第23行"应纳税所得额"：填报第 19－20－21－22 行金额。按照上述行次顺序计算结果为负数的，本行按 0 填报。

24. 第24行"税率"：填报税收规定的税率25%。

25. 第25行"应纳所得税额"：填报第 23×24 行金额。

26. 第26行"减免所得税额"：填报纳税人按税收规定实际减免的企业所得税。本行根据《减免所得税优惠明细表》(A107040)填报。

27. 第27行"抵免所得税额"：填报企业当年的应纳所得税额中抵免的金额。本行根据《税额抵免优惠明细表》(A107050)填报。

28. 第28行"应纳税额"：填报第 25－26－27 行金额。

29. 第29行"境外所得应纳所得税额"：填报纳税人来源于中国境外的所得，按照我国税收规定计算的应纳所得税额。本行根据《境外所得税收抵免明细表》(A108000)填报。

30. 第30行"境外所得抵免所得税额"：填报纳税人来源于中国境外所得依照中国境外税收法律以及相关规定应缴纳并实际缴纳(包括视同已实际缴纳)的企业所得税性质的税款(准予抵免税款)。本行根据《境外所得税收抵免明细表》(A108000)填报。

31. 第31行"实际应纳所得税额"：填报第 28＋29－30 行金额。其中，跨地区经营企业类型为"分支机构(须进行完整年度申报并按比例纳税)"的纳税人,填报(第28+29－30行)×"分支机构就地纳税比例"金额。

32. 第32行"本年累计实际已缴纳的所得税额":填报纳税人按照税收规定本纳税年度已在月(季)度累计预缴的所得税额,包括按照税收规定的特定业务已预缴(征)的所得税额,建筑企业总机构直接管理的跨地区设立的项目部按规定向项目所在地主管税务机关预缴的所得税额。

33. 第33行"本年应补(退)的所得税额":填报第31－32行金额。

34. 第34行"总机构分摊本年应补(退)所得税额":填报汇总纳税的总机构按照税收规定在总机构所在地分摊本年应补(退)所得税额。本行根据《跨地区经营汇总纳税企业年度分摊企业所得税明细表》(A109000)填报。

35. 第35行"财政集中分配本年应补(退)所得税额":填报汇总纳税的总机构按照税收规定财政集中分配本年应补(退)所得税款。本行根据《跨地区经营汇总纳税企业年度分摊企业所得税明细表》(A109000)填报。

36. 第36行"总机构主体生产经营部门分摊本年应补(退)所得税额":填报汇总纳税的总机构所属的具有主体生产经营职能的部门按照税收规定应分摊的本年应补(退)所得税额。本行根据《跨地区经营汇总纳税企业年度分摊企业所得税明细表》(A109000)填报。

37. 第37行"减:民族自治地区企业所得税地方分享部分:□免征 □减征:减征幅度____%)":根据《中华人民共和国企业所得税法》《中华人民共和国民族区域自治法》《财政部国家税务总局关于贯彻落实国务院关于实施企业所得税过渡优惠政策有关问题的通知》(财税〔2008〕21号)等规定,实行民族区域自治的自治区、自治州、自治县的自治机关对本民族自治地方的企业应缴纳的企业所得税中属于地方分享的部分,可以决定减征或免征,自治州、自治县决定减征或者免征的,须报省、自治区、直辖市人民政府批准。

纳税人填报该行次时,根据享受政策的类型选择"免征"或"减征",二者必选其一。选择"免征"是指免征企业所得税税收地方分享部分;选择"减征:减征幅度_____%"是指减征企业所得税税收地方分享部分。此时需填写"减征幅度",减征幅度填写范围为1至100,表示企业所得税税收地方分享部分的减征比例。例如:地方分享部分减半征收,则选择"减征",并在"减征幅度"后填写"50%"。

企业类型为"非跨地区经营企业"的,本行填报"实际应纳所得税额"×40%×减征幅度－本年度预缴申报累计已减免的地方分享部分减免金额的余额。企业类型为"跨地区经营汇总纳税企业总机构"的,本行填报《跨地区经营汇总纳税企业年度分摊企业所得税明细表》(A109000)第20行"总机构因民族地方优惠调整分配金额"的金额。

38. 第38行"十、本年实际应补(退)所得税额":填报纳税人当期实际应补(退)的所得税额。企业类型为"非跨地区经营企业"的,本行填报第33－37行金额。企业类型为"跨地区经营汇总纳税企业总机构"的,本行填报《跨地区经营汇总纳税企业年度分摊企业所得税明细表》(A109000)第21行"八、总机构本年实际应补(退)所得税额"的金额。

二、表内、表间关系

(一)表内关系

1. 第10行=第1－2－3－4－5－6－7+8+9行。已执行财会〔2019〕6号和财会〔2018〕36号的纳税人,不执行本规则。

2. 第13行=第10+11－12行。

3. 第 19 行＝第 13－14＋15－16－17＋18 行。

4. 第 23 行＝第 19－20－21－22 行。

5. 第 25 行＝第 23×24 行。

6. 第 28 行＝第 25－26－27 行。

7. 第 31 行＝第 28＋29－30 行。其中，跨地区经营企业类型为"分支机构（须进行完整年度申报并按比例纳税）"的纳税人，第 31 行＝（第 28＋29－30 行）×表 A000000"102 分支机构就地纳税比例"。

8. 第 33 行＝第 31－32 行。

9. 企业类型为"非跨地区经营企业"的，第 38 行＝第 33－37 行。

（二）表间关系

1. 第 1 行＝表 A101010 第 1 行或表 A101020 第 1 行或表 A103000 第 2＋3＋4＋5＋6 行或表 A103000 第 11＋12＋13＋14＋15 行。

2. 第 2 行＝表 A102010 第 1 行或表 A102020 第 1 行或表 A103000 第 19＋20＋21＋22 行或表 A103000 第 25＋26＋27 行。

3. 第 4 行＝表 A104000 第 26 行第 1 列。

4. 第 5 行＝表 A104000 第 26 行第 3 列。

5. 第 6 行＝表 A104000 第 26 行第 5 列。

6. 第 9 行＝表 A103000 第 8 行或者第 16 行（仅限于填报表 A103000 的纳税人，其他纳税人根据财务核算情况自行填写）。

7. 第 11 行＝表 A101010 第 16 行或表 A101020 第 35 行或表 A103000 第 9 行或第 17 行。

8. 第 12 行＝表 A102010 第 16 行或表 A102020 第 33 行或表 A103000 第 23 行或第 28 行。

9. 第 14 行＝表 A108010 第 14 列合计－第 11 列合计。

10. 第 15 行＝表 A105000 第 46 行第 3 列。

11. 第 16 行＝表 A105000 第 46 行第 4 列。

12. 第 17 行＝表 A107010 第 31 行。

13. 第 18 行：

（1）当第 13－14＋15－16－17 行≥0，第 18 行＝0；

（2）当第 13－14＋15－16－17＜0 且表 A108000 第 5 列合计行≥0，表 A108000 第 6 列合计行＞0 时，第 18 行＝表 A108000 第 5 列合计行与表 A100000 第 13－14＋15－16－17 行绝对值的孰小值；

（3）当第 13－14＋15－16－17＜0 且表 A108000 第 5 列合计行≥0，表 A108000 第 6 列合计行＝0 时，第 18 行＝0。

14. 第 20 行：

当第 19 行≤0 时，第 20 行＝0；当第 19 行＞0 时，

（1）第 19 行≥表 A107020 合计行第 11 列，第 20 行＝表 A107020 合计行第 11 列；

（2）第 19 行＜表 A107020 合计行第 11 列，第 20 行＝第 19 行。

15. 第 21 行＝表 A106000 第 11 行第 10 列。

16. 第 22 行＝表 A107030 第 15 行第 1 列。

17. 第 26 行＝表 A107040 第 33 行。
18. 第 27 行＝表 A107050 第 7 行第 11 列。
19. 第 29 行＝表 A108000 合计行第 9 列。
20. 第 30 行＝表 A108000 合计行第 19 列。
21. 第 34 行＝表 A109000 第 12＋16 行。
22. 第 35 行＝表 A109000 第 13 行。
23. 第 36 行＝表 A109000 第 15 行。
24. 企业类型为"跨地区经营汇总纳税企业总机构"的,第 37 行＝表 A109000 第 20 行。
25. 企业类型为"跨地区经营汇总纳税企业总机构"的,第 38 行＝表 A109000 第 21 行。

六、企业所得税年度纳税申报表(B 类)的填报

一、适用范围

本表(表 6-14)适用于实行核定征收企业所得税的居民企业纳税人(以下简称"纳税人")在月(季)度预缴纳税申报时填报。此外,实行核定应税所得率方式的纳税人在年度纳税申报时填报本表。

二、表头项目

(一)税款所属期间

1. 月(季)度预缴纳税申报

正常情况填报税款所属期月(季)度第一日至税款所属期月(季)度最后一日;年度中间开业的纳税人,在首次月(季)度预缴纳税申报时,填报开始经营之日至税款所属月(季)度最后一日,以后月(季)度预缴纳税申报时按照正常情况填报。年度中间发生终止经营活动的纳税人,在终止经营活动当期纳税申报时,填报税款所属期月(季)度第一日至终止经营活动之日,以后月(季)度预缴纳税申报表不再填报。

2. 年度纳税申报

正常情况填报税款所属年度 1 月 1 日至 12 月 31 日;年度中间开业的纳税人,在首次年度纳税申报时,填报开始经营之日至当年 12 月 31 日,以后年度纳税申报时按照正常情况填报;年度中间终止经营活动的纳税人,在终止经营活动年度纳税申报时,填报当年 1 月 1 日至终止经营活动之日;年度中间开业且当年度中间终止经营活动的纳税人,填报开始经营之日至终止经营活动之日。

(二)纳税人识别号(统一社会信用代码)

填报税务机关核发的纳税人识别号或有关部门核发的统一社会信用代码。

(三)纳税人名称

填报营业执照、税务登记证等证件载明的纳税人名称。

三、有关项目填报说明

(一)核定征收方式

纳税人根据申报税款所属期税务机关核定的征收方式选择填报。

(二)行次说明

核定征收方式选择"核定应税所得率(能核算收入总额的)"的纳税人填报第 1 行至第 21 行,核定征收方式选择"核定应税所得率(能核算成本费用总额的)"的纳税人填报第 12 行至第 21 行,核定征收方式选择"核定应纳所得税额"的纳税人填报第 19 行至第 21 行。

1. 第1行"收入总额":填报纳税人各项收入的本年累计金额。

2. 第2行"不征税收入":填报纳税人已经计入本表"收入总额"行次但属于税收规定的不征税收入的本年累计金额。

3. 第3行"免税收入":填报属于税收规定的免税收入优惠的本年累计金额。根据相关行次计算结果填报。本行＝第4+5+10+11行。

4. 第4行"国债利息收入免征企业所得税":填报根据《国家税务总局关于企业国债投资业务企业所得税处理问题的公告》(国家税务总局公告2011年第36号)等相关税收政策规定,纳税人持有国务院财政部门发行的国债取得的利息收入。本行填报金额为本年累计金额。

5. 第5行"符合条件的居民企业之间的股息、红利等权益性投资收益免征企业所得税":填报发生的符合条件的居民企业之间的股息、红利等权益性投资收益情况,不包括连续持有居民企业公开发行并上市流通的股票不足12个月取得的投资收益。本行填报金额为本年累计金额。

本行包括内地居民企业通过沪港通投资且连续持有H股满12个月取得的股息红利所得、内地居民企业通过深港通投资且连续持有H股满12个月取得的股息红利所得、居民企业持有创新企业CDR取得的股息红利所得、符合条件的居民企业之间属于股息、红利性质的永续债利息收入等情况。

6. 第6行"通过沪港通投资且连续持有H股满12个月取得的股息红利所得免征企业所得税":填报根据《财政部 国家税务总局 证监会关于沪港股票市场交易互联互通机制试点有关税收政策的通知》(财税〔2014〕81号)等相关税收政策规定,内地居民企业连续持有H股满12个月取得的股息红利所得。本行填报金额为本年累计金额。

7. 第7行"通过深港通投资且连续持有H股满12个月取得的股息红利所得免征企业所得税":填报根据《财政部 国家税务总局 证监会关于深港股票市场交易互联互通机制试点有关税收政策的通知》(财税〔2016〕127号)等相关税收政策规定,内地居民企业连续持有H股满12个月取得的股息红利所得。本行填报金额为本年累计金额。

8. 第8行"居民企业持有创新企业CDR取得的股息红利所得免征企业所得税":填报根据《财政部 税务总局 证监会关于创新企业境内发行存托凭证试点阶段有关税收政策的公告》(财政部 税务总局 证监会公告2019年第52号)等相关税收政策规定,居民企业持有创新企业CDR取得的股息红利所得。本行填报金额为本年累计金额。

9. 第9行"符合条件的居民企业之间属于股息、红利性质的永续债利息收入免征企业所得税":填报根据《财政部 税务总局关于永续债企业所得税政策问题的公告》(财政部 税务总局公告2019年第64号)等相关税收政策规定,居民企业取得的可以适用企业所得税法规定的居民企业之间的股息、红利等权益性投资收益免征企业所得税规定的永续债利息收入。本行填报金额为本年累计金额。

10. 第10行"投资者从证券投资基金分配中取得的收入免征企业所得税":填报纳税人根据《财政部 国家税务总局关于企业所得税若干优惠政策的通知》(财税〔2008〕1号)第二条第(二)项等相关税收政策规定,投资者从证券投资基金分配中取得的收入。本行填报金额为本年累计金额。

11. 第11行"取得的地方政府债券利息收入免征企业所得税":填报根据《财政部 国家税务总局关于地方政府债券利息所得免征所得税问题的通知》(财税〔2011〕76号)、《财政部 国家税务总局关于地方政府债券利息免征所得税问题的通知》(财税〔2013〕5号)等相关税收政策规定,纳税人取得的 2009 年、2010 年和 2011 年发行的地方政府债券利息所得,2012 年及以后年度发行的地方政府债券利息收入。本行填报金额为本年累计金额。

12. 第 12 行"应税收入额\成本费用总额":核定征收方式选择"核定应税所得率(能核算收入总额的)"的纳税人,本行＝第 1－2－3 行。核定征收方式选择"核定应税所得率(能核算成本费用总额的)"的纳税人,本行填报纳税人各项成本费用的本年累计金额。

13. 第 13 行"税务机关核定的应税所得率(％)":填报税务机关核定的应税所得率。

14. 第 14 行"应纳税所得额":根据相关行次计算结果填报。核定征收方式选择"核定应税所得率(能核算收入总额的)"的纳税人,本行＝第 12×13 行。核定征收方式选择"核定应税所得率(能核算成本费用总额的)"的纳税人,本行＝第 12 行÷(1－第 13 行)×第 13 行。

15. 第 15 行"税率":填报 25％。

16. 第 16 行"应纳所得税额":根据相关行次计算填报。本行＝第 14×15 行。

17. 第 17 行"符合条件的小型微利企业减免企业所得税":填报纳税人享受小型微利企业普惠性所得税减免政策减免企业所得税的金额。本行填报根据本表第 14 行计算的减免企业所得税的本年累计金额。

18. 第 18 行"实际已缴纳所得税额":填报纳税人按照税收规定已在此前月(季)度预缴企业所得税的本年累计金额。

19. 第 19 行"本期应补(退)所得税额\税务机关核定本期应纳所得税额":核定征收方式选择"核定应税所得率(能核算收入总额的)""核定应税所得率(能核算成本费用总额的)"的纳税人,根据相关行次计算结果填报,本行＝第 16－17－18 行。月(季)度预缴纳税申报时,若第 16－17－18 行＜0,本行填报 0。核定征收方式选择"核定应纳所得税额"的纳税人,本行填报税务机关核定的本期应纳所得税额(如果纳税人符合小型微利企业条件,本行填报的金额应为税务机关按照程序调减定额后的本期应纳所得税额)。

20. 第 20 行"民族自治地方的自治机关对本民族自治地方的企业应缴纳的企业所得税中属于地方分享的部分减征或免征(　□免征　□减征:减征幅度＿＿％　)":根据《中华人民共和国企业所得税法》《中华人民共和国民族区域自治法》《财政部　国家税务总局关于贯彻落实国务院关于实施企业所得税过渡优惠政策有关问题的通知》(财税〔2008〕21 号)等规定,实行民族区域自治的自治区、自治州、自治县的自治机关对本民族自治地方的企业应缴纳的企业所得税中属于地方分享的部分,可以决定免征或减征,自治州、自治县决定减征或者免征的,须报省、自治区、直辖市人民政府批准。

纳税人填报该行次时,根据享受政策的类型选择"免征"或"减征",两者必选其一。选择"免征"是指免征企业所得税税收地方分享部分;选择"减征:减征幅度＿＿％"是指减征企业所得税税收地方分享部分。此时需填写"减征幅度",减征幅度填写范围为 1 至 100,表示企业所得税税收地方分享部分的减征比例。例如:地方分享部分减半征收,则选择"减征",并在"减征幅度"后填写"50％"。

本行填报纳税人按照规定享受的民族自治地方的自治机关对本民族自治地方的企业应缴纳的企业所得税中属于地方分享的部分减征或免征额的本年累计金额。

21. 第 21 行"本期实际应补(退)所得税额":本行填报纳税人本期实际应补(退)所得税额。

四、按季度填报信息填报说明

本项下所有项目按季度填报。按月申报的纳税人,在季度最后一个属期的月份填报。实行核定应纳所得税额方式的纳税人仅填报"小型微利企业"选项。

（一）季初从业人数、季末从业人数

纳税人填报税款所属季度的季初和季末从业人员的数量。季度中间开业的纳税人，"季初从业人数"填报开业时从业人数。季度中间停止经营的纳税人，"季末从业人数"填报停止经营时从业人数。从业人数是指与企业建立劳动关系的职工人数和企业接受的劳务派遣用工人数之和。

（二）季初资产总额（万元）、季末资产总额（万元）

纳税人填报税款所属季度的季初和季末资产总额。季度中间开业的纳税人，"季初资产总额"填报开业时资产总额。季度中间停止经营的纳税人，"季末资产总额"填报停止经营时资产总额。填报单位为人民币万元，保留小数点后2位。

（三）国家限制或禁止行业

纳税人从事行业为国家限制和禁止行业的，选择"是"；其他选择"否"。

（四）小型微利企业

本栏次为必报项目。

1. 实行核定应税所得率方式的纳税人，本纳税年度截至本期期末的从业人数季度平均值不超过300人、资产总额季度平均值不超过5 000万元、本表"国家限制或禁止行业"选择"否"且本期本表第14行"应纳税所得额"不超过300万元的纳税人，选择"是"，否则选择"否"，具体计算方法如下：

$$季度平均值 = （季初值 + 季末值）\div 2$$
$$截至本期期末季度平均值 = 截至本期期末各季度平均值之和 \div 相应季度数$$

年度中间开业或者终止经营活动的，以其实际经营期计算上述指标。

2. 实行核定应纳所得税额方式的纳税人，由税务机关在核定应纳所得税额时进行判断并告知纳税人，判断标准按照税收规定的条件执行。

五、按年度填报信息填表说明

实行核定应税所得率方式的纳税人年度申报时填报，实行核定应纳所得税额方式的纳税人不填报。

"小型微利企业"：本栏次为必报项目，按照以下规则选择：

从事国家非限制和禁止行业，从业人数不超过300人，资产总额不超过5 000万元，年应纳税所得额不超过300万元的纳税人，选择"是"，否则选择"否"。

其中，从业人数和资产总额指标按企业全年的季度平均值确定，具体计算公式如下：

$$季度平均值 = （季初值 + 季末值）\div 2$$
$$全年季度平均值 = 全年各季度平均值之和 \div 4$$

年度中间开业或者终止经营活动的，以实际经营期作为一个纳税年度确定上述相关指标。

六、表内关系

1. 第3行＝第4＋5＋10＋11行。

2. 核定征收方式选择为"核定应税所得率（能核算收入总额的）"的，第12行＝第1－2－3行。

3. 核定征收方式选择为"核定应税所得率（能核算收入总额的）"的，第14行＝第12×13行；核定征收方式选择为"核定应税所得率（能核算成本费用总额的）"的，第14行＝第12行÷（1－第13行）×第13行。

4. 第16行＝第14×15行。

5. 第19行＝第16－17－18行。月（季）度预缴纳税申报时，若第16－17－18行＜0，第19行＝0。

6. 核定征收方式选择"核定应税所得率（能核算收入总额的）""核定应税所得率（能核算成本费用总额的）"的，享受"免征"优惠的，第20行＝（第16－17行）×40%；享受"减征"优惠的，第20行＝（第16－17行）×40%×减征幅度。

核定征收方式选择"核定应纳所得税额"的，享受"免征"优惠的，第20行＝[核定的年度应纳所得税额÷（4或者12）×截止申报所属期的实际应申报属期数]×40%；享受"减征"优惠的，第20行＝[核定的年度应纳所得税额÷（4或者12）×截止申报所属期的实际应申报属期数]×40%×"减征幅度____%"。

7. 核定征收方式选择"核定应税所得率（能核算收入总额的）""核定应税所得率（能核算成本费用总额的）"的，第21行＝第19行－20行。当第19行－20行＜0时，本行＝0。

核定征收方式选择"核定应纳所得税额"的：第21行＝[核定的年度应纳所得税额÷（4或者12）×截止申报所属期的实际应申报属期数]－本表第20行－截至上期本表第21行合计金额。当计算结果＜0时，本行＝0。

案例 6-4

君越公司属于居民企业，主管税务机关经鉴定对其2×20年企业所得税实行按收入总额核定征收。2×20年，该公司实现产品销售收入400万元，从事运输业务取得收入20万元，转让长期股权投资取得收益50万元，从非上市公司取得股权持有收益10万元，取得银行存款利息0.5万元（企业直接冲减财务费用），取得财政部发行的国库券利息0.6万元，对外租赁房屋取得租赁收入0.8万元，外单位使用专利权取得使用费1万元，接受有关单位捐款2万元，取得财政部门贷款贴息5万元（符合不征税收入的条件），取得财政部门先征后返的增值税3万元（支出未单独核算）。假定当年应税所得率为8%，在2×20年企业所得税汇算清缴时，君越公司应如何填报所得税申报表？

【思路导航】

核定征收企业能否享受税收优惠？申报时，重点关注哪些栏次的填报？

【解析】

根据税法相关规定，具体计算过程及填报《中华人民共和国企业所得税月（季）度和年度纳税申报表（B类）》如下所述。

收入总额 ＝ 4 000 000 ＋ 200 000 ＋ 500 000 ＋ 100 000 ＋ 5 000 ＋ 6 000 ＋ 8 000 ＋ 10 000
　　　　＋ 20 000 ＋ 50 000 ＋ 30 000
　　　　＝ 4 929 000（元）

不征税收入 ＝ 50 000（元）

免税收入 ＝ 100 000 ＋ 6 000 ＝ 106 000（元）

应税收入额 ＝ 4 929 000 － 50 000 － 106 000 ＝ 4 773 000（元）

税务机关核定的应税所得率 ＝ 8%

应纳税所得额 ＝ 4 773 000 × 8% ＝ 381 840（元）

税率 ＝ 25%

应纳所得税额 ＝ 381 840 × 25% ＝ 95 460（元）

2×20 年度君越公司企业所得税汇算清缴填报示范。

填报《中华人民共和国企业所得税月(季)度和年度纳税申报表(B类)》(表6-14)。

表6-14 B100000 中华人民共和国企业所得税月(季)度预缴和年度纳税申报表(B类,2018年版)

税款所属期间：   年 月 日至   年 月 日

纳税人识别号(统一社会信用代码)：□□□□□□□□□□□□□□□□□□

纳税人名称：   金额单位:人民币元(列至角分)

核定征收方式	☑ 核定应税所得率(能核算收入总额的) □ 核定应税所得率(能核算成本费用总额的) □ 核定应纳所得税额	
行次	项目	本年累计金额
1	收入总额	4 929 000
2	减:不征税收入	5 000
3	减:免税收入(4+5+10+11)	106 000
4	国债利息收入免征企业所得税	6 000
5	符合条件的居民企业之间的股息、红利等权益性投资收益免征企业所得税	100 000
6	其中:通过沪港通投资且连续持有H股满12个月取得的股息红利所得免征企业所得税	
7	通过深港通投资且连续持有H股满12个月取得的股息红利所得免征企业所得税	
8	居民企业持有创新企业CDR取得的股息红利所得免征企业所得税	
9	符合条件的居民企业之间属于股息、红利性质的永续债利息收入免征企业所得税	
10	投资者从证券投资基金分配中取得的收入免征企业所得税	
11	取得的地方政府债券利息收入免征企业所得税	
12	应税收入额(1-2-3)\成本费用总额	4 773 000
13	税务机关核定的应税所得率(%)	8%
14	应纳税所得额(第12×13行)\[第12行÷(1-第13行)×第13行]	
15	税率(25%)	
16	应纳所得税额(14×15)	381 840
17	减:符合条件的小型微利企业减免企业所得税	
18	减:实际已缴纳所得税额	
19	本期应补(退)所得税额(16-17-18)\税务机关核定本期应纳所得税额	
20	民族自治地方的自治机关对本民族自治地方的企业应缴纳的企业所得税中属于地方分享的部分减征或免征(□ 免征 □ 减征:减征幅度____%)	
21	本期实际应补(退)所得税额	
按 季 度 填 报 信 息		
季初从业人数		季末从业人数	
季初资产总额(万元)		季末资产总额(万元)	
国家限制或禁止行业	□是 □否	小型微利企业	□是 □否
按 年 度 填 报 信 息		
小型微利企业	□是 □否		

(续表)

谨声明:本纳税申报表是根据国家税收法律法规及相关规定填报的,是真实的、可靠的、完整的。	
	纳税人(签章): 年 月 日
经办人: 经办人身份证号: 代理机构签章: 代理机构统一社会信用代码:	受理人: 受理税务机关(章): 受理日期: 年 月 日

国家税务总局监制

第七章

亏 损 弥 补

第一节 政策概要

根据《企业所得税法》第十八条规定,企业纳税年度发生的亏损,准予向以后年度结转,用以后年度的所得弥补,但结转年限最长不得超过五年。除此之外,亏损弥补还存在一些特殊规定,具体如表7-1所示。

表7-1 亏损弥补的相关规定

项目	具体规定	政策依据
筹办期	企业自开始生产经营的年度,为开始计算企业损益的年度。企业从事生产经营之前进行筹办活动期间发生筹办费用支出,不得计算为当期的亏损,应按照以下执行:开(筹)办费未明确列作长期待摊费用,企业可以在开始经营之日的当年一次性扣除,也可以按照新税法有关长期待摊费用的处理规定处理,但一经选定,不得改变	国税函〔2010〕79号、国税函〔2009〕98号
查增应纳税所得额	税务机关对企业以前年度纳税情况进行检查时调增的应纳税所得额,凡企业以前年度发生亏损,且该亏损属于企业所得税法规定允许弥补的,应允许调增的应纳税所得额弥补该亏损	国家税务总局公告2010年第20号
	弥补该亏损后仍有余额的,按照企业所得税法规定计缴企业所得税	
企业集团取消合并纳税	企业集团取消了合并申报缴纳企业所得税后,截至2008年年底,企业集团合并计算的累计亏损,属于符合税法规定5年结转期限内的,可分配给其合并成员企业(包括企业集团总部)在剩余结转期限内,结转弥补	国家税务总局公告2010年第7号
	凡单独计算是亏损的各成员企业,参与分配可继续弥补的亏损;盈利企业不参与分配	
	成员企业分配的亏损额=(某成员企业单独计算盈亏尚未弥补的亏损额÷各成员企业单独计算盈亏尚未弥补的亏损额之和)×集团公司合并计算累计可继续弥补的亏损额	
政策性搬迁企业	企业以前年度发生尚未弥补的亏损的,凡企业由于搬迁停止生产经营无所得的,从搬迁年度次年起,至搬迁完成年度前一年度止,可作为停止生产经营活动年度,从法定亏损结转弥补年限中减除;企业边搬迁、边生产的,其亏损结转年度应连续计算	国家税务总局公告2012年第40号
改制重组企业	企业合并时,符合特殊重组条件,经备案,被合并企业合并以前的全部企业所得税纳税事项由合并企业承继,以前年度的亏损,如果未超过法定弥补年限,可由合并企业继续按规定用以后年度实现的与被合并企业资产相关的所得弥补,可由合并企业弥补的被合并企业亏损的限额=被合并企业净资产公允价值×截至合并业务发生当年年末国家发行的最长期限的国债利率	财税〔2009〕59号
	企业特殊重组分立中,被分立企业已分立资产相对应的纳税事项由接受资产的分立企业承继。被分立企业的未超过法定弥补期限的亏损额可按分立资产占全部资产的比例进行分配,由接受分立资产的分立企业继续弥补	

(续表)

项目	具体规定	政策依据
高新技术企业和科技型中小企业	自2018年1月1日起,当年具备高新技术企业或科技型中小企业资格的企业,其具备资格年度之前5个年度发生的尚未弥补完的亏损,准予结转以后年度弥补,最长结转年限由5年延长至10年	财税〔2018〕76号
法人和其他组织的合伙人	合伙企业的合伙人是法人和其他组织的,合伙人在计算其缴纳企业所得税时,不得用合伙企业的亏损抵减其盈利	财税〔2008〕159号
境外营业机构	企业在汇总计算缴纳企业所得税时,其境外营业机构的亏损不得抵减境内营业机构的盈利	《中华人民共和国企业所得税法》
受疫情影响的困难企业	受疫情影响较大的困难行业企业2020年度发生的亏损,最长结转年限由5年延长至8年 困难行业企业,包括交通运输、餐饮、住宿、旅游(指旅行社及相关服务、游览景区管理两类)四大类,具体判断标准按照现行《国民经济行业分类》执行。困难行业企业2020年度主营业务收入须占收入总额(剔除不征税收入和投资收益)的50%以上	财政部 税务总局公告2020年第8号
电影行业	对电影行业企业2020年度发生的亏损,最长结转年限由5年延长至8年 电影行业企业限于电影制作、发行和放映等企业,不包括通过互联网、电信网、广播电视网等信息网络传播电影的企业	财政部 税务总局公告2020年第25号

第二节 要点难点

扫码听课

1. 企业发生的亏损向以后年度结转的年限为多久

答:不同企业发生亏损的结转年限有所不同,具体如表7-2所示。

表7-2 企业亏损结转年限

企业类型		最长结转年限(年)
一般情况		5
高新技术企业或科技型中小企业		10
受疫情影响的困难企业(具体判断标准按照现行《国民经济行业分类》执行)(仅限2020年度发生的亏损)	交通运输	8
	餐饮	8
	住宿	8
	旅游(指旅行社及相关服务、游览景区管理两类)	8
电影行业(仅限2020年度发生的亏损)		8

一、《中华人民共和国企业所得税法》第十八条

企业纳税年度发生的亏损,准予向以后年度结转,用以后年度的所得弥补,但结转年限最长不得超过五年。

二、《财政部 税务总局关于延长高新技术企业和科技型中小企业亏损结转年限的通知》(财税〔2018〕

76号)第一条、第二条

一、自2018年1月1日起,当年具备高新技术企业或科技型中小企业资格(以下统称资格)的企业,其具备资格年度之前5个年度发生的尚未弥补完的亏损,准予结转以后年度弥补,最长结转年限由5年延长至10年。

二、本通知所称高新技术企业,是指按照《科技部 财政部 国家税务总局关于修订印发〈高新技术企业认定管理办法〉的通知》(国科发火〔2016〕32号)规定认定的高新技术企业;所称科技型中小企业,是指按照《科技部 财政部 国家税务总局关于印发〈科技型中小企业评价办法〉的通知》(国科发政〔2017〕115号)规定取得科技型中小企业登记编号的企业。

三、《财政部 税务总局关于支持新型冠状病毒感染的肺炎疫情防控有关税收政策的公告》(财政部 税务总局公告2020年第8号)第四条

受疫情影响较大的困难行业企业2020年度发生的亏损,最长结转年限由5年延长至8年。

困难行业企业,包括交通运输、餐饮、住宿、旅游(指旅行社及相关服务、游览景区管理两类)四大类,具体判断标准按照现行《国民经济行业分类》执行。困难行业企业2020年度主营业务收入须占收入总额(剔除不征税收入和投资收益)的50%以上。

四、《财政部 税务总局关于电影等行业税费支持政策的公告》(财政部 税务总局公告2020年第25号)第二条

对电影行业企业2020年度发生的亏损,最长结转年限由5年延长至8年。

电影行业企业限于电影制作、发行和放映等企业,不包括通过互联网、电信网、广播电视网等信息网络传播电影的企业。

2. 企业筹办期间发生的筹办费用支出是否可以计算为当期亏损

答: 企业筹办期间发生的筹办费用支出不可以计算为当期的亏损。企业筹办期间发生的业务招待费按实际发生额的60%,广告费和业务宣传费按实际发生额,计入筹办费。未明确列作长期待摊费用的,在开始经营之日的当年一次性扣除,列作长期待摊费用的,按相关规定处理。

一、《国家税务总局关于贯彻落实企业所得税法若干税收问题的通知》(国税函〔2010〕79号)第七条

企业自开始生产经营的年度,为开始计算企业损益的年度。企业从事生产经营之前进行筹办活动期间发生筹办费用支出,不得计算为当期的亏损,应按照《国家税务总局关于企业所得税若干税务事项衔接问题的通知》(国税函〔2009〕98号)第九条规定执行。

二、《国家税务总局关于企业所得税若干税务事项衔接问题的通知》(国税函〔2009〕98号)第九条

关于开(筹)办费的处理,新税法中开(筹)办费未明确列作长期待摊费用,企业可以在开始经营之日的当年一次性扣除,也可以按照新税法有关长期待摊费用的处理规定处理,但一经选定,不得改变。

三、《国家税务总局关于企业所得税应纳税所得额若干税务处理问题的公告》(国家税务总局公告2012年第15号)第五条

企业在筹建期间,发生的与筹办活动有关的业务招待费支出,可按实际发生额的60%计入企业筹办费,并按有关规定在税前扣除;发生的广告费和业务宣传费,可按实际发生额计入企业筹办费,并按有关规定在税前扣除。

3. 企业在季度预缴所得税时,可以弥补以前年度亏损吗

答: 根据《国家税务总局关于发布〈中华人民共和国企业所得税月(季)度预缴纳税申报表

（A类）〉的公告》（国家税务总局公告2021年第3号）附件1.中华人民共和国企业所得税月（季）度预缴纳税申报表（A类）填报说明规定：四、9.第9行"弥补以前年度亏损"：填报纳税人截至本税款所属期末，按照税收规定在企业所得税税前弥补的以前年度尚未弥补亏损的本年累计金额。当本表第3＋4－5－6－7－8行≤0时，本行＝0。

因此，企业在季度预缴企业所得税时，可以弥补以前年度亏损。

 政策依据

一、《国家税务总局关于发布〈中华人民共和国企业所得税月（季）度预缴纳税申报表（A类）〉的公告》（国家税务总局公告2021年第3号）附件1.中华人民共和国企业所得税月（季）度预缴纳税申报表（A类）（图7-1）

A200000　中华人民共和国企业所得税月（季）度预缴纳税申报表（A类）

税款所属期间：　年　月　日至　年　月　日

纳税人识别号（统一社会信用代码）：□□□□□□□□□□□□□□□□□□

纳税人名称：　　　　　　　　　　　　　　　　　　　金额单位：人民币元（列至角分）

优惠及附报事项有关信息									
项　目	一季度		二季度		三季度		四季度		季度平均值
	季初	季末	季初	季末	季初	季末	季初	季末	
从业人数									
资产总额（万元）									
国家限制或禁止行业	□是□否				小型微利企业				□是□否
附　报　事　项　名　称									金额或选项
事项1	（填写特定事项名称）								
事项2	（填写特定事项名称）								

	预缴税款计算	本年累计
1	营业收入	
2	营业成本	
3	利润总额	
4	加：特定业务计算的应纳税所得额	
5	减：不征税收入	
6	减：资产加速折旧、摊销（扣除）调减额（填写A201020）	
7	减：免税收入、减计收入、加计扣除（7.1+7.2+…）	
7.1	（填写优惠事项名称）	
7.2	（填写优惠事项名称）	
8	减：所得减免（8.1+8.2+…）	
8.1	（填写优惠事项名称）	
8.2	（填写优惠事项名称）	
9	减：弥补以前年度亏损	
10	实际利润额（3+4-5-6-7-8-9）\按照上一纳税年度应纳税所得额平均额确定的应纳税所得额	
11	税率（25%）	
12	应纳所得税额（10×11）	
13	减：减免所得税额（13.1+13.2+…）	

图7-1　A200000 中华人民共和国企业所得税月(季)度预缴纳税申报表(A类)

二、《国家税务总局关于发布〈中华人民共和国企业所得税月（季）度预缴纳税申报表（A类）〉的公告》（国家税务总局公告2021年第3号）附件1.中华人民共和国企业所得税月（季）度预缴纳税申报表（A类）填报说明

四、9.第9行"弥补以前年度亏损"：填报纳税人截至本税款所属期末，按照税收规定在企业所得税税前弥补的以前年度尚未弥补亏损的本年累计金额。当本表第3＋4－5－6－7－8行≤0时，本行＝0。

4. 公司平时有预缴所得税,年底应纳税所得额为负数,怎样汇算清缴

答: 公司季度有预缴所得税,年度汇算清缴亏损,对已经预缴的所得税款,应办理退税。

政策依据

《国家税务总局关于企业所得税年度汇算清缴有关事项的公告》(国家税务总局公告2021年第34号)第二条

纳税人在纳税年度内预缴企业所得税税款超过汇算清缴应纳税款的,纳税人应及时申请退税,主管税务机关应及时按有关规定办理退税,不再抵缴其下一年度应缴企业所得税税款。

5. 企业清算时,是否可以弥补以前年度亏损

答: 企业清算时,可以弥补以前年度亏损。企业清算的所得税处理包括依法弥补亏损,确定清算所得。

政策依据

《财政部 国家税务总局关于企业清算业务企业所得税处理若干问题的通知》(财税〔2009〕60号)第三条 企业清算的所得税处理包括以下内容:

(一)全部资产均应按可变现价值或交易价格,确认资产转让所得或损失;
(二)确认债权清理、债务清偿的所得或损失;
(三)改变持续经营核算原则,对预提或待摊性质的费用进行处理;
(四)依法弥补亏损,确定清算所得;
(五)计算并缴纳清算所得税;
(六)确定可向股东分配的剩余财产、应付股息等。

6. 企业符合特殊性重组处理规定的,企业的亏损能否结转弥补,如何计算弥补额

答: 企业合并符合特殊性重组处理规定的,被合并企业的亏损可以在合并企业间结转弥补。企业分立符合特殊性重组处理规定的,企业的亏损可以在分立企业间结转弥补。

具体规定及弥补额计算如表7-3所示。

表7-3 特殊重组规定及弥补额计算

企业重组业务	特殊性重组相关规定(同时满足、缺一不可)	弥补额计算
企业合并	企业股东在该企业合并发生时取得的股权支付金额不低于其交易支付总额的85%	可由合并企业弥补的被合并企业亏损的限额=被合并企业净资产公允价值×截至合并业务发生当年年末国家发行的最长期限的国债利率
企业合并	同一控制下	
企业合并	不需要支付对价	
企业分立	被分立企业所有股东按原持股比例取得分立企业的股权	被分立企业未超过法定弥补期限的亏损额可按分立资产占全部资产的比例进行分配,由分立企业继续弥补
企业分立	分立企业和被分立企业均不改变原来的实质经营活动	
企业分立	被分立企业股东在该企业分立发生时取得的股权支付金额不低于其交易支付总额的85%	

政策依据

一、《财政部 国家税务总局关于企业重组业务企业所得税处理若干问题的通知》(财税〔2009〕59号)第

六条第四项、第五项

（四）企业合并,企业股东在该企业合并发生时取得的股权支付金额不低于其交易支付总额的85%,以及同一控制下且不需要支付对价的企业合并,可以选择按以下规定处理:

1. 合并企业接受被合并企业资产和负债的计税基础,以被合并企业的原有计税基础确定。
2. 被合并企业合并前的相关所得税事项由合并企业承继。
3. 可由合并企业弥补的被合并企业亏损的限额＝被合并企业净资产公允价值×截至合并业务发生当年年末国家发行的最长期限的国债利率。
4. 被合并企业股东取得合并企业股权的计税基础,以其原持有的被合并企业股权的计税基础确定。

（五）企业分立,被分立企业所有股东按原持股比例取得分立企业的股权,分立企业和被分立企业均不改变原来的实质经营活动,且被分立企业股东在该企业分立发生时取得的股权支付金额不低于其交易支付总额的85%,可以选择按以下规定处理:

1. 分立企业接受被分立企业资产和负债的计税基础,以被分立企业的原有计税基础确定。
2. 被分立企业已分立出去资产相应的所得税事项由分立企业承继。
3. 被分立企业未超过法定弥补期限的亏损额可按分立资产占全部资产的比例进行分配,由分立企业继续弥补。
4. 被分立企业的股东取得分立企业的股权(以下简称"新股"),如需部分或全部放弃原持有的被分立企业的股权(以下简称"旧股"),"新股"的计税基础应以放弃"旧股"的计税基础确定。如不需放弃"旧股",则其取得"新股"的计税基础可从以下两种方法中选择确定:直接将"新股"的计税基础确定为零;或者以被分立企业分立出去的净资产占被分立企业全部净资产的比例先调减原持有的"旧股"的计税基础,再将调减的计税基础平均分配到"新股"上。

7. 企业境外营业机构的亏损,能否用境内营业机构的盈利进行弥补

答:企业在汇总计算缴纳企业所得税时,其境外营业机构的亏损不得抵减境内营业机构的盈利。

政策依据

一、《中华人民共和国企业所得税法》(中华人民共和国主席令第63号)第十七条

企业在汇总计算缴纳企业所得税时,其境外营业机构的亏损不得抵减境内营业机构的盈利

二、《财政部 国家税务总局关于企业境外所得税收抵免有关问题的通知》(财税〔2009〕125号)第三条第五项

在汇总计算境外应纳税所得额时,企业在境外同一国家(地区)设立不具有独立纳税地位的分支机构,按照企业所得税法及实施条例的有关规定计算的亏损,不得抵减其境内或他国(地区)的应纳税所得额,但可以用同一国家(地区)其他项目或以后年度的所得按规定弥补。

8. 企业搬迁,存在以前年度尚未弥补亏损,亏损结转年度可以暂停计算吗

答:需要区分是否是政策性搬迁以及搬迁期间是否生产经营,具体如图7-2所示。

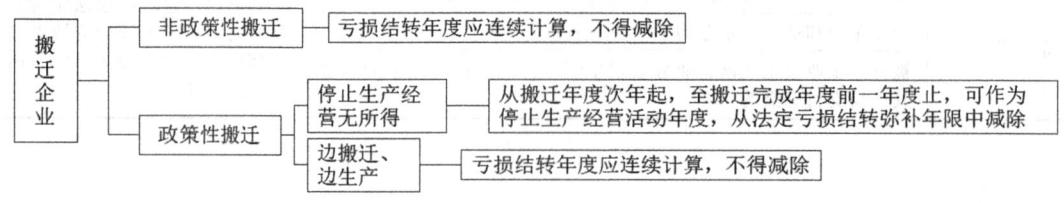

图7-2 搬迁企业亏损年度计算规定

📝 **政策依据**

一、《国家税务总局关于发布〈企业政策性搬迁所得税管理办法〉的公告》(国家税务总局公告 2012 年第 40 号)第三条

企业政策性搬迁,是指由于社会公共利益的需要,在政府主导下企业进行整体搬迁或部分搬迁。企业由于下列需要之一,提供相关文件证明资料的,属于政策性搬迁:

(一) 国防和外交的需要;

(二) 由政府组织实施的能源、交通、水利等基础设施的需要;

(三) 由政府组织实施的科技、教育、文化、卫生、体育、环境和资源保护、防灾减灾、文物保护、社会福利、市政公用等公共事业的需要;

(四) 由政府组织实施的保障性安居工程建设的需要;

(五) 由政府依照《中华人民共和国城乡规划法》有关规定组织实施的对危房集中、基础设施落后等地段进行旧城区改建的需要;

(六) 法律、行政法规规定的其他公共利益的需要。

二、《国家税务总局关于发布〈企业政策性搬迁所得税管理办法〉的公告》(国家税务总局公告 2012 年第 40 号)第二十一条

企业以前年度发生尚未弥补的亏损的,凡企业由于搬迁停止生产经营无所得的,从搬迁年度次年起,至搬迁完成年度前一年度止,可作为停止生产经营活动年度,从法定亏损结转弥补年限中减除;企业边搬迁、边生产的,其亏损结转年度应连续计算。

9. 合伙企业的合伙人是法人,在计算企业所得税时能否用合伙企业的亏损抵减其盈利

答: 合伙企业的合伙人是法人,合伙人在计算其缴纳企业所得税时,不得用合伙企业的亏损抵减其盈利。

《财政部 国家税务总局关于合伙企业合伙人所得税问题的通知》(财税〔2008〕159 号)第五条

合伙企业的合伙人是法人和其他组织的,合伙人在计算其缴纳企业所得税时,不得用合伙企业的亏损抵减其盈利。

10. 企业由查账征收改为核定征收方式后,能否弥补以前年度亏损

答: 企业由查账征收改为核定征收,以前年度未弥补的亏损在核定期限内不再允许弥补。弥补亏损仅适用于查账征收企业所得税的企业。

📝 **政策依据**

一、《国家税务总局关于发布〈中华人民共和国企业所得税月(季)度预缴纳税申报表(A 类)〉的公告》(国家税务总局公告 2021 年第 3 号)第一条

《中华人民共和国企业所得税月(季)度预缴纳税申报表(A 类)》适用于实行查账征收企业所得税的居民企业月度、季度预缴申报时填报。

二、《国家税务总局关于印发〈企业所得税核定征收办法〉(试行)的通知》(国税发〔2008〕30 号)第三条

纳税人具有下列情形之一的,核定征收企业所得税:

(一) 依照法律、行政法规的规定可以不设置账簿的;

(二) 依照法律、行政法规的规定应当设置但未设置账簿的;

（三）擅自销毁账簿或者拒不提供纳税资料的；

（四）虽设置账簿，但账目混乱或者成本资料、收入凭证、费用凭证残缺不全，难以查账的；

（五）发生纳税义务，未按照规定的期限办理纳税申报，经税务机关责令限期申报，逾期仍不申报的；

（六）申报的计税依据明显偏低，又无正当理由的。

特殊行业、特殊类型的纳税人和一定规模以上的纳税人不适用本办法。上述特定纳税人由国家税务总局另行明确。

11. 企业由查账征收改为核定征收方式后，以后年度若再转为查账征收，能否弥补以前年度亏损

答： 企业先由查账征收改为核定征收，再由核定征收改回查账征收，在税法规定的亏损弥补期限内，查账征收年度的亏损允许继续弥补，核定征收年度的亏损不得弥补。企业纳税年度发生的亏损，准予向以后年度结转，用以后年度的所得弥补，但结转年限最长不得超过法定年限，实行核定征收的年度应连续计算法定年限。在核定期间，由于企业对收入、成本费用核算不准确，不能正确计算企业所得税的税基，企业的盈亏不能真实地反映，因而核定期间的亏损也就得不到税务机关的认可。

《国家税务总局关于印发〈企业所得税核定征收办法〉（试行）的通知》（国税发〔2008〕30号）第三条、第四条、第五条

第三条 纳税人具有下列情形之一的，核定征收企业所得税：

（一）依照法律、行政法规的规定可以不设置账簿的；

（二）依照法律、行政法规的规定应当设置但未设置账簿的；

（三）擅自销毁账簿或者拒不提供纳税资料的；

（四）虽设置账簿，但账目混乱或者成本资料、收入凭证、费用凭证残缺不全，难以查账的；

（五）发生纳税义务，未按照规定的期限办理纳税申报，经税务机关责令限期申报，逾期仍不申报的；

（六）申报的计税依据明显偏低，又无正当理由的。

特殊行业、特殊类型的纳税人和一定规模以上的纳税人不适用本办法。上述特定纳税人由国家税务总局另行明确。

第四条 税务机关应根据纳税人具体情况，对核定征收企业所得税的纳税人，核定应税所得率或者核定应纳所得税额。

具有下列情形之一的，核定其应税所得率：

（一）能正确核算（查实）收入总额，但不能正确核算（查实）成本费用总额的；

（二）能正确核算（查实）成本费用总额，但不能正确核算（查实）收入总额的；

（三）通过合理方法，能计算和推定纳税人收入总额或成本费用总额的。

纳税人不属于以上情形的，核定其应纳所得税额。

第五条 税务机关采用下列方法核定征收企业所得税：

（一）参照当地同类行业或者类似行业中经营规模和收入水平相近的纳税人的税负水平核定；

（二）按照应税收入额或成本费用支出额定率核定；

（三）按照耗用的原材料、燃料、动力等推算或测算核定；

（四）按照其他合理方法核定。

采用前款所列一种方法不足以正确核定应纳税所得额或应纳税额的，可以同时采用两种以上的方法核定。采用两种以上方法测算的应纳税额不一致时，可按测算的应纳税额从高核定。

12. 税务机关对企业以前年度纳税情况进行检查时调增的应纳税所得额可否弥补以前年度亏损

答： 税务机关对企业以前年度纳税情况进行检查调增的应纳税所得额，凡企业以前年度发生亏损，且该亏损属于企业所得税法规定允许弥补的，应允许调增的应纳税所得额弥补该亏损。

一、《中华人民共和国企业所得税法》（中华人民共和国主席令第63号）第五条

企业每一纳税年度的收入总额，减除不征税收入、免税收入、各项扣除以及允许弥补的以前年度亏损后的余额，为应纳税所得额。

二、《国家税务总局关于查增应纳税所得额弥补以前年度亏损处理问题的公告》（国家税务总局公告2010年第20号）第一条

根据《中华人民共和国企业所得税法》（以下简称企业所得税法）第五条的规定，税务机关对企业以前年度纳税情况进行检查时调增的应纳税所得额，凡企业以前年度发生亏损、且该亏损属于企业所得税法规定允许弥补的，应允许调增的应纳税所得额弥补该亏损。弥补该亏损后仍有余额的，按照企业所得税法规定计算缴纳企业所得税。对检查调增的应纳税所得额应根据其情节，依照《中华人民共和国税收征收管理法》有关规定进行处理或处罚。

13. 某企业2015年度企业所得税申报显示发生亏损，2016至2019年均盈利但未弥补该亏损。2020年度盈利，企业能否用2020年度实现的盈利直接弥补2015年度亏损

答： 企业不能用2020年度实现的盈利直接弥补2015年度亏损。企业计算当年应纳税所得额时应逐年弥补以前年度亏损，企业应按规定逐年弥补2015年度亏损，即用2016至2019年度盈利逐年弥补2015年度亏损，不足弥补的，再用2020年度实现的盈利弥补。

《国家税务总局关于修订企业所得税年度纳税申报表的公告》（国家税务总局公告2020年第24号）附件《中华人民共和国企业所得税年度纳税申报表（A类，2017年版）》部分表单及填报说明（2020年修订）中，A106000《企业所得税弥补亏损明细表》填报说明第一条

纳税人弥补以前年度亏损时，应按照"先到期亏损先弥补、同时到期亏损先发生的先弥补"的原则处理。

第三节　申报实务——企业所得税弥补亏损明细表的填报

扫码听课

本表适用于发生弥补亏损、亏损结转等事项的纳税人填报。纳税人应当根据税法、《财政部　税务总局关于延长高新技术企业和科技型中小企业亏损结转年限的通知》（财税〔2018〕76号）、《国家税务总局关于延长高新技术企业和科技型中小企业亏损结转弥补年限有关企业所得税处理问题的公告》（国家税务总局公告2018年第45号）、《财政部　税务总局关于电影等行业税费支持政策的公告》（国家税务总局公告2020年第25号）、《财政部　税务总局　发展改革委　工业和信息化部关于促进集成电路和软件产业高质量发展企业所得税政策的公告》（财政部　税务总局　发展改革委　工业和信息化部公告2020年第45号）等相关规定，填报本表。

一、有关项目填报说明

纳税人弥补以前年度亏损时,应按照"先到期亏损先弥补、同时到期亏损先发生的先弥补"的原则处理。

1. 第1列"年度":填报公历年度。纳税人应首先填报第11行"本年度"对应的公历年度,再依次从第10行往第1行倒推填报以前年度。纳税人发生政策性搬迁事项,如停止生产经营活动年度可以从法定亏损结转弥补年限中减除,则按可弥补亏损年度进行填报。本年度是指申报所属期年度,如:纳税人在2019年5月10日进行2018年度企业所得税年度纳税申报时,本年度(申报所属期年度)为2018年。

2. 第2列"当年境内所得额":第11行填报表A100000第19－20行金额。第1行至第10行填报以前年度主表第23行(2013年及以前纳税年度)、以前年度表A106000第6行第2列(2014至2017纳税年度)、以前年度表A106000第11行第2列的金额(亏损以负数表示)。发生查补以前年度应纳税所得额、追补以前年度未能税前扣除的实际资产损失等情况的,按照相应调整后的金额填报。

3. 第3列"分立转出的亏损额":填报本年度企业分立按照企业重组特殊性税务处理规定转出的符合条件的亏损额。分立转出的亏损额按亏损所属年度填报,转出亏损的亏损额以正数表示。

4. 第4列"合并、分立转入的亏损额－可弥补年限5年":填报企业符合企业重组特殊性税务处理规定,因合并或分立本年度转入的不超过5年亏损弥补年限规定的亏损额。合并、分立转入的亏损额按亏损所属年度填报,转入的亏损额以负数表示。

5. 第5列"合并、分立转入的亏损额－可弥补年限8年":填报企业符合企业重组特殊性税务处理规定,因合并或分立本年度转入的不超过8年亏损弥补年限规定的亏损额。合并、分立转入的亏损额按亏损所属年度填报,转入的亏损额以负数表示。

6. 第6列"合并、分立转入的亏损额－可弥补年限10年":填报企业符合企业重组特殊性税务处理规定,因合并或分立本年度转入的不超过10年亏损弥补年限规定的亏损额。合并、分立转入的亏损额按亏损所属年度填报,转入的亏损额以负数表示。

7. 第7列"弥补亏损企业类型":纳税人根据不同年度情况从《弥补亏损企业类型代码表》(表7-4)中选择相应的代码填入本项。不同类型纳税人的亏损结转年限不同,纳税人选择"一般企业"是指亏损结转年限为5年的纳税人;"符合条件的高新技术企业""符合条件的科技型中小企业"是指符合《财政部 税务总局关于延长高新技术企业和科技型中小企业亏损结转年限的通知》(财税〔2018〕76号)、《国家税务总局关于延长高新技术企业和科技型中小企业亏损结转弥补年限有关企业所得税处理问题的公告》(2018年第45号)等文件规定,亏损结转年限为10年的纳税人;"线宽小于130纳米(含)的集成电路生产企业"是指符合《财政部 税务总局 发展改革委 工业和信息化部关于促进集成电路和软件产业高质量发展企业所得税政策的公告》(2020年第45号)等文件规定,亏损结转年限为10年的纳税人;"受疫情影响困难行业企业"是指符合《财政部 税务总局关于支持新型冠状病毒感染的肺炎疫情防控有关税收政策的公告》(2020年第8号)等文件规定的受疫情影响较大的困难行业企业2020年度发生的亏损,最长结转年限由5年延长至8年的纳税人;"电影行业企业"是指《财政部 税务总局关于电影等行业税费支持政策的公告》(2020年第25号)规定的电影行业企业2020年度发生的亏损,最长结转年限由5年延长至8年的纳税人。

表 7-4 弥补亏损企业类型代码表

代码	类型
100	一般企业
200	符合条件的高新技术企业
300	符合条件的科技型中小企业
400	线宽小于 130 纳米(含)的集成电路生产企业
500	受疫情影响困难行业企业
600	电影行业企业

8. 第 8 列"当年亏损额":填报纳税人各年度可弥补亏损额的合计金额。

9. 第 9 列"当年待弥补的亏损额":填报在用本年度(申报所属期年度)所得额弥补亏损前,当年度尚未被弥补的亏损额。

10. 第 10 列"用本年度所得额弥补的以前年度亏损额－使用境内所得弥补":第 1 行至第 10 行,当第 11 行第 2 列本年度(申报所属期年度)的"当年境内所得额">0 时,填报各年度被本年度(申报所属期年度)境内所得依次弥补的亏损额,弥补的顺序是按照亏损到期的年限优先弥补到期时间近的亏损额,亏损到期年限相同则先弥补更早发生的亏损额,弥补的亏损额以正数表示。本列第 11 行,填报本列第 1 行至第 10 行的合计金额,表 A100000 第 21 行填报本项金额。

11. 第 11 列"用本年度所得额弥补的以前年度亏损额－使用境外所得弥补":第 1 行至第 10 行,当纳税人选择用境外所得弥补境内以前年度亏损的,填报各年度被本年度(申报所属期年度)境外所得依次弥补的亏损额,弥补的顺序是按照亏损到期的年限优先弥补到期时间近的亏损额,亏损到期年限相同则先弥补更早发生的亏损额,弥补的亏损额以正数表示。本列第 11 行,填报本列第 1 行至第 10 行的合计金额。

12. 第 12 列"当年可结转以后年度弥补的亏损额":第 1 行至第 11 行,填报各年度尚未弥补完的且准予结转以后年度弥补的亏损额,结转以后年度弥补的亏损额以正数表示。本列第 12 行,填报本列第 1 行至第 11 行的合计金额。

二、表内、表间关系

(一)表内关系

1. 当第 2 列<0 且第 3 列>0 时,第 3 列<第 2 列的绝对值;当第 2 列≥0 时,则第 3 列=0。

2. 第 10 列第 11 行＝第 10 列第 1+2+3+4+5+6+7+8+9+10 行;当第 2 列第 11 行≤0 时,第 10 列第 1 行至第 11 行=0;当第 2 列第 11 行>0 时,第 10 列第 11 行≤第 2 列第 11 行。

3. 第 11 列第 11 行＝第 11 列第 1+2+3+4+5+6+7+8+9+10 行。

4. 第 12 列第 12 行＝第 12 列第 1+2+3+4+5+6+7+8+9+10+11 行。

5. 第 1 行第 12 列＝0;第 2 至 10 行第 12 列＝第 9 列的绝对值－第 10 列－第 11 列;第 11 行第 12 列＝第 9 列的绝对值。

(二)表间关系

1. 第 11 行第 2 列＝表 A100000 第 19－20 行。

2. 第 11 行第 10 列＝表 A100000 第 21 行。

3. 第 11 行第 11 列＝表 A108000 第 10 行第 6 列－表 A100000 第 18 行。

案例 7-1

鸿运公司（居民企业）2×20 年会计利润 380 万元，企业所得税主表第 19 行"纳税调整后所得"为 400 万元，该企业不享受所得减征、免征优惠。2×15－2×19 年度原企业所得税申报表的主表第 23 行"纳税调整后所得"分别为－500 万元、－100 万元、－200 万元、180 万元、200 万元。该企业 2×15 年之前无亏损，2×16 年度被税务机关查增应纳税所得额为 50 万元。鸿运公司 2×18 合并 A 企业，从被合并企业转入 2×18 年亏损额 80 万元（该项企业合并，符合财税〔2009〕59 号文件规定的特殊重组的条件），2×19 年度被税务机关查增应纳税所得额为 60 万元。试填制鸿运公司 2×20 年的《A106000 企业所得税弥补亏损明细表》。

【思路导航】

税务机关查增应纳税所得额及被合并企业转入亏损额在《A106000 企业所得税弥补亏损明细表》中如何填报？

【解析】

2×20 年度鸿运公司企业所得税汇算清缴填报示范。

第一步：填报《A106000 企业所得税弥补亏损明细表》（表 7-5）。

表 7-5 A106000 企业所得税弥补亏损明细表

单位：万元

行次	项目	年度	当年境内所得额	分立转出的亏损额	合并、分立转入的亏损额			弥补亏损企业类型	当年亏损额	当年待弥补的亏损额	用本年度所得额弥补的以前年度亏损额		当年可结转以后年度弥补的亏损额
					可弥补年限5年	可弥补年限8年	可弥补年限10年				使用境内所得弥补	使用境外所得弥补	
			1	2	3	4	5	6	7	8	9	10	11	12
1	前十年度													
2	前九年度													
3	前八年度													
4	前七年度													
5	前六年度													
6	前五年度	2015	－500						100	－500	－60	60		0
7	前四年度	2016	－50						100	－50	－50	50		0
8	前三年度	2017	－200						100	－200	－200	200		0
9	前二年度	2018	180		－80				100	－80	－80	80		0
10	前一年度	2019	260						100	0	0	0		0
11	本年度	2020	400						100	0		390		0
12				可结转以后年度弥补的亏损额合计										0

第二步:自动生成主表(表 7-6)。

表 7-6　A100000 中华人民共和国企业所得税年度纳税申报表(A 类)

单位:元

行次	类别	项　目	金　额
13		三、利润总额(10+11-12)	3 800 000
14		减:境外所得(填写 A108010)	
15		加:纳税调整增加额(填写 A105000)	200 000
16		减:纳税调整减少额(填写 A105000)	
17		减:免税、减计收入及加计扣除(填写 A107010)	
18	应纳税所得额计算	加:境外应税所得抵减境内亏损(填写 A108000)	
19		四、纳税调整后所得(13-14+15-16-17+18)	4 000 000
20		减:所得减免(填写 A107020)	
21		减:弥补以前年度亏损(填写 A106000)	3 900 000
22		减:抵扣应纳税所得额(填写 A107030)	
23		五、应纳税所得额(19-20-21-22)	
24	应纳税额计算	税率(25%)	
25		六、应纳所得税额(23×24)	100 000

 7-2

新世纪公司(居民企业)2013 年度成立,2018 年取得高新技术企业证书。该公司 2×20 年会计利润 580 万元,企业所得税主表第 19 行"纳税调整后所得"为 600 万元,该企业享受所得减按 15%征收企业所得税。2×13—2×19 年度原企业所得税申报表的主表第 23 行"纳税调整后所得"分别为-400 万元、-500 万元、-100 万元、0 万元、150 万元、100 万元、280 万元。2×19 年度被税务机关查增应纳税所得额为 20 万元。试填制新世纪公司 2×20 年的《A106000 企业所得税弥补亏损明细表》。

【思路导航】

税务机关查增应纳税所得额及高新技术企业亏损额在《A106000 企业所得税弥补亏损明细表》中如何填报?

【解析】

2×20 年度新世纪公司企业所得税汇算清缴填报示范。

第一步:填报《A106000 企业所得税弥补亏损明细表》(表 7-7)。

表 7-7　A106000 企业所得税弥补亏损明细表

单位:万元

行次	项目	年度	当年境内所得额	分立转出的亏损额	合并、分立转入的亏损额			弥补亏损企业类型	当年亏损额	当年待弥补的亏损额	用本年度所得额弥补的以前年度亏损额		当年可结转以后年度弥补的亏损额
					可弥补年限5年	可弥补年限8年	可弥补年限10年				使用境内所得弥补	使用境外所得弥补	
			1	2	3	4	5	6	7	8	9	10	11	12
1	前十年度												
2	前九年度												
3	前八年度												
4	前七年度	2013	−400					100	−400	0	0		0
5	前六年度	2014	−500					100	−500	−350	350		0
6	前五年度	2015	−100					100	−100	−100	100		0
7	前四年度	2016	0					100	0	0	0		0
8	前三年度	2017	150					100	0				
9	前二年度	2018	100					200					
10	前一年度	2019	300					200	0	0	0		0
11	本年度	2020	600					200	0	0	450		0
12					可结转以后年度弥补的亏损额合计									0

第二步:自动生成主表(表 7-8)

表 7-8　A100000 中华人民共和国企业所得税年度纳税申报表(A 类)

单位:元

行次	类别	项目	金额
13		三、利润总额(10+11−12)	5 800 000
14		减:境外所得(填写 A108010)	
15		加:纳税调整增加额(填写 A105000)	200 000
16		减:纳税调整减少额(填写 A105000)	
17		减:免税、减计收入及加计扣除(填写 A107010)	
18	应纳税所得额计算	加:境外应税所得抵减境内亏损(填写 A108000)	
19		四、纳税调整后所得(13−14+15−16−17+18)	6 000 000
20		减:所得减免(填写 A107020)	
21		减:弥补以前年度亏损(填写 A106000)	4 500 000
22		减:抵扣应纳税所得额(填写 A107030)	
23		五、应纳税所得额(19−20−21−22)	1 500 000

第七章 亏损弥补

(续表)

行次	类别	项目	金额
24	应纳税额计算	税率(25%)	
25		六、应纳所得税额(23×24)	375 000
26		减：减免所得税额(填写 A107040)	150 000
27		减：抵免所得税额(填写 A107050)	
28		七、应纳税额(25－26－27)	225 000

 7-3

深影公司(居民企业)是一家电影行业的企业，由 A 公司在 2×15 年分立成立，从被分立企业转入 2×15 年亏损额 40 万元(该项企业分立，符合财税〔2009〕59 号文件规定的特殊重组的条件)，深影公司 2×20 年会计利润－290 万元，企业所得税主表第 19 行"纳税调整后所得"为－270 万元，该企业享受 2020 年亏损最长结转年限由 5 年延长至 8 年的政策。2×15—2×19 年度原企业所得税申报表的主表第 23 行"纳税调整后所得"分别为－300 万元、－100 万元、－200 万元、180 万元、200 万元。该企业 2×14 年纳税调整后所得为－40 万元，2×17 年度被税务机关查增应纳税所得额为 50 万元。试填制深影公司 2×20 年的《A106000 企业所得税弥补亏损明细表》。

【思路导航】

分立企业转入亏损额在《A106000 企业所得税弥补亏损明细表》中如何填报？

【解析】

2×20 年度深影公司企业所得税汇算清缴填报示范。

第一步：填报《A106000 企业所得税弥补亏损明细表》(表 7-9)。

表 7-9　A106000 企业所得税弥补亏损明细表

单位：万元

行次	项目	年度	当年境内所得额	分立转出的亏损额	合并、分立转入的亏损额			弥补亏损企业类型	当年亏损额	当年待弥补的亏损额	用本年度所得额弥补的以前年度亏损额		当年可结转以后年度弥补的亏损额
					可弥补年限5年	可弥补年限8年	可弥补年限10年				使用境内所得弥补	使用境外所得弥补	
			1	2	3	4	5	6	7	8	9	10	11	12
1	前十年度												
2	前九年度												
3	前八年度												
4	前七年度												
5	前六年度												
6	前五年度	2015	－300		－40			100	－340	0	0		0
7	前四年度	2016	－100					100	－100	－60	0		60
8	前三年度	2017	－150					100	－150	－150	0		150

(续表)

行次	项目	年度	当年境内所得额	分立转出的亏损额	合并、分立转入的亏损额			弥补亏损企业类型	当年亏损额	当年待弥补的亏损额	用本年度所得额弥补的以前年度亏损额		当年可结转以后年度弥补的亏损额
					可弥补年限5年	可弥补年限8年	可弥补年限10年				使用境内所得弥补	使用境外所得弥补	
			1	2	3	4	5	6	7	8	9	10	11	12
9	前二年度	2018	180					100	0	0	0		0
10	前一年度	2019	200					100	0	0	0		0
11	本年度	2020	−270					600	−270	−270	0		270
12	可结转以后年度弥补的亏损额合计												480

第二步:自动生成主表(表7-10)。

表7-10 A100000 中华人民共和国企业所得税年度纳税申报表(A类)

单位:元

行次	类别	项目	金额
13		三、利润总额(10+11−12)	−2 900 000
14		减:境外所得(填写A108010)	
15		加:纳税调整增加额(填写A105000)	200 000
16		减:纳税调整减少额(填写A105000)	
17	应纳税所得额计算	减:免税、减计收入及加计扣除(填写A107010)	
18		加:境外应税所得抵减境内亏损(填写A108000)	
19		四、纳税调整后所得(13−14+15−16−17+18)	−2 700 000
20		减:所得减免(填写A107020)	
21		减:弥补以前年度亏损(填写A106000)	0
22		减:抵扣应纳税所得额(填写A107030)	
23		五、应纳税所得额(19−20−21−22)	0
24	应纳税额计算	税率(25%)	
25		六、应纳所得税额(23×24)	0

第八章

税 收 优 惠

第一节 政策概要

根据国家税务总局公告 2018 年第 23 号的规定,企业所得税的税收优惠包括税基式优惠、税率式优惠和税额式优惠。具体包括免税收入、减计收入、加计扣除、加速折旧、所得减免、抵扣应纳税所得额、减低税率、税额抵免等。

企业所得税税收优惠如表 8-1 所示。

表 8-1　企业所得税税收优惠

优惠方式	项目	规定		政策依据
收入确认相关税收优惠	免税收入	国债利息收入	企业持有国务院财政部门发行的国债取得的利息收入	① 企业所得税法第二十六条第一项 ② 企业所得税法实施条例第八十二条 ③ 国家税务总局公告 2011 年第 36 号
		符合条件的居民企业之间的股息、红利等权益性投资收益	居民企业直接投资于其他居民企业取得的投资收益,不包括连续持有居民企业公开发行并上市流通的股票不足 12 个月取得的投资收益	① 企业所得税法第二十六条二项 ② 企业所得税法实施条例第十七条、第八十三条 ③ 国税函〔2010〕79 号第四条 ④ 财税〔2009〕69 号第四条
		在中国境内设立机构、场所的非居民企业从居民企业取得与该机构、场所有实际联系的股息、红利等权益性投资收益		① 企业所得税法第二十六条第三项 ② 企业所得税法实施条例第八十三条
		符合条件的非营利组织的收入	同时符合下列条件	依法履行非营利组织登记手续	① 企业所得税法第二十六条第四项 ② 企业所得税法实施条例第八十四条、第八十五条 ③ 财税〔2009〕122 号 ④ 财税〔2009〕123 号第一条
				从事公益性或者非营利性活动	
				取得的收入除用于与该组织有关的、合理的支出外,全部用于登记核定或者章程规定的公益性或者非营利性事业	
				财产及其孳息不用于分配	
				按照登记核定或者章程规定,该组织注销后的剩余财产用于公益性或者非营利性目的,或者由登记管理机关转赠给与该组织性质、宗旨相同的组织,并向社会公告	
				投入人对投入该组织的财产不保留或者享有任何财产权利	
				工作人员工资福利开支控制在规定的比例内,不变相分配该组织的财产	
				除当年新设立或登记的事业单位、社会团体、基金会及民办非企业单位外,事业单位、社会团体、基金会及民办非企业单位申请前年度的检查结论为"合格"	
				对取得的应纳税收入及其有关的成本、费用、损失应与免税收入及其有关的成本、费用、损失分别核算	
		对非营利性科研机构、高等学校接收企业、个人和其他组织机构基础研究资金收入,免征企业所得税。		财政部　税务总局公告 2022 年第 32 号

311

(续表)

优惠方式	项目	规定		政策依据
收入确认相关税收优惠	免征	从事农、林、牧、渔业项目的所得	蔬菜、谷物、薯类、油料、豆类、棉花、麻类、糖料、水果、坚果的种植	① 企业所得税法第二十七条第一项 ② 企业所得税法实施条例第八十六条第一项 ③ 国家税务总局公告2011年第48号 ④ 财税〔2011〕26号 ⑤ 国税函〔2009〕779号 ⑥ 财税〔2008〕149号
			农作物新品种的选育	
			中药材的种植	
			林木的培育和种植	
			牲畜、家禽的饲养	
			林产品的采集	
			灌溉、农产品初加工、兽医、农技推广、农机作业和维修等农、林、牧、渔服务业	
			远洋捕捞	
		符合条件的技术转让所得	免征 一个纳税年度内居民企业技术转让所得不超过500万元的部分	① 企业所得税法第二十七条第四项 ② 企业所得税法实施条例第九十条 ③ 财税〔2015〕116号第二条 ④ 国家税务总局公告2015年第82号 ⑤ 财税〔2015〕62号第三条 ⑥ 国家税务总局公告2013年第62号 ⑦ 财税〔2010〕111号 ⑧ 国税函〔2009〕212号
		非居民企业	免征 外国政府向中国政府提供贷款取得的利息所得	企业所得税法实施条例第九十一条
			国际金融组织向中国政府和居民企业提供优惠贷款取得的利息所得	
			经国务院批准的其他所得	
		海南自贸港	自2020年1月1日起至2024年12月31日,对在海南自由贸易港设立的旅游业、现代服务业、高新技术产业企业新增境外直接投资取得的所得,免征企业所得税	财税〔2020〕31号第二条、第四条
		经营性文化事业单位转制为企业	自转制注册之日起五年内免征企业所得税;2018年12月31日之前已完成转制的企业,自2019年1月1日起可继续免征五年企业所得税	财税〔2019〕16号
		集成电路生产企业或项目	国家鼓励的集成电路线宽小于28纳米(含),且经营期在15年以上的集成电路生产企业或项目,第一年至第十年免征企业所得税	财政部 税务总局 发展改革委 工业和信息化部公告2020年第45号
		重点集成电路设计企业和软件企业	国家鼓励的重点集成电路设计企业和软件企业,自获利年度起,第一年至第五年免征企业所得税	财政部 税务总局 发展改革委 工业和信息化部公告2020年第45号
		企业发行的永续债	投资方取得的永续债利息收入属于股息、红利性质,按照现行企业所得税政策相关规定进行处理,其中,发行方和投资方均为居民企业的,永续债利息收入可以适用企业所得税法规定的居民企业之间的股息、红利等权益性投资收益免征企业所得税规定;同时发行方支付的永续债利息支出不得在企业所得税前扣除	财政部 税务总局公告2019年第64号
		合格境外机构投资者、人民币合格境外机构投资者	从2014年11月17日起,合格境外机构投资者(简称QFII)、人民币合格境外机构投资者(简称RQFII)取得来源于中国境内的股票等权益性投资资产转让所得,暂免征企业所得税	财税〔2014〕79号

(续表)

优惠方式	项目	规定			政策依据
收入确认相关税收优惠	暂不征收	证券投资基金从证券市场中取得的收入	包括买卖股票、债券的差价收入，股权的股息、红利收入，债券的利息收入及其他收入		① 财税〔2008〕1号第二条 ② 财政部 税务总局 证监会公告2019年第52号第二条
		投资者从证券投资基金分配中取得的收入			
		证券投资基金管理人运用基金买卖股票、债券的差价收入			
		对公募证券投资基金（封闭式证券投资基金、开放式证券投资基金）转让创新企业CDR取得的差价所得和持有创新企业CDR取得的股息红利所得，按公募证券投资基金税收政策规定暂不征收企业所得税			
	减半征收	农、林、牧、渔业项目	减半征收	花卉、茶以及其他饮料作物和香料作物的种植	① 企业所得税法第二十七条第一款 ② 企业所得税法实施条例第八十六条 ③ 国家税务总局公告2011年第48号 ④ 财税〔2011〕26号 ⑤ 国税函〔2009〕779号 ⑥ 财税〔2008〕149号
				海水养殖、内陆养殖	
		符合条件的技术转让所得	减半征收	一个纳税年度内居民企业技术转让所得超过500万元的部分	① 企业所得税法第二十七条第四项 ② 企业所得税法实施条例第九十条 ③ 财税〔2015〕116号 ④ 国家税务总局公告2015年第82号 ⑤ 财税〔2015〕62号 ⑥ 国家税务总局公告2013年第62号 ⑦ 财税〔2010〕111号 ⑧ 国税函〔2009〕212号
		企业投资者持有2019—2023年发行的铁路债券取得的利息收入			① 财政部 税务总局公告2019年第57号第一条 ② 财税〔2016〕30号第一条 ③ 财税〔2014〕2号 ④ 财税〔2011〕99号
	减征	小型微利企业（分段减征）	同时满足条件： ① 国家非限制和禁止行业 ② 年度应纳税所得额不超过300万元 ③ 从业人数不超过300人 ④ 资产总额不超过5 000万元	不超过100万元的部分	① 企业所得税法第二十八条 ② 企业所得税法实施条例第九十二条 ③ 国家税务总局公告2021年第8号第一条 ④ 国家税务总局公告2019年第2号 ⑤ 财政部 税务总局公告2022年第13号
				2019年1月1日至2020年12月31日减按25%计入应纳税所得额；2021年1月1日至2022年12月31日减按12.5%计入应纳税所得额	
				超过100万元但不超过300万元的部分	
				2022年1月1日至2024年12月31日，减按25%计入应纳税所得额	

（续表）

<table>
<tr><th>优惠方式</th><th>项目</th><th colspan="4">规定</th><th>政策依据</th></tr>
<tr><td rowspan="6">收入确认相关税收优惠</td><td rowspan="3">两免三减半</td><td>新设高新技术企业</td><td>对经济特区和上海浦东新区内在2008年1月1日（含）之后完成登记注册的国家需要重点扶持的高新技术企业</td><td colspan="2">在经济特区和上海浦东新区内取得的所得，自取得第一笔生产经营收入所属纳税年度起，第一年至第二年免征企业所得税，第三年至第五年按照25%的法定税率减半征收企业所得税</td><td>国发〔2007〕40号</td></tr>
<tr><td>集成电路生产企业或项目</td><td colspan="3">国家鼓励的集成电路线宽小于130纳米（含），且经营期在10年以上的集成电路生产企业或项目，第一年至第二年免征企业所得税，第三年至第五年按照25%的法定税率减半征收企业所得税</td><td>财政部 税务总局 发展改革委 工业和信息化部公告2020年第45号第一条</td></tr>
<tr><td>集成电路设计、装备、材料、封装、测试企业和软件企业</td><td colspan="3">自获利年度起，第一年至第二年免征企业所得税；第三年至第五年按照25%的法定税率减半征收企业所得税</td><td>财政部 税务总局 发展改革委 工业和信息化部公告2020年第45号第三条</td></tr>
<tr><td rowspan="3">三免三减半</td><td>从事国家重点扶持的公共基础设施项目投资经营的所得</td><td>自项目取得第一笔生产经营收入所属纳税年度起：第1年至第3年免征；第4年至第6年减半征收</td><td>公共基础设施项目指《公共基础设施项目企业所得税优惠目录》规定的港口码头、机场、铁路、公路、城市公共交通、电力、水利等项目；企业承包经营、承包建设和内部自建自用的项目不得享受</td><td rowspan="2">在减免税期限内转让的，受让方自受让之日起，可以在剩余期限内享受减免税优惠；减免税期限届满后转让的，受让方不得就该项目重复享受优惠</td><td>① 企业所得税法第二十七条第二项
② 企业所得税法实施条例第八十七条、第八十九条
③ 财税〔2014〕55号
④ 财税〔2012〕10号
⑤ 国税发〔2009〕80号
⑥ 财税〔2008〕116号
⑦ 财税〔2008〕46号</td></tr>
<tr><td>从事符合条件的环境保护、节能节水项目的所得</td><td>自项目取得第一笔生产经营收入所属纳税年度起：第1年至第3年免征；第4年至第6年减半征收</td><td>具体项目包括：公共污水处理、公共垃圾处理、沼气综合开发利用、节能减排技术改造、海水淡化等</td><td>① 企业所得税法第二十七条第三项
② 企业所得税法实施条例第八十八条、八十九条
③ 财税〔2012〕10号
④ 财税〔2009〕166号</td></tr>
<tr><td>电网项目</td><td colspan="3">居民企业从事符合《公共基础设施项目企业所得税优惠目录（2008年版）》规定条件和标准的电网（输变电设施）的新建项目，可依法享受三免三减半的企业所得税优惠政策</td><td>国家税务总局公告2013年第26号</td></tr>
</table>

(续表)

优惠方式	项目		规定	政策依据
收入确认相关税收优惠	三免三减半	合同能源管理项目	自2011年1月1日起,对符合条件的节能服务公司实施合同能源管理项目	自项目取得第一笔生产经营收入所属纳税年度起,第1年至第3年免征企业所得税,第4年至第6年按照25%的法定税率减半征收企业所得税	① 国家税务总局 国家发展改革委公告2013年第77号 ② 财税〔2010〕110号第二条
		农村安全饮水工程	对饮水工程运营管理单位从事《公共基础设施项目企业所得税优惠目录》规定的饮水工程新建项目投资经营的所得	自项目取得第一笔生产经营收入所属纳税年度起,第一年至第三年免征企业所得税,第四年至第六年减半征收企业所得税	① 财政部 税务总局公告2019年第67号第五条; ② 财税〔2012〕30号第五条; ③ 财政部 税务总局公告2023年第58号第五条
	五免五减半	集成电路生产企业或项目	国家鼓励的集成电路线宽小于65纳米(含),且经营期在15年以上的集成电路生产企业或项目,第一年至第五年免征企业所得税;第六年至第十年按照25%的法定税率减半征收企业所得税		财政部 税务总局 发展改革委 工业和信息化部公告2020年第45号第一条
	减计收入	减按90%计入收入总额	企业以《资源综合利用企业所得税优惠目录》规定的资源作为主要原材料,生产国家非限制和禁止并符合国家和行业相关标准的产品取得的收入,减按90%计入收入总额		① 企业所得税法第三十三条 ② 企业所得税法实施条例第九十九条 ③ 财税〔2008〕117号 ④ 财税〔2008〕47号 ⑤ 发改环资〔2006〕1864号
	投资额抵所得额	投资额的70%抵扣	创业投资企业采取股权投资方式投资于未上市的中小高新技术企业2年以上的	可以按照其投资额的70%在股权持有满2年的当年抵扣该创业投资企业的应纳税所得额;当年不足抵扣的,可以在以后纳税年度结转抵扣	① 企业所得税法第三十一条 ② 企业所得税法实施条例第九十七条 ③ 国税发〔2009〕87号
	递延纳税	债务重组收入	一般情形	企业取得财产(包括各类资产、股权、债权等)转让收入、债务重组收入、接受捐赠收入、无法偿付的应付款收入等,不论是以货币形式、还是非货币形式体现,除另有规定外,均应一次性计入确认收入的年度计算缴纳企业所得税	① 国家税务总局公告2010年第19号 ② 财税〔2009〕59号第五条、第六条
			特殊情形	企业债务重组确认的应纳税所得额占该企业当年应纳税所得额50%以上,可以在5个纳税年度的期间内,均匀计入各年度的应纳税所得额	
		非货币性资产转让所得		实行查账征收的居民企业以非货币性资产对外投资确认的非货币性资产转让所得,可自确认非货币性资产转让收入年度起不超过连续5个纳税年度的期间内,分期均匀计入相应年度的应纳税所得额,按规定计算缴纳企业所得税	① 国家税务总局公告2015年第33号 ② 财税〔2014〕116号

（续表）

优惠方式	项目	规定	政策依据
成本扣除相关税收优惠	加计扣除	研究开发费用的加计扣除，是指企业为开发新技术、新产品、新工艺发生的研究开发费用，未形成无形资产计入当期损益的，在按照规定据实扣除的基础上，按照研究开发费用的50%加计扣除；形成无形资产的，按照无形资产成本的150%摊销	①财政部 税务总局公告2021年第13号 ②税务总局公告财税〔2018〕99号 ③财税〔2018〕64号 ④国家税务总局公告2017年第40号 ⑤财税〔2017〕34号 ⑥财税〔2015〕119号 ⑦国家税务总局公告2015年第97号
		2018年1月1日至2023年12月31日期间，企业研发费用按照实际发生额的75%在税前加计扣除；形成无形资产的按照无形资产成本的175%在税前摊销	
		制造业企业开展研发活动中实际发生的研发费用，未形成无形资产计入当期损益的，在按规定据实扣除的基础上，自2021年1月1日起，再按照实际发生额的100%在税前加计扣除；形成无形资产的，自2021年1月1日起，按照无形资产成本的200%在税前摊销	
		科技型中小企业开展研发活动中实际发生的研发费用，未形成无形资产计入当期损益的，在按规定据实扣除的基础上，自2022年1月1日起，再按照实际发生额的100%在税前加计扣除；形成无形资产的，自2022年1月1日起，按照无形资产成本的200%在税前摊销。	财政部 税务总局 科技部公告2022年第16号
		现行适用研发费用税前加计扣除比例75%的企业，自2023年1月1日起，税前加计扣除比例提高至100%。	财政部 税务总局公告2023年第7号
	残疾人工资	企业安置残疾人员所支付的工资的加计扣除，是指企业安置残疾人员的，在按照支付给残疾职工工资据实扣除的基础上，按照支付给残疾职工工资的100%加计扣除	①国家税务总局公告2015年第55号 ②财税〔2009〕70号
	全额扣除	企业在2018年1月1日至2027年12月31日期间新购进的设备、器具（指除房屋、建筑物以外的固定资产），单价不超过500万元的，允许一次性税前扣除，单位价值超过500万元的，仍按企业所得税法实施条例、《财政部 国家税务总局关于完善固定资产加速折旧企业所得税政策的通知》（财税〔2014〕75号）、《财政部 国家税务总局关于进一步完善固定资产加速折旧企业所得税政策的通知》（财税〔2015〕106号）等相关规定执行	财政部 税务总局公告2023年第37号
	购买设备器具	中小微企业在2022年1月1日至2022年12月31日期间新购置的设备、器具，单位价值在500万元以上的，按照单位价值的一定比例自愿选择在企业所得税税前扣除。其中，企业所得税法实施条例规定最低折旧年限为3年的设备器具，单位价值的100%可在当年一次性税前扣除；最低折旧年限为4年、5年、10年的，单位价值的50%可在当年一次性税前扣除，其余50%按规定在剩余年度计算折旧进行税前扣除。	财政部 税务总局公告2022年第12号
	海南自贸港	自2020年1月1日起至2024年12月31日，对在海南自由贸易港设立的企业，新购置（含自建、自行开发）固定资产或无形资产，单位价值不超过500万元（含）的，允许一次性计入当期成本费用在计算应纳税所得额时扣除，不再分年度计算折旧和摊销	财税〔2020〕31号第三条、第四条

(续表)

优惠方式	项目	规定	政策依据
成本扣除相关税收优惠	加速折旧	自2019年1月1日起,加速折旧优惠的行业范围,扩大至全部制造业领域。可采用缩短折旧年限(最低不得低于规定折旧年限的60%)或采取加速折旧(双倍余额递减法和年数总和法)的方法	① 企业所得税法第三十二条 ② 企业所得税法实施条例第九十八条 ③ 财政部 税务总局公告2019年第66号 ④ 财税〔2015〕106号第一条、第三条 ⑤ 财税〔2014〕75号第四条
	投资额抵税额	自2020年1月1日起至2024年12月31日,对在海南自由贸易港设立的企业,新购置(含自建、自行开发)固定资产或无形资产,单位价值超过500万元的,可以缩短折旧、摊销年限或采取加速折旧、摊销的方法	财税〔2020〕31号第三条、第四条
		企业购置并实际使用《环境保护专用设备企业所得税优惠目录》《节能节水专用设备企业所得税优惠目录》和《安全生产专用设备企业所得税优惠目录》规定的环境保护、节能节水、安全生产等专用设备的,该专用设备的投资额的10%可以从企业当年的应纳税额中抵免;当年不足抵免的,可以在以后5个纳税年度结转抵免	① 企业所得税法实施条例第一百条 ② 财税〔2008〕48号
税率相关税收优惠	20%税率	小微企业	对小型微利企业年应纳税所得额不超过100万元的部分,2019年1月1日至2020年12月31日减按25%计入应纳税所得额;2021年1月1日至2022年12月31日减按12.5%计入应纳税所得额,按20%的税率缴纳企业所得税;对年应纳税所得额超过100万元但不超过300万元的部分,2012年1月1日至2024年12月31日减按25%计入应纳税所得额,按20%的税率缴纳企业所得税	① 企业所得税法第二十八条 ② 企业所得税法实施条例第九十二条 ③ 国家税务总局公告2021年第8号第一条 ④ 国家税务总局公告2019年第2号 ⑤ 财税〔2019〕13号第二条 ⑥ 财政部 税务总局公告2022年第13号
			小型微利企业是指从事国家非限制和禁止行业,且同时符合年度应纳税所得额不超过300万元、从业人数不超过300人、资产总额不超过5 000万元等三个条件的企业	
	15%税率	高新技术企业	国家需要重点扶持的高新技术企业,减按15%的税率征收企业所得税	① 企业所得税法第二十八条 ② 企业所得税法实施条例第九十三条 ③ 国家税务总局公告2017年第24号 ④ 国科发火〔2016〕195号 ⑤ 国科发火〔2016〕32号 ⑥ 国科发高〔2013〕595号 ⑦ 财税〔2011〕47号
			以境内、境外全部生产经营活动有关的研究开发费用总额、总收入、销售收入总额、高新技术产品(服务)收入等指标申请并经认定的高新技术企业,其来源于境外的所得可以享受高新技术企业所得税优惠政策,即对其来源于境外所得可以按照15%的优惠税率缴纳企业所得税,在计算境外抵免限额时,可按照15%的优惠税率计算境内外应纳税总额	
			企业获得高新技术企业资格后,自高新技术企业证书注明的发证时间所在年度起申报享受税收优惠	
			企业的高新技术企业资格期满当年,在通过重新认定前,其企业所得税暂按15%的税率预缴,在年底前仍未取得高新技术企业资格的,应按规定补缴相应期间的税款	
		技术先进型服务业	自2017年1月1日起,对经认定的技术先进型服务企业,减按15%的税率征收企业所得税	财税〔2017〕79号
			自2018年1月1日起,对经认定的技术先进型服务企业(服务贸易类),减按15%的税率征收企业所得税	财税〔2018〕44号

(续表)

优惠方式	项目	规定	政策依据
税率相关税收优惠	15%税率	污染防治企业	自2019年1月1日起至2027年12月31日止,对符合条件的从事污染防治的第三方企业减按15%的税率征收企业所得税	① 财政部 税务总局 国家发展改革委 生态环境部公告2023年第38号 ② 财政部 税务总局公告2022年第4号
		西部地区鼓励产业	自2021年1月1日至2030年12月31日,对设在西部地区的鼓励类产业企业减按15%的税率征收企业所得税	财政部 税务总局 国家发展改革委公告2020年第23号
		海南自贸港	自2020年1月1日起至2024年12月31日,对注册在海南自由贸易港并实质性运营的鼓励类产业企业,减按15%的税率征收企业所得税	财税〔2020〕31号第一条、第四条
		上海自贸试验区临港新片区	对新片区内从事集成电路、人工智能、生物医药、民用航空等关键领域核心环节相关产品(技术)业务,并开展实质性生产或研发活动的符合条件的法人企业,自设立之日起5年内减按15%的税率征收企业所得税	财税〔2020〕38号
	10%税率	非居民企业	非居民企业在中国境内未设立机构、场所的,或者虽设立机构、场所但取得的所得与其所设机构、场所没有实际联系的,应当就其来源于中国境内的所得缴纳企业所得税的所得,减按10%的税率征收企业所得税	《中华人民共和国企业所得税法实施条例》第九十一条
		重点软件企业和集成电路设计企业	国家鼓励的重点集成电路设计企业和软件企业,自获利年度起第六年开始,可减按10%的税率征收企业所得税	财政部 税务总局 发展改革委 工业和信息化部公告2020年第45号第四条
2021年和2022年最新政策	研发费用加计扣除	科技型中小企业开展研发活动中实际发生的研发费用,未形成无形资产计入当期损益的,在按规定据实扣除的基础上,自2022年1月1日起,再按照实际发生额的100%在税前加计扣除;形成无形资产的,自2022年1月1日起,按照无形资产成本的200%在税前摊销。	财政部 税务总局 科技部公告2022年第16号
		现行适用研发费用税前加计扣除比例75%的企业,在2022年10月1日至2022年12月31日期间,税前加计扣除比例提高至100%。	财政部 税务总局 科技部公告2022年第28号
	机器设备一次性扣除	中小微企业在2022年1月1日至2022年12月31日期间新购置的设备、器具,单位价值在500万元以上的,按照单位价值的一定比例自愿选择在企业所得税税前扣除。其中,企业所得税法实施条例规定最低折旧年限为3年的设备器具,单位价值的100%可在当年一次性税前扣除;最低折旧年限为4年、5年、10年的,单位价值的50%可在当年一次性税前扣除,其余50%按规定在剩余年度计算折旧进行税前扣除。	财政部 税务总局公告2022年第12号
		高新技术企业在2022年10月1日至2022年12月31日期间新购置的设备、器具,允许当年一次性全额在计算应纳税所得额时扣除,并允许在税前实行100%加计扣除。	财政部 税务总局 科技部公告2022年第28号
	小微企业	对小型微利企业年应纳税所得额超过100万元但不超过300万元的部分,减按25%计入应纳税所得额,按20%的税率缴纳企业所得税。(本公告执行期限为2022年1月1日至2024年12月31日)	财政部 税务总局公告2022年第13号

第二节 要点难点

扫码听课

一、小型微利企业

1. 小型微利企业可以享受哪些税收优惠

答:小型微利企业的税收优惠如图8-1所示。

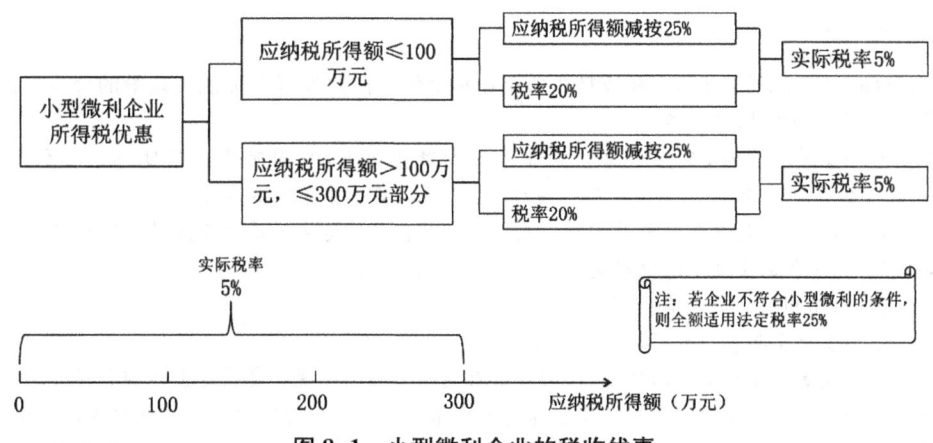

图 8-1 小型微利企业的税收优惠

政策依据

一、《财政部 税务总局关于进一步支持小微企业和个体工商户发展有关税费政策的公告》(财政部 税务总局公告 2023 年第 12 号)第三条

对小型微利企业减按 25% 计算应纳税所得额,按 20% 的税率缴纳企业所得税政策,延续执行至 2027 年 12 月 31 日。

二、《财政部 税务总局关于实施小微企业普惠性税收减免政策的通知》(财税〔2019〕13 号)第二条、第六条

二、对小型微利企业年应纳税所得额不超过 100 万元的部分,减按 25% 计入应纳税所得额,按 20% 的税率缴纳企业所得税;对年应纳税所得额超过 100 万元但不超过 300 万元的部分,减按 50% 计入应纳税所得额,按 20% 的税率缴纳企业所得税。

六、本通知执行期限为 2019 年 1 月 1 日至 2021 年 12 月 31 日。

三、《财政部 税务总局关于进一步实施小微企业所得税优惠政策的公告》(财政部 税务总局公告 2022 年第 13 号)第一条、第三条

一、对小型微利企业年应纳税所得额超过 100 万元但不超过 300 万元的部分,减按 25% 计入应纳税所得额,按 20% 的税率缴纳企业所得税。

三、本公告执行期限为 2022 年 1 月 1 日至 2024 年 12 月 31 日。

2. 什么是小型微利企业

答: 小型微利企业的判定方法如图 8-2 所示。

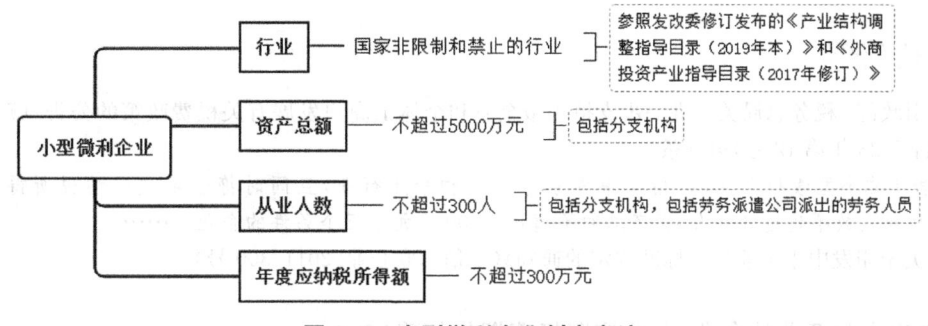

图 8-2 小型微利企业判定方法

 政策依据

一、《财政部 税务总局关于进一步支持小微企业和个体工商户发展有关税费政策的公告》(财政部 税务总局公告2023年第12号)第五条

本公告所称小型微利企业,是指从事国家非限制和禁止行业,且同时符合年度应纳税所得额不超过300万元、从业人数不超过300人、资产总额不超过5 000万元等三个条件的企业。

从业人数,包括与企业建立劳动关系的职工人数和企业接受的劳务派遣用工人数。所称从业人数和资产总额指标,应按企业全年的季度平均值确定。具体计算公式如下：

季度平均值＝(季初值＋季末值)÷2

全年季度平均值＝全年各季度平均值之和÷4

年度中间开业或者终止经营活动的,以其实际经营期作为一个纳税年度确定上述相关指标。

小型微利企业的判定以企业所得税年度汇算清缴结果为准。登记为增值税一般纳税人的新设立的企业,从事国家非限制和禁止行业,且同时符合申报期上月末从业人数不超过300人、资产总额不超过5 000万元等两个条件的,可在首次办理汇算清缴前按照小型微利企业申报享受第二条规定的优惠政策。

二、《中华人民共和国企业所得税法》第五十条第二款

居民企业在中国境内设立不具有法人资格的营业机构的,应当汇总计算并缴纳企业所得税。

三、《国家税务总局关于小型微利企业所得税优惠政策征管问题的公告》(国家税务总局公告2022年第5号)第四条、第七条

四、小型微利企业预缴企业所得税时,资产总额、从业人数、年度应纳税所得额指标,暂按当年度截至本期预缴申报所属期末的情况进行判断。

七、小型微利企业所得税统一实行按季度预缴。

按月度预缴企业所得税的企业,在当年度4月、7月、10月预缴申报时,若按相关政策标准判断符合小型微利企业条件的,下一个预缴申报期起调整为按季度预缴申报,一经调整,当年度内不再变更。

3."小型微利企业"和"小微企业"两者之间有什么不同

答："小型微利企业"和"小微企业"的区别如表8-2所示。

表8-2 "小型微利企业"和"小微企业"的区别

项目	小型微利企业	小微企业
具体释义	指从事国家非限制和禁止行业,且同时符合年度应纳税所得额不超过300万元、从业人数不超过300人、资产总额不超过5 000万元的企业。 出处是企业所得税法及其实施条例,指的是符合税法规定条件的特定企业,其特点不只体现在"小型"上,还要求"微利",主要用于企业所得税优惠政策方面	小型企业和微型企业。 根据工业和信息化部、国家统计局、发展改革委、财政部发布的《中小企业划型标准规定》中规定,根据企业从业人员、营业收入、资产总额等指标,结合行业特点,将中小企业划分为中型、小型、微型三种类型,小微企业可以理解为其中的小型企业和微型企业。 各行业划分标准不尽相同

 政策依据

一、《财政部 税务总局关于进一步支持小微企业和个体工商户发展有关税费政策的公告》(财政部 税务总局公告2023年第12号)第五条

本公告所称小型微利企业,是指从事国家非限制和禁止行业,且同时符合年度应纳税所得额不超过300万元、从业人数不超过300人、资产总额不超过5 000万元等三个条件的企业。……

二、《关于印发中小企业划型标准规定的通知》(工信部联企业〔2011〕300号)

4.年度中间开业的企业,企业实际经营期如何确定

答：年度中间开业的企业的"企业实际经营期"的起始时间应为营业执照上注明的成立日期。

政策依据

《财政部 税务总局关于进一步支持小微企业和个体工商户发展有关税费政策的公告》(财政部 税务总局公告2023年第12号)第五条

……年度中间开业或者终止经营活动的,以其实际经营期作为一个纳税年度确定上述相关指标。……

5. 享受小型微利企业所得税优惠政策的程序是什么？是否要到税务机关办理相关手续

答： 符合条件的小型微利企业,在预缴申报和年度汇算清缴企业所得税时,通过填报纳税申报主表及相关附表,即可享受税收优惠政策,相关证明资料由企业留存备查,无需向税务机关进行专项备案享受。

同时,税务机关在申报表中设计了"资产总额""从业人员""限制和禁止行业"等相关指标,企业申报时,征管系统将根据申报表相关数据,自动判断企业是否符合小型微利企业条件；符合条件的,系统还将进一步自动计算减免税金额,自动生成表单,为企业减轻计算、填报负担。

来源：国家税务总局官方答疑。

政策依据

《国家税务总局关于小型微利企业所得税优惠政策征管问题的公告》(国家税务总局公告2022年第5号)第三条

小型微利企业在预缴和汇算清缴企业所得税时,通过填写纳税申报表,即可享受小型微利企业所得税优惠政策。

6. 企业预缴时享受了小型微利企业所得税优惠,汇算清缴时发现不符合小型微利企业条件的如何处理

答： 企业在预缴时符合小型微利企业条件,预缴时可以预先享受优惠政策。但是,企业在汇算清缴时不符合条件的企业,应停止享受优惠,正常进行汇算清缴。

政策依据

《国家税务总局关于小型微利企业所得税优惠政策征管问题的公告》(国家税务总局公告2022年第5号)第三条、第四条、第六条、第七条

三、小型微利企业在预缴和汇算清缴企业所得税时,通过填写纳税申报表,即可享受小型微利企业所得税优惠政策。

四、小型微利企业预缴企业所得税时,资产总额、从业人数、年度应纳税所得额指标,暂按当年度截至本期预缴申报所属期末的情况进行判断。

六、企业预缴企业所得税时享受了小型微利企业所得税优惠政策,但在汇算清缴时发现不符合相关政策标准的,应当按照规定补缴企业所得税税款。

七、小型微利企业所得税统一实行按季度预缴。

按月度预缴企业所得税的企业,在当年度4月、7月、10月预缴申报时,若按相关政策标准判断符合小型微利企业条件的,下一个预缴申报期起调整为按季度预缴申报,一经调整,当年度内不再变更。

7. 企业一季度预缴所得税时,不符合小微企业条件,缴纳了企业所得税,但二季度符合小微企业条件,则一季度预缴的企业所得税能否在二季度办理退税

答： 第一季度多预缴的税款应在以后季度应预缴的企业所得税税款中抵减,不足抵减的

在汇算清缴时按有关规定办理退税,或者抵缴其下一年度应缴企业所得税税款。

政策依据

一、《国家税务总局关于小型微利企业所得税优惠政策征管问题的公告》(国家税务总局公告 2022 年第 5 号)第五条

原不符合小型微利企业条件的企业,在年度中间预缴企业所得税时,按本公告第三条规定判断符合小型微利企业条件的,应按照截至本期申报所属期末累计情况计算享受小型微利企业所得税减免政策。当年度此前期间因不符合小型微利企业条件而多预缴的企业所得税税款,可在以后季度应预缴的企业所得税税款中抵减。

二、《国家税务总局关于印发〈企业所得税汇算清缴管理办法〉的通知》(国税发〔2009〕79 号)第十一条

纳税人在纳税年度内预缴企业所得税税款少于应缴企业所得税税款的,应在汇算清缴期内结清应补缴的企业所得税税款;预缴税款超过应纳税款的,主管税务机关应及时按有关规定办理退税。

8. 选择核定征收方式缴纳企业所得税的小型微利企业能否享受企业所得税优惠

答:小型微利企业无论按查账征收方式或核定征收方式缴纳企业所得税,均可享受上述优惠政策,只要满足图 8-2 所示条件即可。

政策依据

《国家税务总局关于小型微利企业所得税优惠政策征管问题的公告》(国家税务总局公告 2022 年第 5 号)第二条、第三条

二、小型微利企业无论按查账征收方式或核定征收方式缴纳企业所得税,均可享受小型微利企业所得税优惠政策。

三、小型微利企业在预缴和汇算清缴企业所得税时,通过填写纳税申报表,即可享受小型微利企业所得税优惠政策。

9. 非居民企业能否享受小型微利企业所得税优惠

答:仅就来源于我国所得负有我国纳税义务的非居民企业,不适用小型微利企业所得税优惠政策。

政策依据

《国家税务总局关于非居民企业不享受小型微利企业所得税优惠政策问题的通知》(国税函〔2008〕650 号)

仅就来源于我国所得负有我国纳税义务的非居民企业,不适用该条规定的对符合条件的小型微利企业减按 20% 税率征收企业所得税的政策。

二、高新技术企业

10. 高新技术企业所得税优惠的基本规定是什么

答:高新技术企业税收优惠基本规定如图 8-3 所示。

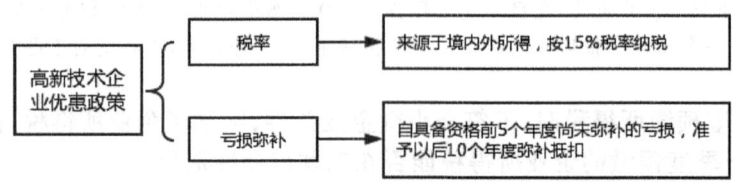

图 8-3　高新技术企业税收优惠

 政策依据

一、《企业所得税法》第二十八条

国家需要重点扶持的高新技术企业,减按15%征收企业所得税。

二、《国家税务总局关于延长高新技术企业和科技型中小企业亏损结转弥补年限有关企业所得税处理问题的公告》(国家税务总局公告2018年第45号)第一条

《通知》第一条所称当年具备高新技术企业或科技型中小企业资格(以下统称"资格")的企业,其具备资格年度之前5个年度发生的尚未弥补完的亏损,是指当年具备资格的企业,其前5个年度无论是否具备资格,所发生的尚未弥补完的亏损。

2018年具备资格的企业,无论2013年至2017年是否具备资格,其2013年至2017年发生的尚未弥补完的亏损,均准予结转以后年度弥补,最长结转年限为10年。2018年以后年度具备资格的企业,依此类推,进行亏损结转弥补税务处理。

11. 高新技术企业的认定标准有哪些

答: 高新技术企业的认定条件如图8-4所示。

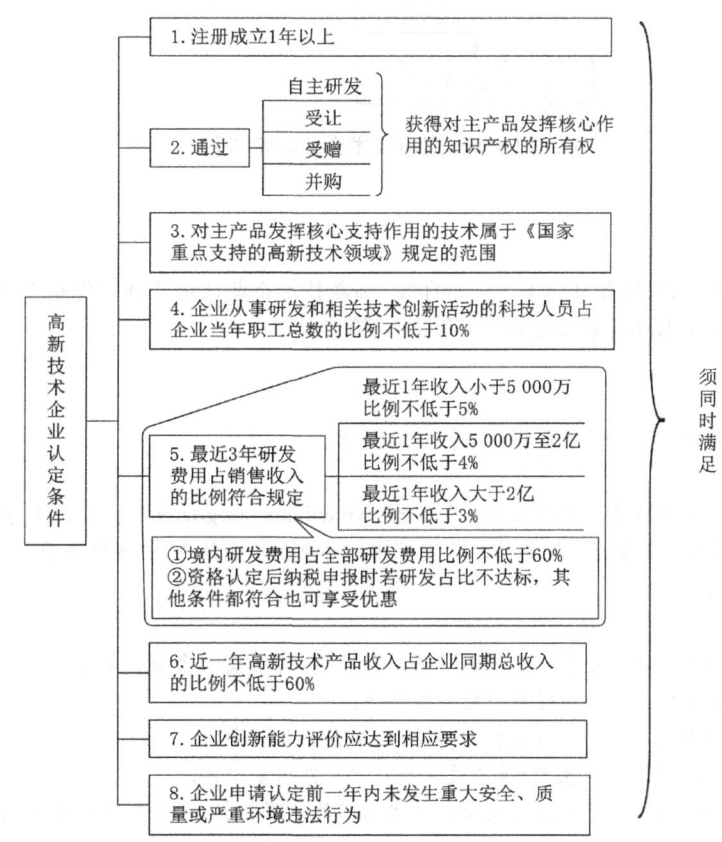

图8-4 高新技术企业认定条件

 政策依据

《财政部 国家税务总局 科学技术部关于修订印发〈高新技术企业认定管理办法〉的通知》(国科发火〔2016〕32号)第十一条

12. 高新技术企业的认定流程是什么

答：高新技术企业认定流程如图 8-5 所示。

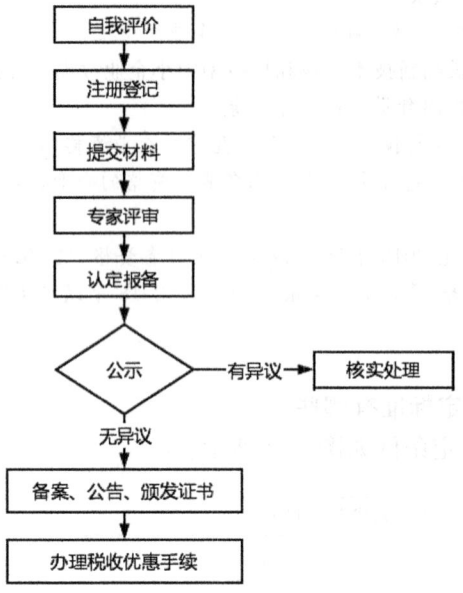

图 8-5　高新技术企业认定流程

《科技部　财政部　国家税务总局关于修订印发〈高新技术企业认定管理工作指引〉的通知》（国科发火〔2016〕195 号）附件《高新技术企业认定管理工作指引》第二条

二、认定程序

（一）自我评价

企业应对照《认定办法》和本《工作指引》进行自我评价。

（二）注册登记

企业登录"高新技术企业认定管理工作网"（网址：www.innocom.gov.cn），按要求填写《企业注册登记表》（附件 1），并通过网络系统提交至认定机构。认定机构核对企业注册信息，在网络系统上确认激活后，企业可以开展后续申报工作。

（三）提交材料

企业登录"高新技术企业认定管理工作网"，按要求填写《高新技术企业认定申请书》（附件 2），通过网络系统提交至认定机构，并向认定机构提交下列书面材料：

1.《高新技术企业认定申请书》（在线打印并签名、加盖企业公章）；

2. 证明企业依法成立的《营业执照》等相关注册登记证件的复印件；

3. 知识产权相关材料（知识产权证书及反映技术水平的证明材料、参与制定标准情况等）、科研项目立项证明（已验收或结题项目需附验收或结题报告）、科技成果转化（总体情况与转化形式、应用成效的逐项说明）、研究开发组织管理（总体情况与四项指标符合情况的具体说明）等相关材料；

4. 企业高新技术产品（服务）的关键技术和技术指标的具体说明，相关的生产批文、认证认可和资质证书、产品质量检验报告等材料；

5. 企业职工和科技人员情况说明材料，包括在职、兼职和临时聘用人员人数、人员学历结构、科技人员名单及其工作岗位等；

6. 经具有资质并符合本《工作指引》相关条件的中介机构出具的企业近三个会计年度（实际年限不足三

年的按实际经营年限,下同)研究开发费用、近一个会计年度高新技术产品(服务)收入专项审计或鉴证报告,并附研究开发活动说明材料;

7. 经具有资质的中介机构鉴证的企业近三个会计年度的财务会计报告(包括会计报表、会计报表附注和财务情况说明书);

8. 近三个会计年度企业所得税年度纳税申报表(包括主表及附表)。

对涉密企业,须将申请认定高新技术企业的申报材料做脱密处理,确保涉密信息安全。

(四)专家评审

认定机构收到企业申请材料后,根据企业主营产品(服务)的核心技术所属技术领域在符合评审要求的专家中,随机抽取专家组成专家组,对每个企业的评审专家不少于5人(其中技术专家不少于60%,并至少有1名财务专家)。每名技术专家单独填写《高新技术企业认定技术专家评价表》(附件3),每名财务专家单独填写《高新技术企业认定财务专家评价表》(附件4),专家组长汇总各位专家分数,按分数平均值填写《高新技术企业认定专家组综合评价表》(附件5)。具备条件的地区可进行网络评审。

(五)认定报备

认定机构结合专家组评审意见,对申请企业申报材料进行综合审查(可视情况对部分企业进行实地核查),提出认定意见,确定认定高新技术企业名单,报领导小组办公室备案,报送时间不得晚于每年11月底。

(六)公示公告

经认定报备的企业名单,由领导小组办公室在"高新技术企业认定管理工作网"公示10个工作日。无异议的,予以备案,认定时间以公示时间为准,核发证书编号,并在"高新技术企业认定管理工作网"上公告企业名单,由认定机构向企业颁发统一印制的"高新技术企业证书"(加盖认定机构科技、财政、税务部门公章);有异议的,须以书面形式实名向领导小组办公室提出,由认定机构核实处理。

领导小组办公室对报备企业可进行随机抽查,对存在问题的企业交由认定机构核实情况并提出处理建议。

13. 高新技术企业纳税申报所属年度的研发费用占比达不到要求,能否享受高新技术企业优惠政策

答: 高新技术企业申报享受优惠政策,不论申报所属期年度当年的研发费用占比是否达到要求,只要满足高新技术企业的认定条件,即可享受高新技术企业优惠政策。

《财政部 国家税务总局 科学技术部关于修订印发〈高新技术企业认定管理办法〉的通知》(国科发火〔2016〕32号)第十条

企业获得高新技术企业资格后,自高新技术企业证书颁发之日所在年度起享受税收优惠,可依照本办法第四条的规定到主管税务机关办理税收优惠手续。

14. 哪些行为会导致取消高新技术企业资格?被取消资格的企业,已享受的高新技术企业税收优惠如何处理

答: 已认定的高新技术企业有以下行为之一的,由认定机构取消其高新技术企业资格,如表8-3所示。

表8-3 会被取消高新技术企业资格的行为

序号	行为
1	在申请认定过程中存在严重弄虚作假行为的
2	发生重大安全、重大质量事故或有严重环境违法行为的
3	未按期报告与认定条件有关重大变化情况,或累计两年未填报年度发展情况报表的

对被取消高新技术企业资格的企业,由认定机构通知税务机关按《税收征管法》及有关规定,追缴其自发生上述行为之日所属年度起已享受的高新技术企业税收优惠。

一、《财政部 国家税务总局 科学技术部关于修订印发〈高新技术企业认定管理办法〉》(国科发火〔2016〕32号)第十九条

(一)在申请认定过程中存在严重弄虚作假行为的;

(二)发生重大安全、重大质量事故或有严重环境违法行为的;

(三)未按期报告与认定条件有关重大变化情况,或累计两年未填报年度发展情况报表的。

二、《中华人民共和国税收征收管理法》第三十二条、第四十条、第六十二条

第三十二条 纳税人未按照规定期限缴纳税款的,扣缴义务人未按照规定期限解缴税款的,税务机关除责令限期缴纳外,从滞纳税款之日起,按日加收滞纳税款万分之五的滞纳金。

第四十条 从事生产、经营的纳税人、扣缴义务人未按照规定的期限缴纳或者解缴税款,纳税担保人未按照规定的期限缴纳所担保的税款,由税务机关责令限期缴纳,逾期仍未缴纳的,经县以上税务局(分局)局长批准,税务机关可以采取下列强制执行措施:

(一)书面通知其开户银行或者其他金融机构从其存款中扣缴税款;

(二)扣押、查封、依法拍卖或者变卖其价值相当于应纳税款的商品、货物或者其他财产,以拍卖或者变卖所得抵缴税款。

税务机关采取强制执行措施时,对前款所列纳税人、扣缴义务人、纳税担保人未缴纳的滞纳金同时强制执行。

个人及其所扶养家属维持生活必需的住房和用品,不在强制执行措施的范围之内。

第六十二条 纳税人未按照规定的期限办理纳税申报和报送纳税资料的,或者扣缴义务人未按照规定的期限向税务机关报送代扣代缴、代收代缴税款报告表和有关资料的,由税务机关责令限期改正,可以处二千元以下的罚款;情节严重的,可以处二千元以上一万元以下的罚款。

15. 高新技术企业资格期满后,未重新认定前如何申报纳税

答:高新技术企业资格期满后,未重新认定前申报流程如图8-6所示。

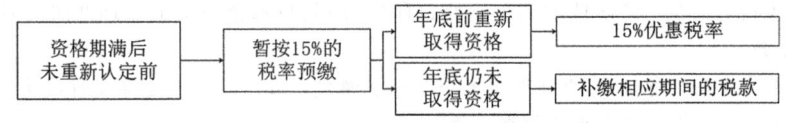

图8-6 高新技术企业资格期满后未重新认定前申报纳税流程

《关于实施高新技术企业所得税优惠政策有关问题的公告》(国家税务总局公告2017年第24号)第一条

企业获得高新技术企业资格后,自高新技术企业证书注明的发证时间所在年度起申报享受税收优惠,并按规定向主管税务机关办理备案手续。

企业的高新技术企业资格期满当年,在通过重新认定前,其企业所得税暂按15%的税率预缴,在年底前仍未取得高新技术企业资格的,应按规定补缴相应期间的税款。

16. 企业何时可以开始享受高新技术企业所得税优惠

答:企业获得高新技术企业资格后,自高新技术企业证书注明的发证时间所在年度起申

报享受税收优惠。

一、《科技部 财政部 国家税务总局关于修订印发〈高新技术企业认定管理办法〉的通知》(国科发火〔2016〕32号)第十条

企业获得高新技术企业资格后,自高新技术企业证书颁发之日所在年度起享受税收优惠,可依照本办法第四条的规定到主管税务机关办理税收优惠手续。

二、《国家税务总局关于实施高新技术企业所得税优惠政策有关问题的公告》(国家税务总局公告2017年第24号)第一条

企业获得高新技术企业资格后,自高新技术企业证书注明的发证时间所在年度起申报享受税收优惠,并按规定向主管税务机关办理备案手续。

17. 高新技术企业境外所得如何缴纳企业所得税

答:对其来源于境外所得可以按照15%的优惠税率缴纳企业所得税,在计算境外抵免限额时,可按照15%的优惠税率计算境内外应纳税总额。

《关于高新技术企业境外所得适用税率及税收抵免问题的通知》(财税〔2011〕47号)

以境内、境外全部生产经营活动有关的研究开发费用总额、总收入、销售收入总额、高新技术产品(服务)收入等指标申请并经认定的高新技术企业,其来源于境外的所得可以享受高新技术企业所得税优惠政策,即对其来源于境外所得可以按照15%的优惠税率缴纳企业所得税,在计算境外抵免限额时,可按照15%的优惠税率计算境内外应纳税总额。

18. 单位既是高新技术企业,又符合小型微利企业标准,是否可以同时享受高新技术企业和小型微利企业所得税的税收优惠

答:企业既符合高新技术企业所得税优惠条件,又符合小型微利企业所得税优惠条件,可按照自身实际情况由纳税人从优选择适用优惠税率,但不得叠加享受。

来源:国家税务总局官方答疑。

《国务院关于实施企业所得税过渡优惠政策的通知》(国发〔2007〕39号)第三条

企业所得税过渡优惠政策与新税法及实施条例规定的优惠政策存在交叉的,由企业选择最优惠的政策执行,不得叠加享受,且一经选择,不得改变。

19. 公司2020年被认定为高新技术企业,2013年发生的未弥补完的亏损可以继续弥补吗

答:2013年发生的亏损不能在2020年弥补。2020年具备资格的企业,无论2015年至2019年是否具备资格,其2015年至2019年发生的尚未弥补完的亏损,均准予结转以后年度弥补,最长结转年限为10年。2020年以后年度具备资格的企业,依此类推,进行亏损结转弥补税务处理。

来源：国家税务总局官方答疑。

政策依据

《国家税务总局关于延长高新技术企业和科技型中小企业亏损结转弥补年限有关企业所得税处理问题的公告》(国家税务总局公告 2018 年第 45 号)第二条

具备高新技术企业或科技型中小企业资格(以下统称资格)的企业相关资格在不同的纳税年度会发生变化，《公告》第一条第一款明确，《通知》所称当年具备资格的企业，其具备资格年度之前 5 个年度发生的尚未弥补完的亏损，指当年具备资格的企业，其前 5 个年度无论是否具备资格，所发生的尚未弥补完的亏损。

20. 公司 2019 年是高新技术企业资格有效期的最后一年，2020 年未重新取得高新技术企业资格证书，那么 2018 年度的亏损如何结转弥补，是向后结转 5 年还是 10 年

答：企业 2019 年具备高新技术企业资格，因此其前 5 年内发生的亏损，可以按照规定向后结转 10 年进行弥补。

来源：国家税务总局官方答疑。

政策依据

一、《国家税务总局关于延长高新技术企业和科技型中小企业亏损结转弥补年限有关企业所得税处理问题的公告》(国家税务总局公告 2018 年第 45 号)第一条

《通知》第一条所称当年具备高新技术企业或科技型中小企业资格(以下统称"资格")的企业，其具备资格年度之前 5 个年度发生的尚未弥补完的亏损，是指当年具备资格的企业，其前 5 个年度无论是否具备资格，所发生的尚未弥补完的亏损。

2018 年具备资格的企业，无论 2013 年至 2017 年是否具备资格，其 2013 年至 2017 年发生的尚未弥补完的亏损，均准予结转以后年度弥补，最长结转年限为 10 年。2018 年以后年度具备资格的企业，依此类推，进行亏损结转弥补税务处理。

二、《国家税务总局关于延长高新技术企业和科技型中小企业亏损结转弥补年限有关企业所得税处理问题的公告》(国家税务总局公告 2018 年第 45 号)第二条

具备高新技术企业或科技型中小企业资格(以下统称资格)的企业相关资格在不同的纳税年度会发生变化，《公告》第一条第一款明确，《通知》所称当年具备资格的企业，其具备资格年度之前 5 个年度发生的尚未弥补完的亏损，指当年具备资格的企业，其前 5 个年度无论是否具备资格，所发生的尚未弥补完的亏损。

三、免税收入

21. 企业所得税免税收入有哪些

答：企业所得税免税收入相关政策如表 8-4 所示。

表 8-4　免税收入税收优惠相关政策

序号	企业所得税税收优惠概述	政策依据
1	符合条件的非营利性组织收入免征企业所得税	《中华人民共和国企业所得税法》第二十六条第四款 《中华人民共和国企业所得税法实施条例》第八十四条、第八十五条、第八十四条、第八十五条

(续表)

序号	企业所得税税收优惠概述	政策依据
2	国债利息收入免征企业所得税	《中华人民共和国企业所得税法》第二十六条第一款 《中华人民共和国企业所得税法实施条例》第八十二条 国家税务总局公告2011年第36号
3	取得的地方政府债券利息收入免征企业所得税	财税〔2011〕76号 财税〔2013〕5号
4	符合条件的居民企业之间股息、红利等权益性投资收益免征企业所得税	《中华人民共和国企业所得税法》第二十六条第二款 《中华人民共和国企业所得税法实施条例》第十七条、第八十三条
5	内地居民企业连续持有H股满12个月取得的股息红利所得免征企业所得税	财税〔2014〕81号 财税〔2008〕1号第二条第二款 财税〔2008〕1号第二条第二款
6	投资者从证券投资基金分配中取得的收入暂不征收企业所得税	财税〔2008〕1号第二条第二款
7	从事农、林、牧、渔业项目所得的企业所得税优惠政策	《中华人民共和国企业所得税法》第二十七条第一款 《中华人民共和国企业所得税法实施条例》第八十六条 财税〔2008〕149号 国税函〔2009〕779号 财税〔2011〕26号 国家税务总局公告2011年第48号
8	从事符合条件的环境保护、节能节水项目所得企业所得税优惠政策	《中华人民共和国企业所得税法》第二十七条第三款 《中华人民共和国企业所得税法实施条例》第八十八条、八十九条 财税〔2017〕71号 财税〔2016〕131号 国税函〔2010〕256号
9	符合条件的生产和装配伤残人员专门用品企业免征企业所得税	财税〔2016〕111号
10	经营性文化事业单位转制为企业,自转制注册之日起五年内免征企业所得税	财税〔2019〕16号
11	企业发行的永续债,可以适用股息、红利企业所得税政策	财政部 税务总局公告2019年第64号
12	证券投资基金相关的税收优惠政策	财政部 税务总局 证监会公告2019年第52号 财政部 税务总局公告2019年第57号
13	对非营利性科研机构、高等学校接收企业、个人和其他组织机构基础研究资金收入,免征企业所得税。	财政部 税务总局公告2022年第32号

22. 什么是符合条件的非营利组织？非营利组织的免税收入包括什么

答：符合条件的非营利组织和非营利组织免税收入如图8-7所示。

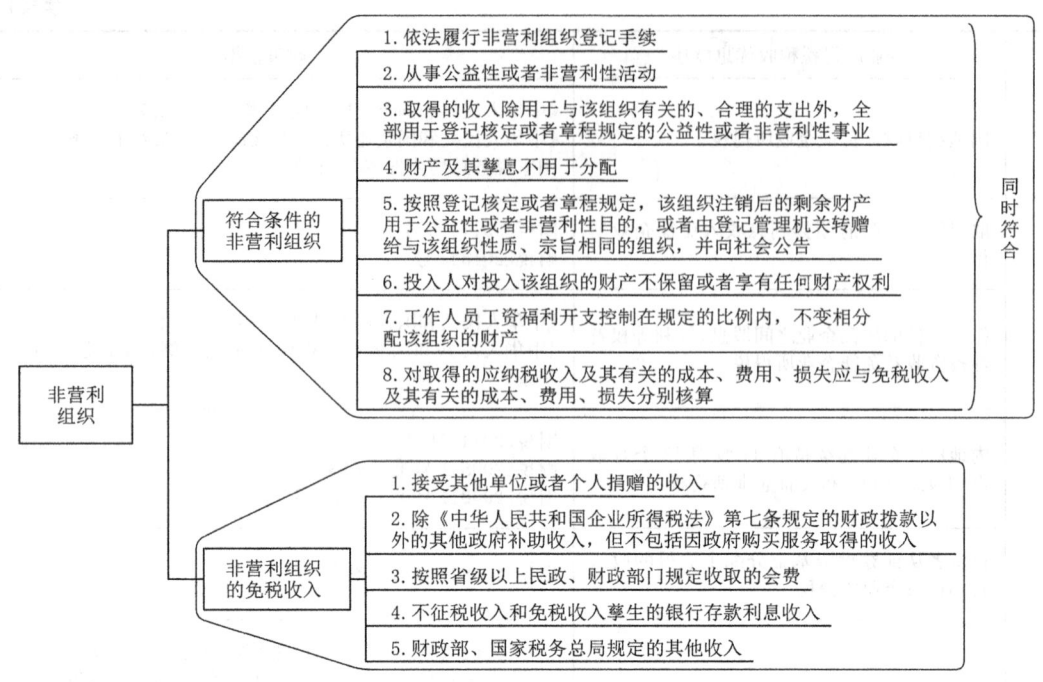

图 8-7 符合条件的非营利组织和非营利组织免税收入

一、《财政部 国家税务总局关于非营利组织免税资格认定管理有关问题的通知》(财税〔2018〕13号)第一条

二、《财政部 国家税务总局关于非营利组织企业所得税免税收入问题的通知》(财税〔2009〕122号)第一条

23. 非营利性组织为政府机构提供培训服务收取的费用是否需要缴纳企业所得税

答：非营利性组织为政府机构提供培训服务收取的费用，属于提供营利性活动取得的收入，不属于企业所得税免税收入，应按规定缴纳企业所得税。

一、《中华人民共和国企业所得税法》第二十六条第四项
符合条件的非营利组织的收入免征企业所得税。
二、《中华人民共和国企业所得税法实施条例》第八十五条
企业所得税法第二十六条第四项所称符合条件的非营利组织的收入，不包括非营利组织从事营利性活动取得的收入，但国务院财政、税务主管部门另有规定的除外。
三、《财政部 国家税务总局关于非营利组织企业所得税免税收入问题的通知》(财税〔2009〕122号)
非营利组织的下列收入为免税收入：
（一）接受其他单位或者个人捐赠的收入；
（二）除《中华人民共和国企业所得税法》第七条规定的财政拨款以外的其他政府补助收入，但不包括因政府购买服务取得的收入；
（三）按照省级以上民政、财政部门规定收取的会费；
（四）不征税收入和免税收入孳生的银行存款利息收入；

（五）财政部、国家税务总局规定的其他收入。

24. 非营利组织取得的免税收入孳生的利息是否征收企业所得税
答：非营利组织的不征税收入和免税收入孳生的银行存款利息收入为免税收入。

《财政部 国家税务总局关于非营利组织企业所得税免税收入问题的通知》（财税〔2009〕122号）第一条第四项

一、非营利组织的下列收入为免税收入：

……

（四）不征税收入和免税收入孳生的银行存款利息收入；

25. 哪些利息收入可以免征企业所得税
答：可以免征企业所得税的利息收入如表8-5所示。

表8-5 免征企业所得税的利息收入

序号	项目	政策依据
1	国债利息收入免征企业所得税	《中华人民共和国企业所得税法》第二十六条第一款 《中华人民共和国企业所得税法实施条例》第八十二条 国家税务总局公告2011年第36号
2	取得的地方政府债券利息收入免征企业所得税	财税〔2013〕5号

一、《中华人民共和国企业所得税法》第二十六条第一项

企业的下列收入为免税收入：

（一）国债利息收入；

二、《财政部 国家税务总局关于地方政府债券利息免征所得税问题的通知》（财税〔2013〕5号）第一条

对企业和个人取得的2012年及以后年度发行的地方政府债券利息收入，免征企业所得税和个人所得税。

26. 免征企业所得税的股息红利需要满足哪些条件
答：股息红利免征企业所得税的条件如表8-6所示。

表8-6 股息红利免征企业所得税的条件

序号	项目	政策依据
1	符合条件的居民企业之间的股息、红利等权益性投资收益免征企业所得税	《中华人民共和国企业所得税法》第二十六条第二款 《中华人民共和国企业所得税法实施条例》第十七条、第八十三条 财税〔2009〕69号第四条 国税函〔2010〕79号第四条
2	内地居民企业连续持有H股满12个月取得的股息红利所得免征企业所得税	财税〔2014〕81号 投资者从证券投资基金分配中取得的收入暂不征收企业所得税 财税〔2008〕1号第二条第二款 财税〔2008〕1号第二条第二款
3	投资者从证券投资基金分配中取得的收入暂不征收企业所得税	财税〔2008〕1号第二条第二款

📝 **政策依据**

一、《中华人民共和国企业所得税法》第二十六条第二项

企业的下列收入为免税收入：(二)符合条件的居民企业之间的股息、红利等权益性投资收益；

二、《财政部 国家税务总局关于企业所得税若干优惠政策的通知》财税〔2008〕1号第二条第二款

(二)对投资者从证券投资基金分配中取得的收入，暂不征收企业所得税。

27."符合条件的居民企业之间股息、红利等权益性投资收益免征企业所得税"中的条件具体指什么

答：股息、红利等权益性投资收益，满足一定条件的，免征企业所得税，如图8-8所示。

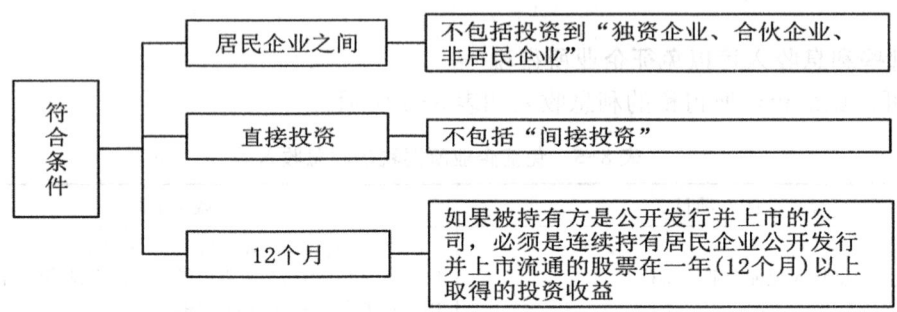

图8-8 股息、红利等权益性投资收益免税条件

📝 **政策依据**

《中华人民共和国企业所得税法实施条例》(中华人民共和国国务院令第512号)第八十三条

企业所得税法第二十六条第(二)项所称符合条件的居民企业之间的股息、红利等权益性投资收益，是指居民企业直接投资于其他居民企业取得的投资收益。企业所得税法第二十六条第(二)项和第(三)项所称股息、红利等权益性投资收益，不包括连续持有居民企业公开发行并上市流通的股票不足12个月取得的投资收益。

四、农、林、牧、渔业

28. 农、林、牧、渔业项目的哪些收入可以免征企业所得税

答：从事农、林、牧、渔业免征企业所得税的项目所得如表8-7所示。

表8-7 免征企业所得税农、林、牧、渔业项目

序号	项目
1	蔬菜、谷物、薯类、油料、豆类、棉花、麻类、糖料、水果、坚果的种植
2	农作物新品种的选育
3	中药材的种植
4	林木的培育和种植
5	牲畜、家禽的饲养
6	林产品的采集
7	灌溉、农产品初加工、兽医、农技推广、农机作业和维修等农、林、牧、渔服务业项目
8	远洋捕捞

注：企业从事国家限制和禁止发展的项目，不得享受本条规定的企业所得税优惠。

 政策依据

一、《中华人民共和国企业所得税法实施条例》(中华人民共和国国务院令第512号)第八十六条

企业所得税法第二十七条第(一)项规定的企业从事农、林、牧、渔业项目的所得,可以免征、减征企业所得税,是指:

(一)企业从事下列项目的所得,免征企业所得税:

1. 蔬菜、谷物、薯类、油料、豆类、棉花、麻类、糖料、水果、坚果的种植;
2. 农作物新品种的选育;
3. 中药材的种植;
4. 林木的培育和种植;
5. 牲畜、家禽的饲养;
6. 林产品的采集;
7. 灌溉、农产品初加工、兽医、农技推广、农机作业和维修等农、林、牧、渔服务业项目;
8. 远洋捕捞。

……

企业从事国家限制和禁止发展的项目,不得享受本条规定的企业所得税优惠。

二、《国家税务总局关于实施农、林、牧、渔业项目企业所得税优惠问题的公告》(国家税务总局公告2011年第48号)第一条至第四条

一、企业从事实施条例第八十六条规定的享受税收优惠的农、林、牧、渔业项目,除另有规定外,参照《国民经济行业分类》(GB/T 4754—2002)的规定标准执行。

企业从事农、林、牧、渔业项目,凡属于《产业结构调整指导目录(2011年版)》(国家发展和改革委员会令第9号)中限制和淘汰类的项目,不得享受实施条例第八十六条规定的优惠政策。

二、企业从事农作物新品种选育的免税所得,是指企业对农作物进行品种和育种材料选育形成的成果,以及由这些成果形成的种子(苗)等繁殖材料的生产、初加工、销售一体化取得的所得。

三、企业从事林木的培育和种植的免税所得,是指企业对树木、竹子的育种和育苗、抚育和管理以及规模造林活动取得的所得,包括企业通过拍卖或收购方式取得林木所有权并经过一定的生长周期,对林木进行再培育取得的所得。

四、企业从事下列项目所得的税务处理

(一)猪、兔的饲养,按"牲畜、家禽的饲养"项目处理;

(二)饲养牲畜、家禽产生的分泌物、排泄物,按"牲畜、家禽的饲养"项目处理;

……

29. 农、林、牧、渔业项目的哪些收入可以减半征收企业所得税

答: 企业从事下列项目的所得,减半征收企业所得税,如表8-8所示。

表8-8 减半征收企业所得税的农、林、牧、渔业项目

序号	项目
1	花卉、茶以及其他饮料作物和香料作物的种植
2	海水养殖、内陆养殖

注:企业从事国家限制和禁止发展的项目,不得享受本条规定的企业所得税优惠。

 政策依据

一、《中华人民共和国企业所得税法实施条例》(中华人民共和国国务院令第512号)第八十六条

企业所得税法第二十七条第(一)项规定的企业从事农、林、牧、渔业项目的所得,可以免征、减征企业所得税,是指:

……

(二)企业从事下列项目的所得,减半征收企业所得税:

1. 花卉、茶以及其他饮料作物和香料作物的种植;

2. 海水养殖、内陆养殖。

企业从事国家限制和禁止发展的项目,不得享受本条规定的企业所得税优惠。

二、《国家税务总局关于实施农、林、牧、渔业项目企业所得税优惠问题的公告》(国家税务总局公告2011年第48号)第一条、第四条

一、企业从事实施条例第八十六条规定的享受税收优惠的农、林、牧、渔业项目,除另有规定外,参照《国民经济行业分类》(GB/T 4754—2002)的规定标准执行。

企业从事农、林、牧、渔业项目,凡属于《产业结构调整指导目录(2011年版)》(国家发展和改革委员会令第9号)中限制和淘汰类的项目,不得享受实施条例第八十六条规定的优惠政策。

四、企业从事下列项目所得的税务处理

……

(三)观赏性作物的种植,按"花卉、茶及其他饮料作物和香料作物的种植"项目处理;

(四)"牲畜、家禽的饲养"以外的生物养殖项目,按"海水养殖、内陆养殖"项目处理。

30. 采用"公司＋农户"经营模式从事农、林、牧、渔业项目生产的企业,可以享受税收优惠吗

答: 自2010年1月1日起,"公司＋农户"经营模式从事农、林、牧、渔业项目生产的企业,可以享受减免企业所得税优惠政策。

《国家税务总局关于"公司＋农户"经营模式企业所得税优惠问题的公告》(国家税务总局公告2010年第2号)

鉴于采取"公司＋农户"经营模式的企业,虽不直接从事畜禽的养殖,但系委托农户饲养,并承担诸如市场、管理、采购、销售等经营职责及绝大部分经营管理风险,公司和农户是劳务外包关系。

为此,对此类以"公司＋农户"经营模式从事农、林、牧、渔业项目生产的企业,可以按照《中华人民共和国企业所得税法实施条例》第八十六条的有关规定,享受减免企业所得税优惠政策。

本公告自2010年1月1日起施行。

31. 企业从农业生产者手中购入农产品后销售,可以享受税收优惠吗

答: 企业从农业生产者手中购入农产品后销售,税收优惠情况如表8-9所示。

表8-9 企业购入农产品后销售的税收优惠

情形	税收优惠
购入后立即销售	不享受税收优惠
购入后培育成材后销售	享受税收优惠

一、《关于实施农、林、牧、渔业项目企业所得税优惠问题的公告》(国家税务总局2011年第48号)第七条、第十条

七、购入农产品进行再种植、养殖的税务处理

企业将购入的农、林、牧、渔产品,在自有或租用的场地进行育肥、育秧等再种植、养殖,经过一定的生长周期,使其生物形态发生变化,且并非由于本环节对农产品进行加工而明显增加了产品的使用价值的,可视为农产品的种植、养殖项目享受相应的税收优惠。

十、企业购买农产品后直接进行销售的贸易活动产生的所得,不能享受农、林、牧、渔业项目的税收优惠政策。

32. 企业接受委托进行农产品初加工,收取的加工费可以享受税收优惠吗

答:企业接受委托对农产品进行初加工,不同类型的农产品适用的优惠政策不同,具体如表 8-10 所示。

表 8-10 企业初加工农产品税收优惠

情形	具体规定
初加工免税项目	按照农产品初加工的免税项目处理
初加工减半征收项目	合理划分不同项目的各项成本、费用支出,分别核算种植、养殖项目和初加工项目的所得,并各按适用的政策享受税收优惠
外购茶叶筛选、分装、包装后销售	不享受农产品初加工的优惠政策

注:初加工需符合《财政部 国家税务总局关于发布享受企业所得税优惠政策的农产品初加工范围(试行)的通知》(财税〔2008〕149 号)和《财政部 国家税务总局关于享受企业所得税优惠的农产品初加工有关范围的补充通知》(财税〔2011〕26 号)的规定。

《关于实施农、林、牧、渔业项目企业所得税优惠问题的公告》(国家税务总局 2011 年第 48 号)第五条

(一)企业根据委托合同,受托对符合《财政部 国家税务总局关于发布享受企业所得税优惠政策的农产品初加工范围(试行)的通知》(财税〔2008〕149 号)和《财政部 国家税务总局关于享受企业所得税优惠的农产品初加工有关范围的补充通知》(财税〔2011〕26 号)规定的农产品进行初加工服务,其所收取的加工费,可以按照农产品初加工的免税项目处理。

(二)财税〔2008〕149 号文件规定的"油料植物初加工"工序包括"冷却、过滤"等;"糖料植物初加工"工序包括"过滤、吸附、解析、碳脱、浓缩、干燥"等,其适用时间按照财税〔2011〕26 号文件规定执行。

(三)企业从事实施条例第八十六条第(二)项适用企业所得税减半优惠的种植、养殖项目,并直接进行初加工且符合农产品初加工目录范围的,企业应合理划分不同项目的各项成本、费用支出,分别核算种植、养殖项目和初加工项目的所得,并各按适用的政策享受税收优惠。

(四)企业对外购茶叶进行筛选、分装、包装后进行销售的所得,不享受农产品初加工的优惠政策。

五、技术转让所得

33. 技术转让所得优惠的基本规定是什么

答:技术转让所得的优惠政策如表 8-11 所示。

表 8-11 技术转让所得的优惠政策

转让收入	税收优惠
一个纳税年度内,居民企业技术转让所得不超过 500 万元的部分	免征
一个纳税年度内,居民企业技术转让所得超过 500 万元的部分	减半征收

> **政策依据**

一、《中华人民共和国企业所得税法实施条例》第九十条

企业所得税法第二十七条第(四)项所称符合条件的技术转让所得免征、减征企业所得税,是指一个纳税年度内,居民企业技术转让所得不超过 500 万元的部分,免征企业所得税;超过 500 万元的部分,减半征收企业所得税。

二、《国家税务总局关于许可使用权技术转让所得企业所得税有关问题的公告》(国家税务总局公告 2015 年第 82 号)第一条

自 2015 年 10 月 1 日起,全国范围内的居民企业转让 5 年(含,下同)以上非独占许可使用权取得的技术转让所得,纳入享受企业所得税优惠的技术转让所得范围。居民企业的年度技术转让所得不超过 500 万元的部分,免征企业所得税;超过 500 万元的部分,减半征收企业所得税。

34. 享受减免企业所得税优惠的技术转让应符合什么条件

答:享受减免企业所得税优惠的技术转让需符合的条件如表 8-12 所示。

表 8-12　可以享受减免企业所得税优惠的技术转让需符合的条件

序号	符合条件
1	享受优惠的技术转让主体是企业所得税法规定的居民企业
2	技术转让属于财政部、国家税务总局规定的范围
3	境内技术转让经省级以上科技部门认定
4	向境外转让技术经省级以上商务部门认定
5	国务院税务主管部门规定的其他条件

其中,居民企业从直接或间接持有股权之和达到 100% 的关联方取得的技术转让所得,不享受技术转让减免企业所得税优惠政策。

> **政策依据**

一、《国家税务总局关于技术转让所得减免企业所得税有关问题的通知》(国税函〔2009〕212 号)第二条

对享受减免企业所得税优惠的技术转让应符合的条件做了进一步的明确:

(一)享受优惠的技术转让主体是企业所得税法规定的居民企业;

(二)技术转让属于财政部、国家税务总局规定的范围;

(三)境内技术转让经省级以上科技部门认定;

(四)向境外转让技术经省级以上商务部门认定;

(五)国务院税务主管部门规定的其他条件。

二、《财政部　国家税务总局关于将国家自主创新示范区有关税收试点政策推广到全国范围实施的通知》(财税〔2015〕116 号)

企业从直接或间接持有股权之和达到 100% 的关联方取得的技术转让所得,不享受技术转让减免企业所得税优惠政策。

35. 享受优惠的技术转让范围是什么

答:享受优惠的技术转让范围如图 8-9 所示。

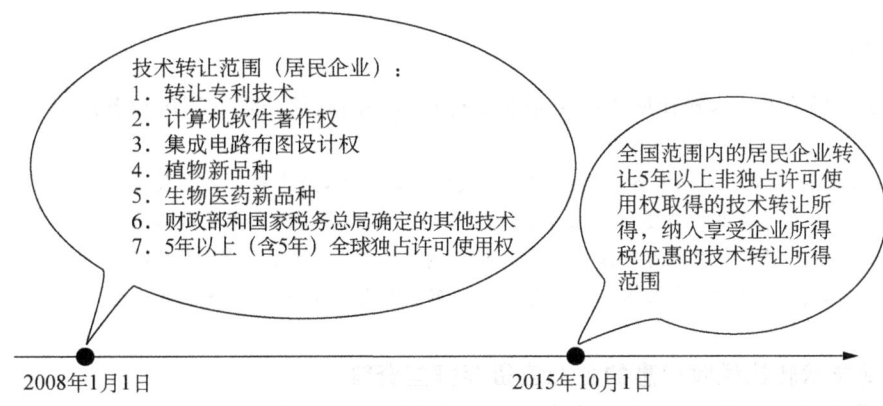

图 8-9 享受优惠的技术转让范围

一、《财政部 国家税务总局关于居民企业技术转让有关企业所得税政策问题的通知》(财税〔2010〕111号)第一条、第二条

一、技术转让的范围,包括居民企业转让专利技术、计算机软件著作权、集成电路布图设计权、植物新品种、生物医药新品种,以及财政部和国家税务总局确定的其他技术。

其中:专利技术,是指法律授予独占权的发明、实用新型和非简单改变产品图案的外观设计。

二、本通知所称技术转让,是指居民企业转让其拥有符合本通知第一条规定技术的所有权或5年以上(含5年)全球独占许可使用权的行为。

二、《财政部 国家税务总局关于将国家自主创新示范区有关税收试点政策推广到全国范围实施的通知》(财税〔2015〕116号)

自2015年10月1日起,全国范围内的居民企业转让5年以上非独占许可使用权取得的技术转让所得,纳入享受企业所得税优惠的技术转让所得范围。居民企业的年度技术转让所得不超过500万元的部分,免征企业所得税;超过500万元的部分,减半征收企业所得税。

36. 符合条件的技术转让所得如何计算

答:符合条件的技术转让所得的计算方法如图8-10所示。

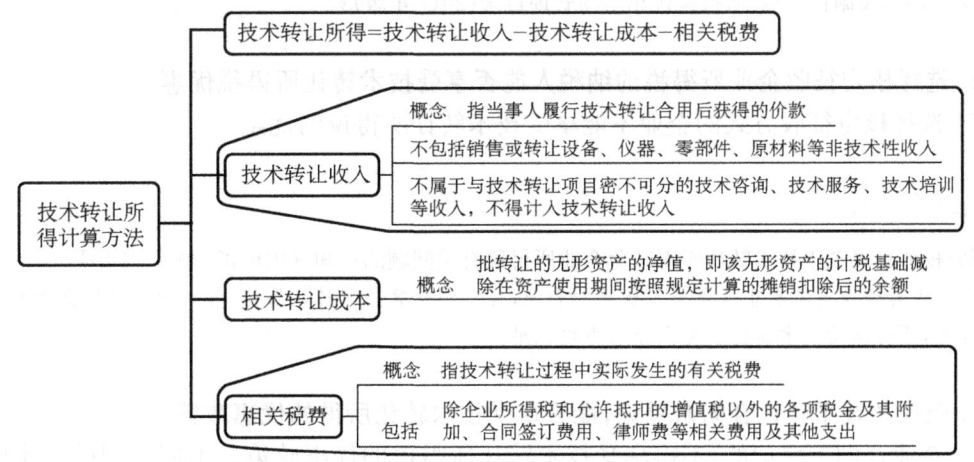

图 8-10 技术转让所得计算方法

> **政策依据**

《国家税务总局关于技术转让所得减免企业所得税有关问题的公告》(国家税务总局公告2013年第62号)第一条

可以计入技术转让收入的技术咨询、技术服务、技术培训收入,是指转让方为使受让方掌握所转让的技术投入使用、实现产业化而提供的必要的技术咨询、技术服务、技术培训所产生的收入,并应同时符合以下条件:

(一)在技术转让合同中约定的与该技术转让相关的技术咨询、技术服务、技术培训;

(二)技术咨询、技术服务、技术培训收入与该技术转让项目收入一并收取价款。

37. 享受技术转让税收优惠的企业应留存哪些资料

答:享受技术转让税收优惠企业主要留存资料如表8-13所示。

表8-13 享受技术转让税收优惠企业留存资料

转让类型	留存资料
境内技术转让	1. 技术转让合同(副本)
	2. 省级以上科技部门出具的技术合同登记证明
	3. 技术转让所得归集、分摊、计算的相关资料
	4. 实际缴纳相关税费的证明资料
	5. 主管税务机关要求提供的其他资料
境外技术转让	1. 技术出口合同(副本)
	2. 省级以上商务部门出具的技术出口合同登记证书或技术出口许可证
	3. 技术出口合同数据表
	4. 技术转让所得归集、分摊、计算的相关资料
	5. 实际缴纳相关税费的证明资料
	6. 主管税务机关要求提供的其他资料

> **政策依据**

《国家税务总局关于发布修订后的〈企业所得税优惠政策事项办理办法〉的公告》(国家税务总局公告2018年第23号)及附件《企业所得税优惠事项管理目录(2017年版)》

38. 选择核定征收企业所得税的纳税人能否享受技术转让所得税优惠

答:选择核定征收方式的企业不能享受技术转让所得税的优惠。

> **政策依据**

《国家税务总局关于技术转让所得减免企业所得税有关问题的通知》(国税函〔2009〕212号)

享受技术转让所得减免企业所得税优惠的企业,应单独计算技术转让所得,并合理分摊期间费用,没有单独计算的,不得享受技术转让所得企业所得税优惠。

39. 企业的技术转让合同未登记,能否享受技术转让所得的优惠政策

答:企业合同未登记的,不得享受技术转让所得税的优惠政策。不同类型的技术转让合同需不同部门认定登记,详见表8-14所示。

表 8-14 技术转让合同认定登记规定

转让类型	认证登记部门
境内的技术转让	省级以上(含省级)科技部门认证登记
跨境的技术转让	省级以上(含省级)商务部门认证登记
涉及财政经费支持产生技术的转让	省级以上(含省级)科技部门审批

一、《科学技术部 财政部 国家税务总局关于印发〈技术合同认定登记管理办法〉的通知》(国科发政字〔2000〕063号)第六条

未申请认定登记和未予登记的技术合同,不得享受国家对有关促进科技成果转化规定的税收、信贷和奖励等方面的优惠政策。

二、《财政部 国家税务总局关于居民企业技术转让有关企业所得税政策问题的通知》(财税〔2010〕111号)第三条

技术转让应签订技术转让合同。其中,境内的技术转让须经省级以上(含省级)科技部门认定登记,跨境的技术转让须经省级以上(含省级)商务部门认定登记,涉及财政经费支持产生技术的转让,需省级以上(含省级)科技部门审批。

40. 非居民企业可以享受技术转让所得的优惠政策吗

答:非居民企业不享受技术转让所得的优惠政策。

《中华人民共和国企业所得税法实施条例》第九十条

企业所得税法第二十七条第(四)项所称符合条件的技术转让所得免征、减征企业所得税,是指一个纳税年度内,居民企业技术转让所得不超过500万元的部分,免征企业所得税;超过500万元的部分,减半征收企业所得税。

41. 企业以技术成果投资入股,可以选择享受哪些企业所得税优惠政策

答:企业以技术成果投资入股,可以选择享受的税收优惠政策如表8-15所示。

表 8-15 企业以技术成果投资入股企业所得税优惠

情形	优惠政策
按现行有关税收政策	一个纳税年度内,居民企业技术转让所得不超过500万元的部分,免征企业所得税;超过500万元的部分,减半征收企业所得税
递延纳税优惠政策	投资入股当期可暂不纳税,允许递延至转让股权时,按股权转让收入减去技术成果原值和合理税费后的差额计算缴纳所得税

《财政部 国家税务总局关于完善股权激励和技术入股有关所得税政策的通知》(财税〔2016〕101号)第三条第一项

企业或个人以技术成果投资入股到境内居民企业,被投资企业支付的对价全部为股票(权)的,企业或个人可选择继续按现行有关税收政策执行,也可选择适用递延纳税优惠政策。

选择技术成果投资入股递延纳税政策的,经向主管税务机关备案,投资入股当期可暂不纳税,允许递延至转让股权时,按股权转让收入减去技术成果原值和合理税费后的差额计算缴纳所得税。

42. 哪些企业可以享受技术转让所得免征额 2 000 万元的税收优惠政策

答：自 2020 年 1 月 1 日起，中关村国家自主创新示范区特定区域内注册的企业符合条件的技术转让所得免征额由 500 万元提高至 2 000 万元。

政策依据

一、《国务院关于深化北京市新一轮服务业扩大开放综合试点建设国家服务业扩大开放综合示范区工作方案的批复》(国函〔2020〕123 号)附件第三条第 20 项

强化知识产权保护与运用。在中关村国家自主创新示范区特定区域开展技术转让所得税优惠政策试点，在试点期限内，将技术转让所得免征额由 500 万元提高至 2 000 万元，适当放宽享受税收优惠的技术转让范围和条件，具体由财政部、税务总局商有关部门确定。探索建立公允的知识产权评估机制，完善知识产权质押登记制度、知识产权质押融资风险分担机制以及质物处置机制。加强知识产权审判领域改革创新，完善知识产权司法保护制度。推进知识产权保险试点。

二、《财政部 税务总局 科技部 知识产权局关于中关村国家自主创新示范区特定区域技术转让企业所得税试点政策的通知》(财税〔2020〕61 号)

六、研发费用加计扣除

43. 研发费用加计扣除的基本规定

答：研发费用加计扣除是指企业为开发新技术、新产品、新工艺发生的研究开发费用，可以在计算应纳税所得额时，在实际发生支出数额的基础上，再加成一定比例，作为计算应纳税所得额时的扣除数额进行加计扣除。研发费用加计扣除的基本规定如图 8-11 所示。

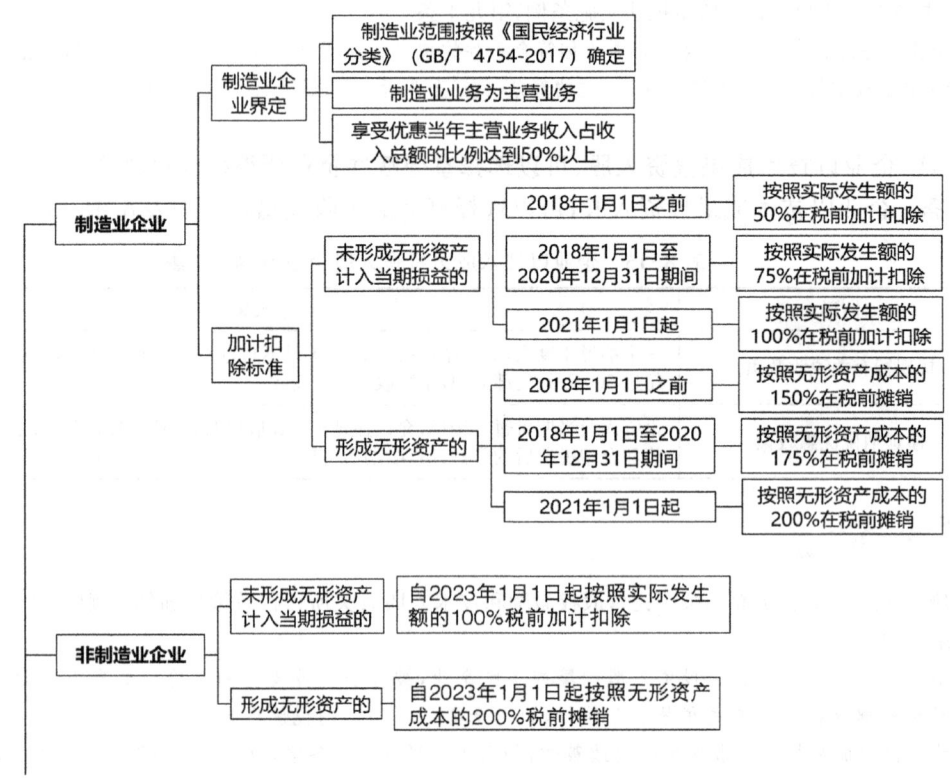

图 8-11 研发费用加计扣除基本规定

第八章 税收优惠

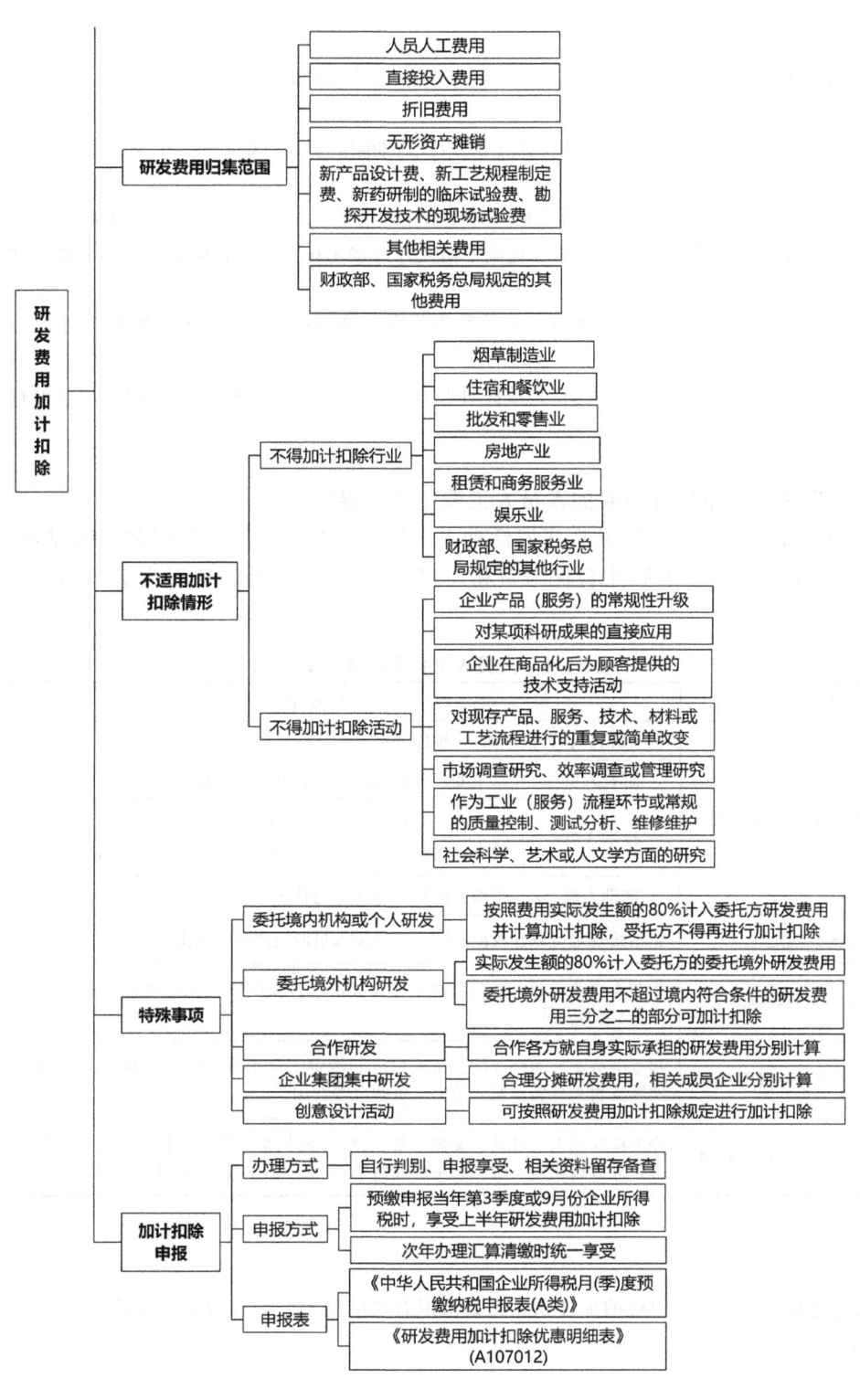

图 8-11 （续）

政策依据

一、《财政部 税务总局关于进一步完善研发费用税前加计扣除政策的公告》(财政部 税务总局公告 2023 年第 7 号)

二、《财政部 税务总局关于延长部分税收优惠政策执行期限的公告》(财政部 税务总局公告 2021 年第 6 号)

三、《财政部 税务总局 科技部关于提高研究开发费用税前加计扣除比例的通知》(财税〔2018〕99 号)

四、《财政部 税务总局科技部关于企业委托境外研究开发费用税前加计扣除有关政策问题的通知》(财税〔2018〕64 号)第一条

五、《国家税务总局关于研发费用税前加计扣除归集范围有关问题的公告》(国家税务总局公告 2017 年第 40 号)第一至六条

六、《财政部 国家税务总局 科技部关于完善研究开发费用税前加计扣除政策的通知》(财税〔2015〕119 号)第一条、第二条、第四条

44. 可作为研发费用加计扣除的人员人工费用如何界定

答：人员人工费用是指直接从事研发活动人员的工资薪金、基本养老保险费、基本医疗保险费、失业保险费、工伤保险费、生育保险费和住房公积金，以及外聘研发人员的劳务费用，具体规定如表 8-16 所示。

表 8-16 人员人工费用具体界定

事项	具体规定	
直接从事研发活动人员界定	包括研究人员、技术人员、辅助人员	
	研究人员	指主要从事研究开发项目的专业人员
	技术人员	指具有工程技术、自然科学和生命科学中一个或一个以上领域的技术知识和经验，在研究人员指导下参与研发工作的人员
	辅助人员	指参与研究开发活动的技工
工资薪金规定	包括按规定可以在税前扣除的对研发人员股权激励的支出	
外聘研发人员界定	指与本企业或劳务派遣企业签订劳务用工协议(合同)和临时聘用的研究人员、技术人员、辅助人员	
外聘研发人员的劳务费用界定	接受劳务派遣的企业按照协议(合同)约定支付给劳务派遣企业，且由劳务派遣企业实际支付给外聘研发人员的工资薪金等费用	
同时从事非研发活动情形处理	企业应对其人员活动情况做必要记录，并将其实际发生的相关费用按实际工时占比等合理方法在研发费用和生产经营费用间分配，未分配的不得加计扣除	

政策依据

《国家税务总局关于研发费用税前加计扣除归集范围有关问题的公告》(国家税务总局公告 2017 年第 40 号)第一条

45. 可作为研发费用加计扣除的直接投入费用如何界定

答：直接投入费用的具体界定如表 8-17 所示。

表 8-17　直接投入费用的界定

事项	具体规定
基本界定	研发活动直接消耗的材料、燃料和动力费用
	用于中间试验和产品试制的模具、工艺装备开发及制造费,不构成固定资产的样品、样机及一般测试手段购置费,试制产品的检验费
	用于研发活动的仪器、设备的运行维护、调整、检验、维修等费用
	经营租赁方式租入的用于研发活动的仪器、设备租赁费
经营租赁的仪器设备同时用于非研发活动情形	1. 企业应对其仪器设备使用情况做必要记录,并将其实际发生的租赁费按实际工时占比等合理方法在研发费用和生产经营费用间分配
	2. 未分配的不得加计扣除
形成产品对外销售情形	1. 研发费用中对应的材料费用不得加计扣除
	2. 产品销售与对应的材料费用发生在不同纳税年度且材料费用已计入研发费用的,可在销售当年以对应的材料费用发生额直接冲减当年的研发费用,不足冲减的,结转以后年度继续冲减

政策依据

《国家税务总局关于研发费用税前加计扣除归集范围有关问题的公告》(国家税务总局公告 2017 年第 40 号)第二条

46. 可作为研发费用加计扣除的折旧费用如何界定

答: 折旧费用指用于研发活动的仪器、设备的折旧费可作为研发费用享受加计扣除,一些特殊情形的处理如表 8-18 所示。

表 8-18　折旧费用加计扣除特殊情形相关规定

事项	具体规定
同时用于非研发活动情形	1. 企业应对其仪器设备使用情况做必要记录,并将其实际发生的折旧费按实际工时占比等合理方法在研发费用和生产经营费用间分配
	2. 未分配的不得加计扣除
选择适用加速折旧情形	企业用于研发活动的仪器、设备,符合税法规定且选择加速折旧优惠政策的,在享受研发费用税前加计扣除政策时,就税前扣除的折旧部分计算加计扣除

政策依据

《国家税务总局关于研发费用税前加计扣除归集范围有关问题的公告》(国家税务总局公告 2017 年第 40 号)第三条

47. 可作为研发费用加计扣除的无形资产摊销费用如何界定

答: 无形资产摊销是指用于研发活动的软件、专利权、非专利技术(包括许可证、专有技术、设计和计算方法等)的摊销费用,特别事项处理如表 8-19 所示。

表 8-19　无形资产摊销费用特别事项

事项	具体规定
同时用于非研发活动情形	1. 企业应对其无形资产使用情况做必要记录,并将其实际发生的摊销费按实际工时占比等合理方法在研发费用和生产经营费用间分配 2. 未分配的不得加计扣除
选择适用缩短摊销年限情形	用于研发活动的无形资产,符合税法规定且选择缩短摊销年限的,在享受研发费用税前加计扣除政策时,就税前扣除的摊销部分计算加计扣除

《国家税务总局关于研发费用税前加计扣除归集范围有关问题的公告》(国家税务总局公告 2017 年第 40 号)第四条

48. 可作为研发费用加计扣除的新产品设计费、新工艺规程制定费、新药研制的临床试验费、勘探开发技术的现场试验费如何界定

答:新产品设计费、新工艺规程制定费、新药研制的临床试验费、勘探开发技术的现场试验费,指企业在新产品设计、新工艺规程制定、新药研制的临床试验、勘探开发技术的现场试验过程中发生的与开展该项活动有关的各类费用。

《国家税务总局关于研发费用税前加计扣除归集范围有关问题的公告》(国家税务总局公告 2017 年第 40 号)第五条

49. 可作为研发费用加计扣除的其他相关费用如何界定

答:其他相关费用的具体界定如表 8-20 所示。

表 8-20　其他相关费用具体界定

事项	具体规定	
基本规定	其他相关费用指与研发活动直接相关的其他费用,如:	技术图书资料费、资料翻译费、专家咨询费、高新科技研发保险费
		研发成果的检索、分析、评议、论证、鉴定、评审、评估、验收费用
		知识产权的申请费、注册费、代理费
		差旅费、会议费、职工福利费、补充养老保险费、补充医疗保险费
扣除限额	此类费用总额不得超过可加计扣除研发费用总额的 10%	
限额计算	全部研发项目的其他相关费用限额=全部研发项目的人员人工等五项费用之和×10%/(1-10%)	

一、《国家税务总局关于研发费用税前加计扣除归集范围有关问题的公告》(国家税务总局公告 2017 年第 40 号)第六条

指与研发活动直接相关的其他费用,如技术图书资料费、资料翻译费、专家咨询费、高新科技研发保险费,研发成果的检索、分析、评议、论证、鉴定、评审、评估、验收费用,知识产权的申请费、注册费、代理费,差旅费、会议费,职工福利费、补充养老保险费、补充医疗保险费。

此类费用总额不得超过可加计扣除研发费用总额的10%。

二、《国家税务总局关于进一步落实研发费用加计扣除政策有关问题的公告》(国家税务总局公告2021年第28号)第三条

三、关于其他相关费用限额计算的问题

(一)企业在一个纳税年度内同时开展多项研发活动的,由原来按照每一研发项目分别计算"其他相关费用"限额,改为统一计算全部研发项目"其他相关费用"限额。

企业按照以下公式计算《财政部 国家税务总局 科技部关于完善研究开发费用税前加计扣除政策的通知》(财税〔2015〕119号)第一条第(一)项"允许加计扣除的研发费用"第6目规定的"其他相关费用"的限额,其中资本化项目发生的费用在形成无形资产的年度统一纳入计算:

全部研发项目的其他相关费用限额=全部研发项目的人员人工等五项费用之和×10%/(1-10%)

"人员人工等五项费用"是指财税〔2015〕119号文件第一条第(一)项"允许加计扣除的研发费用"第1目至第5目费用,包括"人员人工费用""直接投入费用""折旧费用""无形资产摊销"和"新产品设计费、新工艺规程制定费、新药研制的临床试验费、勘探开发技术的现场试验费"。

(二)当"其他相关费用"实际发生数小于限额时,按实际发生数计算税前加计扣除额;当"其他相关费用"实际发生数大于限额时,按限额计算税前加计扣除额。

50. 不适用研发费用加计扣除政策的行业有哪些

答:不适用研发费用加计扣除政策的行业如表8-21所示。

表8-21 不适用研发费用加计扣除行业

事项	具体规定	
不适用税前加计扣除的行业	烟草制造业	上述行业以《国民经济行业分类》(GB/T 4754—2017)为准,并随之更新
	住宿和餐饮业	
	批发和零售业	
	房地产业	
	租赁和商务服务业	
	娱乐业	
	财政部和国家税务总局规定的其他行业	
应满足的条件	1. 以所列行业业务为主营业务	
	2. 研发费用发生当年的主营业务收入占企业按税法第六条规定计算的收入总额减除不征税收入和投资收益的余额50%(不含)以上	

政策依据

一、《财政部 国家税务总局 科技部关于完善研究开发费用税前加计扣除政策的通知》(财税〔2015〕119号)第四条

二、《国家税务总局关于企业研究开发费用税前加计扣除政策有关问题的公告》(国家税务总局公告2015年第97号)第四条

51. 制造业企业发生的研发费用,如何在税前加计扣除

答:制造业企业研发费用加计扣除规定如表8-22所示。

表 8-22　制造业企业研发费用加计扣除规定

事项	加计扣除规定		
制造业范围界定	制造业范围按照《国民经济行业分类》(GB/T 4754—2017)确定,如有更新,从其规定		
应同时满足的条件	以制造业业务为主营业务		
	享受优惠当年主营业务收入占收入总额的比例达到50%以上		
	符合非制造业企业的一般条件		
加计扣除标准	2018年1月1日之前	未形成无形资产计入当期损益的	按照实际发生额的50%在税前加计扣除
		形成无形资产的	按照无形资产成本的150%在税前摊销
	2018年1月1日至2020年12月31日期间	未形成无形资产计入当期损益的	按照实际发生额的75%在税前加计扣除
		形成无形资产的	按照无形资产成本的175%在税前摊销
	2021年1月1日起	未形成无形资产计入当期损益的	按照实际发生额的100%在税前加计扣除
		形成无形资产的	按照无形资产成本的200%在税前摊销

政策依据

一、《财政部　国家税务总局　科技部关于完善研究开发费用税前加计扣除政策的通知》(财税〔2015〕119号)第一条第一项

二、《财政部　税务总局　科技部关于提高研究开发费用税前加计扣除比例的通知》(财税〔2018〕99号)第一条

三、《财政部　税务总局关于进一步完善研发费用税前加计扣除政策的公告》(财政部　税务总局公告2023年第7号)

52. 科技型中小企业的研发费用,如何在税前加计扣除

答： 科技型中小企业研发费用加计扣除规定如表8-23所示。

表 8-23　科技型中小企业研发费用加计扣除规定

事项	具体规定		
加计扣除标准	2017年1月1日至2020年12月31日	未形成无形资产计入当期损益的	按照实际发生额的75%在税前加计扣除
		形成无形资产的	按照无形资产成本的175%在税前摊销
	自2022年1月1日起	未形成无形资产计入当期损益的	按照实际发生额的100%在税前加计扣除
		形成无形资产的	按照无形资产成本的200%在税前摊销
其他规定	科技型中小企业享受研发费用税前加计扣除政策的其他政策口径和管理要求,按照《财政部　国家税务总局　科技部关于完善研究开发费用税前加计扣除政策的通知》(财税〔2015〕119号)、《财政部　税务总局　科技部关于企业委托境外研究开发费用税前加计扣除有关政策问题的通知》(财税〔2018〕64号)等文件相关规定执行。		

政策依据

一、《财政部　税务总局　科技部关于提高科技型中小企业研究开发费用税前加计扣除比例的通知》(财税〔2017〕34号)第一条、第二条

一、科技型中小企业开展研发活动中实际发生的研发费用,未形成无形资产计入当期损益的,在按规定据实扣除的基础上,在2017年1月1日至2019年12月31日期间,再按照实际发生额的75%在税前加计扣

除；形成无形资产的，在上述期间按照无形资产成本的 175% 在税前摊销。

二、科技型中小企业享受研发费用税前加计扣除政策的其他政策口径按照《财政部 国家税务总局 科技部关于完善研究开发费用税前加计扣除政策的通知》（财税〔2015〕119 号）规定执行

二、《财政部 税务总局 科技部关于提高研究开发费用税前加计扣除比例的通知》（税务总局公告财税〔2018〕99 号）第一条

企业开展研发活动中实际发生的研发费用，未形成无形资产计入当期损益的，在按规定据实扣除的基础上，在 2018 年 1 月 1 日至 2020 年 12 月 31 日期间，再按照实际发生额的 75% 在税前加计扣除；形成无形资产的，在上述期间按照无形资产成本的 175% 在税前摊销。

三、《财政部 税务总局关于延长部分税收优惠政策执行期限的公告》（财政部 税务总局公告 2021 年第 6 号）第一条

《财政部 税务总局关于设备器具扣除有关企业所得税政策的通知》（财税〔2018〕54 号）等 16 个文件规定的税收优惠政策凡已经到期的，执行期限延长至 2023 年 12 月 31 日，详见附件 1。

四、《财政部 国家税务总局 科技部关于完善研究开发费用税前加计扣除政策的通知》（财税〔2015〕119 号）第一条第一项

五、《财政部 税务总局关于进一步完善研发费用税前加计扣除政策的公告》（财政部 税务总局公告 2023 年第 7 号）第一条、第二条

一、企业开展研发活动中实际发生的研发费用，未形成无形资产计入当期损益的，在按规定据实扣除的基础上，自 2023 年 1 月 1 日起，再按照实际发生额的 100% 在税前加计扣除；形成无形资产的，自 2023 年 1 月 1 日起，按照无形资产成本的 200% 在税前摊销。

二、企业享受研发费用加计扣除政策的其他政策口径和管理要求，按照《财政部 国家税务总局 科技部关于完善研究开发费用税前加计扣除政策的通知》（财税〔2015〕119 号）、《财政部 税务总局 科技部关于企业委托境外研究开发费用税前加计扣除有关政策问题的通知》（财税〔2018〕64 号）等文件相关规定执行。

53. 企业委托境内机构或个人进行研发活动所发生的费用，如何在税前加计扣除

答：企业委托境内机构或个人研发所发生的费用加计扣除规定如表 8-24 所示。

表 8-24 企业委托境内机构或个人研发加计扣除规定

事项	具体规定
加计扣除标准	按照费用实际发生额的 80% 计入委托方研发费用并计算加计扣除，受托方不得再进行加计扣除
特别事项	1. 委托外部研究开发费用实际发生额应按照独立交易原则确定 2. 委托方与受托方存在关联关系的，受托方应向委托方提供研发项目费用支出明细情况 3. 委托个人研发的，应凭个人出具的发票等合法有效凭证在税前加计扣除

政策依据

一、《财政部 国家税务总局 科技部关于完善研究开发费用税前加计扣除政策的通知》（财税〔2015〕119 号）第二条第一项

企业委托外部机构或个人进行研发活动所发生的费用，按照费用实际发生额的 80% 计入委托方研发费用并计算加计扣除，受托方不得再进行加计扣除。委托外部研究开发费用实际发生额应按照独立交易原则确定。

委托方与受托方存在关联关系的，受托方应向委托方提供研发项目费用支出明细情况。

二、《国家税务总局关于企业研究开发费用税前加计扣除政策有关问题的公告》（国家税务总局公告 2015 年第 97 号）第三条第一项

企业委托外部机构或个人开展研发活动发生的费用，可按规定税前扣除；加计扣除时按照研发活动发生费用的 80% 作为加计扣除基数。委托个人研发的，应凭个人出具的发票等合法有效凭证在税前加计扣除。

54.企业委托境外进行研发活动所发生的费用,如何在税前加计扣除

答:委托境外研发所发生的费用加计扣除规定如表8-25所示。

表8-25 委托境外研发加计扣除规定

事项	具体规定
加计扣除标准	1.委托境外进行研发活动所发生的费用,按照费用实际发生额的80%计入委托方的委托境外研发费用
	2.委托境外研发费用不超过境内符合条件的研发费用三分之二的部分,可以按规定在企业所得税前加计扣除
特别事项	1.研发费用实际发生额应按照独立交易原则确定
	2.委托方与受托方存在关联关系的,受托方应向委托方提供研发项目费用支出明细情况
	3.应签订技术开发合同,并由委托方到科技行政主管部门进行登记;相关事项按技术合同认定登记管理办法及技术合同认定规则执行
	4.委托境外进行研发活动不包括委托境外个人进行的研发活动
留存备查资料	1.企业委托研发项目计划书和企业有权部门立项的决议文件
	2.委托研究开发专门机构或项目组的编制情况和研发人员名单
	3.经科技行政主管部门登记的委托境外研发合同
	4."研发支出"辅助账及汇总表
	5.委托境外研发银行支付凭证和受托方开具的收款凭据
	6.当年委托研发项目的进展情况等资料
	7.已取得的地市级(含)以上科技行政主管部门出具的鉴定意见
其他规定	委托境外研发费用加计扣除其他政策口径和管理要求按照《财政部 国家税务总局 科技部关于完善研究开发费用税前加计扣除政策的通知》(财税〔2015〕119号)、《财政部 税务总局科技部关于提高科技型中小企业研究开发费用税前加计扣除比例的通知》(财税〔2017〕34号)、《国家税务总局关于企业研究开发费用税前加计扣除政策有关问题的公告》(国家税务总局公告2015年第97号)等文件规定执行

《财政部 税务总局 科技部关于企业委托境外研究开发费用税前加计扣除有关政策问题的通知》(财税〔2018〕64号)

55.企业集团集中研发发生的研发费用,如何在税前加计扣除

答:企业集团集中研发发生的研发费用加计扣除规定如表8-26所示。

表8-26 企业集团集中研发加计扣除规定

事项	具体规定
加计扣除规定	研发费用按照一定方法,在受益成员企业间进行分摊,由相关成员企业分别计算加计扣除
研发费用分摊	按照权利和义务相一致、费用支出和收益分享相配比的原则,合理确定研发费用的分摊方法

《财政部 国家税务总局 科技部关于完善研究开发费用税前加计扣除政策的通知》(财税〔2015〕119号)第二条第三项

56. 创意设计活动发生的相关费用，能否享受企业所得税前加计扣除

答：根据《财政部 国家税务总局 科技部关于完善研究开发费用税前加计扣除政策的通知》（财税〔2015〕119号）第二条第四项的规定，企业为获得创新性、创意性、突破性的产品进行创意设计活动而发生的相关费用，可按照规定进行税前加计扣除。创意设计活动是指多媒体软件、动漫游戏软件开发，数字动漫、游戏设计制作；房屋建筑工程设计（绿色建筑评价标准为三星）、风景园林工程专项设计；工业设计、多媒体设计、动漫及衍生产品设计、模型设计等。

57. 企业享受研发费用加计扣除，需要事先备案吗

答：根据《财政部 税务总局关于进一步完善研发费用税前加计扣除政策的公告》（财政部 税务总局公告2021年第13号）第二条的规定，企业享受研发费用加计扣除采取"自行判别、申报享受、相关资料留存备查"办理方式，因此不需要事先备案。

58. 企业在预缴阶段享受研发费用税前加计扣除，需满足哪些要求

答：企业在预缴阶段享受研发费用加计扣除，需满足的要求如表8-27所示。

表8-27 企业在预缴阶段享受研发费用加计扣除的情况

事项	具体规定
基本规定	1. 企业预缴申报当年第3季度（按季预缴）或9月份（按月预缴）企业所得税时，可以自行选择就当年上半年研发费用享受加计扣除优惠政策 2. 企业办理第3季度或9月份预缴申报时，未选择享受研发费用加计扣除优惠政策的，可在次年办理汇算清缴时统一享受
办理方式	采取"自行判别、申报享受、相关资料留存备查"办理方式
报表填写及留存	1. 符合条件的企业可以自行计算加计扣除金额，填报《中华人民共和国企业所得税月（季）度预缴纳税申报表（A类）》享受税收优惠，并根据享受加计扣除优惠的研发费用情况（上半年）填写《研发费用加计扣除优惠明细表》（A107012） 2.《研发费用加计扣除优惠明细表》（A107012）与相关政策规定的其他资料一并留存备查

注：《国家税务总局关于进一步落实研发费用加计扣除政策有关问题的公告》（国家税务总局公告2021年第28号）第一条规定，企业2021年度享受研发费用加计扣除，在10月份预缴申报第3季度（按季预缴）或9月份（按月预缴）企业所得税时，可以自主选择就前三季度研发费用享受加计扣除优惠政策；根据享受加计扣除优惠的研发费用情况（前三季度）填写《研发费用加计扣除优惠明细表》（A107012）。

《财政部 税务总局关于进一步完善研发费用税前加计扣除政策的公告》（财政部 税务总局公告2021年第13号）第二条

59. 研发活动失败了，研发活动中发生的费用能否享受加计扣除政策

答：根据《国家税务总局关于研发费用税前加计扣除归集范围有关问题的公告》（国家税务总局公告2017年第40号）第七条第四项的规定，失败的研发活动所发生的研发费用可享受税前加计扣除政策。

60. 适用核定征收的企业能否享受研发费用加计扣除

答：根据《财政部 国家税务总局 科技部关于完善研究开发费用税前加计扣除政策的通

知》(财税〔2015〕119号)第五条的规定:企业研发费用税前加计扣除适用于会计核算健全、实行查账征收并能够准确归集研发费用的居民企业。因此,核定征收企业不能享受研发费用加计扣除。

七、安置残疾人工资加计扣除

61. 可以享受工资加计扣除的残疾人员的范围是什么

答:残疾人员的范围适用《中华人民共和国残疾人保障法》的有关规定,具体如表8-28所示。

表8-28 残疾人员范围

事项	具体规定
基本界定	残疾人指在心理、生理、人体结构上,某种组织、功能丧失或者不正常,全部或者部分丧失以正常方式从事某种活动能力的人
具体范围	残疾人包括视力残疾、听力残疾、言语残疾、肢体残疾、智力残疾、精神残疾、多重残疾和其他残疾的人
残疾标准	残疾标准由国务院规定

政策依据

一、《财政部 国家税务总局关于安置残疾人员就业有关企业所得税优惠政策问题的通知》(财税〔2009〕70号)第二条

残疾人员的范围适用《中华人民共和国残疾人保障法》的有关规定。

二、《中华人民共和国残疾人保障法》第一章第二条

62. 享受残疾人工资加计扣除的企业,是否具有行业限制

答:安置残疾人的企业享受残疾人工资加计扣除,并无行业限制,只要同时满足财税〔2009〕70号第三条规定的条件,均可享受残疾人工资加计扣除,并不是只有福利企业(民政部门为安置残疾人员而举办的社会福利性生产企业)才可以享受。

政策依据

《财政部 国家税务总局关于安置残疾人员就业有关企业所得税优惠政策问题的通知》(财税〔2009〕70号)第一条、第三条

一、企业安置残疾人员的,在按照支付给残疾职工工资据实扣除的基础上,可以在计算应纳税所得额时按照支付给残疾职工工资的100%加计扣除。

三、企业享受安置残疾职工工资100%加计扣除应同时具备如下条件:

(一)依法与安置的每位残疾人签订了1年以上(含1年)的劳动合同或服务协议,并且安置的每位残疾人在企业实际上岗工作。

(二)为安置的每位残疾人按月足额缴纳了企业所在区县人民政府根据国家政策规定的基本养老保险、基本医疗保险、失业保险和工伤保险等社会保险。

(三)定期通过银行等金融机构向安置的每位残疾人实际支付了不低于企业所在区县适用的经省级人民政府批准的最低工资标准的工资。

(四)具备安置残疾人上岗工作的基本设施。

63. 企业安置残疾人员支付工资如何加计扣除

答:企业安置残疾人员的,在按照支付给残疾职工工资据实扣除的基础上,可以在计算应纳税所得额时按照支付给残疾职工工资的100%加计扣除,具体规定如表8-29所示。

表 8-29 残疾人工资加计扣除规定

事项	具体规定	
加计扣除标准	按照支付给残疾职工工资的 100％加计扣除	
加计扣除方式	1. 预缴申报时,据实计算扣除	
	2. 年终汇算清缴时,计算加计扣除	
残疾人范围	适用《中华人民共和国残疾人保障法》的有关规定	
享受条件	劳动合同	依法与安置的每位残疾人签订了 1 年以上(含 1 年)的劳动合同或服务协议,并且安置的每位残疾人在企业实际上岗工作
	社会保险	为安置的每位残疾人按月足额缴纳了社会保险
	支付工资	定期通过银行等金融机构向安置的每位残疾人实际支付了不低于企业所在区县适用的经省级人民政府批准的最低工资标准的工资
	基本设施	具备安置残疾人上岗工作的基本设施
执行期限	2008 年 1 月 1 日起执行	

《财政部 国家税务总局关于安置残疾人员就业有关企业所得税优惠政策问题的通知》(财税〔2009〕70 号)第一至三条、第六条

64. 以劳务派遣形式安置的残疾人,如何享受残疾人工资加计扣除

答: 以劳务派遣形式就业的残疾人,属于劳务派遣单位的职工,劳务派遣单位可以享受残疾人工资加计扣除,用工单位不能享受残疾人工资加计扣除。

《国家税务总局关于促进残疾人就业税收优惠政策相关问题的公告》(国家税务总局公告 2015 年第 55 号)第一条

以劳务派遣形式就业的残疾人,属于劳务派遣单位的职工。劳务派遣单位可按照《财政部 国家税务总局关于促进残疾人就业税收优惠政策的通知》(财税〔2007〕92 号,以下简称《通知》)规定,享受相关税收优惠政策。(注:财税〔2007〕92 号全文废止,具体参照财税〔2009〕70 号规定执行加计扣除税收优惠)

65. 企业未足额为安置的残疾人缴纳社会保险,可以享受残疾人工资加计扣除吗

答: 企业享受残疾职工工资 100％加计扣除,应具备的条件之一是:为安置的每位残疾人按月足额缴纳了社会保险。因此,企业未按月足额缴纳社会保险的不得享受残疾人工资加计扣除。

《财政部 国家税务总局关于安置残疾人员就业有关企业所得税优惠政策问题的通知》(财税〔2009〕70 号)第三条第二项

为安置的每位残疾人按月足额缴纳了企业所在区县人民政府根据国家政策规定的基本养老保险、基本医疗保险、失业保险和工伤保险等社会保险。

66. 企业以现金发放的残疾人工资,可以享受残疾人工资加计扣除吗

答: 企业享受残疾职工工资 100％加计扣除,应具备的条件之一是:定期通过银行等金融

机构向安置的每位残疾人实际支付了不低于企业所在区县最低工资标准的工资。因此,以现金发放的工资不得享受残疾人工资加计扣除。

政策依据

《财政部 国家税务总局关于安置残疾人员就业有关企业所得税优惠政策问题的通知》(财税〔2009〕70号)第三条第三项

定期通过银行等金融机构向安置的每位残疾人实际支付了不低于企业所在区县适用的经省级人民政府批准的最低工资标准的工资。

67. 亏损企业是否可以享受残疾人工资加计扣除

答:企业安置残疾人工资享受加计扣除的政策规定,未对企业盈亏情况进行限定。因此,亏损企业可以享受残疾人工资加计扣除政策。

政策依据

《财政部 国家税务总局关于安置残疾人员就业有关企业所得税优惠政策问题的通知》(财税〔2009〕70号)第一条、第三条

一、企业安置残疾人员的,在按照支付给残疾职工工资据实扣除的基础上,可以在计算应纳税所得额时按照支付给残疾职工工资的100%加计扣除。

三、企业享受安置残疾职工工资100%加计扣除应同时具备如下条件:

(一)依法与安置的每位残疾人签订了1年以上(含1年)的劳动合同或服务协议,并且安置的每位残疾人在企业实际上岗工作。

(二)为安置的每位残疾人按月足额缴纳了企业所在区县人民政府根据国家政策规定的基本养老保险、基本医疗保险、失业保险和工伤保险等社会保险。

(三)定期通过银行等金融机构向安置的每位残疾人实际支付了不低于企业所在区县适用的经省级人民政府批准的最低工资标准的工资。

(四)具备安置残疾人上岗工作的基本设施。

68. 所得税预缴申报时就可以享受残疾人工资加计扣除吗

答:预缴申报时,据实计算扣除残疾人工资,不能享受加计扣除;在年度终了进行企业所得税汇算清缴时,计算加计扣除。

政策依据

《财政部 国家税务总局关于安置残疾人员就业有关企业所得税优惠政策问题的通知》(财税〔2009〕70号)第一条

企业安置残疾人员的,在按照支付给残疾职工工资据实扣除的基础上,可以在计算应纳税所得额时按照支付给残疾职工工资的100%加计扣除。

企业就支付给残疾职工的工资,在进行企业所得税预缴申报时,允许据实计算扣除;在年度终了进行企业所得税年度申报和汇算清缴时,再依照本条第一款的规定计算加计扣除。

八、集成电路企业和软件企业

69. 集成电路企业和软件企业可以享受哪些企业所得税税收优惠

答:集成电路企业和软件企业可享受的企业所得税优惠政策如图8-12所示。

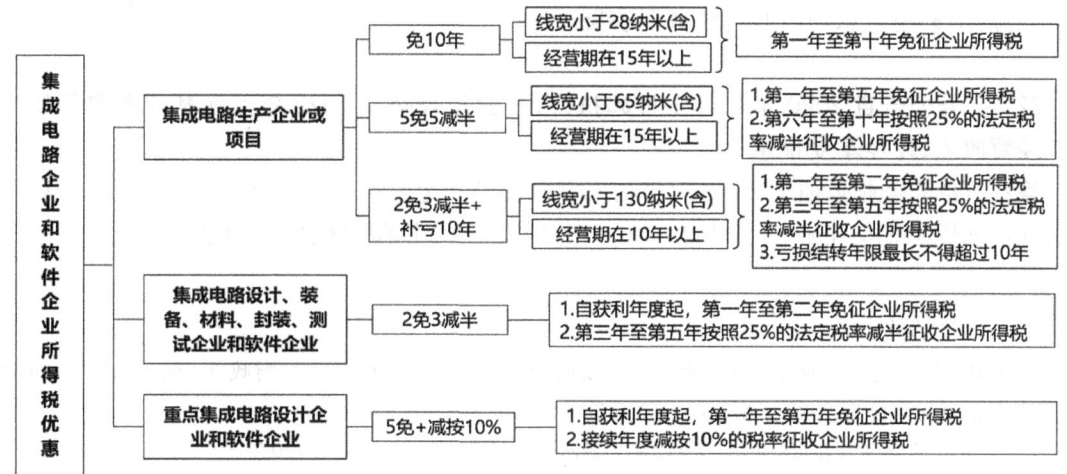

图 8-12　集成电路企业和软件企业企业所得税优惠

《关于促进集成电路产业和软件产业高质量发展企业所得税政策的公告》(财政部　税务总局　发展改革委　工业和信息化部公告 2020 年第 45 号)第一条至第四条

70. 集成电路企业和软件企业享受企业所得税税收优惠,优惠期如何计算

答：集成电路企业和软件企业享受企业所得税优惠的优惠期计算如表 8-30 所示。

表 8-30　集成电路生产企业或项目企业优惠期计算

情形	优惠期计算方式
集成电路生产企业	自获利年度起计算
集成电路生产项目	1. 自项目取得第一笔生产经营收入所属纳税年度起计算
	2. 集成电路生产项目需单独进行会计核算、计算所得,并合理分摊期间费用
集成电路设计、装备、材料、封装、测试企业和软件企业	自获利年度起计算
重点集成电路设计企业和软件企业	

《关于促进集成电路产业和软件产业高质量发展企业所得税政策的公告》(财政部　税务总局　发展改革委　工业和信息化部公告 2020 年第 45 号)第一条、第三条、第四条

71. 集成电路企业或项目、软件企业,同时符合多项定期减免税优惠政策条件的,如何适用优惠

答：根据《关于促进集成电路产业和软件产业高质量发展企业所得税政策的公告》(财政部　税务总局　发展改革委　工业和信息化部公告 2020 年第 45 号)第六条的规定,集成电路企业或项目、软件企业按照本公告规定同时符合多项定期减免税优惠政策条件的,由企业选择其中一项政策享受相关优惠。其中,已经进入优惠期的,可由企业在剩余期限内选择其中一项政策享受相关优惠。

来源:国家税务总局山西省税务局答疑。

72. 45号公告自2020年1月1日起执行,企业是否必须2020年后获利或者取得第一笔生产经营收入,才能享受优惠

答:不要求企业必须2020年后获利或者取得第一笔生产经营收入。对于2020年以前已经获利进入优惠期的企业或项目,自2020年开始就剩余期限享受优惠至期满为止。

政策依据

《关于促进集成电路产业和软件产业高质量发展企业所得税政策的公告》(财政部 税务总局 发展改革委 工业和信息化部公告2020年第45号)第五条

符合原有政策条件且在2019年(含)之前已经进入优惠期的企业或项目,2020年(含)起可按原有政策规定继续享受至期满为止,如也符合本公告第一条至第四条规定,可按本公告规定享受相关优惠,其中定期减免税优惠,可按本公告规定计算优惠期,并就剩余期限享受优惠至期满为止。符合原有政策条件,2019年(含)之前尚未进入优惠期的企业或项目,2020年(含)起不再执行原有政策。

73. 45号公告自2020年1月1日起执行,某符合条件的软件企业2015年开始获利,已享受两免三减半优惠,能否自2020年起重新再享受一次两免三减半优惠

答:不能再重新享受。根据45号公告第三条的规定,符合条件的软件企业,自获利年度起计算优惠期。企业自2015年获利,2020年已经不处于优惠期内。

政策依据

《关于促进集成电路产业和软件产业高质量发展企业所得税政策的公告》(财政部 税务总局 发展改革委 工业和信息化部公告2020年第45号)第三条

国家鼓励的集成电路设计、装备、材料、封装、测试企业和软件企业,自获利年度起,第一年至第二年免征企业所得税,第三年至第五年按照25%的法定税率减半征收企业所得税。

74. 符合45号公告第一条至第四条规定但不符合原有政策规定的企业或项目,在2019年(含)之前已进入优惠期的,如何享受税收优惠

答:符合45号公告第一条至第四条规定但不符合原有政策规定的企业或项目,在2019年(含)之前已进入优惠期的,可按45号公告规定计算优惠期,从2020年开始,就剩余期限享受优惠至期满为止。

政策依据

《关于促进集成电路产业和软件产业高质量发展企业所得税政策的公告》(财政部 税务总局 发展改革委 工业和信息化部公告2020年第45号)第五条

符合原有政策条件且在2019年(含)之前已经进入优惠期的企业或项目,2020年(含)起可按原有政策规定继续享受至期满为止,如也符合本公告第一条至第四条规定,可按本公告规定享受相关优惠,其中定期减免税优惠,可按本公告规定计算优惠期,并就剩余期限享受优惠至期满为止。符合原有政策条件,2019年(含)之前尚未进入优惠期的企业或项目,2020年(含)起不再执行原有政策。

75. 45号公告执行以后,企业不符合新规定,还能否继续享受原有集成电路和软件产业所得税优惠政策

答:取决于企业2019年(含)之前是否已经进入优惠期,具体规定如表8-31所示。

表8-31 不符合45号公告新规定企业对原有优惠政策的处理

情形	具体规定
在2019年(含)之前已经进入优惠期的企业或项目	2020年(含)起可按原有政策规定继续享受至期满为止
2019年(含)之前尚未进入优惠期的企业或项目	2020年(含)起不再执行原有政策

《关于促进集成电路产业和软件产业高质量发展企业所得税政策的公告》(财政部 税务总局 发展改革委 工业和信息化部公告2020年第45号)第五条

符合原有政策条件且在2019年(含)之前已经进入优惠期的企业或项目,2020年(含)起可按原有政策规定继续享受至期满为止,如也符合本公告第一条至第四条规定,可按本公告规定享受相关优惠,其中定期减免税优惠,可按本公告规定计算优惠期,并就剩余期限享受优惠至期满为止。符合原有政策条件,2019年(含)之前尚未进入优惠期的企业或项目,2020年(含)起不再执行原有政策。

76. 同时适用45号公告所得税优惠的集成电路企业和软件企业,新旧优惠政策如何衔接

答:适用45号公告企业所得税优惠的集成电路企业和软件企业,新旧优惠政策衔接具体规定如表8-32所示。

表8-32 集成电路企业和软件企业所得税新旧优惠政策衔接

事项	原政策规定	新政策规定	政策衔接
集成电路线宽小于65纳米(含),且经营期在15年以上的集成电路生产企业或项目	财税〔2018〕27号第二条:2018年1月1日后投资新设的集成电路线宽小于65纳米且经营期在15年以上的集成电路生产企业或项目,第一年至第五年免征企业所得税,第六年至第十年按照25%的法定税率减半征收企业所得税,并享受至期满为止	财政部 税务总局 发展改革委 工业和信息化部公告2020年第45号第一条:国家鼓励的集成电路线宽小于65纳米(含),且经营期在15年以上的集成电路生产企业或项目,第一年至第五年免征企业所得税,第六年至第十年按照25%的法定税率减半征收企业所得税	1. 2019年(含)之前已经进入优惠期的企业或项目:可自行选择执行原有政策或45号公告政策。选择执行45号公告政策的,其中定期减免税优惠就剩余期限享受优惠至期满为止 2. 2019年(含)之前尚未进入优惠期的企业或项目:2020年(含)起不再执行原有政策
集成电路线宽小于130纳米(含),且经营期在10年以上的集成电路生产企业或项目	财税〔2018〕27号第一条:2018年1月1日后投资新设的集成电路线宽小于130纳米,且经营期在10年以上的集成电路生产企业或项目,第一年至第二年免征企业所得税,第三年至第五年按照25%的法定税率减半征收企业所得税,并享受至期满为止	财政部 税务总局 发展改革委 工业和信息化部公告2020年第45号第一、二条: ① 国家鼓励的集成电路线宽小于130纳米(含),且经营期在10年以上的集成电路生产企业或项目,第一年至第二年免征企业所得税,第三年至第五年按照25%的法定税率减半征收企业所得税 ② 属于国家鼓励的集成电路生产企业清单年度之前5个纳税年度发生的尚未弥补的亏损,准予向以后年度结转,总转接年限最长不超过10年	

（续表）

事项	原政策规定	新政策规定	政策衔接
集成电路设计、装备、材料、封装、测试企业和软件企业	① 财税〔2015〕6号第一条：符合条件的集成电路封装、测试企业以及集成电路关键专用材料生产企业、集成电路专用设备生产企业，在2017年（含2017年）前实现获利的，自获利年度起，第一年至第二年免征企业所得税，第三年至第五年按照25%的法定税率减半征收企业所得税，并享受至期满为止；2017年前未实现获利的，自2017年起计算优惠期，享受至期满为止 ② 财政部 税务总局公告2020年第29号第一条：依法成立且符合条件的集成电路设计企业和软件企业，在2019年12月31日前自获利年度起计算优惠期，第一年至第二年免征企业所得税，第三年至第五年按照25%的法定税率减半征收企业所得税，并享受至期满为止	财政部 税务总局 发展改革委 工业和信息化部公告2020年第45号第三条： 国家鼓励的集成电路设计、装备、材料、封装、测试企业和软件企业，自获利年度起，第一年至第二年免征企业所得税，第三年至第五年按照25%的法定税率减半征收企业所得税	1. 2019年（含）之前已经进入优惠期的企业或项目：可自行选择执行原有政策或45号公告政策。选择执行45号公告政策的，其中定期减免税优惠就剩余期限享受优惠至期满为止 2. 2019年（含）之前尚未进入优惠期的企业或项目：2020年（含）起不再执行原有政策
重点集成电路设计企业和软件企业	财税〔2012〕27号第四条：国家规划布局内的重点软件企业和集成电路设计企业，如当年未享受免税优惠的，可减按10%的税率征收企业所得税	财政部 税务总局 发展改革委 工业和信息化部公告2020年第45号第四条： 国家鼓励的重点集成电路设计企业和软件企业，自获利年度起，第一年至第五年免征企业所得税，接续年度减按10%的税率征收企业所得税	原政策已停止执行，按照新政策规定享受优惠

 **政策依据**

一、《关于促进集成电路产业和软件产业高质量发展企业所得税政策的公告》（财政部 税务总局 发展改革委 工业和信息化部公告2020年第45号）第一条至第五条

二、《财政部 税务总局关于集成电路设计企业和软件企业2019年度企业所得税汇算清缴适用政策的公告》（财政部 税务总局公告2020年第29号）第一条

三、《财政部 税务总局 国家发展改革委 工业和信息化部关于集成电路生产企业有关企业所得税政策问题的通知》（财税〔2018〕27号）第一条、第二条

三、《财政部 国家税务总局 发展改革委 工业和信息化部关于进一步鼓励集成电路产业发展企业所得税政策的通知》（财税〔2015〕6号）第一条

四、《财政部 国家税务总局关于进一步鼓励软件产业和集成电路产业发展企业所得税政策的通知》（财税〔2012〕27号）第四条

77. 集成电路企业和软件企业享受所得税优惠的方式是什么

答：集成电路企业和软件企业享受所得税优惠，采取"自行判别、申报享受、相关资料留存备查"的办理方式。企业应当根据经营情况以及相关税收规定自行判断是否符合优惠事项规定的条件，符合条件的可以按照规定的时间自行计算减免税额，并通过填报企业所得税纳税申报表享受税收优惠，同时留存相关资料备查。

 **政策依据**

《国家税务总局关于发布修订后的《企业所得税优惠政策事项办理办法》的公告》（国家税务总局公告

2018年第23号)《企业所得税优惠政策事项办理办法》第四条

九、西部大开发

78. 设在西部地区的鼓励类产业企业，有哪些企业所得税优惠

答：设在西部地区的鼓励类产业企业，企业所得税优惠具体规定如表8-33所示。

表8-33 西部地区鼓励类产业企业企业所得税优惠

事项	具体规定	
优惠方式	减按15%的税率征收企业所得税	
鼓励类产业企业的界定	同时满足的条件	1. 以《西部地区鼓励类产业目录》中规定的产业项目为主营业务
		2. 主营业务收入占企业收入总额60%以上
西部地区的界定	包括内蒙古自治区、广西壮族自治区、重庆市、四川省、贵州省、云南省、西藏自治区、陕西省、甘肃省、青海省、宁夏回族自治区、新疆维吾尔自治区和新疆生产建设兵团	
执行期限	自2021年1月1日至2030年12月31日	
特殊事项	湖南省湘西土家族苗族自治州、湖北省恩施土家族苗族自治州、吉林省延边朝鲜族自治州和江西省赣州市，可以比照西部地区的企业所得税政策执行	

政策依据

《财政部 税务总局 国家发展改革委关于延续西部大开发企业所得税政策的公告》(财政部 税务总局 国家发展改革委公告2020年第23号)

79.《西部地区鼓励类产业目录》中的鼓励类产业包括哪些

答：《西部地区鼓励类产业目录》中的鼓励类产业的具体范围如表8-34所示。

表8-34 鼓励类产业具体范围

事项	具体规定	
国家现有产业目录中的鼓励类产业	《产业结构调整指导目录(2019年版)》(国家发展改革委令2019年第29号)中的鼓励类产业	农林业、水利、煤炭等、电力等共计47类产业的列举项目
	《鼓励外商投资产业目录(2020年版)》(国家发展改革委、商务部令2020年第38号)中的产业	全国鼓励外商投资产业：农林牧渔业、采矿业、制造业等共计13类产业列举项目
		中西部地区外商投资优势产业：山西省、内蒙古自治区、辽宁省、吉林省等共计22个省份的列举项目
西部地区新增鼓励类产业	西部地区新增鼓励类产业按省、自治区、直辖市分列	重庆、四川、贵州、云南等共计12个省份的列举项目
注意事项	《西部地区鼓励类产业目录》由发展改革委牵头制定，如遇修订，自修订版实施之日起按新版本执行	

政策依据

一、国家发展和改革委员会令2021年第40号附件：《西部地区鼓励类产业目录(2020年本)》第一条、第二条

二、《财政部 税务总局 国家发展改革委关于延续西部大开发企业所得税政策的公告》(财政部 税务总局 国家发展改革委公告2020年第23号)第二条

《西部地区鼓励类产业目录》由发展改革委牵头制定。该目录在本公告执行期限内修订的，自修订版实施之日起按新版本执行。

80. 在优惠地区内外分别设有机构的企业,如何享受西部大开发企业所得税优惠

答:在优惠地区内外分别设有机构的企业,享受优惠的具体规定见如表 8-35 所示。

表 8-35　优惠地区内外分别设有机构的企业享受西部大开发优惠的规定

情形	具体规定
总机构设在西部大开发税收优惠地区的企业	1. 仅就设在优惠地区的总机构和分支机构(不含优惠地区外设立的二级分支机构在优惠地区内设立的三级以下分支机构)所得适用15%优惠税率 2. 在确定该企业是否符合优惠条件时,以设在优惠地区的总机构和分支机构的主营业务是否符合《西部地区鼓励类产业目录》及其主营业务收入占其收入总额的比重加以确定,不考虑该企业设在优惠地区以外分支机构的因素
总机构设在西部大开发税收优惠地区外的企业	1. 仅就优惠地区内设立的分支机构(不含仅在优惠地区内设立的三级以下分支机构)所得适用15%优惠税率 2. 在确定该分支机构是否符合优惠条件时,仅以该分支机构的主营业务是否符合《西部地区鼓励类产业目录》及其主营业务收入占其收入总额的比重加以确定

《国家税务总局关于深入实施西部大开发战略有关企业所得税问题的公告》(国家税务总局公告 2012 年第 12 号)第六条

81. 既符合西部大开发 15% 税率优惠条件,又符合《企业所得税法实施条例》第八十六条、第八十七条、第八十八条、第九十条规定的可减半征收企业所得税的优惠条件,两种优惠是否可以叠加享受

答:既符合西部大开发 15% 优惠税率条件,又符合《企业所得税法》及其实施条例规定的可减半征收企业所得税的优惠条件的,两者可以同时享受。在涉及定期减免税的减半期内,可以按照企业适用税率计算的应纳税额减半征税。

《国家税务总局关于深入实施西部大开发战略有关企业所得税问题的公告》(国家税务总局公告 2012 年第 12 号)第五条

根据《财政部　国家税务总局关于执行企业所得税优惠政策若干问题的通知》(财税〔2009〕69 号)第一条及第二条的规定,企业既符合西部大开发 15% 优惠税率条件,又符合《企业所得税法》及其实施条例和国务院规定的各项税收优惠条件的,可以同时享受。在涉及定期减免税的减半期内,可以按照企业适用税率计算的应纳税额减半征税。

82. 企业既符合西部大开发优惠政策条件,也符合小型微利企业减征所得税政策条件,如何适用

答:根据企业所得税法规定,小型微利企业减按 20% 税率缴纳企业所得税。2023 年国家税务总局公布了《财政部　税务总局关于进一步支持小微企业和个体工商户发展有关税费政策的公告》(财政部　税务总局公告 2023 年第 12 号),规定自 2023 年 1 月 1 日至 2027 年 12 月 31 日,小型微利企业年应纳税所得额不超过 300 万元的部分,减按 25% 计入应纳税所得额。综合来看,该政策属于一项低税率优惠政策。由于西部大开发优惠也是低税率优惠,企业既符合西部大开发税收优惠条件,又符合小型微利企业所得税优惠条件,可按照自身实际情况从优选择其中一项政策适用优惠税率。

来源:国家税务总局答疑。

83. 申报享受西部大开发企业所得税优惠政策，需要到税务机关备案吗

答： 享受企业所得税西部大开发15％优惠税率时无需向主管税务机关备案，采取"自行判别、申报享受、相关资料留存备查"的办理方式。

《国家税务总局关于发布修订后的〈企业所得税优惠政策事项办理办法〉的公告》（国家税务总局公告2018年第23号）第四条

企业享受优惠事项采取"自行判别、申报享受、相关资料留存备查"的办理方式。企业应当根据经营情况以及相关税收规定自行判断是否符合优惠事项规定的条件，符合条件的可以按照《目录》列示的时间自行计算减免税额，并通过填报企业所得税纳税申报表享受税收优惠。同时，按照本办法的规定归集和留存相关资料备查。

84. 申报享受西部大开发企业所得税优惠政策需要留存什么资料，留存多长时间

答： 需要留存备查资料及留存时间具体如表8-36所示。

表8-36 留存备查资料及留存时间

事项	具体规定
主要留存备查资料	1. 主营业务属于《西部地区鼓励类产业目录》中的具体项目的相关证明材料 2. 符合《西部地区鼓励类产业目录》的主营业务收入占企业收入总额60％以上的说明
其他留存备查资料	企业根据享受优惠事项情况自行补充准备
留存时间	从企业享受优惠事项当年的企业所得税汇算清缴期结束次日起保留10年

一、《国家税务总局关于发布修订后的〈企业所得税优惠政策事项办理办法〉的公告》（国家税务总局公告2018年第23号）第五条、第十条

第五条 本办法所称留存备查资料是指与企业享受优惠事项有关的合同、协议、凭证、证书、文件、账册、说明等资料。留存备查资料分为主要留存备查资料和其他留存备查资料两类。主要留存备查资料由企业按照《目录》列示的资料清单准备，其他留存备查资料由企业根据享受优惠事项情况自行补充准备。

第十条 企业留存备查资料应从企业享受优惠事项当年的企业所得税汇算清缴期结束次日起保留10年。

二、《国家税务总局关于发布修订后的〈企业所得税优惠政策事项办理办法〉的公告》（国家税务总局公告2018年第23号）附件：企业所得税优惠事项管理目录（2017年版）第63项

85. 企业预缴申报企业所得税时，能享受西部大开发企业所得税优惠政策吗

答： 可以享受。根据国家税务总局公告2018年第23号附件，《企业所得税优惠事项管理目录（2017年版）》第63项的规定，西部大开发优惠政策的享受时间为预缴享受。

《国家税务总局关于发布修订后的〈企业所得税优惠政策事项办理办法〉的公告》（国家税务总局公告2018年第23号）附件：企业所得税优惠事项管理目录（2017年版）第63项

86. 企业享受西部大开发企业所得税优惠后，发现不符合优惠事项规定条件，如何处理

答： 企业享受优惠事项后发现其不符合优惠事项规定条件的，应当依法及时自行调整并补缴税款及滞纳金。

《国家税务总局关于发布修订后的〈企业所得税优惠政策事项办理办法〉的公告》(国家税务总局公告2018年第23号)第十三条

87.房地产开发企业能否享受西部大开发税收优惠政策

答：现行政策对房地产开发企业享受西部大开发税收优惠政策没有限制性的规定。设立在西部的房地产开发企业以《西部地区鼓励类产业目录》规定的保障性住房建设与管理、生态小区建设等产业项目为主营业务，且符合相关条件的，可以享受西部大开发税收优惠政策。

来源：国家税务总局答疑。

《财政部 税务总局 国家发展改革委关于延续西部大开发企业所得税政策的公告》(财政部公告2020年第23号)第一条

自2021年1月1日至2030年12月31日，对设在西部地区的鼓励类产业企业减按15%的税率征收企业所得税。本条所称鼓励类产业企业是指以《西部地区鼓励类产业目录》中规定的产业项目为主营业务，且其主营业务收入占企业收入总额60%以上的企业。

十、海南自由贸易港

88.海南自由贸易港有哪些企业所得税税收优惠

答：海南自由贸易港企业所得税税收优惠具体规定如图8-13所示。

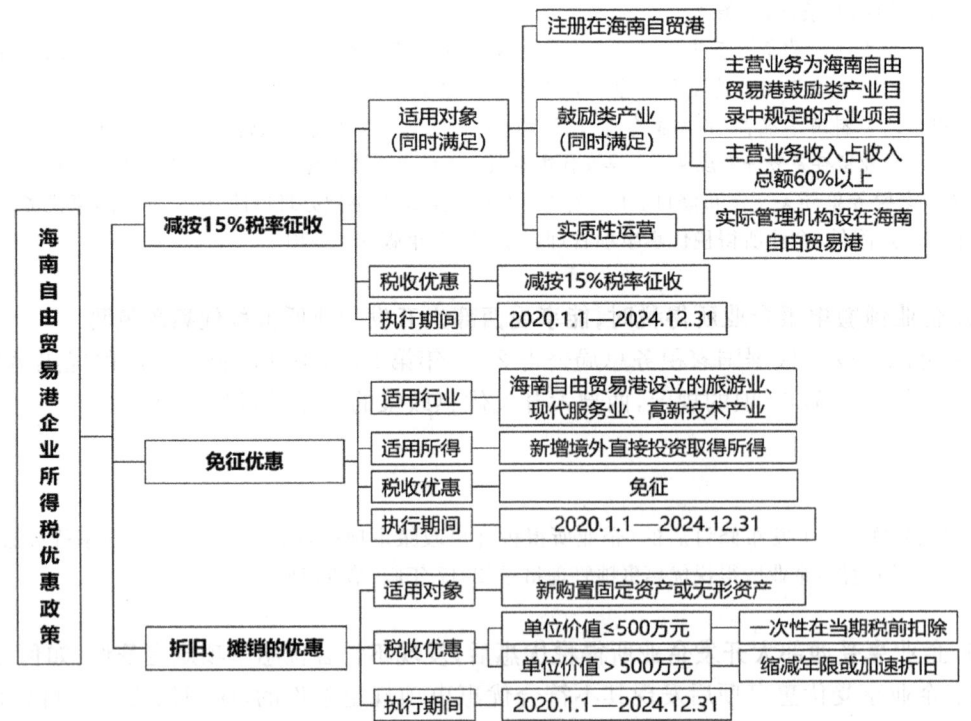

图8-13 海南自由贸易港企业所得税税收优惠

 政策依据

《财政部 税务总局关于海南自由贸易港企业所得税优惠政策的通知》(财税〔2020〕31号)

89.海南自由贸易港鼓励类产业目录包括哪些

答：根据《财政部 税务总局关于海南自由贸易港企业所得税优惠政策的通知》(财税〔2020〕31号)第一条的规定，海南自由贸易港鼓励类产业目录包括《产业结构调整指导目录(2019年本)》《鼓励外商投资产业目录(2019年版)》和海南自由贸易港新增鼓励类产业目录。上述目录在本通知执行期限内修订的，自修订版实施之日起按新版本执行。

90.不能准确判定企业主营业务是否属于《海南自由贸易港鼓励类产业目录》，如何处理

答：如不能准确判定企业主营业务是否属于《海南自由贸易港鼓励类产业目录》，可由海南省税务等部门提请省发展改革部门出具意见。

 政策依据

《国家发展改革委 财政部 税务总局关于印发〈海南自由贸易港鼓励类产业目录(2020年本)〉的通知》(发改地区规〔2021〕120号)

91.如何判定鼓励类产业企业实际管理机构是否设在海南自由贸易港

答：判定实际管理机构是否设在海南自由贸易港的具体规定如表8-37所示。

表8-37 关于实际管理机构是否设置在海南自由贸易港的判定

事项	具体规定	
实际管理机构界定	指对企业的生产经营、人员、账务、财产等实施实质性全面管理和控制的机构	
判定方法	类比判定境外中资企业的实际管理机构是否在中国境内的方法，进行判定；应同时满足下列条件：	1.企业负责实施日常生产经营管理运作的高层管理人员及其高层管理部门履行职责的场所主要位于中国境内
		2.企业的财务决策(如借款、放款、融资、财务风险管理等)和人事决策(如任命、解聘薪酬等)由位于中国境内的机构或人员决定，或需要得到位于中国境内的机构或人员批准
		3.企业的主要财产、会计账簿、公司印章、董事会和股东会议纪要档案等位于或存放于中国境内
		4.企业1/2(含1/2)以上有投票权的董事或高层管理人员经常居住于中国境内

政策依据

一、《企业所得税法实施条例》第四条

二、《国家税务总局关于境外注册中资控股企业依据实际管理机构标准认定为居民企业有关问题的通知》(国税发〔2009〕82号)第二条

92. 在海南自由贸易港内外分别设有机构的鼓励类企业,如何适用减按 15% 的税率征收企业所得税的优惠

答:鼓励类产业企业的总分机构,减按 15% 的税率征收企业所得税的具体规定如表 8-38 所示。

表 8-38 鼓励类产业企业的总分机构享受企业所得税优惠的规定

情形	具体规定
总机构设在海南自由贸易港的企业	1. 仅就其设在海南自由贸易港的总机构和分支机构(不含在自贸港以外设立的二级以下分支机构在自贸港设立的三级以下分支机构)所得,适用 15% 税率
	2. 在确定该企业是否符合优惠条件时,仅将该企业设在自贸港的总机构和分支机构(不含在自贸港以外设立的二级以下分支机构在自贸港设立的三级以下分支机构)纳入判断是否符合规定条件范围,设在自贸港以外的分支机构不纳入判断范围
总机构设在海南自由贸易港以外的企业	1. 仅就其设在海南自由贸易港内的符合条件的分支机构(不含在自贸港以外设立的二级以下分支机构在自贸港设立的三级以下分支机构)所得,适用 15% 税率
	2. 在确定该企业是否符合优惠条件时,仅就设在自贸港的分支机构(不含在自贸港以外设立的二级以下分支机构在自贸港设立的三级以下分支机构)判断是否符合规定条件,设在自贸港以外的总机构和分支机构不纳入判断范围

政策依据

一、《财政部 税务总局关于海南自由贸易港企业所得税优惠政策的通知》(财税〔2020〕31号)第一条

二、《国家税务总局海南省税务局关于海南自由贸易港企业所得税优惠政策有关问题的公告》(国家税务总局 海南省税务局公告 2020 年第 4 号)第一条第二项

93. 可免征企业所得税的旅游业、现代服务业、高新技术产业企业新增境外直接投资所得,应如何界定

答:可免征企业所得税的新增境外直接投资所得的具体界定如表 8-39 所示。

表 8-39 新增境外直接投资所得具体界定

事项	具体规定
应满足的条件	1. 从境外新设分支机构取得的营业利润;或从持股比例超过 20%(含)的境外子公司分回的,与新增境外直接投资相对应的股息所得
	2. 被投资国(地区)的企业所得税法定税率不低于 5%
投资时间界定	在 2020 年 1 月 1 日至 2024 年 12 月 31 日期间新增的境外直接投资
境外直接投资的形式	1. 在境外投资新设分支机构
	2. 境外投资新设企业
	3. 对已设立的境外企业增资扩股
	4. 收购境外企业股权

政策依据

一、《财政部 税务总局关于海南自由贸易港企业所得税优惠政策的通知》(财税〔2020〕31号)第二条

二、《国家税务总局 海南省税务局关于海南自由贸易港企业所得税优惠政策有关问题的公告》(国家税务总局 海南省税务局公告 2020 年第 4 号)第二条第一项

94. 海南自由贸易港所得税优惠政策的享受时间及备查资料是什么

答：享受时间及备查资料如表 8-40 所示。

表 8-40　海南自由贸易港所得税优惠的享受时间及备查资料

事项	享受时间	备查资料
鼓励类产业企业减按 15% 税率征收企业所得税政策	在预缴申报时按规定享受	1. 主营业务属于自贸港鼓励类产业目录中的具体项目、属于目录的主营业务收入占企业收入总额 60% 以上的说明 2. 企业进行实质性运营的相关情况说明，包括企业资产总额、收入总额、人员总数、工资总额等，并说明在自贸港设立的机构相应占比
旅游业、现代服务业、高新技术产业企业新增境外直接投资取得的所得免征企业所得税政策	在年度纳税申报时按规定享受	企业属于自贸港鼓励类产业目录中的旅游业、现代服务业、高新技术产业以及新增境外直接投资所得符合条件的说明
新购置的资产一次性扣除或加速折旧和摊销政策	在预缴申报时按规定享受	1. 有关资产购进时点的资料；如以货币形式购进资产的发票；以分期付款或赊销方式购进资产的到货时间说明；自行建造固定资产的竣工结算说明；自行开发的无形资产达到预定用途情况说明 2. 有关资产记账凭证 3. 核算有关资产税务处理与会计处理差异的台账

政策依据

《国家税务总局　海南省税务局关于海南自由贸易港企业所得税优惠政策有关问题的公告》（国家税务总局　海南省税务局公告 2020 年第 4 号）第一条第三项、第二条第二项、第三条第四项

十一、其他税收优惠

95. 企业持有 2019—2023 年发行的铁路债券，在 2023 年以后年度取得利息收入的，可以享受减半征税优惠吗

答：可以享受。具体分析如下：企业投资者持有 2019—2023 年发行的铁路债券取得的利息收入，减半征收企业所得税的优惠，仅限定了铁路债券的发行时间，未限定企业取得利息收入的时间；因此，企业投资者只要持有 2019—2023 年发行的铁路债券，在 2023 年以后年度取得的利息收入，仍可享受减半征收企业所得税的优惠。

政策依据

《财政部　税务总局关于铁路债券利息收入所得税政策的公告》（财政部　税务总局公告 2019 年第 57 号）第一条

对企业投资者持有 2019—2023 年发行的铁路债券取得的利息收入，减半征收企业所得税。

96. 社区养老、托育、家政等服务机构，如何享受企业所得税税收优惠

答：社区养老、托育、家政服务机构享受企业所得税税收优惠的具体规定如表 8-41 所示。

表 8-41　社区、养老等服务机构企业所得税优惠规定

事项	具体规定	
优惠方式	提供社区养老、托育、家政服务取得的收入,在计算应纳税所得额时,减按 90%计入收入总额	
社区的界定	公告所称社区指聚居在一定地域范围内的人们所组成的社会生活共同体,包括城市社区和农村社区	
养老服务及机构的界定	社区养老服务	指为老年人提供的生活照料、康复护理、助餐助行、紧急救援、精神慰藉等服务
	为社区提供养老服务的机构	指在社区依托固定场所设施,采取全托、日托、上门等方式,为社区居民提供养老服务的企业、事业单位和社会组织
托育服务及机构的界定	社区托育服务	指为 3 周岁(含)以下婴幼儿提供的照料、看护、膳食、保育等服务
	为社区提供托育服务的机构	指在社区依托固定场所设施,采取全日托、半日托、计时托、临时托等方式,为社区居民提供托育服务的企业、事业单位和社会组织
家政服务及机构的界定	社区家政服务	指进入家庭成员住所或医疗机构为孕产妇、婴幼儿、老人、病人、残疾人提供的照护服务,以及进入家庭成员住所提供的保洁、烹饪等服务
	为社区提供家政服务的机构	指以家庭为服务对象,为社区居民提供家政服务的企业、事业单位和社会组织
执行期限	2019 年 6 月 1 日起执行至 2025 年 12 月 31 日	

政策依据

《财政部　税务总局　发展改革委　民政部　商务部　卫生健康委关于养老、托育、家政等社区家庭服务业税费优惠政策的公告》(财政部 2019 年第 76 号)

97.从事污染防治的第三方企业,如何享受企业所得税税收优惠

答:从事污染防治的第三方企业享受企业所得税税收优惠的具体规定如表 8-42 所示。

表 8-42　从事污染防治的第三方企业所得税优惠

事项	具体规定
优惠方式	减按 15%的税率征收企业所得税
第三方防治企业的界定	第三方防治企业指受排污企业或政府委托,负责环境污染治理设施(包括自动连续监测设施)运营维护的企业
享受条件(同时满足)	1. 在中国境内(不包括港、澳、台地区)依法注册的居民企业
	2. 具有 1 年以上连续从事环境污染治理设施运营实践,且能够保证设施正常运行
享受条件(同时满足)	3. 具有技术职称的技术人员,或者技术职称的技术人员
	4. 从事环境保护设施运营服务的年度营业收入占总收入的比例不低于 60%
	5. 具备检验能力,拥有自有实验室,仪器配置可满足运行服务范围内常规污染物指标的检测需求
	6. 保证其运营的环境保护设施正常运行,使污染物排放指标能够连续稳定达到国家或者地方规定的排放标准要求
	7. 具有良好的纳税信用,近三年内纳税信用等级未被评定为 C 级或 D 级
执行期限	自 2019 年 1 月 1 日起至 2027 年 12 月 31 日止

政策依据

《财政部 税务总局 国家发展改革委 生态环境部关于从事污染防治的第三方企业所得税政策问题的公告》（财政部 税务总局 国家发展改革委 生态环境部公告 2023 年第 38 号）

《财政部 税务总局关于延长部分税收优惠政策执行期限的公告》（财政部 税务总局公告 2022 年第 4 号）

第三节 税法和会计的差异

企业所得税所有的税收优惠政策都会导致税法和会计的差异，比如免税收入，会计上正常计入收入，汇算清缴时则需要对所得进行调减的处理；又如研发费用的加计扣除，由于税法规定可税前扣除的金额更大，汇算清缴时则需要对所得进行调减的处理。

因此，汇算清缴时应该注意税收优惠所导致的税法和会计的差异。

第四节 申 报 实 务

一、申报表概况及变化

企业所得税的税收优惠主要分为八类：免税收入、减计收入、加计扣除、加速折旧、所得减免、抵扣应纳税所得额、减免所得税额和抵免所得税额。

税收优惠申报表共设置了 9 张报表，其中 5 张二级附表，包括：《A107010 免税减计收入及加计扣除优惠明细表》《A107020 所得减免优惠明细表》《A107030 抵扣应纳税所得额明细表》《A107040 减免所得税优惠明细表》《A107050 税额抵免优惠明细表》。4 张三级附表，包括：《A107011 符合条件的居民企业之间的股息、红利等权益性投资收益优惠明细表》《A107012 研发费用加计扣除优惠明细表》《A107041 高新技术企业优惠情况及明细表》《A107042 软件、集成电路企业优惠情况及明细表》。

2024 年，关于税收优惠部分的纳税申报表，相关部门仅对其中的研发费用加计扣除及计算方式法代码表进行了修订，其他部分继续沿用 2023 年的版本。本部分就 2023 年税收优惠的纳税申报表变化进行了介绍。

对《免税、减计收入及加计扣除优惠明细表》（A107010）的修订，一是根据《财政部 税务总局关于企业投入基础研究税收优惠政策的公告》（2022 年第 32 号），增加第 16.1 行"取得的基础研究资金收入免征企业所得税"和第 30.1 行"企业投入基础研究支出加计扣除"，供纳税人填报企业投入基础研究税收优惠政策。

二是根据《财政部 税务总局 科技部关于加大支持科技创新税前扣除力度的公告》（2022 年第 28 号），将第 28 行中的"加计扣除比例____％"调整为"加计扣除比例及计算方法：____"，并相应增加创意设计活动加计扣除比例及计算方法代码表，供纳税人根据相关政策选择填报适用的加计扣除比例和计算方法；增加第 28.1 行"第四季度相关费用加计扣除"和第 28.2 行"前三季度相关费用加计扣除"，供纳税人填报 2022 年第四季度和前三季度创意设计活动相关费用加计扣除金额。

三是根据《财政部 税务总局 科技部关于加大支持科技创新税前扣除力度的公告》（2022 年第 28 号），增加第 30.2 行"高新技术企业设备器具加计扣除"，供高新技术企业填报 2022 年第四季度（10 月—12 月）新购置设备器具加计扣除金额，具体如表 8-43 和表 8-44 所示。

表 8-43　免税、减计收入及加计扣除优惠明细表（2021 版）

行次	项目	金额
16	（十）其他	
17	二、减计收入(18＋19＋23＋24)	
18	（一）综合利用资源生产产品取得的收入在计算应纳税所得额时减计收入	
19	（二）金融、保险等机构取得的涉农利息、保费减计收入(20＋21＋22)	
20	1.金融机构取得的涉农贷款利息收入在计算应纳税所得额时减计收入	
21	2.保险机构取得的涉农保费收入在计算应纳税所得额时减计收入	
22	3.小额贷款公司取得的农户小额贷款利息收入在计算应纳税所得额时减计收入	
23	（三）取得铁路债券利息收入减半征收企业所得税	
24	（四）其他(24.1＋24.2)	
24.1	1.取得的社区家庭服务收入在计算应纳税所得额时减计收入	
24.2	2.其他	
25	三、加计扣除(26＋27＋28＋29＋30)	
26	（一）开发新技术、新产品、新工艺发生的研究开发费用加计扣除(填写 A107012)	
27	（二）科技型中小企业开发新技术、新产品、新工艺发生的研究开发费用加计扣除(填写 A107012)	
28	（三）企业为获得创新性、创意性、突破性的产品进行创意设计活动而发生的相关费用加计扣除(加计扣除比例____%)	
29	（四）安置残疾人员所支付的工资加计扣除	
30	（五）其他	
31	合计(1＋17＋25)	

表 8-44　免税、减计收入及加计扣除优惠明细表（2022 版）

行次	项目	金额
16	（十）其他 (16.1＋16.2)	
16.1	1.取得的基础研究资金收入免征企业所得税	
16.2	2.其他	
17	二、减计收入 (18＋19＋23＋24)	
18	（一）综合利用资源生产产品取得的收入在计算应纳税所得额时减计收入	
19	（二）金融、保险等机构取得的涉农利息、保费减计收入 (20＋21＋22)	
20	1.金融机构取得的涉农贷款利息收入在计算应纳税所得额时减计收入	
21	2.保险机构取得的涉农保费收入在计算应纳税所得额时减计收入	
22	3.小额贷款公司取得的农户小额贷款利息收入在计算应纳税所得额时减计收入	
23	（三）取得铁路债券利息收入减半征收企业所得税	
24	（四）其他 (24.1＋24.2)	
24.1	1.取得的社区家庭服务收入在计算应纳税所得额时减计收入	
24.2	2.其他	
25	三、加计扣除 (26＋27＋28＋29＋30)	
26	（一）开发新技术、新产品、新工艺发生的研究开发费用加计扣除 (填写 A107012)	

(续表)

行次	项目	金额
27	(二)科技型中小企业开发新技术、新产品、新工艺发生的研究开发费用加计扣除(填写 A107012)	
28	(三)企业为获得创新性、创意性、突破性的产品进行创意设计活动而发生的相关费用加计扣除(加计扣除比例及计算方法:＿＿)	
28.1	其中:第四季度相关费用加计扣除	
28.2	前三季度相关费用加计扣除	
29	(四)安置残疾人员所支付的工资加计扣除	
30	(五)其他(30.1+30.2+30.3)	
30.1	1.企业投入基础研究支出加计扣除	
30.2	2.高新技术企业设备器具加计扣除	
30.3	3.其他	
31	合计(1+17+25)	

对《研发费用加计扣除优惠明细表》(A107012)的修订,根据《财政部 税务总局 科技部关于加大支持科技创新税前扣除力度的公告》(2022年第28号),将第50行"加计扣除比例"调整为"加计扣除比例及计算方法",并相应增加研发费用加计扣除比例及计算方法代码表,供纳税人根据相关政策选择填报适用的加计扣除比例和计算方法;增加第L1行"本年允许加计扣除的研发费用总额"、第L1.1行"第四季度允许加计扣除的研发费用金额"、第L1.2行"前三季度允许加计扣除的研发费用金额",供纳税人填报2022年第四季度和前三季度研发费用金额,具体如表8-45、表8-46和表8-47所示。

表8-45 研发费用加计扣除优惠明细表(2021版)

行次	项目	金额(数量)
47	七、允许扣除的研发费用抵减特殊收入后的金额(45-46)	
48	减:当年销售研发活动直接形成产品(包括组成部分)对应的材料部分	
49	减:以前年度销售研发活动直接形成产品(包括组成部分)对应材料部分结转金额	
50	八、加计扣除比例(%)	
51	九、本年研发费用加计扣除总额(47-48-49)×50	
52	十、销售研发活动直接形成产品(包括组成部分)对应材料部分结转以后年度扣减金额(当47-48-49≥0,本行=0;当47-48-49<0,本行=47-48-49的绝对值)	

表8-46 研发费用加计扣除优惠明细表(2022版)

行次	项目	金额(数量)
47	七、允许扣除的研发费用抵减特殊收入后的金额(45-46)	
48	减:当年销售研发活动直接形成产品(包括组成部分)对应的材料部分	
49	减:以前年度销售研发活动直接形成产品(包括组成部分)对应材料部分结转金额	
50	八、加计扣除比例及计算方法	
L1	本年允许加计扣除的研发费用总额(47-48-49)	
L1.1	其中:第四季度允许加计扣除的研发费用金额	
L1.2	前三季度允许加计扣除的研发费用金额(L1-L1.1)	

(续表)

行次	项　目	金额(数量)
51	九、本年研发费用加计扣除总额(47－48－49)×50	
52	十、销售研发活动直接形成产品(包括组成部分)对应材料部分结转以后年度扣减金额(当47－48－49≥0,本行=0；当47－48－49＜0,本行=47－48－49的绝对值)	

表8-47　研发费用加计扣除比例填报选项(2024年)

序号	填报选项
1	全年100%
2	全年120%(集成电路和工业母机企业)

对《减免所得税优惠明细表》(A107040)的修改,根据《财政部　税务总局关于横琴粤澳深度合作区企业所得税优惠政策的通知》(财税〔2022〕19号)、《财政部　税务总局关于广州南沙企业所得税优惠政策的通知》(财税〔2022〕40号)等规定,在第24行下增加明细行次,对区域性优惠政策进一步细分,供纳税人分别填报横琴粤澳深度合作区、平潭综合实验区、前海深港现代服务业合作区、南沙先行启动区相关优惠政策,具体如表8-48和表8-49所示。

表8-48　减免所得税优惠明细表(2021版)

行次	项　目	金　额
23	二十三、新疆喀什、霍尔果斯特殊经济开发区新办企业定期免征企业所得税	
24	二十四、广东横琴、福建平潭、深圳前海等地区的鼓励类产业企业减按15%税率征收企业所得税	
25	二十五、北京冬奥组委、北京冬奥会测试赛赛事组委会免征企业所得税	
26	二十六、线宽小于130纳米(含)的集成电路生产企业减免企业所得税(原政策,填写A107042)	
27	二十七、线宽小于65纳米(含)或投资额超过150亿元的集成电路生产企业减免企业所得税(原政策,填写A107042)	

表8-49　减免所得税优惠明细表(2022版)

行次	项　目	金　额
23	二十三、新疆喀什、霍尔果斯特殊经济开发区新办企业定期免征企业所得税	
24	二十四、广东横琴、福建平潭、深圳前海、广东南沙等地区的鼓励类产业企业减按15%税率征收企业所得税(24.1+24.2+24.3+24.4)	
24.1	(一)横琴粤澳深度合作区的鼓励类产业企业减按15%税率征收企业所得税	
24.2	(二)平潭综合实验区的鼓励类产业企业减按15%税率征收企业所得税	
24.3	(三)前海深港现代服务业合作区的鼓励类产业企业减按15%税率征收企业所得税	
24.4	(四)南沙先行启动区的鼓励类产业企业减按15%税率征收企业所得税	
25	二十五、北京冬奥组委、北京冬奥会测试赛赛事组委会免征企业所得税	
26	二十六、线宽小于130纳米(含)的集成电路生产企业减免企业所得税(原政策,填写A107042)	
27	二十七、线宽小于65纳米(含)或投资额超过150亿元的集成电路生产企业减免企业所得税(原政策,填写A107042)	

二、免税、减计收入及加计扣除优惠明细表的填报

本表适用于享受免税收入、减计收入和加计扣除优惠的纳税人填报。纳税人根据税法及相关税收政策规定,填报本年发生的免税收入、减计收入和加计扣除优惠情况。

一、有关项目填报说明

1. 第1行"一、免税收入":填报第2+3+9+10+11+12+13+14+15+16行金额。

2. 第2行"(一)国债利息收入免征企业所得税":填报纳税人根据《国家税务总局关于企业国债投资业务企业所得税处理问题的公告》(2011年第36号)等相关税收政策规定,持有国务院财政部门发行的国债取得的利息收入。

3. 第3行"(二)符合条件的居民企业之间的股息、红利等权益性投资收益免征企业所得税":填报《符合条件的居民企业之间的股息、红利等权益性投资收益优惠明细表》(A107011)第8行第17列金额。

4. 第4行"1.一般股息红利等权益性投资收益免征企业所得税":填报《中华人民共和国企业所得税法实施条例》第八十三条规定的投资收益,不含持有H股、创新企业CDR、永续债取得的投资收益,按表A107011第9行第17列金额填报。

5. 第5行"2.内地居民企业通过沪港通投资且连续持有H股满12个月取得的股息红利所得免征企业所得税":填报根据《财政部 国家税务总局 证监会关于沪港股票市场交易互联互通机制试点有关税收政策的通知》(财税〔2014〕81号)等相关税收政策规定,内地居民企业连续持有H股满12个月取得的股息红利所得,按表A107011第10行第17列金额填报。

6. 第6行"3.内地居民企业通过深港通投资且连续持有H股满12个月取得的股息红利所得免征企业所得税":填报根据《财政部 国家税务总局 证监会关于深港股票市场交易互联互通机制试点有关税收政策的通知》(财税〔2016〕127号)等相关税收政策规定,内地居民企业连续持有H股满12个月取得的股息红利所得,按表A107011第11行第17列金额填报。

7. 第7行"居民企业持有创新企业CDR取得的股息红利所得免征企业所得税":填报根据《财政部 税务总局 证监会关于创新企业境内发行存托凭证试点阶段有关税收政策的公告》(2019年第52号)等相关税收政策规定,居民企业持有创新企业CDR取得的股息红利所得,按表A107011第12行第17列金额填报。

8. 第8行"符合条件的永续债利息收入免征企业所得税":填报根据《财政部 税务总局关于永续债企业所得税政策问题的公告》(2019年第64号)等相关税收政策规定,居民企业取得的可以适用企业所得税法规定的居民企业之间的股息、红利等权益性投资收益免征企业所得税规定的永续债利息收入,按表A107011第13行第17列金额填报。

9. 第9行"(三)符合条件的非营利组织的收入免征企业所得税":填报根据税法、《财政部 国家税务总局关于非营利组织企业所得税免税收入问题的通知》(财税〔2009〕122号)、《财政部 税务总局关于非营利组织免税资格认定管理有关问题的通知》(财税〔2018〕13号)等相关税收政策规定,认定的符合条件的非营利组织,取得的捐赠收入等免税收入,但不包括从事营利性活动所取得的收入。当表A000000"207非营利组织"选择"是"时,本行可以填报,否则不得填报。

10. 第10行"(四)中国清洁发展机制基金取得的收入免征企业所得税":填报根据《财政部 国家税务总局关于中国清洁发展机制基金及清洁发展机制项目实施企业有关企业所得税政策问题的通知》(财税〔2009〕30号)等相关税收政策规定,中国清洁发展机制基金取得的

CDM项目温室气体减排量转让收入上缴国家的部分,国际金融组织赠款收入,基金资金的存款利息收入,购买国债的利息收入,国内外机构、组织和个人的捐赠收入。

11. 第11行"(五)投资者从证券投资基金分配中取得的收入免征企业所得税":填报根据《财政部 国家税务总局关于企业所得税若干优惠政策的通知》(财税〔2008〕1号)第二条第(二)项等相关税收政策规定,投资者从证券投资基金分配中取得的收入。

12. 第12行"(六)取得的地方政府债券利息收入免征企业所得税":填报纳税人根据《财政部 国家税务总局关于地方政府债券利息所得免征所得税问题的通知》(财税〔2011〕76号)、《财政部 国家税务总局关于地方政府债券利息免征所得税问题的通知》(财税〔2013〕5号)等相关税收政策规定,取得的2009年、2010年和2011年发行的地方政府债券利息所得,2012年及以后年度发行的地方政府债券利息收入。

13. 第13行"(七)中国保险保障基金有限责任公司取得的保险保障基金等收入免征企业所得税":填报中国保险保障基金有限责任公司根据《财政部 税务总局关于保险保障基金有关税收政策问题的通知》(财税〔2018〕41号)等相关税收政策规定,按《保险保障基金管理办法》规定取得的境内保险公司依法缴纳的保险保障基金;依法从撤销或破产保险公司清算财产中获得的受偿收入和向有关责任方追偿所得,以及依法从保险公司风险处置中获得的财产转让所得;捐赠所得;银行存款利息收入;购买政府债券、中央银行、中央企业和中央级金融机构发行债券的利息收入;国务院批准的其他资金运用取得的收入。

14. 第14行"(八)中国奥委会取得北京冬奥组委支付的收入免征企业所得税":填报根据《财政部 税务总局 海关总署关于北京2022年冬奥会和冬残奥会税收政策的通知》(财税〔2017〕60号)等相关税收政策规定,中国奥委会按中国奥委会、主办城市签订的《联合市场开发计划协议》和中国奥委会、主办城市、国际奥委会签订的《主办城市合同》取得的由北京冬奥组委分期支付的收入、按比例支付的盈余分成收入。

15. 第15行"(九)中国残奥委会取得北京冬奥组委分期支付的收入免征企业所得税":填报根据财税〔2017〕60号等相关税收政策规定,中国残奥委会按照《联合市场开发计划协议》取得的由北京冬奥组委分期支付的收入。

16. 第16行"(十)其他":根据相关行次计算结果填报。本行=第16.1+16.2行。各行按照以下要求填报:

第16.1行"1.取得的基础研究资金收入免征企业所得税":非营利性研究开发机构、高等学校填报根据《财政部 税务总局关于企业投入基础研究有关税收优惠政策的公告》(2022年第32号)等相关税收政策规定取得的基础研究资金收入。

第16.2行"2.其他":填报纳税人享受的本表未列明的其他免税收入税收优惠事项名称、减免税代码及免税收入金额。

17. 第17行"二、减计收入":填报第18+19+23+24行金额。

18. 第18行"(一)综合利用资源生产产品取得的收入在计算应纳税所得额时减计收入":填报纳税人综合利用资源生产产品取得的收入总额乘以10%的金额。

19. 第19行"(二)金融、保险等机构取得的涉农利息、保费减计收入":填报金融、保险等机构取得的涉农利息、保费收入减计收入的金额,按第20+21+22行金额填报。

20. 第20行"1.金融机构取得的涉农贷款利息收入在计算应纳税所得额时减计收入":填报金融机构取得的农户小额贷款利息收入总额乘以10%的金额。

21. 第21行"2.保险机构取得的涉农保费收入在计算应纳税所得额时减计收入":填报保

险公司为种植业、养殖业提供保险业务取得的保费收入总额乘以10%的金额。其中保费收入总额＝原保费收入＋分保费收入－分出保费。

22. 第22行"3.小额贷款公司取得的农户小额贷款利息收入在计算应纳税所得额时减计收入"：填报经省级金融管理部门（金融办、局等）批准成立的小额贷款公司取得的农户小额贷款利息收入乘以10%的金额。

23. 第23行"（三）取得铁路债券利息收入减半征收企业所得税"：填报纳税人根据《财政部 国家税务总局关于铁路建设债券利息收入企业所得税政策的通知》（财税〔2011〕99号）、《财政部 国家税务总局关于20142015年铁路建设债券利息收入企业所得税政策的通知》（财税〔2014〕2号）及《财政部 国家税务总局关于铁路债券利息收入所得税政策问题的通知》（财税〔2016〕30号）、《财政部 税务总局关于铁路债券利息收入所得税政策的公告》（2019年第57号）等相关税收政策规定，持有中国铁路建设铁路债券等企业债券取得的利息收入乘以50%的金额。

24. 第24行"（四）其他"：根据相关行次计算结果填报。本行＝第24.1＋24.2行。第24.1行和第24.2行按照以下要求填报：

第24.1行"1.取得的社区家庭服务收入在计算应纳税所得额时减计收入"：填报纳税人根据《财政部 税务总局发展改革委民政部商务部卫生健康委关于养老、托育、家政等社区家庭服务业税费优惠政策的公告》（2019年第76号）等相关税收政策规定，社区养老、托育、家政相关服务的收入乘以10%的金额。

第24.2行"2.其他"：填报纳税人享受的本表未列明的其他减计收入的税收优惠事项名称、减免税代码及减计收入金额。

25. 第25行"三、加计扣除"：填报第26＋27＋28＋29＋30行的合计金额。

26. 第26行"（一）开发新技术、新产品、新工艺发生的研究开发费用加计扣除"：当表A000000"210－3"项目未填有入库编号时，填报表A107012第51行金额。本行与第27行不可同时填报。

27. 第27行"（二）科技型中小企业开发新技术、新产品、新工艺发生的研究开发费用加计扣除"：当表A000000"210－3"项目填有入库编号时，填报表A107012第51行金额。本行与第26行不可同时填报。

28. 第28行"（三）企业为获得创新性、创意性、突破性的产品进行创意设计活动而发生的相关费用加计扣除"：填报纳税人根据《财政部 国家税务总局科技部关于完善研究开发费用税前加计扣除政策的通知》（财税〔2015〕119号）第二条第四款规定，为获得创新性、创意性、突破性的产品进行创意设计活动而发生的相关费用按照规定进行税前加计扣除的金额。纳税人填报本行时，根据有关政策规定填报加计扣除比例及计算方法。纳税人根据实际情况从《创意设计活动加计扣除比例及计算方法代码表》选择相应代码填入本项。"加计扣除比例及计算方法"选择"121"或"122"的，第28行填报第28.1行和第28.2行的合计金额。

创意设计活动加计扣除比例及计算方法代码表

代码	类型	
110	全年100%（制造业企业、科技型中小企业）	
121	前三季度75%且第四季度100%（其他企业）	按比例计算
122		按实际发生金额计算

第28.1行"其中:第四季度相关费用加计扣除":当"创意设计活动加计扣除比例及分配方法"选择"121"或"122"的,填报根据选定的第四季度相关费用计算方法计算的第四季度进行税前加计扣除的金额。当"研发费用加计扣除比例及计算方法"选择"110"时,本行无需填报。

第28.2行"前三季度相关费用加计扣除":当纳税人"创意设计活动加计扣除比例及分配方法"选择"121"或"122"的,填报根据选定的第四季度相关费用计算方法计算的前三季度进行税前加计扣除的金额。当"研发费用加计扣除比例及计算方法"选择"110"时,本行无需填报。

29. 第29行"(四)安置残疾人员所支付的工资加计扣除":填报纳税人根据《财政部 国家税务总局关于安置残疾人员就业有关企业所得税优惠政策问题的通知》(财税〔2009〕70号)等相关税收政策规定安置残疾人员的,按照支付给残疾职工工资的100%加计扣除的金额。

30. 第30行"(五)其他":根据相关行次计算结果填报。本行=第30.1+30.2+30.3行。各行按照以下要求填报:

第30.1行"1.企业投入基础研究支出加计扣除":填报纳税人根据《财政部 税务总局关于企业投入基础研究有关税收优惠政策的公告》(2022年第32号)等相关税收政策规定,出资给非营利性科学技术研究开发机构、高等学校和政府性自然科学基金用于基础研究的支出按照100%加计扣除的金额。

第30.2行"2.高新技术企业设备器具加计扣除":填报高新技术企业根据《财政部 税务总局科技部关于加大支持科技创新税前扣除力度的公告》(2022年第28号)等相关税收政策规定,2022年10月1日至2022年12月31日期间新购置的设备器具加计扣除的金额。

第30.3行"3.其他":填报纳税人享受的本表未列明的其他加计扣除的税收优惠事项名称、减免税代码及加计扣除的金额。

31. 第31行"合计":填报第1+17+25行金额。

二、表内、表间关系

(一)表内关系

1. 第1行=第2+3+9+10+…+16行。

2. 第3行=第4+5+6+7+8行。

3. 第16行=第16.1+16.2行。

4. 第17行=第18+19+23+24行。

5. 第19行=第20+21+22行。

6. 第24行=第24.1+24.2行。

7. 第25行=第26+27+28+29+30行。

8. 第26行和第27行不可同时填报。

9. 第28行=第28.1+28.2行。

10. 第30行=第30.1+30.2+30.3行。

11. 第31行=第1+17+25行。

(二)表间关系

1. 第3行=表A107011第8行(合计行)第17列。

2. 第4行=表A107011第9行第17列。

3. 第5行=表A107011第10行第17列。

4. 第6行=表A107011第11行第17列。

5. 第7行=表A107011第12行第17列。

6. 第 8 行＝表 A107011 第 13 行第 17 列。

7. 当表 A000000"210－3"项目未填有入库编号时,第 26 行＝表 A107012 第 51 行。

8. 当表 A000000"210－3"项目填有入库编号时,第 27 行＝表 A107012 第 51 行。

9. 第 31 行＝表 A100000 第 17 行。

（二）案例讲解

案例 8-1

某公司 2021 年 6 月 10 日购买面值为 20 万元国债,支付价款 20.2 万元,票面利率 2.5%,2024 年 6 月 10 日到期一次付息。2021 年 12 月 30 日,公司将国债转让,取得价款 22 万元。

【解析】

持有天数＝20＋31＋31＋30＋31＋30＋30＝203（天）

免税利息收入＝200 000×(2.5%÷365)×203＝2 780（元）

转让国债应税所得＝220 000－202 000－2 780＝15 220（元）

案例 8-2

梅松有限责任公司 2021 年度取得境内子公司税台公司的税后股息分配 20 万元,取得国债利息收入 10 万元。梅松公司对税台公司投资成本 255 万元,占股比例 51%,利润分配时间为 2021 年 6 月 30 日。

【解析】

梅松公司 2021 年度取得相关免税收入填报《A107010 免税、减计收入及加计扣除优惠明细表》及《A107011 符合条件的居民企业之间的股息、红利等权益性投资收益优惠明细表》,具体填表数据如表 8-51 及表 8-52 所示。

案例 8-3

梅松公司 2021 年度共安置残疾人员 10 人,全年残疾人职工工资 40 万元,职工福利费 5 万元,工会经费 0.5 万元,职工五险一金共计 20 万元,2021 年度申报企业所得税可加计扣除残疾人工资多少？如何填报？

【解析】

可加计扣除 100% 的支付残疾人员工资不包括职工福利费、工会经费、职工教育经费、基本社保及住房公积金,本案例中可加计扣除的金额为 40 万元。申报时填列《A107010 免税、减计收入及加计扣除优惠明细表》加计扣除第四项,如表 8-50 所示。

表 8-50　A107010 免税、减计收入及加计扣除优惠明细表

单位:元

行次	项目	金额
1	一、免税收入（2＋3＋9＋…＋16）	300 000.00
2	（一）国债利息收入免征企业所得税	100 000.00
3	（二）符合条件的居民企业之间的股息、红利等权益性投资收益免征企业所得税（4＋5＋6＋7＋8）	200 000.00
4	1. 一般股息红利等权益性投资收益免征企业所得税（填写 A107011）	200 000.00
5	2. 内地居民企业通过沪港通投资且连续持有 H 股满 12 个月取得的股息红利所得免征企业所得税（填写 A107011）	0.00

(续表)

行次	项目	金额
6	3.内地居民企业通过深港通投资且连续持有H股满12个月取得的股息红利所得免征企业所得税（填写A107011）	0.00
7	4.居民企业持有创新企业CDR取得的股息红利所得免征企业所得税（填写A107011）	0.00
8	5.符合条件的永续债利息收入免征企业所得税（填写A107011）	0.00
9	（三）符合条件的非营利组织的收入免征企业所得税	0.00
10	（四）中国清洁发展机制基金取得的收入免征企业所得税	0.00
11	（五）投资者从证券投资基金分配中取得的收入免征企业所得税	0.00
12	（六）取得的地方政府债券利息收入免征企业所得税	0.00
13	（七）中国保险保障基金有限责任公司取得的保险保障基金等收入免征企业所得税	0.00
14	（八）中国奥委会取得北京冬奥组委支付的收入免征企业所得税	0.00
15	（九）中国残奥委会取得北京冬奥组委分期支付的收入免征企业所得税	0.00
16	（十）其他（16.1＋16.2）	0.00
16.1	1.取得的基础研究资金收入免征企业所得税	0.00
16.2	2.其他	0.00
17	二、减计收入（18＋19＋23＋24）	0.00
18	（一）综合利用资源生产产品取得的收入在计算应纳税所得额时减计收入	0.00
19	（二）金融、保险等机构取得的涉农利息、保费减计收入（20＋21＋22）	0.00
20	1.金融机构取得的涉农贷款利息收入在计算应纳税所得额时减计收入	0.00
21	2.保险机构取得的涉农保费收入在计算应纳税所得额时减计收入	0.00
22	3.小额贷款公司取得的农户小额贷款利息收入在计算应纳税所得额时减计收入	0.00
23	（三）取得铁路债券利息收入减半征收企业所得税	0.00
24	（四）其他（24.1＋24.2）	0.00
24.1	1.取得的社区家庭服务收入在计算应纳税所得额时减计收入	0.00
24.2	2.其他	0.00
25	三、加计扣除（26＋27＋28＋29＋30）	3 160 000.00
26	（一）开发新技术、新产品、新工艺发生的研究开发费用加计扣除（填写A107012）	2 760 000.00
27	（二）科技型中小企业开发新技术、新产品、新工艺发生的研究开发费用加计扣除（填写A107012）	0.00
28	（三）企业为获得创新性、创意性、突破性的产品进行创意设计活动而发生的相关费用加计扣除（加计扣除比例及计算方法：_____）	0.00
28.1	其中：第四季度相关费用加计扣除	0.00
28.2	前三季度相关费用加计扣除	0.00
29	（四）安置残疾人员所支付的工资加计扣除	400 000.00
30	（五）其他（30.1＋30.2＋30.3）	0.00
30.1	1.企业投入基础研究支出加计扣除	0.00
30.2	2.高新技术企业设备器具加计扣除	0.00
30.3	3.其他	0.00
31	合计（1＋17＋25）	3 460 000.00

三、符合条件的居民企业之间的股息、红利等权益性投资收益优惠明细表的填报

(一)《A107011 符合条件的居民企业之间的股息、红利等权益性投资收益优惠明细表》填报说明

本表适用于享受符合条件的居民企业之间的股息、红利等权益性投资收益优惠的纳税人填报。纳税人根据税法、《财政部 国家税务总局关于企业清算业务企业所得税处理若干问题的通知》(财税〔2009〕60 号)、《财政部 国家税务总局关于执行企业所得税优惠政策若干问题的通知》(财税〔2009〕69 号)、《国家税务总局关于贯彻落实企业所得税法若干税收问题的通知》(国税函〔2010〕79 号)、《国家税务总局关于企业所得税若干问题的公告》(国家税务总局公告 2011 年第 34 号)、《财政部 国家税务总局 证监会关于沪港股票市场交易互联互通机制试点有关税收政策的通知》(财税〔2014〕81 号)、《财政部 国家税务总局 证监会关于深港股票市场交易互联互通机制试点有关税收政策的通知》(财税〔2016〕127 号)等相关税收政策规定,填报本年发生的符合条件的居民企业之间的股息、红利(包括 H 股)等权益性投资收益优惠情况,不包括连续持有居民企业公开发行并上市流通的股票不足 12 个月取得的投资收益。

一、有关项目填报说明

1. 行次根据投资企业名称和投资性质填报,可以根据情况增加。

2. 第 8 行"合计":填报第 1+2+…+7 行的第 17 列合计金额,若增行,根据增行后的情况合计。

3. 第 9 行"其中:股票投资—沪港通 H 股":填报第 1+2…+7 行中,"投资性质"列选择"(3)股票投资(沪港通 H 股投资)"的行次,第 17 列合计金额。

4. 第 10 行"股票投资—深港通 H 股":填报第 1+2…+7 行中,"投资性质"列选择"(4)股票投资(深港通 H 股投资)"的行次,第 17 列合计金额。

5. 第 1 列"被投资企业":填报被投资企业名称。

6. 第 2 列"被投资企业统一社会信用代码(纳税人识别号)":填报被投资企业工商等部门核发的纳税人统一社会信用代码。未取得统一社会信用代码的,填报税务机关核发的纳税人识别号。

7. 第 3 列"投资性质":按选项填报:(1)直接投资、(2)股票投资(不含 H 股)、(3)股票投资(沪港通 H 股投资)、(4)股票投资(深港通 H 股投资)。

符合《财政部 国家税务总局 证监会关于沪港股票市场交易互联互通机制试点有关税收政策的通知》(财税〔2014〕81 号)文件第一条第(四)项第 1 目规定,享受沪港通 H 股股息红利免税政策的企业,选"(3)股票投资(沪港通 H 股投资)"。

符合《财政部 国家税务总局 证监会关于深港股票市场交易互联互通机制试点有关税收政策的通知》(财税〔2016〕127 号)文件第一条第(四)项第 1 目规定,享受深港通 H 股股息红利免税政策的企业,选"(4)股票投资(深港通 H 股投资)"。

8. 第 4 列"投资成本":填报纳税人投资于被投资企业的计税成本。

9. 第 5 列"投资比例":填报纳税人投资于被投资企业的股权比例。若购买公开发行股票的,此列可不填报。

10. 第6列"被投资企业做出利润分配或转股决定时间"：填报被投资企业做出利润分配或转股决定的时间。

11. 第7列"依决定归属于本公司的股息、红利等权益性投资收益金额"：填报纳税人按照投资比例或者其他方法计算的,实际归属于本公司的股息、红利等权益性投资收益金额。若被投资企业将股权（票）溢价所形成的资本公积转为股本的,不作为投资方企业的股息、红利收入,投资方企业也不得增加该项长期投资的计税基础。

12. 第8列"分得的被投资企业清算剩余资产"：填报纳税人分得的被投资企业清算后的剩余资产。

13. 第9列"被清算企业累计未分配利润和累计盈余公积应享有部分"：填报被清算企业累计未分配利润和累计盈余公积中本企业应享有的金额。

14. 第10列"应确认的股息所得"：填报第7列与第8列孰小值。

15. 第11列"从被投资企业撤回或减少投资取得的资产"：填报纳税人从被投资企业撤回或减少投资时取得的资产。

16. 第12列"减少投资比例"：填报纳税人撤回或减少的投资额占投资方在被投资企业持有总投资比例。

17. 第13列"收回初始投资成本"：填报第3×11列的金额。

18. 第14列"取得资产中超过收回初始投资成本部分"：填报第11－13列的余额。

19. 第15列"撤回或减少投资应享有被投资企业累计未分配利润和累计盈余公积"：填报被投资企业累计未分配利润和累计盈余公积按减少实收资本比例计算的部分。

20. 第16列"应确认的股息所得"：填报第13列与第14列孰小值。

21. 第17列"合计"：填报第7＋10＋16列的合计金额。

二、表内、表间关系

（一）表内关系

1. 第13列＝第4×12列。

2. 第14列＝第11－13列。

3. 第17列＝第7＋10＋16列。

4. 第10列＝第8列与第9列孰小值。

5. 第16列＝第14列与第15列孰小值。

6. 第8行（"合计"行）＝第1＋2＋…＋7行第17列合计。

7. 第9行（"股票投资—沪港通H股"合计行）＝第1＋2＋…＋7行中,各行第3列选择"(3)股票投资（沪港通H股投资）"的行次第17列合计金额。

8. 第10行（"股票投资—深港通H股"合计行）＝第1＋2…＋7行中,各行第3列选择"(4)股票投资（深港通H股投资）"的行次第17列合计金额。

（二）表间关系

1. 第8行第17列＝表A107010第3行。

2. 第9行第17列＝表A107010第4行。

3. 第10行第17列＝表A107010第5行。

表单式样如表8-51所示。

第八章 税收优惠

(二)《符合条件的居民企业之间的股息、红利等权益性投资收益优惠明细表》(A107011 见表 8-51)

表 8-51 A107011 符合条件的居民企业之间的股息、红利等权益性投资收益优惠明细表

单位：元

行次	被投资企业	被投资企业统一社会信用代码(纳税人识别号)	投资性质	投资成本	投资比例	被投资企业利润分配确认金额		被投资企业清算确认金额			撤回或减少投资确认金额					合计
						被投资企业做出利润分配或转股决定时间	依决定归属于本公司的股息、红利等权益性投资收益金额	分得的被投资企业清算剩余资产	被清算企业累计未分配利润和累计盈余公积应享有部分	应确认的股息所得	从被投资企业撤回或减少投资取得的资产	减少投资比例	收回初始投资成本	取得资产中超过收回初始投资成本部分	撤回或减少投资应享有被投资企业累计未分配利润和累计盈余公积	应确认的股息所得	
	1	2	3	4	5	6	7	8	9	10 (8与9孰小)	11	12	13(4×12)	14(11−13)	15	16 (14与15孰小)	17(7+10+16)
1	税合公司	*******	直接投资	2 550 000.00	51%	20210630	200 000.00	0.00	0.00	0.00	0.00	0.00	0.00	0.00	0.00	0.00	200 000.00
2																	
3																	
4																	
5																	
6																	
7																	
8	合计																200 000.00
9	其中：直接投资或非 H 股股票投资																200 000.00
10	股票投资—沪港通 H 股																0.00
11	股票投资—深港通 H 股																0.00
12	创新企业 CDR																0.00
13	永续债																0.00

四、研发费用加计扣除优惠明细表的填报

(一)《A107012 研发费用加计扣除优惠明细表》填报说明

本表适用于享受研发费用加计扣除优惠(含结转)政策的纳税人填报。纳税人根据税法、《财政部 国家税务总局 科技部关于完善研究开发费用税前加计扣除政策的通知》(财税〔2015〕119 号)、《国家税务总局关于企业研究开发费用税前加计扣除政策有关问题的公告》(2015 年第 97 号)、《科技部 财政部 国家税务总局关于印发〈科技型中小企业评价办法〉的通知》(国科发政〔2017〕115 号)、《国家税务总局关于提高科技型中小企业研究开发费用税前加计扣除比例有关问题的公告》(2017 年第 18 号)、《国家税务总局关于研发费用税前加计扣除归集范围有关问题的公告》(2017 年第 40 号)、《财政部 税务总局关于企业委托境外研究开发费用税前加计扣除有关政策问题的通知》(财税〔2018〕64 号)、《财政部 税务总局 科技部关于提高研究开发费税前加计扣除比例的通知》(财税〔2018〕99 号)、《财政部 税务总局关于延长部分税收优惠政策执行期限的公告》(2021 年第 6 号)、《财政部 税务总局关于进一步完善研发费用税前加计扣除政策的公告》(2021 年第 13 号)、《国家税务总局关于进一步落实研发费用加计扣除政策有关问题的公告》(2021 年第 28 号)、《财政部 税务总局 科技部关于进一步提高科技型中小企业研发费用税前加计扣除比例的公告》(2022 年第 16 号)、《财政部 税务总局 科技部关于加大支持科技创新税前扣除力度的公告》(2022 年第 28 号)等相关税收政策规定,填报本年发生的研发费用加计扣除优惠情况及结转情况。

一、有关项目填报说明

纳税人根据研发支出辅助账样式选择填报不同行次,当纳税人使用《2021 版研发支出辅助账样式》或者使用自行设计研发支出辅助账样式时,第 3 行"(一)人员人工费用"、第 7 行"(二)直接投入费用"、第 16 行"(三)折旧费用"、第 19 行"(四)无形资产摊销"、第 23 行"(五)新产品设计费等"、第 28 行"(六)其他相关费用"等行次下的明细行次无需填报,上述行次不执行规定的表内计算关系。

1. 第 1 行"本年可享受研发费用加计扣除项目数量":填报纳税人本年研发项目中可享受研发费用加计扣除优惠政策的项目数量。

2. 第 2 行"一、自主研发、合作研发、集中研发":填报第 3+7+16+19+23+34 行金额。

3. 第 3 行"(一)人员人工费用":填报第 4+5+6 行金额。

直接从事研发活动的人员、外聘研发人员同时从事非研发活动的,填报按实际工时占比等合理方法分配的用于研发活动的相关费用。

4. 第 4 行"1.直接从事研发活动人员工资薪金":填报纳税人直接从事研发活动人员,包括研究人员、技术人员、辅助人员的工资、薪金、奖金、津贴、补贴以及按规定可以在税前扣除的对研发人员股权激励的支出。

5. 第 5 行"2.直接从事研发活动人员五险一金":填报纳税人直接从事研发活动人员,包括研究人员、技术人员、辅助人员的基本养老保险费、基本医疗保险费、失业保险费、工伤保险费、生育保险费和住房公积金。

6. 第 6 行"3.外聘研发人员的劳务费用":填报与纳税人或劳务派遣企业签订劳务用工协议(合同)的外聘研发人员的劳务费用,以及临时聘用的研究人员、技术人员、辅助人员的劳务费用。

7. 第 7 行"(二)直接投入费用":填报第 8+9+10+11+12+13+14+15 行金额。

8. 第 8 行"1.研发活动直接消耗材料费用":填报纳税人研发活动直接消耗的材料费用。

9. 第 9 行"2.研发活动直接消耗燃料费用":填报纳税人研发活动直接消耗的燃料费用。

10. 第 10 行"3.研发活动直接消耗动力费用":填报纳税人研发活动直接消耗的动力费用。

11. 第 11 行"4.用于中间试验和产品试制的模具、工艺装备开发及制造费":填报纳税人研发活动中用于中间试验和产品试制的模具、工艺装备开发及制造的费用。

12. 第 12 行"5.用于不构成固定资产的样品、样机及一般测试手段购置费":填报纳税人研发活动中用于不构成固定资产的样品、样机及一般测试手段购置费用。

13. 第 13 行"6.用于试制产品的检验费":填报纳税人研发活动中用于试制产品的检验费。

14. 第 14 行"7.用于研发活动的仪器、设备的运行维护、调整、检验、维修等费用":填报纳税人用于研发活动的仪器、设备的运行维护、调整、检验、维修等费用。

15. 第 15 行"8.通过经营租赁方式租入的用于研发活动的仪器、设备租赁费":填报纳税人经营租赁方式租入的用于研发活动的仪器、设备租赁费。以经营租赁方式租入的用于研发活动的仪器、设备,同时用于非研发活动的,填报按实际工时占比等合理方法分配的用于研发活动的相关费用。

16. 第 16 行"(三)折旧费用":填报第 17+18 行金额。

用于研发活动的仪器、设备,同时用于非研发活动的,填报按实际工时占比等合理方法分配的用于研发活动的相关费用。纳税人用于研发活动的仪器、设备,符合税收规定且选择加速折旧优惠政策的,在享受研发费用税前加计扣除政策时,按照税前扣除的折旧口径填报。

17. 第 17 行"1.用于研发活动的仪器的折旧费":填报纳税人用于研发活动的仪器的折旧费。

18. 第 18 行"2.用于研发活动的设备的折旧费":填报纳税人用于研发活动的设备的折旧费。

19. 第 19 行"(四)无形资产摊销":填报第 20+21+22 行金额。用于研发活动的无形资产,同时用于非研发活动的,填报按实际工时占比等合理方法在研发费用和生产经营费用间分配的用于研发活动的相关费用。纳税人用于研发活动的无形资产,符合税收规定且选择加速摊销优惠政策的,在享受研发费用税前加计扣除政策时,按照税前扣除的摊销口径填报。

20. 第 20 行"1.用于研发活动的软件的摊销费用":填报纳税人用于研发活动的软件的摊销费用。

21. 第 21 行"2.用于研发活动的专利权的摊销费用":填报纳税人用于研发活动的专利权的摊销费用。

22. 第 22 行"3.用于研发活动的非专利技术(包括许可证、专有技术、设计和计算方法等)的摊销费用":填报纳税人用于研发活动的非专利技术(包括许可证、专有技术、设计和计算方法等)的摊销费用。

23. 第 23 行"(五)新产品设计费等":填报第 24+25+26+27 行金额。新产品设计费、新工艺规程制定费、新药研制的临床试验费、勘探开发技术的现场试验费等由辅助生产部门提供的,填报按照一定的分配标准分配给研发项目的金额。

24. 第 24 行"1.新产品设计费":填报纳税人研发活动中发生的新产品设计费。

25. 第 25 行"2.新工艺规程制定费":填报纳税人研发活动中发生的新工艺规程制定费。

26. 第 26 行"3.新药研制的临床试验费":填报纳税人研发活动中发生的新药研制的临床

试验费。

27. 第 27 行"4.勘探开发技术的现场试验费"：填报纳税人研发活动中发生的勘探开发技术的现场试验费。

28. 第 28 行"(六)其他相关费用"：填报第 29＋30＋31＋32＋33 行金额。

29. 第 29 行"1.技术图书资料费、资料翻译费、专家咨询费、高新科技研发保险费"：填报纳税人研发活动中发生的技术图书资料费、资料翻译费、专家咨询费、高新科技研发保险费。

30. 第 30 行"2.研发成果的检索、分析、评议、论证、鉴定、评审、评估、验收费用"：填报纳税人研发活动中发生的研发成果的检索、分析、评议、论证、鉴定、评审、评估、验收费用。

31. 第 31 行"3.知识产权的申请费、注册费、代理费"：填报纳税人研发活动中发生的知识产权的申请费、注册费、代理费。

32. 第 32 行"4.职工福利费、补充养老保险费、补充医疗保险费"：填报纳税人研发活动人员发生的职工福利费、补充养老保险费、补充医疗保险费。

33. 第 33 行"5.差旅费、会议费"：填报纳税人研发活动发生的差旅费、会议费。

34. 第 34 行"(七)经限额调整后的其他相关费用"：填报第 28 行与其他相关费用限额的孰小值。其他相关费用限额按以下公式计算：

其他相关费用限额＝第 3＋7＋16＋19＋23 行×10％/(1－10％)。

35. 第 35 行"二、委托研发"：填报第 36＋37＋39 行金额。

36. 第 36 行"(一)委托境内机构或个人进行研发活动所发生的费用"：填报纳税人研发项目委托境内机构或个人进行研发活动所发生的费用。

37. 第 37 行"(二)委托境外机构进行研发活动发生的费用"：填报纳税人研发项目委托境外机构进行研发活动所发生的费用。

38. 第 38 行"允许加计扣除的委托境外机构进行研发活动发生的费用"：填报纳税人按照税收规定允许加计扣除的委托境外机构进行研发活动发生的研发费用。

39. 第 39 行"(三)委托境外个人进行研发活动发生的费用"：填报纳税人委托境外个人进行研发活动发生的费用。本行不参与加计扣除优惠金额的计算。

40. 第 40 行"三、年度研发费用小计"：填报第 2 行＋第 36 行×80％＋第 38 行金额。

41. 第 41 行"(一)本年费用化金额"：填报纳税人研发活动本年费用化部分金额。

42. 第 42 行"(二)本年资本化金额"：填报纳税人研发活动本年结转无形资产的金额。

43. 第 43 行"四、本年形成无形资产摊销额"：填报纳税人研发活动本年形成无形资产的摊销额。

44. 第 44 行"五、以前年度形成无形资产本年摊销额"：填报纳税人研发活动以前年度形成无形资产本年摊销额。

45. 第 45 行"六、允许扣除的研发费用合计"：填报第 41＋43＋44 行金额。

46. 第 46 行"特殊收入部分"：填报纳税人已归集计入研发费用，但在当期取得的研发过程中形成的下脚料、残次品、中间试制品等特殊收入。

47. 第 47 行"七、允许扣除的研发费用抵减特殊收入后的金额"：填报第 45－46 行金额。

48. 第 48 行"当年销售研发活动直接形成产品(包括组成部分)对应的材料部分"：填报纳税人当年销售研发活动直接形成产品(包括组成部分)对应的材料部分金额。

49. 第 49 行"以前年度销售研发活动直接形成产品(包括组成部分)对应材料部分结转金额"：填报纳税人以前年度销售研发活动直接形成产品(包括组成部分)对应材料部分结转

金额。

50. 第 50 行"八、加计扣除比例及计算方法":根据有关政策规定填报。纳税人根据实际情况从《研发费用加计扣除比例及计算方法代码表》选择相应代码填入本项。

研发费用加计扣除比例及计算方法代码表

代码	类型	
110	全年100%（制造业企业、科技型中小企业）	
121	前三季度75%且第四季度100%（其他企业）	按比例计算
122		按实际发生金额计算

51. 第 L1 行"本年允许加计扣除的研发费用总额（47-48-49）":填报第 47-48-49 行的金额,当第 47-48-49 行＜0 时,本行填报 0。

52. 第 L1.1 行"其中:第四季度允许加计扣除的研发费用金额":当"研发费用加计扣除比例及计算方法"选择"121"或"122"时,填报根据选定的第四季度相关费用计算方法计算的第四季度税前加计扣除金额。当"研发费用加计扣除比例及计算方法"选择"110"时,本行无需填报。

53. 第 L1.2 行"前三季度允许加计扣除的研发费用金额":当"研发费用加计扣除比例及计算方法"选择"121"或"122"时,填报根据选定的第四季度相关费用计算方法计算的前三季度税前加计扣除金额。当"研发费用加计扣除比例及计算方法"选择"110"时,本行无需填报。

54. 第 51 行"九、本年研发费用加计扣除总额":填报第（47-48-49）行×第 50 行的金额。当第 47-48-49 行＜0 时,本行填报 0。当"研发费用加计扣除比例及计算方法"选择"110"时,填报第 L1 行×100%的金额;当"研发费用加计扣除比例及计算方法"选择"121"或"122"时,填报第 L1.1 行×100%+第 L1.2 行×75%的金额。

55. 第 52 行"十、销售研发活动直接形成产品（包括组成部分）对应材料部分结转以后年度扣减金额":当第 47-48-49 行≥0 时,填报 0;当第 47-48-49 行＜0 时,填报第 47-48-49 行金额的绝对值。

二、表内、表间关系

（一）表内关系

1. 第 2 行＝第 3+7+16+19+23+34 行。

2. 第 3 行＝第 4+5+6 行。当表 A000000"224 研发支出辅助账样式"填报"2021 版"或"自行设计"时,不执行本规则。

3. 第 7 行＝第 8+9+10+11+12+13+14+15 行。当表 A000000"224 研发支出辅助账样式"填报"2021 版"或"自行设计"时,不执行本规则。

4. 第 16 行＝第 17+18 行。当表 A000000"224 研发支出辅助账样式"填报"2021 版"或"自行设计"时,不执行本规则。

5. 第 19 行＝第 20+21+22 行。当表 A000000"224 研发支出辅助账样式"填报"2021 版"或"自行设计"时,不执行本规则。

6. 第 23 行＝第 24+25+26+27 行。当表 A000000"224 研发支出辅助账样式"填报"2021 版"或"自行设计"时,不执行本规则。

7. 第 28 行＝第 29+30+31+32+33 行。当表 A000000"224 研发支出辅助账样式"填报"2021 版"或"自行设计"时,不执行本规则。

8. 第34行=第28行与第3+7+16+19+23行×10%/(1-10%)的孰小值。

9. 第35行=第36+37+39行。

10. 第40行=第2行+第36行×80%+第38行。

11. 第45行=第41+43+44行。

12. 第47行=第45-46行。

13. 第L1行=第47-48-49行。当第47-48-49行<0时,第L1行=0。

14. 第L1.2行=第L行-第L1.1行。

15. 第51行=(第47-48-49行)×第50行;当第47-48-49行<0时,第51行=0。
当"研发费用加计扣除比例及计算方法"选择"110"时,第51行=第L1行×100%;当"研发费用加计扣除比例及计算方法"选择"121"或"122"时,第51行=第L1.1行×100%+第L1.2行×75%。

16. 当第47-48-49行≥0时,第52行=0;当第47-48-49行<0时,第52行=第46-47-48行金额的绝对值。

（二）表间关系

1. 当表A000000"210-3"项目未填有入库编号时,第51行=表A107010第26行。

2. 当表A000000"210-3"项目填有入库编号时,第51行=表A107010第27行。

（二）案例讲解

 8-4

梅松公司2021年向当地科委立项,开发电子技术的研发项目,未形成无形资产。相关支出通过管理费用进行归集:

研发支出人员工资薪金200万元,职工福利费30万元,职工教育经费10万元,工会经费4万元,基本社会保障25万元,住房公积金20万元;原材料等直接投入成本50万元,购买研发设备原值100万元,按10年计提折旧,无预计净残值,本年折旧10万元;新产品设计费30万元,研发成果论证费3万元。

【解析】

依据研发人员工资计提的工会经费、职工教育经费不符合国家税务总局公告2017年第40号文的规定,不能在企业所得税税前加计扣除。梅松公司应填报《A107012研发费用加计扣除优惠明细表》和《A107010免税、减计收入及加计扣除优惠明细表》,其中《A107012研发费用加计扣除优惠明细表》的填报示范如表8-52所示。

表8-52　A107012研发费用加计扣除优惠明细表

单位:元

行次	项　目	金额(数量)
1	本年可享受研发费用加计扣除项目数量	1
2	一、自主研发、合作研发、集中研发(3+7+16+19+23+34)	3 680 000.00
3	（一）人员人工费用(4+5+6)	2 450 000.00
4	1. 直接从事研发活动人员工资薪金	2 000 000.00
5	2. 直接从事研发活动人员五险一金	450 000.00

(续表)

行次	项　目	金额(数量)
6	3. 外聘研发人员的劳务费用	
7	（二）直接投入费用(8＋9＋10＋11＋12＋13＋14＋15)	500 000.00
8	1. 研发活动直接消耗材料费用	500 000.00
9	2. 研发活动直接消耗燃料费用	
10	3. 研发活动直接消耗动力费用	
11	4. 用于中间试验和产品试制的模具、工艺装备开发及制造费	
12	5. 用于不构成固定资产的样品、样机及一般测试手段购置费	
13	6. 用于试制产品的检验费	
14	7. 用于研发活动的仪器、设备的运行维护、调整、检验、维修等费用	
15	8. 通过经营租赁方式租入的用于研发活动的仪器、设备租赁费	
16	（三）折旧费用(17＋18)	100 000.00
17	1. 用于研发活动的仪器的折旧费	
18	2. 用于研发活动的设备的折旧费	100 000.00
19	（四）无形资产摊销(20＋21＋22)	
20	1. 用于研发活动的软件的摊销费用	
21	2. 用于研发活动的专利权的摊销费用	
22	3. 用于研发活动的非专利技术(包括许可证、专有技术、设计和计算方法等)的摊销费用	
23	（五）新产品设计费等(24＋25＋26＋27)	300 000.00
24	1. 新产品设计费	300 000.00
25	2. 新工艺规程制定费	
26	3. 新药研制的临床试验费	
27	4. 勘探开发技术的现场试验费	
28	（六）其他相关费用(29＋30＋31＋32＋33)	330 000.00
29	1. 技术图书资料费、资料翻译费、专家咨询费、高新科技研发保险费	
30	2. 研发成果的检索、分析、评议、论证、鉴定、评审、评估、验收费用	30 000.00
31	3. 知识产权的申请费、注册费、代理费	
32	4. 职工福利费、补充养老保险费、补充医疗保险费	300 000.00
33	5. 差旅费、会议费	
34	（七）经限额调整后的其他相关费用	330 000.00
35	二、委托研发（36＋37＋39)	
36	（一）委托境内机构或个人进行研发活动所发生的费用	
37	（二）委托境外机构进行研发活动发生的费用	
38	其中：允许加计扣除的委托境外机构进行研发活动发生的费用	
39	（三）委托境外个人进行研发活动发生的费用	
40	三、年度研发费用小计(2＋36×80％＋38)	3 680 000.00

(续表)

行次	项　目	金额(数量)
41	(一)本年费用化金额	3 680 000.00
42	(二)本年资本化金额	
43	四、本年形成无形资产摊销额	0.00
44	五、以前年度形成无形资产本年摊销额	0.00
45	六、允许扣除的研发费用合计(41+43+44)	3 680 000.00
46	减:特殊收入部分	0.00
47	七、允许扣除的研发费用抵减特殊收入后的金额(45—46)	3 680 000.00
48	减:当年销售研发活动直接形成产品(包括组成部分)对应的材料部分	
49	减:以前年度销售研发活动直接形成产品(包括组成部分)对应材料部分结转金额	
50	八、加计扣除比例(%)	75%
51	九、本年研发费用加计扣除总额(47—48—49)×50	2 760 000.00
52	十、销售研发活动直接形成产品(包括组成部分)对应材料部分结转以后年度扣减金额(当47—48—49≥0,本行=0;当47—48—49<0,本行=47—48—49的绝对值)	

五、所得减免优惠明细表的填报

(一)《A107020 所得减免优惠明细表》填报说明

本表适用于享受所得减免优惠政策的纳税人填报。纳税人根据税法及相关税收政策规定,填报本年发生的所得减免优惠情况,《中华人民共和国企业所得税年度纳税申报表(A 类)》(A100000)第 19 行"纳税调整后所得"为负数的,无需填报本表。

一、有关项目填报说明

(一)列次填报

1. 第 1 列"项目名称":填报纳税人享受减免所得优惠的项目在会计核算上的名称。项目名称以纳税人内部规范称谓为准。

2. 第 2 列"优惠事项名称":按照该项目享受所得减免企业所得税优惠事项的具体政策内容选择填报,具体说明如下:

(1)"一、农、林、牧、渔业项目"。

在以下优惠事项中选择填报:① 蔬菜、谷物、薯类、油料、豆类、棉花、麻类、糖料、水果、坚果的种植;② 农作物新品种的选育;③ 中药材的种植;④ 林木的培育和种植;⑤ 牲畜、家禽的饲养;⑥ 林产品的采集;⑦ 灌溉、兽医、农技推广、农机作业和维修等农、林、牧、渔服务业项目;⑧ 农产品初加工;⑨ 远洋捕捞;⑩ 花卉、茶以及其他饮料作物和香料作物的种植;⑪ 海水养殖、内陆养殖;⑫ 其他。

(2)"二、国家重点扶持的公共基础设施项目"。

在以下优惠事项中选择填报:① 港口码头项目;② 机场项目;③ 铁路项目;④ 公路项目;⑤ 城市公共交通项目;⑥ 电力项目;⑦ 水利项目(不含农村饮水安全工程);⑧ 农村饮水安全工程;⑨ 其他项目。

(3)"三、符合条件的环境保护、节能节水项目"。

适用《环境保护节能节水项目企业所得税优惠目录》(试行)的,在以下优惠事项中选择填报:①公共污水处理项目;②公共垃圾处理项目;③沼气综合开发利用项目;④节能减排技术改造项目;⑤含海水淡化项目;⑥其他项目。适用《环境保护、节能节水项目企业所得税优惠目录(2021年版)》的,按照《环境保护、节能节水项目企业所得税优惠目录(2021年版)》的项目名称选择填报。

(4)"四、符合条件的技术转让项目"。

纳税人填报"小计"行时,在以下优惠事项中选择填报:①一般技术转让项目;②中关村国家自主创新示范区特定区域技术转让项目。其他行次无需填报本列。

(5)"五、清洁发展机制项目"。

本列无需填报。

(6)"六、符合条件的节能服务公司实施合同能源管理项目"。

本列无需填报。

(7)"七、线宽小于130纳米(含)的集成电路生产项目"。

在以下优惠事项中选择填报:"①国家鼓励的线宽小于130纳米(含)的集成电路生产项目(适用新政策);②线宽小于130纳米(含)的集成电路生产项目(适用原政策)。

(8)"八、线宽小于65纳米(含)或投资额超过150亿元的集成电路生产项目"。

在以下优惠事项中选择填报:①国家鼓励的线宽小于65纳米(含)的项目(适用新政策);②线宽小于65纳米(含)的项目(适用原政策);③投资额超过150亿元的项目(适用原政策)。

(9)"九、线宽小于28纳米(含)的集成电路生产项目"。

本列无需填报。

(10)"十、其他"。

填报上述所得减免优惠项目以外的其他所得减免优惠政策具体名称。

3. 第3列"优惠方式":填报该项目享受所得减免企业所得税优惠的具体方式。该项目享受免征企业所得税优惠的,填报"免税";项目享受减半征税企业所得税优惠的,填报"减半征收"。

4. 第4列"项目收入":填报享受所得减免企业所得税优惠项目取得的收入总额。

5. 第5列"项目成本":填报享受所得减免企业所得税优惠项目发生的成本总额。

6. 第6列"相关税费":填报享受所得减免企业所得税优惠项目实际发生的有关税费总额,包括除企业所得税和允许抵扣的增值税以外的各项税金及其附加、合同签订费用、律师费等相关费用及其他支出。

7. 第7列"应分摊期间费用":填报享受所得减免企业所得税优惠项目合理分摊的期间费用总额。合理分摊比例可以按照投资额、销售收入、资产额、人员工资等参数确定,一经确定,不得随意变更。

8. 第8列"纳税调整额":填报纳税人按照税收规定需要调整减免税项目收入、成本、费用的金额,纳税调减以"一"号填列。

9. 第9列"项目所得额\免税项目":填报享受所得减免企业所得税优惠的纳税人计算确认的本期免税项目所得额。本列根据第3列分析填报,第3列填报"免税"的,填报第4－5－6－7＋8列金额,当第4－5－6－7＋8列＜0时,填报0。

第9列"四、符合条件的技术转让项目"的"小计"行:当第4－5－6－7＋8列≤限额时,填报第4－5－6－7＋8列金额(超过限额部分的金额填入第10列);当第4－5－6－7＋8列＜0时,填报0。如果本行第2列选择"一般技术转让项目",限额为500万元;如果选择"中关村国家自主创新示范区特定区域技术转让项目",限额为2 000万元。

10. 第10列"项目所得额\减半项目":填报享受所得减免企业所得税优惠的纳税人本期经计算确认的减半征收项目所得额。本列根据第3列分析填报,第3列填报"减半征税"的,填报第4－5－6－7＋8列金额,当第4－5－6－7＋8列＜0时,填报0。

第10列"四、符合条件的技术转让项目"的"小计"行:填报第4－5－6－7＋8列金额超过限额的部分。如果本行第2列选择"一般技术转让项目",限额为500万元;如果选择"中关村国家自主创新示范区特定区域技术转让项目",限额为2 000万元。

11. 第11列"减免所得额":享受所得减免企业所得税优惠的企业,填报该项目按照税收规定实际可以享受免征、减征的所得额,按第9列＋第10列×50％金额填报。

(二) 行次填报

1. 第1行至第3行"一、农、林、牧、渔业项目":按农、林、牧、渔业项目的优惠政策具体内容分别填报,一个项目填报一行,纳税人有多个项目的,可自行增加行次填报。各行相应列次填报金额的合计金额填入"小计"行。根据《财政部 国家税务总局关于发布享受企业所得税优惠政策的农产品初加工范围(试行)的通知》(财税〔2008〕149号)、《国家税务总局关于黑龙江垦区国有农场土地承包费缴纳企业所得税问题的批复》(国税函〔2009〕779号)、《国家税务总局关于"公司＋农户"经营模式企业所得税优惠问题的公告》(2010年第2号)、《财政部 国家税务总局关于享受企业所得税优惠的农产品初加工有关范围的补充通知》(财税〔2011〕26号)、《国家税务总局关于实施农 林 牧 渔业项目企业所得税优惠问题的公告》(2011年第48号)等相关税收政策规定,填报本纳税年度发生的减征、免征企业所得税项目的有关情况。

2. 第4行至第6行"二、国家重点扶持的公共基础设施项目":按国家重点扶持的公共基础设施项目具体内容分别填报,一个项目填报一行,纳税人有多个项目的,可自行增加行次填报。各行相应列次填报金额的合计金额填入"小计"行。根据《财政部 国家税务总局关于执行公共基础设施项目企业所得税优惠目录有关问题的通知》(财税〔2008〕46号)、《财政部 国家税务总局 国家发展改革委关于公布公共基础设施项目企业所得税优惠目录(2008年版)的通知》(财税〔2008〕116号)、《国家税务总局关于实施国家重点扶持的公共基础设施项目企业所得税优惠问题的通知》(国税发〔2009〕80号)、《财政部 国家税务总局关于公共基础设施项目和环境保护节能节水项目企业所得税优惠政策问题的通知》(财税〔2012〕10号)、《国家税务总局关于电网企业电网新建项目享受所得税优惠政策问题的公告》(2013年第26号)、《财政部 国家税务总局关于公共基础设施项目享受企业所得税优惠政策问题的补充通知》(财税〔2014〕55号)、《财政部 税务总局关于继续实行农村饮水安全工程税收优惠政策的公告》(2019年第67号)、《财政部 税务总局关于延长部分税收优惠政策执行期限的公告》(2021年第6号)等相关税收政策规定,从事《公共基础设施项目企业所得税优惠目录》规定的港口码头、机场、铁路、公路、城市公共交通、电力、水利等项目的投资经营的所得,自项目取得第一笔生产经营收入所属纳税年度起,第一年至第三年免征企业所得税,第四年至第六年减半征收企业所得税,不包括企业承包经营、承包建设和内部自建自用该项目的所得。本行填报本纳税年度发生的减征、免征企业所得税项目的有关情况。

3. 第7行至第9行"三、符合条件的环境保护、节能节水项目":按符合条件的环境保护、节能节水项目的具体内容分别填报,一个项目填报一行。纳税人有多个项目的,可自行增加行次填报。各行相应列次填报金额的合计金额填入"小计"行。根据《财政部 国家税务总局 国家发展改革委关于公布环境保护节能节水项目企业所得税优惠目录(试行)的通知》(财税〔2009〕166号)、《财政部 国家税务总局关于公共基础设施项目和环境保护节能节水项目企业所得税优惠政策问题的通知》(财税〔2012〕10号)、《财政部 税务总局 国家发展改革委 生态环境部关于公布〈环境保护、节能节水项目企业所得税优惠目录(2021年版)〉以及〈资源综合利用企业所得税优惠目录(2021年版)的公告》(2021年第36号)等相关税收政策规定,从事符合条件的环境保护、节能节水项目的所得,自项目取得第一笔生产经营收入所属纳税年度起,第一年至第三年免征企业所得税,第四年至第六年减半征收企业所得税。本行填报本纳税年度发生的减征、免征企业所得税项目的有关情况。

4. 第10行至第12行"四、符合条件的技术转让项目":按照不同技术转让项目分别填报,一个项目填报一行,纳税人有多个项目的,可自行增加行次填报。各行相应列次填报金额的合计金额填入"小计"行。根据《国家税务总局关于技术转让所得减免企业所得税有关问题的通知》(国税函〔2009〕212号)、《财政部 国家税务总局关于居民企业技术转让有关企业所得税政策问题的通知》(财税〔2010〕111号)、《国家税务总局关于技术转让所得减免企业所得税有关问题的公告》(2013年第62号)、《国家税务总局关于许可使用权技术转让所得企业所得税有关问题的公告》(2015年第82号)、《财政部 税务总局 科技部 知识产权局关于中关村国家自主创新示范区特定区域技术转让企业所得税试点政策的通知》(财税〔2020〕61号)等相关税收政策规定,一个纳税年度内,居民企业将其拥有的专利技术、计算机软件著作权、集成电路布图设计权、植物新品种权、生物医药新品种,以及财政部和国家税务总局确定的其他技术的所有权或符合规定年限的全球独占许可使用权、符合规定年限的非独占许可使用权转让取得的所得,不超过500(或2 000)万元的部分,免征企业所得税;超过500(或2 000)万元的部分,减半征收企业所得税。本行填报本纳税年度发生的减征、免征企业所得税项目的有关情况。

5. 第13行至第15行"五、清洁发展机制项目":按照实施的清洁发展机制的不同项目分别填报,一个项目填报一行,纳税人有多个项目的,可自行增加行次填报。各行相应列次填报金额的合计金额填入"小计"行。根据《财政部 国家税务总局关于中国清洁发展机制基金及清洁发展机制项目实施企业有关企业所得税政策问题的通知》(财税〔2009〕30号)等相关税收政策规定,企业实施的将温室气体减排量转让收入的65%上缴给国家的HFC和PFC类CDM项目,以及将温室气体减排量转让收入的30%上缴给国家的N2O类CDM项目,其实施该类CDM项目的所得,自项目取得第一笔减排量转让收入所属纳税年度起,第一年至第三年免征企业所得税,第四年至第六年减半征收企业所得税。本行填报本纳税年度发生的减征、免征企业所得税项目的有关情况。

6. 第16行至第18行"六、符合条件的节能服务公司实施合同能源管理项目":按照节能服务公司实施合同能源管理的不同项目分别填报,一个项目填报一行,纳税人有多个项目的,可自行增加行次填报。各行相应列次填报金额的合计金额填入"小计"行。根据《财政部 国家税务总局关于促进节能服务产业发展增值税 营业税和企业所得税政策问题的通知》(财税〔2010〕110号)、《国家税务总局 国家发展改革委关于落实节能服务企业合同能源管理项目企业所得税优惠政策有关征收管理问题的公告》(2013年第77号)等相关税收政策规定,符合条件的节能服务公司实施合同能源管理项目,符合税法有关规定的,自项目取得第一笔生产经营收入所属纳税年度起,第一年至第三年免征企业所得税,第四年至第六年按照25%的法定税率减半征收企业所得税。本行填报本纳税年度发生的减征、免征企业所得税项目的有关情况。

7. 第19行至第21行"七、线宽小于130纳米(含)的集成电路生产项目":按照投资的线宽小于130纳米(含)的集成电路生产项目的不同项目分别填报,一个项目填报一行,纳税人有多个项目的,可自行增加行次填报。各行相应列次填报金额的合计金额填入"小计"行。

根据《财政部 税务总局 国家发展改革委 工业和信息化部关于集成电路生产企业有关企业所得税政策问题的通知》(财税〔2018〕27号)规定,线宽小于130纳米(含),且经营期在

10年以上的集成电路生产项目,自项目取得第一笔生产经营收入所属纳税年度起,第一年至第二年免征企业所得税,第三年至第五年按照25%的法定税率减半征收企业所得税,符合上述政策条件且在2019年(含)之前已经进入优惠期的企业,2020年(含)起可按政策规定享受至期满为止。根据《财政部 税务总局 发展改革委 工业和信息化部关于促进集成电路和软件产业高质量发展企业所得税政策的公告》(2020年第45号)规定,国家鼓励的线宽小于130纳米(含),且经营期在10年以上的集成电路生产项目,自项目取得第一笔生产经营收入所属纳税年度起,第一年至第二年免征企业所得税,第三年至第五年按照25%的法定税率减半征收企业所得税。本行填报本纳税年度发生的减征、免征企业所得税项目的有关情况。填报该项目的纳税人还应填报《软件、集成电路企业优惠情况及明细表》(A107042),若纳税人不享受集成电路生产企业减免所得税优惠事项,只需填报表A107042"基本信息"和"关键指标情况",无需填报"减免税额"。

8. 第22行至第24行"八、线宽小于65纳米(含)或投资额超过150亿元的集成电路生产项目":按照投资的线宽小于65纳米(含)或投资额超过150亿元的集成电路生产项目的不同项目分别填报,一个项目填报一行,纳税人有多个项目的,可自行增加行次填报。各行相应列次填报金额的合计金额填入"小计"行。根据财税〔2018〕27号规定,线宽小于65纳米(含)或投资额超过150亿元,且经营期在15年以上的集成电路生产项目,自项目取得第一笔生产经营收入所属纳税年度起,第一年至第五年免征企业所得税,第六年至第十年按照25%的法定税率减半征收企业所得税。符合上述政策条件且在2019年(含)之前已经进入优惠期的企业,2020年(含)起可按政策规定享受至期满为止。根据《财政部 税务总局 发展改革委 工业和信息化部关于促进集成电路和软件产业高质量发展企业所得税政策的公告》(2020年第45号)规定,国家鼓励的线宽小于65纳米(含),且经营期在15年以上的集成电路生产项目,自项目取得第一笔生产经营收入所属纳税年度起,第一年至第五年免征企业所得税,第六年至第十年按照25%的法定税率减半征收企业所得税。本行填报本纳税年度发生的减征、免征企业所得税项目的有关情况。填报该项目的纳税人还应填报《软件、集成电路企业优惠情况及明细表》(A107042),若纳税人不享受集成电路生产企业减免所得税优惠事项,只需填报表A107042"基本信息"和"关键指标情况",无需填报"减免税额"。

9. 第25行至27行"九、线宽小于28纳米(含)的集成电路生产项目减免企业所得税(填写A107042)":按照投资的线宽小于28纳米(含)的集成电路生产项目的不同项目分别填报,一个项目填报一行,纳税人有多个项目的,可自行增加行次填报。各行相应列次填报金额的合计金额填入"小计"行。根据《财政部 税务总局 发展改革委 工业和信息化部关于促进集成电路和软件产业高质量发展企业所得税政策的公告》(2020年第45号)规定,国家鼓励的集成电路线宽小于28纳米(含),且经营期在15年以上的集成电路生产项目,第一年至第十年免征企业所得税。本行填报本纳税年度发生的免征企业所得税项目的有关情况。填报该项目的纳税人还应填报《软件、集成电路企业优惠情况及明细表》(A107042),若纳税人不享受集成电路生产企业减免所得税优惠事项,只需填报表A107042"基本信息"和"关键指标情况",无需填报"减免税额"。

10. 第28行至第30行"十、其他":填报纳税人享受的其他专项减免项目名称、优惠事项名称及减免税代码、项目收入等。按照享受所得减免企业所得税优惠的其他项目内容分别填报,一个项目填报一行,纳税人有多个项目的,可自行增加行次填报。各行相应列次填报金额的合计金额填入"小计"行。

11. 第31行"合计":填报第一项至第十项"小计"行的合计金额。

二、表内、表间关系

(一)表内关系(以表样列示行次为例)

1. 第 3 行＝第 1＋2 行。
2. 第 6 行＝第 4＋5 行。
3. 第 9 行＝第 7＋8 行。
4. 第 12 行＝第 10＋11 行。
5. 第 15 行＝第 13＋14 行。
6. 第 18 行＝第 16＋17 行。
7. 第 21 行＝第 19＋20 行。
8. 第 24 行＝第 22＋23 行。
9. 第 27 行＝第 25＋26 行。
10. 第 30 行＝第 28＋29 行。
11. 第 31 行＝第 3＋6＋9＋12＋15＋18＋21＋24＋27＋30 行。
12. 当第 3 列选择"免税"时,第 9 列＝第 4－5－6－7＋8 列;当第 4－5－6－7＋8 列＜0 时,第 9 列＝0。

第 12 行第 2 列选择"一般技术专项项目":当第 12 行第 4－5－6－7＋8 列≤5 000 000 时,第 12 行第 9 列＝第 4－5－6－7＋8 列;当第 12 行第 4－5－6－7＋8 列＞5 000 000 时,第 12 行第 9 列＝5 000 000。

第 12 行第 2 列选择"中关村国家自主创新示范区特定区域技术转让项目":当第 12 行第 4－5－6－7＋8 列≤20 000 000 时,第 12 行第 9 列＝第 4－5－6－7＋8 列;当第 12 行第 4－5－6－7＋8 列＞20 000 000 时,第 12 行第 9 列＝20 000 000。

13. 当第 3 列选择"减半征税"时,第 10 列＝第 4－5－6－7＋8 列;当第 4－5－6－7＋8 列＜0 时,第 10 列＝0。

第 12 行第 2 列选择"一般技术专项项目":当第 12 行第 4－5－6－7＋8 列≤5 000 000 时,第 12 行第 10 列＝0;当第 12 行第 4－5－6－7＋8 列＞5 000 000 时,第 12 行第 10 列＝第 4－5－6－7＋8 列－5 000 000。

第 12 行第 2 列选择"中关村国家自主创新示范区特定区域技术转让项目":当第 12 行第 4－5－6－7＋8 列≤20 000 000 时,第 12 行第 10 列＝0;当第 12 行第 4－5－6－7＋8 列＞20 000 000 时,第 12 行第 10 列＝第 4－5－6－7＋8 列－20 000 000。

14. 第 11 列＝第 9 列＋第 10 列×50％;当第 9 列＋第 10 列×50％＜0 时,第 11 列＝0。

(二)表间关系

1. 当本表合计行第 11 列≥0,且本表合计行第 11 列≤表 A100000 第 19 行时,合计行第 11 列＝表 A100000 第 20 行。
2. 当本表合计行第 11 列≥0,且本表合计行第 11 列＞表 A100000 第 19 行时,表 A100000 第 20 行＝表 A100000 第 19 行。

表单式样如表 8-54 所示。

表 8-53　A107020 所得减免优惠明细表

单位：元

行次	减免项目	项目名称	优惠事项名称	优惠方式	项目收入	项目成本	相关税费	应分摊期间费用	纳税调整额	项目所得额		减免所得额
										免税项目	减半项目	
		1	2	3	4	5	6	7	8	9	10	11(9+10×50%)
1	一、农、林、牧、渔业项目											
2			*									
3		小计		*								
4	二、国家重点扶持的公共基础设施项目											
5			*									
6		小计		*								
7	三、符合条件的环境保护、节能节水项目											
8			*									
9		小计		*								
10	四、符合条件的技术转让项目		*	*						*	*	*
11			*	*						*	*	*
12		小计		*								
13	五、清洁发展机制项目											
14			*	*								
15		小计		*								
16	六、符合条件的节能服务公司实施的合同能源管理项目											
17			*									
18		小计		*								
19	七、线宽小于130纳米（含）的集成电路生产项目											
20			*									
21		小计		*								

(续表)

行次	项目名称 1	优惠事项名称 2	优惠方式 3	项目收入 4	项目成本 5	相关税费 6	应分摊期间费用 7	纳税调整额 8	项目所得额 免税项目 9	项目所得额 减半项目 10	减免所得额 11(9+10×50%)
22	八、线宽小于65纳米(含)或投资额超过150亿元的集成电路生产项目										
23											
24	小计	*	*								
25	九、线宽小于28纳米(含)的集成电路生产项目	*									
26		*	*								
27	小计	*	*								
28	十、其他										
29											
30	小计	*	*								
31	合计	*	*								

（二）案例讲解

案例 8-5

某公司从事花卉种植销售，2021年全年实现销售收入100万元，全部为花卉种植业务，销售成本70万元，税金及附加1万元，财务费用1万元，销售费用5万元，管理费用5万元，利润总额18万元，除业务招待费超出税前扣除标准1万元，无其他调整事项。该企业应如何计算减免所得？

【解析】

该公司从事花卉种植的所得可以享受减半征收的优惠政策，全部收入可以减半征收所得税，应分摊期间费用：5＋5＋1＝11（万元），申报填写《A107020所得减免优惠明细表》第一项，如表8-54所示。

表8-54　A107020所得减免优惠明细表

单位：元

行次	减免项目	优惠事项名称	优惠方式	项目收入	项目成本	相关税费	应分摊期间费用	纳税调整额	项目所得额		减免所得额
									免税项目	减半项目	
1	2	3	4	5	6	7	8	9	10	11(9＋10×50%)
1	一、农、林、牧、渔业项目	花卉、茶以及其他饮料作物和香料的种植	减半征收	1 000 000.00	700 000.00	100.00	110 000.00	10 000.00		190 000.00	95 000.00
2											
3		小计	*	*							

案例 8-6

梅松自来水有限公司2021年共有2个项目，其中一个为符合条件的环境保护节能节水项目。2021年全年销售应税产品不含税金额2 000万元，营业成本1 000万元，税金及附加10万元；销售免税产品不含税收入500万元，营业成本200万元，税金及附加2万元；销售费用共计80万元，其中广告及业务宣传30万元，财务费用20万元，管理费用200万元（其中业务招待费30万元），无其他调整项目。

【解析】

符合条件的环境保护节能节水项目为免税项目，费用分摊假设使用营业收入比例分摊期间费用。

（1）应税项目

应税项目业务招待费调整前所得额＝2 000－1 000－10－(80＋20＋200)×2 000/2 500＝750（万元）

应分摊的业务招待费＝30×2 000/2 500＝24（万元）

业务招待费扣除限额＝2 000×0.5％＝10（万元）

招待费的60％：24×60％＝14.4（万元），所以扣除限额10万元

应税项目业务招待费调整金额＝24－10＝14（万元）

应税项目调整业务招待费后所得额＝750＋14＝764(万元)

(2) 免税项目

免税项目业务招待费调整前所得额＝500－200－2－(80＋20＋200)×500/2 500＝238(万元)

应分摊的业务招待费＝30×500/2 500＝6(万元)

业务招待费扣除限额＝5×0.5％＝2.5(万元)

招待费的60％即：6×60％＝3.6(万元)，所以扣除限额2.5万元

应税项目业务招待费调整金额＝6－2.5＝3.5(万元)

应税项目调整业务招待费后所得额＝238＋3.5＝241.5(万元)

六、抵扣应纳税所得额明细表的填报

(一)《A107030 抵扣应纳税所得额明细表》填报说明

本表适用于享受创业投资企业抵扣应纳税所得额优惠(含结转)的纳税人填报。纳税人根据税法、《国家税务总局关于实施创业投资企业所得税优惠问题的通知》(国税发〔2009〕87号)、《财政部 国家税务总局关于执行企业所得税优惠政策若干问题的通知》(财税〔2009〕69号)、《财政部 国家税务总局关于将国家自主创新示范区有关税收试点政策推广到全国范围实施的通知》(财税〔2015〕116号)、《国家税务总局关于有限合伙制创业投资企业法人合伙人企业所得税有关问题的公告》(国家税务总局公告2015年第81号)、《财政部 税务总局关于创业投资企业和天使投资个人有关税收试点政策的通知》(财税〔2017〕38号)、《国家税务总局关于创业投资企业和天使投资个人税收试点政策有关问题的公告》(国家税务总局公告2017年第20号)等规定，填报本年度发生的创业投资企业抵扣应纳税所得额优惠情况。企业只要本年有新增符合条件的投资额、从有限合伙制创业投资企业分得的应纳税所得额或以前年度结转的尚未抵扣的股权投资余额，无论本年是否抵扣应纳税所得额，均需填报本表。

一、有关项目填报说明

企业同时存在创业投资企业直接投资和通过有限合伙制创业投资企业投资两种情形的，应先填写本表的"二、通过有限合伙制创业投资企业投资按一定比例抵扣分得的应纳税所得额"。

(一)"一、创业投资企业直接投资按投资额一定比例抵扣应纳税所得额"：由创业投资企业(非合伙制)纳税人填报其以股权投资方式直接投资未上市的中小高新技术企业和投资于种子期、初创期科技型企业2年(24个月，下同)以上限额抵免应纳税所得额的金额。对于通过有限合伙制创业投资企业间接投资未上市的中小高新技术企业和投资于种子期、初创期科技型企业享受优惠政策填写本表第9行至第14行，具体行次如下：

1. 第1行"本年新增的符合条件的股权投资额"：填报创业投资企业采取股权投资方式投资于未上市的中小高新技术企业和投资于种子期、初创期科技型企业满2年的，本年新增的符合条件的股权投资额。本行第1列＝本行第2列＋本行第3列。无论企业本年是否盈利，有符合条件的投资额即填报本表，以后年度盈利时填写第4行"以前年度结转的尚未抵扣的股权投资余额"。

2. 第3行"本年新增的可抵扣的股权投资额"：本行填报第1×2行金额。本行第1列＝本行第2列＋本行第3列。

3. 第4行"以前年度结转的尚未抵扣的股权投资余额":填报以前年度符合条件的尚未抵扣的股权投资余额。

4. 第5行"本年可抵扣的股权投资额":本行填报第3+4行的合计金额。

5. 第6行"本年可用于抵扣的应纳税所得额合计金额":本行第1列填报表A100000第19-20-21行-本表第13行第1列"本年实际抵扣应分得的应纳税所得额"的金额,若金额小于零,则填报零。

6. 第7行"本年实际抵扣应纳税所得额":若第5行第1列≤第6行第1列,则本行第1列=第5行第1列;若第5行第1列>第6行第1列,则本行第1列=第6行第1列。本行第1列=本行第2列+本行第3列。

7. 第8行"结转以后年度抵扣的股权投资余额":填报本年可抵扣的股权投资额大于本年实际抵扣应纳税所得额时,抵扣后余额部分结转以后年度抵扣的金额。

(二)"二、通过有限合伙制创业投资企业投资按一定比例抵扣分得的应纳税所得额":企业作为有限合伙制创业投资企业的合伙人,通过合伙企业间接投资未上市中小高新技术企业和种子期、初创期科技型企业,享受有限合伙制创业投资企业法人合伙人按投资额的一定比例抵扣应纳税所得额政策,在本部分填报。

1. 第9行"本年从有限合伙创投企业应分得的应纳税所得额":填写企业作为法人合伙人,通过有限合伙制创业投资企业投资未上市的中小高新技术企业或者投资于种子期、初创期科技型企业,无论本年是否盈利、是否抵扣应纳税所得额,只要本年从有限合伙制创业投资企业中分配归属于该法人合伙人的应纳税所得额,需填写本行。本行第1列=本行第2列+本行第3列。

2. 第10行"本年新增的可抵扣投资额":填写企业作为法人合伙人,通过有限合伙制创业投资企业投资未上市中小高新技术企业和种子期、初创期科技型企业,本年投资满2年符合条件的可抵扣投资额中归属于该法人合伙人的本年新增可抵扣投资额。无论本年是否盈利、是否需要抵扣应纳税所得额,均需填写本行。本行第1列=本行第2列+本行第3列。

有限合伙制创业投资企业的法人合伙人对未上市中小高新技术企业和种子期、初创期科技型企业的投资额,按照有限合伙制创业投资企业的投资额和合伙协议约定的法人合伙人占有限合伙制创业投资企业的出资比例计算确定。其中,有限合伙制创业投资企业的投资额按实缴投资额计算;法人合伙人占有限合伙制创业投资企业的出资比例按法人合伙人对有限合伙制创业投资企业的实缴出资额占该有限合伙制创业投资企业的全部实缴出资额的比例计算。

3. 第11行"以前年度结转的可抵扣投资额":填写法人合伙人上年度未抵扣,可以结转到本年及以后年度的抵扣投资额。

4. 第12行"本年可抵扣投资额":填写本年法人合伙人可用于抵扣的投资额合计,包括本年新增和以前年度结转两部分,等于第10行+第11行。

5. 第13行"本年实际抵扣应分得的应纳税所得额":填写本年法人合伙人享受优惠实际抵扣的投资额,本行第1列为第9行第1列"本年从有限合伙创投企业应分得的应纳税所得额"、第12行第1列"本年可抵扣投资额"、主表第19-20-21行的三者孰小值,若金额小于零,则填报零。本行第1列=第2+3列。

6. 第14行"结转以后年度抵扣的投资额余额":本年可抵扣投资额大于应分得的应纳税所得额时,抵扣后余额部分结转以后年度抵扣的金额。

（三）"三、抵扣应纳税所得额合计"：上述优惠合计额，带入表 A100000 表计算应纳税所得额。

第 15 行"合计"＝7 行＋13 行。本行第 1 列＝本行第 2 列＋本行第 3 列。

（四）列次填报：第 1 列填报抵扣应纳税所得额的整体情况，第 2 列填报投资于未上市中小高新技术企业部分，第 3 列填报投资于种子期、初创期科技型企业部分。

二、表内、表间关系

（一）表内关系

1. 第 3 行＝第 1×2 行。

2. 第 5 行＝第 3＋4 行。

3. 第 7 行：若第 5 行≤第 6 行，则本行第 1 列＝第 5 行；第 5 行＞第 6 行，则本行第 1 列＝第 6 行。

4. 第 8 行：第 5 行＞第 6 行时，本行＝第 5－7 行；第 5 行≤第 6 行时，本行＝0。

5. 第 12 行＝第 10＋11 行。

6. 第 14 行＝第 12－13 行。

7. 第 15 行＝第 7＋13 行。

8. 第 1 列＝第 2 列＋第 3 列。

（二）表间关系

1. 第 6 行第 1 列＝表 A100000 第 19－20－21 行－本表第 13 行第 1 列；若表 A100000 第 19－20－21 行－本表第 13 行第 1 列＜0，第 6 行第 1 列＝0。

2. 第 15 行第 1 列＝表 A100000 第 22 行。

3. 第 13 行第 1 列＝本表第 9 行第 1 列、第 12 行第 1 列、表 A100000 第 19－20－21 行三者的孰小值；若上述孰小值＜0，第 13 行第 1 列＝0。

报表式样如表 8-9 所示。

（二）案例讲解

 8-7

某创业投资企业发生符合条件抵扣应纳税所得额的投资行为，投资金额 2 000 万元，本年度纳税调整后所得为 5 000 万元，减免所得为 2 500 万元，以前年度亏损为 1 000 万元。

【解析】

申报表填列《A107030 抵扣应纳税所得额明细表》，填列后自动生成主表，填报示范如表 8-55 所示。

表 8-55　A107030 抵扣应纳税所得额明细表

金额单位：元

行次	项目	合计金额	投资于未上市中小高新技术企业	投资于种子期、初创期科技型企业
		1＝2＋3	2	3
一、创业投资企业直接投资按投资额一定比例抵扣应纳税所得额				
1	本年新增的符合条件的股权投资额	20 000 000.00		
2	税收规定的抵扣率	70%	70%	70%

(续表)

行次	项目	合计金额 1＝2＋3	投资于未上市中小高新技术企业 2	投资于种子期、初创期科技型企业 3
3	本年新增的可抵扣的股权投资额(1×2)	14 000 000.00		
4	以前年度结转的尚未抵扣的股权投资余额	—	*	*
5	本年可抵扣的股权投资额(3+4)	14 000 000.00	*	*
6	本年可用于抵扣的应纳税所得额	20 000 000.00	*	*
7	本年实际抵扣应纳税所得额	14 000 000.00		
8	结转以后年度抵扣的股权投资余额	0.00	*	*
二、通过有限合伙制创业投资企业投资按一定比例抵扣分得的应纳税所得额				
9	本年从有限合伙创投企业应分得的应纳税所得额	0.00		
10	本年新增的可抵扣投资额	0.00		
11	以前年度结转的可抵扣投资额余额	0.00	*	*
12	本年可抵扣投资额(10+11)	0.00	*	*
13	本年实际抵扣应分得的应纳税所得额	0.00		
14	结转以后年度抵扣的投资额余额	0.00	*	*
三、抵扣应纳税所得额合计				
15	合计(7+13)	14 000 000.00		

七、减免所得税优惠明细表的填报

(一)《A107040 减免所得税优惠明细表》填报说明

本表适用于享受减免所得税优惠政策的纳税人填报。纳税人根据税法和相关税收政策规定，填报本年享受减免所得税优惠情况。

一、有关项目填报说明

1. 第1行"一、符合条件的小型微利企业减免所得税"：填报享受小型微利企业普惠性所得税减免政策减免企业所得税的金额。本行填报根据本期《中华人民共和国企业所得税年度纳税申报表(A类)》(A100000)第23行计算的减免企业所得税的本年金额。

2. 第2行"二、国家需要重点扶持的高新技术企业减按15%的税率征收企业所得税"：根据税法、《国家税务总局关于实施高新技术企业所得税优惠政策有关问题的公告》(2017年第24号)文件等规定，国家需要重点扶持的高新技术企业减按15%的税率征收企业所得税。本行填报表A107041第31行金额。

3. 第3行"三、经济特区和上海浦东新区新设立的高新技术企业在区内取得的所得定期减免企业所得税"：根据《国务院关于经济特区和上海浦东新区新设立高新技术企业实行过渡性税收优惠的通知》(国发〔2007〕40号)等规定，经济特区和上海浦东新区内，在2008年1月1日(含)之后完成登记注册的国家需要重点扶持的高新技术企业，在经济特区和上海浦东新区内取得的所得，自取得第一笔生产经营收入所属纳税年度起，第一年至第二年免征企业所得税，第三年至第五年按照25%法定税率减半征收企业所得税。本行填报表A107041第32行金额。

4. 第4行"四、受灾地区农村信用社免征企业所得税"：填报受灾地区农村信用社按相关规定免征企业所得税的金额。本行不得填报。

5. 第5行"五、动漫企业自主开发、生产动漫产品定期减免企业所得税"：根据《财政部　国家税务总局关于扶持动漫产业发展有关税收政策问题的通知》（财税〔2009〕65号）、《文化部　财政部　国家税务总局关于印发〈动漫企业认定管理办法（试行）〉的通知》（文市发〔2008〕51号）、《文化部　财政部　国家税务总局关于实施〈动漫企业认定管理办法（试行）〉有关问题的通知》（文产发〔2009〕18号）等规定，经认定的动漫企业自主开发、生产动漫产品，享受软件企业所得税优惠政策。自获利年度起，第一年至第二年免征所得税，第三年至第五年按照25%的法定税率减半征收所得税。本行填报根据表A100000第23行计算的免征、减征企业所得税金额。

6. 第6行"六、线宽小于0.8微米（含）的集成电路生产企业减免企业所得税"：根据《财政部　国家税务总局关于进一步鼓励软件产业和集成电路产业发展企业所得税政策的通知》（财税〔2012〕27号）、《财政部　国家税务总局　发展改革委　工业和信息化部关于软件和集成电路产业企业所得税优惠政策有关问题的通知》（财税〔2016〕49号）、《财政部　税务总局　国家发展改革委　工业和信息化部关于集成电路生产企业有关企业所得税政策问题的通知》（财税〔2018〕27号）、《财政部　税务总局　发展改革委　工业和信息化部关于促进集成电路和软件产业高质量发展企业所得税政策的公告》（2020年第45号）等规定，2017年12月31日前设立的集成电路线宽小于0.8微米（含）的集成电路生产企业，自获利年度起第一年至第二年免征企业所得税，第三年至第五年按照25%的法定税率减半征收企业所得税，符合上述政策条件且在2019年（含）之前已经进入优惠期的企业，2020年（含）起可按政策规定享受至期满为止。A000000表"208软件、集成电路企业类型"填报"110集成电路生产企业（线宽小于0.8微米（含）的企业）"，且A107042表选择"延续适用原有优惠政策"的纳税人填报本项，本行填报表A107042第16行金额。

7. 第7行"七、线宽小于0.25微米的集成电路生产企业减按15%税率征收企业所得税"：根据《财政部　税务总局　发展改革委　工业和信息化部关于促进集成电路和软件产业高质量发展企业所得税政策的公告》（2020年第45号）等规定，该项政策已停止执行，本行不得填报。

8. 第8行"八、投资额超过80亿元的集成电路生产企业减按15%税率征收企业所得税"：根据《财政部　税务总局　发展改革委　工业和信息化部关于促进集成电路和软件产业高质量发展企业所得税政策的公告》（2020年第45号）等规定，该项政策已停止执行，本行不得填报。

9. 第9行"九、线宽小于0.25微米的集成电路生产企业减免企业所得税"：根据《财政部　国家税务总局关于进一步鼓励软件产业和集成电路产业发展企业所得税政策的通知》（财税〔2012〕27号）、《财政部　国家税务总局　发展改革委　工业和信息化部关于软件和集成电路产业企业所得税优惠政策有关问题的通知》（财税〔2016〕49号）、《财政部　税务总局　国家发展改革委　工业和信息化部关于集成电路生产企业有关企业所得税政策问题的通知》（财税〔2018〕27号）、《财政部　税务总局　发展改革委　工业和信息化部关于促进集成电路和软件产业高质量发展企业所得税政策的公告》（2020年第45号）等规定，2017年12月31日前设立的线宽小于0.25微米的集成电路生产企业，经营期在15年以上的，自获利年度起计算优惠期，第一年至第五年免征企业所得税，第六年至第十年按照25%的法定税率减半征收企业所得税。符合上述政策条件且在2019年（含）之前已经进入优惠期的企业，2020年（含）起可按政策规定享受至期满为止。A000000表"208软件、集成电路企业类型"填报"120集成电路生产企业(线宽小于0.25微米的企业)",且A107042表选择"延续适用原有优惠政策"的纳税人填报本项,本行填报表A107042第16行金额。

10. 第10行:"十、投资额超过80亿元的集成电路生产企业减免企业所得税":根据《财政部 国家税务总局关于进一步鼓励软件产业和集成电路产业发展企业所得税政策的通知》(财税〔2012〕27号)、《财政部 国家税务总局 发展改革委 工业和信息化部关于软件和集成电路产业企业所得税优惠政策有关问题的通知》(财税〔2016〕49号)、《财政部 税务总局 国家发展改革委 工业和信息化部关于集成电路生产企业有关企业所得税政策问题的通知》(财税〔2018〕27号)、《财政部 税务总局 发展改革委 工业和信息化部关于促进集成电路和软件产业高质量发展企业所得税政策的公告》(2020年第45号)等规定,2017年12月31日前设立的投资额超过80亿元的集成电路生产企业,经营期在15年以上的,自获利年度起计算优惠期,第一年至第五年免征企业所得税,第六年至第十年按照25%的法定税率减半征收企业所得税。符合上述政策条件且在2019年(含)之前已经进入优惠期的企业,2020年(含)起可按政策规定享受至期满为止。表A000000"208软件、集成电路企业类型"填报"130集成电路生产企业(投资额超过80亿元的企业)",且A107042表选择"延续适用原有优惠政策"的纳税人填报本项,本行填报表A107042第16行金额。

11. 第11行:"十一、新办集成电路设计企业减免企业所得税":根据《财政部 国家税务总局关于进一步鼓励软件产业和集成电路产业发展企业所得税政策的通知》(财税〔2012〕27号)、《财政部 国家税务总局 发展改革委 工业和信息化部关于软件和集成电路产业企业所得税优惠政策有关问题的通知》(财税〔2016〕49号)、《财政部 税务总局关于集成电路设计和软件产业企业所得税政策的公告》(2019年第68号)、《财政部 税务总局关于集成电路设计企业和软件企业2019年度企业所得税汇算清缴适用政策的公告》(2020年第29号)、《财政部 税务总局 发展改革委 工业和信息化部关于促进集成电路和软件产业高质量发展企业所得税政策的公告》(2020年第45号)等规定,我国境内新办的集成电路设计企业,自获利年度起计算优惠期,第一年至第二年免征企业所得税,第三年至第五年按照25%的法定税率减半征收企业所得税。符合上述政策条件且在2019年(含)之前已经进入优惠期的企业,2020年(含)起可按政策规定享受至期满为止。A000000表"208软件、集成电路企业类型"填报"240集成电路设计企业(集成电路设计企业)",且A107042表选择"延续适用原有优惠政策"的纳税人填报本项,本行填报表A107042第16行金额。

12. 第12行"十二、国家规划布局内集成电路设计企业可减按10%的税率征收企业所得税":根据《财政部 税务总局 发展改革委 工业和信息化部关于促进集成电路和软件产业高质量发展企业所得税政策的公告》(2020年第45号)等规定,该项政策已停止执行,本行不得填报。

13. 第13行"十三、符合条件的软件企业减免企业所得税":根据《财政部 国家税务总局关于进一步鼓励软件产业和集成电路产业发展企业所得税政策的通知》(财税〔2012〕27号)、《财政部 国家税务总局 发展改革委 工业和信息化部关于软件和集成电路产业企业所得税优惠政策有关问题的通知》(财税〔2016〕49号)、《财政部 税务总局关于集成电路设计和软件产业企业所得税政策的公告》(2019年第68号)、《财政部 税务总局关于集成电路设计企业和软件企业2019年度企业所得税汇算清缴适用政策的公告》(2020年第29号)、《财政部 税务总局 发展改革委 工业和信息化部关于促进集成电路和软件产业高质量发展企业所得税政策的公告》(2020年第45号)等规定,我国境内新办的符合条件的软件企业,自获利年度起计算优惠期,第一年至第二年免征企业所得税,第三年至第五年按照25%的法定税率减半征收企业所得税。符合上述政策条件且在 2019 年（含）之前已经进入优惠期的企业，2020 年（含）起可按政策规定享受至期满为止。A000000 表"208 软件、集成电路企业类型"填报"330 软件企业（软件企业）"，且 A107042 表选择"延续适用原有优惠政策"的纳税人填报本项，本行填报表 A107042 第 16 行金额。

14. 第 14 行"十四、国家规划布局内重点软件企业可减按 10％的税率征收企业所得税"：根据《财政部 税务总局 发展改革委 工业和信息化部关于促进集成电路和软件产业高质量发展企业所得税政策的公告》（2020 年第 45 号）等规定，该项政策已停止执行，本行不得填报。

15. 第 15 行"十五、符合条件的集成电路封装测试企业定期减免企业所得税"：根据《财政部 国家税务总局 发展改革委 工业和信息化部关于进一步鼓励集成电路产业发展企业所得税政策的通知》（财税〔2015〕6 号）、《财政部 税务总局 发展改革委 工业和信息化部关于促进集成电路和软件产业高质量发展企业所得税政策的公告》（2020 年第 45 号）规定，符合原有政策条件的集成电路封装、测试企业，在 2017 年（含 2017 年）前实现获利的，自获利年度起第一年至第二年免征企业所得税，第三年至第五年按照 25％的法定税率减半征收企业所得税；2017 年前未实现获利的，自 2017 年起计算优惠期。符合上述政策条件且在已经进入优惠期的企业，2020 年（含）起可按政策规定享受至期满为止。该项政策已执行期满，本行不得填报。

16. 第 16 行"十六、符合条件的集成电路关键专用材料生产企业、集成电路专用设备生产企业定期减免企业所得税"：根据《财政部 国家税务总局 发展改革委 工业和信息化部关于进一步鼓励集成电路产业发展企业所得税政策的通知》（财税〔2015〕6 号）、《财政部 税务总局 发展改革委 工业和信息化部关于促进集成电路和软件产业高质量发展企业所得税政策的公告》（2020 年第 45 号）规定，符合条件的集成电路关键专用材料生产企业、集成电路专用设备生产企业，在 2017 年（含 2017 年）前实现获利的，自获利年度起第一年至第二年免征企业所得税，第三年至第五年按照 25％的法定税率减半征收企业所得税；2017 年前未实现获利的，自 2017 年起计算优惠期。符合上述政策条件且在已经进入优惠期的企业，2020 年（含）起可按政策规定享受至期满为止。该项政策已执行期满，本行不得填报。

17. 第 17 行"十七、经营性文化事业单位转制为企业的免征企业所得税"：根据《财政部 税务总局 中央宣传部关于继续实施文化体制改革中经营性文化事业单位转制为企业若干税收政策的通知》（财税〔2019〕16 号）等规定，从事新闻出版、广播影视和文化艺术的经营性文化事业单位转制为企业的，自转制注册之日起五年内免征企业所得税。2018 年 12 月 31 日之前已完成转制的企业，自 2019 年 1 月 1 日起可继续免征五年企业所得税。本行填报根据表 A100000 第 23 行计算的免征企业所得税金额。

18. 第 18 行"十八、符合条件的生产和装配伤残人员专门用品企业免征企业所得税"：根据《财政部 税务总局 民政部关于生产和装配伤残人员专门用品企业免征企业所得税的公告》（2021 年第 14 号）等规定，符合条件的生产和装配伤残人员专门用品的企业免征企业所得税。本行填报根据表 A100000 第 23 行计算的免征企业所得税金额。

19. 第 19 行"十九、技术先进型服务企业（服务外包类）减按 15％的税率征收企业所得税"：根据《财政部 税务总局 商务部 科技部 国家发展改革委关于将技术先进型服务企业所得税政策推广至全国实施的通知》（财税〔2017〕79 号）等规定，对经认定的技术先进型服务企业，减按 15％的税率征收企业所得税。表 A000000"206 技术先进型服务企业类型"填报"110 信息技术外包服务（ITO）""120 技术性业务流程外包服务（BPO）""130 技术性知识流程外包服务（KPO）"的纳税人可以填报本项，本行填报根据表 A100000 第 23 行计算的减征企业

20. 第20行"二十、技术先进型服务企业(服务贸易类)减按15%的税率征收企业所得税":根据《财政部 税务总局 商务部 科技部 国家发展改革委关于将服务贸易创新发展试点地区技术先进型服务企业所得税政策推广至全国实施的通知》(财税〔2018〕44号)等规定,对经认定的技术先进型服务企业(服务贸易类),减按15%的税率征收企业所得税。表A000000"206技术先进型服务企业类型"填报"210计算机和信息服务""220研究开发和技术服务""230文化技术服务""240中医药医疗服务"的纳税人可以填报本项,本行填报根据表A100000第23行计算的减征企业所得税金额。

21. 第21行"二十一、设在西部地区的鼓励类产业企业减按15%的税率征收企业所得税(主营业务收入占比____%)":根据《财政部 税务总局 国家发展改革委关于延续西部大开发企业所得税政策的公告》(2020年第23号)、《国家税务总局关于深入实施西部大开发战略有关企业所得税问题的公告》(2012年第12号)、《西部地区鼓励类产业目录》(中华人民共和国国家发展和改革委员会令第15号)、《国家税务总局关于执行〈西部地区鼓励类产业目录〉有关企业所得税问题的公告》(2015年第14号)等规定,对设在西部地区的鼓励类产业企业减按15%的税率征收企业所得税。湖南省湘西土家族苗族自治州、湖北省恩施土家族苗族自治州、吉林省延边朝鲜族自治州和江西省赣州市,可以比照西部地区的企业所得税政策执行。本行填报根据表A100000第23行计算的减征企业所得税金额。

跨地区经营汇总纳税企业总机构和分支机构因享受该项优惠政策适用不同税率的,本行填报按照《国家税务总局关于印发〈跨地区经营汇总纳税企业所得税征收管理办法〉的公告》(2012年第57号)第十八条规定计算的减免税额。

纳税人填报该行次时,需填报符合《西部地区鼓励类产业目录》的主营业务收入占比,保留至小数点后四位,并按百分数填报。

22. 第22行"二十二、新疆困难地区新办企业定期减免企业所得税":根据《财政部 国家税务总局关于新疆困难地区新办企业所得税优惠政策的通知》(财税〔2011〕53号)、《财政部 国家税务总局 国家发展改革委 工业和信息化部关于完善新疆困难地区重点鼓励发展产业企业所得税优惠目录的通知》(财税〔2016〕85号)、《财政部 税务总局关于新疆困难地区及喀什、霍尔果斯两个特殊经济开发区新办企业所得税优惠政策的通知》(财税〔2021〕27号)、《财政部 税务总局 发展改革委 工业和信息化部关于印发新疆困难地区重点鼓励发展产业企业所得税优惠目录的通知》(财税〔2021〕42号)等规定,对在新疆困难地区新办的属于《新疆困难地区重点鼓励发展产业企业所得税优惠目录》范围内的企业,自取得第一笔生产经营收入所属纳税年度起,第一年至第二年免征企业所得税,第三年至第五年减半征收企业所得税。本行填报根据表A100000第23行计算的免征、减征企业所得税金额。

23. 第23行"二十三、新疆喀什、霍尔果斯特殊经济开发区新办企业定期免征企业所得税":根据《财政部 国家税务总局关于新疆喀什霍尔果斯两个特殊经济开发区企业所得税优惠政策的通知》(财税〔2011〕112号)、《财政部 国家税务总局 国家发展改革委 工业和信息化部关于完善新疆困难地区重点鼓励发展产业企业所得税优惠目录的通知》(财税〔2016〕85号)、《财政部 税务总局关于新疆困难地区及喀什、霍尔果斯两个特殊经济开发区新办企业所得税优惠政策的通知》(财税〔2021〕27号)、《财政部 税务总局 发展改革委 工业和信息化部关于印发新疆困难地区重点鼓励发展产业企业所得税优惠目录的通知》(财税〔2021〕42号)等规定,对在新疆喀什、霍尔果斯两个特殊经济开发区内新办的属于《新疆困难地区重点鼓励发展产业企业所得税优惠目录》范围内的企业,自取得第一笔生产经营收入所属纳税年度起,五年内免征企业所得税。本行填报根据表 A100000 第 23 行计算的免征企业所得税金额。

24. 第 24 行"二十四、广东横琴、福建平潭、深圳前海、广东南沙等地区的鼓励类产业企业减按 15％税率征收企业所得税":根据相关行次计算结果填报。本行＝第 24.1＋24.2＋24.3＋24.4 行,各行按照以下要求填报:

第 24.1 行"(一)横琴粤澳深度合作区的鼓励类产业企业减按 15％税率征收企业所得税":根据《财政部 税务总局关于横琴粤澳深度合作区企业所得税优惠政策的通知》(财税〔2022〕19 号)规定,对设在横琴粤澳深度合作区的符合条件的企业减按 15％的税率征收企业所得税。本行填报根据表 A100000 第 23 行计算的减征企业所得税金额。

第 24.2 行"(二)平潭综合实验区的鼓励类产业企业减按 15％税率征收企业所得税":根据《财政部 税务总局关于延续福建平潭综合实验区企业所得税优惠政策的通知》(财税〔2021〕29 号)规定,对设在平潭综合实验区的符合条件的企业减按 15％的税率征收企业所得税。本行填报根据表 A100000 第 23 行计算的减征企业所得税金额。

第 24.3 行"(三)前海深港现代服务业合作区的鼓励类产业企业减按 15％税率征收企业所得税":根据《财政部 税务总局关于延续深圳前海深港现代服务业合作区企业所得税优惠政策的通知》(财税〔2021〕30 号)规定,对设在前海深港现代服务业合作区的符合条件的企业减按 15％的税率征收企业所得税。本行填报根据表 A100000 第 23 行计算的减征企业所得税金额。

第 24.4 行"(四)南沙先行启动区的鼓励类产业企业减按 15％税率征收企业所得税":根据《财政部 税务总局关于广州南沙企业所得税优惠政策的通知》(财税〔2022〕40 号)规定,对设在南沙先行启动区的符合条件的企业减按 15％的税率征收企业所得税。本行填报根据表 A100000 第 23 行计算的减征企业所得税金额。

25. 第 25 行"二十五、北京冬奥组委、北京冬奥会测试赛赛事组委会免征企业所得税":根据《财政部 税务总局 海关总署关于北京 2022 年冬奥会和冬残奥会税收政策的通知》(财税〔2017〕60 号)等规定,为支持发展奥林匹克运动,确保北京 2022 年冬奥会和冬残奥会顺利举办,对北京冬奥组委免征应缴纳的企业所得税,北京冬奥会测试赛赛事组委会取得的收入及发生的涉税支出比照执行北京冬奥组委的税收政策。本行填报北京冬奥组委、北京冬奥会测试赛赛事组委会根据表 A100000 第 23 行计算的免征企业所得税金额。

26. 第 26 行"二十六、线宽小于 130 纳米(含)的集成电路生产企业减免企业所得税":根据《财政部 税务总局 国家发展改革委 工业和信息化部关于集成电路生产企业有关企业所得税政策问题的通知》(财税〔2018〕27 号)、《财政部 税务总局 发展改革委 工业和信息化部关于促进集成电路和软件产业高质量发展企业所得税政策的公告》(2020 年第 45 号)等规定,集成电路线宽小于 130 纳米(含),且经营期在 10 年以上的集成电路生产企业,自企业获利年度起,第一年至第二年免征企业所得税,第三年至第五年按照 25％的法定税率减半征收企业所得税。符合上述政策条件且在 2019 年(含)之前已经进入优惠期的企业,2020 年(含)起可按政策规定享受至期满为止。A000000 表"208 软件、集成电路企业类型"填报"140 集成电路生产企业(线宽小于 130 纳米的企业)",且 A107042 表选择"延续适用原有优惠政策"的纳税人填报本项,本行填报表 A107042 第 16 行金额。

27. 第 27 行"二十七、线宽小于 65 纳米(含)或投资额超过 150 亿元的集成电路生产企业减免企业所得税"：根据《财政部 税务总局 国家发展改革委 工业和信息化部关于集成电路生产企业有关企业所得税政策问题的通知》（财税〔2018〕27号）、《财政部 税务总局 发展改革委 工业和信息化部关于促进集成电路和软件产业高质量发展企业所得税政策的公告》（2020年第45号）等规定，集成电路线宽小于65纳米（含）或投资额超过150亿元，且经营期在15年以上的集成电路生产企业，自企业获利年度起，第一年至第五年免征企业所得税，第六年至第十年按照25%的法定税率减半征收企业所得税。符合上述政策条件且在2019年（含）之前已经进入优惠期的企业，2020年（含）起可按政策规定享受至期满为止。表A000000"208软件、集成电路企业类型"填报"131集成电路生产企业（投资额超过150亿元的企业）"或"151集成电路生产企业（线宽小于65纳米的企业）"，且A107042表选择"延续适用原有优惠政策"的纳税人填报本项，本行填报表A107042第16行金额。

28. 第28行"二十八、其他"：根据相关行次计算结果填报。本行＝第28.1＋28.2＋28.3＋28.4＋28.5＋28.6行，各行按照以下要求填报：

第28.1行"（一）从事污染防治的第三方企业减按15%的税率征收企业所得税"：根据《财政部 税务总局 国家发展改革委 生态环境部关于从事污染防治的第三方企业所得税政策问题的公告》（2019年第60号）、《国家税务总局 国家发展改革委 生态环境部关于落实从事污染防治的第三方企业所得税政策有关问题的公告》（2021年第11号）规定，对符合条件的从事污染防治的第三方企业减按15%的税率征收企业所得税。本行填报根据表A100000第23行计算的减征企业所得税金额。

第28.2行"（二）上海自贸试验区临港新片区的重点企业减按15%的税率征收企业所得税"：根据《财政部 国家税务总局关于中国（上海）自贸试验区临港新片区重点产业企业所得税政策的通知》（财税〔2020〕38号）规定，对新片区内从事集成电路、人工智能、生物医药、民用航空等关键领域核心环节相关产品（技术）业务，并开展实质性生产或研发活动的符合条件的法人企业，自设立之日起，5年内减按15%的税率征收企业所得税。本行填报根据表A100000第23行计算的减征企业所得税金额。

第28.3行"（三）海南自由贸易港鼓励类企业减按15%的税率征收企业所得税"：根据《财政部 税务总局关于海南自由贸易港企业所得税优惠政策的通知》（财税〔2020〕31号）规定，注册在海南自由贸易港并实质性运营的鼓励类产业企业，减按15%的税率征收企业所得税。本行填报根据表A100000第23行计算的减征企业所得税金额。

第28.4行"（四）国家鼓励的集成电路和软件企业减免企业所得税政策"：根据《财政部 税务总局 发展改革委 工业和信息化部关于促进集成电路和软件产业高质量发展企业所得税政策的公告》（2020年第45号）、《国家发展改革委等五部门关于做好享受税收优惠政策的集成电路企业或项目、软件企业清单制定工作有关要求的通知》（发改高技〔2021〕413号）等规定，国家鼓励的集成电路和软件企业可享受一系列企业所得税减免政策，本项为汇总项，纳税人应根据企业享受的具体政策情况在下列项目中选择一项填报：

第28.4.1行"1.线宽小于28纳米（含）集成电路生产企业减免企业所得税"：国家鼓励的集成电路线宽小于28纳米（含）且经营期在15年以上的集成电路生产企业，自获利年度起，第一年至第十年免征企业所得税。表A000000"208软件、集成电路企业类型"填报"160集成电路生产企业（线宽小于28纳米的企业）"，且A107042表选择"适用新出台优惠政策"的纳税人填报本项，本行填报表A107042第16行金额。

第28.4.2行"2.线宽小于65纳米（含）集成电路生产企业减免企业所得税"：国家鼓励的集

成电路线宽小于 65 纳米（含）且经营期在 15 年以上的集成电路生产企业，自获利年度起，第一年至第五年免征企业所得税，第六年至第十年按照 25％的法定税率减半征收企业所得税。表 A000000"208 软件、集成电路企业类型"填报"151 集成电路生产企业（线宽小于 65 纳米的企业）"，且 A107042 表选择"适用新出台优惠政策"的纳税人填报本项，本行填报表 A107042 第 16 行金额。

第 28.4.3 行"3.线宽小于 130 纳米（含）集成电路生产企业减免企业所得税"：国家鼓励的集成电路线宽小于 130 纳米（含）且经营期在 10 年以上的集成电路生产企业，自获利年度起，第一年至第二年免征企业所得税，第三年至第五年按照 25％的法定

税率减半征收企业所得税。表 A000000"208 软件、集成电路企业类型"填报"140 集成电路生产企业（线宽小于 130 纳米的企业）"，且 A107042 表选择"适用新出台优惠政策"的纳税人填报本项，本行填报表 A107042 第 16 行金额。

第 28.4.4 行"4.集成电路设计企业减免企业所得税"：国家鼓励的集成电路设计企业，自获利年度起，第一年至第二年免征企业所得税，第三年至第五年按照 25％的法定税率减半征收企业所得税。表 A000000"208 软件、集成电路企业类型"填报"240 集成电路设计企业（集成电路设计企业）"，且 A107042 表选择"适用新出台优惠政策"的纳税人填报本项，本行填报表 A107042 第 16 行金额。

第 28.4.5 行"5.重点集成电路设计企业减免企业所得税"：国家鼓励的重点集成电路设计企业，自获利年度起，第一年至第五年免征企业所得税政策，接续年度减按 10％税率征收企业所得税。表 A000000"208 软件、集成电路企业类型"填报"250 集成电路设计企业（重点集成电路设计企业）"，且 A107042 表选择"适用新出台优惠政策"的纳税人填报本项，本行填报表 A107042 第 16 行金额。

第 28.4.6 行"6.集成电路装备企业减免企业所得税"：国家鼓励的集成电路装备企业，自获利年度起，第一年至第二年免征企业所得税，第三年至第五年按照 25％的法定税率减半征收企业所得税。表 A000000"208 软件、集成电路企业类型"填报"600 集成电路装备（含专用设备）企业"，且 A107042 表选择"适用新出台优惠政策"的纳税人填报本项，本行填报表 A107042 第 16 行金额。

第 28.4.7 行"7.集成电路材料企业减免企业所得税"：国家鼓励的集成电路材料企业，自获利年度起，第一年至第二年免征企业所得税，第三年至第五年按照 25％的法定税率减半征收企业所得税。表 A000000"208 软件、集成电路企业类型"填报"500 集成电路材料（含关键专用材料）企业"，且 A107042 表选择"适用新出台优惠政策"的纳税人填报本项，本行填报表 A107042 第 16 行金额。

第 28.4.8 行"8.集成电路封装、测试企业减免企业所得税"：国家鼓励的集成电路封装、测试企业，自获利年度起，第一年至第二年免征企业所得税，第三年至第五年按照 25％的法定税率减半征收企业所得税。表 A000000"208 软件、集成电路企业类型"

填报"400 集成电路封装、测试（含封装测试）企业减免企业所得税"，且 A107042 表选择"适用新出台优惠政策"的纳税人填报本项，本行填报表 A107042 第 16 行金额。

第 28.4.9 行"9.软件企业减免企业所得税"：国家鼓励的软件企业，自获利年度起，第一年至第二年免征企业所得税，第三年至第五年按照 25％的法定税率减半征收企业所得税。表 A000000"208 软件、集成电路企业类型"填报"330 软件企业（软件企业）"，且 A107042 表选择"适用新出台优惠政策"的纳税人填报本项，本行填报表 A107042 第 16 行金额。

第28.4.10行"10.重点软件企业减免企业所得税":国家鼓励的重点软件企业,自获利年度起,第一年至第五年免征企业所得税政策,接续年度减按10%税率征收企业所得税。表A000000"208软件、集成电路企业类型"填报"340软件企业(重点软件企业)",且A107042表选择"适用新出台优惠政策"的纳税人填报本项,本行填报表A107042第16行金额。

第28.5行"(五)其他1":填报当年新出台且本表未列明的其他税收优惠政策,需填报项目名称、减免税代码及免征、减征企业所得税金额。

第28.6行"(五)其他2":填报国务院根据税法授权制定的及本表未列明的其他税收优惠政策,需填报项目名称、减免税代码及免征、减征企业所得税金额。

29. 第29行"二十九、项目所得额按法定税率减半征收企业所得税叠加享受减免税优惠":纳税人同时享受优惠税率和所得项目减半情形下,在填报本表低税率优惠时,在本行填报所得项目按照优惠税率减半计算多享受优惠的部分。

企业从事农林牧渔业项目、国家重点扶持的公共基础设施项目、符合条件的环境保护及节能节水项目、符合条件的技术转让、集成电路生产项目、其他专项优惠等所得额应按法定税率25%减半征收,同时享受小型微利企业、高新技术企业、技术先进型服务企业、集成电路生产企业、重点软件企业和重点集成电路设计企业等优惠税率政策,由于申报表填报顺序,按优惠税率减半叠加享受减免税优惠部分,应对该部分金额进行调整。计算公式如下:

A=需要进行叠加调整的减免所得税优惠金额

B=A×[(减半项目所得×50%)÷(纳税调整后所得-所得减免)]

本行填报A和B的孰小值。

其中,需要进行叠加调整的减免所得税优惠金额为本表中第1行到第28行的优惠金额,不包括免税行次和第21行。

30. 第30行"三十、支持和促进重点群体创业就业企业限额减征企业所得税":根据《财政部 税务总局 人力资源社会保障部 国务院扶贫办关于进一步支持和促进重点群体创业就业有关税收政策的通知》(财税〔2019〕22号)、《财政部 税务总局 人力资源社会保障部 国家乡村振兴局关于延长部分扶贫税收优惠政策执行期限的公告》(2021年第18号)等规定,企业招用建档立卡贫困人口,以及在人力资源社会保障部门公共就业服务机构登记失业半年以上且持《就业创业证》或《就业失业登记证》(注明"企业吸纳税收政策")的人员,与其签订1年以上期限劳动合同并依法缴纳社会保险费的,自签订劳动合同并缴纳社会保险当月起,在3年内按实际招用人数予以定额依次扣减增值税、城市维护建设税、教育费附加、地方教育附加和企业所得税优惠。定额标准为每人每年6000元,最高可上浮30%,各省、自治区、直辖市人民政府可根据本地区实际情况在此幅度内确定具体定额标准。本行填报企业纳税年度终了时实际减免的增值税、城市维护建设税、教育费附加和地方教育附加小于核定的减免税总额部分,在企业所得税汇算清缴时扣减的企业所得税金额。当年扣减不完的,不再结转以后年度扣减。本行填报第30.1+30.2行的合计金额。

企业招用建档立卡贫困人口就业扣减企业所得税、企业招用登记失业半年以上人员就业扣减企业所得税,分别填报第30.1行、第30.2行。

31. 第31行"三十一、扶持自主就业退役士兵创业就业企业限额减征企业所得税":根据《财政部 税务总局 退役军人部关于进一步扶持自主就业退役士兵创业就业有关税收政策的通知》(财税〔2019〕21号)等规定,企业招用自主就业退役士兵,与其签订1年以上期限劳动合同并依法缴纳社会保险费的,自签订劳动合同并缴纳社会保险当月起,在3年内按实际招用人数予以定额依次扣减增值税、城市维护建设税、教育费附加、地方教育附加和企业所得税优惠。定额标准为每人每年6000元,最高可上浮50%,各省、自治区、直辖市人民政府可根据本地区实际情况在此幅度内确定具体定额标准。本行填报企业纳税年度终了时实际减免的增值税、城市维护建设税、教育费附加和地方教育附加小于核定的减免税总额部分,在企业所得税汇算清缴时扣减的企业所得税金额。当年扣减不完的,不再结转以后年度扣减。

32. 第32行"三十二、符合条件的公司型创投企业按照企业年末个人股东持股比例减免企业所得税(年末个人股东持股比例____%)":根据《财政部 税务总局 发展改革委 证监会关于中关村国家自主创新示范区公司型创业投资企业有关企业所得税试点政策的通知》(财税〔2020〕63号)、《财政部 税务总局 发展改革委 证监会关于上海市浦东新区特定区域公司型创业投资企业有关企业所得税试点政策的通知》(财税〔2021〕53号)规定,符合条件的公司型创投企业按照企业年末个人股东持股比例减免企业所得税。本行填报企业所得税免征额。

纳税人填报该行次时,需填报符合条件的年末个人股东持股比例,保留至小数点后四位,并按百分数填报。

33. 第33行"合计":填报第1+2+…+28-29+30+31+32行的合计金额。

二、表内、表间关系

(一)表内关系

1. 第24行=第24.1+24.2+24.3+24.4行。
2. 第28行=第28.1+28.2+28.3+28.4+28.5+28.6行。
3. 第28.4行=第28.4.1+28.4.2+…+28.4.10行。
4. 第30行=第30.1+30.2行。
5. 第33行=第1+2+…+28-29+30+31+32行。

(二)表间关系

1. 第2行=表A107041第31行。
2. 第3行=表A107041第32行。
3. 当表A000000"208软件、集成电路企业类型"填报"110集成电路生产企业(线宽小于0.8微米(含)的企业)"且A107042"选择适用优惠政策"勾选"延续适用原有优惠政策"时,本表第6行=表A107042第16行。
4. 当表A000000"208软件、集成电路企业类型"填报"120集成电路生产企业(线宽小于0.25微米的企业)"且A107042"选择适用优惠政策"勾选"延续适用原有优惠政策"时,本表第9行=表A107042第16行。
5. 当表A000000"208软件、集成电路企业类型"填报"130集成电路生产企业(投资额超过80亿元的企业)"且A107042"选择适用优惠政策"勾选"延续适用原有优惠政策"时,第10行=表A107042第16行。
6. 当表A000000"208软件、集成电路企业类型"填报"240集成电路设计企业(集成电路设计企业)"且A107042"选择适用优惠政策"勾选"延续适用原有优惠政策"时,第11行=表A107042第16行。
7. 当表A000000"208软件、集成电路企业类型"填报"330软件企业(软件企业)"且A107042"选择适用优惠政策"勾选"延续适用原有优惠政策"时,第13行=表A107042

第16行。

8. 当表A000000"208软件、集成电路企业类型"填报"140集成电路生产企业(线宽小于130纳米的企业)"且A107042"选择适用优惠政策"勾选"延续适用原有优惠政策"时,第26行＝表A107042第16行。

9. 当表A000000"208软件、集成电路企业类型"填报"131集成电路生产企业(投资额超过150亿元的企业)"或"151集成电路生产企业(线宽小于65纳米的企业)"且A107042"选择适用优惠政策"勾选"延续适用原有优惠政策"时,第27行＝表A107042第16行。

10. 当表A000000"208软件、集成电路企业类型"填报"160集成电路生产企业(线宽小于28纳米的企业)"且A107042"选择适用优惠政策"勾选"适用新出台优惠政策"时,第28.4.1行＝表A107042第16行。

11. 当表A000000"208软件、集成电路企业类型"填报"151集成电路生产企业(线宽小于65纳米的企业)"且A107042"选择适用优惠政策"勾选"适用新出台优惠政策"时,第28.4.2行＝表A107042第16行。

12. 当表A000000"208软件、集成电路企业类型"填报"140集成电路生产企业(线宽小于130纳米的企业)"且A107042"选择适用优惠政策"勾选"适用新出台优惠政策"时,第28.4.3行＝表A107042第16行。

13. 当表A000000"208软件、集成电路企业类型"填报"240集成电路设计企业(集成电路设计企业)"且A107042"选择适用优惠政策"勾选"适用新出台优惠政策"时,第28.4.4行＝表A107042第16行。

14. 当表A000000"208软件、集成电路企业类型"填报"250集成电路设计企业(重点集成电路设计企业)"且A107042"选择适用优惠政策"勾选"适用新出台优惠政策"时,第28.4.5行＝表A107042第16行。

15. 当表A000000"208软件、集成电路企业类型"填报"600集成电路装备(含专用设备)企业"且A107042"选择适用优惠政策"勾选"适用新出台优惠政策"时,第28.4.6行＝表A107042第16行。

16. 当表A000000"208软件、集成电路企业类型"填报"500集成电路材料(含关键专用材料)企业"且A107042"选择适用优惠政策"勾选"适用新出台优惠政策"时,第28.4.7行＝表A107042第16行。

17. 当表A000000"208软件、集成电路企业类型"填报"400集成电路封装、测试(含封装测试)企业"且A107042"选择适用优惠政策"勾选"适用新出台优惠政策"时,第28.4.8行＝表A107042第16行。

18. 当表A000000"208软件、集成电路企业类型"填报"330软件企业(软件企业)"且A107042"选择适用优惠政策"勾选"适用新出台优惠政策"时,第28.4.9行＝表A107042第16行。

19. 当表A000000"208软件、集成电路企业类型"填报"340软件企业(重点软件企业)"且A107042"选择适用优惠政策"勾选"适用新出台优惠政策"时,第28.4.10行＝表A107042第16行。

20. 第33行＝表A100000第26行。

表单样式如表8-56所示。

第八章 税收优惠

表 8-56　A107040 减免所得税优惠明细表

行次	项目	金额
1	一、符合条件的小型微利企业减免企业所得税	
2	二、国家需要重点扶持的高新技术企业减按 15% 的税率征收企业所得税（填写 A107041）	
3	三、经济特区和上海浦东新区新设立的高新技术企业在区内取得的所得定期减免企业所得税（填写 A107041）	
4	四、受灾地区农村信用社免征企业所得税	*
5	五、动漫企业自主开发、生产动漫产品定期减免企业所得税	
6	六、线宽小于 0.8 微米（含）的集成电路生产企业减免企业所得税（填写 A107042）	
7	七、线宽小于 0.25 微米的集成电路生产企业减按 15% 税率征收企业所得税（填写 A107042）	*
8	八、投资额超过 80 亿元的集成电路生产企业减按 15% 税率征收企业所得税（填写 A107042）	*
9	九、线宽小于 0.25 微米的集成电路生产企业减免企业所得税（填写 A107042）	
10	十、投资额超过 80 亿元的集成电路生产企业减免企业所得税（填写 A107042）	
11	十一、新办集成电路设计企业减免企业所得税（填写 A107042）	
12	十二、国家规划布局内集成电路设计企业可减按 10% 的税率征收企业所得税（填写 A107042）	*
13	十三、符合条件的软件企业减免企业所得税（填写 A107042）	
14	十四、国家规划布局内重点软件企业可减按 10% 的税率征收企业所得税（填写 A107042）	*
15	十五、符合条件的集成电路封装测试企业定期减免企业所得税（填写 A107042）	*
16	十六、符合条件的集成电路关键专用材料生产企业、集成电路专用设备生产企业定期减免企业所得税（填写 A107042）	*
17	十七、经营性文化事业单位转制为企业的免征企业所得税	
18	十八、符合条件的生产和装配伤残人员专门用品企业免征企业所得税	
19	十九、技术先进型服务企业（服务外包类）减按 15% 的税率征收企业所得税	
20	二十、技术先进型服务企业（服务贸易类）减按 15% 的税率征收企业所得税	
21	二十一、设在西部地区的鼓励类产业企业减按 15% 的税率征收企业所得税（主营业务收入占比____%）	
22	二十二、新疆困难地区新办企业定期减免企业所得税	
23	二十三、新疆喀什、霍尔果斯特殊经济开发区新办企业定期免征企业所得税	
24	二十四、广东横琴、福建平潭、深圳前海、广东南沙等地区的鼓励类产业企业减按 15% 税率征收企业所得税（24.1＋24.2＋24.3＋24.4）	
24.1	（一）横琴粤澳深度合作区的鼓励类产业企业减按 15% 税率征收企业所得税	
24.2	（二）平潭综合实验区的鼓励类产业企业减按 15% 税率征收企业所得税	
24.3	（三）前海深港现代服务业合作区的鼓励类产业企业减按 15% 税率征收企业所得税	
24.4	（四）南沙先行启动区的鼓励类产业企业减按 15% 税率征收企业所得税	
25	二十五、北京冬奥组委、北京冬奥会测试赛事组委会免征企业所得税	
26	二十六、线宽小于 130 纳米（含）的集成电路生产企业减免企业所得税（原政策，填写 A107042）	
27	二十七、线宽小于 65 纳米（含）或投资额超过 150 亿元的集成电路生产企业减免企业所得税（原政策，填写 A107042）	
28	二十八、其他（28.1＋28.2＋28.3＋28.4＋28.5＋28.6）	
28.1	（一）从事污染防治的第三方企业减按 15% 的税率征收企业所得税	

(续表)

行次	项目	金额
28.2	（二）上海自贸试验区临港新片区的重点产业企业减按15%的税率征收企业所得税	
28.3	（三）海南自由贸易港鼓励类企业减按15%的税率征收企业所得税	
28.4	（四）国家鼓励的集成电路和软件企业减免企业所得税政策（28.4.1+…+28.4.10）	
28.4.1	1. 线宽小于28纳米（含）集成电路生产企业减免企业所得税（填写A107042）	
28.4.2	2. 线宽小于65纳米（含）集成电路生产企业减免企业所得税（填写A107042）	
28.4.3	3. 线宽小于130纳米（含）集成电路生产企业减免企业所得税（填写A107042）	
28.4.4	4. 集成电路设计企业减免企业所得税（填写A107042）	
28.4.5	5. 重点集成电路设计企业减免企业所得税（填写A107042）	
28.4.6	6. 集成电路装备企业减免企业所得税（填写A107042）	
28.4.7	7. 集成电路材料企业减免企业所得税（填写A107042）	
28.4.8	8. 集成电路封装、测试企业减免企业所得税（填写A107042）	
28.4.9	9. 软件企业减免企业所得税（填写A107042）	
28.4.10	10. 重点软件企业减免企业所得税（填写A107042）	
28.5	（五）其他1	
28.6	（六）其他2	
29	二十九、减:项目所得额按法定税率减半征收企业所得税叠加享受减免税优惠	
30	三十、支持和促进重点群体创业就业企业限额减征企业所得税(30.1+30.2)	
30.1	（一）企业招用建档立卡贫困人口就业扣减企业所得税	
30.2	（二）企业招用登记失业半年以上人员就业扣减企业所得税	
31	三十一、扶持自主就业退役士兵创业就业企业限额减征企业所得税	
32	三十二、符合条件的公司型创投企业按照企业年末个人股东持股比例减免企业所得税（个人股东持股比例____%）	
33	合计（1+2+…+28－29+30+31+32）	

（二）案例讲解

案例 8-8

梅松公司是一家经营日化品的小型公司，2020年年末资产总额1 500万元，拥有员工120人。2021年，全年应纳税所得额为300万元，无纳税调整事项。

【解析】

《财政部 税务总局关于实施小微企业普惠性税收减免政策的通知》（财税〔2019〕13号）第二条第一款:对小型微利企业年应纳税所得额不超过100万元的部分，减按25%计入应纳税所得额，按20%的税率缴纳企业所得税;对年应纳税所得额超过100万元但不超过300万元的部分，减按50%计入应纳税所得额，按20%的税率缴纳企业所得税。

《财政部 税务总局关于实施小微企业和个体工商户所得税优惠政策的公告》（财政部 税务总局公告2021年第12号）第一条:对小型微利企业年应纳税所得额不超过100万元的部分，在《财政部 税务总局关于实施小微企业普惠性税收减免政策的通知》（财税〔2019〕13号）第二条规定的优惠政策基础上，再减半征收企业所得税。（执行期限2021年1月1日至 2022 年 12 月 31 日)。

梅松公司缴纳企业所得税的情况如表 8-57 所示。

表 8-57 梅松公司缴纳企业所得税的情况

单位:万元

所得类型	年度应纳税所得额	计入比率		适用税率	应纳税额	税后净利润	实际税率
小型微利企业	300	100	12.5%	20%	100×12.5%×20%=2.5	共计22.5	7.5%
		200	50%		200×50%×20%=20		

减免税额=300×25%−22.5=52.5 万元;

申报时填报《A107040 减免所得税优惠明细表》的第一项。

八、高新技术企业优惠情况及明细表的填报

(一)《A107041 高新技术企业优惠情况及明细表》填报说明

高新技术企业资格的纳税人均需填报本表。纳税人根据税法、《科技部 财政部 国家税务总局关于修订印发〈高新技术企业认定管理办法〉的通知》(国科发火〔2016〕32 号)、《科学技术部 财政部 国家税务总局关于修订印发〈高新技术企业认定管理工作指引〉的通知》(国科发火〔2016〕195 号)、《国家税务总局关于实施高新技术企业所得税优惠政策有关问题的公告》(国家税务总局公告 2017 年第 24 号)等相关税收政策规定,填报本年发生的高新技术企业优惠情况。

一、有关项目填报说明

1. 第 1 行"《高新技术企业证书》编号":填报纳税人高新技术企业证书上的编号;"《高新技术企业证书》取得时间":填报纳税人高新技术企业证书上的取得时间。

2. 第 2 行"对企业主要产品(服务)发挥核心支持作用的技术所属范围":填报对企业主要产品(服务)发挥核心支持作用的技术属于《国家重点支持的高新技术领域》规定的具体范围,填报至三级明细领域,如"一、电子信息技术(一)软件 1.系统软件"。

3. 第 4 行"一、本年高新技术产品(服务)收入":填报第 5+6 行的合计金额。

4. 第 5 行"其中:产品(服务)收入":填报纳税人本年发挥核心支持作用的技术属于《国家重点支持的高新技术领域》规定范围的产品(服务)收入。

5. 第 6 行"技术性收入":包括技术转让收入、技术服务收入和接受委托研究开发收入。

6. 第 7 行"二、本年企业总收入":填报第 8−9 行的余额。

7. 第 8 行"(一)收入总额":填报纳税人本年以货币形式和非货币形式从各种来源取得的收入,为收入总额。包括:销售货物收入,提供劳务收入,转让财产收入,股息、红利等权益性投资收益,利息收入,租金收入,特许权使用费收入,接受捐赠收入,其他收入。

8. 第 9 行"不征税收入":填报纳税人本年符合相关政策规定的不征税收入。

9. 第 10 行"三、本年高新技术产品(服务)收入占企业总收入的比例":填报第 4÷7 行计算后的比例。

10. 第 11 行"四、本年科技人员数":填报纳税人直接从事研发和相关技术创新活动,以及专门从事上述活动的管理和提供直接技术服务的,累计实际工作时间在 183 天以上的人员,包

括在职、兼职和临时聘用人员。

11. 第12行"五、本年职工总数"：填报纳税人本年在职、兼职和临时聘用人员。在职人员可以通过企业是否签订了劳动合同或缴纳社会保险费来鉴别。兼职、临时聘用人员全年须在企业累计工作183天以上。

12. 第13行"六、本年科技人员占企业当年职工总数的比例"：填报第11÷12行计算后的比例。

13. 第14行"高新研发费用归集年度"：本行设定了三个年度，与计算研发费比例相关的第15行至第29行需填报三年数据，实际经营不满三年的按实际经营时间填报。

14. 第15行"七、本年归集的高新研发费用金额"：填报第16+25行的合计金额。

15. 第16行"（一）内部研究开发投入"：填报第17+18+19+20+21+22+24行的合计金额。

16. 第17行"1.人员人工费用"：填报纳税人科技人员的工资薪金、基本养老保险费、基本医疗保险费、失业保险费、工伤保险费、生育保险费和住房公积金，以及外聘科技人员的劳务费用。

17. 第18行"2.直接投入费用"：填报纳税人为实施研究开发活动而实际发生的相关支出。包括：直接消耗的材料、燃料和动力费用；用于中间试验和产品试制的模具、工艺装备开发及制造费，不构成固定资产的样品、样机及一般测试手段购置费，试制产品的检验费；用于研究开发活动的仪器、设备的运行维护、调整、检验、检测、维修等费用，以及通过经营租赁方式租入的用于研发活动的固定资产租赁费。

18. 第19行"3.折旧费用与长期待摊费用"：填报纳税人用于研究开发活动的仪器、设备和在用建筑物的折旧费；研发设施的改建、改装、装修和修理过程中发生的长期待摊费用。

19. 第20行"4.无形资产摊销费用"：填报纳税人用于研究开发活动的软件、知识产权、非专利技术（专有技术、许可证、设计和计算方法等）的摊销费用。

20. 第21行"5.设计费用"：填报纳税人为新产品和新工艺进行构思、开发和制造，进行工序、技术规范、规程制定、操作特性方面的设计等发生的费用，包括为获得创新性、创意性、突破性产品进行的创意设计活动发生的相关费用。

21. 第22行"6.装备调试费与实验费用"：填报纳税人工装准备过程中研究开发活动所发生的费用，包括研制特殊、专用的生产机器，改变生产和质量控制程序，或制定新方法及标准等活动所发生的费用。

22. 第23行"7.其他费用"：填报纳税人与研究开发活动直接相关的其他费用，包括技术图书资料费、资料翻译费、专家咨询费、高新科技研发保险费，研究成果的检索、论证、评审、鉴定、验收费用，知识产权的申请费、注册费、代理费，会议费、差旅费、通信费等。

23. 第24行"其中：可计入研发费用的其他费用"：填报纳税人为研究开发活动所发生的其他费用中不超过研究开发总费用的20%的金额。该行取第17行至第22行之和×20%÷（1-20%）与第23行的孰小值。

24. 第25行"（二）委托外部研究开发费用"：填报纳税人委托境内外其他机构或个人进行研究开发活动所发生的费用（研究开发活动成果为委托方企业拥有，且与该企业的主要经营业务紧密相关）。委托外部研发费用的实际发生额应按照独立交易原则确定，按照实际发生额的80%计入委托方研发费用总额。本行填报（第26+28行）×80%的金额。

25. 第26行"1.境内的外部研发费用"：填报纳税人委托境内其他机构或个人进行的研究

开发活动所支出的费用。本行填报实际发生境内的外部研发费用。

26. 第 27 行"2.境外的外部研发费用":填报纳税人委托境外机构或个人完成的研究开发活动所发生的费用。受托研发的境外机构是指依照外国(地区)及港澳台法律成立的企业和其他取得收入的组织;受托研发的境外个人是指外籍及港澳台个人。本行填报实际发生境外的外部研发费用。

27. 第 28 行"其中:可计入研发费用的境外的外部研发费用":根据《高新技术企业认定管理办法》等规定,纳税人在中国境内发生的研发费用总额占全部研发费用总额的比例不低于 60%,即境外发生的研发费用总额占全部研发费用总额的比例不超过 40%。本行填报(第 17+18+…+22+23+26 行)×40%÷(1-40%)与第 27 行的孰小值。

28. 第 29 行"八、销售(营业)收入":填报纳税人主营业务收入与其他业务收入之和。

29. 第 30 行"九、三年研发费用占销售(营业)收入的比例":填报第 15 行 4 列÷第 29 行 4 列计算后的比例。

30. 第 31 行"十、国家需要重点扶持的高新技术企业减征企业所得税":本行填报经济特区和上海浦东新区外的高新技术企业或虽在经济特区和上海浦东新区新设的高新技术企业但取得区外所得的减免税金额。

31. 第 32 行"十一、经济特区和上海浦东新区新设立的高新技术企业定期减免":本行填报在经济特区和上海浦东新区新设的高新技术企业区内所得减免税金额。

二、表内、表间关系

(一)表内关系

1. 第 4 行=第 5+6 行。
2. 第 7 行=第 8-9 行。
3. 第 10 行=第 4÷7 行。
4. 第 13 行=第 11÷12 行。
5. 第 15 行=第 16+25 行。
6. 第 16 行=第 17+18+19+20+21+22+24 行。
7. 第 25 行=(第 26+28 行)×80%。
8. 第 30 行=第 15 行 4 列÷第 29 行 4 列。

(二)表间关系

1. 第 31 行=表 A107040 第 2 行。
2. 第 32 行=表 A107040 第 3 行。

表单式样如表 8-58 所示。

表 8-58 A107041 高新技术企业优惠情况及明细表

		基本信息		
1	高新技术企业证书编号		高新技术企业证书取得时间	
2	对企业主要产品(服务)发挥核心支持作用的技术所属范围	国家重点支持的高新技术领域		
		一级领域	二级领域	三级领域
3		关键指标情况		

(续表)

			本年度	前一年度	前二年度	合计
4	收入指标	一、本年高新技术产品(服务)收入(5＋6)				
5		其中:产品(服务)收入				
6		技术性收入				
7		二、本年企业总收入(8－9)				
8		其中:收入总额				
9		不征税收入				
10		三、本年高新技术产品(服务)收入占企业总收入的比例(4÷7)				
11	人员指标	四、本年科技人员数				
12		五、本年职工总数				
13		六、本年科技人员占企业当年职工总数的比例(11÷12)				
14		高新研发费用归集年度	本年度	前一年度	前二年度	合计
			1	2	3	4
15	研发费用指标	七、归集的高新研发费用金额(16＋25)				
16		(一)内部研究开发投入(17＋…＋22＋24)				
17		1. 人员人工费用				
18		2. 直接投入费用				
19		3. 折旧费用与长期待摊费用				
20		4. 无形资产摊销费用				
21		5. 设计费用				
22		6. 装备调试费与实验费用				
23		7. 其他费用				
24		其中:可计入研发费用的其他费用				
25		(二)委托外部研发费用[(26＋28)×80％]				
26		1. 境内的外部研发费				
27		2. 境外的外部研发费				
28		其中:可计入研发费用的境外的外部研发费				
29		八、销售(营业)收入				
30		九、三年研发费用占销售(营业)收入的比例(15行4列÷29行4列)				
31	减免税额	十、国家需要重点扶持的高新技术企业减征企业所得税				
32		十一、经济特区和上海浦东新区新设立的高新技术企业定期减免税额				

(二)案例讲解

案例 8-9

某高新技术企业,2021年度应纳税所得额为1 000万元,其中600万元为技术转让所得。企业应纳税所得额是多少,汇算清缴应如何填报?

【解析】

(1) 所得减免：

填报《A107020 所得减免优惠明细表》第四项"符合条件的技术转让项目"减免所得550万元，其中超过不超过500万元的部分全额免税，减免所得额500万元；超过500万元的部分减免所得额：100×50%＝50（万元）。

(2) 减免所得税填报

企业应纳所得额＝1 000－550＝450（万元），高新技术企业适用税率15%，减免所得税10%，为45万元，填报《A107041 高新技术企业优惠情况及明细表》减免税额45万元，填报《A107040 减免所得税优惠明细表》第2行。同时在29行"减：项目所得额按法定税率减半征收企业所得税叠加享受减免税优惠"进行调整，对已享受项目所得优惠的50万元所得因减按15%税率征税而减少的所得税需要调整，调整金额：50×（25%－15%）＝5（万元）。

九、软件、集成电路企业优惠情况及明细表的填报

（一）《A107042 软件、集成电路企业优惠情况及明细表》

本表适用于享受软件、集成电路企业优惠政策的纳税人填报。纳税人根据税法、《财政部 国家税务总局关于进一步鼓励软件产业和集成电路产业发展企业所得税政策的通知》（财税〔2012〕27号）、《财政部 国家税务总局 发展改革委 工业和信息化部关于软件和集成电路产业企业所得税优惠政策有关问题的通知》（财税〔2016〕49号）、《财政部 国家税务总局 发展改革委 工业和信息化部关于进一步鼓励集成电路产业发展企业所得税政策的通知》（财税〔2015〕6号）、《国家发展和改革委员会 工业和信息化部 财政部 国家税务总局关于印发国家规划布局内重点软件和集成电路设计领域的通知》（发改高技〔2016〕1056号）、《财政部 税务总局 国家发展改革委 工业和信息化部关于集成电路生产企业有关企业所得税政策问题的通知》（财税〔2018〕27号）、《财政部 税务总局关于集成电路设计和软件产业企业所得税政策的公告》（2019年第68号）、《财政部 税务总局关于集成电路设计企业和软件企业2019年度企业所得税汇算清缴适用政策的公告》（2020年第29号）、《财政部 税务总局 发展改革委 工业和信息化部关于促进集成电路和软件产业高质量发展企业所得税政策的公告》（2020年第45号）、《国家发展改革委等五部门关于做好享受税收优惠政策的集成电路企业或项目、软件企业清单制定工作有关要求的通知》（发改高技〔2021〕413号）等相关政策规定，填报本年发生的软件、集成电路企业优惠有关情况。

一、总体填报说明

享受软件、集成电路企业优惠政策的纳税人均需按照企业整体情况填报本表，其中填报《所得减免优惠明细表》（A107020）"七、线宽小于130纳米（含）的集成电路生产项目""八、线宽小于65纳米（含）或投资额超过150亿元的集成电路生产项目""九、线宽小于28纳米（含）的集成电路生产项目减免企业所得税"减免项目的纳税人，应当填报除本表第16行"减免税额"以外的本表其他相应项目。

二、有关项目填报说明

（一）税收优惠基本信息

企业以前年度符合软件、集成电路税收优惠政策条件且已开始享受优惠政策的，可选择延续适用原有优惠政策；符合最新软件、集成电路税收优惠政策条件的，可选择适用新出台的优

惠政策。企业根据实际情况在"选择适用优惠政策"中勾选"延续适用原有优惠政策"或"适用新出台优惠政策";集成电路生产企业只享受集成电路项目所得优惠政策,无需勾选。

当集成电路生产企业享受集成电路项目所得优惠政策时,可根据实际情况填报"减免方式1""减免方式2"……,并同时填报对应的"获利年度\开始计算优惠期年度1""获利年度\开始计算优惠期年度2"。

1. 减免方式:纳税人根据《企业所得税年度纳税申报基础信息表》(A000000)"208 软件、集成电路企业类型"填报的企业类型和实际经营情况,从《软件、集成电路企业优惠方式代码表》"代码"列中选择相应代码,填入本项。除集成电路生产企业纳税人存在按项目享受优惠的情况外,纳税人仅可从中选择一项填列;若集成电路生产企业纳税人存在多个项目的,应将所有享受优惠的项目减免方式等情况填入本表,项目数量可以增加。《软件、集成电路企业优惠方式代码表》如表 8-59 所示。

表 8-59 软件、集成电路企业优惠方式代码表

代码	减免方式类型	原政策	新政策		软件、集成电路企业类型
110	企业二免三减半（免税）		√	140	集成电路生产企业（线宽小于130纳米的企业）
			√	240	集成电路设计企业
			√	330	软件企业
			√	400	集成电路封装、测试（含封装测试）企业
			√	500	集成电路材料（含关键专用材料）企业
			√	600	集成电路装备（含专用设备）企业
120	企业二免三减半（减半征收）	√		110	集成电路生产企业（线宽小于0.8微米的企业）
		√	√	140	集成电路生产企业（线宽小于130纳米的企业）
		√		240	集成电路设计企业
		√	√	330	软件企业
		√	√	400	集成电路封装、测试（含封装测试）企业
		√	√	500	集成电路材料（含关键专用材料）企业
		√	√	600	集成电路装备（含专用设备）企业
210	企业五免五减半（免税）	√		120	集成电路生产企业（线宽小于0.25微米的企业）
		√		130	集成电路生产企业（投资额超过80亿元的企业）
		√		131	集成电路生产企业（资额超过150亿元的企业）
			√	151	集成电路生产企业（线宽小于65纳米的企业）
220	企业五免五减半（减半征收）	√		120	集成电路生产企业（线宽小于0.25微米的企业）
		√		130	集成电路生产企业（投资额超过80亿元的企业）
		√		131	集成电路生产企业（资额超过150亿元的企业）
		√	√	151	集成电路生产企业（线宽小于65纳米的企业）
300	企业减按10%税率征收企业所得税		√	250	重点集成电路设计企业
			√	340	重点软件企业
510	项目所得二免三减半（免税）	√		140	集成电路生产企业（线宽小于130纳米的企业）

(续表)

代码	减免方式类型	原政策	新政策		软件、集成电路企业类型
520	项目所得二免三减半（减半征收）	✓	✓	140	集成电路生产企业（线宽小于130纳米的企业）
610	项目所得五免五减半（免税）	✓		131	集成电路生产企业（资额超过150亿元的企业）
		✓	✓	151	集成电路生产企业（线宽小于65纳米的企业）
620	项目所得五免五减半（减半征收）	✓		131	集成电路生产企业（资额超过150亿元的企业）
		✓	✓	151	集成电路生产企业（线宽小于65纳米的企业）
700	项目所得十免（免税）		✓	160	集成电路生产企业（线宽小于28纳米的企业）
800	企业五免（免税）		✓	250	重点集成电路设计企业
			✓	340	重点软件企业
900	企业十免（免税）		✓	160	集成电路生产企业（线宽小于28纳米的企业）

2. "获利年度\开始计算优惠期年度"：适用选择"二免三减半""五免五减半""五免""十免"等定期减免类型的纳税人填报。其中，"开始计算优惠期年度"按照财税〔2012〕27号、财税〔2015〕6号、财税〔2018〕27号、《财政部 税务总局 发展改革委 工业和信息化部关于促进集成电路和软件产业高质量发展企业所得税政策的公告》（2020年第45号）等文件的相关规定确定。

（二）税收优惠有关情况

1. 第1行"一、企业本年月平均职工总人数"：填报纳税人本年月平均职工总人数。本年月平均职工总人数计算方法：

$$月平均人数 = （月初数 + 月末数） \div 2$$

$$全年月平均职工总人数 = 全年各月平均数之和 \div 12$$

2. 第2行"签订劳动合同关系且具有大学专\本科以上学历的职工人数"：填报纳税人符合政策规定的大学专\本科以上学历的职工人数。

3. 第3行"研究开发人员人数"：填报纳税人本年研究开发人员人数。

4. 第4行"二、研发费用总额"：填报企业按照《财政部 国家税务总局 科技部关于完善研发费用税前加计扣除政策的通知》（财税〔2015〕119号）、《国家税务总局关于企业研究开发费用税前加计扣除政策有关问题的公告》（2015年第97号）、《国家税务总局关于研发费用税前加计扣除归集范围有关问题的公告》（2017年第40号）等文件规定口径归集的研发费用。

5. 第5行"企业在中国境内发生的研发费用金额"：填报纳税人本年在中国境内发生的研发费用。

6. 第6行"三、企业收入总额"：填报纳税人本年以货币形式和非货币形式从各种来源取得的收入总额。包括：销售货物收入，提供劳务收入，转让财产收入，股息、红利等权益性投资收益，利息收入，租金收入，特许权使用费收入，接受捐赠收入，其他收入。

7. 第7行"四、符合条件的销售（营业）收入"：根据企业类型分析填报，具体如下：

（1）集成电路生产企业：填报本年度集成电路制造销售（营业）收入；

（2）集成电路设计企业：填报本年度集成电路设计销售（营业）收入；

（3）软件企业：一般软件企业填报本年软件产品开发销售（营业）收入；嵌入式或信息系统

集成软件企业填报嵌入式软件产品和信息系统集成产品开发销售(营业)收入;

(4)集成电路封装、测试(含封装测试)企业:填报本年集成电路封装、测试(含封装测试)销售(营业)收入;

(5)集成电路材料(含关键专用材料)企业:填报本年集成电路材料(含关键专用材料)销售(营业)收入;

(6)集成电路装备(含专用设备)企业:填报本年集成电路装备(含专用设备)销售(营业)收入。

8. 第8行"其中:自主设计、自主开发销售及服务收入":根据企业类型分析填报,具体如下:

(1)集成电路设计企业:填报本年度集成电路自主设计销售(营业)收入。

(2)软件企业:软件企业填报本年软件产品自主开发销售(营业)收入;嵌入式或信息系统集成软件企业填报本年自主开发嵌入式软件产品和信息系统集成产品开发销售(营业)收入。

9. 第9行"五、拥有核心关键技术和属于本企业的知识产权总数":填报拥有核心关键技术和属于本企业的知识产权的数量。

10. 第10行"其中:发明专利":填报拥有核心关键技术和属于本企业的知识产权中属于发明专利的数量。

11. 第11行"集成电路布图设计登记":由集成电路设计企业填报集成电路布图设计登记数量。

12. 第12行"计算机软件著作权":填报计算机软件著作权数量。

13. 第13行"是否从事8英寸及以下集成电路生产":由集成电路生产企业根据企业经营情况勾选。

14. 第14行"是否按照开发、销售嵌入式软件企业条件享受政策":由软件企业根据企业生产经营情况勾选。

15. 第15行"重点集成电路设计领域和重点软件领域":由重点集成电路设计企业和软件企业根据企业实际情况,从《重点集成电路设计和软件企业领域表》中选择所属领域填入本项。《重点集成电路设计和软件企业领域表》如表8-60所示。

表8-60 重点集成电路设计和软件企业领域表

一、重点集成电路设计领域	(一)高性能处理器和FPGA芯片
	(二)存储芯片
	(三)智能传感器
	(四)工业、通信、汽车和安全芯片
	(五)EDA、IP和设计服务
二、重点软件领域	(一)基础软件:操作系统、数据库管理系统、中间件、通用办公软件、固件(BIOS)、开发支撑软件、少数民族语言文字编辑处理软件
	(二)研发设计类工业软件:虚拟仿真系统、计算机辅助设计(CAD)、计算机辅助工程(CAE)、计算机辅助制造(CAM)、计算机辅助工艺规划(CAPP)、建筑信息模型(BIM)、产品数据管理(PDM)软件

(续表)

二、重点软件领域	（三）生产控制类工业软件：工业控制系统、制造执行系统（MES）、制造运行管理（MOM）、调度优化系统（ORION）、先进控制系统（APC）、安全仪表系统（SIS）、可编程控制器（PLC）	
	（四）新兴技术软件：分布式计算、数据分析挖掘、可视化、数据采集清洗等大数据软件，人机交互、通用算法软件，基础算法库、工具链、机器学习和深度学习框架等人工智能软件，信息系统运行维护软件，超级计算软件，区块链软件，工业互联网平台软件，云管理软件，虚拟化软件	
	（五）信息安全软件：信息系统安全、网络安全、密码算法、数据安全、安全测试等方面的软件	
	（六）重点行业应用软件：面向党政机关、国防、能源、交通、物流、通信、广电、医疗、建筑、制造业、应急、社保、农业、水利、教育、金融财税、知识产权、检验检测、科学研究、公共安全、节能环保、自然资源、城市管理、地理信息领域的专业应用软件	
	（七）经营管理类工业软件：企业资源计划（ERP）、供应链管理（SCM）、客户关系管理（CRM）、人力资源管理（HEM）、企业资产管理（EAM）、产品生命周期管理（PLM）、运维综合保障管理（MRO）软件及相关云服务	
	（八）公有云服务软件：大型公有云 IaaS、PaaS 服务软件	
	（九）嵌入式软件（软件收入比例不低于 50%）：通信设备、汽车电子、交通监控设备、电子测量仪器、装备自动控制、电子医疗器械、计算机应用产品、终端设备等嵌入式软件及嵌入式软件开发环境相关软件	

16. 第 16 行"减免税额"：填报本年享受集成电路、软件企业优惠的金额。当减免方式为"项目所得二免三减半（免税）""项目所得二免三减半（减半征收）""项目所得五免五减半（免税）""项目所得五免五减半（减半征收）""项目所得十免（免税）"时，本行无需填报。

三、表内、表间关系

本表第 16 行与 A107040 表行次对应关系如表 8-61 所示。

表 8-61 本表第 16 行与 A107040 表行次对应关系表

软件、集成电路企业类型	选择适用优惠政策	优惠方式代码	减免方式类型	A107040对应行次
110 集成电路生产企业（线宽小于 0.8 微米的企业）	原政策	120	企业二免三减半（减半征收）	6
120 集成电路生产企业（线宽小于 0.25 微米的企业）	原政策	210	企业五免五减半（免税）	9
	原政策	220	企业五免五减半（减半征收）	9
130 集成电路生产企业（投资额超过 80 亿元的企业）	原政策	210	企业五免五减半（免税）	10
	原政策	220	企业五免五减半（减半征收）	10
131 集成电路生产企业（投资额超过 150 亿元的企业）	原政策	210	企业五免五减半（免税）	27
	原政策	220	企业五免五减半（减半征收）	27
140 集成电路生产企业（线宽小于 130 纳米的企业）	原政策	120	企业二免三减半（减半征收）	26
	新政策	110	企业二免三减半（免税）	28.4.3
	新政策	120	企业二免三减半（减半征收）	28.4.3

（续表）

软件、集成电路企业类型	选择适用优惠政策	优惠方式代码	减免方式类型	A107040对应行次
151 集成电路生产企业（线宽小于65纳米的企业）	原政策	210	企业五免五减半（免税）	27
	原政策	220	企业五免五减半（减半征收）	27
	新政策	210	企业五免五减半（免税）	28.4.2
	新政策	220	企业五免五减半（减半征收）	28.4.2
160 集成电路生产企业（线宽小于28纳米的企业）	新政策	900	企业十免（免税）	28.4.1
240 集成电路设计企业（集成电路设计企业）	原政策	120	企业二免三减半（减半征收）	11
	新政策	110	企业二免三减半（免税）	28.4.4
	新政策	120	企业二免三减半（减半征收）	28.4.4
250 集成电路设计企业（重点集成电路设计企业）	新政策	300	企业减按10%税率征收企业所得税	28.4.5
	新政策	800	企业五免（免税）	28.4.5
330 软件企业（软件企业）	原政策	120	企业二免三减半（减半征收）	13
	新政策	110	企业二免三减半（免税）	28.4.9
	新政策	120	企业二免三减半（减半征收）	28.4.9
340 软件企业（重点软件企业）	新政策	300	企业减按10%税率征收企业所得税	28.4.10
	新政策	800	企业五免（免税）	28.4.10
400 集成电路封装、测试（含封装测试）企业	原政策	120	企业二免三减半（减半征收）	15
	新政策	110	企业二免三减半（免税）	28.4.8
	新政策	120	企业二免三减半（减半征收）	28.4.8
500 集成电路材料（含关键专用材料）企业	原政策	120	企业二免三减半（减半征收）	16
	新政策	110	企业二免三减半（免税）	28.4.7
	新政策	120	企业二免三减半（减半征收）	28.4.7
600 集成电路装备（含专用设备）企业	原政策	120	企业二免三减半（减半征收）	16
	新政策	110	企业二免三减半（免税）	28.4.6
	新政策	120	企业二免三减半（减半征收）	28.4.6

表单式样如表8-62所示。

表 8-62　A107042 软件、集成电路企业优惠情况及明细表

税收优惠基本信息			
选择适用优惠政策	□延续适用原有优惠政策　□适用新出台优惠政策		
减免方式 1		获利年度\开始计算优惠期年度 1	
减免方式 2		获利年度\开始计算优惠期年度 2	
税收优惠有关情况			
行次	项　目		数量\金额
1	人员指标	一、企业本年月平均职工总人数	
2		其中:签订劳动合同关系且具有大学专\本科以上学历的职工人数	
3		研究开发人员人数	
4	研发费用指标	二、研发费用总额	
5		其中:企业在中国境内发生的研发费用金额	
6	收入指标	三、企业收入总额	
7		四、符合条件的销售(营业)收入	
8		其中:自主设计、自主开发销售及服务收入	
9	知识产权指标	五、拥有核心关键技术和属于本企业的知识产权总数	
10		其中:发明专利	
11		集成电路布图设计登记	
12		计算机软件著作权	
13	业务类型及领域	是否从事 8 英寸及以下集成电路生产	□是　□否
14		是否按照开发、销售嵌入式软件企业条件享受政策	□是　□否
15		重点集成电路设计领域和重点软件领域	请选择所属领域
16	减免税额		

十、税额抵免优惠明细表的填报

(一)《A107050 税额抵免优惠明细表》填报说明

本表适用于享受专用设备投资额抵免优惠(含结转)的纳税人填报。纳税人根据税法、《财政部　国家税务总局关于执行环境保护专用设备企业所得税优惠目录、节能节水专用设备企业所得税优惠目录和安全生产专用设备企业所得税优惠目录有关问题的通知》(财税〔2008〕48 号)、《财政部　国家税务总局　国家发展改革委关于公布节能节水专用设备企业所得税优惠目录(2008 年版)和环境保护专用设备企业所得税优惠目录(2008 年版)的通知》(财税

〔2008〕115号)、《财政部 国家税务总局 安全监管总局关于公布〈安全生产专用设备企业所得税优惠目录(2008年版)〉的通知》(财税〔2008〕118号)、《财政部 国家税务总局关于执行企业所得税优惠政策若干问题的通知》(财税〔2009〕69号)、《国家税务总局关于环境保护、节能节水、安全生产等专用设备投资抵免企业所得税有关问题的通知》(国税函〔2010〕256号)、《财政部 税务总局 国家发展改革委 工业和信息化部 环境保护部关于印发节能节水和环境保护专用设备企业所得税优惠目录(2017年版)的通知》(财税〔2017〕71号)等相关税收政策规定,填报本年发生的专用设备投资额抵免优惠(含结转)情况。

第一,有关项目填报说明。

1. 第1列"年度":填报公历年份。第6行为本年,第5行至第1行依次填报。

2. 第2列"本年抵免前应纳税额":填报纳税人《中华人民共和国企业所得税年度纳税申报表(A类)》(表A100000)第25行"应纳所得税额"减第26行"减免所得税额"后的额。2012和2013年度的"当年抵免前应纳税额":填报《企业所得税年度纳税申报表(A类)》(2008年版)第27行"应纳所得税额"减第28行"减免所得税额"后的余额。2014、2015和2016年度的"当年抵免前应纳税额":填报纳税人《中华人民共和国企业所得税年度纳税申报表(A类)》(2014年版)第25行"应纳所得税额"减第26行"减免所得税额"后的余额。

3. 第3列"本年允许抵免的专用设备投资额":填报纳税人本年购置并实际使用《环境保护专用设备企业所得税优惠目录》《节能节水专用设备企业所得税优惠目录》和《安全生产专用设备企业所得税优惠目录》规定的环境保护、节能节水、安全生产等专用设备的发票价税合计金额,但不包括允许抵扣的增值税进项税额、按有关规定退还的增值税税款以及设备运输、安装和调试等费用。

4 第4列"本年可抵免税额":填报第3列×10%的金额。

5. 第5列至第9列"以前年度已抵免额":填报纳税人以前年度已抵免税额,其中前五年度、前四年度、前三年度、前二年度、前一年度与"项目"列中的前五年度、前四年度、前三年度、前二年度、前一年度相对应。

6. 第10列"以前年度已抵免额—小计":填报第5+6+7+8+9列的合计金额。

7. 第11列"本年实际抵免的各年度税额":第1行至第6行填报纳税人用于依次抵免前5个年度及本年尚未抵免的税额,第11列小于等于第4−10列,且第11列第1行至第6行合计金额不得大于第6行第2列的金额。

8. 第12列"可结转以后年度抵免的税额":填报第4−10−11列的余额。

9. 第7行第11列"本年实际抵免税额合计":填报第11列第1+2+…+6行的合计金额。

10. 第8行第12列"可结转以后年度抵免的税额合计":填报第12列第2+3+…+6行的合计金额。

11. 第9行"本年允许抵免的环境保护专用设备投资额":填报纳税人本年购置并实际使用《环境保护专用设备企业所得税优惠目录》规定的环境保护专用设备的发票价税合计价格,但不包括允许抵扣的增值税进项税额、按有关规定退还的增值税税款以及设备运输、安装和调试等费用。

12. 第10行"本年允许抵免节能节水的专用设备投资额":填报纳税人本年购置并实际使用《节能节水专用设备企业所得税优惠目录》规定的节能节水等专用设备的发票价税合计价格,但不包括允许抵扣的增值税进项税额、按有关规定退还的增值税税款以及设备运输、安装和调试等费用。

13. 第11行"本年允许抵免的安全生产专用设备投资额":填报纳税人本年购置并实际使用《安全生产专用设备企业所得税优惠目录》规定的安全生产等专用设备的发票价税合计价格,但不包括允许抵扣的增值税进项税额、按有关规定退还的增值税税款以及设备运输、安装和调试等费用。

第二,表内、表间关系。

1) 表内关系

1. 第4列＝第3列×10%。
2. 第10列＝第5+6+…+9列。
3. 第11列≤第4−10列。
4. 第12列＝第4−10−11列。
5. 第6行第3列＝第9+10+11行。
6. 第7行第11列＝第11列第1+2+…+6行。
7. 第8行第12列＝第12列第2+3+…+6行。

2) 表间关系

1. 第7行第11列≤表A100000第25−26行。
2. 第7行第11列＝表A100000第27行。
3. 第2列＝表A100000第25行−表A100000第26行。

2012和2013年度:第2列＝《中华人民共和国企业所得税年度纳税申报表(A类)》(2008年版)第27—28行。

2014、2015和2016年度:第2列＝《中华人民共和国企业所得税年度纳税申报表(A类)》(2014年版)第25—26行。

表单式样如表8-16所示。

(二) 案例讲解

案例 8-10

某企业投资环保项目,2015年起,购买节能节水设备,设备属于《节能节水专用设备企业所得税优惠目录》内的节能节水专用设备。2015—2020年专用设备购买及当年抵免前的应纳税所得额如下:

2015年度:专用设备采购额8 000万元,当年抵免前的应纳税额300万元。
2016年度:专用设备采购额10 000万元,当年抵免前的应纳税额1 000万元。
2017年度:专用设备采购额8 000万元,当年抵免前的应纳税额700万元。
2018年度:专用设备采购额6 000万元,当年抵免前的应纳税额600万元。
2019年度:专用设备采购额4 000万元,当年抵免前的应纳税额200万元。
2020年度:专用设备采购额5 000万元,当年抵免前的应纳税额800万元。
2020年度应如何进行所得税汇算清缴?

【解析】

2020年度企业应填报《A107050税额抵免优惠明细表》,具体如表8-64所示。

表 8-63 A107050 税额抵免优惠明细表

单位：元

行次	项目	年度	本年抵免前应纳税额	本年允许抵免的专用设备投资额	本年可抵免税额	以前年度已抵免额					小计	本年实际抵免的各年度税额	可结转以后年度抵免的税额
						前五年度	前四年度	前三年度	前二年度	前一年度			
		1	2	3	4(3×10%)	5	6	7	8	9	10(5+…+9)	11	12(4−10−11)
1	前五年度	2015	300	8 000	800	300	200	300			800		*
2	前四年度	2016	1 000	10 000	1 000	*		500	500		1 000		
3	前三年度	2017	700	8 000	800	*	*		200	600	800	400	
4	前二年度	2018	600	6 000	600	*	*	*		200	200	400	
5	前一年度	2019	200	4 000	400	*	*	*	*	*	*	800	500
6	本年度	2020	800	5 000	500								*
7	本年实际抵免税额合计												500
8	可结转以后年度抵免的税额合计												5 000
9	专用设备投资情况	本年允许抵免的环境保护专用设备投资额											
10		本年允许抵免节能节水的专用设备投资额											
11		本年允许抵免的安全生产专用设备投资额											

第九章

非居民企业

第一节 政策概要

非居民企业的相关规定如图 9-1 所示。

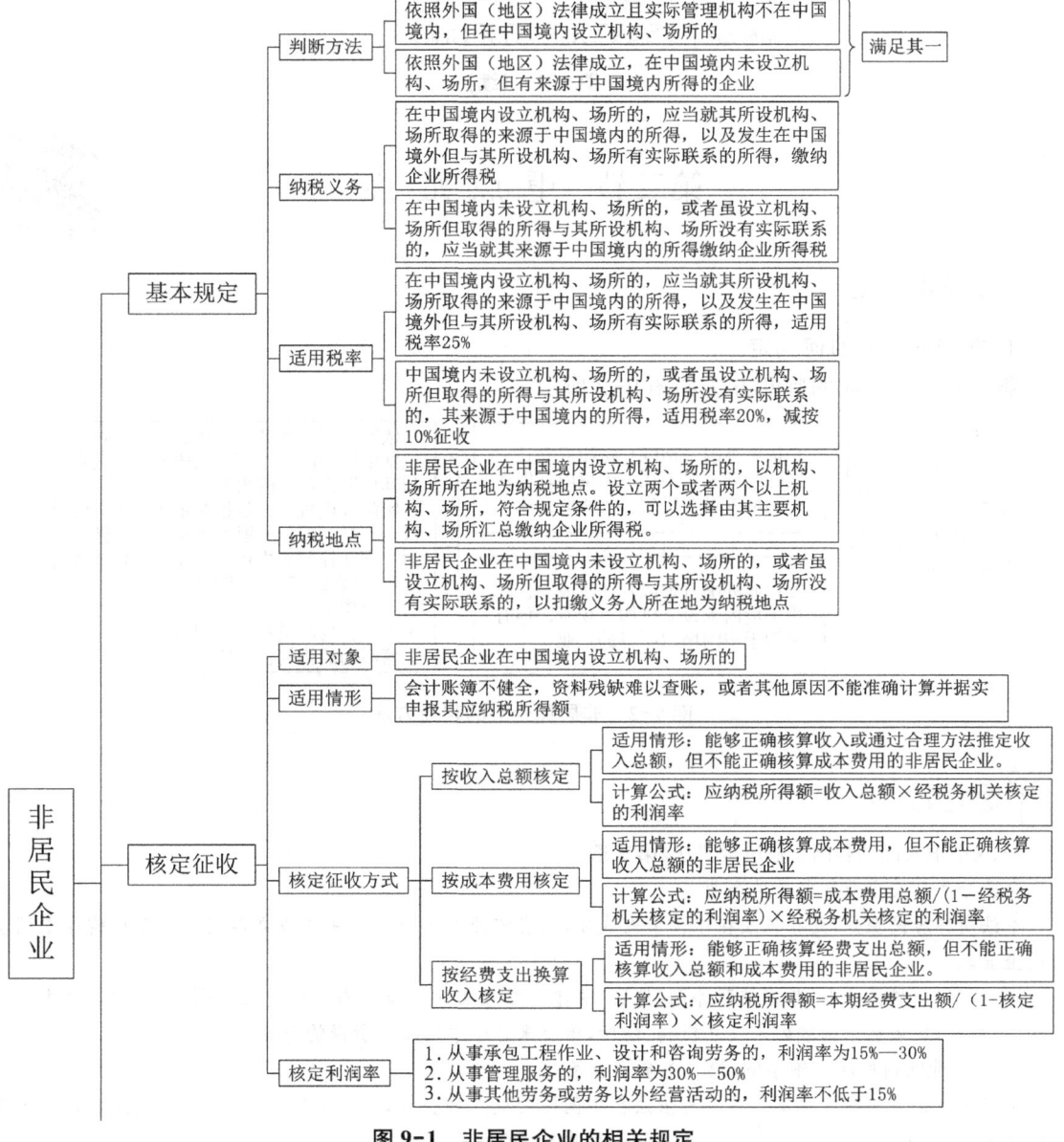

图 9-1 非居民企业的相关规定

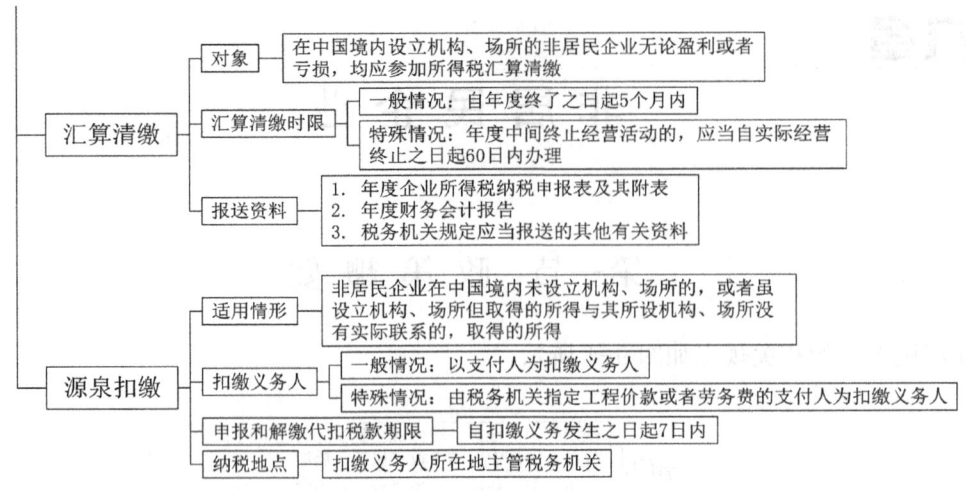

图 9-1 （续）

第二节 重点难点

扫码听课

一、基本规定

1. 非居民企业如何判定

答：非居民企业的判断方法如图 9-2 所示。

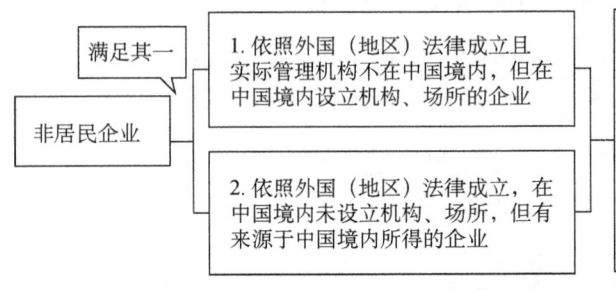

图 9-2 非居民企业的判断方法

一、《中华人民共和国企业所得税法》第二条

企业分为居民企业和非居民企业。

本法所称居民企业，是指依法在中国境内成立，或者依照外国（地区）法律成立但实际管理机构在中国境内的企业。

本法所称非居民企业，是指依照外国（地区）法律成立且实际管理机构不在中国境内，但在中国境内设立机构、场所的，或者在中国境内未设立机构、场所，但有来源于中国境内所得的企业。

二、《企业所得税法实施条例》第三条至第五条

第三条　企业所得税法第二条所称依法在中国境内成立的企业，包括依照中国法律、行政法规在中国境内成立的企业、事业单位、社会团体以及其他取得收入的组织。

企业所得税法第二条所称依照外国（地区）法律成立的企业，包括依照外国（地区）法律成立的企业和其他

取得收入的组织。

第四条　企业所得税法第二条所称实际管理机构,是指对企业的生产经营、人员、账务、财产等实施实质性全面管理和控制的机构。

第五条　企业所得税法第二条第三款所称机构、场所,是指在中国境内从事生产经营活动的机构、场所,包括:

(一)管理机构、营业机构、办事机构;

(二)工厂、农场、开采自然资源的场所;

(三)提供劳务的场所;

(四)从事建筑、安装、装配、修理、勘探等工程作业的场所;

(五)其他从事生产经营活动的机构、场所。

非居民企业委托营业代理人在中国境内从事生产经营活动的,包括委托单位或者个人经常代其签订合同,或者储存、交付货物等,该营业代理人视为非居民企业在中国境内设立的机构、场所。

三、《国家税务总局关于境外注册中资控股企业依据实际管理机构标准认定为居民企业有关问题的通知》(国税发〔2009〕82号)第二条、第三条

二、境外中资企业同时符合以下条件的,根据企业所得税法第二条第二款和实施条例第四条的规定,应判定其为实际管理机构在中国境内的居民企业(以下称非境内注册居民企业),并实施相应的税收管理,就其来源于中国境内、境外的所得征收企业所得税。

(一)企业负责实施日常生产经营管理运作的高层管理人员及其高层管理部门履行职责的场所主要位于中国境内;

(二)企业的财务决策(如借款、放款、融资、财务风险管理等)和人事决策(如任命、解聘和薪酬等)由位于中国境内的机构或人员决定,或需要得到位于中国境内的机构或人员批准;

(三)企业的主要财产、会计账簿、公司印章、董事会和股东会议纪要档案等位于或存放于中国境内;

(四)企业1/2(含1/2)以上有投票权的董事或高层管理人员经常居住于中国境内。

三、对于实际管理机构的判断,应当遵循实质重于形式的原则。

2.如何判断外国企业是否在境内设立机构、场所

答:外国企业在中国境内从事生产经营活动的机构、场所,属于表9-1所列情形的,是《企业所得税法》规定的在境内设立机构、场所。

表9-1　非居民企业在境内设立机构、场所的情形

序号		具体规定
1	管理机构	指对企业生产经营活动进行管理决策的机构
	营业机构	指企业开展日常生产经营活动的固定场所,如商场等
	办事机构	指企业在当地设立的从事联络和宣传等活动的机构,如外国企业在中国设立的代表处
2	工厂	工业企业,如制造业的生产厂房、车间所在地
	农场	广义概念,包括农场、牧场、林场、渔场等农业生产经营活动的场所
	开采自然资源的场所	主要是采掘业的生产经营活动场所,如采矿、采油等
3	提供劳务的场所	包括从事交通运输、仓储租赁、咨询经纪、科学研究、技术服务、教育培训、餐饮住宿、中介代理、旅游、娱乐、加工以及其他劳务服务活动的场所

(续表)

序号		具体规定
4	从事建筑、安装、装配、修理、勘探等工程作业的场所	包括建筑工地、港口、码头、地质勘探场地等工程作业场所
5	其他从事生产经营活动的机构、场所	兜底条款

政策依据

《企业所得税法》第五条

企业所得税法第二条第三款所称机构、场所,是指在中国境内从事生产经营活动的机构、场所,包括:

(一)管理机构、营业机构、办事机构;
(二)工厂、农场、开采自然资源的场所;
(三)提供劳务的场所;
(四)从事建筑、安装、装配、修理、勘探等工程作业的场所;
(五)其他从事生产经营活动的机构、场所。

非居民企业委托营业代理人在中国境内从事生产经营活动的,包括委托单位或者个人经常代其签订合同,或者储存、交付货物等,该营业代理人视为非居民企业在中国境内设立的机构、场所。

3. 哪些情形下,非居民企业派遣人员在中国境内提供劳务构成在境内设立机构、场所

答:非居民企业派遣人员在中国境内提供劳务,符合一定条件的,视为在中国境内设立机构、场所。非居民企业派遣人员设立机构、场所的条件及判断的因素如表9-2所示。

表9-2 非居民企业派遣人员设立机构、场所的条件及判断因素

满足条件	判断因素(综合判断)
派遣企业对被派遣人员工作结果承担部分或全部责任和风险,通常考核评估被派遣人员的工作业绩	接收劳务的境内企业向派遣企业支付管理费、服务费性质的款项
	接收企业向派遣企业支付的款项金额超出派遣企业代垫、代付被派遣人员的工资、薪金、社会保险费及其他费用
	派遣企业并未将接收企业支付的相关费用全部发放给被派遣人员,而是保留了一定数额的款项
	派遣企业负担的被派遣人员的工资、薪金未全额在中国缴纳个人所得税
	派遣企业确定被派遣人员的数量、任职资格、薪酬标准及其在中国境内的工作地点

政策依据

《国家税务总局关于非居民企业派遣人员在中国境内提供劳务征收企业所得税有关问题的公告》(国家税务总局公告2013年第19号)第一条

非居民企业(以下统称"派遣企业")派遣人员在中国境内提供劳务,如果派遣企业对被派遣人员工作结果承担部分或全部责任和风险,通常考核评估被派遣人员的工作业绩,应视为派遣企业在中国境内设立机构、场所提供劳务;如果派遣企业属于税收协定缔约对方企业,且提供劳务的机构、场所具有相对的固定性和持久性,该机构、场所构成在中国境内设立的常设机构。

在做出上述判断时,应结合下列因素予以确定:
(一)接收劳务的境内企业(以下统称"接收企业")向派遣企业支付管理费、服务费性质的款项;
(二)接收企业向派遣企业支付的款项金额超出派遣企业代垫、代付被派遣人员的工资、薪金、社会保险

费及其他费用；

（三）派遣企业并未将接收企业支付的相关费用全部发放给被派遣人员，而是保留了一定数额的款项；

（四）派遣企业负担的被派遣人员的工资、薪金未全额在中国缴纳个人所得税；

（五）派遣企业确定被派遣人员的数量、任职资格、薪酬标准及其在中国境内的工作地点。

4. 非居民企业的纳税义务是什么

答： 非居民企业的纳税义务如图 9-3 所示。

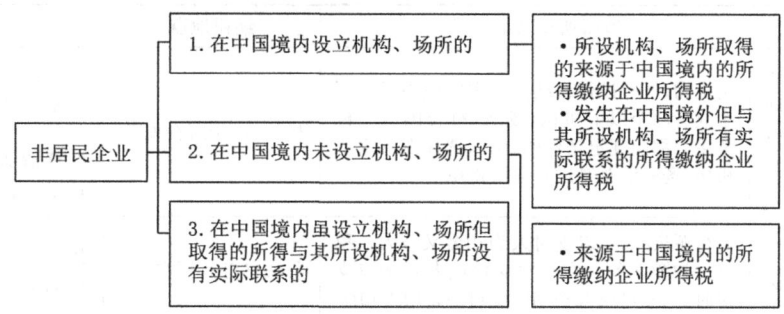

图 9-3　非居民企业的纳税义务

《中华人民共和国企业所得税法》第三条第二项、第三项

非居民企业在中国境内设立机构、场所的，应当就其所设机构、场所取得的来源于中国境内的所得，以及发生在中国境外但与其所设机构、场所有实际联系的所得，缴纳企业所得税。

非居民企业在中国境内未设立机构、场所的，或者虽设立机构、场所但取得的所得与其所设机构、场所没有实际联系的，应当就其来源于中国境内的所得缴纳企业所得税。

5. 非居民企业适用税率是多少

答： 非居民企业适用税率区分两种情况，具体如表 9-3 所示。

表 9-3　非居民企业适用税率

情形	适用税率
在中国境内设立机构、场所的，应当就其所设机构、场所取得的来源于中国境内的所得，以及发生在中国境外但与其所设机构、场所有实际联系的所得	25%
中国境内未设立机构、场所的，或者虽设立机构、场所但取得的所得与其所设机构、场所没有实际联系的，其来源于中国境内的所得	适用税率 20%，减按 10% 征收

一、《企业所得税法》第三条第三款、第四条、第二十七条第五项

第三条第三款　非居民企业在中国境内未设立机构、场所的，或者虽设立机构、场所但取得的所得与其所设机构、场所没有实际联系的，应当就其来源于中国境内的所得缴纳企业所得税。

第四条　企业所得税的税率为 25%。

非居民企业取得本法第三条第三款规定的所得，适用税率为 20%。

第二十七条　企业的下列所得，可以免征、减征企业所得税：

(五)本法第三条第三款规定的所得。

二、《企业所得税法实施条例》第九十一条

非居民企业取得企业所得税法第二十七条第(五)项规定的所得,减按10%的税率征收企业所得税。

6.非居民企业所得税缴纳方式有哪些

答:非居民企业所得税的缴纳方式有三种,具体规定如表9-4所示。

表9-4 非居民企业所得税缴纳方式

非居民企业的类型	取得所得缴纳方式	纳税地点	纳税期限
依照外国(地区)法律成立且实际管理机构不在中国境内,但在中国境内设立机构、场所的	由机构、场所进行缴纳。在中国境内设立两个或者两个以上机构、场所,符合国务院税务主管部门规定条件的,可以选择由其主要机构、场所汇总缴纳企业所得税	机构、场所所在地	预缴:自月份或者季度终了之日起十五日内 汇算清缴:自年度终了之日起五个月内
依照外国(地区)法律成立在中国境内未设立机构、场所的,或者虽设立机构、场所但取得的所得与其所设机构、场所没有实际联系的	实行源泉扣缴,以支付人为扣缴义务人。税款由扣缴义务人在每次支付或者到期应支付时,从支付或者到期应支付的款项中扣缴	扣缴义务人所在地	扣缴义务发生之日起7日内
	实行源泉扣缴,但扣缴义务人未依法扣缴或者无法履行扣缴义务的,由纳税人在所得发生地缴纳。纳税人未依法缴纳的,税务机关可以从该纳税人在中国境内其他收入项目的支付人应付的款项中,追缴该纳税人的应纳税款	所得发生地	纳税义务发生之日起7日内

政策依据

《企业所得税法》第二条、第三条、第三十七条至第三十九条、第五十一条、第五十四条

第二条 企业分为居民企业和非居民企业。

本法所称居民企业,是指依法在中国境内成立,或者依照外国(地区)法律成立但实际管理机构在中国境内的企业。

本法所称非居民企业,是指依照外国(地区)法律成立且实际管理机构不在中国境内,但在中国境内设立机构、场所的,或者在中国境内未设立机构、场所,但有来源于中国境内所得的企业。

第三条 居民企业应当就其来源于中国境内、境外的所得缴纳企业所得税。

非居民企业在中国境内设立机构、场所的,应当就其所设机构、场所取得的来源于中国境内的所得,以及发生在中国境外但与其所设机构、场所有实际联系的所得,缴纳企业所得税。

非居民企业在中国境内未设立机构、场所的,或者虽设立机构、场所但取得的所得与其所设机构、场所没有实际联系的,应当就其来源于中国境内的所得缴纳企业所得税。

第三十七条 对非居民企业取得本法第三条第三款规定的所得应缴纳的所得税,实行源泉扣缴,以支付人为扣缴义务人。税款由扣缴义务人在每次支付或者到期应支付时,从支付或者到期应支付的款项中扣缴。

第三十八条 对非居民企业在中国境内取得工程作业和劳务所得应缴纳的所得税,税务机关可以指定工程价款或者劳务费的支付人为扣缴义务人。

第三十九条 依照本法第三十七条、第三十八条规定应当扣缴的所得税,扣缴义务人未依法扣缴或者无法履行扣缴义务的,由纳税人在所得发生地缴纳。纳税人未依法缴纳的,税务机关可以从该纳税人在中国境内其他收入项目的支付人应付的款项中,追缴该纳税人的应纳税款。

第四十条 扣缴义务人每次代扣的税款,应当自代扣之日起七日内缴入国库,并向所在地的税务机关报送扣缴企业所得税报告表。

第五十一条　非居民企业取得本法第三条第二款规定的所得,以机构、场所所在地为纳税地点。非居民企业在中国境内设立两个或者两个以上机构、场所,符合国务院税务主管部门规定条件的,可以选择由其主要机构、场所汇总缴纳企业所得税。

非居民企业取得本法第三条第三款规定的所得,以扣缴义务人所在地为纳税地点。

第五十四条　企业所得税分月或者分季预缴。

企业应当自月份或者季度终了之日起十五日内,向税务机关报送预缴企业所得税纳税申报表,预缴税款。

企业应当自年度终了之日起五个月内,向税务机关报送年度企业所得税纳税申报表,并汇算清缴,结清应缴应退税款。

7.《企业所得税法》和《企业所得税法实施条例》规定的非居民企业有哪些特有的税收优惠

答:《企业所得税法》和《企业所得税法实施条例》规定的非居民企业可以享受的税收优惠如表 9-5 所示。

表 9-5　非居民企业享受的税收优惠

序号	适用情形	税收优惠
1	在中国境内未设立机构、场所的,或者虽设立机构、场所但取得的所得与其所设机构、场所没有实际联系的非居民企业取得的所得	适用 20%的低税率,减按 10%征收
2	中国境内设立机构、场所的非居民企业从居民企业取得与该机构、场所有实际联系的股息、红利等权益性投资收益	免税
3	外国政府向中国政府提供贷款取得的利息所得	
4	国际金融组织向中国政府和居民企业提供优惠贷款取得的利息所得	
5	经国务院批准的其他所得	

一、《企业所得税法》第三条第三款、第四条第二款、第二十六条第三项、第二十七条第五项

第三条　非居民企业在中国境内未设立机构、场所的,或者虽设立机构、场所但取得的所得与其所设机构、场所没有实际联系的,应当就其来源于中国境内的所得缴纳企业所得税。

第四条　企业所得税的税率为 25%。

非居民企业取得本法第三条第三款规定的所得,适用税率为 20%。

第二十六条　企业的下列收入为免税收入:

(三)在中国境内设立机构、场所的非居民企业从居民企业取得与该机构、场所有实际联系的股息、红利等权益性投资收益;

第二十七条　企业的下列所得,可以免征、减征企业所得税:

(五)本法第三条第三款规定的所得。

二、《企业所得税法实施条例》第九十一条

非居民企业取得企业所得税法第二十七条第(五)项规定的所得,减按 10%的税率征收企业所得税。

下列所得可以免征企业所得税:

(一)外国政府向中国政府提供贷款取得的利息所得;

(二)国际金融组织向中国政府和居民企业提供优惠贷款取得的利息所得;

(三)经国务院批准的其他所得。

8. 非居民企业是否可以享受小型微利企业所得税优惠政策

答：适用所得税税收优惠的小型微利企业，指的是企业的全部生产经营活动产生的所得均负有我国企业所得税纳税义务的企业，非居民企业不能享受。

《国家税务总局关于非居民企业不享受小型微利企业所得税优惠政策问题的通知》（国税函〔2008〕650号）

各省、自治区、直辖市和计划单列市国家税务局、地方税务局：

关于非居民企业是否享受企业所得税法规定的对小型微利企业的税收优惠政策问题，现明确如下：

企业所得税法第二十八条规定的小型微利企业是指企业的全部生产经营活动产生的所得均负有我国企业所得税纳税义务的企业。因此，仅就来源于我国所得负有我国纳税义务的非居民企业，不适用该条规定的对符合条件的小型微利企业减按20%税率征收企业所得税的政策。

9. 非居民企业是否可以享受研发费用加计扣除的优惠政策

答：研发费用加计扣除适用于会计核算健全、实行查账征收并能够准确归集研发费用的居民企业。因此，非居民企业不可以享受研发费用加计扣除的优惠政策。

《财政部　国家税务总局　科技部关于完善研究开发费用税前加计扣除政策的通知》（财税〔2015〕119号）第五条

五、管理事项及征管要求

1. 本通知适用于会计核算健全、实行查账征收并能够准确归集研发费用的居民企业。

10. 在中国境内设立机构、场所的非居民企业，在境外一国（地区）当年缴纳和间接负担的符合规定的所得税税额超过抵免限额的余额，能否结转后期抵免

答：可以。企业所得税境外所得抵免的税收规定适用于居民企业以及非居民企业在中国境内设立的机构、场所的情形。

《财政部　国家税务总局关于企业境外所得税收抵免有关问题的通知》（财税〔2009〕125号）第一条、第九条

一、居民企业以及非居民企业在中国境内设立的机构、场所（以下统称企业）依照企业所得税法第二十三条、第二十四条的有关规定，应在其应纳税额中抵免在境外缴纳的所得税额的，适用本通知。

九、在计算实际应抵免的境外已缴纳和间接负担的所得税税额时，企业在境外一国（地区）当年缴纳和间接负担的符合规定的所得税税额低于所计算的该国（地区）抵免限额的，应以该项税额作为境外所得税抵免额从企业应纳税总额中据实抵免；超过抵免限额的，当年应以抵免限额作为境外所得税抵免额进行抵免，超过抵免限额的余额允许从次年起在连续五个纳税年度内，用每年度抵免限额抵免当年应抵税额后的余额进行抵补。

二、核定征收

11. 非居民企业核定征收的具体规定是什么

答：非居民企业核定征收的具体规定如图9-4所示。

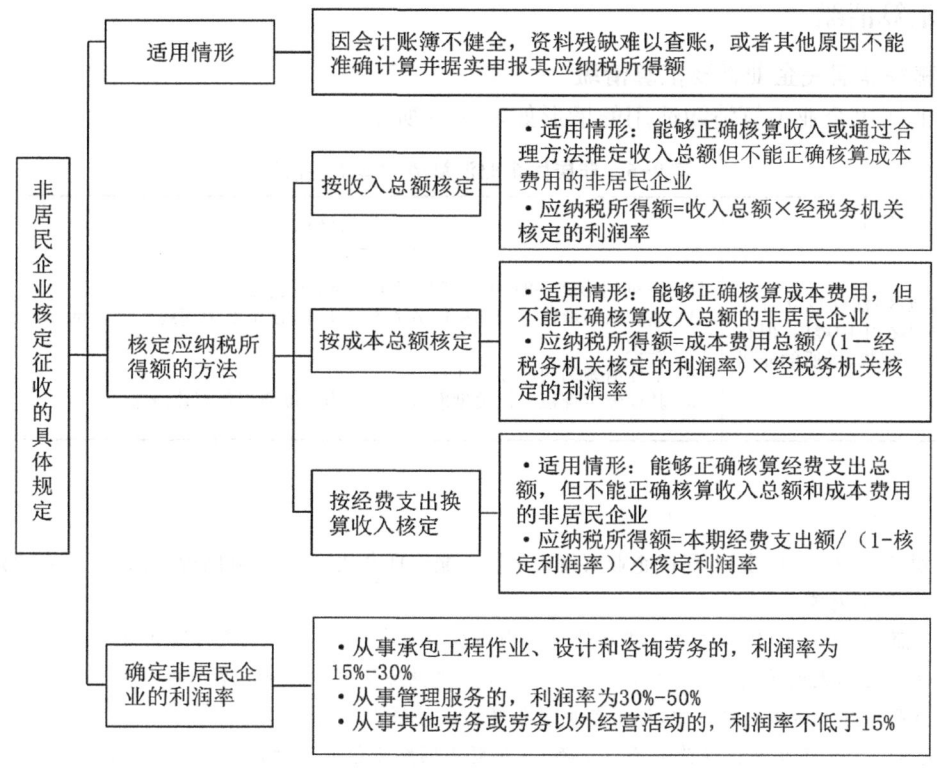

图9-4 非居民企业核定征收的具体规定

 政策依据

《国家税务总局关于印发〈非居民企业所得税核定征收管理办法〉的通知》(国税发〔2010〕19号)第四条、第五条

第四条 非居民企业因会计账簿不健全,资料残缺难以查账,或者其他原因不能准确计算并据实申报其应纳税所得额的,税务机关有权采取以下方法核定其应纳税所得额。

(一)按收入总额核定应纳税所得额:适用于能够正确核算收入或通过合理方法推定收入总额,但不能正确核算成本费用的非居民企业。计算公式如下:

应纳税所得额＝收入总额×经税务机关核定的利润率

(二)按成本费用核定应纳税所得额:适用于能够正确核算成本费用,但不能正确核算收入总额的非居民企业。计算公式如下:

应纳税所得额＝成本费用总额/(1－经税务机关核定的利润率)×经税务机关核定的利润率

(三)按经费支出换算收入核定应纳税所得额:适用于能够正确核算经费支出总额,但不能正确核算收入总额和成本费用的非居民企业。计算公式:

应纳税所得额＝本期经费支出额/(1－核定利润率)×核定利润率

第五条 税务机关可按照以下标准确定非居民企业的利润率:

(一)从事承包工程作业、设计和咨询劳务的,利润率为15%～30%;

(二)从事管理服务的,利润率为30%～50%;

(三)从事其他劳务或劳务以外经营活动的,利润率不低于15%。

三、汇算清缴

12. 哪些非居民企业需要汇算清缴

答：非居民企业汇算清缴适用的情形如表 9-6 所示。

表 9-6 非居民企业汇算清缴适用的情形

适用情形	特殊规定
依照外国（地区）法律成立且实际管理机构不在中国境内，但在中国境内设立机构、场所的非居民企业	具有下列情形之一的，可不参加当年度的汇算清缴： （1）临时来华承包工程和提供劳务不足1年，在年度中间终止经营活动，且已经结清税款 （2）汇算清缴期内已办理注销 （3）其他经主管税务机关批准可不参加当年度所得税汇算清缴

政策依据

《国家税务总局关于印发〈非居民企业所得税汇算清缴管理办法〉的通知》（国税发〔2009〕6号）第一条

一、汇算清缴对象

（一）依照外国（地区）法律成立且实际管理机构不在中国境内，但在中国境内设立机构、场所的非居民企业（以下称为企业），无论盈利或者亏损，均应按照企业所得税法及本办法规定参加所得税汇算清缴。

（二）企业具有下列情形之一的，可不参加当年度的所得税汇算清缴：

1. 临时来华承包工程和提供劳务不足1年，在年度中间终止经营活动，且已经结清税款；

2. 汇算清缴期内已办理注销；

3. 其他经主管税务机关批准可不参加当年度所得税汇算清缴。

13. 非居民企业汇算清缴时限是什么

答：非居民企业汇算清缴时限如图 9-5 所示。

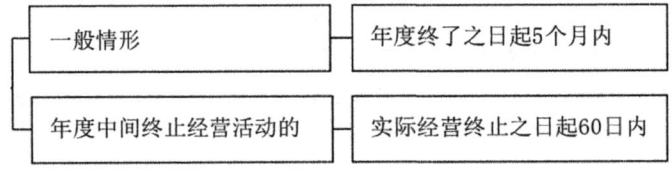

图 9-5 非居民企业汇算清缴时限

政策依据

《国家税务总局关于印发〈非居民企业所得税汇算清缴管理办法〉的通知》（国税发〔2009〕6号）第二条

汇算清缴时限

（一）企业应当自年度终了之日起5个月内，向税务机关报送年度企业所得税纳税申报表，并汇算清缴，结清应缴应退税款。

（二）企业在年度中间终止经营活动的，应当自实际经营终止之日起60日内，向税务机关办理当期企业所得税汇算清缴。

四、源泉扣缴

14. 哪些非居民企业适用源泉扣缴

答： 非居民企业适用源泉扣缴的情形如图 9-6 所示

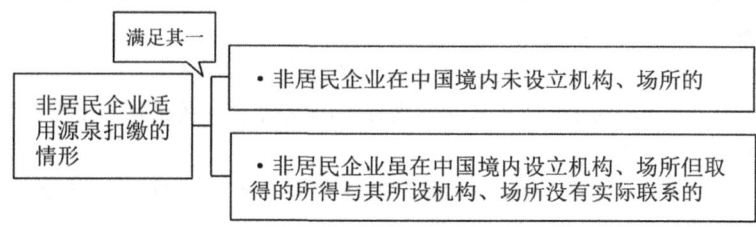

图 9-6 非居民企业适用源泉扣缴的情形

《企业所得税法》第三条第三款、第三十七条、第三十八条

第三条第三款 非居民企业在中国境内未设立机构、场所的,或者虽设立机构、场所但取得的所得与其所设机构、场所没有实际联系的,应当就其来源于中国境内的所得缴纳企业所得税。

第三十七条 对非居民企业取得本法第三条第三款规定的所得应缴纳的所得税,实行源泉扣缴,以支付人为扣缴义务人。税款由扣缴义务人在每次支付或者到期应支付时,从支付或者到期应支付的款项中扣缴。

15. 源泉扣缴的扣缴义务人如何确定

答： 源泉扣缴扣缴义务人的确定方法如表 9-7 所示。

表 9-7 扣缴义务人的确定方法

项目		扣缴义务人
一般情形	支付人	(1) 支付人,是指依照有关法律规定或者合同约定对非居民企业直接负有支付相关款项义务的单位或者个人 (2) 支付,包括现金支付、汇拨支付、转账支付和权益兑价支付等货币支付和非货币支付 (3) 到期应支付的款项,是指支付人按照权责发生制原则应当计入相关成本、费用的应付款项
特殊情形 (非居民企业在中国境内取得工程作业和劳务所得应缴纳的所得税)	包括: (1) 预计工程作业或者提供劳务期限不足一个纳税年度,且有证据表明不履行纳税义务的 (2) 没有办理税务登记或者临时税务登记,且未委托中国境内的代理人履行纳税义务的 (3) 未按照规定期限办理企业所得税纳税申报或者预缴申报的	税务机关可以指定工程价款或者劳务费的支付人为扣缴义务人

《企业所得税法》第三条第三款、第三十七条

第三条第三款 非居民企业在中国境内未设立机构、场所的,或者虽设立机构、场所但取得的所得与其所设

机构、场所没有实际联系的,应当就其来源于中国境内的所得缴纳企业所得税。

第三十七条 对非居民企业取得本法第三条第三款规定的所得应缴纳的所得税,实行源泉扣缴,以支付人为扣缴义务人。税款由扣缴义务人在每次支付或者到期应支付时,从支付或者到期应支付的款项中扣缴。

第三十八条 对非居民企业在中国境内取得工程作业和劳务所得应缴纳的所得税,税务机关可以指定工程价款或者劳务费的支付人为扣缴义务人。

《企业所得税法实施条例》第一百零四条、第一百零五条、第一百零六条

第一百零四条 企业所得税法第三十七条所称支付人,是指依照有关法律规定或者合同约定对非居民企业直接负有支付相关款项义务的单位或者个人。

第一百零五条 企业所得税法第三十七条所称支付,包括现金支付、汇拨支付、转账支付和权益兑价支付等货币支付和非货币支付。

企业所得税法第三十七条所称到期应支付的款项,是指支付人按照权责发生制原则应当计入相关成本、费用的应付款项。

第一百零六条 企业所得税法第三十八条规定的可以指定扣缴义务人的情形,包括:

(一)预计工程作业或者提供劳务期限不足一个纳税年度,且有证据表明不履行纳税义务的;

(二)没有办理税务登记或者临时税务登记,且未委托中国境内的代理人履行纳税义务的;

(三)未按照规定期限办理企业所得税纳税申报或者预缴申报的。

前款规定的扣缴义务人,由县级以上税务机关指定,并同时告知扣缴义务人所扣税款的计算依据、计算方法、扣缴期限和扣缴方式。

16. 企业和非居民企业签订与利息、租金特许权使用费等有关的合同或协议,如果未按照合同或协议约定的日期支付上述所得款项,如何代扣代缴企业所得税

答:应以企业所得税年度纳税申报的时点作为扣缴义务发生时间,具体规定如表 9-8 所示。

表 9-8 扣缴义务发生时间

情形	扣除规定
利息、租金、特许权使用费已计入企业当期成本、费用,并在企业所得税年度纳税申报中作税前扣除	在企业所得税年度纳税申报时代扣代缴企业所得税
利息、租金、特许权使用费不是一次性计入当期成本、费用,而是计入相应资产原价或企业筹办费,在该类资产投入使用或开始生产经营后分期摊入成本、费用,分年度在企业所得税前扣除	在企业计入相关资产的年度纳税申报时代扣代缴企业所得税

《国家税务总局关于非居民企业所得税管理若干问题的公告》(国家税务总局公告 2011 年第 24 号)第一条

关于到期应支付而未支付的所得扣缴企业所得税问题

中国境内企业(以下称为企业)和非居民企业签订与利息、租金、特许权使用费等所得有关的合同或协议,如果未按照合同或协议约定的日期支付上述所得款项,或者变更或修改合同或协议延期支付,但已计入企业当期成本、费用,并在企业所得税年度纳税申报中作税前扣除的,应在企业所得税年度纳税申报时按照企业所得税法有关规定代扣代缴企业所得税。

如果企业上述到期未支付的所得款项,不是一次性计入当期成本、费用,而是计入相应资产原价或企业筹办费,

在该类资产投入使用或开始生产经营后分期摊入成本、费用,分年度在企业所得税前扣除的,应在企业计入相关资产的年度纳税申报时就上述所得全额代扣代缴企业所得税。

如果企业在合同或协议约定的支付日期之前支付上述所得款项的,应在实际支付时按照企业所得税法有关规定代扣代缴企业所得税。

17. 非居民企业取得的融资租赁租金所得应如何纳税

答: 根据《国家税务总局关于非居民企业所得税管理若干问题的公告》(国家税务总局公告 2011 年第 24 号)第四条第一项,在中国境内未设立机构、场所的非居民企业,以融资租赁方式将设备、物件等租给中国境内企业使用,租赁期满后设备、物件所有权归中国境内企业(包括租赁期满后作价转让给中国境内企业),非居民企业按照合同约定的期限收取租金,应以租赁费(包括租赁期满后作价转让给中国境内企业的价款)扣除设备、物件价款后的余额,作为贷款利息所得计算缴纳企业所得税,由中国境内企业在支付时代扣代缴。

18. 非居民企业取得的出租不动产租金所得应如何纳税

答: 根据《国家税务总局关于非居民企业所得税管理若干问题的公告》(国家税务总局公告 2011 年第 24 号)第四条第二项,非居民企业出租位于中国境内的房屋、建筑物等不动产,对未在中国境内设立机构、场所进行日常管理的,以其取得的租金收入全额计算缴纳企业所得税,由中国境内的承租人在每次支付或到期应支付时代扣代缴。

如果非居民企业委派人员在中国境内或者委托中国境内其他单位或个人对上述不动产进行日常管理的,应视为其在中国境内设立机构、场所,非居民企业应在税法规定的期限内自行申报缴纳企业所得税。

19. 扣缴义务人对外支付股息,如何确定扣缴义务时间

答: 按照《企业所得税法》第三十七条规定,应该源泉扣缴的税款由扣缴义务人在每次支付或者到期应支付时,从支付或到期应支付的款项中扣缴。据此,《国家税务总局关于非居民企业所得税源泉扣缴有关问题的公告》(国家税务总局公告 2017 年第 37 号)第四条第(一)项明确,扣缴义务发生之日为相关款项实际支付或者到期应支付之日。关于到期应支付情形下扣缴所得税问题,国家税务总局公告 2017 年第 37 号第七条第一款明确继续按照《国家税务总局关于非居民企业所得税管理若干问题的公告》(国家税务总局公告 2011 年第 24 号)第一条规定执行。基于这些规定,鉴于股息是由企业的税后利润派发给股东的,不应计入扣缴义务人的成本、费用,不会发生到期应支付情形,非居民企业取得应纳税的股息所得,相关税款扣缴义务发生之日即是股息的实际支付之日。扣缴义务人应在实际支付之日代扣税款,并在扣缴义务发生之日起 7 日内向扣缴义务人所在地主管税务机关申报和解缴代扣税款。该规定改变了国家税务总局公告 2011 年第 24 号第五条的规定,不再以做出利润分配决定的日期作为扣缴义务发生之日。

来源:国家税务总局关于《国家税务总局关于非居民企业所得税源泉扣缴有关问题的公告》的解读。

第三节 申报实务

一、非居民企业纳税申报概况

根据《国家税务总局关于发布〈中华人民共和国非居民企业所得税预缴申报表(2019年版)〉等报表的公告》(国家税务总局公告 2019 年第 16 号)的规定,非居民企业需要填列三类报表,具体情况如表 9-9 所示。

表 9-9 非居民企业填列报表概况

适用情形	报表填列	
	主表	附表
预缴	《F100 中华人民共和国非居民企业所得税预缴申报表(2019 年版)》	《F300 非居民企业机构、场所汇总缴纳所得税税款分配表》
		《F400 非居民企业机构、场所核定计算明细表》
汇算清缴	《F200 中华人民共和国非居民企业所得税年度纳税申报表(2019 年版)》	《F210 纳税调整项目明细表》
		《F220 企业所得税弥补亏损明细表》
		《F230 对外合作开采石油企业勘探开发费用年度明细表》
		《F300 非居民企业机构、场所汇总缴纳所得税税款分配表》
		《F400 非居民企业机构、场所核定计算明细》
源泉扣缴或指定扣缴义务人扣缴、扣缴义务人未扣缴纳税人自行申报	《中华人民共和国扣缴企业所得税报告表(2019 年版)》	—

二、预缴申报

(一)《F100 中华人民共和国非居民企业所得税预缴申报表(2019 年版)》填报说明

一、适用范围

本表及附表由办理季度预缴企业所得税申报的非居民企业机构、场所(以下简称"纳税人")填报。在经营季度内无论盈利或者亏损,都应当按照有关规定报送本表和相关资料。

二、表头项目

1."税款所属期间":填报税款所属季度的起止日期。

2."纳税人识别号(统一社会信用代码)":填报税务机关核发的纳税人识别号或有关部门核发的统一社会信用代码。

3."纳税人境内名称":填报营业执照、税务登记证等证件载明的纳税人名称。

三、有关项目填报说明

(一)基本信息

1."境外成立地代码":填报纳税人成立地国家(或地区)三字母代码(ISO 3166—1 标准)。

2."在境外成立地法定名称":填报纳税人在其成立地国家(或地区)的法定名称。

3."境外成立地纳税人识别号":填报纳税人在其成立地国家(或地区)的纳税人识别号。

4."预缴方式":纳税人根据实际情况勾选。"按照上一纳税年度应纳税所得额平均额预缴"和"按照税务机关确定的其他方法预缴"是行政许可事项,在税务机关办理相关手续后方可勾选。

5."企业类型":纳税人根据情况勾选,填报人为单独申报纳税的非居民企业机构、场所的,勾选"单独纳税机构、场所";填报人为汇总纳税非居民企业机构、场所中的主要机构、场所的,勾选"汇总纳税主要机构、场所";填报人为汇总纳税非居民企业机构、场所中除主要机构、场所以外的其他机构、场所的,勾选"汇总纳税其他机构、场所"。

6."计税方式":纳税人根据情况勾选,据实申报纳税的填报人,勾选"据实计算";采取核定征收方式申报纳税的填报人,勾选"核定征收"。已经勾选"核定征收"的填报人,需要填报本表附表《非居民企业机构、场所核定计算明细表》(表F400)。

(二)各列次的填报

1."据实计算本年累计金额"列由采取据实计算方式的纳税人填报。

2."核定征收本年累计金额"列由采取核定方式的纳税人填报。本列部分项目数额来自《非居民企业机构、场所核定计算明细表》(表F400)相应行次数额,不适用表内关系。

(三)各行次的填报

1.第1行至第21行反映预缴税款计算情况。纳税人根据其预缴申报方式分别填报。实行"按照实际利润额预缴"的纳税人填报第1行至第21行。实行"按照上一纳税年度应纳税所得额平均额预缴"的纳税人填报第11行至第21行。实行"按照税务机关确定的其他方法预缴"的纳税人根据实际情况填报相应行次。汇总纳税其他机构、场所可不填报第1行至第20行,直接填报第21行。

2.第22行至第27行反映汇总纳税税款分配情况。分别汇总纳税主要机构、场所和其他机构、场所填报。其中:汇总纳税主要机构、场所在填报第1行至第21行基础上,填报第22行至第25行。汇总纳税其他机构、场所在填报第21行基础上,填报第26和27行。

(四)行次说明

1.第1行"利润总额":填报申报所属期末本年财务会计报表中累计利润总额。

2.第2行"加:特定业务计算的应纳税所得额":从事房地产开发等特定业务的纳税人,填报按照税收规定计算的特定业务的应纳税所得额。房地产开发企业销售未完工开发产品取得的预售收入,按照税收规定的预计计税毛利率计算的预计毛利额填入此行。本行填报数额不得小于同年上期预缴申报表数额。

3.第3行"减:不征税收入":填报计入利润总额并属于税法规定的不征税收入的本年累计数额。

4.第4行"减:免税、减计收入、加计扣除及所得减免优惠金额":填报属于税法规定的免税收入、减计收入、所得减免等申报所属期末本年累计数额。

5.第5—7行"项目①—项目③":填报第4行下属各明细项目金额。并在各明细项目列下划线上填报该项目对应的减免性质代码。减免性质代码按照国家税务总局制定或更新的"减免税政策代码目录"填列。免税、减计收入、加计扣除及所得减免等项目多于三项的,附页填报。

6.第8行"减:固定资产加速折旧(扣除)调减额":填报按照税法、相关税收规定,固定资产税收上采取加速折旧后,大于同期会计折旧产生纳税调减的累计数额。

7.第9行"项目":填报第8行下属明细项目金额。并在明细项目列下划线上填报该项目对应的减免性质代码。减免性质代码按照国家税务总局制定或更新的"减免税政策代码目录"

填列。减免项目多于一项的,附页填报。

8. 第 10 行"减:弥补以前年度亏损":填报申报所属期期末,按照税收规定可在企业所得税前弥补的以前年度亏损本年累计数额。当 1+2−3−4−8 行≤0 时,本行=0。

9. 第 11 行"实际利润额/按上一纳税年度应纳税所得额平均额确定的应纳税所得额":本行按照预缴方式不同,分情况填报:

预缴方式选择"按照实际利润额预缴的":根据本表相关行次计算结果填报。第 11 行=第 1+2−3−4−8−10 行;

预缴方式选择"按照上一纳税年度应纳税所得额平均额预缴的":填报按上一纳税年度应纳税所得额平均额确定的本年累计应纳税所得额。

预缴方式选择"按照税务机关确定的其他方法预缴的":按照实际情况填写。

核定应纳税所得额的核定征收纳税人填报《非居民企业机构、场所核定计算明细表》(表 F400)中核定的应纳税所得额数额。

10. 第 12 行"税率(25%)":填报企业所得税法规定税率 25%。

11. 第 13 行"应纳所得税额":根据相关行次计算结果填报。第 13 行=第 11×12 行,且第 13 行≥0。核定应纳税额的核定征收纳税人填报《非居民企业机构、场所核定计算明细表》(表 F400)第 21 行"应纳税额"的数额。

12. 第 14 行"减:减免所得税额":填报按照税收规定实际享受的减免所得税额的申报所属期末本年累计数额。

13. 第 15—17 行"项目①−项目③":填报第 14 行下属各明细项目金额。并在各明细项目列下划线上填报该项目对应的减免性质代码。减免性质代码按照国家税务总局制定或更新的"减免税政策代码目录"填列。减免所得税项目多于三项的,附页填报。

14. 第 18 行"减:享受协定待遇减免税额":填报纳税人享受税收协定待遇的减免税总额。税收协定含中华人民共和国政府签署的避免双重征税协定,内地与香港、澳门特别行政区签署的税收安排以及含有税收待遇条款的其他协定(如海运协定、航空协定等)。因享受税收协定待遇而获取减免税优惠的,应同时报送非居民纳税人享受税收协定待遇的相关信息报告表。

15. 第 19 行"减:本年实际已预缴所得税额":填报纳税人申报所属期末本年累计按季已经预缴的企业所得税额,不包含第 20 行的特定业务预缴(征)所得税额。

16. 第 20 行"减:特定业务预缴(征)所得税额":填报建筑企业申报所属期末本年按相关规定已预缴的企业所得税额。

17. 第 21 行"应补(退)所得税额/税务机关确定的本期应纳所得税额":按照不同预缴方式,分情况填报:

预缴方式选择"按照实际利润额预缴"以及"按照上一纳税年度应纳税所得额平均额预缴"的纳税人根据本表相关行次计算填报。单独纳税机构、场所和汇总纳税主要机构、场所,按照第 13−14−18−19−20 行公式计算结果填报,当第 13−14−18−19−20 行≤0 时,填 0;汇总纳税其他机构、场所填报其主要机构、场所相同申报所属期间第 21 行数额。

预缴方式选择"按照税务机关确定的其他方法预缴"的纳税人填报本期应纳企业所得税的金额。

18. 第 22 行"主要机构、场所应补(退)所得税额":根据相关行次计算结果填报,第 22 行=第 23+24+25 行。

19. 第23行"其中:主要机构、场所直接分摊所得税额":填报本表附表《非居民企业机构、场所汇总缴纳所得税税款分配表》(表F300)中"主要机构、场所直接分摊所得税额"栏数额。

20. 第24行"主要机构、场所财政集中分配所得税额":填报本表附表《非居民企业机构、场所汇总缴纳所得税税款分配表》(表F300)中"主要机构、场所财政集中分配所得税额"栏数额。

21. 第25行"主要机构、场所从事主体生产经营业务分摊所得税额":填报本表附表《非居民企业机构、场所汇总缴纳所得税税款分配表》(表F300)中"分配所得税额"列对应主要机构、场所的数额。

22. 第26行"分配比例":填报本表附表《非居民企业机构、场所汇总缴纳所得税税款分配表》(表F300)中"分配比例"列对应本机构、场所的比例。

23. 第27行"应补(退)所得税额":填报本表附表《非居民企业机构、场所汇总缴纳所得税税款分配表》(表F300)中"分配所得税额"列对应本机构、场所的数额。

24. 纳税人聘请中介机构代理申报的,加盖代理机构公章。

四、表内表间关系

(一)表内各行间关系

1. 第11行=第1+2-3-4-8-10行。

2. 第13行=第11×12行。

3. 第22行=第23+24+25行。

(二)表间关系

1. 第21行=表F300"可分摊所得税额"。

2. 第23行=表F300"主要机构、场所直接分摊所得税额"。

3. 第24行=表F300"主要机构、场所财政集中分配所得税额"。

4. 第25行=表F300"主体生产经营业务分摊所得税情况"栏对应主要机构、场所行次的"分配所得税额"列。

5. 第26行=表F300"主体生产经营业务分摊所得税情况"栏对应本机构、场所行次的"分配比例"列。

6. 第27行=表F300"主体生产经营业务分摊所得税情况"栏对应本机构、场所行次的"分配所得税额"列。

7. 各行"核定征收本年累计金额"列等于表F400对应核定项目金额。

表格式样如表9-10所示。

表9-10 F100 中华人民共和国非居民企业所得税预缴申报表(2019年版)

税款所属期间: 年 月 日至 年 月 日

纳税人识别号(统一社会信用代码):□□□□□□□□□□□□□□□□□□

纳税人境内名称: 金额单位:人民币元(列至角分)

境外成立地代码		在境外成立地法定名称		境外成立地 纳税人识别号	
预缴方式	□按照实际利润额预缴 □按照上一纳税年度应纳税所得额平均额预缴 □按照税务机关确定的其他方法预缴				
企业类型	□单独纳税机构、场所 □汇总纳税主要机构、场所 □汇总纳税其他机构、场所				
计税方式	□据实计算 □核定征收				
预缴税款计算					

（续表）

行次	项目	据实计算本年累计金额	核定征收本年累计金额
1	利润总额		
2	加:特定业务计算的应纳税所得额		
3	减:不征税收入		
4	减:免税、减计收入、加计扣除及所得减免优惠金额		
5	其中:项目①_____(减免性质代码)		
6	项目②_____(减免性质代码)		
7	项目③_____(减免性质代码)		
8	减:固定资产加速折旧(扣除)调减额		
9	其中:项目(减免性质代码)		
10	减:弥补以前年度亏损		
11	实际利润额/按上一纳税年度应纳税所得额平均额确定的应纳税所得额		
12	税率(25%)		
13	应纳所得税额(11×12)		
14	减:减免所得税额		
15	其中:项目①_____(减免性质代码)		
16	项目②_____(减免性质代码)		
17	项目③_____(减免性质代码)		
18	减:享受协定待遇减免税额		
19	减:本年实际已预缴所得税额		
20	减:特定业务预缴(征)所得税额		
21	本期应补(退)所得税额/税务机关确定的本期应纳税所得额		
汇总纳税税款分配			
22	主要机构、场所填报	主要机构、场所应补(退)所得税额(23+24+25)	
23		其中:主要机构、场所直接分摊所得税额	
24		主要机构、场所财政集中分配所得税额	
25		主要机构、场所从事主体生产经营业务分摊所得税额	
26	其他机构、场所填报	分配比例	
27		应补(退)所得税额	

声明:此表是根据国家税收法律法规及相关规定填写的,对填报内容(及附带资料)的真实性、可靠性、完整性负责。

纳税人(签章):　　　年　月　日

经办人签字:
经办人身份证件号码:
代理机构签章:
代理机构统一社会信用代码:

受理人:
受理税务机关(章):
受理日期:　　　年　月　日

(二)《F300 非居民企业机构、场所汇总缴纳所得税税款分配表》填报说明

一、适用范围

本表为《中华人民共和国非居民企业所得税预缴申报表(2019年版)》(表F100)和《中华人民共和国非居民企业所得税年度纳税申报表(2019年版)》(表F200)的附表,由实行汇总纳税的非居民企业机构、场所(含主要机构、场所和其他机构、场所)填报。

二、具体项目填报说明

1."税款所属期间":填报税款所属年度或季度的起止日期。年度纳税申报时,纳税人当年实际经营期间不足一个纳税年度的,填报当年实际经营期间的起止日期。

2."主要机构、场所名称""从事主体生产经营业务的机构、场所名称""汇总纳税但未分摊所得税的机构、场所名称":填报营业执照、税务登记证等证件载明的纳税人名称。汇总纳税但未分摊所得税的机构、场所是指符合相关规定条件可以纳入汇总计算缴纳企业所得税范围,但不就地分摊缴纳企业所得税的仅具有内部辅助管理或服务职能的机构、场所。

3."主要机构、场所纳税人识别号(统一社会信用代码)""从事主体生产经营业务的机构、场所纳税人识别号(统一社会信用代码)""未分摊所得税的机构、场所统一社会信用代码(纳税人识别号)":填报税务机关核发的纳税人识别号或有关部门核发的统一社会信用代码。

4."可分摊所得税额":预缴申报时,填报《中华人民共和国非居民企业所得税预缴申报表(2019年版)》(表F100)第21行"本期应补(退)所得税额"的本年累计金额。年度纳税申报时,填报《中华人民共和国非居民企业所得税年度纳税申报表(2019年版)》(表F200)中第32行"实际应纳所得税额"的申报金额。

5."主要机构、场所直接分摊所得税额":填报按主要机构、场所直接分摊比例计算的数额。预缴申报时,计算公式为"本期应补(退)所得税额"×主要机构、场所直接分摊比例。年度纳税申报时,计算公式为"实际应纳所得税额"×主要机构、场所直接分摊比例。主要机构、场所直接分摊比例由国务院财政、税务主管部门或省税务机关规定。

6."主要机构、场所财政集中分配所得税额":填报按主要机构、场所财政集中分配比例计算的数额。预缴申报时,计算公式为"本期应补(退)所得税额"×主要机构、场所财政集中分配比例。年度纳税申报时,计算公式为"实际应纳所得税额"×主要机构、场所财政集中分配比例。主要机构、场所财政集中分配比例由国务院财政、税务主管部门或省税务机关规定。

7."主体生产经营业务分摊所得税额":预缴申报时,填报按"本期应补(退)所得税额"—"主要机构、场所直接分摊所得税额"7"主要机构、场所财政集中分配所得税额"公式计算的数额。年度纳税申报时,填报按"实际应纳所得税额"—"主要机构、场所直接分摊所得税额"—"主要机构、场所财政集中分配所得税额"公式计算的数额。

8."营业收入":预缴申报时,填报参与"主体生产经营业务分摊所得税额"分配的各机构、场所上一年度销售商品、提供劳务、让渡资产使用权等日常经营活动实现的全部收入的合计额。年度纳税申报时,填报参与"主体生产经营业务分摊所得税额"分配的各机构、场所本年度销售商品、提供劳务、让渡资产使用权等日常经营活动实现的全部收入的合计额。

9."职工薪酬":预缴申报时,填报参与"主体生产经营业务分摊所得税额"分配的各机构、场所上一年度为获得职工提供的服务而给予各种形式的报酬以及其他相关支出的合计额。年

度纳税申报时,填报参与"主体生产经营业务分摊所得税额"分配的各机构、场所本年度为获得职工提供的服务而给予各种形式的报酬以及其他相关支出的合计额。

10."资产总额":预缴申报时,填报参与"主体生产经营业务分摊所得税额"分配的各机构、场所上一年度在经营活动中实际使用资产的合计额。年度纳税申报时,填报参与"主体生产经营业务分摊所得税额"分配的各机构、场所本年度实际使用资产的合计额。

11."分配比例":填报按照国务院财政、税务主管部门或省税务机关规定确定的分配比例,分配比例应保留小数点后十位。

12."分配所得税额":填报参与"主体生产经营业务分摊所得税额"分配的各机构、场所按照分配比例计算的结果("主体生产经营业务分摊所得税额"×"分配比例")。

13."合计":预缴申报时,填报参与"主体生产经营业务分摊所得税额"分配的各机构、场所上一年度的营业收入总额、职工薪酬总额和资产总额三项因素的合计数及当期各机构、场所分配比例和分配税额的合计数。年度纳税申报时,填报参与"主体生产经营业务分摊所得税额"分配的各机构、场所本年度的营业收入总额、职工薪酬总额和资产总额三项因素的合计数及当期各机构、场所分配比例和分配税额的合计数。

14."成本费用额":填报汇总纳税但未分摊所得税的机构、场所当期发生的成本费用额。

15."资产额":填报汇总纳税但未分摊所得税的机构、场所当期期末拥有的资产额。

三、表内、表间关系

（一）表内关系

1."可分摊所得税额"＝"主要机构、场所直接分摊所得税额"＋"主要机构、场所财政集中分配所得税额"＋"主体生产经营业务分摊所得税额"

2."主体生产经营业务分摊所得税额"＝"主体生产经营业务分摊所得税情况"栏"分配所得税额"列"合计"行

（二）表间关系

1.预缴申报时,"可分摊所得税额"栏＝表F100第21行的本年累计金额。年度纳税申报时,"可分摊所得税额"栏＝表F200第32行的申报金额。

2.预缴申报时,"主要机构、场所直接分摊所得税额"栏＝表F100第23行。年度纳税申报时,"主要机构、场所直接分摊所得税额"栏＝表F200第36行。

3.预缴申报时,"主要机构、场所财政集中分配所得税额"栏＝表F100第24行。年度纳税申报时,"主要机构、场所财政集中分配所得税额"栏＝表F200第37行。

4.预缴申报时,"主体生产经营业务分摊所得税情况"栏对应主要机构、场所行次的"分配所得税额"列＝表F100第25行。年度纳税申报时,"主体生产经营业务分摊所得税情况"栏对应主要机构、场所行次的"分配所得税额"列＝表F200第38行。

5.预缴申报时,"主体生产经营业务分摊所得税情况"栏对应本机构、场所行次的"分配比例"列＝表F100第26行。

6.预缴申报时,"主体生产经营业务分摊所得税情况"栏对应本机构、场所的"分配所得税额"列＝表F100第27行。年度纳税申报时,"主体生产经营业务分摊所得税情况"栏对应本机构、场所的"分配所得税额"列＝表F200第41行。

表格式样如表9-11所示。

表 9-11 F300 非居民企业机构、场所汇总缴纳所得税税款分配表

税款所属期间： 年 月 日至 年 月 日

主要机构、场所名称：

主要机构、场所纳税人识别号（统一社会信用代码）： 金额单位：元（列至角分）

	可分摊所得税额		主要机构、场所直接分摊所得税额	主要机构、场所财政集中分配所得税额				主体生产经营业务分摊所得税额	
	从事主体生产经营业务的机构、场所统一社会信用代码（纳税人识别号）	从事主体生产经营业务的机构、场所名称		三项因素			分配比例	分配所得税额
					营业收入	职工薪酬	资产总额		
分摊所得税情况主体生产经营业务									
	合计		—						
构、场所情况分摊所得税机汇总纳税但未	汇总纳税但未分摊所得税的机构、场所统一社会信用代码（纳税人识别号）		汇总纳税但未分摊所得税的机构、场所名称					成本费用额	资产额

（三）《F400 非居民企业机构、场所核定计算明细表》填报说明

一、适用范围

本表为《中华人民共和国非居民企业所得税预缴申报表（2019 年版）》（表 F100）和《中华人民共和国非居民企业所得税年度纳税申报表（2019 年版）》（表 F200）的附表，由按照有关规定适用核定征收的非居民企业机构、场所填报。

二、具体项目填报说明

1. 第 1 至 11 行填报核定方法为"按收入总额核定应纳税所得额"的申报项目情况。

第 1 至 9 行的填报：纳税人从事适用不同核定利润率的经营活动，并取得应税所得的，应分别核算并适用相应的利润率计算应纳税所得额。在"项目名称"栏填写具体的项目名称、合同号。多于三个项目的，附页填报。

第 10 行"收入总额"填报所有"按收入总额核定应纳税所得额"的申报项目的收入总额。

第 11 行"应纳税所得额合计"填报所有"按收入总额核定应纳税所得额"的申报项目的应纳税所得额合计数额。

2. 第12至15行填报核定方法为"按经费支出换算应纳税所得额"的申报项目情况。

第12行"经费支出总额"填报纳税人本纳税年度实际支出的经费总额。

第13行"换算的收入额"填报根据税法、相关税收规定用经费支出总额换算的收入额。换算的收入额＝经费支出总额÷(1－经税务机关确认的核定利润率)。

第14行"经税务机关确认的核定利润率(％)"填报经税务机关确认的核定利润率。

第15行"应纳税所得额"填报按经费支出换算的应纳税所得额，第15行＝第13行×第14行。

3. 第16至第19行填报核定方法为"按成本费用核定应纳税所得额"的申报项目情况。

第16行"成本费用总额"填报纳税人本期实际支出的成本费用总额。

第17行"换算的收入额"填报根据税法、相关税收规定用成本费用总额换算的收入额。换算的收入额＝成本费用总额÷(1－经税务机关确认的核定利润率)。

第18行"经税务机关确认的核定利润率(％)"填报经税务机关确认的核定利润率。

第19行"应纳税所得额"填报按成本费用换算的应纳税所得额，第19行＝第17行×第18行。

4. 第20至21行填报按照"税务机关认可的其他合理方法"进行核定的申报项目情况。

按照税务机关认可的其他合理方法核定应纳税所得额的填报第20行，并附页说明具体核定方法、计算过程等。

按照税务机关认可的其他合理方法核定应纳税额的填报第21行，并附页说明具体核定方法、计算过程等。已填报第21行的，不填报其他行次对应纳税所得额的核定。其他行次已填报核定的应纳税所得额的，不填报第21行。

三、表内、表间关系

（一）表内关系

1. 第3行＝第1行×第2行。

2. 第6行＝第4行×第5行。

3. 第9行＝第7行×第8行。

4. 第10行＝第1行＋第4行＋第7行。

5. 第11行＝第3行＋第6行＋第9行。

6. 第15行＝第13行×第14行。

7. 第19行＝第17行×第18行。

（二）表间关系

1. 预缴申报时，本表核定的应纳税所得额＝F100第11行"实际利润额/按上一纳税年度应纳税所得额平均额确定的应纳税所得额"的"核定征收本年累计金额"列。年度纳税申报时，本表核定的应纳税所得额＝表F200第19行"应纳税所得额"的"核定征收申报金额"列。

2. 预缴申报时，第21行"应纳税额"＝表F100第13行"应纳所得税额"的"核定征收本年累计金额"列。年度纳税申报时，第21行"应纳税额"＝表F200第21行"应纳所得税额"的"核定征收申报金额"列。

表格式样如表9-12所示。

表 9-12　F400 非居民企业机构、场所核定计算明细表

核定方法	行次	申报项目			累计金额
按收入总额核定应纳税所得额	1	项目1名称		收入额	
	2			经税务机关确认的核定利润率(%)	
	3			应纳税所得额(1×2)	
	4	项目2名称		收入额	
	5			经税务机关确认的核定利润率(%)	
	6			应纳税所得额(4×5)	
	7	项目3名称		收入额	
	8			经税务机关确认的核定利润率(%)	
	9			应纳税所得额(7×8)	
	10	收入总额(1+4+7)			
	11	应纳税所得额合计(3+6+9)			
按经费支出换算应纳税所得额	12	经费支出总额			
	13	换算的收入额			
	14	经税务机关确认的核定利润率(%)			
	15	应纳税所得额(13×14)			
按成本费用核定应纳税所得额	16	成本费用总额			
	17	换算的收入额			
	18	经税务机关确认的核定利润率(%)			
	19	应纳税所得额(17×18)			
税务机关认可的其他合理方法	20	应纳税所得额			
	21	应纳税额			

三、汇算清缴

(一)《F200 中华人民共和国非居民企业所得税年度纳税申报表(2019 年版)》填报说明

一、适用范围

本表及附表由办理年终汇算清缴所得税申报的非居民企业机构、场所(以下简称"纳税人")填报。在经营年度内无论盈利或者亏损,都应当按照有关规定报送本表和相关资料。

二、表头项目

1."税款所属期间":填报税款所属年度的起止日期。纳税人当年实际经营期间不足一个纳税年度的,填报当年实际经营期间的起止日期。

2."纳税人识别号(统一社会信用代码)":填报税务机关核发的纳税人识别号或有关部门核发的统一社会信用代码。

3."纳税人境内名称":填报营业执照、税务登记证等证件载明的纳税人名称。

三、有关项目填报说明

(一)基本信息

1."境外成立地代码":填报纳税人成立地国家(或地区)三字母代码(ISO 3166—1 标准)。

2."在境外成立地法定名称":填报纳税人在其成立地国家(或地区)的法定名称。

3."境外成立地纳税人识别号":填报纳税人在其成立地国家(或地区)的纳税人识别号。

4."企业类型":纳税人根据情况勾选,填报人为单独申报纳税的非居民企业机构、场所的,勾选"单独纳税机构、场所";填报人为汇总纳税非居民企业机构、场所中的主要机构、场所的,勾选"汇总纳税主要机构、场所";填报人为汇总纳税非居民企业机构、场所中除主要机构、场所以外的其他机构、场所的,勾选"汇总纳税其他机构、场所"。

5."计税方式":纳税人根据情况勾选,据实申报纳税的填报人,勾选"据实计算";采取核定征收方式申报纳税的填报人,勾选"核定征收"。已经勾选"核定征收"的填报人,需要填报本表附表《非居民企业机构、场所核定计算明细表》(表F400)。

(二)各列次的填报

1."据实计算申报金额"列由采取据实计算方式的纳税人填报。

2."核定征收申报金额"列由采取核定方式的纳税人填报。本列部分项目数额来自《非居民企业机构、场所核定计算明细表》(表F400)相应行次数额,不适用表内关系。

(三)年度税款计算的填报

1.单独纳税机构、场所逐行填报第1行至第34行。汇总纳税主要机构、场所在汇总后逐行填报第1行至第32行。汇总纳税其他机构、场所可不填报第1行至第31行,直接填报第32行。

2.第1行"利润总额":填报当期财务会计报表中的利润总额。

3.第2行"境外所得":填报纳税人当期取得的发生在境外但与境内机构、场所有实际联系的所得数额。当期为境外盈利的,以正数表示;当期为境外亏损的,以负数表示。

4.第3行"纳税调整增加额":填报纳税人会计处理与税收规定不一致,进行纳税调整增加的数额。本行根据《纳税调整项目明细表》(表F210)"调增数额"列填报。

5.第4行"纳税调整减少额":填报纳税人会计处理与税收规定不一致,进行纳税调整减少的数额。本行根据《纳税调整项目明细表》(表F210)"调减数额"列填报。

6.第5行"免税、减计收入及加计扣除":填报符合规定的免税、减计收入、加计扣除数额。第6至10行填报第5行下属各明细项目的优惠数额。在各明细项目列下划线上填报该项目对应的减免性质代码。减免性质代码按国家税务总局制定或更新的"减免税政策代码目录"填列。免税、减计收入、加计扣除项目多于五项的,附页填报。

7.第11行"境外应税所得抵减境内亏损":当纳税人选择不用境外所得抵减境内亏损时,填报0;当纳税人选择用境外所得抵减境内亏损时,填报境外所得抵减当年度境内亏损的金额。

8.第12行"纳税调整后所得":填报按照第1-2+3-4-5+11行公式计算的结果。

9.第13行"所得减免":填报符合规定的所得减免数额。第14和15行填报第13行下属各明细项目的优惠数额。在各明细项目列下划线上填报该项目对应的减免性质代码。减免性质代码按照国家税务总局制定或更新的"减免税政策代码目录"填列。所得减免项目多于两项的,附页填报。

10.第16行"弥补以前年度亏损":填报纳税人按照税收规定可在税前弥补的以前年度亏损数额,等于本表附表《企业所得税弥补亏损明细表》(表F220)第11行第9列数额的绝对值。

11.第17行"抵扣应纳税所得额":填报本年度发生的创业投资企业抵扣应纳税所得额的数额。第18行填报第17行下属明细项目金额。并在明细项目列下划线上填报该项目对应的减免性质代码。减免性质代码按照国家税务总局制定或更新的"减免税政策代码目录"填列。

减免项目多于一项的,附页填报。

12. 第19行"应纳税所得额":填报按照本表第12-13-16-17行公式计算的结果。本行不得为负数。按照上述行次顺序计算结果本行为负数,本行数额填零。核定应纳税所得额的核定征收纳税人填报《非居民企业机构、场所核定计算明细表》(表F400)中核定的应纳税所得额数额。

13. 第20行"税率":填报法定税率25%。

14. 第21行"应纳所得税额":填报按照本表第19×20行公式计算的结果。核定应纳税额的核定征收纳税人填报《非居民企业机构、场所核定计算明细表》(表F400)第21行"应纳税额"的数额。

15. 第22行"减免所得税额":填报符合规定的减免企业所得税数额。第23至24行填报第22行下属各明细项目的优惠数额。在各明细项目列下划线上填报该项目对应的减免性质代码。减免性质代码按照国家税务总局制定或更新的"减免税政策代码目录"填列。减免所得税项目多于两项的,附页填报。

16. 第25行"抵免所得税额":填报符合规定的当年抵免所得税数额。第26至27行填报第25行下属各明细项目的优惠数额。在各明细项目列下划线上填报该项目对应的减免性质代码。减免性质代码按照国家税务总局制定或更新的"减免税政策代码目录"填列。抵免所得税项目多于两项的,附页填报。

17. 第28行"应纳税额":填报按照本表第21-22-25行公式计算的结果。

18. 第29行"境外所得应纳所得税额":填报本表第2行境外所得弥补当年度及以前年度境内亏损后按照中国税收规定计算的应纳所得税额。

19. 第30行"境外所得抵免所得税额":填报纳税人来源于中国境外所得依照中国境外税收法律以及相关规定应缴纳并实际缴纳(包括视同已实际缴纳)的企业所得税性质税款(准予抵免税款)。

20. 第31行"享受协定待遇减免税额":填报纳税人享受税收协定待遇的减免税总额。税收协定含中华人民共和国政府签署的避免双重征税协定,内地与香港、澳门特别行政区签署的税收安排以及含有税收待遇条款的其他协定(如海运协定、航空协定等)。因享受税收协定待遇而获取减免税优惠的,应同时报送非居民纳税人享受税收协定待遇的相关信息报告表。

21. 第32行"实际应纳所得税额":单独纳税机构、场所和汇总纳税主要机构、场所填报按照本表第28+29-30-31行公式计算的结果;汇总纳税其他机构、场所填报其主要机构、场所相同申报所属期间第32行数额。

22. 第33行"本年累计实际已缴纳的所得税额":填报纳税人按税收规定本纳税年度已在各季度累计预缴的所得税额,包括按照税收规定的特定业务已预缴(征)的所得税额。本行仅由单独纳税机构、场所填报。

23. 第34行"本年应补(退)的所得税额":填报按照本表第32-33行公式计算的结果。本行仅由单独纳税机构、场所填报。

(四)汇总纳税税款分配

1. 第35行"本机构、场所本年应分摊所得税额",填报按照本表第36+37+38行公式计算的结果。

2. 第36行"主要机构、场所直接分摊所得税额":填报《非居民企业机构、场所汇总缴纳所得税税款分配表》(表 F300)中"主要机构、场所直接分摊所得税额"栏的数额。

3. 第 37 行"主要机构、场所财政集中分配所得税额":填报《非居民企业机构、场所汇总缴纳所得税税款分配表》(表 F300)中"主要机构、场所财政集中分配所得税额"栏的数额。

4. 第 38 行"主要机构、场所从事主体生产经营业务分摊所得税额":填报《非居民企业机构、场所汇总缴纳所得税税款分配表》(表 F300)中"主体生产经营业务分摊所得税情况"栏目对应主要机构、场所的"分配所得税额"列的数额。

5. 第 39 行"本机构、场所本年累计实际已缴纳的所得税额",填报主要机构、场所本纳税年度已在各季度累计预缴的所得税额,包括按照税收规定的特定业务已预缴(征)的所得税额。

6. 第 40 行"本机构、场所本年应补(退)的所得税额",填报按照本表第 35-39 行公式计算的结果。

7. 第 41 行"本机构、场所本年应分摊所得税额",填报《非居民企业机构、场所汇总缴纳所得税税款分配表》(表 F300)中"主体生产经营业务分摊所得税情况"栏对应本机构、场所的"分配所得税额"列的数额。

8. 第 42 行"本机构、场所本年累计实际已缴纳的所得税额",填报本机构、场所本纳税年度已在各季度累计预缴的所得税额,包括按照税收规定的特定业务已预缴(征)的所得税额。

9. 第 43 行"本机构、场所本年应补(退)的所得税额",填报按照本表第 41-42 行公式计算的结果。

(五)其他

纳税人聘请中介机构代理申报的,加盖代理机构公章。

四、表内、表间关系

(一)表内各行间关系

1. 第 12 行=第 1-2+3-4-5+11 行。

2. 第 19 行=第 12-13-16-17 行。

3. 第 21 行=第 19×20 行。

4. 第 28 行=第 21-22-25 行。

5. 第 32 行=第 28+29-30-31 行。

6. 第 34 行=第 32-33 行。

7. 第 35 行=第 36+37+38 行。

8. 第 40 行=第 35-39 行。

9. 第 43 行=第 41-42 行。

(二)表间关系

1. 第 3 行=表 F210 第 46 行第 3 列。

2. 第 4 行=表 F210 第 46 行第 4 列。

3. 第 16 行=表 F220 第 11 行第 9 列的绝对值。

4. 第 32 行=表 F300"可分摊所得税额"栏。

5. 第 36 行=表 F300"主要机构、场所直接分摊所得税额"栏。

6. 第 37 行=表 F300"主要机构、场所财政集中分配所得税额"栏。

7. 第 38 行=表 F300"主体生产经营业务分摊所得税情况"栏对应主要机构、场所行次的"分配所得税额"列。

8. 第 41 行=表 F300"主体生产经营业务分摊所得税情况"栏对应本机构、场所行次的"分配所得税额"列。

9. 各行"核定征收申报金额"列等于表 F400 对应核定项目的金额。

报表式样请查阅后附案例。

(二)《F210 纳税调整项目明细表》填报说明

一、适用范围

本表为《中华人民共和国非居民企业所得税年度纳税申报表(2019 年版)》(表 F200)的附表,由纳税人根据税法、相关税收规定以及国家统一会计制度的规定,填报企业所得税涉税事项的会计处理与税务处理的差异以及纳税调整情况。

二、有关项目填报说明

本表纳税调整项目按照"收入类调整项目""扣除类调整项目""资产类调整项目""特殊事项调整项目""特别纳税调整应税所得""其他"六大项分类填报汇总,并计算出纳税"调增数额"和"调减数额"的合计数额。

数据栏分别设置"账载数额""税收数额""调增数额""调减数额"四个栏次。"账载数额"是指纳税人按照国家统一会计制度规定核算的项目数额。"税收数额"是指纳税人按照税收规定(含有关以前年度金额结转的规定)计算的项目数额。

(一)收入类调整项目

1. 第 1 行"一、收入类调整项目":根据第 2 行至第 10 行进行填报。

2. 第 2 行"(一)视同销售收入":填报会计处理不确认销售收入,而税收规定确认为应税收入的数额。第 2 列"税收数额"填报税收确认的应税收入数额;第 3 列"调增数额"等于第 2 列"税收数额"。

3. 第 3 行"(二)未按权责发生制原则确认的收入":填报会计上按照权责发生制原则确认收入,计税时按照收付实现制确认的收入,若第 2 列≥第 1 列,将第 2—1 列的余额填入本行第 3 列"调增数额";若第 2 列<第 1 列,将第 2—1 列余额的绝对值填入本行第 4 列"调减数额"。

4. 第 4 行"(三)投资收益":根据税法、相关税收规定以及国家统一企业会计制度,填报纳税调整情况。若第 2 列≥第 1 列,将第 2—1 列的余额填入本行第 3 列"调增数额";若第 2 列<第 1 列,将第 2—1 列余额的绝对值填入本行第 4 列"调减数额"。

5. 第 5 行"(四)按权益法核算长期股权投资对初始投资成本调整确认收益":第 4 列"调减数额"填报纳税人采取权益法核算,初始投资成本小于取得投资时应享有被投资单位可辨认净资产公允价值份额的差额计入取得投资当期的营业外收入的数额。

6. 第 6 行"(五)交易性金融资产初始投资调整":第 3 列"调增数额"填报纳税人根据税收规定确认交易性金融资产初始投资数额与会计核算的交易性金融资产初始投资账面价值的差额。

7. 第 7 行"(六)公允价值变动净损益":第 1 列"账载数额"填报纳税人会计核算的以公允价值计量的金融资产、金融负债以及投资性房地产类项目,计入当期损益的公允价值变动数额;第 1 列≤0,将绝对值填入第 3 列"调增数额";若第 1 列>0,填入第 4 列"调减数额"。

8. 第 8 行"(七)不征税收入":填报纳税人计入收入总额但属于税收规定不征税的财政拨款、依法收取并纳入财政管理的行政事业性收费以及政府性基金和国务院规定的其他不征税收入。第 3 列"调增数额"填报纳税人以前年度取得财政性资金且已作为不征税收入处理,在 5 年(60 个月)内未发生支出且未缴回财政部门或其他拨付资金的政府部门,应计入应税收入额的数额。第 4 列"调减数额"填报符合税收规定不征税收入条件并作为不征税收入处理,且已计入当期损益的数额。

9. 第 9 行"(八)销售折扣、折让和退回":填报不符合税收规定的销售折扣和折让应进行纳税调整的数额,和发生的销售退回因会计处理与税收规定有差异需纳税调整的数额。第 1 列"账载数额"填报纳税人会计核算的销售折扣和折让数额及销货退回的追溯处理的净调整额。第 2 列"税收数额"填报根据税收规定可以税前扣除的折扣和折让的数额及销货退回业务影响当期损益的数额。第 1 列减第 2 列,若余额≥0,填入第 3 列"调增数额";若余额<0,将绝对值填入第 4 列"调减数额",第 4 列仅为销货退回影响损益的跨期时间性差异。

10. 第 10 行"(九)其他":填报其他因会计处理与税收规定有差异需纳税调整的收入类项目数额。若第 2 列≥第 1 列,将第 2−1 列的余额填入第 3 列"调增数额";若第 2 列<第 1 列,将第 2−1 列余额的绝对值填入第 4 列"调减数额"。

(二)扣除类调整项目

1. 第 11 行"二、扣除类调整项目":根据第 12 行至第 30 行填报。

2. 第 12 行"(一)视同销售成本":填报会计处理不作为销售核算,税收规定作为应税收入对应的销售成本数额。第 2 列"税收数额"填报税收确认的销售成本数额;第 4 列"调减数额"等于第 2 列"税收数额"。

3. 第 13 行"(二)职工薪酬":根据税法、相关税收规定以及国家统一企业会计制度,填报纳税人本年度支付给在本企业任职或者受雇的员工的所有现金形式或非现金形式的劳动报酬的会计处理、税法规定,以及纳税调整情况。若第 1 列≥第 2 列,将第 1−2 列的余额填入本行第 3 列"调增数额";若第 1 列<第 2 列,将第 1−2 列余额的绝对值填入本行第 4 列"调减数额"。

4. 第 14 行"(三)业务招待费支出":第 1 列"账载数额"填报纳税人会计核算计入当期损益的业务招待费数额。第 2 列"税收数额"填报按照税收规定允许税前扣除的业务招待费支出的数额。第 3 列"调增数额"为第 1−2 列数额。

5. 第 15 行"(四)广告费和业务宣传费支出":根据税法、相关税收规定以及国家统一企业会计制度,填报广告费和业务宣传费会计处理、税法规定,以及跨年度纳税调整情况。若第 1 列≥第 2 列,将第 1−2 列的余额填入本行第 3 列"调增数额";若第 1 列<第 2 列,将第 1−2 列余额的绝对值填入本行第 4 列"调减数额"。

6. 第 16 行"(五)捐赠支出":根据税法、相关税收规定以及国家统一企业会计制度,第 1 列"账载数额"填报企业实际发生的所有捐赠。第 2 列"税收数额"填报按税收规定可以税前扣除的捐赠支出。若第 1 列≥第 2 列,将第 1−2 列的余额填入第 3 列"调增数额";若第 1 列<第 2 列,将第 1−2 列余额的绝对值填入第 4 列"调减数额"。

7. 第 17 行"(六)利息支出":第 1 列"账载数额"填报纳税人向非金融企业借款,会计核算计入当期损益的利息支出的数额。第 2 列"税收数额"填报按照税收规定允许税前扣除的利息支出的数额。若第 1 列≥第 2 列,将第 1−2 列的余额填入第 3 列"调增数额";若第 1 列<第 2 列,将第 1−2 列余额的绝对值填入第 4 列"调减数额"。

8. 第 18 行"(七)罚金、罚款和被没收财物的损失":第 1 列"账载数额"填报纳税人会计核算计入当期损益的罚金、罚款和被罚没财物的损失,不包括纳税人按照经济合同规定支付的违约金(包括银行罚息)、罚款和诉讼费。第 3 列"调增数额"等于第 1 列数额。

9. 第 19 行"(八)税收滞纳金、加收利息":第 1 列"账载数额"填报纳税人会计核算计入当期损益的税收滞纳金、加收利息。第 3 列"调增数额"等于第 1 列数额。

10. 第20行"(九)赞助支出":第1列"账载数额"填报纳税人会计核算计入当期损益的不符合税收规定的公益性捐赠的赞助支出的数额,包括直接向受赠人的捐赠、赞助支出等(不含广告性的赞助支出,广告性的赞助支出在第15行"广告费和业务宣传费支出"中调整)。第3列"调增数额"等于第1列数额。

11. 第21行"(十)与未实现融资收益相关在当期确认的财务费用":第1列"账载数额"填报纳税人会计核算的与未实现融资收益相关并在当期确认的财务费用的数额。第2列"税收数额"填报按照税收规定允许税前扣除的数额。若第1列≥第2列,将第1-2列的余额填入第3列"调增数额";若第1列<第2列,将第1-2列余额的绝对值填入第4列"调减数额"。

12. 第22行"(十一)佣金和手续费支出":第1列"账载数额"填报纳税人会计核算计入当期损益的佣金和手续费数额。第2列"税收数额"填报按照税收规定允许税前扣除的佣金和手续费支出数额。第3列"调增数额"为第1-2列的余额。

13. 第23行"(十二)不征税收入用于支出所形成的费用":第3列"调增数额"填报符合条件的不征税收入用于支出所形成的计入当期损益的费用化支出数额。

14. 第24行"(十三)跨期扣除项目":填报维简费、安全生产费用、预提费用、预计负债等跨期扣除项目调整情况。第1列"账载数额"填报纳税人会计核算计入当期损益的跨期扣除项目数额。第2列"税收数额"填报按照税收规定允许税前扣除的数额。若第1列≥第2列,将第1-2列的余额填入第3列"调增数额";若第1列<第2列,将第1-2列余额的绝对值填入第4列"调减数额"。

15. 第25行"(十四)与取得收入无关的支出":第1列"账载数额"填报纳税人会计核算计入当期损益的与取得收入无关的支出的数额。第3列"调增数额"等于第1列数额。

16. 第26行"(十五)境外所得分摊的共同支出":根据税法、相关税收规定,第3列"调增数额"填报本年按照税法规定计算的纳税人实际发生与取得境外所得有关但未直接计入境外所得应纳税所得的成本费用支出。

17. 第27行"(十六)分摊境外总机构费用":第1列"账载数额"填报因分摊境外总机构费用而实际列入纳税人会计账目的数额。第2列"税收数额"填报按照税收规定可以分摊扣除的境外总机构费用数额。若第1列≥第2列,将第1-2列的余额填入第3列"调增数额";若第1列<第2列,则第3列"调增数额"为零。

18. 第28行"(十七)向其他机构、场所分摊的费用":第1列"账载数额"填报因向其他机构、场所分摊费用而实际列入纳税人会计账目的数额。第2列"税收数额"填报按照税收规定应向其他机构、场所分摊的费用数额。若第2列≥第1列,将第2-1列的余额填入第3列"调增数额";若第2列<第1列,则第3列"调增数额"为零。

19. 第29行"(十八)分摊资源勘探开发费用":填报可分摊的其他境内机构、场所资源勘探开发费用。将本年度可分摊的境内机构、场所资源勘探开发费用数额填入第2列,以第2列数额填入第4列"调减数额"。

20. 第30行"(十九)其他":填报其他因会计处理与税收规定有差异需纳税调整的扣除类项目数额。若第1列≥第2列,将第1-2列的余额填入第3列"调增数额";若第1列<第2列,将第1-2列余额的绝对值填入第4列"调减数额"。

(三)资产类调整项目

1. 第31行"三、资产类调整项目":填报资产类调整项目第32、34、35、36行的合计数额。

2. 第32行"(一)资产折旧、摊销":根据税法、相关税收规定以及国家统一企业会计制度,填报资产折旧、摊销的会计处理、税法规定,以及纳税调整情况。若第1列≥第2列,将第1—2列的余额填入本行第3列"调增数额";若第1列<第2列,将第1—2列余额的绝对值填入本行第4列"调减数额"。

3. 第33行"其中:固定资产加速折旧(扣除)调减额":填报纳税人享受各类固定资产加速折旧政策的优惠金额,即享受加速折旧政策的税法折旧额大于按税收一般规定计算的折旧额的差额。同时填报该固定资产加速折旧项目对应的减免性质代码。减免性质代码按照国家税务总局制定或更新的"减免税政策代码目录"填列。减免项目多于一项的,附页填报。

4. 第34行"(二)资产减值准备金":填报坏账准备、存货跌价准备、理赔费用准备金等不允许税前扣除的各类资产减值准备金纳税调整情况。第1列"账载数额"填报纳税人会计核算计入当期损益的资产减值准备金数额(因价值恢复等原因转回的资产减值准备金应予以冲回)。第1列,若≥0,填入第3列"调增数额";若<0,将绝对值填入第4列"调减数额"。

5. 第35行"(三)资产损失":根据税法、相关税收规定及国家统一企业会计制度,填报资产损失的会计处理、税法规定,以及纳税调整情况。第1列"账载数额"填报本纳税年度实际发生的需报税务机关审批的财产损失数额,以及固定资产、无形资产转让、处置所得(损失)和金融资产转让、处置所得等损失数额;第2列"税收数额"填报税务机关审批的本纳税年度财产损失数额,以及按照税收规定计算的固定资产、无形资产转让、处置所得(损失)和金融资产转让、处置所得等损失数额,长期股权投资除外;若第1列≥第2列,将第1—2列的余额填入本行第3列"调增数额";若第1列<第2列,将第1—2列余额的绝对值填入本行第4列"调减数额"。

6. 第36行"(四)其他":填报其他因会计处理与税收规定有差异需纳税调整的资产类项目数额。若第1列≥第2列,将第1—2列余额填入第3列"调增数额";若第1列<第2列,将第1—2列余额的绝对值填入第4列"调减数额"。

(四)特殊事项调整项目

1. 第37行"四、特殊事项调整项目":填报特殊事项调整项目第38行至第43行的合计数额。

2. 第38行"(一)企业重组及递延纳税事项":根据税法、相关税收规定以及国家统一企业会计制度,填报企业重组的会计核算及税法规定,以及纳税调整情况。若第1列≥第2列,将第1—2列的余额填入本行第3列"调增数额";若第1列<第2列,将第1—2列余额的绝对值填入本行第4列"调减数额"。

3. 第39行"(二)政策性搬迁":根据税法、相关税收规定以及国家统一企业会计制度,填报企业政策性搬迁项目的相关会计处理、税法规定及纳税调整情况。若≥0,填入第3列"调增数额";若<0,将绝对值填入第4列"调减数额"。

4. 第40行"(三)特殊行业准备金":根据税法、相关税收规定以及国家统一企业会计制度,填报特殊行业准备金会计处理、税法规定及纳税调整情况。若第1列≥第2列,将第1—2列的余额填入本行第3列"调增数额";若第1列<第2列,将第1—2列余额的绝对值填入本行第4列"调减数额"。

5. 第41行"(四)房地产开发企业特定业务计算的纳税调整额":根据税法、相关税收规定以及国家统一企业会计制度,填报房地产企业销售未完工产品、未完工产品转完工产品特定业务的税法规定及纳税调整情况。将按照税法规定计算的数额填入本行第 2 列,若≥0,填入第 3 列"调增数额";若<0,将绝对值填入第 4 列"调减数额"。

6. 第 42 行"(五)合伙企业法人合伙人应分得的应纳税所得额":第 1 列"账载数额"填报合伙企业法人合伙人本年会计核算上确认的对合伙企业的投资所得;第 2 列"税收数额"填报纳税人按照"先分后税"原则和相关税收规定计算的从合伙企业分得的法人合伙方应纳税所得额;若第 1 列≤第 2 列,将第 2－1 列的余额填入第 3 列"调增数额",若第 1 列>第 2 列,将第 2－1 列余额的绝对值填入第 4 列"调减数额"。

7. 第 43 行"(六)其他":填报其他因会计处理与税收规定有差异需纳税调整的特殊事项数额。

(五)特别纳税调整所得项目

第 44 行"五、特别纳税调整应税所得":第 3 列"调增数额"填报纳税人按特别纳税调整规定自行调增的当年应税所得。第 4 列"调减数额"填报纳税人依据双边预约定价安排或者转让定价相应调整磋商结果的通知,需要调减的当年应税所得。

(六)其他

1. 第 45 行"六、其他":其他会计处理与税收规定存在差异需纳税调整的项目数额。
2. 第 46 行"合计":填报第 1＋11＋31＋37＋44＋45 行的合计数额。

三、表内、表间关系

(一)表内关系

1. 第 1 行＝第 2＋3＋4＋5＋6＋7＋8＋9＋10 行。
2. 第 11 行＝第 12＋13＋14＋…＋29＋30 行。
3. 第 31 行＝第 32＋34＋35＋36 行。
4. 第 37 行＝第 38＋39＋40＋41＋42＋43 行。
5. 第 46 行＝第 1＋11＋31＋37＋44＋45 行。

(二)表间关系

1. 第 46 行第 3 列＝表 F200 第 3 行。
2. 第 46 行第 4 列＝表 F200 第 4 行。

表格式样请查阅后附案例。

(三)《F220 企业所得税弥补亏损明细表》填报说明

一、适用范围

本表为《中华人民共和国非居民企业所得税年度纳税申报表(2019 年版)》(表 F200)的附表,按照税法、相关税收规定填报纳税人年度亏损结转和弥补情况。

二、有关项目填报说明

纳税人弥补以前年度亏损时,应按照"先到期亏损先弥补、同时到期亏损先发生的先弥补"的原则处理。

1. 第 1 列"年度":填报公历年度。纳税人应首先填报第 11 行"本年度"对应的公历年度,再依次从第 10 行往第 1 行倒推填报以前年度。纳税人发生政策性搬迁事项,如停止生产经营活动年度可以从法定亏损结转弥补年限中减除,则按可弥补亏损年度进行填报。本年度是指申报所属期年度,如:纳税人在 2019 年 5 月 10 日进行 2018 年度企业所得税年度纳税申报时,本年度(申报所属期年度)为 2018 年。

2. 第 2 列"当年境内所得额":第 11 行填报本年度表 F200 第 12—13 行金额。第 1 行至第 10 行填报前一年度表 F220 第 11 行第 2 列对应年度的金额(亏损以"一"号填列)。需要在首次使用本版申报表年度填报所属年度为首次使用本版申报表年度以前年度本项数额的,填报当年度经过纳税调整后的境内所得额。发生查补以前年度应纳税所得额、追补以前年度未能税前扣除的实际资产损失等情况的,按照相应调整后的金额填报。

3. 第 3 列"分立转出的亏损额":填报本年度企业分立按照企业重组特殊性税务处理规定转出的符合条件的亏损额。分立转出的亏损额按亏损所属年度填报,转出亏损的亏损额以正数表示。

4. 第 4 列"合并、分立转入的亏损额—可弥补年限 5 年":填报企业符合企业重组特殊性税务处理规定,因合并或分立本年度转入的不超过 5 年亏损弥补年限规定的亏损额。合并、分立转入的亏损额按亏损所属年度填报,转入亏损以负数表示。

5. 第 5 列"合并、分立转入的亏损额—可弥补年限 10 年":填报企业符合企业重组特殊性税务处理规定,因合并或分立本年度转入的不超过 10 年亏损弥补年限规定的亏损额。合并、分立转入的亏损额按亏损所属年度填报,转入亏损以负数表示。

6. 第 6 列"弥补亏损企业类型":纳税人根据不同年度情况从《弥补亏损企业类型代码表》中选择相应的代码填入本项。不同类型纳税人的亏损结转年限不同,纳税人选择"一般企业"(代码 100)是指亏损结转年限为 5 年的纳税人;"符合条件的高新技术企业"(代码 200)"符合条件的科技型中小企业"(代码 300)是指符合《财政部 税务总局关于延长高新技术企业和科技型中小企业亏损结转年限的通知》(财税〔2018〕76 号)、《国家税务总局关于延长高新技术企业和科技型中小企业亏损结转弥补年限有关企业所得税处理问题的公告》(国家税务总局公告 2018 年第 45 号)等文件规定的,亏损结转年限为 10 年的纳税人。

7. 第 7 列"上年及本年结转的可弥补亏损额":第 1 行至第 10 行填报由上年结转至本年度(申报所属期年度)可用于本年度(申报所属期年度)及以后年度弥补的当年度亏损额。当第 2 列第 11 行<0 时,本列第 11 行填报第 2 列第 11 行的数额;当第 2 列第 11 行≥0 时,本列第 11 行填 0。

8. 第 8 列"当年待弥补的亏损额":填报在用本年度(申报所属期年度)所得额弥补亏损前,当年度尚未被弥补的亏损额,亏损额以负数表示,等于第 3 列+4 列+5 列+7 列的数额。

9. 第 9 列"用本年度所得额弥补的以前年度亏损额—使用境内所得弥补":第 1 行至第 10 行,当第 11 行第 2 列本年度(申报所属期年度)的"当年境内所得额">0 时,填报各年度被本年度(申报所属期年度)境内所得依次弥补的亏损额,以负数表示。本列第 11 行,填报本列第 1 行至第 10 行的合计金额,表 F200 第 16 行填报本项金额的绝对值。

10. 第 10 列"用本年度所得额弥补的以前年度亏损额—使用境外所得弥补":第 1 行至第 10 行,当纳税人选择用境外所得弥补境内以前年度亏损的,填报各年度被本年度(申报所属期年度)境外所得依次弥补的亏损额,以负数表示。本列第 11 行,填报本列第 1 行至第 10 行的合计金额。

11. 第 11 列"当年可结转以后年度弥补的亏损额":第 2 行至第 11 行,填报各年度尚未弥补完的且按照有关规定准予结转以后年度弥补的亏损额。本列第 12 行,填报本列第 2 行至第 11 行的合计金额。

三、表内、表间关系

（一）表内关系

1. 当第 2 列＜0 且第 3 列＞0 时，第 3 列＜第 2 列的绝对值；当第 2 列≥0 时，则第 3 列＝0。

2. 当第 2 列第 11 行＜0 时，第 7 列第 11 行＝第 2 列第 11 行；当第 2 列第 11 行≥0 时，第 7 列第 11 行＝0。

3. 第 9 列第 11 行＝第 9 列第 1＋2＋3＋4＋5＋6＋7＋8＋9＋10 行；当第 2 列第 11 行≤0 时，第 9 列第 1 行至第 11 行＝0；当第 2 列第 11 行＞0 时，第 9 列第 11 行≤第 2 列第 11 行。

4. 第 10 列第 11 行＝第 10 列第 1＋2＋3＋4＋5＋6＋7＋8＋9＋10 行。

5. 第 11 列第 12 行＝第 11 列第 2＋3＋4＋5＋6＋7＋8＋9＋10＋11 行。

6. 第 2 至 10 行第 11 列＝第 8－9－10 列，当年亏损按照有关规定不准予结转以后年度弥补的，相应年度第 11 列＝0；第 11 行第 11 列＝第 11 行第 8 列。

7. 第 8 列＝第 3＋4＋5＋7 列。

（二）表间关系

1. 第 11 行第 2 列＝表 F200 第 12－13 行。

2. 第 11 行第 9 列的绝对值＝表 F200 第 16 行。

表格式样如表 9-13 所示。

表 9-13　F220 企业所得税弥补亏损明细表

行次	项目	年度	当年境内所得额	分立转出的亏损额	合并、分立转入的亏损额		弥补亏损企业类型	上年及本年结转的可弥补亏损额	当年待弥补的亏损额	用本年度所得额弥补的以前年度亏损额		当年可结转以后年度弥补的亏损额
					可弥补年限 5 年	可弥补年限 10 年				使用境内所得弥补	使用境外所得弥补	
		1	2	3	4	5	6	7	8	9	10	11
1	前十年度											*
2	前九年度											
3	前八年度											
4	前七年度											
5	前六年度											
6	前五年度											
7	前四年度											
8	前三年度											
9	前二年度											
10	前一年度											
11	本年度											
12	可结转以后年度弥补的亏损额合计											

(四)《F230 对外合作开采石油企业勘探开发费用年度明细表》填报说明

本表为《中华人民共和国非居民企业所得税年度纳税申报表(2019年版)》(表 F200)的附表,由参与石油天然气开采的纳税人填报。从联合账本分摊的费用按合同区填报;不能列入联合账本的费用,按公司集团分摊费用和单独发生费用两部分填报。填报说明如下:

1."01.勘探作业费":指勘探期间发生的劳务费、设备器材费和其他费用。

2."02.勘探借款利息":指企业在勘探阶段最低义务工作量之外,以借款进行投资实际发生的合理利息。

3."03.经营管理费""08.经营管理费":分别指合同区发生的列入勘探费用支出和开发费用支出的间接费用。

4."04.上级管理费""09.上级管理费":分别指在华的外国石油公司勘探期间和开发期间从上级公司分摊来的合理的一般管理费。

5."06.开发作业费":指开发期间发生的劳务费、设备器材费和其他费用。

6."07.开发借款利息":指合同区在开发阶段所发生的正常借款的合理的投资利息。

7."按税法规定的摊销、折旧额":指本企业参与一个或多个合同区的石油开采发生的摊销、折旧额。其中12和13项是在已进入商业性生产阶段的油(气)田的油(气)收入中已回收的本合同区的累计勘探费用和已回收的本油(气)田的累计开发费用。14和15项指上述未摊销、折旧完的累计余额。

8."公司集团分摊的"是指参加一个合同区的外国石油公司集团共同发生的合理费用分摊部分。

表格式样如表9-14所示。

表 9-14 F230 对外合作开采石油企业勘探开发费用年度明细表

本报告期自　　年　月　日至　　年　月　日

项目	合同区号及其参股比例	从联合账本分摊费用			不能列入联合账本的费用			
		开采区块名称	本期合计	累计总数	公司集团分摊的	单独发生的	本期合计	累计总数
勘探费用支出额	01 勘探作业费							
	02 勘探借款利息							
	03 经营管理费							
	04 上级管理费							
	05 合计							
开发费用支出额	06 开发作业费							
	07 开发借款利息							
	08 经营管理费							
	09 上级管理费							
	10 合计							
	11 总计							

第九章 非居民企业

(续表)

项目	合同区号及其参股比例	从联合账本分摊费用			不能列入联合账本的费用			
		开采区块名称		本期合计	累计总数	公司集团分摊的	单独发生的	本期合计	累计总数
按税法规定的摊销、折旧额	12 勘探费用已摊销额								
	13 开发费用已折旧额								
	14 勘探费用待摊销额								
	15 开发费用待折旧额								
		财务负责人(签字):				填表日期: 年 月 日			

《F300 非居民企业机构、场所汇总缴纳所得税税款分配表》《F400 非居民企业机构、场所核定计算明细》的填报说明及报表式样请查阅本节第二部分预缴申报的相关内容。

(五) 案例讲解

案例 9-1

A 公司为德国钢铁制造企业与境内 B 公司就钢材生产线相关事项签署了技术服务合同。根据合同规定,A 公司就该合同提供境内现场服务所持续的期间预计将超过 183 天。根据德国与中国签署的避免双重征税协定以及相关中国税法的规定,由于上述现场服务在任何 12 个月中连续或累计超过 183 天,因此 A 公司将被视为在华构成常设机构,并且 A 公司应就合同中来源于中国境内的劳务服务收入承担企业所得税纳税义务。以下是 A 公司的损益表数据:

(1) A 公司在 2×20 年取得劳务收入共计人民币 25 037 917.00 元;
(2) A 公司发生的人工成本为人民币 7 164 254.48 元;
(3) A 公司在 2×20 年缴纳税金及附加为人民币 1 587 309.45 元;
(4) A 公司在 2×20 年发放员工工资为人民币 10 000 198.95 元;
(5) A 公司在 2×20 年发生业务招待费为人民币 45 339.78 元;
(6) A 公司在 2×20 年发生差旅费为人民币 2 698 622.39 元;
(7) A 公司在 2×20 年发生通信费为人民币 89 574.16 元;
(8) A 公司在 2×20 年发生专业服务费为人民币 25 642.37 元;
(9) A 公司在 2×20 年缴纳印花税为人民币 7 511.36 元;
(10) A 公司在 2×20 年发生的其他费用总计为人民币 1 128 625.01 元。

A 公司在 2×20 年已缴纳企业所得税为人民币 572 709.76 元。

【解析】

1. 税务处理

根据《企业所得税法实施条例》第四十三条的规定,企业发生的与生产经营活动有关的业务招待费支出,按照发生额的 60% 扣除,但最高不得超过当年销售(营业)收入的 5‰。企业实际发生的业务招待费为人民币 45 339.78 元,其中,发生额的 60% 为 27 203.87 元。企业当年的营业收入为 25 037 917 元,其中收入的 5‰ 为 125 189.59 元。根据扣除限额的规定,业务招待费超过限额的部分为 18 135.91 元,该笔费用不得在企业所得税税前扣除。

由于业务招待费的调增,2×20 年度纳税调整后的所得应为人民币 2 308 974.96 元,应纳税额为人民币 577 243.74 元。根据前述,A 公司在 2×20 年已缴纳企业所得税为人民币 572 709.76 元。所以,A 公司在 2×20 年度申报时应补缴企业所得税人民币 4 533.98 元。

2. 2×20 年度 A 公司企业所得税汇算清缴填报示范

第一步,填报《F210 纳税调整项目明细表》,如表 9-15 所示。

表 9-15　F210 纳税调整项目明细表

行次	项目	账载数额	税收数额	调增数额	调减数额
		1	2	3	4
1	一、收入类调整项目(2+…+10)	*	*		
2	(一)视同销售收入	*			*
3	(二)未按权责发生制原则确认的收入				
4	(三)投资收益				
5	(四)按权益法核算长期股权投资对初始投资成本调整确认收益	*	*	*	
6	(五)交易性金融资产初始投资调整	*	*		*
7	(六)公允价值变动净损益		*		
8	(七)不征税收入	*	*		
9	(八)销售折扣、折让和退回				
10	(九)其他				
11	二、扣除类调整项目(12+…+30)	*	*	18 135.91	
12	(一)视同销售成本	*		*	
13	(二)职工薪酬	10 000 198.95	10 000 198.95	0	0
14	(三)业务招待费支出	45 339.78	27 203.97	18 135.91	*
15	(四)广告费和业务宣传费支出				
16	(五)捐赠支出				
17	(六)利息支出				
18	(七)罚金、罚款和被没收财物的损失		*		*
19	(八)税收滞纳金、加收利息		*		*
20	(九)赞助支出				
21	(十)与未实现融资收益相关在当期确认的财务费用				
22	(十一)佣金和手续费支出				*
23	(十二)不征税收入用于支出所形成的费用	*	*		
24	(十三)跨期扣除项目				
25	(十四)与取得收入无关的支出		*		*
26	(十五)境外所得分摊的共同支出	*	*		*
27	(十六)分摊境外总机构费用				*

(续表)

行次	项目	账载数额 1	税收数额 2	调增数额 3	调减数额 4
28	(十七)向其他机构、场所分摊费用				*
29	(十八)分摊资源勘探开发费用	*		*	
30	(十九)其他				
31	三、资产类调整项目(32+34+35+36)	*	*		
32	(一)资产折旧、摊销				
33	其中:固定资产加速折旧(扣除)调减额[项目(减免性质代码)]	*	*	*	
34	(二)资产减值准备金		*		
35	(三)资产损失				
36	(四)其他				
37	四、特殊事项调整项目(38+…+43)	*	*		
38	(一)企业重组及递延纳税事项				
39	(二)政策性搬迁	*	*		
40	(三)特殊行业准备金				
41	(四)房地产开发企业特定业务计算的纳税调整额	*			
42	(五)合伙企业法人合伙人应分得的应纳税所得额				
43	(六)其他	*	*		
44	五、特别纳税调整应税所得	*	*		
45	六、其他	*	*		
46	合计(1+11+31+37+44+45)	*			

第二步,填报《F200 中华人民共和国非居民企业所得税年度纳税申报表(2019 年版)》,如表 9-16 所示。

表 9-16 F200 中华人民共和国非居民企业所得税年度纳税申报表

(2019 年版)

税款所属期间: 　年 月 日至 　年 月 日

纳税人识别号(统一社会信用代码):□□□□□□□□□□□□□□□□□□
纳税人境内名称: 金额单位:人民币元(列至角分)

境外成立地代码		在境外成立地法定名称		境外成立地纳税人识别号	
企业类型		□单独纳税机构、场所　□汇总纳税主要机构、场所　□汇总纳税其他机构、场所			
计税方式		□据实计算　□核定征收			
年度税款计算					

(续表)

行次	项目	据实计算申报金额	核定征收申报金额
1	一、利润总额	2 290 839.05	
2	减:境外所得		
3	加:纳税调整增加额(填报F210)	18135.91	
4	减:纳税调整减少额(填报F210)		
5	减:免税、减计收入及加计扣除		
6	其中:项目①_____(减免性质代码)		
7	项目②_____(减免性质代码)		
8	项目③_____(减免性质代码)		
9	项目④_____(减免性质代码)		
10	项目⑤_____(减免性质代码)		
11	加:境外应税所得抵减境内亏损		
12	二、纳税调整后所得(1－2＋3－4－5＋11)	2 308 974.96	
13	减:所得减免		
14	其中:项目①_____(减免性质代码)		
15	项目②_____(减免性质代码)		
16	减:弥补以前年度亏损(填报F220)		
17	减:抵扣应纳税所得额		
18	其中:项目(减免性质代码)		
19	三、应纳税所得额(12－13－16－17)	2 308 974.96	
20	税率(25%)		
21	四、应纳所得税额(19×20)	577 243.74	
22	减:减免所得税额		
23	其中:项目①_____(减免性质代码)		
24	项目②_____(减免性质代码)		
25	减:抵免所得税额		
26	其中:项目①_____(减免性质代码)		
27	项目②_____(减免性质代码)		
28	五、应纳税额(21－22－25)	577 243.74	
29	加:境外所得应纳税额		
30	减:境外所得抵免所得税额		
31	减:享受协定待遇减免税额		
32	六、实际应纳所得税额(28＋29－30－31)		
33	减:本年累计实际已缴纳的所得税额		
34	七、本年应补(退)所得税额(32－33)		
汇总纳税税款分配			

(续表)

35	主要机构、场所填报	本机构、场所本年应分摊所得税额(36+37+38)	
36		其中：主要机构、场所直接分摊所得税额	
37		主要机构、场所财政集中分配所得税额	
38		主要机构、场所从事主体生产经营业务分摊所得税额	
39		减：本机构、场所本年累计实际已缴纳的所得税额	
40		本机构、场所本年应补(退)所得税额(35－39)	
41	其他机构、场所填报	本机构、场所本年应分摊所得税额	
42		减：本机构、场所本年累计实际已缴纳的所得税额	
43		本机构、场所本年应补(退)所得税额(41－42)	

声明：此表是根据国家税收法律法规及相关规定填写的，对填报内容(及附带资料)的真实性、可靠性、完整性负责。

纳税人(签章)： 年 月 日

经办人签字： 经办人身份证件号码： 代理机构签章： 代理机构统一社会信用代码：	受理人： 受理税务机关(章)： 受理日期： 年 月 日

境内名称： 金额单位：人民币元(列至角分)

四、源泉扣缴

《F500 中华人民共和国扣缴企业所得税报告表(2019 年版)》填报说明

一、适用范围

本表由代扣代缴或申报缴纳下列企业所得税税款的扣缴义务人或纳税人填报：

1. 在中国境内未设立机构、场所的非居民企业取得来源于中国境内所得所应缴纳的企业所得税；

2. 在中国境内设立机构、场所的非居民企业取得与其所设机构、场所没有实际联系，但来源于中国境内所得所应缴纳的企业所得税；

3. 主管税务机关按照《中华人民共和国企业所得税法》规定指定扣缴的企业所得税。

扣缴义务人申报缴纳上述前两项税款的，勾选表头项目"法定源泉扣缴申报"；扣缴义务人申报缴纳上述第三项税款的，勾选表头项目"指定扣缴申报"；纳税人申报缴纳上述前两项税款的，勾选表头项目"自行申报"。

二、有关项目填报说明

(一)扣缴义务人基本信息

1."纳税人识别号(统一社会信用代码)"：填报税务机关核发给扣缴义务人的纳税人识别号或有关部门核发给扣缴义务人的统一社会信用代码。扣缴义务人未取得纳税人识别号(统一社会信用代码)的，可以为空。

2."名称"：填报扣缴义务人法定名称全称。法定名称为外文的，同时填报中文译文。

3."地址"：填报扣缴义务人有效联系地址。有效联系地址为外文的，同时填报中文译文。

4."联系人""联系方式""邮政编码":填报扣缴义务人的经办人名称及其联系电话、电子邮箱和邮政编码。

5.取得统一社会信用代码的扣缴义务人可以不填写"地址""联系人""联系方式""邮政编码"。

(二)纳税人基本信息

1."纳税人识别号(统一社会信用代码)":填报税务机关核发给纳税人的纳税人识别号或有关部门核发给纳税人的统一社会信用代码。纳税人未取得纳税人识别号(统一社会信用代码)的,可以为空。

2."境外成立地代码":填报纳税人成立地国家(或地区)三字母代码(ISO 3166—1标准)。

3."境外成立地纳税人识别号":填报纳税人在其成立地国家(或地区)的纳税人识别号。

4."境内名称":填报纳税人在中国境内的名称全称。境内名称为外文的,同时填报中文译文。

5."在境外成立地法定名称":填报纳税人在境外成立地法定名称的全称。法定名称为外文的,同时填报中文译文。

6."在境外成立地地址":填报纳税人有效联系地址。有效联系地址为外文的,同时填报中文译文。

7."申报所得类型及代码":分别如后的类型及代码填报,股息红利所得—1,利息所得—2,特许权使用费所得—3,转让财产所得—4,租金—5,承包工程、提供劳务所得—6,国际运输—7,担保费所得—8,其他所得—9。

8."联系人""联系方式""邮政编码":填报纳税人的经办人名称及其联系电话、电子邮箱和邮政编码。

9.属于法定源泉扣缴申报和自行申报的,同一纳税人在同一主管税务机关进行非首次申报时,除相关信息发生变更需填写变更信息以外,可以只填报纳税人基本信息中的"纳税人识别号(统一社会信用代码)""境内名称"和"申报所得类型及代码"。属于指定扣缴申报的,可以不填报纳税人基本信息。

(三)法定源泉扣缴和自行申报情况填报

1."合同名称":填写与本次申报所得相关的合同名称。

2."合同编号":填写与本次申报所得相关的合同编号。

3."合同执行起始时间":填写与本次申报所得相关的合同开始执行的年月日。

4."合同执行终止时间":填写与本次申报所得相关的合同执行完毕或终止执行的年月日。

5."合同总金额和币种":填写与本次申报所得相关的合同总金额,币种为合同注明的币种。

6."扣缴义务发生时间":在《中华人民共和国企业所得税法》规定的"支付"与"到期应支付"两种情形中择一勾选。勾选"支付"项的,填报款项实际或预计支付日期。

7."人民币金额"(第1行):填报申报收入直接以人民币计算的数额。

8."外币名称"(第2行)、"金额"(第3行)、"汇率"(第4行)、"折算人民币金额"(第5行):

填报申报收入以外币计算的数额及折合成人民币数额的计算过程。申报收入采用多种外币计算的,附页分外币币种填报金额、汇率、折合成人民币金额,将外币收入折合成人民币金额汇总合计数额填入第5行,不填报第2行、第3行和第4行。

9."收入合计"(第6行):填报直接以人民币计算的收入(第1行)和以外币计算的收入(第5行)的合计数。

10."扣除额"(第7行):填报转让财产所得类型中允许扣除的金额及其他允许扣除项目的金额。扣除项目需要进行外币折算的,填报折算成人民币后的数额。

11."应纳税所得额"(第8行):填报人民币收入合计数减除扣除额后的数额。

12."适用税率"(第9行):填报企业所得税法实施条例第九十一条规定的10%税率。

13."应缴纳的企业所得税额"(第10行):填报应纳税所得额(第8行)按照适用税率(第9行)计算的企业所得税数额。

14."减免企业所得税额"(第11行):填报享受各项税收协定待遇及国内减免税优惠的金额。

15."享受协定待遇"(第12行):填报纳税人享受税收协定待遇的减免税总额。税收协定含中华人民共和国政府签署的避免双重征税协定,内地与香港、澳门特别行政区签署的税收安排以及含有税收待遇条款的其他协定(如海运协定、航空协定等)。因享受税收协定待遇而获取减免税优惠的,应同时报送非居民纳税人享受税收协定待遇的相关信息报告表。在本行项目列下划线上填报该项目对应的减免性质代码。减免性质代码按照国家税务总局制定或更新的"减免税政策代码目录"填列。

16."享受国内税收优惠"(第13行):填报符合国内税收规定的减免税优惠数额。在本行项目列下划线上填报该项目对应的减免性质代码。减免性质代码按照国家税务总局制定或更新的"减免税政策代码目录"填列。

17."实际应缴纳的企业所得税额"(第14行):填报按应缴纳的企业所得税额(第10行)减除减免企业所得税额(第11行)后的余额。

(四)主管税务机关指定扣缴情况填报

1."指定扣缴文书编号":填报扣缴义务人据以执行扣缴义务的主管税务机关税务文书编号。

2."税款计算方法":填报指定扣缴税务文书指定的税款计算方法。在"按核定利润率计算"和"其他"两项中勾选。已勾选"按核定利润率计算"的,填报指定扣缴税务文书指定的核定利润率水平。

3."扣缴义务发生时间":填报指定扣缴税务文书指定的扣缴义务发生时间。在"支付"和"其他"两项中勾选。已勾选"支付"的,填报支付日期及支付金额。

4."本次扣缴税款金额(人民币)":填报本次扣缴的税款数额。

(五)其他

1."纳税人或扣缴义务人(签章)":扣缴义务人为自然人的,由扣缴义务人本人签章,扣缴义务人为非自然人的,由非自然人扣缴义务人加盖公章。

2.纳税人聘请中介机构代理申报的,加盖代理机构公章。

3.本表一式二份,一份由企业留存,一份由主管税务机关备查。

表格式样如表9-17所示。

表 9-17　F500 中华人民共和国扣缴企业所得税报告表（2019 年版）

○ 法定源泉扣缴申报　　○ 指定扣缴申报　　○ 自行申报　　　　　　　　　金额单位：人民币元（列至角分）

扣缴义务人基本信息				
纳税人识别号（统一社会信用代码）：□□□□□□□□□□□□□□□□□□				
名　　称	中文：		外文：	
地址	中文：		外文：	
联系人		联系方式		邮政编码
纳税人基本信息				
纳税人识别号（统一社会信用代码）：□□□□□□□□□□□□□□□□□□				
境外成立地代码			境外成立地纳税人识别号	
境内名称	中文：		外文：	
在境外成立地法定名称	中文：		外文：	
在境外成立地地址	中文：		外文：	
申报所得类型及代码				
联系人		联系方式		邮政编码
法定源泉扣缴和自行申报情况				
合同名称			合同编号	
合同执行起始时间		合同执行终止时间	合同总金额	币种
扣缴义务发生时间：○支付，支付日期：　年　月　日　　○到期应支付				

行次	项目			依法申报数据
1	本次申报收入	人民币金额		
2		外币	名称	
3			金额	
4			汇率	
5			折算人民币金额　5＝3×4	
6		收入合计　6＝1+5		
7	应纳税所得额的计算	扣除额		
8		应纳税所得额　8＝6－7		
9	应纳企业所得税额的计算	适用税率（10%）		
10		应缴纳的企业所得税额　10＝8×9		
11		减免企业所得税额　11＝12+13		
12		其中：享受协定待遇　项目＿＿＿＿（减免性质代码）		
13		享受国内税收优惠　项目＿＿＿＿（减免性质代码）		
14		实际应缴纳的企业所得税额　14＝10－11		

主管税务机关指定扣缴情况			
指定扣缴文书编号		税款计算方法：○按核定利润率计算，核定利润率水平：　%○其他	
扣缴义务发生时间：○支付支付日期：　年　月　日　支付金额（人民币）：　　　元　○其他			
本次扣缴税款金额（人民币）			

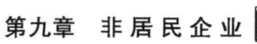

(续表)

声明:此表是根据国家税收法律法规及相关规定填写的,对填报内容(及附带资料)的真实性、可靠性、完整性负责。 　　　　　　　　　　　　　　　　　　　纳税人或扣缴义务人(签章):　　年　月　日	
经办人签字: 经办人身份证件号码: 代理机构签章: 代理机构统一社会信用代码:	受理人: 受理税务机关(章): 受理日期:　　年　月　日

国家税务总局监制

第十章

特别纳税调整

第一节 政策概要

特别纳税调整主要指关联业务的调整,特别纳税调整的管理又包括转让定价、预约定价安排、成本分摊协议、受控外国企业、资本弱化等特别纳税调整事项的管理。

特别纳税调整管理的相关规定如图 10-1 所示。

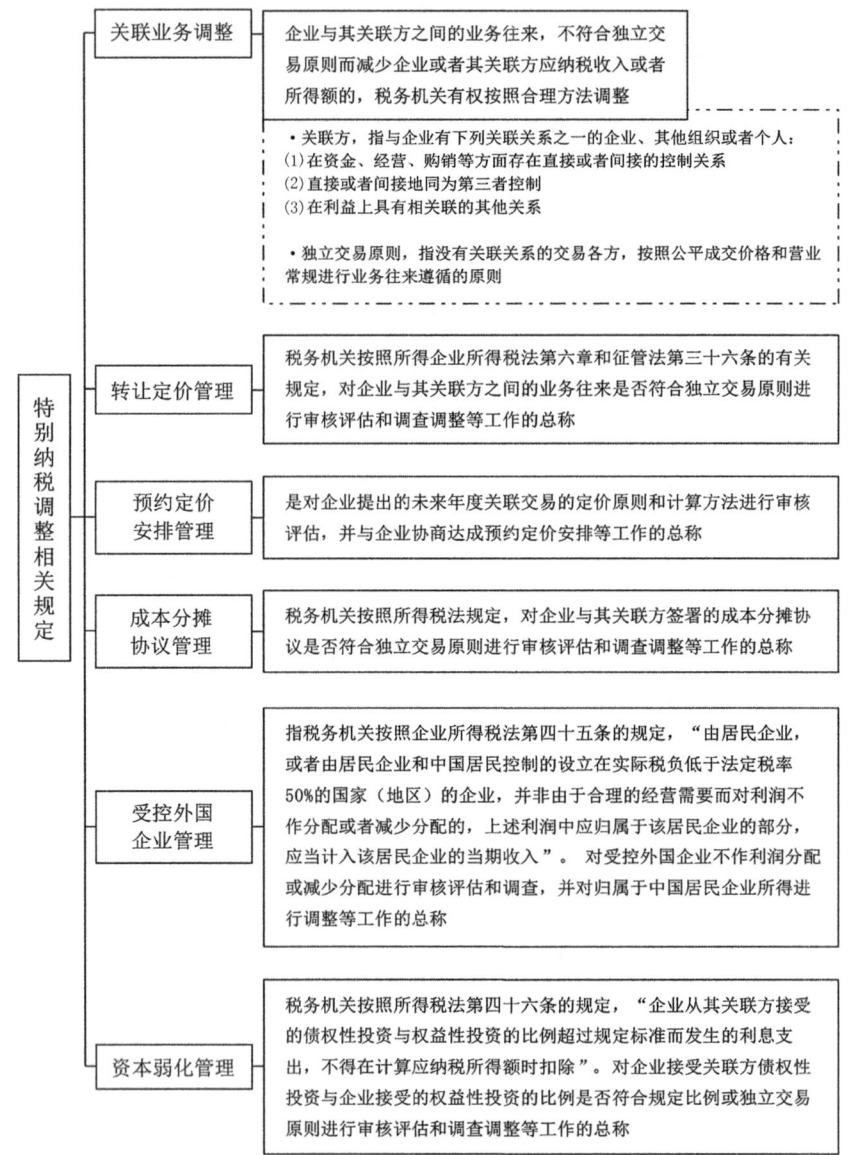

图 10-1 特别纳税调整相关规定

第二节 重点难点

扫码听课

一、关联业务调整

1. 如何确定关联关系

答:《国家税务总局关于完善关联申报和同期资料管理有关事项的公告》(国家税务总局公告 2016 年第 42 号)第二条规定,企业与其他企业、组织或者个人具有表 10-1 所列关系之一的,构成关联关系。

表 10-1 关联关系的界定

序号	关系	具体规定
1	一方直接或者间接持有另一方的股份总和达到 25%以上;双方直接或者间接同为第三方所持有的股份达到 25%以上	如果一方通过中间方对另一方间接持有股份,只要其对中间方持股比例达到 25%以上,则其对另一方的持股比例按照中间方对另一方的持股比例计算 两个以上具有夫妻、直系血亲、兄弟姐妹以及其他抚养、赡养关系的自然人共同持股同一企业,在判定关联关系时持股比例合并计算
2	双方存在持股关系或者同为第三方持股,虽持股比例未达到第 1 项规定,但双方之间借贷资金总额占任一方实收资本比例达到 50%以上,或者一方全部借贷资金总额的 10%以上由另一方担保(与独立金融机构之间的借贷或者担保除外)	借贷资金总额占实收资本比例＝年度加权平均借贷资金/年度加权平均实收资本 其中: 年度加权平均借贷资金＝i 笔借入或者贷出资金账面金额×i 笔借入或者贷出资金年度实际占用天数/365 年度加权平均实收资本＝i 笔实收资本账面金额×i 笔实收资本年度实际占用天数/365
3	双方存在持股关系或者同为第三方持股,虽持股比例未达到第 1 项规定,但一方的生产经营活动必须由另一方提供专利权、非专利技术、商标权、著作权等特许权才能正常进行	
4	双方存在持股关系或者同为第三方持股,虽持股比例未达到 1 项规定,但一方的购买、销售、接受劳务、提供劳务等经营活动由另一方控制	控制是指一方有权决定另一方的财务和经营政策,并能据以从另一方的经营活动中获取利益
5	一方半数以上董事或者半数以上高级管理人员(包括上市公司董事会秘书、经理、副经理、财务负责人和公司章程规定的其他人员)由另一方任命或者委派,或者同时担任另一方的董事或者高级管理人员;或者双方各自半数以上董事或者半数以上高级管理人员同为第三方任命或者委派	
6	具有夫妻、直系血亲、兄弟姐妹以及其他抚养、赡养关系的两个自然人分别与双方具有项 1 至 5 项关系之一	
7	双方在实质上具有其他共同利益	

2. 关联业务的具体内容是什么

答:《国家税务总局关于完善关联申报和同期资料管理有关事项的公告》(国家税务总局公告 2016 年第 42 号)对企业关联交易的内容进行了明确,主要内容如表 10-2 所示。

表 10-2　关联交易(业务)的具体内容

序号	关联交易类型	具体内容
1	有形资产使用权或者所有权的转让	有形资产包括商品、产品、房屋建筑物、交通工具、机器设备、工具器具等
2	金融资产的转让	金融资产包括应收账款、应收票据、其他应收款项、股权投资、债权投资和衍生金融工具形成的资产等
3	无形资产使用权或者所有权的转让	无形资产包括专利权、非专利技术、商业秘密、商标权、品牌、客户名单、销售渠道、特许经营权、政府许可、著作权等
4	资金融通	资金包括各类长短期借贷资金(含集团资金池)、担保费、各类应计息预付款和延期收付款等
5	劳务交易	劳务包括市场调查、营销策划、代理、设计、咨询、行政管理、技术服务、合约研发、维修、法律服务、财务管理、审计、招聘、培训、集中采购等

3. 关联业务调整可采用哪些合理方法

答：根据《企业所得税法实施条例》第一百一十一条的规定,关联业务调整可采用的合理方法如表 10-3 所示。

表 10-3　关联业务调整的合理方法

序号	方法	具体规定
1	可比非受控价格法	按照没有关联关系的交易各方进行相同或者类似业务往来的价格进行定价的方法
2	再销售价格法	按照从关联方购进商品再销售给没有关联关系的交易方的价格,减除相同或者类似业务的销售毛利进行定价的方法
3	成本加成法	按照成本加合理的费用和利润进行定价的方法
4	交易净利润法	按照没有关联关系的交易各方进行相同或者类似业务往来取得的净利润水平确定利润的方法
5	利润分割法	将企业与其关联方的合并利润或者亏损在各方之间采用合理标准进行分配的方法
6	其他符合独立交易原则的方法	

4. 在什么情形下,企业应准备同期资料

答：根据《企业所得税法》和《企业所得税法实施条例》的规定,企业向税务机关报送年度企业所得税纳税申报表时,应当就其与关联方之间的业务往来,附送年度关联业务往来报告表。

税务机关在进行关联业务调查时,企业及其关联方,以及与关联业务调查有关的其他企业,应当按照规定提供相关资料。相关资料,包括：

(1) 与关联业务往来有关的价格、费用的制定标准、计算方法和说明等同期资料；

(2) 关联业务往来所涉及的财产、财产使用权、劳务等的再销售(转让)价格或者最终销售(转让)价格的相关资料；

(3) 与关联业务调查有关的其他企业应当提供的与被调查企业可比的产品价格、定价方

式以及利润水平等资料;

(4)其他与关联业务往来有关的资料。

与关联业务调查有关的其他企业,是指与被调查企业在生产经营内容和方式上相类似的企业。

企业应当在税务机关规定的期限内提供与关联业务往来有关的价格、费用的制定标准、计算方法和说明等资料。关联方以及与关联业务调查有关的其他企业应当在税务机关与其约定的期限内提供相关资料。

5.同期资料的报送时间有哪些要求

答:根据《国家税务总局关于完善关联申报和同期资料管理有关事项的公告》(国家税务总局公告 2016 年第 42 号)第十九条的规定,主体文档应当在企业集团最终控股企业会计年度终了之日起 12 个月内准备完毕;本地文档和特殊事项文档应当在关联交易发生年度次年 6 月 30 日之前准备完毕。同期资料应当自税务机关要求之日起 30 日内提供。企业因不可抗力无法按期提供同期资料的,应当在不可抗力消除后 30 日内提供同期资料。

6.企业应如何保存同期资料

答:根据《国家税务总局关于完善关联申报和同期资料管理有关事项的公告》(国家税务总局公告 2016 年第 42 号)第二十三条、二十四条的规定,企业合并、分立的,应当由合并、分立后的企业保存同期资料。同期资料应当自税务机关要求的准备完毕之日起保存 10 年。

二、转让定价管理

7.转让定价如何进行可比性分析

答:税务机关实施转让定价调查时,应当进行可比性分析,根据《国家税务总局关于发布〈特别纳税调查调整及相互协商程序管理办法〉的公告》的规定,可比性分析一般包括五个方面,如表 10-4 所示。

表 10-4 可比性分析的五个方面

序号	具体规定
1	交易资产或者劳务特性,包括有形资产的物理特性、质量、数量等;无形资产的类型、交易形式、保护程度、期限、预期收益等;劳务的性质和内容;金融资产的特性、内容、风险管理等
2	交易各方执行的功能、承担的风险和使用的资产。功能包括研发、设计、采购、加工、装配、制造、维修、分销、营销、广告、存货管理、物流、仓储、融资、管理、财务、会计、法律及人力资源管理等;风险包括投资风险、研发风险、采购风险、生产风险、市场风险、管理风险及财务风险等;资产包括有形资产、无形资产、金融资产等
3	合同条款,包括交易标的、交易数量、交易价格、收付款方式和条件、交货条件、售后服务范围和条件、提供附加劳务的约定、变更或者修改合同内容的权利、合同有效期、终止或者续签合同的权利等。合同条款分析应当关注企业执行合同的能力与行为,以及关联方之间签署合同条款的可信度等
4	经济环境,包括行业概况、地理区域、市场规模、市场层级、市场占有率、市场竞争程度、消费者购买力、商品或者劳务可替代性、生产要素价格、运输成本、政府管制,以及成本节约、市场溢价等地域特殊因素
5	经营策略,包括创新和开发、多元化经营、协同效应、风险规避及市场占有策略等

三、预约定价安排管理

8. 预约定价安排管理的具体规定是什么

答：根据《企业所得税法》和《企业所得税法实施条例》的规定，企业可就其未来年度关联交易的定价原则和计算方法，向税务机关提出申请，与税务机关按照独立交易原则协商、确认后达成协议，称为预约定价安排。

《国家税务总局关于完善预约定价安排管理有关事项的公告》（国家税务总局公告2016年第64号）对预约定价安排作出了明确的规定，具体如表10-5所示。

表10-5 预约定价安排的具体规定

项目	具体规定
适用企业	主管税务机关向企业送达接收其谈签意向的《税务事项通知书》之日所属纳税年度前3个年度每年度发生的关联交易金额4 000万元人民币以上的企业
适用期间	主管税务机关向企业送达接收其谈签意向的《税务事项通知书》之日所属纳税年度起3至5个年度的关联交易 以前年度的关联交易与预约定价安排适用年度相同或者类似的，经企业申请，税务机关可以将预约定价安排确定的定价原则和计算方法追溯适用于以前年度该关联交易的评估和调整。追溯期最长为10年
类型	单边、双边和多边3种类型
阶段	预备会谈、谈签意向、分析评估、正式申请、协商签署和监控执行6个阶段

9. 企业预约定价安排执行期满后如何续签

答：《国家税务总局关于完善预约定价安排管理有关事项的公告》（国家税务总局公告2016年第64号）规定，预约定价安排执行期满后自动失效。企业申请续签的，应当在预约定价安排执行期满之日前90日内向税务机关提出续签申请，报送《预约定价安排续签申请书》，并提供执行现行预约定价安排情况的报告，现行预约定价安排所述事实和经营环境是否发生实质性变化的说明材料以及续签预约定价安排年度的预测情况等相关资料。该公告自2016年12月1日起施行。

10. 哪些情形下，企业可不准备同期资料相应文档

答：根据《国家税务总局关于完善关联申报和同期资料管理有关事项的公告》（国家税务总局公告2016年第42号），企业执行预约定价安排的，可以不准备预约定价安排涉及关联交易的本地文档和特殊事项文档，且关联交易金额不计入本公告第十三条规定的关联交易金额范围。

企业仅与境内关联方发生关联交易的，可以不准备主体文档、本地文档和特殊事项文档。

四、成本分摊协议管理

11. 成本分摊协议的具体规定是什么

答：根据《企业所得税法》的规定，成本分摊协议是指，企业与其关联方共同开发、受让无

形资产,或者共同提供、接受劳务发生的成本,在计算应纳税所得额时应当按照独立交易原则进行分摊。

《国家税务总局关于规范成本分摊协议管理的公告》(国家税务总局公告 2015 年第 45 号)对成本分摊协议进行了具体规定,如表 10-6 所示。

表 10-6 成本分摊协议具体规定

项目	具体规定
签订原则	独立交易原则和成本与预期收益相配比的原则 不符合原则的成本分摊协议,不允许税前扣除,实施特别纳税调查调整
资料报送	自与关联方签订(变更)成本分摊协议之日起 30 日内,向主管税务机关报送成本分摊协议副本,并在年度企业所得税纳税申报时,附送《中华人民共和国企业年度关联业务往来报告表》
补偿调整	企业执行成本分摊协议期间,参与方实际分享的收益与分摊的成本不配比的,应当根据实际情况做出补偿调整。参与方未做补偿调整的,税务机关应当实施特别纳税调查调整

五、受控外国企业管理

12. 受控外国企业管理的具体规定是什么

答:关于受控外国企业管理的含义及具体解释如表 10-7 所示。

表 10-7 受控外国企业管理的含义及解释与政策依据

含义	具体解释	政策依据
指税务机关按照所得税法第四十五条的规定,"由居民企业,或者由居民企业和中国居民控制的设立在实际税负低于法定税率 50%的国家(地区)的企业,并非由于合理的经营需要而对利润不作分配或者减少分配的,上述利润中应归属于该居民企业的部分,应当计入该居民企业的当期收入。"对受控外国企业不作利润分配或减少分配进行审核评估和调查,并对归属于中国居民企业所得进行调整等工作的总称	1. 中国居民,是指根据《中华人民共和国个人所得税法》的规定,就其从中国境内、境外取得的所得在中国缴纳个人所得税的个人	《企业所得税法》;《企业所得税法实施条例》;国税发〔2009〕2 号
	2. 控制,包括: (1)居民企业或者中国居民直接或者间接单一持有外国企业 10%以上有表决权股份,且由其共同持有该外国企业 50%以上股份; (2)居民企业,或者居民企业和中国居民持股比例没有达到(1)项规定的标准,但在股份、资金、经营、购销等方面对该外国企业构成实质控制	

六、资本弱化管理

13. 资本弱化管理的具体规定是什么

答:基本弱化管理是指,税务机关按照所得税法第四十六条"企业从其关联方接受的债权性投资与权益性投资的比例超过规定标准而发生的利息支出,不得在计算应纳税所得额时扣除"的规定对企业接受关联方债权性投资与企业接受的权益性投资的比例是否符合规定比例或独交易原则进行审核评估和调查调整等工作的总称,具体规定如表 10-8 所示。

表 10-8　资本弱化管理的具体规定

定义	具体解释	政策依据
债权性投资	企业直接或者间接从关联方获得的,需要偿还本金和支付利息或者需要以其他具有支付利息性质的方式予以补偿的融资 包括: (1) 关联方通过无关联第三方提供的债权性投资; (2) 无关联第三方提供的、由关联方担保且负有连带责任的债权性投资; (3) 其他间接从关联方获得的具有负债实质的债权性投资	《企业所得税法》; 《企业所得税法实施条例》; 国税发〔2009〕2 号
权益性投资	企业接受的不需要偿还本金和支付利息,投资人对企业净资产拥有所有权的投资	《企业所得税法实施条例》
税前扣除标准	企业实际支付给关联方的利息支出,符合接受关联方债权性投资与其权益性投资比例为: (1) 金融企业,为 5∶1 (2) 其他企业,为 2∶1	财税〔2008〕121 号; 国税发〔2009〕2 号
	如果能够按照税法及其实施条例的有关规定提供相关资料,并证明相关交易活动符合独立交易原则;或者该企业的实际税负不高于境内关联方的,其实际支付给境内关联方的利息支出,准予扣除	
	同时从事金融业务和非金融业务,其实际支付给关联方的利息支出,应按照合理方法分开计算;没有按照合理方法分开计算的,一律按其他企业的比例计算准予税前扣除的利息支出	

第三节　关联申报申报实务

根据《国家税务总局关于完善关联申报和同期资料管理有关事项的公告》(国家税务总局公告 2016 年第 42 号)的规定,实行查账征收的居民企业和在中国境内设立机构、场所并据实申报缴纳企业所得税的非居民企业向税务机关报送年度企业所得税纳税申报表时,应当就其与关联方之间的业务往来进行关联申报,附送《中华人民共和国企业年度关联业务往来报告表(2016 年版)》。

《中华人民共和国企业年度关联业务往来报告表(2016 年版)》共有 21 张报表。

一、《中华人民共和国企业年度关联业务往来报告表(2016 年版)》封面填报说明

《中华人民共和国企业年度关联业务往来报告表(2016 年版)》(以下简称报告表)适用于实行查账征收的居民企业和在中国境内设立机构、场所并据实申报缴纳企业所得税的非居民企业(以下简称企业)填报。有关项目填报说明如下:

1. "报告年度所属期间":正常经营的企业,填报公历当年 1 月 1 日至 12 月 31 日;年度中间开业的企业,填报实际生产经营之日至当年 12 月 31 日;年度中间发生合并、分立、破产、停业等情况的企业,填报公历当年 1 月 1 日至实际停业或法院裁定并宣告破产之日;年度中间开业且年度中间又发生合并、分立、破产、停业等情况的企业,填报实际生产经营之日至实际停业或法院裁定并宣告破产之日。

2. "纳税人识别号":填报税务登记证上的纳税人识别号或者营业执照上的统一社会信用代码。

3. "纳税人名称":填报企业登记注册的企业名称全称。

4."填表日期":填报企业申报当日日期。

5.企业聘请中介机构代理申报的,加盖代理申报中介机构公章,并填报经办人及其执业证件号码等,没有聘请的,填报"无"。

表单式样如表10-9所示。

表10-9 中华人民共和国企业年度关联业务往来报告表

(2016年版)

报告年度所属期间: 年 月 日至 年 月 日

纳税人识别号:		
纳税人名称:		
金额单位:人民币元,除表内标明其他币种外(列至小数点后两位)		
谨声明:此报告表是根据《中华人民共和国企业所得税法》《中华人民共和国企业所得税法实施条例》、有关税收政策以及国家统一会计制度的规定填报的,是真实的、可靠的、完整的。 法定代表人(签章): 年 月 日		
纳税人公章:	代理申报中介机构公章:	主管税务机关受理专用章:
会计主管:	经办人: 经办人执业证件号码:	受理人:
填表日期: 年 月 日	代理申报日期: 年 月 日	受理日期: 年 月 日

国家税务总局监制

二、《企业年度关联业务往来报告表填报表单》填报说明

本表列示报告表全部表单名称及编号。企业应根据自身涉税业务,选择"填报"或"不填报"。选择"填报"的,需要完成相应表单的填报;选择"不填报"的,可以不填报相应表单。选择"不填报"的表单,可以不上报税务机关。有关项目填报说明如下:

1.《报告企业信息表》(G000000)本表为必填表,主要反映企业的基本信息,包括企业基本信息、内部部门信息、高级管理人员信息、股东信息情况等。企业填报报告表时,首先填报此表,为后续申报提供指引。

2.《中华人民共和国企业年度关联业务往来汇总表》(G100000)本表为必填表,是企业报告关联业务往来情况的主表。

3.《关联关系表》(G101000)本表为必填表,填报本报告年度所属期间内与企业发生关联交易的关联方基本信息。

4.《有形资产所有权交易表》(G102000)本表填报本报告年度所属期间内企业与其关联方发生的有形资产所有权交易情况。

5.《无形资产所有权交易表》(G103000)本表填报本报告年度所属期间内企业与其关联方发生的无形资产所有权交易情况。

6.《有形资产使用权交易表》(G104000)本表填报本报告年度所属期间内企业与其关联方发生的有形资产使用权交易情况。

7.《无形资产使用权交易表》(G105000)本表填报本报告年度所属期间内企业与其关联方发生的无形资产使用权交易情况。

8.《金融资产交易表》(G106000)本表填报本报告年度所属期间内企业与其关联方发生的金融资产交易情况。

9.《融通资金表》(G107000)本表填报本报告年度所属期间内企业与其关联方发生的融通资金情况。

10.《关联劳务表》(G108000)本表填报本报告年度所属期间内企业与其关联方发生的劳务交易情况。

11.《权益性投资表》(G109000)本表填报本报告年度所属期间内企业接受权益性投资及投资收益分配情况。

12.《成本分摊协议表》(G110000)本表填报本报告年度所属期间内企业与其关联方已签订的成本分摊协议及其执行情况。

13.《对外支付款项情况表》(G111000)本表填报本报告年度所属期间内企业向境外企业、机构或者个人(包括非关联方和关联方)支付款项情况。

14.《境外关联方信息表》(G112000)本表填报本报告年度所属期间内与企业存在关联关系的主要境外关联方基本情况。

15.《年度关联交易财务状况分析表(报告企业个别报表信息)》(G113010)本表适用于本报告年度所属期间内编制个别财务报表的企业填报。

16.《年度关联交易财务状况分析表(报告企业合并报表信息)》(G113020)本表适用于本报告年度所属期间内编制合并财务报表的企业填报。

17.《国别报告——所得、税收和业务活动国别分布表》(G114010)本表适用于本报告年度所属期间内需填报国别报告的居民企业,填报跨国企业集团全球所得、税收和业务活动国别分布情况。

18.《国别报告——所得、税收和业务活动国别分布表(英文)》(G114011)本表内容同G114010,以英文填报。

19.《国别报告——跨国企业集团成员实体名单》(G114020)本表适用于本报告年度所属期间内需填报国别报告的居民企业,填报跨国企业集团成员实体情况。

20.《国别报告——跨国企业集团成员实体名单(英文)》(G114021)本表内容同表G114020,以英文填报。

21.《国别报告——附加说明表》(G114030)本表适用于本报告年度所属期间内需填报国别报告的居民企业,填报跨国企业集团成员实体具体业务活动情况说明。

22.《国别报告——附加说明表(英文)》(G114031)本表内容同G114030,以英文填报。

表单式样如表10-10所示。

表 10-10　企业年度关联业务往来报告表填报表单

表单编号	表单名称	选择填报情况	
		填报	不填报
G000000	报告企业信息表	√	×
G100000	中华人民共和国企业年度关联业务往来汇总表	√	×
G101000	关联关系表	√	×
G102000	有形资产所有权交易表	□	□
G103000	无形资产所有权交易表	□	□
G104000	有形资产使用权交易表	□	□
G105000	无形资产使用权交易表	□	□
G106000	金融资产交易表	□	□
G107000	融通资金表	□	□
G108000	关联劳务表	□	□
G109000	权益性投资表	□	□
G110000	成本分摊协议表	□	□
G111000	对外支付款项情况表	□	□
G112000	境外关联方信息表	□	□
G113010	年度关联交易财务状况分析表(报告企业个别报表信息)	□	□
G113020	年度关联交易财务状况分析表(报告企业合并报表信息)	□	□
G114010	国别报告——所得、税收和业务活动国别分布表	□	□
G114011	国别报告——所得、税收和业务活动国别分布表(英文)	□	□
G114020	国别报告——跨国企业集团成员实体名单	□	□
G114021	国别报告——跨国企业集团成员实体名单(英文)	□	□
G114030	国别报告——附加说明表	□	□
G114031	国别报告——附加说明表(英文)	□	□

说明：企业应当根据实际情况选择需要填报的表单。

三、《G000000 报告企业信息表》填报说明

企业在填报报告表前，首先填报报告企业信息表，为后续报告提供指引。报告企业信息表主要包括表头、基本信息、企业内部组织部门信息、企业高级管理人员信息、企业主要股东信息情况等部分。

（一）有关项目填报说明

1. 企业根据具体情况选填"正常报告""更正报告"或者"补充报告"。

正常报告：报告期内，企业第一次年度报告为"正常报告"；

更正报告：报告期内，企业对已报告内容进行更正的为"更正报告"；

补充报告：报告期后，由于企业自查、主管税务机关评估等发现以前年度报告有误而更改报告为"补充报告"。

2. "101 纳税人名称"：填报企业登记注册的中文全称。

3. "102 纳税人识别号"：填报税务登记证上的纳税人识别号或者营业执照上的统一社会

信用代码。

4."103 注册地址":填报企业登记注册的地址。

5."104 经营地址":填报企业实际生产经营地址。

6."105 经营范围":填报本报告年度所属期间内企业实际生产经营范围。

7."106 主管税务机关"填报企业主管税务机关全称。

8."108 注册资本":填报全体股东或发起人依法登记的出资或认缴的股本币种及金额。

9."109 投资总额":填报企业按照企业合同、章程规定的生产规模需要投入的基本建设资金和生产流动资金的币种及金额合计。

10."110 登记注册类型":填报企业税务登记证上的登记注册类型或者营业执照上的类型。

11."111 所属行业":根据《国民经济行业分类》(GB/4754—2011)标准填报企业的行业代码及行业名称。

12."112 独立法人":企业根据实际情况选填。

13."113 法定代表人或负责人":企业根据税务登记证或者营业执照上注明的法定代表人或负责人名称填报。

14."114 独立核算":企业根据实际情况选填。

15."115 适用的会计准则或会计制度":企业根据采用的会计准则或会计制度选填。

16."116 上市公司":报告企业根据实际情况选填。选择"是"的,"117 上市股票代码"和"118 上市交易所"栏为必填项,选择"否"的,"117 上市股票代码"和"118 上市交易所"栏为不填项。

17."118 上市交易所":填报企业股票上市的交易所全称。

18."119 记账本位币":企业根据实际情况填报适用的记账本位币币种。

19."120 企业集团最终控股企业":企业根据实际情况选填。最终控股企业是指能够合并其所属企业集团所有成员实体财务报表的,且不能被其他企业纳入合并财务报表的企业。

20."121 企业集团最终控股企业名称":企业所属企业集团最终控股企业全称,有登记注册中文名称的填中文全称,没有中文名称的以登记注册的外文全称填报。

21."122 企业集团最终控股企业所在国家(地区)":填报企业所属企业集团最终控股企业成立注册地国家(地区)。

22."123 被指定为国别报告的报送企业":企业根据实际情况选填本企业是否被企业集团指定为国别报告的报送企业。选择"是"的,需要填报表 G114010、表 G114011、表 G114020、表 G114021、表 G114030、表 G114031。

23."124 本年度准备同期资料":根据企业实际情况选填。

24."125 执行预约定价安排":企业根据本报告年度所属期间内是否已签订并执行实际情况选填。

25."126 签订或者执行成本分摊协议":企业根据本报告年度所属期间内是否已签订并执行实际情况选填。选择"是"的,需填报表 G110000。

26."200 企业内部部门信息":企业根据实际情况,从最顶层起填报。同一业务职能涉及超过一个层级部门的,可以合并填报。

27."201 部门名称":填报企业内部各部门全称,应当以中文填报。

28."202 部门履行的职责业务范围及履行职责业务流程":企业根据内部各职能部门实际履行的职责业务范围及履行职责的业务流程进行填报,可以文字加流程图的形式描述。

29."203 员工数量":填报本报告年度所属期间内企业内部各职能部门全年从业员工数

量。从业员工数量是指与企业建立劳动关系的职工人数和企业接受的劳务派遣用工人数之和;从业员工数量计算公式如下:

$$从业员工数量=(年初值+年末值)\div 2$$

年度中间开业或者终止经营活动的,以其实际经营期作为一个纳税年度确定上述相关指标。

30. "204 上一级部门名称":填报上一级部门全称。上一级部门有多个的,应全部填报。该上一级部门与"201 部门名称"栏填报为同一部门的,名称应当填报一致。

31. "300 企业高级管理人员信息":填报本报告年度所属期间内,在企业内部任职的高级管理人员(包括上市公司董事会秘书、经理、副经理、财务负责人和公司章程规定的其他人员)信息。

32. "301 职务名称":填报职务中文全称。

33. "302 姓名":填报所填报身份证件上姓名。

34. "303 国家(地区)":填报所填报身份证件上地址所在国家(地区)。

35. "304 身份证件名称":选填身份证、护照等。

36. "305 身份证件号码":填报身份证号、护照号。

37. "308 委任方名称":填写任命或者委派高级管理人员的自然人、法人或者其他机构组织的名称。有中文全称的应当填报中文全称。

38. "400 企业股东信息(前五位)":填报本报告年度最后一日按持股比例排序前 5 位股东的信息,与第五位股东持股比例相同的股东,其信息也需填报。

39. "401 股东名称":有登记注册中文名称的填中文全称,没有中文名称的以登记注册的外文全称填报。

40. "402 股东类型":选填企业法人、自然人、机构组织。

41. "403 国家(地区)":企业法人股东和机构组织股东填报依法登记注册地国家(地区),自然人股东填报"406 纳税人识别号或身份证件号码"栏所填身份证件号码的证件上注明的国家(地区)。

42. "404 登记注册类型":企业单位投资的,按其登记注册类型填报;自然人投资的,填报自然人。

43. "405 证件种类":选填税务登记证、营业执照、组织机构代码证、身份证、护照等。境外持股企业"405 证件种类"栏可不填写。

44. "406 纳税人识别号或身份证件号码":填报纳税人识别号、统一社会信用代码、组织机构代码号、身份证号、护照号等。

45. "407 持股起始日期":填报持股比例最近一次发生变动的日期。

(二)表内、表间关系

1)表内关系

无。

2)表间关系

1. "124 本年度准备同期资料"栏=表 G100000"400 本年度准备同期资料"栏。

2. "126 签订或者执行成本分摊协议"栏=表 G100000"301 签订或者执行成本分摊协议"栏。

表单式样如表 10-11 所示。

表 10-11 G000000 报告企业信息表

	正常报告□	更正报告□		补充报告□
101 纳税人名称				
102 纳税人识别号				
105 经营范围				
100 基本信息				
103 注册地址	国家（地区）	省份		地级市
104 经营地址	国家（地区）	省份		地级市
106 主管税务机关				
108 注册资本	币种	金额		110 登记注册类型
109 投资总额	币种	金额		111 所属行业
112 独立法人 是□ 否□	113 法定代表人或负责人			114 独立核算 是□ 否□
115 适用的会计准则或会计制度	企业会计准则（一般企业）□ 银行□ 证券□ 保险□ 担保□ 小企业会计准则□ 企业会计准则（事业单位会计制度□ 科学事业单位会计制度□ 医院会计制度□ 高等学校会计制度□ 中小学校会计制度□ 彩票机构会计制度□ 民间非营利组织会计制度□ 村集体经济组织会计制度□ 农民专业合作社财务会计制度（试行）□ 其他□			119 记账本位币
116 上市公司 是□ 否□	117 上市股票代码	118 上市交易所		
120 企业集团最终控股企业所在国家（地区）		121 企业集团最终控股企业名称		
122 企业集团最终控股企业所在国家（地区）		123 被指定为国别报告的报送企业 是□ 否□		
124 本年度准备同期资料	主体文档□ 本地文档□ 特殊事项文档□ 无□	125 执行预约定价安排 是□ 否□		126 签订或者执行成本分摊协议 是□ 否□

(续表)

200 企业内部部门信息

行次	201 部门名称	202 部门履行的职责业务范围及履行职责业务流程	203 员工数量	204 上一级部门名称
1				
2				
3				

300 企业高级管理人员信息

行次	301 职务名称	302 姓名	303 国家（地区）	304 身份证件名称	305 身份证件号码	306 任职起始日期	307 任职截止日期	308 委任方名称
1								
2								
3								

400 企业股东信息（前五位）

行次	401 股东名称	402 股东类型	403 国家（地区）	404 登记注册类型	405 证件种类	406 纳税人识别号或身份证件号码	407 持股起始日期	408 持股比例
1								
2								
3								
4								
5								

四、《G100000 中华人民共和国企业年度关联业务往来汇总表》填报说明

本表为企业年度关联业务往来报告表主表,企业应当根据《中华人民共和国企业所得税法》及其实施条例、相关税收政策,以及适用会计准则或会计制度的规定,填报企业年度关联业务往来等有关项目。

（一）有关项目填报说明

本表包括关联交易、关联债资、成本分摊协议、同期资料四部分信息。

1."100 关联交易信息"中的项目,根据《有形资产所有权交易表》(G102000)、《无形资产所有权交易表》(G103000)、《有形资产使用权交易表》(G104000)、《无形资产使用权交易表》(G105000)、《金融资产交易表》(G106000)、《融通资金表》(G107000)、《关联劳务表》(G108000)相应栏次数额填报。

2."200 关联债资信息"中的项目,根据《融通资金表》(G107000)和《权益性投资表》(G109000)相应栏次数额填报。

3."203 债资比例"栏应当保留小数点后两位。

4."300 成本分摊协议信息"中的项目,根据《报告企业信息表》(G000000)、《成本分摊协议表》(G110000)相应栏次数额填报。

5."400 本年度准备同期资料"栏,根据《报告企业信息表》(G000000)相应栏次数额填报。

（二）表内、表间关系

1) 表内关系

1."100 关联交易信息"中的第 3 列＝第 1＋2 列。

2."100 关联交易信息"中的第 15 行＝第 1＋2＋3＋4＋5＋6＋7＋8＋9＋10＋11＋12＋13＋14 行。

3."203 债资比例"＝"201 年度平均关联债权投资金额"÷"202 年度平均权益投资金额"。

2) 表间关系

1."100 关联交易信息"中的第 1 行第 1 列＝表 G102000 第 7 行第 4 列。

2."100 关联交易信息"中的第 1 行第 2 列＝表 G102000 第 14 行第 4 列。

3."100 关联交易信息"中的第 1 行第 4 列＝表 G102000 第 15 行第 4 列。

4."100 关联交易信息"中的第 2 行第 1 列＝表 G102000 第 22 行第 4 列。

5."100 关联交易信息"中的第 2 行第 2 列＝表 G102000 第 29 行第 4 列。

6."100 关联交易信息"中的第 2 行第 4 列＝表 G102000 第 30 行第 4 列。

7."100 关联交易信息"中的第 3 行第 1 列＝表 G103000 第 7 行第 4 列。

8."100 关联交易信息"中的第 3 行第 2 列＝表 G103000 第 14 行第 4 列。

9."100 关联交易信息"中的第 3 行第 4 列＝表 G103000 第 15 行第 4 列。

10."100 关联交易信息"中的第 4 行第 1 列＝表 G103000 第 22 行第 4 列。

11."100 关联交易信息"中的第 4 行第 2 列＝表 G103000 第 29 行第 4 列。

12."100 关联交易信息"中的第 4 行第 4 列＝表 G103000 第 30 行第 4 列。

13."100 关联交易信息"中的第 5 行第 1 列＝表 G104000 第 7 行第 4 列。

14."100 关联交易信息"中的第 5 行第 2 列＝表 G104000 第 14 行第 4 列。

15. "100 关联交易信息"中的第 5 行第 4 列＝表 G104000 第 15 行第 4 列。
16. "100 关联交易信息"中的第 6 行第 1 列＝表 G104000 第 22 行第 4 列。
17. "100 关联交易信息"中的第 6 行第 2 列＝表 G104000 第 29 行第 4 列。
18. "100 关联交易信息"中的第 6 行第 4 列＝表 G104000 第 30 行第 4 列。
19. "100 关联交易信息"中的第 7 行第 1 列＝表 G105000 第 7 行第 4 列。
20. "100 关联交易信息"中的第 7 行第 2 列＝表 G105000 第 14 行第 4 列。
21. "100 关联交易信息"中的第 7 行第 4 列＝表 G105000 第 15 行第 4 列。
22. "100 关联交易信息"中的第 8 行第 1 列＝表 G105000 第 22 行第 4 列。
23. "100 关联交易信息"中的第 8 行第 2 列＝表 G105000 第 29 行第 4 列。
24. "100 关联交易信息"中的第 8 行第 4 列＝表 G105000 第 30 行第 4 列。
25. "100 关联交易信息"中的第 9 行第 1 列＝表 G106000 第 7 行第 4 列。
26. "100 关联交易信息"中的第 9 行第 2 列＝表 G106000 第 14 行第 4 列。
27. "100 关联交易信息"中的第 9 行第 4 列＝表 G106000 第 15 行第 4 列。
28. "100 关联交易信息"中的第 10 行第 1 列＝表 G106000 第 22 行第 4 列。
29. "100 关联交易信息"中的第 10 行第 2 列＝表 G106000 第 29 行第 4 列。
30. "100 关联交易信息"中的第 10 行第 4 列＝表 G106000 第 30 行第 4 列。
31. "100 关联交易信息"中的第 11 行第 1 列＝表 G107000 第 N 行第 6 列。
32. "100 关联交易信息"中的第 11 行第 2 列＝表 G107000 第 N 行第 7 列。
33. "100 关联交易信息"中的第 12 行第 1 列＝表 G107000 第 N＋N 行第 6 列。
34. "100 关联交易信息"中的第 12 行第 2 列＝表 G107000 第 N＋N 行第 7 列。
35. "100 关联交易信息"中的第 13 行第 1 列＝表 G108000 第 7 行第 4 列。
36. "100 关联交易信息"中的第 13 行第 2 列＝表 G108000 第 14 行第 4 列。
37. "100 关联交易信息"中的第 13 行第 4 列＝表 G108000 第 15 行第 4 列。
38. "100 关联交易信息"中的第 14 行第 1 列＝表 G108000 第 22 行第 4 列。
39. "100 关联交易信息"中的第 14 行第 2 列＝表 G108000 第 29 行第 4 列。
40. "100 关联交易信息"中的第 14 行第 4 列＝表 G108000 第 30 行第 4 列。
41. "201 年度平均关联债权投资金额"栏＝表 G107000 第 N 行第 8 列。
42. "202 年度平均权益投资金额"栏＝表 G109000 "100 权益性投资情况"中的第 13 行第 4 列。
43. "301 签订或者执行成本分摊协议"栏＝表 G000000 "126 签订或者执行成本分摊协议"栏。
44. "302 本年度实际分摊成本金额"栏＝表 G110000 "200 参与方信息"中的第 1 行第 8 列,如签订多个成本分摊协议的为该栏的合计数。
45. "303 本年度加入支付金额"栏＝表 G110000 "200 参与方信息"中的第 1 行第 11 列,如签订多个成本分摊协议的为该栏的合计数。
46. "304 本年度退出补偿金额"栏＝表 G110000 "200 参与方信息"中的第 1 行第 14 列,如签订多个成本分摊协议的为该栏的合计数。
47. "400 本年度准备同期资料"栏＝表 G000000 "124 本年度准备同期资料"栏。

表单式样如表 10-12 所示。

表 10-12　G100000 中华人民共和国企业年度关联业务往来汇总表

行次	关联交易类型	100 关联交易信息			交易总金额
		境外关联交易金额	境内关联交易金额	关联交易合计	
		1	2	3＝1+2	4
1	有形资产所有权出让				
2	有形资产所有权受让				
3	无形资产所有权出让				
4	无形资产所有权受让				
5	有形资产使用权出让				
6	有形资产使用权受让				
7	无形资产使用权出让				
8	无形资产使用权受让				
9	金融资产出让				
10	金融资产受让				
11	融入资金利息支出				—
12	融出资金利息收入				—
13	提供劳务收入				
14	接受劳务支出				
15	交易合计＝1+2+…+14				
200 关联债资信息					
201 年度平均关联债权投资金额		202 年度平均权益投资金额		203 债资比例	
300 成本分摊协议信息					
301 签订或者执行成本分摊协议		302 本年度实际分摊成本金额	303 本年度加入支付金额	304 本年度退出补偿金额	
是□　否□					
400 本年度准备同期资料		主体文档□　本地文档□　特殊事项文档□　无□			

五、《G101000 关联关系表》填报说明

本表填报本报告年度所属期间内与企业发生关联交易的关联方基本信息。

（一）有关项目填报说明

1. 第 1 列"关联方名称"：关联方为企业法人或者其他机构组织的，填报其登记注册的中文全称，没有中文名称的应当填报英文全称；关联方为自然人的，填报其身份证件上的姓名。

2. 第 2 列"关联方类型"：根据不同关联方性质分别选填"企业法人""其他机构组织""自然人"。

3. 第 3 列"国家（地区）"：关联方为企业法人或者其他机构组织的，填报其登记注册地国家（地区）；关联方为自然人的，填报第 4 列所填身份证件上注明的国家（或地区）。

4. 第 4 列"证件种类"：根据实际情况选填税务登记证、营业执照、组织机构代码证、身份证、护照等，关联方为境外企业法人或者境外其他机构组织的，可不填写证件种类。

5. 第 5 列"纳税人识别号或身份证件号码"：关联方为境内企业法人或者境内其他机构组织的，填报纳税人识别号或者统一社会信用代码；没有纳税人识别号或者统一社会信用代码的，

填报组织机构代码证号;关联方为境外企业法人或者境外其他机构组织的,填报所在国纳税人识别号,第4列未填写"证件种类"的,可不填写;关联方为自然人的,填报身份证号或者护照号。

6. 第6列"关联关系类型":根据实际情况按以下关联关系标准选填代码A、B、C等,有多个关联关系类型的,应当选填多个代码。关联关系标准如下:

A. 一方直接或者间接持有另一方的股份总和达到25%以上;双方直接或者间接同为第三方所持有的股份达到25%以上。

如果一方通过中间方对另一方间接持有股份,只要其对中间方持股比例达到25%以上,则其对另一方的持股比例按照中间方对另一方的持股比例计算。

两个以上具有夫妻、直系血亲、兄弟姐妹以及其他抚养、赡养关系的自然人共同持股同一企业,持股比例合并计算。

B. 双方存在持股关系或者同为第三方持股,虽持股比例未达到A项规定,但双方之间借贷资金总额占任一方实收资本比例达到50%以上,或者一方全部借贷资金总额的10%以上由另一方担保,与独立金融机构之间的借贷或者担保除外。

借贷资金总额占实收资本比例=年度加权平均借贷资金/年度加权平均实收资本,其中:

年度加权平均借贷资金 $=i$ 笔借入或者贷出资金账面金额 $\times i$ 笔借入或者贷出资金年度实际占用天数 $/365$

年度加权平均实收资本 $=i$ 笔实收资本账面金额 $\times i$ 笔实收资本年度实际占用天数 $/365$

C. 双方存在持股关系或者同为第三方持股,虽持股比例未达到A项规定,但一方的生产经营活动必须由另一方提供专利权、非专利技术、商标权、著作权等特许权才能正常进行。

D. 双方存在持股关系或者同为第三方持股,虽持股比例未达到A项规定,但一方的购买、销售、接受劳务、提供劳务等经营活动由另一方控制。

上述控制是指一方有权决定另一方的财务和经营政策,并能据以从另一方的经营活动中获取利益。

E. 一方半数以上董事或者半数以上高级管理人员(包括上市公司董事会秘书、经理、副经理、财务负责人和公司章程规定的其他人员)由另一方任命或者委派,或者同时担任另一方的董事或者高级管理人员;或者双方各自半数以上董事或者半数以上高级管理人员同为第三方任命或者委派。

F. 具有夫妻、直系血亲、兄弟姐妹以及其他抚养、赡养关系的两个自然人分别与双方具有A至E项关系之一。

G. 双方在实质上具有其他共同利益的关系。

除B项规定外,上述关联关系年度内发生变化的,按照实际关联关系存续期间认定。

仅因国家持股或者由国有资产管理部门委派董事、高级管理人员而存在A至E项关系的,不构成关联关系。

7. 第7列"起始日期"和第8列"截止日期":本报告年度所属期间内关联关系发生变化的,填报实际变化的日期;未发生变化的,填报本报告年度起始和截止日期。

(二)表内、表间关系

1)表内关系

1. 第2列选填"企业法人"或者"其他机构组织"的,第4列只能选填"税务登记证""营业执照"或者"组织机构代码证"。

2. 第2列选填"自然人"的,第4列只能选填"身份证"或者"护照"。

3. 第 3 列选填"中国"或者第 2 列选填为"自然人"的,第 4 列和第 5 列为必填项。

4. 第 2 列选填"企业法人"或者"其他机构组织",并且第 3 列选填"中国"以外国家(地区)的,第 4 列和第 5 列为非必填项。

2) 表间关系

无。

表单式样如表 10-13 所示。

表 10-13 G101000 关联关系表

行次	关联方名称	关联方类型	国家(地区)	证件种类	纳税人识别号或身份证件号码	关联关系类型	起始日期	截止日期
	1	2	3	4	5	6	7	8
1								
2								
3								
4								
5								
6								
7								
8								
9								
10								
11								
12								
13								
14								
15								
16								
17								

六、《G102000 有形资产所有权交易表》填报说明

本表适用于本报告年度所属期间内发生关联有形资产所有权交易的企业填报。

(一) 有关项目填报说明

1. 第 1 行至第 5 行"境外关联有形资产所有权出让(前 5 位)":分关联方汇总本企业发生的境外关联有形资产所有权出让交易金额,并填报前 5 位关联方的名称、关联交易内容、关联交易金额、比例。

2. 第 6 行"其他关联方":分关联方汇总本企业发生的境外关联有形资产所有权出让交易金额,并填报除前 5 位关联方以外的其他关联方交易金额合计、比例。

3. 第 7 行"境外关联有形资产所有权出让小计":填报企业发生的境外关联有形资产所有权出让金额合计、比例。

4. 第 8 行至第 12 行"境内关联有形资产所有权出让(前 5 位)":分关联方汇总本企业发生的境内关联有形资产所有权出让交易金额,并填报前 5 位关联方的名称、关联交易内容、关联

交易金额、比例。

5. 第13行"其他关联方":分关联方汇总本企业发生的境内关联有形资产所有权出让交易金额,并填报除前5位关联方以外的其他关联方交易金额合计、比例。

6. 第14行"境内关联有形资产所有权出让小计":填报企业发生的境内关联有形资产所有权出让金额合计、比例。

7. 第15行"境内外关联和非关联有形资产所有权出让合计":填报企业发生的全部有形资产所有权出让金额合计。

8. 第16行至第20行"境外关联有形资产所有权受让(前5位)":分关联方汇总本企业发生的境外关联有形资产所有权受让交易金额,并填报前5位关联方的名称、关联交易内容、关联交易金额、比例。

9. 第21行"其他关联方":分关联方汇总本企业发生的境外关联有形资产所有权受让交易金额,并填报除前5位关联方以外的其他关联方交易金额合计、比例。

10. 第22行"境外关联有形资产所有权受让小计":填报企业发生的境外关联有形资产所有权受让金额合计、比例。

11. 第23行至第27行"境内关联有形资产所有权受让(前5位)":分关联方汇总本企业发生的境内关联有形资产所有权受让交易金额,并填报前5位关联方的名称、关联交易内容、关联交易金额、比例。

12. 第28行"其他关联方":分关联方汇总本企业发生的境内关联有形资产所有权受让交易金额,并填报除前5位关联方以外的其他关联方交易金额合计、比例。

13. 第29行"境内关联有形资产所有权受让小计":填报企业发生的境内关联有形资产所有权受让金额合计、比例。

14. 第30行"境内外关联和非关联有形资产所有权受让合计":填报企业发生的全部有形资产所有权受让金额合计。

15. 第3列"关联交易内容":根据企业实际情况选填"原材料——来料加工"(按照企业年度进口报关价格计算)、"原材料——其他""半成品""产品(商品)——来料加工"(按照企业年度出口报关价格计算)、"产品(商品)——其他""固定资产——房屋及建筑物""固定资产——机械机器设备(包括飞机、火车、轮船)""固定资产——器具工具家具""固定资产——运输工具(不包括飞机、火车、轮船)""固定资产——电子设备""林木类生物资产""畜类生物资产""周转材料——低值易耗品""周转材料——包装物""其他有形资产"。可选填多项。

(二)表内、表间关系

1) 表内关系

1. 第7行第4列=第4列第1+2+3+4+5+6行。
2. 第14行第4列=第4列第8+9+10+11+12+13行。
3. 第22行第4列=第4列第16+17+18+19+20+21行。
4. 第29行第4列=第4列第23+24+25+26+27+28行。
5. 第1至14行第5列=第1至14行第4列÷第15行第4列×100%。
6. 第16至29行第5列=第16至29行第4列÷第30行第4列×100%。

2) 表间关系

1. 第7行第4列=表G100000第1行第1列。
2. 第14行第4列=表G100000第1行第2列。

3. 第 15 行第 4 列＝表 G100000 第 1 行第 4 列。
4. 第 22 行第 4 列＝表 G100000 第 2 行第 1 列。
5. 第 29 行第 4 列＝表 G100000 第 2 行第 2 列。
6. 第 30 行第 4 列＝表 G100000 第 2 行第 4 列。

表单式样如表 10-14 所示。

表 10-14 G102000 有形资产所有权交易表

行次	关联交易类型	关联方名称	关联交易内容	交易金额	比例
	1	2	3	4	5
1	境外关联 有形资产 所有权出让 （前 5 位）				
2					
3					
4					
5					
6	—	其他关联方	—		
7	境外关联有形资产所有权出让小计				
8	境内关联 有形资产 所有权出让 （前 5 位）				
9					
10					
11					
12					
13	—	其他关联方	—		
14	境内关联有形资产所有权出让小计				
15	境内外关联和非关联有形资产所有权出让合计				100%
16	境外关联 有形资产 所有权受让 （前 5 位）				
17					
18					
19					
20					
21	—	其他关联方	—		
22	境外关联有形资产所有权受让小计				
23	境内关联 有形资产 所有权受让 （前 5 位）				
24					
25					
26					
27					
28	—	其他关联方	—		
29	境内关联有形资产所有权受让小计				
30	境内外关联和非关联有形资产所有权受让合计				100%

七、《G103000 无形资产所有权交易表》填报说明

本表适用于本报告年度所属期间内发生关联无形资产所有权交易的企业填报。

（一）有关项目填报说明

1. 第1行至第5行"境外关联无形资产所有权出让（前5位）"：分关联方汇总本企业发生的境外关联无形资产所有权出让交易金额，并填报前5位关联方的名称、关联交易内容、关联交易金额、比例。

2. 第6行"其他关联方"：分关联方汇总本企业发生的境外关联无形资产所有权出让交易金额，并填报除前5位关联方以外的其他关联方交易金额合计、比例。

3. 第7行"境外关联无形资产所有权出让小计"：填报企业发生的境外关联无形资产所有权出让金额合计、比例。

4. 第8行至第12行"境内关联无形资产所有权出让（前5位）"：分关联方汇总本企业发生的境内关联无形资产所有权出让交易金额，并填报前5位关联方的名称、关联交易内容、关联交易金额、比例。

5. 第13行"其他关联方"：分关联方汇总本企业发生的境内关联无形资产所有权出让交易金额，并填报除前5位关联方以外的其他关联方交易金额合计、比例。

6. 第14行"境内关联无形资产所有权出让小计"：填报企业发生的境内关联无形资产所有权出让金额合计、比例。

7. 第15行"境内外关联和非关联无形资产所有权出让合计"：填报企业发生的全部无形资产所有权出让金额合计。

8. 第16行至第20行"境外关联无形资产所有权受让（前5位）"：分关联方汇总本企业发生的境外关联无形资产所有权受让交易金额，并填报前5位关联方的名称、关联交易内容、关联交易金额、比例。

9. 第21行"其他关联方"：分关联方汇总本企业发生的境外关联无形资产所有权受让交易金额，并填报除前5位关联方以外的其他关联方交易金额合计、比例。

10. 第22行"境外关联无形资产所有权受让小计"：填报企业发生的境外关联无形资产所有权受让金额合计、比例。

11. 第23行至第27行"境内关联无形资产所有权受让（前5位）"：分关联方汇总本企业发生的境内关联无形资产所有权受让交易金额，并填报前5位关联方的名称、关联交易内容、关联交易金额、比例。

12. 第28行"其他关联方"：分关联方汇总本企业发生的境内关联无形资产所有权受让交易金额，并填报除前5位关联方以外的其他关联方交易金额合计、比例。

13. 第29行"境内关联无形资产所有权受让小计"：填报企业发生的境内关联无形资产所有权受让金额合计、比例。

14. 第30行"境内外关联和非关联无形资产所有权受让合计"：填报企业发生的全部无形资产所有权受让金额合计。

15. 第3列"关联交易内容"：根据企业实际情况选填"专利""非专利技术""商业秘密""商标""品牌""客户名单""销售渠道""市场调查成果""特许经营权""政府许可""土地使用权""商誉""著作权""其他无形资产"。可选填多项。

（二）表内、表间关系

1）表内关系

1. 第7行第4列＝第4列第1＋2＋3＋4＋5＋6行。

2. 第 14 行第 4 列＝第 4 列第 8＋9＋10＋11＋12＋13 行。
3. 第 22 行第 4 列＝第 4 列第 16＋17＋18＋19＋20＋21 行。
4. 第 29 行第 4 列＝第 4 列第 23＋24＋25＋26＋27＋28 行。
5. 第 1 至 14 行第 5 列＝第 1 至 14 行第 4 列÷第 15 行第 4 列×100％。
6. 第 16 至 29 行第 5 列＝第 16 至 29 行第 4 列÷第 30 行第 4 列×100％。

1) 表间关系
1. 第 7 行第 4 列＝表 G100000 第 3 行第 1 列。
2. 第 14 行第 4 列＝表 G100000 第 3 行第 2 列。
3. 第 15 行第 4 列＝表 G100000 第 3 行第 4 列。
4. 第 22 行第 4 列＝表 G100000 第 4 行第 1 列。
5. 第 29 行第 4 列＝表 G100000 第 4 行第 2 列。
6. 第 30 行第 4 列＝表 G100000 第 4 行第 4 列。

表单式样如表 10-15 所示。

表 10-15 G103000 无形资产所有权交易表

行次	关联交易类型	关联方名称	关联交易内容	交易金额	比例
	1	2	3	4	5
1	境外关联 无形资产 所有权出让 （前 5 位）				
2					
3					
4					
5					
6	—	其他关联方			
7	境外关联无形资产所有权出让小计				
8	境内关联 无形资产 所有权出让 （前 5 位）				
9					
10					
11					
12					
13	—	其他关联方			
14	境内关联无形资产所有权出让小计				
15	境内外关联和非关联无形资产所有权出让合计				100％
16	境外关联 无形资产 所有权受让 （前 5 位）				
17					
18					
19					
20					
21	—	其他关联方			
22	境外关联无形资产所有权受让小计				

(续表)

行次	关联交易类型	关联方名称	关联交易内容	交易金额	比例
	1	2	3	4	5
23	境内关联无形资产所有权受让（前5位）				
24					
25					
26					
27					
28	—	其他关联方	—		
29	境内关联无形资产所有权受让小计				
30	境内外关联和非关联无形资产所有权受让合计				100%

八、《G104000 有形资产使用权交易表》填报说明

本表适用于本报告年度所属期间内发生关联有形资产使用权交易的企业填报。

（一）有关项目填报说明

1. 第1行至第5行"境外关联有形资产使用权出让（前5位）"：分关联方汇总本企业发生的境外关联有形资产使用权出让交易金额，并填报前5位关联方的名称、关联交易内容、关联交易金额、比例。

2. 第6行"其他关联方"：分关联方汇总本企业发生的境外关联有形资产所有权出让交易金额，并填报除前5位关联方以外的其他关联方交易金额合计、比例。

3. 第7行"境外关联有形资产使用权出让小计"：填报企业发生的境外关联有形资产使用权出让金额合计、比例。

4. 第8行至第12行"境内关联有形资产使用权出让（前5位）"：分关联方汇总本企业发生的境内关联有形资产使用权出让交易金额，并填报前5位关联方的名称、关联交易内容、关联交易金额、比例。

5. 第13行"其他关联方"：分关联方汇总本企业发生的境内关联有形资产所有权出让交易金额，并填报除前5位关联方以外的其他关联方交易金额合计、比例。

6. 第14行"境内关联有形资产使用权出让小计"：填报企业发生的境内关联有形资产使用权出让金额合计、比例。

7. 第15行"境内外关联和非关联有形资产使用权出让合计"：填报企业发生的全部有形资产使用权出让金额合计。

8. 第16行至第20行"境外关联有形资产使用权受让（前5位）"：分关联方汇总本企业发生的境外关联有形资产使用权受让交易金额，并填报前5位关联方的名称、关联交易内容、关联交易金额、比例。

9. 第21行"其他关联方"：分关联方汇总本企业发生的境外关联有形资产所有权受让交易金额，并填报除前5位关联方以外的其他关联方交易金额合计、比例。

10. 第22行"境外关联有形资产使用权受让小计"：填报企业发生的境外关联有形资产使用权受让金额合计、比例。

11. 第23行至第27行"境内关联有形资产使用权受让（前5位）"：分关联方汇总本企业发生的境内关联有形资产使用权受让交易金额，并填报前5位关联方的名称、关联交易内容、关

联交易金额、比例。

12. 第28行"其他关联方":分关联方汇总本企业发生的境内关联有形资产所有权受让交易金额,并填报除前5位关联方以外的其他关联方交易金额合计、比例。

13. 第29行"境内关联有形资产使用权受让小计":填报企业发生的境内关联有形资产使用权受让金额合计、比例。

14. 第30行"境内外关联和非关联有形资产使用权受让合计":填报企业发生的全部有形资产使用权受让金额合计。

15. 第3列"关联交易内容":根据企业实际情况选填"原材料""半成品""产品(商品)""固定资产——房屋及建筑物""固定资产——机械机器设备(包括飞机、火车、轮船)""固定资产——器具工具家具""固定资产——运输工具(不包括飞机、火车、轮船)""固定资产——电子设备""林木类生物资产""畜类生物资产""周转材料——低值易耗品""周转材料——包装物""其他有形资产"。可选填多项。

(二)表内、表间关系

1) 表内关系

1. 第7行第4列=第4列第1+2+3+4+5+6行。
2. 第14行第4列=第4列第8+9+10+11+12+13行。
3. 第22行第4列=第4列第16+17+18+19+20+21行。
4. 第29行第4列=第4列第23+24+25+26+27+28行。
5. 第1至14行第5列=第1至14行第4列÷第15行第4列×100%。
6. 第16至29行第5列=第16至29行第4列÷第30行第4列×100%。

2) 表间关系

1. 第7行第4列=表G100000第5行第1列。
2. 第14行第4列=表G100000第5行第2列。
3. 第15行第4列=表G100000第5行第4列。
4. 第22行第4列=表G100000第6行第1列。
5. 第29行第4列=表G100000第6行第2列。
6. 第30行第4列=表G100000第6行第4列。

表单式样如表10-16所示。

表10-16 G104000 有形资产使用权交易表

行次	关联交易类型	关联方名称	关联交易内容	交易金额	比例
	1	2	3	4	5
1	境外关联有形资产使用权出让(前5位)				
2					
3					
4					
5					
6	—	其他关联方			
7	境外关联有形资产使用权出让小计				

(续表)

行次	关联交易类型	关联方名称	关联交易内容	交易金额	比例
	1	2	3	4	5
8	境内关联 有形资产 使用权出让 （前5位）				
9					
10					
11					
12					
13	—	其他关联方	—		
14	境内关联有形资产使用权出让小计				
15	境内外关联和非关联有形资产使用权出让合计				100%
16	境外关联 有形资产 使用权受让 （前5位）				
17					
18					
19					
20					
21	—	其他关联方	—		
22	境外关联有形资产使用权受让小计				
23	境内关联 有形资产 使用权受让 （前5位）				
24					
25					
26					
27					
28	—	其他关联方	—		
29	境内关联有形资产使用权受让小计				
30	境内外关联和非关联有形资产使用权受让合计				100%

九、《G105000 无形资产使用权交易表》填报说明

本表适用于本报告年度所属期间内发生关联无形资产使用权交易的企业填报。

（一）有关项目填报说明

1. 第1行至第5行"境外关联无形资产使用权出让（前5位）"：分关联方汇总本企业发生的境外关联无形资产使用权出让交易金额，并填报前5位关联方的名称、关联交易内容、关联交易金额、比例。

2. 第6行"其他关联方"：分关联方汇总本企业发生的境外关联无形资产使用权出让交易金额，并填报除前5位关联方以外的其他关联方交易金额合计、比例。

3. 第7行"境外关联无形资产使用权出让小计"：填报企业发生的境外关联无形资产使用权出让金额合计、比例。

4. 第8行至第12行"境内关联无形资产使用权出让（前5位）"：分关联方汇总本企业发生的境内关联无形资产使用权出让交易金额，并填报前5位关联方的名称、关联交易内容、关联

交易金额、比例。

5. 第13行"其他关联方"：分关联方汇总本企业发生的境内关联无形资产使用权出让交易金额，并填报除前5位关联方以外的其他关联方交易金额合计、比例。

6. 第14行"境内关联无形资产使用权出让小计"：填报企业发生的境内关联无形资产使用权出让金额合计、比例。

7. 第15行"境内外关联和非关联无形资产使用权出让合计"：填报企业发生的全部无形资产使用权出让金额合计。

8. 第16行至第20行"境外关联无形资产使用权受让（前5位）"：分关联方汇总本企业发生的境外关联无形资产使用权受让交易金额，并填报前5位关联方的名称、关联交易内容、关联交易金额、比例。

9. 第21行"其他关联方"：分关联方汇总本企业发生的境外关联无形资产使用权受让交易金额，并填报除前5位关联方以外的其他关联方交易金额合计、比例。

10. 第22行"境外关联无形资产使用权受让小计"：填报企业发生的境外关联无形资产使用权受让金额合计、比例。

11. 第23行至第27行"境内关联无形资产使用权受让（前5位）"：分关联方汇总本企业发生的境内关联无形资产使用权受让交易金额，并填报前5位关联方的名称、关联交易内容、关联交易金额、比例。

12. 第28行"其他关联方"：分关联方汇总本企业发生的境内关联无形资产使用权受让交易金额，并填报除前5位关联方以外的其他关联方交易金额合计、比例。

13. 第29行"境内关联无形资产使用权受让小计"：填报企业发生的境内关联无形资产使用权受让金额合计、比例。

14. 第30行"境内外关联和非关联无形资产使用权受让合计"：填报企业发生的全部无形资产使用权受让金额合计。

15. 第3列"关联交易内容"：根据企业实际情况选填"专利""非专利技术""商业秘密""商标""品牌""客户名单""销售渠道""市场调查成果""特许经营权""政府许可""土地使用权""商誉""著作权""其他无形资产"。可选填多项。

（二）表内、表间关系

1）表内关系

1. 第7行第4列＝第4列第1＋2＋3＋4＋5＋6行。
2. 第14行第4列＝第4列第8＋9＋10＋11＋12＋13行。
3. 第22行第4列＝第4列第16＋17＋18＋19＋20＋21行。
4. 第29行第4列＝第4列第23＋24＋25＋26＋27＋28行。
5. 第1至14行第5列＝第1至14行第4列÷第15行第4列×100％。
6. 第16至29行第5列＝第16至29行第4列÷第30行第4列×100％。

2）表间关系

1. 第7行第4列＝表G100000第7行第1列。
2. 第14行第4列＝表G100000第7行第2列。
3. 第15行第4列＝表G100000第7行第4列。
4. 第22行第4列＝表G100000第8行第1列。
5. 第29行第4列＝表G100000第8行第2列。

6. 第 30 行第 4 列＝表 G100000 第 8 行第 4 列。

表单式样如表 10-17 所示。

表 10-17　G105000 无形资产使用权交易表

行次	关联交易类型 1	关联方名称 2	关联交易内容 3	交易金额 4	比例 5
1	境外关联 无形资产 使用权出让 （前 5 位）				
2					
3					
4					
5					
6	—	其他关联方	—		
7	境外关联无形资产使用权出让小计				
8	境内关联 无形资产 使用权出让 （前 5 位）				
9					
10					
11					
12					
13	—	其他关联方	—		
14	境内关联无形资产使用权出让小计				
15	境内外关联和非关联无形资产使用权出让合计				100％
16	境外关联 无形资产 使用权受让 （前 5 位）				
17					
18					
19					
20					
21	—	其他关联方	—		
22	境外关联无形资产使用权受让小计				
23	境内关联 无形资产 使用权受让 （前 5 位）				
24					
25					
26					
27					
28	—	其他关联方	—		
29	境内关联无形资产使用权受让小计				
30	境内外关联和非关联无形资产使用权受让合计				100％

十、《G106000 金融资产交易表》填报说明

本表适用于本报告年度所属期间内发生关联金融资产交易的企业填报。

(一) 有关项目填报说明

1. 第 1 行至第 5 行"境外关联金融资产出让(前 5 位)":分关联方汇总本企业发生的境外关联金融资产出让交易金额,并填报前 5 位关联方的名称、关联交易内容、关联交易金额、比例。

2. 第 6 行"其他关联方":分关联方汇总本企业发生的境外关联金融资产出让交易金额,并填报除前 5 位关联方以外的其他关联方交易金额合计、比例。

3. 第 7 行"境外关联金融资产出让小计":填报企业发生的境外关联金融资产出让金额合计、比例。

4. 第 8 行至第 12 行"境内关联金融资产出让(前 5 位)":分关联方汇总本企业发生的境内关联金融资产出让交易金额,并填报前 5 位关联方的名称、关联交易内容、关联交易金额、比例。

5. 第 13 行"其他关联方":分关联方汇总本企业发生的境内关联金融资产出让交易金额,并填报除前 5 位关联方以外的其他关联方交易金额合计、比例。

6. 第 14 行"境内关联金融资产出让小计":填报企业发生的境内关联金融资产出让金额合计、比例。

7. 第 15 行"境内外关联和非关联金融资产出让合计":填报企业发生的全部金融资产出让金额合计。

8. 第 16 行至第 20 行"境外关联金融资产受让(前 5 位)":分关联方汇总本企业发生的境外关联金融资产受让交易金额,并填报前 5 位关联方的名称、关联交易内容、关联交易金额、比例。

9. 第 21 行"其他关联方":分关联方汇总本企业发生的境外关联金融资产受让交易金额,并填报除前 5 位关联方以外的其他关联方交易金额合计、比例。

10. 第 22 行"境外关联金融资产受让小计":填报企业发生的境外关联金融资产受让金额合计、比例。

11. 第 23 行至第 27 行"境内关联金融资产受让(前 5 位)":分关联方汇总本企业发生的境内关联金融资产受让交易金额,并填报前 5 位关联方的名称、关联交易内容、关联交易金额、比例。

12. 第 28 行"其他关联方":分关联方汇总本企业发生的境内关联金融资产受让交易金额,并填报除前 5 位关联方以外的其他关联方交易金额合计、比例。

13. 第 29 行"境内关联金融资产受让小计":填报企业发生的境内关联金融资产受让金额合计、比例。

14. 第 30 行"境内外关联和非关联金融资产受让合计":填报企业发生的全部金融资产受让金额合计。

15. 第 3 列"关联交易内容":根据企业实际情况选填"应收账款""应收票据""其他应收款项""股权投资——上市公司""股权投资——非上市公司""债权投资""衍生金融工具形成的资产"和"其他金融资产"。可选填多项。

(二) 表内、表间关系

1) 表内关系

1. 第 7 行第 4 列=第 4 列第 1+2+3+4+5+6 行。

2. 第 14 行第 4 列=第 4 列第 8+9+10+11+12+13 行。

3. 第 22 行第 4 列＝第 4 列第 16＋17＋18＋19＋20＋21 行。

4. 第 29 行第 4 列＝第 4 列第 23＋24＋25＋26＋27＋28 行。

5. 第 1 至 14 行第 5 列＝第 1 至 14 行第 4 列÷第 15 行第 4 列×100％。

6. 第 16 至 29 行第 5 列＝第 16 至 29 行第 4 列÷第 30 行第 4 列×100％。

2）表间关系

1. 第 7 行第 4 列＝表 G100000 第 9 行第 1 列。

2. 第 14 行第 4 列＝表 G100000 第 9 行第 2 列。

3. 第 15 行第 4 列＝表 G100000 第 9 行第 4 列。

4. 第 22 行第 4 列＝表 G100000 第 10 行第 1 列。

5. 第 29 行第 4 列＝表 G100000 第 10 行第 2 列。

6. 第 30 行第 4 列＝表 G100000 第 10 行第 4 列。

表单式样如表 10-18 所示。

表 10-18　G106000 金融资产交易表

行次	关联交易类型	关联方名称	关联交易内容	交易金额	比例
	1	2	3	4	5
1	境外关联 金融资产 出让 （前 5 位）				
2					
3					
4					
5					
6	—	其他关联方	—		
7	境外关联金融资产出让小计				
8	境内关联 金融资产 出让 （前 5 位）				
9					
10					
11					
12					
13	—	其他关联方	—		
14	境内关联金融资产出让小计				
15	境内外关联和非关联金融资产出让合计				100％
16	境外关联 金融资产 受让 （前 5 位）				
17					
18					
19					
20					
21	—	其他关联方	—		
22	境外关联金融资产受让小计				

(续表)

行次	关联交易类型 1	关联方名称 2	关联交易内容 3	交易金额 4	比例 5
23	境内关联金融资产受让（前5位）				
24					
25					
26					
27					
28	—	其他关联方	—		
29	境内关联金融资产受让小计				
30	境内外关联和非关联金融资产受让合计				100%

十一、《G107000 融通资金表》填报说明

本表适用于本报告年度所属期间内发生关联融通资金的企业填报。

（一）有关项目填报说明

1. 第 1 至 N 行"关联融入资金（全部）"：逐笔填报企业发生的关联借入资金情况。年度内偿还部分关联借入资金的，该笔剩余关联借入资金视同新一笔关联债务，重新填报。

2. 第 N+1 至第 N+N 行"关联融出资金（全部）"：逐笔填报企业发生的关联借出资金情况。年度内收回部分关联借出资金的，该笔剩余关联借出资金视同新一笔关联债权，重新填报。

3. 第 3 列"关联交易内容"：根据企业实际情况选填"信用贷款""担保贷款"（包括保证贷款、抵押贷款、质押贷款）"票据贴现""融资租赁""应计息预付款""应计息延期收付款""集团资金池""其他融通资金"。

4. 第 4 列"借贷金额"：填报关联借贷的本金金额。

5. 第 5 列"本年实际占用天数"：填报关联借贷资金在本报告年度所属期间内实际占用天数。

6. 第 6 和 7 列"境外关联交易金额（利息）"和"境内关联交易金额（利息）"：填报包括由于直接或者间接取得关联债权投资而实际列支的利息、支付给关联方的关联债权性投资担保费或者抵押费、特别纳税调整重新定性的利息、融资租赁的融资成本、关联债权性投资有关的金融衍生工具或者协议的名义利息、取得的关联债权性投资产生的汇兑损益及其他具有利息性质的费用。

（二）表内、表间关系

1）表内关系

1. 第 N 行第 6 列 = 第 6 列第 1+2+3+…+第 N－1 行。

2. 第 N 行第 7 列 = 第 7 列第 1+2+3+…+第 N－1 行。

3. 第 N+N 行第 6 列 = 第 6 列第 N+1+N+2+N+3+…+第 N+N－1 行。

4. 第 N+N 行第 7 列 = 第 7 列第 N+1+N+2+N+3+…+第 N+N－1 行。

5. 第 N 行第 8 列 = $\sum$ 第 i 行第 4 列×第 i 行第 5 列÷365。

2）表间关系

1. 第 N 行第 6 列 = 表 G100000"100 关联交易信息"中第 11 行第 1 列。

2. 第 N 行第 7 列＝表 G100000"100 关联交易信息"中第 11 行第 2 列。

3. 第 N＋N 行第 6 列＝表 G100000"100 关联交易信息"中第 12 行第 1 列。

4. 第 N＋N 行第 7 列＝表 G100000"100 关联交易信息"中第 12 行第 2 列。

5. 第 N 行第 8 列＝表 G100000"201 年度平均关联债权投资金额"栏。

表单式样如表 10-19 所示。

表 10-19　G107000 融通资金表

行次	关联交易类型	关联方名称	关联交易内容	借贷金额	本年实际占用天数	境外关联交易金额（利息）	境内关联交易金额（利息）	年度平均关联债权投资金额
	1	2	3	4	5	6	7	8
1	关联融入资金（全部）							—
2							—
3							—
4							—
5							—
6							—
7							—
8							—
9							—
10							—
11							—
12							—
N		合计	—	—			
N+1	关联融出资金（全部）							—
N+2							—
N+3							—
N+4							—
N+5							—
N+6							—
N+7							—
N+8							—
N+9							—
N+10							—
N+11							—
N+N		合计	—	—			

十二、《G108000 关联劳务表》填报说明

本表适用于本报告年度所属期间内发生关联劳务交易的企业填报。

（一）有关项目填报说明

1. 第 1 行至第 5 行"境外关联劳务收入（前 5 位）"：分关联方汇总本企业发生的境外关联

劳务收入金额,并填报前 5 位关联方的名称、关联交易内容、关联交易金额、比例。

2. 第 6 行"其他关联方":分关联方汇总本企业发生的境外关联劳务收入金额,并填报除前 5 位关联方以外的其他关联方交易金额合计、比例。

3. 第 7 行"境外关联劳务收入小计":填报企业发生的境外关联劳务收入金额合计、比例。

4. 第 8 至第 12 行"境内关联劳务收入(前 5 位)":分关联方汇总本企业发生的境内关联劳务收入金额,并填报前 5 位关联方的名称、关联交易内容、关联交易金额、比例。

5. 第 13 行"其他关联方":分关联方汇总本企业发生的境内关联劳务收入金额,并填报除前 5 位关联方以外的其他关联方交易金额合计、比例。

6. 第 14 行"境内关联劳务收入小计":填报企业发生的境内关联劳务收入金额合计、比例。

7. 第 15 行"境内外关联和非关联劳务收入合计":填报企业发生的全部劳务收入金额合计。

8. 第 16 行至第 20 行"境外关联劳务支出(前 5 位)":分关联方汇总本企业发生的境外关联劳务支出金额,并填报前 5 位关联方的名称、关联交易内容、关联交易金额、比例。

9. 第 21 行"其他关联方":分关联方汇总本企业发生的境外关联劳务支出金额,并填报除前 5 位关联方以外的其他关联方交易金额合计、比例。

10. 第 22 行"境外关联劳务支出小计":填报企业发生的境外关联劳务支出金额合计、比例。

11. 第 23 行至第 27 行"境内关联劳务支出(前 5 位)":分关联方汇总本企业发生的境内关联劳务支出金额,并填报前 5 位关联方的名称、关联交易内容、关联交易金额、比例。

12. 第 28 行"其他关联方":分关联方汇总本企业发生的境内关联劳务支出金额,并填报除前 5 位关联方以外的其他关联方交易金额合计、比例。

13. 第 29 行"境内关联劳务支出小计":填报企业发生的境内关联劳务支出金额合计、比例。

14. 第 30 行"境内外关联和非关联劳务支出合计":填报企业发生的全部劳务支出金额合计。

15. 第 3 列"关联交易内容":根据企业实际情况选填"市场调查服务""营销策划服务""代理服务""设计服务""咨询服务""行政管理""技术服务""合约研发服务""维修服务""法律服务""财务管理服务""审计服务""招聘服务""培训服务""集中采购服务""建筑工程劳务""安装工程劳务""交通运输服务""物流辅助服务""体育文化服务""旅游服务""娱乐服务""网络通信服务""金融服务""保险服务""其他劳务"。可选填多项。

(二)表内、表间关系

1)表内关系

1. 第 7 行第 4 列=第 4 列第 1+2+3+4+5+6 行。

2. 第 14 行第 4 列=第 4 列第 8+9+10+11+12+13 行。

3. 第 22 行第 4 列=第 4 列第 16+17+18+19+20+21 行。

4. 第 29 行第 4 列=第 4 列第 23+24+25+26+27+28 行。

5. 第 1 至 14 行第 5 列=第 1 至 14 行第 4 列÷第 15 行第 4 列×100%。

6. 第 16 至 29 行第 5 列=第 16 至 29 行第 4 列÷第 30 行第 4 列×100%。

2)表间关系

1. 第 7 行第 4 列=表 G100000 第 13 行第 1 列。

2. 第 14 行第 4 列＝表 G100000 第 13 行第 2 列。
3. 第 15 行第 4 列＝表 G100000 第 13 行第 4 列。
4. 第 22 行第 4 列＝表 G100000 第 14 行第 1 列。
5. 第 29 行第 4 列＝表 G100000 第 14 行第 2 列。
6. 第 30 行第 4 列＝表 G100000 第 14 行第 4 列。

表单式样如表 10-20 所示。

表 10-20　G108000 关联劳务表

行次	关联交易类型	关联方名称	关联交易内容	交易金额	比例
	1	2	3	4	5
1	境外关联劳务收入（前5位）				
2					
3					
4					
5					
6	—	其他关联方	—		
7		境外关联劳务收入小计			
8	境内关联劳务收入（前5位）				
9					
10					
11					
12					
13	—	其他关联方	—		
14		境内关联劳务收入小计			
15		境内外关联和非关联劳务收入合计			100%
16	境外关联劳务支出（前5位）				
17					
18					
19					
20					
21	—	其他关联方	—		
22		境外关联劳务支出小计			
23	境内关联劳务支出（前5位）				
24					
25					
26					
27					
28	—	其他关联方	—		
29		境内关联劳务支出小计			
30		境内外关联和非关联劳务支出合计			100%

十三、《G109000 权益性投资表》填报说明

本表适用于企业填报本报告年度所属期间内获得或者存续的权益性投资情况。

(一) 有关项目填报说明

1. "100 权益性投资情况"第 1 列"所有者权益金额"：填报企业每月资产负债表所有者权益加权平均金额＝(所有者权益期初余额＋所有者权益期末余额)÷2。

2. "100 权益性投资情况"第 2 列"实收资本(股本)金额"：填报企业每月资产负债表实收资本(股本)加权平均金额＝[实收资本(股本)期初余额＋实收资本(股本)期末余额]÷2。

3. "100 权益性投资情况"第 3 列"资本公积金额"：填报企业每月资产负债表资本公积加权平均金额＝(资本公积期初余额＋资本公积期末余额)÷2。

4. "100 权益性投资情况"第 4 列"平均权益投资金额"：权益投资为企业资产负债表所列示的所有者权益金额。如果所有者权益小于实收资本(股本)与资本公积之和，则权益投资为实收资本(股本)与资本公积之和；如果实收资本(股本)与资本公积之和小于实收资本(股本)金额，则权益投资为实收资本(股本)金额。

5. "200 权益性投资股息、红利分配情况"中第 1 列"股息、红利金额"：填报本报告年度内企业股东会或股东大会作出利润分配或者转股决定分配的股息、红利金额合计。

6. "300 权益性投资股息、红利分配给前 5 位股东情况"中项目：填报本报告年度内企业股东会或股东大会作出利润分配或转股决定分配给前五位股东情况，包括股东名称、股东类型、国家(地区)等信息。

(二) 表内、表间关系

1) 表内关系

1. "100 权益性投资情况"第 4 列＝第 1 列、第 2 列、第 2＋3 列三者中金额最大项。

2. "100 权益性投资情况"中第 13 行第 4 列＝(第 4 列第 1＋2＋3＋4＋5＋6＋7＋8＋9＋10＋11＋12 行)÷12。

3. "200 权益性投资股息、红利分配情况"中第 1 列＝第 2＋3＋4＋5 列。

2) 表间关系

1. "100 权益性投资情况"中的第 13 行第 4 列＝G100000"202 年度平均权益投资金额"栏。

表单式样如表 10-21 所示。

表 10-21 G109000 权益性投资表

100 权益性投资情况				
行次	月份	所有者权益金额	实收资本(股本)金额	资本公积金额	平均权益投资金额
		1	2	3	4
1	1				
2	2				
3	3				
4	4				
5	5				

(续表)

100 权益性投资情况					
行次	月份	所有者权益金额	实收资本（股本）金额	资本公积金额	平均权益投资金额
		1	2	3	4
6	6				
7	7				
8	8				
9	9				
10	10				
11	11				
12	12				
13	合计	—	—	—	

200 权益性投资股息、红利分配情况				
股息、红利金额	其中分配给境外股东股息、红利金额		其中分配给境内股东股息、红利金额	
	境外关联方股东	境外非关联方股东	境内关联方股东	境内非关联方股东
1＝2＋3＋4＋5	2	3	4	5

300 权益性投资股息、红利分配给前5位股东情况				
行次	股东名称	股东类型	国家（地区）	股息、红利金额
1				
2				
3				
4				
5				

十四、《G110000 成本分摊协议表》填报说明

本表适用于本报告年度所属期间内已签订或者正在执行成本分摊协议的企业填报。

（一）有关项目填报说明

1."成本分摊协议名称"：填报企业已签订或者正在执行的成本分摊协议名称。

2."协议涉及内容"：根据企业实际情况选填"无形资产""集团采购""集团营销策划""其他"。

3."签订日期"：填报报告企业签订成本分摊协议的日期。

4."协议期限起始日期"和"协议期限截止日期"：填报成本分摊协议执行期限起止日期。

5."本年度预期收益总额"：填报本报告年度各参与方执行成本分摊协议将产生的预期产生收益金额合计及币种。

6."本年度实际发生成本总额"：填报本报告年度所属期间内各参与方执行成本分摊协议实际发生成本金额合计及币种。

7."本年度实际收益总额"：填报本报告年度所属期间内各参与方执行成本分摊协议实际产生收益金额合计及币种。

8."200参与方信息"中第1行:填报报告企业参与成本分摊协议的实际情况。

9."200参与方信息"中第2至N行:填报报告企业以外其他参与方参与成本分摊协议的实际情况。

10."200参与方信息"中第1列"协议各参与方名称":填报报告年度所属期间内参与成本分摊协议各参与方全称。

11."200参与方信息"中第2列"国家(地区)":填报参与方登记注册的国家(地区)。

12."200参与方信息"中第3列"关联关系类型":与报告企业构成关联关系的,应当与表G101000已填的关联关系类型保持一致。

13."200参与方信息"中第4列"参与协议起始日期"和第5列"参与协议截止日期":填报成本分摊协议约定各参与方参与协议起止日期,中间加入或者退出的填报其实际参与协议起止日期。

14."300本年度存在非协议参与方使用协议成果情况":填报本报告年度所属期间内是否存在非协议参与方使用协议成果情况。选择"是"的,应当附件说明使用协议成果的情况、支付的金额和形式,以及支付金额在参与方之间的分配方式。

15."400成本分摊协议变更或者终止情况":填报本报告年度所属期间内是否存在成本分摊协议变更或者终止情况。选择"变更"或者"终止"的,应当附件说明变更或者终止的原因、对已形成协议成果的处理或者分配情况。

(二)表内、表间关系

1) 表内关系

无。

2) 表间关系

1."200参与方信息"中的第1行第8列=G100000"302本年度实际分摊成本金额"栏,如签订多个成本分摊协议的为该栏的合计数。

2."200参与方信息"中的第1行第11列=G100000"303本年度加入支付金额"栏,如签订多个成本分摊协议的为该栏的合计数。

3."200参与方信息"中的第1行第14列=G100000"304本年度退出补偿金额"栏,如签订多个成本分摊协议的为该栏的合计数。

表单式样如表10-22所示。

十五、《G111000对外支付款项情况表》填报说明

本表适用于本报告年度所属期间内向境外机构或者个人支付各类款项的企业填报。

(一)有关项目填报说明

1. 第1至8行第1列:按照收付实现制,填报企业实际向境外支付款项金额。

2. 第1至8行第2列:按照收付实现制,填报企业实际向境外关联方支付款项金额。

(二)表内、表间关系

1) 表内关系

1. 第1列≥第2列。

2. 第9行=第1+2+3+4+5+6+7+8行。

2) 表间关系

无。

表单式样如表10-23所示。

表 10-22 G110000 成本分摊协议表

100 基本信息											
协议序号	成本分摊协议名称	协议涉及内容	签订日期	协议期限起始日期	协议期限截止日期	本年度预期收益总额		本年度实际发生成本总额		本年度实际收益总额	
						币种	金额	币种	金额	币种	金额
01											

200 参与方信息														
行次	协议各参与方名称	国家（地区）	关联关系类型	参与协议起始日期	参与协议截止日期	本年度实际分摊成本金额			本年度加入支付金额			本年度退出补偿金额		
						币种	金额	人民币金额	币种	金额	人民币金额	币种	金额	人民币金额
	1	2	3	4	5	6	7	8	9	10	11	12	13	14
1					—									
2								—			—			—
3								—			—			—
4								—			—			—
5								—			—			—
6								—			—			—
7								—			—			—
8								—			—			—
N								—			—			—

300 本年度存在非协议参与方使用协议成果情况		400 成本分摊协议变更或者终止情况	
是□ 否□	附件说明：使用协议成果支付的金额及形式，以及支付金额在参与方之间的分配方式	变更□ 终止□ 无变更终止□	附件说明：变更或者终止的原因、对已形成协议成果的处理或者分配情况等

表 10-23 G111000 对外支付款项情况表

行次	项 目	本年度向境外支付款项金额	其中：本年度向境外关联方支付款项金额
		1	2
1	股息、红利		
2	劳务费支出		
3	财产转让支出		
4	利息		
5	租金		
6	特许权使用费		
7	捐赠支出		
8	其他		
9	合 计		

十六、《G112000 境外关联方信息表》填报说明

本表应当填报在表 G102000、表 G103000、表 G104000、表 G105000、表 G106000、表 G108000 中填写的境外关联方的相关信息。

（一）有关项目填报说明

1."注册地址"：填报境外关联方登记注册的地址。

2."经营地址"：填报境外关联方实际生产经营地址。

3."经营范围"：填报境外关联方实际生产经营范围（应当以中文填报）。

4."适用所得税性质的税种名称"：填报境外关联方所在国适用所得税性质的税种名称（应当以中文填报）。

5."实际税负"：填报境外关联方在所在国最近年度实际缴纳所得税性质的税种的税负。实际税负＝实际缴纳所得税性质的税种的税款金额（扣除各种税收返还）÷所得税性质的税种的应纳税所得额×100％。所得税性质的税种的应纳税所得额小于零的，按零填报。

6."享受所得税性质的税种的税收优惠"：填报境外关联方在所在国享受所得税性质的税种的税收优惠，包括各种税额减免、税率优惠、减计收入、加计扣除、税收返还等，如填报"享受法定税率××％的减按××％征收"等。

7."上市公司"：根据境外关联方实际情况选择。选择"是"的，"上市股票代码"和"上市交易所"栏为必填项，选择"否"的，"上市股票代码"和"上市交易所"栏为不填项。

8."上市交易所"：填报境外关联方股票上市的交易所全称（应当以中文填报）。

9."记账本位币"：根据境外关联方实际情况选填适用的记账本位币种。

（二）表内、表间关系

1）表内关系

无。

2）表间关系

无。

表单式样如表 10-24 所示。

表 10-24 G112000 境外关联方信息表

纳税人名称		注册地址		国家(地区)			
纳税人识别号		经营地址		国家(地区)			
经营范围							
适用所得税性质的税种名称	实际税负	注册资本	币种	金额	投资总额	币种	金额
享受所得税性质的税种的税收优惠							
所属行业		所在国纳税年度起始日期			所在国纳税年度截止日期		
独立法人	是 □ 否 □	法定代表人或负责人		独立核算	是□ 否□	编制个别财务报表	是□ 否□
上市公司	是 □ 否 □	上市股票代码		上市交易所		记账本位币	

十七、《G113010 年度关联交易财务状况分析表(报告企业个别报表信息)》填报说明

本表适用于本报告年度所属期间内编制个别财务报表的企业填报。

(一)有关项目填报说明

企业应当依据财务会计核算明细准确划分境外关联交易、境外非关联交易、境内关联交易、境内非关联交易。无法准确划分的,应当确定其他划分方法,并说明具体的划分标准。

(二)表内、表间关系

1)表内关系

1. 第 5 列=第 1+2+3+4 列。
2. 第 14 行=第 1-3-5-7-8-9-10+11+12 行。
3. 第 18 行=第 14+15-16 行。
4. 第 20 行=第 18-19 行。

2)表间关系

无。

表单式样如表 10-25 所示。

表 10-25 G113010 年度关联交易财务状况分析表(报告企业个别报表信息)

行次	项目	年 月 日至 年 月 日				
		境外关联交易	境外非关联交易	境内关联交易	境内非关联交易	合计
		1	2	3	4	5=1+2+3+4
1	一、营业收入					
2	其中:主营业务收入					
3	减:营业成本					
4	其中:主营业务成本					
5	营业税金及附加					
6	其中:主营业务税金及附加					
7	销售费用					
8	管理费用					
9	财务费用					
10	资产减值损失					
11	加:公允价值变动收益(损失以"-"号填列)					
12	投资收益(损失以"-"号填列)					
13	其中:对联营企业和合营企业的投资收益					
14	二、营业利润(亏损以"-"号填列)=1-3-5-7-8-9-10+11+12					
15	加:营业外收入					
16	减:营业外支出					

(续表)

行次	项　　目	年　月　日至　年　月　日				
		境外关联交易	境外非关联交易	境内关联交易	境内非关联交易	合计
		1	2	3	4	5＝1＋2＋3＋4
17	其中:非流动资产处置损失					
18	三、利润总额（亏损总额以"－"号填列）＝14＋15－16					
19	减:所得税费用					
20	四、净利润（净亏损以"－"号填列）＝18－19					
划分标准说明						

十八、《G113020 年度关联交易财务状况分析表（报告企业合并报表信息）》填报说明

本表适用于本报告年度所属期间内有编制合并财务报表的企业填报。

（一）有关项目填报说明

企业应当依据财务会计核算明细准确划分境外关联交易、境外非关联交易、境内关联交易、境内非关联交易。无法准确划分的,应当确定其他划分方法,并说明具体的划分标准。

（二）表内、表间关系

1) 表内关系

1. 第 5 列＝第 1＋2＋3＋4 列。
2. 第 14 行＝第 1－3－5－7－8－9－10＋11＋12 行。
3. 第 18 行＝第 14＋15－16 行。
4. 第 20 行＝第 18－19 行。

2) 表间关系

无。

表单式样如表 10-26 所示。

表 10-26　G113020 年度关联交易财务状况分析表（报告企业合并报表信息）

行次	项　　目	年　月　日至　年　月　日				
		境外关联交易	境外非关联交易	境内关联交易	境内非关联交易	金额
		1	2	3	4	5＝1＋2＋3＋4
1	一、营业收入					
2	其中:主营业务收入					
3	减:营业成本					

(续表)

行次	项 目	年 月 日至 年 月 日				
		境外关联交易	境外非关联交易	境内关联交易	境内非关联交易	金额
		1	2	3	4	5＝1＋2＋3＋4
4	其中:主营业务成本					
5	营业税金及附加					
6	其中:主营业务税金及附加					
7	销售费用					
8	管理费用					
9	财务费用					
10	资产减值损失					
11	加:公允价值变动收益(损失以"－"号填列)					
12	投资收益(损失以"－"号填列)					
13	其中:对联营企业和合营企业的投资收益					
14	二、营业利润(亏损以"－"号填列)＝1－3－5－7－8－9－10＋11＋12					
15	加:营业外收入					
16	减:营业外支出					
17	其中:非流动资产处置损失					
18	三、利润总额(亏损总额以"－"号填列)＝14＋15－16					
19	减:所得税费用					
20	四、净利润(净亏损以"－"号填列)＝18－19					
划分标准说明						

十九、G114010《国别报告——所得、税收和业务活动国别分布表》填报说明

本表适用于本报告年度所属期间内需填报国别报告的居民企业,填报跨国企业集团最终控股企业全球所得、税收和业务活动国别分布情况。

需填报国别报告的居民企业是指:该居民企业为跨国企业集团的最终控股企业,且该最终控股企业上一会计年度合并财务报表中的各类收入金额合计超过 55 亿元;或者该居民企业被跨国企业集团指定为国别报告的报送企业。

(一) 有关项目填报说明

1. 第1列"国家(地区)":填报跨国企业集团成员实体作为居民企业所属的国家(地区),常设机构根据其经营活动所在国家(地区)填报。

跨国企业集团成员实体包括实际已被纳入跨国企业集团合并财务报表的任一实体,和实际未被纳入跨国企业集团合并财务报表,但跨国企业集团持有该实体的股权按公开证券市场交易要求应被纳入跨国企业集团合并财务报表的任一实体、仅由于业务规模或者重要性程度而未被纳入跨国企业集团合并财务报表的任一实体或者独立核算并编制财务报表的常设机构。

在任一国家(地区)均不构成居民企业的成员实体,应当在本表中另起一行按照无国家(地区)汇总填报。

在一个以上国家(地区)均构成居民企业的成员实体,应当以相关税收协定为依据确定该成员实体所属的国家(地区)。如果不存在适用的税收协定,则应当以该成员实体实际管理机构所在地作为国家(地区)进行填报。

2. 第2列"收入——非关联方":填报跨国企业集团在第1列填报的国家(地区)所有成员实体与非关联企业交易取得的收入总和。

3. 第3列"收入——关联方":填报跨国企业集团在第1列填报的国家(地区)所有成员实体与关联企业交易取得的收入总和。

本表中"收入"包括销售收入、劳务收入、特许权使用费收入、利息收入及其他收入。从其他成员实体收取的,在其他成员实体所属国家(地区)被认定为股息的款项,不计入收入。

4. 第5列"税前利润(亏损)":填报跨国企业集团在第1列填报的国家(地区)所有成员实体取得的税前利润(亏损)总和。

5. 第6列"已缴纳企业所得税(收付实现制)":填报跨国企业集团在第1列填报的国家(地区)所有成员实体实际缴纳的企业所得税总额。已缴税款包括成员实体从其他企业(关联企业及非关联企业)收取的款项在其他企业所属国家(地区)已代扣代缴的预提所得税。

6. 第7列"本年度计提的企业所得税":填报跨国企业集团在第1列填报的国家(地区)所有成员实体依据应纳税所得额计提的当期所得税总额。当期所得税费用仅反映相关会计年度的经营活动,不包含因或有事项计提的递延所得税。

7. 第8列"注册资本":填报跨国企业集团在第1列填报的国家(地区)所有成员实体的注册资本总额。

8. 第9列"留存收益":填报跨国企业集团在第1列填报的国家(地区)所有成员实体的留存收益总额。

9. 第10列"雇员人数":填报跨国企业集团在第1列填报的国家(地区)所有成员实体的全职雇员人数总和,包括在经营活动中所雇佣的独立承包商人数。雇员人数可以根据年末人数、全年平均人数或其他标准填报。不同国家(地区)在雇员人数计算标准上应当保持一致,并每年均沿用相同标准填报。

10. 第11列"有形资产(除现金及现金等价物)":填报跨国企业集团在第1列填报的国家(地区)所有成员实体的有形资产账面净值总和。常设机构有形资产应当根据其经营活动所在国家(地区)填报。此处所指的"有形资产"不包括现金及现金等价物和金融资产。

11. 本表应当涵盖最终控股企业的完整会计年度。成员实体与最终控股企业会计年度截止日期不一致的,成员实体信息披露期间可以采用以下方式之一:(1)使用成员实体的会计年度,即成员实体会计年度截止日期在最终控股企业会计年度截止日期前12个月内的会计年度;(2)使用最终控股企业会计年度。上述方法一经确定,无特殊情况不得修改。

12. 各年度应当使用相同的数据来源。表中所报告的收入、利润及税负情况并不要求与跨国企业集团合并财务报表完全一致。如果采用各独立实体的法定财务报表数据进行披露,所有金额均应按照年度平均汇率转换成最终控股企业使用的货币单位,并在表 G114030 附加说明表中说明。对于国家(地区)之间的会计准则不同而产生的差异,无需进行调整。

(二)表内、表间关系

1)表内关系

第 4 列＝第 2＋3 列。

2)表间关系

无。

表单式样如表 10-27 和表 10-28(英文版)所示。

表 10-27　G114010 国别报告——所得、税收和业务活动国别分布表

跨国企业集团名称:

会计年度:　　年　月　日至　　年　月　日

国家（地区）	收入			税前利润（亏损）	已缴纳企业所得税（收付实现制）	本年度计提的企业所得税	注册资本	留存收益	雇员人数	有形资产（除现金及现金等价物）
	非关联方	关联方	总计							
1	2	3	4＝2＋3	5	6	7	8	9	10	11

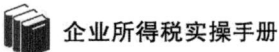

表 10-28　G114011 Overview of allocation of income, taxes and business activities by tax jurisdiction

Name of the MNE group:

Fiscal year concerned:

Tax Jurisdiction	Revenues			Profit (Loss) Before Income Tax	Income Tax Paid (on cash basis)	Income Tax Accrued-current year	Stated Capital	Accumulated Earnings	Number of Employees	Tangible Assets Other Than Cash and Cash Equivalents
	Unrelated Party	Related Party	Total							
1	2	3	4	5	6	7	8	9	10	11

二十、G114020《国别报告——跨国企业集团成员实体名单》填报说明

（一）有关项目填报说明

1. 第1列"国家（地区）"：填报跨国企业集团成员实体作为居民企业所属的国家（地区），常设机构根据其经营活动所在国家（地区）填报。

2. 第2列"该国家（地区）的成员实体名称"：填报跨国企业集团在第1列填报的国家（地区）所有居民企业成员实体的全称。常设机构填报其所属居民企业名称，并注明常设机构经营活动所在国家（地区），如XYZ公司在A国设立的常设机构，应填报XYZ公司－A国家（地区）的常设机构。

3. 第3列"成员实体注册成立地"：成员实体为常设机构的，或者注册成立地与其作为居民企业所属的国家（地区）一致的，可不填报。

4. "主要业务活动"：根据各成员实体在相关国家（地区）所开展的主要业务活动性质，在对应项目下打"√"确认。如果勾选"其他"，应在表G114030中说明该成员实体的具体业务活动。

（二）表内、表间关系

1）表内关系

无。

2）表间关系

如果"主要业务活动"栏中勾选"其他"，应当在表G114030中说明该成员实体具体业务活动。

表单式样如表10-29和表10-30（英文版）所示。

二十一、G114030《国别报告——附加说明表》填报说明

（一）有关项目填报说明

1. 在表中对使用的数据来源进行简要说明。如数据来源较以往年度有所变化，解释说明变化原因及其影响。

2. 表G114020"主要业务活动"栏中勾选"其他"的，说明该成员实体具体业务活动。

（二）表内、表间关系

1）表内关系

无。

2）表间关系

如果表G114020"主要业务活动"栏中勾选"其他"，应当在本表中说明该成员实体具体业务活动。

表单式样如表10-31和表10-32（英文版）所示。

表 10-29 国别报告——跨国企业集团成员实体名单

跨国企业集团名称：

会计年度： 年 月 日 至 年 月 日

国家（地区）	该国家（地区）的成员实体名称	成员实体注册成立地	主要业务活动												
			研发	持有或管理无形资产	采购	生产制造	销售、市场营销或分销	行政、管理或支持服务	向非关联方提供劳务	集团内部融资	金融服务	保险	持有股份或其他权益工具	非营运企业	其他
1	2	3	4	5	6	7	8	9	10	11	12	13	14	15	16

注：如果"主营业务活动"勾选"其他"，请在《国别报告——附加说明表》中说明跨国集团成员实体的具体业务活动。

表 10-30　G114021 List of all the constituent Entities of the MNE group included in each aggregation per tax jurisdiction

Name of the MNE group:
Fiscal year concerned:

Tax Jurisdiction	Constituent Entities resident in the Tax Jurisdiction	Tax Jurisdiction of Organization or Incorporation if Different from Tax Jurisdiction of Residence	Main Business Activity(-ies)											
			Research and Development	Holding or Managing Intellectual Property	Purchasing or Procurement	Manufacturing or Production	Sales, Marketing or Distribution	Administrative, Management or Support Services	Provision of Services to Unrelated Parties	Internal Group Finance	Regulated Financial Services	Insurance	Holding Shares or Other Equity Instruments	Dormant	Other[1]

1. Please specify the nature of the activity of the Constituent Entity in the "Additional Information" section.

表 10-31　G114030 国别报告——附加说明表

跨国企业集团名称：

会计年度：　　年　月　日至　　年　月　日

请简要提供有助于理解"国别报告"中的补充信息或者解释说明

表 10-32　G114031 Additional Information

Name of the MNE group：

Fiscal year concerned：

Please include any further brief information or explanation you consider necessary or that would facilitate the understanding of the compulsory information provided in the country-by-country report.

二十二、案例讲解

案例 10-1

阳光(山西)起重设备配件有限公司(以下简称阳光公司)，系中国香港阳光设备有限公司设立的全资子公司，成立于 2×15 年 6 月，法人代表李铭，注册资本 4 000 万元，经营期限 20 年。公司 60%的高层管理人员由中国香港阳光设备有限公司委派。

经营范围:起重设备配件、小型起重设备的研发、设计、生产、销售。

产品生产所需核心专有技术由其母公司中国香港阳光设备有限公司提供。生产的产品60%销售给香港阳光设备有限公司,其余产品全部销售给其境内关联企业。

阳光公司与关联方组织架构如图10-2所示。

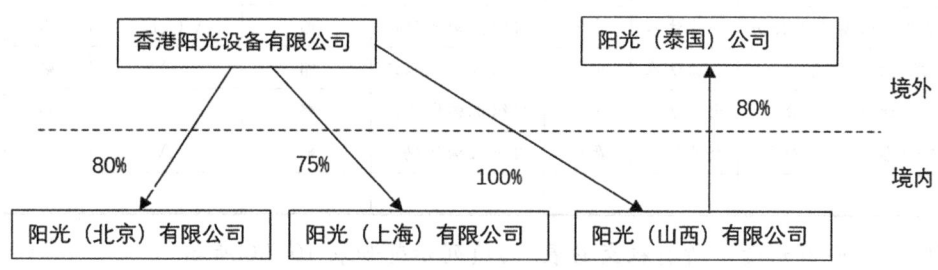

图10-2 阳光公司与关联方组织架构

2×20年阳光公司有关经营业务如下。

"主营业务收入"明细账、总账显示销售情况如表10-33所示。

表10-33 "主营业务收入"明细账、总账显示销售情况

商品（材料）	购买方	日期	合计金额(元)	与本企业关系及定价方法
配件1	香港阳光设备有限公司	2×20年4月10日、5月20日、6月30日、12月18日	275 133 798.00	关联企业/成本加成法
配件2	阳光(北京)有限公司	2×20年6月4日、10月13日	100 422 532.00	关联企业/成本加成法
配件2	阳光(上海)有限公司	2×20年5月15日、6月28日、7月9日、9月16日	83 000 000.00	关联企业/成本加成法

"无形资产"明细账显示受让情况如表10-34所示。

表10-34 阳光公司"无形资产"明细账显示受让情况

日期	项目	销售方	金额(元)	与本企业关系
2×20年1月2日	专利权A(使用权)	香港阳光设备有限公司	26 446 140.00	关联企业
2×20年2月5日	商标使用权	香港阳光设备有限公司	13 884 060.00	关联企业
2×20年3月16日	专利权B(所有权)	天津民生公司	6 000 000.00	非关联企业

说明:

1.假定2×20年该企业所有会计核算数据均为正确,且与审计报告、企业所得税年度申报表一致。

2.以上金额未注明币种的均为人民币。

3.其他经营情况略。

【解析】

2×20年度阳光(山西)起重设备配件有限公司关联申报表填报示范。

1.《G101000 关联关系表》的填列示范如表10-35所示。

表 10-35 G101000 关联关系表

行次	关联方名称	关联方类型	国家(地区)	证件种类	纳税人识别号或身份证件号码	关联关系类型	起始日期	截止日期
	1	2	3	4	5	6	7	8
1	香港阳光设备有限公司	企业法人	香港	组织机构代码证	略	A、C、E、F	略	略
2	阳光(上海)有限公司	企业法人	中国	组织机构代码证	略	A	略	略
3	阳光(北京)有限公司	企业法人	中国	组织机构代码证	略	A	略	略
4	阳光(泰国)有限公司	企业法人	泰国	组织机构代码证	略	A	略	略
5								

2.《G102000 有形资产所有权交易表》的填列示范如表 10-36 所示。

表 10-36 G102000 有形资产所有权交易表

金额单位：元

行次	关联交易类型	关联方名称	关联交易内容	交易金额	比例
	1	2	3	4	5
1	境外关联有形资产所有权出让(前5位)	香港阳光设备有限公司	销售配件1	275 133 798.00	0.600
2					
3					
4					
5					
6	—	其他关联方	—		
7	境外关联有形资产所有权出让小计			275 133 798.00	0.600
8	境内关联有形资产所有权出让(前5位)	阳光(北京)有限公司	销售配件2	100 422 532.00	0.219
9		阳光(上海)有限公司	销售配件2	83 000 000.00	0.181
10					
11					
12					
13	—	其他关联方	—		
14	境内关联有形资产所有权出让小计			183 422 532.00	0.400
15	境内外关联和非关联有形资产所有权出让合计			458 556 330.00	

3.《G103000 无形资产所有权交易表》的填列示范如表 10-37 所示。

表 10-37 G103000 无形资产所有权交易表

金额单位：元

行次	关联交易类型	关联方名称	关联交易内容	交易金额	比例
16	境外关联无形资产所有权受让(前5位)	香港阳光设备有限公司	专利权A(使用权)、商标使用权	40 330 200.00	100%
17					
18					
19					
20					

(续表)

行次	关联交易类型	关联方名称	关联交易内容	交易金额	比例
21	—	其他关联方	—		
22	境外关联无形资产所有权受让小计			40 330 200.00	100%
23	境内关联无形资产所有权受让（前5位）				
24					
25					
26					
27					
28	—	其他关联方	—		
29	境内关联无形资产所有权受让小计				
30	境内外关联和非关联无形资产所有权受让合计			40 330 200.00	100%

第十一章

征 收 管 理

第一节 政策概要

企业所得税征收管理的基本规定如图11-1所示。

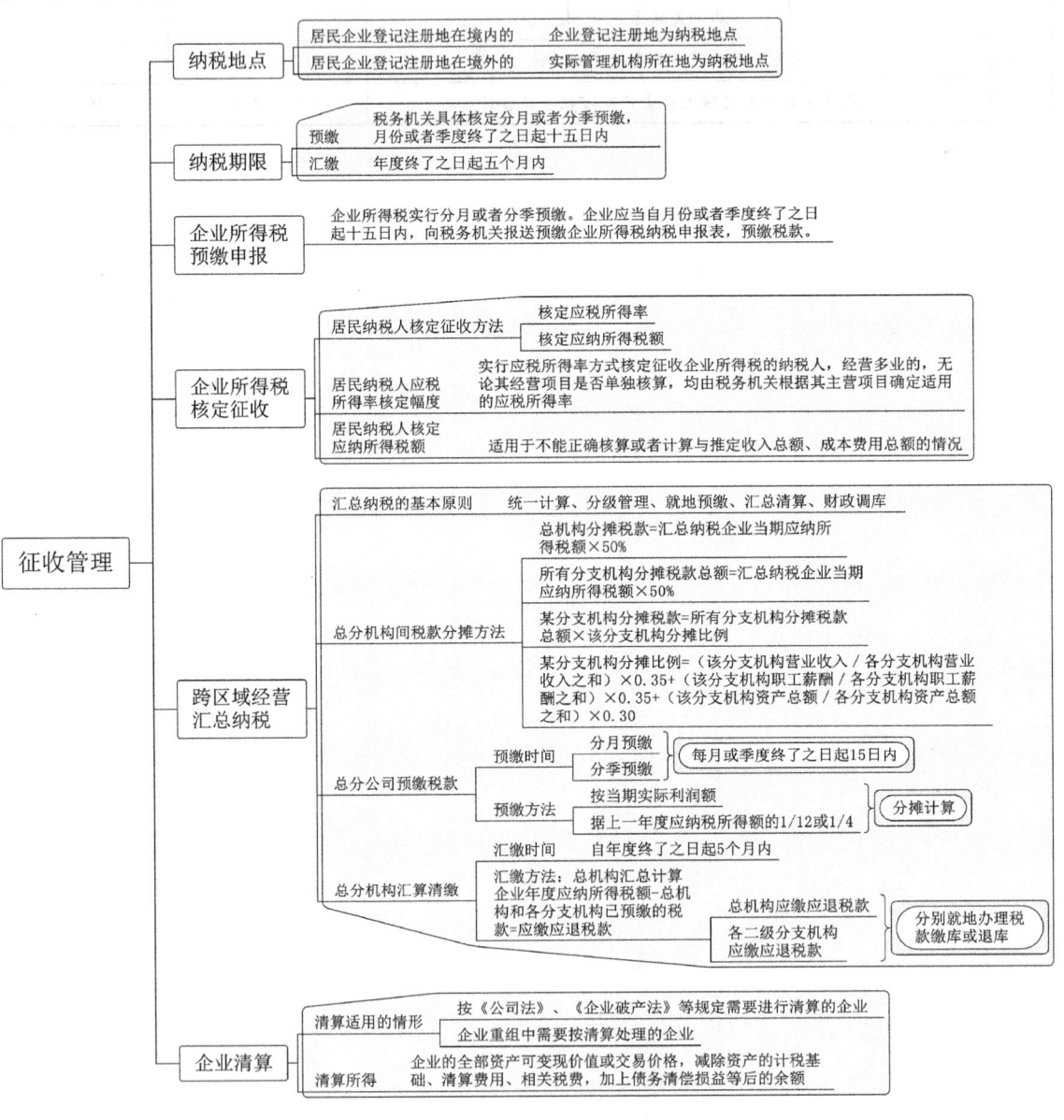

图 11-1 征收管理基本规定

第十一章 征收管理

第二节 要点难点

扫码听课

一、居民企业纳税地点

1. 居民企业纳税地点如何确定

答：居民企业纳税地点的确定原则如表 11-1 所示。

表 11-1　居民企业纳税地点确定原则

情形	纳税地点
登记注册地在境内	企业登记注册地
登记注册地在境外	实际管理机构

注：居民企业在中国境内设立不具有法人资格的营业机构的，应当汇总计算并缴纳企业所得税。

政策依据

《中华人民共和国企业所得税法》第五十条

除税收法律、行政法规另有规定外，居民企业以企业登记注册地为纳税地点；但登记注册地在境外的，以实际管理机构所在地为纳税地点。

居民企业在中国境内设立不具有法人资格的营业机构的，应当汇总计算并缴纳企业所得税。

二、居民企业纳税年度

2. 居民企业纳税年度如何确定

答：居民企业纳税年度的确定方法如表 11-2 所示。

表 11-2　居民企业纳税年度确定方法

		具体规定
纳税年度	持续经营	公历 1 月 1 日至 12 月 31 日
	年度中间终止经营活动	以实际经营期为一个纳税年度
	清算	以清算期间作为 1 个纳税年度，清算结束之日起 15 日报送申报表并结清税款

政策依据

《中华人民共和国企业所得税法》第五十三条

企业所得税按纳税年度计算。纳税年度自公历 1 月 1 日起至 12 月 31 日止。

企业在一个纳税年度中间开业，或者终止经营活动，使该纳税年度的实际经营期不足十二个月的，应当以其实际经营期为一个纳税年度。

企业依法清算时，应当以清算期间作为一个纳税年度。

三、居民企业纳税期限

3. 居民企业纳税期限如何确定

答：居民企业纳税期限的确定方法如表 11-3 所示。

表 11-3　居民企业纳税期限确定方法

情形		纳税期限	
预缴		税务机关具体核定分月或者分季预缴,月份或者季度终了之日起十五日内向税务机关报送预缴企业所得税纳税申报表,预缴税款	
汇算清缴	持续经营	年度终了之日起五个月内	向税务机关报送年度企业所得税纳税申报表,并汇算清缴,结清应缴应退税款
	年度中间终止经营活动	自实际经营终止之日起六十日内	向税务机关办理当期企业所得税汇算清缴

注：企业应当在办理注销登记前,就其清算所得向税务机关申报并依法缴纳企业所得税。

《中华人民共和国企业所得税法》第五十四条、第五十五条

企业应当自月份或者季度终了之日起十五日内,向税务机关报送预缴企业所得税纳税申报表,预缴税款。

企业应当自年度终了之日起五个月内,向税务机关报送年度企业所得税纳税申报表,并汇算清缴,结清应缴应退税款。

企业在年度中间终止经营活动的,应当自实际经营终止之日起六十日内,向税务机关办理当期企业所得税汇算清缴。

企业应当在办理注销登记前,就其清算所得向税务机关申报并依法缴纳企业所得税。

四、居民企业预缴申报

4.居民企业预缴方式有哪些

答：居民企业预缴申报方式如表 11-4 所示。

表 11-4　居民企业预缴方式

情形	预缴方式
一般情形	1.按照月度或者季度的实际利润额预缴
按照月度或者季度的实际利润预缴有困难的	2.按照上一纳税年度应纳税所得额的月度或者季度平均额预缴
	3.按照经税务机关认可的其他方法预缴

《中华人民共和国企业所得税法实施条例》第一百二十八条

企业所得税分月或者分季预缴,由税务机关具体核定。企业根据企业所得税法第五十四条规定分月或者分季预缴企业所得税时,应当按照月度或者季度的实际利润额预缴;按照月度或者季度的实际利润额预缴有困难的,可以按照上一纳税年度应纳税所得额的月度或者季度平均额预缴,或者按照经税务机关认可的其他方法预缴。预缴方法一经确定,该纳税年度内不得随意变更。

5.预缴申报时企业类型如何选择

答：居民纳税人预缴申报企业类型选择方法如表 11-5 所示。

表 11-5 居民纳税人预缴申报的企业类型

情形	企业类型
1. 一般情形	一般企业
2. 执行《跨地区经营汇总纳税企业所得税征收管理办法》的企业	跨地区经营汇总纳税企业
3. 同一省（自治区、直辖市、计划单列市）内设立不具有法人资格分支机构的跨地区经营汇总纳税企业，并且总机构、分支机构参照《跨地区经营汇总纳税企业所得税征收管理办法》规定征收管理的企业	

《跨地区经营汇总纳税企业所得税征收管理办法》（国家税务总局公告 2012 年第 57 号）第二条

居民企业在中国境内跨地区（指跨省、自治区、直辖市和计划单列市，下同）设立不具有法人资格分支机构的，该居民企业为跨地区经营汇总纳税企业（以下简称汇总纳税企业），除另有规定外，其企业所得税征收管理适用本办法。

五、居民企业核定征收

6. 哪些情形可以核定征收企业所得税

答：居民企业核定征收企业所得税的具体情形如图 11-2 所示。

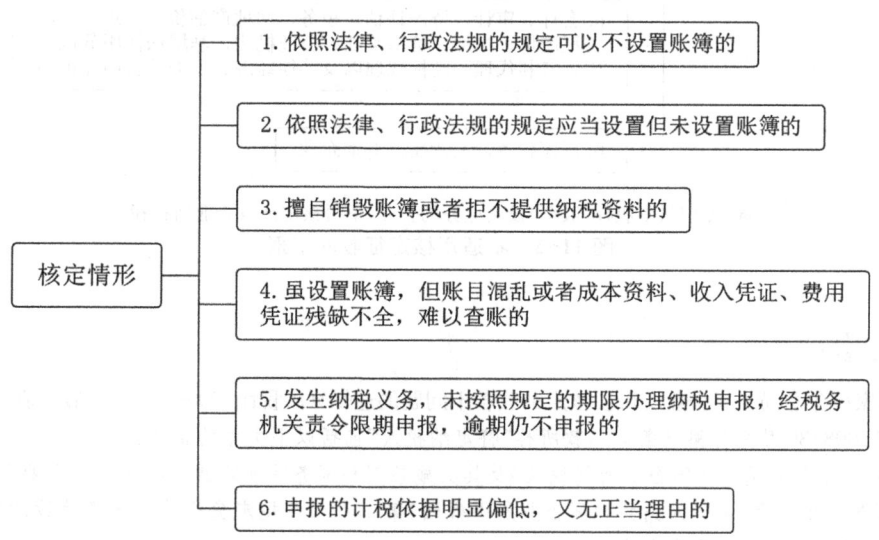

图 11-2 居民企业核定征收情形

《国家税务总局关于印发〈企业所得税核定征收办法〉（试行）的通知》（国税发〔2008〕30 号）第三条

纳税人具有下列情形之一的，核定征收企业所得税：

（一）依照法律、行政法规的规定可以不设置账簿的；

（二）依照法律、行政法规的规定应当设置但未设置账簿的；

（三）擅自销毁账簿或者拒不提供纳税资料的；

（四）虽设置账簿，但账目混乱或者成本资料、收入凭证、费用凭证残缺不全，难以查账的；

（五）发生纳税义务，未按照规定的期限办理纳税申报，经税务机关责令限期申报，逾期仍不申报的；

（六）申报的计税依据明显偏低，又无正当理由的。

7. 哪些情形不适用于核定征收

答：特殊行业、特殊类型的纳税人和一定规模以上的纳税人不适用核定征收。不适用核定征收的具体情形如图11-3所示。

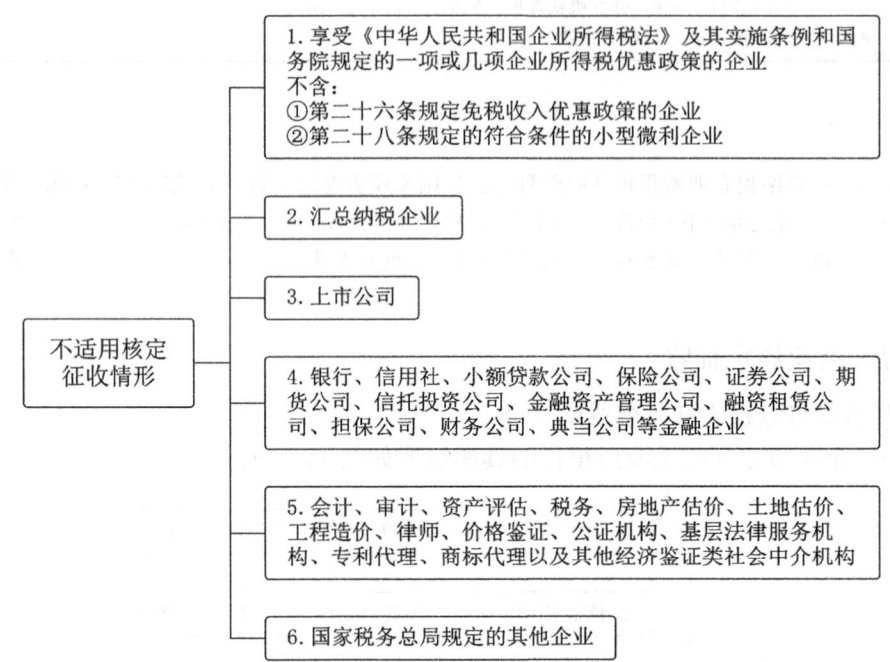

注：2012年1月1日起，专门从事股权（股票）投资业务的企业，不得核定征收企业所得税。

图11-3　不适用核定征收的情形

一、《国家税务总局关于企业所得税核定征收若干问题的通知》（国税函〔2009〕377号）第一条

国税发〔2008〕30号文件第三条第二款所称"特定纳税人"包括以下类型的企业：

（一）享受《中华人民共和国企业所得税法》及其实施条例和国务院规定的一项或几项企业所得税优惠政策的企业（不包括仅享受《中华人民共和国企业所得税法》第二十六条规定免税收入优惠政策的企业、第二十八条规定的符合条件的小型微利企业）；

（二）汇总纳税企业；

（三）上市公司；

（四）银行、信用社、小额贷款公司、保险公司、证券公司、期货公司、信托投资公司、金融资产管理公司、融资租赁公司、担保公司、财务公司、典当公司等金融企业；

（五）会计、审计、资产评估、税务、房地产估价、土地估价、工程造价、律师、价格鉴证、公证机构、基层法律服务机构、专利代理、商标代理以及其他经济鉴证类社会中介机构；

（六）国家税务总局规定的其他企业。

二、《国家税务总局关于企业所得税核定征收有关问题的公告》（国家税务总局公告2012年第27号）第一条

专门从事股权（股票）投资业务的企业，不得核定征收企业所得税。

8. 居民企业如何进行核定征收

答： 居民企业采用核定征收具体内容如图 11-4 所示。

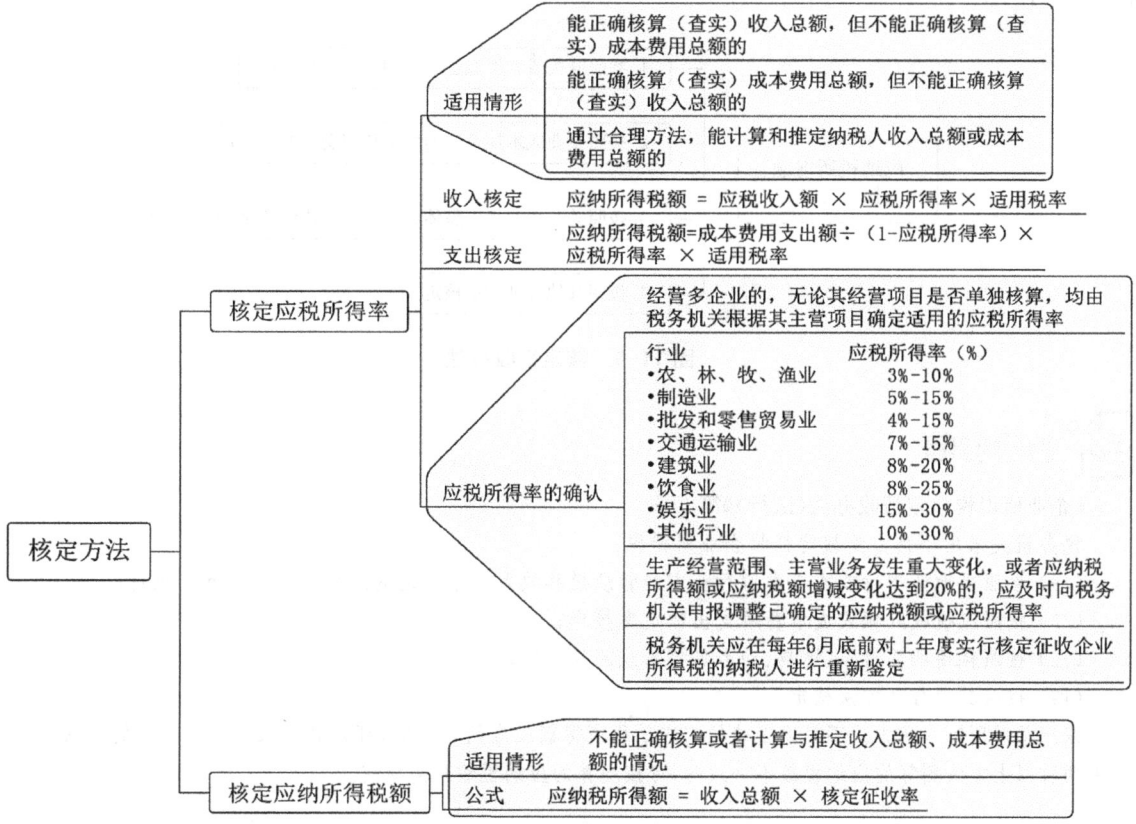

注：采用一种具体方法不足以正确核定应纳税所得额或应纳税额的，可以同时采用两种以上的方法核定。采用两种以上方法测算的应纳税额不一致时，可按测算的应纳税额从高核定。

图 11-4 居民企业核定征收的具体内容

《企业所得税核定征收办法(试行)》第四条、第六条

第四条 税务机关应根据纳税人具体情况，对核定征收企业所得税的纳税人，核定应税所得率或者核定应纳所得税额。

具有下列情形之一的，核定其应税所得率：

（一）能正确核算(查实)收入总额，但不能正确核算(查实)成本费用总额的；

（二）能正确核算(查实)成本费用总额，但不能正确核算(查实)收入总额的；

（三）通过合理方法，能计算和推定纳税人收入总额或成本费用总额的。

纳税人不属于以上情形的，核定其应纳所得税额。

第六条 采用应税所得率方式核定征收企业所得税的，应纳所得税额计算公式如下：

应纳所得税额＝应纳税所得额×适用税率

应纳税所得额＝应税收入额×应税所得率

或：应纳税所得额＝成本(费用)支出额/(1-应税所得率)×应税所得率

9. 关联业务不清时如何核定征收企业所得税

答：企业与关联方业务往来有特定情形的，税务机关有权核定征收，核定征收办法如图 11-5 所示。

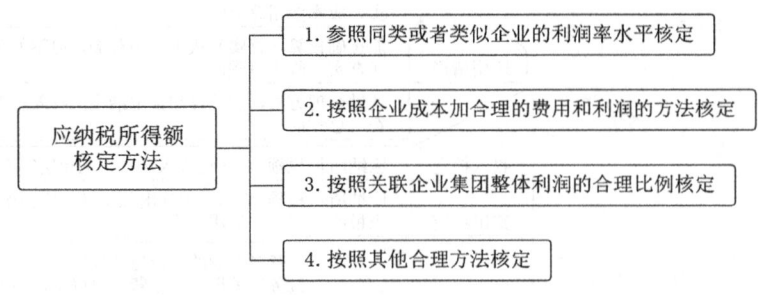

图 11-5　核定征收办法

《企业所得税核定征收办法（试行）》第五条

税务机关采用下列方法核定征收企业所得税：

（一）参照当地同类行业或者类似行业中经营规模和收入水平相近的纳税人的税负水平核定；

（二）按照应税收入额或成本费用支出额定率核定；

（三）按照耗用的原材料、燃料、动力等推算或测算核定；

（四）按照其他合理方法核定。

采用前款所列一种方法不足以正确核定应纳税所得额或应纳税额的，可以同时采用两种以上的方法核定。采用两种以上方法测算的应纳税额不一致时，可按测算的应纳税额从高核定。

10. 外国企业常驻代表机构如何核定征收

答：外国企业常驻代表机构核定征收的情形及方法如图 11-6 所示。

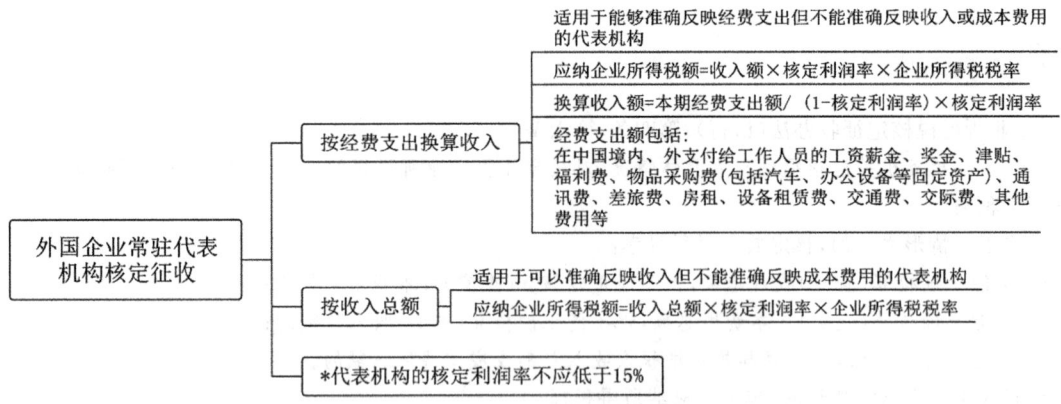

图 11-6　外国企业常驻代表机构核定征收情形及方法

《外国企业常驻代表机构税收管理暂行办法》（国税发〔2010〕18 号）第七条、第八条

对账簿不健全，不能准确核算收入或成本费用，以及无法按照本办法第六条规定据实申报的代表机构，税

务机关有权采取以下两种方式核定其应纳税所得额:

(一)按经费支出换算收入:适用于能够准确反映经费支出但不能准确反映收入或成本费用的代表机构。

1. 计算公式:

应纳税所得额=本期经费支出额/(1-核定利润率)×核定利润率

2. 代表机构的经费支出额包括:在中国境内、外支付给工作人员的工资薪金、奖金、津贴、福利费、物品采购费(包括汽车、办公设备等固定资产)、通讯费、差旅费、房租、设备租赁费、交通费、交际费、其他费用等。

(二)按收入总额核定应纳税所得额:适用于可以准确反映收入但不能准确反映成本费用的代表机构。计算公式:

应纳企业所得税额=收入总额×核定利润率×企业所得税税率。

代表机构的核定利润率不应低于15%。采取核定征收方式的代表机构,如能建立健全会计账簿,准确计算其应税收入和应纳税所得额,报主管税务机关备案,可调整为据实申报方式。

11. 经营多业的核定征收纳税人应税所得率应如何确定

答: 实行应税所得率方式核定征收企业所得税的纳税人,经营多业的,无论其经营项目是否单独核算,均由税务机关根据其主营项目确定适用的应税所得率。主营项目应为纳税人所有经营项目中,收入总额或者成本(费用)支出额或者耗用原材料、燃料、动力数量所占比重最大的项目。

《企业所得税核定征收办法(试行)》第八条

实行应税所得率方式核定征收企业所得税的纳税人,经营多业的,无论其经营项目是否单独核算,均由税务机关根据其主营项目确定适用的应税所得率。

主营项目应为纳税人所有经营项目中,收入总额或者成本(费用)支出额或者耗用原材料、燃料、动力数量所占比重最大的项目。

12. 跨境电子商务综合试验区零售出口核定征收有哪些特殊规定

答: 跨境电子商务综合试验区零售出口企业所得税核定征收具体规定如图11-7所示。

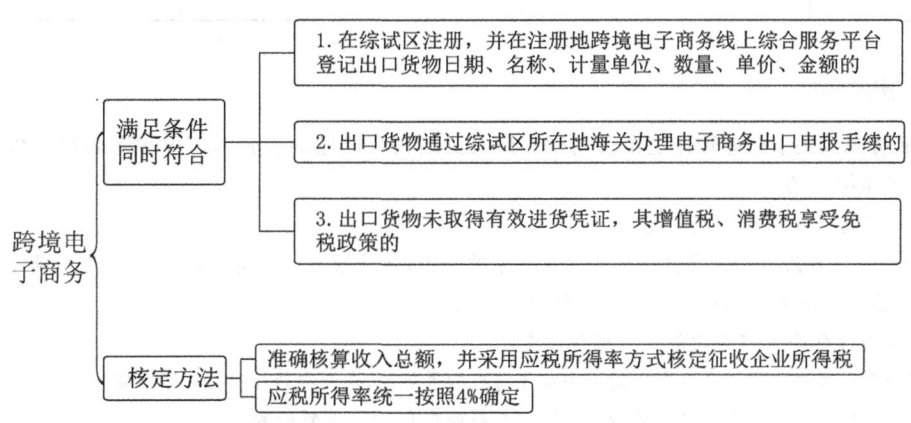

图11-7 跨境电子商务综合试验区零售出口企业核定征收具体规定

《国家税务总局关于跨境电子商务综合试验区零售出口企业所得税核定征收有关问题的公告》(国家税务

总局公告 2019 年第 36 号)第一条、第二条

一、综试区内的跨境电商企业,同时符合下列条件的,试行核定征收企业所得税办法:

(一)在综试区注册,并在注册地跨境电子商务线上综合服务平台登记出口货物日期、名称、计量单位、数量、单价、金额的;

(二)出口货物通过综试区所在地海关办理电子商务出口申报手续的;

(三)出口货物未取得有效进货凭证,其增值税、消费税享受免税政策的。

二、综试区内核定征收的跨境电商企业应准确核算收入总额,并采用应税所得率方式核定征收企业所得税。应税所得率统一按照 4% 确定。

13. 转让限售股如何核定征收

答: 企业转让上市公司限售股有关所得税问题的规定如表 11-6 所示。

表 11-6 转让上市公司限售股企业所得税处理

项目	相关规定	
1. 纳税人	转让限售股取得收入的企业(包括事业单位、社会团体、民办非企业单位等)	
2. 企业转让代个人持有的限售股征税问题	(1) 限售股转让所得为限售股转让收入扣除限售股原值和合理税费后的余额	完成纳税义务后的限售股转让收入余额转付给实际所有人时不再纳税
	(2) 企业未能提供完整、真实的限售股原值凭证,不能准确计算该限售股原值的,主管税务机关一律按该限售股转让收入的 15%,核定为该限售股原值和合理税费	
	(3) 依法院判决、裁定等原因,通过证券登记结算公司,企业将其代持的个人限售股直接变更到实际所有人名下的,不视同转让限售股	
3. 企业在限售股解禁前转让限售股征税问题	(1) 企业应按减持在证券登记结算机构登记的限售股取得的全部收入,计入企业当年度应税收入计算纳税	
	(2) 企业持有的限售股在解禁前已签订协议转让给受让方,但未变更股权登记、仍由企业持有的,企业实际减持该限售股取得的收入,依照规定纳税后,其余额转付给受让方的,受让方不再纳税	

政策依据

《国家税务总局关于企业转让上市公司限售股有关所得税问题的公告》(国家税务总局公告 2011 年第 39 号)第一条至第三条

一、纳税义务人的范围界定问题

根据企业所得税法第一条及其实施条例第三条的规定,转让限售股取得收入的企业(包括事业单位、社会团体、民办非企业单位等),为企业所得税的纳税义务人。

二、企业转让代个人持有的限售股征税问题

因股权分置改革造成原由个人出资而由企业代持的限售股,企业在转让时按以下规定处理:

(一)企业转让上述限售股取得的收入,应作为企业应税收入计算纳税。

上述限售股转让收入扣除限售股原值和合理税费后的余额为该限售股转让所得。企业未能提供完整、真实的限售股原值凭证,不能准确计算该限售股原值的,主管税务机关一律按该限售股转让收入的 15%,核定为该限售股原值和合理税费。

依照本条规定完成纳税义务后的限售股转让收入余额转付给实际所有人时不再纳税。

(二)依法院判决、裁定等原因,通过证券登记结算公司,企业将其代持的个人限售股直接变更到实际所

有人名下的,不视同转让限售股。

三、企业在限售股解禁前转让限售股征税问题

企业在限售股解禁前将其持有的限售股转让给其他企业或个人(以下简称受让方),其企业所得税问题按以下规定处理:

(一)企业应按减持在证券登记结算机构登记的限售股取得的全部收入,计入企业当年度应税收入计算纳税。

(二)企业持有的限售股在解禁前已签订协议转让给受让方,但未变更股权登记、仍由企业持有的,企业实际减持该限售股取得的收入,依照本条第一项规定纳税后,其余额转付给受让方的,受让方不再纳税。

14. 一个年度内所得税征收方式可以由核定征收改为查账征收吗

答:根据《国家税务总局关于印发〈企业所得税核定征收办法(试行)〉的通知》(国税发〔2008〕30号)规定,一个年度内企业所得税的征收方式是可以由核定征收改为查账征收的。

《国家税务总局关于印发〈企业所得税核定征收办法(试行)〉的通知》(国税发〔2008〕30号)第十一条

推进纳税人建账建制工作。税务机关应积极督促核定征收企业所得税的纳税人建账建制,改善经营管理,引导纳税人向查账征收方式过渡。对符合查账征收条件的纳税人,要及时调整征收方式,实行查账征收。

税务机关应在每年6月底前对上年度实行核定征收企业所得税的纳税人进行重新鉴定。重新鉴定工作完成前,纳税人可暂按上年度的核定征收方式预缴企业所得税;重新鉴定工作完成后,按重新鉴定的结果进行调整。

15. 实行核定征收企业所得税的纳税人是否需要进行汇算清缴

答:核定征收企业所得税的纳税人汇算清缴情形如表11-7所示。

表11-7 核定征收企业汇算清缴情形

情形	是否需要汇算清缴
核定定额征收	不进行汇算清缴
核定应税所得率征收	需要进行汇算清缴

政策依据

《企业所得税汇算清缴管理办法》(国税发〔2009〕79号)第三条

凡在纳税年度内从事生产、经营(包括试生产、试经营),或在纳税年度中间终止经营活动的纳税人,无论是否在减税、免税期间,也无论盈利或亏损,均应按照企业所得税法及其实施条例和本办法的有关规定进行企业所得税汇算清缴。

实行核定定额征收企业所得税的纳税人,不进行汇算清缴。

六、跨区域经营汇总纳税

16. 跨区域经营汇总纳税的基本原则是什么

答:汇总纳税企业实行"统一计算、分级管理、就地预缴、汇总清算、财政调库"的企业所得税征收管理办法,具体如表11-8所示。

表 11-8　跨区域经营的汇总纳税基本原则

序号	管理办法	具体解释
1	统一计算	总机构统一计算包括汇总纳税企业所属各个不具有法人资格分支机构在内全部应纳税所得额、应纳税额
2	分级管理	总机构和分支机构应分别接受机构所在地主管税务机关的管理
3	就地预缴	总机构、分支机构应分月或分季分别向所在地主管税务机关申报预缴企业所得税
4	汇总清算	年度终了后,总机构统一计算汇总纳税企业的年度应纳税所得额、应纳所得税额,抵减总机构、分支机构当年已就地分期预缴的企业所得税款后,多退少补
5	财政调库	财政部定期将缴入中央国库的汇总纳税企业所得税待分配收入,按照核定的系数调整至地方国库

政策依据

《国家税务总局关于印发〈跨地区经营汇总纳税企业所得税征收管理办法〉的公告》(2012 年第 57 号)第三条

汇总纳税企业实行"统一计算、分级管理、就地预缴、汇总清算、财政调库"的企业所得税征收管理办法：

(一)统一计算,是指总机构统一计算包括汇总纳税企业所属各个不具有法人资格分支机构在内的全部应纳税所得额、应纳税额。

(二)分级管理,是指总机构、分支机构所在地的主管税务机关都有对当地机构进行企业所得税管理的责任,总机构和分支机构应分别接受机构所在地主管税务机关的管理。

(三)就地预缴,是指总机构、分支机构应按本办法的规定,分月或分季分别向所在地主管税务机关申报预缴企业所得税。

(四)汇总清算,是指在年度终了后,总机构统一计算汇总纳税企业的年度应纳税所得额、应纳所得税额,抵减总机构、分支机构当年已就地分期预缴的企业所得税款后,多退少补。

(五)财政调库,是指财政部定期将缴入中央国库的汇总纳税企业所得税待分配收入,按照核定的系数调整至地方国库。

17. 总分公司是否都需要就地预缴税款

答：总分公司是否都需要就地预缴税款应根据以下内容进行判断,具体如表 11-9 所示。

表 11-9　是否需要就地预缴税款判定规则

情形	具体机构
需就地预缴	1. 总机构 2. 具有主体生产经营职能的二级分支机构
不需就地预缴	1. 不具有主体生产经营职能,且在当地不缴纳增值税的售后、研发、仓储等辅助性的二级分支机构 2. 总机构上年度为小型微利企业的二级分支机构 3. 当年新设立的二级分支机构 4. 当年撤销的二级分支机构,办理税务登记注销后的期间 5. 境外设立不具有法人地位的二级分支机构

政策依据

《国家税务总局关于印发〈跨地区经营汇总纳税企业所得税征收管理办法〉的公告》(2012 年第 57 号)第四条、第五条

第四条、总机构和具有主体生产经营职能的二级分支机构,就地分摊缴纳企业所得税。

二级分支机构,是指汇总纳税企业依法设立并领取非法人营业执照(登记证书),且总机构对其财务、业务、人员等直接进行统一核算和管理的分支机构。

第五条、以下二级分支机构不就地分摊缴纳企业所得税:

(一)不具有主体生产经营职能,且在当地不缴纳增值税、营业税的产品售后服务、内部研发、仓储等汇总纳税企业内部辅助性的二级分支机构,不就地分摊缴纳企业所得税。

(二)上年度认定为小型微利企业的,其二级分支机构不就地分摊缴纳企业所得税。

(三)新设立的二级分支机构,设立当年不就地分摊缴纳企业所得税。

(四)当年撤销的二级分支机构,自办理注销税务登记之日所属企业所得税预缴期间起,不就地分摊缴纳企业所得税。

(五)汇总纳税企业在中国境外设立的不具有法人资格的二级分支机构,不就地分摊缴纳企业所得税。

18. 分支机构什么情况下会被视为独立纳税人

答: 分支机构在特定情形下应视同独立纳税人计算并就地缴纳企业所得税,如表 11-10 所示。

表 11-10 视同独立纳税人的情形与要求

情形	要求
1. 以总机构名义进行生产经营的非法人分支机构	汇总纳税企业以后年度改变组织结构的,该分支机构应按规定报送相关证据,分支机构所在地主管税务机关重新进行审核鉴定
2. 无法提供所得税分配表	
3. 无法提供二级及以下分支机构身份的证明资料	

注:视同独立纳税人的分支机构,其独立纳税人身份一个年度内不得变更。

《国家税务总局关于印发〈跨地区经营汇总纳税企业所得税征收管理办法〉的公告》(2012 年第 57 号)第二十四条

以总机构名义进行生产经营的非法人分支机构,无法提供汇总纳税企业分支机构所得税分配表,也无法提供本办法第二十三条规定相关证据证明其二级及以下分支机构身份的,应视同独立纳税人计算并就地缴纳企业所得税,不执行本办法的相关规定。

按上款规定视同独立纳税人的分支机构,其独立纳税人身份一个年度内不得变更。

汇总纳税企业以后年度改变组织结构的,该分支机构应按本办法第二十三条规定报送相关证据,分支机构所在地主管税务机关重新进行审核鉴定。

19. 汇算清缴出现多缴税款应由总机构还是分支机构办理退税

答: 汇算清缴产生多缴税款时,应按照规定的税款分摊方法计算总机构和分支机构的企业所得税应缴应退税款,分别由总机构和分支机构就地办理税款缴库或退库。

表 11-11 汇算清缴出现多缴税款如何办理退税

计算方法	税款分摊	办理机构
总机构汇总计算企业年度应纳所得税额—总机构和各分支机构已预缴的税款=应缴应退税款	按税款分摊方法计算的总机构应缴应退税款	总机构办理
	按税款分摊方法计算的分支机构应缴应退税款	分支机构办理

注:纳税人在纳税年度内预缴企业所得税税款超过汇算清缴应纳税款的,纳税人应及时申请退税,主管税务机关应及时按有关规定办理退税,不再抵缴其下一年度应缴企业所得税税款。

政策依据

一、《国家税务总局关于印发〈跨地区经营汇总纳税企业所得税征收管理办法〉的公告》(2012 年第 57 号)第十条

汇总纳税企业应当自年度终了之日起 5 个月内,由总机构汇总计算企业年度应纳所得税额,扣除总机构和各分支机构已预缴的税款,计算出应缴应退税款,按照本办法规定的税款分摊方法计算总机构和分支机构的企业所得税应缴应退税款,分别由总机构和分支机构就地办理税款缴库或退库。

汇总纳税企业在纳税年度内预缴企业所得税税款少于全年应缴企业所得税税款的,应在汇算清缴期内由总、分机构分别结清应缴的企业所得税税款;预缴税款超过应缴税款的,主管税务机关应及时按有关规定分别办理退税,或者经总、分机构同意后分别抵缴其下一年度应缴企业所得税税款。

二、《国家税务总局关于企业所得税年度汇算清缴有关事项的公告》(国家税务总局公告 2021 年第 34 号)第二条

纳税人在纳税年度内预缴企业所得税税款超过汇算清缴应纳税款的,纳税人应及时申请退税,主管税务机关应及时按有关规定办理退税,不再抵缴其下一年度应缴企业所得税税款。

20.如何理解总分机构分摊税款公式中的分支机构营业收入

答:分支机构营业收入是指分支机构销售商品、提供劳务、让渡资产使用权等日常经营活动实现的全部收入,具体如表 11-12 所示。

表 11-12 分支机构营业收入

企业类型	具体内容
生产经营企业	生产经营企业分支机构销售商品、提供劳务、让渡资产使用权等取得的全部收入
金融企业	金融企业分支机构取得的利息、手续费、佣金等全部收入
保险企业	保险企业分支机构取得的保费等全部收入

政策依据

《国家税务总局关于印发〈跨地区经营汇总纳税企业所得税征收管理办法〉的公告》(2012 年第 57 号)第十七条

本办法所称分支机构营业收入,是指分支机构销售商品、提供劳务、让渡资产使用权等日常经营活动实现的全部收入。其中,生产经营企业分支机构营业收入是指生产经营企业分支机构销售商品、提供劳务、让渡资产使用权等取得的全部收入。金融企业分支机构营业收入是指金融企业分支机构取得的利息、手续费、佣金等全部收入。保险企业分支机构营业收入是指保险企业分支机构取得的保费等全部收入。

21.总分机构分摊税款涉及的三因素数额如何确定

答:总分机构分摊税款涉及的三因素数额具体确定方法如表 11-13 所示。

表 11-13 总分机构分摊税款三因素

时间	三因素	具体内容
本年数据	营业收入	分支机构销售商品、提供劳务、让渡资产使用权等日常经营活动实现的全部收入
	职工薪酬	分支机构为获得职工提供的服务而给予各种形式的报酬以及其他相关支出
	资产总额	分支机构在经营活动中实际使用的应归属于该分支机构的资产合计额

(续表)

时间	三因素	具体内容
上年数据	营业收入	分支机构上年度全年的营业收入数据
	职工薪酬	分支机构上年度全年的职工薪酬数据
	资产总额	上年度12月31日的资产总额数据

注：一个纳税年度内，总机构首次计算分摊税款时采用的分支机构营业收入、职工薪酬和资产总额数据，与此后经过中国注册会计师审计确认的数据不一致的，不作调整。

《国家税务总局关于印发〈跨地区经营汇总纳税企业所得税征收管理办法〉的公告》(2012年第57号)第十七条

本办法所称分支机构营业收入，是指分支机构销售商品、提供劳务、让渡资产使用权等日常经营活动实现的全部收入。其中，生产经营企业分支机构营业收入是指生产经营企业分支机构销售商品、提供劳务、让渡资产使用权等取得的全部收入。金融企业分支机构营业收入是指金融企业分支机构取得的利息、手续费、佣金等全部收入。保险企业分支机构营业收入是指保险企业分支机构取得的保费等全部收入。

本办法所称分支机构职工薪酬，是指分支机构为获得职工提供的服务而给予各种形式的报酬以及其他相关支出。

本办法所称分支机构资产总额，是指分支机构在经营活动中实际使用的应归属于该分支机构的资产合计额。

本办法所称上年度分支机构的营业收入、职工薪酬和资产总额，是指分支机构上年全年的营业收入、职工薪酬数据和上年度12月31日的资产总额数据，是依照国家统一会计制度的规定核算的数据。

一个纳税年度内，总机构首次计算分摊税款时采用的分支机构营业收入、职工薪酬和资产总额数据，与此后经过中国注册会计师审计确认的数据不一致的，不作调整。

22. 汇总纳税企业需要报送哪些备案资料

答： 汇总纳税企业需要报送的备案资料如表11-14所示。

表11-14 汇总纳税企业需报送的备案资料

备案机构	涵盖主体	备案内容
总机构	将所有二级及以下分支机构信息报所在地税务机关	名称、层级、地址、邮编、纳税人识别号及主管税务机关名称、地址、邮编
分支机构	将其总机构、上级分支机构和下属分支机构信息报其所在地主管税务机关备案	

《国家税务总局关于印发〈跨地区经营汇总纳税企业所得税征收管理办法〉的公告》(2012年第57号)第二十二条

总机构应将其所有二级及以下分支机构(包括本办法第五条规定的分支机构)信息报其所在地主管税务机关备案，内容包括分支机构名称、层级、地址、邮编、纳税人识别号及企业所得税主管税务机关名称、地址和邮编。

分支机构(包括本办法第五条规定的分支机构)应将其总机构、上级分支机构和下属分支机构信息报其所在地主管税务机关备案，内容包括总机构、上级机构和下属分支机构名称、层级、地址、邮编、纳税人识别号及企业所得税主管税务机关名称、地址和邮编。

23. 总分机构预缴税款需要报送哪些资料

答： 总机构和分支机构预缴税款需要报送的资料如表11-15所示。

表 11-15　总分机构预缴税款需要报送的报送资料

总机构	分支机构
企业所得税预缴申报表	企业所得税预缴申报表 （只填列部分项目）
汇总纳税企业分支机构所得税分配表	
总机构当期财务报表	
各分支机构上一年度的年度财务报表 （或年度财务状况和营业收支情况）	汇总纳税企业分支机构所得税分配表

注：在一个纳税年度内，各分支机构上一年度的年度财务报表（或年度财务状况和营业收支情况）原则上只需要报送一次。

 政策依据

《国家税务总局关于印发〈跨地区经营汇总纳税企业所得税征收管理办法〉的公告》(2012年第57号)第九条

汇总纳税企业预缴申报时，总机构除报送企业所得税预缴申报表和企业当期财务报表外，还应报送汇总纳税企业分支机构所得税分配表和各分支机构上一年度的年度财务报表（或年度财务状况和营业收支情况）；分支机构除报送企业所得税预缴申报表（只填列部分项目）外，还应报送经总机构所在地主管税务机关受理的汇总纳税企业分支机构所得税分配表。

在一个纳税年度内，各分支机构上一年度的年度财务报表（或年度财务状况和营业收支情况）原则上只需要报送一次。

24. 总分机构汇算清缴需要报送哪些资料

答： 总机构和分支机构汇算清缴需要报送的资料如表11-16所示。

表 11-16　总分机构汇算清缴报送资料

总机构	分支机构
1. 企业所得税年度纳税申报表	1. 企业所得税年度纳税申报表（只填列部分项目）
2. 汇总纳税企业分支机构所得税分配表	2. 汇总纳税企业分支机构所得税分配表
3. 年度财务报表	3. 分支机构的年度财务报表（或年度财务状况和营业收支情况）
4. 各分支机构参与企业年度纳税调整情况的说明	4. 分支机构参与企业年度纳税调整情况的说明
5. 各分支机构的年度财务报表	

注：分支机构参与企业年度纳税调整情况的说明，可参照企业所得税年度纳税申报表附表"纳税调整项目明细表"中列明的项目进行说明，涉及需由总机构统一计算调整的项目不进行说明。

政策依据

《国家税务总局关于印发〈跨地区经营汇总纳税企业所得税征收管理办法〉的公告》(2012年第57号)第十一条

汇总纳税企业汇算清缴时，总机构除报送企业所得税年度纳税申报表和年度财务报表外，还应报送汇总纳税企业分支机构所得税分配表、各分支机构的年度财务报表和各分支机构参与企业年度纳税调整情况的说明；分支机构除报送企业所得税年度纳税申报表（只填列部分项目）外，还应报送经总机构所在地主管税务机关受理的汇总纳税企业分支机构所得税分配表、分支机构的年度财务报表（或年度财务状况和营业收支情况）和分支机构参与企业年度纳税调整情况的说明。

分支机构参与企业年度纳税调整情况的说明，可参照企业所得税年度纳税申报表附表"纳税调整项目明细表"中列明的项目进行说明，涉及需由总机构统一计算调整的项目不进行说明。

25. 备案信息发生变更时应如何处理

答： 备案信息发生变更时应进行的处理如表11-17所示。

表 11-17 备案信息变更处理办法

情形	处理办法
一般情况	30 日内报总机构主管税务机关备案,变更税务登记
	30 日内报分支机构主管税务机关备案,变更税务登记
分支机构注销	总机构应 15 日内报所在地主管税务机关备案,并办理变更税务登记

《国家税务总局关于印发〈跨地区经营汇总纳税企业所得税征收管理办法〉的公告》(2012 年第 57 号)第二十二条

上述备案信息发生变化的,除另有规定外,应在内容变化后 30 日内报总机构和分支机构所在地主管税务机关备案,并办理变更税务登记。

分支机构注销税务登记后 15 日内,总机构应将分支机构注销情况报所在地主管税务机关备案,并办理变更税务登记。

26. 总分机构处于不同税率地区时如何确定所得税适用税率

答:总分机构处于不同税率地区所得税适用税率的确定方法如表 11-18 所示。

表 11-18 总分机构适用税率确定方法

步骤	处理方法
第一步	由总机构统一计算全部应纳税所得额
第二步	按《跨地区经营汇总纳税企业所得税征收管理办法》第六条规定的比例和按第十五条计算的分摊比例,计算划分不同税率地区机构的应纳税所得额
第三步	分别按各自的适用税率计算应纳税额后加总计算出汇总纳税企业的应纳所得税总额
第四步	按《跨地区经营汇总纳税企业所得税征收管理办法》第六条规定的比例和按第十五条计算的分摊比例,向总机构和分支机构分摊就地缴纳的企业所得税款

《跨地区经营汇总纳税企业所得税征收管理办法》第六条、第十五条、第十八条

第六条 汇总纳税企业按照《企业所得税法》规定汇总计算的企业所得税,包括预缴税款和汇算清缴应缴应退税款,50%在各分支机构间分摊,各分支机构根据分摊税款就地办理缴库或退库;50%由总机构分摊缴纳,其中 25%就地办理缴库或退库,25%就地全额缴入中央国库或退库。具体的税款缴库或退库程序按照财预〔2012〕40 号文件第五条等相关规定执行。

第十五条 总机构应按照上年度分支机构的营业收入、职工薪酬和资产总额三个因素计算各分支机构分摊所得税款的比例;三级及以下分支机构,其营业收入、职工薪酬和资产总额统一计入二级分支机构;三因素的权重依次为 0.35、0.35、0.30。

计算公式如下:

某分支机构分摊比例=(该分支机构营业收入/各分支机构营业收入之和)×0.35+(该分支机构职工薪酬/各分支机构职工薪酬之和)×0.35+(该分支机构资产总额/各分支机构资产总额之和)×0.30

第十八条 对于按照税收法律、法规和其他规定,总机构和分支机构处于不同税率地区的,先由总机构统一计算全部应纳税所得额,然后按本办法第六条规定的比例和按第十五条计算的分摊比例,计算划分不同税率地区机构的应纳税所得额,再分别按各自的适用税率计算应纳税额后加总计算出汇总纳税企业的应纳所得税总额,最后按本办法第六条规定的比例和按第十五条计算的分摊比例,向总机构和分支机构分摊就地缴纳的企业所得税款。

27. 独立核算的分公司是否需要独立纳税

答：独立核算的分公司不需要独立纳税。税法规定居民企业在中国境内跨地区设立不具有法人资格的营业机构的，应汇总计算并缴纳企业所得税。也就是说，分公司无论怎么核算，都是要汇总缴纳企业所得税的。

《中华人民共和国企业所得税法》第五十条

除税收法律、行政法规另有规定外，居民企业以企业登记注册地为纳税地点；但登记注册地在境外的，以实际管理机构所在地为纳税地点。

居民企业在中国境内设立不具有法人资格的营业机构的，应当汇总计算并缴纳企业所得税。

七、非居民企业征收管理

非居民企业征收管理的相关内容请阅读本书第九章。

八、延缓缴纳税款政策

《国家税务总局 财政部关于制造业中小微企业延缓缴纳2021年第四季度部分税费有关事项的公告》（国家税务总局公告2021年第30号）规定，制造业中小微企业延缓缴纳2021年第四季度部分税费，同时，根据《国家税务总局 财政部关于制造业中小微企业继续延缓缴纳部分税费有关事项的公告》（国家税务总局 财政部公告2022年第17号，以下简称《公告》），2021年第四季度已缓缴企业所得税的纳税人，根据本《公告》规定缓缴期限可继续延长4个月，具体规定如图11-8所示。

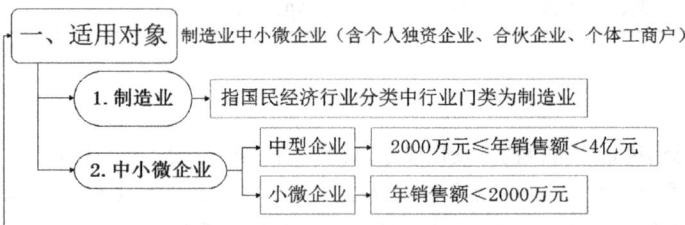

图11-8 企业所得税征收管理最新政策

第十一章 征收管理

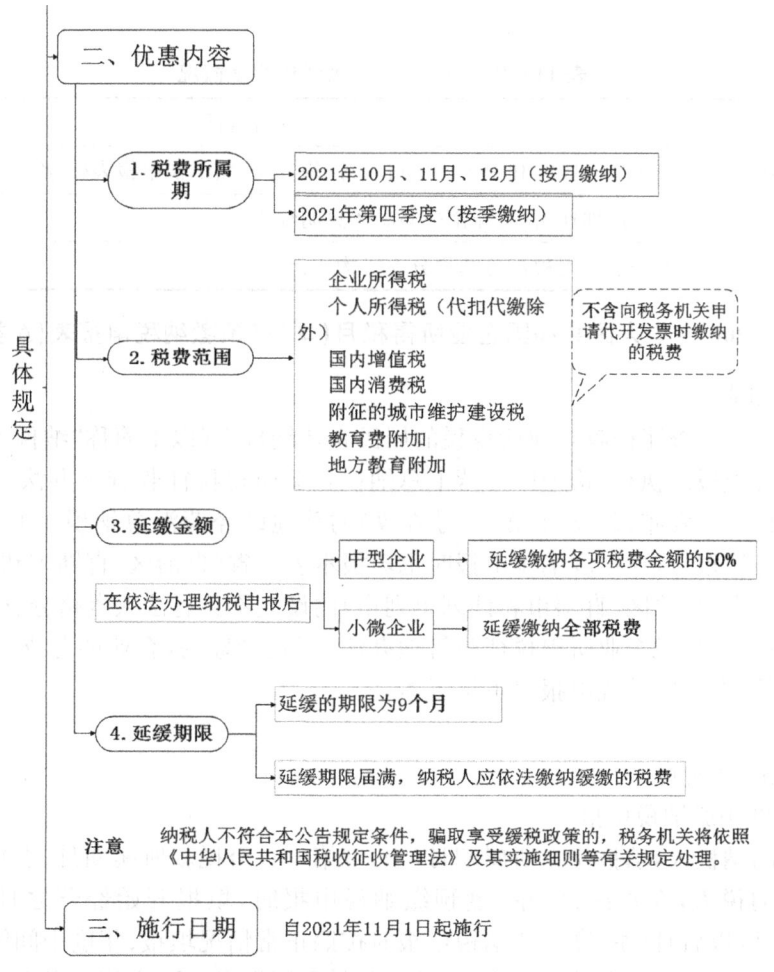

注：根据国家税务总局财政部公告2022年第2号文件规定，延缓缴纳2022年第一季度、第二季度部分税费，自2022年3月1日起施行。

图 11-8 （续）

第三节 申报实务

一、申报表概况及变化

企业所得税纳税申报是企业所得税纳税人应履行的纳税义务，以规定的格式向税务机关申报纳税的书面报告也是税务机关审核纳税人税款缴纳情况的重要依据。

企业所得税纳税申报表以全国统一的会计制度及报表反映的利润总额为基础，并按照税法的规定进行调整后，确定应纳税所得额及应纳所得税额。

企业所得税纳税申报分为预缴申报及年度汇算清缴，纳税人申报时应分别填写相应的申报表。2024年，企业所得税的预缴申报表未有修订，汇算清缴申报表修订见第二章内容。

二、预缴申报

根据2021年最新修订情况，居民纳税人企业所得税预缴申报须填写3张报表，具体如

表 11-19 所示。

表 11-19　企业所得税预缴申报表概况

报表编号	报表名称
A200000	中华人民共和国企业所得税月(季)度预缴纳税申报表(A类)
A201020	资产加速折旧、摊销(扣除)优惠明细表
A202000	企业所得税汇总纳税分支机构所得税分配表

(一)《A200000 中华人民共和国企业所得税月(季)度预缴纳税申报表(A类)》填报说明

一、适用范围

本表适用于实行查账征收企业所得税的居民企业纳税人(以下简称"纳税人")在月(季)度预缴纳税申报时填报。执行《跨地区经营汇总纳税企业所得税征收管理办法》(国家税务总局公告 2012 年第 57 号发布,2018 年第 31 号修改)的跨地区经营汇总纳税企业的分支机构,除预缴纳税申报时填报外,在年度纳税申报时也填报本表。省(自治区、直辖市和计划单列市)税务机关对仅在本省(自治区、直辖市和计划单列市)内设立不具有法人资格分支机构的企业,参照《跨地区经营汇总纳税企业所得税征收管理办法》征收管理的,企业的分支机构在除预缴纳税申报时填报外,在年度纳税申报时也填报本表。

二、表头项目

(一)税款所属期间

1. 月(季)度预缴纳税申报

正常经营的纳税人,填报税款所属期月(季)度第一日至税款所属期月(季)度最后一日;年度中间开业的纳税人,在首次月(季)度预缴纳税申报时,填报开始经营之日至税款所属月(季)度最后一日,以后月(季)度预缴纳税申报时按照正常情况填报;年度中间终止经营活动的纳税人,在终止经营活动当期纳税申报时,填报税款所属期月(季)度第一日至终止经营活动之日,以后月(季)度预缴纳税申报时不再填报。

2. 年度纳税申报

填报税款所属年度 1 月 1 日至 12 月 31 日。

(二)纳税人识别号(统一社会信用代码)

填报税务机关核发的纳税人识别号或有关部门核发的统一社会信用代码。

(三)纳税人名称

填报营业执照、税务登记证等证件载明的纳税人名称。

三、优惠及附报事项信息

本项下所有项目按季度填报。按月申报的纳税人,在季度最后一个属期的月份填报。企业类型为"跨地区经营汇总纳税企业分支机构"的,不填报"优惠及附报事项有关信息"所有项目。

(一)从业人数

必报项目。

纳税人填报第一季度至税款所属季度各季度的季初、季末、季度平均从业人员的数量。季度中间开业的纳税人,填报开业季度至税款所属季度各季度的季初、季末从业人员的数量,其中开业季度"季初"填报开业时从业人员的数量。季度中间停止经营的纳税人,填报第一季度至停止经营季度各季度的季初、季末从业人员的数量,其中停止经营季度"季末"填报停止经营时从业人

员的数量。"季度平均值"填报截至本税款所属期末从业人员数量的季度平均值,计算方法如下:

各季度平均值＝(季初值＋季末值)÷2

截至本税款所属期末季度平均值＝截至本税款所属期末各季度平均值之和÷相应季度数

年度中间开业或者终止经营活动的,以其实际经营期计算上述指标。

从业人数是指与企业建立劳动关系的职工人数和企业接受的劳务派遣用工人数之和。汇总纳税企业总机构填报包括分支机构在内的所有从业人数。

(二)资产总额(万元)

必报项目。

纳税人填报第一季度至税款所属季度各季度的季初、季末、季度平均资产总额的金额。季度中间开业的纳税人,填报开业季度至税款所属季度各季度的季初、季末资产总额的金额,其中开业季度"季初"填报开业时资产总额的金额。季度中间停止经营的纳税人,填报第一季度至停止经营季度各季度的季初、季末资产总额的金额,其中停止经营季度"季末"填报停止经营时资产总额的金额。"季度平均值"填报截至本税款所属期末资产总额金额的季度平均值,计算方法如下:

各季度平均值＝(季初值＋季末值)÷2

截至本税款所属期末季度平均值＝截至本税款所属期末各季度平均值之和÷相应季度数

年度中间开业或者终止经营活动的,以其实际经营期计算上述指标。填报单位为人民币万元,保留小数点后2位。

(三)国家限制或禁止行业

必报项目。

纳税人从事行业为国家限制或禁止行业的,选择"是";其他选择"否"。

(四)小型微利企业

必报项目。

本纳税年度截至本期期末的从业人数季度平均值不超过300人、资产总额季度平均值不超过5 000万元、本表"国家限制或禁止行业"选择"否"且本期本表第10行"实际利润额\按照上一纳税年度应纳税所得额平均额确定的应纳税所得额"不超过300万元的纳税人,选择"是";否则选择"否"。

(五)附报事项

纳税人根据《企业所得税申报事项目录》,发生符合税法相关规定的支持新型冠状病毒感染的肺炎疫情防控捐赠支出、扶贫捐赠支出、软件集成电路企业优惠政策适用类型等特定事项时,填报事项名称、该事项本年累计享受金额或选择享受优惠政策的有关信息。同时发生多个事项,可以增加行次。

四、预缴税款计算

预缴方式为"按照实际利润额预缴"的纳税人,填报第1行至第16行,预缴方式为"按照上一纳税年度应纳税所得额平均额预缴"的纳税人填报第10、11、12、13、14、16行,预缴方式为"按照税务机关确定的其他方法预缴"的纳税人填报第16行。

1. 第1行"营业收入":填报纳税人截至本税款所属期末,按照国家统一会计制度规定核算的本年累计营业收入。

如:以前年度已经开始经营且按季度预缴纳税申报的纳税人,第二季度预缴纳税申报时本行填报本年1月1日至6月30日期间的累计营业收入。

2. 第2行"营业成本":填报纳税人截至本税款所属期末,按照国家统一会计制度规定核算的本年累计营业成本。

3. 第3行"利润总额":填报纳税人截至本税款所属期末,按照国家统一会计制度规定核算的本年累计利润总额。

4. 第4行"特定业务计算的应纳税所得额":从事房地产开发等特定业务的纳税人,填报按照税收规定计算的特定业务的应纳税所得额。房地产开发企业销售未完工开发产品取得的预售收入,按照税收规定的预计计税毛利率计算出预计毛利额,扣除实际缴纳且在会计核算中未计入当期损益的土地增值税等税金及附加后的金额,在此行填报。

5. 第5行"不征税收入":填报纳税人已经计入本表"利润总额"行次但税收规定不征税收入的本年累计金额。

6. 第6行"资产加速折旧、摊销(扣除)调减额":填报资产税收上享受加速折旧、摊销优惠政策计算的折旧额、摊销额大于同期会计折旧额、摊销额期间发生纳税调减的本年累计金额。

本行根据《资产加速折旧、摊销(扣除)优惠明细表》(A201020)填报。

7. 第7行"免税收入、减计收入、加计扣除":根据相关行次计算结果填报。根据《企业所得税申报事项目录》,在第7.1行、第7.2行……填报税收规定的免税收入、减计收入、加计扣除等优惠事项的具体名称和本年累计金额。发生多项且根据税收规定可以同时享受的优惠事项,可以增加行次,但每个事项仅能填报一次。

8. 第8行"所得减免":根据相关行次计算结果填报。第3+4-5-6-7行≤0时,本行不填报。

根据《企业所得税申报事项目录》,在第8.1行、第8.2行……填报税收规定的所得减免优惠事项的名称和本年累计金额。发生多项且根据税收规定可以同时享受的优惠事项,可以增加行次,但每个事项仅能填报一次。每项优惠事项下有多个具体项目的,应分别确定各具体项目所得,并填写盈利项目(项目所得>0)的减征、免征所得额的合计金额。

9. 第9行"弥补以前年度亏损":填报纳税人截至本税款所属期末,按照税收规定在企业所得税税前弥补的以前年度尚未弥补亏损的本年累计金额。

当本表第3+4-5-6-7-8行≤0时,本行=0。

10. 第10行"实际利润额\按照上一纳税年度应纳税所得额平均额确定的应纳税所得额":预缴方式为"按照实际利润额预缴"的纳税人,根据本表相关行次计算结果填报,第10行=第3+4-5-6-7-8-9行;预缴方式为"按照上一纳税年度应纳税所得额平均额预缴"的纳税人,填报按照上一纳税年度应纳税所得额平均额计算的本年累计金额。

11. 第11行"税率(25%)":填报25%。

12. 第12行"应纳所得税额":根据相关行次计算结果填报。第12行=第10×11行,且第12行≥0。

13. 第13行"减免所得税额":根据相关行次计算结果填报。根据《企业所得税申报事项目录》,在第13.1行、第13.2行……填报税收规定的减免所得税额优惠事项的具体名称和本年累计金额。发生多项且根据税收规定可以同时享受的优惠事项,可以增加行次,但每个事项仅能填报一次。

14. 第14行"本年实际已缴纳所得税额":填报纳税人按照税收规定已在此前月(季)度申报预缴企业所得税的本年累计金额。

建筑企业总机构直接管理的跨地区设立的项目部,按照税收规定已经向项目所在地主管税务机关预缴企业所得税的金额不填本行,而是填入本表第15行。

15. 第15行"特定业务预缴(征)所得税额":填报建筑企业总机构直接管理的跨地区设立的项目部,按照税收规定已经向项目所在地主管税务机关预缴企业所得税的本年累计金额。

本行本期填报金额不得小于本年上期申报的金额。

16. 第16行"本期应补(退)所得税额\税务机关确定的本期应纳所得税额":按照不同预缴方式,分情况填报:

预缴方式为"按照实际利润额预缴"以及"按照上一纳税年度应纳税所得额平均额预缴"的纳税人,根据本表相关行次计算填报。第16行=第12-13-14-15行,当第12-13-14-15行<0时,本行填0。其中,企业所得税收入全额归属中央且按比例就地预缴企业的分支机构,以及在同一省(自治区、直辖市、计划单列市)内的按比例就地预缴企业的分支机构,第16行=第12行×就地预缴比例-第13行×就地预缴比例-第14行-第15行,当第12行×就地预缴比例-第13行×就地预缴比例-第14行-第15行<0时,本行填0。

预缴方式为"按照税务机关确定的其他方法预缴"的纳税人,本行填报本期应纳企业所得税的金额。

五、汇总纳税企业总分机构税款计算

"跨地区经营汇总纳税企业总机构"的纳税人填报第17、18、19、20行;"跨地区经营汇总纳税企业分支机构"的纳税人填报第21、22行。

1. 第17行"总机构本期分摊应补(退)所得税额":跨地区经营汇总纳税企业的总机构根据相关行次计算结果填报,第17行=第18+19+20行。

2. 第18行"总机构分摊应补(退)所得税额(16×总机构分摊比例____%)":根据相关行次计算结果填报,第18行=第16行×总机构分摊比例。其中:跨省、自治区、直辖市和计划单列市经营的汇总纳税企业"总机构分摊比例"填报25%,同一省(自治区、直辖市、计划单列市)内跨地区经营汇总纳税企业"总机构分摊比例"按照各省(自治区、直辖市、计划单列市)确定的总机构分摊比例填报。

3. 第19行"财政集中分配应补(退)所得税额(16×财政集中分配比例____%)":根据相关行次计算结果填报,第19行=第16行×财政集中分配比例。其中:跨省、自治区、直辖市和计划单列市经营的汇总纳税企业"财政集中分配比例"填报25%,同一省(自治区、直辖市、计划单列市)内跨地区经营汇总纳税企业"财政集中分配比例"按照各省(自治区、直辖市、计划单列市)确定的财政集中分配比例填报。

4. 第20行"总机构具有主体生产经营职能的部门分摊所得税额(16×全部分支机构分摊比例____%×总机构具有主体生产经营职能部门分摊比例____%)":根据相关行次计算结果填报,第20行=第16行×全部分支机构分摊比例×总机构具有主体生产经营职能部门分摊比例。其中:跨省、自治区、直辖市和计划单列市经营的汇总纳税企业"全部分支机构分摊比例"填报50%,同一省(自治区、直辖市、计划单列市)内跨地区经营汇总纳税企业"分支机构分摊比例"按照各省(自治区、直辖市、计划单列市)确定的分支机构分摊比例填报;"总机构具有主体生产经营职能部门分摊比例"按照设立的具有主体生产经营职能的部门在参与税款分摊的全部分支机构中的分摊比例填报。

5. 第21行"分支机构本期分摊比例":跨地区经营汇总纳税企业分支机构填报其总机构出具的本期《企业所得税汇总纳税分支机构所得税分配表》"分配比例"列次中列示的本分支机构的分配比例。

6. 第22行"分支机构本期分摊应补(退)所得税额":跨地区经营汇总纳税企业分支机构填

报其总机构出具的本期《企业所得税汇总纳税分支机构所得税分配表》"分配所得税额"列次中列示的本分支机构应分摊的所得税额。

六、实际缴纳企业所得税

适用于民族自治地区纳税人填报。

1. 第23行"民族自治地方的自治机关对本民族自治地方的企业应缴纳的企业所得税中属于地方分享的部分减征或免征（□ 免征 □ 减征：减征幅度＿＿＿％)"：根据《中华人民共和国企业所得税法》《中华人民共和国民族区域自治法》《财政部　国家税务总局关于贯彻落实国务院关于实施企业所得税过渡优惠政策有关问题的通知》（财税〔2008〕21号）等规定，实行民族区域自治的自治区、自治州、自治县的自治机关对本民族自治地方的企业应缴纳的企业所得税中属于地方分享的部分，可以决定免征或减征，自治州、自治县决定减征或者免征的，须报省、自治区、直辖市人民政府批准。

纳税人填报该行次时，根据享受政策的类型选择"免征"或"减征"，二者必选其一。选择"免征"是指免征企业所得税税收地方分享部分；选择"减征：减征幅度＿＿＿％"是指减征企业所得税税收地方分享部分。此时需填写"减征幅度"，减征幅度填写范围为1至100，表示企业所得税税收地方分享部分的减征比例。例如：地方分享部分减半征收，则选择"减征"，并在"减征幅度"后填写"50％"。

本行填报纳税人按照规定享受的民族自治地方的自治机关对本民族自治地方的企业应缴纳的企业所得税中属于地方分享的部分减征或免征额的本年累计金额。

2. 第24行"本期实际应补（退）所得税额"：本行填报民族自治地区纳税人本期实际应补（退）所得税额。

七、表内表间关系

（一）表内关系

1. 第7行＝第7.1＋7.2＋…行。

2. 第8行＝第8.1＋8.2＋…行。

3. 预缴方式为"按照实际利润额预缴"的纳税人，第10行＝第3＋4－5－6－7－8－9行。

4. 第12行＝第10×11行。

5. 第13行＝第13.1＋13.2＋…行。

6. 预缴方式为"按照实际利润额预缴""按照上一纳税年度应纳税所得额平均额预缴"的纳税人，第16行＝第12－13－14－15行。当第12－13－14－15行＜0时，第16行＝0。

其中，企业所得税收入全额归属中央且按比例就地预缴企业的分支机构，以及在同一省（自治区、直辖市、计划单列市）内的按比例就地预缴企业的分支机构，第16行＝第12行×就地预缴比例－第13行×就地预缴比例－第14行－第15行。当第12行×就地预缴比例－第13行×就地预缴比例－第14行－第15行＜0时，第16行＝0。

7. 第17行＝第18＋19＋20行。

8. 第18行＝第16行×总机构分摊比例。

9. 第19行＝第16行×财政集中分配比例。

10. 第20行＝第16行×全部分支机构分摊比例×总机构具有主体生产经营职能部门分摊比例。

（二）表间关系

1. 第6行＝表A201020第3行第5列。

2. 第16行＝表A202000"应纳所得税额"栏次填报的金额。

3. 第18行＝表A202000"总机构分摊所得税额"栏次填报的金额。

4. 第19行＝表A202000"总机构财政集中分配所得税额"栏次填报的金额。

5. 第20行＝表A202000"分支机构情况"中对应总机构独立生产经营部门行次的"分配所得税额"列次填报的金额。

报表式样如表所示11-20所示。

表 11-20　A200000 中华人民共和国企业所得税月（季）度预缴纳税申报表（A类）

税款所属期间：　年　月　日至　年　月　日

纳税人识别号（统一社会信用代码）：□□□□□□□□□□□□□□□□□□

纳税人名称：　　　　　　　　　　　　　　　　　　　　　　金额单位：人民币元（列至角分）

预缴方式	☑ 按照实际利润额预缴		□ 按照上一纳税年度应纳税所得额平均额预缴		□ 按照税务机关确定的其他方法预缴				
企业类型	☑ 一般企业		□ 跨地区经营汇总纳税企业总机构		□ 跨地区经营汇总纳税企业分支机构				
按季度填报信息									
项目	一季度		二季度		三季度		四季度		季度平均值
	季初	季末	季初	季末	季初	季末	季初	季末	
从业人数									
资产总额（万元）									
国家限制或禁止行业	□ 是　☑ 否				小型微利企业				□ 是　☑ 否
预缴税款计算									

行次	项目	本年累计金额
1	营业收入	
2	营业成本	
3	利润总额	
4	加：特定业务计算的应纳税所得额	
5	减：不征税收入	
6	减：资产加速折旧、摊销（扣除）调减额（填写A201020）	
7	减：免税收入、减计收入、加计扣除（7.1＋7.2＋…）	
7.1	国债利息收入免征企业所得税	
7.2	（填写优惠事项名称）	
8	减：所得减免（8.1＋8.2＋…）	
8.1	符合条件的技术转让所得减免征收企业所得税	
8.2	（填写优惠事项名称）	
9	减：弥补以前年度亏损	
10	实际利润额（3＋4－5－6－7－8－9）\ 按照上一纳税年度应纳税所得额平均额确定的应纳税所得额	
11	税率（25％）	

(续表)

12	应纳所得税额(10×11)	
13	减:减免所得税额(13.1+13.2+…)	
13.1	(填写优惠事项名称)	
13.2	(填写优惠事项名称)	
行次	项 目	本年累计金额
14	减:实际已缴纳所得税额	
15	减:特定业务预缴(征)所得税额	
16	本期应补(退)所得税额(12−13−14−15)\税务机关确定的本期应纳所得税额	
汇总纳税企业总分机构税款计算		
17	总机构填报	总机构本期分摊应补(退)所得税额(18+19+20)	
18		其中:总机构分摊应补(退)所得税额(16×总机构分摊比例____%)	
19		财政集中分配应补(退)所得税额(16×财政集中分配比例____%)	
20		总机构具有主体生产经营职能的部门分摊所得税额(16×全部分支机构分摊比例____%×总机构具有主体生产经营职能部门分摊比例____%)	
21	分支机构填报	分支机构本期分摊比例	
22		分支机构本期分摊应补(退)所得税额	
实际缴纳企业所得税计算		
23	减:民族自治地区企业所得税地方分享部分:□免征 □减征;减征幅度____%	本年累计应减免金额[(12−13−15)×40%×减征幅度]
24	实际应补(退)所得税额	

谨声明:本纳税申报表是根据国家税收法律法规及相关规定填报的,是真实的、可靠的、完整的。

纳税人(签章): 年 月 日

经办人: 经办人身份证号: 代理机构签章: 代理机构统一社会信用代码:	受理人: 受理税务机关(章): 受理日期: 年 月 日

国家税务总局监制

(二)《A201020 资产加速折旧、摊销(扣除)优惠明细表》填报说明

一、适用范围及总体说明

(一)适用范围

本表为《中华人民共和国企业所得税月(季)度预缴纳税申报表(A类)》(A200000)附表,适用于按照《财政部 国家税务总局关于完善固定资产加速折旧企业所得税政策的通知》(财税〔2014〕75号)、《财政部 国家税务总局关于进一步完善固定资产加速折旧企业所得税政策的通知》(财税〔2015〕106号)、《财政部 税务总局关于设备器具扣除有关企业所得税政策的通知》(财税〔2018〕54号)、《财政部 税务总局关于扩大固定资产加速折旧优惠政策适用范

围的公告》(2019年第66号)、《财政部 税务总局关于支持新型冠状病毒感染的肺炎疫情防控有关税收政策的公告》(2020年第8号)、《财政部 税务总局关于支持疫情防控保供等税费政策实施期限的公告》(2020年第28号)、《财政部 税务总局关于海南自由贸易港企业所得税优惠政策的通知》(财税〔2020〕31号)等文件规定,享受资产加速折旧、摊销和一次性扣除优惠政策的纳税人填报。不享受资产加速折旧、摊销和一次性扣除优惠政策的纳税人,无需填报。

根据《国家税务总局关于企业固定资产加速折旧所得税处理有关问题的通知》(国税发〔2009〕81号)、《财政部 国家税务总局关于进一步鼓励软件产业和集成电路产业发展企业所得税政策的通知》(财税〔2012〕27号)等规定,上述政策仅适用于汇算清缴,纳税人在月(季)度预缴申报时不填报本表。

(二)总体说明

1. 本表主要目的

(1)落实税收优惠政策。本年度内享受相关文件规定的资产加速折旧、摊销和一次性扣除优惠政策的纳税人,在月(季)度预缴纳税申报时对其相应资产的折旧、摊销金额进行纳税调整,以调减其应纳税所得额。

(2)实施减免税核算。对本年度内享受上述文件规定的资产加速折旧、摊销和一次性扣除优惠政策的纳税人,核算其减免税情况。

2. 填报原则

纳税人享受文件规定资产加速折旧、摊销和一次性扣除优惠政策,应按以下原则填报:

(1)按照上述政策,本表仅填报执行加速折旧、摊销和一次性扣除政策的资产,不执行上述政策的资产不在本表填报。

(2)自该资产开始计提折旧、摊销起,在"享受加速政策计算的折旧\摊销金额"大于"按照税收一般规定计算的折旧\摊销金额"的折旧、摊销期间内,必须填报本表。

"享受加速政策计算的折旧\摊销金额"是指纳税人享受文件规定资产加速折旧、摊销优惠政策的资产,采取税收加速折旧、摊销或一次性扣除方式计算的税收折旧、摊销额。

"按照税收一般规定计算的折旧\摊销金额"是指该资产按照税收一般规定计算的折旧、摊销金额,即该资产在不享受加速折旧、摊销政策情况下,按照税收规定的最低折旧年限以直线法计算的折旧、摊销金额。对于享受一次性扣除的资产,"按照税收一般规定计算的折旧\摊销金额"直接填报按照税收一般规定计算的1个月的折旧、摊销金额。

(3)自该资产开始计提折旧、摊销起,在"享受加速政策计算的折旧\摊销金额"小于"按照税收一般规定计算的折旧\摊销金额"的折旧、摊销期间内,不填报本表。

资产折旧、摊销本年先后出现"税收折旧、摊销大于一般折旧、摊销"和"税收折旧、摊销小于等于一般折旧、摊销"两种情形的,在"税收折旧、摊销小于等于一般折旧、摊销"期间,仍需根据该资产"税收折旧、摊销大于一般折旧、摊销"期内最后一期折旧、摊销的有关情况填报本表,直至本年最后一次月(季)度预缴纳税申报。

(4)以前年度开始享受加速政策的,若该资产本年符合第(2)条原则,应继续填报本表。

二、有关项目填报说明

(一)行次填报

1. 第1行"一、加速折旧、摊销(不含一次性扣除)":根据相关行次计算结果填报。根据《企业所得税申报事项目录》,在第1.1行、第1.2行……填报税收规定的资产加速折旧、摊销(不含一次性扣除)优惠事项的具体信息。同时发生多个事项的可以增加行次,但每个事项仅能填报一次。一项资产仅可适用一项优惠事项,不得重复填报。

2. 第2行"二、一次性扣除":根据相关行次计算结果填报。根据《企业所得税申报事项目录》,在第2.1行、第2.2行……填报税收规定的资产一次性扣除优惠事项的具体信息。发生多项且根据税收规定可以同时享受的优惠事项,可以增加行次,但每个事项仅能填报一次。一项资产仅可适用一项优惠事项,不得重复填报。

（二）列次填报

列次填报时间口径:纳税人享受加速折旧、摊销和一次性扣除优惠政策的资产,仅填报采取税收加速折旧、摊销计算的税收折旧、摊销额大于按照税法一般规定计算的折旧、摊销金额期间的金额;税收折旧、摊销小于一般折旧、摊销期间的金额,不再填报本表。同时,保留本年税收折旧、摊销大于一般折旧摊销期间最后一期的本年累计金额继续填报,直至本年度最后一期月(季)度预缴纳税申报。

1. 第1列"本年享受优惠的资产原值"

填报纳税人按照文件规定享受资产加速折旧、摊销和一次性扣除优惠政策的资产,会计处理计提折旧、摊销的资产原值（或历史成本）的金额。

2. 第2列"账载折旧\摊销金额"

填报纳税人按照文件规定享受资产加速折旧、摊销和一次性扣除优惠政策的资产,会计核算的本年资产折旧额、摊销额。

3. 第3列"按照税收一般规定计算的折旧\摊销金额"

填报纳税人按照文件规定享受资产加速折旧、摊销优惠政策的资产,按照税收一般规定计算的允许税前扣除的本年资产折旧、摊销额;享受一次性扣除的资产,本列填报该资产按照税法一般规定计算的一个月的折旧、摊销金额。

所有享受上述优惠的资产都须计算填报一般折旧、摊销额,包括税收和会计处理不一致的资产。

4. 第4列"享受加速政策计算的折旧\摊销金额"

填报纳税人文件规定享受资产加速折旧、摊销和一次性扣除优惠政策的资产,按照税收规定的加速折旧、摊销方法计算的本年资产折旧、摊销额和按上述文件规定一次性税前扣除的金额。

5. 第5列"纳税调减金额"

纳税人按照文件规定享受资产加速折旧、摊销和一次性扣除优惠政策的资产,在列次填报时间口径规定的期间内,根据会计折旧、摊销金额与税收加速折旧、摊销金额填报:

当会计折旧、摊销金额小于等于税收折旧、摊销金额时,该项资产的"纳税调减金额"="享受加速政策计算的折旧\摊销金额"－"账载折旧\摊销金额"。

当会计折旧、摊销金额大于税收折旧、摊销金额时,该项资产"纳税调减金额"按0填报。

6. 第6列"享受加速政策优惠金额":根据相关列次计算结果填报。本列＝第4－3列。

三、表内、表间关系

（一）表内关系

1. 第1行＝第1.1＋1.2＋…行。

2. 第2行＝第2.1＋2.2＋…行。

3. 第3行＝第1＋2行。

4. 第6列＝第4－3列。

（二）表间关系

第3行第5列＝表A200000第6行。

表 11-21　A201020 资产加速折旧、摊销(扣除)优惠明细表

行次	项目	本年享受优惠的资产原值	本年累计折旧\摊销(扣除)金额				
			账载折旧\摊销金额	按照税收一般规定计算的折旧\摊销金额	享受加速政策计算的折旧\摊销金额	纳税调减金额	享受加速政策优惠金额
		1	2	3	4	5	6(4－3)
1	一、加速折旧、摊销(不含一次性扣除,1.1＋1.2＋…)						
1.1	(填写优惠事项名称)						
1.2	(填写优惠事项名称)						
2	二、一次性扣除(2.1＋2.2＋…)						
2.1	500 万元以下设备器具一次性扣除						
2.2	(填写优惠事项名称)						
3	合计(1＋2)						

(三)《A202000 企业所得税汇总纳税分支机构所得税分配表》填报说明

一、适用范围及报送要求

本表为《中华人民共和国企业所得税月(季)度预缴纳税申报表(A 类)》(A200000)附表,适用于跨地区经营汇总纳税企业的总机构填报。纳税人应根据《财政部　国家税务总局　中国人民银行关于印发〈跨省市总分机构企业所得税分配及预算管理办法〉的通知》(财预〔2012〕40 号)、《跨地区经营汇总纳税企业所得税征收管理办法》(国家税务总局公告 2012 年第 57 号发布,2018 年第 31 号修改)规定,计算总分机构每一预缴期应纳的企业所得税额、总机构和分支机构应分摊的企业所得税额。对于仅在同一省(自治区、直辖市和计划单列市)内设立不具有法人资格分支机构的企业,本省(自治区、直辖市和计划单列市)参照上述文件规定制定企业所得税分配管理办法的,按照其规定填报本表。

二、具体项目填报说明

1."税款所属时期":填报税款所属期月(季)度第一日至税款所属期月(季)度最后一日。如:按季度预缴纳税申报的纳税人,第二季度申报时"税款所属期间"填报"××年 4 月 1 日至××年 6 月 30 日"。

2."总机构名称""分支机构名称":填报营业执照、税务登记证等证件载明的纳税人名称。

3."总机构纳税人识别号(统一社会信用代码)""分支机构纳税人识别号(统一社会信用代码)":填报税务机关核发的纳税人识别号或有关部门核发的统一社会信用代码。

4."应纳所得税额":填报本税款所属期企业汇总计算的本期应补(退)的所得税额。

5."总机构分摊所得税额":对于跨省(自治区、直辖市和计划单列市)经营汇总纳税企业,填报本期《中华人民共和国企业所得税月(季)度预缴纳税申报表(A 类)》(A200000)第 16 行×25%的金额;对于同一省(自治区、直辖市、计划单列市)内跨地区经营汇总纳税企业,填报本期《中华人民共和国企业所得税月(季)度预缴纳税申报表(A 类)》(A200000)第 16 行×各省(自治区、直辖市和计划单列市)确定的总机构分摊比例的金额。

6."总机构财政集中分配所得税额":对于跨省(自治区、直辖市和计划单列市)经营汇总纳税企业,填报本期《中华人民共和国企业所得税月(季)度预缴纳税申报表(A类)》(A200000)第16行×25%的金额;对于同一省(自治区、直辖市、计划单列市)内跨地区经营汇总纳税企业,填报本期《中华人民共和国企业所得税月(季)度预缴纳税申报表(A类)》(A200000)第16行×各省(自治区、直辖市和计划单列市)确定的财政集中分配比例的金额。

7."分支机构分摊所得税额":对于跨省(自治区、直辖市和计划单列市)经营汇总纳税企业,填报本期《中华人民共和国企业所得税月(季)度预缴纳税申报表(A类)》(A200000)第16行×50%的金额;对于同一省(自治区、直辖市、计划单列市)内跨地区经营汇总纳税企业,填报本期《中华人民共和国企业所得税月(季)度预缴纳税申报表(A类)》(A200000)第16行×各省(自治区、直辖市和计划单列市)确定的全部分支机构分摊比例的金额。

8."营业收入":填报上一年度各分支机构销售商品、提供劳务、让渡资产使用权等日常经营活动实现的全部收入的合计额。

9."职工薪酬":填报上一年度各分支机构为获得职工提供的服务而给予各种形式的报酬以及其他相关支出的合计额。

10."资产总额":填报上一年度各分支机构在经营活动中实际使用的应归属于该分支机构的资产合计额。

11."分配比例":填报经总机构所在地主管税务机关审核确认的各分支机构分配比例,分配比例应保留小数点后十位。

12."分配所得税额":填报分支机构按照分支机构分摊所得税额乘以相应的分配比例的金额。

表 11-22　A202000 企业所得税汇总纳税分支机构所得税分配表

总机构名称(盖章):
税款所属期间:　年　月　日至　年　月　日
总机构纳税人识别号(统一社会信用代码):　　　　　　　　　　　　　　　　金额单位:元(列至角分)

应纳所得税额		总机构分摊所得税额	总机构财政集中分配所得税额			分支机构分摊所得税额	
	分支机构纳税人识别号(统一社会信用代码)	分支机构名称	三项因素			分配比例	分配所得税额
			营业收入	职工薪酬	资产总额		
分支机构情况							
	合计						

13. "合计":填报上一年度各分支机构的营业收入总额、职工薪酬总额和资产总额三项因素的合计金额及本年各分支机构分配比例和分配税额的合计金额。

三、表间关系

1. "应纳所得税额"栏次＝表 A200000 第 16 行。
2. "总机构分摊所得税额"栏次＝表 A200000 第 18 行。
3. "总机构财政集中分配所得税额"栏次＝表 A200000 第 19 行。
4. "分支机构情况"中对应总机构独立生产经营部门行次的"分配所得税额"栏次＝表 A200000 第 20 行。

(四) 案例讲解

案例 11-1

梅松公司是一家居民企业,按照实际利润预缴企业所得税,2020 年第一季度发生如下业务:企业营业收入 500 万元,营业成本 300 万元,利润总额 150 万元。收入中包含转让技术所得 20 万元,国债利息收入 5 万元;符合加计扣除的研发支出共计 50 万元;2020 年采购研发专用设备,原值 100 万元,使用年限 5 年,会计采用直线法进行摊销,无预计净残值,税法一次性摊销;无其他调整事项,该企业应如何填报预缴企业所得税?

【解析】 预缴报表填报详见表 11-23 和表 11-34。

表 11-23 A200000 中华人民共和国企业所得税月(季)度预缴纳税申报表(A 类)

税款所属期间:　　年　　月　　日至　　年　　月　　日
纳税人识别号(统一社会信用代码):□□□□□□□□□□□□□□□□□□
纳税人名称:　　　　　　　　　　　　　　　　　　　　　　　　　金额单位:人民币元(列至角分)

预缴方式	☑ 按照实际利润额预缴		□ 按照上一纳税年度应纳税所得额平均额预缴				□ 按照税务机关确定的其他方法预缴			
企业类型	☑ 一般企业		□ 跨地区经营汇总纳税企业总机构				□ 跨地区经营汇总纳税企业分支机构			
按季度填报信息										
项目	一季度		二季度		三季度		四季度		季度平均值	
	季初	季末	季初	季末	季初	季末	季初	季末		
从业人数										
资产总额(万元)										
国家限制或禁止行业	□ 是 ☑ 否				小型微利企业				□ 是 ☑ 否	
预缴税款计算										
行次	项目									本年累计金额
1	营业收入									5 000 000
2	营业成本									3 000 000
3	利润总额									1 500 000
4	加:特定业务计算的应纳税所得额									
5	减:不征税收入									
6	减:资产加速折旧、摊销(扣除)调减额(填写 A201020)									950 000

(续表)

行次	项　目	本年累计金额
7	减:免税收入、减计收入、加计扣除(7.1+7.2+…)	50 000
7.1	国债利息收入免征企业所得税	50 000
7.2	(填写优惠事项名称)	
8	减:所得减免(8.1+8.2+…)	200 000
8.1	符合条件的技术转让所得减免征收企业所得税	200 000
8.2	(填写优惠事项名称)	
9	减:弥补以前年度亏损	
10	实际利润额(3+4-5-6-7-8-9)\按照上一纳税年度应纳税所得额平均额确定的应纳税所得额	300 000
11	税率(25%)	25%
12	应纳所得税额(10×11)	75 000
13	减:减免所得税额(13.1+13.2+…)	
13.1	(填写优惠事项名称)	
13.2	(填写优惠事项名称)	
14	减:实际已缴纳所得税额	
15	减:特定业务预缴(征)所得税额	
16	本期应补(退)所得税额(11-12-13-14-L15)\税务机关确定的本期应纳税所得额	75 000
汇总纳税企业总分机构税款计算			
16	总机构填报	总机构本期分摊应补(退)所得税额(17+18+19)	
17		其中:总机构分摊应补(退)所得税额(15×总机构分摊比例＿＿％)	
18		财政集中分配应补(退)所得税额(15×财政集中分配比例＿＿％)	
19		总机构具有主体生产经营职能的部门分摊所得税额(15×全部分支机构分摊比例＿＿％×总机构具有主体生产经营职能部门分摊比例＿＿％)	
20	分支机构填报	分支机构本期分摊比例	
21		分支机构本期分摊应补(退)所得税额	

附报信息			
高新技术企业	□是 ☑否	科技型中小企业	□是 ☑否
技术入股递延纳税事项	□是 ☑否		

谨声明:本纳税申报表是根据国家税收法律法规及相关规定填报的,是真实的、可靠的、完整的。

纳税人(签章):　　　　　　　　　　　　　　　　　　　　　　　　　　年　月　日

经办人: 经办人身份证号: 代理机构签章: 代理机构统一社会信用代码:	受理人: 受理税务机关(章): 受理日期:　年　月　日

注:此报表按2021年修订版填列

表 11-24　A201020 资产加速折旧、摊销(扣除)优惠明细表

单位:元

行次	项目	本年享受优惠的资产原值	本年累计折旧\摊销(扣除)金额				
			账载折旧\摊销金额	按照税收一般规定计算的折旧\摊销金额	享受加速政策计算的折旧\摊销金额	纳税调减金额	享受加速政策优惠金额
		1	2	3	4	5	6(4-3)
1	一、加速折旧、摊销(不含一次性扣除,2+3+4+5)						
2	(一)重要行业固定资产加速折旧						
3	(二)其他行业研发设备加速折旧						
4	(三)海南自由贸易港企业固定资产加速折旧						
5	(四)海南自由贸易港企业无形资产加速摊销						
6	二、固定资产、无形资产一次性扣除(7+8+9+10)	1 000 000	50 000	50 000	1 000 000	950 000	950 000
7	(一)500万元以下设备器具一次性扣除	1 000 000	50 000	50 000	1 000 000	950 000	950 000
8	(二)疫情防控重点保障物资生产企业单价500万元以上设备一次性扣除						
9	(三)海南自由贸易港企业固定资产一次性扣除						
10	(四)海南自由贸易港企业无形资产一次性扣除						
11	合计(1+6)	1 000 000	50 000	50 000	1 000 000	950 000	950 000

三、核定征收

采用核定征收的居民企业纳税人,只需填列《B100000 中华人民共和国企业所得税月(季)度预缴和年度纳税申报表(B类)》这一张报表。

(一)《B100000 中华人民共和国企业所得税月(季)度预缴和年度纳税申报表(B类,2018年版)》填报说明

一、适用范围

本表适用于实行核定征收企业所得税的居民企业纳税人(以下简称"纳税人")在月(季)度预缴纳税申报时填报。此外,实行核定应税所得率方式的纳税人在年度纳税申报时填报本表。

二、表头项目

(一)税款所属期间

1. 月(季)度预缴纳税申报

正常经营的纳税人,填报税款所属期月(季)度第一日至税款所属期月(季)度最后一日;年

度中间开业的纳税人,在首次月(季)度预缴纳税申报时,填报开始经营之日至税款所属月(季)度最后一日,以后月(季)度预缴纳税申报时按照正常情况填报。年度中间发生终止经营活动的纳税人,在终止经营活动当期纳税申报时,填报税款所属期月(季)度第一日至终止经营活动之日,以后月(季)度预缴纳税申报表不再填报。

2. 年度纳税申报

正常经营的纳税人,填报税款所属年度1月1日至12月31日;年度中间开业的纳税人,在首次年度纳税申报时,填报开始经营之日至当年12月31日,以后年度纳税申报时按照正常情况填报;年度中间终止经营活动的纳税人,在终止经营活动年度纳税申报时,填报当年1月1日至终止经营活动之日;年度中间开业且当年度中间终止经营活动的纳税人,填报开始经营之日至终止经营活动之日。

(二)纳税人识别号(统一社会信用代码)

填报税务机关核发的纳税人识别号或有关部门核发的统一社会信用代码。

(三)纳税人名称

填报营业执照、税务登记证等证件载明的纳税人名称。

三、有关项目填报说明

(一)核定征收方式

纳税人根据申报税款所属期税务机关核定的征收方式选择填报。

(二)按季度填报信息

本项下所有项目按季度填报。按月申报的纳税人,在季度最后一个属期的月份填报。实行核定应纳所得税额方式的纳税人仅填报"小型微利企业"选项。

1. 从业人数

纳税人填报第一季度至税款所属季度各季度的季初、季末、季度平均从业人员的数量。季度中间开业的纳税人,填报开业季度至税款所属季度各季度的季初、季末从业人员的数量,其中开业季度"季初"填报开业时从业人员的数量。季度中间停止经营的纳税人,填报第一季度至停止经营季度各季度的季初、季末从业人员的数量,其中停止经营季度"季末"填报停止经营时从业人员的数量。"季度平均值"填报截至本税款所属期末从业人员数量的季度平均值,计算方法如下:

各季度平均值 =(季初值+季末值)÷2

截至本税款所属期末季度平均值 = 截至本税款所属期末各季度平均值之和 ÷ 相应季度数

年度中间开业或者终止经营活动的,以其实际经营期计算上述指标。

从业人数是指与企业建立劳动关系的职工人数和企业接受的劳务派遣用工人数之和。汇总纳税企业总机构填报包括分支机构在内的所有从业人数。

2. 资产总额(万元)

纳税人填报第一季度至税款所属季度各季度的季初、季末、季度平均资产总额的金额。季度中间开业的纳税人,填报开业季度至税款所属季度各季度的季初、季末资产总额的金额,其中开业季度"季初"填报开业时资产总额的金额。季度中间停止经营的纳税人,填报第一季度至停止经营季度各季度的季初、季末资产总额的金额,其中停止经营季度"季末"填报停止经营时资产总额的金额。"季度平均值"填报截至本税款所属期末资产总额金额的季度平均值,计算方法如下:

各季度平均值 =（季初值 + 季末值）÷ 2
截至本税款所属期末季度平均值 = 截至本税款所属期末各季度平均值之和 ÷ 相应季度数

年度中间开业或者终止经营活动的,以其实际经营期计算上述指标。

填报单位为人民币万元,保留小数点后 2 位。

3. 国家限制或禁止行业

纳税人从事行业为国家限制或禁止行业的,选择"是";其他选择"否"。

4. 小型微利企业

本栏次为必报项目。

① 实行核定应税所得率方式的纳税人,本纳税年度截至本期期末的从业人数季度平均值不超过 300 人、资产总额季度平均值不超过 5 000 万元、本表"国家限制或禁止行业"选择"否"且本期本表第 14 行"应纳税所得额"不超过 300 万元的,选择"是",否则选择"否"。

② 实行核定应纳所得税额方式的纳税人,由税务机关在核定应纳所得税额时进行判断并告知纳税人,判断标准按照相关税收政策规定执行。

（三）按年度填报信息

实行核定应税所得率方式的纳税人年度申报时填报本项,实行核定应纳所得税额方式的纳税人不填报。

1. "从业人数(填写平均值)":纳税人填报从业人数的全年季度平均值。从业人数是指与企业建立劳动关系的职工人数和企业接受的劳务派遣用工人数之和,计算方法如下:

各季度平均值 =（季初值 + 季末值）÷ 2
全年季度平均值 = 全年各季度平均值之和 ÷ 4

年度中间开业或者终止经营活动的,以其实际经营期作为一个纳税年度确定上述相关指标。

2. "资产总额(填写平均值,单位:万元)":纳税人填报资产总额的全年季度平均值,单位为万元,保留小数点后 2 位,计算方法如下:

各季度平均值 =（季初值 + 季末值）÷ 2
全年季度平均值 = 全年各季度平均值之和 ÷ 4

年度中间开业或者终止经营活动的,以其实际经营期作为一个纳税年度确定上述相关指标。

3. "国家限制或禁止行业":纳税人从事行业为国家限制或禁止行业的,选择"是";其他选择"否"。

4. "小型微利企业":纳税人符合小型微利企业普惠性所得税减免政策条件的,选择"是",其他选择"否"。

（四）行次说明

核定征收方式选择"核定应税所得率(能核算收入总额的)"的纳税人填报第 1 行至第 21 行,核定征收方式选择"核定应税所得率(能核算成本费用总额的)"的纳税人填报第 12 行至第 21 行,核定征收方式选择"核定应纳所得税额"的纳税人填报第 L19 行、第 19 行至第 21 行。

1. 第 1 行"收入总额":填报纳税人各项收入的本年累计金额。

2. 第2行"不征税收入"：填报纳税人已经计入本表"收入总额"行次但属于税收规定的不征税收入的本年累计金额。

3. 第3行"免税收入"：填报属于税收规定的免税收入优惠的本年累计金额。根据相关行次计算结果填报。本行＝第4＋5＋10＋11行。

4. 第4行"国债利息收入免征企业所得税"：填报根据《国家税务总局关于企业国债投资业务企业所得税处理问题的公告》(2011年第36号)等相关税收政策规定，纳税人持有国务院财政部门发行的国债取得的利息收入。本行填报金额为本年累计金额。

5. 第5行"符合条件的居民企业之间的股息、红利等权益性投资收益免征企业所得税"：根据相关行次计算结果填报。本行填报第6＋7.1＋7.2＋8＋9行的合计金额。

6. 第6行"其中：一般股息红利等权益性投资收益免征企业所得税"：填报根据《中华人民共和国企业所得税法实施条例》第八十三条规定，纳税人取得的投资收益，不含持有H股、创新企业CDR、永续债取得的投资收益。本行填报金额为本年累计金额。

7. 第7.1行"通过沪港通投资且连续持有H股满12个月取得的股息红利所得免征企业所得税"：填报根据《财政部　国家税务总局　证监会关于沪港股票市场交易互联互通机制试点有关税收政策的通知》(财税〔2014〕81号)等相关税收政策规定，内地居民企业连续持有H股满12个月取得的股息红利所得。本行填报金额为本年累计金额。

8. 第7.2行"通过深港通投资且连续持有H股满12个月取得的股息红利所得免征企业所得税"：填报根据《财政部　国家税务总局　证监会关于深港股票市场交易互联互通机制试点有关税收政策的通知》(财税〔2016〕127号)等相关税收政策规定，内地居民企业连续持有H股满12个月取得的股息红利所得。本行填报金额为本年累计金额。

9. 第8行"居民企业持有创新企业CDR取得的股息红利所得免征企业所得税"：填报根据《财政部　税务总局　证监会关于创新企业境内发行存托凭证试点阶段有关税收政策的公告》(2019年第52号)等相关税收政策规定，居民企业持有创新企业CDR取得的股息红利所得。本行填报金额为本年累计金额。

10. 第9行"符合条件的居民企业之间属于股息、红利性质的永续债利息收入免征企业所得税"：填报根据《财政部　税务总局关于永续债企业所得税政策问题的公告》(2019年第64号)等相关税收政策规定，居民企业取得的可以适用企业所得税法规定的居民企业之间的股息、红利等权益性投资收益免征企业所得税规定的永续债利息收入。本行填报金额为本年累计金额。

11. 第10行"投资者从证券投资基金分配中取得的收入免征企业所得税"：填报纳税人根据《财政部　国家税务总局关于企业所得税若干优惠政策的通知》(财税〔2008〕1号)第二条第(二)项等相关税收政策规定，投资者从证券投资基金分配中取得的收入。本行填报金额为本年累计金额。

12. 第11行"取得的地方政府债券利息收入免征企业所得税"：填报根据《财政部　国家税务总局关于地方政府债券利息所得免征所得税问题的通知》(财税〔2011〕76号)、《财政部　国家税务总局关于地方政府债券利息免征所得税问题的通知》(财税〔2013〕5号)等相关税收政策规定，纳税人取得的2009年、2010年和2011年发行的地方政府债券利息所得，2012年及以后年度发行的地方政府债券利息收入。本行填报金额为本年累计金额。

13. 第12行"应税收入额\成本费用总额"：核定征收方式选择"核定应税所得率(能核算收入总额的)"的纳税人，本行＝第1－2－3行。核定征收方式选择"核定应税所得率(能核算成本费用总额的)"的纳税人,本行填报纳税人各项成本费用的本年累计金额。

14. 第13行"税务机关核定的应税所得率(%)":填报税务机关核定的应税所得率。

15. 第14行"应纳税所得额":根据相关行次计算结果填报。核定征收方式选择"核定应税所得率(能核算收入总额的)"的纳税人,本行=第12×13行。核定征收方式选择"核定应税所得率(能核算成本费用总额的)"的纳税人,本行=第12行÷(1-第13行)×第13行。

16. 第15行"税率":填报25%。

17. 第16行"应纳所得税额":根据相关行次计算填报。本行=第14×15行。

18. 第17行"符合条件的小型微利企业减免企业所得税":填报纳税人享受小型微利企业普惠性所得税减免政策减免企业所得税的金额。本行填报根据本表第14行计算的减免企业所得税的本年累计金额。

19. 第18行"实际已缴纳所得税额":填报纳税人按照税收规定已在此前月(季)度预缴企业所得税的本年累计金额。

20. 第L19行"符合条件的小型微利企业延缓缴纳所得税额":根据《国家税务总局关于小型微利企业和个体工商户延缓缴纳2020年所得税有关事项的公告》(2020年第10号),填报符合条件的小型微利企业纳税人按照税收规定可以延缓缴纳的所得税额。本行为临时行次,自2021年1月1日起,本行废止。

符合条件的小型微利企业纳税人,在2020年第二季度、第三季度预缴申报时,选择享受延缓缴纳所得税政策的,选择"是";选择不享受延缓缴纳所得税政策的,选择"否"。

"是否延缓缴纳所得税"选择"是"时,核定征收方式选择"核定应税所得率(能核算收入总额的)""核定应税所得率(能核算成本费用总额的)"的,第L19行=第16-17-18行。当第16-17-18行<0时,本行填报0。核定征收方式选择"核定应纳所得税额"的,本行填报本期应纳企业所得税金额与2020年度预缴申报已延缓缴纳企业所得税金额之和。

"是否延缓缴纳所得税"选择"否"时,本行填0。

21. 第19行"本期应补(退)所得税额\税务机关核定本期应纳所得税额":核定征收方式选择"核定应税所得率(能核算收入总额的)""核定应税所得率(能核算成本费用总额的)"的纳税人,根据相关行次计算结果填报,本行=第16-17-18-L19行。月(季)度预缴纳税申报时,若第16-17-18-L19行<0,本行填报0。核定征收方式选择"核定应纳所得税额"的纳税人,在2020年第二季度、第三季度预缴申报时,若"是否延缓缴纳所得税"选择"是",本行填0;若"是否延缓缴纳所得税"选择"否"的,本行填报本期应纳企业所得税金额与2020年度预缴申报已延缓缴纳企业所得税金额之和。在2020年第4季度预缴申报时,本行填报本期应纳企业所得税金额与2020年度预缴申报已延缓缴纳企业所得税金额之和。自2021年第1季度预缴申报起,本行填报本期应纳企业所得税的金额。

22. 第20行"民族自治地方的自治机关对本民族自治地方的企业应缴纳的企业所得税中属于地方分享的部分减征或免征(□免征 □减征:减征幅度____%)":根据《中华人民共和国企业所得税法》《中华人民共和国民族区域自治法》《财政部 国家税务总局关于贯彻落实国务院关于实施企业所得税过渡优惠政策有关问题的通知》(财税〔2008〕21号)等规定,实行民族区域自治的自治区、自治州、自治县的自治机关对本民族自治地方的企业应缴纳的企业所得税中属于地方分享的部分,可以决定免征或减征,自治州、自治县决定减征或者免征的,须报省、自治区、直辖市人民政府批准。

纳税人填报该行次时,根据享受政策的类型选择"免征"或"减征",两者必选其一。选择"免征"是指免征企业所得税税收地方分享部分;选择"减征:减征幅度____%"是指减征企业所得税税收地方分享部分。此时需填写"减征幅度",减征幅度填写范围为1至100,表示企业所得税税收地方分享部分的减征比例。例如:地方分享部分减半征收,则选择"减征",并在"减征幅度"后填写"50%"。

本行填报纳税人按照规定享受的民族自治地方的自治机关对本民族自治地方的企业应缴纳的企业所得税中属于地方分享的部分减征或免征额的本年累计金额。

23. 第21行"本期实际应补(退)所得税额":本行填报纳税人本期实际应补(退)所得税额。

四、表内关系

1. 第3行=第4+5+10+11行。

2. 核定征收方式选择为"核定应税所得率(能核算收入总额的)"的,第12行=第1-2-3行。

3. 核定征收方式选择为"核定应税所得率(能核算收入总额的)"的,第14行=第12×13行;核定征收方式选择为"核定应税所得率(能核算成本费用总额的)"的,第14行=第12行÷(1-第13行)×第13行。

4. 第5行=第6+7.1+7.2+8+9行。

5. 第16行=第14×15行。

6. "是否延缓缴纳所得税"选择"是"时,核定征收方式选择"核定应税所得率(能核算收入总额的)""核定应税所得率(能核算成本费用总额的)"的,第L19行=第16-17-18行。当第16-17-18行<0时,本行=0。

"是否延缓缴纳所得税"选择"否"时,第L19行=0。

7. "是否延缓缴纳所得税"选择"是"时,核定征收方式选择"核定应税所得率(能核算收入总额的)""核定应税所得率(能核算成本费用总额的)"的,第19行=第16-17-18-L19行。月(季)度预缴纳税申报时,若第16-17-18-L19行<0,第19行=0。

8. 核定征收方式选择"核定应税所得率(能核算收入总额的)""核定应税所得率(能核算成本费用总额的)"的,享受"免征"优惠的,第20行=(第16-17-L19行)×40%;享受"减征"优惠的,第20行=(第16-17-L19行)×40%×减征幅度。

核定征收方式选择"核定应纳所得税额"的,享受"免征"优惠的,第20行=[核定的年度应纳所得税额÷(4或者12)×截止申报所属期的实际应申报属期数-本表第L19行]×40%;享受"减征"优惠的,第20行=[核定的年度应纳所得税额÷(4或者12)×截止申报所属期的实际应申报属期数-本表第L19行]×40%×减征幅度。

9. 核定征收方式选择"核定应税所得率(能核算收入总额的)""核定应税所得率(能核算成本费用总额的)"的,第21行=第19-20行。当第19-20行<0时,本行=0。

核定征收方式选择"核定应纳所得税额"的:第21行=[核定的年度应纳所得税额÷(4或者12)×截止申报所属期的实际应申报属期数]-本表第L19行-本表第20行-截至上期本表第21行合计金额。当计算结果<0时,本行=0。

报表式样如表11-25所示。

(二)案例讲解

案例 11-2

税台公司是居民企业,主管税务机关对其2020年企业所得税实行按成本费用核定征收。该公司2020年经营情况如下:

全年实现主营业务成本500万元,销售原材料成本50万元,销售固定资产清理费用20万元,管理费用50万元,销售费用60万元,财务费用20万元(不含存款利息冲减财务费用的金额)。

假定当年应税所得率为15%,2020年汇算清缴,应如何填报申报表?

【解析】

成本费用总额=500+50+20+50+60+20=700(万元)

税务机关核定的应税所得率为15%。

应纳税所得额=700÷(1-15%)×15%=123.53(万元)

税率=25%,应纳税额=123.53×25%=30.88(万元)

税台公司应填报《中华人民共和国企业所得税月(季)度预缴和年度纳税申报表(B类)》,具体如表11-25所示。

表 11-25 B100000 中华人民共和国企业所得税月(季)度预缴和年度纳税申报表

(B类,2018年版)

税款所属期间: 年 月 日至 年 月 日

纳税人识别号(统一社会信用代码):□□□□□□□□□□□□□□□□□□

纳税人名称: 金额单位:人民币元(列至角分)

核定征收方式	☐ 核定应税所得率(能核算收入总额的) ● 核定应税所得率(能核算成本费用总额的) ☐ 核定应纳所得税额								
	按 季 度 填 报 信 息								
项 目	一季度		二季度		三季度		四季度		季度平均值
	季初	季末	季初	季末	季初	季末	季初	季末	
从业人数									
资产总额(万元)									
国家限制或禁止行业	☐是 ☑否				小型微利企业		☐是 ☑否		
	按 年 度 填 报 信 息								
从业人数(填写平均值)					资产总额(填写平均值,单位:万元)				
国家限制或禁止行业	☐是 ☑否				小型微利企业		☐是 ☑否		
行次	项 目								本年累计金额
1	收入总额								
2	减:不征税收入								
3	减:免税收入(4+5+10+11)								
4	国债利息收入免征企业所得税								
5	符合条件的居民企业之间的股息、红利等权益性投资收益免征企业所得税(6+7.1+7.2+8+9)								

(续表)

行次	项 目	本年累计金额
6	其中:一般股息红利等权益性投资收益免征企业所得税	
7.1	通过沪港通投资且连续持有H股满12个月取得的股息红利所得免征企业所得税	
7.2	通过深港通投资且连续持有H股满12个月取得的股息红利所得免征企业所得税	
8	居民企业持有创新企业CDR取得的股息红利所得免征企业所得税	
9	符合条件的居民企业之间属于股息、红利性质的永续债利息收入免征企业所得税	
10	投资者从证券投资基金分配中取得的收入免征企业所得税	
11	取得的地方政府债券利息收入免征企业所得税	
12	应税收入额(1-2-3)\成本费用总额	7 000 000
13	税务机关核定的应税所得率(%)	15%
14	应纳税所得额(第12×13行)\[第12行÷(1-第13行)×第13行]	1 235 300
15	税率(25%)	25%
16	应纳所得税额(14×15)	308 800
17	减:符合条件的小型微利企业减免企业所得税	
18	减:实际已缴纳所得税额	
L19	减:符合条件的小型微利企业延缓缴纳所得税额(是否延缓缴纳所得税 □是 □否)	
19	本期应补(退)所得税额(16-17-18-L19)\税务机关核定本期应纳所得税额	
20	民族自治地方的自治机关对本民族自治地方的企业应缴纳的企业所得税中属于地方分享的部分减征或免征(□免征 □减征:减征幅度____%)	
21	本期实际应补(退)所得税额	308 800

谨声明:本纳税申报表是根据国家税收法律法规及相关规定填报的,是真实的、可靠的、完整的。

纳税人(签章): 年 月 日

经办人: 经办人身份证号: 代理机构签章: 代理机构统一社会信用代码:	受理人: 受理税务机关(章): 受理日期: 年 月 日

国家税务总局监制

四、汇总纳税

跨地区经营汇总纳税的纳税人,需填列《A109000跨地区经营汇总纳税企业年度分摊企业所得税明细表》和《A109010企业所得税汇总纳税分支机构所得税分配表》两张报表。

(一)《A109000跨地区经营汇总纳税企业年度分摊企业所得税明细表》填报说明

本表适用于跨地区经营汇总纳税的纳税人填报。纳税人应根据税法、《财政部 国家税务总局 中国人民银行关于印发〈跨省市总分机构企业所得税分配及预算管理办法〉的通知》(财预〔2012〕40号)、《国家税务总局关于印发〈跨地区经营汇总纳税企业所得税征收管理办法〉的公告》(2012年第57号发布,国家税务总局2018年第31号修改)规定计算企业每一纳税年度应缴的企业所得税、总机构和分支机构应分摊的企业所得税。仅在同一省(自治区、直辖市和计划单列市)内设立不具有法人资格分支机构的汇总纳税企业,省(自治区、直辖市和计划单列市)参照上述文件规定制定企业所得税分配管理办法的,按照其规定填报本表。

一、有关项目填报说明

1. 第1行"实际应纳所得税额":填报表A100000第31行的金额。

2. 第2行"境外所得应纳所得税额":填报表A100000第29行的金额。

3. 第3行"境外所得抵免所得税额":填报表A100000第30行的金额。

4. 第4行"用于分摊的本年实际应纳所得税额":填报第1－2+3行的金额。

5. 第5行"本年累计已预分、已分摊所得税额":填报企业按照税收规定计算的分支机构本年累计已分摊的所得税额、建筑企业总机构直接管理的跨地区项目部本年累计已预分并就地预缴的所得税额。填报第6+7+8+9行的合计金额。

6. 第6行"总机构直接管理建筑项目部已预分所得税额":填报建筑企业总机构按照规定在预缴纳税申报时,向其总机构直接管理的项目部所在地按照项目收入的0.2%预分的所得税额。

7. 第7行"总机构已分摊所得税额":填报企业在预缴申报时已按照规定比例计算缴纳的由总机构分摊的所得税额。

8. 第8行"财政集中已分配所得税额":填报企业在预缴申报时已按照规定比例计算缴纳的由财政集中分配的所得税额。

9. 第9行"分支机构已分摊所得税额":填报企业在预缴申报时已按照规定比例计算缴纳的由所属分支机构分摊的所得税额。

10. 第10行"其中:总机构主体生产经营部门已分摊所得税额":填报企业在预缴申报时已按照规定比例计算缴纳的由总机构主体生产经营部门分摊的所得税额。

11. 第11行"本年度应分摊的应补(退)的所得税额":填报企业本年度应补(退)的所得税额,不包括境外所得应纳所得税额。填报第4－5行的余额。

12. 第12行"总机构分摊本年应补(退)的所得税额":填报第11行×总机构分摊比例后的金额。

13. 第13行"财政集中分配本年应补(退)的所得税额":填报第11行×财政集中分配比例后的金额。

14. 第14行"分支机构分摊本年应补(退)的所得税额":填报第11行×分支机构分摊比例后的金额。

15. 第15行"其中:总机构主体生产经营部门分摊本年应补(退)的所得税额":填报第11行×总机构主体生产经营部门分摊比例后的金额。

16. 第16行"境外所得抵免后的应纳所得税额":填报第2－3行的余额。

17. 第17行"总机构本年应补(退)所得税额":填报第12+13+15+16行的合计金额。

18. 第18行"总机构应享受民族地方优惠金额":填报按照税收规定在总机构所在地应享受的民族自治地区企业所得税地方分享部分优惠金额。本行填报第7+10+12+15+16行×40%×减征幅度。

19. 第19行"总机构全年累计已享受民族地方优惠金额":填报总机构所在地本年预缴申报累计已减免的民族自治地区企业所得税地方分享部分的金额。

20. 第20行"总机构因民族地方优惠调整分配金额":填报总机构所在地年度因优惠需调整的民族自治地区企业所得税地方分享部分的分配金额。本行填报第18－19行金额。

21. 第21行"总机构本年实际应补(退)所得税额":填报总机构本年实际应补(退)的所得税额。本行填报第17－20行金额。

二、表内、表间关系

（一）表内关系

1. 第4行=第1-2+3行。
2. 第5行=第6+7+8+9行。
3. 第11行=第4-5行。
4. 第12行=第11行×总机构分摊比例。
5. 第13行=第11行×财政集中分配比例。
6. 第14行=第11行×分支机构分摊比例。
7. 第15行=第11行×总机构主体生产经营部门分摊比例。
8. 第16行=第2-3行。
9. 第17行=第12+13+15+16行。
10. 第18行=第7+10+12+15+16行×40％×减征幅度
11. 第20行=第18-19行。
12. 第21行=第17-20行。

（二）表间关系

1. 第1行=表A100000第31行。
2. 第2行=表A100000第29行。
3. 第3行=表A100000第30行。
4. 第5行=表A100000第32行。
5. 第12+16行=表A100000第34行。
6. 第13行=表A100000第35行。
7. 第15行=表A100000第36行。
8. 第20行=表A100000第37行。
9. 第21行=表A100000第38行。

（二）《A109010企业所得税汇总纳税分支机构所得税分配表》填报说明

本表适用于跨地区经营汇总纳税的总机构填报。纳税人应根据税法、《财政部 国家税务总局 中国人民银行关于印发〈跨省市总分机构企业所得税分配及预算管理办法〉的通知》（财预〔2012〕40号）、《国家税务总局关于印发〈跨地区经营汇总纳税企业所得税征收管理办法〉的公告》（国家税务总局公告2012年第57号）规定计算总分机构每一纳税年度应缴的企业所得税额、总机构和分支机构应分摊的企业所得税额。对于仅在同一省（自治区、直辖市和计划单列市）内设立不具有法人资格分支机构的企业，根据本省（自治区、直辖市和计划单列市）汇总纳税分配办法在总机构和各分支机构分配企业所得税额的，填报本表。

一、具体项目填报说明

1. "税款所属时期"：填报公历1月1日至12月31日。
2. "总机构名称""分支机构名称"：填报营业执照、税务登记证等证件载明的纳税人名称。
3. "总机构统一社会信用代码（纳税人识别号）""分支机构统一社会信用代码（纳税人识别号）"：填报工商等部门核发的纳税人统一社会信用代码。未取得统一社会信用代码的，填报税务机关核发的纳税人识别号。
4. "应纳所得税额"：填报企业汇总计算的且不包括境外所得应纳所得税额的本年应补

(退)的所得税额。数据来源于《跨地区经营汇总纳税企业年度分摊企业所得税明细表》(A109000)第11行"本年度应分摊的应补(退)所得税额"。

5. "总机构分摊所得税额":对于跨省(自治区、直辖市、计划单列市)经营汇总纳税企业,填报企业本年应补(退)所得税额×25%后的金额;对于同一省(自治区、直辖市、计划单列市)内跨地区经营汇总纳税企业,填报企业本年应补(退)所得税额×规定比例后的金额。

6. "总机构财政集中分配所得税额":对于跨省(自治区、直辖市、计划单列市)经营汇总纳税企业,填报企业本年应补(退)所得税额×25%后的金额;对于同一省(自治区、直辖市、计划单列市)内跨地区经营汇总纳税企业,填报企业本年应补(退)所得税额×规定比例后的金额。

7. "分支机构分摊所得税额":对于跨省(自治区、直辖市、计划单列市)经营汇总纳税企业,填报企业本年应补(退)的所得税额×50%后的金额;对于同一省(自治区、直辖市、计划单列市)内跨地区经营汇总纳税企业,填报企业本年应补(退)所得税额×规定比例后的金额。

8. "营业收入":填报上一年度各分支机构销售商品、提供劳务、让渡资产使用权等日常经营活动实现的全部收入的合计额。

9. "职工薪酬":填报上一年度各分支机构为获得职工提供的服务而给予各种形式的报酬以及其他相关支出的合计额。

10. "资产总额":填报上一年度各分支机构在经营活动中实际使用的应归属于该分支机构的资产合计额。

11. "分配比例":填报经总机构所在地主管税务机关审核确认的各分支机构分配比例,分配比例应保留小数点后十位。

12. "分配所得税额":填报分支机构按照分支机构分摊所得税额乘以相应的分配比例的金额。

13. "合计":填报上一年度各分支机构的营业收入总额、职工薪酬总额和资产总额三项因素的合计金额及本年各分支机构分配比例和分配税额的合计金额。

二、表内、表间关系

(一)表内关系

1. 总机构分摊所得税额=应纳所得税额×总机构分摊比例。
2. 总机构财政集中分配所得税额=应纳所得税额×财政集中分配比例。
3. 分支机构分摊所得税额=应纳所得税额×分支机构分摊比例。
4. 分支机构分配比例=(该分支机构营业收入÷分支机构营业收入合计)×35%+(该分支机构职工薪酬÷分支机构职工薪酬合计)×35%+(该分支机构资产总额÷分支机构资产总额合计)×30%。
5. 分支机构分配所得税额=分支机构分摊所得税额×该分支机构分配比例。

(二)表间关系

应纳所得税额=表A109000第11行。

表单式样如表11-31所示。

(三)案例讲解

11-3

某公司总机构设在济南,并在北京、厦门设两个二级分支机构。2021年第一季度总机构

计算得出营业收入 3 000 万元、营业成本 2 000 万元、汇总企业应纳税所得额为 800 万元,企业总分机构适用税率均为 25%,2020 年企业两个分支机构明细数据如表 11-26 所示:

表 11-26　2020 年企业两个分支机构明细数据

单位:万元

项目	北京	厦门	合计
营业收入	100	80	180
职工薪酬	60	40	100
资产总额	600	400	1 000

应如何确定分支机构分摊税款的比例？预缴时如何填报？

【解析】

(1) 2021 年第一季度应预缴企业所得税额 = 800×25% = 200(万元)

(2) 分支机构之间分摊税款比例:

根据上年度各分支机构的营业收入、职工薪酬、资产总额三个因素及各自权重 0.35、0.35、0.30 计算分支机构的分摊税款比例:

北京分支机构:(100÷180)×0.35+(60÷100)×0.35+(600÷1 000)×0.30 = 0.5844

厦门分支机构:(80÷180)×0.35+(40÷100)×0.35+(400÷1 000)×0.30 = 0.4156

(3) 总分机构间税款分摊比例:

总机构分摊预缴所得税额的 50%,即:200×50% = 100(万元),剩余 100 万元,应在分支机构所在地办理预缴所得税:

北京分支机构分摊:100×0.5844 = 58.44(万元)

厦门分支机构分摊:100×0.4156 = 41.56(万元)

(4) 预缴时填报《A200000 中华人民共和国企业所得税月(季)度预缴纳税申报表(A类)》,以总机构为例,具体如表 11-27 所示。

表 11-27　A200000 中华人民共和国企业所得税月(季)度预缴纳税申报表(A类)

税款所属期间:　　年　月　日至　年　月　日

纳税人识别号(统一社会信用代码):□□□□□□□□□□□□□□□□□□

纳税人名称:　　　　　　　　　　　　　　　　　　　　　金额单位:人民币元(列至角分)

预缴方式	☐ 按照实际利润额预缴		☐ 按照上一纳税年度应纳税所得额平均额预缴		☐ 按照税务机关确定的其他方法预缴			
企业类型	☑ 一般企业		☑ 跨地区经营汇总纳税企业总机构		☐ 跨地区经营汇总纳税企业分支机构			
按季度填报信息								
项目	一季度		二季度		三季度		四季度	季度平均值
	季初	季末	季初	季末	季初	季末	季初	季末
从业人数								
资产总额(万元)								
国家限制或禁止行业	☐ 是　☑ 否			小型微利企业			☐ 是　☑ 否	
预缴税款计算								

(续表)

行次	项目	本年累计金额
1	营业收入	30 000 000
2	营业成本	20 000 000

行次	项目	本年累计金额
3	利润总额	8 000 000
4	加:特定业务计算的应纳税所得额	
5	减:不征税收入	
6	减:免税收入、减计收入、所得减免等优惠金额(填写 A201010)	
7	减:资产加速折旧、摊销(扣除)调减额(填写 A201020)	
8	减:弥补以前年度亏损	
9	实际利润额(3+4-5-6-7-8)\按照上一纳税年度应纳税所得额平均额确定的应纳税所得额	8 000 000
10	税率(25%)	25%
11	应纳所得税额(9×10)	2 000 000
12	减:减免所得税额(填写 A201030)	
13	减:实际已缴纳所得税额	
14	减:特定业务预缴(征)所得税额	
L15	减:符合条件的小型微利企业延缓缴纳所得税额(是否延缓缴纳所得税 □是 ☑否)	
15	本期应补(退)所得税额(11-12-13-14-L15)\税务机关确定的本期应纳所得税额	2 000 000
汇总纳税企业总分机构税款计算			
16	总机构填报	总机构本期分摊应补(退)所得税额(17+18+19)	1 000 000
17		其中:总机构分摊应补(退)所得税额(15×总机构分摊比例____%)	500 000
18		财政集中分配应补(退)所得税额(15×财政集中分配比例____%)	500 000
19		总机构具有主体生产经营职能的部门分摊所得税额(15×全部分支机构分摊比例____%×总机构具有主体生产经营职能部门分摊比例____%)	
20	分支机构填报	分支机构本期分摊比例	
21		分支机构本期分摊应补(退)所得税额	
附报信息			
高新技术企业	□是 □否	科技型中小企业	□是 □否
技术入股递延纳税事项	□是 □否		

谨声明:本纳税申报表是根据国家税收法律法规及相关规定填报的,是真实的、可靠的、完整的。

纳税人(签章): 年 月 日

经办人:
经办人身份证号:
代理机构签章:
代理机构统一社会信用代码:

受理人:
受理税务机关(章):
受理日期: 年 月 日

国家税务总局监制

案例 11-4

某公司总机构设在济南,并在北京、厦门设两个二级分支机构。2021年1—4季度,总机构计算得出营业收入8 000万元、营业成本4 000万元、利润总额3 000万元;已缴纳税款550万元;其中2021年第4季度:营业收入2 500万元、营业成本1 500万元、利润总额800万元;企业按照实际利润额预缴所得税,企业总分机构适用税率均为25%,2020年企业两个分支机构数据如表11-28所示。

表11-28 企业两个分支机构明细数据

单位:万元

项目	北京	厦门	合计
营业收入	1 000	800	1 800
职工薪酬	600	400	1 000
资产总额	6 000	4 000	10 000

应如何确定分支机构分摊税款的比例?预缴时如何填报?

【解析】

(1) 2021年第1—4季度应预缴企业所得税额=3 000×25%=750(万元)

第4季度应补缴税款=750-550=200(万元)

(2) 分支机构之间分摊税款比例:

根据上年度各分支机构的营业收入、职工薪酬、资产总额三个因素及各自权重0.35、0.35、0.30计算分支机构的分摊税款比例:

北京分支机构:(1 000÷1 800)×0.35+(600÷1 000)×0.35+(6 000÷10 000)×0.30=0.5844

厦门分支机构:(800÷1 800)×0.35+(400÷1 000)×0.35+(4 000÷10 000)×0.30=0.4156

(3) 总分机构间税款分摊比例:

总机构分摊预缴所得税额的50%,即:200×50%=100(万元),剩余100万元,应在分支机构所在地办理预缴所得税:

北京分支机构分摊:100×0.5844=58.44(万元)

厦门分支机构分摊:100×0.4156=41.56(万元)

(4) 预缴时填报《A200000中华人民共和国企业所得税月(季)度预缴纳税申报表(A类)》,分支机构应填报"汇总纳税企业总分机构税款计算"的部分,以北京机构为例,具体如表11-29所示。

表11-29 北京机构预缴申报的填列

金额单位:元

汇总纳税企业总分机构税款计算			
16	总机构填报	总机构本期分摊应补(退)所得税额(17+18+19)	
17		其中:总机构分摊应补(退)所得税额(15×总机构分摊比例____%)	
18		财政集中分配应补(退)所得税额(15×财政集中分配比例____%)	
19		总机构具有主体生产经营职能的部门分摊所得税额(15×全部分支机构分摊比例____%×总机构具有主体生产经营职能部门分摊比例____%)	
20	分支机构填报	分支机构本期分摊比例	0.5844
21		分支机构本期分摊应补(退)所得税额	584 400

 11-5

接上例,汇总纳税企业2021年度汇算清缴总机构统一计算的应纳税所得额4 000万元,已预缴税款750万元,假定不享受优惠政策,2021年度汇算清缴总机构及分支机构应如何缴纳税款?

【解析】

(1)总机构统一计算2021年度企业汇算清缴应补税款:4 000×25%－750＝250(万元)。

(2)计算总分机构应分摊缴纳税款:

总机构分摊50%:250×50%＝125(万元)。

(3)分支机构分摊的汇算清缴应缴税款,分摊比例与上例一致:

分摊总金额＝250×50%＝125(万元)

北京分支机构分摊:125×0.5844＝73.05(万元)

厦门分支机构分摊:125×0.4156＝51.95(万元)

(4)总机构填报并生成年度纳税申报表的主表,并填写《A109000跨地区经营汇总纳税企业年度分摊企业所得税明细表》,具体如表11-30和表11-31所示。

表11-30 A109000跨地区经营汇总纳税企业年度分摊企业所得税明细表

单位:元

行次	项目	金额
1	一、实际应纳所得税额	10 000 000
2	减:境外所得应纳所得税额	
3	加:境外所得抵免所得税额	
4	二、用于分摊的本年实际应纳所得税额(1－2＋3)	10 000 000
5	三、本年累计已预分、已分摊所得税额(6＋7＋8＋9)	7 500 000
6	(一)总机构直接管理建筑项目部已预分所得税额	
7	(二)总机构已分摊所得税额	1 875 000
8	(三)财政集中已分配所得税额	1 875 000
9	(四)分支机构已分摊所得税额	3 750 000
10	其中:总机构主体生产经营部门已分摊所得税额	
11	四、本年度应分摊的应补(退)的所得税额(4－5)	2 500 000
12	(一)总机构分摊本年应补(退)的所得税额(11×总机构分摊比例)	625 000
13	(二)财政集中分配本年应补(退)的所得税额(11×财政集中分配比例)	625 000
14	(三)分支机构分摊本年应补(退)的所得税额(11×分支机构分摊比例)	1 250 000
15	其中:总机构主体生产经营部门分摊本年应补(退)的所得税额(11×总机构主体生产经营部门分摊比例)	0
16	五、境外所得抵免后的应纳所得税额(2－3)	0
17	六、总机构本年应补(退)所得税额(12＋13＋15＋16)	1 250 000
18	七、总机构应享受民族地方优惠金额[(7＋10＋12＋15＋16)×40%×减征幅度]	0
19	总机构全年累计已享受民族地方优惠金额	0
20	总机构因民族地方优惠调整分配金额(18－19)	0
21	八、总机构本年实际应补(退)所得税额(17－20)	1 250 000

表 11-31　A109010 企业所得税汇总纳税分支机构所得税分配表

税款所属期间：　年　月　日至　年　月　日

总机构名称(盖章)：

总机构统一社会信用代码(纳税人识别号)：　　　　　　　　　　　　　　　金额单位：元(列至角分)

应纳所得税额		总机构分摊所得税额		总机构财政集中分配所得税额			分支机构分摊所得税额	
2 500 000		625 000		625 000			1 250 000	
分支机构情况	分支机构统一社会信用代码（纳税人识别号）	分支机构名称	三项因素			分配比例	分配所得税额
			营业收入	职工薪酬	资产总额		
		北京分支机构	1 000	600	6 000	0.5844	730 500
		厦门分支机构	800	400	4 000	0.4156	519 500
		合计					1 250 000

第十二章

特殊行业和特殊事项

第一节 房地产开发经营业务企业

扫码听课

一、政策概要

房地产开发经营业务企业也称房地产企业。房地产开发经营业务企业也称房地产企业。根据《国家税务总局关于印发〈房地产开发经营业务企业所得税处理办法〉的通知》(国税发〔2009〕31号)规定,房地产开发经营业务的税务处理如图12-1所示。

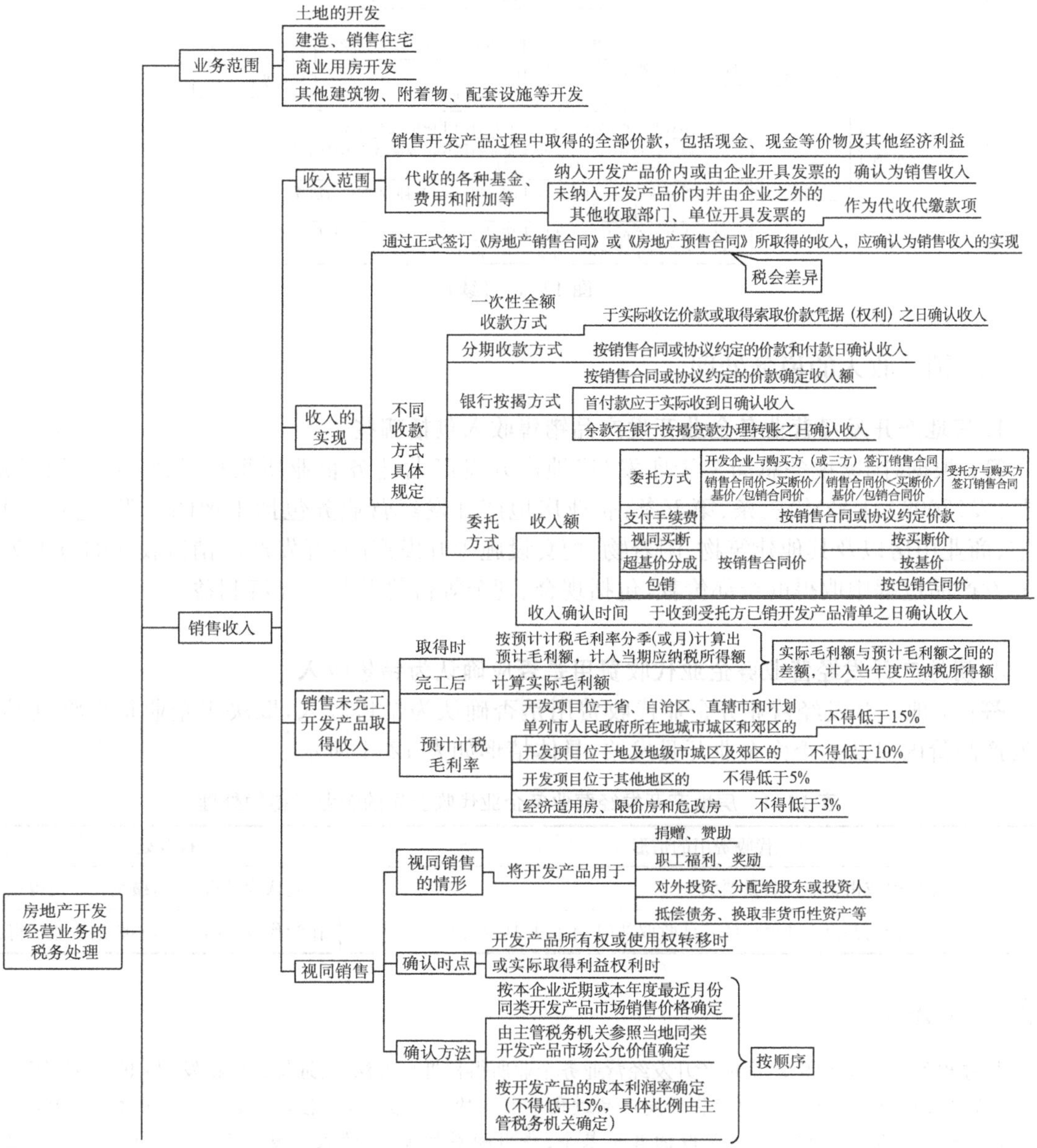

图 12-1 房地产开发经营业务的税务处理

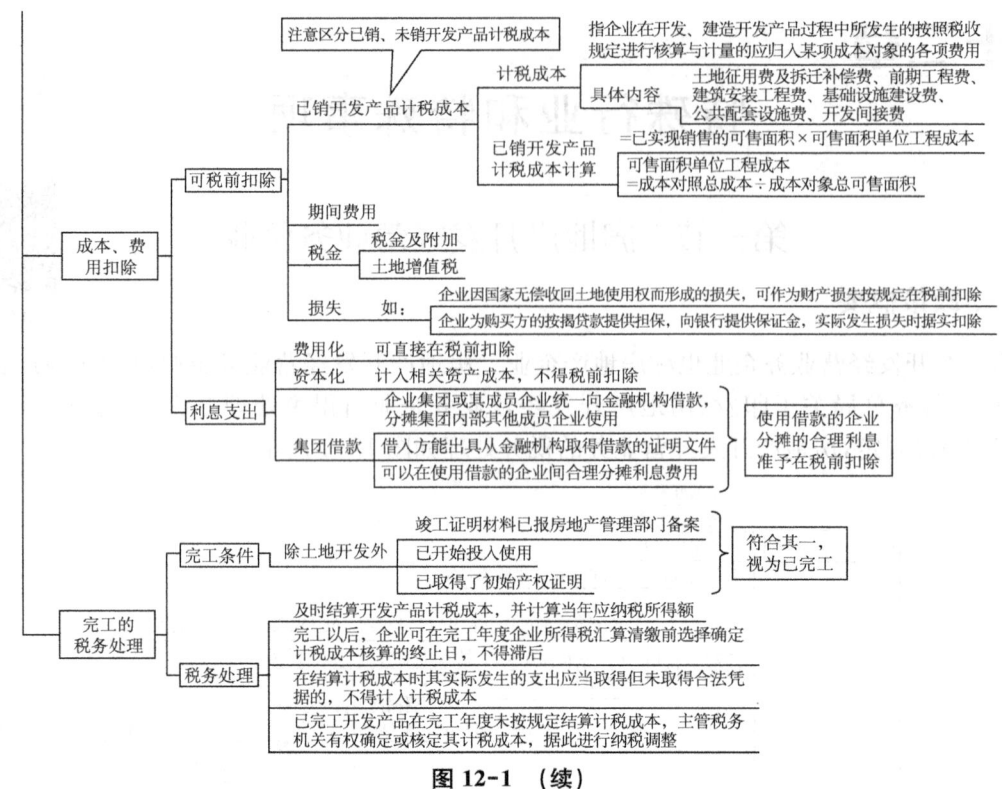

图 12-1 （续）

二、销售收入的税务处理

1. 房地产开发经营业务企业开发产品销售收入包括哪些

答：根据《国家税务总局关于印发〈房地产开发经营业务企业所得税处理办法〉的通知》（国税发〔2009〕31号）第三条、第五条，企业房地产开发经营业务包括土地的开发，建造、销售住宅、商业用房以及其他建筑物、附着物、配套设施等开发产品；开发产品销售收入的范围为销售开发产品过程中取得的全部价款，包括现金、现金等价物及其他经济利益。

2. 房地产开发经营业务企业代收费用是否应确认为销售收入

答：房地产开发经营业务企业代收费用是否确认为销售收入，取决于企业是否将其纳入开发产品价内以及是否由企业开具发票，具体情形如表12-1所示。

表 12-1　房地产开发经营业务企业代收费用的企业所得税处理

代收费用的情形	税务处理
纳入开发产品价内或由企业开具发票的	确认为销售收入，缴纳企业所得税
未纳入开发产品价内并由企业之外的其他收取部门、单位开具发票的	作为代收代缴款项，不缴纳企业所得税

 政策依据

《国家税务总局关于印发〈房地产开发经营业务企业所得税处理办法〉的通知》（国税发〔2009〕31号）第五条
开发产品销售收入的范围为销售开发产品过程中取得的全部价款，包括现金、现金等价物及其他经济利益。企业代有关部门、单位和企业收取的各种基金、费用和附加等，凡纳入开发产品价内或由企业开具发票

的,应按规定全部确认为销售收入;未纳入开发产品价内并由企业之外的其他收取部门、单位开具发票的,可作为代收代缴款项进行管理。

3. 房地产开发经营业务企业开发产品视同销售的情形有哪些

答:根据《国家税务总局关于印发〈房地产开发经营业务企业所得税处理办法〉的通知》(国税发〔2009〕31号)第七条,企业将开发产品用于捐赠、赞助、职工福利、奖励、对外投资、分配给股东或投资人、抵偿债务、换取其他企事业单位和个人的非货币性资产等行为,应视同销售,于开发产品所有权或使用权转移,或于实际取得利益权利时确认收入(或利润)的实现。

开发产品视同销售具体规定如图12-2所示。

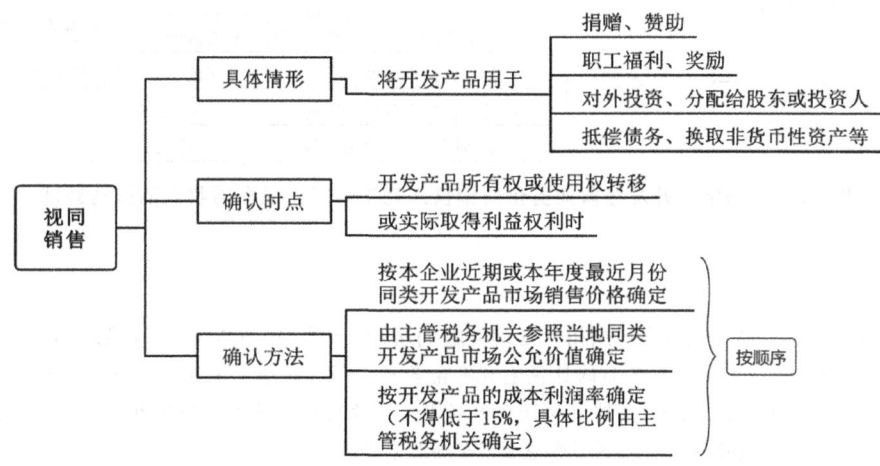

图12-2 开发产品视同销售的情形

4. 房地产开发产品收入如何确认

答:根据《国家税务总局关于印发〈房地产开发经营业务企业所得税处理办法〉的通知》(国税发〔2009〕31号)第六条,企业通过正式签订《房地产销售合同》或《房地产预售合同》所取得的收入,应确认为销售收入的实现。

确认销售收入的具体规定如图12-3所示。

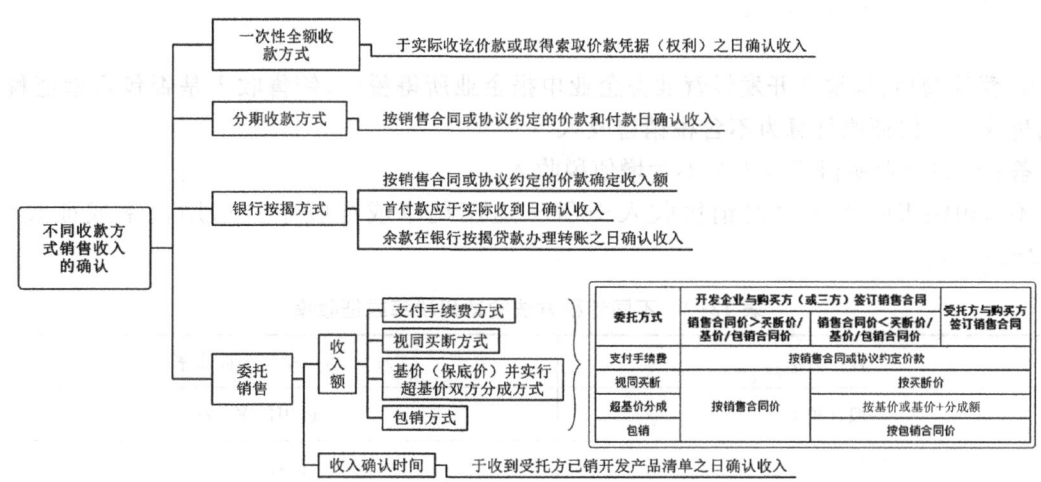

图12-3 不同收款方式销售收入的确认

5. 房地产开发经营业务企业销售未完工开发产品取得的收入,如何缴纳企业所得税

答:房地产开发经营业务企业销售未完工开发产品取得的收入,应先按预计计税毛利率,分季(或月)计算出预计毛利额,计入当期应纳税所得额。

具体规定如图 12-4 所示。

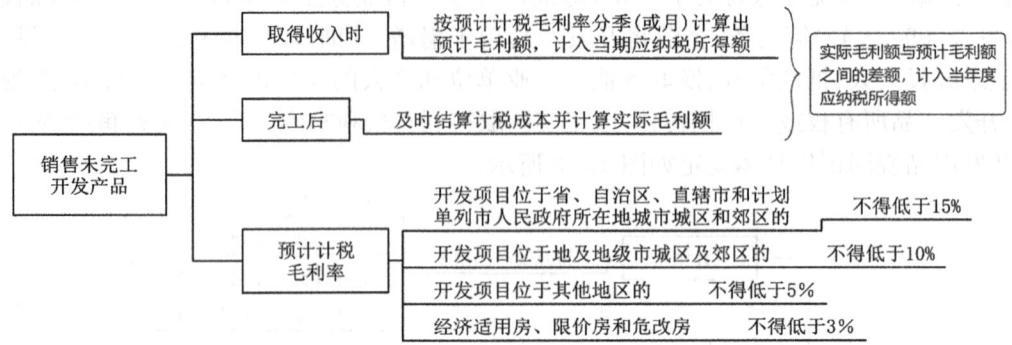

图 12-4 房地产开发经营业务企业销售未完工开发产品取得收入的税务处理

《国家税务总局关于企业处置资产所得税处理问题的通知》(国税函〔2008〕828 号)第八条、第九条

第八条 企业销售未完工开发产品的计税毛利率由各省、自治、直辖市税务局按下列规定进行确定:

(一)开发项目位于省、自治区、直辖市和计划单列市人民政府所在地城市城区和郊区的,不得低于15%。

(二)开发项目位于地及地级市城区及郊区的,不得低于10%。

(三)开发项目位于其他地区的,不得低于5%。

(四)属于经济适用房、限价房和危改房的,不得低于3%。

第九条 企业销售未完工开发产品取得的收入,应先按预计计税毛利率分季(或月)计算出预计毛利额,计入当期应纳税所得额。开发产品完工后,企业应及时结算其计税成本并计算此前销售收入的实际毛利额,同时将其实际毛利额与其对应的预计毛利额之间的差额,计入当年度企业本项目与其他项目合并计算的应纳税所得额。

在年度纳税申报时,企业须出具对该项开发产品实际毛利额与预计毛利额之间差异调整情况的报告以及税务机关需要的其他相关资料。

6. 营改增后,房地产开发经营业务企业申报企业所得税时,销售收入是否包含增值税,含税销售收入如何还原计算为不含税销售收入

答:申报企业所得税收入为不含增值税收入。

不含税销售收入=含税销售收入÷(1+适用税率或征收率),适用税率或征收率如表 12-2 所示。

表 12-2 不同计税方法的适用税率或征收率

计税方法	适用税率或征收率
一般计税方法	适用税率9%
简易计税方法	征收率5%

 **政策依据**

《财政部 国家税务总局关于全面推开营业税改征增值税试点的通知》(财税〔2016〕36号)第二十三条、第三十五条

第二十三条 一般计税方法的销售额不包括销项税额,纳税人采用销售额和销项税额合并定价方法的,按照下列公式计算销售额:销售额=含税销售额÷(1+税率)

第三十五条 简易计税方法的销售额不包括其应纳税额,纳税人采用销售额和应纳税额合并定价方法的,按照下列公式计算销售额:销售额=含税销售额÷(1+征收率)

7. 房地产开发经营业务企业的商铺采取售后回租,承诺在购房三年或五年内给予购房者固定租金,并在购房时一次性抵减房款。房地产开发经营业务企业是否可以按合同约定支付给购房者的租金抵减房款后的收入作为计税依据申报企业所得税收入

答:根据《国家税务总局关于印发〈房地产开发经营业务企业所得税处理办法〉的通知》(国税发〔2009〕31号)第五条,开发产品销售收入的范围为销售开发产品过程中取得的全部价款,包括现金、现金等价物及其他经济利益。企业代有关部门、单位和企业收取的各种基金、费用和附加等,凡纳入开发产品价内或由企业开具发票的,应按规定全部确认为销售收入。

采取售后回租进行销售,应按合同价格确认所得税应税收入,会计处理时对取得的租金冲抵开发产品销售收入的,在所得税申报时应作纳税调整。

8. 房地产开发经营业务企业将自建商品房转为自用,是否视同销售确认收入缴纳企业所得税

答:自建商品房转为自用,不视同销售确认收入,不需缴纳企业所得税。

除将资产转移至境外以外,不视同销售的情形如图12-5所示。

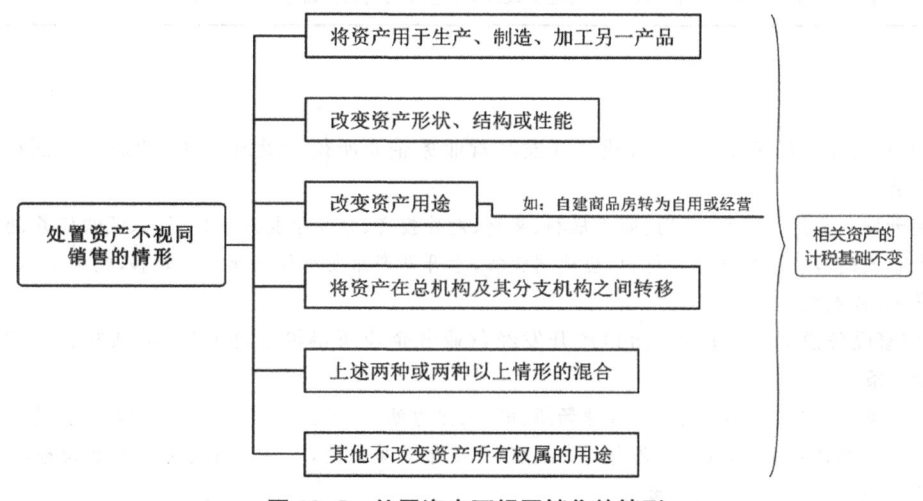

图12-5 处置资产不视同销售的情形

 **政策依据**

《国家税务总局关于企业处置资产所得税处理问题的通知》(国税函〔2008〕828号)第一条

企业发生下列情形的处置资产,除将资产转移至境外以外,由于资产所有权属在形式和实质上均不发生改变,可作为内部处置资产,不视同销售确认收入,相关资产的计税基础延续计算。

（一）将资产用于生产、制造、加工另一产品；
（二）改变资产形状、结构或性能；
（三）改变资产用途（如，自建商品房转为自用或经营）；
（四）将资产在总机构及其分支机构之间转移；
（五）上述两种或两种以上情形的混合；
（六）其他不改变资产所有权属的用途。

9. 房地产开发经营业务企业将人防工程设施作为汽车车位转让使用权，销售时如何征税

答： 根据《国家税务总局关于印发〈房地产开发经营业务企业所得税处理办法〉的通知》（国税发〔2009〕31号）第三十三条，企业单独建造的停车场所，应作为成本对象单独核算。利用地下基础设施形成的停车场所，作为公共配套设施进行处理。

企业转让未移交物业的地下基础设施形成的停车场使用权时，由于该车库属公共配套设施，相应成本已摊入可售开发产品，所取得的收入应全额并入当期应纳税所得额。

10. 房地产开发经营业务企业将建好的幼儿园赠与当地教育局，如何缴纳企业所得税

答： 房地产开发经营业务企业将建好的幼儿园赠与当地教育局，应根据不同的情形判断如何缴纳企业所得税，具体如表12-3所示。

表12-3　不同赠与情形对应的企业所得税税务处理

情形	税务处理
非配套设施赠与业务	应视同销售，于开发产品所有权或使用权转移，或于实际取得利益权利时确认收入（或利润）的实现
开发区内的配套设施赠与业务	将其视为公共配套设施，建造费用按公共配套设施费进行处理

政策依据

一、《国家税务总局关于印发〈房地产开发经营业务企业所得税处理办法〉的通知》（国税发〔2009〕31号）第七条

企业将开发产品用于捐赠、赞助、职工福利、奖励、对外投资、分配给股东或投资人、抵偿债务、换取其他企事业单位和个人的非货币性资产等行为，应视同销售，于开发产品所有权或使用权转移，或于实际取得利益权利时确认收入（或利润）的实现。

二、《国家税务总局关于印发〈房地产开发经营业务企业所得税处理办法〉的通知》（国税发〔2009〕31号）第十七条

企业在开发区内建造的会所、物业管理场所、电站、热力站、水厂、文体场馆、幼儿园等配套设施，属于非营利性且产权属于全体业主的，或无偿赠与地方政府、公用事业单位的，可将其视为公共配套设施，其建造费用按公共配套设施费的有关规定进行处理。

11. 房地产开发经营业务企业开发项目已办理竣工备案，但仅部分收取或者仅取得定金应如何确认收入

答： 房地产开发经营业务企业开发项目办理竣工备案当年需要计算结转完工销售收入，对于未签订销售或预售合同但已部分收取或仅取得定金，应确认为完工销售收入，同时相应配比结转扣除成本。

政策依据

《国家税务总局关于印发〈房地产开发经营业务企业所得税处理办法〉的通知》(国税发〔2009〕31号)第三条、第六条

第三条 企业房地产开发经营业务包括土地的开发,建造、销售住宅、商业用房以及其他建筑物、附着物、配套设施等开发产品。除土地开发之外,其他开发产品符合下列条件之一的,应视为已经完工:

(一)开发产品竣工证明材料已报房地产管理部门备案。
(二)开发产品已开始投入使用。
(三)开发产品已取得了初始产权证明。

第六条 企业通过正式签订《房地产销售合同》或《房地产预售合同》所取得的收入,应确认为销售收入的实现。

……

12. 房地产开发经营业务企业取得的土地出让金返还款,是否需要缴纳企业所得税

答: 房地产企业取得的土地出让金返还款属于财政性资金,应判断其是否属于不征税收入:同时符合一定条件的,作为不征税收入,不缴纳企业所得税;其他情况下,应计入当年收入总额,计算缴纳企业所得税。

具体判断条件及税务处理如图12-6所示。

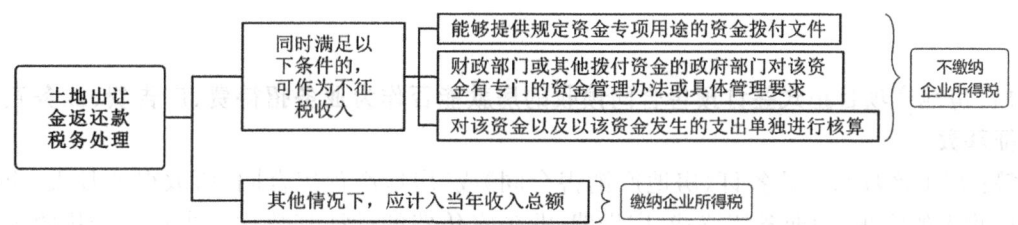

图12-6 房地产企业取得土地出让金返还款的税务处理

作为不征税收入的情况下,该不征税收入用于支出所形成的费用,不得在计算应纳税所得额时扣除。

政策依据

一、《财政部 国家税务总局关于财政性资金 行政事业性收费 政府性基金有关企业所得税政策问题的通知》(财税〔2008〕151号)

一、财政性资金

(一)企业取得的各类财政性资金,除属于国家投资和资金使用后要求归还本金的以外,均应计入企业当年收入总额。

(二)对企业取得的由国务院财政、税务主管部门规定专项用途并经国务院批准的财政性资金,准予作为不征税收入,在计算应纳税所得额时从收入总额中减除。

(三)纳入预算管理的事业单位、社会团体等组织按照核定的预算和经费报领关系收到的由财政部门或上级单位拨入的财政补助收入,准予作为不征税收入,在计算应纳税所得额时从收入总额中减除,但国务院和国务院财政、税务主管部门另有规定的除外。

本条所称财政性资金,是指企业取得的来源于政府及其有关部门的财政补助、补贴、贷款贴息,以及其他各类财政专项资金,包括直接减免的增值税和即征即退、先征后退、先征后返的各种税收,但不包括企业按规

定取得的出口退税款;所称国家投资,是指国家以投资者身份投入企业,并按有关规定相应增加企业实收资本(股本)的直接投资。

二、《财政部 国家税务总局关于专项用途财政性资金企业所得税处理问题的通知》(财税〔2011〕70号)

一、企业从县级以上各级人民政府财政部门及其他部门取得的应计入收入总额的财政性资金,凡同时符合以下条件的,可作为不征税收入,在计算应纳税所得额时从收入总额中减除:

(一)企业能够提供规定资金专项用途的资金拨付文件;

(二)财政部门或其他拨付资金的政府部门对该资金有专门的资金管理办法或具体管理要求;

(三)企业对该资金以及以该资金发生的支出单独进行核算。

二、根据实施条例第二十八条的规定,上述不征税收入用于支出所形成的费用,不得在计算应纳税所得额时扣除;用于支出所形成的资产,其计算的折旧、摊销不得在计算应纳税所得额时扣除。

13. 房地产开发经营业务企业以开发房产抵债工程欠款,是否需要缴纳企业所得税

答:根据《国家税务总局关于印发〈房地产开发经营业务企业所得税处理办法〉的通知》(国税发〔2009〕31号)第七条,企业将开发产品用于捐赠、赞助、职工福利、奖励、对外投资、分配给股东或投资人、抵偿债务、换取其他企事业单位和个人的非货币性资产等行为,应视同销售,于开发产品所有权或使用权转移,或于实际取得利益权利时确认收入(或利润)的实现。

房地产开发经营业务企业以开发房产抵债工程欠款,应视同销售,确认收入并缴纳企业所得税。

14. 房地产项目正式签订预售合同预收的房款能否作为业务招待费、广告费、业务宣传费的计征基数

答:房地产项目正式签订《房地产销售合同》或《房地产预售合同》所取得的收入,应确认为销售收入的实现;而业务招待费、广告费、业务宣传费的计征基数均为当年的销售收入。因此,预收房款可以作为业务招待费、广告费、业务宣传费的计征基数。

政策依据

一、《国家税务总局关于印发〈房地产开发经营业务企业所得税处理办法〉的通知》(国税发〔2009〕31号)第六条

企业通过正式签订《房地产销售合同》或《房地产预售合同》所取得的收入,应确认为销售收入的实现,具体按以下规定确认…

二、《企业所得税法实施条例》第四十三条、第四十四条

第四十三条 企业发生的与生产经营活动有关的业务招待费支出,按照发生额的60%扣除,但最高不得超过当年销售(营业)收入的5‰。

第四十四条 企业发生的符合条件的广告费和业务宣传费支出,除国务院财政、税务主管部门另有规定外,不超过当年销售(营业)收入15%的部分,准予扣除;超过部分,准予在以后纳税年度结转扣除。

15. 房地产开发经营业务企业联合其他企业合作建房(不单独成立法人公司),应如何进行企业所得税处理

答:企业以本企业为主体联合其他企业、单位、个人合作或合资开发房地产项目,且该项目未成立独立法人公司的,税务处理如图12-7所示。

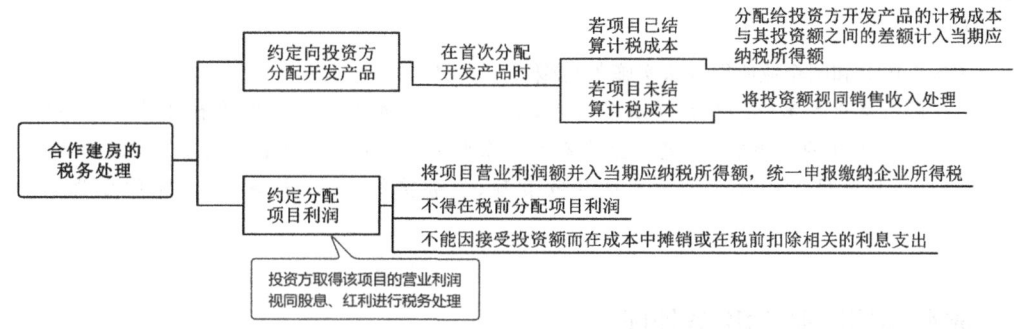

图 12-7 合作建房的企业所得税处理

政策依据

《国家税务总局关于印发〈房地产开发经营业务企业所得税处理办法〉的通知》(国税发〔2009〕31号)第三十六条

企业以本企业为主体联合其他企业、单位、个人合作或合资开发房地产项目,且该项目未成立独立法人公司的,按下列规定进行处理:

(一)凡开发合同或协议中约定向投资各方(即合作、合资方,下同)分配开发产品的,企业在首次分配开发产品时,如该项目已经结算计税成本,其应分配给投资方开发产品的计税成本与其投资额之间的差额计入当期应纳税所得额;如未结算计税成本,则将投资方的投资额视同销售收入进行相关的税务处理。

(二)凡开发合同或协议中约定分配项目利润的,应按以下规定进行处理:

1. 企业应将该项目形成的营业利润额并入当期应纳税所得额统一申报缴纳企业所得税,不得在税前分配该项目的利润。同时不能因接受投资方投资额而在成本中摊销或在税前扣除相关的利息支出。

2. 投资方取得该项目的营业利润应视同股息、红利进行相关的税务处理。

16. 房地产开发经营业务企业在不具备销售条件时,向客户收取的订金、诚意金、认筹金等款项,是否需要缴纳企业所得税

答:根据《国家税务总局关于印发〈房地产开发经营业务企业所得税处理办法〉的通知》(国税发〔2009〕31号)第六条,企业通过正式签订《房地产销售合同》或《房地产预售合同》所取得的收入,应确认为销售收入的实现。企业在不具备销售条件时,收取订金、诚意金、认筹金等款项不能签订《房地产销售合同》或《房地产预售合同》,因此不确认销售收入,不需缴纳企业所得税。

但应注意,在正式签订《房地产销售合同》或《房地产预售合同》后,应将订金、诚意金、认筹金等确认为收入并缴纳企业所得税。

17. 房地产经营业务企业与客户签订购房合同后,客户出于自身原因违约,并支付违约金,房地产企业收到的违约金是否需要缴纳企业所得税

答:房地产企业收到的违约金收入属于企业的其他收入,应缴纳企业所得税。

政策依据

一、《中华人民共和国企业所得税法》第六条

企业以货币形式和非货币形式从各种来源取得的收入,为收入总额。包括:

……

（九）其他收入。

二、《中华人民共和国企业所得税法实施条例》第二十二条

企业所得税法第六条第（九）项所称其他收入，是指企业取得的除企业所得税法第六条第（一）项至第（八）项规定的收入外的其他收入，包括企业资产溢余收入、逾期未退包装物押金收入、确实无法偿付的应付款项、已作坏账损失处理后又收回的应收款项、债务重组收入、补贴收入、违约金收入、汇兑收益等。

三、成本、费用扣除的税务处理

18. 开发产品计税成本包含哪些

答：企业发生的期间费用、已销开发产品计税成本、税金及附加、土地增值税准予当期按规定扣除。开发产品具体计税成本内容如图12-8所示。

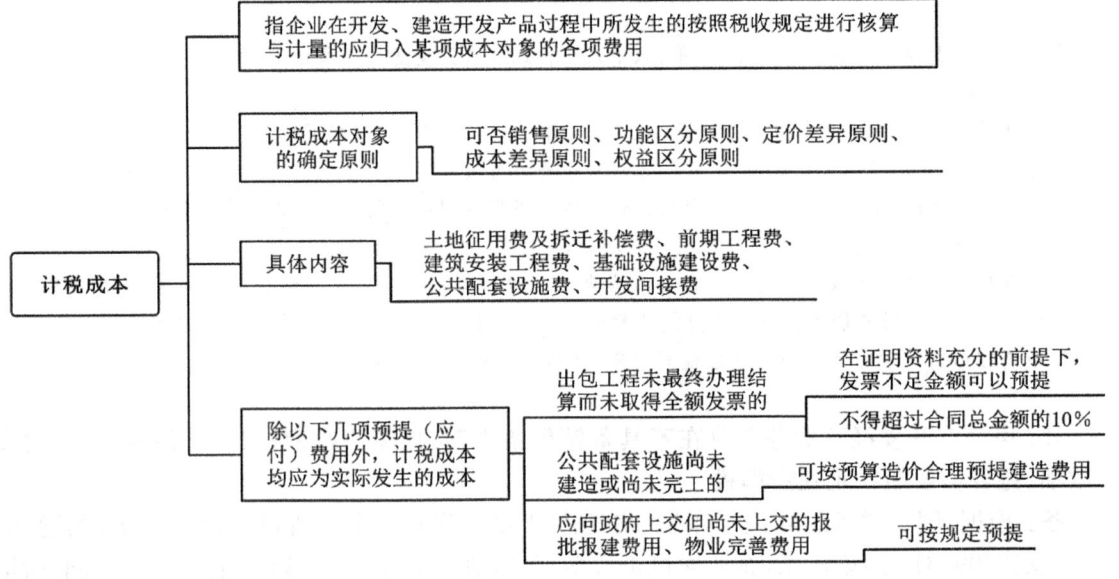

图12-8　开发产品计税成本的内容

政策依据

《国家税务总局关于印发〈房地产开发经营业务企业所得税处理办法〉的通知》（国税发〔2009〕31号）第十二条、第二十五条、第二十六条、第二十七条、第三十二条

19. 已销开发产品计税成本如何计算

答：企业发生的期间费用、已销开发产品计税成本、营业税金及附加、土地增值税准予当期按规定扣除。根据《国家税务总局关于印发〈房地产开发经营业务企业所得税处理办法〉的通知》（国税发〔2009〕31号）第十四条，已销开发产品计税成本计算公式如图12-9所示。

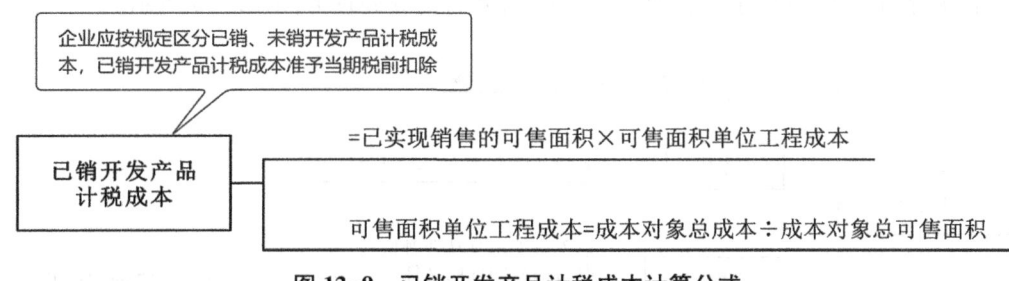

图 12-9　已销开发产品计税成本计算公式

20. 房地产企业进行所得税汇算清缴时,未完工未结转收入的预收房款所缴纳的税金等(含预缴的土地增值税),能否在汇算清缴时扣除

答:根据《国家税务总局关于印发〈房地产开发经营业务企业所得税处理办法〉的通知》(国税发〔2009〕31号)第九条,企业销售未完工开发产品取得的收入,应先按预计计税毛利率分季度(或月)计算出预计毛利额,计入当期应纳税所得额。开发产品完工后,企业应及时结算其计税成本并计算此前销售收入的实际毛利额,同时将其实际毛利额与其对应的预计毛利额之间的差额,计入当年度企业本项目与其他项目合并计算的应纳税所得额。

该文第十二条规定,企业发生的期间费用、已销开发产品计税成本、营业税金及附加、土地增值税准予当期按规定扣除。

因此,房地产企业进行所得税汇算清缴工作时,未完工未结转收入的预收房款所缴纳的税金等(含预缴的土地增值税),可以在汇算清缴时扣除。

21. 房地产企业售楼处的建造费用以及样板房的装修费用是否应在开发成本中列支

答:根据《国家税务总局关于印发〈房地产开发经营业务企业所得税处理办法〉的通知》(国税发〔2009〕31号)第二十七条第六项,开发间接费指企业为直接组织和管理开发项目所发生的,且不能将其归属于特定成本对象的成本费用性支出。主要包括管理人员工资、职工福利费、折旧费、修理费、办公费、水电费、劳动保护费、工程管理费、周转房摊销以及项目营销设施建造费等。

房地产企业售楼处的建造费、样板房的装修费等作为项目营销设施建造费计入开发间接费处理。

22. 企业利用地下基础设施形成的停车场所,后因补缴土地出让金而取得地下车库的产权,其补缴的土地出让金是否需计入地下车库计税成本

答:根据《国家税务总局关于印发〈房地产开发经营业务企业所得税处理办法〉的通知》(国税发〔2009〕31号)第三十三条,企业单独建造的停车场所,应作为成本对象单独核算。利用地下基础设施形成的停车场所,作为公共配套设施进行处理。

企业补缴的土地出让金,应计入地下车库计税成本。

23. 房地产公司统一向银行借款,提供给公司内其他项目公司(均是法人企业)使用,项目公司按照银行利率向公司支付利息,是否允许税前扣除

答:房地产公司统一向银行借款,提供给公司内其他项目公司,项目公司支付的利息符合一定条件的,准予在税前扣除。企业利息支出相关的税务处理如图12-10所示。

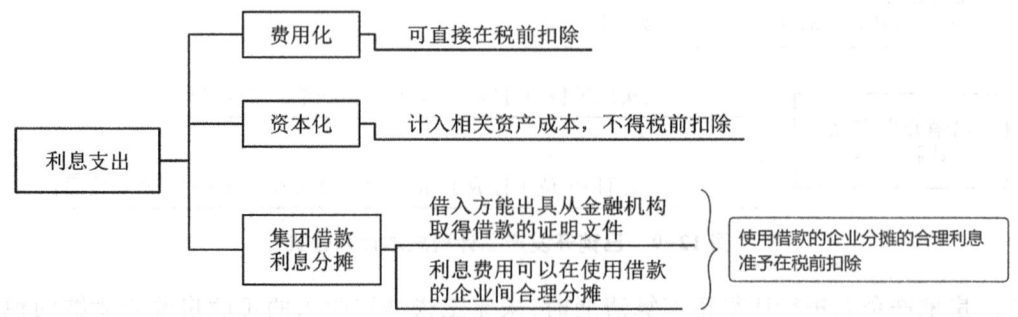

图12-10 企业利息支出相关的税务处理

 政策依据

《国家税务总局关于印发〈房地产开发经营业务企业所得税处理办法〉的通知》(国税发〔2009〕31号)第二十一条

企业的利息支出按以下规定进行处理:

(一)企业为建造开发产品借入资金而发生的符合税收规定的借款费用,可按企业会计准则的规定进行归集和分配,其中属于财务费用性质的借款费用,可直接在税前扣除。

(二)企业集团或其成员企业统一向金融机构借款分摊集团内部其他成员企业使用的,借入方凡能出具从金融机构取得借款的证明文件,可以在使用借款的企业间合理的分摊利息费用,使用借款的企业分摊的合理利息准予在税前扣除。

24. 房地产企业以非货币交易方式取得土地使用权的,其土地成本如何计算

答:房地产企业以非货币交易方式取得土地使用权的,应分情况确定其土地成本,具体如图12-11所示。

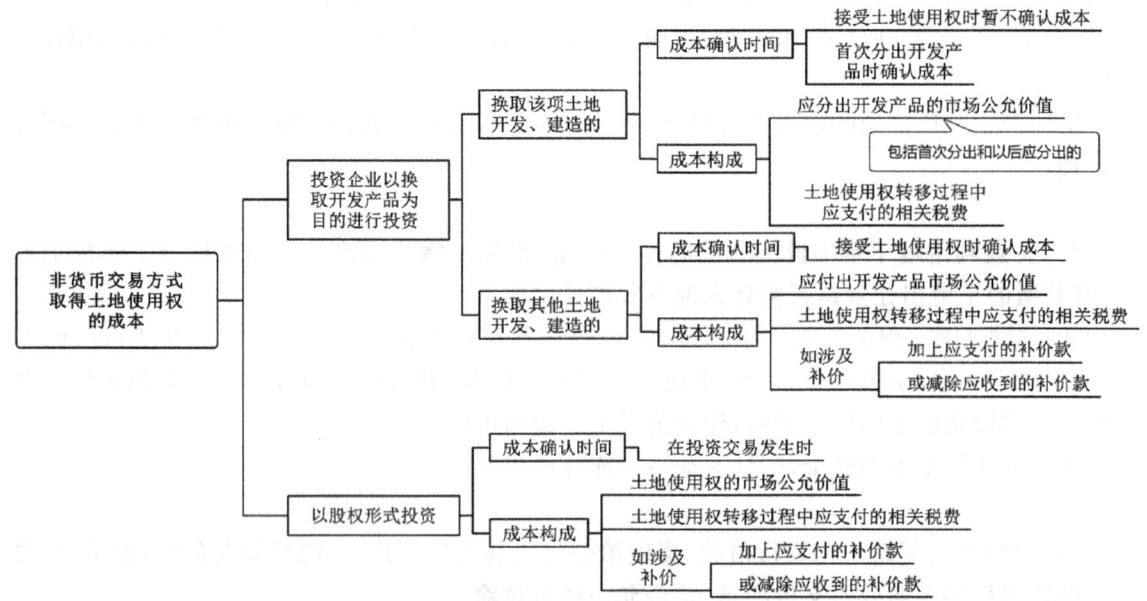

图12-11 非货币交易方式取得土地使用权的成本

《国家税务总局关于印发〈房地产开发经营业务企业所得税处理办法〉的通知》(国税发〔2009〕31号)第三十一条

企业以非货币交易方式取得土地使用权的,应按下列规定确定其成本:

(一)企业、单位以换取开发产品为目的,将土地使用权投资企业的,按下列规定进行处理:

1.换取的开发产品如为该项土地开发、建造的,接受投资的企业在接受土地使用权时暂不确认其成本,待首次分出开发产品时,再按应分出开发产品(包括首次分出的和以后应分出的)的市场公允价值和土地使用权转移过程中应支付的相关税费计算确认该项土地使用权的成本。如涉及补价,土地使用权的取得成本还应加上应支付的补价款或减除应收到的补价款。

2.换取的开发产品如为其他土地开发、建造的,接受投资的企业在投资交易发生时,按应付出开发产品市场公允价值和土地使用权转移过程中应支付的相关税费计算确认该项土地使用权的成本。如涉及补价,土地使用权的取得成本还应加上应支付的补价款或减除应收到的补价款。

(二)企业、单位以股权的形式,将土地使用权投资企业的,接受投资的企业应在投资交易发生时,按该项土地使用权的市场公允价值和土地使用权转移过程中应支付的相关税费计算确认该项土地使用权的取得成本。如涉及补价,土地使用权的取得成本还应加上应支付的补价款或减除应收到的补价款。

25.房地产开发企业延期交房支付违约金,能否在企业所得税税前扣除

答: 根据企业所得税法规定,"罚金、罚款和被没收财物的损失"不得在计算应纳税所得额时扣除,其中,计入当期损益的罚金、罚款和被没收财物的损失,不包括纳税人按照经济合同规定支付的违约金(包括银行罚息)、罚款和诉讼费。

房地产开发企业延期交房支付的违约金不属于"罚金、罚款和被没收财物的损失",可以在企业所得税税前扣除,无需做纳税调增。

一、《中华人民共和国企业所得税法》第十条

在计算应纳税所得额时,下列支出不得扣除:

(一)向投资者支付的股息、红利等权益性投资收益款项;

(二)企业所得税税款;

(三)税收滞纳金;

(四)罚金、罚款和被没收财物的损失;

(五)本法第九条规定以外的捐赠支出;

(六)赞助支出;

(七)未经核定的准备金支出;

(八)与取得收入无关的其他支出。

二、《国家税务总局关于修订企业所得税年度纳税申报表的公告》(国家税务总局公告2020年第24号)《中华人民共和国企业所得税年度纳税申报表(A类,2017年版)》部分表单及填报说明 A105000《纳税调整项目明细表》填报说明

19.第19行"(七)罚金、罚款和被没收财物的损失":第1列"账载金额"填报纳税人会计核算计入当期损益的罚金、罚款和被没收财物的损失,不包括纳税人按照经济合同规定支付的违约金(包括银行罚息)、罚款和诉讼费。

26. 房地产企业开发项目的售楼处、样板房,能否在企业所得税税前扣除

答: 房地产企业开发项目的售楼处、样板房,可以在企业所得税税前扣除,具体情形及税务处理如表 12-4 所示。

表 12-4 房地产企业开发项目售楼处、样板房的税务处理

情形	税务处理
1. 在开发小区内、主体外修建临时性建筑物作为售楼部、样板房,后期拆除的	属于项目营销设施建造费,作为开发间接费处理,计入开发产品计税成本
2. 在主体内修建临时售楼部、样板房,后期用于销售的	
3. 利用规划配套设施,如会所、物业管理用房等,作为临时售楼处的	属于非营利性且产权属于全体业主的公共配套设施,建造费用按公共配套设施费进行处理

政策依据

《国家税务总局关于印发〈房地产开发经营业务企业所得税处理办法〉的通知》(国税发〔2009〕31号)第十七条、第二十七条

第十七条 企业在开发区内建造的会所、物业管理场所、电站、热力站、水厂、文体场馆、幼儿园等配套设施,按以下规定进行处理:

(一)属于非营利性且产权属于全体业主的,或无偿赠与地方政府、公用事业单位的,可将其视为公共配套设施,其建造费用按公共配套设施费的有关规定进行处理。

(二)属于营利性的,或产权归企业所有的,或未明确产权归属的,或无偿赠与地方政府、公用事业单位以外其他单位的,应当单独核算其成本。除企业自用应按建造固定资产进行处理外,其他一律按建造开发产品进行处理。

第二十七条 (六)开发间接费。指企业为直接组织和管理开发项目所发生的,且不能将其归属于特定成本对象的成本费用性支出。主要包括管理人员工资、职工福利费、折旧费、修理费、办公费、水电费、劳动保护费、工程管理费、周转房摊销以及项目营销设施建造费等。

27. 房地产企业为了满足买房者提前缴纳契税的需求,在尚未竣工验收时,开具了房地产正式销售发票,已经按计税毛利率计入应纳税所得额,是否要确认完工结转成本

答: 开具房地产正式销售发票不是完工确认的条件之一,不确认完工结转成本。

除土地开发外,其他开发产品完工确认条件如图 12-12 所示。

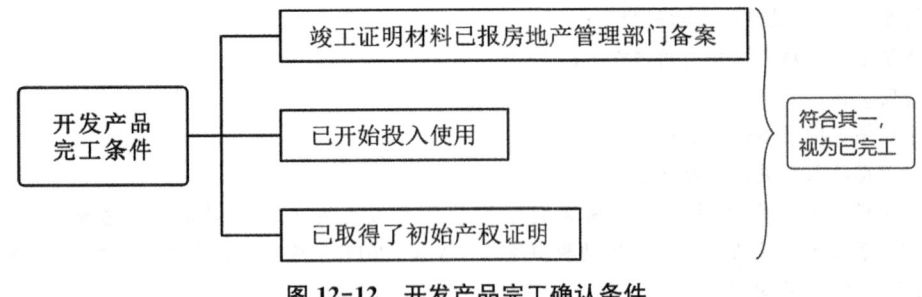

图 12-12 开发产品完工确认条件

政策依据

《国家税务总局关于印发〈房地产开发经营业务企业所得税处理办法〉的通知》(国税发〔2009〕31号)第三条

企业房地产开发经营业务包括土地的开发,建造、销售住宅、商业用房以及其他建筑物、附着物、配套设施等开发产品。除土地开发之外,其他开发产品符合下列条件之一的,应视为已经完工:

(一)开发产品竣工证明材料已报房地产管理部门备案。
(二)开发产品已开始投入使用。
(三)开发产品已取得了初始产权证明。

28. 房地产开发企业逾期开发缴纳的土地闲置费,是否可以在企业所得税前扣除

答:企业缴纳的土地闲置费可以在企业所得税前扣除。

《国家税务总局关于印发〈房地产开发经营业务企业所得税处理办法〉的通知》(国税发〔2009〕31号)第二十七条

开发产品的计税成本支出的内容如下:

(一)土地征用费及拆迁补偿费。指为取得土地开发使用权(或开发权)而发生的各项费用,主要包括土地买价或出让金、大市政配套费、契税、耕地占用税、土地使用费、土地闲置费、土地变更用途和超面积补交的地价及相关税费、拆迁补偿支出、安置及动迁支出、回迁房建造支出、农作物补偿费、危房补偿费等。

29. 房地产企业对新项目进行前期调研工作(项目尚未取得),发生的咨询服务费等前期调研费用是否属于前期工程费

答:不属于。项目尚未取得前,发生的前期调研费用属于管理费用范畴,将上述费用资本化计入房地产项目开发成本可能会导致后期无相应收入与之配比,应直接作为费用当期直接扣除,不计入前期工程费。

取得土地使用权后,发生的水文地质勘察、测绘、规划、设计、可行性研究、筹建、场地通平等前期费用计入前期工程费。

政策依据

一、《中华人民共和国企业所得税法实施条例》第二十八条

企业发生的支出应当区分收益性支出和资本性支出。收益性支出在发生当期直接扣除;资本性支出应当分期扣除或者计入有关资产成本,不得在发生当期直接扣除。

……

除企业所得税法和本条例另有规定外,企业实际发生的成本、费用、税金、损失和其他支出,不得重复扣除。

二、《国家税务总局关于印发〈房地产开发经营业务企业所得税处理办法〉的通知》(国税发〔2009〕31号)第二十七条

开发产品的计税成本支出的内容如下:

(二)前期工程费。指项目开发前期发生的水文地质勘察、测绘、规划、设计、可行性研究、筹建、场地通平等前期费用。

30. 房地产企业执行《新收入准则》后,销售佣金在发生时记入"合同取得成本"科目,待确认收入时摊销记入"销售费用"科目,房地产企业发生的记入"合同取得成本"的销售佣金应如何在企业所得税前扣除

答:房地产企业委托销售企业售房,对其支付的销售佣金或手续费支出,应按规定计入销

售费用,在企业所得税前扣除,具体税务处理如图 12-13 所示。

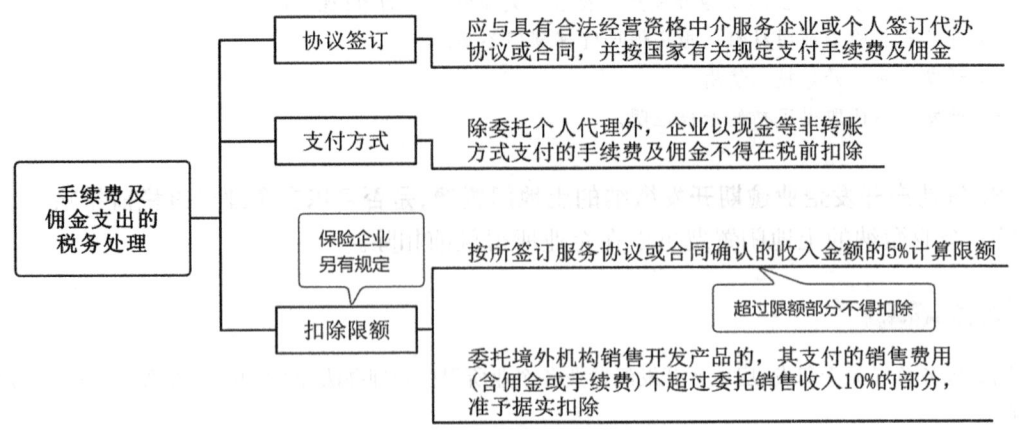

图 12-13 手续费及佣金支出的税务处理

一、《中华人民共和国企业所得税法》第八条

企业实际发生的与取得收入有关的、合理的支出,包括成本、费用、税金、损失和其他支出,准予在计算应纳税所得额时扣除。

二、《中华人民共和国企业所得税法实施条例》第三十条

企业所得税法第八条所称费用,是指企业在生产经营活动中发生的销售费用、管理费用和财务费用,已经计入成本的有关费用除外。

三、《财政部 国家税务总局关于企业手续费及佣金支出税前扣除政策的通知》(财税〔2009〕29 号)第一条、第二条

一、企业发生与生产经营有关的手续费及佣金支出,不超过以下规定计算限额以内的部分,准予扣除;超过部分,不得扣除。

……

2. 其他企业:按与具有合法经营资格中介服务机构或个人(不含交易双方及其雇员、代理人和代表人等)所签订服务协议或合同确认的收入金额的 5% 计算限额。

二、企业应与具有合法经营资格中介服务企业或个人签订代办协议或合同,并按国家有关规定支付手续费及佣金。除委托个人代理外,企业以现金等非转账方式支付的手续费及佣金不得在税前扣除。企业为发行权益性证券支付给有关证券承销机构的手续费及佣金不得在税前扣除。

四、《国家税务总局关于印发〈房地产开发经营业务企业所得税处理办法〉的通知》(国税发〔2009〕31 号)第十二条、第二十条

第十二条 企业发生的期间费用、已销开发产品计税成本、营业税金及附加、土地增值税准予当期按规定扣除。

第二十条 企业委托境外机构销售开发产品的,其支付境外机构的销售费用(含佣金或手续费)不超过委托销售收入 10% 的部分,准予据实扣除。

31.房地产开发经营业务企业在竣工结算以后取得成本发票应如何处理

答:房地产开发企业在竣工结算以后年度取得成本发票时,应按规定计入计税成本;符合征收管理法有关规定的,应进行追溯调整,追补确认期限不得超过 5 年。

来源:河北省国家税务局关于印发《企业所得税若干政策问题解答》(冀国税函〔2013〕161号)。

政策依据

一、《国家税务总局关于印发〈房地产开发经营业务企业所得税处理办法〉的通知》(国税发〔2009〕31号)第三十四条

企业在结算计税成本时其实际发生的支出应当取得但未取得合法凭据的,不得计入计税成本,待实际取得合法凭据时,再按规定计入计税成本。

二、《国家税务总局关于企业所得税应纳税所得额若干税务处理问题的公告》(国家税务总局公告2012年第15号)第六条

六、关于以前年度发生应扣未扣支出的税务处理问题

根据《中华人民共和国税收征收管理法》的有关规定,对企业发现以前年度实际发生的、按照税收规定应在企业所得税前扣除而未扣除或者少扣除的支出,企业做出专项申报及说明后,准予追补至该项目发生年度计算扣除,但追补确认期限不得超过5年。

32. 房地产企业预提费用对完工产品计税成本有影响吗

答:房地产企业预提费用,符合规定的可计入计税成本进行税前扣除,否则不能税前扣除。可税前扣除的预提费用如图12-14所示。

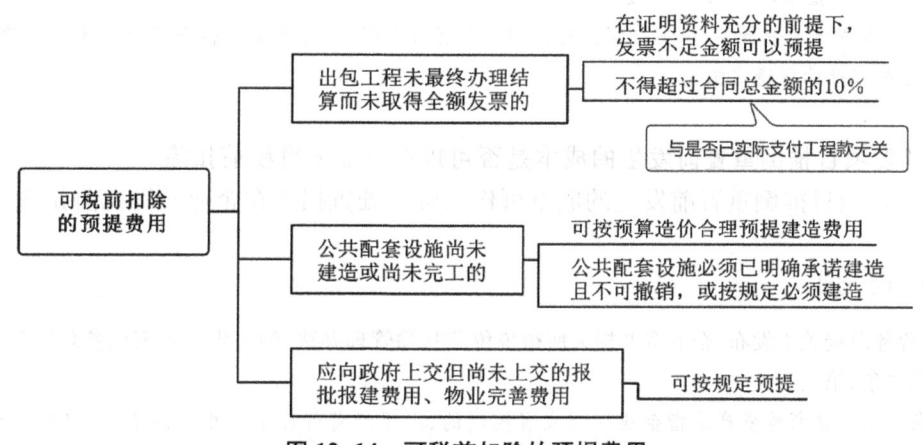

图12-14 可税前扣除的预提费用

政策依据

《国家税务总局关于印发〈房地产开发经营业务企业所得税处理办法〉的通知》(国税发〔2009〕31号)第三十二条

除以下几项预提(应付)费用外,计税成本均应为实际发生的成本。

(一)出包工程未最终办理结算而未取得全额发票的,在证明资料充分的前提下,其发票不足金额可以预提,但最高不得超过合同总金额的10%。

(二)公共配套设施尚未建造或尚未完工的,可按预算造价合理预提建造费用。此类公共配套设施必须符合已在售房合同、协议或广告、模型中明确承诺建造且不可撤销,或按照法律法规规定必须配套建造的条件。

(三)应向政府上交但尚未上交的报批报建费用、物业完善费用可以按规定预提。物业完善费用是指按

规定应由企业承担的物业管理基金、公建维修基金或其他专项基金。

33. 实物拆迁补偿是否属于可抵减土地成本

答：在拆迁补偿政策方面，被征收人可以选择货币补偿，也可以选择房屋产权调换。房地产企业以开发产品作为回迁安置房屋，用于对被征收人的实物拆迁补偿时，应视同销售确认收入，同时确认拆迁补偿费成本。

政策依据

一、《国有土地上房屋征收与补偿条例》(国务院令第590号)第二十一条

被征收人可以选择货币补偿，也可以选择房屋产权调换。

二、《国家税务总局关于印发〈房地产开发经营业务企业所得税处理办法〉的通知》(国税发〔2009〕31号)第七条

企业将开发产品用于捐赠、赞助、职工福利、奖励、对外投资、分配给股东或投资人、抵偿债务、换取其他企事业单位和个人的非货币性资产等行为，应视同销售，于开发产品所有权或使用权转移，或于实际取得利益权利时确认收入的实现。

三、《财政部 国家税务总局关于企业重组业务企业所得税处理若干问题的通知》(财税〔2009〕59号)第四条第二项

(二)企业债务重组，相关交易应按以下规定处理：

1. 以非货币资产清偿债务，应当分解为转让相关非货币性资产、按非货币性资产公允价值清偿债务两项业务，确认相关资产的所得或损失。

34. 开发项目推倒重置前发生的成本是否可以在企业所得税前扣除

答：开发项目推倒重置前发生的成本可作为资产处置损失在企业所得税前扣除。

政策依据

《国家税务总局关于发布〈企业资产损失所得税税前扣除管理办法〉的公告》(国家税务总局公告2011年第25号)第二条、第三条

第二条 本办法所称资产是指企业拥有或者控制的、用于经营管理活动相关的资产，包括现金、银行存款、应收及预付款项(包括应收票据、各类垫款、企业之间往来款项)等货币性资产，存货、固定资产、无形资产、在建工程、生产性生物资产等非货币性资产，以及债权性投资和股权(权益)性投资。

第三条 准予在企业所得税税前扣除的资产损失，是指企业在实际处置、转让上述资产过程中发生的合理损失(以下简称实际资产损失)，以及企业虽未实际处置、转让上述资产，但符合《通知》和本办法规定条件计算确认的损失(以下简称法定资产损失)。

35. 企业通过法拍获得厂房过程中替出让方企业承担的税费，是否可以计入期间费用在企业所得税税前扣除

答：企业通过拍卖取得房产，替出让方企业承担的税费应留存相关票据和代缴凭证，可以在企业所得税税前扣除。

来源：福建省税务局纳税服务中心。

一、《中华人民共和国企业所得税法》第八条

企业实际发生的与取得收入有关的、合理的支出，包括成本、费用、税金、损失和其他支出，准予在计算应纳税所得额时扣除。

二、《中华人民共和国企业所得税法实施条例》第五十六条、第五十八条

第五十六条 企业的各项资产，包括固定资产、生物资产、无形资产、长期待摊费用、投资资产、存货等，以历史成本为计税基础。

前款所称历史成本，是指企业取得该项资产时实际发生的支出。

第五十八条 固定资产按照以下方法确定计税基础：

（一）外购的固定资产，以购买价款和支付的相关税费以及直接归属于使该资产达到预定用途发生的其他支出为计税基础。

三、《国家税务总局关于发布〈企业所得税税前扣除凭证管理办法〉的公告》（国家税务总局公告2018年第28号）第五条、第七条

第五条 企业发生支出，应取得税前扣除凭证，作为计算企业所得税应纳税所得额时扣除相关支出的依据。

第七条 企业应将与税前扣除凭证相关的资料，包括合同协议、支出依据、付款凭证等留存备查，以证实税前扣除凭证的真实性。

36. 房地产企业因非正常原因难以准确核算成本，如会计资料被盗等导致成本费用凭证部分丢失、残缺不齐，能否核定征收，是按核定应税所得还是核定毛利率进行征收

答：应视丢失、残缺不齐程度情况，由主管税务机关确定。税务机关应根据具体情况，核定应税所得率或核定应纳税所得税额，具体规定如图12-15所示。

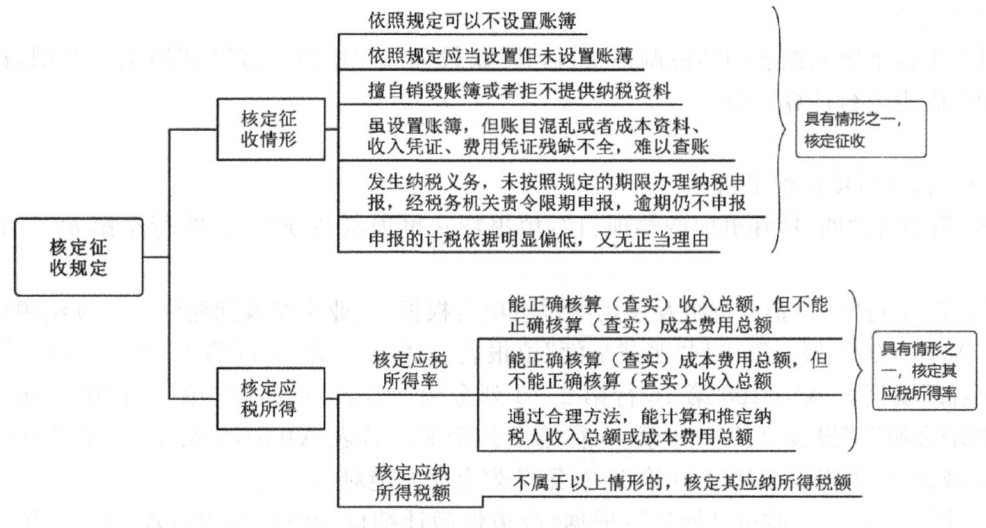

图 12-15 核定征收规定

一、《国家税务总局关于印发〈企业所得税核定征收办法〉（试行）的通知》（国税发〔2008〕30号）第三条、第四条

第三条 纳税人具有下列情形之一的,核定征收企业所得税:
(一)依照法律、行政法规的规定可以不设置账簿的;
(二)依照法律、行政法规的规定应当设置但未设置账簿的;
(三)擅自销毁账簿或者拒不提供纳税资料的;
(四)虽设置账簿,但账目混乱或者成本资料、收入凭证、费用凭证残缺不全,难以查账的;
(五)发生纳税义务,未按照规定的期限办理纳税申报,经税务机关责令限期申报,逾期仍不申报的;
(六)申报的计税依据明显偏低,又无正当理由的。

第四条 税务机关应根据纳税人具体情况,对核定征收企业所得税的纳税人,核定应税所得率或者核定应纳所得税额。

具有下列情形之一的,核定其应税所得率:
(一)能正确核算(查实)收入总额,但不能正确核算(查实)成本费用总额的;
(二)能正确核算(查实)成本费用总额,但不能正确核算(查实)收入总额的;
(三)通过合理方法,能计算和推定纳税人收入总额或成本费用总额的。

纳税人不属于以上情形的,核定其应纳所得税额。

四、申报实务

(一)特殊事项调整项目的填报

本表由纳税人根据税法、相关税收规定以及国家统一会计制度的规定,填报企业所得税涉税事项的会计处理、税务处理以及纳税调整情况。

一、有关项目填报说明

纳税人按照"特殊事项调整项目"分项填报。

数据栏分别设置"账载金额""税收金额""调增金额""调减金额"四个栏次。"账载金额"是指纳税人按照国家统一会计制度规定核算的项目金额。"税收金额"是指纳税人按照税收规定计算的项目金额。

对需填报下级明细表的纳税调整项目,其"账载金额""税收金额""调增金额""调减金额"根据相应附表进行计算填报。

……

(四)特殊事项调整项目

36. 第36行"四、特殊事项调整项目":填报特殊事项调整项目第37行至第43行的合计金额。

37. 第37行"(一)企业重组及递延纳税事项":根据《企业重组及递延纳税事项纳税调整明细表》(A105100)填报。第1列"账载金额"填报表A105100第16行第1+4列金额。第2列"税收金额"填报表A105100第16行第2+5列金额。若表A105100第16行第7列≥0,第3列"调增金额"填报表A105100第16行第7列金额。若表A105100第16行第7列<0,第4列"调减金额"填报表A105100第16行第7列金额的绝对值。

38. 第38行"(二)政策性搬迁":根据《政策性搬迁纳税调整明细表》(A105110)填报。若表A105110第24行≥0,第3列"调增金额"填报表A105110第24行金额。若表A105110第24行<0,第4列"调减金额"填报表A105110第24行金额的绝对值。

39. 第39行"(三)特殊行业准备金":填报特殊行业准备金调整项目第39.1行至第39.7行(不包含第39.3行)的合计金额。

40. 第39.1行"1.保险公司保险保障基金":第1列"账载金额"填报纳税人会计核算的保

险公司保险保障基金的金额。第2列"税收金额"填报按照税收规定允许税前扣除的金额。若第1列≥第2列,第3列"调增金额"填报第1—2列金额。若第1列<第2列,第4列"调减金额"填报第1—2列金额的绝对值。

41. 第39.2行"2.保险公司准备金":第1列"账载金额"填报纳税人会计核算的保险公司准备金的金额。第2列"税收金额"填报按照税收规定允许税前扣除的金额。若第1列≥第2列,第3列"调增金额"填报第1—2列金额。若第1列<第2列,第4列"调减金额"填报第1—2列金额的绝对值。

42. 第39.3行"其中:已发生未报案未决赔款准备金":第1列"账载金额"填报纳税人会计核算的保险公司未决赔款准备金中已发生未报案准备金的金额。第2列"税收金额"填报按照税收规定允许税前扣除的金额。若第1列≥第2列,第3列"调增金额"填报第1—2列金额。若第1列<第2列,第4列"调减金额"填报第1—2列金额的绝对值。

43. 第39.4行"3.证券行业准备金":第1列"账载金额"填报纳税人会计核算的证券行业准备金的金额。第2列"税收金额"填报按照税收规定允许税前扣除的金额。若第1列≥第2列,第3列"调增金额"填报第1—2列金额。若第1列<第2列,第4列"调减金额"填报第1—2列金额的绝对值。

44. 第39.5行"4.期货行业准备金":第1列"账载金额"填报纳税人会计核算的期货行业准备金的金额。第2列"税收金额"填报按照税收规定允许税前扣除的金额。若第1列≥第2列,第3列"调增金额"填报第1—2列金额。若第1列<第2列,第4列"调减金额"填报第1—2列金额的绝对值。

45. 第39.6行"5.中小企业融资(信用)担保机构准备金":第1列"账载金额"填报纳税人会计核算的中小企业融资(信用)担保机构准备金的金额。第2列"税收金额"填报按照税收规定允许税前扣除的金额。若第1列≥第2列,第3列"调增金额"填报第1—2列金额。若第1列<第2列,第4列"调减金额"填报第1—2列金额的绝对值。

46. 第39.7行"6.金融企业、小额贷款公司准备金":根据《贷款损失准备金及纳税调整明细表》(A105120)填报。若表A105120第10行第11列≥0,第3列"调增金额"填报表A105120第10行第11列金额。若表A105120第10行第11列<0,第4列"调减金额"填报表A105120第10行第11列金额的绝对值。

47. 第40行"(四)房地产开发企业特定业务计算的纳税调整额":根据《视同销售和房地产开发企业特定业务纳税调整明细表》(A105010)填报。第2列"税收金额"填报表A105010第21行第1列金额。若表A105010第21行第2列≥0,第3列"调增金额"填报表A105010第21行第2列金额。若表A105010第21行第2列<0,第4列"调减金额"填报表A105010第21行第2列金额的绝对值。

48. 第41行"(五)合伙企业法人合伙人分得的应纳税所得额":第1列"账载金额"填报合伙企业法人合伙人本年会计核算上确认的对合伙企业的投资所得。第2列"税收金额"填报纳税人按照"先分后税"原则和《财政部 国家税务总局关于合伙企业合伙人所得税问题的通知》(财税〔2008〕159号)文件第四条规定计算的从合伙企业分得的法人合伙人应纳税所得额。若第1列≤第2列,第3列"调增金额"填报2—1列金额。若第1列>第2列,第4列"调减金额"填报第2—1列金额的绝对值。

49. 第42行"(六)发行永续债利息支出":本行填报企业发行永续债采取的税收处理办法与会计核算方式不一致时的纳税调整情况。当永续债发行方会计上按照债务核算,税收上适用股息、红利企业所得税政策时,第1列"账载金额"填报支付的永续债利息支出计入当期损益的金额;第2列"税收金额"填报0。永续债发行方会计上按照权益核算,税收上按照债券利息适用企业所得税政策时,第1列"账载金额"填报0;第2列"税收金额"填报永续债发行方支付的永续债利息支出准予在企业所得税税前扣除的金额。若第2列≤第1列,第3列"调增金额"填报第1−2列金额。若第2列>第1列,第4列"调减金额"填报第1−2列金额的绝对值。

50. 第43行"(七)其他":填报其他因会计处理与税收规定有差异需纳税调整的特殊事项金额。

(五)特殊纳税调整所得项目

51. 第44行"五、特别纳税调整应税所得":第3列"调增金额"填报纳税人按特别纳税调整规定自行调增的当年应税所得。第4列"调减金额"填报纳税人依据双边预约定价安排或者转让定价相应调整磋商结果的通知,需要调减的当年应税所得。

(六)其他

52. 第45行"六、其他":填报其他会计处理与税收规定存在差异需纳税调整的项目金额,包括企业执行《企业会计准则第14号——收入》(财会〔2017〕22号发布)产生的税会差异纳税调整金额。

53. 第46行"合计":填报第1+12+31+36+44+45行的合计金额。

二、表内、表间关系

(一)表内关系

1. 第1行=第2+3+4+5+6+7+8+10+11行。

2. 第12行=第13+14+…+23+24+26+27+28+29+30行。

3. 第31行=第32+33+34+35行。

4. 第36行=第37+38+39+40+41+42+43行。

5. 第39行=第39.1+39.2+39.4+39.5+39.6+39.7行。

6. 第46行=第1+12+31+36+44+45行。

(二)表间关系

1. 第2行第2列=表A105010第1行第1列;第2行第3列=表A105010第1行第2列。

2. 第3行第1列=表A105020第14行第2列;第3行第2列=表A105020第14行第4列;若表A105020第14行第6列≥0,第3行第3列=表A105020第14行第6列;若表A105020第14行第6列<0,第3行第4列=表A105020第14行第6列的绝对值。

3. 第4行第1列=表A105030第10行第1+8列;第4行第2列=表A105030第10行第2+9列;若表A105030第10行第11列≥0,第4行第3列=表A105030第10行第1第11列;若表A105030第10行第11列<0,第4行第4列=表A105030第10行第11列的绝对值。

4. 第9行第3列=表A105040第7行第14列;第9行第4列=表A105040第7行第4列。

5. 第13行第2列=表A105010第11行第1列;第13行第4列=表A105010第11行第2列的绝对值。

6. 第14行第1列=表A105050第13行第1列;第14行第2列=表A105050第13行第5列;若表A105050第13行第6列≥0,第14行第3列=表A105050第13行第6列;若表 A105050 第 13 行第 6 列＜0,第 14 行第 4 列＝表 A105050 第 13 行第 6 列的绝对值。

7. 若表 A105060 第 12 行第 1 列≥0,第 16 行第 3 列＝表 A105060 第 12 行第 1 列,若表 A105060 第 12 行第 1 列＜0,第 16 行第 4 列＝表 A105060 第 12 行第 1 列的绝对值。

8. 第 17 行第 1 列＝表 A105070 合计行第 1 列;第 17 行第 2 列＝表 A105070 合计行第 4 列;第 17 行第 3 列＝表 A105070 合计行第 5 列;第 17 行第 4 列＝表 A105070 合计行第 6 列。

9. 保险企业:第 23 行第 1 列＝表 A105060 第 1 行第 2 列。若表 A105060 第 3 行第 2 列≥第 6 行第 2 列,第 2 列＝表 A105060 第 6 行第 2 列;若表 A105060 第 3 行第 2 列＜第 6 行第 2 列,第 2 列＝表 A105060 第 3 行第 2 列＋第 9 行第 2 列。若表 A105060 第 12 行第 2 列≥0,第 3 列＝表 A105060 第 12 行第 2 列。若表 A105060 第 12 行第 2 列＜0,第 4 列＝表 A105060 第 12 行第 2 列的绝对值。

10. 第 25 行第 3 列＝表 A105040 第 7 行第 11 列。

11. 第 28 行第 3 列＝表 A108010 第 10 行第 16＋17 列。

12. 第 32 行第 1 列＝表 A105080 第 41 行第 2 列;第 32 行第 2 列＝表 A105080 第 41 行第 5 列;若表 A105080 第 41 行第 9 列≥0,第 32 行第 3 列＝表 A105080 第 41 行第 9 列;若表 A105080 第 41 行第 9 列＜0,第 32 行第 4 列＝表 A105080 第 41 行第 9 列的绝对值。

13. 若表 A105090 第 29 行第 7 列≥0,第 34 行第 3 列＝表 A105090 第 29 行第 7 列;若表 A105090 第 29 行第 7 列＜0,第 34 行第 4 列＝表 A105090 第 29 行第 7 列的绝对值。

14. 第 37 行第 1 列＝表 A105100 第 16 行第 1＋4 列;第 37 行第 2 列＝表 A105100 第 16 行第 2＋5 列;若表 A105100 第 16 行第 7 列≥0,第 37 行第 3 列＝表 A105100 第 16 行第 7 列;若表 A105100 第 16 行第 7 列＜0,第 37 行第 4 列＝表 A105100 第 16 行第 7 列的绝对值。

15. 若表 A105110 第 24 行≥0,第 38 行第 3 列＝表 A105110 第 24 行;若表 A105110 第 24 行＜0,第 38 行第 4 列＝表 A105110 第 24 行的绝对值。

16. 若表 A105120 第 10 行第 11 列≥0,第 39.7 行第 3 列＝表 A105120 第 10 行第 11 列;若表 A105120 第 10 行第 11 列＜0,第 39.7 行第 4 列＝表 A105120 第 10 行第 11 列的绝对值。

17. 第 40 行第 2 列＝表 A105010 第 21 行第 1 列;若表 A105010 第 21 行第 2 列≥0,第 40 行第 3 列＝表 A105010 第 21 行第 2 列;若表 A105010 第 21 行第 2 列＜0,第 40 行第 4 列＝表 A105010 第 21 行第 2 列的绝对值。

18. 第 46 行第 3 列＝表 A100000 第 15 行;第 46 行第 4 列＝表 A100000 第 16 行。

表 12-5　A105000 纳税调整项目明细表(节选)

行次	项目	账载金额	税收金额	调增金额	调减金额
		1	2	3	4
36	四、特殊事项调整项目(37＋38＋…＋43)	＊	＊		
37	（一）企业重组及递延纳税事项(填写 A105100)				
38	（二）政策性搬迁(填写 A105110)	＊	＊		
39	（三）特殊行业准备金(填写 A105120)				
39.1	1.保险公司保险保障基金				

（续表）

行次	项目	账载金额	税收金额	调增金额	调减金额
		1	2	3	4
39.2	2.保险公司准备金				
39.3	其中:已发生未报案未决赔款准备金				
39.4	3.证券行业准备金				
39.5	4.期货行业准备金				
39.6	5.中小企业融资(信用)担保机构准备金				
39.7	6.金融企业、小额贷款公司准备金(填写 A105120)				
40	（四）房地产开发企业特定业务计算的纳税调整额(填写 A105010)	*			
41	（五）合伙企业法人合伙人应分得的应纳税所得额				
42	（六）发行永续债利息支出				
43	（七）其他	*	*		

（二）房地产开发企业特定业务纳税调整明细表的填报

本表适用于发生房地产企业特定业务纳税调整项目的纳税人填报。纳税人根据税法、《国家税务总局关于印发〈房地产开发经营业务企业所得税处理办法〉的通知》（国税发〔2009〕31号）、《国家税务总局关于企业所得税有关问题的公告》（国家税务总局公告2016年第80号）等相关规定，以及国家统一企业会计制度，填报房地产企业销售未完工产品、未完工产品转完工产品特定业务的税收规定及纳税调整情况。

一、有关项目填报说明

21. 第21行"三、房地产开发企业特定业务计算的纳税调整额"：填报房地产企业发生销售未完工产品、未完工产品结转完工产品业务，按照税收规定计算的特定业务的纳税调整额。第1列"税收金额"填报第22行第1列减去第26行第1列的余额；第2列"纳税调整金额"等于第1列"税收金额"。

22. 第22行"（一）房地产企业销售未完工开发产品特定业务计算的纳税调整额"：填报房地产企业销售未完工开发产品取得销售收入，按税收规定计算的纳税调整额。第1列"税收金额"填报第24行第1列减去第25行第1列的余额；第2列"纳税调整金额"等于第1列"税收金额"。

23. 第23行"1.销售未完工产品的收入"：第1列"税收金额"填报房地产企业销售未完工开发产品，会计核算未进行收入确认的销售收入金额。

24. 第24行"2.销售未完工产品预计毛利额"：第1列"税收金额"填报房地产企业销售未完工产品取得的销售收入按税收规定预计计税毛利率计算的金额；第2列"纳税调整金额"等于第1列"税收金额"。

25. 第25行"3.实际发生的税金及附加、土地增值税"：第1列"税收金额"填报房地产企业销售未完工产品实际发生的税金及附加、土地增值税，且在会计核算中未计入当期损益的金额;第2列"纳税调整金额"等于第1列"税收金额"。

26. 第26行"(二)房地产企业销售的未完工产品转完工产品特定业务计算的纳税调整额":填报房地产企业销售的未完工产品转完工产品,按税收规定计算的纳税调整额。第1列"税收金额"填报第28行第1列减去第29行第1列的余额;第2列"纳税调整金额"等于第1列"税收金额"。

27. 第27行"1.销售未完工产品转完工产品确认的销售收入":第1列"税收金额"填报房地产企业销售的未完工产品,此前年度已按预计毛利额征收所得税,本年度结转为完工产品,会计上符合收入确认条件,当年会计核算确认的销售收入金额。

28. 第28行"2.转回的销售未完工产品预计毛利额":第1列"税收金额"填报房地产企业销售的未完工产品,此前年度已按预计毛利额征收所得税,本年结转完工产品,会计核算确认为销售收入,转回原按税收规定预计计税毛利率计算的金额;第2列"纳税调整金额"等于第1列"税收金额"。

29. 第29行"3.转回实际发生的税金及附加、土地增值税":填报房地产企业销售的未完工产品结转完工产品后,会计核算确认为销售收入,同时将对应实际发生的税金及附加、土地增值税转入当期损益的金额;第2列"纳税调整金额"等于第1列"税收金额"。

二、表内、表间关系

(一)表内关系

3. 第21行=第22—26行。
4. 第22行=第24—25行。
5. 第26行=第28—29行。

(二)表间关系

5. 第21行第1列=表A105000第40行第2列。
6. 若第21行第2列≥0,第21行第2列=表A105000第40行第3列;若第21行第2列<0,第21行第2列的绝对值=表A105000第40行第4列。

案例 12-1

某房地产开发企业,2×19年取得A项目预售收入1亿元,税金及附加500万元(会计未计入损益),管理费用200万元,销售费用200万元,财务费用100万元;2×20年A项目完工备案,成本6 000万元,管理费用100万元,销售费用100万元,财务费用50万元,同年又开发了B项目,取得预售收入8 000万元,税金及附加400万元(会计未计入损益),管理费用180万元,销售费用180万元,财务费用120万元。预计毛利率15%。

【解析】

(一)2×19年度涉税处理及纳税申报

第一步:填报《A105010视同销售和房地产开发企业特定业务纳税调整明细表》(见表12-6)。

将预售收入10 000万元填入《A105010视同销售和房地产开发企业特定业务纳税调整明细表》第23行"销售未完工产品的收入",将预计毛利额1 500(10 000×15%)万元,填入第24行"销售未完工产品预计毛利额",将税金及附加500万元填入第25行"实际发生的税金及附加、土地增值税"。

表 12-6　A105010 视同销售和房地产开发企业特定业务纳税调整明细表

单位：万元

行次	项目	税收金额 1	纳税调整金额 2
21	三、房地产开发企业特定业务计算的纳税调整额(22—26)	1 000	1 000
22	（一）房地产企业销售未完工开发产品特定业务计算的纳税调整额(24—25)	1 000	1 000
23	1. 销售未完工产品的收入	10 000	*
24	2. 销售未完工产品预计毛利额	1 500	1 500
25	3. 实际发生的税金及附加、土地增值税	500	500
26	（二）房地产企业销售的未完工产品转完工产品特定业务计算的纳税调整额(28—29)	0	0
27	1. 销售未完工产品转完工产品确认的销售收入	0	*
28	2. 转回的销售未完工产品预计毛利额	0	0
29	3. 转回实际发生的税金及附加、土地增值税	0	0

第二步：填报《A105000 纳税调整项目明细表》(表 12-7)。

表 12-7　A105000 纳税调整项目明细表

单位：万元

行次	项目	账载金额 1	税收金额 2	调增金额 3	调减金额 4
36	四、特殊事项调整项目(37+38+…+43)	*	*		
37	（一）企业重组及递延纳税事项(填写 A105100)				
38	（二）政策性搬迁(填写 A105110)	*	*		
39	（三）特殊行业准备金(填写 A105120)				
39.1	1. 保险公司保险保障基金				
39.2	2. 保险公司准备金				
39.3	其中：已发生未报案未决赔款准备金				
39.4	3. 证券行业准备金				
39.5	4. 期货行业准备金				
39.6	5. 中小企业融资(信用)担保机构准备金				
39.7	6. 金融企业、小额贷款公司准备金(填写 A105120)				
40	（四）房地产开发企业特定业务计算的纳税调整额(填写 A105010)	*	1 000	1 000	
41	（五）合伙企业法人合伙人应分得的应纳税所得额				
42	（六）发行永续债利息支出				
43	（七）其他	*	*		

第三步:自动生成主表。

(二)2×20年度涉税处理及纳税申报

A项目:将已转为完工收入的1亿元填入《A105010视同销售和房地产开发企业特定业务纳税调整明细表》第27行"销售未完工产品转完工产品确认的销售收入",将预计毛利额1 500万元填入第28行"转回的销售未完工产品预计毛利额",将税金及附加500万元填入第29行"转回实际发生的税金及附加、土地增值税。"

B项目:2×20年的B项目预售收入填报同2×19年。

第一步:填报《A105010视同销售和房地产开发企业特定业务纳税调整明细表》(表12-8)。

表12-8 A105010视同销售和房地产开发企业特定业务纳税调整明细表

单位:万元

行次	项目	税收金额	纳税调整金额
		1	2
21	三、房地产开发企业特定业务计算的纳税调整额(22—26)	−200	−200
22	(一)房地产企业销售未完工开发产品特定业务计算的纳税调整额(24—25)	800	800
23	1. 销售未完工产品的收入	8 000	*
24	2. 销售未完工产品预计毛利额	1 200	1 200
25	3. 实际发生的税金及附加、土地增值税	400	400
26	(二)房地产企业销售的未完工产品转完工产品特定业务计算的纳税调整额(28—29)	1 000	1 000
27	1. 销售未完工产品转完工产品确认的销售收入	10 000	*
28	2. 转回的销售未完工产品预计毛利额	1 500	1 500
29	3. 转回实际发生的税金及附加、土地增值税	500	500

第二步:填报《A105000纳税调整项目明细表》(表12-9)。

表12-9 A105000纳税调整项目明细表

单位:万元

行次	项目	账载金额	税收金额	调增金额	调减金额
		1	2	3	4
36	四、特殊事项调整项目(37+38+…+43)	*	*		
40	(四)房地产开发企业特定业务计算的纳税调整额(填写A105010)	*	−200		200

第三步:自动生成主表。

第二节 企业重组

扫码听课

一、政策概要

根据《财政部 国家税务总局关于企业重组业务企业所得税处理若干问题的通知》(财税〔2009〕59号)和《财政部 国家税务总局关于促进企业重组有关企业所得税处理问题的通知》(财税〔2014〕109号)规定,企业重组业务的税务处理如图12-16所示。

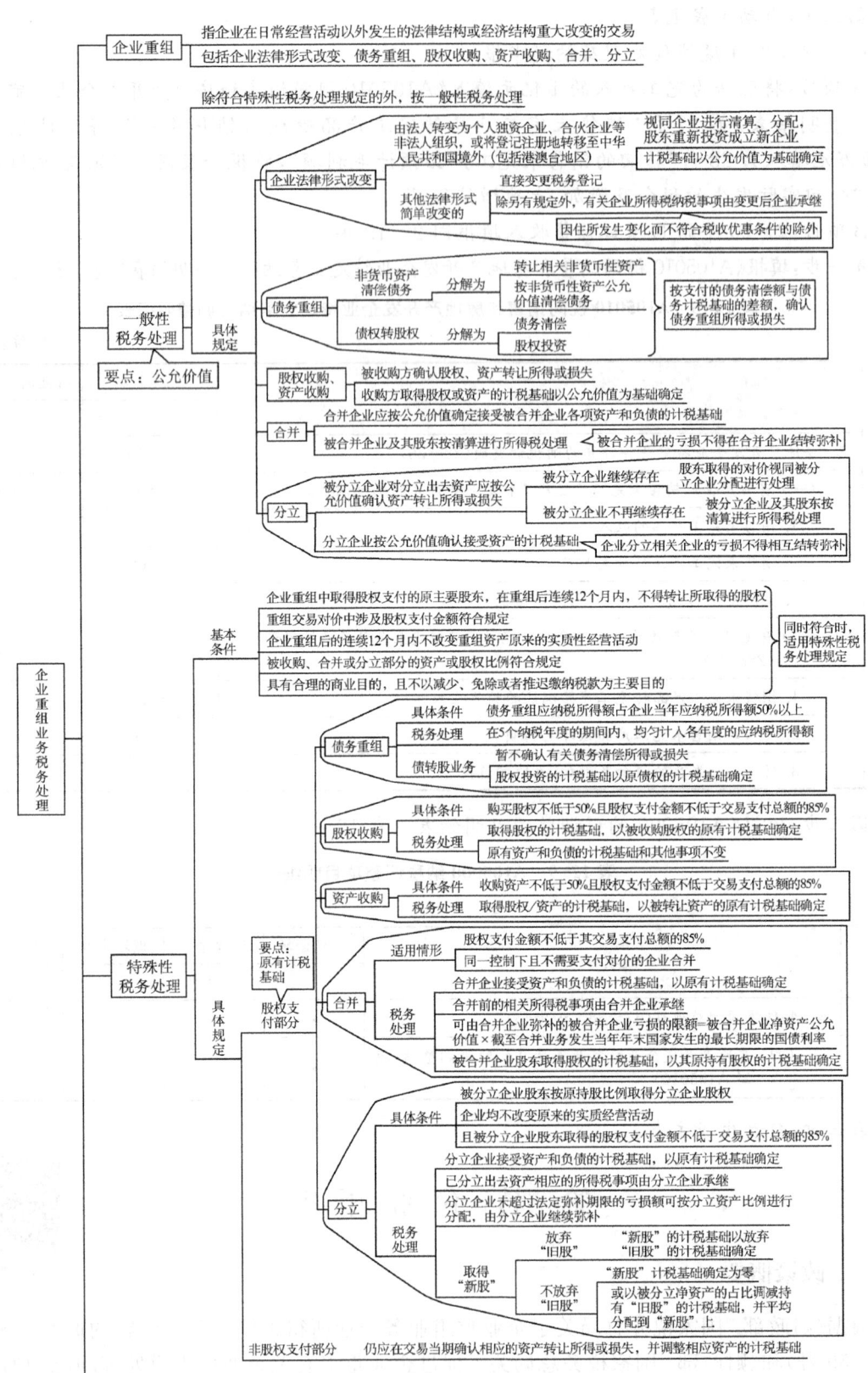

图 12-16　企业重组业务的税务处理

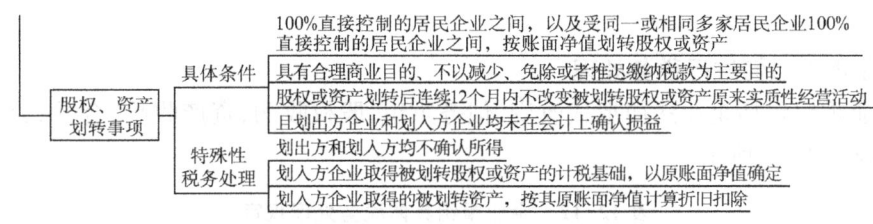

图 12-16 （续）

二、要点难点

37. 什么是企业重组

答：根据《财政部 国家税务总局关于企业重组业务企业所得税处理若干问题的通知》（财税〔2009〕59号）第一条，企业重组是指企业在日常经营活动以外发生的法律结构或经济结构重大改变的交易，包括企业法律形式改变、债务重组、股权收购、资产收购、合并、分立等。

企业重组的范围如表 12-10 所示。

表 12-10 企业重组的范围

项目	具体规定
企业法律形式改变	指企业注册名称、住所以及企业组织形式等的简单改变，但符合本通知规定其他重组的类型除外
债务重组	指在债务人发生财务困难的情况下，债权人按照其与债务人达成的书面协议或者法院裁定书，就其债务人的债务作出让步的事项
股权收购	指一家企业（收购企业）购买另一家企业（被收购企业）的股权，以实现对被收购企业控制的交易
资产收购	指一家企业（为受让企业）购买另一家企业（转让企业）实质经营性资产的交易
合并	指一家或多家企业（被合并企业）将其全部资产和负债转让给另一家现存或新设企业（合并企业），被合并企业股东换取合并企业的股权或非股权支付，实现两个或两个以上企业的依法合并
分立	指一家企业（被分立企业）将部分或全部资产分离转让给现存或新设的企业（分立企业），被分立企业股东换取分立企业的股权或非股权支付，实现企业的依法分立

38. 如何判断企业重组适用一般性税务处理还是特殊性税务处理

答：根据《财政部 国家税务总局关于企业重组业务企业所得税处理若干问题的通知》（财税〔2009〕59号）第三条至第六条，企业重组的税务处理区分不同条件分别适用一般性税务处理规定和特殊性税务处理规定。

具体适用条件如表 12-11 所示。

表 12-11 企业重组的一般性税务处理及特殊性税务处理

方法	相关规定
一般性税务处理	除符合适用特殊性税务处理规定的外，按一般性税务处理规定
特殊性税务处理	同时符合下列条件的，适用特殊性税务处理规定： (1) 具有合理的商业目的，且不以减少、免除或者推迟缴纳税款为主要目的 (2) 被收购、合并或分立部分的资产或股权比例符合本通知规定的比例 (3) 企业重组后的连续 12 个月内不改变重组资产原来的实质性经营活动 (4) 重组交易对价中涉及股权支付金额符合本通知规定比例 (5) 企业重组中取得股权支付的原主要股东，在重组后连续 12 个月内，不得转让所取得的股权

39. 企业重组如何进行税务处理

答：企业重组包括企业法律形式改变、债务重组、股权收购、资产收购、合并、分立等，具体税务处理如表12-12所示。

表12-12 企业重组具体税务处理规定

项目	一般性税务处理	特殊性税务处理（交易中的股权支付部分）
企业法律形式改变	1. 企业由法人转变为个人独资企业、合伙企业等非法人组织，或将登记注册地转移至中华人民共和国境外（包括港澳台地区），应视同企业进行清算、分配，股东重新投资成立新企业。企业的全部资产以及股东投资的计税基础均应以公允价值为基础确定 2. 企业发生其他法律形式简单改变的，可直接变更税务登记，除另有规定外，有关企业所得税纳税事项（包括亏损结转、税收优惠等权益和义务）由变更后企业承继，但因住所发生变化而不符合税收优惠条件的除外	不适用
债务重组	1. 以非货币资产清偿债务，应当分解为转让相关非货币性资产、按非货币性资产公允价值清偿债务两项业务，确认相关资产的所得或损失 2. 发生债权转股权的，应当分解为债务清偿和股权投资两项业务，确认有关债务清偿所得或损失 3. 债务人应当按照支付的债务清偿额低于债务计税基础的差额，确认债务重组所得；债权人应当按照收到的债务清偿额低于债权计税基础的差额，确认债务重组损失 4. 债务人的相关所得税纳税事项原则上保持不变	1. 企业债务重组确认的应纳税所得额占该企业当年应纳税所得额50%以上，可以在5个纳税年度的期间内，均匀计入各年度的应纳税所得额 2. 企业发生债权转股权业务，对债务清偿和股权投资两项业务暂不确认有关债务清偿所得或损失，股权投资的计税基础以原债权的计税基础确定 3. 企业的其他相关所得税事项保持不变
股权收购	1. 被收购方应确认股权、资产转让所得或损失 2. 收购方取得股权或资产的计税基础应以公允价值为基础确定 3. 被收购企业的相关所得税事项原则上保持不变	收购企业购买的股权不低于被收购企业全部股权的50%，且收购企业在该股权收购发生时的股权支付金额不低于其交易支付总额的85%，可以选择按以下规定处理： (1) 被收购企业的股东取得收购企业股权的计税基础，以被收购股权的原有计税基础确定 (2) 收购企业取得被收购企业股权的计税基础，以被收购股权的原有计税基础确定 (3) 收购企业、被收购企业的原有各项资产和负债的计税基础和其他相关所得税事项保持不变
资产收购		受让企业收购的资产不低于转让企业全部资产的50%，且受让企业在该资产收购发生时的股权支付金额不低于其交易支付总额的85%，可以选择按以下规定处理： (1) 转让企业取得受让企业股权的计税基础，以被转让资产的原有计税基础确定 (2) 受让企业取得转让企业资产的计税基础，以被转让资产的原有计税基础确定

(续表)

项目	一般性税务处理	特殊性税务处理(交易中的股权支付部分)
合并	1. 合并企业应按公允价值确定接受被合并企业各项资产和负债的计税基础 2. 被合并企业及其股东都应按清算进行所得税处理 3. 被合并企业的亏损不得在合并企业结转弥补	企业股东在该企业合并发生时取得的股权支付金额不低于其交易支付总额的85%,以及同一控制下且不需要支付对价的企业合并,可以选择按以下规定处理: (1) 合并企业接受被合并企业资产和负债的计税基础,以被合并企业的原有计税基础确定 (2) 被合并企业合并前的相关所得税事项由合并企业承继 (3) 可由合并企业弥补的被合并企业亏损的限额＝被合并企业净资产公允价值×截至合并业务发生当年年末国家发行的最长期限的国债利率 (4) 被合并企业股东取得合并企业股权的计税基础,以其原持有的被合并企业股权的计税基础确定
分立	1. 被分立企业对分立出去资产应按公允价值确认资产转让所得或损失 2. 分立企业应按公允价值确认接受资产的计税基础 3. 被分立企业继续存在时,其股东取得的对价应视同被分立企业分配进行处理 4. 被分立企业不再继续存在时,被分立企业及其股东都应按清算进行所得税处理 5. 企业分立相关企业的亏损不得相互结转弥补	被分立企业所有股东按原持股比例取得分立企业的股权,分立企业和被分立企业均不改变原来的实质经营活动,且被分立企业股东在该企业分立发生时取得的股权支付金额不低于其交易支付总额的85%,可以选择按以下规定处理: (1) 分立企业接受被分立企业资产和负债的计税基础,以被分立企业的原有计税基础确定 (2) 被分立企业已分立出去资产相应的所得税事项由分立企业承继 (3) 被分立企业未超过法定弥补期限的亏损额可按分立资产占全部资产的比例进行分配,由分立企业继续弥补 (4) 被分立企业的股东取得分立企业的股权(以下简称"新股"),如需部分或全部放弃原持有的被分立企业的股权(以下简称"旧股"),"新股"的计税基础应以放弃"旧股"的计税基础确定。如不需放弃"旧股",则其取得"新股"的计税基础可从以下两种方法中选择确定:直接将"新股"的计税基础确定为零;或者以被分立企业分立出去的净资产占被分立企业全部净资产的比例先调减原持有的"旧股"的计税基础,再将调减的计税基础平均分配到"新股"上

企业重组符合特殊性税务处理条件,重组交易各方按规定对交易中股权支付暂不确认有关资产的转让所得或损失的,其非股权支付仍应在交易当期确认相应的资产转让所得或损失,并调整相应资产的计税基础。

非股权支付对应的资产转让所得或损失＝(被转让资产的公允价值－被转让资产的计税基础)×(非股权支付金额÷被转让资产的公允价值)

📝 **政策依据**

一、《财政部 国家税务总局关于企业重组业务企业所得税处理若干问题的通知》(财税〔2009〕59号)第四条、第六条

二、《财政部 国家税务总局关于促进企业重组有关企业所得税处理问题的通知》(财税〔2014〕109号)

40. 股权、资产划转如何进行税务处理

答： 根据《财政部 国家税务总局关于促进企业重组有关企业所得税处理问题的通知》（财税〔2014〕109号）第三条，对100%直接控制的居民企业之间，以及受同一或相同多家居民企业100%直接控制的居民企业之间按账面净值划转股权或资产，相关条件及税务处理规定如表12-13所示。

表12-13　股权、资产划转的税务处理规定

条件	1. 具有合理商业目的，不以减少、免除或者推迟缴纳税款为主要目的 2. 股权或资产划转后连续12个月内不改变被划转股权或资产原来实质性经营活动 3. 划出方企业和划入方企业均未在会计上确认损益
税务处理	1. 划出方企业和划入方企业均不确认所得 2. 划入方企业取得被划转股权或资产的计税基础，以被划转股权或资产的原账面净值确定 3. 划入方企业取得的被划转资产，应按其原账面净值计算折旧扣除

41. 企业申报重组业务适用特殊性税务处理，应从几方面说明企业重组具有合理的商业目的

答： 企业重组业务适用特殊性税务处理的，申报时，应从以下方面逐条说明企业重组具有合理的商业目的：

（1）重组交易的方式；
（2）重组交易的实质结果；
（3）重组各方涉及的税务状况变化；
（4）重组各方涉及的财务状况变化；
（5）非居民企业参与重组活动的情况。

📝 **政策依据**

《国家税务总局关于企业重组业务企业所得税征收管理若干问题的公告》（国家税务总局公告2015年第48号）第五条

42. 债务人因财务困难，选择用资产抵债的方式偿还债务，如何进行企业所得税处理

答： 通过以资产抵债的方式抵消债务，应区分不同条件适用一般性税务处理和特殊性税务处理，具体规定如表12-14所示。

表12-14　以资产抵债的税务处理

税务处理方式	具体规定
一般性税务处理	分解为转让相关非货币性资产、按非货币性资产公允价值清偿债务两项业务，确认相关资产的所得或损失 债务人按照支付的债务清偿额低于债务计税基础的差额，确认债务重组所得；债权人按照收到的债务清偿额低于债权计税基础的差额，确认债务重组损失
特殊性税务处理	债务重组确认的应纳税所得额占该企业当年应纳税所得额50%以上，可以在5个纳税年度的期间内，均匀计入各年度的应纳税所得额

政策依据

《财政部 国家税务总局关于企业重组业务企业所得税处理若干问题的通知》(财税〔2009〕59号)第四条第二项、第六条第一项

四、企业重组,除符合本通知规定适用特殊性税务处理规定的外,按以下规定进行税务处理:

(二)企业债务重组,相关交易应按以下规定处理:

1. 以非货币资产清偿债务,应当分解为转让相关非货币性资产、按非货币性资产公允价值清偿债务两项业务,确认相关资产的所得或损失。

2. 发生债权转股权的,应当分解为债务清偿和股权投资两项业务,确认有关债务清偿所得或损失。

3. 债务人应当按照支付的债务清偿额低于债务计税基础的差额,确认债务重组所得;债权人应当按照收到的债务清偿额低于债权计税基础的差额,确认债务重组损失。

4. 债务人的相关所得税纳税事项原则上保持不变。

六、企业重组符合本通知第五条规定条件的,交易各方对其交易中的股权支付部分,可以按以下规定进行特殊性税务处理:

(一)企业债务重组确认的应纳税所得额占该企业当年应纳税所得额50%以上,可以在5个纳税年度的期间内,均匀计入各年度的应纳税所得额。

企业发生债权转股权业务,对债务清偿和股权投资两项业务暂不确认有关债务清偿所得或损失,股权投资的计税基础以原债权的计税基础确定。企业的其他相关所得税事项保持不变。

43. 如何理解企业重组业务符合特殊性税务处理条件,该重组业务确认的应纳税所得额占企业当年应纳税所得额的50%以上

答: 根据《财政部 国家税务总局关于企业重组业务企业所得税处理若干问题的通知》(财税〔2009〕59号)第六条规定,企业债务重组确认的应纳税所得额占该企业当年应纳税所得额50%以上,可以在5个纳税年度的期间内,均匀计入各年度的应纳税所得额。

根据第四条规定,以非货币资产清偿债务,应当分解为转让相关非货币性资产、按非货币性资产公允价值清偿债务两项业务,确认相关资产的所得或损失。其中,转让非货币性资产的所得为资产转让所得;按非货币性资产公允价值清偿债务,支付的债务清偿额低于债务计税基础的差额,确认为债务重组所得。

因此,企业债务重组确认的应纳税所得额占该企业应纳税所得额50%以上,不包含资产转让所得。

举例:A公司欠款1 000万元,以计税基础为500万元,公允价值为800万元的资产抵债。在该企业债务重组交易中,应确认资产转让所得300(800−500)万元,确认债务重组所得200(1 000−800)万元。在计算债务重组确认的应纳税所得额是否占企业应纳税所得额的50%以上时,应按照债务重组所得200万元计算。

44. 符合特殊性税务处理条件的债务重组业务,可采取5年递延纳税的重组所得中是否包含非股权支付部分

答: 符合特殊性税务处理条件的,企业债务重组确认的应纳税所得额占该企业当年应纳税所得额50%以上,股权支付部分可以在5个纳税年度的期间内,均匀计入各年度的应纳税所得额;非股权支付部分对应的所得应一次性确认所得或损失,具体处理如图12-17所示。

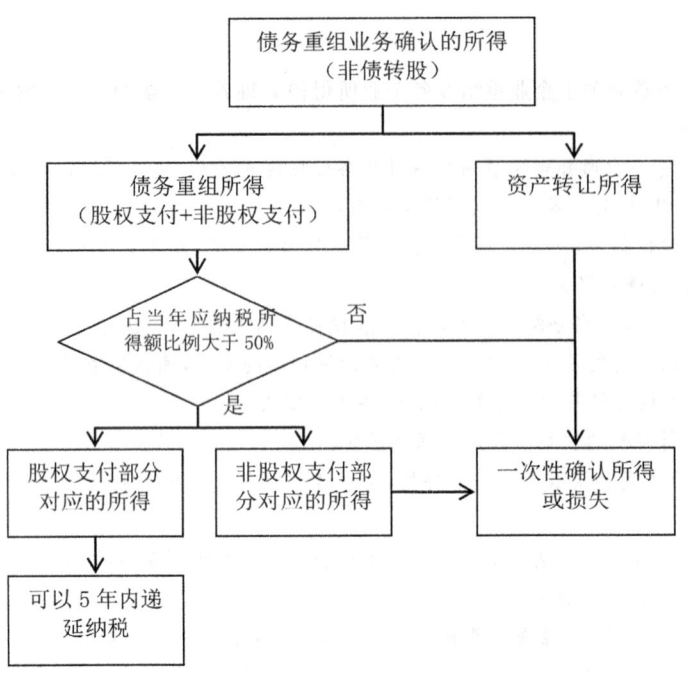

图 12-17 债务重组所得的确认

《财政部 国家税务总局关于企业重组业务企业所得税处理若干问题的通知》(财税〔2009〕59号)第六条第一项、第六项

企业重组符合本通知第五条规定条件的,交易各方对其交易中的股权支付部分,可以按以下规定进行特殊性税务处理:

(一)企业债务重组确认的应纳税所得额占该企业当年应纳税所得额50%以上,可以在5个纳税年度的期间内,均匀计入各年度的应纳税所得额。

……

(六)重组交易各方按本条(一)至(五)项规定对交易中股权支付暂不确认有关资产的转让所得或损失的,其非股权支付仍应在交易当期确认相应的资产转让所得或损失,并调整相应资产的计税基础。

非股权支付对应的资产转让所得或损失＝(被转让资产的公允价值－被转让资产的计税基础)×(非股权支付金额÷被转让资产的公允价值)

45. 以债转股的方式抵消债务,如何进行企业所得税处理

答:通过以债转股的方式抵消债务,应区分不同条件适用一般性税务处理和特殊性税务处理,具体规定如表12-15所示。

表 12-15 债转股的税务处理

处理方式	具体规定
一般性税务处理	分解为债务清偿和股权投资两项业务,确认有关债务清偿所得或损失 债务人按照支付的债务清偿额低于债务计税基础的差额,确认债务重组所得 债权人按照收到的债务清偿额低于债权计税基础的差额,确认债务重组损失

(续表)

处理方式	具体规定
特殊性税务处理	对债务清偿和股权投资两项业务暂不确认有关债务清偿所得或损失,股权投资的计税基础以原债权的计税基础确定

《财政部 国家税务总局关于企业重组业务企业所得税处理若干问题的通知》(财税〔2009〕59号)第四条、第六条

46. 债转股业务中,债权人放弃其对债务人价值100债权,转为对债务人的股权(公允价值为120),是否属于债务重组的范围,应如何进行税务处理

答: 根据《财政部 国家税务总局关于企业重组业务企业所得税处理若干问题的通知》(财税〔2009〕59号)第一条,债务重组,是指在债务人发生财务困难的情况下,债权人按照其与债务人达成的书面协议或者法院裁定书,就其债务人的债务作出让步的事项。

债权人放弃其对债务人价值100债权,转为对债务人的股权(公允价值为120),债权人未作出让步,债权人的债权及债务人的债务均未减少,债权人和债务人相互间的经济利益未发生改变,不涉及纳税所得的变化,因此不属于债务重组的范围。

债权人多取得的20股权(经济利益流入)属于债权人无偿取得的,应视为接受捐赠收入计入当期纳税所得,计征企业所得税。

来源:国家税务总局北京市税务局《企业所得税实务操作政策指引》。

47. 企业重组涉及股权收购,被合并企业股东可否是自然人

答: 企业重组中的股权收购和企业合并属于不同类型的重组,应根据重组类型进行判定。股权收购中转让方、合并中被合并企业股东、分立中被分立企业股东,可以是自然人。

来源:国家税务总局12366答疑。

《国家税务总局关于企业重组业务企业所得税征收管理若干问题的公告》(国家税务总局公告2015年第48号)第一条

一、按照重组类型,企业重组的当事各方是指:
(一)债务重组中当事各方,指债务人、债权人。
(二)股权收购中当事各方,指收购方、转让方及被收购企业。
(三)资产收购中当事各方,指收购方、转让方。
(四)合并中当事各方,指合并企业、被合并企业及被合并企业股东。
(五)分立中当事各方,指分立企业、被分立企业及被分立企业股东。
上述重组交易中,股权收购中转让方、合并中被合并企业股东和分立中被分立企业股东,可以是自然人。
当事各方中的自然人应按个人所得税的相关规定进行税务处理。

48. 企业重组业务中,债转股的转股范围是否包括债务人持有的其他公司的股权

答: 企业发生的债权转股权业务,可以分解为债务人偿还所欠债务和债权人以债务人偿还的债务再对债务人进行投资两项经济业务,债权人的投资对象是债务人而不是债务人持有的其他公司,因此债转股的转股范围不包括债务人持有的其他公司股权。

政策依据

《财政部 国家税务总局关于企业重组业务企业所得税处理若干问题的通知》(财税〔2009〕59号)第四条

49. 企业重组业务中股权支付的范围如何界定

举例:(1) A公司以其持有的A1公司80%的股份作为全部交易对价(A公司持有A1公司80%股份,剩余20%股份为另外一家公司持有)收购B公司60%股份,是否符合股权支付的定义?

(2) 许多交易中,股权转让会涉及以收购方A的母公司——甲公司的股权作为对价支付,是否属于"股权支付"的范围?

答: 股权支付,是指企业重组中购买、换取资产的一方支付的对价中,以本企业或其控股企业的股权、股份作为支付的形式。其中,控股企业,是指由本企业直接持有股份的企业。

(1) A公司以其持有的A1公司80%的股份作为交易对价符合财税〔2009〕59号关于股权支付的定义,属于股权支付。

(2) 按照现有政策规定,对于以收购方企业A的母公司甲的股权作为对价支付的,不作为收购方企业A的股权支付。

政策依据

一、《财政部 国家税务总局关于企业重组业务企业所得税处理若干问题的通知》(财税〔2009〕59号)第二条

本通知所称股权支付,是指企业重组中购买、换取资产的一方支付的对价中,以本企业或其控股企业的股权、股份作为支付的形式。

二、《国家税务总局关于发布〈企业重组业务企业所得税管理办法〉的公告》(国家税务总局公告2010年第4号)第六条

《通知》第二条所称控股企业,是指由本企业直接持有股份的企业。

50. 企业重组特殊性税务处理中,债权人是否有必要分5个纳税年度扣除债务重组损失

答: 根据《财政部 国家税务总局关于企业重组业务企业所得税处理若干问题的通知》(财税〔2009〕59号)第六条,企业债务重组确认的应纳税所得额占该企业当年应纳税所得额50%以上,可以在5个纳税年度的期间内,均匀计入各年度的应纳税所得额。在债务重组特殊性税务处理中,考虑到债务人由于财务困难且债务重组所得较高,造成缺少纳税所必要的现金,因此在税收上给予分期(五年)纳税的政策。

而对于债权人而言,其发生的债务重组损失一次性税前扣除对其没有实质影响,如果形成亏损,可以用以后年度所得弥补,最长弥补年限为五年(高新技术企业和科技型中小企业为十年),因此没有必要将债务重组损失再分五个纳税年度扣除。

来源:国家税务总局北京市税务局《企业所得税实务操作政策指引》。

51. 跨境资产重组能否使用特殊性税务处理

举例：公司计划将持有境外 A 公司的股权，投资于境外 100% 控股的子公司 B，请问该股权转让收益是否适用特殊性税务处理如果适用，应如何进行税务处理

答：企业重组同时符合图 12-18 所列条件的，适用特殊性税务处理规定；企业发生涉及境内与境外之间的股权和资产收购交易，同时符合"居民企业以其拥有的资产或股权向其100％直接控股的非居民企业进行投资"条件的，可选择适用特殊性税务处理，其资产或股权转让收益可以在 10 个纳税年度内均匀计入各年度应纳税所得额。

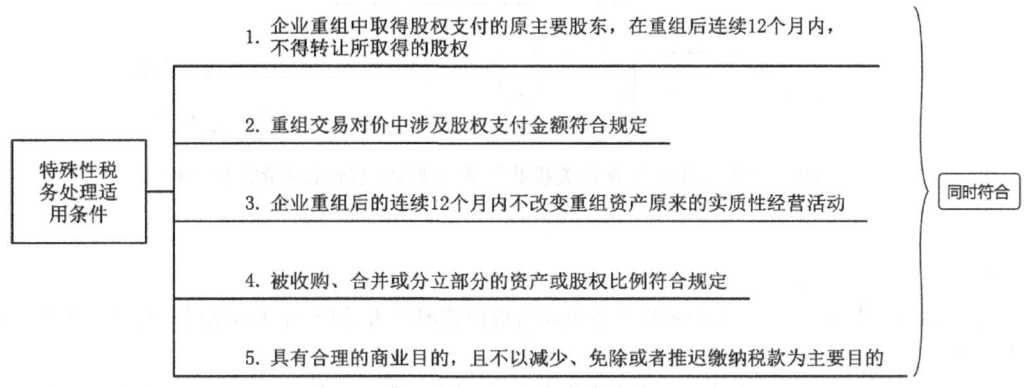

图 12-18 特殊性税务处理适用条件

《财政部 国家税务总局关于企业重组业务企业所得税处理若干问题的通知》(财税〔2009〕59号）第五条、第七条、第八条

第五条 企业重组同时符合下列条件的，适用特殊性税务处理规定。

......

第七条 企业发生涉及中国境内与境外之间（包括港澳台地区）的股权和资产收购交易，除应符合本通知第五条规定的条件外，还应同时符合下列条件，才可选择适用特殊性税务处理规定：

（一）非居民企业向其100％直接控股的另一非居民企业转让其拥有的居民企业股权，没有因此造成以后该项股权转让所得预提税负担变化，且转让方非居民企业向主管税务机关书面承诺在 3 年（含 3 年）内不转让其拥有受让方非居民企业的股权；

（二）非居民企业向与其具有100％直接控股关系的居民企业转让其拥有的另一居民企业股权；

（三）居民企业以其拥有的资产或股权向其100％直接控股的非居民企业进行投资；

（四）财政部、国家税务总局核准的其他情形。

第八条 本通知第七条第（三）项所指的居民企业以其拥有的资产或股权向其100％直接控股关系的非居民企业进行投资，其资产或股权转让收益如选择特殊性税务处理，可以在 10 个纳税年度内均匀计入各年度应纳税所得额。

52. 企业合并或分立，适用一般性税务处理时，当事方有关税收优惠政策如何执行或继承

答：企业合并或分立，当事方有关税收优惠政策的执行或继承的具体税务处理规定如图 12-19 所示。

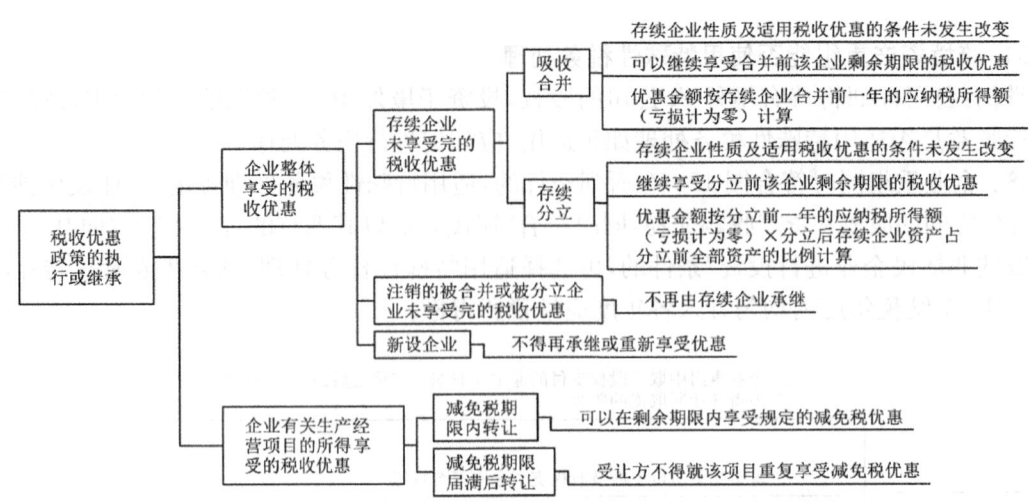

图 12-19　企业合并或分立有关税收优惠政策的执行或继承的税务处理

一、国家税务总局关于发布〈企业重组业务企业所得税管理办法〉的公告》（国家税务总局公告 2010 年第 4 号）第十五条

企业合并或分立，合并各方企业或分立企业涉及享受《税法》第五十七条规定中就企业整体（即全部生产经营所得）享受的税收优惠过渡政策尚未期满的，仅就存续企业未享受完的税收优惠，按照《财政部　国家税务总局关于企业重组业务企业所得税处理若干问题的通知》（财税〔2009〕59 号）第九条的规定执行；注销的被合并或被分立企业未享受完的税收优惠，不再由存续企业承继；合并或分立而新设的企业不得再承继或重新享受上述优惠。合并或分立各方企业按照《税法》的税收优惠规定和税收优惠过渡政策中就企业有关生产经营项目的所得享受的税收优惠承继问题，按照《实施条例》第八十九条规定执行。

二、《财政部　国家税务总局关于企业重组业务企业所得税处理若干问题的通知》（财税〔2009〕59 号）第九条

在企业吸收合并中，合并后的存续企业性质及适用税收优惠的条件未发生改变的，可以继续享受合并前该企业剩余期限的税收优惠，其优惠金额按存续企业合并前一年的应纳税所得额（亏损计为零）计算。

在企业存续分立中，分立后的存续企业性质及适用税收优惠的条件未发生改变的，可以继续享受分立前该企业剩余期限的税收优惠，其优惠金额按该企业分立前一年的应纳税所得额（亏损计为零）乘以分立后存续企业资产占分立前该企业全部资产的比例计算。

三、《中华人民共和国企业所得税法实施条例》第八十九条

依照本条例第八十七条和第八十八条规定享受减免税优惠的项目，在减免税期限内转让的，受让方自受让之日起，可以在剩余期限内享受规定的减免税优惠；减免税期限届满后转让的，受让方不得就该项目重复享受减免税优惠。

三、申报实务

企业重组及递延纳税事项纳税调整明细表适用于发生企业重组、非货币性资产对外投资、技术入股等业务的纳税人填报。纳税人发生企业重组事项的，在企业重组日所属纳税年度分析填报。纳税人根据税法、《财政部　国家税务总局关于企业重组业务企业所得税处理若干问题的通知》（财税〔2009〕59 号）、《国家税务总局关于发布〈企业重组业务企业所得税管理办法〉的公告》（国家税务总局公告 2010 年第 4 号）、《财政部　国家税务总局关于中

国(上海)自由贸易试验区内企业以非货币性资产对外投资等资产重组行为有关企业所得税政策问题的通知》(财税〔2013〕91号)、《财政部 国家税务总局关于非货币性资产投资企业所得税政策问题的通知》(财税〔2014〕116号)、《财政部 国家税务总局关于促进企业重组有关企业所得税处理问题的通知》(财税〔2014〕109号)、《国家税务总局关于非货币性资产投资企业所得税有关征管问题的公告》(国家税务总局公告2015年第33号)、《国家税务总局关于资产(股权)划转企业所得税征管问题的公告》(国家税务总局公告2015年第40号)、《国家税务总局关于企业重组业务企业所得税征收管理若干问题的公告》(国家税务总局公告2015年第48号)、《财政部 国家税务总局关于完善股权激励和技术入股有关所得税政策的通知》(财税〔2016〕101号)、《国家税务总局关于股权激励和技术入股所得税征管问题的公告》(国家税务总局公告2016年第62号)等相关规定,以及国家统一企业会计制度,填报企业重组、非货币资产对外投资、技术入股等业务的会计核算及税收规定,以及纳税调整情况。对于发生债务重组业务且选择特殊性税务处理(即债务重组所得可以在5个纳税年度均匀计入应纳税所得额)的纳税人,重组日所属纳税年度的以后纳税年度,也在本表进行债务重组的纳税调整。除上述债务重组所得可以分期确认应纳税所得额的企业重组外,其他涉及资产计税基础与会计核算成本差异调整的企业重组,本表不作调整,在《资产折旧、摊销及纳税调整明细表》(A105080)进行纳税调整。

一、有关项目填报说明

(一) 行次填报

1. 第1行"一、债务重组":填报企业发生债务重组业务的相关金额。

2. 第2行"其中:以非货币性资产清偿债务":填报企业发生以非货币性资产清偿债务的债务重组业务的相关金额。

3. 第3行"债转股":填报企业发生债权转股权的债务重组业务的相关金额。

4. 第4行"二、股权收购":填报企业发生股权收购重组业务的相关金额。

5. 第5行"其中:涉及跨境重组的股权收购":填报企业发生涉及中国境内与境外之间、内地与港澳之间、大陆与台湾地区之间的股权收购交易重组业务的相关金额。

6. 第6行"三、资产收购":填报企业发生资产收购重组业务的相关金额。

7. 第7行"其中:涉及跨境重组的资产收购":填报企业发生涉及中国境内与境外之间、内地与港澳之间、大陆与台湾地区之间的资产收购交易重组业务的相关金额。

8. 第8行"四、企业合并":填报第9行和第10行的合计金额。

9. 第9行"(一)同一控制下企业合并":填报企业发生同一控制下企业合并重组业务的相关金额。

10. 第10行"(二)非同一控制下企业合并":填报企业发生非同一控制下企业合并重组业务的相关金额。

11. 第11行"五、企业分立":填报企业发生非同一控制下企业分立重组业务的相关金额。

12. 第12行"六、非货币性资产对外投资":填报企业发生非货币性资产对外投资的相关金额,符合《财政部 国家税务总局关于非货币性资产投资企业所得税政策问题的通知》(财税〔2014〕116号)和《国家税务总局关于非货币性资产投资企业所得税有关征管问题的公告》(国家税务总局公告2015年第33号)规定执行递延纳税政策的填写"特殊性税务处理(递延纳税)"相关列次。

13. 第13行"七、技术入股":填报企业以技术成果投资入股到境内居民企业,被投资企业支付对价全部为股票(权)的技术入股业务的相关金额,符合《财政部 国家税务总局关于完善股权激励和技术入股有关所得税政策的通知》(财税〔2016〕101号)、《国家税务总局关于股权激励和技术入股所得税征管问题的公告》(国家税务总局公告2016年第62号)规定适用递延纳税政策的填写"特殊性税务处理(递延纳税)"相关列次。

14. 第14行"八、股权划转、资产划转":填报企业发生资产(股权)划转业务的相关金额。

(二) 列次填报

本表数据栏设置"一般性税务处理""特殊性税务处理(递延纳税)"两大栏次,纳税人应根据企业重组所适用的税务处理办法,分别按照企业重组类型进行累计填报,损失以"一"号填列。

1. 第1列"一般性税务处理——账载金额":填报企业重组适用一般性税务处理或企业未发生递延纳税业务,会计核算确认的企业损益金额。

2. 第2列"一般性税务处理——税收金额":填报企业重组适用一般性税务处理或企业未发生递延纳税业务,按税收规定确认的所得(或损失)。

3. 第3列"一般性税务处理——纳税调整金额":填报企业重组适用一般性税务处理或企业未发生递延纳税业务,按税收规定确认的所得(或损失)与会计核算确认的损益金额的差,为第2-1列的余额。

4. 第4列"特殊性税务处理(递延纳税)—账载金额":填报企业重组适用特殊性税务处理或企业发生递延纳税业务,会计核算确认的损益金额。

5. 第5列"特殊性税务处理(递延纳税)—税收金额":填报企业重组适用特殊性税务处理或企业发生递延纳税业务,按税收规定确认的所得(或损失)。

6. 第6列"特殊性税务处理(递延纳税)—纳税调整金额":填报企业重组适用特殊性税务处理或企业发生递延纳税业务,按税收规定确认的所得(或损失)与会计核算确认的损益金额的差额,为第5-4列的余额。

7. 第7列"纳税调整金额":填报第3+6列的合计金额。

二、表内、表间关系

(一) 表内关系

1. 第8行=第9+10行。
2. 第16行=第1+4+6+8+11+12+13+14+15行。
3. 第3列=第2-1列。
4. 第6列=第5-4列。
5. 第7列=第3+6列。

(二) 表间关系

1. 第16行第1+4列=表A105000第37行第1列。
2. 第16行第2+5列=表A105000第37行第2列。
3. 若第16行第7列≥0,第16行第7列=表A105000第37行第3列;若第16行第7列<0,第16行第7列的绝对值=表A105000第37行第4列。

案例 12-2

鸿运公司(债务人)欠前进公司(债权人)购货款300万元,由于鸿运公司发生财务困难,短时间内无法偿付该笔货款,2×20年10月8日,经双方协商同意,采用鸿运公司所欠债务转为鸿运公司股本的方式进行债务重组,假定鸿运公司普通股的面值为1元,鸿运公司以100万股抵偿该项债务,重组日鸿运公司股票每股市价为2.5元。股票登记手续已办理完毕,前进公司对其作为长期股权投资处理。(假定该债务重组符合合理商业目的条件)

【思路导航】

股票每股市价与面值之间的差额是否计入当前损益?是否作为应纳税所得额?

【解析】

1. 鸿运公司会计处理

借:应付账款	3 000 000
贷:股本	1 000 000
资本公积——股本溢价	1 500 000
营业外收入——债务重组利得	500 000

2. 税务处理

企业发生债权转股权业务,符合财税〔2009〕59号文件所规定的"具有合理的商业目的"等特殊税务处理条件,对债务清偿和股权投资两项业务暂不确认有关债务清偿所得或损失,股权投资的计税基础以原债权的计税基础确定。企业的其他相关所得税事项保持不变。鸿运公司债务重组符合且选择特殊性税务处理。当年应计入所得额的债务重组收益为0元。

3. 2×20年度鸿运公司企业所得税汇算清缴填报示范

第一步:填报《A101010 一般企业收入明细表》(表12-16)。

表12-16　A101010 一般企业收入明细表

单位:元

行次	项目	金额
16	二、营业外收入(17+18+19+20+21+22+23+24+25+26)	
19	(三)债务重组利得	500 000

第二步:填报《A105110 企业重组及递延纳税事项纳税调整明细表》(表12-17)。

表12-17　A105100 企业重组及递延纳税事项纳税调整明细表

单位:元

行次	项目	一般性税务处理			特殊性税务处理 (递延纳税)			纳税调整金额
		账载金额	税收金额	纳税调整金额	账载金额	税收金额	纳税调整金额	
		1	2	3(2−1)	4	5	6(5−4)	7(3+6)
1	一、债务重组							
2	其中:以非货币性资产清偿债务							
3	债转股	0	0	0	500 000	0	−500 000	−500 000
4	二、股权收购							
5	其中:涉及跨境重组的股权收购							

(续表)

行次	项目	一般性税务处理			特殊性税务处理（递延纳税）			纳税调整金额
		账载金额	税收金额	纳税调整金额	账载金额	税收金额	纳税调整金额	
		1	2	3(2-1)	4	5	6(5-4)	7(3+6)
6	三、资产收购							
7	其中：涉及跨境重组的资产收购							
8	四、企业合并(9+10)							
9	(一)同一控制下企业合并							
10	(二)非同一控制下企业合并							
11	五、企业分立							
12	六、非货币性资产对外投资							
13	七、技术入股							
14	八、股权划转、资产划转							
15	九、其他							
16	合计(1+4+6+8+11+12+13+14+15)	0	0	0	500 000	0	-500 000	-500 000

第三步：填报《A105000 纳税调整项目明细表》（表12-18）。

表12-18　A105000 纳税调整项目明细表

单位：元

行次	项目	账载金额	税收金额	调增金额	调减金额
		1	2	3	4
36	四、特殊事项调整项目(37+38+…+43)	*	*		
37	(一)企业重组及递延纳税事项(填写 A105100)	500 000	0	0	500 000
38	(二)政策性搬迁(填写 A105110)	*	*		
39	(三)特殊行业准备金(填写 A105120)				
39.1	1. 保险公司保险保障基金				
39.2	2. 保险公司准备金				
39.3	其中：已发生未报案未决赔款准备金				
39.4	3. 证券行业准备金				
39.5	4. 期货行业准备金				
39.6	5. 中小企业融资(信用)担保机构准备金				
39.7	6. 金融企业、小额贷款公司准备金(填写 A105120)				
40	(四)房地产开发企业特定业务计算的纳税调整额(填写 A105010)	*			
41	(五)合伙企业法人合伙人应分得的应纳税所得额				

(续表)

行次	项目	账载金额	税收金额	调增金额	调减金额
		1	2	3	4
42	（六）发行永续债利息支出				
43	（七）其他	*	*		

第四步：自动生成主表相关行次数据。

前进公司（债权人）会计处理

借：长期股权投资——鸿运公司　　　　　　　　　　　　　　　2 500 000
　　营业外支出　　　　　　　　　　　　　　　　　　　　　　　500 000
　　贷：应收账款——鸿运公司　　　　　　　　　　　　　　　　　　3 000 000

甲公司和乙公司同为 M 集团的子公司，2×20 年 5 月 1 日，甲公司以无形资产和固定资产作为合并对价取得 M 集团持有的乙公司 80% 的表决权股份。无形资产原值为 1 000 万元，累计摊销额为 200 万元，公允价值为 2 000 万元；固定资产原值为 300 万元，累计折旧额为 100 万元，公价值为 200 万元。合并日乙公司相对于 M 集团而言的所有者权益账面价值为 2 000 万元（与计税基础一致），可辨认净资产的公价值为 2 750 万元。（不考虑相关税费）

【思路导航】

1. 甲公司对乙公司的投资是否为同一控制下企业合并取得长期股权投资？
2. 此项业务是否为股权收购？是否符合特殊税务处理条件？
3. 甲公司取得长期股权投资的账面价值与计税基础一致吗？

【解析】

1. 甲公司会计处理

借：长期股权投资——乙公司　　　　　　　　　　　　　　　16 000 000
　　累计摊销　　　　　　　　　　　　　　　　　　　　　　　2 000 000
　　贷：无形资产　　　　　　　　　　　　　　　　　　　　　　10 000 000
　　　　固定资产清理　　　　　　　　　　　　　　　　　　　　2 000 000
　　　　资本公积——股本溢价　　　　　　　　　　　　　　　　6 000 000

2. 税务处理

由于甲公司购买了乙公司 80% 的表决权股份，实现了对乙公司的控制，所以属于财税〔2009〕59 号文件股权收购的定义。虽然股权收购比例大于税法规定的 50%（财税〔2014〕109 号文件调整为 50%），但是由于甲企业支付对价的形式是无形资产、固定资产等非股权支付，所以不符合特殊性税务处理的条件，只能按照一般性税务处理。

（2）M 集团会计处理：

借：无形资产　　　　　　　　　　14 545 455（16 000 000×2 000÷2 200）
　　固定资产　　　　　　　　　　　　　　　　　　　　　　　1 454 545
　　贷：长期股权投资——乙公司　　　　　　　　　　　　　　16 000 000

税务处理：M 集团与甲公司应采用一致的税务处理方法，由上述分析可知，该项重组业务不符合特殊性税务处理的条件,只能按一般性税务处理。M集团应以公允价值确认股权转让收入,扣除其计税基础,计算股权转让所得。取得的无形资产、固定资产均以公允价值确认计税基础。

3. 2×20年度M集企业所得税汇算清缴填报示范

第一步:填报《A105100 企业重组及递延纳税事项纳税调整明细表》(表12-19)。

表12-19　A105100 企业重组及递延纳税事项纳税调整明细表

单位:元

行次	项目	一般性税务处理			特殊性税务处理（递延纳税）			纳税调整金额
		账载金额	税收金额	纳税调整金额	账载金额	税收金额	纳税调整金额	
		1	2	3(2－1)	4	5	6(5－4)	7(3+6)
4	二、股权收购	0	6 000 000	6 000 000				

第二步:填报《A105000 纳税调整项目明细表》(表12-20)。

表12-20　A105000 纳税调整项目明细表

单位:元

行次	项目	账载金额	税收金额	调增金额	调减金额
		1	2	3	4
36	四、特殊事项调整项目(37+38+…+43)	*	*		
37	(一)企业重组及递延纳税事项(填写A105100)	0	6 000 000	6 000 000	0

第三步:自动生成主表相应行次数据。

注意:甲公司取得的此项长期股权投资的计税基础为2 200万元(公允价值),账面成本为1 600万元,这项差异将在未来处置、转让时进行调整。

12-4

2×20年10月8日,A公司向同一控制下W公司定向增发152万股(账面价值1元/股,市场价格4元/股)普通股和支付152万元人民币,购买其持有的B公司80%的股权,B公司的法人资格保留,A公司、B公司执行的会计政策一致,企业适用的所得税税率为25%。收购日,B公司所有者权益账面价值为500万元(相对于最终控制方的账面价值),B公司可辨认净资产的公允价值为950万元。

【思路导航】

1. 交易的当事方包括哪些?
2. 是否符合特殊税务处理的条件?
3. A公司取得长期股权投资的账面价值与计税基础一致吗?

【解析】

1. A公司

借:长期股权投资——B公司　　　　　　　　　　　　　　　　4 000 000
　　贷:实收资本　　　　　　　　　　　　　　　　　　　　　1 520 000
　　　　资本公积——股本溢价　　　　　　　　　　　　　　　　960 000
　　　　银行存款　　　　　　　　　　　　　　　　　　　　　1 520 000

税务处理:A 公司购买了 B 公司 80%的股权,大于税法规定的 50%,但其股权支付额占支付总额的比例为 80%,小于税法规定的 85%。不符合特殊性税务处理规定,应采用一般性税务处理。

A 公司购买的股权计税基础的公允价值为 760 万元,账面价值为 400 万元,计税基础大于账面价值,属于可抵扣暂时性差异。

2. W 公司

借:银行存款　　　　　　　　　　　　　　　　　　　　　　　　1 520 000
　　长期股权投资——A 公司　　　　　　　　　　　　　　　　　2 480 000
　　贷:长期股权投资——B 公司　　　　　　　　　　　　　　　　　　4 000 000

税务处理:W 公司与 A 公司采用一致的税务处理方法,根据上述分析可知该重组业务不符合特殊性税务处理规定,应采用一般性税务处理。W 公司应按股权公允价值和账面价值的差额,确认股权转让所得,调增应纳税所得额为 360 万元(760－400)。

3. 2×20 年度 W 公司企业所得税汇算清缴填报示范

第一步:填报《A105100 企业重组及递延纳税事项纳税调整明细表》(表 12-21)。

表 12-21　A105100 企业重组及递延纳税事项纳税调整明细表

单位:元

行次	项目	一般性税务处理			特殊性税务处理 (递延纳税)			纳税调整金额
		账载金额	税收金额	纳税调整金额	账载金额	税收金额	纳税调整金额	
		1	2	3(2－1)	4	5	6(5－4)	7(3+6)
4	二、股权收购	0	3600 000	3600 000				

第二步:填报《A105000 纳税调整项目明细表》(表 12-22)。

表 12-22　A105000　纳税调整项目明细表

单位:元

行次	项目	账载金额	税收金额	调增金额	调减金额
		1	2	3	4
36	四、特殊事项调整项目(37＋38＋…＋43)	*	*		
37	(一)企业重组及递延纳税事项(填写 A105100)	0	3600 000	3600 000	0

第三步:自动生成主表相关行次数据。

第三节　政策性搬迁

扫码听课

一、政策概要

根据《国家税务总局关于发布〈企业政策性搬迁所得税管理办法〉的公告》(国家税务总局公告 2012 年第 40 号)、《国家税务总局关于企业政策性搬迁所得税有关问题的公告》(国家税务总局公告 2013 年第 11 号)规定,企业政策性搬迁税务处理的具体规定如图 12-20 所示。

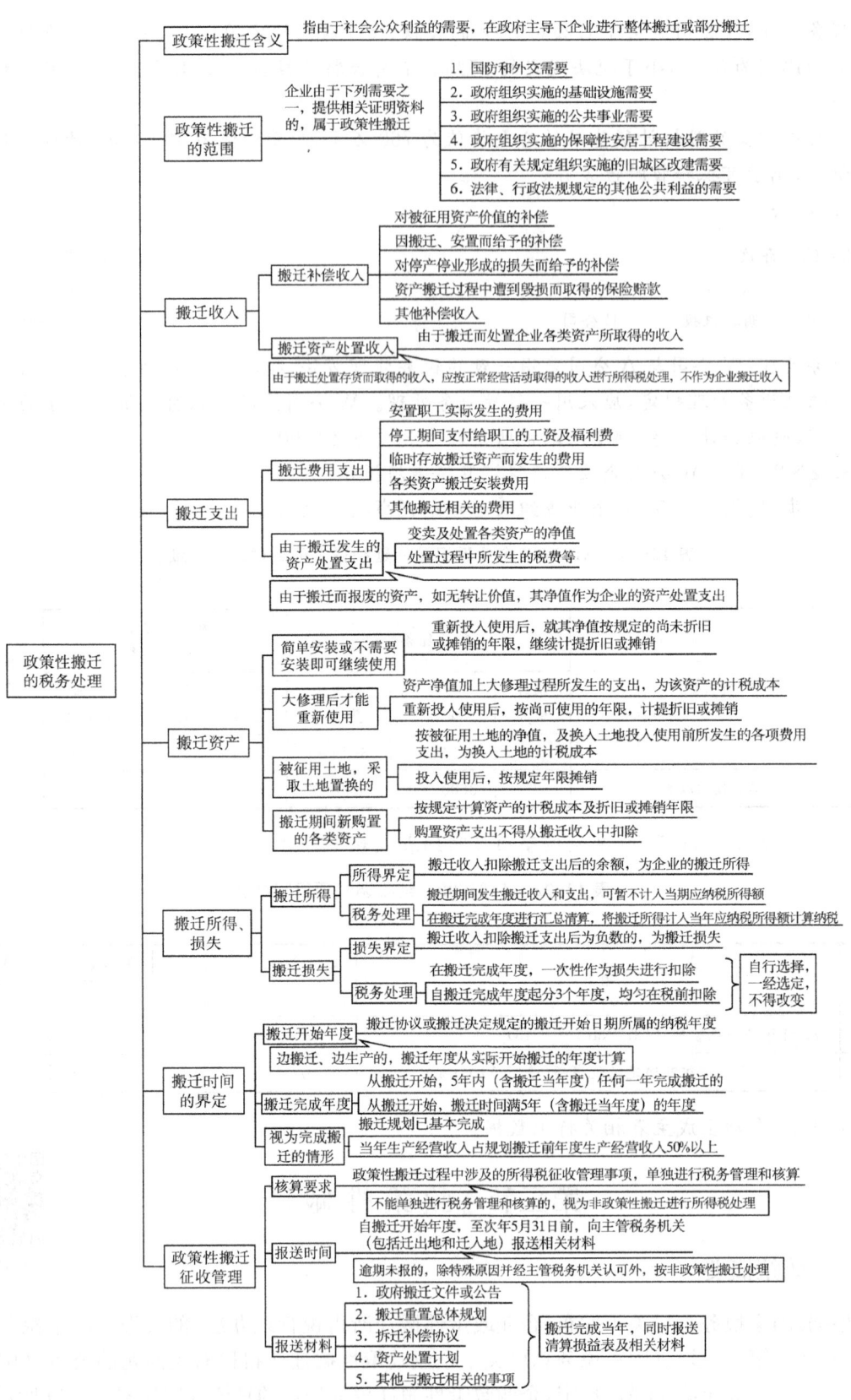

图 12-20　企业政策性搬迁的税务处理

二、要点难点

53. 企业因哪些原因发生的搬迁行为属于政策性搬迁

答： 企业政策性搬迁，是指由于社会公共利益的需要，在政府主导下企业进行整体搬迁或部分搬迁。企业由于下列需要之一，提供相关文件证明资料的，属于政策性搬迁：

（1）国防和外交的需要；

（2）由政府组织实施的能源、交通、水利等基础设施的需要；

（3）由政府组织实施的科技、教育、文化、卫生、体育、环境和资源保护、防灾减灾、文物保护、社会福利、市政公用等公共事业的需要；

（4）由政府组织实施的保障性安居工程建设的需要；

（5）由政府依照《中华人民共和国城乡规划法》有关规定组织实施的对危房集中、基础设施落后等地段进行旧城区改建的需要；

（6）法律、行政法规规定的其他公共利益的需要。

政策依据

《国家税务总局关于发布〈企业政策性搬迁所得税管理办法〉的公告》（国家税务总局公告 2012 年第 40 号）第三条

54. 政策性搬迁的搬迁收入、搬迁支出包含哪些

答： 搬迁收入及搬迁支出的内容如图 12-21 所示。

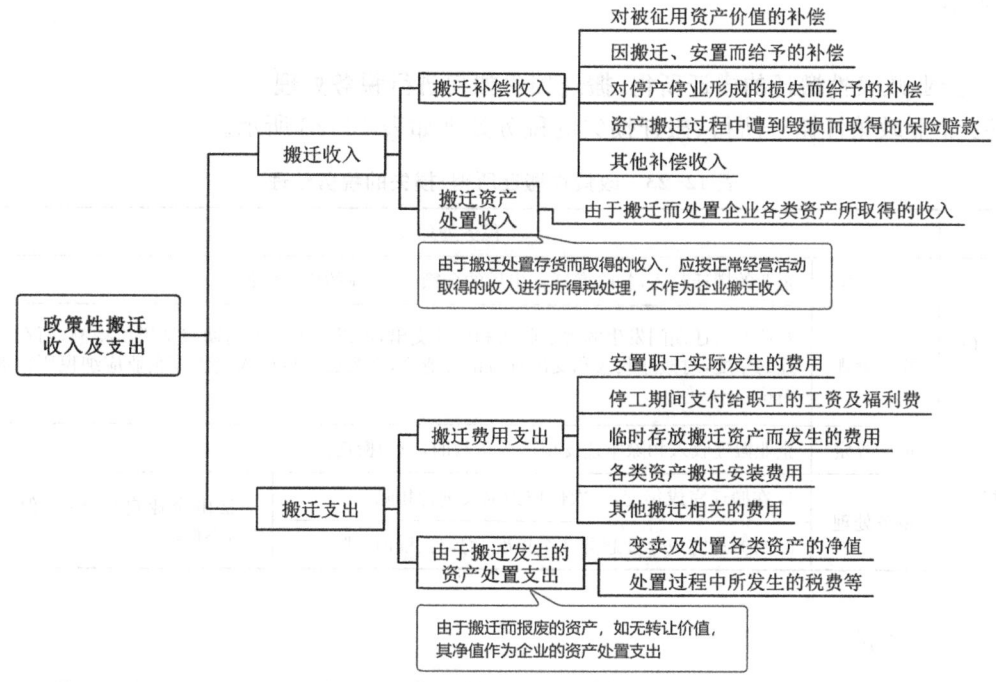

图 12-21 政策性搬迁收入、搬迁支出的内容

 政策依据

《国家税务总局关于发布〈企业政策性搬迁所得税管理办法〉的公告》（国家税务总局公告 2012 年第 40 号）第二章、第三章

55.企业政策性搬迁的资产如何进行税务处理

答：企业政策性搬迁资产的税务处理如图 12-22 所示。

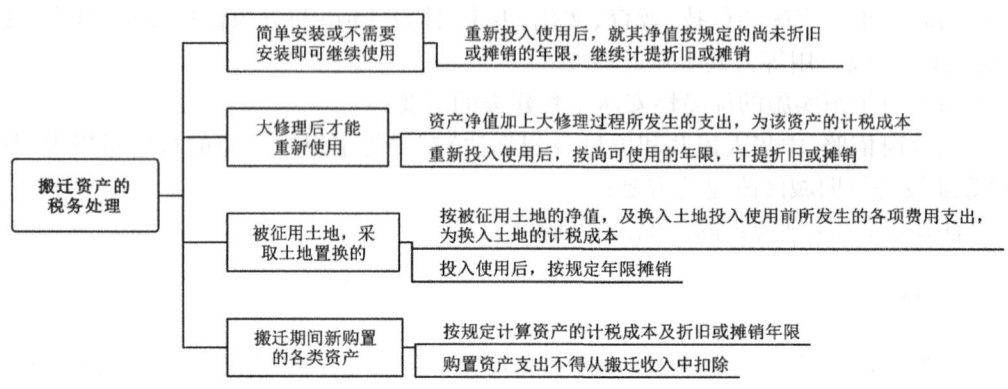

图 12-22　企业政策性搬迁资产的税务处理

 政策依据

《国家税务总局关于发布〈企业政策性搬迁所得税管理办法〉的公告》（国家税务总局公告 2012 年第 40 号）第四章

56.企业政策性搬迁的搬迁所得、搬迁损失如何进行税务处理

答：企业政策性搬迁所得、搬迁损失的税务处理如表 12-23 所示。

表 12-23　政策性搬迁所得、损失的税务处理

事项		税务处理规定	
搬迁所得	所得界定	企业的搬迁收入，扣除搬迁支出后的余额，为企业的搬迁所得	
	税务处理	企业在搬迁期间发生的搬迁收入和搬迁支出，可以暂不计入当期应纳税所得额，而在完成搬迁的年度，对搬迁收入和支出进行汇总清算，将搬迁所得计入当年度企业应纳税所得额计算纳税	
搬迁损失	损失界定	企业搬迁收入扣除搬迁支出后为负数的，应为搬迁损失	
	税务处理	1.在搬迁完成年度，一次性作为损失进行扣除	方法由企业自行选择，但一经选定，不得改变
		2.自搬迁完成年度起分 3 个年度，均匀在税前扣除	

 政策依据

《国家税务总局关于发布〈企业政策性搬迁所得税管理办法〉的公告》（国家税务总局公告 2012 年第 40 号）第五章

57. 企业政策性搬迁的搬迁时间如何界定

答：企业政策性搬迁时间界定如表 12-24 所示。

表 12-24　企业政策性搬迁的搬迁时间界定

事项	具体界定
开始年度	1. 搬迁开始年度应按照搬迁协议或搬迁决定规定的搬迁开始日期所属的纳税年度计算
	2. 企业边搬迁、边生产的,搬迁年度应从实际开始搬迁的年度计算
搬迁完成年度	1. 从搬迁开始,5 年内(包括搬迁当年度)任何一年完成搬迁的
	2. 从搬迁开始,搬迁时间满 5 年(包括搬迁当年度)的年度
视为完成搬迁的情形	1. 搬迁规划已基本完成
	2. 当年生产经营收入占规划搬迁前年度生产经营收入 50% 以上

政策依据

一、《国家税务总局关于发布〈企业政策性搬迁所得税管理办法〉的公告》(国家税务总局公告 2012 年第 40 号)第五章

58. 企业政策性搬迁需要向税务机关报送哪些材料,何时报送

答：企业政策性搬迁的征收管理要求如表 12-25 所示。

表 12-25　企业政策性搬迁的征收管理要求

事项	具体规定		
核算要求	1. 政策性搬迁过程中涉及的搬迁收入、搬迁支出、搬迁资产税务处理、搬迁所得等所得税征收管理事项,单独进行税务管理和核算		
	2. 不能单独进行税务管理和核算的,应视为企业自行搬迁或商业性搬迁等非政策性搬迁进行所得税处理		
报送资料	1. 政策性搬迁依据、搬迁规划等相关材料	(1) 政府搬迁文件或公告	
		(2) 搬迁重置总体规划	
		(3) 拆迁补偿协议	
		(4) 资产处置计划	
		(5) 其他与搬迁相关的事项	
	2. 企业搬迁完成当年报送资料	(1) 企业所得税年度纳税申报表	
		(2)《企业政策性搬迁清算损益表》及相关材料	
报送时间	1. 企业应当自搬迁开始年度,至次年 5 月 31 日前,向主管税务机关(包括迁出地和迁入地)报送政策性搬迁依据、搬迁规划等相关材料		
	2. 逾期未报的,除特殊原因并经主管税务机关认可外,按非政策性搬迁处理		

政策依据

《国家税务总局关于发布〈企业政策性搬迁所得税管理办法〉的公告》(国家税务总局公告 2012 年第 40 号)第一章第四条、第六章

59. 企业搬迁的资产,需要进行大修理才能重新使用的,如何进行税务处理,大修理支出的界定标准是什么

答:企业搬迁的资产,需要进行大修理才能重新使用的,其具体的税务处理规定如表12-26所示。

表12-26 搬迁资产大修理支出的税务处理

事项	具体规定
税务处理规定	1. 该资产的净值,加上大修理过程所发生的支出,为该资产的计税成本
	2. 在该项资产重新投入使用后,按该资产尚可使用的年限,计提折旧或摊销
大修理支出应同时满足的条件	修理支出达到取得固定资产时的计税基础50%以上
	修理后固定资产的使用年限延长2年以上

政策依据

一、《国家税务总局关于发布〈企业政策性搬迁所得税管理办法〉的公告》(国家税务总局公告2012年第40号)第十二条

二、《中华人民共和国企业所得税法实施条例》第六十九条

60. 对搬迁企业发生的既不属于简单安装又不满足大修理支出条件的安装,修理支出如何进行税务处理

答:对搬迁企业发生的既不属于简单安装又不满足大修理支出条件的安装、修理等需资本化的支出,可以按照《企业会计准则》的规定,比照40号公告对大修理支出的税务处理,以资产净值加上后续安装修理等支出作为该资产的计税成本,在该项资产重新投入使用后,按该资产尚可使用的年限,计提折旧或摊销。

来源:北京市国家税务局2012年度汇算清缴政策热点问题解答。

61. 企业搬迁中被征用的土地,采取土地置换的,换入土地的摊销年限如何确定

答:对于搬迁企业换入的土地使用权,应按照投入使用后有关法律规定的土地使用权剩余年限或者合同约定的使用年限进行摊销。

政策依据

一、《国家税务总局关于发布〈企业政策性搬迁所得税管理办法〉的公告》(国家税务总局公告2012年第40号)第十三条

企业搬迁中被征用的土地,采取土地置换的,换入土地的计税成本按被征用土地的净值,以及该换入土地投入使用前所发生的各项费用支出,为该换入土地的计税成本,在该换入土地投入使用后,按《企业所得税法》及其实施条例规定年限摊销。

二、《中华人民共和国企业所得税法实施条例》第六十七条

无形资产的摊销年限不得低于10年。

作为投资或者受让的无形资产,有关法律规定或者合同约定了使用年限的,可以按照规定或者约定的使用年限分期摊销。

62. 企业以前年度发生尚未弥补亏损的,政策性搬迁期间亏损弥补年限如何计算

答：政策性搬迁期间亏损弥补年限计算的具体规定如表 12-27 所示。

表 12-27　企业政策性搬迁期间亏损弥补年限的税务处理

情形	具体税务处理
1. 企业搬迁停止生产经营无所得	从搬迁年度次年起,至搬迁完成年度前一年度止,可作为停止生产经营活动年度,从法定亏损结转弥补年限中减除
2. 企业边搬迁边生产	亏损结转年度应连续计算

《国家税务总局关于发布〈企业政策性搬迁所得税管理办法〉的公告》(国家税务总局公告 2012 年第 40 号)第二十一条

63. 企业发生政策性搬迁的,是否需对与搬迁有关的收入、支出、资产进行单独核算

答：企业发生政策性搬迁的,政策性搬迁过程中涉及的搬迁收入、支出、资产、搬迁所得等所得税征收管理事项,应单独进行税务管理和核算。不能单独进行税务管理和核算的,应视为企业自行搬迁或商业性搬迁等非政策性搬迁进行所得税处理。

《国家税务总局关于发布〈企业政策性搬迁所得税管理办法〉的公告》(国家税务总局公告 2012 年第 40 号)第四条

64. 政策性搬迁企业缴纳政策性搬迁企业所得税后,由于根据政府承诺该部分企业所得税由政府承担,企业收到的税款补偿时是否可以不计入应税收入,冲减所得税费用

答：企业收到的税款补偿不符合不征税收入的规定,应计入应税收入。

一、《中华人民共和国企业所得税法》第七条
收入总额中的下列收入为不征税收入：
（一）财政拨款；
（二）依法收取并纳入财政管理的行政事业性收费、政府性基金；
（三）国务院规定的其他不征税收入。
二、《中华人民共和国企业所得税法实施条例》第二十六条
企业所得税法第七条第(一)项所称财政拨款,是指各级人民政府对纳入预算管理的事业单位、社会团体等组织拨付的财政资金,但国务院和国务院财政、税务主管部门另有规定的除外。
企业所得税法第七条第(二)项所称行政事业性收费,是指依照法律法规等有关规定,按照国务院规定程序批准,在实施社会公共管理,以及在向公民、法人或者其他组织提供特定公共服务过程中,向特定对象收取并纳入财政管理的费用。
企业所得税法第七条第(二)项所称政府性基金,是指企业依照法律、行政法规等有关规定,代政府收取的具有专项用途的财政资金。
企业所得税法第七条第(三)项所称国务院规定的其他不征税收入,是指企业取得的,由国务院财政、税务

主管部门规定专项用途并经国务院批准的财政性资金。

65. 企业因政策性搬迁后异地重建,企业名称发生改变的,是否可以按规定享受拆迁补偿的所得税优惠政策

答:企业根据搬迁规划,异地重建后恢复原有或转换新的生产经营业务,企业名称发生变化,企业法人(纳税主体)未发生变化,可以享受企业政策性搬迁或处置收入有关企业所得税优惠政策。

来源:宁波市地方税务局关于明确所得税有关问题解答口径的函(甬地税一函〔2012〕1号)。

66. 同一笔政策性搬迁或处置收入是否需要每年备案

答:企业同一笔政策性搬迁或处置收入在暂不确认应税收入期间不管有无变化,每年都要备案,直至期满后余额转为应税收入或用完年度备案为止。对于企业取得的搬迁或处置收入当年年底前用完,但如果有预缴申报时按该政策暂缓确认收入情形,也需备案。

来源:宁波市地方税务局关于明确所得税有关问题解答口径的函(甬地税一函〔2012〕1号)。

三、申报实务

政策性搬迁纳税调整明细表适用于发生政策性搬迁纳税调整项目的纳税人在完成搬迁年度及以后进行损失分期扣除的年度填报。纳税人根据税法、《国家税务总局关于发布〈企业政策性搬迁所得税管理办法〉的公告》(国家税务总局公告2012年第40号)、《国家税务总局关于企业政策性搬迁所得税有关问题的公告》(国家税务总局公告2013年第11号)等相关规定,以及国家统一企业会计制度,填报企业政策性搬迁项目的相关会计处理、税收规定及纳税调整情况。

一、有关项目填报说明

本表第1行"一、搬迁收入"至第21行"搬迁损失分期扣除"的金额,按照税收规定确认的政策性搬迁清算累计数填报。

1. 第1行"一、搬迁收入":填报第2+8行的合计金额。

2. 第2行"(一)搬迁补偿收入":填报按税收规定确认的,纳税人从本企业以外取得的搬迁补偿收入金额,此行为第3行至第7行的合计金额。

3. 第3行"1.对被征用资产价值的补偿":填报按税收规定确认的,纳税人被征用资产价值补偿收入累计金额。

4. 第4行"2.因搬迁、安置而给予的补偿":填报按税收规定确认的,纳税人因搬迁、安置而取得的补偿收入累计金额。

5. 第5行"3.对停产停业形成的损失而给予的补偿":填报按税收规定确认的,纳税人停产停业形成损失而取得的补偿收入累计金额。

6. 第6行"4.资产搬迁过程中遭到毁损而取得的保险赔款":填报按税收规定确认,纳税人资产搬迁过程中遭到毁损而取得的保险赔款收入累计金额。

7. 第7行"5.其他补偿收入":填报按税收规定确认,纳税人其他补偿收入累计金额。

8. 第8行"(二)搬迁资产处置收入":填报按税收规定确认,纳税人由于搬迁而处置各类资产所取得的收入累计金额。

9. 第 9 行"二、搬迁支出":填报第 10+16 行的合计金额。

10. 第 10 行"(一)搬迁费用支出":填报按税收规定确认,纳税人搬迁过程中发生的费用支出累计金额,为第 11 行至第 15 行的合计金额。

11. 第 11 行"1.安置职工实际发生的费用":填报按税收规定确认,纳税人安置职工实际发生费用支出的累计金额。

12. 第 12 行"2.停工期间支付给职工的工资及福利费":填报按税收规定确认,纳税人因停工支付给职工的工资及福利费支出累计金额。

13. 第 13 行"3.临时存放搬迁资产而发生的费用":填报按税收规定确认,纳税人临时存放搬迁资产发生的费用支出累计金额。

14. 第 14 行"4.各类资产搬迁安装费用":填报按税收规定确认,纳税人各类资产搬迁安装费用支出累计金额。

15. 第 15 行"5.其他与搬迁相关的费用":填报按税收规定确认,纳税人其他与搬迁相关的费用支出累计金额。

16. 第 16 行"(二)搬迁资产处置支出":填报按税收规定确认的,纳税人搬迁资产处置支出累计金额。符合《国家税务总局关于企业政策性搬迁所得税有关问题的公告》(国家税务总局公告 2013 年第 11 号)规定的资产购置支出,填报在本行。

17. 第 17 行"三、搬迁所得或损失":填报政策性搬迁所得或损失,填报第 1-9 行的余额,损失以"一"号填列。

18. 第 18 行"四、应计入本年应纳税所得额的搬迁所得或损失":填报政策性搬迁所得或损失按照税收规定计入本年应纳税所得额的金额,填报第 19 行至第 21 行的合计金额,损失以"一"号填列。

19. 第 19 行"其中:搬迁所得":填报按税法相关规定,搬迁完成年度政策性搬迁所得的金额。

20. 第 20 行"搬迁损失一次性扣除":由选择一次性扣除搬迁损失的纳税人填报,填报搬迁完成年度按照税收规定计算的搬迁损失金额,损失以"一"号填列。

21. 第 21 行"搬迁损失分期扣除":由选择分期扣除搬迁损失的纳税人填报,填报搬迁完成年度按照税收规定计算的搬迁损失在本年扣除的金额,损失以"一"号填列。

22. 第 22 行"五、计入当期损益的搬迁收益或损失":填报政策性搬迁项目会计核算计入当期损益的金额,损失以"一"号填列。

23. 第 23 行"六、以前年度搬迁损失当期扣除金额":以前年度完成搬迁形成的损失,按照税收规定在当期扣除的金额。

24. 第 24 行"七、纳税调整金额":填报第 18-22-23 行的余额。

二、表内、表间关系

(一)表内关系

1. 第 1 行=第 2+8 行。

2. 第 2 行=第 3+4+…+7 行。

3. 第 9 行=第 10+16 行。

4. 第 10 行=第 11+12+…+15 行。

5. 第 17 行=第 1-9 行。

6. 第 18 行=第 19+20+21 行。

7. 第 24 行=第 18-22-23 行。

（二）表间关系

若第 24 行≥0，第 24 行＝表 A105000 第 38 行第 3 列；若第 24 行＜0，第 24 行的绝对值＝表 A105000 第 38 行第 4 列。

案例 12-5

2×19 年 3 月，真力公司因市政府旧城区改建发生政策性搬迁业务，取得搬迁补偿收入 1 000 万元（其中征用土地补偿 800 万元，安置职工补偿 50 万元，停业补偿 150 万元）。搬迁中拆除厂房净值 400 万元、灭失土地使用权折余价值 200 万元（已摊销 100 万元，未计提减值准备），2×19 年支付职工安置费 30 万元、搬迁设备拆卸、运输费 70 万元，2×20 年 12 月 1 日用搬迁补偿资金重置固定资产 200 万元。2×20 年 12 月完成搬迁，当月开始生产。重置固定资产税法按 5 年折旧，预计净残值为零，采用直线法计提折旧。假设以前年度均盈利且已按规定向主管税务机关报送政策性搬迁相关资料。

【思路导航】

1. 真力公司政策性搬迁如何进行会计核算？
2. 真力公司政策性搬迁完成年度如何进行企业所得税年度纳税申报？

【解析】

1. 2×19 年 3 月取得搬迁补偿收入会计处理如下：

借：银行存款（其他应收款）   10 000 000
    贷：专项应付款   10 000 000

税务处理：

搬迁收入暂不计入当期应纳税所得额，不存在税法与会计差异，不需要纳税调整。

2×19 年拆除厂房净值、灭失土地使用权折余价值处理会计处理如下：

借：营业外支出   6 000 000
    累计摊销   1 000 000
    贷：固定资产清理   4 000 000
        无形资产   3 000 000
借：专项应付款   6 000 000
    贷：递延收益   6 000 000
借：递延收益   6 000 000
    贷：营业外收入   6 000 000

税务处理：

根据国家税务总局公告 2012 年第 40 号，企业搬迁收入和搬迁支出可以暂不计入当期应纳税所得额，而在完成搬迁的年度汇总清算。搬迁支出暂不计入当期应纳税所得额，因此拆除厂房等形成的资产损失 600 万元（计入"营业外支出"科目）不得税前扣除；会计当期计入"营业外收入"科目的 600 万元搬迁收入企业所得税也不确认，总体来分析会计利润与应纳税所得并无差异。

注意：2×19 年度企业所得税汇算清缴时，不在附表《A105110 政策性搬迁纳税调整明细表》中填报。

2×19 年支付搬迁设备拆卸运输安装费和职工安置费用会计处理如下：

借：管理费用   1 000 000
    贷：银行存款   1 000 000

借:专项应付款	1 000 000
贷:递延收益	1 000 000
借:递延收益	1 000 000
贷:营业外收入	1 000 000

税务处理:同上。

2×20年12月重置固定资产会计处理如下:

借:固定资产	2 000 000
贷:在建工程(银行存款)	2 000 000
借:专项应付款	2 000 000
贷:递延收益	2 000 000

税务处理:

会计处理未产生损益,无须纳税调整。

2×20年12月结转搬迁补偿收入余额会计处理如下:

借:专项应付款	1 000 000
贷:资本公积	1 000 000

税务处理:

2×20年为搬迁项目完成年度,搬迁所得=1 000-600-100=300(万元)。

2. 2×20年度真力公司企业所得税汇算清缴填报示范

第一步:填报《A105110政策性搬迁纳税调整明细表》(表12-28)。

表12-28　A105110政策性搬迁纳税调整明细表

单位:元

行次	项目	金额
1	一、搬迁收入(2+8)	10 000 000
2	(一)搬迁补偿收入(3+4+5+6+7)	10 000 000
3	1.对被征用资产价值的补偿	8 000 000
4	2.因搬迁、安置而给予的补偿	500 000
5	3.对停产停业形成的损失而给予的补偿	1 500 000
6	4.资产搬迁过程中遭到毁损而取得的保险赔款	
7	5.其他补偿收入	
8	(二)搬迁资产处置收入	
9	二、搬迁支出(10+16)	7 000 000
10	(一)搬迁费用支出(11+12+13+14+15)	1 000 000
11	1.安置职工实际发生的费用	300 000
12	2.停工期间支付给职工的工资及福利费	
13	3.临时存放搬迁资产而发生的费用	
14	4.各类资产搬迁安装费用	700 000
15	5.其他与搬迁相关的费用	
16	(二)搬迁资产处置支出	6 000 000

(续表)

行次	项目	金额
17	三、搬迁所得或损失(1—9)	3 000 000
18	四、应计入本年应纳税所得额的搬迁所得或损失(19+20+21)	3 000 000
19	其中:搬迁所得	3 000 000
20	搬迁损失一次性扣除	
21	搬迁损失分期扣除	
22	五、计入当期损益的搬迁收益或损失	
23	六、以前年度搬迁损失当期扣除金额	
24	七、纳税调整金额(18—22—23)	3 000 000

第二步:填报《A105000 纳税调整项目明细表》(表 12-29)。

表 12-29　A105000 纳税调整项目明细表

单位:元

行次	项目	账载金额	税收金额	调增金额	调减金额
		1	2	3	4
36	四、特殊事项调整项目(37+38+…+43)	*	*		
38	(二)政策性搬迁(填写 A105110)	*	*	3 000 000	

第三步:自动生成主表相关行次数据。

2×21 年计提折旧会计处理如下:

借:管理费用　　　　　　　　　　　　　　　　　　　　　　　400 000
　　贷:累计折旧　　　　　　　　　　　　　　　　　　　　　　　　400 000
借:递延收益　　　　　　　　　　　　　　　　　　　　　　　400 000
　　贷:营业外收入　　　　　　　　　　　　　　　　　　　　　　　400 000

会计上在核销专项应付款时扣除了用补偿收入购置的资产价值,因此其计提折旧时一方面作费用,另一方面作收入,实质上不影响损益。

税务处理:

税法上因为在计算搬迁损益时不允许扣除重置资产价值。因此规定用补偿收入购置的资产计提的折旧可以税前扣除,上例递延收益形成的 40 万元"营业外收入"应作纳税调减。

2×22 至 2×25 年度折旧的税会处理同(6)。

第四节　贷款损失准备金

扫码听课

一、政策概要

(一)金融企业

根据《财政部　税务总局关于金融企业贷款损失准备金企业所得税税前扣除有关政策

的公告》(财政部 税务总局公告 2019 年第 86 号)、《财政部 税务总局关于延长部分税收优惠政策执行期限的公告》(2021 年第 6 号)第四条规定,贷款损失准备金税前扣除的具体规定如表 12-30 所示。

表 12-30　金融企业贷款损失准备金税前扣除

享受主体	政策性银行、商业银行、财务公司、城乡信用社和金融租赁公司等金融企业
准予税前提取贷款损失准备金的贷款资产范围	贷款(含抵押、质押、保证、信用等贷款)
	银行卡透支、贴现、信用垫款(含银行承兑汇票垫款、信用证垫款、担保垫款等)、进出口押汇、同业拆出、应收融资租赁款等具有贷款特征的风险资产
	由金融企业转贷并承担对外还款责任的国外贷款,包括国际金融组织贷款、外国买方信贷、外国政府贷款、日本国际协力银行不附条件贷款和外国政府混合贷款等资产
计算公式	准予当年税前扣除的贷款损失准备金＝本年末准予提取贷款损失准备金的贷款资产余额×1%－截至上年末已在税前扣除的贷款损失准备金的余额
	金融企业按上述公式计算的数额如为负数,应当相应调增当年应纳税所得额
不得提取贷款损失准备金税前扣除的贷款资产范围	金融企业的委托贷款、代理贷款、国债投资、应收股利、上交央行准备金以及金融企业剥离的债权和股权、应收财政贴息、央行款项等不承担风险和损失的资产
	除本表"准予税前提取贷款损失准备金的贷款资产范围"列举资产之外的其他风险资产
特殊规定	金融企业涉农贷款和中小企业贷款损失准备金的税前扣除政策,凡按照《财政部 税务总局关于金融企业涉农贷款和中小企业贷款损失准备金税前扣除有关政策的公告》(财政部 税务总局公告 2019 年第 85 号)的规定执行的,不再适用

根据《财政部 税务总局关于金融企业涉农贷款和中小企业贷款损失准备金税前扣除有关政策的公告》(财政部 税务总局公告 2019 年第 85 号)、《财政部 税务总局关于延长部分税收优惠政策执行期限的公告》(2021 年第 6 号)第四条规定,涉农贷款和中小企业贷款损失准备金税前扣除的具体规定如表 12-31 所示。

表 12-31　金融企业涉农和中小企业贷款损失准备金税前扣除

享受主体	提供涉农贷款、中小企业贷款的金融企业
优惠内容	自 2019 年 1 月 1 日起,金融企业根据《贷款风险分类指引》(银监发〔2007〕54 号),对其涉农贷款和中小企业贷款进行风险分类后,按照以下比例计提的贷款损失准备金,准予在计算应纳税所得额时扣除: 1. 关注类贷款,计提比例为 2% 2. 次级类贷款,计提比例为 25% 3. 可疑类贷款,计提比例为 50% 4. 损失类贷款,计提比例为 100%
享受条件	涉农贷款,是指《涉农贷款专项统计制度》(银发〔2007〕246 号)统计的以下贷款: (1) 农户贷款 (2) 农村企业及各类组织贷款
	中小企业贷款,是指金融企业对年销售额和资产总额均不超过 2 亿元的企业的贷款
	金融企业发生的符合条件的涉农贷款和中小企业贷款损失,应先冲减已在税前扣除的贷款损失准备金,不足冲减部分可据实在计算应纳税所得额时扣除

（二）小额贷款公司

根据《财政部 税务总局关于小额贷款公司有关税收政策的通知》（财税〔2017〕48号）、《财政部 税务总局关于延续实施小额贷款公司有关税收优惠政策的公告》（财政部 税务总局公告2023年第54号）规定，小额贷款公司贷款损失准备金税前扣除的有关规定如表12-32所示。

表12-32　小额贷款公司贷款损失准备金税前扣除

享受主体	经省级金融管理部门（金融办、局等）批准成立的小额贷款公司
优惠内容	2027年12月31日前，对经省级金融管理部门（金融办、局等）批准成立的小额贷款公司按年末贷款余额的1%计提的贷款损失准备金准予在企业所得税税前扣除
享受条件	贷款损失准备金所得税税前扣除具体政策口径按照《财政部 税务总局关于金融企业贷款损失准备金企业所得税税前扣除有关政策的公告》（2019年第86号）第一条至第四条执行，具体政策口径如表12-30所示

注：
1. 关于小额贷款公司是否属于金融企业的问题，央行2009年发布《金融机构编码规范》，将小额贷款公司纳入金融机构范围，给予其金融机构的定位。最高法院给广东省高院的《关于新民间借贷司法解释适用范围问题的批复》中明确："经征求金融监管部门意见，由地方金融监管部门监管的小额贷款公司、融资担保公司、区域性股权市场、典当行、融资租赁公司、商业保理公司、地方资产管理公司等七类地方金融组织，属于经金融监管部门批准设立的金融机构，其因从事相关金融业务引发的纠纷，不适用新民间借贷司法解释。"
2. 本表所列享受条件的确定，通过咨询12366及北京某区税务局，以及根据申报表样式确定，各地税务机关可能存在不同之处，具体填报请咨询当地税务机关。

二、要点难点

67. 金融企业准予当年税前扣除的贷款损失准备金有哪些，具体金额怎么计算

答：具体如表12-33所示。

表12-33　准予税前提取贷款损失准备金及计算公式

范围	贷款（含抵押、质押、保证、信用等贷款）
	银行卡透支、贴现、信用垫款（含银行承兑汇票垫款、信用证垫款、担保垫款等）、进出口押汇、同业拆出、应收融资租赁款等具有贷款特征的风险资产
	由金融企业转贷并承担对外还款责任的国外贷款，包括国际金融组织贷款、外国买方信贷、外国政府贷款、日本国际协力银行不附条件贷款和外国政府混合贷款等资产
计算公式	准予当年税前扣除的贷款损失准备金＝本年末准予提取贷款损失准备金的贷款资产余额×1%－截至上年末已在税前扣除的贷款损失准备金的余额
	金融企业按上述公式计算的数额如为负数，应当相应调增当年应纳税所得额

《财政部 税务总局关于金融企业贷款损失准备金企业所得税税前扣除有关政策的公告》（财政部 税务总局公告2019年第86号）第一条、第二条

一、准予税前提取贷款损失准备金的贷款资产范围包括：
（一）贷款（含抵押、质押、保证、信用等贷款）；
（二）银行卡透支、贴现、信用垫款（含银行承兑汇票垫款、信用证垫款、担保垫款等）、进出口押汇、同业拆

出、应收融资租赁款等具有贷款特征的风险资产;

(三)由金融企业转贷并承担对外还款责任的国外贷款,包括国际金融组织贷款、外国买方信贷、外国政府贷款、日本国际协力银行不附条件贷款和外国政府混合贷款等资产。

二、金融企业准予当年税前扣除的贷款损失准备金计算公式如下:

准予当年税前扣除的贷款损失准备金=本年末准予提取贷款损失准备金的贷款资产余额×1%一截至上年末已在税前扣除的贷款损失准备金的余额

金融企业按上述公式计算的数额如为负数,应当相应调增当年应纳税所得额。

68. 金融企业的哪些风险资产不得提取贷款损失准备金在税前扣除

答:具体如表12-34所示。

表12-34 不得提取贷款损失准备金税前扣除的风险资产

范围	金融企业的委托贷款、代理贷款、国债投资、应收股利、上交央行准备金以及金融企业剥离的债权和股权、应收财政贴息、央行款项等不承担风险和损失的资产
	除下列列举资产之外的其他风险资产: (1) 贷款(含抵押、质押、保证、信用等贷款) (2) 银行卡透支、贴现、信用垫款(含银行承兑汇票垫款、信用证垫款、担保垫款等)、进出口押汇、同业拆出、应收融资租赁款等具有贷款特征的风险资产 (3) 由金融企业转贷并承担对外还款责任的国外贷款,包括国际金融组织贷款、外国买方信贷、外国政府贷款、日本国际协力银行不附条件贷款和外国政府混合贷款等资产

《财政部 税务总局关于金融企业贷款损失准备金企业所得税税前扣除有关政策的公告》(财政部 税务总局公告2019年第86号)第一条、第三条

一、准予税前提取贷款损失准备金的贷款资产范围包括:

(一)贷款(含抵押、质押、保证、信用等贷款);

(二)银行卡透支、贴现、信用垫款(含银行承兑汇票垫款、信用证垫款、担保垫款等)、进出口押汇、同业拆出、应收融资租赁款等具有贷款特征的风险资产;

(三)由金融企业转贷并承担对外还款责任的国外贷款,包括国际金融组织贷款、外国买方信贷、外国政府贷款、日本国际协力银行不附条件贷款和外国政府混合贷款等资产。

三、金融企业的委托贷款、代理贷款、国债投资、应收股利、上交央行准备金以及金融企业剥离的债权和股权、应收财政贴息、央行款项等不承担风险和损失的资产,以及除本公告第一条列举资产之外的其他风险资产,不得提取贷款损失准备金在税前扣除。

69. 金融企业涉农贷款和中小企业贷款损失准备金如何进行税前扣除

答:具体如表12-35所示。

表12-35 金融企业涉农贷款和中小企业贷款损失准备金

优惠内容	自2019年1月1日起,金融企业根据《贷款风险分类指引》(银监发〔2007〕54号),对其涉农贷款和中小企业贷款进行风险分类后,按照以下比例计提的贷款损失准备金,准予在计算应纳税所得额时扣除: (1) 关注类贷款,计提比例为2% (2) 次级类贷款,计提比例为25% (3) 可疑类贷款,计提比例为50% (4) 损失类贷款,计提比例为100%

（续表）

享受条件	涉农贷款,是指《涉农贷款专项统计制度》(银发〔2007〕246号)统计的以下贷款: (1) 农户贷款 (2) 农村企业及各类组织贷款
	中小企业贷款,是指金融企业对年销售额和资产总额均不超过2亿元的企业的贷款
	金融企业发生的符合条件的涉农贷款和中小企业贷款损失,应先冲减已在税前扣除的贷款损失准备金,不足冲减部分可据实在计算应纳税所得额时扣除

政策依据

一、《财政部 税务总局关于金融企业涉农贷款和中小企业贷款损失准备金税前扣除有关政策的公告》(财政部 税务总局公告2019年第85号)第一条至第五条

一、金融企业根据《贷款风险分类指引》(银监发〔2007〕54号),对其涉农贷款和中小企业贷款进行风险分类后,按照以下比例计提的贷款损失准备金,准予在计算应纳税所得额时扣除:

（一）关注类贷款,计提比例为2%;

（二）次级类贷款,计提比例为25%;

（三）可疑类贷款,计提比例为50%;

（四）损失类贷款,计提比例为100%。

二、本公告所称涉农贷款,是指《涉农贷款专项统计制度》(银发〔2007〕246号)统计的以下贷款:

（一）农户贷款;

（二）农村企业及各类组织贷款。

本条所称农户贷款,是指金融企业发放给农户的所有贷款。农户贷款的判定应以贷款发放时的承贷主体是否属于农户为准。农户,是指长期(一年以上)居住在乡镇(不包括城关镇)行政管理区域内的住户,还包括长期居住在城关镇所辖行政村范围内的住户和户口不在本地而在本地居住一年以上的住户,国有农场的职工和农村个体工商户。位于乡镇(不包括城关镇)行政管理区域内和在城关镇所辖行政村范围内的国有经济的机关、团体、学校、企事业单位的集体户;有本地户口,但举家外出谋生一年以上的住户,无论是否保留承包耕地均不属于农户。农户以户为统计单位,既可以从事农业生产经营,也可以从事非农业生产经营。

本条所称农村企业及各类组织贷款,是指金融企业发放给注册地位于农村区域的企业及各类组织的所有贷款。农村区域,是指除地级及以上城市的城市行政区及其市辖建制镇之外的区域。

三、本公告所称中小企业贷款,是指金融企业对年销售额和资产总额均不超过2亿元的企业的贷款。

四、金融企业发生的符合条件的涉农贷款和中小企业贷款损失,应先冲减已在税前扣除的贷款损失准备金,不足冲减部分可据实在计算应纳税所得额时扣除。

五、本公告自2019年1月1日起执行至2023年12月31日。

二、《财政部 税务总局关于延长部分税收优惠政策执行期限的公告》(财政部 税务总局公告2021年第6号)第四条

《财政部 国家税务总局关于保险公司准备金支出企业所得税税前扣除有关政策问题的通知》(财税〔2016〕114号)等6个文件规定的准备金企业所得税税前扣除政策到期后继续执行,详见附件2。

70. 金融企业如何判定哪些属于农户贷款？哪些属于农村企业及各类组织贷款

答：农户贷款市直金融企业发放给农户的所有贷款,农户贷款的判定应以贷款发放时的承贷主体是否属于农户为准。农村企业及各类组织贷款是指金融企业发放给注册地位于农村区域的企业及各类组织的贷款。

具体如表12-36所示。

表 12-36　涉农贷款判定依据

	判定依据	贷款发放的承贷主体是否属于农户
农户贷款	农户判定依据（满足一项即可）	长期(一年以上)居住在乡镇(不包括城关镇)行政管理区域内的住户
		长期居住在城关镇所辖行政村范围内的住户
		户口不在本地而在本地居住一年以上的住户
		国有农场的职工
		农村个体工商户
	不属于农户的范围	位于乡镇(不包括城关镇)行政管理区域内和在城关镇所辖行政村范围内的国有经济的机关、团体、学校、企事业单位的集体户；有本地户口，但举家外出谋生一年以上的住户，无论是否保留承包耕地均不属于农户
	补充说明	农户以户为统计单位，既可从事农业生产经营，也可从事非农业生产经营
农村企业及各类组织贷款	判定依据	金融企业发放给注册地位于农村区域的企业及各类组织的所有贷款
	农村区域判定依据	除地级及以上城市的城市行政区及其市辖建制镇之外的区域

《财政部　税务总局关于金融企业涉农贷款和中小企业贷款损失准备金税前扣除有关政策的公告》(财政部　税务总局公告 2019 年第 85 号)第二条

本公告所称涉农贷款，是指《涉农贷款专项统计制度》(银发〔2007〕246 号)统计的以下贷款：

（一）农户贷款；

（二）农村企业及各类组织贷款。

本条所称农户贷款，是指金融企业发放给农户的所有贷款。农户贷款的判定应以贷款发放时的承贷主体是否属于农户为准。农户，是指长期(一年以上)居住在乡镇(不包括城关镇)行政管理区域内的住户，还包括长期居住在城关镇所辖行政村范围内的住户和户口不在本地而在本地居住一年以上的住户，国有农场的职工和农村个体工商户。位于乡镇(不包括城关镇)行政管理区域内和在城关镇所辖行政村范围内的国有经济的机关、团体、学校、企事业单位的集体户；有本地户口，但举家外出谋生一年以上的住户，无论是否保留承包耕地均不属于农户。农户以户为统计单位，既可以从事农业生产经营，也可以从事非农业生产经营。

本条所称农村企业及各类组织贷款，是指金融企业发放给注册地位于农村区域的企业及各类组织的所有贷款。农村区域，是指除地级及以上城市的城市行政区及其市辖建制镇之外的区域。

71. 小额贷款公司提取的贷款损失准备金能否税前扣除

答：自 2017 年 1 月 1 日至 2027 年 12 月 31 日，对经省级金融管理部门(金融办、局等)批准成立的小额贷款公司按年末贷款余额的 1% 计提的贷款损失准备金准予在企业所得税税前扣除。

《财政部　税务总局关于延续实施小额贷款公司有关税收优惠政策的公告》(财政部　税务总局公告 2023 年第 54 号)

对经省级地方金融监督管理部门批准成立的小额贷款公司按年末贷款余额的 1% 计提的贷款损失准备金准予在企业所得税税前扣除。具体政策口径按照《财政部　税务总局关于延长部分税收优惠政策执行期限的公告》(财政部 税务总局公告 2021 年第 6 号)附件 2 中"6.《财政部 税务总局关于金融企业贷款损失准备金企业所得税税前扣除有关政策的公告》(财政部 税务总局公告 2019 年第 86 号)"执行。

72. 适用于 2020 年度及以后年度的汇算清缴填报的《贷款损失准备金及纳税调整明细表》(A105120)有哪些变化

答：缩减了原《特殊行业准备金及纳税调整明细表》(A105120)的填报范围,仅发生贷款损失准备金的金融企业、小额贷款公司的纳税人需要填报,并将表单名称修改为《贷款损失准备金及纳税调整明细表》。同时,取消保险公司、证券行业、期货行业、中小企业融资(信用)担保机构相关行次,将相关行次简并、优化至《纳税调整项目明细表》(A105000)。

根据金融企业贷款准备金业务财务核算方式,以贷款资产和准备金的"余额"为核心数据项,重新确定了表单结构和填报规则。

本表适用于发生贷款损失准备金的金融企业、小额贷款公司纳税人填报。

只要会计上发生贷款损失准备金,不论是否纳税调整,均需填报。

政策依据

关于《国家税务总局关于修订企业所得税年度纳税申报表的公告》的解读(2021 年 01 月 05 日)第二条第六项

《贷款损失准备金及纳税调整明细表》(A105120)

一是为减轻金融企业填报负担,大幅度缩减了原《特殊行业准备金及纳税调整明细表》(A105120)的填报范围,仅发生贷款损失准备金的金融企业、小额贷款公司的纳税人需要填报,并将表单名称修改为《贷款损失准备金及纳税调整明细表》。同时,取消保险公司、证券行业、期货行业、中小企业融资(信用)担保机构相关行次,将相关行次简并、优化至《纳税调整项目明细表》(A105000)。

二是根据金融企业贷款准备金业务财务核算方式,以贷款资产和准备金的"余额"为核心数据项,重新确定了表单结构和填报规则,更好地与企业财务核算方式衔接。

三、申报实务——贷款损失准备金及纳税调整明细表的填报

本表适用于发生贷款损失准备金的金融企业、小额贷款公司纳税人填报。纳税人根据税法、《财政部 税务总局关于金融企业贷款损失准备金企业所得税税前扣除有关政策的公告》(2019 年第 86 号)、《财政部 税务总局关于金融企业涉农贷款和中小企业贷款损失准备金税前扣除有关政策的公告》(2019 年第 85 号)、《财政部 税务总局关于延续实施普惠金融有关税收优惠政策的公告》(2020 年第 22 号)等相关规定,以及国家统一企业会计制度,填报贷款损失准备金会计处理、税收规定及纳税调整情况。只要会计上发生贷款损失准备金,不论是否纳税调整,均需填报。

一、有关项目填报说明

(一)列次填报

1. 第 1 列"上年年末贷款资产余额"：填报纳税人会计核算的上年年末贷款资产余额。

2. 第 2 列"本年年末贷款资产余额"：填报纳税人会计核算的本年年末贷款资产余额。

3. 第 3 列"上年年末贷款损失准备金余额"：填报纳税人会计核算的上年年末贷款损失准备金余额。

4. 第 4 列"本年年末贷款损失准备金余额"：填报纳税人会计核算的本年年末贷款损失准备金余额。

5. 第5列"上年年末准予提取贷款损失准备金的贷款资产余额":填报纳税人按照税收规定上年年末准予提取贷款损失准备金的贷款资产余额。

6. 第6列"本年年末准予提取贷款损失准备金的贷款资产余额":填报纳税人按照税收规定本年年末准予提取贷款损失准备金的贷款资产余额。

7. 第7列"计提比例":填报纳税人对应贷款按照税收规定准予计提贷款损失准备金的比例。

8. 第8列"按本年年末准予提取贷款损失准备金的贷款资产余额与计提比例计算的准备金额":填报纳税人按照税收规定根据按本年年末准予提取贷款损失准备金的贷款资产余额与计提比例计算的准备金额。

9. 第9列"截至上年年末已在税前扣除的贷款损失准备金的余额":填报纳税人按照税收规定截至上年年末已在税前扣除的贷款损失准备金的余额。

10. 第10列"准予当年税前扣除的贷款损失准备金":填报第4列与第8列的孰小值-第9列金额。

11. 第11列:"纳税调整金额":填报第4-3-10列金额。

(二)行次填报

1. 第1行"一、金融企业":填报金融企业贷款损失准备金的纳税调整情况。

2. 第2行"(一)贷款损失准备金":填报金融企业执行《财政部 税务总局关于金融企业贷款损失准备金企业所得税税前扣除有关政策的公告》(2019年第86号)规定的贷款资产的情况。

3. 第3行"(二)涉农和中小企业贷款损失准备金":填报金融企业执行《财政部 税务总局关于金融企业涉农贷款和中小企业贷款损失准备金税前扣除有关政策的公告》(2019年第85号)规定的涉农和中小企业贷款资产的情况。

4. 第4行"其中:关注类贷款":填报涉农和中小企业贷款中关注类贷款资产的情况。

5. 第5行"次级类贷款":填报涉农和中小企业贷款中次级类贷款资产的情况。

6. 第6行"可疑类贷款":填报涉农和中小企业贷款中可疑类贷款资产的情况。

7. 第7行"损失类贷款":填报涉农和中小企业贷款中损失类贷款资产的情况。

8. 第8行"二、小额贷款公司":填报经省级金融管理部门批准成立的小额贷款公司贷款损失准备金的纳税调整情况。

9. 第9行"三、其他":填报除上述列举情形外的贷款损失准备金的纳税调整情况。

10. 第10行"合计":填报第1+8+9行的合计金额。

二、表内、表间关系

(一)表内关系

1. 第8列=第6×7列。

2. 第10列=第4列与第8列的孰小值-第9列。

3. 第11列=第4-3-10列。

4. 第1行=第2+3行(仅第1、2、5、6、8列)。

5. 第10行=第1+8+9行。

表 12-37　A105120 贷款损失准备金及纳税调整明细表

行次	项目	账载金额				税收金额					纳税调整金额
		上年末贷款资产余额	本年末贷款资产余额	上年末贷款损失准备金余额	本年末贷款损失准备金余额	上年末准予提取贷款损失准备金的贷款资产余额	本年末准予提取贷款损失准备金的贷款资产余额	计提比例	按本年末准予提取贷款损失准备金的贷款资产余额与计提比例计算的准备金额	截至上年末已在税前扣除的贷款损失准备金的余额	准予当年税前扣除的贷款损失准备金	
		1	2	3	4	5	6	7	8(6×7)	9	10(4与8的孰小值－9)	11(4－3－10)
1	一、金融企业(2+3)							*				
2	（一）贷款损失准备金					*	*	1%		*	*	*
3	（二）涉农和中小企业贷款损失准备金					*	*	*		*	*	*
4	其中:关注类贷款					*	*	2%		*	*	*
5	次级类贷款					*	*	25%		*	*	*
6	可疑类贷款					*	*	50%		*	*	*
7	损失类贷款					*	*	100%		*	*	*
8	二、小额贷款公司							1%				
9	三、其他											
10	合计(1+8+9)							*				

第十三章

企业所得税涉税会计处理

企业所得税涉税业务的会计处理在企业会计核算中尤为重要,不当的会计处理会使企业面临巨大的税务风险。

第一节 会计科目及会计处理

一、企业所得税涉税会计处理

根据《企业会计准则应用指南——会计科目和主要账务处理》规定,企业所得税涉税的主要会计科目如表 13-1 所示。

表 13-1 企业所得税涉税主要会计科目及会计处理

会计科目	会计处理
所得税费用	1. 本科目核算企业确认的应从当期利润总额中扣除的所得税费用
	2. 本科目可按"当期所得税费用""递延所得税费用"进行明细核算; 所得税费用＝当期所得税费用＋递延所得税费用
	3. 所得税费用的主要账务处理: (1) 资产负债表日,企业按照税法规定计算确定的当期应交所得税: 借:所得税费用(当期所得税费用) 　　贷:应交税费——应交所得税 (2) 资产负债表日,根据递延所得税资产的应有余额大于"递延所得税资产"科目余额的差额: 借:递延所得税资产 　　贷:所得税费用(递延所得税费用)/资本公积——其他资本公积 (3) 递延所得税资产的应有余额小于"递延所得税资产"科目余额的差额: 借:所得税费用(递延所得税费用)/资本公积——其他资本公积等 　　贷:递延所得税资产
	4. 期末,应将本科目的余额转入"本年利润"科目,结转后本科目无余额
应交所得税	本科目属于负债类科目
	1. 按税法规定计缴企业所得税: 借:所得税费用 　　贷:应交税费——应交所得税
	2. 缴纳时: 借:应交税费——应交所得税 　　贷:银行存款等
递延所得税资产	1. 本科目核算企业确认的可抵扣暂时性差异产生的递延所得税资产
	2. 本科目应按可抵扣暂时性差异等项目进行明细核算。根据税法规定可用以后年度税前利润弥补的亏损及税款抵减产生的所得税资产,也在本科目核算
	3. 递延所得税资产的主要账务处理 (1) 资产负债表日,企业确认的递延所得税资产: 借:递延所得税资产 　　贷:所得税费用——递延所得税费用

（续表）

会计科目	会计处理
递延所得税资产	(2) 资产负债表日递延所得税资产的应有余额大于其账面余额的,应按其差额确认: 　借:递延所得税资产 　　贷:所得税费用——递延所得税费用等 (3) 资产负债表日递延所得税资产的应有余额小于其账面余额的差额: 　借:所得税费用——递延所得税费用等 　　贷:递延所得税资产 (4) 企业合并中取得资产、负债的入账价值与其计税基础不同形成可抵扣暂时性差异的,应于购买日确认递延所得税资产: 　借:递延所得税资产 　　贷:商誉等 (5) 与直接计入所有者权益的交易或事项相关的递延所得税资产: 　借:递延所得税资产 　　贷:资本公积——其他资本公积 (6) 资产负债表日,预计未来期间很可能无法获得足够的应纳税所得额用以抵扣可抵扣暂时性差异的,按原已确认的递延所得税资产中应减记的金额: 　借:所得税费用——递延所得税费用/资本公积——其他资本公积等 　　贷:递延所得税资产
	本科目期末借方余额,反映企业确认的递延所得税资产
递延所得税负债	1. 本科目核算企业确认的应纳税暂时性差异产生的所得税负债
	2. 本科目可按应纳税暂时性差异的项目进行明细核算
	3. 递延所得税负债的主要账务处理 (1) 资产负债表日,企业确认的递延所得税负债: 　借:所得税费用——递延所得税费用 　　贷:递延所得税负债 (2) 资产负债表日递延所得税负债的应有余额大于其账面余额的,应按其差额确认: 　借:所得税费用——递延所得税费用 　　贷:递延所得税负债 (3) 资产负债表日递延所得税负债的应有余额小于其账面余额: 　借:递延所得税负债 　　贷:所得税费用——递延所得税费用 (4) 与直接计入所有者权益的交易或事项相关的递延所得税负债: 　借:资本公积——其他资本公积 　　贷:递延所得税负债 (5) 企业合并中取得资产、负债的入账价值与其计税基础不同形成应纳税暂时性差异的,应于购买日确认递延所得税负债,同时调整商誉: 　借:商誉等 　　贷:递延所得税负债
	本科目期末贷方余额,反映企业已确认的递延所得税负债
以前年度损益调整	1. 本科目核算企业本年度发生的调整以前年度损益的事项以及本年度发现的重要前期差错更正涉及调整以前年度损益的事项。企业在资产负债表日至财务报告批准报出日之间发生的需要调整报告年度损益的事项,也可以通过本科目核算
	2. 以前年度损益调整的主要账务处理 (1) 调整增加以前年度利润或减少以前年度亏损: 　借:应收账款等相关科目 　　贷:以前年度损益调整 (2) 调整减少以前年度利润或增加以前年度亏损: 　借:以前年度损益调整 　　贷:应付账款等相关科目 (3) 由于以前年度损益调整增加的所得税费用: 　借:以前年度损益调整 　　贷:应交税费——应交所得税

(续表)

会计科目	会计处理
以前年度损益调整	(4) 由于以前年度损益调整减少的所得税费用做相反的会计分录： 借：应交税费——应交所得税 　　贷：以前年度损益调整 (5) 经上述调整后，应将本科目的余额转入"利润分配——未分配利润"科目。本科目如为贷方余额： 借：以前年度损益调整 　　贷：利润分配——未分配利润 如为借方余额做相反的会计分录： 借：利润分配——未分配利润 　　贷：以前年度损益调整
	3. 本科目结转后应无余额
资产减值损失	1. 本科目核算企业计提各项资产减值准备所形成的损失
	2. 本科目可按资产减值损失的项目进行明细核算
	3. 企业的应收款项、存货、长期股权投资、持有至到期投资、固定资产、无形资产、贷款等资产发生减值的，按应减记的金额： 借：资产减值损失 　　贷：坏账准备/存货跌价准备/长期股权投资减值准备/持有至到期投资减值准备/固定资产减值准备/无形资产减值准备/贷款损失准备等 在建工程、工程物资、生产性生物资产、商誉、抵债资产、损余物资、采用成本模式计量的投资性房地产等资产发生减值的，应当设置相应的减值准备科目，比照上述规定进行处理
	4. 企业计提坏账准备、存货跌价准备、持有至到期投资减值准备、贷款损失准备等，相关资产的价值又得以恢复的，应在原已计提的减值准备金额内，按恢复增加的金额： 借：坏账准备/存货跌价准备/持有至到期投资减值准备/贷款损失准备等 　　贷：资产减值损失
	5. 期末，应将本科目余额转入"本年利润"科目，结转后本科目无余额
坏账准备	1. 本科目核算企业应收款项的坏账准备
	2. 本科目可按应收款项的类别进行明细核算
	3. 坏账准备的主要账务处理 (1) 资产负债表日，应收款项发生减值的，按应减记的金额： 借：资产减值损失 　　贷：坏账准备 本期应计提的坏账准备大于其账面余额的，应按其差额计提；应计提的坏账准备小于其账面余额的，差额做相反的会计分录。 (2) 对于确实无法收回的应收款项，按管理权限报经批准后作为坏账，转销应收款项： 借：坏账准备 　　贷：应收票据/应收账款/预付账款/应收分保账款/其他应收款/长期应收款等 (3) 已确认并转销的应收款项以后又收回的，应按实际收回的金额： 借：应收票据/应收账款/预付账款/应收分保账款/其他应收款/长期应收款等 　　贷：坏账准备 同时， 借：银行存款 　　贷：应收票据/应收账款/预付账款/应收分保账款/其他应收款/长期应收款等 对于已确认并转销的应收款项以后又收回的，也可以按照实际收回的金额，借记"银行存款"科目，贷记本科目
	4. 本科目期末贷方余额，反映企业已计提但尚未转销的坏账准备
存货跌价准备	1. 本科目核算企业存货的跌价准备
	2. 本科目可按存货项目或类别进行明细核算
	3. 存货跌价准备的主要账务处理 (1) 资产负债表日，存货发生减值的，按存货可变现净值低于成本的差额： 借：资产减值损失 　　贷：存货跌价准备

(续表)

会计科目	会计处理
存货跌价准备	已计提跌价准备的存货价值以后又得以恢复,应在原已计提的存货跌价准备金额内,按恢复增加的金额： 借：存货跌价准备 　　贷：资产减值损失 发出存货结转存货跌价准备的, 借：存货跌价准备 　　贷：主营业务成本/生产成本等 (2)企业(建造承包商)建造合同执行中预计总成本超过合同总收入的,应按其差额： 借：资产减值损失 　　贷：存货跌价准备。 合同完工时, 借：存货跌价准备 　　贷：主营业务成本
	4.本科目期末贷方余额,反映企业已计提但尚未转销的存货跌价准备
固定资产减值准备	1.本科目核算企业固定资产的减值准备
	2.资产负债表日,固定资产发生减值的,按应减记的金额, 借：资产减值损失 　　贷：固定资产减值准备。 处置固定资产还应同时结转减值准备
	3.本科目期末贷方余额,反映企业已计提但尚未转销的固定资产减值准备
固定资产清理	1.本科目核算企业因出售、报废、毁损、对外投资、非货币性资产交换、债务重组等原因转出的固定资产价值以及在清理过程中发生的费用等
	2.本科目可按被清理的固定资产项目进行明细核算
	3.固定资产清理的主要账务处理 (1)企业因出售、报废、毁损、对外投资、非货币性资产交换、债务重组等转出的固定资产： 借：固定资产清理(固定资产的账面价值) 　　累计折旧(已计提的累计折旧) 　　贷：固定资产(固定资产账面原价) 已计提减值准备的,还应同时结转减值准备。 (2)清理过程中应支付的相关税费及其他费用： 借：固定资产清理 　　贷：银行存款等 收回出售固定资产的价款、残料价值和变价收入等： 借：银行存款/原材料等 　　贷：固定资产清理 应由保险公司或过失人赔偿的损失： 借：其他应收款等 　　贷：固定资产清理 (3)固定资产清理完成后,属于生产经营期间正常报废清理的处理净损失： 借：营业外支出——处置非流动资产损失 　　贷：固定资产清理 属于自然灾害等非正常原因造成的损失 借：营业外支出——非常损失 　　贷：固定资产清理 属于出售、转让等原因造成的损失(人为原因) 借：资产处置损益 　　贷：固定资产清理 属于固定资产清理完成后的生产经营期间净收益 借：固定资产清理 　　贷：营业外收入 属于出售、转让等原因产生的净收益(人为原因) 借：固定资产清理 　　贷：资产处置损益
	4.本科目期末借方余额,反映企业尚未清理完毕的固定资产清理净损失

二、收入的会计处理

收入涉及的会计科目及会计分录如表 13-2 所示。

表 13-2　收入的会计处理

类别	会计科目	会计处理
收入类	主营业务收入	1. 核算企业销售商品、提供服务等主营业务的收入
		2. 主营业务收入的主要账务处理： (1) 履约了合同中单项履约义务时： 　　借：银行存款/应收账款/合同资产 　　　贷：主营业务收入 　　　　应交税费——应交增值税(销项税额) 　　　　应交税费——待转销项税 (确认收入或利得的时点早于增值税纳税义务发生时点的,应将相关销项税额计入该科目) (2) 为客户提供重大融资利益： 　　借：长期应收款 　　　贷：主营业务收入(现销价格) 　　　　未实现融资收益 　　　　应交税费——应交增值税(销项税额)
	其他业务收入	1. 核算其他经营活动实现的收入,如出租固定资产、出租无形资产、出租包装物和商品、销售材料等收入
		2. 其他业务收入的主要账务处理： (1) 履约了合同中单项履约义务时： 　　借：银行存款/应收账款/合同资产 　　　贷：其他业务收入 　　　　应交税费——应交增值税(销项税额) 　　　　应交税费——待转销项税额 (确认收入或利得的时点早于增值税纳税义务发生时点的,应将相关销项税额计入该科目) 参照主营业务收入科目
成本类	主营业务成本	1. 核算企业销售商品、提供服务等主营业务收入时应结转的成本
		2. 主营业务成本的主要账务处理： 　　借：主营业务成本 　　　贷：库存商品
	其他业务成本	1. 核算其他经营活动所发生的支出,包括销售材料的成本、出租固定资产的折旧额、出租无形资产的摊销额、出租包装物的成本或摊销额等
		2. 其他业务成本的主要账务处理： 　　借：其他业务成本 　　　贷：原材料等
资产类	合同履约成本	1. 企业为履行当前或预期取得的合同所发生的、不属于其他企业会计准则规范范围且按照本准则应当确认为一项资产的成本。下设"服务成本""工程施工"等明细科目
		2. 确认合同履约成本满足条件：(1)与一份取得的合同直接相关(2)该成本增加了企业未来用于履行履约义务的资源(3)该成本预期能够收回
		3. 合同履约成本的主要账务处理： (1) 发生时： 　　借：合同履约成本 　　　贷：银行存款/应付职工薪酬等 (2) 摊销时： 　　借：主营业务成本/其他业务成本 　　　贷：合同履约成本

(续表)

类别	会计科目	会计处理
资产类	合同履约成本减值准备	1. 与合同履约成本有关的资产减值准备
		2. 合同履约成本减值准备的主要账务处理： 借：资产减值损失 　贷：合同履约成本减值准备 　（转回做相反分录）
	合同取得成本	1. 企业取得合同发生的,预计能够收回的增量成本。企业不取得合同就不会发生该成本,如销售佣金
		2. 为简化实务操作,摊销期限不超过一年的,可在发生时计入当期损益
		3. 合同取得成本的主要账务处理： （1）发生时： 借：合同取得成本 　贷：银行存款/其他应付款 （2）摊销时： 借：销售费用 　贷：合同取得成本
	合同取得成本减值准备	1. 与合同取得成本有关的资产的减值准备
		2. 合同取得成本减值准备的主要账务处理： 借：资产减值损失 　贷：合同取得成本减值准备 　（转回做相反分录）
	应收退货成本	1. 销售商品时预期将退回商品的账面价值、扣除收回该商品预计发生的成本（包括退回商品的价值减损）后的余额
		2. 应收退货成本的主要账务处理 发生附有销售退回条款的销售时： 借：银行存款/合同资产等 　贷：主营业务收入 　　预计负债（预期将要退还的金额） 　　应交税费——应交增值税（销项税额） 借：主营业务成本 　　应收退货成本 　贷：库存商品
	合同资产	1. 核算企业已向客户转让商品而有权收取对价的权利。仅取决于时间流逝因素的权利不在本科目核算
		2. 应收账款属于仅取决于时间流逝因素的权利
		3. 合同资产的主要账务处理 （1）先转让商品： 借：合同资产 　贷：主营业务收入 　　应交税费——应交增值税（销项税额） （2）取得无条件收款权时： 借：应收账款 　贷：合同资产
	合同资产减值准备	合同资产减值准备的主要账务处理： 借：资产减值损失 　贷：合同资产减值准备 　（转回做相反分录）

（续表）

类别	会计科目	会计处理
负债类	合同负债	1. 核算企业已收或应收客户对价而应向客户转让商品的义务
		2. 合同负债的主要账务处理 （1）未转让商品已取得无条件收取合同对价权利： 　　借：银行存款/应收账款等 　　　贷：合同负债 　　　　（实际支付款项与到期应支付款项孰晚点确认） （2）转让相关商品时： 　　借：合同负债 　　　贷：主营业务收入 　　　　应交税费——应交增值税（销项税额）

三、特殊交易收入的会计处理

特殊交易收入的会计处理如表13-3所示。

表13-3　特殊交易收入的会计处理

情形	会计处理
附有销售退回条件	附有销售退回条件的主要账务处理 （1）发出商品： 　　借：应收账款 　　　贷：主营业务收入（有权收取对价） 　　　　应交税费——应交增值税（销项税额）（全部确认） 　　　　预计负债——应付退货款（预期退回） 　　借：主营业务成本 　　　　应收退货成本（资产类科目） 　　　贷：库存商品 （2）资产负债表日，对退货率重新评估： 　　借：预计负债——应付退货款 　　　贷：主营业务收入 　　借：主营业务成本 　　　贷：应收退货成本 　　　（或做相反分录） （3）收到销售退回： 　　借：库存商品 　　　　应交税费——应交增值税（销项税额） 　　　　预计负债——应付退货款 　　　贷：应收退货成本 　　　　主营业务收入（调整实际与估计差异） 　　　　银行存款 　　借：主营业务成本（调整实际与估计差异） 　　　贷：应收退货成本
附有质量保证	附有质量保证的主要账务处理 （1）质量保证是单项履约义务： 　　借：应收账款 　　　贷：主营业务收入 　　　　应交税费——应交增值税（销项税额） （2）质量保证不是单项履约义务： 　　借：销售费用 　　　贷：预计负债

（续表）

情形	会计处理
附有额外购买选择权	1. 提供了重大的权利，构成单项履约义务 2. 附有额外购买选择权的主要账务处理 （1）销售商品： 　　借：银行存款 　　　贷：主营业务收入 　　　　　合同负债 　　　（根据履约义务的单独售价比例分摊） 　　借：主营业务成本 　　　贷：库存商品 （2）行使选择权或权利失效时： 　　借：合同负债 　　　贷：主营业务收入
售后回购	1. 存在远期安排而回购 （1）回购价格＜售价　　租赁交易 （2）回购价格≥售价　　融资交易，收到款项确认金融负债 2. 应客户要求回购 （1）合同日评估客户具有行使权力的重大动因：根据回购价格判断属于租赁交易或融资交易 （2）合同日评估客户不具有行使权力的重大动因：附有销售退回条款的交易
客户未行使的权利	客户未行使的权利的主要账务处理 （1）销售权利（如销售储值卡）： 　　借：库存现金 　　　贷：合同负债 　　　　　应交税费——待转销项税额 （2）根据储值卡的消费金额确认收入： 　　借：合同负债 　　　（已销售金额和对客户放弃权利部分按照消费金额分摊的合计） 　　　应交税费——待转销项税额 　　　贷：主营业务收入 　　　　　应交税费——应交增值税（销项税额）
无需退回的初始费	1. 与转让的已承诺的商品有关 （1）构成单项履约义务。转让商品时，按照分摊至商品的价格确认收入 （2）不构成单项履约义务。包含该商品的单项履约义务履行时，按照分摊至商品的价格确认收入 2. 与转让的已承诺的商品无关 未来转让商品的预收款，转让商品时确认收入
支付对价之前先转让商品	支付对价之前先转让商品的主要账务处理 （1）转让商品： 　　借：合同资产 　　　贷：主营业务收入 　　　　　应交税费——应交增值税（销项税额） （2）无条件收款时： 　　借：应收账款 　　　贷：合同资产
主要责任人和代理人	（1）责任人：总额法确认收入 （2）代理人：净额法确认收入

四、常用的会计分录

1. 资产类

关于资产类常用的会计分录如表 13-4 所示。

表 13-4　常用会计分录资产类

会计科目	会计处理
库存现金	1. 收入 (1) 提现 　　借：库存现金 　　　　贷：银行存款 (2) 销售产品、原材料 　　借：库存现金 　　　　贷：主营业务收入/其他业务收入 　　　　　　应交税费——应交增值税（销项税额） (3) 归还借款，退回多借现金 　　借：库存现金 　　　　成本费用类科目 　　　　贷：其他应收款 (4) 盘盈 ① 批准前 　　借：库存现金 　　　　贷：待处理财产损溢 ② 批准后 　　借：待处理财产损溢 　　　　贷：营业外收入（无主） 　　　　　　其他应付款（有主） 2. 支出 (1) 员工借款 　　借：其他应收款 　　　　贷：库存现金 (2) 现金工资 　　借：应付职工薪酬——工资 　　　　贷：库存现金 决定发放工资时 　　借：成本费用类科目 　　　　贷：应付职工薪酬——工资 (3) 员工报销 　　借：成本费用类科目 　　　　贷：库存现金 (4) 现金盘亏 ① 批准前 　　借：待处理财产损溢 　　　　贷：库存现金 ② 批准后 　　借：管理费用（企业承担） 　　　　其他应收款（责任方承担） 　　　　贷：待处理财产损溢

（续表）

会计科目	会计处理
银行存款	1. 收入 （1）现金存款： 　　借：银行存款 　　　贷：库存现金 （2）销售产品、原材料： 　　借：银行存款 　　　贷：主营业务收入/其他业务收入 　　　　　应交税费——应交增值税（销项税额） （3）银行借款： 　　借：银行存款 　　　贷：短期借款/长期借款 2. 支出 （1）提现： 　　借：库存现金 　　　贷：银行存款 （2）购买原材料、固定资产： 　　借：原材料/在途物资/固定资产 　　　　应交税费——应交增值税（进项税额） 　　　贷：银行存款 （3）存款报销： 　　借：成本费用类科目 　　　贷：银行存款 （4）归还借款： 　　借：短期借款/长期借款 　　　贷：银行存款
其他货币资金	其他货币资金的主要账务处理 （1）存入： 　　借：其他货币资金 　　　贷：银行存款 （2）使用： 　　借：原材料/在途物资/固定资产 　　　　应交税费——应交增值税（进项税额） 　　　贷：其他货币资金 （3）解出： 　　借：银行存款 　　　贷：其他货币资金
应收款项	应收款项的主要账务处理 （1）销售货物原材料等： 　　借：应收账款/应收票据 　　　贷：主营业务收入/其他业务收入 　　　　　应交税费——应交增值税（销项税额） （2）收回应收款项： 　　借：库存现金/银行存款 　　　贷：应收账款/应收票据 （3）计提坏账： 　　借：资产减值损失 　　　贷：坏账准备 （4）冲销坏账： 　　借：坏账准备 　　　贷：资产减值损失

(续表)

会计科目	会计处理
应收款项	(5) 发生坏账： 　　借：坏账准备 　　　　贷：应收账款 (6) 坏账收回： 　　借：应收账款 　　　　贷：坏账准备 　　借：银行存款 　　　　贷：应收账款 (7) 商业汇票贴现： 　　借：银行存款 　　　　财务费用 　　　　贷：应收票据
预付账款	预付款项的主要账务处理 (1) 预付款项： 　　借：预付账款 　　　　贷：银行存款 (2) 收到货物及发票： 　　借：原材料 　　　　应交税费——应交增值税（进项税额） 　　　　贷：预付账款
原材料	1. 收入 (1) 外购： 　　借：原材料/在途物资 　　　　应交税费——应交增值税（进项税额） 　　　　贷：银行存款/预付账款/应付账款 (2) 验收入库： 　　借：原材料 　　　　贷：在途物资 (3) 发票未到，月末暂估： 　　借：原材料 　　　　贷：应付账款——暂估应付款 (4) 次月冲销暂估： 　　借：应付账款——暂估应付款 　　　　贷：原材料 (5) 接受原材料投资： 　　借：原材料 　　　　应交税费——应交增值税（进项税额） 　　　　贷：实收资本 (6) 盘盈： ① 批准前 　　借：原材料 　　　　贷：待处理财产损溢 ② 批准后 　　借：待处理财产损溢 　　　　贷：管理费用

（续表）

会计科目	会计处理
原材料	2. 发出 (1) 领用： 　　借：成本费用类/在建工程等 　　　　贷：原材料 (2) 盘亏： ① 批准前 　　借：待处理财产损溢 　　　　贷：原材料 　　　　　　应交税费——应交增值税（进项税额转出）（管理不善导致才需要进项税转出） ② 批准后 　　借：原材料（材料作价入库） 　　　　其他应收款（责任人赔偿） 　　　　管理费用（管理不善导致） 　　　　营业外支出（非常损失） 　　　　贷：待处理财产损溢
库存商品	(1) 验收入库： 　　借：库存商品 　　　　贷：生产成本 (2) 外购商品： 　　借：库存商品 　　　　应交税费——应交增值税（进项税额） 　　　　贷：应付账款等 (3) 销售商品： 　　借：主营业务成本 　　　　贷：库存商品
固定资产	1. 增加 (1) 投入： 　　借：固定资产 　　　　贷：实收资本 (2) 购入： ① 无需安装 　　借：固定资产 　　　　应交税费——应交增值税（进项税额） 　　　　贷：应付账款等 ② 需安装 　　借：在建工程 　　　　应交税费——应交增值税（进项税额） 　　　　贷：应付账款等 　　借：固定资产 　　　　贷：在建工程 注：安装费用通过"在建工程"归集，待完工后全部转入"固定资产" (3) 自建： 　　借：在建工程 　　　　贷：工程物资 　　　　　　应付职工薪酬 　　　　　　银行存款等 　　借：固定资产 　　　　贷：在建工程 (4) 盘盈： 　　借：固定资产 　　　　贷：累计折旧 　　　　　　固定资产减值准备 　　　　　　以前年度损益调整

(续表)

会计科目	会计处理
固定资产	2. 计提折旧 　借：成本费用类 　　　其他业务成本（出租） 　　　在建工程（自建使用） 　　贷：累计折旧
	3. 减少 (1) 投资： 　借：长期股权投资 　　　累计折旧 　　贷：固定资产 (2) 盘亏： ① 批准前 　借：待处理财产损溢 　　　累计折旧 　　　固定资产减值准备 　　贷：固定资产 ② 批准后 　借：营业外支出 　　　其他应收款（责任人赔偿） 　　贷：待处理财产损溢 (3) 处置： ① 转入清理 　借：固定资产清理 　　　累计折旧 　　　固定资产减值准备 　　贷：固定资产 ② 清理费用 　借：固定资产清理 　　贷：银行存款 ③ 收到价款 　借：银行存款 　　贷：固定资产清理 　　　应交税费——应交增值税（销项税额） ④ 结转清理净损益 固定资产清理完成后，属于生产经营期间正常报废清理的处理净损失： 　借：营业外支出——处置非流动资产损失 　　贷：固定资产清理 属于自然灾害等非正常原因造成的损失 　借：营业外支出——非常损失 　　贷：固定资产清理 属于出售、转让等原因造成的损失（人为原因） 　借：资产处置损益 　　贷：固定资产清理 属于固定资产清理完成后的生产经营期间净收益 　借：固定资产清理 　　贷：营业外收入 属于出售、转让等原因产生的净收益（人为原因） 　借：固定资产清理 　　贷：资产处置损益

2. 负债及所有者权益类

关于负债和所有者权益类常用的会计分录如表 13-5 所示。

表 13-5 常用会计分录负债和所有者权益类

会计科目	会计处理
短期借款	短期借款的主要账务处理： (1) 借入 　　借：银行存款 　　　　贷：短期借款 (2) 月末计提利息 　　借：财务费用 　　　　贷：应付利息 (3) 季末支付利息 　　借：财务费用 　　　　应付利息 　　　　贷：银行存款 (4) 归还本金 　　借：短期借款 　　　　贷：银行存款
长期借款	长期借款的主要账务处理： (1) 借入 　　借：银行存款 　　　　贷：长期借款——本金 (2) 计提利息 　　借：财务费用（费用化） 　　　　在建工程（资本化） 　　　　管理费用（筹建期间） 　　　　贷：应付利息（分期付息） 　　　　　　长期借款——应计利息（一次付息） (3) 归还本息 　　借：长期借款——本金 　　　　　　　——应计利息（一次付息） 　　　　应付利息（分期付息） 　　　　贷：银行存款
应付职工薪酬	应付职工薪酬的主要账务处理： (1) 计划发放工资 　　借：成本费用类 　　　　贷：应付职工薪酬——工资 (2) 发放 　　借：应付职工薪酬——工资 　　　　贷：其他应付款（社保公积金） 　　　　　　应交税费——个人所得税 　　　　　　银行存款 (3) 上交社保个税等 　　借：应交税费——个人所得税 　　　　其他应付款（社保公积金个人承担部分） 　　　　应付职工薪酬——保险/公积金（公司承担部分） 　　　　贷：银行存款 (4) 将自产产品发放给员工（视同销售，按照公允价格确认收入和销项税） 　　借：成本费用类 　　　　贷：应付职工薪酬——福利费 　　借：应付职工薪酬——福利费 　　　　贷：主营业务收入 　　　　　　应交税费——应交增值税（销项税额） 　　借：主营业务成本 　　　　贷：库存商品

(续表)

会计科目	会计处理
应付账款	应付账款的主要账务处理： (1) 发生 　　借：成本费用类/原材料等 　　　　应交税费——应交增值税(进项税额) 　　　贷：应付账款 (2) 偿还/无法偿还 　　借：应付账款 　　　贷：银行存款/营业外收入
应付债券	应付债券的主要账务处理： (1) 平价发行 发行时　　借：银行存款 　　　　　贷：应付债券——面值 计提利息　借：财务费用/在建工程 　　　　　贷：应付债券——应计利息 (2) 溢价发行 发行时　　借：银行存款 　　　　　贷：应付债券——面值 　　　　　　　应付债券——利息调整 计提利息　借：应付债券——利息调整 　　　　　　财务费用(二者差额) 　　　　　贷：应付债券——应计利息 (3) 折价发行 发行时　　借：银行存款 　　　　　　应付债券——利息调整 　　　　　贷：应付债券——面值 计提利息　借：财务费用(二者之和) 　　　　　贷：应付债券——应计利息 　　　　　　　应付债券——利息调整 (4) 支付本息 　　借：应付债券——面值 　　　　应付债券——应计利息 　　　贷：银行存款
预收账款	预收账款的主要账务处理： (1) 收到 　　借：银行存款 　　　贷：预收账款 (2) 实现收入 　　借：预收账款 　　　贷：主营业务收入 　　　　　应交税费——应交增值税(销项税额)
应交税费	应交税费的主要账务处理： (1) 进项税 　　借：原材料等 　　　　应交税费——应交增值税(进项税额) 　　　贷：银行存款等 (2) 销项税 　　借：银行存款等 　　　贷：主营业务收入/其他业务收入 　　　　　应交税费——应交增值税(销项税额)

(续表)

会计科目	会计处理
应交税费	(3) 进项税额转出 　　借：待处理财产损溢 　　贷：原材料 　　　　应交税费——应交增值税(进项税额转出) 　　非正常损失的进项税需要转出 (4) 月末转出余额在贷方:应交而未交 　　借：应交税费——应交增值税(转出未交增值税) 　　贷：应交税费——应交增值税(未交增值税) 余额在借方:留抵 　　借：应交税费——应交增值税(未交增值税) 　　贷：应交税费——应交增值税(转出未交增值税) 注：采用预交增值税方式需要进行会计处理,否则不需要处理 (5) 上交税费 　　借：应交税费——应交增值税(未交增值税) 　　贷：银行存款
实收资本	接受投资： 　　借：银行存款 　　　　固定资产等 　　　　应交税费——应交增值税(进项税额) 　　贷：实收资本
资本公积	(1) 资本溢价 　　借：银行存款 　　贷：实收资本 　　　　资本公积——资本溢价 (2) 转增资本 　　借：资本公积 　　贷：实收资本
盈余公积	盈余公积的主要账务处理： (1) 提取法定盈余公积 　　借：利润分配——提取法定盈余公积 　　贷：盈余公积——法定盈余公积 (2) 补亏 　　借：盈余公积 　　贷：利润分配——盈余公积补亏 (3) 转增股本 　　借：盈余公积 　　贷：实收资本 (4) 发放现金股利 　　借：盈余公积 　　贷：应付股利
利润分配	利润分配的主要账务处理： (1) 结转本年利润 　　借：本年利润 　　贷：利润分配——未分配利润 或做相反分录 (2) 提取法定盈余公积 　　借：利润分配——提取法定盈余公积 　　贷：盈余公积——法定盈余公积 (3) 发放现金股利 　　借：利润分配——应付现金股利 　　贷：应付股利

第二节 调账情形及调账方法

会计处理需与现行的财务会计准则相一致,当会计政策变更或会计估计变更或做错账时,往往需要通过调账,来保证企业会计核算的真实性。

一、调账的三种情形

企业发生会计政策变更或会计估计变更或前期差错时需要调账。

(一) 会计政策变更

会计政策变更的具体规定如图 13-1 所示。

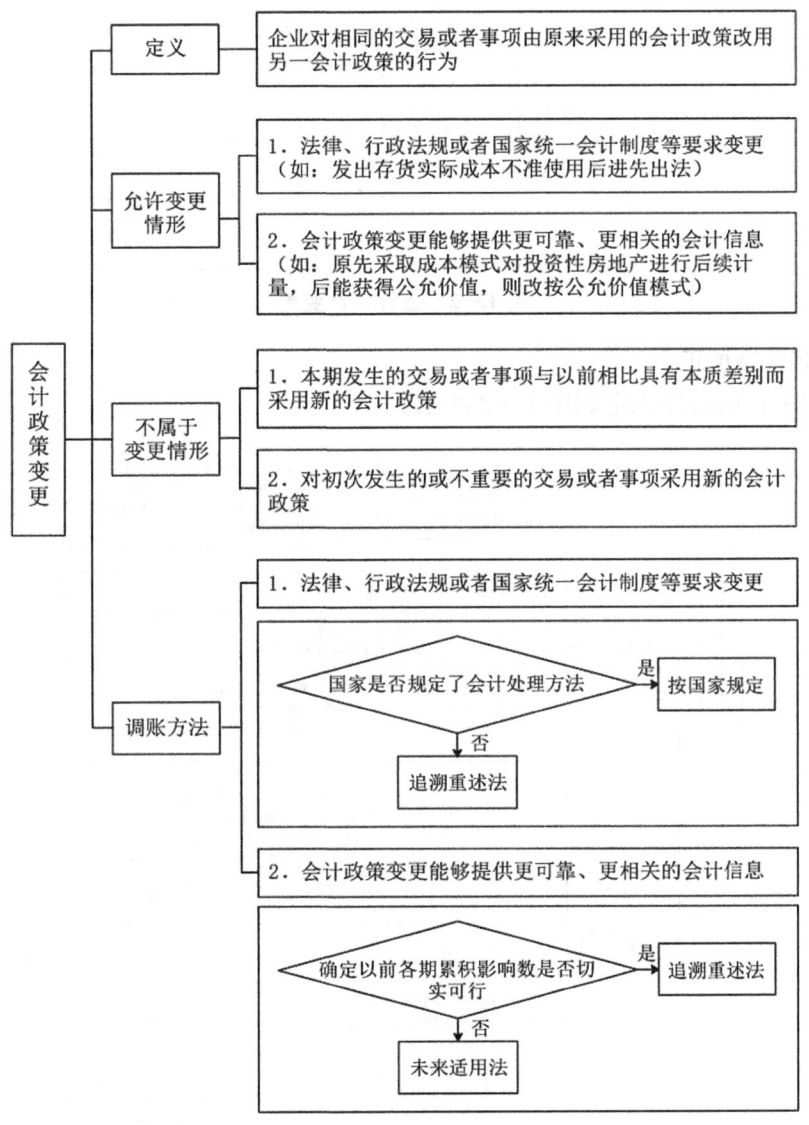

图 13-1　会计政策变更

（二）会计估计变更

会计估计变更的具体规定如图 13-2 所示。

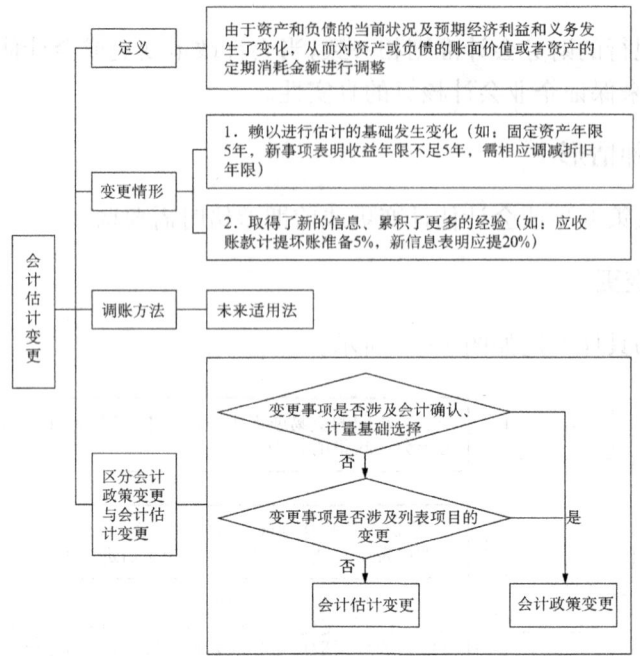

图 13-2　会计估计变更

（三）前期差错更正

前期差错更正的具体规定如图 13-3 所示。

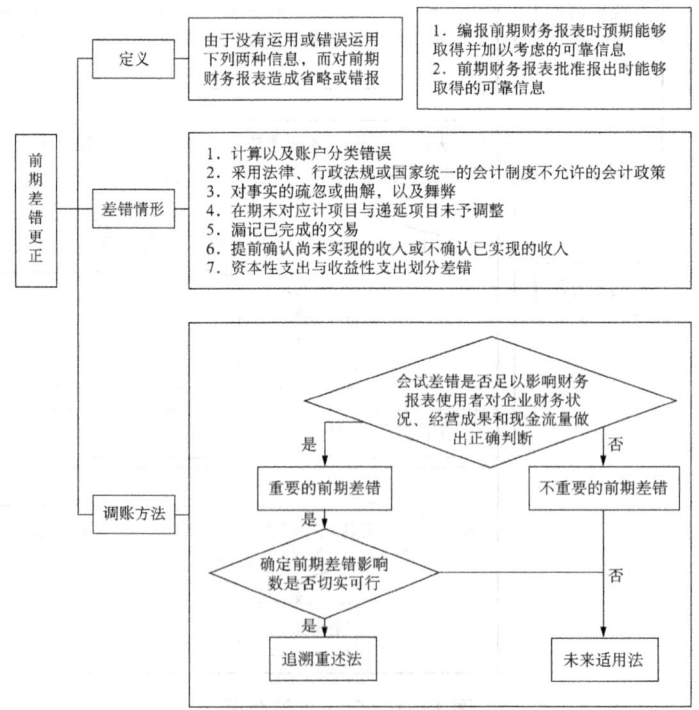

图 13-3　前期差错更正

二、调账方法

调账有5种方法:追溯调整法、追溯重述法、未来适用法、红字更正法(负数冲销法)、补充登记法。

(一) 追溯调整法

追溯调整法的具体规定如图13-4所示。

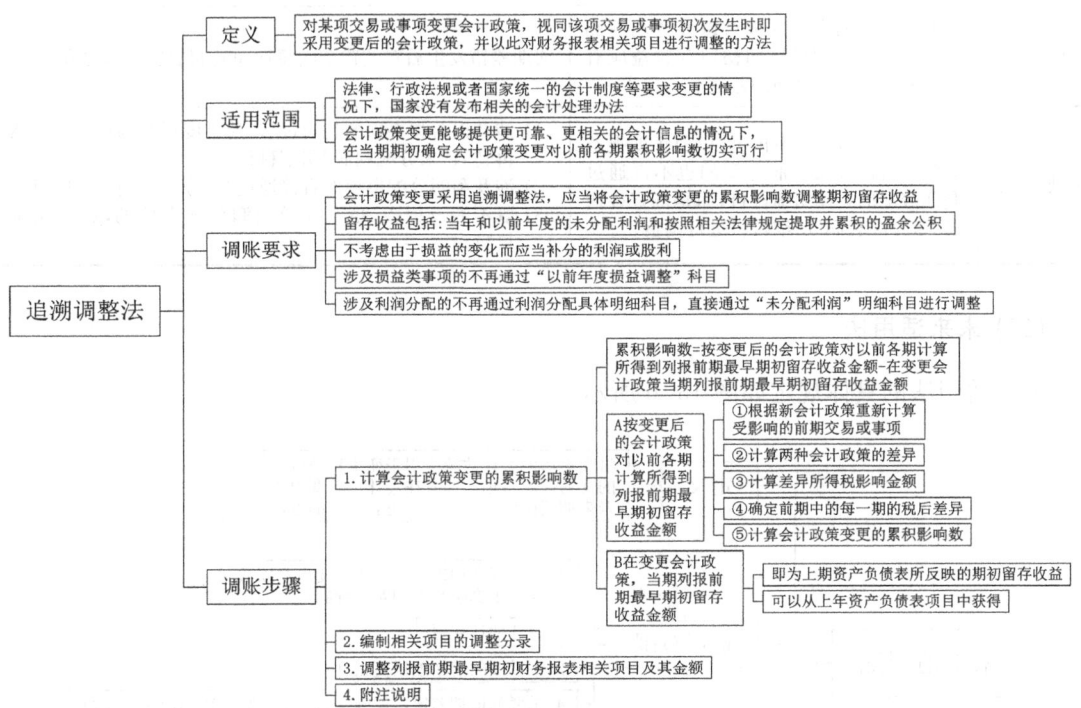

图13-4 追溯调整法

(二) 追溯重述法

追溯重述法的具体规定如图13-5所示。

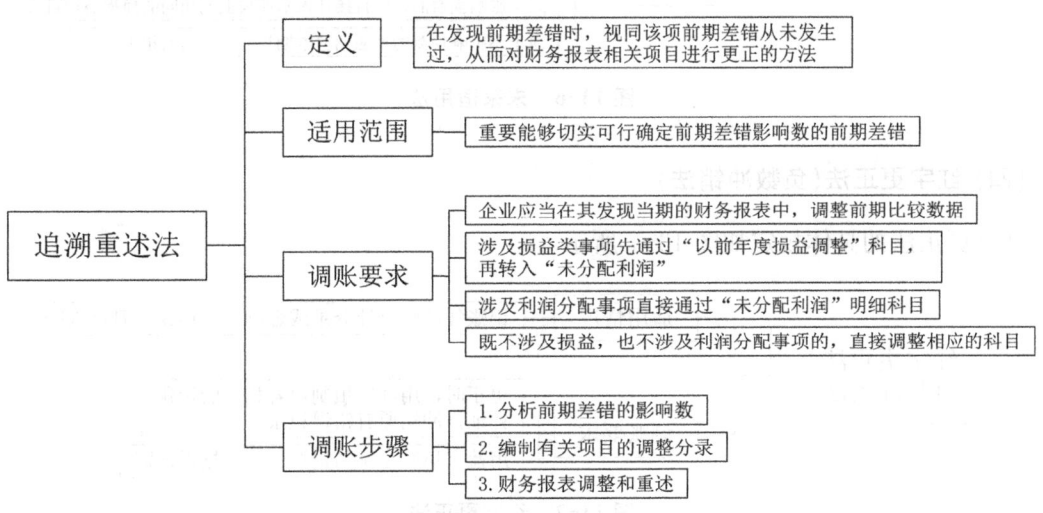

图13-5 追溯重述法

追溯调整法和追溯重述法的区分如表 13-6 所示。

表 13-6　追溯调整法和追溯重述法的区分

分类	追溯调整法	追溯重述法
含义	对某项交易或事项变更会计政策,视同该项交易或事项初次发生时即采用变更后的会计政策,并以此对财务报表相关项目进行调整的方法	在发现前期差错时,视同该项前期差错从未发生过,从而对财务报表相关项目进行调整的方法
影响累计数	按照变更后的会计政策对以前各期追溯计算的列报前期最早期初留存收益应有金额和现有金额之间的差额	前期差错发生后对差错期间每期净利润的影响数之和
调账要求	涉及损益类事项的不再过"以前年度损益调整"科目,涉及利润分配的也不再通过利润分配的具体明细科目,而是都直接通过"未分配利润"明细科目进行调整	(1) 涉及损益类事项的先通过"以前年度损益调整"科目,然后再转入"未分配利润"明细科目 (2) 涉及利润分配事项的,直接通过"未分配利润"明细科目 (3) 既不涉及损益,也不涉及利润分配事项的,调整相应的科目

(三) 未来适用法

未来适用法的具体规定如图 13-6 所示。

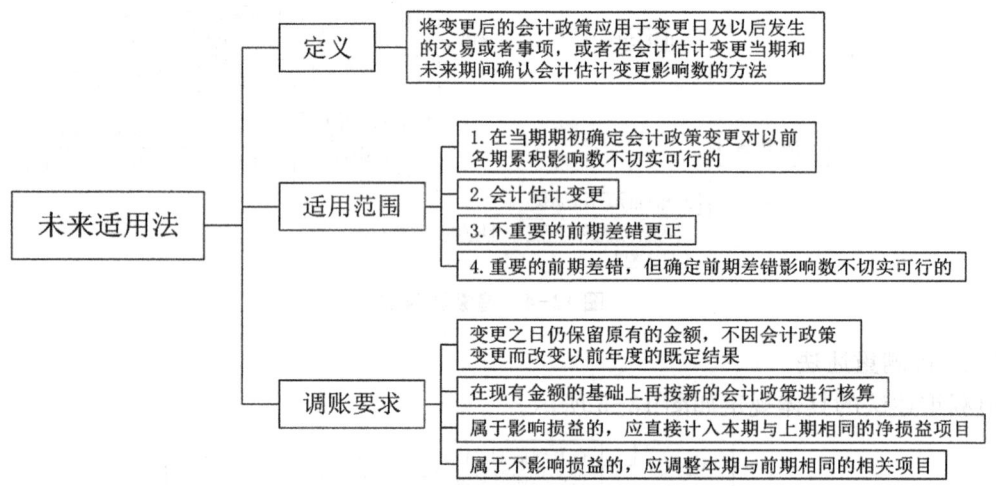

图 13-6　未来适用法

(四) 红字更正法(负数冲销法)

红字更正法的具体规定如图 13-7 所示。

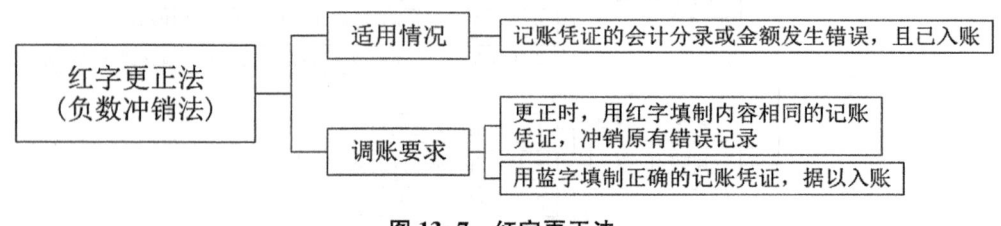

图 13-7　红字更正法

(五) 补充登记法

补充登记法的具体规定如图 13-8 所示。

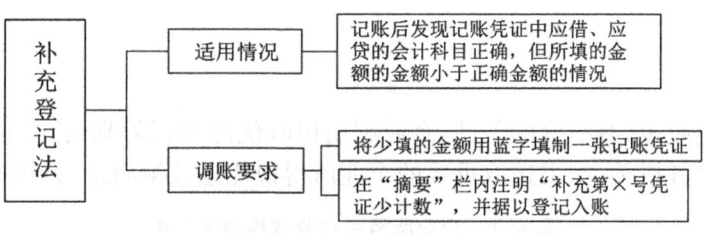

图 13-8 补充登记法

附件一

企业所得税税收优惠政策汇编

享受税收优惠政策，有明确的条件，企业利用税收优惠进行筹划时，一定要查明政策原文，必要时咨询当地税务机关，本书选取重要的企业所得税优惠政策附录，具体如表所示。

表 8-1　企业所得税税收优惠政策汇编

序号	企业所得税税收优惠政策文件	文号/条款
一	符合条件的非营利性组织收入免征企业所得税	
1	《中华人民共和国企业所得税法》	第二十六条第四款
2	《中华人民共和国企业所得税法实施条例》	第八十四条、第八十五条
3	《财政部　国家税务总局关于非营利组织企业所得税免税收入问题的通知》	财税〔2009〕122号
二	国债利息收入免征企业所得税	
1	《中华人民共和国企业所得税法》	第二十六条第一款
2	《中华人民共和国企业所得税法实施条例》	第八十二条
3	《国家税务总局关于企业国债投资业务企业所得税处理问题的公告》	国家税务总局公告2011年第36号
三	取得的地方政府债券利息收入免征企业所得税	
1	《财政部　国家税务总局关于地方政府债券利息所得免征所得税问题的通知》	财税〔2011〕76号
2	《财政部　国家税务总局关于地方政府债券利息免征所得税问题的通知》	财税〔2013〕5号
四	取得企业债券利息收入减半征收企业所得税	
1	《财政部　国家税务总局关于铁路建设债券利息收入企业所得税政策的通知》	财税〔2011〕99号
2	《财政部　国家税务总局关于2014—2015年铁路建设债券利息收入企业所得税政策的通知》	财税〔2014〕2号
3	《财政部　国家税务总局关于铁路债券利息收入所得税政策问题的通知》	财税〔2016〕30号
五	符合条件的居民企业之间股息、红利等权益性投资收益免征企业所得税	
1	《中华人民共和国企业所得税法》	第二十六条第二款
2	《中华人民共和国企业所得税法实施条例》	第十七条、第八十三条
3	《财政部　国家税务总局关于执行企业所得税优惠政策若干问题的通知》	财税〔2009〕69号第四条
4	《国家税务总局关于贯彻落实企业所得税法若干税收问题的通知》	国税函〔2010〕79号第四条
六	内地居民企业连续持有H股满12个月取得的股息红利所得免征企业所得税	
1	《财政部　国家税务总局　证监会关于沪港股票市场交易互联互通机制试点有关税收政策的通知》	财税〔2014〕81号

(续表)

序号	企业所得税税收优惠政策文件	文号/条款
七	投资者从证券投资基金分配中取得的收入暂不征收企业所得税	
1	《财政部 国家税务总局关于企业所得税若干优惠政策的通知》	财税〔2008〕1号第二条第二款
八	金融、保险等机构取得的涉农贷款利息收入、保费收入在计算应纳税所得额时减计收入	
1	《财政部 国家税务总局关于延续并完善支持农村金融发展有关税收政策的通知》	财税〔2014〕102号
2	《财政部 国家税务总局关于中国扶贫基金会所属小额贷款公司享受有关税收优惠政策的通知》	财税〔2012〕33号
3	《财政部 国家税务总局关于中国扶贫基金会小额信贷试点项目税收政策的通知》	财税〔2010〕35号
九	从事农、林、牧、渔业项目所得的企业所得税优惠政策	
1	《中华人民共和国企业所得税法》	第二十七条第一款
2	《中华人民共和国企业所得税法实施条例》	第八十六条
3	《财政部 国家税务总局关于发布享受企业所得税优惠政策的农产品初加工范围(试行)的通知》	财税〔2008〕149号
4	《国家税务总局关于黑龙江垦区国有农场土地承包费缴纳企业所得税问题的批复》	国税函〔2009〕779号
5	《关于享受企业所得税优惠的农产品初加工有关范围的补充通知》	财税〔2011〕26号
6	《国家税务总局关于实施农林牧渔业项目企业所得税优惠问题的公告》	国家税务总局公告2011年第48号
十	从事符合条件的环境保护、节能节水项目所得企业所得税优惠政策	
1	《中华人民共和国企业所得税法》	第二十七条第三款
2	《中华人民共和国企业所得税法实施条例》	第八十八条、八十九条
3	《财政部 国家税务总局 国家发展改革委关于公布环境保护节能节水项目企业所得税优惠目录(试行)的通知》	财税〔2009〕166号
4	《财政部 国家税务总局关于公共基础设施项目和环境保护 节能节水项目企业所得税优惠政策问题的通知》	财税〔2012〕10号
5	《关于执行环境保护专用设备企业所得税优惠目录 节能节水专用设备企业所得税优惠目录和安全生产专用设备企业所得税优惠目录有关问题的通知》	财税〔2008〕48号
6	《财政部 税务总局 国家发展改革委 工业和信息化部 环境保护部关于印发节能节水和环境保护专用设备企业所得税优惠目录(2017年版)的通知》	财税〔2017〕71号
7	《财政部 国家税务总局 国家发展改革委关于垃圾填埋沼气发电列入〈环境保护、节能节水项目 企业所得税优惠目录(试行)〉的通知》	财税〔2016〕131号
8	《国家税务总局关于环境保护节能节水 安全生产等专用设备投资抵免企业所得税有关问题的通知》	国税函〔2010〕256号
十一	从事国家重点扶持的公共基础设施投资经营所得的企业所得税税收优惠	
1	《中华人民共和国企业所得税法》	第二十七条第二款
2	《中华人民共和国企业所得税法实施条例》	第八十七条第八十九条
3	《关于执行公共基础设施项目企业所得税优惠目录有关问题的通知》	财税〔2008〕46号

(续表)

序号	企业所得税税收优惠政策文件	文号/条款
4	《财政部 国家税务总局 国家发展改革委关于公布公共基础设施项目企业所得税优惠目录（2008年版）的通知》	财税〔2008〕116号
5	《国家税务总局关于实施国家重点扶持的公共基础设施项目企业所得税优惠问题的通知》	国税发〔2009〕80号
6	《财政部 国家税务总局关于公共基础设施项目和环境保护 节能节水项目企业所得税优惠政策问题的通知》	财税〔2012〕10号
7	《财政部 国家税务总局关于支持农村饮水安全工程建设运营税收政策的通知》	财税〔2012〕30号
8	《国家税务总局关于电网企业电网新建项目享受所得税优惠政策问题的公告》	国家税务总局公告2013年第26号
9	《财政部 国家税务总局关于公共基础设施项目享受企业所得税优惠政策问题的补充通知》	财税〔2014〕55号
十二	购置用于环境保护、节能节水、安全生产等专用设备的投资额按一定比例实行税额抵免	
1	《中华人民共和国企业所得税法》	第三十四条
2	《中华人民共和国企业所得税法实施条例》	第一百条
3	《关于执行环境保护专用设备企业所得税优惠目录 节能节水专用设备企业所得税优惠目录和安全生产专用设备企业所得税优惠目录有关问题的通知》	财税〔2008〕48号
4	《财政部 国家税务总局 国家发展改革委关于公布节能节水专用设备企业所得税优惠目录（2008年版）和环境保护专用设备企业所得税优惠目录（2008年版）的通知》	财税〔2008〕115号
5	《财政部 国家税务总局 安全监管总局关于公布〈安全生产专用设备企业所得税优惠目录（2008年版）〉的通知》	财税〔2008〕118号
6	《财政部 国家税务总局关于执行企业所得税优惠政策若干问题的通知》	财税〔2009〕69号
7	《国家税务总局关于环境保护节能节水 安全生产等专用设备投资抵免企业所得税有关问题的通知》	国税函〔2010〕256号
十三	综合利用资源生产产品取得的收入在计算应纳税所得额时减计收入	
1	《中华人民共和国企业所得税法》	第三十三条
2	《中华人民共和国企业所得税法实施条例》	第九十九条
3	《国家发展改革委 财政部 国家税务总局关于印发〈国家鼓励的资源综合利用认定管理办法〉的通知》	发改环资〔2006〕1864号
4	《关于执行资源综合利用企业所得税优惠目录有关问题的通知》	财税〔2008〕47号
5	《财政部 国家税务总局 国家发展改革委关于公布资源综合利用企业所得税优惠目录（2008年版）的通知》	财税〔2008〕117号
十四	动漫产业自主开发、生产动漫产品的企业所得税优惠政策	
1	《文化部 财政部 国家税务总局关于印发〈动漫企业认定管理办法（试行）〉的通知》	文市发〔2008〕51号
2	《文化部 财政部 国家税务总局关于实施〈动漫企业认定管理办法（试行）〉有关问题的通知》	文产发〔2009〕18号
3	《财政部 国家税务总局关于扶持动漫产业发展有关税收政策问题的通知》	财税〔2009〕65号
十五	符合条件的节能服务公司实施合同能源管理项目所得的企业所得税优惠政策	
1	《财政部 国家税务总局关于促进节能服务产业发展增值税 营业税和企业所得税政策问题的通知》	财税〔2010〕110号

(续表)

序号	企业所得税税收优惠政策文件	文号/条款
2	《国家税务总局 国家发展改革委关于落实节能服务企业合同能源管理项目企业所得税优惠政策有关征收管理问题的公告》	国家税务总局 国家发展改革委公告2013年第77号
十六	符合条件的技术转让所得免征企业所得税	
1	《中华人民共和国企业所得税法》	第二十七条第四款
2	《中华人民共和国企业所得税法实施条例》	第九十条
3	《国家税务总局关于技术转让所得减免企业所得税有关问题的通知》	国税函〔2009〕212号
4	《财政部 国家税务总局关于居民企业技术转让有关企业所得税政策问题的通知》	财税〔2010〕111号
5	《国家税务总局关于技术转让所得减免企业所得税有关问题的公告》	国家税务总局公告2013年第62号
6	《财政部 国家税务总局关于推广中关村国家自主创新示范区税收试点政策有关问题的通知》	财税〔2015〕62号
7	《财政部 国家税务总局关于将国家自主创新示范区有关税收试点政策推广到全国范围实施的通知》	财税〔2015〕116号
8	《关于许可使用权技术转让所得企业所得税有关问题的公告》	国家税务总局公告2015年第82号
十七	国家需要重点扶持的高新技术企业减按15%的征收率征收企业所得税	
1	《中华人民共和国企业所得税法》	第二十八条
2	《中华人民共和国企业所得税法实施条例》	第九十三条
3	《国家税务总局关于实施高新技术企业所得税优惠有关问题的通知》	
4	《财政部 国家税务总局 科学技术部关于修订印发〈高新技术企业认定管理办法〉的通知》	国科发火〔2016〕32号
5	《科技部 财政部 国家税务总局关于修订印发〈高新技术企业认定管理工作指引〉的通知》	国科发火〔2016〕195号
6	《关于在中关村国家自主创新示范区开展高新技术企业认定中文化产业支撑技术等领域范围试点的通知》	国科发高〔2013〕595号
十八	技术先进性服务企业减按15%的税率征收企业所得税	
1	《财政部 国家税务总局 商务部 科技部 国家发展改革委关于完善技术先进型服务企业有关企业所得税政策问题的通知》	财税〔2014〕59号
十九	符合条件的软件企业定期减免企业所得税	
1	《财政部 国家税务总局关于进一步鼓励软件产业和集成电路产业发展企业所得税政策的通知》	财税〔2012〕27号
2	《财政部 国家税务总局 工业和信息化部关于节约能源 使用新能源车船税政策的通知》	财税〔2012〕19号
3	《财政部 国家税务总局 发展改革委 工业和信息化部关于软件和集成电路产业企业所得税优惠政策有关问题的通知》	财税〔2016〕49号
4	《财政部 税务总局 发展改革委 工业和信息化部关于促进集成电路产业和软件产业高质量发展企业所得税政策的公告》	财政部 税务总局 发展改革委 工业和信息化部公告2020年第45号

(续表)

序号	企业所得税税收优惠政策文件	文号/条款
二十	开发新技术、新产品、新工艺发生的研究开发费用加计扣除	
1	《中华人民共和国企业所得税法》	第三十条
2	《中华人民共和国企业所得税法实施条例》	第九十五条
3	《财政部 国家税务总局 科技部关于完善研究开发费用税前加计扣除政策的通知》	财税〔2015〕119号
4	《国家税务总局关于企业研究开发费用税前加计扣除政策有关问题的公告》	国家税务总局公告2015年第97号
5	《财政部 税务总局 科技部关于提高研究开发费用税前加计扣除比例的通知》	财税〔2018〕99号
6	《财政部 税务总局 科技部关于企业委托境外研究开发费用税前加计扣除有关政策问题的通知》	财税〔2018〕64号
7	《国家税务总局关于研发费用税前加计扣除归集范围有关问题的公告》	国家税务总局公告2017年第40号
8	《国家税务总局关于提高科技型中小企业研究开发费用税前加计扣除比例有关问题的公告》	国家税务总局公告2017年第18号
9	《财政部 税务总局 科技部关于提高科技型中小企业研究开发费用税前加计扣除比例的通知》	财税〔2017〕34号
二十一	国家规划布局内重点软件企业可减按10%的税率征收企业所得税	
1	《财政部 税务总局 发展改革委 工业和信息化部关于促进集成电路产业和软件产业高质量发展企业所得税政策的公告》	财政部 税务总局 发展改革委 工业和信息化部公告2020年第45号
2	《国家发展和改革委员会 工业和信息化部 财政部 商务部 国家税务总局关于印发〈国家规划布局内重点软件企业和集成电路设计企业认定管理试行办法〉的通知》	发改高技〔2012〕2413号
3	《国家税务总局关于执行软件企业所得税优惠政策有关问题的公告》	国家税务总局公告2013年第43号
4	《工业和信息化部 国家发展和改革委员会 财政部 国家税务总局关于印发〈软件企业认定管理办法〉的通知》	工信部联软〔2013〕64号
5	《财政部 国家税务总局 发展改革委 工业和信息化部关于软件和集成电路产业企业所得税优惠政策有关问题的通知》	财税〔2016〕49号
6	《国家发展和改革委员会 工业和信息化部 财政部 国家税务总局关于印发国家规划布局内重点软件和集成电路设计领域的通知》	发改高技〔2016〕1056号
7	《财政部 税务总局关于集成电路设计和软件产业企业所得税政策的公告》	财政部 税务总局公告2019年第68号
8	《财政部 税务总局关于集成电路设计企业和软件企业2019年度企业所得税汇算清缴适用政策的公告》	财政部 税务总局公告2020年第29号
二十二	国家规划布局内集成电路设计企业可减按10%的税率征收企业所得税	
1	《财政部 国家税务总局关于进一步鼓励软件产业和集成电路产业发展企业所得税政策的通知》	财税〔2012〕27号第四条
2	《国家发展和改革委员会 工业和信息化部 财政部 商务部 国家税务总局关于印发〈国家规划布局内重点软件企业和集成电路设计企业认定管理试行办法〉的通知》	发改高技〔2012〕2413号
3	《国家税务总局关于执行软件企业所得税优惠政策有关问题的公告》	国家税务总局公告2013年第43号

(续表)

序号	企业所得税税收优惠政策文件	文号/条款
4	《工业和信息化部 国家发展和改革委员会 财政部 国家税务总局关于印发〈集成电路设计企业认定管理办法〉的通知》	工信部联电子〔2013〕487号
5	《财政部 国家税务总局 发展改革委 工业和信息化部关于软件和集成电路产业企业所得税优惠政策有关问题的通知》	财税〔2016〕49号
6	《国家发展和改革委员会 工业和信息化部 财政部 国家税务总局关于印发国家规划布局内重点软件和集成电路设计领域的通知》	发改高技〔2016〕1056号
7	《财政部 税务总局关于集成电路设计和软件产业企业所得税政策的公告》	财政部 税务总局公告2019年第68号
8	《财政部 税务总局关于集成电路设计企业和软件企业2019年度企业所得税汇算清缴适用政策的公告》	财政部 税务总局公告2020年第29号
二十三	线宽小于0.25微米的集成电路生产企业减按15%的税率征收企业所得税	
1	《财政部 国家税务总局关于进一步鼓励软件产业和集成电路产业发展企业所得税政策的通知》	财税〔2012〕27号第二条
2	《国家税务总局关于执行软件企业所得税优惠政策有关问题的公告》	国家税务总局公告2013年第43号
3	《财政部 国家税务总局 发展改革委 工业和信息化部关于软件和集成电路产业企业所得税优惠政策有关问题的通知》	财税〔2016〕49号
二十四	投资额超过80亿元的集成电路生产企业减按15%的税率征收企业所得税	
1	《财政部 国家税务总局关于进一步鼓励软件产业和集成电路产业发展企业所得税政策的通知》	财税〔2012〕27号第二条
2	《国家税务总局关于执行软件企业所得税优惠政策有关问题的公告》	国家税务总局公告2013年第43号
3	《财政部 国家税务总局 发展改革委 工业和信息化部关于软件和集成电路产业企业所得税优惠政策有关问题的通知》	财税〔2016〕49号
二十五	线宽小于0.25微米的集成电路生产企业定期减免企业所得税	
1	《财政部 国家税务总局关于进一步鼓励软件产业和集成电路产业发展企业所得税政策的通知》	财税〔2012〕27号第二条
2	《国家税务总局关于执行软件企业所得税优惠政策有关问题的公告》	国家税务总局公告2013年第43号
3	《财政部 国家税务总局 发展改革委 工业和信息化部关于软件和集成电路产业企业所得税优惠政策有关问题的通知》	财税〔2016〕49号
二十六	投资额超过80亿元的集成电路生产企业定期减免企业所得税	
1	《财政部 国家税务总局关于进一步鼓励软件产业和集成电路产业发展企业所得税政策的通知》	财税〔2012〕27号第二条
2	《国家税务总局关于执行软件企业所得税优惠政策有关问题的公告》	国家税务总局公告2013年第43号
3	《财政部 国家税务总局 发展改革委 工业和信息化部关于软件和集成电路产业企业所得税优惠政策有关问题的通知》	财税〔2016〕49号
二十七	集成电路线宽小于0.8微米(含)的集成电路生产企业定期减免企业所得税	
1	《财政部 国家税务总局关于进一步鼓励软件产业和集成电路产业发展企业所得税政策的通知》	财税〔2012〕27号第一条

(续表)

序号	企业所得税税收优惠政策文件	文号/条款
2	《国家税务总局关于执行软件企业所得税优惠政策有关问题的公告》	国家税务总局公告2013年第43号
3	《财政部 国家税务总局 发展改革委 工业和信息化部关于软件和集成电路产业企业所得税优惠政策有关问题的通知》	财税〔2016〕49号
二十八	新办集成电路设计企业定期减免企业所得税	
1	《财政部 国家税务总局关于进一步鼓励软件产业和集成电路产业发展企业所得税政策的通知》	财税〔2012〕27号第三条
2	《国家税务总局关于执行软件企业所得税优惠政策有关问题的公告》	国家税务总局公告2013年第43号
3	《财政部 国家税务总局 发展改革委 工业和信息化部关于软件和集成电路产业企业所得税优惠政策有关问题的通知》	财税〔2016〕49号
4	《财政部 税务总局 国家发展改革委 工业和信息化部关于集成电路生产企业有关企业所得税政策问题的通知》	财税〔2018〕27号
5	《财政部 税务总局关于集成电路设计和软件产业企业所得税政策的公告》	财政部 税务总局公告2019年第68号
二十九	符合条件的集成电路封装、测试企业定期减免企业所得税	
1	《财政部 国家税务总局 发展改革委 工业和信息化部关于进一步鼓励集成电路产业发展企业所得税政策的通知》	财税〔2015〕6号
三十	符合条件的集成电路关键专用材料生产企业、集成电路专用设备生产企业定期减免企业所得税	
1	《财政部 国家税务总局 发展改革委 工业和信息化部关于进一步鼓励集成电路产业发展企业所得税政策的通知》	财税〔2015〕6号
三十一	经济特区和上海浦东新区新设立的高新技术企业在区内取得的所得定期减免征收企业所得税	
1	《中华人民共和国企业所得税法》	第五十七条第二款
2	《国家税务总局关于实施高新技术企业所得税优惠有关问题的通知》	国税函〔2009〕203号
3	《财政部 国家税务总局 科学技术部关于修订印发〈高新技术企业认定管理办法〉的通知》	国科发火〔2016〕32号
4	《科技部 财政部 国家税务总局关于修订印发〈高新技术企业认定管理工作指引〉的通知》	国科发火〔2016〕195号
三十二	注册在海南自由贸易港并实质性运营的鼓励类产业企业,减按15%的税率征收企业所得税	
1	《财政部 税务总局关于海南自由贸易港企业所得税优惠政策的通知》	财税〔2020〕31号第一条
三十三	对在海南自由贸易港设立的旅游业、现代服务业、高新技术产业企业新增境外直接投资取得的所得,免征企业所得税	
1	《财政部 税务总局关于海南自由贸易港企业所得税优惠政策的通知》	财税〔2020〕31号第二条
三十四	设在西部地区的鼓励类产业减按15%的税率征收企业所得税	
1	《财政部 税务总局 国家发展改革委关于延续西部大开发企业所得税政策的公告》	财政部公告2020年第23号

（续表）

序号	企业所得税税收优惠政策文件	文号/条款
2	《财政部 海关总署 国家税务总局关于深入实施西部大开发战略有关税收政策问题的通知》	财税〔2011〕58号
3	《国家税务总局关于深入实施西部大开发战略有关企业所得税问题的公告》	国家税务总局公告2012年第12号
4	《财政部 海关总署 国家税务总局关于赣州市执行西部大开发税收政策问题的通知》	财税〔2013〕4号
5	《西部地区鼓励类产业目录》	国家发展和改革委员会令第15号
6	《国家税务总局关于执行〈西部地区鼓励类产业目录〉有关企业所得税问题的公告》	国家税务总局公告2015年第14号
三十五	实施清洁发展机制项目的所得定期减免企业所得税	
1	《财政部 国家税务总局关于中国清洁发展机制基金及清洁发展机制项目实施企业有关企业所得税政策问题的通知》	财税〔2009〕30号
三十六	享受过渡期税收优惠定期减免企业所得税	
1	《国务院关于实施企业所得税过渡优惠政策的通知》	国发〔2007〕39号
三十七	有限合伙制创业投资企业法人合伙人按投资额的一定比例抵扣应纳税所得额	
1	《国家税务总局关于实施创业投资企业所得税优惠问题的通知》	国税发〔2009〕87号
2	《财政部 国家税务总局关于推广中关村国家自主创新示范区税收试点政策有关问题的通知》	财税〔2015〕62号
3	《财政部 国家税务总局关于将国家自主创新示范区有关税收试点政策推广到全国范围实施的通知》	财税〔2015〕116号
4	《国家税务总局关于有限合伙制创业投资企业法人合伙人企业所得税有关问题的公告》	国家税务总局公告2015年第81号
三十八	扶持自主就业退役士兵创业就业企业限额减征企业所得税	
1	《财政部 国家税务总局 民政部关于调整完善扶持自主就业退役士兵创业就业有关税收政策的通知》	财税〔2014〕42号
三十九	创业投资企业按投资额的一定比例抵扣应纳税所得额	
1	《中华人民共和国企业所得税法》	第三十一条
2	《中华人民共和国企业所得税法实施条例》	第九十七条
3	《财政部 国家税务总局关于执行企业所得税优惠政策若干问题的通知》	财税〔2009〕69号
4	《国家税务总局关于实施创业投资企业所得税优惠问题的通知》	国税发〔2009〕87号
四十	支持和促进重点群体创业就业企业限额减征企业所得税	
1	《财政部 国家税务总局 人力资源社会保障部关于继续实施支持和促进重点群体创业就业有关税收政策的通知》	财税〔2014〕39号
2	《财政部 税务总局 人力资源社会保障部 教育部关于支持和促进重点群体创业就业税收政策有关问题的补充通知》	财税〔2015〕18号
3	《财政部 国家税务总局 人力资源社会保障部关于扩大企业吸纳就业税收优惠适用人员范围的通知》	财税〔2015〕77号
四十一	符合条件的生产和装配伤残人员专门用品企业免征企业所得税	

(续表)

序号	企业所得税税收优惠政策文件	文号/条款
1	《财政部 国家税务总局 民政部关于生产和装配伤残人员专门用品企业免征企业所得税的通知》	财税〔2016〕111号
四十二	安置残疾人员及国家鼓励安置的其他就业人员所支付的工资加计扣除	
1	《中华人民共和国企业所得税法》	第三十条
2	《中华人民共和国企业所得税法实施条例》	第九十六条
3	《财政部 国家税务总局关于安置残疾人员就业有关企业所得税优惠政策问题的通知》	财税〔2009〕70号
4	《国家税务总局关于促进残疾人就业税收优惠政策相关问题的公告》	国家税务总局公告2015年第55号
四十三	新冠肺炎疫情相关的企业所得税优惠政策	
1	《财政部 税务总局关于支持新型冠状病毒感染的肺炎疫情防控有关税收政策的公告》	财政部 税务总局公告2020年第8号
2	《财政部 税务总局关于支持新型冠状病毒感染的肺炎疫情防控有关捐赠税收政策的公告》	公告 财政部 税务总局公告2020年第9号
四十四	小型微利企业所得税税收优惠政策	
1	《中华人民共和国企业所得税法》	第二十八条第一款
2	《中华人民共和国企业所得税法实施条例》	第九十二条
3	《国家税务总局关于小型微利企业和个体工商户延缓缴纳2020年所得税有关事项的公告》	国家税务总局公告2020年第10号
4	《国家税务总局关于实施小型微利企业普惠性所得税减免政策有关问题的公告》	国家税务总局公告2019年第2号
5	《财政部 税务总局关于实施小微企业普惠性税收减免政策的通知》	财税〔2019〕13号
6	《财政部 税务总局关于金融机构小微企业贷款利息收入免征增值税政策的通知》	财税〔2018〕91号
7	《财政部 税务总局关于进一步实施小微企业所得税优惠政策的公告》	财政部 税务总局公告2022年第13号
四十五	经营性文化事业单位转制为企业,自转制注册之日起五年内免征企业所得税	
1	《财政部 税务总局 中央宣传部关于继续实施文化体制改革中经营性文化事业单位转制为企业若干税收政策的通知》	财税〔2019〕16号
四十六	企业发行的永续债,可以适用股息、红利企业所得税政策	
1	《财政部 税务总局关于永续债企业所得税政策问题的公告》	财政部 税务总局公告2019年第64号
四十七	证券投资基金相关的税收优惠政策	
1	《财政部 国家税务总局关于企业所得税若干优惠政策的通知》	财税〔2008〕1号
2	《财政部 税务总局 证监会关于创新企业境内发行存托凭证试点阶段有关税收政策的公告》	财政部 税务总局 证监会公告2019年第52号
3	《财政部 税务总局关于铁路债券利息收入所得税政策的公告》	财政部 税务总局公告2019年第57号

(续表)

序号	企业所得税税收优惠政策文件	文号/条款
四十八	电网项目定期减免优惠政策	
1	《关于电网企业电网新建项目享受所得税优惠政策问题的公告》	国家税务总局公告2013年第26号
四十九	农村饮水安全工程定期减免优惠政策	
1	《财政部 税务总局关于继续实行农村饮水安全工程税收优惠政策的公告》	财政部 税务总局公告2019年第67号
五十	从事污染防治的第三方企业减按15%的税率征收企业所得税	
	《财政部 税务总局 国家发展改革委 生态环境部关于从事污染防治的第三方企业所得税政策问题的公告》	财政部 税务总局公告2023年第38号